PIERRE VINCENT

Dictionnaire

ILLUSTRÉ

LANGUE FRANÇAISE
HISTOIRE ET GÉOGRAPHIE

Nombreuses figures dans le texte

Tableaux synoptiques, cartes en couleurs

G. DELARUE, LIBRAIRE-ÉDITEUR
5, rue des Grands-Augustins, 5

DICTIONNAIRE

ILLUSTRÉ

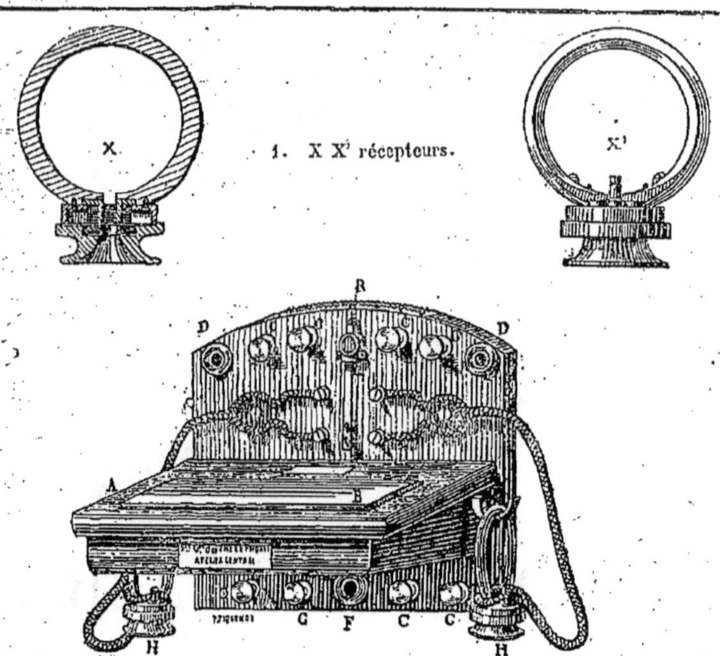

1. X X' récepteurs.

2. Appareil fixe : A boîte contenant les organes du transmetteur. — B transmetteur. — C bornes. — D F champignons servant à fixer l'appareil. — H H récepteur. — R bouton d'appel.

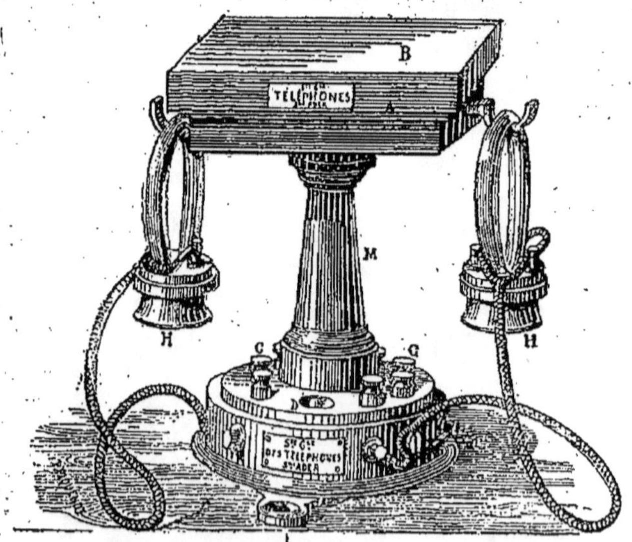

3. Appareil mobile : A boîte contenant les organes du transmetteur. B transmetteur. — C bornes. — D bouton d'appel. — H H récepteur. — M colonne.

PIERRE VINCENT

DICTIONNAIRE

ILLUSTRÉ

LANGUE FRANÇAISE

HISTOIRE — GÉOGRAPHIE

NOMBREUSES FIGURES DANS LE TEXTE, AVEC TABLEAUX SYNOPTIQUES

et Cartes en couleurs

PREMIÈRE ÉDITION

PARIS

G. DELARUE, LIBRAIRE-ÉDITEUR

5, RUE DES GRANDS-AUGUSTINS, 5

ABRÉVIATIONS

adj.	adjectif.	loc. prép.	locution prépositive.
adj. ou adj. 2 g.	adjectif des deux genres.	*log.*	logique.
adv.	adverbe.	m.	masculin.
alg.	algèbre.	*mar.*	marine.
anat.	anatomie.	*math.*	mathématiques.
antiq. ou ant.	antiquité.	*méc.*	mécanique.
arch. ou *archit.*	architecture.	*méd.*	médecine.
arith.	arithmétique.	*min.*	minéralogie.
astr.	astronomie.	*mus.*	musique.
blas.	blason.	*myth.*	mythologie.
bot.	botanique.	num.	numéral.
chim.	chimie.	on pron.	on prononce.
chir.	chirurgie.	ord.	ordinal.
conj.	conjonction.	pas.	passé.
déf.	défini.	p.p. ou part. pas.	participe passé.
ex.	exemple.	p.pr. ou part. prés.	participe présent.
f.	féminin.	*peint.*	peinture.
fam.	familier.	*pharm.*	pharmacie.
fig.	figuré.	*phil.*	philosophie.
fortif.	fortification.	*phys.*	physique.
fut.	futur.	pl.	pluriel.
géog.	géographie.	poét.	poétique.
géol.	géologie.	pop.	populaire.
géom.	géométrie.	poss.	possessif.
gram. ou *gramm.*	grammaire.	pr.	pronominal.
hist. nat.	histoire naturelle.	prép.	préposition.
hortic. ou *hort.*	horticulture.	prés.	présent.
impers.	impersonnel.	pron.	pronom.
impér.	impératif.	*rhét.*	rhétorique.
impr.	imprimerie.	sans pl.	sans pluriel.
ind.	indicatif.	s.	substantif.
interj.	interjection.	sing.	singulier.
inus.	inusité.	s. 2 g. ou s.	substantif des deux genres.
inv. ou invar.	invariable.		
iron.	ironique.	subj.	subjonctif.
irr.	irrégulier.	t.	terme.
jurisp.	jurisprudence.	*théol.*	théologie.
lit.	liturgie.	v. a.	verbe actif.
loc. adv.	locution adverbiale.	v. n.	verbe neutre.
		voy.	voyez.
loc. conj.	locution conjonctive.	v. pr.	verbe pronominal.
		vx.	vieux.
loc. lat.	locution latine.	*zool.*	zoologie.

L'astérisque (*) placé à la fin d'un article ou après l'une des diverses acceptions d'un mot, renvoie à la gravure contenue dans cet article.

NOTA. — Voir la Partie géographique à la fin du volume.

DICTIONNAIRE

DE LA

LANGUE FRANÇAISE

A

A s. m. Première lettre de l'alphabet.

A (sans accent) 3e personne du sing. du prés. de l'indicatif du v. avoir.

A prép. Exprime un rapport de tendance, de situation.

Aaron, grand-prêtre, frère de Moïse (1574-1452 av. J.-C.).

Abaissant, e adj. Qui sert à abaisser. Fig. humiliant.

Abaissement s. m. Diminution de hauteur. Fig. humiliation volontaire ou forcée.

Abaisser v. a. Mettre plus bas; diminuer de hauteur. Fig. Humilier; avilir. S'ABAISSER v. pr. S'humilier.

Abajoue s. f. Cavité aux côtés de la bouche des singes.

Abalourdir v. a. Rendre lourd, stupide (fam.).

Abandon s. m. État de l'être abandonné; renonciation; résignation.

Abandonnement s. m. Abandon; délaissement entier; désordre.

Abandonnément adv. Sans réserve.

Abandonner v. a. Quitter, délaisser; renoncer. S'ABANDONNER v. pr. Se livrer sans réserve; se soumettre entièrement.

Abasourdir v. a. Étourdir. Fig. consterner.

Abasourdissement s. m. Action d'abasourdir.

Abat s. m. Action d'abattre, de tuer.

Abatage s. m. Action d'abattre des animaux, des arbres.

Abâtardir v. a. Faire dégénérer; corrompre. S'ABATARDIR v. pr. Dégénérer.

Abâtardissement s. m. Altération (au pr. et au fig.).

Abat-faim s. m. Grosse pièce de viande (fam.).

Abat-foin s. m. Ouverture au-dessus du ratelier pour y mettre du foin.

Abatis s. m. Choses abattues. Fig. la tête, les pattes, le cou, les ailerons de volailles.

Abat-jour s. m. Calotte pour rabattre la clarté d'une lumière*; fenêtre en hotte où le jour vient d'en haut.

Abat-son s. m. Lames de bois qu'on place obliquement en travers des fenêtres d'un clocher pour abattre le son des cloches*.

Abattement s. m. Accablement, langueur.

Abatteur s. m. Qui abat; qui fait beaucoup de besogne.

Abattoir s. m. Lieu, bâtiment où l'on tue les bestiaux.

Abattre v. a. Renverser; démolir. Fig. causer l'abattement. S'ABATTRE v. pr. Tomber. Fig. perdre courage.

Abat-voix s. m. Le dessus d'une chaire*.

Abassides, dynastie de califes fondée en Asie vers 750

Abbatial adj. Qui appartient à l'abbé ou à l'abbesse.

Abbaye s. f. Monastère.

Abbé s. m. Supérieur d'une abbaye d'hommes; ecclésiastique.

Abbesse s. f. Supérieure d'une abbaye de femmes.

A B C s. m. Alphabet. Fig. premiers éléments.

Abcès s. m. Tumeur pleine d'humeur.

Abdication s. f. Renoncement volontaire à une dignité souveraine.

Abdiquer v. a. Abandonner volontairement la possession d'une dignité souveraine.

Abdomen s. m. Bas-ventre.

Abdominal, e, aux adj. Du bas-ventre.

Abécédaire s. m. Livre d'a b c.

Abecquer ou **abéquer** v. a. Donner la becquée.

Abée s. f. Ouverture pour le passage de l'eau qui fait tourner un moulin.

Abeille s. f. Mouche à miel*.

Abel, second fils d'Adam.

Abélard, théologien français (1079-1142).

Abencérages, tribu maure de Grenade au quinzième siècle.

Aberration s. f. Mouvement apparent des étoiles fixes; dispersion des rayons. Fig. erreur.

Abêtir v. a. Rendre bête; v. n. et S'ABÊTIR v. pr. Devenir bête, stupide.

Abêtissement s. m. Action d'abêtir; état de celui qui est abêti.

Abhorrer v. a. Avoir en horreur, en aversion.

Abia, roi de Juda (958-955 av. J.-C.).

Abîme s. m. Gouffre. Fig. ruines; malheurs; chose impénétrable à l'esprit.

Abimélech, juge d'Israël (1235 av. J.-C.).

Abîmer v. a. Précipiter dans un abîme. Fig. ruiner; gâter. S'ABIMER v. pr. Tomber dans un abîme; se ruiner, se gâter.

Abject, e adj. Vil, méprisable.

Abjection s. f. humiliation; bassesse méprisable.

Abjuration s. f. Action d'abjurer.

Abjurer v. a. Renoncer à une fausse religion, une erreur, une mauvaise doctrine.

Able s. m., ou **ablette** s. f. Petit poisson de rivière plat et argenté.

Ablégat s. m. Vicaire du légat.

Ableret s. m. Filet carré de pêche pour les ables.

Abluer v. a. Laver; faire revivre l'écriture avec une liqueur de noix de galle.

Ablution s. f. Action de laver; purification du prêtre après la communion.

Abnégation s. f. Renoncement.

Aboi s. m. Cri du chien. S. m. pl. Fig. dernière extrémité.

Aboiement ou **aboîment** s. m. Cri du chien.

Abolir v. a. Annuler. S'ABOLIR v. pr. Tomber en désuétude.

Abolition s. f. Anéantissement.

Abominable adj. Détestable.

Abominablement adv. D'une manière abominable.

Abomination s. f. Horreur; personne, chose, action abominable.

Abominer v. a. Détester.

Abondamment adv. En ou avec abondance.

Abondance s. f. Grande quantité de; vin mêlé de beaucoup d'eau.

Abondant, e adj. Qui abonde.

Abonder v. n. Être ou avoir en abondance. ABONDER DANS LE SENS D'UNE PERSONNE, embrasser son opinion.

Abonné, ée adj. et s. Qui a pris un abonnement.

Abonnement s. m. Marché à prix fixe pour un temps.

Abonner v. a. Prendre pour autrui un abonnement. S'ABONNER v. pr. Prendre un abonnement pour soi-même.

Abonnir v. a. Améliorer. S'ABONNIR v. pr. Devenir meilleur.

Abord s. m. Accès; approche.

Abordable adj. Accessible.

Abordage s. m. Action d'aborder; heurt de vaisseaux.

Aborder v. n. Arriver à bord; v. a. accoster. Fig. traiter (une question). S'ABORDER v. pr. Se heurter.

Aborigène s. m. Premier habitant; pl. naturels d'un pays.

Abornement s. m. Limite; action d'aborner.

Aborner v. a. Limiter; donner des bornes à un terrain.

Abortif, ive adj. Avorté; incomplet; qui fait avorter.

Abouchement s. m. Rencontre des deux veines. Fig. entretien particulier.

Aboucher v. a. Rapprocher des personnes pour conférer. S'ABOUCHER v. pr. Se réunir pour conférer.

About s. m. Extrémité du bois taillé en équerre.

Abouter v. a. Mettre bout à bout.

Aboutir v. n. Toucher d'un bout. Fig. tendre à : *Pour le philosophiste, la vie n'aboutit à rien.*

Aboutissant, e adj. Qui aboutit. S. m. pl. les tenants et les aboutissants de..., les côtés et les bouts d'un champ.

Aboutissement s. m. Se dit d'un abcès qui aboutit.

Aboyant, e adj. Qui aboie.

Aboyer v. n. Japper. Fig. médire, crier après quelqu'un.

Aboyeur s. m. Chien qui aboie sans approcher du gibier. Fig. famil. médisant; satirique.

Abracadabra s. m. Mot magique, préservatif des maladies.

Abraham, patriarche, père des Juifs (2000 ans av. J.-C.).

Abrégé s. m. Précis d'un écrit, d'un livre.

Abrégement s. m. Action d'abréger.

Abréger v. a. Rendre plus court. S'ABRÉGER v. pr. Être, devoir être abrégé.

Abreuvage s. m. Action d'abreuver.

Abreuver v. a. Faire boire des bêtes; humecter profondément la terre. Fig. accabler : *abreuver de chagrins*.

Abreuvoir s. m. Lieu où l'on abreuve les chevaux.

Abréviateur s. m. Qui abrège l'ouvrage d'autrui.

Abréviatif, ive adj. Qui abrège, indique l'abréviation.

Abréviation s. f. Retranchement de lettres : M. pour *monsieur*.

Abri s. m. Lieu où l'on est à couvert. Fig. endroit où l'on est hors de danger. A L'ABRI DE loc. prép. à couvert; en sûreté.

Abricot s. m. fruit à noyau, jaune, tacheté *.

Abricotier s. m. Arbre rosacé qui produit les abricots.

Abriter v. a. Mettre à l'abri.

Abrogation s. f. Annulation d'une loi, etc.

Abroger v. a. Annuler, abolir.

Abrupt, e adj. Escarpé, coupé droit. Fig. rude, peu poli, saccadé : *style abrupt*.

Abruptement adv. D'une manière abrupte.

Abruti, e adj. et s. Rendu brute, hébété, stupide.

Abrutir v. a. Rendre brute, stupide; hébéter. S'ABRUTIR v. pr. Devenir stupide.

Abrutissement s. m. État d'une personne abrutie.

Absalon, fils de David (1030 av. J.-C.)

Absence s. f. Défaut de présence. Fig. distraction; privation.

Absent, e adj. Non présent. Fig. inattentif (esprit).

Absenter (s'). S'éloigner d'un lieu pour un temps.

Abside s. f. Chevet d'une église; sanctuaire.

Absinthe s. f. Plante amère, d'une odeur forte; liqueur tirée de cette plante. Fig. douleur, amertume.

Absolu, e adj. Indépendant, souverain, impérieux.— Opposé de *relatif*.

Absolument adv. Sans restriction; impérieusement. — Opposé de *relativement*.

Absolution s. f. Rémission d'un crime; pardon d'un péché.

Absolutisme s. m. Système de gouvernement où règne la volonté d'un seul.

Absolutiste s. m. Partisan de l'absolutisme.

Absolutoire adj. Qui absout.

Absorbable adj. Qui peut être absorbé.

Absorbant, e adj. Qui absorbe. S. m. substance qui s'unit aux acides, les neutralise.

Absorber v. a. Engloutir, consumer entièrement : *les plaisirs ont absorbé tout son bien*. Fig. occuper fortement : *l'étude l'absorbe*. S'ABSORBER v. pr. Être absorbé.

Absorption s. f. Action d'absorber; ses effets.

Absoudre v. a. Déclarer innocent un accusé ; remettre les péchés dans la pénitence.

Absoute s. f. Absolution solennelle donnée au peuple le Jeudi saint; prières que fait le clergé autour d'un cercueil.

Abstème s. Qui ne boit pas de vin.

Abstenir (s') v. pr. S'empêcher de faire une chose.

Abstention s. f. Action de s'abstenir, de ne pas prendre part à un vote.

Abstentionniste ou **abstentioniste** s. m. Qui s'abstient de voter.

Abstergent, e adj. et s. m. Emollient.

Absterger v. a. Nettoyer une plaie.

Abstersif, ive adj. et s. m. Propre à nettoyer.

Abstersion s. f. Action d'absterger.

Abstinence s. f. Action de s'abstenir, de se priver d'aliments.

Abstinent, e adj. Sobre. S. pl. sectaires qui prohibaient le mariage et l'usage de la chair.

Abstraction s. f. Opération de l'esprit par laquelle il sépare une idée, une chose de celles qui lui sont unies. S. pl. rêveries, distractions continuelles.

Abstractivement adv. Par abstraction.

Abstraire v. a. Faire abstraction.

Abstrait, e adj. Séparé par l'abstraction. Fig. difficile à pénétrer.

Abstraitement adv. D'une manière abstraite.

Abstrus, e adj. Caché ; difficile à concevoir.

Absurde, adj. Contraire à la raison ; ridicule. S. m. absurdité.

Absurdement adv. D'une manière absurde.

Absurdité s. f. Défaut de ce qui est absurde ; chose absurde.

Abus s. m. Usage immodéré, mauvais d'une chose ; désordre.

Abuser v. a. Tromper. V. n. faire mauvais usage d'une chose. S'ABUSER v. pr. Se tromper.

Abuseur s. m. Qui abuse, qui trompe.

Abusif, ive adj. Contraire aux règles, à l'usage.

Abusivement adv. D'une manière abusive.

Abyssinien, enne ou **abyssin, e** adj. et s. De l'Abyssinie.

Acabit s. m. Qualité bonne ou mauvaise d'une chose.

Acacia s. m. Arbre à fleurs légumineuses * qui produit la gomme.

Académicien s. m. Philosophe de la secte de Platon ; membre d'une académie.

Académie s. f. Secte de philosophes fondée par Platon ; réunion de savants, d'artistes ; section de l'Institut en France ; école d'équitation, d'escrime ; figure en pied dessinée sur un modèle vivant et nu.

Académique adj. Qui tient de l'académie, lui appartient, la concerne.

Académiquement adv. D'une manière académique.

Académiste s. m. Celui qui tient une académie d'équitation, d'escrime, etc.; celui qui en suit les exercices.

Acajou s. m. Arbre d'Amérique ; bois pour la marqueterie.

Acanthe s. f. Sorte de plante ; ornement qui imite ses feuilles*.

Acariâtre adj. D'une humeur difficile, bourru, colère.

Acaule adj. Sans tige.

Accablant, e adj. Qui accable. Fig. incommode, importun : *visite accablante.*

Accablement s. m. Etat de celui qui est accablé.

Accabler v. a. Faire succomber sous le poids. Fig. combler (de politesses, d'injures); lasser.

Accalmie s. f. Calme d'un instant.

Accaparement s. m. Action d'accaparer ; son résultat.

Accaparer v. a. Amasser des denrées pour les vendre plus cher. Fig. s'emparer de quelqu'un ; s'assurer de la totalité (des suffrages, des voix).

Accapareur s. m. Celui qui accapare.

Accéder v. n. Consentir à : *accéder à un traité.*

Accélérateur, trice adj. Qui accélère.

Accélération s. f. Action d'accélérer; augmentation de vitesse. Fig. prompte expédition.

Accélérer v. a. Augmenter la vitesse.

Accent s. m. Manière de prononcer; signe qu'on place sur certaines voyelles. Fig. ton, expression.

Accentuation s. f. Manière d'accentuer.

Accentuer v. a. Mettre des accents.

Acceptable adj. Qui peut être accepté.

Acceptation s. f. Action d'accepter.

Accepter v. a. Agréer ce qui est offert. *Accepter une lettre de change* : s'engager par écrit à la payer.

Accepteur s. m. Celui qui accepte une lettre de change.

Acception s. f. Préférence : *Dieu n'a pas fait acception des blancs et exclusion des noirs.* Sens d'un mot.

Accès s. m. Abord ; attaque d'un mal périodique; mouvement passionné : *accès de colère.*

Accessibilité s. f. Facilité de l'approche; qualité de ce qui est accessible.

Accessible adj. Abordable.

Accession s. f. Consentement; accroissement; action d'approcher.

Accessit s. m. Récompense qui approche du prix.

Accessoire adj. Qui accompagne. S. m. dépendance, accompagnement du principal.

Accessoirement adv. D'une manière accessoire.

Accident s. m. Cas fortuit; événement imprévu. Accidents s. m. pl. Dièses, bémols et bécarres qui modifient le son des notes dans le cours d'un morceau. Par accident adv. Par hasard.

Accidentel, elle adj. Qui arrive par accident, par hasard.

Accidentellement adv. Par accident, par hasard.

Accidenter v. a. Rendre un sol inégal.

Accise s. f. Taxe sur les boissons en Angleterre, en Hollande.

Acclamation s. f. Cris de joie; approbation.

Acclamer v. a. Approuver par acclamation.

Acclimatation s. f. Action d'acclimater des plantes, des animaux.

Acclimater v. a. Accoutumer des plantes, des animaux à un nouveau climat. S'acclimater v. pr. Se dit des personnes.

Accointable adj. Avec qui on peut s'accointer.

Accointance s. f. Habitude, familiarité; cohabitation.

Accointer (S') v. pr. Se lier intimement; se familiariser avec quelqu'un.

Accolade s. f. Embrassement; cérémonie pour la réception d'un chevalier; trait qui embrasse plusieurs lignes.

Accoler v. a. Embrasser; unir par un trait; attacher la vigne à un échalas.

Accommodable adj. Qui se peut accommoder.

Accommodage s. m. Apprêt de mets; arrangement des cheveux.

Accommodant, e adj. Complaisant; d'un commerce facile.

Accommodement s. m. Accord d'un différend; réconciliation.

Accommoder v. a. Arranger; apprêter un mets; terminer à l'amiable. S'accommoder v. pr. se trouver bien d'une chose, s'en contenter.

Accompagnateur, trice s. Celui, celle qui accompagne la voix avec un instrument.

Accompagnement s. m. Action d'accompagner; exécution d'une harmonie; suite nécessaire.

Accompagner v. a. Reconduire, escorter; jouer l'accompagnement d'un chant.

Accompli, e adj. Qui est achevé; parfait.

Accomplir v. a. Achever, exécuter entièrement. S'accomplir v. pr. s'effectuer.

Accomplissement s. m. Exécution entière, achèvement parfait.

Accord s. m. Convention; conformité d'idées; concordance des sons. D'ACCORD! loc. adv. J'y consens.

Accordailles s. f. pl. ou **accords** s. m. pl. Conventions en vue d'un mariage.

Accordé, ée adj. Mis d'accord. S. f. Jeune fille fiancée.

Accordéon s. m. Instrument de musique à touches et à soufflet.

Accorder v. a. Mettre d'accord (des instruments; fig. des personnes); concéder; donner. S'ACCORDER v. pr. Être, se mettre d'accord.

Accordeur s. m. Qui accorde les instruments de musique.

Accordoir s. m. Outil de luthier, de facteur d'instruments, pour les accorder.

Accort, orte adj. Qui est d'humeur douce, d'esprit avisé.

Accortise s. f. Humeur facile, enjouée; douceur.

Accostable adj. Facile à aborder.

Accoster v. a. Aborder quelqu'un; se dit d'un navire qui se place le long d'un quai ou d'un autre navire. S'ACCOSTER v. pr. S'approcher pour se parler.

Accotement s. m. Espace compris entre la maison et le ruisseau.

Accoter v. a. Appuyer de côté. S'ACCOTER v. pr. S'appuyer de côté.

Accotoir s. m. Appui pour s'accoter.

Accouchement s. m. Enfantement.

Accoucher v. n. Enfanter. V. a. aider à l'accouchement. Fig. mettre au jour : *accoucher d'un projet.*

Accouder (S') v. pr. S'appuyer du coude.

Accoudoir s. m. Appui pour s'accouder*.

Accouple s. f. Lien pour attacher, pour accoupler les chiens.

Accouplement s. m. Assemblage par couple.

Accoupler v. a. Joindre par couple; mettre deux à deux.

Accourcir v. a. Rendre plus court. S'ACCOURCIR v. pr. devenir plus court.

Accourcissement s. m. Diminution de longueur.

Accourir v. n. Courir, aller à la hâte, aller promptement vers.

Accoutrement s. m. Habillement; vêtement; ajustements ridicules.

Accoutrer v. a. Parer d'habits d'une manière ridicule.

Accoutumer v. a. Donner, faire prendre une habitude, une coutume. S'ACCOUTUMER v. pr. S'habituer à.

Accréditer v. a. Mettre en crédit, en réputation; donner cours à une opinion; donner des lettres de créance. S'ACCRÉDITER v. pr. Acquérir du crédit.

Accroc s. m. Déchirure d'une étoffe en accrochant; ce qui accroche. Fig. obstacle, embarras, difficulté.

Accrocher v. a. Suspendre à un crochet. Fig. retarder, attirer à soi, obtenir. S'ACCROCHER v. pr. S'attacher à.

Accroire v. n. (en faire accroire). Faire croire ce qui n'est pas. (S'en faire ACCROIRE) v. pr. S'enorgueillir; présumer trop de soi.

Accroissement s. m. Augmentation.

Accroître v. a. Augmenter. S'ACCROITRE v. pr. Devenir plus grand.

Accroupir (S') v. pr. S'asseoir sur ses talons.

Accroupissement s. m. Etat d'une personne accroupie.

Accueil s. m. Réception faite à quelqu'un qui arrive.

Accueillir v. a. Recevoir une personne qui vient à nous. Fig. *accueillir une proposition.*

Accul s. m. Lieu étroit, sans issue.

Acculer v. a. Pousser dans un coin, dans un endroit où l'on ne peut reculer.

Accumulateur, trice s. Qui accumule.

Accumulation s. f. Action d'accumuler.

Accumuler v. a. Amasser et mettre ensemble. S'ACCUMULER v. pr. S'augmenter.

Accurse, célèbre jurisconsulte italien (1180-1260).

Accusable adj. Qu'on peut accuser.

Accusateur, trice s. Celui, celle qui accuse quelqu'un en justice.

Accusatif s. m. Quatrième cas de la déclinaison grecque et latine.

Accusation s. f. Action d'accuser en justice; imputation d'un délit, d'un crime.

Accusé, ée adj. et s. Traduit en justice par suite d'une accusation; inculpé.

Accuser v. a. Charger d'une accusation; déférer en justice. Fig. *accuser la réception d'une lettre*, l'annoncer.

Acerbe adj. Apre, dur.

Acerbité s. f. Qualité de ce qui est acerbe.

Acéré, ée adj. Garni d'acier; affilé. Fig. mordant : *les traits acérés de la médisance.*

Acérer v. Mettre de l'acier après le fer pour le faire mieux couper.

Acérinées s. f. pl. *Bot.* Famille des érables.

Acétate s. m. *Chim.* Sel formé par l'union de l'acide acétique avec différentes bases.

Acétique adj. *Acide acétique*, acide qui forme la base du vinaigre.

Achab, roi d'Israël, m. 887 av. J.-C.

Achaïe, Etat de l'ancienne Grèce.

Achalandage s. m. Action d'achalander.

Achalander v. a. Donner des pratiques, du crédit, de la vogue.

Acharnement s. m. Fureur opiniâtre.

Acharner v. a. Irriter, animer au combat. S'ACHARNER v. pr. S'attacher avec fureur.

Achat s. m. Emplette, acquisition à prix d'argent; chose achetée.

Achate, compagnon d'Enée dans Virgile.

Achaz, roi de Juda, m. 732 av. J.-C.

Ache s. f. Sorte de grand persil; céleri sauvage.

Achélous, fleuve de l'ancienne Grèce; dieu de ce fleuve (*Myth.*).

Acheminement s. m. Avancement dans une voie qui mène à un but.

Acheminer v. a. Mettre en état de réussir. S'ACHEMINER v. pr. Se mettre en chemin. Fig. marcher vers le succès.

Achéron s. m. Un des fleuves de l'enfer; l'enfer.

Acheter v. a. Acquérir à prix d'argent. Fig. se procurer; obtenir avec peine : *acheter la gloire au prix du bonheur.*

Acheteur, euse s. Qui achète.

Achevé, ée adj. Accompli; parfait.

Achèvement s. m. Exécution entière; action d'achever.

Achever v. a. Terminer; perfectionner. Fig. compléter la ruine : *cette perte l'achève*. S'ACHEVER v. pr. Se finir, se terminer.

Achille, héros grec, meurtrier d'Hector au siège de Troie et tué par Pâris.

Achillée s. f. *Bot.* Plante corymbifère.

Achoppement s. m. Ecueil, obstacle. *Pierre d'achoppement*, occasion de faillir.

Achromatique adj. Qui laisse voir les objets sans mélange de couleurs étrangères.

Achromatisme s. m. Destruction des couleurs par l'effet d'un verre lenticulaire.

Acide s. m. Substance d'une saveur aigre et piquante. Adj. aigre.

Acidifier v. a. *Chim.* Rendre acide.

Acidité s. f. Qualité de ce qui est acide.

Acidule adj. Légèrement acide.

Aciduler v. a. Rendre aigre par le mélange d'un acide.

Acier s. m. Combinaison du fer avec le charbon. Fig. épée.

Aciérer v. a. Convertir le fer en acier.

Aciérie s. f. Manufacture d'acier.

Acolyte s. m. Clerc qui sert l'officiant à l'autel. Fig. personne qui en accompagne une autre.

Acompte s. m. Payement d'une partie de la somme due.

Aconit s. m. Plante vénéneuse.

Acoquiner v. a. Attacher par l'habitude. S'ACOQUINER v. pr. S'attacher trop à ce qui plaît.

Acotylédone et **acotylédoné**, ée adj. *Bot.* (Plantes) dépourvues de cotylédons à leur naissance. ACOTYLÉDONES s. f. pl. Grande division du règne végétal.

Acoustique s. f. Théorie des sons et de leurs propriétés. Adj. qui concerne l'ouïe; qui augmente le son : *cornet acoustique**.

Acquéreur s. m. Qui acquiert, qui a acquis un immeuble, etc.

Acquérir v. a. Acheter, se procurer par un moyen quelconque. S'ACQUÉRIR v. pr. Se procurer : *s'acquérir l'estime*; être, pouvoir être acquis : *la science s'acquiert par l'étude*.

Acquêt s. m. Gain ; chose acquise.

Acquiescement s. m. Adhésion, consentement.

Acquiescer v. n. Consentir à ; céder.

Acquisition s. m. Action d'acquérir ; chose acquise.

Acquit s. m. Quittance, décharge. PAR MANIÈRE D'ACQUIT loc. adv. Nonchalamment.

Acquit-à-caution s. m. Billet d'octroi qui permet de faire circuler librement des marchandises d'un lieu à un autre.

Acquittement s. m. Action d'acquitter.

Acquitter v. a. Rendre quitte ; payer ; décharger d'une accusation. S'ACQUITTER v. pr. Payer ses dettes. Fig. remplir son devoir, une fonction.

Acre s. f. Mesure de terre.

Acre adj. Piquant, corrosif.

Acreté s. f. Qualité de ce qui est âcre.

Acrimonie s. f. Acreté. Fig. aigreur.

Acrimonieux, euse adj. Qui a de l'acrimonie.

Acrobate s. m. Danseur de corde.

Acropole s. f. Citadelle qui domine une ville.

Acrostiche s. m. Petite pièce de vers dont chacun commence par une lettre d'un même mot.

Acrotère s. m. Petit piédestal.

Acte s. m. Opération d'un agent ; mouvement de l'âme ; action. Partie d'une pièce de théâtre ; écrit obligatoire. Pl. Décisions rédigées d'une autorité.

Actéon. *Myth.* Cheval du Soleil ; grand chasseur.

Acteur, trice s. Qui joue un rôle dans une pièce de théâtre.

Actif, ive adj. Qui agit ; vif. *Verbe actif*, qui exprime l'action. S. m. Valeurs que l'on possède.

Action s. f. Opération de celui qui agit ; poursuite en justice ; part dans une entreprise. Fig. véhémence dans le discours. *Actions de grâces*, remerciements.

Actionnaire s. m. Qui a une action de commerce.

Actionner v. a. Intenter une action en justice contre quelqu'un.

Activement adv. D'une manière active.

Activer v. a. Accélérer.

Activité s. f. Faculté active ; action d'agir. Fig. diligence, promptitude.

Actualité s. f. État présent d'une chose.

Actuel, elle adj. Effectif, réel ; présent.

Actuellement adv. A présent ; effectivement.

Acuité s. f. Etat de ce qui est aigu.

Acuminé, ée adj. *Bot.* Qui se rétrécit en pointe.

Acutangle adj. A angle aigu.

Adage s. m. Proverbe, maxime.

Adagio adv. T. de mus., lentement. S. m. Air lent.

Adam, le premier homme.

Adam (Adolphe), musicien français (1803-1856).

Adamantin, ine adj. De la nature du diamant.

Adanson, naturaliste français (1727-1806).

Adaptation s. f. Action d'adapter.

Adapter v. a. Approprier, ajuster une chose à une autre.

Addison (Joseph), écrivain anglais (1672-1719).

Addition s. f. Ce qui est ajouté à une chose ; opération de calcul.

Additionnel, elle adj. Ce qui est *ou* qui doit être ajouté.

Additionner v. a. Faire une addition.

Adducteur s. m. et adj. (muscle) qui rapproche un membre de l'axe du corps.

Adduction s. f. Action des muscles adducteurs.

Adémar, historien français (Xe et XIe siècle).

Adepte s. m. Initié aux mystères d'une secte, d'une science, etc.

Adéquat, ate adj. Entier, total.

Adherbal, général carthaginois, roi de Numidie (112 av. J.-C.)

Adhérence s. f. Union intime d'une chose à une autre. Fig. attachement à un parti, à une opinion.

Adhérent, ente adj. Fortement attaché à.

Adhérer v. n. Tenir fortement à. Fig. adhérer à un parti, à une opinion.

Adhésion s. f. Action d'adhérer.

Adieu interj. Salut en se quittant. S. m. Congé; séparation douloureuse.

Adipeux, euse adj. *Anat.* Graisseux.

Adjacent, e adj. Situé auprès.

Adjectif s. m. Mot qu'on joint au substantif pour le qualifier, le modifier, le déterminer.

Adjectivement adv. En manière d'adjectif.

Adjoindre v. a. Joindre à.

Adjoint s. m. Associé à un autre pour l'aider; aide d'un maire.

Adjonction s. f. Jonction d'une personne à une autre.

Adjudant s. m. Officier qui aide un officier supérieur.

Adjudicataire s. m. A qui l'on adjuge.

Adjudicateur, trice et **adjudicatif, ive** adj. Qui adjuge.

Adjudication s. f. Acte judiciaire qui adjuge.

Adjuger v. a. Attribuer; livrer à quelqu'un par autorité de justice.

Adjuration s. f. Action d'adjurer.

Adjurer v. a. Commander au nom de Dieu.

Ad libitum loc. adv. lat. A volonté.

Admète *Myth.* Roi de Phères. en Thessalie.

Admettre v.a. Recevoir, agréer, reconnaître pour véritable, pour valable.

Administrateur, trice adj. Qui administre.

Administratif, ive adj. Qui tient à l'administration.

Administration s. f. Direction des affaires; gouvernement; action de conférer les sacrements.

Administrativement adv. Par des moyens administratifs.

Administré s. m. Citoyen sous l'autorité d'un administrateur.

Administrer v. a. Gouverner; rendre (la justice); conférer (les sacrements). S'ADMINISTRER v. pr. Etre, pouvoir être gouverné.

Admirable adj. Digne d'être admiré.

Admirablement adv. D'une manière admirable.

Admirateur, trice s. Qui admire.

Admiratif, ive adj. Qui marque, qui excite l'admiration.

Admiration s. f. Action d'admirer; objet de l'admiration.

Admirer v. a. Considérer avec étonnement; être surpris.

Admissibilité s. f. Qualité d'une personne ou d'une chose admissible.

Admissible adj. Qui peut être admis.

Admonester v. a. Faire une réprimande.

Admonition s. f. Avertissement; action d'admonester.

Adolescence s. f. Espace de temps compris entre la puberté et la virilité.

Adolescent, e s. Qui est dans l'adolescence.

Adolphe de Nassau, empereur d'Allemagne (1292-1298).

Adonaï, nom donné à Dieu par les Juifs.

Adonis, jeune Grec d'une grande beauté. S. m. Très beau garçon.

Adoniser v. a. Parer avec recherche. S'ADONISER v. pr. Se parer avec affectation.

Adonner (S') v. pr. S'appliquer; se livrer avec passion à; fréquenter.

Adoptable adj. Qui peut être adopté.

Adopter v. a. Reconnaître pour fils ou pour fille. Fig. choisir de préférence; admettre.

Adoptif, ive adj. Qui est adopté.

Adoption s. f. Action d'adopter. Fig. préférence, choix.

Adorable adj. Digne d'être adoré: que l'on aime beaucoup.

Adorateur, trice s. Celui, celle qui adore.

Adoratif, ive adj. Qui exprime l'adoration.

Adoration s. f. Action d'adorer; amour extrême.

Adorer v. a. Rendre un culte à Dieu; aimer passionnément.

Ados s. m. Terre en talus contre un mur.

Adosser v. a. Appuyer le dos ou une chose contre une autre.

Adoucir v. a. Rendre plus doux. Fig. rendre plus supportable : *adoucir la misère*.

Adoucissant, e adj. Qui adoucit.

Adoucissement s. m. Action d'adoucir ; état de ce qui est adouci.

Adragant ou **adragante** adj. (gomme) employée pour donner de la consistance aux pâtes et aux pastilles.

Adresse s. f. Indication du domicile ; lettre de respect ou de demande adressée à un supérieur ; dextérité du corps ou de l'esprit ; ruse, finesse.

Adresser v. a. Envoyer directement : *Adresser la parole à quelqu'un*, lui parler. S'ADRESSER v. pr. Parler à ; avoir recours à.

Adrets (baron des), fameux chef des protestants (1513-1587).

Adrien, empereur romain (76-138).

Adroit, e adj. Qui a de l'adresse.

Adroitement adv. Avec adresse.

Adulateur, **trice** et **adulatif**, **ive** adj. et s. Qui flatte bassement.

Adulation s. f. Flatterie basse et lâche.

Aduler v. a. Flatter bassement.

Adulte adj. et s. Adolescent.

Adultère s. m. Violation de la foi conjugale. Adj. Qui viole cette loi.

Adultérin, **ine** adj. Né d'un adultère.

Aduste adj. Brûlé.

Adustion s. f. *Méd.* Etat de ce qui est brûlé.

Advenir v. n. imp. Arriver par accident.

Adventice adj. Qui vient du dehors.

Adventif, **ive** adj. Provenant de succession collatérale ou de donation.

Adverbe s. m. Mot qui sert à modifier un verbe, un adjectif ou un autre adverbe.

Adverbial, **ale** adj. Qui tient de l'adverbe.

Adverbialement adv. D'une manière adverbiale.

Adversaire s. Qui est d'un parti, d'un avis contraire.

Adversatif, **ive** adj. Qui marque l'opposition, la différence.

Adverse adj. Contraire.

Adversité s. f. Infortune, malheur.

Adynamie s. f. Manque de forces.

Aérage s. m. Action d'aérer.

Aéré, **ée** adj. Qui reçoit *ou* qui a reçu de l'air.

Aérer v. a. Donner de l'air.

Aérien, **enne** adj. Qui tient de l'air ; qui l'habite.

Aérifère adj. Qui conduit l'air.

Aériforme adj. Comme l'air, qui en a les propriétés.

Aérographie s. f. Description de l'air.

Aérolithe s. m. Pierre tombée du ciel.

Aéromètre s. m. Instrument pour mesurer la densité de l'air.

Aérométrie s. f. Art de mesurer l'air ; science de l'air.

Aéronaute s. m. Qui voyage dans les aérostats.

Aérostat s. m. Ballon rempli de fluide plus léger que l'air*.

Aérostation s. f. Art de construire les ballons et de les diriger.

Aérostatique adj. Qui a rapport aux aérostats. S. f. Partie de la physique qui traite de l'équilibre de l'air.

Aérostier s. m. Celui qui manœuvre un aérostat.

Aétius, général romain, vainqueur d'Attila.

Affabilité s. f. Qualité de celui qui est affable.

Affable adj. Qui écoute avec bonté, doux.

Affablement adv. Avec affabilité.

Affabulation s. f. Sens moral d'une fable, d'une apologue.

Affadir v. a. Rendre fade. S'AFFADIR v. pr. Devenir fade.

Affadissement s. m. Effet désagréable de la fadeur.

Affaiblir v. a. Diminuer ; ôter la force. S'AFFAIBLIR v. pr. Devenir faible.

Affaiblissant, e adj. Qui affaiblit.

Affaiblissement s. m. Débilitation ; diminution de forces.

Affaire s. f. Occupation; convention; querelle; embarras; duel. *Avoir affaire à quelqu'un* : être en rapport avec lui, en dépendre. *Avoir affaire de* : avoir besoin.

Affairé, ée adj. Qui a beaucoup d'affaires.

Affaissement s. m. Etat de ce qui est affaissé. Fig. accablement, faiblesse.

Affaisser v. a. Faire baisser sous le poids. Fig. accabler. S'AFFAISSER v. pr. s'affaiblir; s'abaisser par sa propre pesanteur.

Affaler v. a. *Mar.* Faire baisser par force. S'AFFALER v. pr. Glisser le long des cordages.

Affamé, ée adj. Pressé de la faim. Fig. très avide : *affamé de gloire*.

Affamer v. a. Causer la faim; ôter les vivres.

Affectation s. f. Manière vicieuse, non naturelle, trop étudiée dans le langage, les actions.

Affecté, ée adj. Destiné à; qui a de l'affectation. Fig. affligé.

Affecter v. a. Faire avec affectation; destiner à. Fig. affliger. S'AFFECTER v. pr. S'affliger.

Affectif, ive adj. Qui inspire de l'affection.

Affection s. f. Attachement pour une chose, une personne; bienveillance, amitié. S. f. pl. goûts.

Affectionnément adv. Avec affection.

Affectionner v. a. Aimer.

Affectueusement adv. D'une manière affectueuse.

Affectueux, euse adj. Plein d'affection.

Afférent, e adj. Qui revient à.

Affermer v. a. Donner *ou* prendre à ferme.

Affermir v. a. Rendre ferme, assuré. S'AFFERMIR v. pr. Devenir plus ferme.

Affermissement s. m. Action d'affermir; état d'une chose affermie.

Affété, ée adj. Qui a de l'afféterie.

Afféterie s. f. Manière affectée en parlant, en agissant.

Affiche s. f. Placard écrit ou imprimé qu'on place sous les yeux du public dans un lieu apparent.

Afficher v. a. Poser une affiche. Fig. montrer publiquement, avec affectation.

Afficheur s. m. Celui qui pose les affiches.

Affidé, ée adj. et s. A qui on se fie; partisan, complice.

Affiler v. a Aiguiser, donner le fil au tranchant d'un outil.

Affiliation s. f. Admission dans une société.

Affilié, ée adj. Admis dans un corps.

Affilier v. a. Admettre dans une société.

Affiloir s. m. ou **Affiloire** s. f. Pince ou pierre pour aiguiser.

Affinage s. m. Action d'affiner; dernière façon.

Affiner v. a. Rendre un métal plus fin, plus pur; donner la perfection.

Affinerie s. f. Lieu où l'on affine.

Affineur s. m. Celui qui affine les métaux.

Affinité s. f. Alliance, parenté; liaison intime; tendance à se réunir.

Affinoir s. m. Instrument pour passer le chanvre et l'affiner.

Affirmatif, ive adj. Qui affirme.

Affirmation s. f. Expression qui affirme, action d'affirmer.

Affirmative s. f. Proposition par laquelle on affirme.

Affirmativement adv. D'une manière affirmative.

Affirmer v. a. Assurer, soutenir qu'une chose est vraie.

Affleurement s. m. Action d'affleurer.

Affleurer v. a. Mettre de niveau.

Afflictif, ive adj. (Peine) corporelle infligée par la justice.

Affliction s. f. Profond abattement, malheur.

Affligé, ée adj. et n. Qui a de l'affliction; malheureux.

Affligeant, e adj. Qui afflige.

Affliger v. a. Causer de l'affliction, du chagrin. S'AFFLIGER v. pr. Avoir du chagrin, s'attrister.

Affluence s.m. Concours d'eaux, abondance de personnes ou de choses.

Affluent, e adj. et s. m. Se dit d'une rivière qui se jette dans une autre.

Affluer v. a. Se rendre au même canal. Fig. abonder.

Afflux s. m. Action d'affluer

Affoler v. a. Rendre fou, très passionné. S'AFFOLER v. pr. Devenir fou de, être épris.

Affouage s. m. Droit de coupe de bois.

Affourcher v. a. *Mar.* Disposer les câbles de deux ancres en fourche.

Affranchi, ie s. Esclave rendu à la liberté.

Affranchir v. a. Mettre en liberté; décharger, exempter. *Affranchir une lettre :* en payer le port avant qu'elle parte.

Affranchissement s. m. Action d'affranchir, son effet.

Affre (Denis), archevêque de Paris, tué sur les barricades en 1848.

Affres s. f. pl. Grand effroi.

Affrètement s. m. Prix convenu du louage d'un navire.

Affréter v. a. Prendre à louage un vaisseau.

Affréteur s. m. Qui prend à louage un vaisseau.

Affreusement adv. D'une manière affreuse.

Affreux, euse adj. Qui donne de l'effroi; horrible.

Affriander v. a. Rendre friand; allécher.

Affrioler v. a. Attirer en flattant le goût.

Affront s. m. Injure; déshonneur.

Affronter v. a. Attaquer avec hardiesse; *affronter le péril, la mort,* s'y exposer hardiment.

Affronteur, euse adj. Qui affronte. Fig. trompeur.

Affublement s. m. Vêtement.

Affubler v. a. Vêtir.

Affût s. m. Machine pour soutenir et mouvoir le canon; lieu où l'on se cache pour épier le gibier.

Affûtage s. m. Aiguisement.

Affûter v. a. Aiguiser; mettre un canon sur son affût.

Affutiau s.m. Brimborion (pop.).

Afin (de *ou* que) *conj.* A l'effet de.

Agaçant, e adj. Qui agace.

Agace ou **Agasse** s. f. Pie.

Agacement s. m. Irritation des dents, des nerfs.

Agacer v. a. Irriter les dents, les nerfs. Fig. exciter, impatienter.

Agacerie s. f. Petits moyens pour attirer l'attention d'une personne à qui l'on veut plaire.

Agamemnon, roi de Mycènes, chef des Grecs devant Troie.

Agapes s. f. pl. Repas des premiers chrétiens dans les églises.

Agar, mère d'Ismaël.

Agaric s. m. Sorte de champignon.

Agate s.f. Pierre précieuse demi-transparente.

Age s. m. Temps écoulé depuis la naissance; époque; vieillesse.

Agé, ée adj. Vieux.

Agence s. f. Charge, fonction d'agent. Bureau d'agent d'affaires.

Agencement s. m. Disposition.

Agencer v. a. Disposer, ajuster.

Agenda s. m. Notes de choses à faire.

Agenouiller (s') v. pr. Se mettre à genoux.

Agent s. m. Tout ce qui agit; celui qui dirige une affaire. *Agent de change,* officier public chargé de négocier les papiers de commerce.

Agésilas, roi de Sparte (398 à 361 av. J.-C.).

Aggée, l'un des douze petits prophètes.

Agglomérat s. m. Substances longtemps divisées agglomérées par l'action des eaux.

Agglomération s. f. Réunion en masse; action d'agglomérer.

Aggloméré, ée adj. Réuni, assemblé.

Agglomérer v. a. Assembler, amonceler.

Agglutinant, e et **Agglutinatif, ive** adj. Qui agglutine.

Agglutination s. f. Action d'agglutiner.

Agglutiner v. a. Réunir les chairs, les peaux; les recoller.

Aggravant, e adj. Qui rend plus grave.

Aggravation s. f. Action d'aggraver.

Aggraver v. a. Rendre plus grave.

Agile adj. Qui a de l'agilité.

Agilement adv. Avec agilité.

Agilité s. f. Légèreté; grande facilité de se mouvoir; souplesse. Fig. *agilité d'esprit.*

Agio s. m. Différence de valeur entre l'argent et les papiers publics ; bénéfice sur le commerce des espèces.

Agiotage s. m. Trafic sur les effets publics ou sur certaines marchandises.

Agioter v. n. Faire l'agiotage.

Agioteur s, m. Qui fait l'agiotage.

Agir v. n. Faire quelque chose ; produire une impression ; se conduire ; attaquer en justice. S'AGIR v. pr. impers. falloir, être question de.

Agissant, e adj. Qui agit.

Agitateur s. m. Qui agite, trouble le peuple, qui cherche à le soulever.

Agitation s. f. Ébranlement prolongé. Fig. trouble de l'âme.

Agiter v. a. Ébranler ; causer de l'agitation ; discuter. Fig. soulever ; faire révolter. S'AGITER v. pr. s'inquiéter, se troubler.

Aglaé, *Myth.* L'une des trois Grâces.

Agnat s. m. Collatéral descendant par mâle d'une même souche masculine.

Agnation s. f. Qualité des agnats.

Agneau s. m. Petit d'une brebis. Fig. personne ou bête très douce.

Agneler v. n. Mettre bas (en parlant des brebis).

Agnelet s. m. Petit agneau.

Agneline adj. f. (Laine —) des agneaux.

Agnus s. m. Figure d'un agneau sur la cire ou en broderie.

Agonie s. f. Dernière lutte de la nature contre la mort. Fig. vive angoisse.

Agonisant e adj. et s. Qui est à l'agonie.

Agoniser v. n. Être à l'agonie.

Agrafe s. f. Espèce de crochet qui entre dans un anneau *dit* porte*.

Agrafer v. a. Attacher une agrafe.

Agraire adj. Relatif au partage des terres : *loi agraire.*

Agrandir v. a. Rendre plus grand. S'AGRANDIR v. pr. Étendre son logement, ses propriétés.

Agrandissement s. m. Accroissement, augmentation d'étendue.

Agréable adj. Qui plaît.

Agréablement adv. D'une manière agréable.

Agréé s. m. Homme d'affaires ou défenseur agréé par les tribunaux de commerce pour y postuler et plaider.

Agréer v. a. Recevoir favorablement. V. n. Plaire.

Agrégat s. m. Agglutination de substances dès l'époque de leur formation.

Agrégation s. f. Association à un corps ; grade universitaire ; assemblage des parties.

Agrégé s. m. Agrégat ; gradué admis dans le corps des professeurs.

Agréger v. a. Admettre dans un corps ; réunir des parties.

Agrément s. m. Approbation ; ce qui plaît dans une personne ou dans une chose ; plaisir.

Agrès s. m. pl. *Mar.* Voiles, cordages, poulies, etc., pour équiper un navire.

Agresseur s. m. Qui attaque le premier.

Agressif, ive adj. Qui a le caractère de l'agression ; qui attaque.

Agression s. f. Action de l'agresseur

Agreste adj. Champêtre, rustique. Fig. impoli, barbare.

Agricola, général romain, m. 93.

Agricole adj. Adonné à l'agriculture.

Agriculteur s. m. Cultivateur.

Agriculture s. f. Art de cultiver la terre.

Agriffer (s') v. pr. S'attacher avec les griffes à.

Agrippa, général romain, m. 12 av. J.-C.

Agripper v. a. Saisir avidement.

Agrippine, femme de Germanicus, m. en 33 ; sa fille, mère de Néron, m. en 49.

Agronome s. m. Qui connaît l'agriculture.

Agronomie s. f. Théorie de l'agriculture.

Agronomique adj. Qui a rapport à l'agronomie.

Aguerrir v. a. Accoutumer à la guerre ; fig. à tout ce qui est pénible.

Aguets s. m. pl. *Être aux aguets*, épier.

Ah! interj. qui marque la joie, l'admiration, le plaisir, la douleur, etc.

Ahuri, ie adj. et s. Interdit, stupéfait.

Ahurir v. a. Étourdir, étonner.

Aide s. f. Secours. À L'AIDE adv. Au secours; prép. au moyen de. S. m. Celui qui aide à un autre.

Aider v. a. Secourir, assister. AIDER À (quelqu'un) v. n. Contribuer à son travail.

Aïe! interj. qui marque la douleur.

Aïeul s m. Grand-père (pl. *aïeuls*). AÏEULE s. f. Grand'mère.

Aïeux s. m. pl. Ancêtres.

Aigle s. m. Grand oiseau de proie*. Fig. homme supérieur. S. f. Étendard, enseigne.

Aiglon s. m. Petit aigle.

Aigre adj. Acide. Fig. acariâtre, rude.

Aigre-doux, ce adj. Composé d'aigre et de doux.

Aigrefin s. m. Escroc.

Aigrelet, ette adj. Un peu aigre.

Aigrement adv. D'une manière aigre.

Aigret, ette adj. Aigrelet.

Aigrette s. f. Ornement de tête en bouquet; brosse en couronne en haut des graines des acanthacées (*Bot.*).

Aigreur s. f. Qualité de ce qui est aigre. Fig. haine, amertume.

Aigrir v. a. Rendre aigre. Fig. irriter. S'AIGRIR v. pr. Se gâter en devenant aigre. Fig. s'irriter.

Aigu, uë adj. Terminé en pointe, en tranchant. Fig. piquant, vif; perçant. ACCENT AIGU, petit signe ayant cette forme (').

Aiguade s. f. Provision d'eau douce et fraîche pour les vaisseaux; lieu où on la fait.

Aiguayer v. a. Baigner dans l'eau.

Aigue-marine s. f. Pierre précieuse.

Aiguière s. f. Vase fort ouvert, à anse et bec, où l'on met de l'eau.

Aiguille s. f. (*ll* m.). Outil d'acier, long et pointu, pour coudre, tricoter, etc.; verge de métal qui indique l'heure; pièce de fer servant à changer la voie sur un chemin de fer. Fig. pointe de clocher, obélisque.

Aiguillée s. f. (*ll* m.). Longueur de fil pour travailler à l'aiguille.

Aiguilleter v. a. (*ll* m.). Attacher avec des aiguillettes.

Aiguillette s. f. (*ll* m.). Cordon, ruban garni de métal en pointe par le bout*. Fig. long morceau de chair ou de peau.

Aiguilletier s. m. (*ll* m.). Ouvrier qui ferre les aiguillettes.

Aiguilleur s. m. (*ll* m.). Employé chargé du service de l'aiguille sur un chemin de fer.

Aiguillier s. m. (*ll* m.). Petit étui pour les aiguilles; celui qui fait des aiguilles.

Aiguillon s. m. (*ll* m.). Bâton ferré, pointu, pour piquer les bœufs; dard des insectes. Fig. tout ce qui excite.

Aiguillonner v. a. (*ll* m.). Piquer avec l'aiguillon. Fig. exciter.

Aiguisement s. m. Action d'aiguiser.

Aiguiser v. a. Rendre pointu, tranchant. Fig. *aiguiser l'esprit*, le rendre plus subtil, plus prompt; *aiguiser l'appétit*, le rendre plus vif.

Ail s. m. Sorte de petit oignon d'un goût très fort. Pl. *ails* pour les plantes, *aulx* pour les oignons.

Aile s. f. Membre des oiseaux, des insectes, garni de plumes pour voler*; côté d'un bâtiment, d'une armée.

Ailé, ée adj. Qui a des ailes.

Aileron s. m. Extrémité de l'aile à laquelle tiennent les grandes plumes; planche de la roue d'un moulin à eau.

Ailleurs adv. En un autre lieu. D'AILLEURS adv. D'un autre lieu; d'une autre cause; de plus.

Ailly (Pierre d'), cardinal et chancelier de l'Université (1350-1420).

Aimable adj. Digne d'être aimé; qui fait plaisir.

Aimablement adv. D'une manière aimable.

Aimant s. m. Pierre qui attire le fer. Fig. ce qui attire.

Aimant, e adj. Porté à aimer, qui aime.

Aimantation s. f. Action d'aimanter.

Aimanter v. a. Frotter (le fer) avec l'aimant.

Aimer v. a. Avoir de l'affection, de l'attachement, de l'amour pour un être. *Aimer mieux*, préférer; *aimer à*, se plaire à.

Aine s. f. Partie du corps entre le haut de la cuisse et le bas-ventre.

Aîné, ée adj. et s. Premier né; le plus âgé.

Aînesse s. f. Primogéniture, priorité d'âge entre frères et sœurs.

Ainsi adv. De la sorte; par conséquent. AINSI QUE, de même que.

Air s. m. Substance gazeuse qui entoure le globe terrestre et que nous respirons; vent. Fig. apparence extérieure; chant. AVOIR L'AIR, sembler.

Airain s. m. Alliage de cuivre et d'étain. Fig. *cœur d'airain*, cœur dur.

Aire s. f. Place unie pour battre le blé; nid des grands oiseaux de proie; surface. *Aire de vent*, espace dans la boussole pour chaque vent.

Airelle s. f. Arbrisseau de la famille des bruyères.

Ais s. m. Planche de bois.

Aisance s. f. Facilité, liberté dans l'action ou dans la parole. Fig. commodité, fortune.

Aise s. m. Contentement; état commode et agréable. Au pl. commodités de la vie. A L'AISE adv. Commodément.

Aisé, ée adj. Facile; libre, dégagé; assez riche.

Aisément adv. Facilement.

Aisselle s. f. Creux sous le bras où il se joint à l'épaule.

Ajax, nom de deux héros grecs. 1° *Ajax*, fils de Télamon, vaincu par Ulysse; 2° *Ajax*, fils d'Oïlée, englouti par les flots à son retour de Troie.

Ajonc s. m. Arbuste épineux.

Ajournement s. m. Assignation à jour fixe; remise à un autre jour.

Ajourner v. a. Assigner quelqu'un en justice, à jour fixe; renvoyer à un autre jour.

Ajoutage s. m. Chose ajoutée à d'autres.

Ajouter v. a. Augmenter; joindre à. *Ajouter foi*, croire.

Ajustage s. m. Action d'ajuster.

Ajustement s. m. Action d'ajuster; parure; accommodement.

Ajuster v. a. Rendre juste un poids, une mesure; adapter; viser juste; parer, embellir par des ajustements.

Ajusteur s. m. Celui qui ajuste.

Alacoque (Marie), religieuse, instigatrice de la dévotion au Sacré Cœur (1647-1690).

Alacrité s. f. Gaieté, joie ouverte.

Alambic s. m. Vaisseau pour distiller*. Fig. *passer par l'alambic*, discuter avec soin.

Alambiqué, ée adj. Trop subtil, trop raffiné.

Alambiquer v. a. Fig. fatiguer l'esprit. V. n. Chercher de vaines subtilités.

Alambra ou **Alhambra**, célèbre édifice de Grenade.

Alanguir v. a. et n. Rendre ou être languissant.

Alanguissement s. m. État de langueur; action d'alanguir.

Alaric Ier, roi des Wisigoths, m. 412. ALARIC II, roi des Wisigoths, m. 507.

Alarmant, e adj. Qui alarme.

Alarme s. f. Cri, signal pour faire courir aux armes; frayeur, épouvante.

Alarmer v. a. Donner l'alarme; causer de l'inquiétude. S'ALARMER v. pr. S'épouvanter.

Alarmiste s. m. Qui répand de mauvaises nouvelles.

Albane (l'), peintre italien, né à Bologne (1578-1660).

Albâtre s. m. Espèce de marbre, transparent, veiné. Fig. grande blancheur.

Albatros s. m. Le plus gros des oiseaux palmipèdes.

Albe (duc d'), général de Charles-Quint et de Philippe II (1508-1582).

Alberge s. f. Sorte de pêche.

Albergier s. m. Arbre qui porte les alberges.

Albigeois, secte religieuse qui se propagea, dès le onzième siècle, dans le midi de la France et fut détruite au treizième siècle.

Albinos s. m. Homme d'un blanc blafard.

Alboin, roi des Lombards (561-573).

Albuginé, e adj. Se dit des membranes de couleur blanche.

Albugineux, euse adj. De couleur blanche.

Album s. m. Cahier de papier blanc; tablettes; recueil de morceaux choisis de peinture ou de dessin.

Albumen s. m. L'un des principes constituants du corps humain.

Albumine s. f. Substance de la nature du blanc d'œuf.

Albumineux, euse adj. Qui ressemble au blanc d'œuf.

Alcade s. m. Juge en Espagne.

Alcali s. m. Substance qui verdit les couleurs bleues végétales et forme des sels en se combinant avec les acides.

Alcalin, ine adj. Qui a des propriétés de l'alcali.

Alcalisation s. f. Opération qui communique, développe, extrait l'alcali.

Alcaliser v. a. Tirer l'acide d'un sel et n'y laisser que l'alcali.

Alcarazas (*zace*) s. m. Vase de terre poreux, en forme de carafe, dans lequel l'eau se rafraîchit promptement*.

Alceste, femme d'Admète, roi de Phères.

Alchimie s. f. Art chimérique de la transmutation des métaux.

Alchimiste s. m. Qui exerce l'alchimie.

Alcibiade, général athénien, (450-404 av. J.-C.).

Alcide, Hercule.

Alcinoüs, roi des Phéaciens, qui accueillit Ulysse naufragé.

Alcool s. m. Esprit de vin pur.

Alcoolat s. m. Médicament à l'alcool.

Alcoolique adj. Qui contient de l'alcool.

Alcoolisation s. f. Action de réduire à l'état d'alcool, d'alcooliser.

Alcooliser v. a. Réduire à l'état d'alcool; mêler de l'alcool à un liquide.

Alcoomètre s. m. Instrument pour mesurer la force de l'alcool.

Alcôve s. m. Enfoncement dans une chambre pour placer un lit.

Alcuin, savant anglais sous Charlemagne (735-804).

Alcyon s. m. Oiseau de mer.

Alderman s. m. Officier municipal en Angleterre.

Aléatoire adj. Qui repose sur un événement incertain.

Aléatoirement adv. D'une manière aléatoire.

Alecton (*Myth.*), l'une des trois Furies.

Alêne s. f. Poinçon courbe pour percer le cuir.

Alênier s. m. Qui fait et vend les alênes.

Alentour adv. Aux environs.

Alerte adj. Vigilant, vif, gai. S. f. Alarme subite. Interj. Debout! Sur vos gardes!

Aléser v. a. Polir, limer; former un canon, le calibrer.

Alésoir s. m. Outil pour aléser.

Alestir (s') v. pr. Se débarrasser de tout ce qui gêne.

Alevin ou **Alvinage** s. m. Fretin pour peupler les étangs.

Aleviner v. a. Repeupler avec l'alevin.

Alexandre LE GRAND, roi de Macédoine (356-323 av. J.-C.); — Ier, empereur de Russie (1777-1825); — JANNÉE, roi des Juifs (106-79 av. J.-C.); — SÉVÈRE, empereur romain (208-235); SAINT —, patriarche d'Alexandrie de 313 à 326.

Alexandrin adj. m. (Vers —) vers français de douze syllabes.

Alezan, ane adj. Bai ou fauve, tirant sur le roux. S. m. Cheval de cette couleur.

Alèze s. f. Petit drap pour les malades; petite planche.

Alfiéri, le premier poète tragiqu de l'Italie (1749-1803).

Algarade s. f. Insulte brusqu avec bravade et bruit.

Algèbre s. f. Science du calc des propriétés des grandeurs e général, représentées par de lettres.

Algébrique adj. De l'algèbre.

Algébriste s. m. Qui sait l'algèbre, qui s'en sert.

Algérien, ienne adj. et s. D'Alger.

Algide adj. Qui fait éprouver une sensation de grand froid.

Alguazil s. m. Exempt de police, en Espagne.

Algue s. f. Plante marine*.

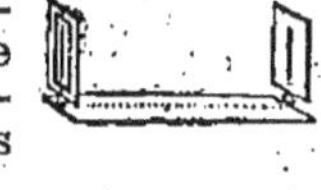

Alhambra. V. *Alambra*.

Ali, gendre de Mahomet, calife (m. 661).

Alibi s. m. Présence dans un lieu autre que celui désigné par l'accusation.

Alibile adj. Qui nourrit.

Aliboron s. m. Ignorant qui se mêle de tout.

Alidade s. f. Règle mobile placée sur un centre et servant à mesurer les angles*.

Aliénabilité s. f. Caractère de ce qui est aliénable.

Aliénable adj. Qui peut être aliéné.

Aliénation s. f. Action d'aliéner. Fig. haine, aversion ; folie.

Aliéné, ée s. Fou, folle.

Aliéner v. a. Vendre, transférer la propriété. Fig. *aliéner les esprits, les cœurs*, donner de l'aversion, du mépris.

Alignement s. m. Action d'aligner ; disposition sur une ligne droite.

Aligner v. a. Ranger sur une même ligne droite ; ajuster.

Aliment s. m. Nourriture. Fig. tout ce qui entretient : *Les sciences sont l'aliment de l'esprit.*

Alimentaire adj. Qui peut servir d'aliment ; qui a rapport aux aliments.

Alimentation s. f. Action de nourrir, d'alimenter.

Alimenter v. a. Nourrir. Fig. entretenir.

Alimenteux, euse adj. Qui nourrit.

Alinéa s. m. Commencement d'un paragraphe, marqué par un vide. Pl. *Alinéas*.

Aliquote adj. f. Se dit d'une partie contenue plusieurs fois dans un tout.

Aliter v. a. Réduire à garder le lit. S'ALITER v. pr. Se mettre au lit par maladie.

Alizari s. m. Racine sèche de garance.

Alizé adj. m. *Vents alizés*, vents réguliers entre les tropiques.

Allah s. m. Nom que les mahométans donnent à Dieu.

Allaitement s. m. Action d'allaiter.

Allaiter v. a. Nourrir de son lait.

Allant, e adj. Qui aime à marcher. LES ALLANTS s. m. pl. Ceux qui vont.

Allèchement s. m. Moyen pour allécher. Fig. attrait, amorce.

Allécher v. a. Attirer par le plaisir, la douceur, la séduction.

Allée s. f. Passage entre deux murs, entre deux rangs d'arbres. Pl. *Allées et venues*, démarches.

Allégation s. f. Citation ; proposition mise en avant.

Allège s. m. Petit bateau à la suite d'un plus grand pour l'alléger ; mur d'appui d'une fenêtre.

Allégeance s. f. Adoucissement, soulagement.

Allègement s. m. Soulagement.

Alléger v. a. Rendre plus léger. Fig. adoucir, soulager.

Allégir v. a. Diminuer en tous sens le volume d'un corps.

Allégorie s. f. Fiction qui présente à l'esprit un objet, de manière à lui en désigner un autre.

Allégorique adj. Qui tient de l'allégorie.

Allégoriquement adv. D'une manière allégorique.

Allégoriser v. a. Expliquer selon le sens allégorique ; donner un sens allégorique.

Allégoriste ou **Allégoriseur** s. m. Qui allégorise.

Allègre adj. Qui a le visage riant.

Allègrement adv. D'une manière allègre.

Allégresse s. f. Joie qui éclate au dehors, joie publique.

Allégretto adv. et s. m. *Mus.* Diminutif d'*allégro*.

Allégro adv. Gaiement. S. m. *Mus.* Air vif et gai.

Alléguer v. a. Citer ; prétexter.

Alléluia s. m. Chant d'église ; petite plante. (Pl. *Alléluias.*)

Allemand, e adj. et s. Né en Allemagne, d'Allemagne.

Aller v. n. Marcher ; passer d'un lieu à un autre. Fig. être en bonne voie, ou en bon état ; se porter vers ; convenir ; être dans un état de santé bon ou mauvais : *Comment allez-vous ?* Être sur le point de : *Je vais partir. Se laisser aller*, s'abandonner à. S'EN ALLER v. pr. Partir.

Alleu s. m. Bien franc de tous droits féodaux.

Alliacé, ée adj. Qui tient de l'ail.

Alliage s. m. Union de métaux ; mélange de substances.

Alliance s. f. Union, parenté par mariage ; confédération, ligue des États ; union, mélange de choses.

Allié, ée s. Joint par alliance.

Allier v. a. Mêler ; combiner ; joindre par mariage. S'ALLIER v. pr. S'unir par mariage ; se confédérer.

Allier s. m. Filet pour les oiseaux, les perdrix.

Alligator s. m. Crocodile.

Allitération s. f. Répétition affectée des mêmes lettres, des mêmes syllabes.

Allocation s. f. Action d'allouer.

Allocution s. f. Harangue de peu d'étendue.

Allodial, e adj. Tenu en franc-alleu.

Allonge s. f. Pièce qui sert à allonger.

Allongement s. m. Augmentation de longueur.

Allonger v. a. Rendre plus long.

Allopathe s. m. Médecin qui traite par l'allopathie.

Allopathie s. f. Système médical qui a pour objet de guérir les maladies par des remèdes ayant une action contraire à la cause de ces maladies.

Allopathique adj. Qui a rapport à l'allopathie.

Allouable adj. Qui se peut allouer.

Allouer v. a. Attribuer une somme à une dépense ; accorder : *allouer une indemnité.*

Alluchon s. m. Fuseau de bois dont on arme une roue pour la faire engrener.

Allumer v. a. Mettre le feu à... Fig. exciter ; enflammer : *allumer la guerre, les passions.*

Allumette s. f. Petit brin de bois, de chanvre, etc. soufré.

Allumeur s. m. Qui allume.

Allure s. f. Façon de marcher. Fig. manière d'agir, de se conduire.

Allusion s. f. Figure de rhétorique par laquelle on dit une chose qui en rappelle une autre.

Alluvial, e, ou **alluvien, enne** adj. Formé par alluvion.

Alluvion s. f. Accroissement du sol par le dépôt latéral des eaux.

Almanach s. m. Calendrier avec le cours des astres.

Almanzor ou **Al-Mansour**, calife abbasside (m. 775). — Célèbre capitaine des Maures d'Espagne (m. 1001).

Almohades, dynastie arabe qui régna de 1129 à 1273.

Aloès s. m. Sorte de plante à suc vermifuge, purgatif, vulnéraire ; ce suc.

Aloi s. m. Titre des métaux. Fig. qualité, nature : *marchandise de bas aloi.*

Alors adv. En ce temps-là ; en ce cas-là.

Alose s. f. Sorte de poisson.

Alouette s. f. Sorte d'oiseau*.

Alourdir v. a. Rendre lourd. S'ALOURDIR v. pr. Devenir lourd.

Aloyau s. m. Pièce coupée le long du dos du bœuf.

Alpaca s. m. Grosse étoffe de laine.

Alpestre adj. Des Alpes, de leur nature.

Alpha s. m. Première lettre de l'alphabet grec. Fig. commencement, principe : *Je suis l'alpha et l'oméga*, le commencement et la fin.

Alphabet s. m. Ensemble des lettres d'une langue ; livret qui les contient. Fig. éléments, premiers principes.

Alphabétique adj. De l'alphabet ; selon son ordre.

Alphabétiquement adv. D'une manière alphabétique.

Alphonse, nom d'homme, porté par plusieurs princes, entre autres ALPHONSE Ier *le Batailleur*, roi d'Aragon, puis de Castille, m. en 1134; — ALPHONSE V *le Magnanime*, roi d'Aragon, m. en 1458; — ALPHONSE Ier, descendant des ducs de Bourgogne, fondateur du royaume de Portugal en 1139, m. en 1185.

Alpin, e adj. Des Alpes, et, par extension, des hautes montagnes.

Alpique adj. Des Alpes.

Alquifoux s. m. Plomb minéral.

Alsacien, enne adj. et s. De l'Alsace.

Altérable adj. Qui peut être altéré.

Altérant, e adj. Qui cause la soif.

Altération s. f. Changement en mal; grande soif.

Altercation s. f. Débat, dispute.

Altérer v. a. Changer l'état d'une chose; falsifier; causer la soif. S'ALTÉRER v. pr. Se corrompre.

Alternant, e adj. Qui alterne.

Alternatif, ive adj. Se dit de deux choses agissant l'une après l'autre.

Alternative s. f. Opposition entre deux choses; choix.

Alternativement adv. Tour à tour et l'un après l'autre.

Alterne adj. Qui est des deux côtés.

Alterner v. n. Exercer tour à tour un office; mettre l'un après l'autre; varier la culture d'un champ.

Altesse s. f. Titre d'honneur des princes.

Altier, ère adj. Fier, orgueilleux.

Altièrement adv. Avec hauteur.

Altitude s. f. Hauteur au-dessus du niveau de la mer ou d'un point donné.

Alto s. m. Sorte de gros violon.

Alumine s. f. Argile pure; oxyde d'aluminium.

Alumineux, euse adj. Qui est d'alun, de sa nature.

Aluminium s. m. Métal, l'un des corps simples de la chimie.

Alun s. m. Sel composé d'acide sulfurique et d'alumine.

Alunage s. m. Action d'aluner; ses effets.

Aluner v. a. Tremper (une étoffe, etc.) dans l'eau d'alun.

Alunière s. f. Lieu où l'on travaille l'alun.

Alvéolaire adj. Des alvéoles.

Alvéole s. f. Cavité où est la dent; cellule de l'abeille*.

Alvin, e adj. Qui a rapport au bas-ventre.

Amabilité s. f. Caractère d'une personne aimable; qualité de l'être aimable.

Amadou s. m. Mèche; morceau d'agaric de chêne préparé pour le briquet.

Amadouer v. a. Flatter, caresser pour attirer à soi.

Amadoueur s. m. Flatteur.

Amadouvier s. m. Agaric de chêne, de bouleau.

Amaigrir v. a. et v. n. Rendre ou devenir maigre.

Amaigrissement s. m. Diminution d'embonpoint.

Amalaric, roi des Wisigoths, épousa une fille de Clovis; m. en 531.

Amalécites, ancien peuple de l'Arabie, souvent en guerre avec les Juifs.

Amalgamation s. f. Action de séparer l'or et l'argent de leur minerai en les amalgamant avec le mercure.

Amalgame s. m. Union du mercure avec un métal. Fig. union, mélange.

Amalgamer v. a. Faire un amalgame. S'AMALGAMER v. pr. S'unir.

Amande s. f. Fruit de l'amandier*; chair du noyau.

Amandier s. m. Arbre qui donne les amandes.

Amant, e s. Celui, celle qui aime.

Amarantacées ou AMARANTHACÉES s. f. pl. *Bot.* Famille des Amarantes.

Amarante s. f. Plante très belle d'automne. Adj. Couleur d'amarante.

Amarinage s. m. Action d'amariner.

Amariner v. a. Faire passer une partie de son équipage sur un vaisseau pris; accoutumer à la mer.

Amarrage s. f. Action d'amarrer.

Amarre s. f. Cordage pour attacher le vaisseau, le canon, etc.

Amarrer v. a. Attacher, lier avec une amarre.

Amaryllis s. f. Plante de la famille des narcisses; sa fleur *; joli papillon de jour.

Amas s. m. Assemblage, accumulation.

Amasser v. a. Faire un amas; accumuler.

Amasseur s. m. Qui amasse.

Amateur s. m. et f. Qui a beaucoup de goût pour une chose.

Amaurose s. f. *Goutte sereine*, maladie des yeux.

Amazone subs. f. Femme guerrière ou courageuse; robe de femme pour monter à cheval *.

Ambages s. m. p. Circonlocutions; embarras de paroles.

Ambassade s. f. Charge d'ambassadeur; mission auprès d'un gouvernement.

Ambassadeur s. m. Ministre envoyé par une puissance à une autre. AMBASSADRICE s. f. Femme de l'ambassadeur.

Ambe s. m. Deux numéros de loterie pris ou sortant ensemble.

Ambiant, e adj. Qui entoure, qui environne, qui enveloppe.

Ambidextre adj. Qui se sert également de ses deux mains.

Ambigu s. m. Repas de viande et de fruits. Fig. mélange de choses opposées.

Ambigu, ë adj. A double sens, douteux.

Ambiguïté s. f. Défaut d'un discours équivoque, à plusieurs sens.

Ambigument adv. D'une manière ambiguë.

Ambitieusement adv. Avec ambition.

Ambitieux, euse adj. Qui a de l'ambition; affecté.

Ambition s. f. Désir immodéré de gloire, d'honneurs, de fortune.

Ambitionner v. a. Rechercher avec ardeur; désirer avec ambition.

Amble s. m. Allure du cheval avançant les deux jambes du même côté.

Ambre s. m. Substance résineuse odorante.

Ambrer v. a. Parfumer d'ambre.

Ambroise (saint), évêque de Milan, l'un des Pères de l'Église (340-397).

Ambroisie s. f. Mets des dieux. Fig. mets exquis.

Ambrones, Ambrons ou **Ambres**, ancien peuple de la Gaule.

Ambulance s. f. Hôpitaux militaires ambulants.

Ambulant, e adj. Non fixé; qui est obligé d'aller de côté et d'autre.

Ambulatoire adj. Qui va et vient; changeant.

Ame s. f. Principe de la vie, de la pensée; essence; habitant : *cette ville a dix mille âmes ;* intérieur d'une arme à feu, de l'embouchure à la culasse.

Amélioration s. f. Progrès vers le bien; meilleur état; action d'améliorer.

Améliorer v. a. Rendre meilleur. S'AMÉLIORER v. pr. Devenir meilleur.

Amen (pr. *amène*) Ainsi soit-il; fin du discours.

Aménagement s. m. Action d'aménager.

Aménager v. a. Régler les coupes d'une forêt; disposer avec ordre.

Amendable adj. Qui peut s'amender, s'améliorer.

Amende s. f. Peine pécuniaire ordonnée pour contravention; *amende honorable*, aveu public d'un crime avec demande de pardon.

Amendement s. m. Changement en mieux; engrais des terres; modification à un projet de loi.

Amender v. a. Corriger, améliorer. V. n. Devenir meilleur, en meilleur état. S'AMENDER. v. pr. Se corriger.

Amener v. a. Conduire vers; tirer à soi; abaisser, en terme de marine. Fig. introduire, faire naître.

Aménité s. f. Agrément; douceur accompagnée de grâces, de politesse.

Amenuiser v. a. Rendre plus mince, moins épais.

Amer, ère adj. Qui a de l'amertume. Fig. désagréable, douloureux.

Amèrement adv. Avec amertume; douloureusement.

Améric Vespuce, voyageur florentin qui a donné son nom à l'Amérique (m. 1516).

Américain, aine adj. D'Amérique.
Amertume s. f. Saveur, qualité rude, amère. Fig. peine d'esprit, affliction.
Améthyste s. f. Pierre précieuse.
Ameublement s. m. Quantité et assortiment de meubles pour un appartement.
Ameublir v. a. Rendre une terre plus légère; assimiler les immeubles au mobilier.
Ameublissement s. m. Action d'ameublir.
Ameuter v. a. Mettre les chiens en meute. Fig. soulever, attrouper. S'AMEUTER v. pr. Se réunir séditieusement.
Ami, e s. Personne avec laquelle on est lié d'une affection mutuelle; qui aime une chose : *ami des arts*. Fig. propice, favorable.
Amiable adj. Doux, gracieux. A L'AMIABLE adv. Par la douceur, sans contestation.
Amiablement adv. D'une manière amiable.
Amiante s. m. Minéral fibreux, incombustible.
Amical, e adj. Qui marque l'amitié.
Amicalement adv D'une manière amicale.
Amict s. m. Linge bénit sur les épaules et la tête du prêtre.
Amidon s. m. Espèce de fécule dont on fait l'empois.
Amidonner v. a. Enduire d'amidon.
Amidonnerie s. f. Fabrique d'amidon.
Amidonnier s. m. Fabricant ou marchand d'amidon.
Amincir v. a. Rendre plus mince.
Amincissement s. m. Diminution d'épaisseur.
Amiral s. m. Grand officier des armées navales; commandant d'une flotte. *Vaisseau amiral*, vaisseau monté par le chef de la flotte.
Amirauté s. f. Office d'amiral; administration supérieure de la marine.
Amitié s. f. Affection mutuelle des amis; bon office. Au pl. caresses, marques d'affection.
Ammoniac, que adj. Se dit d'un sel ou d'un gaz résultant de l'ammoniaque.
Ammoniacal, e adj. Qui tient de l'ammoniaque.
Ammoniaque s. f. et m. Alcali volatil composé d'azote et d'hydrogène.
Ammonites, peuples qui habitaient à l'est du Jourdain.
Amnistie s. f. Pardon général accordé par un souverain aux rebelles ou déserteurs.
Amnistié, ée adj. Qui a reçu l'amnistie.
Amnistier v. a. Accorder un oubli partiel ou général à des rebelles ou déserteurs.
Amodiataire s. Qui prend une terre à ferme.
Amodiateur, trice s. Qui cède une terre par amodiation.
Amodiation s. f. Action d'amodier.
Amodier v. a. Affermer une terre moyennant une redevance.
Amoindrir v. a. Diminuer, rendre moindre. S'AMOINDRIR v. pr. Devenir moindre.
Amoindrissement s. m. Diminution.
A moins DE ou QUE. Loc. prép. et conj. Si ce n'est de *ou* que.
Amollir v. a. Rendre mou. Fig. rendre efféminé, moins vigoureux. S'AMOLLIR v. pr. S'affaiblir, devenir efféminé.
Amollissement s. m. Action d'amollir.
Amonceler v. a. Mettre en monceaux, entasser.
Amoncellement s. m. Amas.
Amont (EN ou D') adv. Du côté d'en haut.
Amorce s. f. Appât pour attraper les animaux; poudre pour faire partir une arme à feu. Fig. ce qui attire ou excite le désir.
Amorcer v. a. Garnir d'amorce. Fig. attirer, séduire.
Amorçoir s. m. Sorte d'outil.
Amorphe adj. Irrégulier; qui offre le dernier degré de la cristallisation.
Amortir v. a. Rendre moins violent, affaiblir. Fig. *amortir une dette*, l'éteindre.
Amortissable adj. Qui peut être amorti.
Amortissement s. m. Extinction

d'une rente, d'un droit, d'une dette, etc.

Amour s. m. Affection vive pour une personne ou une chose; objet de cette affection. *Myth.* dieu.

Amouracher v. a. Engager dans de folles amours. S'AMOURACHER v. pr. Prendre une passion folle.

Amourette s. f. Affection passagère.

Amoureusement adv. Avec amour.

Amoureux, euse adj. Qui éprouve une vive affection pour; qui marque l'amour. - S. Amant.

Amour-propre s. m. Amour de soi; opinion trop avantageuse de soi-même.

Amovibilité s. f. Qualité de ce qui est amovible.

Amovible adj. Qui peut être ôté d'une place, destitué.

Ampélidées s. f. pl. Famille de plantes.

Ampère (André-Marie), savant français (1775-1836).

Amphibie adj. Qui vit sur terre et dans l'eau.

Amphibiens s. m. pl. Famille de batraciens (*Zool.*).

Amphibologie s. f. Ambiguïté d'une phrase; discours obscur et à double sens.

Amphibologique adj. Obscur, à double sens, ambigu.

Amphibologiquement adverb. D'une manière amphibologique.

Amphictyons s. m. pl. Députés des villes grecques au conseil général.

Amphictyonide adj. f. Qui a le droit d'amphictyonie.

Amphictyonie s. f. (droit d') d'envoyer un amphictyon,

Amphictyonique adj. D'un amphictyon.

Amphigouri s. m. Discours burlesque et inintelligible.

Amphigourique adj. Obscur, burlesque.

Amphisciens s. m. pl. Habitants de la zone torride, dont l'ombre tombe tantôt au sud, tantôt au nord.

Amphithéâtre s. m. Vaste enceinte ronde avec des gradins pour les fêtes publiques, lieu garni de gradins. [la mer.

Amphitrite. *Myth.* Déesse de

Amphitryon s. m. Qui donne à manger, qui paye pour les autres la dépense des plaisirs pris en commun.

Amphore s. f. Vase antique à deux anses; ancienne mesure des liquides.

Ample adj. Long, large, étendu.

Amplement adv. D'une manière ample.

Ampleur s. f. Etendue.

Ampliatif, ive adj. Qui étend, ajoute, augmente.

Ampliation s. f. Double expédition d'un acte d'après la grosse. Fig. extension; augmentation.

Amplificateur s. m. Qui amplifie, exagère.

Amplification s. f. Développement d'un sujet; exagération.

Amplifier v. a. Augmenter, étendre par le discours; exagérer.

Amplitude s. f. Grandeur d'un arc, d'une ligne droite comprise entre les extrémités de l'arc d'une parabole.

Ampoule s. f. Enflure pleine d'eau sur la peau; petite bouteille.

Ampoulé, ée adj. Enflé, exagéré: *style ampoulé*.

Amputation s. f. *Chir.* Retranchement d'un membre.

Amputé, ée s. et adj. Celui ou celle qui a subi une amputation.

Amputer v. a. Retrancher; couper.

Amulette s. f. Objet qu'on porte sur soi comme un prétendu préservatif.

Amure s. f. *Mar.* Cordage servant à fixer le bas des voiles.

Amurer v. a Tendre l'amure.

Amusable adj. Qui peut être amusé.

Amusant, e adj. Qui amuse agréablement, qui divertit.

Amusement s. m. Ce qui amuse; divertissement.

Amuser v. a. Divertir; faire perdre le temps. Fig. tromper.

Amusette s. f. Petit amusement.

Amuseur s. m. Qui amuse.

Amygdales s. f. pl. Petites glandes près de la racine de la langue, sous la luette, en amandes.

Amygdalées s. f. pl. Famille de végétaux qui comprend l'amandier.

Amygdalite s. f. Inflammation des amygdales.

Amylacé, ée adj. De la nature de l'amidon.

Amyot (Jacques), célèbre écrivain français (1513-1598), connu surtout par sa traduction de Plutarque.

An s. m. Espace de douze mois. Pl. les siècles, âge avancé. BON AN MAL AN, loc. adv. Compensation faite des mauvaises années avec les bonnes.

Anabaptistes s. m. pl. Sectaires qui ne baptisent qu'à l'âge de raison.

Anacharsis, philosophe scythe (VIe siècle av. J.-C.).

Anachorète s. m. Qui vit dans un désert.

Anachronisme s. m. Erreur de date contre la chronologie.

Anaclet (saint), pape de 78 à 91.

Anacréon, célèbre poète lyrique grec. mort 478 av. J.-C.

Anacréontique adj. Du genre des odes d'Anacréon.

Anagogie s. f. Ravissement, élévation de l'esprit aux choses célestes.

Anagogique adj. Mystique; inintelligible.

Anagramme s. f. Changement d'un mot en un autre par la seule transposition des lettres qui composent ce mot. Ex. : *Rome*, *More*.

Analectes s. m. pl. Fragments choisis d'un auteur; esclaves qui ramassaient les restes d'un repas.

Analeptique adj. Qui fortifie.

Analogie s. f. Conformité, ressemblance, rapport.

Analogique adj. Qui a de l'analogie.

Analogiquement adv. D'une manière analogique.

Analogisme s. m. Comparaison d'analogie, de rapports, de propositions.

Analogue adj. Qui a de l'analogie avec.

Analyse s. f. Décomposition d'un tout en ses parties ou en ses éléments; méthode de résoudre les problèmes; résumé.

Analyser v. a. Faire l'analyse.

Analyste s. m. Versé dans l'analyse.

Analytique adj. Qui se fait par analyse; qui tient de l'analyse.

Analytiquement adv. Par analyse, par voie analytique.

Anamorphose s. f. Tableau changeant suivant les points de vue; réunion bizarre de couleurs, de traits, offrant un tableau régulier dans un miroir conique.

Ananas s. m. Plante des Indes, originaire du Pérou; son fruit en forme de pomme de pin*.

Anarchie s. f. Etat sans chef, sans gouvernement; grand désordre, confusion de pouvoirs.

Anarchique adj. Qui tient de l'anarchie.

Anarchiste s. et adj. Partisan de l'anarchie; fauteur de troubles.

Anastase (saint), évêque d'Antioche (VIe siècle).

Anastomose s. f. Confluent des veines, leur embouchure.

Anastomoser (s') v. pr. S'emboucher, se joindre par les bouts.

Anathématiser v. a. Frapper d'anathème; excommunier.

Anathème s. m. Excommunication. Fig. exclusion, malédiction.

Anatomie s. f. Dissection du corps (animal ou végétal) ou de ses parties.

Anatomique adj. De l'anatomie.

Anatomiquement adv. D'une manière anatomique.

Anatomiser v. a. Faire l'anatomie, disséquer.

Anatomiste s. m. Savant, habile dans l'anatomie.

Anaxagore, philosophe grec, m. 428 av. J.-C.

Ancelot, poète dramatique français (1794-1854).

Ancêtres s. m. pl. Les aïeux; tous ceux qui ont vécu avant nous.

Anche s. f. Petit tuyau plat, de cuivre ou de bois, qui sert à introduire le souffle dans certains instruments de musique.

Anchise, père d'Enée.

Anchois s. m. Sorte de petit poisson de mer.

Ancien, enne adj. Qui est depuis longtemps; antique. S. personnage de l'antiquité. S. m. pl. ceux qui vivaient longtemps avant nous; vieillards.

Anciennement adj. Autrefois.

Ancienneté s. f. Qualité de ce qui est ancien.

Ancrage s. m. Lieu où l'on peut jeter l'ancre.

Ancre s. f. Gros instrument de fer à branches aiguës pour arrêter les vaisseaux *. Fig. recours; refuge, asile.

Ancrer v. n. Jeter l'ancre. S'ANCRER v. pr. S'accréditer, s'affermir.

Andain s. m. Rangée de foin fauché.

Andalous, e adj. et s. D'Andalousie.

Andante ou **andanté, andantino** adv. et s. m. Termes de musique indiquant un mouvement modéré.

Andouille s. f. Boyau de cochon rempli de débris hachés de sa chair.

Andouiller s. m. Petite corne du bois du cerf.

Andouillette s. f. Chair de veau hachée et roulée en petite andouille.

André (saint), l'un des douze apôtres.

André del Sarto, peintre italien (1478-1530).

Androgyne adj. Se dit en botanique des fleurs pourvues à la fois des étamines et du pistil.

Andromaque, femme d'Hector.

Andromède. *Myth.* Fille de Céphée, sauvée par Persée.

Ane s. m. Quadrupède plus petit que le cheval *. Fig. homme stupide, ignorant, d'un esprit lourd et grossier.

Anéantir v. a. Réduire au néant; détruire entièrement. S'ANÉANTIR v. pr. Se dissiper, se détruire; s'humilier devant Dieu.

Anéantissement s. m. Action d'anéantir. Fig. accablement.

Anecdote s. f. Particularité historique; petit récit.

Anecdotier, ère s. Qui fait, raconte, recueille des anecdotes.

Anecdotique adj. Qui tient de l'anecdote.

Anée s. f. Charge d'un âne.

Anémie s. f. Appauvrissement du sang.

Anémique adj. Qui est causé par l'anémie.

Anémomètre s. m. Machine qui indique la force, la direction du vent.

Anémométrie s. f. Art de mesurer le vent.

Anémone s. f. Espèce de renoncule. *Anémone de mer*, animal marin ressemblant à l'anémone.

Anémoscope s. m. Machine qui indique le poids de l'air.

Anerie s. f. Grande ignorance de ce qu'il faut savoir; faute grossière.

Anesse s. f. Femelle de l'âne.

Anesthésie s. f. Privation du tact, sorte de paralysie.

Anesthétique ou **anestésique** adj De l'anesthésie; qui la produit.

Anévrismal, e adj. De l'anévrisme.

Anévrisme s. m. Tumeur causée par la dilatation ou la rupture d'une artère.

Anfranctueux, euse adj. Plein d'inégalités, de détours : *chemin anfractueux.*

Anfractuosité s. f. Détours et inégalités.

Ange s. m. Créature spirituelle *; esprit bienheureux. Fig. être parfait.

Angélique adj. De l'ange. Fig. excellent, parfait.

Angéliquement adv. D'une manière angélique.

Angelot s. m. Sorte de fromage; ancienne monnaie.

Angélus s. m. Prière commençant par ce mot.

Angevin, e adj. et s. De l'Anjou.

Angine s. f. Maladie de la gorge.

Angineux, euse adj. De l'angine.

Angiologie s. f. Traité des veines.

Anglais, e adj. D'Angleterre. S. m. natif de l'Angleterre; langage anglais.

Angle s. m. Espace entre deux lignes * ou deux plans qui se rencontrent.

Angles, ancien peuple germain.

Anglican, e adj. et s. De la religion protestante d'Angleterre.

Anglicanisme, religion protestante de l'Etat en Angleterre.

Anglicisme s. m. Locution anglaise.

Anglomane adj. Imitateur zélé, admirateur outré des Anglais.

Anglomanie s. f. Affectation à imiter, à admirer les Anglais.

Angoisse s. f. Grande affliction d'esprit; douleur amère.

Angon s. m. Arme des Francs.

Angoulême (duc d'), fils aîné du roi Charles X (1775-1844).

Anguillade s. f. Coup de peau d'anguille, de fouet.

Anguille s. f. Poisson à forme de serpent.

Angulaire adj. Qui a un ou plusieurs angles. Fig. *pierre angulaire*, base, fondement.

Anguleux, euse adj. Dont la surface a plusieurs angles.

Anhydre adj. *Chim.* Sans eau.

Anicet (saint), pape, m. 168.

Anicroche s. f. Obstacle, difficulté, embarras.

Anier, ière s. Qui conduit les ânes.

Animadversion s. f. Improbation, censure, blâme.

Animal s. m. Être organisé, sensible et qui se meut. Fig. Personne stupide, grossière.

Animal, e adj. De l'animal. Fig. purement matériel, sensuel.

Animalcule s. m. Animal microscopique.

Animalisation s. f. Changement des aliments en la substance de l'animal.

Animaliser (s') v. pr. Se rabaisser au rang des animaux.

Animalité s. f. État de l'animal; ce qui constitue l'animal.

Animation s. f. Action d'animer. Fig. vivacité.

Animer v. a. Donner l'âme, la vie. Fig. exciter; donner de la vivacité.

Animosité s. f. Haine, aversion, ressentiment, qui portent à nuire par vengeance.

Anis s. m. Plante annuelle, odoriférante.

Aniser v. a. Parfumer d'anis.

Anisette s. f. Liqueur faite avec de l'anis.

Ankylose s. f. Privation du mouvement des articulations.

Ankyloser (s') v. pr. Se dit des articulations où se forme une ankylose.

Annal, e adj. Qui ne dure qu'un an.

Annales s. f. pl. Récit d'événements année par année.

Annaliste s. m. Qui écrit des annales.

Annate s. f. Droit du Pape du revenu d'une année sur les bulles des bénéficiers.

Anne (sainte), mère de la sainte Vierge.

Anne, nom porté par plusieurs princesses, entre autres : ANNE DE BEAUJEU, fille de Louis XI; ANNE DE BRETAGNE, femme de Charles VIII (1491), puis de Louis XII; ANNE D'AUTRICHE, femme de Louis XIII.

Anneau s. m. Petit cercle évidé, en matière dure*; bague; boucle de cheveux.

Année s. f. Espace de douze mois; durée de la révolution de la terre autour du soleil.

Annelé, e adj. Qui a des anneaux.

Anneler v. a. Boucler les cheveux.

Annélides s. m. pl. *Zool.* Classe d'animaux invertébrés.

Annexe s. f. Ce qui est joint à une chose principale.

Annexer v. a. Joindre, unir.

Annexion s. f. Action d'annexer.

Annibal, célèbre général carthaginois (m. 183 av. J.-C.).

Annihilation s. f. Anéantissement.

Annihiler v. a. Anéantir; annuler.

Anniversaire adj. et s. m. Qui a lieu chaque année à pareil jour.

Annonce s. f. Avis au public.

Annoncer v. a. Publier; prédire; manifester. S'ANNONCER v. pr. Se prononcer.

Annonciation s. f. Message de l'ange Gabriel à la Vierge; sa fête.

Annotateur s. m. Qui fait des remarques, des notes.

Annotation s. f. Remarque, note un peu longue sur un livre.

Annoter v. a. Ajouter des notes.

Annuaire s. m. Livre publié tous les ans; table de distribution de l'année; calendrier.

Annuel, elle adj. D'une année; qui revient tous les ans.

Annuellement adv. Par chaque année.

Annuité s. f. Remboursement annuel d'une partie du capital, ajouté aux intérêts ; rente annuelle.

Annulable adj. Qui peut, doit être annulé.

Annulaire adj. Qui a la forme d'un anneau. — Adj. et s. m. Le quatrième doigt, où l'on met généralement un anneau.

Annulation s. f. Action d'annuler.

Annuler v. a. Rendre nul ; abolir.

Anobli, ie adj. Qui a été fait noble depuis peu.

Anoblir v. a. Rendre, faire noble ; donner des titres de noblesse.

Anoblissement s. m. Action d'anoblir, ses effets.

Anodin, ine adj. (Remède) qui opère doucement ; adoucissant.

Anomal, e adj. Irrégulier.

Anomalie s. f. Irrégularité.

Anon s. m. Petit âne.

Anonnement s. m. Action d'ânonner.

Anonner v. n. Parler en hésitant.

Anonyme adj. Qui est sans nom ou dont le nom n'est pas connu.

Anormal, e adj. Déréglé ; contraire aux règles.

Anoure adj. Sans queue.

Anquetil, historien français (1723-1806).

Anse s. f. Partie recourbée en arc qui sert à porter un vase * ; petit golfe.

Anselme (saint), archevêque de Cantorbéry, théologien célèbre (1033-1109).

Anspessade s. m. Autrefois fantassin qui aidait et remplaçait le caporal.

Antagonisme s. m. Action d'un muscle contraire à celle d'un autre. Fig. rivalité.

Antagoniste s. m. Adversaire.

Antan s. m. Année précédent celle qui court.

Antarctique adj. Méridional.

Antécédemment adv. Précédemment.

Antécédent, e adj. Qui précède. S. m. Fait antérieur ; nom ou pronom régissant le *qui relatif*.

Antéchrist s. m. Séducteur, ennemi du Christ.

Antédiluvien, enne adj. Qui a précédé le déluge.

Antenne s. f. Longue vergue mobile qui soutient les voiles. Pl. aigrettes des insectes.

Antépénultième adj. Avant l'avant-dernier.

Antérieur, e adj. Qui est avant, qui précède.

Antérieurement adv. Précédemment.

Antériorité s. f. Priorité de temps.

Anthère s. f. Capsule renfermant le pollen à l'extrémité de l'étamine.

Anthologie s. f. Recueil de poésies.

Anthracite s. m. Sorte de charbon de terre.

Anthrax s. m. Tumeur inflammatoire et gangréneuse.

Anthropologie s. f. Traité sur l'homme.

Anthropologique adj. Qui a rapport à l'anthropologie.

Anthropomorphe adj. Qui a la forme d'un homme.

Anthropomorphisme s. m. Erreur des anthropomorphites.

Anthropomorphite s. m. Celui qui attribue à Dieu une forme humaine.

Anthropophage s. m. et adj. Mangeur d'hommes, de chair humaine.

Anthropophagie s. f. Action, habitude de manger les hommes.

Anti, préposition grecque signifiant *avant, contre*.

Antiapoplectique adj. et s. m. (Remède) contre l'apoplexie.

Antiarthritique adj. et s. m. Contre la goutte.

Antiasthmatique adj. et s. m. Contre l'asthme.

Antichambre s. f. Pièce avant la chambre.

Anticholérique adj. et s. m. Remède contre le choléra.

Antichrèse s. f. Abandon des revenus d'un immeuble fait à un créancier.

Antichrétien, enne adj. Opposé au christianisme.

Anticipation s. f. Action d'anticiper.

Anticiper v. a. Prévenir, devancer.

Antidate s. f. Date fausse et d'un ou plusieurs jours antérieurs à celui auquel elle est apposée.

Antidater v. a. Mettre une antidate.

Antidote s. m. Contre-poison.

Antidoter v. a. Donner de l'antidote.

Antienne s. f. Verset préliminaire d'un psaume.

Antigone, fille d'Œdipe.

Antigoutteux, euse adj. et s. m. Remède contre la goutte.

Antihémorroïdal, e adj. et s. m. Contre les hémorroïdes.

Antilaiteux, euse adj. et s. m. Remède qui fait évacuer le lait.

Antilogie s. f. Contradiction dans le discours.

Antilope s. f. Sorte de quadrupède ruminant, à cornes creuses.

Antimoine s m. Métal, l'un des corps simples de la chimie.

Antimonarchique adj. Opposé à la monarchie.

Antimonial, e ou **antimonié, ée** adj. De l'antimoine.

Antinational, e adj. Opposé au goût, au caractère national.

Antinéphrétique adj. et s. m. Remède contre les maladies des reins.

Antinomie s. f. Contradiction réelle ou apparente entre deux lois.

Antiochus, nom de plusieurs rois de Syrie.

Antiodontalgique adj. et s Contre le mal de dents.

Antipape s. m. Faux pape.

Antiparalytique adj. et s. m. Contre la paralysie.

Antipater, général macédonien, m. 319 av. J.-C. — Roi de Macédoine, m. 295 av. J.-C.

Antipathie s. f. Aversion, répugnance naturelle, invincible.

Antipathique adj. Opposé, contraire.

Antipatriotique adj. Contraire au patriotisme.

Antipestilentiel, elle adj. Bon contre la peste.

Antiphilosophique adj. Contraire, opposé à la philosophie.

Antiphlogistique adj. Qui calme l'ardeur de la fièvre ; rafraîchissant.

Antiphonaire ou **antiphonier** s. m. Livre d'antiennes notées.

Antiphrase s. f. Emploi d'un mot, d'une locution en sens inverse du naturel.

Antiphtisique adj. et s. m. Contre la phtisie.

Antipode s. m. Lieux, habitants de pays de la terre diamétralement opposés. Fig. contraire, opposé.

Antipsorique adj. Contre les maladies de la peau. [tridité.

Antiputride adj. Contre la pu-

Antiquaille s. f. Chose antique usée, de peu de valeur.

Antiquaire s. m. Qui connait bien les antiquités.

Antique adj. Fort ancien. S. m. et f. Ce qui vient des anciens.

Antiquité s. f. Ancienneté reculée ; les anciens peuples.

Antirévolutionnaire adj. et s. Opposé à la révolution.

Antiscien, enne adj. et s. Nom donné aux peuples qui habitent sur le même méridien, mais de chaque côté de l'équateur, et dont à midi les ombres sont opposées.

Antiscorbutique adj. et s. m. Propre à guérir le scorbut.

Antiscrofuleux, euse adj. et s. m. Remède contre la scrofule.

Antiseptique adj. et s. Contre la gangrène.

Antisocial, e adj. Contraire à la société, à son ordre.

Antispasmodique adj. et s. m. Remède contre le spasme, les convulsions.

Antistrophe s. f. La seconde stance de la poésie lyrique.

Antithèse s. f. Opposition de pensées, de mots.

Antithétique adj. Qui tient de l'antithèse.

Antoine (saint), illustre anachorète de la Thébaïde (251-356).

Antonin le Pieux, empereur romain, qui régna avec modération et justice de 138 à 161.

Antonomase s. f. Emploi de l'épithète pour le nom.

Antonymie s. f. Opposition de mots inconciliables.

Antre s. m. Caverne ; retraite des animaux féroces.

Antrustion s. m. Vassal volontaire qui servait un prince germain dans ses expéditions.

Anuiter (s') v. pr. Se mettre en chemin la nuit.

Anus s. m. Le fondement; l'orifice du rectum.

Anxiété s. f. Peine d'esprit; grande inquiétude.

Anxieusement adv. Avec anxiété.

Anxieux, euse adj. Très inquiet.

Aoriste s. m. Temps passé dans la conjugaison grecque.

Aorte s. f. Artère qui s'élève du ventricule gauche du cœur et porte le sang dans tout le corps.

Août s. m. Huitième mois de l'année. Fig. moisson.

Aoûté, ée adj. Mûri par la chaleur d'août.

Aoûteron s. m. Moissonneur.

Apaiser v. a. Adoucir, calmer. S'APAISER v. pr. S'adoucir, se modérer.

Apanage s. m. Propriétés données par un souverain à ses puînés. Fig. suite, dépendances.

Apanager v. a. Donner un apanage.

Apanagiste s. m. Qui a un apanage.

Aparté s. m. Paroles dites à part. Au pl. *apartés*.

Apathie s. f. Etat de l'âme insensible à tout; indolence, insensibilité.

Apathique adj. Insensible à tout; indolent.

Apelle, célèbre peintre grec, m. 332 av. J.-C.

Aperception s. f. Sentiment intime de sa propre conscience; acte de l'âme qui a conscience de ses perceptions.

Apercevable adj. Qui peut être aperçu.

Apercevoir v. a. Commencer à voir; découvrir de loin. Fig. comprendre. S'APERCEVOIR v. pr. connaître; découvrir, remarquer.

Aperçu s. m. Première vue; exposé sommaire; estimation approchée.

Apéritif, ive adj. et s. m. Qui facilite les sécrétions.

Apertement adv. Manifestement, ouvertement.

Apétale adj. *Bot.* Sans pétale.

Apetissement s. m. Diminution de volume; affaiblissement par éloignement.

Apetisser v. a. Rendre plus petit.

A peu près adv. Environ; presque entièrement. S. m. Approximation.

Aphélie s. m. Point de l'orbite de la terre ou de toute autre planète, où elle se trouve le plus éloignée du soleil.

Aphérèse s. f. Retranchement d'une lettre ou d'une syllabe au commencement d'un mot.

Aphone adj. Qui est sans voix, qui ne rend point de son.

Aphonie s. f. Extinction de voix.

Aphorisme s. m. Maxime énoncée en peu de mots.

Aphte s. m. Petit ulcère dans la bouche.

Aphylle adj. *Bot.* Qui n'a pas de feuilles.

Api s. m. Sorte de pomme.

Apiaires s. m. pl. Insectes; famille des abeilles.

Apiculteur s. m. Eleveur d'abeilles.

Apiculture s. f. Art d'élever les abeilles.

Apis, bœuf adoré par les anciens Egyptiens.

Apitoyer v. a. Toucher de pitié. S'APITOYER v. pr. Témoigner de la pitié.

Aplanir v. a. Rendre uni; mettre de niveau. Fig. rendre plus aisé; lever les difficultés.

Aplanissement s. m. Action d'aplanir, de niveler, ses effets.

Aplatir v. a. Rendre plat. S'APLATIR v. pr. Devenir plat.

Aplatissement s. m. Action d'aplatir; état d'une chose aplatie.

Aplomb s. m. Ligne perpendiculaire à l'horizon. Fig. assurance. D'APLOMB loc. adv. Verticalement.

Apocalypse s. m. Livre du Nouveau Testament, contenant les révélations de saint Jean.

Apocalyptique adj. De l'Apocalypse. Fig. obscur, impénétrable.

Apocope s. f. Retranchement d'une lettre ou d'une syllabe à la fin d'un mot.

Apocryphe adj. Inconnu, caché, supposé, suspect.

Apode adj. Qui est sans pieds. S. m. pl. *Zool.* Famille des Batraciens.

Apogée s. m. Point de l'orbite de la lune ou de toute autre planète, où elle se trouve à sa plus grande distance de la terre. Fig. le plus haut degré.

Apollon *Myth.* Dieu du soleil et des arts.

Apologétique adj. Qui contient une apologie.

Apologie s. f. Justification verbale ou écrite; discours qui la contient ; éloge.

Apologiste s. m. Qui fait l'apologie.

Apologue s. m. Histoire feinte, morale et instructive.

Aponévrose s. f. *Anat.* Expansion membraneuse d'un muscle, d'un tendon.

Aponévrotique adj. De l'aponévrose.

Apophtegme s. m. Sentence, maxime.

Apoplectique adj. Qui a rapport à l'apoplexie. S. Qui est sujet à l'apoplexie.

Apoplexie s. f. Maladie du cerveau, avec privation du mouvement et du sentiment.

Apostasie s. f. Abandon public d'une religion ; désertion d'un parti pour un autre.

Apostasier v. n. Faire apostasie.

Apostat, e adj. et s. m. Qui a apostasié.

Aposter v. a. Mettre quelqu'un dans un poste pour épier ou pour surprendre.

Apostille s. f. Petite note ajoutée à une demande pour la recommander.

Apostiller v. a. Mettre une apostille.

Apostolat s. m. Ministère d'un apôtre.

Apostolicité s. f. Conformité d'opinions avec l'Eglise, de mœurs avec les apôtres.

Apostolique adj. Qui tient de l'apôtre ou du pape.

Apostoliquement adv. A la manière des apôtres, saintement.

Apostrophe s. f. Partie du discours adressée à un être individuel; indice d'élision (*gram.*) : *s'il* pour *si il ;* réprimande.

Apostropher v. a. Interpeller quelqu'un, lui adresser brusquement la parole.

Apostume s. m. Abcès.

Apothème s. m. Perpendiculaire* menée du centre d'un polygone régulier sur un de ses côtés.

Apothéose s. f. Déification d'un héros, d'un empereur mort. Fig. éloge outré, honneurs excessifs rendus à un homme vivant.

Apothicaire s. m. Celui qui prépare et vend les remèdes.

Apothicairerie s. f. Magasin de l'apothicaire.

Apôtre s. m. L'un des douze disciples choisis par J.-C. pour prêcher l'Evangile. Fig. missionnaire.

Apparaître v. n. Devenir visible ; se montrer.

Apparat s m. Eclat; ostentation.

Apparaux s. m. pl. Agrès, artillerie d'un vaisseau.

Appareil s. m. Apprêt solennel ; pièces nécessaires à un pansement; instrument scientifique.

Apareillage s. m. *Mar.* Action d'appareiller.

Appareiller v. a. Joindre ensemble deux choses pareilles. V. n. *Mar.* Mettre à la voile. Donner les mesures justes pour tailler les pierres.

Appareilleur s. m. Celui qui trace le trait, la coupe des pierres à tailler.

Apparemment adv. Selon les apparences, vraisemblablement.

Apparence s. f. Extérieur, dehors des choses ; probabilité, vraisemblance. EN APPARENCE loc. adv. A l'extérieur.

Apparent, e adj. Visible, manifeste.

Apparenter v. a. Donner à quelqu'un des parents par alliance. S'APPARENTER v. pr. S'allier à quelqu'un.

Appariement ou **Appariment** s. m. Action d'apparier.

Apparier v. a. Assortir, unir par paires ; accoupler.

Appariteur s. m. Huissier d'une Faculté ; officier dans les fêtes publiques.

Apparition s. f. Manifestation subite ; séjour d'un moment.

Apparoir v. impers Etre évident, manifeste. (N'est plus usité que dans *il appert.*)

Appartement s. m. Ensemble de pièces de suite pour se loger.

Appartenance s. f. Dépendance.

Appartenant, e adj. Qui appartient de droit à quelqu'un.

Appartenir v. n. Être de droit à quelqu'un ; convenir ; être de la nature, le propre de : *la férocité appartient à l'ignorance.*

Appas s. m. pl. Charmes puissants de la vertu, de la gloire, etc.; ce qui plaît, attire.

Appât s. m. Pâture ; partie d'aliment mis dans un piège, à un hameçon. Fig. tout ce qui attire, engage à.

Appâter v. a. Attirer avec l'appât.

Appauvrir v. a. Rendre pauvre. Fig. rendre moins vigoureux.

Appauvrissement s. m. Indigence ; augmentation progressive de pauvreté ; diminution de force, d'abondance.

Appeau s. m. Instrument pour imiter le cri des oiseaux.

Appel s. m. Recours à un juge supérieur ; signal pour appeler.

Appelant, e adj. et s. Qui appelle d'un jugement.

Appeler v. a. Nommer ; faire venir ; exciter ; citer devant un juge. V. n. Recourir à un juge supérieur.

Appellatif adj. m. Qui convient à toute l'espèce (*terme de gram.*) : *homme, arbre.*

Appellation s. f. Action d'appeler ; nom donné à une chose.

Appendice s. m. Supplément à la fin d'un ouvrage, ce qu'on ajoute, ce qui tient à une chose.

Appendre v. a. Pendre, attacher à.

Appentis s. m. Petit bâtiment contre un autre plus haut ; petit toit contre un mur.

Appert (il) v. impers. V. *Apparoir.*

Appesantir v. a. Rendre plus pesant, moins vif, moins subtil : *l'oisiveté appesantit le corps et l'esprit.* S'APPESANTIR v. pr. Devenir plus pesant ; fig. moins vif ; s'arrêter longtemps sur des détails.

Appesantissement s. m. État d'une personne appesantie de corps et d'esprit.

Appétence s. f. Désir instinctif.

Appéter v. a. Désirer vivement par instinct, par besoin physique.

Appétissant, e adj. Qui excite l'appétit.

Appétit s. m. Désir de manger. Fig. désir ardent.

Appétition s. f. Passion, désir de l'âme.

Applaudir v. a. et n. Battre des mains pour approuver. Fig. approuver. S'APPLAUDIR v. pr. Se féliciter.

Applaudissement s. m. Grande approbation exprimée par des battements de mains.

Applaudisseur s. m. Qui applaudit beaucoup.

Applicable adj. Qui doit ou peut être appliqué à.

Application s. f. Action d'appliquer une chose sur une autre. Fig. adaptation d'une maxime, d'un texte ; attention suivie.

Appliquer v. a. Mettre une chose sur une autre en sorte qu'elle y adhère ; destiner ; adapter. S'APPLIQUER. v. pr. Apporter une extrême attention ; prendre pour soi.

Appoint s. m. Complément d'une somme.

Appointements s. m. pl. Salaire d'un emploi.

Appointer v. a. Donner des appointements.

Apport s. m. Biens apportés par les époux et mis en communauté ; ce qu'un associé met à la masse sociale.

Apporter v. a. Porter de plus loin au lieu où l'on est ou dont on parle. Fig. causer ; produire ; alléguer : *apporter des raisons.*

Apposer v. a. Appliquer, mettre dessus.

Apposition s. f. Action d'apposer ; union de deux substantifs : ex. *Attila le fléau de Dieu.*

Appréciable adj. Qui peut être apprécié.

Appréciateur s. m. Qui apprécie.

Appréciatif ive adj. Qui marque l'appréciation.

Appréciation s. f. Estimation de la valeur d'une chose.

Apprécier v. a. Évaluer, estimer la valeur de (au propre et au figuré).

Apprêhender v. a. Prendre; saisir au corps; craindre.

Apprêhensibilité s. f. Qualité de ce qui peut être saisi.

Apprêhensif, ive adj. Timide, craintif.

Apprêhension s. f. Crainte, peur.

Apprendre v. a. Acquérir une connaissance; découvrir; enseigner.

Apprenti, ie s. Qui apprend un métier. Fig. novice, peu habile.

Apprentissage s. m. Etat de celui qui apprend. Fig. épreuve.

Apprêt s. m. Préparatif; manière d'apprêter les étoffes; assaisonnement des viandes. Fig. affectation dans le style, les manières.

Apprêté ée adj. Affecté, dépourvu de naturel.

Apprêter v. a. Préparer; assaisonner; donner l'apprêt. S'APPRÊTER v. pr. Se préparer.

Apprêteur s. m. Qui apprête.

Apprivoiser v. a. Rendre doux, moins farouche. Fig. rendre une personne plus traitable.

Approbateur, trice s. Qui approuve.

Approbatif, ive adj. Qui marque l'approbation.

Approbation s. f. Consentement à; témoignage favorable; action d'approuver.

Approbativement adv. En approuvant.

Approchant, e adj. Qui a de la ressemblance, du rapport avec; peu différent.

Approche s. f. Mouvement par lequel on avance vers une personne ou une chose; *se dit* de ce qui avance : *l'approche de la nuit*.

Approcher v. a. Avancer vers. V. n. Devenir proche; ressembler. S'APPROCHER v. pr. S'avancer vers.

Approfondir v. a. Rendre plus profond. Fig. examiner à fond.

Approfondissement s. m. Action d'approfondir (au propre et au figuré).

Appropriation s. f. Action de s'approprier.

Approprier v. a. Rendre propre à; mettre en état de propreté. S'APPROPRIER v. pr. S'attribuer, usurper.

Approuver v. a. Agréer une chose; consentir; juger louable.

Approvisionnement s. m. Fourniture des choses nécessaires.

Approvisionner v. a. Fournir un approvisionnement.

Approvisionneur s. m. Qui approvisionne.

Approximatif, ive adj. Fait par approximation.

Approximation s. f. Estimation approchée de la valeur d'une chose.

Approximativement adv. Par approximation.

Appui s. m. Chose sur quoi l'on s'appuie. Fig. aide, soutien, protection.

Appui-main s. m. Baguette de peintre.

Appuyer v. a. Soutenir avec un appui; poser sur. Fig. aider, protéger.

Apre adj. Rude au goût, au toucher. Fig. violent, rude, désagréable.

Aprement adv. D'une manière âpre.

Après adv. et prép. Ensuite, contre.

Après-demain adv. Le deuxième jour après le jour présent.

Après-dîner ou **dîné** s. m. APRÈS-MIDI, s. m. APRÈS-SOUPER ou SOUPÉ, s. m. Le reste du jour après le dîner, midi ou le souper.

Apreté s. f. Qualité de tout ce qui est âpre.

Apte adj. Propre à.

Aptères s. m. pl. Insectes sans ailes.

Aptitude s. f. Disposition naturelle à quelque chose.

Apulée, écrivain latin, IIe s.

Apurement s. m. Vérification d'un compte.

Apurer v. a. Vérifier et arrêter définitivement un compte.

Apyre adj. Qui résiste au feu. S. f. Argile, terre à porcelaine.

Aquarelle s. f. Peinture en couleurs à l'eau.

Aquarium s. m. Réservoir dans lequel on entretient des poissons et des plantes aquatiques *.

Aquatile adj. Qui naît et vit dans l'eau.

Aquatinte s. f. Dessin au lavis; gravure qui l'imite.

Aquatique adj. Qui croît, qui vit dans l'eau.

Aqueduc s. m. Canal pour conduire l'eau.

Aqueux, euse, adj. De la nature de l'eau; plein d'eau.

Aquilin adj. (nez —) courbé en bec d'aigle.

Aquilon s. m. Vent du nord.

Arabe s. m. De l'Arabie. Fig. homme usurier, avare; créancier exigeant.

Arabesque adj. et s. Entrelacement de feuillages et de figures à la manière des Arabes.

Arabique adj. D'Arabie.

Arable adj. Labourable.

Arachide s. m. Sorte de plante.

Arachné, femme métamorphosée en araignée par Minerve.

Arachnides s. m. pl. Famille des araignées.

Arachnoïde s. f. L'une des membranes qui enveloppent le cerveau.

Arago (François), illustre savant français (1786-1853).

Araignée s. f. Sorte d'insecte aptère à huit pattes.

Araire s. f. Charrue pour les terres légères.

Aranéeux, euse adj. Couvert de toiles d'araignée.

Arasement s. m. Action d'araser.

Araser v. a. Mettre de niveau un mur, un bâtiment, etc.

Arases s. f. pl. Pierres hors du niveau.

Aratoire adj. De l'agriculture, qui lui sert.

Arbalète s. f. Arme de trait.

Arbalétrier s. m. Soldat armé d'une arbalète.

Arbitrage s. m. Jugement d'un différend par arbitre.

Arbitraire adj. Dépendant de la volonté, du choix d'une personne; despotique; qui n'est fixé par aucune loi. S. m. Gouvernement, conduite, lois arbitraires.

Arbitrairement adv. D'une manière arbitraire et despotique.

Arbitral, e adj. D'arbitre.

Arbitralement adv. Par arbitres.

Arbitre s. m. Faculté libre de l'âme de choisir et de se déterminer; juge choisi par les parties. Fig. maître absolu.

Arbitrer v. a. Juger, décider qualité d'arbitre.

Arborer v. a. Planter haut droit comme un arbre; dress Fig. : *arborer l'étendard de la volte.*

Arborescent, e adj. Qui est pr que un arbre.

Arboriculture s. f. Art de c tiver les arbres.

Arborisation s. f. Dessin na rel d'arbres, de feuillages dans pierres.

Arborisé, e adj. Qui prése des arborisations.

Arboriste s. m. Qui cultive arbres.

Arbouse s. f. Fruit de l'arb sier.

Arbousier s. m. Sorte de fr sier en arbre.

Arbre s. m. Plante ligneuse forte tige, le plus grand des vé taux; pièce principale d'une r chine. Fig. dessin ou tableau forme d'arbre.

Arbrisseau s. m. Petit arbre

Arbuste s. m. Petit arbrisse

Arc s. m. Arme courbée en demi-cercle pour lancer des flèches; portion de courbe moin que sa moitié*.

Arcade s. f. Ouverture en arc; longue voûte en arc*.

Arc-boutant s. m. Pilier en demi-arc qui soutient une voûte en dehors d' église. Fig. principal soutien d parti.

Arc-bouter v. a. Appuyer, s tenir.

Arceau s. m. Arc d'une voût

Arc-en-ciel s. m. (pl. *arcs ciel*). Météore en arc, composé plusieurs bandes de couleur.

Archaïsme s. m. Mot anti tour de phrase suranné.

Archange s. m. Ange d'un o supérieur.

Archangélique adj. De change.

Arche s. f. Voûte de pont*; vaisseau de Noé. Fig. le sein de l'Eglise. ARCHE D'ALLIANCE, coffre dans lequel étaient renferm les tables de la loi juive.

Archéologie s. f. Science de l'antiquité, de ses monuments.

Archéologue s. 2 g. Personne versée dans l'archéologie.

Archer s. m. Homme de guerre armé d'un arc.

Archet s. m. Petit arc tendu avec des crins pour jouer du violon, etc.; arc d'acier pour tourner ou percer*.

Archevêché s. m. Juridiction, territoire de l'archevêque; son palais.

Archevêque s. m. Prélat métropolitain, au-dessus de l'évêque.

Archidiaconat s. m. Dignité d'archidiacre.

Archidiacre s. m. Officier ecclésiastique au-dessus des curés.

Archiduc, ARCHIDUCHESSE, s. Titre des princes et princesses de la maison d'Autriche.

Archiduché s. m. Domaine de l'archiduc.

Archiépiscopal, e adj. De l'archevêque.

Archiépiscopat s. m. Dignité d'archevêque.

Archimandrite s. m. Abbé supérieur d'un monastère grec.

Archimède, célèbre savant de Syracuse (287-212 av. J.-C.).

Archipel s. m. Endroit de la mer où il y a beaucoup d'îles.

Archiprêtre s. m. Premier curé, qui a la prééminence sur les autres.

Architecte s. m. Qui possède et exerce l'art de bâtir. Fig. créateur, ordonnateur.

Architectural, e adj. De l'architecture.

Architecture s. f. Art de l'architecte; ordonnance d'un bâtiment.

Architrave s. f. Principale partie de l'entablement entre la frise et le chapiteau.

Archives s. f. pl. Anciens titres; chartes; lieu où on les garde; dépôt d'actes, de lois.

Archivolte s. f. Bande large en saillie sur le mur, et qui fait l'ornement d'une arcade.

Arçon s. m. Pièce de bois cintrée qui soutient la selle. *Vider les arçons*, tomber de cheval.

Arctique adj. Septentrional.

Ardemment adv. Avec ardeur.

Ardent, e adj. Embrasé, qui brûle. Fig. actif, violent. *Chapelle ardente*, remplie de cierges allumés.

Ardeur s. f. Chaleur extrême. Fig. vivacité; grande activité.

Ardillon s. m. Pointe de métal au milieu d'une boucle, pour arrêter la courroie*.

Ardoise s. f. Pierre tendre, bleuâtre, et par feuilles, pour couvrir les toits.

Ardoisière s. f. Carrière d'ardoises.

Ardu, e adj. Escarpé; inaccessible. Fig. difficile.

Arène s. f. Amphithéâtre; place où combattaient les gladiateurs.

Aréole s. f. Petite aire: cercle rougeâtre qui entoure un point inflammatoire.

Aréopage s. m. Ancien tribunal d'Athènes. Fig. réunion de sages, de magistrats intègres.

Arête s. f. Os de certains poissons. *Bot.* Barbe de l'épi. *Arch.* Saillie.

Argent s. m. Métal blanc; toute sorte de monnaie. Fig. richesse.

Argenter v. a. Couvrir de feuilles d'argent. Fig. donner l'éclat de l'argent.

Argenterie s. f. Vaisselle, ornements et meubles d'argent.

Argentifère adj. Qui contient de l'argent.

Argentin, e adj. Qui tient de l'argent, par le son, l'éclat ou la couleur.

Argile s. f. Terre grasse, molle, ductile et fine.

Argileux, euse adj. Qui tient de l'argile.

Argonautes *Myth.* Héros grecs qui allèrent à la conquête de la Toison d'or.

Argot s. m. Langage particulier des voleurs. Bois au-dessus de l'œil de la plante.

Arguer v. a. Reprendre, contredire; accuser de faux. — V. n. Tirer une conséquence d'un fait.

Argument s. m. Raisonnement: indice, preuve; sujet en abrégé d'un livre.

Argumentation s. f. Action, manière d'argumenter.

Argumenter v. n. Prouver par arguments; tirer des conséquences.

Aride adj. Sec, stérile (au propre et au fig.).

Aridité s. f. Sécheresse; stérilité. Fig. insensibilité, dégoût.

Aristocrate s. m. et adj. Membre ou partisan d'un gouvernement aristocratique.

Aristocratie s. f. Souveraineté de plusieurs nobles; gouvernement des grands, des riches.

Aristocratique adj. Qui appartient à l'aristocratie.

Aristocratiquement adv. D'une manière aristocratique.

Aristote, célèbre philosophe grec (384-322 av. J.-C.).

Arithmétique s. f. Art de calculer; science des nombres. — Adj. Fondé sur les quantités de l'arithmétique.

Arlequin s. m. Bouffon dont l'habit est bigarré.

Arlequinade s. f. Bouffonnerie d'arlequin.

Armateur s. m. Celui qui équipe un navire à ses frais.

Armature s. f. Assemblage de barres, de liens de métal.

Arme s. f. Ce qui sert à attaquer ou à se défendre. Fig. ce qui sert à combattre une erreur. — Pl. Profession de la guerre; diverses espèces de troupes.

Armé, ée adj. Garni, pourvu de. A MAIN ARMÉE loc. adv. De vive force.

Armée s. f. Troupes sous les ordres d'un général.

Armement s. m. Appareil de guerre; action d'armer.

Armer v. a. Fournir d'armes; lever des troupes. Fig. prémunir contre. *S'armer de patience*, prendre patience.

Armet s. m. Armure de tête des anciens chevaliers*.

Armistice s. m. Suspension d'armes pour un temps.

Armoire s. f. Sorte de grand meuble pour serrer des objets.

Armoiries s. f. pl. Armes, attributs distincts des familles nobles.

Armorial s. m. Livre d'armoiries.

Armure s. f. Ensemble d'arme défensives. Plaques en fer sur l'ai mant.

Armurier s. m. Qui fait et ven des armes.

Aromate s. m. Parfum tiré de végétaux.

Aromatique adj. De la natur des aromates, qui en a l'odeur.

Aromatiser v. a. Mêler des arc mates avec quelque chose.

Arome s. m. Principe odoran d'une plante; *se dit* du parfum d' café.

Aronde s. f. Hirondelle; entaille en queue d'hirondelle*.

Arpent s. m. Mesure de terre

Arpentage s. m. Art de mesu rer; action d'arpenter.

Arpenter v. a. Mesurer un ter rain. Fig. marcher vite et à grand pas.

Arpenteur s. m. Qui mesure le terres.

Arquebuse s. f. Sorte d'arme feu.

Arquebusier s. m. Qui tire o qui fait l'arquebuse.

Arquer v. a. Courber en arc V. n. Fléchir, se courber.

Arrachement s. m. Action d'ar racher.

Arracher v. a. Détacher, ôter séparer par force. Fig. obteni avec peine.

Arrangement s. m. Etat de c qui est arrangé; disposition ave ordre; conciliation.

Arranger v. a. Mettre en or dre; *arranger une affaire*, la termi ner à l'amiable. S'ARRANGER v. pr Disposer ses actions pour, s'accor der (avec quelqu'un); se concilier

Arrérages s. m. pl. Revenu arriérés, intérêts.

Arrestation s. f. Action d'arrê ter quelqu'un; état de celui qui es arrêté.

Arrêt s. m. Jugement, décision saisie de la personne, des biens *mettre aux arrêts*, t. milit., défen dre de sortir d'un lieu; tout ce qu sert à fixer, à arrêter.

Arrêté s. m. Résolution; déci sion de l'autorité; règlement d compte.

Arrêter v. a. Empêcher d'avan cer, d'agir, de fuir; saisir; fair prisonnier; retenir à son service; fixer des résolutions. S'ARRÊTER v. pr. Cesser de marcher, de parler.

Arrhes s. f. pl. Gages d'un marché. Fig. gage, assurance.

Arrière s. m. Croupe. — Adv. loin. EN ARRIÈRE loc. adv. Derrière, en retard. Interj. Loin d'ici.

Arriéré s. m. Payement retardé, travail en retard.

Arrière-ban s. m. Assemblée de nobles feudataires; leur convocation. (Pl. *arrière-bans.*)

Arrière-bouche s. f. Le fond de la bouche.

Arrière-boutique. Pièce derrière la boutique. (Pl. *arrière-boutiques.*)

Arrière-garde s. f. Portion d'une armée marchant la dernière. (Pl. *arrière-gardes.*)

Arrière-goût s. m. Goût désagréable que laisse un mets.

Arrière-main s. m. Revers de la main. Partie postérieure du cheval*.

Arrière-neveu s. m., **arrière-nièce** s. f. Fils *ou* fille du neveu ou de la nièce.

Arrière-pensée s. f. Pensée, vue secrète qui détermine l'action.

Arriérer v. a. Différer, S'ARRIÉRER v. pr. Demeurer en arrière pour le payement.

Arrière-saison s. f. L'automne, sa fin. Fig. le commencement de la vieillesse.

Arrivage s. m. Arrivée des marchandises au port.

Arrivée s. f. Action d'arriver.

Arriver v. n. Aborder; approcher de; parvenir à. Impers. Survenir.

Arrogamment adv. Avec arrogance.

Arrogance s. f. Fierté méprisante et insultante.

Arrogant, e adj. Hautain, vain, orgueilleux.

Arroger (s') v. pr. S'attribuer mal à propos.

Arrondir v. a. Rendre rond. Fig. *arrondir une phrase*, lui donner du nombre, de l'harmonie; *arrondir son bien*, l'augmenter. S'ARRONDIR v. pr. Augmenter son bien.

Arrondissement s. m. Action d'arrondir; état d'une chose arrondie; portion d'un pays *ou* d'une ville. Fig. arrangement des mots d'une période harmonieuse.

Arrosage s. m. Action d'arroser; canal pour arroser.

Arrosement s. m. Action d'arroser.

Arroser v. a. Humecter; mouiller; verser de l'eau, la faire circuler.

Arrosoir s. m. Vase pour arroser*.

Arsenal s. m. Magasin de toutes sortes d'armes.

Arsenic s. m. L'un des corps simples de la chimie.

Art s. m. Méthode pour bien faire un ouvrage; habileté, talent, industrie, artifice. *Beaux-Arts*, la peinture, la sculpture, etc.; *arts libéraux*, ceux où l'esprit a plus de part que la main.

Artère s. f. Vaisseau qui porte le sang du cœur aux veines.

Artériel, le adj. Qui appartient à l'artère.

Artésien, enne adj. D'Artois. *Puits artésien*, v. PUITS.

Artichaut s. m. Plante potagère vivace, légume qu'elle donne*.

Article s. m. Jointure des os, des membres d'un insecte. Fig. division d'un livre, d'un discours, d'un contrat, d'un compte; particule qui précède les noms : *le, la, les. A l'article de la mort*, loc. adv., à son moment.

Articulation s. f. Jointure des os, des membres. Fig. prononciation nette.

Articulé, ée adj. Qui a des articulations; prononcé nettement.

Articuler v. a. Déduire par articles; prononcer; exprimer nettement.

Artifice s. m. Art, industrie. Fig. ruse, fraude. FEU D'ARTIFICE, ensemble de compositions pyrotechniques.

Artificiel, elle adj. Qui est fait par art; *opposé* de naturel.

Artificiellement adv. Avec art, par art, d'une manière non naturelle.

Artificier s. m. Qui fait de l'artifice, des feux d'artifice.

Artificieusement adv. Avec finesse, artifice.

Artificieux, euse adj. Plein d'artifices, de finesses, de ruses.

Artillerie s. f. Canons, mortiers, obus, etc., et tout ce qui y a rapport; tous ceux qui y travaillent.

Artilleur s. m. Soldat qui sert dans l'artillerie.

Artisan s. m. Ouvrier dans un art mécanique. Fig. l'auteur, la cause de.

Artiste adj. et s. Qui cultive les arts libéraux.

Artistement adv. Avec art.

Artistique adj. Des arts.

Aruspice s. m. Prêtre qui consultait les entrailles des victimes pour prédire l'avenir.

Ascendant s. m. Pouvoir, empire, influence, supériorité. Père, mère, aïeul.

Ascendant, e adj. Qui va en montant.

Ascenseur s. m. Panier en forme de cage qui monte ou descend à l'aide d'un appareil, dans la cage d'un escalier, pour le service des personnes*.

Ascension s. f. Action de monter, son effet; élévation; fête des catholiques en mémoire de l'ascension du Christ au ciel.

Ascensionnel, elle adj. Qui s'élève.

Ascète s. m. Voué aux exercices de piété.

Ascétique adj. De la vie spirituelle. S. m. Auteur, livre qui en traite.

Ascétisme s. m. Caractère de ce qui est ascétique; grande piété.

Asciens s. m. pl. et adj. Sans ombre; habitants de la zone torride qui ont un jour le soleil perpendiculaire.

Asiatique adj. Qui est d'Asie.

Asile s. m. Lieu de refuge, abri. Fig. séjour tranquille, protecteur.

Aspect s. m. Vue d'un objet; apparence. *Se dit au* fig. d'un projet, d'une affaire.

Asperge s. f. Sorte de plante potagère*.

Asperger v. a. Arroser par petites gouttes.

Aspérité s. f. Rudesse; qualité de ce qui est raboteux; dureté, âpreté.

Aspersion s. f. Action d'asperger.

Aspersoir s. m. Goupillon pour asperger.

Asphalte s. m. Sorte de bitume.

Asphyxie s. f. Privation subite de la respiration.

Asphyxié, ée adj. Frappé d'asphyxie.

Asphyxier v. a. Causer l'asphyxie.

Aspic s. m. Petit serpent du genre vipère, très venimeux. Fig. *langue d'aspic*, personne dangereuse par ses propos.

Aspirant, e adj. Qui aspire. *Pompe aspirante*, qui soulève l'eau par le vide. — S. Qui aspire à entrer dans un corps; *aspirant de marine*, officier de marine du grade inférieur à celui d'enseigne.

Aspiration s. f. Action d'aspirer. Fig. désir de parvenir.

Aspirer v. a. Attirer l'eau avec la bouche. V. n. (fig.) Prétendre à : *aspirer au bonheur, aux honneurs.*

Assaillant s. m. Celui qui attaque. Pl. Ceux qui assiègent une place.

Assaillir v. a. Attaquer vivement quelqu'un. Fig. *se dit* d'un orage, des passions.

Assainir v. a. Rendre sain.

Assainissement s. m. Action d'assainir, ses effets.

Assaisonnement s. m. Action d'assaisonner; ingrédients pour assaisonner.

Assaisonner v. a. Accommoder un mets, en relever le goût à l'aide d'ingrédients. Fig. donner de l'agrément.

Assassin s. m. Qui tue par trahison.

Assassin, e adj. Qui assassine : *main assassine.* Fig. *regards assassins*, qui inspirent une grande passion.

Assassinat s. m. Meurtre commis par un assassin.

Assassiner v. a. Tuer par trahison. Fig. outrager; importuner; nuire.

Assaut s. m. Attaque pour emporter une place de vive force; combat au fleuret. Fig. *se dit* de l'adversité, de la tempête; sollicitation vive, pressante.

Assemblage s. m. Réunion de plusieurs choses jointes; manière, action d'assembler.

Assemblée s. f. Nombre de personnes réunies dans un lieu pour un même dessein ; lieu de leur réunion.

Assembler v. a. Mettre ensemble ; emboîter des pièces de bois ; réunir des personnes en un même lieu.

Assembleur, euse s. Celui, celle qui assemble.

Asséner v. a. Porter un coup violent.

Assentiment s. m. Consentement volontaire ; approbation intérieure.

Asseoir v. a. Mettre sur un siège ; poser sur quelque chose de ferme. Fig. établir.

Assermenté, ée adj. Qui a prêté serment à la constitution, au gouvernement.

Assermenter v. a. Faire prêter serment ; obliger par serment. S'ASSERMENTER v. pr. Prêter serment.

Assertion s. f. Proposition qu'on établit et qu'on soutient vraie.

Asservir v. a. Assujettir ; réduire en sa puissance ; rendre esclave. Fig. dompter.

Asservissant, e adj. Qui asservit.

Asservissement s. m. Servitude ; esclavage ; sujétion.

Assesseur s. m. Adjoint à un juge.

Assez adv. Suffisamment.

Assidu, ue adj. Qui est exact à se trouver où le devoir l'appelle ; qui rend des soins continuels à quelqu'un ; qui a une application continuelle à ; continu.

Assiduité s. f. Exactitude ; application. Pl. Soins continuels rendus à.

Assidument adv. Avec assiduité.

Assiégeant, e adj. Qui assiège. S. m. pl. Les troupes qui assiègent.

Assiéger v. a. Faire le siège d'une place. Fig. importuner.

Assiégés s. m. pl. Ceux qui défendent une place assiégée, qui y sont.

Assiette s. f. Manière d'être assis, placé ; situation stable d'un corps ; vaisselle plate *. Fig. disposition d'esprit. L'ASSIETTE DE L'IMPÔT, sa répartition.

Assiettée s. f. Contenu d'une assiette.

Assignat s. m. Sorte de papier-monnaie.

Assignation s. f. Destination de fonds pour le payement ; citation devant le juge.

Assigner v. a. Affecter à un payement ; appeler devant le juge. Fig. déterminer, fixer, indiquer.

Assimilable adj. Qui peut être assimilé.

Assimilation s. f. Action d'assimiler.

Assimiler v. a. Rendre semblable ; comparer. S'ASSIMILER v. pr. Se comparer à quelqu'un.

Assise s. f. Rang de pierres horizontales *. Pl. Séances tenues par les magistrats pour juger les causes criminelles.

Assistance s. f. Aide, secours ; assemblée de personnes ; présence d'un officier de justice ou d'un ecclésiastique.

Assistant, e adj. Qui est présent ; qui assiste, qui aide.

Assister v. a. Aider, secourir. V. n. Etre présent.

Association s. f. Union de personnes pour un intérêt, un but commun.

Associé, ée adj. Membre d'une association ; qui est en société avec quelqu'un.

Associer v. a. Donner, prendre pour collègue ; unir. S'ASSOCIER v. pr. Entrer en société.

Assolement s. m. Action, manière d'assoler.

Assoler v. a. Alterner les cultures d'un champ.

Assombrir v. a. Rendre sombre. S'ASSOMBRIR v. pr. Devenir triste, sombre.

Assommant, e adj. Fatigant, ennuyeux à l'excès.

Assommer v. a. Tuer avec quelque chose de pesant ; battre avec excès. Fig. fatiguer, ennuyer, importuner jusqu'à l'excès.

Assommeur s. m. Qui assomme.

Assommoir s. m. Tout instrument qui sert à assommer ; bâton plombé.

Assomption s. f. Enlèvement

de la sainte Vierge au ciel ; jour où l'Eglise en célèbre la fête.

Assonance s. f. Ressemblance imparfaite de sons dans la terminaison des mots.

Assonant, e adj. *Mots assonants*, qui ont un son final approchant.

Assorti, ie adj. Qui est fourni de marchandises : *marchand bien assorti*. Fig. *époux assortis*, qui se conviennent bien.

Assortiment s. m. Action d'assortir ; effet de cette action.

Assortir v. a. Réunir des personnes ou des choses qui se conviennent. V. n. Convenir. S'ASSORTIR v. pr. Se convenir.

Assoupir v. a. Disposer au sommeil ; adoucir, calmer. Fig. empêcher l'éclat, les suites d'un mal, d'une sédition, d'un crime, etc. S'ASSOUPIR v. pr. S'endormir.

Assoupissant, e adj. Qui assoupit.

Assoupissement s. m. Etat d'une personne assoupie ; sommeil léger ; grande négligence.

Assouplir v. a. Rendre souple (au propre et au fig.).

Assourdir v. a. Rendre sourd, étourdir.

Assourdissant, e adj. Qui assourdit.

Assouvir v. a. Rassasier pleinement. Fig. satisfaire des désirs, une passion violente.

Assouvissement s. m. Action d'assouvir, ses effets.

Assuérus, roi des Perses.

Assujettir ou **assujétir** v. a. Soumettre ; astreindre ; fixer.

Assujettissement s. m. Contrainte ; soumission.

Assumer v. a. Prendre, s'attribuer la responsabilité d'un acte.

Assurance s. f. Certitude ; confiance ; sécurité. Fig. hardiesse. COMPAGNIE D'ASSURANCE, société qui assure contre l'incendie, la grêle, etc.

Assurément adv. Certainement, sûrement.

Assurer v. a. Affirmer ; rendre sûr, stable ; pourvoir à la sûreté ; garantir des pertes éventuelles. S'ASSURER v. pr. *S'assurer d'une chose*, s'en saisir, la vérifier ; *s assurer d'une personne*, l'arrêter.

Astérisque s. m. Etoile(*), signe qui indique, qui marque un renvoi.

Asthmatique adj. Qui a un asthme, sujet à l'asthme.

Asthme s. m. Maladie caractérisée par une grande difficulté de respirer.

Astiquer v. a. Faire reluire en frottant.

Astre s. m. Corps céleste. Fig. beauté rare.

Astreindre v. a. Assujettir.

Astringent, e adj. et s. *Méd.* Qui resserre : *remède astringent*.

Astrologie s. f. Art chimérique de lire l'avenir dans les astres.

Astrologue s. m. Qui est versé dans la pratique de l'astrologie.

Astronome s. m. Qui pratique l'astronomie.

Astronomie s. f. Science qui traite des astres.

Astronomique adj. De l'astronomie.

Astuce s. f. Mauvaise finesse.

Astucieusement adv. D'une manière astucieuse.

Astucieux, euse adj. Qui a de l'astuce.

Atelier s. m. Lieu où travaillent des ouvriers, des artistes, etc.; leur réunion.

Atermoîment ou **atermoiement** s. m. Accommodement avec des créanciers pour les payer à termes convenus.

Atermoyer v. a. Retarder le terme d'un payement.

Athée s. m. Qui ne reconnaît point de Dieu, qui nie l'existence de Dieu.

Athéisme s. m. Opinion de l'athée.

Athlète s. m. Qui combattait dans les jeux grecs. Fig. homme robuste.

Athlétique adj. Qui appartient aux athlètes : *force athlétique*.

Atlas s. m. Recueil de cartes géographiques.

Atmosphère s. f. Masse d'air qui environne la terre.

Atmosphérique adj. Qui tient, qui a rapport à l'atmosphère.

Atome s. m. Très petite partie indivisible d'un corps.

Atonie s. f. Faiblesse.

Atout s. m. Carte de la couleur de celle qui retourne.

Atre s. m. Foyer de la cheminée.

Atroce adj. D'une méchanceté excessive.

Atrocement adv. D'une manière atroce.

Atrocité s. f. Enormité (d'un crime), cruauté.

Atrophie s. f. Consomption ; maigreur extrême.

Atrophier (s') v. pr. Devenir très maigre.

Attabler (s') v. pr. Se mettre à table.

Attachant, e adj. Qui attache ; qui fixe l'attention ou l'intérêt ; qui plaît.

Attache s. f. Lien ; ce qui sert à attacher. Fig. application, ardeur, affection.

Attaché s. m. Qui fait partie du personnel d'une ambassade.

Attachement s. m. Sentiment de vive affection ; grande application.

Attacher v. a. Joindre une chose à une autre. Fig. lier par quelque chose qui oblige, qui plaît. S'ATTACHER v. pr. S'appliquer ; prendre de l'affection pour.

Attaquable adj. Qui peut être attaqué.

Attaquant adj. et s. Assaillant, qui attaque.

Attaque s. f. Action d'attaquer ; travaux de siège d'une ville. Fig. accès d'un mal ; atteinte.

Attaquer v. a. Assaillir ; offenser le premier ; commencer l'attaque. Fig. s'élever contre, chercher querelle, provoquer. S'ATTAQUER A v. pr. S'en prendre à.

Attarder v. a. Mettre en retard. S'ATTARDER v. pr. Se mettre tard en route.

Atteindre v. a. et n. Frapper de loin ; saisir ; attaquer ; attraper. Fig. parvenir à.

Atteinte s. f. Coup qui atteint ; action d'atteindre ; attaque d'une maladie.

Attelage s. m. Chevaux, bêtes de somme attelées pour traîner.

Atteler v. a. Atteler des chevaux, des bêtes de somme à une voiture, etc.

Attenant, e adj. Contigu : *Son jardin est attenant au mien.*

Attendre v. a. Etre dans l'attente, le désir, la crainte de. Fig. être prêt. V. n. Différer. S'ATTENDRE A v. pr. Compter sur, espérer.

Attendrir v. a. Rendre tendre. Fig. rendre sensible à la pitié, à l'amitié. S'ATTENDRIR v. pr. Devenir tendre, plus sensible ; s'émouvoir.

Attendrissement s. m. Sentiment de tendresse, de compassion.

Attendu prép. Eu égard à : *Attendu son âge.* ATTENDU QUE loc. conj. Vu que, puisque.

Attentat s. m. Entreprise criminelle contre les personnes ou les choses.

Attente s. f. Etat de celui qui attend. Fig. espérance.

Attenter v. n. Commettre un attentat.

Attentif, ive adj. Qui a de l'attention, de l'application, des égards.

Attention s. f. Application d'esprit à ; soins officieux, égards.

Attentionné, ée adj. Qui a des égards, de la prévenance.

Attentivement adv. Avec attion, application.

Atténuant, e adj. Qui atténue, rend moins grave. *Circonstances atténuantes*, qui ont pour effet de diminuer la peine.

Atténuation s. f. Affaiblissement ; diminution des forces, des charges contre l'accusé.

Atténuer v. a. Affaiblir ; rendre moins grave.

Atterrer v. a. Renverser par terre. Fig. accabler, affliger beaucoup. — ou ATTERRIR v. n. *Mar.* Prendre terre.

Atterrissage s. m. *Mar.* Action de prendre terre.

Atterrissement s. m. Dépôt de terre, de sable fait par les eaux sur leurs bords.

Attestation s. f. Certificat, témoignage par écrit donné à quelqu'un.

Attester v. a. Certifier, témoigner, prendre à témoin.

Atticisme s. m. Finesse, délicatesse de goût, particulière aux Athéniens, dans le langage, le style.

Attiédir v. a. Rendre tiède ce qui était chaud. Fig. rendre moins fervent.

Attiédissement s. m. Passage du chaud au tiède. Fig. tiédeur ; diminution de ferveur.

Attirail s. m. Quantité de choses diverses, nécessaires à la guerre, aux voyages, à la chasse, etc.

Attirer v. a. Tirer à soi. Fig. gagner par adresse, par des manières agréables. S'ATTIRER v. pr. Gagner, obtenir : *s'attirer la louange ;* se causer : *s'attirer le blâme, un mal.*

Attiser v. a. Rapprocher les tisons pour les faire mieux brûler. Fig. exciter, allumer : *Attiser la discorde.*

Attitré adj. Qui existe en vertu d'un titre ; *marchand attitré,* auquel on s'adresse ordinairement.

Attitude s. f. Posture, situation, position. Fig. façon de se présenter.

Attouchement s. m. Action de toucher.

Attraction s. f. Action d'attirer; force qui attire.

Attrait s. m. Ce qui attire par l'agrément ; inclination pour une personne ou une chose. Pl. Appas, charmes ; ce qui attire.

Attraper v. a Prendre au piège ; obtenir par industrie. Fig. tromper ; saisir, atteindre.

Attrayant, e adj. Qui attire par ses charmes, ses attraits.

Attribuer v. a. Attacher. Fig. imputer. S'ATTRIBUER v. pr. S'approprier.

Attribut s. m. Ce qui est propre, particulier à un être ; symbole ; perfection de Dieu ; ce que l'on affirme ou nie d'un sujet (*gram.*).

Attribution s. f. Concession d'une prérogative, fonctions, compétence.

Attrister v. a. Rendre triste, affliger. S'ATTRISTER v. pr. S'affliger.

Attrition s. f. Frottement de deux corps qui s'usent ; regret du péché par la crainte des peines.

Attroupement s. m. Assemblée tumultueuse et illégale.

Attrouper v. a. Assembler en troupe. S'ATTROUPER v. pr. S'assembler en troupe, tumultueusement.

Au, *pour* à le, et AUX, *pour* à les.

Aubade s. f. Concert donné, avant l'aube du jour, sous les fenêtres de quelqu'un.

Aubaine s. f. Droit d'un État de succéder aux biens qu'un étranger décédé possédait dans cet État. Fig. avantage inattendu.

Aube s. f. Pointe du jour ; long vêtement blanc des prêtres.

Aubépine s. f. Arbrisseau épineux, à petites fleurs odorantes*.

Auberge s. f. Maison où logent et mangent les voyageurs en payant.

Aubergine s.f. Sorte de plante dont le fruit a la forme du concombre*.

Aubergiste s. Qui tient auberge.

Aucun, e adj. Pas un, nul. (Se met au pluriel devant un nom qui n'a pas de singulier.)

Aucunement adv. Nullement, en aucune manière.

Audace s. f. Hardiesse excessive, insolente ; noble hardiesse ; témérité ; fierté.

Audacieusement adv. Avec audace ; avec courage.

Audacieux, euse adj. Extrêmement hardi.

Au deçà prép. De ce côté-ci.

Au delà prép. De l'autre côté.

Au devant prép. À la rencontre. Fig. *aller au devant*, faire les avances.

Audience s. f. Réception ; séance d'un tribunal ; auditoire.

Auditeur s. m. Celui qui écoute dans une assemblée publique ; aspirant à la magistrature.

Audition s. f. Action d'entendre.

Auditoire s. m. Assemblée d'auditeurs.

Auge s. f. Pièce de bois *ou* pierre creuse pour donner à manger, à boire aux animaux domestiques ; rigole qui conduit l'eau du moulin sur la roue.

Augmentation s. f. Accroissement.

Augmenter v. a. Agrandir, accroître. V. n. Croître en qualité ou en quantité : *ses richesses augmentent.*

Augure s. m. Présage ; celui qui lisait l'avenir dans le vol, le chant des oiseaux. Fig. *oiseau de mauvais augure*, personne qui n'annonce que des événements funestes.

Augurer v. a. Tirer une conjecture, un augure de.

Augustin (saint), évêque d'Hippone, l'un des Pères de l'Eglise latine (354-430).

Aujourd'hui adv. Ce jour où l'on est, à présent; *l'opposé* d'autrefois.

Aumône s. f. Ce qu'on donne aux pauvres par charité.

Aumônier s. m. Prêtre attaché à un établissement, un corps, etc.

Aumônière s. f. Bourse qu'on portait à la ceinture.

Aune s. m. Sorte d'arbre. S. f. ancienne mesure.

Auparavant adv. Avant toutes choses.

Auprès adv. et AUPRÈS DE loc. prép. A côté de, en comparaison de.

Auréole s. f. Cercle lumineux autour de la tête des saints*.

Auriculaire adj. Qui regarde l'oreille. *Témoin auriculaire*, qui a entendu de ses propres oreilles. S. m. Le plus petit doigt de la main.

Aurifère adj. Qui fournit de l'or: *mine aurifère.*

Aurore s. f. Lumière avant le lever du soleil. Fig. *se dit* de ce qui commence : *Le repentir est l'aurore de la vertu.*

Auscultation s. f. Action d'ausculter.

Ausculter v. a. Appliquer l'oreille sur la poitrine ou le dos pour reconnaître l'état des poumons ou du cœur, d'après les sons perçus.

Auspice s. m. Présage. Fig. *Sous les auspices*, avec l'appui.

Aussi conj. De même; autant; de plus; c'est pourquoi. AUSSITOT QUE, dans le même moment.

Austère adj. Rigoureux, sévère.

Austèrement adv. Avec austérité.

Austérité s. f. Mortification des sens et de l'esprit; sévérité.

Austral, e adj. Méridional.

Autant adv. Exprime la comparaison.

Autel s. m. Table pour les sacrifices. — MAITRE-AUTEL l'autel principal d'une église*.

Auteur s. m. Celui, ce qui est la première cause de quelque chose ; inventeur; écrivain qui a fait un livre.

Authenticité s. f. Qualité de ce qui est authentique.

Authentique adj. Qui a l'autorité et les formes exigées par la loi; qui fait preuve.

Authentiquement adv. D'une manière authentique.

Autodafé s. m. Jugement de l'Inquisition; exécution solennelle de ce jugement.

Autographe adj. (Écrit) de la main de l'auteur.

Automate s. m. Machine qui imite les mouvements des êtres animés. Fig. personne stupide.

Automatique adj. (Mouvement) machinal auquel la volonté n'a point de part.

Automatiquement adv. En automate.

Automne s. m. Troisième saison de l'année, entre l'été et l'hiver.

Autonome adj. Qui se gouverne par ses propres lois.

Autonomie s. f. Droit de se gouverner par ses propres lois.

Autopsie s. f. Vision intuitive des mystères; contemplation de la divinité; action de voir une chose de ses propres yeux; examen de l'intérieur d'un cadavre.

Autorisation s. f. Acte par lequel on autorise; permission.

Autoriser v. a. Donner l'autorité, le pouvoir (de); appuyer de son crédit. S'AUTORISER, v. pr. Se donner le pouvoir; fonder son droit sur.

Autorité s. f. Puissance légitime; crédit, considération; opinion citée d'un auteur, d'une personne illustre, pour s'en appuyer. D'AUTORITÉ, loc. adv. D'une manière impérieuse, tranchante.

Autour adv. et prép. Aux environs ; auprès. S. m. Oiseau de proie.

Autre adj. Différent, distinct.

Autrefois adv. Anciennement, au temps passé.

Autrement adv. D'une autre manière; sinon.

Autre part adv. Ailleurs.

Autrichien, enne s. et adj. Qui est de l'Autriche.

Autruche s. f. Le plus grand

des oiseaux, à cou très long. Fig. homme grand, lourd et stupide.

Autrui s. m. *ou* pr. ind. Les autres. (Sans pluriel.)

Auvent s. m. Petit toit en saillie pour garantir de la pluie*.

Avachir (s') v. pr. Se déformer, devenir mou.

Aval s. m. Côté vers lequel descend une rivière. EN AVAL, loc. adv. En descendant la rivière.

Avalanche s. f. Masse de neige qui roule des montagnes.

Avaler v. a. Faire entrer par le gosier dans l'estomac. V. n. Suivre le courant de l'eau.

Avance s. f. Espace de chemin que l'on a devant quelqu'un ; ce qui fait saillie ; ce qui se trouve déjà fait d'un ouvrage ; payement anticipé. Pl. (fig.) premières démarches pour séduire, concilier.

Avancement s. m. Progrès ; action d'avancer.

Avancer v. a. Porter en avant ; payer par anticipation. Fig. hâter ; mettre en avant : *avancer une proposition*. V. n. Aller en avant ; faire des progrès.

Avanie s. f. Affront, vexation.

Avant prép. et adv. *Marque* la priorité de temps, de lieu, d'ordre. S. m. La proue (*Mar.*).

Avantage s. m. Ce qui est utile, profitable, favorable à quelqu'un ; supériorité sur quelqu'un.

Avantager v. a Donner en plus.

Avantageusement adv. D'une manière avantageuse.

Avantageux, euse adj. Qui apporte avantage ; qui sied bien. Fig. présomptueux.

Avant-bras s. m. Partie du bras du poignet au coude.

Avant-coureur s. m. Ce qui précède et annonce une chose.

Avant-dernier, ère adj. Avant le dernier.

Avant-garde s. f. Troupe qui marche en avant. (Pl. *avant-gardes*.)

Avant-goût s. m. Goût qu'on a par avance d'une chose agréable (pas de pl.).

Avant-hier adv. Le jour qui précédait hier.

Avant-poste s. m. Poste le plus avancé, le plus près de l'ennemi. (Pl. *avant-postes*.)

Avant-propos s. m. Préface d'un ouvrage.

Avant-scène s. f. Partie avancée de la scène. (Pl. *avant-scènes*.)

Avant-train s. m. Train de devant d'une voiture*. (Pl. *avant-trains*.)

Avant-veille s. f. Jour avant la veille.

Avare adj. et s. Qui aime trop l'or et ne le dépense pas. Fig. qui donne peu.

Avarice s. f. Attachement excessif aux richesses ; soif, amour de l'or sans en jouir.

Avarie s. f. Dommage arrivé au vaisseau, aux marchandises.

Avarier (s') v. pr. Se gâter.

Avec prép. Ensemble, par le moyen de.

Avenant, e adj. Qui a bon air, gracieux : qui revient à. A L'AVENANT adv. En proportion.

Avènement s. m. venue ; élévation à une dignité suprême.

Avenir s. m. Le temps futur ; la postérité.

Avent s. m. Temps avant Noël.

Aventure s. f. Accident, événement inopiné ; hasard ; entreprise hasardeuse. A L'AVENTURE loc. adv. A tout hasard.

Aventurer v. a. Hasarder ; exposer au péril.

Aventureux, euse adj. Qui se hasarde ou s'aventure ; qui est livré au hasard.

Aventurier, ère adj. Qui court les aventures ; qui est sans fortune, sans nom ; pirate.

Avenu, ue adj. Se dit dans *non avenu*, qui signifie *nul*.

Avenue s. f. Passage ; longue allée d'arbres.

Avéré, ée adj. Prouvé, constaté.

Avérer v. a. Prouver la vérité de.

Averse s. f. Pluie abondante et subite. A VERSE, loc. adv. Abondamment : *il pleut à verse*.

Aversion s. f. Haine, antipathie.

Averti s. m. Avertissement, avis.

Avertir v. a. Informer de ; donner avis ; instruire.

Avertissement s. m. Avis ; conseil ; petite préface d'un livre.

Aveu s. m. Reconnaissance d'avoir dit ou fait quelque chose; témoignage, consentement.

Aveugle adj. et s. Privé de la vue. Fig. sans jugement.

Aveuglement s. m. Cécité. Fig. erreur, égarement. A L'AVEUGLE loc. adv. Aveuglément, sans intelligence.

Aveuglément adv. Sans réflexion; en aveugle.

Aveugler v. a. Priver de la vue, et au fig. de la raison, du jugement; éblouir. *Aveugler une voie d'eau* (*Mar.*), la boucher avec des tampons. S'AVEUGLER v. pr. (fig.), se tromper soi-même.

Avide adj. Qui désire ardemment (au propre et au figuré).

Avidement adv. Avec avidité.

Avidité s. f. Désir ardent, insatiable, immodéré.

Avilir v. a. Rendre vil; déprécier. S'AVILIR v. pr. Faire quelque chose de vil.

Avilissant, e adj. Qui avilit.

Avilissement s. m. État d'un être avili.

Aviné, ée adj. Qui est ivre.

Aviner v. a. Imbiber de vin.

Aviron s. m. Sorte de rame de batelier*.

Avis s. m. Opinion; sentiment; conseil; avertissement; moyen proposé.

Avisé, ée adj. Sage, prudent.

Aviser v. a. Donner avis, conseil; prévenir. V. n. Faire réflexion; prendre garde. S'AVISER, v. pr. S'imaginer quelque chose; trouver, inventer : *s'aviser d'un expédient.*

Aviso s. m. Bâtiment léger chargé de dépêches.

Aviver v. a. Donner de la vivacité, de l'éclat.

Avocat s. m. Celui qui défend une cause en justice; qui intercède pour un autre *.

Avoine s.f. Sorte de graminée dont la graine sert à nourrir les chevaux *.

Avoir s. m. sans pl. Ce qu'on possède de bien.

Avoir v. a. Posséder, obtenir. Verbe auxiliaire servant à conjuguer les autres. Y AVOIR, être, exister.

Avoisiner v. a. Etre proche, voisin de.

Avorté, ée adj. Qui n'a pu mûrir. Fig. qui n'a pas réussi.

Avortement s. m. Action d'avorter.

Avorter v. n. Mettre au jour avant terme. Fig. ne pas mûrir, échouer.

Avorton s. m. Né avant terme. Fig. homme chétif; ouvrage incomplet.

Avoué s. m. Officier de justice.

Avouer v. a. Confesser, reconnaître la vérité d'une chose; approuver. S'AVOUER v. pr. Se reconnaître.

Avril s. m. Quatrième mois de l'année.

Avulsion s. f. *Méd.* Action d'arracher.

Axe s. m. Ligne qui passe par le centre d'un corps sphérique et autour de laquelle il se meut. *Axe de la terre,* ligne droite supposée qui traverse la terre par son centre, d'un pôle à l'autre.

Axiome s. m. Proposition générale, claire, évidente, reçue et incontestable dans une science.

Axonge s. f. Graisse molle et humide.

Ayant cause s. m. Celui auquel les droits d'une personne ont été transmis. (Pl. *ayants cause.*)

Ayant droit s. m. Celui qui a des droits à quelque chose. (Pl. *ayants droit.*)

Azote s. m. Gaz impropre à la respiration et à la combustion; il entre pour les quatre cinquièmes dans la composition de l'air.

Azur s. m. Sorte de minéral dont on fait un bleu fort beau; couleur de l'atmosphère, du ciel.

Azuré, ée adj. De couleur d'azur.

Azurer v. a. Mettre de l'azur.

Azyme adj. (Pain —) sans levain *.

B

B s. m. Seconde lettre de l'alphabet.

Baal, divinité des Chaldéens, des Phéniciens, etc.

Baba s. m. Sorte de pâtisserie.

Babel (tour de) s. f. Tour construite par les descendants de Noé. Fig. confusion.

Babeurre s. m. Liqueur séreuse du lait converti en beurre.

Babil s. m. Superfluité excessive de paroles; habitude de parler beaucoup et sans réflexion.

Babillage s. m. (*ll* m.) Action de babiller.

Babillard, e adj. (*ll* m.) Qui aime à parler beaucoup; indiscret.

Babillement s. m. (*ll* m.) Babil.

Babiller v. n. (*ll* m.) Parler beaucoup.

Babine s. f. Lèvre de certains animaux.

Babiole s. f. Jouet d'enfant; chose de peu de valeur.

Babrius ou **Babryas**, fabuliste grec du IIIe siècle.

Bâbord s. m. Côté gauche du navire.

Babouche s. f. Sorte de pantoufle.

Babouin s. m. Sorte de gros singe. Fig. enfant badin, étourdi.

Babylas (saint), martyr, m. 251.

Bac s. m. Sorte de bateau plat pour le passage d'une rivière.

Baccalauréat s. m. Premier degré pour parvenir au doctorat.

Bacchanal s. m. Grand bruit; tapage.

Bacchanale s. f. Fête en l'honneur de Bacchus. Fig. danse bruyante, orgie.

Bacchante s. f. Prêtresse de Bacchus. Fig. femme emportée, furieuse.

Bacchus *Myth.* Dieu du vin.

Baccifère adj. *Bot.* Qui porte des baies.

Bacciforme adj. Qui a la forme d'une baie.

Bach (Sébastien), célèbre compositeur allemand (1685-1750).

Bâche s. f. Grosse toile pour couvrir les marchandises.

Bachelette s. f. Jeune fille (vx. mot).

Bachelier s. m. Celui qui a été promu au baccalauréat.

Bâcher v. a. Couvrir avec une bâche.

Bacon (Roger), moine et savant anglais (1214-1294).

Bactérie s. f. Sorte d'infusoire.

Badaud, e adj. et s. Niais, qui admire tout, d'une curiosité frivole (fam.).

Badauder v. n. S'amuser à tout (fam.).

Badauderie s. f. Action, discours de badaud.

Badigeon s. m. Couleur jaune ou blanche dont on enduit les murs.

Badigeonnage s. m. Action de badigeonner; ouvrage de badigeonneur.

Badigeonner v. a. Peindre avec du badigeon.

Badigeonneur s. m. Celui qui badigeonne.

Badin, e adj. et s. Folâtre, plaisant; qui s'amuse à des bagatelles.

Badinage s. m. Action, discours de badin; action de badiner.

Badine s. f. Petite canne, petite baguette.

Badiner v. n. Folâtrer; faire le badin. V. a. Plaisanter quelqu'un légèrement.

Badinerie s. f. Bagatelle, frivolité.

Badois, e adj. De Bade.

Bafouer v. a. Traiter injurieusement et avec mépris.

Bâfre ou **bâfrerie** s. f. (popul.). Repas abondant.

Bâfrer v. n. (popul.). Manger goulûment, extrêmement.

Bâfreur s. m. Grand mangeur.

Bagage s. m. Equipage de guerre ou de voyage. Fig. *plier bagage*, déloger furtivement; s'enfuir.

Bagarre s. f. Tumulte; bruit; querelle bruyante de plusieurs personnes; embarras de voitures.

Bagatelle s. f. Chose de peu de prix, peu importante.

Bagaudes, paysans gaulois qui

se révoltèrent contre les Romains (IIIe siècle).

Bagne s. m. Prison des forçats.

Bagration (prince de), général russe tué à la Moskowa (1765-1812).

Bague s. f. Anneau de métal que l'on met au doigt*. Fig. *Bague au doigt*, bien possédé pour l'agrément seul. *Sortir bagues sauves*, sans perte.

Baguenaude s. f. Fruit du baguenaudier, dans une espèce de vessie.

Baguenauder v. n. S'amuser à des frivolités.

Baguenaudier s. m. Arbrisseau; celui qui baguenaude; jeu d'enfant.

Baguette s. f. Bâton long et délié; sorte de moulure ronde.

Baguier s. m. Coffret pour les bagues.

Bah! interj. Marque l'étonnement, le doute.

Bahut s. m. Ancien coffre*.

Bahutier s. m. Celui qui fait les bahuts.

Bai, e adj. Rouge-brun.

Baie s. f. Petit fruit pulpeux; ouverture dans un mur pour une porte, une fenêtre; petit golfe. Fig. bourde, mystification.

Baigner v. a. Mettre dans le bain. Fig. couler auprès; arroser; mouiller : *baigner son visage* de larmes. V. n. Être plongé dans. SE BAIGNER, v. pr. Prendre le bain.

Baigneur, euse adj. Qui se baigne.

Baignoire s. f. Vaisseau dans lequel on se baigne*.

Bail s. m. (*l.* m., pl. *baux*). Contrat de louage d'une terre, d'un immeuble.

Baille s. f. (*ll* m.). Baquet fait de la moitié d'un tonneau.

Bâillement s. m. (*ll* m.). Action de bâiller; hiatus.

Bâiller v. n. (*ll* m.). Ouvrir involontairement la bouche en respirant et expirant avec force. Fig. s'entr'ouvrir; être mal joint.

Bailler v. a. (*ll* m.). Donner, livrer, mettre en main.

Bâilleur, euse s. (*ll* m.). Celui, celle qui bâille.

Bailleur, eresse s. (*ll* m.). Qui donne à bail.

Bailli s. m. (*ll* m.). Ancien magistrat.

Bailliage s. m. (*ll* m.). Tribunal, juridiction, maison du bailli.

Baillive s. f. (*ll* m.). La femme du bailli.

Bâillon s. m. (*ll* m.). Ce qu'on met dans la bouche pour empêcher de parler.

Bâillonner v. a. (*ll* m.). Mettre un bâillon.

Bailly (*ll* m.), astronome français et maire de Paris (1736-1793).

Bain s. m. Immersion dans un liquide, le liquide lui-même. Pl. Établissements publics où l'on se baigne. *Bain-marie* s. m. Eau chaude dans laquelle est un autre vase.

Baïonnette s. f. Sorte de long poignard qui s'adapte au bout d'un fusil.

Baisemain s. m. Hommage du vassal au seigneur du fief, en lui baisant la main; cérémonie d'étiquette encore en usage à certaines cours, et dans laquelle on baise la main du prince.

Baisement s. m. Action de baiser la mule du pape.

Baiser v. a. Appliquer ses lèvres sur le visage ou la main de quelqu'un, sur un objet vénéré.

Baiser s. m. Action de celui qui baise. *Baiser de Judas*, de traître.

Baisoter v. a. Baiser souvent, sans cesse.

Baisse s. f. Diminution de prix, de valeur dans les marchandises, les fonds publics, etc. *Jouer à la baisse*, spéculer, parier sur la baisse.

Baisser v. a. Mettre plus bas, diminuer de hauteur. V. n. Aller en diminuant; s'affaiblir. SE BAISSER v. pr. Se courber.

Baissier s. m. Qui joue à la baisse sur les fonds publics.

Baisure s. f. Endroit moins cuit où des pains se sont touchés dans le four.

Bajoue s. f. Partie de la tête de certains animaux, depuis l'œil jusqu'à la mâchoire.

Bal s. m. (pl. *bals*). Assemblée où l'on danse.

Baladin, e s. Danseur de théâtre; bouffon.

Balafre s. f. Longue blessure au visage ; sa cicatrice.

Balafré, ée adj. Qui a une balafre.

Balafrer v. a. Faire des balafres.

Balai s. m. Ustensile de ménage pour ôter les ordures, nettoyer*.

Balais adj. m. (rubis) couleur de vin paillet.

Balance s. m. Instrument pour peser. Fig. solde d'un compte ; incertitude ; constellation.

Balancé s. m. Pas de danse en se balançant en mesure.

Balancelle s. f. Embarcation napolitaine à un seul mât.

Balancement s. m. Mouvement alternatif d'un corps qui balance. Fig. hésitation.

Balancer v. a. Mouvoir tantôt d'un côté, tantôt de l'autre. Fig. peser, examiner. V. n. Etre irrésolu. SE BALANCER, v. pr. Se mouvoir sur la balançoire, ou de côté et d'autre.

Balancier s. m. Pièce dont les oscillations règlent le mouvement d'une horloge ; machine pour frapper la monnaie ; bâton de danseur de corde pour garder l'équilibre.

Balançoire s. f. Pièce de bois ou siège suspendu pour se balancer*.

Balast s. m. Lest, pierres, sable, etc.

Balayage s. m Action de balayer.

Balayer v. a. Oter les ordures avec le balai ; nettoyer. Fig. chasser ; mettre en fuite : *balayer l'ennemi.*

Balayeur, euse s. Qui balaye.

Balayures s. f. pl. Ordures amassées avec le balai.

Balbutiement s. m. Action de balbutier.

Balbutier v. n. Prononcer mal, en hésitant, sans articuler. Fig. parler confusément, sans connaissance suffisante.

Balcon s. m. Saillie d'une fenêtre, d'un bâtiment, entourée d'une balustrade ; loge de théâtre à côté de l'avant-scène.

Baldaquin s. m. Sorte de dais* au-dessus du lit, d'un trône, d'un catafalque, d'un autel.

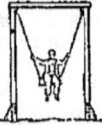

Baleine s. f. Enorme mammifère marin, du genre des cétacés ; ses fanons.

Baleiné, ée adj. Garni de fanons de baleine.

Baleineau s. m. Petit d'une baleine.

Baleinier s. m. et adj. et BALEINIÈRE s. f. Navire équipé pour la pêche de la baleine.

Baleinoptère s. m. Genre de cétacé.

Balèvre s. f. Lèvre d'en bas. Fig. saillie d'une pierre (*Archit.*).

Balise s. f. Perche indiquant les écueils à l'entrée des ports ; chemin de halage.

Baliser v. a. Mettre les balises.

Balisier s. m. Sorte d'arbrisseau.

Baliste s. f. Machine de guerre, pour lancer des pierres, des flèches, etc.

Balistique s. f. Art de calculer le jet d'un projectile.

Balivage s. m. Choix, compte, marque des baliveaux à conserver.

Baliveau s. m. Jeune arbre qu'on laisse à la coupe d'un taillis ; chêne au-dessous de quarante ans.

Baliverne s. f. Sornette ; discours frivole.

Baliverner v. n. S'occuper de balivernes.

Ballade s f. Sorte de pièce de vers.

Ballanche, écrivain mystique français (1776-1847).

Ballant adj. m. *Bras ballants*. Qui suivent les mouvements du corps en marchant.

Balle s. f. Pelotte ronde pour jouer* ; boule de plomb pour les armes à feu ; paquet de marchandises.

Ballet s. m. Danse figurée représentant un sujet ; pièce de théâtre mêlée de danses et de pantomimes.

Ballon s. m. Vessie pleine d'air et couverte de peau ; aérostat ; sommet arrondi d'une montagne.

Ballonné, ée adj. Distendu.

Ballonnement s. m. Etat du ventre ballonné.

Ballonnier s. m. Fabricant ou marchand de ballons.

Ballot s. m. Gros paquet de marchandises. Fig. *Voilà votre ballot,* voilà ce qui vous est propre.

Ballotin s. m. Petit ballot.

Ballottage s. m. Action de ballotter. Se dit de deux candidats dans une élection : scrutin de ballottage.

Ballottement s. m. Action de ballotter.

Ballotter v. a. Remuer en plusieurs sens. Fig. voter pour décider le choix entre deux candidats; se jouer de quelqu'un.

Balnéation s. f. Action de baigner, de se baigner.

Balourd, e s. Personne grossière, stupide.

Balourdise s. f. Caractère, action du balourd; stupidité.

Balsamine s. f. Sorte de plante annuelle.

Balsamique adj. Qui tient du baume.

Balthasar, BALTHAZAR ou LABYNIT, dernier roi de Babylone, m. 538 av. J.-C.

Balue (Jean de la), cardinal et ministre de Louis XI (1421-1491).

Balustrade s. f. Assemblage de balustres pour clôture.

Balustre s. m. Petit pilier façonné*.

Balustrer v. a. Orner de balustres.

Baluze, savant historiographe français (1630-1718).

Balzac (Jean-Louis de) écrivain français (1597-1655). — (Honoré de), célèbre romancier français (1799-1850).

Bambin s. m. Petit enfant.

Bamboche s. f. Marionnette. Pl. Mauvaises farces (popul.).

Bambocheur, euse s. Qui fait des bamboches; libertin (popul).

Bambou s. m. Sorte de roseau; canne faite de ce roseau.

Ban s. m. Proclamation; publication; convocation de la noblesse; exil, bannissement.

Banal, e, aux adj. A l'usage de tous; trivial.

Banalité s. f. Qualité de ce qui est banal; ancien droit d'un seigneur.

Banane s. f. Fruit du bananier.

Bananier s. m. Arbre des Indes.

Banc s.m. Long siège*; écueil, amas de sable sous l'eau; amas de glaces, d'huîtres, de harengs, etc.

Bancal, e adj. Qui a les jambes tortues. (Pl. m. *bancals.*)

Bancroche s. m. Tortu, à jambes tortues (fam.).

Bandage s. m. Bandes de linge pour bander les plaies; art, manière de bander.

Bandagiste s. m. Qui fait des bandages.

Bande s. f. Long morceau d'étoffe; tout ce qui est plus long que large; rebord du billard. Fig. troupe, parti.

Bandeau s. m. Bande qui ceint le front, couvre les yeux.

Bandelette s. f. Petite bande.

Bander v. a. Serrer avec une bande; mettre un bandeau sur les yeux; tendre avec force un ressort. V. n. Etre tendu. SE BANDER, v. pr. S'opposer.

Banderole s. f. Sorte d'étendard.

Bandière s. f. Bannière. *En front de bandière,* en ligne avec les drapeaux à la tête.

Bandit s. m. Vagabond malfaiteur; homme sans aveu.

Banditisme s. m. Etat d'un pays où il y a des bandits; condition du bandit.

Bandoulière s. f. Bande de cuir pour porter une arme; sorte de baudrier.

Banian s. m. Idolâtre croyant à la métempsycose.

Banlieue s. f. Etendue de pays autour d'une ville.

Banne s. f. Grande toile tendue pour couvrir les marchandises, garantir du soleil, etc.; panier long.

Banner v. a. Couvrir d'une banne.

Banneret adj. et s. m. Qui avait le droit de bannière à la guerre.

Banneton s. m. Coffre percé pour garder le poisson dans l'eau; panier d'osier à l'usage des boulangers.

Bannette s. f. Corbeille d'osier.

Banni, e adj et s. Qui est en exil.

Bannière s. f. Enseigne, drapeau, étendard*.

Bannir v. a. Chasser d'un pays. Fig. éloigner de soi : *bannir le vice, un ingrat.*

Bannissable adj. Qui doit être banni.

Bannissement s. m. Jugement qui bannit; son effet.

Banque s. f. Commerce d'argent et d'effets publics; lieu où il se fait; caisse publique.

Banqueroute s. f. Cessation de payements par suite de manœuvres criminelles. Fig. *faire banqueroute*, manquer à sa promesse.

Banqueroutier, ère s. Qui a fait banqueroute.

Banquet s. m. Festin, repas de corps.

Banqueter v. n. Faire bonne chère.

Banqueteur s. m. Celui qui banquette.

Banquette s. f. Banc rembourré; petite élévation; trottoir du parapet d'un pont; appui.

Banquier s. m. Qui fait la banque, qui la tient.

Banquise s. f. Amas de glaces en pleine mer.

Banquiste s. m. Charlatan qui va de ville en ville.

Baobab s. m. Arbre immense d'Afrique.

Baptême s. m. L'un des sept sacrements de l'Eglise. *Baptême de sang*, martyre.

Baptiser v. a. Donner le baptême; imposer un nom.

Baptismal, e adj. Qui appartient au baptême : *eau baptismale, fonts baptismaux.*

Baptistaire adj. Registre qui contient les noms de ceux qu'on baptise. S. m. Acte extrait de ce registre.

Baptiste (saint Jean-), le Précurseur du Christ.

Baptistère s. m. Chapelle où le prêtre baptise.

Baquet s. m. Petit cuvier en bois*.

Baragouin et **Baragouinage** s. m. Langage corrompu, inintelligible.

Baragouiner v. a. Parler mal une langue; prononcer confusément.

Baragouineur, euse s. Qui baragouine.

Barante (de), historien fran çais (1782-1866).

Baraque s. f. Hutte des soldat pour se mettre à couvert; petit boutique; mauvaise maison.

Baraquement s. m. Ensembl de baraques; action de se bara quer.

Baraquer v. a. Faire des ba ques. SE BARAQUER, v. pr. Se fair des baraques.

Baraterie s. f. Malversation fraude commise sur un navire.

Baratte s. f. Sorte de baril pou battre le beurre.

Baratter v. a. Battre le beurre

Barbacane s. f. Ouverture dan le mur; meurtrière.

Barbacole s. m. Pédant, maîtr d'école (La Fontaine).

Barbare adj. et s. m. Cruel, in humain, sauvage, grossier, ignc rant. Fig. *terme barbare*, impropr (*gram.*).

Barbares s. m. pl. Peuples no civilisés; étrangers qui ne par laient pas la langue grecque ou la tine.

Barbarement adv. D'une faço barbare, cruelle.

Barbaresque adj. Des peuple de la Barbarie.

Barbarie s. f. Cruauté, férocité manque de politesse; ignorance état de l'homme sauvage.

Barbarisme s. m. Emploi d mots inusités ou pris dans un mau vais sens.

Barbe s. f. Poils du menton poils à la gueule de certains ani maux; filets de l'épi, de la plume

Barbe s. m. et adj. Cheval d Barbarie.

Barbe (sainte), vierge et mar tyre, m. 306.

Barbeau s. m. Poisson d'ea douce.

Barbe-de-capucin s. f. Sorte d chicorée.

Barbelé, ée adj. Denté, garn de pointes.

Barbet, ette s. Chien à poil long et frisé *.

Barbiche s. f. Barbe au bas du menton.

Barbichon s. m. Petit barbet.

Barbier s. m. Qui fait la barbe

Barbifier v. a. Raser la barbe.
Barbillon s. m. Petit barbeau.
Barbon s. m. Vieillard (iron.).
Barbotage s. m. Action de barboter.
Barboter v. n. Agiter l'eau avec les mains; marcher dans la boue liquide, s'y crotter.
Barboteur s. m. Canard domestique.
Barbouillage s. m. (*ll* m.). Peinture, écriture mauvaises; discours embrouillé.
Barbouiller v. a. (*ll* m.). Salir, gâter; peindre grossièrement. Fig. prononcer, parler mal.
Barbouilleur, euse s. (*ll* m.). Mauvais peintre. Fig. mauvais auteur; bavard.
Barbouillis s. m. (*ll* m. *s.* nulle). Amas de choses barbouillées; barbouillage.
Barbu, ue adj. Qui a beaucoup de barbe. BARBUE s. f. Poisson de mer.
Barcarolle s. f. Chanson italienne des gondoliers, à Venise.
Barcelonnette s. f. Lit d'enfant.
Barclay de Tolly, général russe (1755-1818).
Bard s. m. (*d* nul). Civière à bras.
Barde s. f. Ancienne armure du cheval; tranche de lard mince sur une volaille. — S. m. Poète et prêtre gaulois.
Bardeau s. m. Petit ais pour couvrir les toits; t. d'imprim. casseau de décharge.
Bardelle s. f. Sorte de selle.
Barder v. a. Couvrir de bardes; charger un bard.
Bardeur s. m. Porteur de bard.
Bardit s. m. (*t* nul). Chant de guerre des Germains.
Bardot s. m. (*t* nul). Petit mulet.
Barège s. m. Léger tissu de laine non croisée.
Bareter v. n. *Se dit* du cri de l'éléphant.
Barge s. f. Oiseau maritime de passage.
Barguignage s. m. Hésitation (fam.).
Barguigner v. n. Hésiter (fam.).
Barguigneur, euse s. Qui hésite (fam.).

Barigel s. m. Chef de sbires en Italie.
Barigoule s. f. Manière d'apprêter les artichauts.
Baril s. m. Petit tonneau; son contenu.
Barillet s. m. (*ll* m.). Petit baril; t. d'horl., tambour du grand ressort.
Bariolage s. m. Réunion bizarre de couleurs.
Bariolé, ée adj. Bigarré.
Barioler v. a. Peindre de plusieurs couleurs, sans règle.
Barnabé (saint), l'un des disciples de Jésus-Christ.
Barnabite s. m. Religieux de l'ordre de Saint-Paul.
Barnave, célèbre orateur des assemblées révolutionnaires (1761-1793).
Baroche (le), célèbre peintre italien (1528-1612).
Baromètre s. m. Instrument qui marque la pesanteur de l'air et le temps *.
Barométrique adj. Du baromètre.
Baron, onne s. Titre de noblesse *.
Baron, fameux acteur français (1653-1729).
Baronnet s. m. Dignité en Angleterre, entre le baron et le chevalier.
Baronnie s. f. Terre d'un baron.
Baroque adj. Bizarre, irrégulier.
Baroscope s. m. Sorte de baromètre.
Barque s. f. Petit bateau.
Barquerolle s. f. Petit bâtiment sans mât; petite barque.
Barrabas ou Barabas, criminel que les Juifs préférèrent au Christ.
Barrage s. m. Barrière, digue.
Barras, membre du Directoire en 1795 (1755-1829).
Barre s. f. Pièce de fer, de bois, etc., longue et étroite; trait de plume; barrière intérieure d'un tribunal, d'une assemblée; banc de sable en travers d'un port, d'une rivière. Fig. homme inébranlable. Pl. Jeu de course.
Barreau s. m. Sorte de barre grosse et courte servant de clô-

ture. Fig. partie intérieure d'un tribunal; profession, corps des avocats.

Barrême, célèbre calculateur, m. 1703. — S. m. Livre de *comptes faits* publié par Barrême.

Barrer v. a. Fermer avec une barre par derrière; garnir d'une barre; raturer. *Barrer le chemin*, fermer le passage. Fig. empêcher de réussir.

Barrette s. f. Petit bonnet, bonnet rouge des cardinaux.

Barricade s. f. Retranchement fait avec du bois, des pieux, des barils pleins de terre, des charrettes, etc.

Barricader v. a. Faire des barricades; fortifier. Fig. SE BARRICADER v. pr. S'enfermer pour ne voir personne.

Barrière s. f. Pièce de bois pour fermer le passage*; tout ce qui sert de borne ou de défense transversalement. Fig. obstacle, défense, empêchement.

Barrière, auteur d'une tentative d'assassinat sur Henri IV, en 1593.

Barrique s. f. Sorte de gros tonneau.

Bart (Jean), célèbre marin français (1650-1702).

Barthélemy (saint), l'un des douze apôtres.

Bartavelle s. f. Grosse perdrix rouge.

Baruch, l'un des douze petits prophètes.

Baryte s. f. *Chim.* Oxyde de baryum.

Baryton s. m. Voix entre celles de basse et de ténor.

Baryum s. m. L'un des corps simples de la chimie.

Bas, basse adj. Qui n'est pas élevé. Fig. vil, de peu de prix.

Bas s. m. La partie inférieure; vêtement des jambes.

Bas adv. Doucement, à voix basse : *parler bas*. ICI-BAS, sur la terre; A BAS, par terre; LA-BAS, *se dit* d'un lieu où l'on n'est pas.

Basalte s. m. Sorte de roche volcanique.

Basaltique adj. Formé de basalte.

Basane s. f. Peau de mouton tannée.

Basané, ée adj. A teint noirâtre, halé.

Bascule s. f. Machine dont u[n] des bouts s'élève quand on pès[e] sur l'autre; contrepoids pour mou[]voir un pont-levis.

Basculer v. n. Exécuter u[n] mouvement de bascule; tomber.

Base s. f. Tout ce qui soutien[t] un corps posé dessus; principa[l] ingrédient; partie inférieure; subs[]tance qui, combinée avec un acide produit un sel (*Chim.*). Fig. prin[]cipe; fondement.

Bas-Empire, l'empire d'Orien[t] de 395 à 1453.

Baser v. a. Fonder; établir, ap[]puyer sur.

Bas-fond s. m. Terrain bas e[t] enfoncé; écueil.

Basile (saint), l'un des Pèr[es] de l'Église grecque (329-379).

Basilic s. m. Sorte de plante espèce de lézard.

Basilique s. f. Église princ[i]pale. Pl. Lois romaines de l'em[]pereur Basile.

Basin s. m. Sorte de toile trè[s] forte.

Basine, femme de Childéric I[er].

Baskirs, Tartares tributaires d[e] la Russie.

Basoche s. f. Juridiction, cor[ps] des anciens clercs du parlement d[e] Paris.

Basochien s. m. et adj. De l[a] basoche.

Basque s. f. Pan d'un vête[]ment.

Basque s. et adj. Nom d'u[n] peuple au Sud-Ouest de la France.

Basquine s. f. Robe très am[]ple, soutenue par un cercle.

Bas-relief s. m. Sculpture [à] faible saillie.

Basse s. f. Instrument de musique*; la partie la plus basse en musique; musicien qui chante cette partie, qui joue de la basse.

Basse-contre s. f. (pl. *basses-contre*). Voix au-dessous de la basse.

Basse-cour s. f. Endroit où l'o[n] élève la volaille.

Basse-fosse s. f. Sorte de cav[e]

Bassement adv. D'une maniè[re] vile.

Bassesse s. f. Qualité de ce q[ui]

est bas et vil; état d'abjection, lâcheté.

Basset s. m. Chien à jambes courtes *.

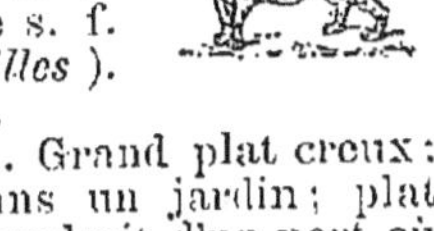

Basse-taille s. f. (pl. *basses-tailles*). Voix de basse.

Bassin s. m. Grand plat creux; pièce d'eau dans un jardin; plat des balances; endroit d'un port où les vaisseaux jettent l'ancre. *Bassin d'un fleuve*, tout le pays dont les eaux viennent se jeter dans ce fleuve. *Anat.* Partie inférieure du tronc.

Bassine s. f. Ustensile de cuisine *.

Bassiner v. a. Chauffer avec une bassinoire.

Bassinet s. m. Partie creuse de la platine des anciennes armes à feu; chapeau de fer d'un homme d'armes.

Bassinoire s. f. Sorte de bassin pour chauffer les lits.

Bassompierre, maréchal de France (1579-1646).

Basson s. m. Instrument à vent; celui qui en joue.

Baste! interj. Qui marque l'indifférence, le dédain.

Bastide s. f. Maison de campagne dans le Midi de la France.

Bastille (*ll* m.). Ancien château-fort; ancienne prison d'État de Paris.

Bastingage s. m. *Mar.* Parapet ou bastingues sur le pont supérieur d'un navire.

Bastingue s. *f. Mar.* Toiles, filets matelassés autour du platbord, pour se cacher et se garantir.

Bastinguer (se) v. pr. Tendre les bastingues.

Bastion s. m. *Fort.* Ouvrage avancé à deux flancs et à deux faces.

Bastionné, ée adj. Qui a des bastions.

Bastonnade s. f. Coups de bâton.

Bastringue s. m. Bal de guinguette (popul.).

Bas-ventre s. m. (pl. *bas-ventres*). Partie la plus basse du ventre: abdomen.

Bât s. m. Selle de bête de somme.

Bataclan s. m. Attirail, troupe, etc., qui embarrassent (fam.).

Bataille s. f. Combat général entre deux armées; jeu de cartes.

Batailler v. n. Livrer bataille; contester, disputer.

Batailleur, euse s. Qui aime à batailler.

Bataillon s. m. Corps d'infanterie, partie d'un régiment.

Bâtard, arde adj et s. Dégénéré. illégitime.

Batardeau s. m. Digue pour contenir l'eau d'une rivière.

Bâtardise s. f. Etat, qualité du bâtard.

Bataves, ancien peuple germain qui habitait la Hollande.

Bateau s. m. Sorte de barque *.

Batelage s. m. Métier de bateleur; transport par bateaux.

Batelée s. f. Charge d'un bateau.

Batelet s. m. Petit bateau.

Bateleur, euse s. Charlatan, danseur de corde.

Batelier, ère s. Qui conduit un bateau.

Batellerie s. f. Industrie du transport par bateaux.

Bâter v. a. Mettre le bât à une bête de somme.

Bâti s. m. Couture à grands points; assemblage de pièces de menuiserie.

Bâtier s. m. Qui fait des bâts.

Batifolage s. m. Action de batifoler (fam.).

Batifoler v. n. Jouer comme les enfants; badiner (fam.).

Batifoleur, euse s. Qui aime à batifoler (fam.).

Bâtiment s. m. Edifice; navire.

Bâtir v. a. Edifier, construire, faire un édifice. Fig. établir : *bâtir des projets*; disposer; agencer; coudre à grands points.

Bâtisse s. f. Maçonnerie d'un bâtiment.

Batiste s. f. Toile de lin très fine.

Bâton s. m. Morceau de bois long, rond et maniable; marque distinctive de certaines dignités: bâton de maréchal de France. Fig. *A bâtons rompus*, à diverses reprises; *jeter des bâtons dans les roues*, susciter des obstacles.

Bâtonner v. a. Donner des coups de bâton; biffer, rayer.

Bâtonnet s. m. Petit bâton qui sert à un jeu d'enfant.

Bâtonnier s. m. Chef du corps des avocats.

Batraciens s. m. pl. Classe d'animaux dont la grenouille est le type.

Battage s.m. Action et temps de battre le blé, les laines, etc.

Battant s. m. Marteau d'une cloche; chacun des deux côtés d'une porte qui s'ouvre en deux.

Battant, e adj. Qui bat; *porte battante*, qui retombe d'elle-même.

Batte s. f. Maillet; plateau emmanché pour battre et aplanir la terre, écraser le plâtre, etc.; banc de blanchisseuse; outil pour battre le beurre.

Battement s. m. Action de battre; pulsation; pas de danse.

Batterie s. f. Querelle avec coups; plusieurs canons réunis et placés pour tirer; le lieu où ils sont. Fig. mesures, moyen de succès : *dresser ses batteries*; ustensiles de cuisine en cuivre.

Batteur, euse s. Qui bat. *Batteur de pavé*, oisif, vagabond.

Battoir s. m. Palette à manche pour battre le linge.

Battre v. a. Donner des coups; vaincre; frapper; mêler, brouiller: *battre les cartes, des œufs*. V. n. Palpiter, se mouvoir. SE BATTRE, v. pr. Combattre.

Battu, ue adj. *Chemin battu*, frayé; défait; saccagé; qui a été battu.

Battue s. f. Action des chasseurs qui battent les bois pour en faire sortir le gibier.

Baucis (*Myth.*), femme de Philémon.

Baudet s. m. Petit âne.

Baudouin, nom de plusieurs comtes de Flandre et de cinq rois de Jérusalem.

Baudricourt (Robert de), gouverneur de Vaucouleurs, envoya Jeanne d'Arc à Charles VII.

Baudrier s. m. Large bande en écharpe pour porter l'épée.

Baudruche s. f. Pellicule de boyau de bœuf; parchemin tres fin.

Bauge s. f. Repaire fangeux des sangliers; sorte de mortier fait de terre grasse et de paille.

Baume s. m. Herbe odoriférante; liqueur qui découle de certains arbres. Fig. consolation, soulagement.

Baumier ou **Balsamier** s. m. Arbre qui porte le baume.

Bavard, e adj. et s. Qui parle sans mesure ni discrétion.

Bavardage s. m. Action de bavarder; propos insignifiants.

Bavarder v. n. Parler beaucoup et indiscrètement.

Bavarderie s. f. Caractère, défaut du bavard; bavardage (fam.).

Bavardise s. f. Propos de bavard (fam.).

Bavarois, e adj. De la Bavière

Bavaroise s. f. Infusion de thé avec du sirop de capillaire.

Bave s. f. Salive qui découle de la bouche; écume de certains animaux.

Baver v. n. Jeter de la bave; déborder en coulant.

Bavette s. f. Petit linge que l'on met sur la poitrine des enfants.

Baveux, euse adj. Qui bave; qui bredouille.

Bavolet s. m. Coiffure de paysane normande.

Bavure s. f. Trace des joints des pièces du moule.

Bayadère s. f. Courtisane, danseuse indienne.

Bayard (Pierre DU TERRAIL seigneur de), illustre guerrier français (1476-1524).

Bayer v. n. (on pron. *bé-ié*), regarder la bouche béante; *bayer aux corneilles*, s'amuser à regarder en l'air niaisement.

Bayeur, euse s. (on pron. *bé-ieur*). Qui baye.

Bayle, célèbre écrivain français (1647-1706).

Bazar s. m. Lieu couvert servant de marché public; lieu d'exposition et de vente d'objets d'art et d'industrie.

Béant, e adj. Qui présente une grande ouverture; qui a la bouche ouverte.

Béarnais, e adj. et s. Du Béarn.

Béat (on pron. le *t*), **ate** adj. et s. Qui affecte la dévotion.

Béatification s. f. Acte par lequel le Pape béatifie.

Béatifier v. a. Mettre au rang des bienheureux.

Béatifique adj. Qui rend bienheureux.

Béatitude s. f. Bonheur, félicité éternelle; vision de Dieu.

Beau (Bel devant une voyelle ou une *h* muette), **belle** adj. Parfait, agréable, digne d'admiration.

Beau s. m. Ce qui est beau, parfait. *Beau idéal*, les plus belles formes, le plus haut degré de perfection où l'imagination puisse atteindre.

Beauceron, onne s. Habitant de la Beauce.

Beaucoup adv. En grande quantité; extrêmement.

Beau-fils s. m. (pl. *beaux-fils*). Celui dont on a épousé le père ou la mère; gendre.

Beau-frère s. m. Celui qui a épousé notre sœur, ou dont on a épousé le frère ou la sœur.

Beauharnais (Alexandre de), général français (1760-1794).

Beaujeu (Anne de), sœur de Charles VIII et régente de France, m. 1522.

Beaumarchais, célèbre auteur dramatique français (1732-1799).

Beau-père s. m. Qui a épousé notre mère en secondes noces, ou de qui on a épousé l'enfant.

Beaupré s. m. Mât à la proue d'un navire.

Beauté s. f. Qualité de ce qui est beau.

Beauvais (l'abbé de), prédicateur français (1731-1790).

Beauveau (duc de), maréchal de France et ministre de Louis XVI (1720 1793).

Bec s. m. Partie cornée et saillante qui sert de bouche aux oiseaux*. Fig. *Avoir du bec*, du babil. *Blanc-bec*, un tout jeune homme.

Bécarre, s. m. *T. de mus.* Signe qui sert à rétablir dans son ton naturel une note haussée ou baissée d'un demi-ton.

Bécasse s. f. Oiseau de passage, échassier, à long bec obtus, plumage roux, noir, cendré*.

Bécasseau s. m Petite bécassine.

Bécassine s. f. Oiseau du genre bécasse, mais plus petit.

Beccard s. m. (*d* nul). Femelle du saumon.

Bec-d'âne s. m. (pl. *becs-d'âne*). Outil de menuiserie *. (On pron. *bé-d'âne.*)

Bec-de-cane ou **Bec-de-canne** s. m. (pl. *becs-de-cane*). Clou à crochet; poignée de serrure *; instrument de chirurgie.

Bec-de-corbin s. m. (pl. *becs-de-corbin*). Instrument de chirurgie; canne à bec.

Bec-de-lièvre s. m. (pl. *becs-de-lièvre*). Personne qui a les lèvres fendues; ces lèvres.

Becfigue s. m. Oiseau vivant de figues et d'insectes.

Bêche s. f. Outil de jardinier, à fer large, carré et plat.

Bêcher v. a. Couper et retourner la terre avec la bêche.

Béchique adj. et s. Se dit des remèdes contre la toux.

Becket (saint Thomas), archevêque de Cantorbéry, m. 1170.

Becquée ou **béquée** s. f. Ce qu'un oiseau porte dans son bec à ses petits.

Becqueter ou **béqueter** v. a. Donner des coups de bec; caresser avec le bec.

Bedaine s. f. Gros ventre (comique).

Bedeau s. m. Bas officier dans les églises.

Bedon s. m. Homme gros et gras.

Bédouin, ine s. Arabe du désert.

Bée adj. f. *A gueule bée*, à gueule ouverte.

Beethoven, célèbre compositeur allemand (1770-1827).

Beffroi s. m. Tour ou clocher d'où l'on sonne l'alarme; sa cloche elle-même.

Bégayement ou **bégaiement** s. m. Action de bégayer.

Bégayer v. n. Articuler mal les mots, les prononcer avec peine; parler en hésitant sur les syllabes et en répétant. V. a. Prononcer en bégayant : *bégayer un compliment.*

Bègue adj. et s. Qui bégaye.

Bégueule s. f. Femme prude, dédaigneuse et impertinente.

Bégueulerie s. f. Air, caractère, action de la bégueule.

Béguin s. m. Bonnet de petit enfant.

Beige adj. Se dit de la laine sans préparation.

Beignet s. m. Tranche de fruit entourée de pâte frite à la poêle.

Béjaune s. m. Oiseau de proie très jeune. Fig. jeune homme sot et niais.

Bêlant, e adj. Qui bêle.

Bêlement s. m. Cri des moutons, des brebis.

Bêler v. n. Faire un bêlement.

Belette s. f. Petit animal sauvage et carnassier qui vit d'oiseaux et de volaille.

Belge adj. et s. Qui est de la Belgique.

Bélier s. m. Mâle de la brebis*; engin de guerre; signe du zodiaque.

Bélière s. f. Anneau qui suspend le battant d'une cloche ; anneau pour suspendre, en général.

Bélisaire, général sous Justinien (490-565).

Belitre s. m. Coquin, gueux, misérable, homme de rien.

Belladone ou **bella-dona** s. f. Plante médicinale à baie vénéneuse.

Bellarmin, théologien italien et cardinal (1542-1621).

Bellâtre adj. et s. Qui a un faux air de beauté, une beauté fade.

Belle-de-jour*, **belle-de-nuit** s. f. (pl. *belles-de-jour, belles-de-nuit*). Sortes de plantes.

Belle-fille s. f. (pl. *belles-filles*). Celle dont on a épousé le père ou la mère; femme du fils, bru.

Belle-Isle (Fouquet de), maréchal de France (1684-1761).

Bellement adj. Doucement, modérément (fam.).

Belle-mère s. f. Mère de la femme ou du mari ; seconde femme du père.

Belle-sœur s. f. Celle dont on a épousé le frère ou la sœur ; femme du frère ; femme du beau-frère.

Belligérant, e adj. Qui est en guerre, qui la fait.

Belliqueux, euse adj. Guerrier, martial.

Bellini (Jean), célèbre peintre vénitien, m. 1516. — (Vincent), célèbre compositeur italien de musique dramatique (1802-1835).

Bellot, otte adj. Gentil; diminutif de beau.

Belsunce (de), évêque de Marseille, célèbre pour son dévouement pendant la peste de 1720 (1671-1755).

Bélus, chef légendaire assyrien.

Belvédère ou **belvéder** s. m. Terrasse élevée d'où la vue s'étend au loin.

Belzébuth, démon.

Bémol s. m. Caractère de musique qui baisse la note d'un demi-ton.

Bémoliser v. a. Marquer d'un bémol.

Bénarde adj. f. (serrure —) qui s'ouvre des deux côtés.

Bénédicité s.m. (pl. *bénédicités*). Prière avant le repas.

Bénédictin, ine s. Religieux de Saint-Benoît.

Bénédiction s. f. Action de bénir; grâce, faveur du ciel; actions de grâces.

Bénéfice s. m. Gain; privilège; titre ecclésiastique avec honneurs et profit. *Bénéfice d'inventaire*, acte par lequel un héritier n'est tenu des charges d'une succession que jusqu'à concurrence de l'émolument.

Bénéficiaire adj. Se dit d'un héritier sous bénéfice d'inventaire. S. Celui au profit de qui on donne une représentation théâtrale extraordinaire.

Bénéficial, e adj. Qui concerne les bénéfices ecclésiastiques.

Bénéficier s. m. Qui a un bénéfice.

Bénéficier v. n. Tirer profit.

Benêt adj. et s. m. Niais, sot.

Bénévole adj. Bien disposé.

Bénévolement adv. Avec bienveillance.

Bengali s. m. Petit oiseau brun à ventre bleu.

Béni, ie adj. Favorisé de Dieu, comblé de bienfaits.

Bénignement adv. Avec bonté.

Bénignité s. f. Douceur, bonté, indulgence.

Bénin, bénigne adj. Doux, humain, favorable, propice ; qui purge doucement : *remède bénin.*

Bénir v. a. Consacrer au culte : *bénir une église;* attirer les bénédictions du ciel sur... : *bénir des drapeaux;* donner la bénédiction; glorifier, remercier; faire prospérer : *Dieu bénit le travail.*

Bénit, e adj. Consacré par l'Église : *pain bénit, eau bénite.*

Bénitier s. m. Vase à l'eau bénite *.

Benjamin, le dernier des fils de Jacob. Fig. s. m. enfant préféré.

Benjoin s. m. Gomme aromatique.

Benoît (saint), fondateur de l'ordre des Bénédictins.

Benserade, poète né à Paris (1612-1691).

Benzine s. f. Huile volatile provenant du goudron de houille.

Benzoïque adj. Se dit de l'acide tiré du benjoin, du storax, du baume du Pérou.

Béquillard s. m. (*ll* m.). Qui se sert de béquilles (comiq.).

Béquille s. f. Sorte de long bâton à traverse pour les boiteux.

Béquiller v. n. Se servir de béquilles. V. a. Faire un petit labour.

Béranger (Jean-Pierre de), célèbre chansonnier français (1780-1857).

Bercail s. m. Bergerie. Fig. le sein de l'Église.

Berceau s. m. Lit mobile d'enfant à la mamelle *; voûte en treillage. Fig. commencement d'une chose; lieu où elle a commencé; bas-âge.

Bercer v. a. Mouvoir dans le berceau pour endormir. Fig. Amuser par des promesses, de fausses espérances. SE BERCER v. pr. Se nourrir d'espérances vaines.

Berceuse s. f. Femme qui berce les enfants.

Bérénice, princesse juive aimée de Titus.

Béret ou **Berret** s. m. Toque de laine.

Bergamote s. f. Sorte de poire fondante.

Berge s. f. Bord escarpé de la rivière.

Berger, ère s. Qui garde les moutons.

Bergerette s. f. Petite bergère.

Bergerie s. f. Lieu où l'on enferme les moutons.

Bergeronnette s. f. Petit oiseau noir et blanc qui aime le voisinage des troupeaux.

Berline s. f. Espèce de carrosse pour quatre personnes.

Berlingot s. m. Berline coupée.

Berloque ou **breloque** s. f. Batterie de tambour pour annoncer les repas, les corvées.

Berlue s. f. Éblouissement passager. *Avoir la berlue,* juger mal d'une chose, voir mal.

Bernable adj. Qui mérite d'être berné.

Bernard (saint), fondateur de l'abbaye de Clairvaux (1091-1153).

Bernardin, e s. Religieux de Saint-Benoît, réformé par saint Bernard.

Berne s. f. Jeu, saut sur une couverture tendue et secouée par quatre personnes.

Bernement s. m. Action, manière de berner.

Berner v. a. Faire sauter sur une couverture. Fig. se moquer de quelqu'un, le tourner en ridicule.

Berneur s. m. Celui qui berne.

Bernique! Interj. popul. exprimant un espoir déçu.

Berquin, littérateur français, auteur de l'*Ami des enfants* (1749-1791).

Berrichon, onne adj. et s. Du Berry.

Berruyer, jésuite, auteur d'une *Histoire du peuple de Dieu,* m. 1758.

Berryer, célèbre avocat (1790-1868).

Berthollet, célèbre chimiste français (1748-1822).

Bérulle, cardinal et ministre d'État français (1575-1629).

Berzélius, chimiste suédois (1779-1848).

Besace s. f. Sorte de sac fendu par le milieu et formant deux poches.

Besacier s. m. Celui qui porte la besace (ironique).

Besaiguë ou **bisaiguë** s. f. Outil taillant des deux bouts.

Besant s. m. Monnaie ancienne.

Besicles s. f. pl. Lunettes à branches qui tiennent à la tête.

Besogne s. f. Ouvrage, travail. Fig. affaire embarrassante.

Besogner v. n. Faire de la besogne.

Besogneux, euse adj. Qui est dans le besoin.

Besoin s. m. Manque de choses nécessaires, indigence; nécessité.

Bessières, duc d'Istrie, maréchal de France (1768-1813).

Besson, onne adj. Jumeau.

Bestiaire s. m. Gladiateur qui combattait contre les bêtes dans le cirque, à Rome.

Bestial, e adj. Qui tient de la bête.

Bestialement adv. En vraie bête.

Bestiasse s. f. Bête; dépourvu d'esprit (popul.).

Bestiaux s. m. pl. Bétail.

Bestiole s. f. Petite bête.

Bêta s. m. Deuxième lettre de l'alphabet grec.

Bétail s m. Troupeau des bêtes à cornes.

Bête s. f. et adj. Animal irraisonnable; bête sauvage. Fig. sot; les sens, les passions. *Remonter sur sa bête* (fam.), recouvrer un avantage perdu, la santé, etc.

Bétel s. m. Plante dont les Indiens mâchent les feuilles.

Bêtement adv. En bête; stupidement.

Bêtise s. f. Défaut d'intelligence, sottise; stupidité; absurdité.

Bétoine s. f. Sorte de plante dont la racine est purgative.

Béton s. m. Sorte de mortier.

Bette ou **Poirée** s. f. Plante potagère.

Betterave s. f. Sorte de bette dont on tire du sucre*.

Beudant, minéralogiste et géologue français (1787-1850).

Beuglement s. m. Cri du bœuf, de la vache et du taureau.

Beugler v n. Pousser des beuglements. Fig. jeter de hauts cris.

Beugnot, homme d'Etat français (1761-1835).

Beurre s. m. Substance grasse et onctueuse extraite de la crème.

Beurré s. m. Sorte de poire fondante.

Beurrée s. f. Morceau de pain recouvert de beurre.

Beurrer v. a. Mettre du beurre sur...

Beurrier, ère s. Qui vend du beurre.

Bévue s. f. Méprise, erreur.

Bey s. m. Gouverneur d'une province, d'une ville turque.

Bèze (Théodore de), l'un des chefs de la réforme calviniste, m. 1605.

Biais s. m. Ligne oblique; faux pli fait sur une robe avec un morceau de l'étoffe posé en biais; travers. Fig. moyen détourné de succès.

Biaisement s. m. Marche en biaisant. Fig. détour pour tromper.

Biaiser v. n. Etre, aller, mettre de biais. Fig. prendre un biais, n'agir pas sincèrement.

Biaiseur s. m. Qui biaise.

Bias, philosophe grec (VIe s. av. J.-C.).

Bibelot s. m. Se dit d'objets de parade exposés sur une étagère. Fig. objets de peu de valeur.

Biberon s. m. Vase à bec ou tuyau pour faire boire un enfant.

Biberon, onne s. Qui boit beaucoup (fam.).

Bible s. f. Livre de l'Ancien et du Nouveau Testament.

Bibliographe s. m. Qui connaît les livres et forme des catalogues.

Bibliographie s. f. Science du bibliographe.

Bibliographique adj. De la bibliographie.

Bibliomane s. m. Qui a la passion des livres.

Bibliomanie s. f. Passion excessive des livres, de les entasser.

Bibliophile s. m. Celui qui aime les livres.

Bibliopole s. m. Marchand de livres.

Bibliothécaire s. m. Préposé à la garde et à l'entretien d'une bibliothèque.

Bibliothèque s. f. Lieu où il y a beaucoup de livres en ordre; recueil, extraits, catalogues raisonnés de livres; armoire, amas de livres en ordre; compilation d'ouvrages de même nature. Fig. *Bibliothèque vivante*, homme très savant.

Biblique adj. Qui a rapport à la Bible. *Style biblique*, qui offre de l'analogie avec le style de la Bible.

Bicapsulaire adj. A deux capsules.

Bicarbonate et **bicarbure** s. m. *Chim.* Carbonate, carbure du second degré.

Bicéphale adj. Qui a deux têtes.

Biceps s. m. Muscle à deux branches.

Bicêtre, hospice de vieillards et d'aliénés, près de Paris.

Biche, s f. Femelle du cerf *.

Bichet s. m. Ancienne mesure pour les grains.

Bichlorate et **bichlorure** s. m. *Chim.* Chlorate, chlorure du second degré.

Bichon, onne s. Petit chien de Malte à longs poils, nez court.

Bichonner v. a. Friser, caresser.

Bicolore adj. A deux couleurs.

Bicoque s. f. Place mal fortifiée; petite maison.

Bicornu, e adj. *Bot.* Garni de deux cornes.

Bidenté, ée adj. *Bot.* (Calice —) dont le bord a deux dents.

Bidet s, m. Petit cheval.

Bidon s. m. Broc de bois; vase en fer-blanc pour l'eau.

Bief ou **biez** s. m. Canal qui mène les eaux sur la roue d'un moulin; espace entre deux écluses sur un canal de navigation.

Bielle s. f. *Méc.* Pièce d'une machine qui sert à communiquer et à transformer le mouvement.

Bien s. m. Ce qui est bon, utile, avantageux, convenable, estimable; possession en terres ou autres valeurs; qualités.

Bien adv. Convenablement, parfaitement, beaucoup. *Vouloir bien*, consentir; *être bien avec quelqu'un*, être d'accord avec lui.

Bien-aimé, ée adj. Fort chéri, préféré.

Bien-dire, s. m. Langage poli, éloquent.

Bien-disant, e adj. Qui parle bien, avec facilité.

Bien-être s. m. Fortune aisée; situation agréable de corps et d'esprit.

Bienfaisance s. f. Pratique des bienfaits; libéralité.

Bienfaisant, e adj. Qui aime à faire, qui fait du bien aux autres; qui soulage : *remède bienfaisant.*

Bienfait s. m. Bien qu'on fait à quelqu'un ; faveur; grâce.

Bienfaiteur, trice s. Qui fait quelque bien, quelque grâce à quelqu'un.

Bien-fonds s. m. Immeuble.

Bienheureux, euse adj. Fort heureux; béatifié, saint.

Biennal, e adj. Qui dure deux ans.

Bienséance s. f. Convenance.

Bienséant, e adj. Conforme à la bienséance.

Bientôt adv. Dans peu de temps.

Bienveillance s. f. Affection; disposition favorable envers quelqu'un.

Bienveillant, e adj. Qui veut du bien à quelqu'un.

Bienvenu, e adj. Bien reçu, regardé de bon œil.

Bienvenue s. f. Heureuse arrivée; entrée dans un corps.

Bière s. f. Cercueil; boisson faite avec de l'orge et du houblon.

Biffage s. m. Rature.

Biffer v. a. Rayer, effacer l'écriture.

Bifteck s. m. Tranche de bœuf grillée.

Bifurcation s. f. Division en deux branches.

Bifurqué, ée adj. Qui se divise en fourche.

Bifurquer (se) v. pr. Se diviser en deux, en fourche.

Bigame adj. Marié à deux personnes en même temps.

Bigamie s. f. Etat du bigame.

Bigarade s. f. Grosse orange aigre.

Bigarré, ée adj. Qui est de diverses couleurs tranchantes.

Bigarreau s. m. Sorte de cerise.

Bigarreautier s. m. Arbre qui donne le bigarreau.

Bigarrer v. a. Rassembler des couleurs tranchantes; peindre de ces couleurs. Fig. *Bigarrer son style*, de toutes sortes de locutions.

Bigarrure s. f. Variété de couleurs tranchantes. Fig. variété de personnes, d'expressions, de locutions, de pensées mal assorties.

Bigle adj. Louche.

Bigler v. n. Loucher.

Bigot, e adj. et s. Dévot outré et superstitieux.

Bigoterie s. f. Dévotion outrée et superstitieuse.

Bigotisme s. m. Caractère du bigot.

Bijou s. m. Chose jolie, bien faite; parure, ornement; petits ouvrages précieux et curieux en métaux; diamants montés.

Bijouterie s. f. Profession, atelier, boutique de bijoutier.

Bijoutier, ière s. Qui fait ou vend des bijoux.

Bilabié, ée adj. *Bot.* Qui a deux lèvres.

Bilan s. m. Etat de l'actif et du passif d'un négociant : *Déposer son bilan*, faire faillite. Balance dans la tenue des livres.

Bilatéral, e adj. (Obligation —) qui lie les deux parties contractantes.

Bilboquet s. m. Sorte de jouet*.

Bile s. f. Humeur secrétée par le foie. Fig. humeur, colère.

Biliaire adj. Qui a rapport à la bile.

Bilieux, euse adj. et s. Qui abonde en bile. Fig. colérique, irascible.

Bilingue adj. Qui est en deux langues différentes.

Bill s. m. Projet de loi du Parlement en Angleterre.

Billard s. m. Jeu qui se joue avec des billes d'ivoire sur une table couverte d'un tapis vert*; cette table; lieu où elle est.

Billaud-Varennes (*ll*), fameux conventionnel arrêté le 18 fructidor et déporté (1756-1819).

Bille s. f. (*ll* m.). Petite boule de pierre avec laquelle jouent les enfants; boule d'ivoire; gros bâton pour serrer les ballots.

Biller v. a. (*ll* m.) Serrer avec la bille.

Billet s. m (*ll* m.). Petite lettre missive; carte d'entrée; promesse de payement; effet de banque, de commerce: bulletin de loterie,

Billevesée s. f. Discours frivole; conte vain et ridicule.

Billion s. m. Mille millions.

Billon s. m. (*ll* m.). Monnaie de cuivre pur ou mêlé d'argent; sillons en dos.

Billonnage s. m. (*ll* m.), Labourage en billons; trafic sur les monnaies défectueuses.

Billot s. m. (*ll* m., *t* nul). Tronçon de bois gros et court.

Bimane adj. Qui a deux mains.

Bimbelot s. m. Jouet d'enfant.

Bimbeloterie s. f. Fabrique, commerce de jouets.

Bimbelotier s. m. Qui fait des jouets d'enfant.

Binage s. m. Action de biner; labour léger; action du prêtre qui dit deux fois la messe le même jour.

Binaire adj. Qui a deux pour base : *Arithmétique binaire*.

Biner v. a. Donner une seconde façon aux terres. V. n. Dire deux messes le même jour; desservir deux cures.

Binet s. m. (*t* nul). Instrument dans le chandelier pour brûler la chandelle, etc., jusqu'au bout.

Binette s. m. Instrument de jardinage pour labourer légèrement.

Binocle s. m. Lunette à deux verres.

Binoculaire adj. Qui sert aux deux yeux.

Binôme s. m. Quantité algébrique composée de deux termes : A + B.

Biographe s. m. Auteur d'une vie particulière.

Biographie s. f. Histoire particulière de la vie des personnes remarquables.

Biographique adj. Qui a rapport à la biographie.

Biologie s. f. Science de la vie des corps organisés.

Biologique adj. Qui concerne la biologie.

Biot, savant français (1773-1862).

Bioxyde s. m. *Chim.* Oxyde au second degré.

Bipède adj. Qui a deux pieds.

Bique s. f. Femelle du bouc.

Biquet s. m. Petit d'une chèvre.

Birême s. f. Vaisseau ancien à deux rangs de rames de chaque côté.

Biribi, s. m. Jeu de hasard avec des boules et un tableau numérotés qui se correspondent.

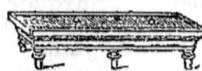

Biron, maréchal de France, tué au siège d'Epernay (1524-1592); — son fils, maréchal de France, conspira contre la France, fut condamné à mort et décapité dans la cour de la Bastille (1562-1602).

Bis, e adj. Brun.

Bis adv. Une seconde fois, deux fois.

Bisaïeul, e s. Père ou mère de l'aïeul.

Bisaille s. f. Farine de qualité inférieure.

Bisannuel, elle adj. Qui dure deux ans.

Bisbille s. f. (*ll* m.). Petite querelle (fam.).

Biscaïen s. m. Petit boulet.

Biscornu, e adj. Irrégulier, mal bâti, mal fait.

Biscotin (s. m.) ou **Biscotte** s. f. Sorte de biscuit dur et rond.

Biscuit s. m. Pain cuit deux fois; sorte de pâtisserie; sorte de porcelaine d'un blanc mat, sans vernis.

Bise s. m. Vent du nord.

Biseau s. m. Bord en talus; outil de menuisier, de tourneur.

Biser v. a. Reteindre une étoffe. V. n. Devenir bis.

Biset s. m. Pigeon demi-sauvage; grosse étoffe brune.

Bismuth s. m. Métal d'un blanc jaunâtre, très fusible.

Bison s. m. Bœuf sauvage.

Bisque s. f. Sorte de potage de coulis d'écrevisses.

Bisquer v. n. Pester, avoir du dépit (fam., popul.).

Bissac s. m. Besace.

Bissection s. f. Division d'un angle, d'une ligne, etc., en deux parties égales.

Bissectrice s. f. *Géom.* Ligne de bissection.

Bisser v. a. Faire répéter un morceau de chant, un couplet, etc.

Bissexte s. m. Jour ajouté au mois de février tous les quatre ans.

Bissextil, e adj. (Année —) où se rencontre le bissexte.

Bistouri s. m. Instrument de chirurgie pour faire des incisions.

Bistre s. m. Suie cuite et détrempée pour laver des dessins.

Bitord s. m. *Mar.* Menue corde à deux fils.

Bitume s. m. Matière inflammable; fossile huileux.

Bituminer v. a. Enduire de bitume.

Bitumineux, euse adj. Qui contient du bitume; qui a ses qualités.

Bivac ou **Bivouac** s. m. Garde de nuit en plein air; *armée au bivouac*, campée en plein air.

Bivalve s. f. Coquillage à deux parties unies par une sorte de charnière.

Bivaquer ou **bivouaquer** v. n. Passer la nuit au bivouac.

Bizarre adj. Fantasque, capricieux, extravagant, extraordinaire.

Bizarrement adv. D'une manière bizarre.

Bizarrerie s. f. Caprice, humeur, action bizarre.

Black, chimiste écossais (1728-1799).

Blafard, e adj. D'une couleur pâle.

Blague s. f. Mensonge (fam.).

Blaguer v. n. Dire des blagues. V. a. Railler (fam.).

Blagueur, euse s. Qui dit des blagues (pop.).

Blaireau s. m. Animal sauvage, carnassier; pinceau fait de son poil.

Blaise (saint), évêque et martyr en 316.

Blâmable adj. Qui doit être blâmé; répréhensible.

Blâme s. m. Action de réprimander, de désapprouver; réprimande infamante faite par un juge.

Blâmer v. a. Condamner, désapprouver.

Blanc s. m. Couleur blanche; homme de race blanche. *Blanc d'Espagne*, craie friable; *blanc de céruse, de plomb*, substance qui entre dans certaines couleurs.

Blanc, anche adj. Qui a la couleur du lait, de la neige; qui est propre. *Donner carte blanche*, plein pouvoir; *armes blanches*, épée, pique, etc.

Blanc-bec s. m. Jeune homme sans expérience.

Blanchaille s. f. Menu poisson blanc; fretin.

Blanchâtre adj. Tirant sur le blanc.

Blanche s. f. Note de musique qui équivaut à deux noires.

Blanchement adv. Proprement.

Blancheur s. f. La couleur blanche.

Blanchiment s. m. Action, art de blanchir.

Blanchir v. a. Rendre blanc, laver, nettoyer. Fig. acquitter, faire paraître innocent (fam.). V. n. Devenir blanc; vieillir.

Blanchissage s. m. Action de blanchir; ses effets; la quantité d'objets qu'on blanchit.

Blanchissant, e adj. Qui blanchit, paraît blanc.

Blanchisserie s. f. Lieu où l'on blanchit le linge, la cire, etc.

Blanchisseur, euse s. Qui blanchit le linge.

Blanc-seing s. m. (Pl. *blancs-seings*). Signature apposée au bas d'un papier blanc.

Blandices s. f. pl. Caresses, flatteries.

Blanquette s. f. Petite poire blanche d'été; fricassée blanche.

Blasé, ée adj. Dégoûté de tout.

Blaser v. a. Émousser les sens. SE BLASER v. pr. S'user les sens par des excès.

Blason s. m. Armoirie*; art héraldique.

Blasonner v. a. Peindre, déchiffrer, expliquer les armoiries.

Blasphémateur, trice s. Qui blasphème.

Blasphématoire adj. Qui contient des blasphèmes.

Blasphème s. m. Parole impie, outrage à la divinité, à la vérité, etc.

Blasphémer v. a. et n. Proférer un blasphème.

Blatier s. m. Marchand de blé.

Blatte s. f. Insecte lucifuge, orthoptère.

Blaude s. f. Sorte de blouse.

Blé s. m. Grain dont on fait le pain; plante qui le produit*. Fig. fam. *Manger son blé en herbe*, anticiper sur ses revenus.

Blême adj. Pâle.

Blêmir v. n. Devenir blême.

Blessant, e adj. Offensant : *discours blessant*.

Blessé, ée adj. Qui a reçu une blessure. Fig. affligé, outragé.

Blesser v. a. Donner un coup qui fait une plaie, une fracture, une contusion. Fig. faire du tort; être contraire à : *blesser les convenances;* offenser; choquer.

Blessure s. f. Plaie, contusion, fracture faite par une cause extérieure. Fig. violente et douloureuse impression; dommage.

Blet, ette adj. Trop mûr : *poire blette*.

Blette ou **blète** s. f. Plante potagère.

Bleu s. m. Couleur d'azur du ciel sans nuages.

Bleu, eue adj. Qui est de la couleur du bleu.

Bleuâtre adj. Tirant sur le bleu.

Bleuet. V. *Bluet*.

Bleuir v. a. Rendre bleu. V. n. Devenir bleu.

Blindage s. m. Action de blinder.

Blinder v. a. Garnir de blindes.

Blindes s. f. pl. Pièces de bois pour soutenir des fascines.

Bloc s. m. Amas de marchandises; gros morceau informe de marbre, etc. EN BLOC, loc. adv. Sans compter.

Blocage s. m. T. d'imprim. Lettre retournée mise à la place d'une autre.

Blocage s. m. ou **blocaille** s. f. (*ll* m.) Menu moellon.

Blockhaus s. m. Petit fort en bois.

Blocus s. m. État d'une ville cernée; action de la cerner.

Blond s. m. Couleur blonde.

Blond, e adj. D'une couleur moyenne, entre le doré et le châtain clair.

Blonde s. f. Sorte de dentelle de soie.

Blondin, e adj. Qui a les cheveux blonds.

Blondir v. n. Devenir blond, jaunir.

Blondissant, e adj. Jaunissant.

Bloquer v. a. Faire le blocus. T. d'imprim. Faire un blocage.

Blottir (se) v. pr. Se ramasser en un tas; s'accroupir.

Blouse s. f. Trou du billard; sorte de chemise de couleur qu'on porte par-dessus les vêtements.

Blouser v. a. Faire entrer dans la blouse. Fig. tromper.

Bluet s. m. Sorte de plante; sa fleur*.

Bluette s. f. Petite étincelle. Fig. Ouvrage sans prétention.

Blutage s. m. Action de bluter.

Bluter v. a. Passer la farine par le blutoir.

Bluterie s. f. Lieu où l'on blute.

Blutoir ou **bluteau** s. m. Tamis pour séparer la farine du son.

Boa s. m. Serpent amphibie très gros, sans venin.

Boabdil, dernier roi maure de Grenade, de 1481 à 1492.

Bobèche s. f. Partie du chandelier où se met la chandelle*.

Bobine s. f. Fuseau pour dévider le fil, la soie, etc.*

Bobiner v. a. Dévider du fil, de la soie, sur une bobine.

Bobinette s. f. Petite pièce de bois qui servait à fermer les portes, dans les campagnes.

Bobineuse s. f. Qui bobine.

Bobo s. m. Petit mal, petite douleur (enfantin).

Bocage s. m. Bosquet, petit bois.

Bocager, **ère** adj. Qui hante les bois; couvert de petits bois.

Bocal s. m. Sorte de gros vase à cou court*.

Boccace, célèbre écrivain italien (1313-1375).

Bode, astronome prussien (1747-1826).

Bodin (Jean), fameux publiciste français (1530-1596).

Boèce, ministre du roi Théodoric et philosophe (470-524).

Bœuf s. m. Gros quadrupède ruminant*; morceau de sa chair. Fig. gros homme stupide.

Bogue s. f. Couverture piquante de la châtaigne. S. m. Poisson de mer.

Bohémien, enne adj. et s. De la Bohème. Fig. vagabond.

Boïeldieu, célèbre compositeur français (1775-1834).

Boileau-Despréaux, l'un des plus célèbres poètes français (1636-1711).

Boire v. a. Avaler un liquide; s'imbiber; absorber. Fig. souffrir sans murmure : *boire un affront*.

Bois s. m. Substance dure et compacte d'un arbre; lieu planté d'arbres; cornes des bêtes fauves; ouvrage en bois.

Boisage s. m. Le bois d'une boiserie.

Boisé, ée adj. Garni de boiserie; (lieu) où il y a des arbres.

Boisement s. m. Plantation de bois.

Boiser v. a. Garnir de bois; garnir d'arbres.

Boiserie s. f. Vêtement d'un mur en bois plat; ce bois.

Boiseux, euse adj. Qui tient du bois; ligneux.

Boisrobert, poète français (1592-1662).

Boisseau s. m. Ancienne mesure pour les grains; son contenu.

Boisselée s. f. Contenu d'un boisseau.

Boisselier s. m. Qui fait et vend des boisseaux, des ustensiles de bois.

Boissellerie s. f. Métier, marchandises, commerce de boisselier.

Boisson s. f. Ce que l'on boit.

Boissonade, savant helléniste français (1774-1857).

Boissy-d'Anglas, membre de la Convention, plus tard pair de France (1756-1826).

Boiste, lexicographe français (1765-1824).

Boîte s. f. Ustensile creux à couvercle pour contenir une chose; petit coffre; son contenu : *boîte de couleurs**; tabatière; petit mortier d'artillerie.

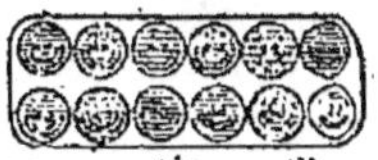

Boiter v. n. Ne pas marcher droit; clocher.

Boîtier s. m. Coffre.

Bol s. m. Petite boule composée de drogues médicinales; vase demi-sphérique*, son contenu; sorte de terre grasse.

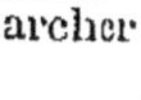

Boléro s. m. Danse espagnole très vive; air sur lequel elle s'exécute.

Boleslas le Grand, roi de Pologne, de 992 à 1025.

Bolet s. m. Sorte de champignon.

Bolide s. m. Corps igné qui traverse le ciel et tombe sur la terre.

Bolivar, libérateur de l'Amérique espagnole (1783-1830).

Bollandistes s. m. pl. Jésuites d'Anvers, auteurs d'une *Vie des saints* dont le principal auteur s'appelait Bollandus.

Bolonais, e adj. De Bologne.

Bombance s. f. Chère extraordinaire, abondante.

Bombarde s. f. Ancienne machine de guerre pour lancer des pierres; gros canon; jeu de l'orgue très bruyant.

Bombardement s. m. Action de bombarder.

Bombarder v. a. Lancer des bombes; assiéger, battre une ville avec de l'artillerie de siège.

Bombardier s. m. Qui tire des bombes.

Bombe s. f. Boule de fer creuse remplie de poudre.

Bombement s. m. État de ce qui bombe, convexité.

Bomber v. a. Rendre convexe. V. n. Être, devenir convexe.

Bombique adj. Du ver à soie; extrait de la chrysalide du ver à soie : *acide bombique*.

Bombyx ou **bombyce** s. m. Lépidoptère nocturne, dont la chenille est le ver à soie*.

Bon, bonne adj. Qui a de la bonté; parfait; bienfaisant; qui a toutes les qualités convenables à sa nature; propre à; avantageux, vigoureux.

Bon s. m. Ce qui est bon; avantage, profit; promesse écrite de payer. — Adv. Bien. — Interj. C'est bien! — *Tout de bon*, loc. adv. Sérieusement, réellement.

Bonace s. f. Calme de la mer.

Bonald (vicomte de), philosophe français (1754-1840).

Bonaparte, nom d'une famille célèbre de Corse : NAPOLÉON Ier, empereur français (1769-1821); — JOSEPH, roi d'Espagne (1768-1844); — LOUIS, roi de Hollande (1778-1846); — JÉROME, roi de Westphalie (1784-1860); — LUCIEN, frère des précédents, écrivain français (1775-1840).

Bonasse adj. Simple, sans malice et de peu d'esprit.

Bonaventure (saint), docteur de l'Église (1221-1274).

Bonbon s. m. Friandise d'enfant.

Bonbonne s. f. Grosse bouteille en verre, en grès ou en fer-blanc.

Bonbonnière s. f. Petite boîte à bonbons. Fig. jolie petite maison.

Bon-chrétien s. m. Sorte de grosse poire.

Bond s. m. Saut d'un corps élastique; saut du cerf, de la chèvre, etc. Fig. *prendre la balle au bond*, saisir l'occasion; *faire faux bond*, manquer à une promesse.

Bonde s. f. Trou d'un tonneau*, passage pour l'eau d'un étang, pièce de bois mobile qui le ferme.

Bonder v. a. Boucher avec une bonde.

Bondir v. n. Faire un ou plusieurs bonds.

Bondissant, e adj. Qui bondit.

Bondissement s. m. Mouvement de ce qui bondit.

Bondon s. m. Grosse cheville de bois qui ferme la bonde d'une futaille; sorte de fromage.

Bondonner v. a. Boucher avec un bondon; percer le trou d'un bondon.

Bondonnière s. f. Outil pour percer le trou du bondon.

Bonheur s. m. Félicité; état, événement heureux; prospérité. PAR BONHEUR, loc. adv. Heureusement.

Bonhomie s. f. Bonté naturelle et simplicité qui paraissent dans les actions; agréable facilité de mœurs.

Bonhomme s. m. Homme bon jusqu'à la faiblesse; homme crédule.

Boni s. m. T. de finance. Excédent de la recette sur la dépense; profit.

Boniface, nom de plusieurs papes, entre autres Boniface VIII, célèbre pour ses démêlés avec Frédéric d'Aragon et avec Philippe le Bel (1294-1303).

Bonification s. f. Amélioration; augmentation de valeur, de produit.

Bonifier v. a. Améliorer.

Boniment s. m. Parade, discours de charlatan; manœuvres pour tromper.

Bonjour s. m. Salut du matin.

Bonne s. f. Femme chargée du soin d'un enfant ou du ménage.

Bonne aventure s. f. Vaine prédiction de l'avenir; aventure heureuse.

Bonne fortune s. f. Avantage inattendu.

Bonne heure (à la) loc. adv. Bien, soit.

Bonnement adv. De bonne foi, simplement.

Bonnet s. m. Sorte de coiffure. *Opiner du bonnet*, adopter un avis sans examen; *prendre sous son bonnet*, inventer; agir sans autorité; *avoir la tête près du bonnet*, se fâcher aisément. GROS BONNET, personnage important.

Bonnetade s. f. Salutation.

Bonneterie s. f. Fabrique, commerce de bonnets; métier du bonnetier.

Bonnetier, ère s. Marchand, fabricant de bonnets, de bas, de chaussons, etc.

Bonnette s. f. Petite fortification saillante; petites voiles.

Bonsoir s. m. Salut du soir.

Bonté s. f. Qualité de ce qui est bon; penchant à faire du bien; force, solidité.

Bonze s. m. Prêtre chinois.

Booz, bisaïeul de David.

Boquillon s. m. (*ll* m.). Bûcheron.

Borate s. m. *Chim.* Nom générique des sels formés par l'acide borique.

Borax s. m. Borate de soude naturel.

Borborygme s. m. Bruit des gaz dans les intestins.

Bord s. m. Ce qui termine une surface; rivage; galon pour border.

Bordage s. m. Revêtement extérieur en planches d'un navire.

Bordé s. m. Galon pour border.

Bordée s. f. Décharge de tous les canons d'un bord du vaisseau. Fig. *bordée d'injures*.

Bordelais, e adj. De Bordeaux.

Border v. a. Garnir le bord; être au bord; côtoyer.

Bordereau s. m. Détail d'un compte en plusieurs articles.

Bordure s. f. Ce qui borde.

Bore s. m. L'un des corps simples de la chimie.

Boréal, e adj. Du côté du Nord; septentrional.

Borée s. m. Vent du nord.

Borgia, nom d'une célèbre famille romaine.

Borgne adj. Qui a perdu un œil, Fig. peu fréquenté, petit et mauvais : *cabaret borgne*.

Borique adj. Acide —, dérivé du bore.

Bornage s. m. Plantation de bornes.

Borne s. f. Limite; frontière; pierres placées de distance en distance le long des routes. Fig. fin, terme.

Borné, ée adj. Qui a des bornes. Fig. *esprit borné*, sans lumières; *moyens bornés*, de peu d'étendue; *vue bornée*, étroite.

Borner v. a. Mettre des bornes, servir de bornes; terminer, limiter. Fig. modérer, réduire à : *Borner ses désirs*.

Bornoyer v. a. Regarder avec un seul œil pour aligner; planter des jalons.

Borromée (saint Charles), cardinal et archevêque de Milan (1538-1584).

Bosio, sculpteur célèbre (1768-1845).

Bosquet s. m. Petit bois.

Bossage s. m. Saillie sculptée.

Bosse s. f. Grosseur osseuse au dos ou à l'estomac; enflure, élévation : relief d'une figure; modèle en plâtre.

Bosselage s. m. Travail en bosse sur la vaisselle.

Bosseler v. a. Travailler en bosse; bossuer.

Bossette s. f. Ornement en bosse aux deux côtés du mors d'un cheval.

Bossoir s. m. Poutre qui soutient l'ancre.

Bossu, ue adj. et s. Qui a une bosse.

Bossuer v. a. Faire des bosses.

Bossuet, évêque de Meaux, l'un des plus grands orateurs de la chaire (1627-1704).

Bossut (l'abbé), géomètre français (1730-1814).

Boston s. m. Sorte de jeu de cartes, à quatre personnes.

Bot adj. m. (*t* nul). *Pied bot*, contrefait; celui qui l'a.

Botanique s. f. Science qui traite des plantes.

Botaniser v. n. Chercher des plantes, les étudier.

Botaniste s. m. Qui s'applique à la botanique.

Botte s. f. Assemblage de choses liées ensemble; chaussure*; tonneau; coup d'épée ou de fleuret.

Bottelage s. m. Action de botteler.

Botteler v. a. Lier en bottes.

Botteleur, euse s. Qui met en bottes.

Botter v. a. Mettre des bottes. SE BOTTER, v. pr. Mettre ses bottes.

Bottier s. m. Cordonnier qui fait des bottes.

Bottine s f. Petite botte.

Bouc s. m. Mâle de la chèvre. *Bouc émissaire*, que les Juifs chassaient dans le désert après l'avoir chargé de malédictions. Fig. personne à laquelle on attribue tous les torts.

Boucan s. m. Lieu où l'on fume la viande; grille de bois; vacarme (pop.).

Boucaner v. a. Faire fumer et griller la viande. V. n. Aller à la chasse des bœufs sauvages.

Boucanier s. m. Chasseur aux bœufs sauvages en Amérique.

Bouche s. f. La partie inférieure de la tête par où l'on parle, par où l'on mange; organe du goût; ouverture; *bouche à feu*, canon; au pl. embouchure (des fleuves).

Bouché, ée adj. Clos, fermé. Fig. sans intelligence (fam.).

Bouchée s. f. Petit morceau d'une chose à manger.

Boucher v. a. Fermer une ouverture.

Boucher, ère s. Qui tue et débite les bestiaux. Fig. homme féroce, sanguinaire.

Boucher, peintre français (1703-1770).

Boucherie s. f. Lieu où l'on tue les bestiaux, où l'on arrange et débite la viande. Fig. carnage, massacre.

Bouche-trou s. m. Personne qui fait nombre, qui remplace; chose à peu près inutile.

Bouchoir s. m. Plaque de tôle qui ferme le four.

Bouchon s. m. Ce qui sert à boucher une bouteille; poignée de paille pour bouchonner; cabaret.

Bouchonner v. a. Frotter avec un bouchon de paille.

Bouchonnier s. m. Qui fait des bouchons.

Boucicaut, maréchal de France (1364-1421).

Boucle s. f. Sorte d'anneau de métal avec un ardillon; ce qui en a la forme.

Bouclement s. m. Action de boucler.

Boucler v. a. Mettre une boucle; fermer, attacher avec une boucle.

Bouclier s. m. Sorte d'arme défensive; plaque portée au bras pour se couvrir le corps. Fig. défense, protecteur.

Bouddha, sage indien, fondateur du bouddhisme.

Bouddhisme s. m. Religion de Bouddha.

Bouder v. n. et a. Montrer de la mauvaise humeur. SE BOUDER, v. pr. Être fâché l'un contre l'autre.

Bouderie s. f. Action de bouder; état de celui qui boude.

Boudeur, euse adj. et s. Qui boude.

Boudin s. m. Boyau de porc rempli de sang et de graisse. Fig. rouleau, boucle de cheveux.

Boudoir s. m. Petit cabinet orné à l'usage des dames.

Boue s. f. Fange des rues, des chemins. Fig. état misérable, honteux.

Bouée s. f. Chose flottante; petit baril au-dessus d'une ancre, d'un écueil, etc.

Boueur s. m. Qui ôte les boues dans les rues.

Boueux, euse adj. Plein de boue.

Bouffant, e adj. Qui bouffe.

Bouffe s. m. Bouffon.

Bouffée s. f. Coup de vent; masse de fumée; action subite et passagère de fumée, de chaleur.

Bouffer v. n. Enfler; bomber.

Bouffette s. f. Petite houppe; nœud de ruban.

Bouffir v. a. et v. n. Enfler; devenir enflé. *Style bouffi*, ampoulé.

Bouffissure s. f. Enflure des chairs.

Boufflers (le marquis de), maréchal de France (1644-1711). — (le chevalier de), général français et poète (1737-1815).

Bouffon s. m. Personnage de théâtre qui fait rire; personnage qui fait rire en société.

Bouffon, onne adj. Plaisant, facétieux.

Bouffonner v. n. Faire le bouffon.

Bouffonnerie s. f. Plaisanterie du bouffon.

Bouge s. m. Logement étroit et sale; petit réduit.

Bougeoir s. m. Chandelier sans tige et à manche.

Bouger v. n. Se mouvoir de sa place.

Bougette s. f. Petit sac de voyage en cuir.

Bougie s. f. Chandelle de cire.

Bougon, onne s. Qui bougonne souvent.

Bougonner v. n. Gronder, murmurer entre ses dents (fam.).

Bougran s. m. Grosse toile gommée pour soutenir les étoffes.

Bouillant, e adj. (*ll* m.). Qui bout. Fig. chaud, vif, ardent, prompt.

Bouille s. f. (*ll* m.). Longue perche pour troubler l'eau.

Bouilleur s. m. (*ll* m.). Qui convertit le vin en eau-de-vie.

Bouilli s. m. (*ll* m.). Viande, bœuf bouilli.

Bouilli, ie adj. (*ll* m.). Qui a bouilli.

Bouillie s. f. (*ll* m.). Lait et farine cuits ensemble.

Bouillir v. n. (*ll* m.). Être en ébullition, en fermentation; cuire dans un liquide. Fig. Etre tourmenté d'une vive ardeur.

Bouilloire s. f. (*ll* m.). Vase pour faire bouillir l'eau.

Bouillon s. m. (*ll* m.). Bulle partie d'un liquide agité par le feu, la fermentation; eau bouillie avec de la viande et des herbes; gros pli rond d'une étoffe. Fig. ardeur, impétuosité.

Bouillon (*ll* m.) (Godefroy de —), chef de la première croisade, en 1100.

Bouillonnant, e adj. (*ll* m.). Qui bouillonne.

Bouillonnement s. m. (*ll* m.). Etat d'un liquide qui bouillonne.

Bouillonner v. n. (*ll* m.). S'élever par bouillons. V. a. Mettre des bouillons à une étoffe.

Bouillotte s. f. (*ll* m.). Jeu de cartes. Sorte de vase de métal couvert pour faire bouillir de l'eau*.

Boulaie s. f. Lieu planté de bouleaux.

Boulanger v. n. Faire du pain.

Boulanger, ère s. Qui fait et vend du pain.

Boulangerie s. f. Art de faire du pain; lieu où il se fait.

Boule s. f. Corps rond en tous sens.

Bouleau s. m. Sorte d'arbre à bois blanc.

Bouledogue s. m. Espèce de gros chien.

Boulet s. m. Gros globe de métal dont on charge les canons; peine infamante qui consistait à traîner un boulet attaché à une chaîne*.

Boulette s. f. Petite boule de papier, de viande, etc.

Boulevard ou **boulevart** s. m. Rempart; promenade plantée d'arbres.

Bouleversement s. m. Renversement total avec désordre. Fig. dérangement, désordre dans les affaires.

Bouleverser v. a. Renverser entièrement; déranger; mettre en désordre.

Boulin s. m. Trou de colombier; pot à pigeon; trou pour planter les perches qui soutiennent les échafauds.

Bouline s. f. *Mar.* Corde amarrée au milieu de la voile.

Boulingrin s. m. Pièce de gazon dans un jardin.

Bouloir s. m. Instrument pour remuer la chaux.

Boulon s. m. Cheville à tête ronde*.

Boulonner v. a. Arrêter avec un boulon.

Bouquet s. m. Assemblage de fleurs liées ensemble; petite touffe de bois, de plumes, de cheveux, etc.; parfum du vin; gerbe de fusées qui termine un feu d'artifice.

Bouquetier s. m. Vase propre à mettre des fleurs.

Bouquetière s. f. Celle qui fait et vend des bouquets.

Bouquetin s. m. Bouc sauvage des Alpes.

Bouquin s. m. Vieux bouc; lièvre mâle; vieux livre. *Cornet à bouquin*, sorte de trompe recourbée*.

Bouquiner v. n. Chercher ou lire de vieux livres.

Bouquinerie s. f. Amas, commerce de vieux livres.

Bouquineur s. m. Qui cherche de vieux livres.

Bouquiniste s. m. Marchand de vieux livres.

Bouracan s. m. Sorte de gros camelot.

Bourbe s. f. Boue, fange, fond des eaux croupissantes.

Bourbeux, euse adj. Plein de boue.

Bourbier s. m. Lieu creux plein de bourbe.

Bourbon, nom d'une branche des Capétiens.

Bourdaloue, célèbre prédicateur (1632-1704).

Bourde s. f. Défaite, mensonge.

Bourdon s. m. Grosse mouche; grosse cloche; jeu d'orgue.

Bourdonnement s. m. Bruit des bourdons, des abeilles. Fig. bruit sourd et confus.

Bourdonner v. n. Bruire comme les bourdons; faire un bourdonnement.

Bourg s. m. Gros village.

Bourgade s. f. Petit bourg.

Bourgeois, e s. Habitant d'une ville; homme aisé. Adj. Du bourgeois.

Bourgeoisement adv. D'une manière bourgeoise.

Bourgeoisie s. f. Qualité, réunion des bourgeois.

Bourgeon s. m. *Bot.* Bouton qui renferme les branches, les feuilles et les fruits; jeune pousse de l'année. Bube au visage.

Bourgeonné, e adj. Qui a des bourgeons.

Bourgeonnement s. m. Evolution des bourgeons.

Bourgeonner v. n. Jeter des bourgeons.

Bourgmestre s. m. Premier magistrat d'une ville en Hollande, en Allemagne.

Bourguignon, onne s. et adj. De Bourgogne.

Bourrache s. f. Sorte de plante*.

Bourrade s. f. Coup de crosse de fusil. Fig. repartie vive en disputant.

Bourrasque s. f. Tourbillon de vent impétueux et de peu de durée. Fig. caprice; mauvaise humeur.

Bourre s. f. Amas de poils courts d'animaux quadrupèdes; ce qui sert à bourrer une arme à feu.

Bourreau s. m. Exécuteur de la justice criminelle. Fig. homme cruel.

Bourrée s. f. Fagot de branchages; danse, son air.

Bourrèlement s. m. État d'une âme bourrelée de remords.

Bourreler v. a. Maltraiter, tourmenter. Se dit au fig. des remords de la conscience.

Bourrellerie s. f. Métier, commerce de bourrelier.

Bourrelet ou **bourlet** s. m. Coussin rond rempli de bourre.

Bourrelier s. m. Fabricant ou marchand de selles, de harnais.

Bourrer v. a. Enfoncer la bourre dans une arme à feu. Fig. faire manger à l'excès; maltraiter.

Bourriche s. f. Sorte de panier pour transporter du gibier, de la volaille, des huîtres, etc.

Bourrique s. f. Anesse. Fig. ignorant (fam.).

Bourriquet s. m. Petit ânon.

Bourru, ue adj. Qui est d'humeur brusque et chagrine.

Boursault, auteur dramatique français (1638-1701).

Bourse s. f. Petit sac pour mettre l'argent*; son contenu; trésor; pension, place gratuite dans un collège; lieu de réunion des banquiers.

Boursicaut s. m. Petite bourse, petite somme mise en réserve.

Boursier s. m. Qui a une bourse dans un collège.

Boursouflage s. m. Enflure du style.

Boursouflement s. m. Augmentation de volume par le feu, la fermentation.

Boursoufler v. a. Enfler la peau.

Boursouflure s. f. Enflure.

Bousculade s. f. Action de bousculer.

Bousculer v. a. Mettre sens dessus-dessous; renverser; pousser en tous sens.

Bouse s. f. Fiente de bœuf, de vache.

Bousillage s. m. (*ll* m.). Chaume et terre détrempée pour bâtir. Fig. ouvrage peu soigné.

Bousiller v. n. (*ll* m.). Construire avec du bousillage. V. a. Travailler mal.

Bousilleur, euse adj. (*ll* m.). Celui, celle qui bousille.

Boussole s. f. Cadran dont l'aiguille aimantée se tourne toujours vers le nord *. Fig. guide.

Bout s. m. Extrémité d'un corps ou d'un espace; fin d'un temps, d'un ouvrage; petite partie d'une chose; ce qui garnit l'extrémité. *A tout bout de champ*, à tout moment; *savoir sur le bout du doigt*, très bien; A BOUT, loc. adv., au but; *venir à bout*, réussir; *être à bout*, perdre toute patience.

Boutade s. f. Caprice, humeur passagère.

Bout de l'an s. m. Service funèbre célébré un an après la mort.

Boute-en-train s. m. Celui qui excite au plaisir.

Boutefeu s. m. Incendiaire; mèche pour allumer le canon. Fig. celui qui excite des discordes.

Boute-selle s. m. T. milit. Signal pour seller les chevaux et monter à cheval.

Bouteille s. f. (*ll* m.). Vase de verre à goulot*; son contenu.

Boutique s. f. Lieu où l'on vend des marchandises.

Boutiquier, ère s. Qui tient boutique.

Boutoir s. m. Groin du sanglier. Fig. *Coup de boutoir*, trait d'humeur; propos dur.

Bouton s. m. Bourgeon; petit rond ou plateau pour attacher les vêtements *; élevure sur la peau.

Boutonner v. a. Attacher au moyen de boutons. V. n. Pousser des bourgeons.

Boutonnerie s. f. Fabrique, commerce de boutonnier.

Boutonnier s. m, Qui vend ou fabrique des boutons.

Boutonnière s. f. Entaille pour passer le bouton.

Bouts-rimés s. m. pl. Rimes données d'avance pour terminer des vers sur un sujet à volonté.

Bouture s. f. Branche garnie de boutons, séparée et replantée.

Bouverie s. f. Etable à bœufs.

Bouvet s. m. Sorte de rabot pour les rainures.

Bouvier, ère s. Qui garde ou conduit les bœufs. Fig. rustre, grossier (fam. injur.).

Bouvreuil s. m. Sorte d'oiseau.

Bovine adj. f. *Race bovine*, les bœufs, les vaches.

Boxe s.f. Lutte à coups de poing.

Boxer v. n. Se battre à coups de poing.

Boxeur s. m. Lutteur à la boxe.

Boyau s. m. Intestin; conduit en cuir; lien étroit et long.

Boyauderie s. f. Lieu où l'on prépare les boyaux.

Boyaudier s. m. Qui prépare et file des cordes à boyau.

Boyle (Robert), physicien et chimiste anglais (1626-1691).

Brabançon, onne adj. et s. Du Brabant.

Bracelet s. m. Bijou que l'on porte au bras *.

Brachial, e adj. Du bras.

Braconnage s. m. Action de braconner.

Braconner v. n. Chasser furtivement sur les terres d'autrui.

Braconnier s. m. Celui qui braconne.

Braguette s. f. Ouverture sur le devant de la culotte.

Brahma, divinité des Hindous.

Brahmane s. m. Prêtre indien.

Brahmanisme s. m. Doctrine des brahmanes.

Braie s. f. Linge pour les enfants; au pl. haut-de-chausses.

Braillard, e adj. et s. (*ll* m.). Qui crie beaucoup et sans sujet.

Braillement s. m. (*ll* m.). Cri importun et fatigant de certains animaux.

Brailler v. n. (*ll* m.) Crier sans cesse, parler trop haut.

Brailleur, euse adj. et s. (*ll* m.). Qui braille.

Braîment ou **braire** s. m. Cri des ânes.

Braire v. n. Il brait, ils braient, il braira, ils brairont, ils brairaient (seuls usités); crier (en parlant de l'âne). Fig. chanter mal, crier.

Braise s. f. Charbon ardent ou éteint.

Braiser v. a. Faire cuire à la [braise.

Braisier s. m. Huche où l'on met la braise à éteindre.

Braisière s. f. Grand étouffoir pour la braise; casserole pour faire cuire à la braise.

Bramer v. n. Crier (en parlant du cerf).

Brancard s. m. Civière à bras; l'une des deux pièces longues entre lesquelles on attelle le cheval.

Branchage s. m. Toutes les branches d'un arbre.

Branche s. f. Bois qui sort du tronc d'un arbre. Fig. différentes parties d'une science; familles issues d'une même souche.

Brancher v. a. Pendre, attacher à la branche d'un arbre.

Branchies s. f. pl. Ouïes, organe respiratoire des poissons.

Branchu, e adj. Qui a des branches.

Brandade s. f. Préparation de la morue à la provençale.

Brandebourg s. m. Ornement à la boutonnière.

Brandillement s. m. (*ll* m.). Mouvement en se brandillant.

Brandiller v. a. (*ll* m.). Mouvoir de çà et de là. SE BRANDILLER, v. pr. Se balancer. s'agiter.

Brandir v. a. Secouer, balancer dans sa main une arme, un bâton.

Brandon s. m. Torche de paille; flammèche qui jaillit d'un incendie; paille entortillée au bout d'un bâton pour servir d'indice. Fig. ce qui excite : *Brandon de discorde.*

Brandonner v. a. Planter des brandons.

Branlant, e adj. Qui branle.

Branle s. m. Agitation; première impulsion; danse gaie.

Branle-bas s. m. *Mar.* Préparatifs de combat.

Branlement s. m. Mouvement de ce qui branle.

Branler v. a. Agiter de çà et de là. V. n. Etre agité; pencher de côté et d'autre.

Braque s. m. et adj. Sorte de chien de chasse. Fig. étourdi.

Braquemart s. m. Epée courte et large qu'on portait le long de la cuisse.

Braquer v. a. Tourner, diriger un canon, une lunette d'un certain côté, en mirant, en ajustant.

Bras s. m. Membre du corps humain qui tient à l'épaule; ce qui en a la forme. Fig. canal; puissance, action : *Bras de Dieu, bras séculier.* A TOUR DE BRAS, loc. adv. De toutes ses forces.

Brasero s. m. Vase contenant des charbons allumés.

Brasier s. m. Feu de charbons ardents.

Brasiller v. a. et v. n. (*ll* m). Faire griller promptement sur la braise; présenter une traînée de lumière, en parlant de la mer.

Brassage s. m. Action de brasser la bière.

Brassard s. m. Sorte d'armure, de garniture du bras.

Brasse s. f. Mesure de deux bras étendus.

Brassée s. f. Contenu entre les deux bras.

Brasser v. a. Remuer avec les bras; faire de la bière.

Brasserie s. f. Lieu où l'on fait de la bière,

Brasseur, euse s. Qui brasse la bière et la vend en gros.

Brassières s. f. pl. Petite camisole d'enfant. Fig. contrainte.

Bravade s. f. Action ou parole par laquelle on brave quelqu'un.

Brave adj. et s. Vaillant, courageux, honnête.

Bravement adv. Avec bravoure,

Braver v. a. Affronter (le danger, la mort); traiter avec hauteur ou mépris.

Bravo s. m. et interj. Terme dont on se sert pour applaudir. (Pl. *bravos.*)

Bravoure s. f. Valeur éclatante; fermeté de l'âme qui méconnaît la peur.

Brebis s. f. Femelle du bélier. Fig. au pl. chrétiens sous un pasteur.

Brèche s. f. Ouverture faite à un mur, un rempart, une clôture. Fig. dommage.

Brèche-dent s. Qui a perdu des dents de devant.

Bredouille s. m. (*ll.* m.). Partie double au trictrac; marque de deux jetons.

Bredouillement s. m. (*ll* m.). Action de bredouiller.

Bredouiller v. a. et n. (*ll* m.). Parler d'une manière peu distincte, sans articuler.

Bredouilleur, euse adj. et s. (*ll* m.). Qui bredouille.

Bref, ève adj. Court, de peu d'étendue, de durée; laconique.

Bref s. m. Lettre du pape; calendrier ecclésiastique.

Bréguet, fameux horloger français (1747-1823).

Brelan s. m. Sorte de jeu de cartes.

Breloque s. f. Bijou, curiosité sans valeur.

Brésilien, enne adj. et s. Du Brésil.

Bretelle s. f. Courroie pour porter un fardeau sur les épaules; sangles pour soutenir les culottes.

Breton, onne adj. De Bretagne.

Brette s. f. Sorte d'épée.

Breuvage s. m. Boisson.

Brevet s. m. Titre, diplôme, certificat. *Brevet d'invention*, privilège accordé à un inventeur.

Breveter v. a. Donner un brevet.

Breveté, ée adj. et s. Qui a obtenu un brevet.

Bréviaire s. m. Livre d'office de chaque jour pour un ecclésiastique; cet office.

Bribe s. f. Gros morceau de pain; au pl. restes des repas. Fig. citation, phrases prises sans choix

Bric-à-brac s. m. Qui achète et revend une multitude d'objets divers et de hasard; ces objets.

Brick s. m. Petit navire armé.

Bricole s. f. Partie du harnais qui s'attache au poitrail; bande de cuir pour porter un fardeau ou traîner une voiture à bras; rebond d'une bille sur une bande de billard.

Bricoler v. n. Jouer de bricole; biaiser.

Bride s. f. Partie du harnais, composée de la têtière, des rênes et du mors; rênes. Fig. tout ce qui arrête, retient.

Brider v. a. Mettre la bride à un cheval, etc.; ceindre, lier; serrer étroitement. Fig. tenir en sujétion; réprimer.

Bridon s. m. Petite bride.

Brief, iève adj. Court, de peu de durée, prompt.

Brièvement adv. D'une manière briève; succinctement.

Brièveté s. f. Courte durée d'une chose.

Brigade s. f. Troupe de soldats d'une même compagnie de cavalerie; division d'une armée, d'une compagnie sous un brigadier.

Brigand s. m. Voleur (sur les grands chemins; concussionnaire.

Brigandage s. m. Vol sur les routes; concussion.

Brigander v. n. Vivre en brigand, voler, piller.

Brigantin s. m et **brigantine** s. f. Sortes de navires.

Brigue s. f. Manœuvre pour obtenir une chose; cabale, faction, parti.

Briguer v. a. Poursuivre par brigue pour obtenir; rechercher avec ardeur.

Brigueur s. m. Celui qui brigue.

Brillamment adv. D'une manière brillante.

Brillant, e adj. Qui a de l'éclat, qui brille. — S. m. Eclat, lustre; pensées ingénieuses, mais fausses ou mal appliquées; diamant taillé à facettes dessus et dessous *.

Briller v. n. Avoir de l'éclat, reluire, jeter une lumière étincelante; se dit au fig. de la gloire, des productions de l'esprit, de la vertu.

Brimborion s. m. Colifichet, babiole (fam.).

Brin s. m. Premier jet d'un végétal; petite partie, petite quantité d'une chose. BRIN A BRIN, loc. adv. successivement.

Brioche s. f. Sorte de gâteau de

fleur de farine, de beurre et d'œufs.

Brique s. f. Terre argileuse, rougeâtre, moulée et cuite ou séchée ; ce qui en a la forme.

Briquet s. m. Outil d'acier pour tirer du feu d'un caillou.

Briquetage s. m. Ouvrage de briques, briques imitées.

Briqueterie s. f. Lieu où se fait la brique.

Briquetier s. m. Qui fait ou vend la brique.

Briquette s. f. Petite brique de houille ou de tourbe servant de combustible *.

Bris s. m. Action de briser, rupture, débris de vaisseau.

Brisant s. m. Ecueil ; rejaillissement de l'eau de la mer se heurtant contre un rocher.

Brise s. f. Petit vent frais et périodique.

Brisées s. f. pl. Branches rompues, coupées ou éparses, servant de bornes, d'indices. *Aller sur les brisées*, entrer en concurrence, en rivalité ; enchérir sur quelqu'un.

Brise-glace s. m. Arc-boutant en avant des piles d'un pont, pour briser les glaces.

Brisement s. m. Choc violent des flots contre la côte. Fig. *Brisement de cœur* ; vif repentir, attrition.

Briser v. a. Rompre et mettre en pièces ; fatiguer. V. n. Heurter avec violence (t. de mer). Fig. *Briser l'orgueil, le courage. Briser avec quelqu'un*, cesser de le voir, de le fréquenter. SE BRISER, v. pr. Se casser, être mis en pièces. Se dit au fig. du cœur déchiré de douleurs, de remords.

Brise-tout s. m. Maladroit qui casse tout.

Brise-vent s. m. Clôture pour garantir du vent.

Brisque s. f. Sorte de jeu de cartes.

Brisure s. f. Partie brisée.

Britannicus, fils de l'empereur Claude et de Messaline, empoisonné en 55 par Néron.

Broc s. m. Vase à anse pour le vin. DE BRIC ET DE BROC, loc. adv. De çà et de là, d'une manière et d'une autre.

Brocantage s. m. Action de brocanter.

Brocanter v. n. Acheter, revendre des marchandises d'occasion.

Brocanteur, euse s. Qui achète, revend des marchandises d'occasion.

Brocard s. m. Raillerie, mot piquant et satirique (fam.); chevreuil à son premier bois.

Brocarder v. a. Piquer par des railleries.

Brocart s. m. Etoffe de soie brochée d'or ou d'argent.

Brochage s. m. Action de brocher des livres.

Broche s. f. Verge de fer pour faire rôtir la viande ; ce qui en a la forme ; outil ; au pl. défenses du sanglier.

Brocher v. a. Passer des fils de côté et d'autre dans une étoffe d'or, de soie, etc.; coudre un livre sans nervures et le couvrir de papier. Fig. faire à la hâte : *brocher un discours.*

Brochet s. m. Sorte de poisson.

Brochette s. f. Petite broche ; ce qui en a la forme. *Elever à la brochette*, avec beaucoup de soins.

Brocheur, euse s. Qui broche des livres.

Brochure s. f. Action de brocher : livre broché.

Brodequin s. m. Sorte de chaussure. Fig. *Chausser le brodequin*, faire une, jouer la comédie.

Broder v. a. Tracer à l'aiguille des figures en relief sur des étoffes. Fig. embellir, amplifier (un récit).

Broderie s. f. Ouvrage du brodeur. Fig. embellissements.

Brodeur, euse s. Celui, celle qui brode.

Broiement ou **broîment**, s. m. Action de broyer ; son résultat.

Brome s. m. L'un des corps simples de la chimie.

Bromique adj. (Acide —) formé par l'oxygène et le brome.

Bromure s. m. Nom donné à certains composés du brome.

Bronche s. f. Vaisseau par lequel l'air entre dans les poumons.

Bronchement s. m. Action de broncher.

Broncher v. n. Faire un faux pas. Fig. faire une faute, faillir.

Bronchite s. f. Inflammation des bronches.

Bronchotomie s. f. Incision de la trachée-artère.

Bronze s. m. Mélange de cuivre, d'étain et de zinc. Fig. *Cœur, âme de bronze*, très durs.

Bronzé, e adj. Qui a la couleur du bronze.

Bronzer v. a. Peindre en bronze. SE BRONZER, v. pr. Devenir dur comme le bronze ou en prendre la couleur.

Brosse s. f. Planche garnie de crins ou de poils pour nettoyer*; gros pinceau.

Brosser v. a. Frotter, nettoyer avec une brosse.

Brosserie s. f. Fabrique et commerce de brosses.

Brossier s. m. Qui fait ou vend des brosses.

Brou s. m. Ecale verte de noix.

Brouet s. m. Sorte de potage au lait et au sucre; mauvais ragoût.

Brouette s. f. Petit tombereau à une roue que l'on pousse devant soi*; chaise à deux roues traînée par une personne.

Brouettée s. f. Contenu d'une brouette.

Brouetter v. a. Traîner, transporter en brouette.

Brouhaha s. m. Bruit confus d'applaudissements ou d'improbation de spectateurs (fam.).

Brouillard s. m. (*ll* m.). Vapeur épaisse dans l'air; livre de commerce. Adj. *Papier brouillard*, qui boit.

Brouille s. f. (*ll* m.). Brouillerie, [querelle.

Brouiller v. a. (*ll* m.). Mettre pêle-mêle; mêler; mettre du désordre dans les affaires, de la confusion dans les choses, de la mésintelligence entre les personnes. SE BROUILLER, v. pr. Se troubler en parlant; cesser d'être amis.

Brouillerie s. f. (*ll* m.). Mésintelligence; querelle.

Brouillon s. m. (*ll* m.). Premier écrit à mettre au net.

Brouillon, onne adj. et s. (*ll* m.). Qui brouille ou qui s'embrouille.

Broussailles s. f. pl. (*ll* m.) Ronces, épines, menus bois dans les forêts, etc.

Brout s. m. Pousse des jeunes taillis au printemps.

Brouter v. a. et n. Manger sur place les végétaux.

Broutilles s. f. pl. (*ll* m.). Menues branches pour les fagots. Fig. riens, babioles, petites choses.

Broyer v. a. Piler, réduire en poudre. Fig. *broyer du noir*, se livrer à des idées tristes, mélancoliques.

Broyeur s. m. Celui qui broie les couleurs, le chanvre.

Bru s. f. Belle-fille, femme du fils par rapport à ses père et mère.

Bruant s. m. Oiseau vert qui tient du pierrot.

Bruine s. f. Petite pluie froide, très fine, qui tombe lentement.

Bruiner v. imp. Se dit de la bruine qui tombe.

Bruire v. n. et déf. Rendre un son confus. Ne s'emploie qu'à l'infinitif présent et dans : *il bruit, il bruyait, ils bruyaient*.

Bruissement s. m. Bruit faible et confus.

Bruit s. m. Assemblage de sons peu distincts. Fig. éclat que font certaines choses dans le monde; nouvelle; renommée.

Brûlant, e adj. Qui brûle. Fig. vif, animé : *style, brûlant*.

Brûlé s. m. Odeur d'un corps brûlant. Adj. Trop cuit. Fig. *cerveau brûlé*, fanatique.

Brûlement s. m. Action de brûler; état de ce qui brûle.

Brûler v. a. Consumer par le feu; échauffer vivement, dessécher; causer de la douleur, du mal par le feu. Fig. se dit des passions, des désirs. *Brûler une étape*, passer outre. — V. n. Etre consumé par le feu; fig. très passionné. SE BRULER, v. pr. Être brûlé.

Brûlerie s. f. Atelier où l'on fait l'eau-de-vie.

Brûle-tout s. m. Bobèche pour brûler les bouts de chandelle.

Brûleur s. m. Celui qui brûle.

Brûloir s. m. Ustensile pour torréfier*.

Brûlot s. m. Navire plein de matières inflammables pour incendier les vaisseaux; morceau trop épicé. Fig. homme ardent.

Brûlure s. f. Action du feu suivie de décomposition; sa trace; sa marque.

Brumaire s. m. Deuxième mois de l'année républicaine.

Brumal, e adj. Qui vient l'hiver, lui appartient.

Brume s. f. Brouillard épais sur la mer.

Brumeux, euse adj. Couvert de brume.

Brun s. m. Couleur brune.

Brun, e adj. Tirant sur le noir. — S. Personne brune. SUR LA BRUNE, loc. adv. A la chute du jour.

Brunâtre adj. Tirant sur le brun.

Brunehaut, reine d'Austrasie (534-613).

Bruni, e adj. Rendu brun. — S. m. T. d'orfév. Partie polie et brillante.

Brunir v. a. Rendre brun; polir, lisser. — V. n. Devenir brun.

Brunissage s. m. Action de brunir; ses effets.

Brunisseur, euse s. Celui, celle qui brunit les métaux.

Brunissoir s. m. Instrument pour brunir les métaux.

Bruno (saint), fondateur de l'ordre des Chartreux (1030-1101).

Brusque adj. Vif, rude et prompt.

Brusquement adv. D'une manière brusque.

Brusquer v. a. Offenser par des paroles dures; agir vivement et brusquement; faire une brusquerie.

Brusquerie s. f. Caractère de ce qui est brusque; action de brusquer.

Brut, e adj. Qui n'est pas poli, achevé; âpre et raboteux. Fig. *Poids brut*, poids sans déduction de l'emballage.

Brutal, e adj. Qui tient de la brute.

Brutalement adv. Avec brutalité, férocité, grossièreté.

Brutaliser v. a. Traiter brutalement de paroles ou d'actions.

Brutalité s. f. Vice du brutal; passion, action, parole brutale; grossièreté.

Brute s. f. Animal irraisonnable; homme qui n'a ni esprit ni raison.

Brutus (Junius), fondateur de la République romaine, m. 508 av. J.-C. — (Marcus Junius), l'un des meurtriers de Jules César, m. 42 av. J.-C..

Bruyamment adv. Avec grand bruit.

Bruyant, e adj. Qui fait grand bruit : *trompette bruyante;* où l'on fait beaucoup de bruit : *rue bruyante.*

Bruyère s. f. Sorte d'arbuste; lieu où elle croît.

Buanderie s. f. Lieu où l'on fait la lessive.

Bube s. f. Pustule; petite élevure sur la peau.

Bubon s. m. Tumeur à l'aine.

Buccal, e adj. Qui a rapport à la bouche.

Buccin s. m. Sorte de coquillage; instrument à vent.

Buccine s. f. Trompette.

Bucéphale s. m. Cheval d'Alexandre; cheval de parade; rosse (ironique).

Bûche s. f. Gros morceau de bois pour le chauffage. Fig. (fam.) homme stupide.

Bûcher s. m. Lieu où l'on met le bois à brûler; pile de bois pour brûler un corps mort ou vif.

Bûcher v. a. Dégrossir le bois à mettre en œuvre.

Bûcheron s. m. Qui coupe les bois dans les forêts.

Bûchette s. f. Menu bois ramassé dans les forêts; petite bûche.

Bucolique adj. De berger. S. f. pl. Poésies pastorales de Virgile. Fig. choses de peu d'importance.

Budget s. m. Etat annuel de l'actif et du passif d'un Etat; fixation par les chambres des recettes et des dépenses de l'Etat.

Budgétaire adj. Du budget.

Buée s. f. Lessive.

Buffet s. m. Armoire pour la vaisselle; table où l'on pose différents mets; menuiserie de l'orgue.

Buffle s. m. Sorte de bœuf; son cuir. Fig. homme stupide.

Buffleterie s. f. Partie de l'équipement du soldat, faite en buffle ou cuir.

Buffon, célèbre naturaliste français (1707-1788).

Bugeaud, maréchal de France (1784-1849).

Bugle s. f. Sorte de plante.

Buis s. m. Arbrisseau toujours vert.

Buisson s. m. Touffe d'arbrisseaux sauvages; petit bois.

Buissonneux, euse adj. Couvert, plein de buissons.

Buissonnier, ère adj. Se dit

des lapins qui se retirent dans les buissons. Fig. *Faire l'école buissonnière,* se promener au lieu d'aller à l'école.

Bulbe s. m. ou f. Oignon de plante. S. m. *Anat.* Partie globuleuse.

Bulbeux, euse adj. De la nature des bulbes.

Bulle s. f. Globule d'air qui s'élève à la surface d'un liquide; lettre du pape, expédiée et scellée.

Bulletin s. m. Petit billet ; suffrage par écrit; état de la situation journalière d'une armée, d'un malade ; recueil : *bulletin des lois.*

Buraliste s. m. ou s. f. Celui, celle qui tient un bureau de recette, de payement, de loterie, de tabac, etc.

Bure s. f. Grosse étoffe de laine.

Bureau s. m. Table à écrire; lieu de travail ; commission d'une assemblée; le président et les secrétaires.

Bureaucrate s. m. Qui est versé, qui se plaît dans le travail des bureaux.

Bureaucratie s. f. Influence des gens de bureau.

Burette s. f. Vase à petit goulot pour l'huile, le vinaigre; le vin, l'eau, à la messe.

Burin s. m. Pointe d'acier pour graver. Fig. l'art de graver ; la plume de l'écrivain.

Buriner v. a. Graver, nettoyer au burin. Fig. graver fortement dans la pensée ; écrire.

Burlesque adj. et s. m. Bouffon outré, facétieux; extravagant, bizarre.

Burlesquement adv. D'une manière burlesque.

Busc s. m. Lame de baleine ou d'acier dans le corset.

Buse s. f. Sorte d'oiseau de proie.* Fig. sot, ignorant, stupide.

Busquer v. a. Mettre un busc.

Buste s. m. Partie supérieure du corps humain ; ouvrage de sculpture qui représente une tête avec la poitrine, les épaules.

But s. m. Point que l'on vise, auquel on veut atteindre. Fig. fin proposée. DE BUT EN BLANC, loc. adv. Inconsidérément, sans réflexion ou mesure.

Bute s. f. Outil de maréchal pour couper la corne.

Buter v. n. Frapper au but; tendre à une fin. SE BUTER A, v. pr. S'opiniâtrer à. — V. a. Soutenir, consolider.

Butin s. m. Ce qu'on prend à l'ennemi.

Butiner v. n. Faire du butin. Se dit des abeilles.

Butor s. m. Oiseau de proie. Fig. Homme grossier, maladroit, stupide.

Butte s. f. Tertre, motte de terre élevée. Fig. *Etre en butte à*, exposé à.

Butter v. a. Soutenir avec un arc-boutant; garnir, entourer de terre; disposer en butte.

Butyreux, euse adj. Qui est de la nature du beurre.

Butyrine s. f. L'une des substances qui entrent dans la constitution du beurre.

Buvable adj. Qui peut être bu.

Buvant, e adj. Qui boit.

Buvard adj. m. (Papier —) qui boit. S. m. Cahier fait de ce papier.

Buvette s. f. Sorte de cabaret; buffet de rafraîchissement.

Buveur, euse s. Celui, celle qui boit; qui boit beaucoup.

Buvoter v. n. Boire souvent et à petits coups.

Byron (lord), célèbre poète anglais (1788-1824).

Byzantin, e adj. De Byzance. *Art, style byzantin,* art, style du Bas-Empire.

C

C s. m. Troisième lettre de l'alphabet.

Çà adv. de lieu. Ici. *Çà et là,* de côté et d'autre. — Interj. pour commander, exciter, encourager.

Ça (sans accent). Cela.

Cabale s. f. Tradition juive sur l'interprétation allégorique de l'Écriture sainte ; complot ; intrigue.

Cabaler v. n. Former des cabales.

Cabaleur, euse s. Qui cabale.

Cabaliste s. m. Savant dans la cabale juive.

Cabalistique adj. Qui appartient à l'art de la cabale.

Caban s. m. Sorte de manteau.

Cabane s. f. Petite chaumière ; hutte en planches.

Cabanon s. m. Petite cabane où l'on enferme un fou.

Cabaret s. m. Lieu où se vend le vin au détail ; plateau garni d'un service de tasses.

Cabaretier, ère s. Qui tient cabaret.

Cabas s. m. Sorte de panier.

Cabestan s. m. Treuil vertical.

Cabillaud s. m. (*ll* m.). Morue fraîche.

Cabine s. f. Petite chambre sur un navire.

Cabinet s. m. Lieu de retraite et de travail ; lieu où l'on expose des tableaux. Fig. conseil des ministres.

Câble s. m. Très grosse corde.

Câbler v. a. Faire des câbles.

Caboche s. f. Tête (fam.) ; clou à grosse tête.

Cabochiens s. m. pl. Rebelles à Paris sous Charles VI.

Cabotage s. m. Navigation le long des côtes.

Caboter v. n. Naviguer le long des côtes.

Caboteur s. m. Navigateur côtier.

Cabotier s. m. Bâtiment pour caboter.

Cabotin, e s. Comédien ambulant ; mauvais acteur.

Cabrer (se) v. pr. Se lever sur les pieds de derrière (en parlant du cheval). Fig. s'emporter, se révolter contre un conseil, une remontrance.

Cabriole s. f. Saut léger.

Cabrioler v. n. Faire des cabrioles.

Cabriolet s. m. Voiture légère à deux roues.

Cabrioleur s. m. Qui fait des cabrioles.

Cacao s. m. Amande du fruit du cacaoyer.

Cacaoyer ou **cacaotier** s. m. Arbre d'Amérique dont le fruit sert de base au chocolat*.

Cacatois s. m. Petit mât ; sorte de perroquet.

Cachalot s. m. Grand cétacé du genre de la baleine.

Cache s. f. Lieu secret pour cacher quelque chose.

Cache-cache s. m. Jeu d'enfants.

Caché, e adj. Dissimulé, secret.

Cachemire s. m. Sorte de tissu de laine très fine.

Cache-nez s. m. Gros foulard dont on couvre le bas du visage pour le garantir du froid. (Pl. des *cache-nez*.)

Cacher v. a. Mettre en un lieu où l'on ne peut voir ou découvrir ; dissimuler, voiler, couvrir.

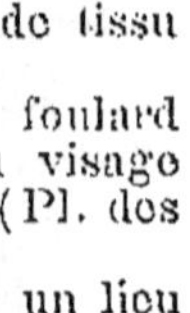

Cachet s. m. Petit sceau*. Fig. manière de faire ; ce à quoi une chose se reconnaît.

Cacheter v. a. Mettre le cachet.

Cachette s. f. Petite cache. EN CACHETTE, loc. adv. A la dérobée, en secret.

Cachot s. m. Prison basse et obscure.

Cachotterie s. f. Action de cacher ; actions, paroles mystérieuses pour cacher des choses de peu d'importance.

Cachottier, ière adj. Qui fait des cachotteries.

Cacochyme adj. Plein de mauvaises humeurs, malsain. Fig. bizarre, bourru, fantasque.

Cacochymie s. f. Abondance de mauvaises humeurs.
Cacographie s. f. Manière d'écrire contraire à l'orthographe.
Cacographique adj. De la cacographie.
Cacolet s. m. Panier à dossier pour s'asseoir sur un mulet.
Cacologie s. f. Manière de parler contraire à la grammaire.
Cacophonie s. f. Rencontre de voix, d'instruments discordants, désagréables.
Cacuminé, e adj. Qui forme cime ou sommet.
Cadastral, e adj. Du cadastre.
Cadastre s. m. Etat, estimation des propriétés territoriales.
Cadastrer v. a. Faire le cadastre.
Cadavéreux, euse adj. Qui tient du cadavre.
Cadavérique adj. Qui a rapport au cadavre.
Cadavre s. m. Corps mort.
Cadeau s. m. Présent, don.
Cadenas s. m. Sorte de serrure mobile.
Cadenasser v. a. Fermer au cadenas.
Cadence s. f. Mesure du son qui règle le mouvement de la danse ; terminaison harmonique d'une phrase musicale ; tremblement de sons ; harmonie d'un vers, d'une période.
Cadencé, e adj. Où la cadence est sensible.
Cadencer v. a. et n. Faire des cadences.
Cadet, ette s. et adj. Puîné ; le plus jeune de deux frères ; le dernier des enfants.
Cadi s. m. Juge civil turc.
Cadmium s. m. Métal, l'un des corps simples de la chimie.
Cadmus, fondateur de Thèbes, XVIe s. av. J.-C.
Cadran s. m. Surface divisée par heures.
Cadrature s. f. Assemblage de pièces qui font marcher les aiguilles d'un cadran.
Cadre s. m. Bordure autour d'un tableau ; châssis. Fig. plan d'un ouvrage d'esprit ; officiers d'une compagnie.
Cadrer v. n. Convenir, avoir du rapport.

Caduc, uque adj. Débile, vieux, sans force ; tombant. *Mal caduc*, épilepsie.
Caducée s. m. Verge accolée de deux serpents*.

Caducité s. f. Etat de ce qui est caduc.
Cafard, e adj. Bigot, hypocrite.
Cafarderie s. f. Hypocrisie ; dévotion grossièrement affectée.
Cafardise s. f. Cafarderie.
Café s. m. Fève du caféier*, sa liqueur, lieu, moment où elle se prend.
Caféier ou **cafier** s. m. Arbuste qui porte le café.
Caféière s. f. Terre plantée de caféiers.
Cafetier s. m. Qui tient café, qui en vend.
Cafetière s. f. Vase pour faire le café.
Cafre adj. et s. De la Cafrerie.
Cage s. f. Petite loge en fil de fer ou d'osier pour les oiseaux, en fer pour les animaux.
Cagnard, e adj. et s. Paresseux, lâche.
Cagnarder v. n. Vivre dans la paresse.
Cagnardise s. f. Fainéantise, paresse.
Cagneux, euse adj. Qui a les jambes et les genoux tournés en dedans.
Cagot, e adj. et s. Faux dévot, hypocrite.
Cagoterie s. f. Action, manière d'agir du cagot.
Cagotisme s. m. Esprit, caractère, opinions du cagot.
Cahier s. m. Assemblage de feuilles de papier ; mémoire écrit.
Cahot s. m. Saut d'une voiture en marche sur un sol inégal. Fig. accident (fam.).
Cahotage s. m. Mouvement causé par les cahots.
Cahoter v. a. Causer des cahots.
Cahute s. f. Petite loge ; hutte ; cabane.
Caille s. f. (*ll* m.). Sorte d'oiseau de passage.
Caillé s. m. (*ll* m.). Lait tourné ou caillé.

Caillebotte s. f. (*ll* m.). Masse de lait caillé.

Caillement s. m. (*ll* m.). Etat de ce qui se caille.

Cailler v. a. (*ll* m.). Coaguler, figer, épaissir.

Cailletage s. m. (*ll* m.). Babil.

Cailleteau s. m. (*ll* m.). Jeune caille.

Cailleter v. n. (*ll* m.). Babiller.

Caillot s. m. (*ll* m.). Grumeau, masse de sang caillé.

Caillou s. m. (*ll* m.). Pierre très dure.

Cailloutage s. m. (*ll* m.). Amas de cailloux; ouvrage en cailloux.

Caillouter v. a. (*ll* m.). Garnir de cailloux.

Caillouteux, euse adj. (*ll* m.). Plein de cailloux.

Cailloutis s. m. (*ll* m., *s* nulle). Menus cailloux pour empierrer les routes.

Caïman s. m. Espèce de crocodile.

Caïn, premier fils d'Adam, tua son frère Abel.

Caïphe, grand-prêtre juif qui fit condamner à mort Jésus-Christ.

Caisse s. f. Coffre de bois; trésor; lieu où est l'argent, où l'on paye.

Caissier s. m. Celui qui tient la caisse d'un financier, etc.

Caisson s. m. Sorte de caisse sur des roues pour les vivres, les munitions, etc.

Cajoler v. a. Flatter, louer pour obtenir, pour séduire.

Cajolerie s. f. Action de cajoler; flatterie.

Cajoleur, euse s. Celui qui cajole.

Calaison s. f. Profondeur d'un navire, du premier pont à fond de cale.

Calamine s. f. Pierre bitumineuse; oxyde de zinc.

Calamite s. f. Pierre d'aimant; boussole; mauvais storax.

Calamité s. f. Grand malheur, malheur public.

Calamiteux, euse adj. (Temps —), de calamité publique.

Calandrage s. m. Action de calandrer.

Calandre s. f. Grosse alouette; insecte; machine pour lustrer les draps, le papier.

Calandrer v. a. Lustrer avec la calandre.

Calandreur s. m. Celui qui calandre.

Calcaire adj. Qui renferme de la chaux.

Calcédoine s. f. Pierre fine demi-transparente.

Calcifère adj. Qui contient de la chaux.

Calcination s. f. Action de calciner.

Calciner v. a. Réduire en chaux, en poudre, en cendre, par le feu.

Calcium s. m. *Chim.* Métal d'un blanc jaunâtre qu'on extrait de la chaux.

Calcul s. m. Compte; comparaison; combinaison; concrétion pierreuse dans le corps humain.

Calculable adj. Qui peut se calculer.

Calculateur, trice s. Qui calcule.

Calculer v. a. Compter, supputer. Fig. réfléchir; peser; juger.

Cale s. f. Le fond d'un navire; morceau de bois pour mettre de niveau, d'aplomb.

Calebasse s. f. Espèce de courge; bouteille qui en est faite.

Calèche s. f. Sorte de voiture légère.

Caleçon s. m. Sorte de culotte.

Caléfaction s. f. Action du feu qui échauffe.

Calembour s. m. Quolibet; jeu de mots.

Calembredaine s. f. Bourde, vain propos, faux-fuyant.

Calendes s. f. pl. Premier jour d'un mois des Romains. Fig. fam. *calendes grecques*, temps qui ne peut venir.

Calendrier s. m. Tableau des jours de l'année.

Calepin s. m. Recueil de notes.

Caler v. a. Baisser la voile (*mar.*); assurer avec une cale de bois. V. n. Enfoncer dans l'eau.

Calfat s. m. Celui qui calfate, son outil, son ouvrage; étoupe goudronnée.

Calfatage s. m. Etoupes employées au calfat.

Calfater v. a. Boucher avec le calfat.

Calfeutrage s. m. Ouvrage de celui qui calfeutre.

Calfeutrer v. a. Boucher les fentes d'une porte, d'une fenêtre, etc.

Calibre s. m. Grandeur de l'ouverture du canon d'une arme à feu; diamètre de la balle; volume; instrument pour prendre des mesures. Fig. valeur, qualité des personnes, des choses comparées.

Calibrer v. a. Mesurer, égaler au calibre.

Calice s. m. Vase pour l'Eucharistie*; *t. de bot.*, enveloppe extérieure. Fig. coupe d'amertume; *boire le calice*, souffrir.

Calicot s. m. Toile de coton.

Calicule s. m. *Bot.* Double calice; rang de petites écailles autour du calice; bractée qui environne sa base.

Califat s. m. (*t* nul). Dignité du calife.

Calife s. m. Souverain mahométan.

Califourchon (à) loc. adv. Jambe deçà, jambe delà.

Caligineux, euse adj. Sombre.

Caligula, empereur romain, fut assassiné par le tribun Chéréas (41).

Câlin, e adj. et s. Doucereux; indolent.

Câliner v. a. Cajoler. SE CALINER v. pr. Prendre ses aises; être indolent.

Câlinerie s. f. Cajolerie.

Calleux, euse adj. Qui a des callosités.

Calligraphe s. m. Copiste qui mettait au net; qui a une belle écriture.

Calligraphie s. f. Art du calligraphe.

Calligraphique adj. De la calligraphie.

Callimaque, poète grec (400 ans av. J.-C.).

Calliope *Myth.* L'une des Muses.

Callosité s. f. Chair durcie aux bords d'un ulcère.

Callot (Jacques), célèbre peintre et graveur français (1593-1635).

Calmant, e adj. et s. m. Qui calme les douleurs.

Calme s. m. Bonace; tranquillité. Adj. Tranquille; sans agitation.

Calmer v. a. Rendre calme, apaiser.

Calmet (dom), savant bénédictin français (1672-1757).

Calomel ou **calomélas** s. m. (on prononce l's). Mélange de mercure et de soufre.

Calomniateur, trice s. Qui calomnie.

Calomnie s. f. Fausse imputation injurieuse qui blesse l'honneur.

Calomnier v. a. Attaquer, blesser l'honneur par des calomnies.

Calomnieusement adv. Avec calomnie.

Calomnieux, euse adj. Qui contient des calomnies.

Calorie s. f. *Phys.* Unité de chaleur.

Calorifère s. m. Appareil de chauffage qui transmet la chaleur dans les diverses parties d'une maison.

Calorification s. f. Faculté de produire la chaleur vitale; son effet.

Calorifique adj. Qui donne de la chaleur.

Calorimètre s. m. Instrument pour mesurer le calorique spécifique des corps.

Calorique s. m. *Phys.* Principe de la chaleur; chaleur latente.

Calotte s. f. Petit bonnet. Fig. coup du plat de la main sur la tête; voûte.

Calque s. m. Trait d'un dessin copié sur un transparent.

Calquer v. a. Copier à l'aide d'un transparent. Fig. imiter.

Calumet s. m. Pipe de sauvage.

Calvaire s. m. Élévation plantée d'une croix; lieu du supplice de la croix.

Calville s. f. Espèce de pomme.

Calvin (Jean), fondateur de la secte protestante des Calvinistes (1509-1564).

Calvinisme s. m. Secte de Calvin.

Calviniste s. m. Sectateur de Calvin.

Calvitie s. f. État d'une tête chauve; effet de la chute des cheveux.

Calypso *Myth.* Nymphe qui reçut dans son île Ulysse et Télémaque.

Camaïeu s. m. Pierre fine de deux couleurs ; tableau d'une seule couleur.

Camail s. m Petit manteau à l'usage des ecclésiastiques. (Pl. *camails.*)

Camaldule s. m. Religieux.

Camarade s. m. Compagnon de profession ; celui, celle avec qui l'on a l'habitude de vivre.

Camaraderie s. f. Familiarité de camarades.

Camard, e adj. et s. A nez plat et écrasé ; camus.

Cambacérès, homme d'Etat français (1753-1824).

Cambon, fameux conventionnel (1754-1820).

Cambouis s. m. (*s* nulle). Vieux oing noir d'une roue.

Cambré, e adj. Courbé en arc.

Cambrer v. a. Courber en arc ; voûter, cintrer.

Cambronne, général français (1770-1842).

Cambrure s. f. Courbure en arc.

Cambuse s. f. Retranchement dans l'entrepont pour l'eau, les provisions.

Cambusier s. m. Qui a soin de la cambuse.

Cambyse, roi de Perse (530-522 av. J.-C.).

Camée s. m. Pierre fine de diverses couleurs, sculptée en relief.

Caméléon s. m. Sorte de lézard qui change de couleurs et prend celle des objets environnants. Fig. homme changeant au gré de la fortune.

Caméléoniens s. m. pl. *Zool.* Famille des caméléons.

Caméléopard s. m. Girafe.

Camélia ou camellia s. m. Sorte d'arbre ; sa fleur.

Caméliens s. m. pl. *Zool.* Famille des chameaux.

Camelot s. m. (*t* nul). Sorte d'étoffe de poil de chèvre, laine et soie.

Camelote s. f. Mauvais ouvrage ; mauvaise marchandise.

Camérier s. m. Officier de la chambre du pape, d'un cardinal, etc.

Camériste s. f. Femme de chambre.

Camerlingue s. m. Cardinal présidant la chambre apostolique.

Camille (Furius), célèbre général romain (390 av. J.-C.).

Camion s. m. Petit haquet ; petite épingle.

Camionnage s. m. Transport au moyen d'un camion.

Camionneur s. m. Celui qui conduit un camion.

Camisard s. Nom donné sous Louis XIV aux fanatiques calvinistes des Cévennes.

Camisole s. f. Petit vêtement de femme.

Camomille s. f. (*ll* m.). Plante vivace.

Camouflet s. m. Bouffée de fumée soufflée au nez. Fig. affront, mortification.

Camp s. m. Lieu où s'établit une armée ; lice de combat ou de tournoi.

Campagnard, e s. Qui demeure à la campagne. Fig. qui ignore les usages du monde.

Campagne s. f. Les champs livrés à l'agriculture ; terrain hors de la ville. Fig. mouvements, campements, suite d'opérations militaires. *Battre la campagne*, déraisonner.

Campagnol s. m. Petit rat des champs*.

Campanile s. m. Petit clocher ; tour légère travaillée à jour.

Campanule s. f. Genre de plantes à fleurs en forme de clochettes*.

Campement s. m. Action de camper ; le camp même.

Camper v. a. et v. n. Établir un camp ; s'établir provisoirement dans un lieu ; placer. SE CAMPER, v. pr. Se placer, se mettre en certaine posture ou position.

Camphre s. m. Gomme aromatique.

Camphré, e adj. Où l'on a mis du camphre.

Camphrer v. a. Mettre du camphre.

Camphrier s. m. Espèce de laurier du Japon, qui donne le camphre.

Camus, e adj. et s. Qui a le nez court et plat.

Canadien, ienne s. Du Canada.

Canaille s. f. Vile populace ; au pl. gens que l'on méprise.

Canal s. m. Conduit de l'eau ;

rivière artificielle; conduit des liquides ou des gaz dans l'intérieur d'un corps organisé. Fig. moyen, entremise.

Canalisable adj. Qui peut être canalisé.

Canalisation s. f. Système de communications dans un pays par le moyen de canaux; action de canaliser.

Canaliser v. a. Etablir un canal; couper un pays par un grand nombre de canaux destinés au transport.

Canapé s. m. Long siège à dossier.

Canard s. m. Oiseau aquatique*. Fig. nouvelle controuvée (pop.).

Canarder v. a. Tirer étant à couvert.

Canardière s. f. Lieu préparé où l'on prend des canards; long fusil pour tirer les canards.

Canari s. m. Serin des Canaries.

Cancan s. m. Plainte bruyante avec aigreur et reproches; au pl. propos médisants, commérages (pop.).

Cancaner v. n. Faire des cancans.

Cancellariat s. m. Dignité du chancelier.

Cancellé, e adj. Qui est en forme de grillage (*bot.* et *zool.*).

Cancer s. m. Tumeur qui dégénère en ulcère; constellation.

Cancéreux, euse adj. De la nature du cancer, qui y a rapport.

Cancre s. m. Ecrevisse de mer. Fig. avare; pauvre hère.

Candélabre s. m. Grand chandelier à branches.

Candeur s. f. Pureté d'âme, franchise; simplicité.

Candi adj. Cristallisé: *sucre candi*.

Candidat s. m. Aspirant, prétendant à une charge, un grade, une dignité.

Candidature s. f. Etat du candidat.

Candide adj. Qui a de la candeur.

Candidement adv. Avec candeur.

Candir (se) v. pr. Se cristalliser.

Cane s. f. Femelle du canard.

Canéphore s. f. Statue portant sur la tête une corbeille.

Canepin s. m. Peau de mouton très fine.

Caneton s. m. Petit d'un canard.

Canette s. f. Petite cane; mesure pour la bière.

Canevas s. m. Grosse toile claire pour faire la tapisserie. Fig. premiers éléments, plan d'un ouvrage d'esprit; modèle.

Canezou s. m. Corsage sans manches.

Cangue s. f. Supplice en usage chez les Chinois, et qui consiste à faire passer la tête et les bras du condamné dans les trous d'une masse de bois.

Caniche s. et adj. Chien barbet.

Caniculaire adj. De la canicule.

Canicule s. f. Constellation du Grand-Chien; époque de l'année (24 juillet-23 août) où le soleil se lève et se couche avec elle.

Canif s. m. Instrument pour tailler les plumes à écrire*.

Canin, e adj. Qui tient du chien. *Dent canine*, pointue, incisive.

Caniveau s. m. Pierre creusée en gouttière pour faire écouler l'eau.

Cannaie s. m. Lieu planté de cannes.

Canne s. f. Roseau à nœuds; bâton pour s'appuyer en marchant; *canne à sucre*, espèce de roseau dont la moelle fournit le sucre.

Canneler v. a. Creuser des cannelures.

Cannelle s. f. Ecorce du cannelier; robinet.

Cannelier s. m. Arbre aromatique des Indes qui donne la cannelle.

Cannelure s. f. Creux, petit canal le long du fût des colonnes.

Cannibale s. m. Sauvage qui mange de la chair humaine. Fig. homme féroce.

Canon s. m. Grosse et longue pièce d'artillerie; partie des armes à feu où l'on met la charge; règlements ecclésiastiques; le corps des prières de la messe; tableau de prières mobile sur l'autel. *Droit canon*, droit ecclésiastique.

Canonicat s. m. Bénéfice de chanoine.

Canonique adj. Conforme aux canons.

Canoniquement adv. Selon les canons.

Canonisation s. f. Action de canoniser.

Canoniser v. a. Mettre au rang des saints.

Canonnade s. f. Décharge de canons.

Canonner v. a. Battre à coups de canon.

Canonnier s. m. Qui sert le canon.

Canonnière s. f. Tente qui n'a que le toit ; meurtrière ; jouet d'enfant. — Adj. f. *Chaloupe canonnière*, armée de canons.

Canot s. m. Petit bateau.

Canotier s. m. Matelot qui conduit un canot.

Canova, célèbre sculpteur italien (1757-1822).

Cantate s. f. Ode en musique.

Cantatrice s. f. Femme qui chante avec art et par état.

Cantharide s. f. Mouche venimeuse dont on fait les vésicatoires.

Cantilène s. f. Chanson, romance.

Cantine s. f. Coffret de voyage ; cabaret ; lieu où se distribue le vin aux soldats.

Cantinier, ière s. Qui tient une cantine.

Cantique s. m. Chant religieux.

Canton s. m. Subdivision d'un pays, d'un arrondissement, d'une ville.

Cantonal, e adj. Du canton.

Cantonnement s. m. Action de cantonner des troupes ; lieu où elles sont cantonnées.

Cantonner v. a. Loger des troupes dans divers cantons. SE CANTONNER, v. pr. Se loger dans un canton. Fig. se fortifier contre.

Cantonnier s. m. Ouvrier chargé de l'entretien des routes.

Caoutchouc s. m. Gomme élastique.

Cap s. m. Promontoire ; tête ; proue du vaisseau. DE PIED EN CAP, loc. adv. Des pieds à la tête.

Capable adj. Qui a les qualités requises pour ; qui peut contenir ; habile ; propre à.

Capacité s. f. Contenance d'un vase ; habileté, intelligence.

Caparaçon s. m. Couverture pour le cheval.

Caparaçonner v. a. Mettre un caparaçon à un cheval.

Cape s. f. Manteau à capuchon. *Rire sous cape*, en dessous ; *mettre à la cape*, ne porter qu'une voile (*mar.*).

Capeline s. f. Coiffure de femme.

Capeluche s. f. Chaperon.

Capet. V. HUGUES-CAPET.

Capétien, enne adj. et s. De la race de Capet, 3e race des rois de France.

Capillaire adj. Délié comme les cheveux.

Capillarité s. f. *Phys*. Propriété des tubes capillaires.

Capilotade s. f. Sorte de ragoût; *mettre en capilotade*, en pièces.

Capitaine s. m. Chef d'une compagnie de soldats ; commandant d'un navire, chef (en général).

Capitainerie s. f. Charge du capitaine d'une maison royale, d'une chasse.

Capital, e adj. Principal. *Crime capital*, qui mérite la mort; *péché capital*, péché mortel ; *peine capitale*, peine de mort.

Capital s. m. Le principal, l'essentiel ; somme d'argent ; fonds disponible dans le commerce.

Capitale s. f. Ville où est le siège du gouvernement d'un Etat ; lettre majuscule.

Capitalisation s. f. Action de capitaliser.

Capitaliser v. a. Convertir en capital.

Capitaliste s. m. Qui possède des capitaux.

Capiteux, euse adj. Qui porte à la tête : *vin capiteux*.

Capitole s. m. Temple, forteresse de Rome consacrée à Jupiter.

Capitolin adj. m. *Jupiter capitolin*, adoré au Capitole.

Capitulaire adj. Qui appartient à un chapitre de religieux. — S. m. pl. Ordonnances des rois de la 2e race.

Capitulation s. f. Traité pour la reddition d'une place ; action de capituler.

Capitule s. m. Petite leçon à la fin de l'office (*t. de liturgie*), assemblage terminal et globuleux de fleurs (*bot.*).

Capituler v. n. Traiter de la reddition d'une place.

Capon s. m. Hypocrite, lâche (pop.).

Caponner v. n. Faire le capon (pop.).

Caporal s.m. Chef d'une escouade au-dessous du sergent.

Capot adj. Qui ne fait aucune levée au jeu de cartes. Fig. honteux, confus.

Capote s. f. Sorte de manteau; chapeau de femme; longue redingote de soldat; couverture de cuir d'une voiture.

Câpre s. f. Bouton du câprier confit au vinaigre.

Caprice s.m. Fantaisie; boutade; bizarrerie. [price.

Capricieusement adv. Par ca-

Capricieux, euse adj. Fantasque; sujet aux caprices.

Capricorne s. m. Constellation; insecte.

Câprier s. m. Arbuste dont les boutons donnent les câpres.

Capsulaire adj. En capsule (*bot.*).

Capsule s. f. Enveloppe qui renferme la graine (*bot.*); amorce de poudre fulminante; sorte de vase.

Captage s. m. Action de capter, de retenir l'eau.

Captateur s. m. Qui surprend par ruse une donation, un legs, une succession.

Captation s. f. Action de capter.

Captatoire adj. Provoqué par l'artifice d'un héritier ou légataire.

Capter v. a. Chercher à obtenir par insinuation.

Captieusement adv. D'une manière captieuse.

Captieux, euse adj. Qui tend à tromper; propre à surprendre.

Captif, ive adj. et s. Esclave, prisonnier. Fig. retenu, assujetti.

Captiver v. a. Rendre captif. Fig. assujettir; gagner.

Captivité s. f. Privation de la liberté; esclavage. Fig. grande sujétion.

Capture s. f. Butin; prise au corps.

Capturer v. a. Prendre au corps; saisir; butiner.

Capuce ou **capuchon** s. m. Vêtement qui couvre la tête.

Capucin s. m. Religieux de Saint-François.

Capucine s. f. Sorte de plante; sa fleur*; pièce du fusil.

Caque s. f. Sorte de baril pour le hareng, la poudre, le salpêtre, etc.

Caquer v. a. Mettre en caque.

Caquet s. m. Babil.

Caquetage s. m. Action de caqueter.

Caqueter v. n. Babiller.

Caqueterie s. f. Action de caqueter.

Caqueteur, euse s. Qui caquète, babille beaucoup.

Car conj. Marque la raison d'une proposition; à cause que; parce que.

Carabé s. m. Ambre jaune; sorte d'insecte.

Carabin s. m. Soldat armé d'une carabine; élève en chirurgie. Fig. fanfaron.

Carabine s. f. Sorte de petit fusil.

Carabiner v. a. Tracer des lignes creuses dans le canon du fusil.

Carabinier s. m. Cavalier armé d'une carabine.

Caraco s. m. Sorte de vêtement de femme.

Caracole s. f. Demi-tour exécuté par un cheval.

Caracoler v. n. Faire des caracoles.

Caractère s. m. Empreinte; signe pour l'écriture, l'impression; fonte de lettres pour l'impression; lettre; naturel d'une personne; force d'âme; titre, qualité, dignité.

Caractériser v. a. Marquer le caractère.

Caractéristique adj. Qui caractérise.

Carafe s. f. Vase de verre ou de cristal à goulot*.

Carafon s. m. Petite carafe.

Carambolage s. m. Action de caramboler; ses effets.

Caramboler v. a. Toucher deux billes avec la sienne.

Caramel s. m. Sucre fondu, durci, brûlé.

Carapace s. f. Ecaille de tortue.

Carat s m. Titre de l'or; ancien poids de quatre grains.

Caravane s. f. Troupe de marchands, de pèlerins en voyage dans le Levant.

Caravansérail s. m. Hôtellerie des caravanes.

Carbonate s. m. Sel formé par la combinaison de l'acide carbonique avec différentes bases.

Carbone s. m. L'un des corps simples de la chimie, base du charbon.

Carbonifère adj. Qui produit du charbon.

Carbonique adj. (Acide —), résultat de l'union du carbone avec l'oxygène.

Carbonisation s. f. Action de carboniser; ses effets.

Carboniser v. a. Réduire en charbon.

Carbure s. m. Combinaison du carbone avec différentes bases.

Carburé, e adj. Qui tient du carbure.

Carcan s. m. Collier de fer pour attacher un criminel à un poteau.

Carcasse s. f. Ossements décharnés encore réunis; charpente d'un bâtiment, d'une machine, etc.

Carde s. f. Côte de plante bonne à manger; sorte de peigne pour carder.

Carder v. a. Peigner avec la carde.

Cardère s. m. Chardon à foulon.

Cardeur, euse s. Ouvrier qui carde.

Cardialgie s. f. Douleur à l'orifice supérieur de l'estomac.

Cardiaque adj. Du cœur.

Cardier s. m. Qui fait des cardes.

Cardinal s. m. Membre du Sacré-Collège; oiseau d'Amérique.

Cardinal, e adj. Principal. *Points cardinaux*, sud, nord, est, ouest; *vertus cardinales*, la force, la prudence, la justice et la tempérance; *nombre cardinal*, ne désignant que la quantité.

Cardinalat s. m. Dignité de cardinal.

Carême s. m. Les six semaines d'abstinence avant Pâques; sermons prêchés pendant ce temps.

Carême-prenant s. m. Les trois jours gras.

Carénage s. m. Action de caréner; son lieu; son effet.

Carence s. f. Manque, défaut.

Carène s. f. Partie du vaisseau qui plonge dans l'eau; *mettre en carène*, mettre sur le flanc.

Caréner v. a. Donner le suif; radouber; raccommoder.

Caressant, e adj. Qui caresse; qui aime à caresser.

Caresse s. f. Geste, parole qui témoigne l'affection, la bienveillance, l'amour, le désir.

Caresser v. a. Faire des caresses à.

Cargaison s. f. Marchandises qui font la charge entière d'un vaisseau.

Cargue s. f. Corde pour plier la voile.

Carguer v. a. *Mar.* Plier les voiles.

Cariatide ou **caryatide** s. f. Figure soutenant une corniche, un balcon, etc.

Caricature s. f. Charge en peinture; dessin grotesque. Fig. personne d'un air, d'une tournure ridicule.

Caricaturer v. a. Faire une ou des caricatures.

Carie s. f. Pourriture des os, des dents, des blés.

Carier v. a. Gâter, pourrir. Se carier, v. pr. Se gâter, se pourrir.

Carillon s. m. Battement des cloches à coups précipités*; horloge qui sonne des airs. Fig. crierie, tapage.

Carillonner v. n. Sonner le carillon.

Carillonneur s. m. Celui qui carillonne.

Carloman, nom de plusieurs princes carlovingiens. — frère de Louis III, régna avec lui (879), puis seul (882-884).

Carlovingien, enne adj. De la 2e race des rois de France.

Carmagnole s. f. Vêtement; danse, air en vogue en 1790.

Carme s. m. Moine du Mont-Carmel.

Carmélite s. f. Religieuse du Mont-Carmel.

Carmin s. m. Couleur d'un rouge vif.

Carminé, e adj. Qui a la teinte du carmin.

Carnage s. m. Massacre; tuerie.

Carnassier, ère adj. Qui ne se repaît que de chair crue. S. m. pl. Ordre de mammifères (*zool.*).

Carnassière s. f. Sorte de sac pour le gibier tué à la chasse.

Carnation s. f. Teint de la peau; *se dit* en peinture.

Carnaval s. m. Temps depuis l'Épiphanie jusqu'au mercredi des Cendres.

Carne s. f. Angle extérieur d'une pierre, d'une table, etc.

Carnet s. m. Livre de poche sur lequel on inscrit des notes.

Carnier s. m. Carnassière.

Carnivores s. m. pl. *Zool.* Sous-ordre des carnassiers.

Carnot, célèbre général français (1753-1823).

Caron ou **Charon**, *Myth.*, nocher des enfers.

Caronade s. f. Gros canon de marine.

Carotide s. et adj. f. Artère qui conduit le sang au cerveau.

Carotte s. f. Plante potagère; sa racine; feuilles de tabac roulées.

Caroube s. m. Fruit du caroubier.

Caroubier s. m. Sorte d'arbre.

Carpe s. f. Poisson. — S. m. Partie entre le bras et la paume de la main.

Carpeau s. m. Petite carpe.

Carpelle s. m. *Bot.* Ensemble de l'ovaire et du pistil constituant le fruit à sa naissance.

Carpillon s. m. Très petite carpe.

Carpologie s. f. Partie de la botanique qui traite des fruits.

Carquois s. m. Etui à flèches.

Carré s. m. Figure à quatre angles droits et quatre côtés égaux; produit d'un nombre multiplié par lui-même; palier d'un escalier.

Carré, e adj. Qui a quatre côtés et quatre angles droits. Fig. *homme carré*, loyal et brusque.

Carreau s. m. Pavé plat de terre cuite, etc., pour l'intérieur des maisons; le sol sur lequel on est; *carreau de vitre*, pièce de verre pour vitrer les fenêtres; couleur, signe du jeu de cartes; maladie des enfants.

Carrefour s. m. Endroit où des rues, des chemins se croisent.

Carrelage s. m. Ouvrage du carreleur.

Carreler v. a. Poser des carreaux; raccommoder de vieux souliers.

Carreleur s. m. Qui pose les carreaux; *carreleur de souliers*, savetier ambulant.

Carrelier s. m. Celui qui façonne et cuit les carreaux.

Carrelure s. f. Semelle neuve à de vieux souliers.

Carrément adv. En carré, à angles droits.

Carrer v. a. Evaluer en mesures carrées. SE CARRER, v. pr. Marcher d'un air fier.

Carrier s. m. Qui travaille dans les carrières.

Carrière s. f. Lieu d'où l'on tire la pierre; lice. Fig. cours de la vie; temps que l'on exerce un emploi.

Carriole s. f. Petite charrette couverte et suspendue.

Carrossable adj. Praticable pour les voitures.

Carrosse s. m. Voiture suspendue, couverte et fermée, à quatre roues.

Carrossée s. f. Les personnes que contient un carrosse.

Carrosserie s. f. Fabrication de voitures.

Carrossier s. m. Qui fabrique des voitures.

Carrousel s. m. Sorte de tournoi; sa place.

Carrure s. f. Largeur du dos, aux épaules et au-dessus.

Carte s. f. Petit carton pour jouer *; liste de mets; représentation linéaire d'un pays, d'une côte, d'une ville, etc. *Perdre la carte*, se troubler dans ses idées; *carte blanche*, permission de se conduire comme on voudra.

Cartel s. m. Défi par écrit pour un duel.

Cartésien, enne adj. Qui appartient à la doctrine de Descartes. — S. m. Partisan de la philosophie de Descartes.

Cartier s. m. Qui fait *ou* vend les cartes à jouer.

Cartilage s. m. Substance blanche, dure, élastique, à l'extrémité des os.

Cartilagineux, **euse** adj. De la nature du cartilage.

Cartomancie s. f. Art prétendu de lire dans l'avenir sur la disposition des cartes ou en les tirant.

Cartomancien, **enne** s. Qui exerce la cartomancie.

Carton s. m. Grosse carte; pâte de papier mise en feuilles épaisses; portefeuille de dessins en grand*; ces dessins; dessin destiné à être reproduit en peinture; boîte en carton.

Cartonnage s. m. Action de cartonner; ouvrage en carton.

Cartonner v. a. Revêtir (un livre) d'un carton.

Cartonneur, **euse** s. Celui, celle qui cartonne.

Cartonnier s. m. Qui fait et vend les cartons.

Cartouche s. m. Ornement de peinture, de sculpture.— S. f. Charge en rouleau d'une arme à feu.

Cartouchier ou **cartouchière** s. f. Coffret aux cartouches.

Cartulaire s. m. Recueil d'actes.

Cas s. m. Occasion, circonstance; désinences des noms déclinables de certaines langues. *Cas de conscience*, difficulté, question sur ce que la religion permet ou défend en certains cas. *Faire cas de*, estimer.

Casanier, **ère** adj. et s. Qui aime à rester chez lui, qui n'en sort presque pas.

Casaque s. f. Sorte de manteau à longues manches.

Cascade s. f. Chute d'eau bruyante.

Cascatelle s. f. Petite cascade.

Case s. f. Cabane de nègres; casier de l'échiquier, du damier; séparation dans une armoire.

Caséeux, **euse** adj. De la nature du fromage.

Caséiforme adj. Qui a la forme de fromage.

Casemate s. f. Souterrain voûté, à l'épreuve de la bombe.

Casematé, **e** adj. A casemates.

Caser v. a. Placer, établir. Se caser v. pr. S'établir.

Caserne s. f. Edifice pour le logement des soldats.

Casernement s. m. Action de caserner.

Caserner v. a. et n. Loger dans des casernes.

Caséum s. m. Principe constitutif du fromage.

Casier s. m. Ensemble de cases pour mettre des papiers.

Casimir s. m. Espèce de drap très mince et croisé.

Casino s. m. Lieu où l'on s'assemble pour jouer, danser.

Casoar s. m. Oiseau du genre de l'autruche*.

Casque s. m. Armure défensive de tête*.

Casquette s. f. Coiffure d'homme.

Cassant, **e** adj. Fragile; sujet à se casser.

Cassation s. f. Acte juridique qui annule un jugement, une procédure, un acte. Cour de cassation, tribunal suprême qui casse les jugements rendus en violation de la loi.

Casse s. f. Plante médicinale; caisse à petits compartiments pour mettre les caractères d'imprimerie; action de casser.

Cassé, **e** adj. Rompu. Fig. usé, affaibli par l'âge.

Casse-cou s. m. Endroit dangereux, glissant.

Casse-noisette s. m. Instrument pour casser les noisettes.

Casser v. a. Briser; rompre. Fig. Affaiblir; débiliter la santé; priver de son grade. Se casser, v. pr. Se briser; vieillir, s'affaiblir.

Casserole s. f. Ustensile de cuisine.

Casse-tête s. m. Espèce de massue. Fig. grande contention d'esprit; grand bruit.

Cassetin s. m. Compartiment de la casse.

Cassette s. f. Petit coffre.

Casseur s. m. Fig. *casseur d'assiettes*, tapageur.

Cassie s. f. Arbre des Indes, à fleurs odorantes, naturalisé en Provence.

Cassiopée s. f. Constellation.

Cassis s. m. Sorte de groseillier; son fruit; liqueur qui en est faite.

Cassolette s. f. Vase à parfums.

Cassonade s. f. Sucre raffiné une fois.

Cassure s. f. Fracture, rupture, endroit de la rupture.

Castagnette s. f. Petit instrument de bois composé de deux parties en forme de coquilles, qu'on attache aux doigts et qu'on frappe en cadence l'une contre l'autre *.

Caste s. f. Tribu; classe, ordre.

Castel s. m. Château (vx. mot).

Castillan, e adj. et s. De la Castille.

Castor s. m. Animal quadrupède; chapeau de son poil.

Castorine s. f. Sorte d'étoffe de laine.

Castramétation s. f. Art des anciens de dresser un camp.

Casualité s. f. Qualité de ce qui est fortuit, casuel.

Casuel, elle adj. Fortuit, accidentel. — S. m. Revenu accidentel.

Casuellement adv. Fortuitement.

Casuiste s. m. Théologien qui résout les cas de conscience.

Casuistique s. f. Art, habileté du casuiste.

Catachrèse s. f. Métaphore par abus des termes.

Cataclysme s. m. Déluge, grande inondation.

Catacombes s. f. pl. Lieux souterrains qui furent d'abord des carrières et servaient de cimetière aux anciens. *Catacombes de Rome*, souterrains où se réfugiaient les chrétiens au temps des persécutions.

Catafalque s. m. Décoration funèbre au-dessus d'un cercueil.

Catalan, e adj. et s. De Catalogne.

Catalepsie s. f. Interruption générale ou partielle et momentanée de la vie, qui reprend ensuite son cours.

Cataleptique adj. et s. Attaqué de la catalepsie.

Catalogue s. m. Liste, dénombrement, avec ordre, de livres, etc.

Cataloguer v. a. Faire un catalogue.

Cataplasme s. m. Emplâtre adoucissant, fomentatif.

Catapulte s. f. Ancienne machine de guerre pour lancer des projectiles contre l'ennemi.

Cataracte s. f. Chute des eaux d'un fleuve, d'une rivière, etc.; tache sur le cristallin de l'œil.

Catarrhal, e adj. Qui tient du catarrhe.

Catarrhe s. m. Fluxion; gros rhume.

Catarrheux, euse adj. Qui tient du catarrhe; sujet aux catarrhes.

Catastrophe s. f. Dernier et principal événement d'une tragédie; événement funeste. Fig. fin malheureuse.

Catéchiser v. a. Instruire des mystères de la foi, de la religion. Fig. tâcher de persuader; exhorter; instruire.

Catéchisme s. m. Instructions sur les principes et les mystères de la foi; livre qui les contient.

Catéchiste s. m. Qui enseigne, qui fait le catéchisme.

Catéchumène adj. et s. Que l'on dispose au baptême en l'instruisant.

Catégorie s. f. Ordre, classe, genre.

Catégorique adj. Dans l'ordre précis, à propos, selon la raison.

Catégoriquement adv. A propos, selon la raison, avec précision, clairement.

Cathédrale adj. et s. f. Eglise principale d'un évêché.

Cathelineau (Jacques), général en chef de l'armée vendéenne (1759-1793).

Catherine (sainte), vierge et martyre, m. 312.

Catherine de Médicis, reine de France (1519-1589).

Catholicisme s. m. Religion catholique.

Catholicité s. f. Doctrine catholique; pays, personnes catholiques.

Catholique s. Qui professe le catholicisme. — Adj. Universel, répandu partout, qui appartient au catholicisme.

Catholiquement adv. Conformément au catholicisme.

Catilina (Lucius Sergius), céèbre conspirateur romain (m. 61 av. J.-C.).

Catimini (EN) adv. En cachette.

Catinat, maréchal de France (1637-1712).

Catir v. a. Lustrer une étoffe.

Catissage s. m. Action de catir.

Catisseur s. m. Ouvrier qui catit.

Caton, nom de deux Romains célèbres : CATON L'ANCIEN OU LE CENSEUR, m. 147 av. J.-C.; CATON D'UTIQUE, adversaire de César, m. 46 av. J.-C.

Caton s. m. Homme sage *ou* qui affecte de l'être.

Cauchemar s. m. Oppression en dormant.

Cauchois, e adj. De Caux.

Caudal, e adj. De la queue.

Caudicule s. m. Petite tige.

Caudimane s. m. et adj. Animal qui peut saisir avec sa queue, comme le singe.

Cauris s. m. Coquille univalve servant de monnaie en certains pays de l'Afrique et de l'Asie.

Causalité s. f. Qualité, manière d'agir d'une cause.

Causant, e adj. Qui aime à causer.

Causatif, ive adj. *Gram.* Qui rend raison de ce qui a été dit.

Cause s. f. Principe; ce qui fait qu'une chose est; ce qui a occasionné; motif; prétexte; occasion; parti; intérêt; procès qui se plaide. À CAUSE QUE, loc. conj., parce que; À CAUSE DE, loc. prép., en considération de.

Causer v. a. Être cause de. — V. n. S'entretenir de; parler.

Causerie s. f. Action de causer; babil.

Causeur, euse adj. et s. Qui parle beaucoup; qui aime à parler; indiscret.

Causeuse s. f. Petit canapé.

Causticité s. f. Propriété des caustiques. Fig. malignité; penchant à mordre, à critiquer.

Caustique adj. Corrosif, brûlant. Fig. mordant, satirique. — S. m. Remède.

Cautèle s. f. Précaution; finesse, ruse.

Cauteleusement adv. Avec ruse, finesse.

Cauteleux, euse adj. Fin, rusé.

Cautère s. m. Plaie produite à la surface de la peau par des médicaments caustiques.

Cautérisation s. f. Action de cautériser; l'effet du cautère.

Cautériser v. a. Appliquer un cautère.

Caution s. f. Répondant, qui s'oblige pour quelqu'un. SUJET À CAUTION, douteux; dont il faut se méfier (fam.).

Cautionnement s. m. Acte par lequel on cautionne quelqu'un; somme qui sert de caution.

Cautionner v. a. Se rendre caution.

Cavale s. f. Femelle du cheval, jument.

Cavalerie s. f. Troupe de soldats à cheval.

Cavalier s. m. Homme, soldat à cheval; terre élevée pour placer l'artillerie; homme.

Cavalier (Jean), chef des Camisards (1679-1740).

Cavalier, ère adj. Aisé, libre, dégagé; brusque, hautain. EN CAVALIER, loc. adv. Librement, brusquement.

Cavalièrement adv. Lestement, de bonne grâce; sans égard; avec hauteur, brusquerie.

Cavatine s. f. Air court, sans reprise ni seconde partie.

Cave s. f. Lieu souterrain pour le vin, les liqueurs, etc.; caisse à liqueurs; mise au jeu.

Cave adj. Creux. *Veines caves*, les deux plus gros vaisseaux du sang qui aboutissent à l'oreillette droite du cœur.

Caveau s. m. Petite cave; souterrain où l'on met les morts.

Caveçon s. m. Demi-cercle de fer qu'on met sur le nez d'un cheval pour le dresser.

Cavendish, célèbre chimiste anglais (1731-1810).

Caver v. a. Creuser, miner; faire fonds d'une quantité d'argent.

Caverne s. f. Antre; creux dans des roches.

Caverneux, euse adj. Plein de cavernes.

Cavet s. m. *Archit.* Moulure concave dont le profil est d'un quart de cercle*.

Caviar s. m. Œufs d'esturgeon salés.

Cavillation s. f. Fausse subtilité; mauvaise chicane; moquerie.

Cavité s. f. Creux, vide.

Ce, cet, m., **cette**, f., **ces**, pl. des 2 g. adj. démons. servant à indiquer les personnes ou les choses.

Ce pron. m. La chose dont on parle.

Céans adv. Ici dedans.

Ceci pron. m. Cette chose-ci.

Cécile (sainte), vierge et martyre, m. 230.

Cécité s. f. Etat d'un aveugle.

Cédant, e adj. et s. Qui cède son droit.

Céder v. a. Laisser, abandonner à. — V. n. Se soumettre; se rendre.

Cédille s. f. (*ll* m.). Virgule que l'on met sous le *ç* pour lui donner le son de l'*s*.

Cédrat s. m. Sorte de citronnier, son fruit; essence que l'on en tire.

Cèdre s. m. Arbre; son bois rougeâtre.

Cédule s. f. Petit billet.

Ceindre v. a. Entourer, environner. SE CEINDRE *les reins*, v. pr., les serrer avec une ceinture.

Ceint, e adj. Entouré.

Ceinture s. f. Ruban, cordon autour du milieu du corps; la place du corps où il se met; ce qui entoure.

Ceinturon s. m. Ceinture pour suspendre l'épée, etc.*

Ceinturonnier s. m. Qui fait et vend des ceinturons.

Cela pron. démonstr. Cette chose-là.

Céladon s. m. Vert pâle; amant délicat (fam.).

Célébrant s. m. Prêtre qui officie.

Celébration s. f. Action de célébrer.

Célèbre adj. Renommé, fameux.

Célébrer v. a. Louer avec éclat; publier avec éloge; solenniser. *Célébrer la messe*, la dire.

Célébrité s. f. Réputation; personne qui a une grande réputation.

Celer ou **céler** v. a. Cacher, taire.

Célère adj. Très prompt, très actif.

Céleri s. m. Sorte de plante*.

Célérité s. f. Promptitude; diligence, vitesse.

Céleste adj. Qui appartient au ciel. Fig. divin, qui vient de Dieu; excellent, extraordinaire.

Célibat s. m. Etat d'une personne non mariée.

Célibataire s. m. Qui vit dans le célibat.

Celle s. f. Cabane. — Fém. de CELUI.

Cellier s. m. Lieu au rez-de-chaussée où l'on serre le vin et les provisions.

Cellini (Benvenuto), célèbre sculpteur florentin (1500-1571).

Cellulaire adj. Formé de cellules.

Cellule s. f. Petite chambre; cavité.

Celluleux, euse adj. Cellulaire.

Cellulose s. f. Matière qui compose principalement la membrane des cellules végétales.

Celse, médecin romain (Ier siècle), auteur d'un ouvrage de médecine.

Celtes, nom des anciens Gaulois.

Celui m. **Celle** f. pron. démons. pl. CEUX, CELLES.

Celui-ci, celui-là m. pron. démons; f. CELLE-CI, CELLE-LA.

Cément s. m. Poudre pour cémenter les métaux.

Cémentation s. f. Action d'exposer au feu les métaux dans un mélange de sel, soufre, charbon, cendres, briques pilées, etc.

Cémenter v. a. Faire la cémentation.

Cénacle s. m. Salle à manger (style sacré).

Cendre s. f. Poudre qui reste des matières brûlées; restes des morts. Fig. ruines.

Cendré, e adj. Couleur de cendre.

Cendreux, euse adj. Couvert, plein de cendres.

Cendrier s. m. Partie du fourneau où tombe la cendre.

Cène s. f. Souper du Christ avec ses apôtres la veille de la Passion; cérémonie commémorative de ce souper.

Cénobite s. m. Moine vivant en communauté.

Cénobitique adj. Du cénobite ; des moines.

Cénotaphe s. m. Tombeau vide dressé à la mémoire d'un mort.

Cens s. m. Redevance annuelle; dénombrement; liste des citoyens.

Cense s. f. Ferme, métairie.

Censé, e adj. Réputé, estimé.

Censeur s. m. Ancien magistrat romain; celui qui est chargé de critiquer, examiner, surveiller.

Censier, ère s. Qui tient une cense.

Censitaire adj. et s. m. Qui devait cens et rente à un seigneur.

Censive s. f. Redevance due à un seigneur; étendue d'un fief.

Censorial, e adj. Relatif à la censure.

Censurable adj. Qui mérite la censure; qui peut être censuré.

Censure s. f. Dignité, fonction de censeur; blâme; interdiction, suspension d'une charge ecclésiastique; examen d'un livre.

Censurer v. a. Critiquer, blâmer.

Cent adj. num. Dix fois dix; — s. une centaine.

Centaine s. f. Nombre de cent unités.

Centaure s. m. Monstre fabuleux, homme et cheval.

Centaurée s. f. Sorte de plante.

Centenaire adj. Qui a, qui contient cent ans.

Centenier s. m. Chef qui commandait cent hommes.

Centésimal adj. Dont les parties sont des centièmes.

Centiare s. m. Centième partie de l'are; équivaut au mètre carré.

Centième adj. Nombre ordinal de cent.

Centigrade adj. Divisé en cent degrés.

Centigramme s. m. Centième partie du gramme.

Centilitre s. m. Centième partie du litre.

Centime s. m. Centième partie du franc.

Centimètre s. m. Centième partie du mètre.

Centistère s. m. Centième partie du stère.

Centon s. m. Poésie composée de vers ou fragments de vers pris d'un auteur célèbre.

Central, e adj. Qui est au centre.

Centralisation s. f. Action de centraliser.

Centraliser v. a. Réunir dans un même centre.

Centre s. m. Point du milieu d'une circonférence, d'un cercle, etc. Fig. point principal où tout doit se réunir.

Centrifuge adj. Qui tend à éloigner, à s'éloigner du centre.

Centripète adj. Qui tend à gagner le centre.

Centumvir s. m. Magistrat romain.

Centumviral, e adj. Qui vient des centumvirs, de leur ressort.

Centumvirat s. m. Dignité des centumvirs, sa durée, les centumvirs.

Centuple adj. et s. m. Cent fois autant.

Centupler v. a. Répéter cent fois; rendre cent fois plus grand; rendre au centuple.

Centurie s. f. L'une des divisions du peuple romain; partie de la légion romaine.

Centurion s. m. Chef d'une centurie.

Cep s. m. Pied de vigne.

Cépée s. f. Touffe de tiges de bois sortant d'une souche.

Cependant adv. Pendant ce temps-là. — Conj. Néanmoins, toutefois.

Céphalalgie s. f. Vive douleur de tête.

Céphalique adj. De la tête.

Céramique s. f. et adj. Art de fabriquer la poterie.

Cérat s. m. Sorte d'onguent.

Cerbère s. m. *Myth.* Chien des enfers à trois têtes. Fig. portier, gardien brutal, grossier, intraitable.

Cerceau s. m. Cercle de bois ou de fer pour lier les tonneaux.

Cerclage s. m. Action de cercler.

Cercle s. m. Portion de plan limitée par la circonférence; la circonférence elle-même; cerceau.

Cercler v. a. Mettre des cercles.

Cercueil s. m. Caisse où l'on met un corps mort. Fig. le tombeau, la mort.

Céréale s. f. Blé ; toute espèce de graminée qui sert à la nourriture de l'homme.
Cérébral, e adj. Qui appartient au cerveau.
Cérémonial s. m. Livre, usage des cérémonies.
Cérémonie s. f. Forme extérieure du culte ; formalités observées dans les actions solennelles ; témoignage de déférence. Fig. au pl. façons.
Cérémonieux, euse adj. Qui fait trop de cérémonies.
Cérès, *Myth.*, déesse des moissons. Fig. le blé. — S. f. planète.
Cerf s. m. Quadrupède ruminant dont le mâle a des cornes branchues*. 
Cerfeuil s. m. Plante potagère.
Cerf-volant s. m. Sorte d'insecte ; jouet d'enfant*. 
Cerisaie s. f. Lieu planté de cerisiers.
Cerise s. f. Fruit rouge, à noyau, du cerisier.
Cerisier s. m. Arbre qui porte la cerise.
Cerner v. a. Environner ; creuser autour. *Yeux cernés*, battus.
Certain, e adj. Sûr, vrai, indubitable ; déterminé ; quelque : *certain jour.*
Certainement adv. En vérité, assurément ; indubitablement.
Certes adv. Certainement ; en vérité.
Certificat s. m. Ecrit faisant foi de quelque chose.
Certifier v. a. Témoigner, assurer qu'une chose est vraie.
Certitude s. f. Assurance pleine et entière ; stabilité ; conviction.
Cérumen s. m. L'humeur jaune des oreilles.
Cérumineux, euse adj. Qui est relatif au cérumen ; qui tient de la cire.
Céruse s. f. Oxyde blanc de plomb.
Cervantès Saavedra, célèbre écrivain espagnol, auteur de *Don Quichotte* (1547-1616).
Cerveau s. m. Substance molle dans le crâne.
Cervelas s. m. Sorte de saucisson.
Cervelet s. m. Partie postérieure du cerveau.
Cervelle s. f. Partie blanche et molle du cerveau.
Cervical, e adj. Qui appartient au cou.
Cervier. V. *Loup.*
Cervoise s. f. Boisson faite avec du grain et des herbes.
César (Jules), célèbre général et dictateur des Romains ; écrivain distingué (101-44 av. J.-C.).
César, titre donné à Rome aux empereurs, et plus tard à l'héritier présomptif de l'empire.
Cessant, e adj. Qui cesse. *Toute affaire cessante*, avant tout.
Cessation s. f. Discontinuation, intermission.
Cesse s. f. Discontinuation. SANS CESSE, loc. adv. Continuellement.
Cesser v. a. et v. n. Discontinuer, interrompre.
Cessibilité s. f. Qualité de ce qui est cessible.
Cessible adj. Qui peut être cédé.
Cession s. f. Démission, abandon.
Cessionnaire adj. et s. A qui l'on a fait une cession.
Ceste s. m. Gantelet garni de métal.
Césure s. f. Coupure des mots, repos dans un vers.
Cet, cette. V. *Ce.*
Cétacés s. m. pl. Ordre de mammifères marins auquel appartiennent les baleines, les cachalots, les dauphins.
Chablis s. m. Bois abattu par le vent ; vin blanc renommé.
Chabot s. m. Poisson d'eau douce.
Chabraque s. f. Espèce de caparaçon.
Chacal s. m. Animal carnivore qui tient le milieu entre le chien et le loup.
Chacun, e pron. ind. Chaque personne, chaque chose.
Chafouin, ouine adj. et s. Maigre, petit et à mine basse.
Chagrin s. m. Peine ; affliction ; dépit ; espèce de cuir.
Chagrin, e adj. Triste, mélancolique ; de mauvaise humeur.
Chagrinant, e adj. Qui afflige, donne du chagrin.

Chagriner v. a. Causer du chagrin, attrister.

Chaîne s. f. Lien composé d'anneaux entrelacés*; instrument qui sert à arpenter; peine des galères. Fig. captivité, ce qui lie.

Chaîner v. a. Mesurer une distance avec la chaîne d'arpenteur.

Chaînette s. f. Petite chaîne.

Chaînon s. m. Anneau de chaîne.

Chair s. f. Substance molle et sanguine entre la peau et les os; la peau; le teint, Fig. la nature humaine; les sens de l'homme.

Chaire s. f. Tribune de prédicateur. Fig. siège apostolique; charge de professeur.

Chaise s. f. Siège à dos*; voiture légère portée par deux hommes. *Voiture de poste*, calèche légère de voyage.

Chaland, e s. Acheteur, pratique.

Chaland s. m. Bateau plat.

Chalandise s. f. Clientèle ou pratique d'un marchand.

Chalcographe s. m. (on pr *calco* —) Graveur sur cuivre.

Chalcographie s. f. (on pr. *calco* —) Gravure sur cuivre.

Châle s. m. Vêtement de femme.

Chalet s. m. Cabane suisse.

Chaleur s. f. Etat de ce qui est chaud. Fig. activité; zèle; ardeur.

Chaleureusement adv. Avec chaleur, avec vivacité.

Chaleureux, euse adj. Plein de chaleur.

Chaloupe s. f. Petit bâtiment pour le service des navires.

Chalumeau s. m. Tuyau de paille ou de roseau, de verre ou de métal. Fig. flûte champêtre.

Chamailler v. n. (*ll* m.). Disputer, contester avec bruit. SE CHAMAILLER, v. pr. Se quereller.

Chamaillis s. m. (*ll* m., *s* nulle). Mêlée, combat où l'on se chamaille.

Chamarrer v. a. Orner, garnir de passements, de broderies.

Chambellan s. m. Officier de la chambre d'un prince.

Chambranle s. m. Ornement saillant d'architecture, de menuiserie, autour des portes, des fenêtres, etc.

Chambre s. f. Pièce d'une maison; lieu d'assemblée, l'assemblée même.

Chambrée s. f. Soldats, ouvriers qui logent ensemble.

Chambrer v. n. Etre dans une même chambre. — V. a. Tenir enfermé.

Chambrette s f. Petite chambre.

Chambrière s. f. Servante; long fouet de manège; bâton pour soutenir une charrette.

Chameau s. m. Sorte de quadrupède ruminant.

Chamelier s. m. Qui conduit et soigne les chameaux.

Chamois s. m. Quadrupède du genre de l'antilope; sa peau.

Champ s. m. Etendue de terre labourable; au pl. la campagne. Fig. occasion; sujet; matière. SUR-LE-CHAMP, loc. adv., sur l'heure même; A TOUT BOUT DE CHAMP, loc. adv. à tout moment, à tout propos.

Champenois, e adj. et s. De la Champagne.

Champêtre adj. Des champs.

Champignon s. m. Plante spongieuse sans branches ni feuilles*; excroissance spongieuse de chair.

Champignonnière s. f. Couche de fumier où croissent les champignons.

Champion s. m. Combattant en champ clos; défenseur. Fig. celui qui écrit, parle pour un parti.

Chanaan, fils de Cham. *Terre de Chanaan*, Judée, Phénicie et partie de la Syrie.

Chananéen, enne adj. et s. De la terre de Chanaan.

Chance s. f. Jeu de dés. Fig. événement probable; hasard.

Chancelant, e adj. Qui chancelle.

Chanceler v. n. Vaciller. Fig. n'être pas ferme, assuré, stable.

Chancelier s. m. Officier, chef de la justice; celui qui est chargé de la garde des sceaux.

Chancelière s. f. Sorte de meuble fourré pour mettre les pieds.

Chancellement s. m. Action de chanceler.

Chancellerie s. f. Tribunal, maison du chancelier; lieu où l'on scelle les actes.

Chanceux, euse adj. Qui a beaucoup de chance; douteux, incertain.

Chancre s. m. Ulcère qui ronge les chairs.

Chancreux, euse adj. Qui tient du chancre.

Chandeleur s. f. Fête catholique de la Présentation de Jésus-Christ et de la Purification de la Vierge.

Chandelier s. m. Qui fait et vend de la chandelle; ustensile pour la mettre.

Chandelle s. f. Mèche recouverte de suif fondu ou de cire, propre à l'éclairage. *Chandelle romaine*, pièce d'artifice.

Chanfrein s. m. Face du cheval, des salières à l'os du nez; biseau; inclinaison au-dessus d'une corniche.

Chanfreindre v. a. Faire un trou en cône; faire un chanfrein.

Chanfreiner v. a. Faire un chanfrein; couper de biais le bout d'une planche.

Change s. m. Echange; lieu où l'on change les monnaies; droit d'échange. *Donner le change*, tromper; *prendre le change*, se laisser tromper.

Changement s. m. Action de changer.

Changer v. a. Echanger; rendre différent; remplacer; convertir. — V. n. Varier; n'être plus le même.

Changeur s. m. Qui fait le change des monnaies. [nicat.

Chanoine s. m. Qui a un cano-

Chanoinesse s. f. Dame qui possédait une prébende.

Chanson s. f. Pièce de vers par couplets, que l'on peut chanter.

Chansonner v. a. Faire des chansons contre quelqu'un.

Chansonnette s. f. Petite chanson.

Chansonnier, ière s. Faiseur de chansons.

Chant s. m. Combinaison agréable de sons articulés sur différents tons et avec mesure; ramage des oiseaux; manière de chanter; cantique, chanson.

Chantage s. m. Manœuvres frauduleuses pour extorquer de l'argent à quelqu'un.

Chantant, e adj. Propre au chant; facile à chanter.

Chanter v. a. et n. Faire entendre un chant. Fig. célébrer; louer; publier.

Chanterelle s. f. Corde la plus aiguë d'un violon; oiseau qui sert d'appelant.

Chanteur, euse adj. et s. Qui chante.

Chantier s. m. Magasin de bois en piles, sa place; atelier de construction; pièce de bois servant de base aux tonneaux.

Chantonner v. n. Chanter à demi-voix.

Chantourner v. a. Couper, évider du bois ou du carton, en suivant un dessin.

Chantre s. m. Celui qui chante à l'église. Fig. poète : *le chantre d'Achille.*

Chanvre s. m. Plante qui donne le chènevis; ses filaments font le fil.

Chaos s. m. Confusion de toutes choses avant la création. Fig. confusion; choses confuses, embrouillées.

Chaotique adj. Qui a rapport au chaos.

Chape s. f. Large et long vêtement ecclésiastique avec agrafes; monture d'une poulie.

Chapeau s. m. Sorte de coiffure. Fig. cardinalat. *Chapeau chinois*, instrument de musique.

Chapelain s. m. Ecclésiastique qui dessert une chapelle; aumônier.

Chapelet s. m. Grains enfilés sur chacun desquels on dit une prière *; ce qui en a la forme.

Chapelier, ière s. Qui fait et vend des chapeaux.

Chapelle s. f. Petite église; partie d'une église; corps des musiciens d'une église.

Chapellerie s. f. Art, commerce, marchandises de chapelier.

Chapelure s. f. Croûte de pain râpée.

Chaperon s. m. Ancienne coiffure; bande d'étoffe que les gens de robe portent sur l'épaule; dessus de mur en toit; femme qui accompagne une demoiselle.

Chapiteau s. m. Haut de colonne posé sur le fût; partie supérieure de l'alambic.

Chapitre s. m. Division d'un livre; corps de chanoines; sujet dont on parle.

Chapitrer v. a. Réprimander.

Chapon s. m. Coq que l'on engraisse; morceau de pain frotté d'ail.

Chaponneau s. m. Jeune chapon.

Chappe (Claude), inventeur du télégraphe aérien (1763-1805).

Chaque adj. ind. Tout individu, toute chose de même espèce. (Pas de pl.).

Char s. m. Sorte de voiture à deux roues chez les anciens. Fig. toute espèce de voiture. CHAR A BANCS, voiture garnie de bancs.

Charade s. f. Sorte d'énigme.

Charançon s. m. Insecte qui attaque et ronge le blé.

Charbon s. m. Bois éteint avant sa parfaite combustion; morceau de bois embrasé et sans flamme; tumeur inflammatoire; maladie contagieuse des plantes.

Charbonner v. a. Noircir, écrire avec du charbon.

Charbonneux, euse adj. De la nature du charbon.

Charbonnier, ière s. Qui fait ou vend du charbon.

Charbonnière s. f. Lieu où l'on fait le charbon.

Charcuter v. a. Tailler, couper maladroitement la viande, les chairs d'un malade.

Charcuterie s. f. Etat, commerce du charcutier.

Charcutier, ière s. Qui vend la chair du porc.

Chardon s. m. Sorte de plante dont la tête et les feuilles ont beaucoup de piquants.

Chardonneret s. m. Oiseau *.

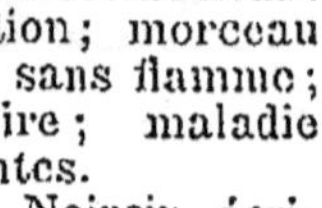

Charge s. f. Fardeau, ce que l'on peut porter. Fig. tout ce qui est onéreux; obligation; emploi; fonctions; attaque impétueuse d'une troupe; la poudre et le plomb d'une arme à feu; indice contre un accusé. Caricature.

Chargement s. m. Action de charger; cargaison d'un navire.

Charger v. a. Mettre une charge sur... Fig. imposer une condition onéreuse; attaquer l'ennemi; accuser, déposer contre; confier à...; exagérer les défauts; faire une charge en peinture.

Chargeur s. m. Celui qui charge.

Chariot s. m. Sorte de voiture à quatre roues pour charrier; constellation.

Charitable adj. Qui a de la charité; qui fait l'aumône; qui marque la charité.

Charitablement adv. Avec *ou* par charité.

Charité s. f. Amour de Dieu et du prochain; aumône.

Charivari s. m. Criorie, bruit, querelle.

Charlatan s. m. Vendeur de drogues, d'orviétan dans les places publiques; imposteur.

Charlatanisme s. m. Caractère du charlatan; hypocrisie.

Charlemagne, roi de France et empereur d'Occident (742-814).

Charles-Martel, fils de Pépin d'Héristal et maire du palais (689-741).

Charme s. m. Sortilège; sort; enchantement; attrait; appas; ce qui plaît extrêmement.

Charmer v. a. Produire un effet extraordinaire par charme, par enchantement. Fig. plaire beaucoup; ravir en admiration.

Charmille s. f. Petits charmes; palissades; haie en charmes; allée en charmille.

Charmoie s. f. Lieu planté de charmes.

Charnel, elle adj. De la chair; qui est sensuel.

Charnellement adj. Selon la [chair.

Charnier s. m. Amas d'os de morts; garde-manger pour les viandes salées.

Charnière s. f. Pièces de métal enclavées par une broche, et mobiles.

Charnu, e adj. Bien fourni de chair; *t. de botan.* : épais.

Charnure s. f. Parties charnues, la chair, qualité de la chair de l'homme.

Charogne s. f. Corps de bête morte exposé et corrompu.

Charpente s. f. Grosses pièces de bois équarries, taillées pour être assemblées; assemblage des os. Fig. structure du corps, d'un ouvrage, d'un poème.

Charpenter v. a. Tailler, équarrir du bois de charpente. Fig. couper grossièrement; tailler maladroitement; tailler en pièces.

Charpenterie s. f. Art du charpentier; charpente.

Charpentier s. m. Qui travaille en charpente.

Charpie s. f. Filaments de linge usé, pour mettre sur les plaies.

Charretée s. f. Plein une charrette; sa charge.

Charretier s. m. Qui conduit une charrette, une charrue; constellation. — *ière* adj. f. (porte, voie —), où passent les voitures.

Charrette s. f. Chariot à deux roues, ridelles et limons.

Charriage s. m. Action de charrier.

Charrier v. a. Voiturer; entraîner.

Charroi s. m. Charriage; son salaire.

Charron s. m. Qui fait des charrettes, etc.

Charronnage s. m. Travail du charron; son art.

Charroyer v. a. Charrier.

Charroyeur s. m. Qui charrie.

Charrue s. f. Machine pour labourer la terre *.

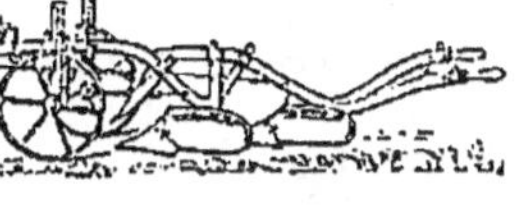

Charte ou **chartre** s. f. Anciens titres; lois constitutionnelles d'un Etat.

Chartre s. f. Prison (vx.). *Retenir en chartre privée*, détenir illégalement.

Chartreuse s. f. Couvent de chartreux.

Chartreux, euse s. Religieux de saint Bruno.

Chartrier s. m. Gardien, dépôt de chartres.

Chas s. m. (*s* nulle). Trou d'une aiguille.

Châsse s. f. Coffre où l'on conserve des reliques.

Chasse s. f. Action de chasser; poursuite du gibier; la meute, les chasseurs.

Chassé s. m. Pas de danse.

Chasselas s. m. Sorte de raisin.

Chasse-marée s. m. Navire ponté; voiturier qui apporte promptement la marée fraîche.

Chasse-mouches s. m. Instrument pour chasser les mouches.

Chasser v. a. Forcer de sortir; renvoyer; aller à la chasse, poursuivre, tuer le gibier.

Chasseresse adj f. Chasseuse (poét.).

Chasseur, euse s. Celui, celle qui chasse. — S. m. Soldat qui chasse à la légère.

Chassie s. f. Humeur séchée des yeux.

Chassieux, euse adj. Qui a de la chassie aux yeux.

Châssis s. m. Cadre; ce qui enchâsse.

Chaste adj. Pur; modeste.

Chastement adv. D'une manière chaste.

Chasteté s. f. Vertu de celui qui est chaste.

Chasuble s. f. Ornement de prêtre pour dire la messe.

Chasublier s. m. Qui fait des chasubles, des ornements d'église.

Chat, chatte s. Animal domestique.

Châtaigne s. f. Fruit du châtaignier.

Châtaigneraie s. f. Lieu planté de châtaigniers.

Châtaignier s. m. Sorte d'arbre qui porte les châtaignes.

Châtain adj. m. Couleur de châtaigne : *cheveux châtains*.

Château s. m. Forteresse; grande maison.

Chateaubriand, célèbre écrivain français (1768-1848).

Châtelain, e adj. et s. Qui commande ou habite un château.

Châtelet s. m. Ancien tribunal à Paris; petit château.

Châtellenie s. f. Terre, seigneurie, juridiction d'un châtelain.

Chat-huant s. m. Sorte de hibou.

Châtiable adj. Qui doit être châtié.

Châtier v. a. Punir les fautes; infliger un châtiment. Fig. polir, retoucher : *châtier son style*.

Chatière s. f. Trou aux portes pour laisser passer les chats.

Châtiment s. m. Punition, action de châtier.

Chatoiement ou **chatoîment** s. m. Reflets produits par certains objets, les pierres précieuses, les étoffes, etc.

Chaton s. m. Petit chat; partie de la bague, du poinçon qui enchâsse le diamant.

Chatouillement s. m. Action de chatouiller; ses effets.

Chatouiller v. a. Causer par le toucher un tressaillement qui excite à rire. Fig. flatter agréablement : *les louanges chatouillent l'amour-propre.*

Chatouilleux, euse adj. Fort sensible au chatouillement. Fig. (fam.) susceptible; qui s'offense aisément; délicat.

Chatoyant, e adj. Dont la couleur varie suivant la réflexion de la lumière.

Chatoyer v. a. Rayonner en dedans et au dehors : *les pierreries chatoyent.*

Chattemite s. f. Hypocrite; qui a l'air doux, pour tromper.

Chatterie s. f. Petits soins, cajoleries.

Chaud s. m. Chaleur.

Chaud, e adj. Qui a de la chaleur. Fig. vif, animé, ardent.

Chaude s. f. Feu violent de forge; chaleur vive.

Chaudeau s. m. Boisson chaude.

Chaudement adv. Avec chaleur. Fig. avec zèle, ardeur, vivacité.

Chaudière s. f. Grand vase pour faire chauffer, bouillir ou cuire.

Chaudron s. m. Petite chaudière à anse.

Chaudronnée s. f. Contenu d'un chaudron.

Chaudronnerie s. f. Fabrique, marchandise de chaudronnier.

Chaudronnier, ière s. Qui fait et vend des chaudrons, des ustensiles de cuivre.

Chauffage s. m. Action de chauffer; provision de bois pour se chauffer l'année.

Chauffe s. f. Lieu où se brûle le bois employé à la fonte des métaux.

Chauffe-pieds s. m. Chaufferette.

Chauffer v. a. Donner de la chaleur. — V. n. Recevoir de la chaleur. SE CHAUFFER, v. pr. Etre auprès du feu, au soleil, pour recevoir de la chaleur.

Chaufferette s. f. Espèce de boîte remplie de cendres chaudes pour se chauffer les pieds *.

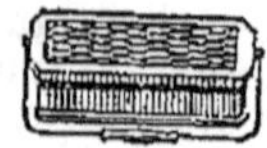

Chauffeur s. m. Celui qui entretient le feu d'une forge, d'une machine à vapeur.

Chauffoir s. m. Lieu où l'on se réunit pour se chauffer.

Chaufour s. m. Grand four à chaux.

Chaufournier s. m. Ouvrier qui fait la chaux.

Chaulage s. m. Action de chauler le blé.

Chauler v. a. Passer le blé à l'eau de chaux avant de le semer.

Chaumage s. m. Action, temps de couper le chaume.

Chaume s. m. Tuyau de blé, etc., resté sur pied après la coupe.

Chaumer v. a. Couper, arracher le chaume.

Chaumière s. f. Petite maison couverte de chaume.

Chaumine s. f. Petite chaumière.

Chausse s. f. Poche de drap pour clarifier les liqueurs. Pl. (autrefois), culotte,

Chaussée s. f. Chemin élevé dans un lieu bas; partie élevée d'une voie publique.

Chausse-pied s. m. Morceau de corne ou de cuivre mince et concave, pour aider à se chausser.

Chausser v. a. Mettre une chaussure. — V. n. Aller bien à la jambe, au pied.

Chaussetier s. m. Qui fait et vend des chaussettes, des bonnets, des bas, etc.

Chausse-trape s. f. (Pl. *chausse-trapes.*) Piège.

Chaussette s. f. Sorte de bas très court.

Chausson s. m. Sorte de chaussure; pâtisserie.

Chaussure s. f. Ce qui chausse le pied.

Chauve adj. Qui a peu ou point de cheveux.

Chauve-souris s. f. Quadrupède à membranes pour voler.

Chaux s. f. Pierre calcaire calcinée.

Chavirer v. n. Se renverser; se dit d'un navire.

Chef s. m. Tête. Fig. celui qui est à la tête de...; général d'arméc. DE SON CHEF, loc. adv. De son autorité privée.

Chef-d'œuvre s. m. Ouvrage parfait.

Chef-lieu s. m. Lieu principal.

Chemin s. m. Route, voie. Fig. moyen, conduite qui mène à une fin.

Cheminée s. f. Le foyer et le tuyau pour la fumée; ce qui entoure, décore le foyer*.

Cheminer v. n. Marcher, faire du chemin.

Chemise s. f. Vêtement sur la peau; enveloppe.

Chemisette s. f. Sorte de camisole, de chemise très courte.

Chênaie s. f. Lieu planté de chênes.

Chenal s. m. Courant d'eau bordé de terres en talus; canal qui peut recevoir un vaisseau. [dit.

Chenapan s. m. Vaurien, ban-

Chêne s. m. Grand arbre à bois dur, qui porte le gland*.

Chêneau s. m. Jeune chêne.

Chêneau s. m. Conduit pour les eaux du toit jusqu'à la gouttière.

Chenet s. m. Ustensile de cheminée qui porte le bois*.

Chènevière s. f. Champ semé de chènevis, où croît le chanvre.

Chènevis s. m. Graine de chanvre.

Chènevotte s. f. Tuyau de chanvre sans écorce.

Chènevotter v. n. Pousser du bois faible comme une chènevotte.

Chenil s. m. Logement des chiens de chasse.

Chenille s. f. Sorte d'insecte, larve du papillon.

Chenu, e adj. Blanc de vieillesse; couvert de neiges.

Cheptel s. m. Bail de bestiaux.

Chèque s. m. Billet au porteur, payable à vue.

Cher, chère adj. Tendrement aimé; qui coûte beaucoup; qui vend à haut prix. CHER, adv. A haut prix.

Chercher v. a. Se donner de la peine pour trouver, pour se procurer.

Chercheur, euse s. Qui cherche.

Chère s. f. Accueil (vx.); bon repas; mets.

Chèrement adv. Tendrement, avec beaucoup d'affection; à haut prix.

Chéri, ie s. Celui, celle qu'on aime tendrement.

Chérif s. m. Prince arabe.

Chérir v. a. Aimer tendrement.

Cherté s. f. Prix excessif des choses.

Chérubin s. m. Ange du second chœur de la première hiérarchie.

Cherubini, célèbre compositeur italien (1760-1842).

Chétif, ive adj. Vil, mauvais, petit.

Chétivement adv. D'une manière chétive.

Cheval s. m. Quadrupède domestique*. Fig. homme dur, robuste, stupide. *Cheval vapeur*, unité de force de la vapeur.

Chevaleresque adj. Qui tient de la chevalerie.

Chevalerie s. f. Dignité, grade, ordre, état des chevaliers.

Chevalet s. m. Ancien instrument de supplice; support des cordes d'un violon; bâti pour soutenir un tableau.

Chevalier s. m. Dignité, titre, membre d'un ordre militaire ou d'honneur. Fig. défenseur, protecteur. *Chevalier d'industrie*, escroc qui vit d'adresse.

Chevaline adj. f. *Bête chevaline*, cheval ou jument.

Chevauchée s. f. Voyage à cheval.

Chevaucher v. n. Aller à cheval.

Chevau-léger s. m. Soldat d'une ancienne compagnie militaire de cavalerie légère. (Pl. *chevau-légers.*)

Chevelu, ue adj. Qui a de longs cheveux.

Chevelure s. f. Ensemble des

chevoux. Fig. rayons des comètes; feuilles des arbres.

Cheverus (de), cardinal, archevêque de Bordeaux (1768-1836).

Chevet s. m. Tête du lit; partie de l'église derrière le maître-autel.

Chevêtre s. m. Licou; pièce de bois autour du plancher de l'âtre; bandage.

Cheveu s. m. Poil de la tête de l'homme.

Cheville s. f. Morceau de bois ou de fer pour boucher un trou. Fig. mot inutile dans un vers.

Cheviller v. a. Mettre des chevilles; assembler avec des chevilles.

Chevillette s. f. Petite cheville.

Chèvre s. f. Femelle du bouc*; machine pour lever les fardeaux; constellation.

Chevreau s. m. Cabri; petit de la chèvre.

Chèvrefeuille s. m. Sorte d'arbrisseau.

Chevrette s. f. Femelle du chevreuil; petit chenet sans branche.

Chevreuil s. m. Quadrupède de l'ordre des cerfs*.

Chevreul, chimiste français (1786-1889).

Chevrier, ière s. Celui, celle qui garde les chèvres.

Chevron s. m. Bois équarri qui porte les lattes du toit; galon sur la manche indiquant le nombre des années de service d'un soldat.

Chevrotain s. m. Petit cerf sans cornes.

Chevrotement s. m. Action de chevroter.

Chevroter v. n. Chanter en tremblotant.

Chevrotin s. m. Peau de chevreau corroyée.

Chevrotine s. f. Gros plomb de chasse.

Chez prép. En la maison de, au pays de, dans. CHEZ-SOI, CHEZ-MOI, s. m. Domicile.

Chiasse s. f. Ecume des métaux; excréments d'insecte.

Chicane s. f. Contestation mal fondée; abus des procédures; mauvaise querelle.

Chicaner v. a. Faire un procès mal fondé; critiquer; inquiéter. — V. n. User de chicane.

Chicanerie s. f. Mauvaise difficulté; tour de chicane.

Chicaneur, euse s. Qui chicane, aime à chicaner.

Chicanier, ière adj. et s. Qui chicane sur un rien; vétilleux.

Chiche adj. Trop ménager; qui a de la peine à dépenser ce qu'il faudrait; mesquin. — *Pois chiche*, sorte de pois.

Chichement adv. Avec avarice, d'une manière chiche.

Chicon s. m. Laitue romaine.

Chicorée s. f. Sorte de plante, de la famille des endives.

Chicot s. m. Reste d'un arbre, d'une chose, d'une dent rompue.

Chicotin s. m. Suc très amer.

Chien, chienne s. Animal domestique. CHIEN, pièce du fusil. *Chien de mer*, sorte de poisson.

Chiendent s. m. Sorte de plante.

Chienner v. n. Faire des chiens.

Chiffe s. f. Mauvaise étoffe.

Chiffon s. m. Mauvais morceau d'étoffe; chose sans valeur. Au pl. Ajustements.

Chiffonner v. a. Froisser une étoffe. Fig. inquiéter, contrarier.

Chiffonnier, ière s. Qui ramasse des chiffons; meuble pour serrer le linge.

Chiffre s. m. Caractère qui marque un nombre; lettres entrelacées; signes d'une écriture secrète.

Chiffrer v. a. Marquer avec des chiffres. — V. n. Compter, écrire en chiffres.

Chiffreur s. m. Calculateur.

Chignon s. m. Le derrière du cou; cheveux de derrière.

Childebert, nom de plusieurs rois de France.

Childebrand, frère de Charles-Martel.

Childéric, nom de plusieurs rois de France.

Chilien, enne adj. et s. Du Chili.

Chilpéric, nom de deux rois francs.

Chimère s. f. Monstre fabuleux. Fig. imaginations vaines et sans fondement; fol espoir.

Chimérique adj. Plein de chimères; sans fondement.

Chimériquement adv. D'une anière chimérique.
Chimie s. f. Science qui traite la composition et décomposition analyse des corps.
Chimique adj. De la chimie.
Chimiste s. m. Qui sait ou erce la chimie.
Chimpanzé s. m. Sorte de singe.
Chiner v. a. Disposer les fils une étoffe de manière à former dessin d'un trait indécis.
Chinois, e adj. et s. De Chine*.
Chinoiserie s. f. Objet rieux imité des Chinois.
Chiourme s. f. Les forts du bagne.
Chiper v. a. Voler, dérober (pop.).
Chipeur, euse s. Celui, elle qui dérobe (pop.).
Chipie s. f. Femme boudeuse, ariâtre.
Chipoter v. n. Faire peu à peu, ntement; chicaner, vétiller.
Chipotier, ière s. Qui chipote.
Chique s. f. Sorte d'insecte; bac que l'on mâche.
Chiquenaude s. f. Coup donné ec le doigt du milieu replié, roi- et détendu.
Chiquer v. a. Mâcher du tabac.
Chiromancie s. f. (on pr. *ki*—) rt prétendu de prédire l'avenir après l'inspection des lignes de main.
Chiromancien s. m. (on pr. *ki*—) ui exerce la chiromancie.
Chirurgical, e adj. De la chirgie.
Chirurgie s. f. Art d'opérer de main sur le corps de l'homme, ur guérir les blessures, les fracres, etc.
Chirurgien s. m. Qui fait prossion de la chirurgie.
Chirurgique adj. De la chirurgie.
Chlamyde s. f. Manteau des ciens.
Chlorate s. m. *Chim.* Combinain de l'acide chlorique avec une se.
Chlore s. m. Gaz verdâtre d'une leur suffocante.
Chlorique adj. Produit par le lore.
Chloroforme s. m. Liquide anesésique.
Chloroformer v. a. Rendre insensible par le chloroforme.
Chlorose s. f. Maladie des pâles couleurs.
Chlorure s. m. *Chim.* Combinaison du chlore avec un corps simple, autre que l'oxygène et l'hydrogène.
Choc s. m. Heurt de deux corps; rencontre et combat de deux corps de troupes. Fig. malheur, disgrâce.
Chocolat s. m. Pâte formée de cacao et de sucre; breuvage qu'on en fait.
Chocolatier s. m. Qui fait et vend du chocolat.
Chocolatière s. f. Vase à faire du chocolat.
Chœur s. m. Troupe de musiciens chantant ensemble; morceau de musique à parties chantées par eux; ordre d'anges; partie de l'église où se chante l'office.
Choir v. n. Tomber.
Choix s. m. Action de choisir; préférence.
Choléra-morbus ou CHOLÉRA s. m. (on pr. *co*—). Sorte de maladie.
Cholérine s. f. Affection caractérisée par la diarrhée.
Cholérique adj. Qui tient du choléra. — S. Qui en est atteint.
Chômage s. m. Repos; temps d'inaction, d'oisiveté.
Chômer v. n. Se reposer, ne rien faire, faute de travail. — V. a. Solenniser : *chômer une fête.*
Chope s. f. Sorte de verre.
Chopine s. f. Demi-pinte.
Chopiner v. n. Boire souvent (fam.).
Choppement s. m. Action de chopper.
Chopper v. n. Faire un faux pas en se heurtant le pied. Fig. faire une grande faute.
Choquant, e adj. Offensant, désagréable.
Choquer v. a. Donner un choc; heurter. Fig. déplaire; offenser.
Choral s. m. (on pron. *co*—) Chant religieux. (Pl. *chorals.*)
Chorégraphie s. f. (on pron. *co*—) Art de noter les pas, les figures de la danse.
Chorégraphique adj. (on pr. *co*—) Qui a rapport à la chorégraphie.
Choriste s. m. (on pr. *co*—) Qui chante dans les chœurs.

Chorographie s. f. (on pr. *co*—) Description, représentation d'un pays.

Chorographique adj. (on pr. *co*—) De la chorographie.

Chorus s. m. (on pr. *co*—) *Faire chorus*, chanter ensemble. Fig. émettre ensemble la même opinion.

Chose s. f. Ce qui est; objet quelconque; l'opposé de personne; affaire, bien, possession.

Chou s. m. Plante potagère* (pl. *choux*); terme d'amitié, de caresse.

Chouans s. m. pl. Insurgés des départements de l'Ouest de la France, combattant pour la cause royale pendant les premières années de la Révolution.

Chouannerie s. f. L'insurrection, la guerre des chouans.

Choucroute s. f. Chou fermenté.

Chouette s. f. Oiseau de nuit du genre du hibou.

Choyer v. a. Conserver, ménager avec grand soin.

Chrême s. m. Huile sacrée mélangée de baume.

Chrestomathie s. f. Choix de fragments d'auteurs.

Chrétien, enne adj. et s. Qui professe la foi de Jésus-Christ.

Chrétiennement adv. D'une manière chrétienne.

Chrétienté s. f. Les chrétiens; toutes les contrées dont les habitants sont chrétiens.

Christ s. m. Le Messie.

Christianisme s. m. Loi et religion du Christ.

Chromate s. m. *Chim.* Sel formé par la combinaison de l'acide chromique avec une base.

Chromatique adj. Qui procède par demi-tons : *gamme chromatique.*

Chrome s. m. L'un des corps simples de la chimie.

Chromique adj. Se dit d'un acide formé par le chrome.

Chromolithographie s. f. Impression lithographique en couleur.

Chronicité s. f. *Méd.* Qualité d'un mal, d'une maladie chronique.

Chronique s. f. Histoire selon l'ordre des temps. Fig. mauvais bruits, médisance.

Chronique adj. Qui dure longtemps : *maladie chronique.*

Chroniqueur s. m. Auteur de chroniques.

Chronographe ou **chronoscope** s. m. Appareil qui sert à mesurer les espaces de temps les plus courts, jusqu'aux fractions de seconde.

Chronologie s. f. Science, ordre des temps.

Chronologique adj. De la chronologie.

Chronologiquement adv. D'une manière chronologique.

Chronologiste s. m. Qui sait, enseigne la chronologie.

Chronomètre s. m. Instrument pour mesurer le temps; montre construite avec une grande précision.

Chrysalide s. f. Etat de l'insecte qui passe du ver au papillon.

Chrysanthème s. m. Sorte de plante; sa fleur*.

Chrysolithe s. f. Sorte de pierre précieuse.

Chuchotement s. m. Chuchoterie.

Chuchoter v. n. Parler bas à l'oreille, en présence de quelqu'un.

Chuchoterie s. f. Action de chuchoter; entretien à l'oreille pour n'être pas entendu.

Chuchoteur, euse s. Qui chuchote, en a la coutume.

Chut! (le *t* se prononce) interj. Paix! silence!

Chute s. f. Mouvement, action de ce qui tombe. Fig. faute; disgrâce; ruine; ce qui termine une phrase, un couplet, etc. CHUTE D'EAU, petite cascade.

Chuter v. n. Tomber, en parlant d'une pièce de théâtre. — V. a. Désapprouver le chant, le jeu d'un acteur.

Chyle s. m. Suc blanc extrait des aliments digérés, qui se change en sang.

Chylifère adj. Qui porte le chyle.

Chylification s. f. Formation du chyle.

Chyme s. m. Bol alimentaire réduit en masse pulpeuse dans l'estomac.

Chymification s. f. Formation du chyme.

Ci adv. signifiant ici. Se joint aux noms, aux pronoms et à d'autres adverbes : *cet objet-ci, celle-ci; ci-contre, ci-après.*

Cible s. f. But contre lequel on tire.

Ciboire s. m. Vase sacré pour les hosties consacrées.

Ciboule s. f. Petit oignon potager.

Ciboulette s. f. Petite ciboule.

Cicatrice s, f. Marque des plaies et des ulcères guéris. Fig. reste d'une injure, d'une calomnie.

Cicatrisation s. f. Fermeture naturelle d'une blessure.

Cicatriser v. a. Faire des cicatrices. SE CICATRISER, v. pr. Se fermer, parlant des lèvres d'une plaie.

Cicéro s. m. Sorte de caractère d'imprimerie.

Cicéron, célèbre orateur romain (106-43 av. J.-C.).

Cicerone s. m. Guide des étrangers en Italie.

Cicéronien, enne adj. Qui rappelle le style de Cicéron.

Cid s. m. Chef, commandant; surnom de *Rodrigue de Bivar*, héros de la chevalerie espagnole.

Cidre s. m. Boisson faite de jus de pommes.

Ciel s. m. (pl. *cieux*). L'espace qui contient les astres. Fig. séjour des bienheureux; Dieu, la Providence; la représentation de l'air dans un tableau; dais d'un lit*; première couche d'une carrière (dans ces trois derniers sens il fait *ciels* au pl.).

Cierge s. m. Grande chandelle de cire pour les églises.

Ciergier s. m. Qui fait et vend des cierges.

Cigale s. f. Sorte d'insecte.

Cigare s. m. Feuille de tabac roulée, propre à fumer.

Cigarette s. f. Petit cigare fait avec du tabac roulé dans une feuille de papier.

Cigogne s. f. Oiseau de passage à long cou et longues jambes *.

Ciguë s. f. Plante vénéneuse, ressemble au persil.

Cil s. m. Poil des paupières; poils naissants sur une seule tige (*bot.*).

Ciliaire adj. *Anat.* Qui soutient le cristallin de l'œil.

Cilice s. m. Tissu de crin, de poil rude et piquant porté sur la peau.

Cilié, e adj. *Bot.* Garni au bord de poils comme les cils.

Cillement s. m. (*ll* m.). Action de ciller.

Ciller v. a. et v. n. (*ll* m.). Fermer les paupières et les rouvrir tout de suite.

Cimbres, peuple teutonique.

Cime s. f. Sommet.

Ciment s. m. Sorte de mortier.

Cimenter v. a. Joindre, lier avec du ciment. Fig. lier; confirmer, affermir : *cimenter la paix*.

Cimeterre s. m. Sabre recourbé.

Cimetière s. m. Lieu destiné à enterrer les morts.

Cimier s. m. Ornement au haut du casque.

Cinabre s. m. Couleur rouge, composée de soufre et de mercure.

Cincinnatus (Quinctius), célèbre dictateur romain (ve s. av. J.-C.).

Cinématique s. f. Partie de la mécanique qui traite du mouvement.

Cinéraire adj. (Urne —), qui renferme les cendres d'un corps brûlé après la mort.

Cinération s. f. Réduction en cendres par le feu.

Cinglement s. m. Action de cingler; son effet.

Cingler v. n. Voguer à pleines voiles. — V. a. Frapper avec quelque chose qui ploie; *se dit* du vent, de la grêle, de la pluie.

Cinna, chef d'une conspiration contre Auguste (4 av. J.-C.).

Cinnamome s. m. Aromate.

Cinq adj. et s. m. Nombre cardinal (quatre plus un); chiffre (5); cinquième.

Cinquantaine s. f. Nombre de cinquante.

Cinquante adj. Cinq dizaines.

Cinquantième adj. Nombre ordinal de cinquante. — S. m. 50e partie.

Cinquième adj. Nombre ordinal de cinq; — S. m. 5e partie.

Cinquièmement adv. En cinquième lieu.

Cintre s. m. Figure formée en arcade, en demi-cercle; courbure d'une voûte; arcade pour soutenir et bâtir une voûte.

Cintrer v. a. Faire un cintre; bâtir en cintre.

Cirage s. m. Action de cirer, ses effets; composition pour cirer.

Circoncire v. a. Faire la circoncision.

Circoncis adj. et s. m. Qui a reçu la circoncision.

Circoncision s. f. Opération, cérémonie de la religion juive; fête de l'Eglise, le 1er janvier.

Circonférence s. f. Tour d'un cercle; enceinte.

Circonflexe adj. *Accent circonflexe* (^).

Circonlocution s. f. Circuit de paroles; périphrase.

Circonscription s. f. Action de circonscrire; limite, division administrative.

Circonscrire v. a. Donner des limites; décrire une figure autour d'une autre.

Circonspect, e adj. Prudent, discret.

Circonspection s. f. Prudence, discrétion.

Circonstance s f. Particularité d'un fait, d'une nouvelle, etc.; conjoncture.

Circonstanciel, elle adj. Qui marque les circonstances.

Circonstancier v. a. Marquer les circonstances.

Circonvenir v. a. Tromper artificieusement.

Circuit s m. Enceinte; tour; périmètre. Fig. préambule; ce qu'on dit avant de venir au fait.

Circulaire adj. Rond, qui va en rond; du cercle, qui y a rapport. — S. f. Lettre par laquelle on informe plusieurs personnes d'une même chose.

Circulairement adj. En rond.

Circulant, e adj. Qui circule.

Circulation s. f. Mouvement de ce qui circule.

Circulatoire adj. Qui a rapport à la circulation du sang.

Circuler v. n. Se mouvoir en rond; passer de main en main; aller et venir..

Cire s. f. Matière jaune produite par les abeilles; bougie de cire; composition servant à cacheter les lettres.

Cirer v. a. Enduire de cire; appliquer le cirage.

Cirier s. m. Ouvrier en cire; sorte d'arbre.

Ciron s. m. Insecte très petit.

Cirque s. m. Lieu circulaire destiné à des spectacles publics.

Cisailler v. a. Couper avec des cisailles.

Cisailles s. f. pl. Gros ciseaux à longues branches pour couper le métal.

Cisalpin, e adj. En deçà des Alpes.

Ciseau s. m. Instrument plat et tranchant d'un bout. Au pl. Instrument à deux branches tranchantes, mobiles sur un axe[1].

Ciseler v. a. Faire des ornements au métal.

Ciselet s. m. Petit ciseau.

Ciseleur s. m. Ouvrier qui cisèle.

Ciselure s. f. Ouvrage, art du ciseleur; chose ciselée; trait du ciseau

Cispadan, e adj. En deçà du Pô.

Cisrhénan, e adj. En deçà du Rhin.

Cistercien s. m Moine de Citeaux.

Cistophore s. f. Jeune fille qui portait une corbeille dans certaines fêtes païennes.

Citadelle s. f. Forteresse qui commande une ville.

Citadin, e s. Habitant d'une ville.

Citateur s. m. Celui qui fait habituellement des citations.

Citation s. f. Allégation d'un passage tiré d'un ouvrage, d'un fait pour preuve; assignation devant un juge.

Cité s. f. Ville; l'ensemble des citoyens.

Cîteaux, célèbre abbaye.

Citer v. a. Appeler pour comparaître devant un juge; alléguer un fait, un écrit.

Citérieur, e adj. Qui est en deçà.

Citerne s. f. Réservoir souterrain d'eau de pluie.

Citoyen, enne s. Habitant d'une cité, d'une ville, d'un pays libre.

Citrate s. m. *Chim.* Sel formé par la combinaison de l'acide citrique avec une base.

Citrin, e adj Couleur de citron.

Citrique adj. (Acide —), extrait du citron et de quelques autres fruits.

Citron s m. Fruit du citronnier *.

Citronnier s. m. Arbre du genre de l'oranger, qui porte le citron.

Citrouille s. f. Plante potagère.

Cive ou **civette** s. f. Espèce d'ail.

Civet s. m. Ragoût de lièvre ou de lapin.

Civette s. f. Petit quadrupède qui fournit une liqueur très odorante; cette liqueur.

Civière s. f. Sorte de brancard pour porter à bras.

Civil, e adj. Qui regarde les citoyens; l'opposé de criminel, de militaire. Fig. honnête, poli.

Civilement adv. En matière civile; avec civilité.

Civilisateur, trice adj. Qui civilise.

Civilisation s. f. Action de civiliser; ses effets.

Civiliser v. a. Rendre civil, honnête, sociable. Fig. polir les mœurs.

Civilité s. f. Manières honnêtes et polies; qualité de ce qui est civil.

Civique adj. Du citoyen; qui concerne le citoyen.

Civisme s. m. Caractère du vrai citoyen; zèle, patriotisme dont le citoyen est animé.

Clabaud s. m. Chien de chasse qui aboie mal à propos. Fig. homme stupide et bavard.

Clabaudage s. m. Aboiement des chiens. Fig. criailleries dénuées de motif.

Clabauder v. n. Aboyer souvent. Fig. crier, faire du bruit mal à propos, sans sujet.

Clabauderie s. f. Criaillerie importune et sans sujet.

Clabaudeur, euse s. Qui clabaude.

Claie s. f. Tissu plat, large, d'osier, de branchages.

Clair, e adj. Lumineux; transparent; qui n'est pas trouble; peu foncé; peu épais. Fig. net, évident, facile à comprendre. — S. m Clarté. — Adv. Distinctement, nettement : *voir clair*.

Clairement adv. D'une manière claire.

Claire-voie s. f. Ouverture dans un mur, dans un tissu. A CLAIRE-VOIE, loc. adv. A jour.

Clairière s. f. Espace dégarni d'arbres dans un bois.

Clair-obscur s. m. La lumière et les ombres combinées.

Clairon s. m. Sorte de trompette *.

Clairsemé, e adj. Qui n'est pas bien serré.

Clairvaux, célèbre abbaye.

Clairvoyance s. f. Sagacité, pénétration d'esprit dans les affaires.

Clairvoyant, e adj. Qui a de la clairvoyance.

Clameur s. f. Grand cri; cris confus et tumultueux. Fig. outrage, injure.

Clampin adj. et s. Indolent, retardataire (pop.).

Clan s. m. Tribu en Ecosse.

Clandestin, e adj. Secret; fait en cachette et en dehors des lois.

Clandestinement adv. D'une manière clandestine, en cachette.

Clandestinité s. f. Vice de ce qui est clandestin.

Clapet s. m. Sorte de soupape en charnière.

Clapier s. m. Trou de lapin.

Clapir v. n. Se dit du cri du lapin. SE CLAPIR v. pr. Se cacher dans un trou.

Clapotage, clapotement ou **clapotis** s m. Légère agitation de la mer.

Clapoter v. n. S'agiter (en parlant de l'eau).

Clapoteux, euse adj. Qui clapote.

Clappement s. m. Bruit qui se produit lorsqu'on détache brusquement la langue du palais.

Clapper v. n. Faire entendre un clappement.

Claque s. f. Coup du plat de la main; chapeau qui s'aplatit.

Claquement s. m. Bruit des

dents, des mains qui s'entrechoquent.

Claquemurer v. a. Renfermer, resserrer dans une prison étroite Fig. SE CLAQUEMURER v. pr. Se renfermer, se borner (fam.).

Claquer v. n. Faire un bruit éclatant et aigu. — V. a. Donner une *ou* des claques.

Claquette s. f. Instrument formé d'un morceau de bois garni d'une poignée mobile en fer qui frappe sur le bois lorsqu'on l'agite.

Claqueur s. m. Homme payé pour applaudir au théâtre.

Clarification s. f. Action de clarifier (une liqueur).

Clarifier v. a Rendre clair et net un liquide, etc. trouble.

Clarinette s. f. Instrument de musique à anche et à clefs; celui qui en joue.

Clarisse s. f. Religieuse de sainte Claire.

Clarissime adj. Très illustre.

Clarté s. f. Effet de la lumière qui fait distinguer les objets; lumière; transparence; netteté. Fig. netteté de l'esprit, des pensées, du style.

Classe s. f. Ordre, rang de personnes, de choses; principale division; salle de collège; nombre d'écoliers sous un maître.

Classement s. m. Action de classer; état de ce qui est classé.

Classer v. a. Ranger, distribuer par classes.

Classification s. f. Ordre, distribution par classes.

Classique adj. Qui a rapport aux classes; se dit d'un auteur qui fait autorité, d'un ouvrage devenu modèle.

Claudication s. f. Action de boiter.

Clause s. f. Disposition particulière d'un traité, d'un contrat, etc.; article d'une convention.

Claustral, e adj. Appartenant au cloître.

Claveau s. m. Maladie des brebis.

Clavecin s. m. Instrument de musique à claviers.

Clavelé, ée adj. Qui a le claveau.

Clavelée s. f. Claveau.

Clavette s. f. Sorte de clou plat qui maintient une cheville.

Clavicule s. f. Os qui joint l'épaule à la partie supérieure de la poitrine

Claviculé, ée adj. Ce qui tient à la clavicule.

Clavier s. m. Rangée de touches d'un piano, d'un orgue, etc.

Clayon s. m. Petite claie.

Clayonnage s. m. Claie de pieux et branches entrelacées.

Clef ou **clé** s. f. (on pron. *clé*). Instrument de métal pour ouvrir et fermer une serrure*, etc. *T. de mus.* Signe qui fait connaître le nom et l'intonation des notes. *Clef de voûte*, pierre du milieu d'une voûte. Fig. ce qui est nécessaire pour avoir l'intelligence d'une chose; place forte sur les frontières.

Clématite s. f. Sorte de plante grimpante.

Clémence s. f. Vertu qui porte à pardonner les offenses et à modérer le châtiment.

Clément, e adj. Qui a de la clémence.

Cléopâtre, nom de plusieurs princesses de l'antiquité.

Clepsydre s. f. Horloge d'eau.

Clerc s. m. Ecclésiastique; gradué; employé chez un huissier, un notaire, un avoué.

Clergé s. m. Le corps des ecclésiastiques.

Clergie s. f. Science, doctrine.

Clérical, e adj. Qui appartient à l'ecclésiastique, au clergé.

Cléricalement adv. D'une manière cléricale.

Cléricature s. f. Etat, condition de l'ecclésiastique.

Clichage s. m. Action de clicher; son effet.

Cliché s. m. Lettre, pages clichées; première épreuve photographique.

Clicher v. a. et n. Reproduire en relief, au moyen de métal fondu, l'empreinte d'une composition en caractères mobiles. Faire un cliché photographique.

Clicheur s. m. Ouvrier qui cliche.

Client, e s. Celui, celle qui confie ses intérêts à un homme de loi ou d'affaires; pratique d'un commerçant. *Autrefois* protégé d'un Romain puissant.

Clientèle s. f. Tous les clients d'un homme de loi ou d'affaires, d'un patron, d'un commerçant.

Clignement s. m. Mouvement précipité, involontaire des paupières.

Cligner v. a. Fermer l'œil à demi; remuer les paupières.

Clignotant, e adj. Qui clignote.

Clignotement s. m. Mouvement rapide, fréquent, involontaire des paupières.

Clignoter v. n. Remuer les paupières coup sur coup.

Climat s. m. Région; pays par rapport à la température de l'air; partie du globe comprise entre deux cercles parallèles à l'équateur.

Climatérique adj. Qui a rapport aux climats. ANNÉE CLIMATÉRIQUE, chaque septième année de la vie humaine.

Climatologie s. f. Etude, traité des divers climats.

Clin d'œil s. m. Mouvement subit des paupières, élevées et baissées en un instant. EN UN CLIN D'ŒIL, loc. adv. En un moment, en fort peu de temps.

Clinique adj. et s. (Médecine) qui se fait au lit des malades.

Clinquant s. m. Petite lame d'or, d'argent ou de cuivre doré, argenté, dans les broderies, etc. Fig. faux brillant.

Clio *Myth.* L'une des muses.

Clique s. f. Gens réunis pour cabaler, tromper.

Cliquet s. m. Pièce qui empêche une roue dentée de retourner.

Cliqueter v. n. Imiter le bruit d'un cliquet.

Cliquetis s. m. Bruit d'armes qui se choquent.

Cliquette s. f. Instrument fait de deux os, planchettes ou débris de vaisselle, que les enfants mettent entre leurs doigts et agitent en les frappant en mesure.

Clisse s. f. Clayon; bande solide pour maintenir les os fracturés.

Clissé, ée adj. Garni de clisses.

Clisson (Olivier), connétable de France (1336-1407).

Cloaque s. m. Lieu qui reçoit les immondices; lieu infect. *Se dit* des vices. S. f. Ancien aqueduc souterrain pour les immondices.

Cloche s. f. Calotte profonde de métal, avec un battant pour sonner*; vase en forme de cloche: ampoule qui se forme sur la peau.

Clochement s. m. Action de boiter, de clocher.

Cloche-pied (à) loc. adv. Sur un seul pied.

Clocher s. m. Bâtiment élevé pour les cloches. Fig. paroisse.

Clocher v. n. Boiter en marchant. Fig. être défectueux.

Clocheton s. m. Petit clocher*.

Clochette s. f. Petite cloche portative; petite fleur jaune en forme de cloche.

Clodion, roi des Francs, m. 448.

Clodomir, fils de Clovis et de Clotilde, roi d'Orléans (511-524).

Cloison s. f. Séparation en bois ou en maçonnerie légère dans un appartement; membrane; partie qui sépare deux cavités.

Cloisonnage s. m. Ouvrage de cloison.

Cloisonné, ée adj. Qui est divisé en compartiments.

Cloisonner v. a. Séparer par une cloison.

Cloître s. m. Galerie carrée d'un monastère autour d'une cour, d'un jardin; couvent.

Cloîtrer v. a. Enfermer dans un cloître

Clopin-clopant adv. En clopinant.

Clopiner v. n. Marcher avec peine, en clochant un peu.

Cloporte s. m. Sorte d'insecte.

Cloque s. f. Maladie des feuilles du pêcher.

Clore v. a. Fermer, environner de murs. Fig. achever. — Je clos, tu clos, il clôt: je clorai; je clorais: clos, close, *seuls usités.*

Clos s. m. Espace de terre entouré de murs ou de haies.

Clos, e adj. Fermé.

Clotaire, nom de plusieurs rois francs.

Clotilde (sainte), femme de Clovis Ier.

Clôture s. f. Enceinte. Fig. arrêté de compte ; fin d'une séance ; action de clore.

Clôturer v. a. Clore, fermer.

Clou s. m. Morceau de métal à tête et pointu pour fixer ; furoncle ; *Clou de girofle*, sorte d'épice*.

Clouage s. m. Clouement.

Cloud (saint), ou **Clodoald**, fils de Clodomir.

Clouement s. m. Action de clouer.

Clouer v. a. Fixer avec des clous. Fig. fixer, attacher à.

Clouter v. a. Garnir, orner de clous.

Clouterie s. f. Fabrique, commerce de clous.

Cloutier s. m. Fabricant et marchand de clous.

Clovis, fondateur de la monarchie française, m. 511.

Clown (on pron. *cloune*). Personnage grotesque de la farce anglaise.

Club s. m. Assemblée de gens qui s'occupent de politique.

Clubiste s. m. Membre d'un club.

Clystère s. m. Lavement.

Coaccusé, ée s. Accusé avec un ou plusieurs autres.

Coactif, ive adj. Qui a le droit de contraindre, qui contraint.

Coaction s. f. Contrainte.

Coadjuteur, trice s. Adjoint à un prélat, à une abbesse, etc.

Coadjutorerie s. f. Charge, dignité de coadjuteur.

Coagulant, e adj. Qui coagule.

Coagulation s. f. Action de se coaguler, ses effets.

Coaguler v. a. Figer, cailler. SE COAGULER, v pr. Perdre la fluidité, s'épaissir.

Coaliser (se) v. pr. Se réunir pour défendre une cause, une opinion, pour former un parti.

Coalisé, ée adj. Ligué. S. m. pl. Ceux qui forment une coalition.

Coalition s. f. Ligue de plusieurs puissances, de plusieurs partis.

Coassement s. m. Cri des grenouilles.

Coasser v. n. Se dit du cri des grenouilles, des crapauds.

Coassocié, ée adj. et s. Associé avec d'autres.

Cobalt s. m. Métal d'un blanc rosé, friable, peu fusible.

Cocagne s. f. Fête publique avec distribution de vin et de vivres (vx.). *Pays de cocagne*, où tout abonde. *Mât de cocagne*, mât très élevé au haut duquel on suspend des prix.

Cocarde s. f. Signe de couleur différente pour chaque nation, et que les militaires portent à leurs coiffures ; nœud de rubans.

Cocasse adj. Plaisant, ridicule (pop.).

Coche s. m. Autrefois grand carrosse de voyage ou bateau de messager. S. f. Entaille, marque en fente ; truie.

Cochenillage s. m. (*ll m.*). Décoction de cochenille pour la teinture.

Cochenille s. f. (*ll m.*). Sorte d'insecte qui fournit une belle couleur écarlate.

Cocheniller v. a (*ll m*). Teindre avec la cochenille.

Cocher s. m. Qui conduit une voiture ; constellation.

Cochère adj. f. Se dit d'une porte par laquelle peuvent passer les voitures.

Cochet s. m. Petit coq.

Cochon s. m. Porc*. Fig. homme malpropre. *Cochon d'Inde*, petit mammifère rongeur.

Cochonnaille s. f. Charcuterie.

Cochonner v. n. Mettre bas, en parlant de la truie. V. a. Faire mal, salement, grossièrement, un ouvrage.

Cochonnerie s. f. Chose sale, mal faite ; malpropreté ; propos déshonnêtes.

Cochonnet s. m. Petite boule qui sert de but au jeu de boules.

Coco s. m. Fruit du cocotier.

Cocon s. m. Coque de ver à soie.

Cocotier s. m. Arbre qui produit le coco.

Cocotte s. f. Ustensile de cuisine ; maladie des yeux ; petite poule en papier que font les enfants.

Coction s. f. Digestion des aliments ; cuisson.

Code s. m. Recueil, compilation

de lois, d'ordonnances, de constitutions, de rescrits. Se dit de la morale, de la politesse, et en général de tout ce qui est soumis à des règles.

Codébiteur s. m. Celui qui a contracté une dette conjointement avec un autre.

Codétenteur s. m. Détenteur avec un autre.

Codex s. m. Collection de formules pharmaceutiques.

Codicillaire adj. Contenu dans un codicille.

Codicille s. m. Addition, disposition écrite ou changement à un testament.

Codonataire adj. Associé dans une donation.

Cœcum ou mieux **cæcum** s m. (on pron. *cécome*). Le premier des gros intestins.

Coefficient s. m. Nombre qu'on place devant une quantité algébrique pour la multiplier.

Coercible adj. Qui peut être contraint; qui peut être rassemblé, retenu dans un certain espace.

Coercitif, ive adj. Qui a le pouvoir de contraindre.

Coercition s. f. Pouvoir, droit, action de contraindre, de corriger.

Coéternel, elle adj. Qui est éternel avec un autre.

Cœur s. m. Viscère qui est le principal organe de la circulation du sang. Fig. siège des passions, des affections; courage; milieu d'une chose; carte marquée d'un cœur. PAR CŒUR, loc. adv. De mémoire.

Coexistant, e adj. Qui existe en même temps qu'un autre.

Coexistence s. f. Simultanéité, existence dans le même temps.

Coexister v. n. Exister ensemble, dans le même temps qu'un autre.

Coffre s. m. Caisse pour renfermer divers objets. Fig. capacité d'un corps animal, d'un instrument, etc.

Coffre-fort s. m. Coffre garni de fer et de fermetures pour serrer l'argent.

Coffrer v. a. Mettre en prison (pop.).

Coffret s. m. Petit coffre.

Coffretier s. m. Celui qui fait des coffres.

Cogitation s. f. Méditation.

Cognac s. m. Eau-de-vie.

Cognassier s. m. Arbre qui produit le coing.

Cognat s. m. (on pron. *cog-na*). Parent, descendant d'une même souche.

Cognation s. f. (on pron. *cog-na-cion*). Parenté des cognats.

Cognée s. f. Outil de fer en forme de hache.

Cogner v. a. et v. n. Frapper. SE COGNER v. pr. Se heurter.

Cognitif, ive adj. (on pron. *cog-nitif*). Capable de connaître les objets, les choses.

Cognition s. f. (on pron. *cog-nicion*). Faculté de connaître.

Cohabitation s. f. État des époux vivant ensemble.

Cohabiter v. n. Vivre ensemble comme époux.

Cohérence s. f. Liaison, union entre les parties.

Cohérent, e adj. Qui a de la cohérence.

Cohériter v. n. Hériter ensemble.

Cohéritier, ière s. Héritier avec un autre.

Cohésion s. f. Adhérence; force qui unit.

Cohorte s. f. Troupe de gens armés ou non; corps d'infanterie romaine de cinq à six cents hommes.

Cohue s. f. Assemblée tumultueuse et bruyante.

Coi, coite adj. Tranquille; calme; paisible. *Chambre coite*, fermée et chaude.

Coiffe s. f. Ajustement de tête à l'usage des femmes; garniture intérieure d'un chapeau.

Coiffer v. a. Couvrir, orner la tête; arranger les cheveux. SE COIFFER v. pr. Se couvrir, s'orner la tête. Fig. s'engouer de.

Coiffeur, euse s. Celui, celle qui fait métier d'arranger, de couper, de friser les cheveux.

Coiffure s. f. Couverture, ornement de tête; arrangement des cheveux.

Coin s. m. Angle. Fig. petite portion de logis; endroit, réduit caché; outil pour fendre le bois; poinçon pour marquer la monnaie, la vaisselle, etc.

Coïncidence s. f. Etat de choses coïncidentes.

Coïncident, e adj. Qui coïncide.

Coïncider v. n. S'ajuster l'un sur l'autre et se confondre. Fig. arriver en même temps.

Coing s. m. Fruit du cognassier.

Cointéressé, ée adj. et s. Qui a un intérêt commun avec d'autres.

Coke s. m. Résidu de la houille distillée.

Col s. m. Cou; ce qui en a la forme; partie supérieure du vêtement qui entoure le cou; passage entre des montagnes; sorte de cravate.

Colbert, célèbre ministre sous Louis XIV (1619-1683).

Colégataire s. Légataire avec d'autres.

Colère s. f. Violente émotion de l'âme offensée; irritation violente causée par une injure. Adj. Sujet à la colère.

Colérique adj. Enclin à la colère.

Colibri s. m. Très petit oiseau d'Amérique.

Colifichet s. m. Babiole, futilité; pâtisserie sèche pour les oiseaux.

Coligny (l'amiral de), chef des protestants français (1517-1572).

Colimaçon s. m. Limaçon.

Colin-maillard s. m. Sorte de jeu.

Colin-tampon s. m. Son du tambour suisse. *S'en moquer comme de colin-tampon*, comme d'un vain bruit.

Colique s. f. Douleurs d'entrailles.

Colis s. m. Caisse, ballot, etc.

Colisée s. m. Amphithéâtre à Rome.

Collaborateur, trice s. Qui travaille de concert avec un autre.

Collaboration s. f. Coopération, travail du collaborateur.

Collaborer v. n. Travailler avec une autre personne.

Collage s. m. Action de coller.

Collant, e adj. Qui colle.

Collatéral, e adj. (pl. m. *collatéraux*). Hors de la ligne directe de parenté.

Collation s. f. (on pron. les deux *ll*). Droit. action de conférer un bénéfice.

Collation s. f. (on pron. *ko-lacion*). Repas léger.

Collationner v. a. (on pron. les deux *ll*). Vérifier un original et sa copie.

Collationner v. n. (on pron. *ko-la-cioné*). Faire un repas léger.

Colle s. f. Matière tenace pour coller. Fig. mensonge (pop.).

Collecte s. f. Levée des impôts; oraison avant l'épître à la messe; quête.

Collecteur s. m. Qui recueille les impôts. Adj. m. Qui réunit, rassemble : *égout collecteur*.

Collectif, ive adj. Qui présente l'idée d'un tout formé de différentes parties.

Collection s. f. Recueil, compilation de choses analogues.

Collectionner v. a. et n. Recueillir et réunir des choses analogues.

Collectionneur s. m. Qui collectionne.

Collectivement adv. Dans un sens collectif.

Collège s. m. Compagnie de personnes de même dignité; lieu destiné à l'enseignement; division électorale; réunion des électeurs.

Collégial, e adj. D'un chapitre, d'un collège. *Eglise collégiale*, desservie par un chapitre de chanoines sans siège épiscopal.

Collégien s. m. Elève d'un collège.

Collègue s. m. Confrère, compagnon en dignité, en fonction, en mission.

Collement s. m. Se dit des paupières collées.

Coller v. a. Joindre et faire tenir avec de la colle; enduire de colle; clarifier (le vin). V. n. S'appliquer exactement.

Collerette s. f. Sorte de collet de linge à l'usage des femmes*.

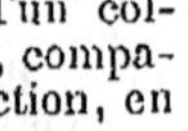

Collet s. m. Partie du vêtement autour du cou; lacs pour prendre des lièvres, etc.

Colleter v. a. Prendre au collet. V. n. Tendre des collets au gibier. SE COLLETER, v. pr. se battre.

Colleur s. m. Celui qui colle.

Collier s. m. Ornement du cou; partie du harnais autour du cou; chaîne.

Colliger v. a. Recueillir les endroits notables d'un livre.
Colline s. f. Petite montagne.
Collision s. f. Choc de deux corps.
Collocation s. f. Action de ranger les créanciers dans l'ordre de payement; cet ordre.
Colloque s. m. Entretien entre deux ou plusieurs personnes.
Colloquer v. a. Ranger les créanciers par ordre de payement.
Collyre s. m. Remède extérieur pour les yeux.
Colomb (Christophe), célèbre navigateur génois (1441-1506); il découvrit l'Amérique en 1492.
Colombe s. f. Pigeon; femelle du pigeon.
Colombier s. m. Pigeonnier; sorte de papier.
Colon s. m. Cultivateur; habitant des colonies.
Colon s. m. Le deuxième des gros intestins.
Colonel s. m. Qui commande un régiment.
Colonial, e adj. Des colonies.
Colonie s. f. Nombre de personnes envoyées d'un pays dans un autre pour l'habiter; le pays où on les envoie.
Colonisation s. f. Action de coloniser.
Coloniser v. a. Etablir une colonie.
Colonnade s. f. Rangée de colonnes.
Colonne s. f. Pilier rond*; portion de page, de feuillet, divisé perpendiculairement; corps de troupe. Fig. appui, soutien.
Colonnette s. f. Petite colonne.
Colophane s. f. Sorte de résine pour frotter l'archet.
Coloquinte s. f. Sorte de citrouille.
Colorant, e adj. Qui colore.
Coloration s. f. Action de se colorer.
Colorer v. a. Donner de la couleur. Fig. donner une belle apparence à ce qui est mauvais.
Coloriage s. m. Enluminure.
Colorier v. a. Mettre les couleurs à une enluminure.
Coloris s. m. Mélange, fonte des couleurs; leur résultat. Fig. éclat du style.
Coloriste s. m. Peintre qui entend bien le coloris.
Colossal, e adj. De grandeur démesurée.
Colossalement adv. De façon colossale; extrêmement (fam.).
Colosse s. m. Animal, statue, homme gigantesque.
Colportage s. m. Action de colporter.
Colporter v. a. Porter çà et là pour vendre, surtout des livres. Fig. raconter partout.
Colporteur, euse s. Qui colporte.
Colza s. m. Espèce de chou.
Coma s. m. Maladie soporeuse.
Comateux, euse adj. Qui produit ou annonce le coma.
Combat s. m. Action de combattre; lutte; dispute. Fig. état de trouble.
Combattant s. m. Celui qui combat.
Combattre v. a. Attaquer ou se défendre. Fig. réprimer (ses passions). On dit aussi au fig. *combattre les difficultés, les raisonnements, une doctrine, un système.*
Combien adv. Quel nombre, quelle quantité; quelle durée; de quel prix.
Combinaison s. f. Assemblage et disposition de deux ou plusieurs choses d'après un plan; union intime des parties formant un nouveau corps (*chim.*).
Combiner v. a. Faire une combinaison.
Comble s. m. Ce qui dépasse une mesure; faîte d'un édifice. Fig. le plus haut degré. DE FOND EN COMBLE, loc. adv. Entièrement.
Comble adj. Qui est très plein.
Comblé, ée adj. Rempli; qui a en abondance.
Comblement s. m. Action de combler.
Combler v. a. Remplir un vase par-dessus les bords; remplir un vide. Fig. prodiguer : *combler de biens; combler la mesure*, faire une nouvelle faute, un nouveau crime qui empêche le pardon.
Comburant, e adj. Qui a la propriété de brûler les corps combustibles.

Combustibilité s. f. Propriété des corps combustibles.

Combustible adj. Qui a la propriété de brûler. S. m. Tout ce qui sert à entretenir le feu.

Combustion s. f. Action de brûler. Fig. grand désordre, tumulte.

Comédie s. f. Pièce de théâtre qui peint les mœurs, les caractères, les ridicules; art de composer des comédies. Fig. action plaisante, ridicule; feinte.

Comédien, enne s. Qui joue la comédie. Fig. hypocrite.

Comestible adj. et s. m. Bon à manger pour l'homme; qui peut se manger.

Comète s. f. Corps de la nature des planètes, suivi d'une queue ou chevelure lumineuse.

Comices s. m. pl. Assemblées du peuple romain au Champ de Mars pour voter; se dit aussi au sing. : *comice agricole*.

Comique adj. Qui appartient à la comédie; plaisant, risible.

Comiquement adv. D'une manière comique.

Comité s. m. Assemblée de gens commis pour discuter une affaire; réunion d'amis.

Comma s. m. Très petit intervalle en musique; t. d'imprim. deux points (:).

Commandant adj. et s. m. (Officier —) qui commande dans une place.

Commandante s. f. Femme du commandant.

Commande s. f. Ouvrage commandé. De commande, loc. adv. Supposé, feint.

Commandement s. m. Ordre; autorité, manière de commander; loi, précepte : *commandements de Dieu, de l'Église;* exploit avec sommation de payer.

Commander v. a. Prescrire; ordonner; dominer. V. n. Être revêtu de l'autorité.

Commanderie s. f. Bénéfice affecté à un ordre militaire.

Commandeur s. m. Chevalier pourvu d'une commanderie.

Commanditaire s. m. Qui a une commandite.

Commandite s. f. (société en —) Société de commerce dans laquelle l'un donne son industrie, l'autre une somme équivalente qu'il risque seul.

Comme adv. De même que; vu que; à quel point.

Commémoraison s. f. Mémoire d'un saint le jour de la fête d'un autre.

Commémoratif, ive adj. Qui rappelle le souvenir; fait en mémoire d'un événement.

Commémoration s. f. Cérémonie rappelant le souvenir d'un événement important.

Commémorer v. a. Se souvenir de, avoir mémoire d'une chose.

Commençant, e s. et adj. Qui commence à apprendre.

Commencement s. m. Première partie d'une chose; origine; principes.

Commencer v. a. Entreprendre, entamer. V. n. Débuter, prendre commencement.

Commendataire adj. Qui possède une commende.

Commende s. f. Titre d'un bénéfice régulier, donné à un ecclésiastique séculier pour la jouissance des fruits pendant sa vie.

Commensal, e s. Au pl. *commensaux*. Qui mangent à une même table.

Commensalité s. f. Droit des commensaux du roi.

Commensurabilité s. f. Rapport de nombre entre deux grandeurs qui ont une mesure commune.

Commensurable adj. Qui a une mesure commune.

Comment adv. De quelle manière; pourquoi; eh quoi! est-il possible!

Commentaire s. m. Éclaircissements, remarques sur un livre; interprétation maligne. Au pl. Mémoires historiques.

Commentateur s. m. Qui fait un commentaire.

Commenter v. a. Faire un commentaire; ajouter malignement à un fait, etc.

Commérage s. m. Propos, discours de commère.

Commerçable adj. Qui peut être négocié.

Commerçant, e s. et adj. Qui fait le commerce; où l'on fait du commerce.

ommerce s. m. Trafic; négoce marchandises; le corps des merçants. Fig. fréquentation.

ommercer v. n. Faire du comce.

ommercial, e adj. Du comce. (Pl. m. *commerciaux.*)

ommercialement adv. D'une nière commerciale.

ommère s. f. Qui a tenu un ant sur les fonts baptismaux. . femme curieuse et bavarde.

ommettant s. m. Qui a conses intérêts commerciaux à lqu'un; qui charge un autre ne affaire.

ommettre v. a. Faire quelque se de mal; confier. SE COMTRE, v. pr. Se compromettre; oir lieu.

omminatoire adj. Qui cont une menace.

ommis s. m. Chargé d'un em-i, d'une mission.

ommisération s. f. Pitié, comsion, miséricorde.

ommissaire s. m. Officier de tice.

ommissariat s. m. Emploi, rge de commissaire.

ommission s. f. Charge done à quelqu'un de faire, de por-, de dire ou d'acheter; profesn et salaire d'un commissionre.

ommissionnaire s. m. Qui fait commissions, des messages; trafique par commission.

ommissionner v. a. Donner commission.

ommissure s. f. *Anat.* Joncn, point d'union des parties.

ommode adj. D'un usage utile acile. S. f. Meuble à tiroirs pour linge.

ommodément adv. D'une mare commode; avec commodité.

ommodité s. f. Chose, état, yen, situation commodes. Au Aisances, privés d'une maison.

ommotion s. f. Secousse, anlement violent. Fig. agitation esprits.

ommuabilité s. f. Qualité de qui est commuable.

ommuable adj. Qui peut être ngé.

ommuer v. a. Echanger; chan-.

Commun, e adj. A quoi tous participent ou peuvent participer; abondant; ordinaire; trivial. S. m. Ce qui appartient en commun; le vulgaire. EN COMMUN, loc. adv. En société.

Communal, e adj. D'une commune.

Communauté s. f. Société de religieux; biens communs entre des époux.

Communaux s. m. pl. Pâturages d'une commune.

Commune s. f. Autrefois corps des bourgeois d'une ville; division du territoire administrée par un maire; les habitants d'une commune; lieu où ils s'assemblent.

Communément adv. Ordinairement, généralement.

Communiant, e s. Qui communie.

Communicable adj. Qui peut se communiquer; qu'on peut faire communiquer : *rivières communicables.*

Communicatif, ive adj. Qui se communique aisément; qui fait part de ses idées.

Communication s. f. Action de communiquer; ses effets; moyen de communiquer.

Communicativement adverbe. Avec communication.

Communier v. a. Administrer, v. n. recevoir l'Eucharistie.

Communion s. f. Union de plusieurs personnes dans une même foi; action de communier.

Communiquer v. a. Faire part de; transmettre. V. n. Aboutir; conduire à. SE COMMUNIQUER, v. pr. Etre communicatif; être communiqué.

Commutation s. f. Changement : *commutation de peine.*

Compacité s. f. Qualité de ce qui est compact.

Compact, e adj. Serré, condensé.

Compagne s. f. Celle qui est liée d'affection avec une autre personne; épouse.

Compagnie s. f. Assemblée de deux ou plusieurs individus; association commerciale ou financière.

Compagnon s. m. Camarade; ouvrier qui a fait son apprentissage.

Compagnonnage s. m. Temps

que l'on est compagnon dans un métier; société d'ouvriers.

Comparable adj. Susceptible de comparaison; qui peut la soutenir.

Comparablement adv. En comparaison de.

Comparaison s. f. Action de comparer; son résultat.

Comparaître v. n. Paraître devant les juges.

Comparant, e adj. et s. Qui comparaît.

Comparatif, ive adj. De comparaison. S. m. Se dit de l'adjectif exprimant la comparaison.

Comparativement adv. Par comparaison.

Comparer v. a. Examiner, marquer les rapports, la comparaison, la ressemblance entre les choses.

Comparoir v. n. Comparaître en justice.

Comparse s. m. Figurant au théâtre.

Compartiment s. m. Division symétrique; case; division d'un wagon.

Comparution s. f. Action de comparaître en justice.

Compas s. m. Instrument à deux branches réunies et mobiles, pour mesurer des distances et tracer des cercles.

Compassement s. m. Action de compasser. Fig. régularité froide et affectée.

Compasser v. a. Mesurer au compas. Fig. bien proportionner; peser; examiner mûrement.

Compassion s. f. Pitié.

Compatibilité s. f. Qualité, état de ce qui est compatible.

Compatible adj. Qui peut convenir, s'accorder avec.

Compatir v. n. Etre affligé du mal qu'un autre souffre; supporter avec indulgence ses défauts; s'accorder, être compatible avec.

Compatissant, e adj. Humain; porté à la compassion; sensible.

Compatriote s. Qui est du même pays.

Compensateur adj. et s. m. Qui établit une compensation.

Compensation s. f. Action de compenser; dédommagement.

Compenser v. a. Balancer; dédommager. SE COMPENSER, v. pr. Etre égal ou équivalent.

Compérage s. m. Qualité de compère. Fig. connivence.

Compère s. m. Qui a tenu un enfant sur les fonts baptismaux. Fig. qui aide à tromper.

Compétence s. f. Droit de connaître, de juger de; concurrence.

Compétent, e adj. Qui a droit de juger; suffisant.

Compéter v. n. Etre de la compétence; appartenir en vertu d'un droit.

Compétiteur s. m. Concurrent; qui brigue avec un autre une dignité, un emploi.

Compilateur s. m. Qui compile.

Compilation s. f. Recueil d'extraits de divers ouvrages.

Compiler v. a. Faire une compilation.

Complaindre (se), v. pr. Se plaindre à quelqu'un.

Complainte s. f. Chanson plaintive; au pl. lamentations.

Complaire v. n. S'accommoder au goût, à l'humeur de quelqu'un. SE COMPLAIRE v. pr. Se plaire.

Complaisamment adv. Avec complaisance.

Complaisant, e adj. et s. Qui a de la complaisance.

Complément s. m. Ce qui sert à compléter.

Complémentaire adj. Qui sert à compléter.

Complet, ète adj. Entier, à quoi il ne manque rien. S. m. Intégrité, totalité.

Complètement adv. D'une manière complète. S. m. Action de compléter.

Compléter v. a. Rendre complet.

Complétif, ive adj. Qui fait ou annonce, caractérise le complément.

Complexe adj. Qui embrasse plusieurs choses; l'opposé de simple.

Complexion s. f. Tempérament, constitution; inclination.

Complexité s. f. Qualité de ce qui est complexe.

Complication s. f. Concours de choses (fâcheuses) de différentes natures.

Complice adj. et s. Qui a part au crime d'un autre.

Complies s. f. pl. Dernière partie de l'office divin après vêpres.

mpliment s. m. Eloges; pa- civiles, obligeantes; discours nel adressé à une personne tue d'autorité.
mplimenter v. a. Faire des pliments.
mplimenteur, euse adj. et ui fait trop de compliments.
mpliqué, ée adj. Embrouillé; plexe. [brouiller.
mpliquer v. a. Mêler; em-
mplot s. m. Mauvais dessein é par deux ou plusieurs per- es.
mploter v. a. Faire un com- ; conspirer.
mponction s. f. Douleur, re- , d'avoir offensé Dieu.
mportement s. m. Manière ir, de se comporter.
mporter v. a. Permettre; frir. SE COMPORTER, v. pr. Se duire : en user de telle manière.
omposant, e adj. et s. Qui pose.
omposé adj. et s. Formé de sieurs parties.
omposer v. a. Faire un tout plusieurs parties; faire un ou- ge d'esprit, un air; t. d'impr. nger les lettres pour former des s. V. n. S'accorder.
omposite s. m. et adj. Ordre chitecture.
ompositeur s. m. Qui arrange lettres pour en former des mots; compose en musique.
omposition s. f. Action de poser; ouvrage d'esprit; thème colier; disposition des parties tableau.
omposteur s. m. Outil de com- iteur.
ompote s. f. Fruits cuits len- ent avec du sucre.
ompotier s. m. Vase r mettre les com- es*.
ompréhensibilité s. Qualité de ce qui est compré- sible.
ompréhensible adj. Qui peut e compris.
ompréhensif, ive adj. Se dit ne idée qui en renferme d'autres.
ompréhension s. f. Faculté comprendre.
omprendre v. a. Contenir; re mention. Fig. concevoir.

Compresse s. f. Linge qu'on applique sur une plaie, etc.
Compressibilité s. f. Qualité de ce qui est compressible.
Compressible adj. Qui peut être comprimé, réduit dans un moindre espace.
Compressif, ive adj. Qui sert à comprimer.
Compression s. f. Action de comprimer.
Comprimer v. a. Presser avec violence. Fig. empêcher d'agir.
Compris, e adj. Renfermé dans. Fig. conçu.
Compromettre v. a. Exposer à quelque chose de fâcheux ou de nuisible. V. n. Faire un compromis. SE COMPROMETTRE, v. pr. S'expo- ser inconsidérément.
Compromis s. m. Soumission à l'arbitrage; acte qui la contient.
Compromis, e adj. Exposé à quelque dommage.
Comptabilité s. f. Ensemble des comptes d'une administration; manière de tenir les comptes.
Comptable s. m. et adj. Qui tient les comptes; assujetti à rendre compte.
Comptant adj. m. En espèces. S. m. Argent comptant.
Compte s. m. Calcul, nombre; état de recettes et de dépenses; rapport. COMPTE RENDU s. m. Ex- posé d'un récit ou d'un fait. AU BOUT DU COMPTE, loc. adv. Après tout.
Compter v. a. Calculer; com- prendre dans un compte. V. n. Penser, croire; se fier.
Compteur s. m. Instrument qui sert à compter; horloge qui bat les secondes.
Comptoir s. m. Sorte de bu- reau de commerçant; bureau de commerce d'une nation dans un pays étranger.
Compulser v. a. Parcourir un registre, un livre, des papiers.
Comput s. m. Supputation des temps pour le calendrier de l'Eglise.
Comté s. m. Titre d'une terre donnant la qualité de comte.
Comte s. m. com- **tesse** s. f. Titre de noblesse.
Concasser v. a. Briser et réduire en petits mor- ceaux.

Concave adj. Creux et rond en dedans.

Concavité s. f. Etat de ce qui est concave *.

Concéder v. a. Accorder.

Concentration s. f. Action de concentrer; ses effets.

Concentré, ée adj. Caché, secret; pur de tout mélange, très fort : *acide concentré*.

Concentrer v. a. Réunir en un centre. Fig. cacher : *concentrer sa colère*.

Concentrique adj. (Figures —), qui ont le même point central.

Concentriquement adv. Avec le même centre.

Concept s. m. Idée, simple vue de l'esprit.

Conceptibilité s. f. Aptitude à se faire concevoir.

Conception s. f. Action de concevoir; fête établie par l'Eglise pour célébrer la conception immaculée de la sainte Vierge ; pensée.

Concernant prép. Sur, touchant, au sujet de.

Concerner v. a. Regarder, appartenir, avoir rapport à.

Concert s. m. Harmonie de voix, d'instruments. Fig. union, bonne intelligence.

Concertant, e s. Qui fait sa partie dans un concert d'instruments.

Concerter v. a. Répéter ensemble un morceau de musique; chanter. SE CONCERTER v. pr. Conférer ensemble pour le succès. V. n. Faire un concert.

Concerto s. m. Pièce de symphonie exécutée par un orchestre, dans laquelle un instrument joue seul de temps en temps, avec un simple accompagnement.

Concession s. f. Action de céder; choses cédées.

Concessionnaire s. Qui a obtenu une concession.

Concetti s. m. sing. et pl. Pensées brillantes, mais fausses.

Concevable adj. Qui se peut concevoir, comprendre.

Concevoir v. a. Devenir enceinte. Fig. entendre bien une chose, en avoir une juste idée.

Concierge s. Garde d'un édifice, d'un hôtel, d'une prison.

Conciergerie s. f. Charge, fonction, logement de concierge ; prison.

Concile s. m. Assemblée de prélats catholiques pour délibérer, décider sur des questions de doctrine, de discipline.

Conciliable adj. Qui peut se concilier avec.

Conciliabule s. m. Assemblée de prélats illégitimement convoqués, et, par extension, assemblée illégale de gens qui complotent.

Conciliant, e adj. Propre à la conciliation.

Conciliateur, trice s. et adj. Qui concilie.

Conciliation s. f. Action de concilier.

Concilier v. a. Accorder ensemble ce ou ceux qui étaient ou semblaient être contraires.

Concis, e adj. Court et serré.

Concision s. f. Qualité de ce qui est concis.

Concitoyen, enne s. Citoyen d'une même ville qu'un autre.

Conclave s. m. Assemblée de cardinaux pour élire le pape.

Concluant, e adj. Qui conclut, qui prouve bien.

Conclure v. a et n. Achever, terminer; prouver; tirer une conséquence.

Conclusif, ive adj. Qui conclut, finit.

Conclusion s. f. Fin d'une affaire, d'un discours; action de conclure.

Concombre s. m. Sorte de plante, son fruit*.

Concomitance subst. fém. Union, accompagnement d'une chose accessoire avec la principale.

Concomitant, e adj. Qui accompagne.

Concordance s. f. Rapport ; convenance.

Concordant, e adj. Qui concorde.

Concordat s. m. Convention, accord, traité entre le Pape et une puissance.

Concorde s. f. Union ; conformité : bonne intelligence.

Concorder v. n. Etre d'accord.

Concourant, e adj. Qui tend au

ne but, à produire le même ef-

oncourir v. n. Coopérer; pro-e un effet conjointement avec autre agent; être en concur-ce.

oncours s. m. Action de con-rir; affluence de monde.

oncret, ète adj. Joint; com-é; coagulé; (qualité) unie au et : ex. homme *savant;* l'opposé ostrait.

oncrétion s. f. Amas de par-réunies en masse solide; ac-de s'épaissir.

oncubinage s. m. Etat de is non mariés vivant comme s l'étaient.

oncubine s. f. Femme qui co-bite avec un homme sans être épouse.

oncupiscence s. f. Désir dé-glé.

oncupiscible adj. Qui porte à sirer un bien, un objet qui plaît.

oncurremment adv. Conjoin-nent; par concurrence.

oncurrence s. f. Prétention plusieurs à la même chose; ac-n de concourir; rivalité de com-rce.

oncurrent, e s. Qui concourt ur la même chose, au même but.

oncussion s. f. Malversation ns l'administration des deniers blics.

oncussionnaire s. m. Qui est apable de concussion.

ondamnable adj. Qui mérite tre condamné; blâmable.

Condamnation s. f. Jugement i condamne; ce à quoi on est ndamné.

Condamné, ée s. Qui a subi une ndamnation.

Condamner v. a. Rendre un gement contre; blâmer; inter-re l'usage.

Condé, titre de plusieurs princes ançais, entre autres: *Louis I*er, ef du parti calviniste (1530-1569); *uis II*, dit le *Grand Condé*, cé-bre général (1621-1686).

Condensabilité s. f. Propriété corps qui peut être condensé.

Condensable adj. Qui peut être ndensé.

Condensateur s. m. Machine our condenser.

Condensation s. f. Action de condenser.

Condenser v. a. Rendre plus serré, plus dense.

Condenseur s. m. Récipient dans lequel la vapeur se condense.

Condescendance s. f. Complaisance qui fait qu'on se rend aux sentiments, à la volonté d'autrui.

Condescendant, e adj. Qui a de la condescendance.

Condescendre v. n. Se rendre à la volonté, aux sentiments d'autrui.

Condiment s. m. Assaisonnement.

Condisciple s. m. Compagnon d'étude.

Condition s. f. Nature, état, qualité des personnes, des choses; naissance, rang dans la société; domesticité; clauses d'un traité; parti que l'on fait à quelqu'un dans une affaire. A CONDITION QUE, loc. conj. Pourvu que. A CONDITION DE, loc. prép. A la charge de.

Conditionné, ée adj. Qui a les conditions requises.

Conditionnel, elle adj. Qui renferme une condition, qui y est subordonné. S. m. Mode du verbe.

Conditionnellement adv. Avec condition, sous la condition de.

Conditionner v. a. Donner les qualités requises.

Condoléance s. f. Acte qui exprime la part que l'on prend à la douleur de quelqu'un.

Condor s. m. Espèce de vautour.

Conducteur, trice s. Qui conduit. *Phys.* Tout corps susceptible de transmettre le calorique, l'électricité.

Conductibilité s. f. *Phys.* Propriété que certains corps ont de transmettre la chaleur ou le fluide électrique.

Conductible adj. *Phys.* Qui peut transmettre la chaleur ou l'électricité.

Conduire v. a. Mener, guider; accompagner par honneur ou sûreté; diriger. SE CONDUIRE, v. pr. Se comporter.

Conduit s. m. Canal, tuyau.

Conduite s. f. Action de conduire; direction, exécution; manière d'agir, de se gouverner; suite de tuyaux.

Cône s. m. Solide à base circulaire, et terminé en pointe*.

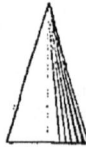

Confabulation s. f. Entretien familier.

Confabuler v. n. S'entretenir familièrement.

Confection s. f. Action de faire, de confectionner.

Confectionner v. a. Faire, achever.

Confectionneur, euse s. Qui confectionne.

Confédératif, ive adj. Qui concerne une confédération.

Confédération s. f. Alliance entre plusieurs États.

Confédéré, ée adj. et s. Allié par confédération.

Confédérer (se) v. pr. Faire une confédération.

Conférence s. f. Comparaison; entretien de plusieurs sur une affaire; discussion.

Conférer v. a. Comparer; accorder (des honneurs). V. n. Parler ensemble (d'une affaire).

Confesse s. Confession. N'a ni genre ni nombre et s'emploie sans article : *aller à confesse.*

Confesser v. a. Avouer; déclarer ses fautes; entendre une confession. *Confesser Jésus-Christ*, s'avouer chrétien. Se confesser v. pr. Dire ses péchés à un prêtre.

Confesseur s. m. Prêtre qui a pouvoir d'entendre une confession et d'absoudre; celui qui confesse la foi de Jésus-Christ; qui a souffert pour la foi.

Confession s. f. Aveu; déclaration de ses péchés à un prêtre; profession de foi religieuse.

Confessionnal s. m. Siège du confesseur*.

Confiance s. f. Assurance que l'on prend sur la probité, la discrétion de quelqu'un; liberté honnête; hardiesse, présomption.

Confiant, e adj. Disposé à la confiance; présomptueux.

Confidemment adv. En confidence.

Confidence s. f. Communication d'un secret; intimité.

Confident, e s. A qui l'on confie des secrets.

Confidentiel, elle adj. En confidence.

Confidentiellement adv. D'une manière confidentielle.

Confier v. a. Commettre à la garde, au soin, à la fidélité de : *confier un dépôt, un secret, etc.* Se confier v. pr. S'assurer; prendre confiance.

Configuration s. f. Forme extérieure des corps.

Configurer v. a. Figurer l'ensemble.

Confiner v. n. Toucher aux confins d'une contrée. V. a. Reléguer.

Confinité s. f. Voisinage, proximité.

Confins s. m. pl. Limites, extrémités d'un pays.

Confire v. a. Assaisonner, faire cuire des fruits, etc., dans un suc, une liqueur, avec du sucre, du miel, un sel qui les pénètre.

Confirmatif, ive adj. Qui confirme.

Confirmation s. f. Ce qui confirme; assurance expresse; l'un des sept sacrements; partie du discours qui renferme les preuves.

Confirmer v. a. Rendre plus certain, plus ferme; prouver davantage; donner la confirmation.

Confiscable adj. Qui peut être confisqué.

Confiscation s. f. Action de confisquer.

Confiserie s. f. Art, état du confiseur.

Confiseur, euse s. Qui fait ou vend des confitures, des dragées.

Confisquer v. a. Adjuger au fisc par condamnation; saisir par punition.

Confiture s. f. Fruits confits au sucre.

Conflagration s. f. Embrasement général. Fig. grande révolution.

Conflit s. m. Choc, combat; contestation.

Confluent s. m. Endroit où deux rivières se joignent.

Confluent, e adj. Fort abondant (en parlant de la petite vérole); (feuilles —) qui paraissent se toucher sur la tige (*bot.*).

Confluer v. n. Couler ensemble.

Confondre v. a. Brouiller; ne

pas distinguer un être d'un autre; troubler; déconcerter; convaincre en couvrant de honte. SE CONFONDRE, v. pr. Se troubler, s'embrouiller.

Conformation s. f. Manière dont un corps est conformé.

Conforme adj. Semblable, qui a la même forme; qui a de la conformité, du rapport.

Conformé, ée adj. Organisé, construit.

Conformément adv. D'une manière conforme.

Conformer v. a. Rendre conforme. SE CONFORMER, v. pr. Se soumettre.

Conformité s. f. Rapport entre des choses conformes.

Confort s. m. Secours, assistance; bien-être matériel.

Confortable adj. Qui procure le confort. S. m. L'ensemble des choses qui contribuent au bien-être matériel.

Confortablement adv. D'une manière commode, agréable.

Confortant, e et **confortatif, ive** adj. Qui fortifie.

Confortation s. f. Action de fortifier.

Conforter v. a. Fortifier. Fig. encourager.

Confraternité s. f. Relations amicales entre confrères.

Confrère s. m. Membre d'un même état, d'une même compagnie, d'une association religieuse.

Confrérie s. f. Association religieuse pour des exercices pieux.

Confrontation s. f. Action de confronter.

Confronter v. a. Opposer les témoins à l'accusé; mettre en présence pour interroger; comparer.

Confus, e adj. Brouillé, obscur; honteux, déconcerté.

Confusément adv. D'une manière confuse.

Confusion s. f. Mélange confus; désordre; honte.

Congé s. m. Permission, ordre de s'en aller, de s'absenter, de se retirer; jour d'exemption de classe; cessation de loyer. *Prendre congé*, annoncer son départ, faire ses adieux.

Congédier v. a. Licencier; renvoyer.

Congélation s. f. Action de congeler; ses effets.

Congeler v. a. Geler; convertir en glace; coaguler, figer.

Congénère adj. Du même genre.

Congestion s. f. Amas progressif d'humeurs dans une partie solide du corps.

Conglomérat s. m. Substance conglomérée.

Conglomérer v. a. Réunir, mettre ensemble; amasser en pelotons.

Congratulation s. f. Félicitation.

Congratuler v. a. Féliciter.

Congréganiste s. Qui est membre d'une congrégation.

Congrégation s. f. Confrérie, société religieuse.

Congrès s. m. Assemblée diplomatique, législative ou scientifique.

Congru, e adj. Suffisant, convenable.

Congruité s. f. Convenance (vx.)

Congrûment adv. Correctement; suffisamment.

Conifère adj. Dont le fruit est en cône. S. m. pl. Famille de plantes, d'arbres dont le fruit est un cône.

Conique adj. En forme de cône.

Conjectural, e adj. Qui n'est fondé que sur des conjectures.

Conjecturalement adv. Par conjecture.

Conjecture s. f. Jugement probable, opinion, fondés sur des apparences.

Conjecturer v. a. Juger par conjecture.

Conjoindre v. a. Unir, joindre ensemble.

Conjoint, e adj. et s. Uni, joint; [époux.

Conjointement adv. L'un avec l'autre, de concert.

Conjonctif, ive adj. *Gram.* Qui sert à lier, à joindre : *pronom conjonctif.*

Conjonction s. f. Union; rencontre apparente de deux astres; petit mot qui sert à joindre les membres du discours *(gram.)*.

Conjonctive s. f. Membrane, le blanc de l'œil.

Conjoncture s. f. Occasion; rencontre de circonstances.

Conjugable adj. Qui peut être conjugué.

Conjugaison s. f. Nomenclature de tous les temps et de toutes les personnes d'un verbe.

Conjugal, e adj. Qui concerne l'union par mariage.

Conjugalement adv. Selon l'union conjugale.

Conjugué, ée adj. Uni. *Nerfs conjugués*, qui concourent à la même fonction.

Conjuguer v. a. Ecrire ou réciter les temps d'un verbe dans l'ordre grammatical.

Conjurateur s. m. Qui conspire; qui forme, conduit une conjuration.

Conjuration s. f. Conspiration, complot.

Conjuré s. m. Conspirateur, membre d'une conjuration.

Conjurer v. a. Prier instamment; exorciser; conspirer. Fig. écarter, détourner.

Connaissance s. f. Idée; notion de; faculté de connaître; relation que l'on a avec quelqu'un; personne que l'on connaît. Au pl. savoir, instruction.

Connaissement s. m. Reconnaissance écrite contenant la déclaration de la charge d'un vaisseau, du propriétaire, de la destination.

Connaisseur, euse adj. et s. Qui se connaît à *ou* en quelque chose.

Connaître v. a. Avoir une notion de; avoir une grande pratique, un grand usage d'une chose; être en relation avec; discerner. V. n. Juger une affaire, en avoir le droit. SE CONNAITRE A *ou* EN, v. pr. Etre en état de juger.

Connétable s. m. Autrefois en France chef des armées.

Connétablie s. f. Tribunal, juridiction des maréchaux de France.

Connexe adj. (Chose —), qui a de la liaison avec une autre.

Connexion s. f. Liaison, rapport de choses.

Connexité s. f. Etat de choses qui sont connexes; connexion.

Connivence s. f. Complicité secrète; action de conniver.

Connivent, e adj. *Bot.* Se dit des parties d'une plante qui paraissent unies entre elles.

Conniver v. n. Participer au mal qu'on peut et doit empêcher, en le dissimulant.

Conque s. f. Grande coquille; cavité externe de l'oreille.

Conquérant, e s. et adj. Qui fait, a fait des conquêtes.

Conquérir v. a. Acquérir par les armes. Fig. gagner.

Conquêt s. m. Bien acquis en communauté d'époux.

Conquête s. f. Action de conquérir, ses effets; chose conquise.

Consacrant adj. et s. m. Qui consacre un évêque.

Consacrer v. a. Dévouer à Dieu avec des cérémonies; prononcer la consécration de l'Eucharistie. Fig. destiner; sacrifier. SE CONSACRER A, v. pr. Se dévouer, se donner tout entier à.

Consalvi, cardinal et homme d'Etat romain (1757-1824).

Consanguin, e adj. Du côté paternel, de même sang.

Consanguinité s. f. Parenté du côté du père.

Conscience s. f. Sentiment intérieur du bien et du mal. EN CONSCIENCE, loc. adv. Franchement.

Consciencieusement adv. De manière consciencieuse.

Consciencieux, euse adj. Qui a la conscience délicate.

Conscient e adj. Qui a de la conscience.

Conscription s. f. Inscription pour le service militaire.

Conscrit adj. m. *Pères conscrits*, sénateurs romains. S. m. Porté au rôle militaire.

Consécrateur s. m. Consacrant.

Consécration s. f. Action de consacrer.

Consécutif, ive adj. Qui est de suite.

Consécutivement adv. De suite, immédiatement.

Conseil s. m. Avis; résolution, celui qui donne un avis; assemblée de gens qui délibèrent; son local.

Conseiller v. a. et n. (*ll* m.). Donner conseil.

Conseiller, ère s. et adj. (*ll* m.). Qui donne un conseil; membre d'un conseil.

Conseilleur s. m. (*ll* m.). Donneur de conseils.

Consentant, e adj. Qui consent.

Consentement s. m. Acquiescement; action de consentir.

Consentir v. n. Acquiescer; trouver bon. V. a. Autoriser.

Conséquemment adv. D'après les principes admis; par une suite naturelle et raisonnable.

Conséquence s. f. Conclusion tirée de propositions; suite des choses, des actions; ce qui résulte de. EN CONSÉQUENCE, loc. adv. Conséquemment.

Conséquent, e adj. Qui raisonne, agit conséquemment. S. m. Second terme d'un rapport.

Conservateur, trice s. et adj. Qui conserve.

Conservation s. f. Action de conserver; ses effets; état de ce qui est conservé.

Conservatoire s. m. Ecole publique de musique, de peinture, etc. Adj. Qui conserve.

Conserve s. f. Sorte de confiture. Au pl. Lunettes.

Conserver v. a. Maintenir dans un état, en bon état; garder. SE CONSERVER, v. pr. Ne pas se gâter; se ménager.

Considérable adj. Qui doit être considéré; remarquable; grand, important.

Considérablement adv. Beaucoup, notablement.

Considérant s. m. Motif énoncé d'un jugement, d'une loi.

Considération s. f. Raison; motifs; examen; déférence. Au pl. Réflexions, observations. EN CONSIDÉRATION DE, loc. prép. En égard à.

Considérément adv. Avec prudence.

Considérer v. a. Regarder, examiner; avoir égard; estimer.

Consignataire s. m. Dépositaire.

Consignation s. f. Dépôt d'argent ou de marchandises.

Consigne s. f. Ordre donné à une sentinelle; défense de sortir.

Consigner v. a. Faire un dépôt; défendre de sortir; donner une consigne.

Consistance s. f. Epaississement d'un liquide; état de solidité, de stabilité.

Consistant, e adj. Qui consiste en...; solide, fixe.

Consister v. n. Se dit de l'état d'une chose considérée dans son être, ses propriétés, ses qualités, ses parties; être composé, formé de.

Consistoire s. m. Assemblée du pape et des cardinaux; assemblée de ministres protestants.

Consistorial, e adj. Du consistoire.

Consolable adj. Qui peut être consolé.

Consolant, e adj. Qui console.

Consolateur, trice s. Personne qui console.

Consolation s. f. Soulagement donné à l'affliction, à la douleur, au déplaisir.

Console s. f. Pièce d'architecture en saillie ornée*; meuble.

Consoler v. a. Soulager, adoucir, diminuer l'affliction.

Consolidant, e adj. Qui tend à consolider.

Consolidation s. f. Action de consolider; effet d'une chose consolidée.

Consolider v. a. Rendre ferme, durable.

Consommateur s. m. Celui qui consomme, qui perfectionne.

Consommation s. f. Action de consommer; accomplissement.

Consommé s. m. Bouillon fort succulent de viande très cuite.

Consommé, ée adj. Parfait.

Consommer v. a. Achever; accomplir; détruire par l'usage.

Consomption s. f. Etat des choses qui se consument; amaigrissement.

Consonance s. f. Accord agréable de deux sons; ressemblance de deux mots dans leur terminaison.

Consonant, e adj. Formé par des consonances.

Consonne s. f. Lettre qui n'a point de son sans le secours d'une voyelle.

Consorts s. m. pl. Ceux qui ont un même intérêt dans une affaire.

Conspirateur, trice s. Qui conspire.

Conspiration s. f. Complot.

Conspirer v. n. Faire une conspiration. V. a. Causer, décider: *conspirer la ruine, la perte de quelqu'un.*

Conspuer v. a. Mépriser d'une façon marquée.

Constable s. m. Nom des officiers de police en Angleterre.

Constamment adv. Avec constance; certainement.

Constance s. f. Fermeté; persévérance.

Constance Ier, surnommé *Chlore*, c'est-à-dire *pâle*, empereur romain, m. 306. — II, empereur romain, fils de Constantin, m. 361.

Constant, e adj. Qui a de la constance; ferme; certain; invariable.

Constant, nom de deux empereurs romains : CONSTANT Ier, fils de Constantin, m. 350. — CONSTANT II, fils d'Héraclius II, m. 668.

Constantin Ier *le Grand*, fils de Constance Chlore, empereur romain (306-337). Nom de plusieurs autres empereurs de Constantinople.

Constatation s. f. Action de constater.

Constater v. a. Etablir la vérité d'un fait.

Constellation s. f. Assemblage d'étoiles*.

Constellé, e adj. Fait sous certaine constellation; qui a la forme d'une étoile.

Conster v. n. Etre certain, constant, évident.

Consternation s. f. Etonnement avec abattement de courage.

Consterner v. a. Etonner et abattre le courage.

Constipation s. f. Difficulté d'aller à la selle; état de celui qui l'éprouve.

Constiper v. a. Causer la constipation.

Constituant, e adj. Qui constitue. ASSEMBLÉE CONSTITUANTE, assemblée qui a mission de faire une constitution.

Constitué, ée adj. Qui est légalement établi. BIEN CONSTITUÉ, bien conformé, solide.

Constituer v. a. Composer un tout de choses réunies; faire consister en; établir. *Constituer prisonnier*, mettre en prison. *Constituer une rente*, la créer.

Constitutif, ive adj. Qui constitue.

Constitution s. f. Action de constituer; tempérament, complexion de l'homme; loi fondamentale d'un Etat; création d'une rente.

Constitutionnalité s. f. Qualité de ce qui est constitutionnel.

Constitutionnel, elle adj. De la constitution d'un Etat; conforme à la constitution.

Constitutionnellement adv. Selon la constitution.

Constricteur adj. et s. m. Muscle qui resserre. V. *Constrictor*.

Constriction s. f. Resserrement des parties du corps.

Constrictor ou **constricteur** adj. m. Se dit d'une espèce de serpent : *boa constricteur* ou *constrictor*.

Constructeur s. m. Celui qui construit.

Construction s. f. Action de construire; bâtiment; arrangement, disposition des mots d'une phrase.

Construire v. a. Bâtir; élever. Fig. arranger, disposer.

Consubstantialité s. f. Unité et identité de substance.

Consubstantiation s. f. Manière dont les luthériens entendaient la présence réelle de Jésus-Christ dans l'Eucharistie.

Consubstantiel, elle adj. De même et seule substance.

Consubstantiellement adv. D'une manière consubstantielle.

Consul s. m. L'un des deux premiers magistrats romains; magistrat suprême de la première République française; agent chargé de protéger les intérêts de sa nation dans un port étranger.

Consulaire adj. Du consul. S. m. Romain qui avait été consul.

Consulairement adv. A la manière des consuls.

Consulat s. m. Dignité, emploi, charge de consul.

Consultant adj. et s. m. Qui donne ou prend des consultations.

Consultatif, ive adj. Que l'on consulte.

Consultation s. f. Action de consulter; avis donné par écrit d'un avocat, d'un médecin.

Consulter v. a. Prendre conseil, avis ou instruction. V. n. Délibérer, examiner.

Consumable adj. Qui peut être consumé.

Consumant, e adj. Qui consume.

Consumé, ée adj. Perdu de santé.

Consumer v. a. Dissiper, détruire; réduire à rien. SE CONSUMER, v. pr. Détruire sa santé; épuiser ses forces.

Contact s. m. Attouchement de deux corps.

Contagieux, euse adj. Qui se répand, se communique par la contagion.

Contagion s. f. Communication d'une maladie par le contact ou les miasmes. Fig. communication du mal, d'un vice, etc.

Contamination s. f. Souillure.

Contaminer v. a. Souiller.

Conte s. m. Récit d'une aventure fabuleuse.

Contemplateur, trice s. Qui contemple.

Contemplatif, ive adj. Adonné à la contemplation.

Contemplation s. f. Action de contempler; méditation.

Contemplativement adv. D'une manière contemplative.

Contempler v. a. et n. Considérer attentivement; méditer.

Contemporain, e adj. Du même temps.

Contempteur s. m. Celui qui méprise.

Contenance s. f. Capacité, étendue; maintien, posture. *Faire bonne contenance*, être ferme, résolu.

Contenant, e adj. et s. m. Qui contient.

Contenir v. a. Comprendre, renfermer; retenir dans des bornes. Fig. réprimer. SE CONTENIR, v. pr. Se retenir, se modérer.

Content, e adj. Satisfait.

Contentement s. m. Joie, satisfaction.

Contenter v. a. Satisfaire; plaire. SE CONTENTER DE, v. pr. Être content, satisfait, s'en tenir à.

Contentieusement adv. Avec contention, dispute.

Contentieux, euse adj. Qui est en débat; qui aime à contester. S. m. Objets de contestation.

Contention s. f Débat; forte application d'esprit.

Contenu, e adj. Renfermé dans; maintenu. S. m Ce qui est renfermé, compris dans.

Conter v. a. Faire un récit.

Contestable adj. Qui peut être contesté.

Contestant, e adj. et s. Qui conteste en justice; qui aime à contester.

Contestation ou **conteste** s. f. Débat; dispute; procès. SANS CONTESTE, loc. adv. Incontestablement.

Contester v. a. Disputer, débattre.

Conteur, euse adj. Qui conte, aime à conter; qui débite des faussetés.

Contexte s. m. Ce qui précède ou suit un passage du texte.

Contexture s. f. Enchaînement de parties formant un corps.

Conti, nom d'une branche de la maison de Bourbon.

Contigu, uë adj. Touchant immédiatement.

Contiguïté s. f. Etat des choses contiguës.

Continence s. f. Chasteté.

Continent, e adj. Qui a la vertu de la continence.

Continent s. m. Vaste étendue de terre ferme.

Continental, e adj. Qui a rapport au continent.

Contingence s. f. Casualité. *Angle de contingence*, fait par une ligne droite et une courbe, ou par deux courbes.

Contingent, e adj. Casuel, éventuel.

Contingent s. m. Part qui revient à chacun dans un partage; nombre d'hommes à lever pour le service militaire.

Continu, e adj. Sans division, sans interruption.

Continuateur s. m. Celui qui continue ce qu'un autre a commencé.

Continuation s. f. Action de continuer; chose continuée.

Continuel, elle adj. Qui dure sans interruption; assidu.

Continuellement adv. Sans cesse, toujours.

Continuer v. a. Poursuivre ce qui est commencé; prolonger. V. n. Ne pas cesser.

Continuité s. f. Liaison non interrompue de parties; durée continue.

Continûment adv. Sans interruption.

Contondant, e adj. Qui blesse par contusion.

Contorsion s. f. Mouvement violent qui tord les membres et les muscles ; grimace.

Contour s. m. Enceinte ; circuit ; ligne qui termine, renferme une figure.

Contournable adj. Qui peut être contourné.

Contourné, ée adj. Déformé.

Contourner v. a. Donner, marquer le contour ; déformer.

Contractant, e adj. et s. m. Qui contracte.

Contracte adj. Raccourci par la contraction : *mot contracte*.

Contracté, ée adj. Fait par contrat ; acquis, gagné ; resserré, raccourci ; réuni par contraction.

Contracter v. a. Faire une convention ; acquérir ; raccourcir ; condenser. SE CONTRACTER, v. pr. Se resserrer, se raccourcir.

Contractile adj. Qui a de la contractilité.

Contractilité s. f. Faculté de se contracter.

Contraction s. f. Action de se resserrer ; raccourcissement des nerfs ; réduction de deux syllabes en une.

Contractuel, elle adj. Stipulé par contrat.

Contracture s. f. Rétrécissement du haut des colonnes ; rigidité des muscles, des nerfs.

Contradicteur s. m. Qui contredit.

Contradiction s. f. Action de contredire ; opposition.

Contradictoire adj. Opposé, qui contredit.

Contradictoirement adv. D'une manière contradictoire.

Contraindre v. a. Obliger quelqu'un à faire une chose ; gêner. SE CONTRAINDRE, v. pr. Se gêner, se violenter.

Contraint, e adj. Gêné, forcé.

Contrainte s. f. Violence faite à quelqu'un ; retenue. *Contrainte par corps*, droit de faire emprisonner un débiteur.

Contraire adj. Opposé ; nuisible. S. m. L'opposé. AU CONTRAIRE, loc. adv. Tout autrement ; d'une manière opposée.

Contrairement adv. En opposition ; au contraire

Contralto s. m. Voix de basse parmi les femmes.

Contrapontiste s. m. *Mus.* Celui qui connait les règles du contrepoint.

Contrariant, e adj. Qui contrarie, aime à contrarier.

Contrarier v. a. Dire ou faire le contraire d'un autre ; faire obstacle. SE CONTRARIER, v. pr. Etre opposé ; se contredire.

Contrariété s. f. Opposition entre des choses contraires ; obstacle. Fig. désagrément.

Contraste s. m. Opposition entre deux ou plusieurs choses.

Contraster v. a. Faire un contraste. V. n. Etre en contraste.

Contrat s. m. Pacte ; convention écrite.

Contravention s. f. Infraction à une loi, un contrat, un arrêt, etc.

Contre prép. Marque l'opposition, la proximité, la contiguïté : malgré ; auprès ; après. CI-CONTRE, loc. adv. A côté. — S. m. Ce qui est contraire.

Contre-allée s. f. Allée latérale et parallèle à l'allée principale. (Pl. *contre-allées.*)

Contre-amiral s. m. Officier général de marine.

Contre-balancer v. a. Compenser.

Contrebande s. f. Action d'importer des marchandises en fraude ; la marchandise elle-même.

Contrebandier, ière s. Qui fait la contrebande.

Contre-bas (en) loc. adv. De haut en bas.

Contrebasse s. f. Grosse basse.

Contre-batterie s. f. Batterie opposée à une autre. (Pl. *contre-batteries.*)

Contre-boutant s. m. Pilier, pièce de bois qui contre-boute. (Pl. *contre-boutants.*)

Contre-bouter v. a. Etayer avec un pilier.

Contrecarrer v. a. S'opposer directement à quelqu'un ; traverser ses desseins.

Contre-cœur s. m. Plaque au fond de la cheminée. A CONTRE-CŒUR, loc. adv. Malgré soi, avec répugnance.

Contre-coup s. m. Répercussion. Fig. Evénement qui arrive par suite d'un autre. (Pl. *contre-coups.*)

Contre-courant s. m. Courant opposé à un autre. (Pl. *contre-courants.*)

Contredanse s. f. Sorte de danse.

Contredire v. a. Dire le contraire; s'opposer à.

Contredisant, e adj. Qui contredit, aime à contredire.

Contredit s. m. Réponse contre ce qui a été dit. SANS CONTREDIT, loc. adv. Assurément.

Contrée s. f. Etendue de pays; région.

Contre-échange s. m. Echange.

Contre-enquête s. f. Enquête opposée à une autre. (Pl. *contre-enquêtes*).

Contre-épaulette s. f. Epaulette dépourvue de franges. (Pl. *contre-épaulettes.*)

Contre-épreuve s. f. Estampe tirée sur une autre fraîchement imprimée; vote sur la proposition contraire à celle qui a été mise aux voix. (Pl. *contre-épreuves.*)

Contrefaçon s. f. Imitation frauduleuse de l'œuvre d'autrui; la chose contrefaite.

Contrefacteur s. m. Celui qui se rend coupable de contrefaçon.

Contrefaction s. f. Contrefaçon.

Contrefaire v. a. Imiter; feindre, déguiser; rendre difforme, défiguré.

Contrefaiseur s. m. Qui contrefait les paroles, les gestes, etc.

Contrefait, e adj. Imité, falsifié; difforme.

Contrefort s. m. Mur servant d'appui à un autre*; pièce de cuir derrière la chaussure; petites chaînes de montagnes latérales à une chaîne principale.

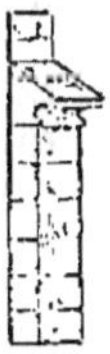

Contre-haut (en) loc. adv. De bas en haut.

Contre-jour s. m. Endroit opposé au grand jour. A CONTRE-JOUR, loc. adv. Opposé au grand jour.

Contre-lettre s. f. Acte secret qui annule en tout ou en partie un acte public. (Pl. *contre-lettres.*)

Contremaître s. m. Officier de manœuvres sur un vaisseau; chef d'ouvriers.

Contremander v. a. Révoquer un ordre donné.

Contremarche s. f. Marche d'une armée, contraire à celle qu'elle paraissait vouloir faire; volte-face.

Contre-marée s. f. Marée opposée à la marée ordinaire. (Pl. *contre-marées.*)

Contremarque s. f. Seconde marque; second billet de spectacle pour sortir et rentrer.

Contremarquer v. a. Mettre une contremarque.

Contre-mine s. f. Ouvrage souterrain pour détruire la mine creusée par l'ennemi. (Pl. *contre-mines.*)

Contre-miner v. a. Faire des contre-mines. Fig. déjouer une intrigue.

Contre-mineur s. m. Qui fait des contre-mines. (Pl. *contre-mineurs.*)

Contre-mont (en) loc. adv. En haut; en remontant (la rivière).

Contre-mur s. m. Mur d'appui bâti contre un autre pour le fortifier, le conserver. (Pl. *contre-murs.*)

Contre-murer v. a. Fortifier par un contre-mur.

Contre-ordre s. m. Révocation d'un ordre. (Pl. *contre-ordres.*)

Contre-partie s. f. Partie de musique opposée à une autre. Fig. opinion, partie, système contraires. (Pl. *contre-parties.*)

Contre-peser v. a. Contre-balancer; servir de contrepoids.

Contrepied s. m. Le contraire d'une chose. (Pas de pl.)

Contrepoids s. m. Poids qui en contre-balance d'autres. Fig. compensation.

Contre-poil s. m. Le rebours du poil. (Pas de pl.) A CONTRE-POIL, loc. adv. En sens contraire.

Contrepoint s. m. Composition de musique à plusieurs parties. (Pas de pl.)

Contrepoison s. m. Remède qui détruit l'effet du poison.

Contre-porte s. f. Seconde porte devant la première.

Contre-projet s. m. Projet contraire à un autre. (Pl. *contre-projets.*)

Contre-révolution s. f. Révolution en sens contraire de la première. (Pl. *contre-révolutions.*)

Contre-révolutionnaire adj. Qui tient de la contre-révolution. S. Partisan d'une contre-révolution.

Contre-sanglon s. m. Bout de courroie clouée, qui tient la boucle de la sangle de la selle. (Pl. *contre-sanglons.*)

Contrescarpe s. f. Pente du mur extérieur du fossé; chemin couvert; glacis.

Contre-scel s. m. Petit sceau à côté du grand. (Pl. *contre-scels.*)

Contreseing s. m. Seing à coté d'un autre.

Contresens s. m. Sens contraire au sens naturel des choses; sens différent du sens véritable d'un texte ou d'un discours. A CONTRESENS, loc. adv. En sens contraire.

Contresigner v. a. Signer après un autre.

Contretemps s. m. Accident imprévu, qui traverse le succès d'une entreprise. A CONTRETEMPS, loc. adv. Mal à propos.

Contrevallation s. f. Ligne contre les sorties des assiégés.

Contrevenant, e s. Qui contrevient.

Contrevenir v. n. Agir contre une loi, un contrat, un règlement.

Contrevent s. m. Volet en dehors *.

Contribuable s. m. Qui contribue aux impositions.

Contribuer v. n. Aider, coopérer; payer l'impôt.

Contribution s. f. Impôt; part de dépense.

Contrister v. a. Affliger, donner du chagrin.

Contrit, e adj. Très affligé de ses fautes.

Contrition s. f. Regret d'avoir offensé Dieu.

Contrôle s. m. Registre de vérification; droit de contrôle: état nominatif des personnes appartenant à un corps; marque sur les ouvrages d'or et d'argent. Fig. censure.

Contrôler v. a. Timbrer, marquer, porter sur le contrôle. Fig. censurer.

Contrôleur s. m. Agent chargé de vérifier. Fig. censeur.

Controuvé, ée adj. Faux.

Controuver v. n. Inventer une fausseté pour nuire à quelqu'un.

Controversable adj. Susceptible d'être controversé.

Controverse s. f. Débat; dispute.

Controversé, ée adj. Discuté; contesté.

Controverser v. a. Discuter; faire une controverse.

Controversiste s. m. Qui s'occupe de controverse.

Contumace s. f. Refus de comparaitre en justice.

Contumax, ou mieux **contumace** adj. et s. Qui refuse de comparaitre.

Contumélieux, euse adj. Qui contient un outrage.

Contus, e adj. Meurtri, froissé par un coup.

Contusion s. f. Meurtrissure.

Contusionné, ée adj. Meurtri.

Contusionner v. a. Faire une contusion.

Convaincant, e adj. Qui a la force de convaincre.

Convaincre v. a. Persuader; réduire par le raisonnement, par des preuves évidentes, à convenir d'une vérité, d'un fait qu'on niait.

Convaincu, ue adj. Persuadé; reconnu coupable.

Convalescence s. f. Passage de la maladie à la santé; état du convalescent.

Convalescent, e adj. Qui relève de maladie et revient à la santé.

Convenable adj. Qui convient.

Convenablement adv. D'une manière convenable.

Convenance s. f. Rapport; conformité; bienséance; commodité.

Convenant, e adj. Conforme, bienséant.

Convenir v. n. Avec le v. *être* dans les temps composés : être d'accord; avec le v. *avoir* : plaire, agréer.

Convention s. f. Accord, pacte de deux ou plusieurs personnes; assemblée délibérante.

Conventionnel, elle adj. Qui a rapport à une convention. S. m. Membre de la Convention nationale sous la première République.

Conventionnellement adv. Par convention.

Convergence s. f. Position des lignes, des points qui vont en s'approchant d'un point.

Convergent, e adj. Qui tend au même point.

Converger v. n. Se rapprocher, tendre au même point.

Convers, e adj. Se dit des religieux employés au service d'un couvent.

Conversation s. f. Entretien familier.

Converser v. n. S'entretenir familièrement.

Conversion s. m. Changement de forme, de foi, de mœurs, avec amélioration.

Converti, e adj. et s. Qui a réformé sa vie ou embrassé une autre religion.

Convertir v. a. Changer une chose en une autre; faire changer de croyance, de mœurs, de mal en bien. SE CONVERTIR v. pr. Changer de religion, de mœurs, de sentiments, de mal en bien.

Convertissable adj. Qui peut être converti.

Convertissement s. m. Changement.

Convertisseur s. m. Qui convertit les infidèles.

Convexe adj. Courbé et arrondi à l'extérieur; l'opposé de concave.

Convexité s. f. Rondeur, courbure extérieure d'un corps convexe *.

Conviction s. f. Preuve évidente d'un fait, d'une vérité; état de repos de l'esprit convaincu par la preuve.

Convié, ée s. Invité à un festin, à une fête.

Convier v. a. Prier de; inviter à; exciter, engager.

Convive s. Qui est invité et se trouve à un repas avec d'autres.

Convocation s. f. Action de convoquer.

Convoi s. m. Cortège d'un corps qu'on porte à la sépulture; transport de provisions pour un camp, une place; flotte marchande escortée; suite de wagons courant sur un chemin de fer.

Convoitable adj. Qui peut être convoité; désirable.

Convoiter v. a. Désirer avec avidité.

Convoiteux, euse adj. Qui convoite, qui désire ardemment.

Convoitise s. f. Désir ardent, immodéré de la possession.

Convoler v. n. Se remarier.

Convoluté, ée adj. *Bot.* Contourné en cornet.

Convolvulacées s. f. pl. *Bot.* Famille des convolvulus.

Convolvulus s. m. Liseron.

Convoquer v. a. Faire assembler.

Convoyer v. a. Escorter, accompagner un convoi.

Convoyeur s. m. et adj. *Mar.* Se dit d'un bâtiment qui en convoie d'autres.

Convulsif, ive adj. Qui se fait avec convulsion; qui donne des convulsions.

Convulsion s. f. Contraction violente et involontaire des muscles. Fig. grande agitation; grands efforts.

Convulsionnaire adj. et s. Qui a des convulsions.

Convulsivement adj. Avec des convulsions.

Coobligé s. m. Obligé avec un ou plusieurs autres dans un contrat.

Cook (on pron. *Couk*), célèbre navigateur anglais (1728-1769).

Coopérateur, trice s. Qui coopère.

Coopération s. f. Action de coopérer.

Coopérer v. n. Opérer conjointement avec quelqu'un. *Coopérer à la grâce*, y répondre.

Coordination s. f. Action de coordonner; son résultat.

Coordonnées s. f. pl. *Géom.* Les abscisses et les ordonnées d'une courbe.

Coordonner v. a. Mettre en ordre; arranger suivant les rapports.

Copal s. m. Sorte de gomme-résine.

Copartageant, e adj. et s. Qui partage avec un autre.

Copartager v. a. Partager avec un autre.

Copeau s. m. Eclat de bois.

Copermutant s. m. Chacun de ceux qui permutent.

Copernic (Nicolas), célèbre astronome né à Tharn, en Prusse (1473-1543).

Cophte ou **Copte** s. m. Chrétien jacobite ou entichéen d'Egypte; ancienne langue d'Egypte.

Copie s. f. Ecrit fait d'après un autre; imitation exacte des originaux: manuscrit à imprimer.

Copier v. a. Faire une copie. Fig. imiter. SE COPIER, v. pr. Se répéter.

Copieusement adv. Abondamment.

Copieux, euse adj. Abondant: *repas copieux*.

Copiste s. m. Qui copie.

Coprolithe ou **Coprolite** s. f. Excréments fossiles de certains animaux.

Copropriétaire s. Qui possède avec un ou plusieurs autres.

Copropriété s. f. Propriété commune entre plusieurs personnes.

Copulatif, ive adj. *Gram.* Qui lie les mots.

Copule s. f. *Gram.* Mot qui joint l'attribut au sujet.

Coq s. m. Mâle de la poule*, (fig.) du faisan, de la perdrix, etc. Fig. le plus influent d'un lieu; cuisinier d'un vaisseau.

Coq-à-l'âne s. m. Discours sans suite, sans raison.

Coq d'Inde s. m. (on pron. *co d'Inde*). Dindon.

Coque s. f. Enveloppe de l'œuf, de la noix, de certains fruits ou graines; corps d'un navire.

Coquecigrue s. f. Baliverne.

Coquelicot s. m. Espèce de pavot.

Coqueluche s. f. Toux convulsive des enfants. Fig. personne qui est en vogue.

Coquemar s. m. Vase à anse et à gros ventre pour faire bouillir de l'eau.

Coquerico s. m. Chant du coq.

Coquet, ette adj. Qui a de la coquetterie.

Coqueter v. n. Etre coquet.

Coquetier s.m. Marchand d'œufs, de volailles; petit vase pour manger des œufs à la coque.

Coquettement adv. Avec coquetterie, d'une façon coquette.

Coquetterie s. f. Manières, paroles employées à dessein de plaire désir immodéré de plaire: goût de la parure.

Coquillage s. m. Mollusque à coquille: la coquille elle-même.

Coquille s. f. Enveloppe dure de certains mollusques*; coque; ce qui en a la forme; sorte de papier; lettre employée pour une autre (*t. d'impr.*).

Coquillier s. m. (*ll* m.). Collection de coquilles.

Coquillier, ère adj. (*ll* m.). Qui renferme des coquilles.

Coquin, e s. Voleur, fripon, maraud; infâme et lâche.

Coquinerie s. f. Action de coquin.

Cor s. m. Durillon aux pieds; instrument à vent; trompe de chasse*. A COR ET A CRI, loc. adv. (Chasser) à grand bruit.

Corail s. m. Sorte de polypier du plus beau rouge*. (Pl. *coraux*.)

Corailleur s. m. (*ll* m.). Qui pêche du corail.

Corallin, e adj. Rouge comme le corail.

Coralline s. f. Espèce de polypier.

Coran ou **Alcoran**, livre sacré des musulmans, qui contient la loi de Mahomet.

Corbeau s. m. Gros oiseau à plumage noir; soutien d'une poutre; croc de fer; constellation.

Corbeille s. f. (*ll* m.). Panier d'osier*; parterre rond ou ovale.

Corbillard s. m. (*ll* m.). Char funèbre.

Corbillon s. m. (*ll* m.). Petite corbeille.

Cordage s. m. Assemblage des cordes d'un vaisseau, d'une machine, etc.; mesurage du bois.

Corday (Charlotte), jeune femme qui tua Marat et fut exécutée le 17 juillet 1793.

Corde s. f. Fils tortillés de chanvre, laine, crin, etc.* Fig. ligne droite qui joint deux points de la circonférence; supplice de la potence.

Cordé, ée adj. *Bot.* En cœur; qui devient filamenteux.

Cordeau s. m. Petite corde.
Cordeler v. a. Tresser, tordre en corde.
Cordelette s. f. Petite corde.
Cordelier s. m. Religieux de Saint-François.
Cordelière s. f. Petit ornement d'architecture; ceinture; corde à nœuds.
Cordelle s. f. Petite corde pour tirer les bateaux.
Corder v. a. Faire de la corde; lier avec des cordes; mesurer du bois.
Corderie subst. f. Fabrique de cordes.
Cordial, e adj. Du cœur; qui conforte le cœur. Fig. affectueux.
Cordial s. m. Potion propre à fortifier.
Cordialement adv. D'une manière cordiale.
Cordialité s. f. Affection sincère et tendre.
Cordier s. m. Qui fait et vend de la corde.
Cordon s. m. Brin d'une corde; tresse; ruban; insigne d'un ordre de chevalerie. *Cordon d'arbres*, rangée d'arbres.
Cordonner v. a. Tortiller en cordons.
Cordonnerie s. f. Métier, commerce, magasin de cordonnier.
Cordonnet s. m. Petit cordon; soie; petite tresse.
Cordonnier, ière s. Celui, celle qui vend des souliers, bottes, etc.
Coré, lévite qui se révolta contre Moïse.
Coreligionnaire s. Qui est de la même religion.
Coriace adj. Dur comme le cuir. Fig. difficile, dur, avare; qui paye mal et difficilement.
Coriacé, ée adj. Qui a la consistance du cuir.
Coriandre s. f. Sorte de plante.
Corinthien, enne s. Habitant de Corinthe. Adj. m. (Ordre —), ordre d'architecture.
Coriolan (Caïus Marcius), général romain, m. 488 av. J.-C.
Corme s. m. Fruit du cormier.
Cormier s. m. Sorte d'arbre.
Cormoran s. m. Oiseau aquatique.
Cornac s. m. Conducteur d'éléphant.

Corne s. f. Partie dure et saillante qui sort de la tête de quelques animaux*; partie dure du pied des animaux; chausse-pied; cornet dont se servent les vachers; pointes à la tête de limaçons, d'insectes, de serpents.
Corné, ée adj. De la nature de la corne.
Cornée s. f. Première tunique de l'œil.
Corneille s. f. Oiseau du genre du corbeau *.
Corneille (Pierre) (1606-1684), et CORNEILLE (Thomas), son frère (1625-1709), poètes dramatiques français.
Cornélien, ienne adj. De Corneille; à la manière de Corneille.
Cornemuse s. f. Sorte d'instrument de musique à vent.
Cornemuseur s. m. Joueur de cornemuse.
Corner v. n. Sonner d'un cornet, d'une corne; bourdonner aux oreilles. *Corner aux oreilles de quelqu'un*, lui parler continuellement d'une chose. V. a. Publier imprudemment.
Cornet s. m. Petit cor; petit vase en forme de cône; papier roulé en cône*.
Cornette s. f. Coiffure de femme; autrefois étendard de cavalerie.
Cornette s. m. Officier porte-étendard.
Corneur s. m. Celui qui corne.
Corniche s. f. Ornement en saillie.
Cornichon s. m. Sorte de petit concombre.
Corniste s. m. Musicien qui joue du cor.
Cornouille s. f. Fruit rouge du cornouiller.
Cornouiller s. m. Sorte d'arbre qui porte la cornouille.
Cornu, ue adj. Qui a des cornes. Fig. *Visions cornues*, visions extravagantes.
Cornue s. f. Vaisseau dont on se sert en chimie pour distiller.
Corollaire s. m. Conséquence tirée d'une proposition démontrée.

Corolle s. f. Ensemble des pétales d'une fleur.

Corollé, ée adj. *Bot.* Pourvu d'une corolle.

Coronaire adj. f. Se dit des artères qui portent le sang dans le cœur.

Coronal, e adj. Du front.

Corporal s. m. Linge bénit sur lequel le prêtre pose le calice et l'hostie pendant la messe. (Pl. *corporaux.*)

Corporation s. f. Association de gens de même condition.

Corporel, elle adj. Qui a un corps; qui concerne le corps.

Corporellement adv. D'une manière corporelle.

Corporification s. f. Action de corporifier.

Corporifier v. a. Supposer un corps à ce qui n'en a pas; fixer en corps les parties éparses d'une substance (*chim.*).

Corps s. m. Portion de matière formant un tout complet; la partie matérielle d'un être animé; cadavre. Fig. principale partie; portion d'armée; assemblée; solidité, etc. *Corps de garde*, poste militaire; *corps de logis*, partie principale d'un édifice. A CORPS PERDU, loc. adv. Sans crainte, avec ardeur. CORPS A CORPS, loc. adv. En se tenant tous deux par le corps.

Corps-saint s. m. Le corps d'un saint.

Corpulence s. f. Volume du corps humain, embonpoint, obésité.

Corpulent, e adj. Qui a de l'embonpoint.

Corpusculaire adj. Relatif aux corpuscules.

Corpuscule s. m. Petit corps, atome.

Correct, e adj. Où il n'y a pas de faute; selon les règles; exact.

Correctement adv. Selon les règles, sans faute.

Correcteur s. m. Celui qui corrige.

Correctif s. m. Ce qui corrige; adoucissement dans le discours.

Correction s. f. Action de corriger; résultat de cette action; réprimande, châtiment.

Correctionnel, elle adj. *Police correctionnelle*, tribunal civil chargé de connaître des délits et de les punir.

Correctionnellement adv. Par correction; en matière correctionnelle.

Corrège (Antoine ALLEGRI, dit *le*), célèbre peintre italien (1494-1534).

Corrélatif, ive adj. Qui marque la corrélation.

Corrélation s. f. Relation réciproque.

Correspondance s.f. Action de correspondre; rapport, relation entre les choses, les personnes; conformité; relation par lettres, ces lettres mêmes.

Correspondant, e adj. Qui se correspond. S. m. Celui avec qui on est en correspondance de lettres; celui qui s'est chargé de pourvoir aux besoins d'un élève éloigné de sa famille.

Correspondre v. n. Être conforme; être en communication; entretenir une correspondance. SE CORRESPONDRE, v. pr. Être en rapport, en proportion.

Corridor s. m. Galerie étroite, passage entre des appartements.

Corrigé s. m. Devoir corrigé.

Corriger v. a. Ôter un défaut, une faute; châtier, punir. SE CORRIGER, v. pr. S'améliorer.

Corrigible adj. Qui peut se corriger, être corrigé.

Corroborant, e adj. Qui corrobore.

Corroboratif, ive adj. Qui fortifie, corrobore.

Corroboration s. f. Action de fortifier, de corroborer; ses effets.

Corroborer v. a. Fortifier; donner plus de certitude.

Corrodant, e adj. Qui corrode, ronge.

Corroder v. a. Ronger.

Corroi s. m. Préparation du cuir.

Corroirie ou **Corroierie** s. f. Art de corroyer les peaux; atelier du corroyeur.

Corrompre v. a. Gâter, altérer. Fig. dépraver, séduire, troubler.

Corrompu, ue adj. Gâté, altéré.

Corrosif, ive adj. et s. m. Qui ronge, qui corrode.

Corrosion s. f. Action et effet du corrosif.

Corroyage s. m. Action de corroyer.

Corroyer v. a. Apprêter le cuir.

Corroyeur s. m. Qui apprête le cuir.

Corrupteur, trice adj. et s. Qui corrompt.

Corruptibilité s. f. Qualité de ce qui est corruptible.

Corruptible adj. Qui peut être corrompu.

Corruptif, ive adj. Qui corrompt.

Corruption s. f. Action de corrompre; ses effets; altération. Fig. dépravation.

Cors s. m. pl. Cornes du cerf.

Corsage s. m. Partie du corps des épaules aux hanches; vêtement qui recouvre cette partie.

Corsaire s. m. Commandant d'un vaisseau armé en course; son vaisseau; pirate. Fig. homme dur, impitoyable.

Corselet s. m. Petite cuirasse; partie du corps des insectes entre la tête et le ventre.

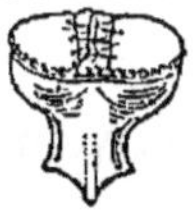

Corset s. m. Vêtement serré qui embrasse et soutient la taille*.

Corsetier, ière s. Qui fait ou vend des corsets.

Cortège s. m. Suite nombreuse de personnes qui accompagnent quelqu'un dans une cérémonie. Fig. accompagnement.

Cortès s. f. pl. Assemblées législatives en Espagne et en Portugal.

Cortez (Fernand), capitaine espagnol, conquérant du Mexique (1485-1547).

Cortical, e adj. Qui appartient à l'écorce. (Pl. *corticaux.*)

Cortiqueux, euse adj. *Bot.* A peau coriace, et charnu intérieurement.

Coruscation s. f. *Phys.* Éclat de lumière.

Corvéable adj. Sujet à la corvée.

Corvée s. f. Travail, service gratuit et forcé; travaux que font à tour de rôle les soldats d'une compagnie. Fig. travail ingrat, pénible.

Corvette s. f. Bâtiment de guerre très léger.

Corymbe s. m. Assemblage de fleurs, de fruits qui forment un bouquet.

Corymbifère adj. Qui porte des corymbes.

Coryphée s. m. Chef d'un chœur. Fig. chef d'une secte, d'un parti, etc.

Coryza s. m. Rhume de cerveau.

Cosaque s. m. et adj. Peuple de la Russie méridionale.

Cosécante s. f. Sécante du complément d'un angle.

Cosinus s. m. Sinus du complément d'un angle.

Cosmétique adj. et s. m. Qui sert à embellir la peau.

Cosmique adj. De l'univers. *Aspect cosmique*, des planètes par rapport à la terre; *lever*, *coucher cosmique*, d'un astre avec celui du soleil.

Cosmogonie s. f. Science, système de la formation du monde.

Cosmogonique adj. Qui a rapport à la cosmogonie.

Cosmographe s. m. Qui sait la cosmographie.

Cosmographie s. f. Description de l'univers.

Cosmographique adj. De la cosmographie.

Cosmologie s. f. Science des lois du monde physique.

Cosmologique adj. De la cosmologie.

Cosmopolite s. m. Citoyen du monde entier; qui n'adopte pas de patrie; qui voyage continuellement.

Cosmopolitisme s. m. Système, mœurs des cosmopolites.

Cosmorama s. m. Tableau de l'univers.

Cosse s. f. Enveloppe des pois, etc.

Cosser v. n. Heurter de la tête, en parlant des béliers.

Cosson s. m. Charançon qui attaque les fèves, les pois, le blé; sarment nouveau.

Cossu, ue adj. Qui a beaucoup de cosse. Fig. riche; invraisemblable.

Costal, e adj. Qui appartient aux côtes.

Costume s. m. Habillement, déguisement.

Costumer v. a. Revêtir d'un costume.

Cotangente s. f. Tangente du complément d'un angle

Cote s. f. Part d'impôts; taux des effets publics et des marchandises. *Cote mal taillée*, compensation approchée de sommes, de prétentions.

Côte s. f. Os courbé et plat, placé obliquement sur les côtés du thorax; ce qui a sa forme; rive qui s'étend au loin le long du bord de la mer; penchant d'une colline. CÔTE A CÔTE, loc. adv. A côté l'un de l'autre.

Côté s. m. Partie latérale; ligne droite ou courbe du périmètre; direction. A CÔTÉ, loc. adv., A CÔTÉ DE, loc. prép. Auprès. DE CÔTÉ, loc. adv. De travers, à part.

Coteau s. m. Penchant d'une colline.

Côtelette s. f. Petite côte détachée d'un mouton, etc.

Coter v. a. Numéroter; marquer le taux, le prix.

Coterie s. f. Société familière; cabale.

Cothurne s. m. Chaussure antique des acteurs tragiques. Fig. *Chausser le cothurne*, faire, jouer des tragédies.

Côtier, ière adj. et s. Qui connaît les côtes, qui les suit.

Cotignac s. m. (*c* final nul). Confiture de coings.

Cotillon s. m. (*ll* m.). Jupe de dessous; sorte de danse.

Cotir v. a. Meurtrir (des fruits) en les frappant.

Cotisation s. f. Action de cotiser; impôt par cote.

Cotiser v. a. Régler la cotisation de chacun. SE COTISER, v. pr. Se réunir pour former une somme.

Cotissure s. f. Meurtrissure des fruits.

Coton s. m. Duvet des fruits du cotonnier; fil qu'on en fait; bourre; duvet.

Cotonnade s. f. Étoffe de coton.

Cotonner (se) v. pr. et *Cotonner* v. n. Se couvrir d'une espèce de duvet.

Cotonneux, euse adj. Mou et spongieux, recouvert de duvet.

Cotonnier s. m. Arbre qui produit le coton.

Cotonnier, ière adj. Du coton.

Coton-poudre ou **Fulmicoton** s. m. Substance explosible.

Côtoyer v. a. Marcher auprès de quelqu'un, le long de la côte, de la rivière.

Cotre. V. *Cutter*.

Cotret s. m. Petit fagot de bois.

Cottage s. m. (mot angl.). Petite maison de campagne.

Cotte s. f. Jupe. *Cotte d'armes*, ancienne casaque militaire. *Cotte de mailles*, chemise de mailles de fer.

Cotuteur s. m. Chargé d'une tutelle avec un autre.

Cotyle s. f. Mesure des Grecs pour les liquides; cavité d'un os dans laquelle un autre os s'articule (*anat.*).

Cotylédon s. m. *Bot.* Partie de la graine consistant en un ou plusieurs lobes charnus qui enveloppent la radicule.

Cotylédoné, ée adj. Garni de cotylédons.

Cou s. m. Partie du corps qui joint la tête aux épaules; partie longue et étroite d'un vase.

Couard adj. et s. m. Poltron (fam.).

Couardement adv. Timidement, lâchement.

Couardise s. f. Poltronnerie, lâcheté, timidité.

Couchant s. m. Occident. Adj. m. Qui se couche : *soleil couchant*.

Couche s. f. Lit; enfantement; linge dont on enveloppe un petit enfant; planche de terre élevée sur un lit de fumier; différents lits superposés dont se compose un terrain; choses mises par lit; enduit.

Couchée s. f. Lieu où l'on couche en voyage.

Coucher s. m. Action, moment de se coucher; garniture d'un lit.

Coucher v. a. Mettre au lit; étendre de son long; courber; étendre sur. V. n. Passer la nuit dans un endroit. SE COUCHER, v. pr. Se mettre au lit; s'étendre de son long.

Couchette s. f. Petit lit.

Coucheur, euse s. Avec qui l'on couche. Fig. *Mauvais coucheur*, homme difficile à vivre, querelleur.

Couci-couci adv. A peu près, ni bien ni mal.

Coucou s. m. Oiseau du genre des pies; sorte d'horloge; anciennes voitures publiques.

Coude s. m. Partie extérieure

bras, à l'endroit où il se plie. g. angle que fait un chemin, une rivière, etc.

Coudée s. f. Étendue du bras depuis le coude jusqu'au bout du doigt du milieu; ancienne mesure de longueur. Fig. COUDÉES FRANCHES, liberté d'agir.

Cou-de-pied s. m. Passage du pied à la jambe.

Couder v. a. Plier en forme de coude.

Coudoiement s. m. Action de coudoyer.

Coudoyer v. a. Heurter quelqu'un du coude.

Coudraie s. f. Lieu planté de coudriers.

Coudre v. a. Joindre des étoffes etc. avec du fil. Fig. rassembler, ajouter l'un à l'autre; attacher.

Coudre s. m. Coudrier.

Coudrette s. f. Lieu planté de coudriers.

Coudrier s. m. Noisetier sauvage.

Couenne s. f. Peau de porc; croûte blanche et cendrée sur le sang, dans les maladies inflammatoires.

Couenneux, euse adj. De la nature de la couenne.

Couffe s. f. ou **couffin** s. m. Sorte de panier de sparte.

Cougouard ou **couguard** s. m. Animal de proie de l'Amérique.

Coulage s. m. Perte de vin, etc., par écoulement; action de couler la lessive. Fig. perte, diminution de profit.

Coulamment adv. D'une manière coulante, aisée.

Coulant, e adj. Qui coule aisément, facile, aisé.

Coulant s. m. Bijou mobile que l'on porte au cou; anneau mobile servant de fermeture à une bourse.

Coulée s. f. Écriture liée et penchée; ouverture d'un fourneau de forge, etc.

Couler v. n. Se dit d'un liquide qui suit sa pente; glisser; s'échapper; fuir, en parlant d'un tonneau, d'un vase, etc. V. a. Passer un liquide à travers une étoffe.

Couleur s. f. Impression que fait sur l'œil la lumière réfléchie par les corps; substance colorante; peinture. Fig. ornement, éclat du style; prétexte, apparence.

Couleuvre s. f. Sorte de serpent. Fig. dégoût, chagrin.

Couleuvreau s. m. Petite couleuvre.

Coulevrine s. f. Canon très long.

Coulis s. m. Suc de viande. Adj. m. *Vent coulis*, qui se glisse par une fente.

Coulisse s. f. Rainure d'un châssis; décorations mobiles sur le côté d'un théâtre; lieu où elles sont; ourlet dans lequel on passe un lacet.

Coulisseau s. m. Languette qui tient lieu de rainure. Pl. bâtis pour placer des tiroirs.

Coulissier s. m. Celui qui fait des affaires à la Bourse hors du parquet des agents de change.

Couloir s. m. Long passage de dégagement dans un édifice; écuelle à couler le lait.

Couloire s. f. Vase pour passer les liquides.

Coulpe s. f. Faute, péché.

Coulure s. f. Maladie du raisin.

Coup s. m. Choc de deux corps; son impression; décharge et bruit du tonnerre, des armes à feu que l'on tire; action réitérée. Fig. impression pénible. *Coup de main*, aide; attaque subite avec succès. *Coup de sang*, son épanchement subit dans le cerveau. *Coup de tête*, action téméraire, étourdie. APRÈS COUP loc. adv. Quand il n'est plus temps. TOUT A COUP loc. adv. Soudainement. A COUP SUR loc. adv. Certainement.

Coupable adj. et s. Qui a commis une faute, un crime.

Coupablement adv. D'une manière coupable.

Coupage s. m. Action de mêler un liquide avec un autre moins fort.

Coupant, e adj. Qui coupe.

Coupe s. f. Bois sur pied destiné à être coupé; action de couper; manière de tailler; représentation d'un bâtiment par sections; distribution d'un ouvrage. *En général* séparation en parties en coupant.

Coupe s. f. Tasse.

Coupé s. m. Sorte de voiture suspendue; compartiment de devant d'une diligence.

Coupe-gorge s. m. Passage dangereux à cause des voleurs.

Coupe-jarret (Acad.) ou **Coupe-jarrets** s. m. Assassin de profession; brigand.

Coupellation s. f. *Chim.* Action de mettre un métal à la coupelle.

Coupelle s. f. Petite capsule poreuse faite avec des cendres lavées ou des os calcinés, pour l'affinage des métaux.

Coupeller v. a. *Chim.* Mettre un métal à la coupelle.

Couper v. a. Trancher, diviser, séparer; tailler; mélanger deux liquides. *Couper la parole*, interrompre. V. n. Séparer en deux un jeu de cartes. SE COUPER v. pr. S'entamer la chair; fig. se contredire.

Couperet s. m. Large couteau de boucher.

Couperose s. f. Sulfate de fer, de cuivre ou de zinc; sorte de maladie.

Couperosé, ée adj. Qui a le visage plein de rougeurs.

Coupe-tête s. m. Sorte de jeu d'enfant.

Coupeur, euse s. Qui coupe. *Coupeur de bourses*, filou très subtil.

Couple s. f. Deux choses de même espèce réunies; lien.

Couple s. m. Deux personnes unies par mariage ou par un sentiment qui les fait agir de concert.

Coupler v. a. Attacher des chiens deux à deux.

Couplet s. m. Stance d'une chanson. [couper.

Coupoir s. m. Sorte d'outil pour

Coupole s. f. Intérieur, partie concave d'un dôme.

Coupon s. m. Petit reste d'étoffe; partie de papier portant intérêt.

Coupure s. f. Séparation, division dans un corps continu, blessure faite en coupant.

Cour s. f. Espace découvert entouré de bâtiments.

Cour s. f. Résidence d'un souverain avec sa suite; suite d'un prince; siège de justice; tribunal. Fig. respects; assiduités.

Courage s. m. Disposition de l'âme qui porte à quelque chose de hardi, de difficile, de grand et de périlleux. COURAGE! interj. pour exciter.

Courageusement adv. Avec courage.

Courageux, euse adj. Qui a du courage : *homme courageux;* qui marque le courage : *action courageuse.*

Couramment adv. Rapidement; facilement.

Courant s. m. Le fil de l'eau; le mois qui court; le cours des choses; mouvements de la mer, d'un fluide.

Courant, e adj. Qui court, s'écoule; ordinaire.

Courbatu, ue adj. Qui a une courbature.

Courbature s. f. Lassitude douloureuse dans les jambes, les reins, etc.

Courbaturer v. a. Causer une courbature. SE COURBATURER, v. pr. Se donner une courbature.

Courbe adj. Qui n'est pas droit. S. f. Ligne courbe.

Courber v. a. Rendre courbe une chose droite. V. n. Ployer. SE COURBER, v. pr. Devenir courbe. Fig. s'humilier.

Courbette s. f. Mouvement du cheval qui se cabre. Fig. *Faire des courbettes*, ramper devant quelqu'un.

Courbure s. f. État d'une chose courbée.

Coureur, euse s. Léger à la course; qui va et vient; qui fait des courses. S. m. Valet de pied.

Courge s. f. Citrouille.

Courier (Paul-Louis), écrivain politique et savant helléniste (1772-1825).

Courir v. a. et n. Aller avec vitesse; rechercher; s'étendre; poursuivre; fréquenter; être en vogue. Fig. *courir un danger*, y être exposé.

Courlis s. m. Sorte d'oiseau.

Couronne s. f. Ornement autour de la tête*; anneau lumineux autour des astres. Fig. la souveraineté; le souverain lui-même; sorte de papier.

Couronné, ée adj. Qui porte une couronne; surmonté de, environné de; qui a reçu un prix dans un concours. *Cheval couronné*, qui s'est blessé au genou en tombant.

Couronnement s. m. Action de couronner; partie supérieure d'un meuble, d'un édifice. Fig. accomplissement.

Couronner v. a. Mettre une couronne sur la tête. Fig. récompenser; achever; environner. SE COURONNER, v. pr. Mettre une couronne sur sa tête. Fig. s'orner, s'embellir; *se dit* du cheval qui s'est blessé au genou.

Courre v. a. et n. Courir une bête à la chasse.

Courrier s. m. Qui porte les dépêches.

Courrière s. f. Se dit de la lune (vx.).

Courroie s. f. Lien de cuir.

Courroucer v. a. Irriter.

Courroux s. m. Colère.

Cours s. m. Mouvement d'un fleuve, des astres, du temps; marche naturelle des affaires; durée; vogue; promenade; étude, leçons publiques et suivies d'une science.

Course s. f. Action de courir; trajet.

Coursier s. m. Cheval.

Court, courte adj. Qui a peu de longueur, de durée. Fig. esprit borné; bref.

Court adv. Brusquement; brièvement. *Couper court*, abréger; *rester court*, muet, interdit.

Courtage s. m. Profession, droit du courtier.

Courtaud, e adj. De taille grosse et courte. S. m. Garçon de boutique.

Court-bouillon s. m. Sauce pour le poisson.

Courtement adv. D'une manière courte; brièvement.

Courtepointe s. f. Couverture de lit.

Courtier s. m. Celui qui s'entremet pour la vente et l'achat des marchandises, les placements de fonds, etc.

Courtil s. m. Petit jardin.

Courtille s. f. (*ll* m.) Jardin (vx.).

Courtine s. f. Mur entre deux bastions; rideau de lit.

Courtisan s. et adj. Attaché à la cour, qui la fréquente; qui cherche à plaire.

Courtisanerie s. f. Art du courtisan.

Courtisanesque adj. De courtisan.

Courtiser v. a. Faire la cour à quelqu'un.

Courtois, e adj. Poli, gracieux. *Armes courtoises*, dont la pointe est émoussée.

Courtoisement adv. D'une manière courtoise.

Courtoisie s. f. Civilité, honnêteté, complaisance.

Couseuse s. f. Femme qui coud; machine à coudre.

Cousin s. m. Sorte d'insecte.

Cousin, e s. Fils, fille du frère ou de la sœur de notre père ou de notre mère.

Cousin (Jean), peintre célèbre du XVIe siècle, fondateur de l'École française.

Cousin (Victor), philosophe français (1792-1867).

Cousinage s. m. Parenté entre cousins.

Cousiner v. a. Appeler quelqu'un cousin. Vivre en parasite sous prétexte de parenté.

Coussin s. m. Sac rembourré pour s'appuyer ou s'asseoir.

Coussinet s. m. Petit coussin.

Coût s. m. Ce qu'une chose coûte.

Coûtant adj. m. *Prix coûtant*, ce qu'il en a coûté.

Couteau s. m. Instrument tranchant composé d'une lame et d'un manche pour couper, tailler, râcler; *couteau à papier*, instrument en bois, en os ou en ivoire, pour plier et couper le papier*.

Coutelas s. m. Épée large et plate; grand couteau.

Coutelier, ière s. Fabricant ou marchand de couteaux, de rasoirs.

Coutellerie s. f. Métier, boutique, ouvrage de coutelier.

Coûter v. n. Être acheté un certain prix. Fig. être cause de dépense, de perte, de peine, de douleurs, de soins.

Coûteux, euse adj. Qui cause de la dépense.

Coutil s. m. Toile forte et serrée.

Coutre s. m. Fer tranchant de la charrue.

Coutume s. f. Habitude, usage; ce qui arrive souvent; chose consacrée par l'usage.

Coutumier, ière adj. Selon la

coutume; qui a coutume de. S. m. Recueil des coutumes d'un pays.

Couture s. f. Art, action, façon de coudre; large cicatrice. A PLATE COUTURE, loc. adv. Complètement.

Couturé, ée adj. Marqué de coutures.

Couturier s. m. Qui fait métier de coudre (vx.). Adj. et s. m. Se dit d'un muscle de la jambe (*anat.*).

Couturière s. f. Ouvrière en couture.

Couvain s. m. Œufs d'insectes.

Couvaison s. f. Saison où couvent les oiseaux de basse-cour.

Couvée s. f. Œufs couvés à la fois; les petits qui en sont éclos. Fig. famille.

Couvent s. m. Maison religieuse; monastère; ses habitants.

Couver v. a. et n. Se dit de l'oiseau qui échauffe ses œufs en se tenant couché dessus. Fig. tenir caché. *Couver des yeux*, ne pas perdre de vue.

Couvercle s. m. Ce qui est fait pour couvrir, fermer un vase, un coffre, etc.

Couvert s. m. L'ensemble des ustensiles qui couvrent une table à manger; la cuiller et la fourchette; toit, abri. A COUVERT, loc. adv. En sûreté.

Couvert, e adj. Caché; vêtu; rempli de; chargé de nuages: *temps couvert*. Fig. dissimulé. *Pays couvert*, boisé.

Couvertement adv. Secrètement, en cachette.

Couverture s. f. Ce qui sert à couvrir; drap de laine, de coton, etc., sur le lit; toit.

Couverturier s. m. Qui fait et vend des couvertures de lit.

Couvet s. m. Pot à anse qui sert de chaufferette.

Couveuse s. f. Poule qui couve.

Couvi adj. m. Œuf à demi couvé et gâté.

Couvre-chef s. m. Bonnet, chapeau.

Couvre-feu s. m. Ustensile pour couvrir le feu; signal pour éteindre les feux.

Couvre-pied (Acad.), ou **couvre-pieds** s. m. Petite couverture pour les pieds et la moitié du lit.

Couvreur s. m. Artisan qui couvre les toits.

Couvrir v. a. Mettre une chose sur une autre pour la cacher, la conserver, l'orner, etc. Fig. cacher, dissimuler; défendre. SE COUVRIR, v. pr. Mettre son chapeau; s'obscurcir : *le ciel se couvre de nuages;* se cacher; acquérir : *se couvrir de gloire.*

Covendeur s. m. Qui vend avec un autre.

Coxal, e adj. De la hanche. (Pl. m. *coxaux.*)

Coythier (Jacques), médecin de Louis XI.

Crabe s. m. Sorte de crustacé.

Crac s. m. Bruit que fait un corps dur qui se brise. Interj. marquant la soudaineté.

Crachat s. m. Jet de salive ou de pituite. Fig. Plaque d'un ordre de chevalerie appliquée sur l'habit (pop.).

Crachement s. m. Action de cracher.

Cracher v. a. Rejeter de la bouche la salive, etc. Fig. éclabousser.

Cracheur, euse s. Qui crache souvent.

Crachoir s. m. Vase où l'on crache.

Crachotement s. m. Action de crachoter.

Crachoter v. n. Cracher peu et souvent.

Craie s. f. Pierre calcaire, blanche et tendre.

Craindre v. a. Redouter, appréhender; révérer.

Crainte s. f. Appréhension, peur; respect.

Craintif, ive adj. Timide, sujet à la crainte.

Craintivement adv. Avec crainte.

Cramoisi s. m. Couleur du rouge foncé.

Cramoisi, ie adj. Rouge foncé.

Crampe s. f. Contraction convulsive et douloureuse d'un muscle.

Crampon s. m. Morceau de métal courbé pour attacher fortement.

Cramponner v. a. Attacher avec des crampons. SE CRAMPONNER v. pr. S'attacher fortement.

Cran s. m. Entaille. Fig. échelon.

Crâne s. m. Boite osseuse du

cerveau. S. m. et adj. Fig. (fam.) fou tapageur; homme hardi.

Crânement adv. Hardiment.

Crânerie s. f. Hardiesse.

Crânien, enne adj. Du crâne.

Craniologie ou **crâniologie** s. f. Traité, étude des protubérances du crâne.

Crapaud s. m. Genre de reptile amphibie de l'ordre des batraciens. Fig. petit homme laid; affût d'un mortier.

Crapaudière s. f. Lieu bas, sale, humide, plein de crapauds.

Crapaudine s. f. Dent fossile; fer creux qui reçoit un pivot; soupape.

Crapule s. f. Vile et continuelle débauche; celui ou ceux qui y vivent.

Crapuler v. n. Etre, vivre dans la crapule.

Crapuleusement adv. D'une manière crapuleuse.

Crapuleux, euse adj. Qui aime la crapule, qui y a rapport.

Craquement s. m. Son de ce qui craque.

Craquer v. n. Faire du bruit en se rompant. Fig. mentir (pop.).

Craquètement s. m. Convulsion des muscles des mâchoires, qui fait craquer les dents.

Craqueter v. n. Craquer souvent. Se dit du cri de la cigogne et de la grue.

Craqueur, euse s. Menteur (pop.).

Crasse s. f. Saleté, ordure. Fig. avarice sordide. Adj. épaisse, grossière : *matière, ignorance crasse.*

Crasser v. a. Remplir de crasse. SE CRASSER v. pr. Se remplir de crasse.

Crasseux, euse adj. Couvert de crasse; sale, malpropre.

Crassus (Licinius), orateur romain, consul en 96 av. J.-C.

Cratère s. m. Ouverture d'un volcan; vase à boire des anciens.

Cratériforme adj. *Bot.* Qui a la forme d'un cratère ou d'une coupe.

Cravache s. f. Sorte de fouet court, d'une seule pièce.

Cravate s. f. Linge qu'on met et noue autour du cou. S. m. Cheval de Croatie.

Cravater v. a Mettre une cravate. SE CRAVATER v. pr. Mettre sa cravate.

Crayeux, euse adj. Qui contient de la craie.

Crayon s. m. Substance terreuse, pierreuse, minérale ou colorée, dont on se sert pour dessiner*. Fig. dessin, esquisse.

Crayonner v. a. Tracer, dessiner au crayon; esquisser.

Crayonneur s. m. Celui qui crayonne.

Crayonneux, euse adj. De la nature du crayon.

Créance s. f. Croyance, confiance; dette active. *Lettre de créance*, lettre qui accrédite une personne auprès de quelqu'un.

Créancier, ière s. A qui on doit de l'argent.

Créateur, trice s. Qui crée, qui tire du néant, qui invente. *Le Créateur*, Dieu.

Création s. f. Action de Dieu tirant les êtres du néant; action de créer, ses effets.

Créature s. f. Etre créé. Fig. protégé, homme qui doit sa fortune à un autre.

Crécelle s. f. Moulinet de bois très bruyant.

Crèche s. f. Mangeoire des bestiaux; la crèche où fut mis l'enfant Jésus.

Crédence s. f. Petite table des burettes.

Crédencier s. m. Panetier.

Crédibilité s. f. (Motifs de —), raisons pour croire.

Crédit s. m. Réputation de solvabilité; somme mise à la disposition de quelqu'un chez un commerçant; note de ce qu'un marchand doit faire entrer à son profit dans la balance d'un compte. Fig. considération, influence. A CRÉDIT loc. adv. Sans payer de suite : *acheter à crédit.*

Créditer v. a. Inscrire ce que l'on doit à quelqu'un et ce que l'on a reçu de lui.

Créditeur s. m. Créancier inscrit au registre d'un banquier, etc. pour telle somme. Adj. m. *Compte créditeur*, le compte porté au crédit.

Credo s. m. Symbole de la foi des apôtres.

Crédule adj. Qui croit trop facilement.

Crédulement adv. Avec crédulité.

Crédulité s. f. Facilité à croire sans examen, sur un léger fondement.

Créer v. a. Tirer du néant; inventer; établir (un tribunal, une école, etc.); contracter (une dette). SE CRÉER v. pr. Se procurer (des ressources, une situation).

Crémaillère s. f. Pièce de fer dentelée suspendue dans une cheminée pour y accrocher la marmite; pièce garnie de crans pour élever ou abaisser une partie mobile *.

Crémaillon s. m. Petite crémaillère attachée à la grande.

Crémation s. f. Brûlement des corps.

Crème s. f. Partie épaisse du lait. Fig. le meilleur d'une chose.

Crément s. m. Augmentation des syllabes d'un mot dans les langues anciennes.

Crémer v. n. Se couvrir de crème, en parlant du lait.

Crèmerie s. f. Etablissement du crémier.

Crémeux, euse adj. Qui contient beaucoup de crème.

Crémier, ière s. Qui vend de la crème, etc.

Créneau s. m. Dentelures pratiquées en haut des murs fortifiés.

Crénelage s. m. Cordon sur le bord de la monnaie.

Crénelé adj. Garni de créneaux.

Créneler v. a. Faire des créneaux.

Crénelure s. f. Dentelure en créneaux.

Créole s. Né d'un Européen dans les colonies.

Créosote s. f. Caustique qu'on emploie contre le mal de dents.

Crêpe s. m. Etoffe claire, frisée. S. f. Pâte frite et plate.

Crépi s. m. Enduit de mortier, de plâtre, de chaux et de sable sur un mur.

Crépin et Crépinien (saints), frères, martyrisés en 287.

Crépine s. f. Frange tissue et ouvragée par le haut; toile de graisse sur la panse de l'agneau.

Crépinette s. f. Espèce de saucisse entourée de crépine.

Crépir v. a. Enduire de mortier.

Crépissure s. f. Crépi; action de crépir.

Crépitation s. f. Bruit redoublé du feu, de la flamme qui pétille.

Crépiter v. n. Pétiller.

Crépon s. m. Gros crêpe.

Crépu, ue adj. Très frisé; crêpé.

Crépusculaire adj. Du crépuscule.

Crépuscule s. m. Faible clarté qui précède le soleil levant, ou suit le soleil couchant.

Crescendo s. m. et adv. *Mus.* En renflant le son; ce renflement. En augmentant.

Cresson s. m. Sorte de plante.

Cressonnière s. f. Lieu où croît le cresson.

Crésus, dernier roi de Lydie, fameux par ses richesses. Fig. homme excessivement riche.

Crétacé, ée adj. De la nature de la craie, qui en contient.

Crête s. f. Excroissance charnue sur la tête de certains oiseaux. Fig. faîte, cime.

Crêté, ée adj. Qui a une crête.

Crétin s. m. Homme difforme et stupide.

Crétiniser v. a. Rendre crétin. SE CRÉTINISER v. pr. Devenir stupide.

Crétinisme s. m. Difformité du crétin. Fig. stupidité.

Crétois, e adj. et s. De l'île de Crète.

Cretonne s. f. Toile blanche.

Creusage s. m. Action de creuser.

Creusement s. m. Action de creuser.

Creuser v. a. Caver, rendre creux. Fig. approfondir (une chose, une affaire). SE CREUSER *l'esprit, le cerveau*, se fatiguer, se perdre en réflexions, en méditations, en recherches.

Creuset s. m. Vase pour fondre les métaux.

Creux s. m. Cavité.

Creux, euse adj. Qui a une cavité; vide; profond; creusé. Fig. vain; peu solide.

Crevasse s. f. Fente.

Crevasser v. a. Faire des crevasses. SE CREVASSER v. pr. Se fendre.

Crevé s. m. Ouverture que l'on pratiquait aux manches de certains vêtements,

Crève-cœur s. m. Grande douleur, grand déplaisir.

Crever v. a. et n. Faire rompre ou éclater; épuiser par un excès; se rompre. Fig. mourir (pop.).

Crevette s. f. Petite écrevisse de mer *.

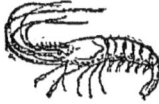

Crevier, historien français (1693-1765).

Cri s. m. Voix haute et poussée avec effort; clameur; voix de certains oiseaux.

Criailler v. n. Crier souvent et mal à propos.

Criaillerie s. f. Cris, crieries répétés.

Criailleur, euse s. Qui criaille.

Criant, e adj. *Injustice criante*, qui excite à se plaindre hautement, à crier.

Criard, e adj. Qui crie souvent, se plaint, gronde sans sujet. Fig. *Dettes criardes*, exigibles de suite.

Crible s. m. Instrument percé de trous pour nettoyer le grain, pour le trier *.

Cribler v. a. Nettoyer avec le crible; percer comme un crible: *cribler de blessures*. Fig. choisir, trier.

Cribleur, euse s. Qui crible.

Criblure s. f. Mauvais grain, reste du grain criblé.

Cric s. m. Machine pour lever des fardeaux.

Cric-crac s. m. Bruit d'une chose qui se casse.

Cri-cri s. m. Grillon. (Pl. *cris-cris.*)

Criée s. f. Vente publique faite aux enchères.

Crier v. n. Jeter des cris; rendre un son aigre par le frottement; gronder, blâmer; se plaindre. V. a. Dire et répéter avec énergie; proclamer pour vendre ou retrouver quelque chose; publier.

Crierie s. f. Bruit fait en criant, contestant, se plaignant, réprimandant, grondant.

Crieur, euse s. Qui crie; marchand ambulant qui crie ses marchandises.

Crillon (*ll* m.), célèbre guerrier français (1541-1615).

Crime s. m. Action très mauvaise et punissable par les lois; grave infraction aux lois de la religion ou de la morale.

Criminaliser v. a. Convertir un procès civil en criminel.

Criminaliste s. m. Homme instruit sur les matières criminelles.

Criminalité s. f. Etat, nature de ce qui est criminel.

Criminel, elle adj. Qui a rapport au crime. S. m. Coupable, convaincu d'un crime.

Criminellement adv. D'une manière criminelle.

Crin s. m. Poil long et dur de certains animaux.

Crincrin s. m. Mauvais violon.

Crinière s. f. Crins du cou du cheval et du lion; touffe de crin qui orne un casque *. Fig. chevelure épaisse.

Crinoline s. f. Etoffe de crin dont on fait des cols, des jupons.

Crique s. f. Petite baie.

Criquet s. m. Sorte d'insecte. Fig. petit cheval faible et de vil prix.

Crise s. f. Effort violent et involontaire. Fig. moment décisif d'une affaire.

Crispation s. f. Contraction. Fig. impatience.

Crisper v. a. Causer des crispations. SE CRISPER, v. pr. Se contracter.

Criss ou **Crid** s. m. Poignard des Malais.

Crissement s. m. Action de crisser.

Crisser v. n. Se dit des dents qui font un bruit aigre, lorsqu'on les grince fortement.

Cristal s. m. Quartz transparent et incolore appelé aussi cristal de roche; verre fin; objet de cristal. Fig. limpidité.

Cristallerie s. f. Fabrication des cristaux; art de les fabriquer.

Cristallin s. m. Lentille transparente de l'œil.

Cristallin, e adj. De la nature du cristal; transparent comme le cristal.

Cristallisable adj. *Chim.* Qui

est susceptible de se cristalliser.

Cristallisant, e adj. *Chim.* Qui est propre à se cristalliser.

Cristallisation s. f. Action de se cristalliser ; matière cristallisée.

Cristalliser v. a. Congeler, réduire en cristal. V. n. Se former en cristal. SE CRISTALLISER v. pr. Se dit des sels, etc., dissous dans un liquide, qui se réunissent en solides.

Cristallographie s. f. Connaissance, description des cristaux.

Cristalloïde adj. Qui a l'apparence du cristal.

Critériüm s. m. Marque à laquelle on reconnaît qu'une chose est vraie ou fausse. (Pl. *critériums.*)

Critiquable adj. Qui peut être justement critiqué.

Critique s. f. Art, talent de juger les ouvrages de l'esprit. S. m. Celui qui juge les ouvrages d'esprit ; censeur.

Critique adj. Dangereux, inquiétant ; qui annonce une crise ; qui concerne la critique.

Critiquer v. a. Examiner un ouvrage d'esprit ; censurer, blâmer.

Critiqueur s. m. Celui qui a la manie de critiquer.

Criton, disciple de Socrate, m. 383 av. J.-C.

Croassement s. m. Cri du corbeau.

Croasser v. n. Se dit du cri du corbeau.

Croate s. et adj. De la Croatie.

Croc s. m. Instrument à pointes pour accrocher ; longue perche armée d'une pointe et d'un crochet* ; dent de certains animaux.

Croc-en-jambe s. m. Action de passer son pied entre les jambes de quelqu'un. Fig. ruse pour supplanter. (Pl. *crocs-en-jambe.*)

Croche s. f. Note de musique valant la moitié d'une noire. Adj. Tortu.

Crochet s. m. Petit croc ; instrument à peser ; machine pour porter des fardeaux sur le dos* ; outil de serrurier.

Crochetage s. m. Action de crocheter.

Crocheter v. a. Ouvrir (une serrure) avec un crochet.

Crocheteur s. Celui qui crochète ; portefaix.

Crochu, ue adj. Recourbé, tortu.

Crocodile s. m. Grand reptile amphibie semblable au lézard*.

Crocodiliens s. m. pl. Famille de reptiles renfermant les crocodiles.

Croire v. a. Tenir une chose pour vraie ; ajouter foi à quelqu'un. V. n. Avoir la foi. SE CROIRE v. pr. s'imaginer être : *se croire habile.*

Croisade s. f. Ligue des catholiques contre les hérétiques, les infidèles ; expédition des chrétiens pour conquérir la Terre Sainte.

Croisé s. m. Celui qui partait pour la Terre-Sainte.

Croisé, ée adj. En forme de croix.

Croisée s. f. Fenêtre, ouverture dans un mur pour le jour ; menuiserie qui la ferme.

Croisement s. m. Action de croiser, de se croiser.

Croiser v. a. Disposer en croix ; tordre légèrement (les fils). Fig. — (quelqu'un), le traverser dans ses desseins ; rayer avec la plume ; marquer d'une croix ; aller et venir dans les mêmes eaux en parlant d'un vaisseau. SE CROISER v. pr. Se couper, se rencontrer, se traverser. *Se dit* de deux lignes, deux personnes qui se rencontrent, et vont l'une d'un côté, l'autre de l'autre. Fig. se traverser, se nuire par la concurrence.

Croiseur s. m. Vaisseau qui croise.

Croisière s. f. Action de croiser ; espace de mer dans lequel on croise.

Croisillon s. m. Traverse d'une croix, d'une croisée.

Croissance s. f. Augmentation en grandeur des animaux, des arbres.

Croissant s. m. Figure de la nouvelle lune ; sa forme ; fer recourbé en croissant.

Croissant, e adj. Qui croît.

Croît s. m. Augmentation du bétail par la génération.

Croître v. n. Devenir plus grand ; augmenter *en général.*

Croix s. f. Deux lignes formant quatre angles droits ; signe que portent les dignitaires de certains ordres de chevalerie* ; gibet en croix ; sa figure ; représentation de J.-C. en croix. Fig. peine, tourment.

Cromwell (Olivier), gouverna l'Angleterre avec le titre de *Protecteur* (1652), m. en 1658.

Croquant s. m. Homme de rien.

Croquant, e adj. et s. Qui croque sous la dent.

Croque-mort ou **Croque-morts** s. m. Homme qui transporte les morts.

Croque-note s. m. Mauvais musicien.

Croquer v. a. Manger des choses qui croquent ; dessiner. v. n. Faire du bruit sous la dent.

Croquignole s. f. Pâtisserie croquante.

Croquis s. m. Esquisse ; première pensée d'un peintre ; ouvrage d'esprit resté imparfait.

Crosse s. f. Bâton pastoral* ; bâton courbé ; courbe du fût d'un fusil.

Crossé, ée adj. Qui porte crosse.

Crosser v. n. Pousser avec une crosse. V. a. Maltraiter, traiter avec mépris (pop.).

Crotale s. m. Serpent à sonnettes.

Crotte s. f. Boue des chemins ; petit excrément.

Crotter v. a. Couvrir de crotte.

Crottin s. m. Excréments des chevaux, des brebis et d'autres animaux.

Croulant, e adj. Qui croule.

Croulement s. m. Démolition, chute en ruines.

Crouler v. n. Tomber en s'affaissant. Fig. se ruiner.

Croup s. m. Angine membraneuse du larynx.

Croupe s. f. Cime d'une montagne ; partie de derrière des animaux.

Croupier s. m. Associé de jeu.

Croupière s. f. Longe de cuir sous la queue d'une bête de somme.

Croupion s. m. Le bas de l'échine ; partie du corps d'un oiseau où sont plantées les plumes de la queue.

Croupir v. n. Se corrompre, faute de mouvement. Fig. vivre dans un état honteux.

Croupissant, e. adj. Qui croupit.

Croupissement s. m. Etat des matières qui croupissent.

Croustillant, e adj. (*ll* m.). Croquant.

Croustille s. f. (*ll* m.). Petite croûte de pain.

Croustiller v. n. (*ll* m.). Manger des croustilles.

Croustilleux, euse adj. Plaisant, graveleux.

Croûte s. f. Partie extérieure, solide, du pain, d'un pâté ; surface durcie. Fig. mauvais tableau.

Croûton s. m. Morceau de pain avec beaucoup de croûte.

Croyable adj. Qui doit, qui peut être cru.

Croyance s. f. Pleine conviction ; foi ; opinion.

Croyant, e s. Qui croit sa religion, ce qu'elle enseigne.

Cru s. m. Terroir où croît quelque chose.

Cru, ue adj. Qui n'est pas cuit. Fig. dur, libre, choquant.

Cruauté s. f. Inhumanité ; action cruelle ; rigueur.

Cruche s. f. Vase de terre à anse. Fig. personne stupide (fam.).

Cruchée s. f. Le contenu d'une cruche.

Cruchon s. m. Petite cruche.

Crucial, e adj. Fait en croix.

Crucifères s. f. pl. Famille de plantes dont les fleurs ont quatre pétales en croix.

Crucifiement ou **Crucifîment** s. m. Action de crucifier ; supplice de la croix, sa représentation.

Crucifier v. a. Attacher à une croix ; mettre en croix ; mortifier sa chair.

Crucifix s. m. Croix ; tableau, statue, estampe qui représente le Christ en croix*.

Cruciforme adj. En forme de croix.

Crudité s. f. Qualité de ce qui est cru. Fig. paroles trop libres.

Crue s. f. Augmentation de volume ; croissance.

Cruel, elle adj. Inhumain ; qui a de la cruauté.

Cruellement adv. Avec cruauté.

Crûment adv. Sans ménagement ; d'une manière crue, dure, incivile.

Crural, e adj. De la jambe : *muscle crural.*

Crustacé, ée adj. Se dit des animaux couverts d'une enveloppe dure, comme une sorte de croûte, tels que le homard et l'écrevisse ; au pl. nom d'une classe comprenant ces sortes d'animaux (*zool.*).

Crypte s. f. Eglise souterraine,

Cryptogame adj. (Plante —), dont les organes sexuels sont cachés, douteux.

Cryptogamie s. f. Classe des végétaux cryptogames.

Cryptographie s. f. Ecriture de convention.

Cubage ou **cubature** s. f. Action de cuber, résultat de cette action.

Cube s. m. Solide à six faces carrées égales ; produit du carré d'un nombre multiplié par ce nombre.

Cuber v. a. Evaluer le nombre d'unités cubiques que renferme un volume donné ; élever au cube.

Cubique adj. Du cube : *nombre cubique.*

Cubital, e adj. Du coude.

Cubitus s. m. Le premier os de l'avant-bras.

Cucurbitacées s. f. pl. Famille de plantes voisines des courges.

Cucurbite s. f. Partie de l'alambic qui porte le chapiteau.

Cueillage s. m. (*ll.* m.). Action de cueillir ; matière vitrifiée prise à la fois.

Cueillaison s. f. (*ll.* m.). Cueillage.

Cueillette s. f. Récolte annuelle, produit d'une quête.

Cueilleur, euse s. Qui cueille.

Cueillir v. a. Détacher (des fleurs, des fruits, etc.) de leur branche, de leur tige. Fig. *Cueillir des lauriers, des palmes*, remporter des victoires.

Cueilloir s. m. Panier pour cueillir les fruits.

Cuider v. n. Croire ; penser ; s'imaginer (vx.).

Cuiller ou **cuillère** s. f. Ustensile creux pour prendre les mets, les porter à la bouche *.

Cuillerée s. f. Le contenu d'une cuiller.

Cuir s. m. Peau séparée de la chair et corroyée.

Cuirasse s. f. Armure en fer qui couvre le corps devant et derrière.

Cuirassé, ée adj. Qui porte la cuirasse.

Cuirasser v. a. Revêtir d'une cuirasse. SE CUIRASSER v. pr. Se fortifier, s'armer contre.

Cuirassier s. m. Cavalier revêtu d'une cuirasse.

Cuire v. a. Préparer les aliments, etc., par le moyen du feu, de la chaleur, pour les rendre propres à leur usage. V. n. Causer une douleur âpre et aiguë.

Cuisant, e adj. Apre ; aigu, piquant : *remords cuisant.*

Cuisine s. f. Lieu où l'on apprête les mets ; art, manière, fonction de les apprêter.

Cuisiner v. n. Faire la cuisine.

Cuisinier, ère s. Qui fait la cuisine.

Cuissard s. m. Armure de la [cuisse.

Cuisse s. f. Partie du corps de l'aine au genou.

Cuisse-madame s. f. Sorte de poire longue.

Cuisson s. f. Action, façon de cuire ; douleur du mal qui cuit.

Cuistre s. m. Pédant grossier ; valet de collège.

Cuit, e adj. Qui a été cuit.

Cuite s. f. Cuisson de la chaux, des briques, etc. ; action de cuire, ce que l'on cuit en une fois.

Cuivrage s. m. Action de recouvrir de cuivre.

Cuivre s. m. Métal.

Cuivrer v. a. Revêtir de feuilles de cuivre.

Cuivreux, euse adj. De couleur de cuivre.

Culasse s. f. Partie de derrière d'une arme à feu *.

Culbute s. f. Saut en tournant sur soi-même ; chute.

Culbuter v. a. Renverser ; ruiner.

Cul de basse-fosse s. m. Cachot dans la basse-fosse. (Pl. *culs de basse-fosse.*)

Cul-de-four s. m. Voûte sphérique. (Pl. *culs-de-four.*)

Cul-de-jatte s. m. et adj. Qui est privé de l'usage de ses jambes.

Cul-de-lampe s. m. Ornement qui pend de la voûte; fleuron à la fin d'un chapitre *. (Pl. *culs-de-lampe.*)

Cul-de-sac s. m. Rue sans issue. (Pl. *culs-de-sac.*)

Culée s. f. Masse qui soutient la dernière arche et la poussée d'un pont.

Culière s. f. Pierre creusée et percée pour recevoir l'eau d'un tuyau ; sangle au derrière du cheval qui fixe la selle.

Culinaire adj. De la cuisine : *art culinaire.*

Culminant, e adj. Qui est à la plus grande élévation.

Culmination s. f. Moment du passage d'un astre par le méridien.

Culminer v. n. Passer par le méridien.

Culot s. m. Le dernier né ; dernier reçu dans une compagnie ; reste de métal au fond du creuset ; reste au fond d'une pipe.

Culotte s. f. Vêtement de la ceinture jusqu'aux genoux.

Culotter v. a. Mettre des culottes.

Culottier, ière s. Qui fait des culottes.

Culpabilité s. f. Etat moral d'un coupable.

Culte s. m. Honneur rendu à Dieu.

Cultivable adj. Propre à la culture.

Cultivateur s. m. Qui cultive la terre.

Cultiver v. a. Donner les soins nécessaires pour fertiliser le sol, améliorer les productions. Fig. *Cultiver les sciences, les arts*, s'y exercer ; *cultiver l'esprit*, l'entretenir, le conserver.

Culture s. f. Façon, travaux, soins nécessaires pour cultiver (culture de la terre, fig. culture de l'esprit).

Cumul s. m. Action de cumuler.

Cumulatif, ive adj. Qui se fait par accumulation.

Cumulativement adv. Par accumulation.

Cumuler v. a. Réunir des droits, des emplois.

Cunégonde (sainte), impératrice, m. 1040.

Cunéiforme adj. En forme de coin. *Ecriture cunéiforme*, des anciens Perses.

Cunette s. f. Cuvette, fossé dans le milieu d'un autre.

Cupide adj. Plein de cupidité.

Cupidité s. f. Convoitise ; désir ardent et immodéré ; avidité.

Cupidon, fils de Vénus (*myth.*).

Cuprique adj. Du cuivre, où il y a du cuivre.

Curable adj. Qui peut être guéri.

Curaçao s. m. Sorte de liqueur.

Curage s. m. Action de curer.

Curatelle s. f. Charge et pouvoir de curateur.

Curateur, trice s. Administrateur juridique des biens d'un mineur émancipé, etc.

Curatif, ive adj. Appliqué pour guérir : *remède curatif.*

Curation s. f. Traitement d'une maladie, d'une plaie.

Cure s. f. Traitement d'une maladie ; guérison ; bénéfice, fonctions, logement d'un curé.

Curé s. m. Prêtre pourvu d'une cure.

Cure-dent s. m. Instrument pour se curer les dents. (Pl. *cure-dents*).

Curée s. f. Morceaux de la bête prise donnés aux chiens de chasse. Fig. se dit du butin.

Cure-oreille s. m. Instrument pour nettoyer les oreilles.

Curer v. a. Nettoyer quelque chose de creux.

Cureur s. m. Qui cure (un puits).

Curiaces (les), nom de trois frères d'Albe qui combattirent les Horaces.

Curial, e adj. Qui concerne une cure, ou le curé.

Curie s. f. Subdivision d'une tribu romaine.

Curieusement adv. Avec curiosité.

Curieux, **euse** adj. Qui a de la curiosité.

Curion s. m. Chef d'une curie.

Curiosité s. f. Désir de voir, de connaître, de posséder des choses rares; désir blâmable de savoir les secrets, les affaires d'autrui.

Curoir s. m. Instrument pour curer.

Curseur s. m. Corps qui glisse dans une fente sur une ligne; fil mobile dans un micromètre.

Cursif, **ive** adj. Rapide. *Écriture cursive*, courante.

Curule adj. Chaise d'ivoire, à Rome, pour un magistrat.

Curviligne adj. Formé par des lignes courbes.

Cuspidé, **ée** adj. *Bot.* Qui se termine en pointe.

Custine, général français (1740-1793).

Custode s. m. Rideau de l'autel; pavillon sur le ciboire.

Cutané, **ée** adj. De la peau.

Cutter s. m. Bâtiment à une voile.

Cuvage s. m. Action de cuver le vin.

Cuve s. f. Sorte de grand tonneau à un seul fond.

Cuvée s. f. Contenu d'une cuve.

Cuver v. n. Fermenter dans la cuve. V. a. *Cuver son vin*, dormir après avoir bu avec excès (fam.).

Cuvette s. f. Petite cuve*; entonnoir; pièce de recouvrement d'une montre.

Cuvier s. m. Cuve où l'on fait la lessive.

Cuvier (Georges), célèbre naturaliste français (1769-1832).

Cyanique adj. (*Chim.*). Se dit d'un acide générateur du bleu de Prusse.

Cyanogène s. m. Corps composé de carbone et d'azote, base de l'acide cyanique.

Cyanure s. m. Composé formé par le cyanogène avec un autre corps.

Cyaxare, nom de deux rois de Perse, VIIe et VIe s. av. J.-C.

Cybèle, *Myth.* déesse de la terre.

Cyclamen s. m. *Bot.* Plante à feuilles arrondies, vulgairement appelée *pain-de-pourceau.*

Cycle s. m. Révolution continue d'un certain nombre d'années; série de poèmes grecs des temps héroïques.

Cyclique adj. Du cycle. POÈTES CYCLIQUES, nom donné à une série de poètes antérieurs à Homère, qui ont versifié sans rien écrire.

Cyclone s. f. Grande tempête qui balaye en tournoyant.

Cyclope s. m. Qui n'a qu'un œil rond au milieu du front*; compagnon de Vulcain (*myth.*).

Cyclopéen, **enne** adj. Des cyclopes. *Architecture cyclopéenne*, des anciens Grecs, et probablement des Scytes.

Cygne s. m. Oiseau aquatique, du genre de l'oie*.

Cylindre s. m. Solide engendré par la révolution d'un rectangle autour d'un de ses côtés; gros rouleau.

Cylindrer v. a. Former en cylindre; passer au cylindre.

Cylindrique adj. Qui a la forme du cylindre.

Cymaise ou **cimaise** s. f. Moulure qui termine la corniche.

Cymbale s. f. Instrument composé de deux plateaux de cuivre que l'on frappe en mesure l'un contre l'autre.

Cymbalier s. m. Musicien qui joue des cymbales.

Cynégétique adj. Qui concerne la chasse et les chiens. S. f. Art de la chasse.

Cynique adj. et s. Secte de philosophes satiriques et sans pudeur; impudent, obscène.

Cyniquement adv. D'une manière cynique.

Cynisme s. m. Doctrine, caractère des cyniques; impudence, effronterie.

Cynocéphale s. m. (g. *kynoképhalos*, à tête de chien), nom donné à une espèce de chien.

Cyprès s. m. Sorte d'arbre*.

Cyprien (saint), l'un des Pères de l'Eglise et martyr, m. 258.

Cypriote adj. et s. De l'île de Cypre ou Chypre.

Cyrille (saint), l'un des Pères de l'Eglise grecque (315-386).

Cyrus, roi des Perses, mort 529 av. J.-C.

Cythérée, surnom de Vénus.

Cytise s. m. Sorte d'arbres ou d'arbrisseaux.

Czar s. m. Souverain de Russie; CZARINE, sa femme.

Czerni (Georges), fameux chef des Serbes (1770-1817).

D

D s. m. 3e consonne; quatrième lettre de l'alphabet; en chiffres romains, vaut 500.

Da, particule qui se joint aux mots *oui*, *non* et *nenni* : *oui-da*.

D'abord, loc. adv. Premièrement.

Dactyle s. m. Pied de vers grec ou latin composé d'une longue et de deux brèves.

Dada s. m. (*enfantin*) cheval. Fig. idée favorite.

Dadais s. m. Niais, gauche.

Dagobert, nom de trois rois francs : DAGOBERT Ier, fils de Clotaire II (604-638); DAGOBERT II, fils de Sigebert II (656-679); DAGOBERT III, fils de Childebert III, régna de 711 à 715.

Dague s. f. Espèce de poignard.

Daguerre (L.-Jacques), peintre français (1788-1851), inventeur du diorama et du daguerréotype.

Daguerréotypage s. m. Action de daguerréotyper.

Daguerréotype s. m. Procédé inventé par Daguerre et Niepce, pour fixer l'image des objets sur une plaque métallique, au moyen de la lumière.

Daguerréotyper v. a. Reproduire au moyen du daguerréotype.

Daguet s. m. Jeune cerf.

Dahlia s. m. Sorte de plante; sa fleur*.

Daigner v. n. Avoir pour agréable; condescendre.

D'ailleurs adv. Voy. *Ailleurs*.

Daim s. m. Bête fauve plus petite que le cerf*.

Daine s. f. Femelle du daim.

Dais s. m. Tenture ou ouvrage de bois, de marbre, etc., fait en forme de ciel-de-lit, au-dessus d'un autel, d'un trône, etc.; sorte de poêle sous lequel on porte le Saint-Sacrement.

Dalembert ou **d'Alembert**, célèbre géomètre et écrivain français (1717-1783).

Dalila, femme qui trahit Samson.

Dallage s. m. Action de daller; résultat de cette action.

Dalle s. f. Tablette de pierre dure propre au pavage.

Daller v. a. Paver avec des dalles.

Dalmatique s. f. Tunique du diacre, du sous-diacre.

Dam s. m. Dommage, damnation.

Damas s. m. Etoffe de soie à fleurs; prune; acier très fin.

Damascène (saint JEAN), écrivain grec du VIIIe siècle, l'un des Pères de l'Eglise (676-760).

Damase (saint), pape, m. 384.

Damasquiner v. a. Incruster l'or ou l'argent dans le fer ou l'acier.

Damasquinerie s. f. Art de damasquiner.

Damasquineur s. m. Qui damasquine.

Damasquinure s. f. Travail du damasquineur.

Damassé, ée adj. et s. Qui imite le damas.

Damasser v. a. Faire une étoffe en façon de damas.

Damassure s. f. Travail du linge damassé.

Dame s. f. Femme mariée; titre d'honneur et de certaines religieuses; deuxième pièce des échecs; carte à figure de dame; pièce ronde et plate pour jouer.

Dame! interj. Marque la surprise.

Dame-jeanne s. f. Sorte de grosse bouteille.

Damer v. a. Placer un pion sur un autre au jeu de dame. Fig. *Damer le pion à quelqu'un*, le supplanter.

Dameret s. m. Jeune homme qui cherche à plaire aux dames.

Damien (saint), frère de saint Côme, m. 303.

Damier s. m. Tablette divisée en carreaux noirs et blancs pour jouer aux dames*; échiquier.

Damnable adj. Qui mérite damnation.

Damnablement adv. D'une manière damnable.

Damnation s. f. Condamnation à l'enfer.

Damné, ée adj. et s. Qui est en enfer. Fig. *âme damnée*, personne entièrement dévouée à un supérieur.

Damner v. a. Punir de l'enfer; causer la damnation.

Damoclès, courtisan de Denys, roi de Syracuse, IVe s. av. J.-C.

Damoiseau et damoisel s. m. Autrefois jeune gentilhomme; aujourd'hui : homme qui fait le beau, cherche à plaire aux dames.

Damoiselle s. f. Titre de fille noble (vx.).

Dampierre, général français (1756-1793).

Damrémont, général français (1783-1837).

Dan, l'un des fils de Jacob, chef d'une tribu d'Israël.

Danaé, fille d'Acrisius, roi d'Argos (*myth.*).

Danaïdes, les cinquante filles de Danaüs.

Danaüs, fils de Bélus et roi d'Égypte (*myth.*).

Dandelot, général français, frère de l'amiral Coligny (1521-1569).

Dandin s. m. Niais, décontenancé.

Dandinement s. m. Action de dandiner.

Dandiner v. n. et **se dandiner** v. pr. Balancer son corps nonchalamment.

Dandy s. m. (mot anglais). Homme recherché dans sa toilette et suivant rigoureusement les modes.

Dandysme s. m. Manières et habitudes du dandysme.

Danger s. m. Péril, risque, inconvénient.

Dangereusement adv. D'une manière dangereuse.

Dangereux, euse adj. Périlleux, qui met en danger.

Daniel, l'un des quatre grands prophètes, VIe s. av. J.-C.

Danois, e adj. et s. Du Danemark; chien d'origine danoise*.

Dans prép. de lieu; marque aussi le temps et l'état.

Dansant, e adj. Qui danse; où l'on danse : *soirée dansante;* qui excite à la danse : *musique dansante.*

Danse s. f. Mouvement cadencé du corps; air à danser.

Danser v. n. et v. a. Mouvoir le corps en cadence, à pas mesurés.

Danseur, euse s. Qui danse : qui a coutume de danser, qui en fait profession.

Dante Alighieri ou **le Dante**, poète italien, né à Florence, auteur de la *Divine Comédie* (1265-1321).

Danton, célèbre révolutionnaire (1759-1794).

Daphné, nymphe qui fut changée en laurier (*myth.*).

Dard s. m. Long bois ferré en pointe; ce qui en a la forme; aiguillon de la guêpe, etc., du serpent.

Darder v. a. Lancer un dard, frapper comme un dard. Fig. *se dit* d'une douleur lancinante, du soleil.

Darique s. f. Ancienne monnaie des Perses.

Darius Ier, fils d'Hystaspe, m. 485 av. J.-C. DARIUS II, OCHUS ou NOTHUS, m. 404 av. J.-C. DARIUS III, CODOMAN, m. 330 av. J.-C.

Darse s. f. Partie du port la plus avancée de la ville.

Dartre s. f. Sorte de maladie de la peau.

Dartreux, euse adj. De la nature des dartres.

asymètre s. m. Instrument r mesurer la densité des cous de l'atmosphère.
ate s. f. Epoque, chiffre qui lique.
ater v. a. Mettre une date. n. *Dater de loin*, se dit d'une se passée il y a longtemps; vieux.
atif s. m. 3e cas grec ou latin.
ation s. f. Action de donner chose en payement d'une au- (*jurisp.*).
atte s. f. Fruit du mier dattier*.
attier s. m. Sorte de mier.
aube s. f. Sorte de oût.
aubenton, célèbre uraliste français (1716-9).
auber v. a. Battre à coups de ng. Fig. railler; médire.
aubeur s. m. Railleur, médit.
Daumesnil, dit *la Jambe de bois*, néral français (1777-1832).
Dauphin s. m. Gros poisson de r de la famille des cétacés. Fig. nstellation; fils aîné du roi de ance.
Dauphine s. f. Femme du dauin.
D'autant Voy. *Autant*.
Davantage adv. Plus; plus longnps.
David, roi des Juifs et prophète. 1001 av. J.-C.
David d'Angers, célèbre staaire français (1789-1856).
Davis, célèbre navigateur anais, découvrit le détroit qui rte son nom entre la mer de ffin et l'Océan Atlantique, m. 05.
Davout ou **Davoust**, prince Eckmühl, maréchal de France 770-1823).
Davy (sir Humphry), célèbre imiste anglais (1778-1829).
De prép. Marque différents rapports de provenance, de ossession, etc.
Dé s. m. Instrument pour udre*; petit cube à faces arquées de points de 1 à 6, our jouer.
Déambulation s. f. Promenade.

Débâcher v. a. Oter la bâche.
Débâclage s. m. Action de débâcler.
Débâcle s. f. Rupture subite et écoulement des glaces d'une rivière qui était gelée. Fig. ruine.
Débâclement s. m. Moment de la débâcle; action de débâcler.
Débâcler v. a. Débarrasser un port; ouvrir ce qui était bâclé.
Déballage s. m. Action de déballer.
Déballer v. a. Ouvrir une balle, un ballot, etc., en tirer quelque chose.
Débandade s. f. Action de se débander. A LA DÉBANDADE, loc. adv. Confusément, sans ordre.
Débandement s. m. Débandade.
Débander v. a. Détendre, ôter une bande. SE DÉBANDER v. pr. Se détendre; se disperser sans ordre.
Débaptiser v. a. Changer le nom de quelqu'un.
Débarbouiller v. a. Laver le visage. SE DÉBARBOUILLER v. pr. Se nettoyer le visage. Fig. se tirer d'une mauvaise affaire.
Débarcadère s. m. Lieu de débarquement et d'embarquement; jetée.
Débardage s. m. Action de débarder.
Débarder v. a. Tirer du bois hors de la rivière, d'un bateau, d'un bois, etc.
Débardeur s. m. Qui débarde; qui décharge des bateaux.
Débarqué, ée adj. *Nouveau débarqué*, étranger nouvellement arrivé.
Débarquement s. m. Action de débarquer.
Débarquer v. a. Faire sortir d'un vaisseau. V. n. Sortir d'un vaisseau. S. m. *Au débarquer*, à la sortie, à l'arrivée.
Débarras s. m. Cessation d'embarras, délivrance de ce qui le causait.
Débarrassement s. m. Action de débarrasser.
Débarrasser v. a. Tirer d'embarras; enlever ce qui embarrasse.
Débarrer v. a. Oter la barre.
Débarricader v. a. Enlever ce qui barricade.
Débat s. m. Contestation; discussion, examen d'une affaire.

Débâter v. a. Oter le bât.

Débâtir v. a. Enlever le bâti d'une couture.

Débattre v. a. Contester; discuter. SE DÉBATTRE v. pr. S'agiter; se défendre.

Débauche s. f. Dérèglement de mœurs; libertinage. Fig. usage déréglé, abus.

Débauché, ée adj. et s. Abandonné à la débauche; libertin.

Débaucher v. a. Jeter dans la débauche; corrompre; faire quitter le travail; renvoyer un ouvrier.

Débaucheur, euse s. Qui débauche.

Débet s. m. Ce qui est dû par arrêté de compte.

Débile adj. Faible, affaibli.

Débilement adv. D'une manière débile.

Débilitant, e adj. et s. Qui affaiblit.

Débilitation s. f. Affaiblissement.

Débilité s. f. Faiblesse.

Débiliter v. a. Affaiblir.

Débit s. m. Vente au détail; boutique où l'on débite; exploitation du bois. Fig. facilité de chant ou d'élocution; manière de s'énoncer; côté d'un livre de commerce où est le *doit*.

Débitant, e s. Qui débite; marchand.

Débiter v. a. Vendre en détail; exploiter les bois, la pierre, etc.; déclamer; parler avec facilité.

Débiteur, euse s. Qui débite.

Débiteur, trice s. Qui doit.

Déblai s. m. Enlèvement de terre; quantité de terre enlevée.

Déblaiement ou déblayement s. m. Action de déblayer.

Déblatération s. f. Action de déblatérer; discours en déblatérant.

Déblatérer v. n. Déclamer longtemps et avec violence contre quelqu'un.

Déblayer v. a. Enlever des terres, des décombres; débarrasser.

Déblocage s. m. Action de débloquer.

Débloquer v. a. Oter les lettres bloquées (t. d'impr.).

Déboire s. m. Mauvais goût d'une liqueur après l'avoir bue. Fig. chagrin, dégoût.

Déboisement s. m. Action de déboiser; résultat de cette action.

Déboiser v. a. Arracher les bois qui couvraient un terrain.

Déboîtement s. m. Dislocation (des os).

Déboîter v. a. Disjoindre, disloquer.

Débonder v. a. Oter la bonde.

Débonnaire adj. Doux et bon par faiblesse; trop bon.

Débonnairement adv. D'une manière débonnaire, avec bonté.

Débonnaireté s. f. Douceur, bonté excessive; faiblesse.

Débordé, ée adj. Déréglé, débauché, dissolu.

Débordement s. m. Action de déborder; épanchement d'humeurs. Fig. profusion extrême; débauche.

Déborder v. a. Dépasser une chose; ôter ce qui borde. V. n. Sortir des bords; dépasser. SE DÉBORDER v. pr. Sortir de son lit et se répandre.

Débotter v. a. Tirer les bottes à quelqu'un. SE DÉBOTTER v. pr. Oter ses bottes.

Débotter ou débotté s. m. AU DÉBOTTER, au moment au moment où l'on ôte ses bottes.

Débouché s. m. Extrémité d'un défilé. Fig. moyen d'écouler des marchandises; expédient pour se tirer d'affaire.

Débouchement s. m. Action de déboucher; passage d'un endroit étroit dans un lieu plus ouvert; moyen d'écouler des marchandises.

Déboucher v. a. Oter ce qui bouche. V. n. Sortir d'un défilé.

Déboucler v. a. Défaire les boucles.

Déboulonner v. a. Oter les boulons.

Débouquement s. m. Sortie du vaisseau hors d'un détroit.

Débouquer v. n. Sortir d'un détroit, d'un canal.

Débourber v. a. Oter la bourbe; tirer de la bourbe.

Débourrer v. a. Oter la bourre. Fig. façonner quelqu'un.

Débours ou déboursé s. m. Argent déboursé pour frais ou pour avances.

Déboursement s. m. Action de débourser.

Débourser v. a. Tirer de sa bourse pour payer.

Deboüt adv. Sur pied; droit. VENT DEBOUT, *se dit* du vent contraire (*mar.*). DEBOUT! interj. Levez-vous.

Débouter v. a. Déclarer déchu d'une demande judiciaire.

Déboutonner v. a. Faire sortir les boutons des boutonnières. SE DÉBOUTONNER v. pr. Déboutonner ses vêtements. Fig. *se déboutonner avec ses amis*, leur faire part de ses sentiments, de ses secrets.

Débrailler (se) v. pr. (*ll* m.). Se découvrir la gorge, la poitrine, avec indécence.

Débrider v. a. Oter la bride. SANS DÉBRIDER loc. adv. Sans ôter la bride. Fig. sans interruption.

Débris s. m. Fragments d'une chose brisée. Pl. Restes d'un repas. Fig. restes de la fortune renversée; ce qui reste d'une chose.

Débrocher v. a. Oter de la broche.

Débroüillement s. m. (*ll* m.). Action de débrouiller.

Débroüiller v. a. (*ll* m.). Démêler, remettre en ordre. Fig. éclaircir : *débrouiller une affaire.*

Débrutir v. a. Dégrossir; ôter ce qu'il y a de brut, de rude.

Débrutissement s. m. Action de débrutir; résultat de cette action.

Débûcher v. n. et v. a. Sortir d'un bois, débusquer. S. m. Action de la bête sortant du bois.

Débusquement s. m. Action de débusquer.

Débusquer v. a. Chasser d'un poste avantageux. Fig. déposséder quelqu'un d'un emploi.

Début s. m. Action de débuter. Fig. commencement.

Débutant, e s. Qui débute.

Débuter v. n. Jouer le premier coup. Fig. commencer; faire le premier pas dans une carrière, une profession.

Deçà prép. EN DEÇA loc. prép. De ce côté-ci.

Décacheter v. a. Rompre le cachet; ouvrir ce qui est cacheté.

Décade s. f. Espace de dix jours.

Décadence s. f. Disposition à la ruine; son commencement.

Décadi s. m. Dixième jour de la décade.

Décagone s. m. Figure à dix angles et dix côtés*.

Décagramme s. m. Poids de dix grammes.

Décaisser v. a. Tirer d'une caisse.

Décalitre s. m. Mesure de dix litres.

Décalogue s. m. Les dix commandements de Dieu.

Décalque s. m. Action de décalquer.

Décalquer v. a. Reproduire le calque d'un dessin.

Décaméron s. m. Ouvrage contenant les événements ou les entretiens de dix jours.

Décamètre s. m. Dix mètres*.

Décampement s. m. Levée d'un camp; action de décamper.

Décamper v. n. Lever le camp. Fig. se retirer promptement, s'enfuir.

Décanat s. m. Dignité du doyen.

Décantation s. f. Action de décanter.

Décanter v. a. Verser en inclinant doucement une liqueur qui a fait un dépôt.

Décapage s. m. Action de décaper un métal.

Décaper v. a. Nettoyer; dérouiller. V. n. Sortir d'entre les caps; passer un cap.

Décapitation s. f. Action de décapiter.

Décapiter v. a. Enlever la tête.

Décapodes s. m. pl. *Zool.* Ordre de crustacés à dix pattes.

Décapole s. f. Contrée où il y a dix villes principales.

Décarrelage s. m. Action de décarreler.

Décarreler v. a. Oter les carreaux qui pavent une chambre.

Décastère s. m. Dix stères.

Décastyle s. m. Edifice à dix colonnes de face.

Décasyllabe ou **décasyllabique** adj. Qui a dix syllabes.

Décatir v. a. Oter l'apprêt d'une étoffe.

Décatissage s. m. Opération pour décatir; son effet.

Décatisseur s. m. Celui qui décatit.

Décaver v. a. Gagner toute la cave d'un joueur.

Decazes, homme d'Etat, ministre de Louis XVIII (1780-1860).

Dèce ou **Décius**, empereur romain (201-251).

Décédé, ée adj. et s. Mort.

Décéder v. n. Mourir de mort naturelle (ne se dit que de l'homme).

Décèlement s. m. Action de déceler.

Déceler v. a. Découvrir ce qui est caché; dévoiler.

Déceleur s. m. Celui qui décèle.

Décembre s. m. Dernier mois de l'année.

Décemment adv. Avec décence.

Décemvir s. m. L'un des dix magistrats souverains de Rome qui furent chargés de rédiger et de décréter les lois des douze tables.

Décemviral, e adj. Des décemvirs.

Décemvirat s. m. Dignité des décemvirs; sa durée.

Décence s. f. Bienséance, honnêteté extérieure; convenance.

Décennal, e adj. Qui revient tous les dix ans.

Décent, e adj. Conforme à la décence.

Décentralisation s. f. L'opposé de la centralisation.

Décentraliser v. a. Opérer la décentralisation.

Déception s. f. Tromperie; erreur; fausse attente.

Décercler v. a. Enlever les cercles.

Décerner v. a. Ordonner; accorder juridiquement, par autorité publique.

Décès s. m. Mort naturelle (de l'homme).

Décevable adj. Sujet à être trompé, facile à tromper.

Décevance s. f. Déception, tromperie (vx.).

Décevant, e adj. Trompeur.

Décevoir v. a. Tromper.

Déchaînement s. m. Emportement, violence; *se dit* des passions: *déchaînement de la haine.*

Déchaîner v. a. Détacher de la chaîne. Fig. irriter contre. SE DÉCHAINER, s'emporter contre.

Déchanter v. n. Chanter mal, détoner. Fig. changer d'avis; rabattre de ses prétentions.

Décharge s. f. Action de décharger des ballots, etc. Fig. acte par lequel on décharge d'une obligation; déposition des témoins en faveur de l'accusé; coups d'armes à feu; endroit par où s'écoule l'eau.

Déchargement s. m. Action de décharger.

Décharger v. a. Oter la charge, le fardeau. Fig. déclarer quitte d'une obligation; tirer un coup d'arme à feu, en ôter la charge; asséner: *décharger un coup de poing.* SE DÉCHARGER v. pr. Mettre bas un fardeau; se reposer sur quelqu'un d'un soin, d'une affaire.

Déchargeur s. m. Celui qui décharge les marchandises.

Décharné, ée adj. Dont on a ôté la chair. Fig. maigre.

Décharner v. a. Oter la chair des os; amaigrir. Fig. dépouiller d'ornements.

Déchaumer v. a. Enterrer le chaume; défricher.

Déchaussement s. m. Action de déchausser un arbre, une dent.

Déchausser v. a. Oter la chaussure; dégarnir le pied, la base d'un arbre, d'une dent.

Déchaussoir s. m. Instrument de dentiste pour déchausser les dents.

Déchaux adj. m. pl. *Carmes déchaux*, qui n'ont que des sandales pour toute chaussure.

Déchéance s. f. Perte d'un droit.

Déchet s. m. Diminution d'une chose en quantité, en qualité, en valeur.

Déchevelé, ée adj. Qui a la chevelure en désordre.

Décheveler v. a. Mettre les cheveux en désordre.

Déchiffrable adj. Qui peut être déchiffré.

Déchiffrement s. m. Action de déchiffrer.

Déchiffrer v. a. Expliquer un écrit en chiffres; lire une écriture difficile; démêler quelque chose de secret, d'embarrassé.

Déchiffreur s. m. Qui déchiffre.

Déchiqueter v. a. Découper en petits morceaux.

Déchiqueture s. f. Découpure.

Déchirage s. m. Action de déchirer.

Déchirant, e adj. Qui déchire le cœur.

Déchirement s. m. Action de déchirer, rupture.

Déchirer v. a. Mettre en pièces, rompre. Fig. causer une vive douleur; ruiner.

Déchirure s. f. Rupture faite en déchirant.

Déchoir v. n. Tomber dans un état moindre, pire.

Déchouer v. a. Remettre à flot un navire échoué.

Déchu, ue adj. part. Tombé d'un état supérieur; affaibli.

Déciare s. m. Dixième de l'are.

Décidé, ée adj. Résolu, d'un caractère ferme. *Chose décidée*, résolue, arrêtée.

Décidément adv. D'une manière décidée; *exprime* la détermination.

Décider v. a. Résoudre, terminer, déterminer. V. n. Porter son jugement sur; disposer de. SE DÉCIDER v. pr. Prendre son parti.

Décigramme s. m. Dixième partie du gramme.

Décilitre s. m. Dixième du litre.

Décimal, e adj. Qui procède par dixièmes. (Pl. m. *décimaux*.)

Décimation s. f. Action de décimer.

Décime s. m. Dixième partie du franc.

Décimer v. a. Punir une personne sur dix.

Décimètre s. m. Dixième du mètre*.

Décintrement s. m. Action de décintrer.

Décintrer v. a. Oter les cintres d'une arche, d'une voûte.

Décisif, ive adj. Qui détermine, résout, décide.

Décision s. f. Résolution; jugement; action de décider; chose décidée.

Décisivement adv. D'une manière décisive.

Décistère s. m. Dixième du stère.

Déclamateur s. m. et adj. Qui déclame; emphatique.

Déclamation s. f. Prononciation et action de celui qui déclame. Fig. invective; affectation de termes pompeux, figurés, déplacés.

Déclamatoire adj. De la déclamation.

Déclamer v. a. Réciter à haute voix, d'un ton oratoire; invectiver, parler contre.

Déclaratif, ive adj. (Acte —), par lequel on déclare quelque chose.

Déclaration s. f. Action de déclarer; acte par lequel on déclare.

Déclarer v. a. Manifester; notifier; révéler. SE DÉCLARER v. pr. Se montrer, se faire connaître; prendre parti pour.

Déclassement s. m. Action de déclasser; état des personnes ou des choses déclassées.

Déclasser v. a. Retirer d'une classe; déranger ce qui est classé.

Déclic s. m. Bélier pour enfoncer les pieux; ressort qui tient le bélier, le mouton suspendu.

Déclin s. m. Etat de ce qui décline, penche vers sa fin. Fig. décadence.

Déclinable adj. (Mot —), qui peut être décliné.

Déclinaison s. f. Action, manière de décliner; distance d'un astre à l'équateur.

Déclinatoire s. m. Acte par lequel on décline une juridiction.

Décliner v. n. Déchoir, pencher vers sa fin. V. a. Faire passer par tous les cas, les nombres, et suivant les règles de la langue; ne pas reconnaître : *décliner une juridiction*. DÉCLINER SON NOM, se nommer, se faire connaître.

Déclive adj. Qui penche : *terrain déclive*.

Déclivité s. f. Situation de ce qui est en pente.

Déclore v. a. Rompre une clôture.

Déclouer v. a. Oter les clous, détacher ce qui était cloué.

Décochement s. m. Action de décocher, son effet.

Décocher v. a. Tirer, lancer une flèche.

Décoction s. f. Breuvage médicinal composé de drogues ou de plantes bouillies.

Décoiffer v. a. Oter, défaire la coiffure, les cheveux.

Décollation s. f. Action de couper le cou.

Décollement s. m. Action de décoller, de se décoller.

Décoller v. a. Couper le cou à quelqu'un; éloigner une bille de la bande du billard; détacher ce qui était collé.

Décolleter v. a. Découvrir la [gorge.

Décoloration s. f. Perte de la couleur naturelle.

Décoloré, ée adj. Qui a perdu sa couleur.

Décolorer v. a. Effacer, ôter la couleur. Fig. SE DÉCOLORER v. pr. Se ternir, perdre sa couleur.

Décombres s. m. pl. Plâtras, menues pierres.

Décommander v. a. Contremander une commande.

Décompléter v. a. Rendre incomplet.

Décomposable adj. Qui peut être décomposé.

Décomposer v. a. Séparer les parties qui composent un corps. SE DÉCOMPOSER v. pr. Perdre contenance, perdre le calme; se dissoudre.

Décomposition s. f. Résolution d'un corps en ses parties; altération.

Décompte s. m. Retenue, déduction sur un compte, sur une somme à payer; ce qui reste à payer, déduction faite.

Décompter v. a. Faire le décompte.

Déconcerter v. a. Troubler une personne, lui faire perdre contenance. SE DÉCONCERTER v. pr. Se troubler.

Déconfire v. a. Battre, défaire entièrement, tailler en pièces. *Déconfire quelqu'un*, le réduire au silence, le décontenancer (fig. fam.).

Déconfiture s. f. Déroute générale; entière défaite; état d'un débiteur insolvable.

Déconfort s. m. Désolation, découragement.

Déconforter v. a. Décourager.

Déconseiller v. a. Dissuader.

Déconsidération s. f. Défaut, manque de considération.

Déconsidéré, ée adj. Qui a perdu la considération, l'estime.

Déconsidérer v. a. Oter la considération, l'estime.

Décontenance s. f. Défaut, perte de contenance.

Décontenancer v. a. Faire perdre contenance.

Déconvenue s. f. Malheur, mauvais succès.

Décor s. m. Action de décorer; ornements que l'on y emploie.

Décorateur s. m. Faiseur de décorations. Adj. Qui décore: *peintre décorateur*.

Décoration s. f. Embellissement, ornement; marque de dignité, d'honneur.

Décoré adj. et s. m. Qui porte une décoration.

Décorer v. a. Orner; conférer une dignité, un titre de décoration.

Décorner v. a. Enlever les cornes.

Décortication s. f. Action d'enlever l'écorce.

Décortiquer v. a. Enlever l'écorce, l'enveloppe.

Décorum s. m. Bienséance.

Découcher v. n. Coucher hors de chez soi.

Découdre v. a. Défaire la couture; détacher ce qui est cousu; faire une plaie en long (t. de chasse). V. n. En venir aux mains (fam.).

Découlement s. m. Action de découler.

Découler v. n. Couler peu à peu, tomber goutte à goutte; émaner, avoir sa source, son principe, sa cause dans.

Découpage s. m. Action de découper.

Découper v. a. Couper en morceaux; couper du papier, etc., en suivant un trait, un dessin.

Découpeur, euse s. Celui, celle qui découpe.

Découpler v. a. Détacher ce qui est couplé.

Découpoir s. m. Instrument pour découper.

Découpure s. f. Taillade faite pour ornement à du papier, une étoffe, etc.; chose découpée.

Décourageant, e adj. Qui décourage.

Découragement s. m. Perte de courage.

Décourager v. a. Oter, abattre le courage. SE DÉCOURAGER v. pr. Etre, pouvoir être découragé.

Découronnement s. m. Action de découronner; état d'un arbre découronné.

Découronner v. a. Oter une couronne; dépouiller un arbre des branches supérieures.

Décousu, ue adj. et s. m. Qui n'a pas de liaison : *style décousu*.

Décousure s. f. Endroit d'étoffe décousu.

Découvert (à) adv. Sans être couvert *ou* à couvert. Fig. manifestement, clairement.

Découverte s. f. Action de découvrir, d'inventer; invention, chose découverte.

Découvreur s. m. Auteur d'une découverte; qui va à la découverte (t. milit.).

Découvrir v. a. Oter ce qui couvrait. Fig. Parvenir à connaître ce qui était caché; révéler. SE DÉCOUVRIR v. pr. Oter son chapeau. Fig. se manifester, être découvert.

Décrasser v. a. Oter la crasse; polir un homme grossier, mal élevé.

Décréditement s. m. Action de décréditer; perte du crédit.

Décréditer v. a. Faire perdre le crédit, (fig.) l'estime. SE DÉCRÉDITER v. pr. Perdre son crédit.

Décrépit, e adj. Très vieux et cassé.

Décrépitation s. f. Pétillement.

Décrépiter v. n. Pétiller.

Décrépitude s. f. Vieillesse extrême et infirme.

Decrescendo s. m. Diminution progressive de l'intensité des sons. Adv. En diminuant les sons.

Décret s. m. Décision, arrêté, loi.

Décrétale s. f. Epître, lettre des anciens papes pour faire un règlement.

Décréter v. a. Décerner un décret contre; ordonner par une loi. V. n. Faire, rendre un décret, une loi.

Décri s. m. Perte du crédit, de la réputation; mauvaise réputation.

Décrier v. a. Oter l'honneur, la réputation, l'estime; décréditer.

Décrire v. a. Peindre par les paroles, le discours.

Décrochement s. m. Action de décrocher.

Décrocher v. a. Oter, détacher ce qui était accroché.

Décroissance s. f. Diminution.

Décroissant, e adj. Qui décroît.

Décroît s. m. Décroissance de la lune.

Décroître v. n. Diminuer.

Décrottage s. m. Action de décrotter.

Décrotter v. a Oter la crotte.

Décrotteur s. m. Qui décrotte.

Décrottoir s. m. Lame de fer fixée aux portes extérieures des maisons, pour y décrotter ses souliers, ses bottes, avant d'entrer*.

Décrottoire s. f. Brosse pour décrotter les souliers.

Décrue s. f. Décroissement.

Décruer v. a. Lessiver le fil cru pour le préparer à la teinture.

Décrusage ou **décrusement** s. m. Action de décruser.

Décruser v. a. Mettre des cocons dans l'eau bouillante pour en dévider la soie.

Décupler v. a. Rendre dix fois plus grand.

Décurie s. f. Troupe de dix hommes.

Décurion s. m. Chef de dix hommes.

Décuver v. a. Transvaser le vin d'une cuve dans une autre.

Dédaigner v. a. Mépriser.

Dédaigneusement adv. Avec dédain.

Dédaigneux, euse adj. Qui marque du dédain, qui dédaigne.

Dédain s. m. Sorte de mépris.

Dédale s. m. Labyrinthe. Fig. embarras.

Dédaller v. a. Oter les dalles d'une pièce.

Dedans adv. de lieu. Dans l'intérieur. S. m. La partie intérieure d'une chose.

Dédicace s. f. Consécration d'une église, d'une statue, d'un temple; épître pour dédier un livre à quelqu'un.

Dédicatoire adj. Contenant la dédicace.

Dédier v. a. Consacrer au culte divin; adresser un livre par une dédicace.

Dédire v. a. Désavouer ce qu'une personne a dit ou fait pour nous. SE DÉDIRE v. pr. Se rétracter, ne pas tenir sa parole.

Dédit s. m. Révocation d'une parole donnée.

Dédommagement s. m. Compensation, réparation de dommage.

Dédommager v. a. Compenser, indemniser.

Dédorer v. a. Effacer; ôter la dorure.

Dédoublement s. m. Action de dédoubler.

Dédoubler v. a. Oter la doublure; partager en deux.

Déduction s. f. Soustraction; rabais; conséquence tirée d'un raisonnement.

Déduire v. a. Rabattre d'une somme; faire soustraction; tirer comme conséquence.

Déduit s. m. Divertissement; occupation agréable.

Déesse s. f. Divinité féminine (*myth.*).

Défaillance s. f. Faiblesse, évanouissement.

Défaillant, e adj. Qui dépérit, qui s'affaiblit, qui est tombé en défaillance. S. m. Qui ne comparaît point sur l'assignation.

Défaillir v. n. Manquer; dépérir; tomber en faiblesse.

Défaire v. a. Détruire ce qui est fait; mettre en déroute, tailler en pièces. SE DÉFAIRE v. pr. (d'un domestique), le congédier; se débarrasser, se corriger : *se défaire d'une mauvaise habitude.*

Défait, e adj. Qui est abattu, exténué.

Défaite s. f. Déroute d'une armée; excuse, prétexte.

Défalcation s. f. Déduction, retranchement.

Défalquer v. a. Déduire.

Défaut s. m. Imperfection; manque; privation; absence.

Défaveur s. f. Cessation de faveur.

Défavorable adj. Préjudiciable, désavantageux; qui n'est point favorable.

Défavorablement adv. D'une manière défavorable.

Défécation s. f. Dépuration d'un liquide par la chute des fèces.

Défectif, ive adj. (Verbe —), qui n'a pas tous ses modes et ses temps.

Défection s. f. Abandonnement d'un parti; désertion; rébellion.

Défectueusement adv. D'une manière défectueuse.

Défectueux, euse adj. Qui a des défauts; qui n'a pas les qualités requises.

Défectuosité s. f. Défaut, vice, imperfection.

Défendable adj. Qu'on peut défendre.

Défendeur, défenderesse s. Qui se défend en justice.

Défendre v. a. Protéger, soutenir; empêcher de, prohiber, interdire. SE DÉFENDRE v. pr. Repousser la force par la force; se disculper.

Défense s. f. Protection; action de défendre, de se défendre; justification; prohibition; longues dents du sanglier*.

Défenseur s. m. Celui qui défend, protège, soutient; avocat.

Défensif, ive adj. Fait pour défendre.

Défensive s. f. Etat de défense.

Déféquer v. a. Oter les fèces, la lie, les impuretés d'une liqueur.

Déférence s. f. Condescendance honnête; respect.

Déférant, e adj. Qui défère, qui condescend.

Déférer v. n. Condescendre par égard, céder, se conformer. V. a. Donner, décerner. *Déférer le serment* : s'en rapporter à celui qui le fait.

Déferler v. a. Déployer les voiles. V. n. Se briser, en parlant des lames de la mer.

Déferrer v. a. Oter le fer d'un cheval.

Défeuillaison s. f. Chute des feuilles, son temps.

Défeuiller v. a. Oter les feuilles.

Défi s. m. Provocation.

Défiance s. f. Soupçon, crainte d'être trompé.

Défiant, e adj. Soupçonneux, qui craint qu'on ne le trompe.

Déficit s. m. Ce qui manque.

Défier v. a. Faire un défi, provoquer.

Défigurer v. a. Rendre difforme, gâter; changer la forme.

Défilé s. m. Passage étroit. Fig. situation embarrassante.

Défiler v. a. Oter le fil qui était passé, entrelacé. V. n. Aller à la file.

Défini, ie adj. Déterminé.
Définir v. a. Marquer, déterminer; expliquer la nature, l'essence d'une chose.
Définissable adj. Que l'on peut définir.
Définitif, ive adj. Qui termine une affaire. EN DÉFINITIVE loc. adv. Décidément.
Définition s. f. Explication claire et précise de la nature d'une chose par son genre et sa différence.
Définitivement adv. En jugement définitif; en définitive.
Déflagration s. f. Opération par laquelle un corps est brûlé; combustion avec flamme.
Défléchir v. a. Détourner de sa direction. V. n. Changer de direction.
Défleuraison s. f. Chute, temps de la chute des fleurs.
Défleurir v. a. Oter la fleur, le velouté. V. n. Perdre ses fleurs.
Déflorer v. a. Oter à un sujet ce qu'il a de frais, de neuf, de piquant.
Défoncement s. m. Action de défoncer.
Défoncer v. a. Oter le fond; fouiller profondément un terrain.
Déformation s. f. Altération de la forme d'une chose.
Déformer v. a. Oter, corrompre, gâter la forme.
Défourner v. a. Tirer du four.
Défrayer v. a. Payer la dépense, dédommager.
Défrichement s. m. Action de défricher; terrain défriché.
Défricher v. a. Cultiver une terre inculte. Fig. éclaircir, débrouiller.
Défricheur s. m. Qui défriche un terrain.
Défriser v. a. Oter, défaire la frisure.
Défroncer v. a. Oter, défaire les plis. Fig. *Défroncer le sourcil :* se dérider le front, prendre un air serein.
Défroncement s. m. Action de défroncer.
Défroque s. f. Dépouille d'un moine, d'un religieux, etc.; mobilier qu'il laisse à sa mort.
Défroqué, ée adj. et s. Qui a quitté le froc.
Défroquer v. n. Quitter le froc.
Défubler v. a. Oter ce qui enveloppe.
Défunt, e adj. et s. Mort.
Dégagé, ée adj. Bien disposé, libre.
Dégagement s. m. Action de dégager, son effet.
Dégager v. a. Retirer ce qui était engagé; délivrer.
Dégaine s. f. Façon, manière.
Dégaîner v. a. Tirer de la gaîne, du fourreau. V. n. Tirer l'épée.
Déganter v. a. Oter les gants. SE DÉGANTER v. pr. Oter ses gants.
Dégarnir v. a. Oter ce qui garnit.
Dégât s. m. Ruine; désordre.
Dégauchir v. a. Oter l'irrégularité du bois, etc., le redresser. Fig. rendre moins gauche.
Dégauchissement s. m. Action de dégauchir.
Dégel s. m. Relâchement, adoucissement de l'air qui fait fondre la glace; fonte des neiges, de la glace, par l'adoucissement de l'air ou la chaleur de la terre.
Dégeler v. a. Fondre la glace, la neige. V. n. Cesser d'être gelé.
Dégénération s. f. Dépérissement, action de dégénérer.
Dégénérer v. n. S'abâtardir, perdre ses qualités.
Dégénérescence s. f. Tendance à la dégénération.
Dégingandé, ée adj. Disloqué, sans contenance.
Dégluer v. a. Oter la glu, débarrasser de la glu.
Déglutition s. f. Action d'avaler.
Dégoiser v. a et v. n. Parler plus qu'il ne faut.
Dégommage s. m. Action de dégommer.
Dégommer v. a. Oter la gomme; priver quelqu'un d'une place, d'un emploi (fam.).
Dégonflement s. m. Action de dégonfler.
Dégonfler v. a. Faire cesser le gonflement.
Dégorgement s. m. Action de dégorger; débordement.
Dégorger v. a. Déboucher, débarrasser ce qui était engorgé. V. n. Se déboucher, s'épancher.

Dégourdi, ie adj. et s. Expérimenté.

Dégourdir v. a. Oter l'engourdissement; faire chauffer un peu : *dégourdir l'eau.* Fig. façonner, polir, déniaiser (fam.).

Dégourdissement s. m. Cessation d'engourdissement.

Dégoût s. m. Manque de goût, d'appétit. Fig. aversion : *dégoût du monde;* aversion pour un être; répugnance pour un aliment.

Dégoûtant, e adj. Qui donne du dégoût.

Dégoûté, ée adj. Difficile; délicat.

Dégoûter v. a. Oter le goût, l'appétit. Fig. donner du dégoût, de l'aversion, rebuter. SE DÉGOUTER v. pr. Prendre du dégoût pour une personne, une chose; être dégoûté de...

Dégouttant, e adj. Qui tombe goutte à goutte.

Dégouttement s. m. Action de dégoutter.

Dégoutter v. n. Tomber goutte à goutte.

Dégradant, e adj. Qui dégrade, avilit.

Dégradation s. f. Action de dégrader; destitution.

Dégrader v. a. Démettre d'un grade avec ignominie; déshonorer; faire du dégât.

Dégrafer v. a. Détacher une agrafe.

Dégraissage s. m. Action de dégraisser.

Dégraisser v. a. Oter la graisse, les taches de graisse.

Dégraisseur, euse s. m. Qui dégraisse les étoffes.

Dégravoiement ou **dégravoîment** s. m. Effet d'une eau courante qui déchausse un mur, un pilotis, etc.

Dégravoyer v. a. Dégrader, déchausser un mur.

Degré s. m. Marche d'un escalier. Fig. parentage; grade; portion d'un cercle, sa 360e partie, son signe (°); marque de la division d'un instrument gradué.

Dégréement s. m. Action de dégréer.

Dégréer v. a. Oter les agrès d'un navire.

Dégrèvement s. m. Action de dégrever.

Dégrever v. a. Exempter quelqu'un de payer partie d'une imposition, d'une taxe.

Dégringolade s. f. Action de dégringoler; chute rapide.

Dégringoler v. a. Sauter, descendre vite et malgré soi.

Dégrisement s. m. Etat d'une personne dégrisée; *se dit* de tout ce qui enivre, *au propre et au fig.*

Dégriser v. a. Faire passer l'ivresse. Fig. faire cesser l'étonnement, l'illusion, le charme.

Dégrossir v. a. Diminuer la grosseur. Fig. ébaucher.

Dégrossissage ou **dégrossissement** s. m. Action de dégrossir.

Déguenillé, ée adj. (Personne —), dont les habits sont en lambeaux.

Déguisé, ée adj. et s. Qui est travesti.

Déguisement s. m. Etat d'une personne déguisée. Fig. dissimulation.

Déguiser v. a. Travestir, masquer. SE DÉGUISER v. pr. Se travestir, se masquer.

Dégustateur s. m. Qui est chargé de déguster les vins, etc.

Dégustation s. f. Essai d'une liqueur en la goûtant.

Déguster v. a. Goûter une boisson pour connaître sa qualité.

Déhaler v. a. Oter l'impression que le hâle a faite sur le teint.

Déhanché, ée adj. Qui a les hanches rompues, disloquées.

Déhancher (se) v. pr. Affecter une démarche molle et abandonnée.

Déharnachement s. m. Action de déharnacher.

Déharnacher v. a. Oter le harnais.

Déhiscence s. f. Manière dont s'ouvrent les anthères, les gousses (*bot.*).

Déhiscent, e adj. *Bot.* Qui s'entr'ouvre, en parlant du péricarpe d'une plante.

Déhonté, ée adj. Sans pudeur.

Dehors adv. Hors d'un lieu. AU DEHORS loc. adv. A l'extérieur. S. m. La partie extérieure. Pl. Apparences.

Déicide s. m. Crime des Juifs en faisant mourir le Christ. Ceux qui le commirent.

Déification s. f. Apothéose, action de déifier.

Déifier v. a. Mettre au rang des dieux. Fig. louer à l'excès.

Déisme s. m. Croyance à l'existence d'un seul Dieu sans révélation ni culte.

Déiste adj. et s. Qui reconnaît un Dieu, tout en rejetant le culte et la révélation; qui reconnaît un Dieu abstrait, impuissant, inactif.

Déité s. f. Divinité, dieu, déesse de la fable.

Déjà adv. Dès cette heure, dès l'heure dont on parle, dès à présent.

Déjection s. f. Evacuation d'excréments; excréments, selles d'un malade.

Déjeter (se) v. pr. *Se dit* du bois qui travaille, se courbe, se retire; *se dit* du corps humain, des membres.

Déjeuné ou **déjeûner** s. m. Repas du matin.

Déjeuner v. n. Manger le matin.

Déjoindre v. a. Séparer ce qui était joint.

Déjouer v. a. Faire échouer un projet, une intrigue.

Déjucher v. n. Sortir du juchoir. V. a. Faire sortir du juchoir.

Déjuger (se) v. pr. Juger le contraire de ce qu'on avait jugé.

Delà prép. De l'autre côté. Est toujours précédé des mots *au*, *en*, *par*.

Délabré, ée adj. Détérioré, en mauvais état.

Délabrement s. m. Etat d'une chose délabrée.

Délabrer v. a. Déchirer, mettre en désordre, en lambeaux, en mauvais état.

Délacer v. a. Délier le lacet.

Delacroix (Eugène), célèbre peintre français (1799-1863).

Délai s. m. Remise, retardement.

Délaissement s. m. Manque de secours; abandonnement d'un héritage.

Délaisser v. a. Abandonner.

Délassement s. m. Repos.

Délasser v. a. Oter la lassitude. Se délasser v. pr. Prendre du repos.

Délateur, trice s. Dénonciateur.

Délation s. f. Dénonciation.

Délatter v. a. Enlever les lattes.

Delavigne (Casimir), poète français (1793-1843).

Délayement s. m. Action de délayer.

Délayer v. a. Détremper.

Deleatur s. m. Signe pour supprimer (*t. d'imp.*).

Délébile adj. Qui peut être effacé.

Délectable adj. Agréable, qui plaît.

Délectation s. f. Plaisir qu'on savoure, qu'on goûte avec réflexion.

Délecter v. a. Réjouir, causer du plaisir. Se délecter v. pr. Prendre beaucoup de plaisir.

Délégation s. f. Commission pour connaître, juger, agir au nom de...

Délégué s. m. Député; porteur d'une délégation.

Déléguer v. a. Envoyer quelqu'un avec pouvoir d'agir; transmettre par délégation.

Délestage s. m. Action de délester.

Délester v. a. Oter le lest.

Délétère adj. Qui cause la mort.

Délibérant, e adj. Qui délibère.

Délibératif, ive adj. (Voix —), de suffrage dans les délibérations.

Délibération s. f. Consultation; discussion.

Délibéré s. m. Ordonnance pour délibérer.

Délibéré, ée adj. Aisé, libre, déterminé. *De propos délibéré*, loc. adv. A dessein.

Délibérément adv. D'une manière délibérée.

Délibérer v. n. Examiner, mettre en délibération.

Délicat, e adj. Aisé à blesser; fin, agréable au goût, à l'esprit; sensible, scrupuleux; l'opposé de robuste. Fig. difficile à contenter.

Délicatement adv. Avec délicatesse.

Délicatesse s. f. Qualité, état de ce ou de celui qui est délicat.

Délices s. f. pl. Volupté, plaisir, ce qui le donne.

Délicieusement adv. Avec délices. d'une manière délicieuse.

Délicieux, euse adj. Extrêmement agréable.

Délictueux, euse adj. Qui a le caractère du délit.

Délié, ée adj. Grêle, mince, menu. Fig. fin, subtil.

Délié s. m. Partie fine des lettres, l'opposé de *plein*.

Délier v. a. Défaire le nœud, le lien. Fig. absoudre; dégager (d'un serment).

Delille (Jacques), célèbre poète français (1738-1813).

Délimitation s. f. Action de délimiter, son effet.

Délimiter v. a. Séparer, borner un terrain, fixer sa limite.

Délinéation s. f. Action de tracer la forme, le contour d'un objet au simple trait; figure qui en résulte.

Délinquant, e s. Qui a commis un délit.

Déliquescence s. f. Qualité de ce qui est déliquescent.

Déliquescent, e adj. Qui a la propriété d'attirer l'humidité de l'air et de se résoudre en liquide (*chim.*).

Délirant, e adj. Qui a le délire.

Délire s. m. Egarement d'esprit causé par maladie. Fig. *se dit* des passions, de l'imagination.

Délirer v. n. Etre en délire.

Délit s. m. Faute grave, action coupable que punissent les lois. Côté d'une pierre différent du lit qu'elle avait dans la carrière.

Déliter v. a. Poser en délit, en parlant d'une pierre.

Délivrance s. f. Affranchissement, action de délivrer.

Délivrer v. a. Mettre en liberté, affranchir; livrer, mettre entre les mains. SE DÉLIVRER v. pr. Se débarrasser.

Délogement s. m. Action de déloger.

Déloger v. a. Faire quitter un logis, une place. V. n. Sortir d'un logement.

Déloyal, e adj. Perfide, sans foi, qui n'est pas loyal.

Déloyalement adv. Avec déloyauté.

Déloyauté s. f. Infidélité, perfidie.

Delta s. m. (lettre grecque). Terre triangulaire entre deux embouchures.

Déluge s. m. Cataclysme, débordement universel des eaux; grande inondation. Fig. grand nombre.

Délustrer v. a. Oter le lustre (du drap).

Déluter v. a. Oter le lut d'un vase.

Démagogie s. f. Faction populaire; ambition d'y dominer.

Démagogique adj. Qui tient de la démagogie.

Démagogue s. m. Chef, membre d'une faction populaire.

Démaigrir v. n. Devenir moins maigre.

Démailloter v. a. Oter du maillot.

Demain adv. de temps et s. m. Le jour après celui où l'on est.

Démanchement s. m. Action de démancher; son résultat.

Démancher v. a. Oter le manche. SE DÉMANCHER v. pr. Sortir du manche.

Demande s. f. Action de demander; chose demandée; question.

Demander v. a. Prier quelqu'un d'accorder; questionner; désirer, avoir besoin : *la terre demande de l'eau.* SE DEMANDER v. pr. S'interroger soi-même, mutuellement; être demandé.

Demandeur, euse s. Qui demande souvent, importun.

Demandeur, deresse s. Qui forme une demande en justice.

Démangeaison s. f. Picotements à la peau. Fig. (fam.) grande envie (— de parler, etc.).

Démanger v. n. imp. Avoir, éprouver, causer, exciter la démangeaison.

Démantèlement s. m. Action de démanteler; son effet.

Démanteler v. a. Abattre les fortifications.

Démantibuler v. a. Rompre ou démettre, en parlant de la mâchoire.

Démarcation s. f. Ligne (de —) servant de limite. Fig. ce qui sépare, limite les droits de deux corps, de deux puissances.

Démarche s. f. Manière, façon de marcher. Fig. manière d'agir.

Démarier v. a. Séparer deux époux en justice.

Démarquer v. a. Oter la marque.

Démarrage s. m. Action d'ôter les amarres.

Démarrer v. a. et v. n. Détacher les amarres; quitter l'ancrage, partir. Fig. (fam.) changer de place.

Démasquer v. a. Oter le masque à quelqu'un. Fig. *Démasquer quelqu'un*, le faire connaître tel qu'il est.

Démastiquer v. a. Oter le mastic.

Dématage s. m. Action de démâter.

Démâter v. a. Abattre ou rompre le ou les mâts.

Démêlage s. m. Action de démêler (la laine).

Démêlé s. m. Querelle, dispute; contestation; brouillerie.

Démêler v. a. Trier et séparer ce qui est mêlé. Fig. apercevoir, distinguer; contester; débattre. SE DÉMÊLER v. pr. Se débrouiller, se tirer de.

Démêloir s. m. Machine à dévider; peigne à démêler les cheveux.

Démembrement s. m. Action de démembrer, ses effets; division, partage.

Démembrer v. a. Séparer, arracher des membres d'un corps. Fig. diviser.

Déménagement s. m. Transport des meubles d'un logis à un autre.

Déménager v. a. Transporter des meubles d'un logis à l'autre; quitter son logement.

Démence s. f. Folie.

Démener (se) v. pr. Se débattre, s'agiter, se remuer violemment.

Démenti s. m. Action de nier ce qui a été dit par quelqu'un.

Démentir v. a. (— quelqu'un), lui dire qu'il a menti; contredire; prouver le contraire.

Démérite s. m. Ce qui fait perdre l'estime, attire le blâme, la punition.

Démériter v. n. Agir de manière à perdre la bienveillance, l'affection, l'estime de quelqu'un.

Démesuré, ée Adj. Hors de la mesure ordinaire. Fig. excessif.

Démesurément adv. Sans mesure, avec excès.

Démettre v. a. Disloquer, déplacer un os. Fig. déposer; destituer. SE DÉMETTRE v. pr. Se défaire de sa charge, de sa dignité, de son emploi.

Démeublement s. m. Action d'ôter ce qui meuble.

Démeubler v. a. Oter les meubles; dégarnir de meubles.

Demeurant (au) adv. Au surplus, au reste.

Demeure s. f. Habitation; domicile; état de consistance, de permanence. *Mettre en demeure :* sommer de remplir une obligation; *à demeure :* pour un long temps, pour n'être pas déplacé.

Demeurer v. n. Loger, tarder, rester; s'arrêter, être permanent.

Demi (à) adv. A moitié, imparfaitement, superficiellement.

Demi, ie adj. Moitié juste d'un tout divisé en deux.

Demi-brigade s. f. Régiment français pendant les guerres de la Révolution. Pl. *demi-brigades.*

Demi-cercle s. m. Moitié du cercle*.

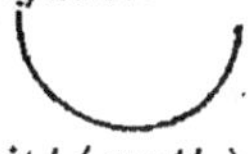

Demi-dieu s. m. Etre qui participe de la divinité (*myth.*).

Demi-lune s. f. *Fort.* Ouvrage extérieur destiné à couvrir la contrescarpe et le fossé.

Demi-mesure s. f. Mesure insuffisante.

Demi-mot (à) loc. adv. Sans qu'il soit nécessaire de tout dire : *parler à demi-mot.*

Démission s. f. Acte par lequel on se démet d'une charge, d'une dignité, d'un emploi.

Démissionnaire s. m. et adj. Qui se démet d'un emploi.

Demi-teinte s. f. Teinte faible. Pl. *demi-teintes.*

Demi-tour s. m. Moitié d'un tour. Pl. *demi-tours.*

Démocrate s. m. Attaché aux principes de la démocratie.

Démocratie s. f. Gouvernement où le peuple exerce la souveraineté.

Démocratique adj. De la démocratie.

Démocratiquement adv. D'une manière démocratique.

Démocratiser v. a. (— une nation), la jeter dans la démocratie, la rendre démocrate.

Démocrite, célèbre philosophe grec (470-361 av. J.-C.).

Démoder v. a. Mettre hors de la mode. SE DÉMODER v. pr. Cesser d'être à la mode.

Demoiselle s. f. Fille non mariée; outil de paveur ; libellule.

Démolir v. a. Détruire, renverser.

Démolisseur s. m. Qui démolit.

Démolition s. f. Action de démolir. Pl. Matériaux, décombres qui en proviennent.

Démon s. m. Diable; personne méchante (fam.).

Démonétisation s. f. Acte qui ôte sa valeur à un papier, à une monnaie.

Démonétiser v. a. Oter sa valeur à une monnaie, un papier.

Démoniaque adj. et s. Possédé du démon.

Démonologie et **Démonographie** s. f. Science qui traite de la nature et de l'influence des démons.

Démonomanie s. f. Sorte de folie où l'on se croit possédé du démon.

Démonstrateur s. m. Celui qui démontre.

Démonstratif, ive adj. Qui démontre. *Pronom démonstratif*, qui indique.

Démonstration s. f. Preuve évidente et convaincante; marque, témoignage extérieur; raisonnement.

Démonstrativement adv. Par démonstration; d'une manière convaincante.

Démontage s. m. Action de démonter.

Démonter v. a. Oter la monture; désassembler les parties. Fig. troubler, déconcerter.

Démontrable adj. Qui peut être démontré.

Démontrer v. a. Prouver; témoigner par des marques extérieures.

Démoralisateur, trice adj. et s. Qui démoralise.

Démoralisation s. f. Action de démoraliser; état de ce qui est démoralisé.

Démoraliser v. a. Corrompre les mœurs; rendre immoral; ôter la moralité.

Démordre v. n. Quitter prise après avoir mordu. Fig. Se départir, abandonner.

Démosthène, ou **Démosthènes**, le plus fameux des orateurs grecs (322 av. J.-C.).

Démoucheter v. a. Dégarnir un fleuret de son bouton.

Démunir v. a. Oter les munitions. SE DÉMUNIR v. pr. Se dessaisir.

Démurer v. a. Ouvrir ce qui était muré.

Démuseler v. a. Enlever la muselière.

Dénaire adj. Qui a rapport au nombre dix.

Dénantir (se) v. pr. Se dépouiller de ce qu'on a.

Dénationaliser v. a. Oter, faire perdre le caractère national. SE DÉNATIONALISER v. pr. Renoncer à sa nationalité.

Dénatter v. a. Défaire ce qui était natté.

Dénaturer v. a. Changer la nature d'une chose, en changer l'état.

Dénégation s. f. Action de nier.

Déni s. m. Refus d'une chose due. *Déni de justice*, refus de juger.

Déniaisement s. m. Action de déniaiser.

Déniaiser v. a. Rendre moins niais.

Dénicher v. a. Oter (des oiseaux) du nid, (un saint, une statue) de la niche; découvrir. Fig. chasser d'un poste.

Dénicheur s. m. Qui déniche les oiseaux.

Denier s. m. Monnaie de cuivre valant le douzième d'un sou.

Dénier v. a. Nier.

Dénigrant, e adj. Qui dénigre, porte à dénigrer.

Dénigrement s. m. Action de dénigrer; état de mépris dans lequel il fait tomber.

Dénigrer v. a. Chercher à diminuer la réputation de quelqu'un, le prix de quelque chose; les rendre ridicules, méprisables.

Dénigreur s. m. Celui qui dénigre.

Denis (saint), premier évêque de Paris (m. 272).

Dénombrement s. m. Recensement d'une population; énumération.

Dénombrer v. a. Faire un dénombrement.

Dénominateur s. m. Nombre inférieur d'une fraction.

Dénominatif, ive adj. Qui sert à nommer.

Dénomination s. f. Désignation d'une chose, d'une personne, par un nom qui en exprime l'état, la qualité, etc.

Dénommer v. a. Désigner par un nom.

Dénoncer v. a. Déclarer, publier, faire connaître; déférer en justice.

Dénonciateur, trice s. Qui dénonce, accuse; délateur.

Dénonciation s. f. Déclaration, publication; délation, accusation.

Dénotation s. f. Désignation par certains signes.

Dénoter v. a. Désigner; marquer.

Dénouer v. a. Défaire un nœud. Fig. démêler.

Dénoûment ou **dénouement** s. m. Solution, fin d'une intrigue, d'une affaire; incident qui termine une pièce de théâtre.

Denrée s. f. Tout ce qui se vend pour la nourriture.

Dense adv. Epais, compact; qui contient beaucoup de matière en peu de volume.

Densité s. f. Qualité de ce qui est dense.

Dent s. f. Petit os de la mâchoire qui sert à inciser, à broyer les aliments, à mordre; ce qui y ressemble, en a la forme; brèche au tranchant d'une lame*, au bord d'une chose mince. Fig. (fam.) *Etre sur les dents*, harassé de fatigue; *avoir une dent contre quelqu'un*, de l'animosité, de la rancune.

Dentaire adj. Qui a rapport aux dents.

Dental, e adj. Qui se prononce à l'aide des dents. S. f. Lettre dentale.

Denté, ée adj. Qui a des dents, des pointes en dents.

Dentelaire s. f. Genre de plantes.

Dentelé, ée adj. Garni de dents.

Denteler v. a. Faire des entailles en forme de dents.

Dentelle s. f. Ouvrage à jour de fil, de soie, etc.*; ornement qui l'imite.

Dentelure s. f. Ouvrage de sculpture dentelé; chose dentelée.

Denticules s. m. pl. Moulures en forme de dents.

Dentier s. m. Rang de dents artificielles.

Dentifrice s. m. et adj. Remède pour nettoyer les dents en les frottant.

Dentiste s. m. Qui arrache ou soigne les dents.

Dentition s. f. Sortie naturelle des dents.

Denture s. f. Ordre des dents; le nombre des dents d'une roue.

Dénudation s. f. Etat d'un os à découvert; état de nudité.

Dénuder v. a. Mettre à découvert; dépouiller un arbre de son écorce.

Dénué, ée adj. Qui est privé.

Dénuer v. a. Priver, dégarnir, dépouiller.

Dénûment ou **dénuement** s. m. Dépouillement, privation.

Denys (l'Ancien), tyran de Syracuse (405-368 av. J.-C.).

Dépalissage s. m. Action de dépalisser.

Dépalisser v. a. Défaire un palissage.

Dépaqueter v. a. Défaire, développer un paquet.

Dépareiller v. a. Séparer des choses pareilles.

Déparer v. a. Oter ce qui pare.

Déparier v. a. Oter une chose de la paire; séparer l'oiseau mâle de la femelle.

Départ s. m. Action de partir; séparation.

Départager v. a. Oter, faire cesser le partage d'opinions entre des juges, en augmentant leur nombre.

Département s. m. Division administrative du territoire français; partie de l'administration des affaires d'Etat attribuée à un ministre.

Départemental, e adj. Du département.

Départir v. a. Distribuer, partager. SE DÉPARTIR v. pr. S'écarter, se désister.

Dépasser v. a. Passer, aller outre, au-delà ; devancer. [paver.

Dépavage s. m. Action de dé-

Dépaver v. a. Oter le pavé.

Dépaysement s. m. Action de dépayser ; changement d'habitudes.

Dépayser v. a. Faire changer de pays, de logis. Fig. déshabituer, dérouter.

Dépècement et **dépeçage** s. m. Action de dépecer.

Dépecer v. a. Mettre en morceaux, en pièces.

Dépeceur s. m. Celui qui dépèce.

Dépêche s. f. Lettre concernant les affaires publiques ; communication faite par une voie quelconque.

Dépêcher v. a. Expédier ; hâter, faire promptement ; envoyer des dépêches. SE DÉPÊCHER v. pr. Se hâter.

Dépeindre v. a. Décrire et représenter par le discours.

Dépenaillé, ée adj. Déguenillé, couvert de haillons.

Dépenaillement s. m. Etat d'une personne dépenaillée.

Dépendamment adv. Avec dépendance, d'une manière dépendante.

Dépendance s. f. Sujétion, subordination. S. f. pl. Partie d'un héritage, d'une maison, d'une affaire qui tient à la principale partie.

Dépendant, e adj. Qui dépend d'un autre.

Dépendre v. a. Détacher, décrocher ce qui était pendu, accroché, etc. V. n. Procéder ; s'ensuivre ; être sous la dépendance, l'autorité, la domination.

Dépens s. m. pl. Frais déboursés. AUX DÉPENS DE loc. prép. Aux frais de.

Dépense s. f. Argent dépensé. Fig. *se dit* de l'esprit.

Dépenser v. a. Employer de l'argent à. Fig. *se dit en général* de tout ce qui se consume, se disperse, se détruit.

Dépensier, ère adj. Qui fait, qui aime trop la dépense.

Déperdition s. f. Perte.

Dépérir v. n. S'affaiblir, se ruiner, aller en décadence ; se détériorer.

Dépérissement s. m. Etat de ce qui dépérit.

Dépêtrer v. a. Débarrasser les pieds empêtrés. Fig. (fam.) dégager, délivrer, débarrasser. SE DÉPÊTRER v. pr. Se délivrer.

Dépeuplement s. m. Action de dépeupler, ses effets ; état d'un pays dépeuplé.

Dépeupler v. a. Dégarnir d'habitants. SE DÉPEUPLER v. pr. Diminuer en nombre.

Dépicage et **dépiquage** s. m. Séparation des grains des gerbes foulées aux pieds.

Dépiécer v. a. Démembrer, mettre en pièces.

Dépilatif, ive adj. (Pommade —) qui fait tomber le poil.

Dépilation s. f. Action de dépiler, ses effets.

Dépilatoire s. m. Drogue, pâte pour dépiler.

Dépiler v. a. Faire tomber les poils, les cheveux.

Dépiquer v. a. Faire tourner les animaux sur les gerbes pour le dépicage.

Dépister v. a. Découvrir à la piste le gibier. Fig. (fam.) connaître ce qu'on veut savoir.

Dépit s. m. Chagrin avec colère ; fâcherie. EN DÉPIT DE loc. prép. Malgré.

Dépiter v. a. Causer du dépit.

Déplacé, ée adj. Oté de sa place. Fig. inconvenant.

Déplacer v. a. Oter de sa place, changer de place. SE DÉPLACER v. pr. Changer de place, de demeure.

Déplaire v. n. Etre désagréable, offenser, cesser de plaire. SE DÉPLAIRE v. pr. S'ennuyer, n'être pas bien. [dégoût.

Déplaisance s. f. Répugnance,

Déplaisant, e adj. Qui déplaît.

Déplaisir s. m. Chagrin ; affliction ; mécontentement.

Déplantation s. f. ou **déplantage** s. m. Action de déplanter.

Déplanter v. a. Arracher pour planter ailleurs.

Déplantoir s. m. Instrument pour déplanter.

Déplier v. a. Etendre ce qui était plié.

Déplisser v. a. Oter, défaire les plis d'une étoffe.

Déploiement s. m. Action de déployer, ses effets.

Déplorable adj. A déplorer, à plaindre.

Déplorablement adv. D'une manière tragique, déplorable.

Déplorer v. a. Plaindre beaucoup, avoir grande pitié.

Déployer v. a. Etendre, développer; déplier. Fig. étaler, montrer. [de plumes.

Déplumé, ée adj. Qui n'a pas

Déplumer v. a. Oter les plumes. Fig. dépouiller. SE DÉPLUMER v. pr. Perdre ses plumes.

Dépolir v. a. Oter l'éclat, le poli (au verre, au métal).

Déponent adj. m. (Verbe latin), qui a la signification active et la terminaison passive.

Dépopulariser v. a. Oter la faveur, l'affection du peuple.

Dépopulation s. f. Etat d'un pays dépeuplé.

Déport s. m. Action de se récuser soi-même; droit de jouir du revenu de la première année d'une terre, etc., après la mort du possesseur. SANS DÉPORT loc. adv. Sans délai, incontinent.

Déportation s. f. Sorte de bannissement perpétuel dans un lieu fixé; exil dans une colonie.

Déporté, ée s. Banni, exilé dans un lieu fixé.

Déportement s. m. Conduite irrégulière; mœurs déréglées (s'emploie plus fréquemment au pluriel).

Déporter v. a. Bannir, envoyer en exil.

Déposant, e adj. et s. Qui dépose et affirme en justice; qui fait un dépôt.

Déposer v. a. Poser une chose que l'on portait. Fig. destituer; renoncer à; quitter; mettre en dépôt. V. n. Faire une déposition en justice; former un dépôt.

Dépositaire s. A qui on a confié un dépôt.

Déposition s. f. Destitution d'une charge, etc.; témoignage en justice.

Déposséder v. a. Oter à quelqu'un ce qu'il possède, *ou* la possession de...

Dépossession s. f. Action de déposséder.

Déposter v. a. Chasser l'ennemi d'un poste, d'une position.

Dépôt s. m. Action de déposer, ses effets; ce qui est mis à la garde de...; lieu où l'on dépose; lieu où restent des soldats, des recrues d'un corps; sédiment des liqueurs; amas d'humeurs.

Dépoter v. a. Oter d'un pot.

Dépoudrer v. a. Faire tomber la poudre, la poussière.

Dépouille s. f. Butin, hardes d'un mort. Fig. succession. *Dépouille mortelle*, corps de l'homme mort.

Dépouillement s. m. Action de dépouiller ou de se dépouiller.

Dépouiller v. a. Oter l'habit, la peau, la chair, l'écorce, les feuilles, les fruits, les poils, etc. Fig. quitter. *Dépouiller un scrutin*, compter les votes. SE DÉPOUILLER v. pr. Se priver, quitter (ses habits).

Dépourvoir v. a. Dégarnir de ce qui est nécessaire, priver de.

Dépourvu (au) loc. adv. Inopinément.

Dépravant, e adj. Qui cause la dépravation.

Dépravateur, trice adj. Qui déprave.

Dépravation s. f. Corruption.

Dépravé, ée adj. Gâté, corrompu.

Dépraver v. a. Corrompre, pervertir.

Déprécation s. f. Prière pour obtenir le pardon d'une faute; figure oratoire par laquelle on souhaite du bien ou du mal à quelqu'un (rhét.).

Dépréciateur, trice s. et adj. Qui déprécie.

Dépréciation s. f. [illegible] d'une chose dépréciée. Action de dé[illegible]cier.

Déprécier v. a. Estimer, mettre au-dessous de son prix, de sa valeur, de son mérite.

Déprédateur s. m. Qui fait ou tolère les déprédations.

Déprédatif, ive adj. Qui a le caractère de la déprédation.

Déprédation s. f. Vol, ruine, pillage avec dégât fait par des gardiens, des dépositaires. [gât.

Déprédér v. a. Piller avec dé-

Dépression s. f. Aplatissement naturel ou accidentel.

Déprier v. a. Retirer une invitation.

Déprimer v. a. Abaisser en pesant dessus; enfoncer.

Dépriser v. a. Rabaisser la valeur.

De profundis s. m. (pron. *déprofondice*). Psaume pour les morts.

Depuis prép. de temps, de lieu, d'ordre, et signifiant à partir de. Adv. depuis ce temps : *je vous ai écrit depuis*. DEPUIS QUE loc. conj. Depuis le temps que.

Dépuratif, ive adj. et s. (Remède —), propre à dépurer le sang.

Dépuration s. f. Action de dépurer, ses effets.

Dépuratoire adj. Qui sert, qui est propre à dépurer.

Dépurer v. a. Rendre plus pur.

Députation s. f. Envoi de députés; leur réunion; fonction de député.

Député s. m. Envoyé extraordinaire, représentant d'une nation, d'une province, etc.

Députer v. a. et n. Envoyer quelqu'un avec commission; envoyer un député, une députation vers quelqu'un pour...

Déracinement s. m. Action de déraciner, ses effets.

Déraciner v. a. Arracher de terre avec des racines. Fig. extirper, guérir entièrement.

Déraidir ou déroidir v. a. Oter la raideur.

Déraillement s. m. Action de dérailler.

Dérailler v. n. Sortir des rails.

Déraison s. f. Défaut de raison; jugement, action, opinion déraisonnable.

Déraisonnable adj. Qui ne s'accorde pas avec la raison.

Déraisonnablement adv. D'une manière déraisonnable.

Déraisonnement s. m. Action de déraisonner.

Déraisonner v. n. Tenir des discours déraisonnables.

Dérangé, ée adj. Qui a une mauvaise conduite.

Dératé, ée adj. et s. Sans rate; très léger à la course.

Dérater v. a. Oter la rate.

Derechef adv. De nouveau.

Déréglé ée adj. Contraire aux règles de la nature ou de l'art, de la morale.

Dérèglement s. m. Etat de choses déréglées.

Dérèglément adv. D'une manière déréglée.

Dérégler v. a. Troubler, mettre dans le désordre. SE DÉRÉGLER v. pr. Se déranger.

Dérider v. a. Oter les rides. Fig. réjouir. SE DÉRIDER v. pr. Prendre quelque plaisir.

Dérision s. f. Moquerie amère.

Dérisoire adj. Dit ou fait par dérision.

Dérivatif, ive adj. Qui sert à détourner les humeurs.

Dérivation s. f. Origine d'un mot tiré d'un autre; détour des eaux, des humeurs.

Dérive s. f. Sillage d'un vaisseau détourné de sa route.

Dérivé s. m. Mot qui tire son origine d'un autre.

Dériver v. n. Venir, tirer son origine de; s'écarter de la route, du rivage. V. a. Faire dériver.

Dermatoïde adj. Qui ressemble à la peau.

Derme s. m. Tissu qui constitue la peau de l'homme.

Dernier, ère adj. Qui est après tous les autres; le pire de tous.

Dernièrement adv. Depuis peu.

Dérobé, ée adj. Secret : *escalier dérobé*.

Dérobée (à la) loc. adv. Furtivement, en cachette.

Dérober v. a. Voler en cachette; soustraire à la vue. SE DÉROBER v. pr. Se sauver de quelque chose, l'éviter, s'y soustraire.

Dérogation s. f. Action de déroger.

Dérogatoire adj. Qui contient une dérogation.

Dérogeance s. f. Action par laquelle on perdait les droits et privilèges attachés à la noblesse.

Déroger v. n. Faire statuer sur quelque chose de contraire à une loi, un usage; changer en mal.

Déroidir v. a. Voy. DÉRAIDIR.

Dérougir v. a. Faire perdre la rougeur.

Dérouillement s. m. Action de dérouiller, ses effets.

Dérouiller v. a. Oter la rouille. Fig. polir, façonner.

Déroulement s. m. Action de dérouler.

Dérouler v. a. Etendre, mettre en long ce qui était roulé.

Déroute s. f. Fuite de troupes défaites; désordre dans les affaires.

Dérouter v. a. Oter, tirer quelqu'un de la vraie route. Fig. déconcerter.

Derrière prép. En arrière de, de l'autre côté. Adv. A la suite de. S. m. Partie postérieure; *l'opposé* du devant.

Derviche s. m. Religieux turc.

Des art. Contraction pour DE et LES.

Dès prép. Depuis; à partir de.

Désabusement s. m. Action de désabuser; état de la personne désabusée.

Désabuser v. a. Détromper d'une fausse croyance. SE DÉSABUSER v. pr. Se détromper.

Désaccord s. m Désunion des esprits, des sentiments; état d'un instrument ou de plusieurs voix qui ne sont pas d'accord.

Désaccorder v. a. Détruire l'accord des cordes d'un instrument.

Désaccoupler v. a. Détacher les unes des autres des choses accouplées.

Désaccoutumance s. f. Perte d'une habitude, d'une coutume (vx.).

Désaccoutumer v. a. Faire perdre, faire quitter l'habitude, la coutume.

Désachalander v. a. Faire perdre la pratique, les chalands d'une boutique.

Désaffection s. f. Cessation de l'affection.

Désaffectionner v. a. Faire perdre l'affection.

Désagencer v. a. Déranger ce qui est agencé.

Désagréable adj. Qui n'est point agréable, qui déplaît.

Désagréablement adv. D'une manière désagréable.

Désagréer v. n. Déplaire.

Désagrégation s. f. Séparation des parties agrégées.

Désagréger v. a. Produire la désagrégation.

Désagrément s. m. Chose désagréable ; sujet de chagrin.

Desaix, général français, mort héroïquement à Marengo (1768-1800).

Désajuster v. a. Déranger ce qui est ajusté.

Désaltérer v. a. Oter la soif.

Désappareiller v. a. Oter une ou plusieurs choses du nombre de celles qui étaient pareilles. — On dit plus fréquemment *déparciller*.

Désapparier v. a. Séparer un couple d'oiseaux.

Désappointement s. m. Espérance trompée, contrariété.

Désappointer v. a. Manquer de parole, contrarier, tromper dans l'attente.

Désapprendre v. a. Oublier ce qu'on avait appris.

Désapprobateur, trice s. et adj. Qui désapprouve par habitude.

Désapprobation s. f. Action de désapprouver.

Désappropriation s. f. Renoncement à la propriété.

Désapproprier (se) v. pr. Renoncer à la propriété.

Désapprouver v. a. Blâmer, condamner, ne pas approuver.

Désarçonner v. a. Mettre hors des arçons. Fig. (fam.) mettre hors d'état de répondre.

Désargenter v. a. Oter l'argent d'une chose argentée.

Désarmement s. m. Action de désarmer, licenciement de troupes.

Désarmer v. a. Oter les armes. Fig. calmer. V. n. Poser les armes, cesser la guerre.

Désarroi s. m. Ruine, désordre dans la fortune, les affaires.

Désarticulation s. f. Action de désarticuler.

Désarticuler v. a. *Anat.* Défaire les articulations des os, des jointures.

Désassembler v. a. Séparer, disjoindre ce qui était assemblé.

Désassocier v. a. Rompre une association.

Désassortir v. a. Oter, déplacer des choses assorties.

Désastre s. m. Malheur; accident funeste.

Désastreusement adv. D'une manière désastreuse.

Désastreux, euse adj. Funeste, malheureux.

Désavantage s. m. Infériorité; dommage, préjudice.

Désavantageusement adv. Avec désavantage.

Désavantageux, euse adj. Qui cause, peut causer du dommage, du désavantage.

Désaveu s. m. Dénégation. Fig. se dit d'un changement de conduite.

Désaveugler v. a. Tirer de l'aveuglement; détromper de l'erreur.

Désavouable adj. Qui peut être désavoué.

Désavouer v. a. Nier avoir dit ou fait quelque chose; ne plus reconnaître pour sien.

Descartes, célèbre mathématicien et philosophe français (1596-1650).

Descellement s. m. Action de desceller.

Desceller v. a. Oter le scellé, le sceau; détacher ce qui est scellé en plâtre.

Descendance s. f. Postérité.

Descendant, e adj. et s. Qui descend, qui tire son origine de. LES DESCENDANTS s. m. pl. La postérité.

Descendre v. n. Se mouvoir, aller, s'étendre de haut en bas. Fig. tirer son origine, tomber, déchoir, s'abaisser. V. a. (avec AVOIR *auxil.*) transporter de haut en bas; abaisser.

Descente s. f. Action de descendre *ou* par laquelle on descend soi-même *ou* quelque chose; mouvement, chute de ce qui descend; pente par laquelle on descend; visite des lieux par autorité de justice.

Descriptif, ive adj. Qui décrit.

Description s. f. Discours qui décrit, qui peint; définition superficielle.

Déséchouer v. a. Remettre à flot un navire échoué.

Désemballage s. m. Action de désemballer.

Désemballer v. a. Défaire une balle, etc.; en tirer ce qui était emballé.

Désembarquement s. m. Action de désembarquer.

Désembarquer v. a. Tirer hors du vaisseau ce qui était embarqué.

Désembourber v. a. Tirer de la bourbe.

Désemparer v. n. Quitter, abandonner le lieu où l'on est, en sortir (*plus usité avec la négative*). V. a. rompre les manœuvres, les mâts d'un vaisseau, le mettre hors d'état de servir.

Désempenné, ée adj. Dégarni de plumes.

Désempeser v. a. Oter l'empois d'une étoffe, la ramollir.

Désemplir v. a. Vider en partie, rendre moins plein. V. n. N'être pas toujours plein (*plus usité avec la négative*). SE DÉSEMPLIR v. pr. Se vider, devenir moins plein.

Désemprisonner v. a. Tirer de prison.

Désenchaîner v. a. Oter les chaînes.

Désenchantement s. m. Action de désenchanter.

Désenchanter v. a. Rompre, détruire l'enchantement, le prestige.

Désenfiler v. a. Retirer le fil passé dans une aiguille, dans des perles, etc.

Désenfler v. a. Oter l'enflure. V. n. Cesser d'être enflé.

Désenflure s. f. Cessation d'enflure.

Désengrener v. a. Détacher un engrenage.

Désenivrer v. a. Oter, faire cesser l'ivresse. V. n. Cesser d'être ivre.

Désennuyer v. a. Divertir; dissiper l'ennui.

Désenrayer v. a. Oter la chaîne qui empêchait les roues d'une voiture de tourner.

Désenrhumer v. a. Faire cesser le rhume.

Désenrouer v. a. Oter l'enrouement.

Désensevelir v. a. Oter le linceul qui ensevelissait un mort.

Désensorceler v. a. Délivrer, guérir de l'ensorcellement.

Désensorcellement s. m. Action de désensorceler, ses effets.

Désentortiller v. a. Défaire ce qui est entortillé.

Désentraver v. a. Oter les entraves.

Désert s. m. Lieu désert ; pays inhabité.

Désert, e adj. Abandonné, inhabité, peu fréquenté.

Déserter v. a. Abandonner un lieu, un parti, etc. V. n. Quitter le service militaire sans congé.

Déserteur s. m. Soldat qui déserte, qui a déserté.

Désertion s. f. Action de déserter. Fig. changement de parti, d'opinion.

Désespérant, e adj. Qui jette dans le désespoir.

Désespéré, ée adj. Qui ne donne aucune espérance ; qui est plongé dans le désespoir.

Désespérément adv. Comme un désespéré ; éperdûment.

Désespérer v. a. Affliger vivement ; causer le désespoir. V. n. (de). Perdre l'espoir.

Désespoir s. m. Perte de toute espérance ; découragement.

Déshabillé s. m. Vêtement de chambre.

Déshabiller v. a. Oter les habits, les ornements. SE DÉSHABILLER v. pr. Oter ses habits.

Déshabituer v. a. Faire perdre une habitude.

Déshérence s. f. Droit de l'Etat à une succession vacante.

Déshériter v. a. Priver quelqu'un d'un héritage, d'une succession.

Déshonnête adj. Contraire à la pudeur, à la bienséance.

Déshonnêtement adv. D'une manière déshonnête.

Déshonnêteté s. f. Parole, action qui choque la pudeur, vice de ce qui est déshonnête.

Déshonneur s. m. Honte, opprobre, infamie.

Déshonorable adj. Qui n'est pas honorable.

Déshonorablement adv. D'une manière déshonorable.

Déshonorant, e adj. Qui déshonore.

Déshonorer v. a. Perdre d'honneur et de réputation ; diffamer.

Deshoulières (Mme), femme poète, née à Paris (1634-1694).

Desiderata s. m. pl. (mot latin signifiant : les choses que l'on désire). Se dit des parties d'une science qui ont besoin d'être éclaircies ou incontestablement établies.

Désignatif, ive adj. Qui désigne.

Désignation s. f. Dénotation, nomination et destination expresse.

Désigner v. a. Dénoter, distinguer ; marquer précisément ; nommer, destiner.

Désillusion s. f. Etat de celui qui a perdu ses illusions.

Désillusionner v. a. Faire cesser, détruire les illusions.

Désincorporer v. a. Séparer une chose d'un *ou* de son corps.

Désinence s. f. Terminaison des mots.

Désinfatuer v. a. Désabuser.

Désinfectant, e adj. Qui a la vertu de désinfecter. S. m. Qui désinfecte.

Désinfecter v. a. Oter l'infection.

Désinfection s. f. Action d'ôter l'infection.

Désintéressé, ée adj. Qui ne ne fait rien, qui n'est pas mû par intérêt, par passion.

Désintéressement s. m. Détachement, oubli, sacrifice de son propre intérêt.

Désintéresser v. a. Mettre (quelqu'un) hors d'intérêt en l'indemnisant. SE DÉSINTÉRESSER v. pr. Cesser de prendre de l'intérêt.

Désinvestir v. a. Retirer un droit dont on était investi.

Désinviter v. a. Révoquer une invitation.

Désinvolture s. f. Tournure pleine de laisser-aller.

Désir s. m. Souhait ; mouvement de la volonté vers un bien qu'on n'a pas.

Désirable adj. Qui mérite d'être désiré.

Désirer v. a. Souhaiter ; avoir désir, envie.

Désireux, euse adj. Qui souhaite, qui désire avec ardeur.

Désistement s. m. Action de se désister ; acte qui le constate.

Désister (se) v. pr. Renoncer à ; se départir.

Dès lors adv. Dès ce moment, dès ce temps-là.

Desmoulins (Camille), avocat, membre de la Convention (1762-1794).

Désobéir v. n. Ne pas obéir ; enfreindre.

Désobéissance s. f. Défaut, refus d'obéissance.

Désobéissant, e adj. Qui désobéit.

Désobligeamment adv. D'une manière désobligeante.

Désobligeant, e adj. Qui désoblige.

Désobstruant, e et **désobstructif, ive** adj. et s. m. Qui est propre à désobstruer.

Désobstruer v. a. Détruire les obstructions.

Désoccupation s. f. Etat d'une personne désoccupée.

Désoccupé, ée adj. Désœuvré.

Désœuvré, ée adj. et s. Qui n'a rien à faire, qui ne sait pas s'occuper.

Désœuvrement s. m. Etat d'un désœuvré.

Désolant, e adj. Qui désole, afflige à l'excès.

Désolateur s. m. Qui désole, ravage, détruit.

Désolation s. f. Affliction extrême, ruine entière; destruction.

Désolé, ée adj. Triste, affligé, ruiné, ravagé.

Désoler v. a. Affliger; ruiner; ravager; détruire. SE DÉSOLER v. pr. S'attrister.

Désopilant, e adj. Qui est propre à désopiler. Fig. Qui fait rire.

Désopilatif, ive adj. Propre à désopiler.

Désopilation s. f. Débouchement d'une obstruction.

Désopiler v. a. Oter les obstructions. Fig. (fam.) *désopiler la rate*, réjouir, faire rire.

Désordonné, ée adj. Déréglé; démesuré; sans ordre; hors de l'ordre.

Désordonnément adv. Avec désordre, licence; excessivement.

Désordonner v. a. Mettre en désordre.

Désordre s. m. Défaut d'ordre, dérangement; trouble, conduite déréglée.

Désorganisateur, trice s. m. Qui renverse l'ordre.

Désorganisation s. f. Action de désorganiser; état de ce qui est désorganisé.

Désorganiser v. a. Détruire l'organisation, troubler l'ordre, jeter la confusion dans.

Désorienter v. a. Faire perdre la connaissance du levant, du lieu où l'on est ou dont on parle, du chemin à suivre. Fig. déconcerter.

Désormais adv. A l'avenir, dorénavant.

Désossement s. m. Action de désosser.

Désoxydant, e adj. Qui désoxyde.

Désoxydation s. f. Action de désoxyder.

Désoxyder v. a. *Chim.* Enlever à une substance l'oxygène qui entre dans sa composition.

Despote s. m. Qui gouverne arbitrairement, au gré de son caprice, sans règle ni lois; celui dont la volonté seule fait la loi.

Despotique adj. Absolu, arbitraire; du despotisme.

Despotiquement adv. Avec despotisme.

Despotisme s. m. Pouvoir absolu, arbitraire, qui n'a de règle que la volonté du despote; domination d'une seule personne qui n'a de règle que son intérêt.

Despréaux (BOILEAU), l'un des plus célèbres poètes français (1636-1711).

Desquamation s. f. *Méd.* Exfoliation de l'épiderme sous forme d'écailles.

Dessaisir (se) v. pr. Abandonner, laisser prendre ce qu'on avait; se défaire de ce dont on s'était saisi.

Dessaisissement s. m. Action de se dessaisir.

Dessaisonner v. a. Changer l'ordre annuel de la culture.

Dessalaison s. f. et **dessalement** s. m. Action de dessaler.

Dessaler v. a. Oter la salure; rendre moins salé.

Dessangler v. a. Défaire, lâcher les sangles.

Desséchant, e adj. Qui dessèche.

Dessèchement s. m. Action de dessécher; état d'une chose desséchée.

Dessécher v. a. Rendre sec, mettre à sec. Fig. ôter l'agrément la souplesse : *dessécher l'esprit, le cœur*.

Dessein s. m. Intention, projet.

Desseller v. a. Oter la selle du dos d'un cheval.

Dessemeler v. a. Oter la semelle.

Desserre s. f. *Etre dur à la desserre*, se dessaisir avec peine de son argent.

Desserrer v. a. Relâcher ce qui est serré ou trop serré.

Dessert s. m. Fruits, etc., servis sur la table; le moment de les manger.

Desserte s. f. Restes d'un repas; mets, viande, etc., ôtés de dessus la table, pendant ou après le repas; service d'une cure, etc.; action de desservir.

Desservant s. m. Qui dessert une église, un bénéfice, à la place du titulaire.

Desservir v. a. Faire le service d'une cure, d'un bénéfice, etc.; ôter les mets de dessus la table; nuire à quelqu'un.

Dessicatif, ive adj. Qui dessèche.

Dessiccation s. f. Action de dessécher, ses effets.

Dessiller v. a. Ouvrir les yeux, les paupières. Fig. *dessiller les yeux à quelqu'un*, le détromper, le désabuser, lui faire voir la vérité.

Dessin s. m. Art de tracer au crayon, à la plume, etc., la représentation d'objets naturels ou autres; règles de cet art, ses productions.

Dessinateur s. m. Qui sait dessiner, qui dessine, qui en fait profession.

Dessiner v. a. Pratiquer le dessin, représenter par le dessin.

Dessoler v. a. *T. d'agriculture.* Changer l'ordre des soles.

Dessouder v. a. Oter, défaire, fondre la soudure.

Dessoûler, v. a. Dissiper l'ivresse. V. n. Cesser d'être ivre.

Dessous adv. de lieu. Marque la situation inférieure. AU-DESSOUS, plus bas. S. m. Partie inférieure. Fig. *le dessous des cartes*, le secret d'une affaire; désavantage: *avoir le dessous*.

Dessus adv. Marque qu'une chose est sur une autre. AU-DESSUS loc. adv. Plus haut. AU DESSUS DE loc. prép. Plus haut que. LA-DESSUS loc. adv. Sur cela. S. m. Partie supérieure, la plus haute; lieu supérieur. Fig. LE DESSUS, avantage remporté; force, vigueur reprises; *t. de mus.* partie la plus haute, opposée à la basse.

Destin s. m. Destinée, fatalité.

Destinataire s. m. Celui à qui s'adresse une chose; à qui elle est adressée.

Destinateur, trice s. Celui, celle qui envoie.

Destination s. f. Emploi projeté d'une personne ou d'une chose pour un objet, un usage déterminé.

Destinée s. f. Destin; effet du destin; la suite d'événements, de travaux, de peines, de plaisirs qui remplissent la vie.

Destiner v. a. Déterminer la destination.

Destituable adj. Qui peut être destitué.

Destituer v. a. Déposer, ôter l'emploi; priver de la fonction.

Destitution s. f. Déposition; privation d'un emploi, d'une charge.

Destrier s. m. Cheval de main de bataille (vx.).

Destructeur, trice s. et adj. Qui détruit, fait du ravage.

Destructibilité s. f. Qualité de ce qui peut être détruit.

Destructible adj. Qui peut être détruit.

Destructif, ive adj. Qui détruit.

Destruction s. f. Ruine totale.

Désuétude s. f. Anéantissement des lois, etc., par le non-usage: *tomber en désuétude*.

Désunion s. f. Séparation des parties d'un tout. Fig. mésintelligence.

Désunir v. a. Disjoindre, démembrer, diviser. Fig. rompre l'union, la bonne intelligence entre les personnes.

Détachement s. m. Action de détacher, ses effets; troupe de soldats détachés d'un corps pour une expédition, etc. Fig. dégagement.

Détacher v. a. Séparer ce qui était attaché *ou* joint; ôter. Fig. dégager d'une passion, d'un attachement, d'un parti; donner de la rondeur aux objets d'un tableau, les dégager du fond, les isoler. SE DÉTACHER v. pr. Se délier, se séparer. Fig. se dégager d'une passion.

Détacher v. a. Oter les taches.

Détails s. m. pl. Parties, circonstances, particularités. *Sing.* action de considérer, de prendre, de mettre les choses par parties, par petites divisions. En détail adv. Par le menu, par petites mesures.

Détaillant, e adj. et s. Qui vend en détail.

Détailler v. a. Vendre en détail; couper en pièces. Fig. raconter en détail; entrer dans les détails, les particularités; les examiner.

Détailleur s. m. Qui vend en détail.

Détalage s. m. Action de détaler.

Détaler v. a. Oter l'étalage, resserrer ce qui était étalé. V. n. S'enfuir, se retirer promptement et malgré soi.

Détaxer v. a. Réduire une taxe.

Déteindre v. a. Oter la teinture, la couleur. Se déteindre v. pr. Perdre sa couleur, sa teinture.

Dételer v. a. et n. Détacher les chevaux, etc., attelés.

Détendre v. a. Détacher, relâcher, ôter ce qui était tendu.

Détenir v. a. Retenir injustement; emprisonner.

Détente s. f. Pièce du ressort d'un fusil pour le faire partir; son action.

Détenteur, trice s. Qui retient, possède sans droit un bien.

Détention s. f. État d'une chose saisie; captivité; prison.

Détenu, ue adj. et s. Prisonnier.

Détériorant, e adj. Qui peut produire la détérioration.

Détérioration s. f. Action de détériorer (une chose); ses effets.

Détériorer v. a. Dégrader, gâter.

Déterminant, e adj. (Raison *déterminante*), qui détermine; (motif *déterminant*), qui sert à déterminer.

Déterminatif, ive adj. Qui détermine la signification d'un mot.

Détermination s. f. Résolution prise après avoir hésité; action de déterminer.

Déterminé, ée adj. Résolu: fini; fixe; fixé; hardi, courageux, intrépide.

Déterminément adv. Résolument, hardiment, courageusement.

Déterminer v. a. Décider; former, prendre ou faire prendre une résolution : indiquer avec précision.

Déterré, ée adj. Qu'on a retiré de la terre. S. Personne pâle et défaite.

Déterrer v. a. Retirer de terre. Fig. Découvrir une chose, une personne cachée.

Détestable adj. Qui doit être détesté; très mauvais dans son genre.

Détestablement adv. D'une manière détestable.

Détestation s. f. Témoignage d'horreur; horreur d'une chose.

Détester v. a. Avoir en horreur.

Détirer v. a. Etendre en tirant.

Détisser v. a. Défaire un tissu.

Détonant, e adj. Qui est susceptible de détoner.

Détonation s. f. Explosion, bruit subit d'une matière qui s'enflamme.

Détoner v. n. S'enflammer subitement, avec éclat.

Détonner v. n. Sortir du ton; chanter faux. Fig. faire disparate.

Détordre v. a. Rendre droit ce qui était tordu.

Détorqüer v. a. Expliquer, interpréter d'une manière forcée.

Détors, e adj. Qui est détordu.

Détortiller v. a. Défaire ce qui était tortillé, le remettre dans son premier état.

Détour s. m. Sinuosité; endroit qui va en tournant; chemin qui éloigne de la route; circuit. Fig discours qui semble regarder une autre matière que celle que l'on veut traiter; subtilité; subterfuge.

Détourné, ée adj. Peu fréquenté. Fig. *Voie détournée*, secrète, cachée.

Détournement s. m. Action de détourner.

Détourner v. a. Eloigner, tourner vers un autre côté. Fig. *Détourner le sens d'un mot,* etc., lui donner une signification forcée; dissuader; soustraire avec fraude.

Détraction s. f. Médisance

Détracter v. a. Rabaisser le mérite d'une personne ou d'une chose.

Détracteur s. m. Médisant. qui détracte, qui rabaisse le mérite.

Détraquer v. a. Dérégler, déranger. Fig. détourner d'une vie réglée.

Détrempe s. f. Couleur délayée ; manière de peindre.

Détremper v. a. Délayer quelque chose dans une liqueur ; ôter la trempe de l'acier.

Détresse s. f. Angoisse, affliction, extrême danger ; embarras pressant.

Détriment s. m. Perte ; dommage, préjudice.

Détritage s. m. Action de passer les olives sous la meule.

Détriter v. a. (— les olives), les passer sous la meule.

Détritus s. m. Débris d'une substance quelconque.

Détroit s. m. Passage étroit ; bras de mer entre deux terres.

Détrompement s. m. Action de détromper ; son effet.

Détromper v. a. Désabuser, tirer d'erreur.

Détrônement s. m. Action de détrôner ; état d'un souverain détrôné.

Détrôner v. a. Chasser du trône ; dépouiller de la souveraineté.

Détrousser v. a. Défaire ce qui était troussé et le laisser pendre. Fig. voler avec violence.

Détrousseur s. m. Voleur qui détrousse les passants.

Détruire v. a. Démolir, renverser, abattre. Fig. ruiner ; faire disparaître.

Dette s. f. Somme d'argent qu'on doit. *Dette criarde*, qui fait crier après le débiteur.

Deucalion, *Myth.*, roi de Thessalie ; échappa seul, avec sa femme Pyrrha, au déluge qui arriva sous son règne (1600 av. J.-C.).

Deuil s. m. Grande tristesse, douleur causée par une grande calamité ; habits noirs ; tout ce qui caractérise la tristesse à l'occasion de la mort de quelqu'un.

Deutéronome s. m. Cinquième livre du Pentateuque, dernier ouvrage de Moïse.

Deux adj. et s. m. Nombre cardinal double de l'unité.

Deuxième adj. Nombre ordinal qui suit le premier ; second.

Deuxièmement adv. En second lieu.

Dévaliser v. a. Voler à quelqu'un sa valise, son argent ; le dépouiller.

Devancer v. a. Gagner le devant ; arriver avant un autre ; précéder dans l'ordre du temps ou du rang.

Devancier, ère adj. Qui a précédé. DEVANCIERS s. m. pl. Ancêtres, aïeux.

Devant prép. En présence, vis-à-vis ; aux yeux de. Adv. En avant. AU-DEVANT loc. adv. A la rencontre. AU-DEVANT DE loc. prép. A la rencontre de. CI-DEVANT loc. adv. Précédemment. S. m. Partie antérieure. [*Prendre les devants*, partir avant quelqu'un.

Devanture s. f. Devant d'une boutique.

Dévastateur, trice s. et adj. Qui dévaste.

Dévastation s. f. Désolation, ruine d'un pays.

Dévaster v. a. Ruiner, désoler, saccager, piller, rendre inhabitable (un pays).

Développement s. m. Action de développer, ses effets.

Développer v. a. Oter l'enveloppe ; étendre, déployer ce qui était enveloppé. Fig. éclaircir, expliquer. SE DÉVELOPPER v. pr. S'étendre, se subdiviser en lignes. Fig. s'éclaircir, se débrouiller, s'accroître ; prendre toute sa force.

Devenir v. n. Commencer à être ce qu'on n'était pas ; avoir telle ou telle destinée.

Dévergondage s. m. Libertinage effronté, scandaleux.

Dévergondé, ée adj. Sans honte, sans pudeur.

Déverrouiller v. a. Ôter le [verrou.

Devers prép. Du côté de. PAR DEVERS loc. prép. En présence de ; en la possession de : *retenir par devers soi*.

Devers, e adj. Qui n'est pas d'aplomb. S. m. Pente.

Déversement s. m. Action de pencher d'un côté, de déverser les eaux d'un canal.

Déverser v. n. Pencher, incliner (*se dit* d'un mur). V. a. Jeter, verser sur ; répandre.

Déversoir s. m. Endroit où se perd l'excédent de l'eau d'un moulin.

Dévêtir (se) v. pr. Se dégarnir d'habits. Fig. se dessaisir d'un bien.

Dévêtissement s. m. Dessaisissement de ce qu'on possède.

Déviation s. f. Changement de direction ; variation. [vider.

Dévidage s. m. Action de dé-

Dévider v. a. Mettre le fil du fuseau en écheveau ; celui de l'écheveau en peloton. Fig. démêler, débrouiller une intrigue.

Dévideur, euse Qui dévide le fil, etc.

Dévidoir s. m. Instrument pour dévider les écheveaux de fil

Dévier v. a. Détourner ; être détourné de sa route.

Devin, eresse s. Qui devine, qui prédit l'avenir ou découvre les choses cachées.

Devinable adj. Qui peut être deviné.

Deviner v. a. Prédire l'avenir ; conjecturer ; découvrir ce qui est caché. SE DEVINER v. pr. Etre deviné.

Devineur, euse s. Celui, celle qui a la prétention de deviner.

Devis s. m. Etat de dépenses pour l'exécution de travaux projetés ; entretien familier.

Dévisager v. a. Défigurer. Fig. *dévisager quelqu'un*, le considérer attentivement.

Devise s. f. Figure allégorique accompagnée de paroles, pour exprimer une pensée, un sentiment ; ces paroles.

Deviser v. n. S'entretenir familièrement.

Dévisser v. a. Défaire ce qui est vissé.

Dévoiement ou **dévoîment** s. m. Flux du ventre.

Dévoilement s. m. Action de dévoiler.

Dévoiler v. a. Oter le voile ; relever une religieuse de ses vœux. Fig. Découvrir ce qui était caché.

Devoir s. m. Ce à quoi on est obligé ; travail donné à un écolier.

Devoir v. a. Etre obligé à payer, à rendre ; être tenu à quelque obligation par la loi, la morale, etc. SE DEVOIR v. pr. Etre obligé envers soi-même, sa famille, etc.

Dévolu, ue adj. Acquis, échu par droit.

Dévolution s. f. Transmission d'un droit, d'un bien.

Dévorant, e adj. Qui dévore.

Dévorer v. a. Déchirer sa proie avec les dents ; manger. Fig. lire avidement ; consumer, détruire. *Dévorer un affront*, en cacher le ressentiment. *Dévorer des yeux*, regarder avec la plus grande attention.

Dévot, e adj. et s. Qui a de la dévotion.

Dévotement adv. Avec dévotion.

Dévotion s. f. Attachement aux pratiques religieuses ; dévouement.

Dévoué, ée adj. Donné sans réserve.

Dévouement s. m. Abandonnement entier aux volontés, au service d'autrui ; sacrifice de soi-même.

Dévouer v. a. Dédier, consacrer, donner sans réserve. SE DÉVOUER v pr. Se consacrer entièrement à.

Dévoyer v. a. Détourner de la voie, du chemin ; donner le dévoiement. SE DEVOYER v. pr. S'égarer.

Dextérité s. f. Adresse, habileté. [rité.

Dextrement adv. Avec dexté-

Dextrine s. f. Matière d'apparence gommeuse que produit l'amidon.

Dia ! interj. Terme de charretier pour faire aller les chevaux à gauche.

Diabète s. m. Maladie caractérisée par une excrétion très abondante d'urine sucrée.

Diabétique adj. et s. Qui a le diabète ; qui tient du diabète.

Diable s. m. Démon, esprit malin, Satan. Fig. personne méchante, vive, habile. EN DIABLE loc. adv. Fort ; extrêmement ; beaucoup.

Diablement adv. Excessivement ; avec profusion (fam.).

Diablerie s. f. Sortilège ; mauvais effet dont la cause est inconnue.

Diablesse s. f. Femme méchante, acariâtre.

Diablotin s. m. Petit diable. Fig. méchant petit enfant.

Diabolique adj. Du diable, qui en vient; très méchant.

Diachylon s. m. Emplâtre composé de substances mucilagineuses.

Diacode s. m. Sirop de têtes de pavot blanc.

Diaconal, e adj. Qui appartient à l'ordre, à l'office de diacre.

Diaconat s. m. Le second des ordres sacrés.

Diaconesse s. f. Dans la primitive Église, veuve ou fille destinée à certains ministères ecclésiastiques.

Diacre s. m. Ecclésiastique qui est promu au diaconat.

Diadème s. m. Bandeau royal*. Fig. la royauté, la souveraineté.

Diagnostic s. m. *Méd.* Connaissance de la maladie d'après les symptômes.

Diagnostique adj. Se dit des signes symptomatiques d'une maladie.

Diagnostiquer v. a. Reconnaître la nature d'une maladie.

Diagonal, e adj. Qui va d'un angle à l'autre. DIAGONALE s. f. Ligne diagonale.

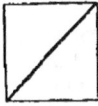

Diagonalement adv. D'une manière diagonale.

Diagramme s. m. Construction de lignes servant à une démonstration; échelle des sons, gamme.

Dialecte s. m. Idiome; langage d'un pays, d'une ville, dérivé de la langue nationale.

Dialecticien s. m. Qui sait, qui enseigne la dialectique.

Dialectique s. f. Art de raisonner avec ordre et justesse.

Dialectiquement adv. Selon la dialectique; logiquement.

Dialogique adj. En forme de dialogue.

Dialogisme s. m. Art, genre du dialogue.

Dialogue s. m. Entretien de deux ou plusieurs personnes.

Dialoguer v. n. Converser. V. a. Mettre en dialogues.

Dialyse s. f. *Chim.* Séparation et purification des substances.

Dialyser v. a. *Chim.* Faire la dialyse.

Diamant s. m. Pierre précieuse, la plus pure et la plus dure de toutes; outil de vitrier*. Fig. petit ouvrage excellent.

Diamantaire s. m. Celui qui taille les diamants.

Diamètral, e adj. Du diamètre.

Diamétralement adv. Suivant le diamètre. Fig. entièrement, tout à fait.

Diamètre s. m. Ligne qui coupe le cercle en deux parties égales en passant par son centre*.

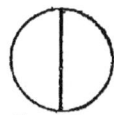

Diandrie s. f. *Bot.* Deuxième classe des végétaux (méthode de Linnée), à deux étamines.

Diandrique adj. Se dit des végétaux ou fleurs à deux étamines.

Diane, *Myth.*, déesse de la chasse.

Diane s. f. Batterie du tambour au point du jour.

Diantre s. m. et interj. Diable (fam.).

Diapason s. m. Etendue des sons; petit instrument à deux branches d'acier pour prendre le ton.

Diaphane adj. Transparent.

Diaphanéité s. f. Transparence; qualité de ce qui est diaphane.

Diaphragmatique adj. Qui a rapport au diaphragme.

Diaphragme s. m. Muscle large et nerveux qui sépare la poitrine de l'abdomen (*anat.*); cloison des fruits.

Diapré, ée adj. Varié de plusieurs couleurs.

Diaprer v. a. Rendre diapré.

Diaprure s. f. Variété de couleurs.

Diarrhée s. f. Flux de ventre; dévoiement.

Diastole s. f. Mouvement de dilatation du cœur.

Diatonique adj. Qui procède par les tons naturels de la gamme.

Diatoniquement adv. Suivant l'ordre diatonique.

Diatribe s. f. Critique amère; dissertation critique sur un ouvrage d'esprit.

Dicotylédone et **dicotylédoné ée** adj. *Bot.* Se dit des plantes qui à leur naissance sont pourvues de deux cotylédons.

Dicotylédones s. f. pl. L'une des trois grandes divisions du règne végétal, comprenant les plantes qui naissent avec deux cotylédons.

Dictame s. m. Espèce d'origan; herbe vulnéraire.

Dictamen s. m. (on pron. *dictamène*). Suggestion, mouvement, sentiment intérieur de la conscience.

Dictateur s. m. Magistrat investi d'un pouvoir absolu. Fig. *Prendre un ton de dictateur*, un ton absolu, tranchant.

Dictatorial, e adj. Du dictateur; souverain, absolu : *pouvoir dictatorial.*

Dictature s. f. Dignité, fonctions de dictateur; durée de ces fonctions.

Dictée s. f. Action de dicter; chose dictée.

Dicter v. a. Lire mot à mot et à haute voix pour faire écrire. Fig. suggérer à quelqu'un ce qu'il doit dire; prescrire; inspirer.

Diction s. f. Elocution; style, choix des mots.

Dictionnaire s. m. Recueil alphabétique des mots d'une langue, d'une science, avec leur définition.

Dicton s. m. Sentence, proverbe, raillerie.

Dictum s. m. Dispositif d'un jugement.

Didactique adj. Propre à l'enseignement. S. m. Genre didactique. S. f. Art d'enseigner.

Didactiquement adv. D'une manière didactique.

Diderot, philosophe français, l'un des auteurs de l'*Encyclopédie* (1713-1784).

Didier, dernier roi des Lombards (757 à 774), fut détrôné par Charlemagne.

Didon, princesse tyrienne, fonda Carthage, vers l'an 880 av. J.-C.

Didyme, surnom de l'apôtre saint Thomas.

Dièdre adj. *Géom.* Se dit d'un angle formé par la rencontre de deux plans*.

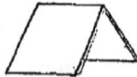

Diérèse s. f. Division d'une diphtongue en deux syllabes; t. de chir. : séparation de parties unies contre nature.

Dièse s. m. *Mus.* Signe qu'on place devant une note pour indiquer qu'elle doit être haussée d'un demi-ton.

Diésé, ée adj. *Mus.* Précédé d'un dièse.

Diéser v. a. Marquer d'un dièse.

Diète s. f. Régime qui règle la nourriture, abstinence; assemblée d'Etats.

Diététique adj. Qui est relatif à la diète.

Dieu s. m. L'Etre suprême, créateur et conservateur de l'univers. Se dit aussi des fausses divinités du paganisme, et dans ce sens il a un féminin : *déesse*, et un pluriel : *dieux.*

Diffamant, e adj. Qui diffame, déshonore.

Diffamateur s. m. Celui qui diffame; calomniateur.

Diffamation s. f. Action de diffamer; ses effets.

Diffamatoire adj. Qui diffame; calomnieux : *propos diffamatoire.*

Diffamer v. a. Déshonorer; décrier; calomnier; perdre de réputation.

Différemment adv. D'une manière différente.

Différence s. f. Diversité; distinction; dissemblance; excès d'une quantité sur une autre.

Différencier v. a. Marquer la différence; distinguer.

Différend s. m. Contestation, débat, querelle.

Différent, e adj. Qui diffère; dissemblable.

Différentiation s. f. Action de différentier.

Différentiel, elle adj. Qui procède par différence. S. m. *Math.* Accroissement infiniment petit d'une quantité variable.

Différentier v. a. *Math.* Déterminer la différentielle.

Différer v. a. Retarder, remettre à un autre temps. V. n. (de), tarder; être différent.

Difficile adj. Pénible; malaisé; plein de difficultés; peu facile à contenter.

Difficilement adv. Avec difficulté.

Difficulté s. f. Ce qui rend une chose difficile; obstacle; doute; contestation.

Difficultueusement adv. Avec difficulté.

Difficultueux, euse adj. Qui allègue ou fait des difficultés.

Difforme adj. Laid, défiguré; mal proportionné.

Difformer v. a. Altérer la forme.

Difformité s. f. Défaut dans la forme, dans les proportions. Fig. Se dit du vice.

Diffraction s. f. *Phys.* Inflexion, détour des rayons lumineux qui rasent une surface.

Diffus, e adj. Prolixe; confus; étalé (*bot.*).

Diffusément adv. D'une manière diffuse.

Diffusion s. f. Action de se répandre; prolixité dans le style.

Digérer v. a. Faire la digestion des aliments. Fig. souffrir patiemment; examiner avec soin : *digérer une affaire.*

Digeste s. m. Recueil des décisions des anciens jurisconsultes romains, dressé sous le règne de Justinien.

Digesteur s. m. *Chim.* Vase dans lequel on peut élever l'eau à une très haute température sans qu'elle bouille.

Digestible adj. Qui est de facile digestion.

Digestif, ive adj. Qui a la vertu de faire digérer.

Digestion s. f. Décomposition des aliments dans l'estomac; action de digérer.

Digital, e adj. Qui appartient au doigt : *nerfs digitaux.*

Digitale s. f. Sorte de plante.

Digité, ée adj. *Bot.* Disposé comme les doigts de la main : *feuille digitée.*

Digitigrades s. m. pl. Famille de mammifères comprenant ceux dont les doigts portent à terre en marchant

Digne adj. Qui mérite quelque chose; grave; honnête.

Dignement adv. Selon ce qu'on mérite : *récompenser dignement;* très bien, noblement, d'une manière digne : *s'acquitter dignement d'une chose.*

Dignitaire s. m. Qui possède une dignité.

Dignité s. f. Charge, office considérable; distinction éminente; importance. *Parler, agir avec dignité,* d'une manière grave et noble.

Digression s. f. Ce qui est hors du sujet principal du discours; changement de propos.

Digue s. f. Chaussée; amas de terre, de bois, etc., contre les flots, contre l'eau. Fig. obstacle contre les passions.

Dilacération s. f. Action de dilacérer; ses effets.

Dilacérer v. a. Déchirer, mettre en pièces avec violence.

Dilapidateur, trice s. et adj. Celui qui dilapide.

Dilapidation s. f. Dépense folle, désordonnée.

Dilapider v. a. Dépenser follement.

Dilatabilité s. f. Propriété de ce qui est dilatable.

Dilatable adj. Qui peut être dilaté, étendu.

Dilatant, e adj. Qui dilate, propre à dilater.

Dilatation s. f. Extension; relâchement.

Dilater v. a. Etendre; élargir. Fig. *Dilater le cœur,* le satisfaire. SE DILATER v. pr. *Phys.* Occuper un plus grand espace.

Dilatoire. adj. Qui tend à prolonger, à retarder : *exception dilatoire* (jurisp.).

Dilection s. f. Amour, charité.

Dilemme s. m. Argument qui laisse le choix de deux propositions contradictoires pour en tirer également une conclusion convaincante.

Dilettante s. m. Grand amateur de musique, de peinture, etc. Pl. *dilettanti.*

Dilettantisme s. m. Goût très prononcé pour la musique, la peinture, etc.

Diligemment adv. Promptement, avec diligence.

Diligence s. f. Activité, promptitude; soin. Anciennes voitures publiques.

Diligent, e adj. Prompt, expéditif, soigneux, laborieux, vigilant.

Diligenter v. a. et n. Hâter; agir avec diligence.

Diluer v. a. Délayer, dissoudre dans un liquide.

Dilution s. f. Action de délayer; état de ce qui est dilué (*méd.*).

Diluvial, e adj. Du déluge, diluvien.

Diluvien, ne adj. Qui a rapport au déluge.

Diluvium s. m. (on pron. *diluviome*). *Géol.* Matière des alluvions formées avant les temps historiques.

Dimanche s. m. Premier jour de la semaine, consacré à Dieu.

Dîme s. f. Impôt du dixième du produit d'un bien, qu'on payait autrefois à l'Eglise ou aux seigneurs.

Dimension s. f. Etendue des corps, des figures.

Dîmer v. n. Lever la dîme. V. a. Soumettre à la dîme.

Dimidié, ée adj. Réduit à moitié.

Diminuer v. a. Amoindrir. V. n. Devenir moindre.

Diminutif, ive adj. et s. Qui diminue la force d'un mot; chose qui est en petit ce qu'une autre est en grand.

Diminution s. f. Amoindrissement, rabais, réduction.

Dînatoire adj. *Déjeuner dînatoire*, qui tient lieu du dîner.

Dinde s. f. Poule d'Inde. S. m. Coq d'Inde.

Dindon s. m. Coq d'Inde*.

Dindonneau s. m. Petit dindon.

Dindonnier, ière S. Gardeur, gardeuse de dindons.

Dîner ou **dîné** s. m. Repas, mets qui le composent.

Dînée s. f. Lieu du dîné en voyage.

Dîner v. n. Prendre le repas du dîné.

Dînette s. f. Petit dîner (fam., enfantin).

Dîneur s. m. Celui qui est d'un dîné, qui aime à bien dîner.

Diocésain, e adj. Du diocèse.

Diocèse s. m. Étendue de pays placé sous la juridiction d'un évêque.

Dioclétien, empereur romain (245-313).

Diodore de Sicile, historien grec contemporain de César et d'Auguste.

Diogène, philosophe grec (414-324 av. J.-C.).

Diomède, l'un des héros grecs, mena les Argiens au siège de Troie.

Dionysiaque adj. Qui concerne Bacchus. — DIONYSIAQUES s. f. pl. Fêtes en l'honneur de Bacchus.

Dioptrique s. f. Partie de la physique qui traite de la réfraction de la lumière.

Diorama s. m. Sorte de panorama éclairé comme aux diverses parties du jour, par une lumière mobile.

Dioscures s. m. pl. *Myth.* Nom donné aux jumeaux Castor et Pollux.

Dipétale adj. *Bot.* Qui a deux pétales.

Diphtongue s. f. Réunion de deux ou plusieurs voyelles s'énonçant en une seule émission de voix.

Diphylle adj. *Bot.* Qui n'a que deux feuilles.

Diplomate adj. et s. m. Qui sait la diplomatie; qui est dans la diplomatie.

Diplomatie s. f. Science des rapports de puissance à puissance; corps des diplomates.

Diplomatique s. f. Connaissance des diplômes; traité du droit des gens.

Diplomatique adj. De la diplomatie.

Diplôme s. m. Charte, acte public; lettres patentes; titre d'agrégation à une société.

Dipode adj. et s. m. Qui n'a que deux pattes (*zool.*).

Dipsomanie s. f. Usage immodéré du vin, des liqueurs fortes.

Diptère s. m. Temple entouré de deux rangs de colonnes. Adj. et s. m. pl. Insectes à deux ailes nues.

Diptyque s. m. Tableau recouvert de deux volets.

Dire v. a. Exprimer par la parole ou par l'écriture; réciter; déclamer; proposer. *Dire la messe*, la célébrer. SE DIRE v. pr. Se prétendre; être dit.

Dire s. m. Ce que l'on dit; assertion.

Direct, e adj. Qui va tout droit, sans détour; immédiat.

Directement adv. En ligne directe; tout droit; entièrement.

Directeur, trice s. Qui conduit, règle, dirige. Membre du Directoire en 1795.

Direction s. f. Conduite; division administrative confiée à un directeur; ligne suivant laquelle un corps se meut.

Directoire s. m. Corps de cinq magistrats qui gouvernèrent la France depuis le 4 novembre 1795 jusqu'au 9 novembre 1799.

Directorial, e adj. Du directoire.

Dirigeant, e adj. Qui dirige.

Diriger v. a. Conduire, régler, administrer; tourner, porter d'un certain côté. SE DIRIGER v. pr. Aller vers.

Dirimant, e adj. Qui rompt, qui annule. *Empêchement dirimant*, qui rend nul un mariage.

Discernement s. m. Action de discerner; distinction d'une chose d'avec une autre; faculté de juger sainement des choses.

Discerner v. a. Distinguer une chose d'avec une autre.

Disciple s. m. Qui apprend d'un autre une science, un art libéral; qui suit la doctrine d'un autre.

Disciplinable adj. Qui peut être discipliné.

Disciplinaire adj. De la discipline.

Disciplinairement adv. Conformément à la discipline.

Discipline s. f. Instruction; éducation; règlement, ordre, lois (militaires); fouet de pénitence.

Discipliner v. a. Soumettre à la discipline; régler, instruire, former; donner la discipline. SE DISCIPLINER v. pr. Se soumettre à la discipline.

Discobole s. m. Athlète qui se servait du disque.

Discontinuation s. f. Interruption, cessation pour un temps.

Discontinu, ue adj. Qui n'est pas continu ou continuel.

Discontinuer v. a. Interrompre, ne pas continuer une chose commencée. V. n. Cesser.

Discontinuité s. f. Défaut de continuité.

Disconvenance s. f. Manque de convenance; disproportion.

Disconvenant, e adj. Qui manque de convenance.

Disconvenir v. n. Ne pas convenir; n'être pas d'accord.

Discord s. m. (vx.). Discorde. Adj. Qui n'est pas d'accord.

Discordance s. f. Qualité de ce qui est discordant.

Discordant, e adj. Qui n'est point d'accord. Fig. incompatible.

Discorde s. f. Discussion, mauvaise intelligence. *Pomme de discorde*, sujet de querelle.

Discorder v. n. Etre discordant.

Discoureur, euse s. Celui, celle qui parle beaucoup.

Discourir v. n. Parler avec étendue sur un sujet. Fig. ne dire que des choses frivoles, inutiles.

Discours s. m. Assemblage de paroles pour exprimer sa pensée; son développement; harangue; entretien.

Discourtois, e adj. Sans courtoisie.

Discourtoisement adv. D'une manière discourtoise.

Discourtoisie s. f. Manque de courtoisie.

Discrédit s. m. Perte, diminution de crédit.

Discrédité, ée adj. Tombé en discrédit.

Discréditer v. a. Faire perdre le crédit.

Discret, ète adj. Avisé, prudent; retenu dans ses paroles, ses actions; fidèle au secret.

Discrètement adv. Avec discrétion; avec retenue.

Discrétion s. f. Prudence; judicieuse retenue dans les paroles, dans les actions: conduite discrète. A DISCRÉTION loc. adv. A volonté.

Discrétionnaire adj. Abandonné à la discrétion de.

Disculpation s. f. Action de disculper ou de se disculper.

Disculper v. a. Justifier d'une faute. SE DISCULPER v. pr. Se justifier.

Discussion s. f. Action de discuter; examen; contestation.

Discutable adj. Qui peut être discuté; susceptible de discussion.

Discuter v. a. et n. Examiner avec soin une proposition, une affaire, en bien considérer le pour et le contre.

Disert, e adj. Qui parle aisément, élégamment.

Disertement adv. D'une manière diserte.

Disette s. f. Manque de vivres, des choses nécessaires. Fig. manque : *disette d'idées.*

Disetteux, euse adj. Qui éprouve la disette.

Diseur, euse s. Qui dit : *diseur de bonne aventure, de bons mots.*

Disgrâce s. f. Perte, privation des bonnes grâces d'un supérieur; infortune, malheur; mauvaise grâce.

Disgracié, ée adj. Qui est en disgrâce ; difforme.

Disgracier v. a. Cesser de favoriser; priver de sa protection, de ses bonnes grâces.

Disgracieusement adv. D'une manière désagréable, disgracieuse.

Disgracieux, euse adj. Désagréable.

Disgrégation s. f. *Phys.* Dispersion des rayons lumineux.

Disgréger v. a. *Phys.* Séparer, disperser les rayons lumineux.

Disjoindre v. a. Séparer ce qui est joint. SE DISJOINDRE v. pr. Se séparer.

Disjoint, e adj. Séparé.

Disjonctif, ive adj. *T. de gram. Particule disjonctive,* qui exprime l'alternative ou la négative : *ou, soit.*

Disjonction s. f. Séparation.

Dislocation s. f. Action de disloquer; déboîtement d'un os.

Disloquer v. a. Démettre, déboîter un os. Fig. troubler; éparpiller.

Disparaître v. n. Cesser de paraître; se cacher; se retirer promptement.

Disparate adj. Se dit des choses qui n'ont entre elles nul rapport. S. f. Défaut de rapport, de conformité, d'harmonie.

Disparité s. f. Différence, inégalité.

Disparition s. f. Action de disparaître.

Dispendieux, euse adj. Très coûteux, très cher.

Dispendieusement adv. D'une manière dispendieuse.

Dispensaire s. m. Traité de la préparation des remèdes; lieu où on les prépare.

Dispensateur, trice s. Celui, celle qui distribue.

Dispensation s. f. Distribution.

Dispense s. f. Exemption de la règle ordinaire.

Dispenser v. a. Départir, distribuer; exempter de la règle ordinaire. SE DISPENSER v.pr. Prendre sur soi de ne pas faire.

Disperser v. a. Répandre, jeter çà et là; distribuer en divers lieux; mettre en désordre; dissiper.

Dispersion s. f. Action de disperser; ses effets.

Disponibilité s. f. Qualité, état de ce qui est disponible.

Disponible adj. Dont on peut disposer.

Dispos adj. m. Qui est léger, agile.

Disposant, e adj. et s. Qui dispose par testament.

Disposé, ée adj. Préparé, mis, placé ; qui a l'intention de.

Disposer v. a. Arranger, mettre en ordre; préparer; engager à faire. V. n. *Disposer de quelque chose,* en faire ce que l'on veut.

Dispositif, ive adj. Qui dispose, prépare. S. m. Prononcé d'un arrêt; son projet.

Disposition s. f. Action par laquelle on dispose; ses effets; arrangement; situation; état de la santé; dessein; inclination; préparatifs. A LA DISPOSITION loc. adv. Dans la dépendance ; avec pouvoir de disposer.

Disproportion s. f. Manque de proportion; inégalité.

Disproportionné, ée adj. Qui manque de proportion; qui n'est pas en rapport.

Disputable adj. Qui peut être disputé : *une question disputable*

Disputailler v. n. Disputer sur des riens ou souvent (fam.).

Dispute s. f. Débat; contestation; querelle.

Disputer v. n. Etre en débat; agiter une question. V. a. Contester; tâcher de ravir, d'enlever : *disputer la gloire.* SE DISPUTER v. pr. Disputer entre soi.

Disputeur s. m. Qui aime à disputer, à contredire.

Disque s. m. Palet plat et rond; ce qui a cette forme.

Disquisition s. f. Recherche exacte d'une vérité.

Dissection s. f. Action de disséquer.

Dissemblable adj. Qui n'est pas semblable ; différent.

Dissemblance s. f. Manque de ressemblance.

Dissémination s. f. Action de disséminer ; effet de cette action.

Disséminer v. a. Semer, répandre çà et là, éparpiller.

Dissension s. f. Discorde, querelle par opposition, diversité de sentiments, d'intérêt.

Dissentiment s. m. Opposition de sentiment ; opinion contraire.

Disséquer v. a. Faire l'anatomie d'un corps organisé, d'une fleur, etc. Fig. analyser : *disséquer un écrit.*

Disséqueur s. m. Celui qui dissèque.

Dissertateur s. m. Celui qui disserte.

Dissertation s. f. Examen attentif d'une question, de vive voix ou par écrit.

Disserter v. a. Faire une dissertation.

Dissidence s. f. Scission.

Dissident, e adj et s. Qui s'écarte de la religion dominante ; qui fait scission.

Dissimilaire adj. Qui n'est pas de même nature, genre ou espèce.

Dissimilitude s. f. Différence ; diversité.

Dissimulateur, trice s. Qui dissimule.

Dissimulation s. f. Action de dissimuler ; conduite, caractère de celui qui dissimule.

Dissimulé, ée adj. Déguisé ; artificieux ; qui ne dévoile pas ses sentiments.

Dissimuler v. a. Cacher ; déguiser.

Dissipateur, trice s. Qui aime à dépenser ; prodigue.

Dissipation s. f. Action de dissiper ; vie de désordre ; destruction.

Dissipé, ée adj. Dispersé ; évaporé : distrait ; livré aux plaisirs.

Dissiper v. a. Consumer ; détruire ; écarter ; disperser ; distraire. SE DISSIPER v. pr. S'évanouir ; disparaître ; se distraire.

Dissolu, ue adj. Débauché, libertin.

Dissolubilité s. f. Qualité de ce qui est dissoluble.

Dissoluble adj. Qui peut se dissoudre.

Dissolument adv. D'une manière dissolue, licencieuse.

Dissolutif, ive adj. Qui a la propriété de dissoudre ; dissolvant.

Dissolution s. f. Séparation des parties d'un corps qui se dissout ; rupture ; débauche.

Dissolvant, e adj. Qui dissout. S. m. Corps qui a la propriété de dissoudre.

Dissonance s. f. Faux accord ; accord désagréable ; ton dissonant.

Dissonant, e adj. Qui n'est pas d'accord.

Dissoner v. n. Former dissonance.

Dissoudre v. n. Pénétrer et diviser un corps solide, le liquéfier, le fondre. Fig. détruire ; abolir ; déclarer nul ; rompre : *dissoudre un mariage.* SE DISSOUDRE v. pr. Se fondre, se séparer, être détruit.

Dissous, oute adj. Fondu, défait, dispersé.

Dissuader v. a. Détourner quelqu'un d'un dessein, d'une résolution ; conseiller le contraire.

Dissuasif, ive adj. Qui tend à dissuader.

Dissuasion s. f. Action de dissuader ; effet des discours qui dissuadent.

Dissyllabe et **dissyllabique** adj. Qui est composé de deux syllabes.

Distance s. f. Intervalle d'un point à un autre ; éloignement. Fig. différence.

Distancer v. a. Laisser à distance ; séparer.

Distant, e adj. Eloigné.

Distendre v. a. Causer une tension violente.

Distension s. f. Etat des nerfs trop tendus.

Distillateur s. m. Celui qui distille.

Distillation s. f. Action de distiller.

Distillatoire adj. Qui sert à distiller ; qui a rapport aux distillations.

Distiller v. a. Extraire, à l'aide de l'alambic, les principes volatiles d'un corps. Fig. répandre, verser : *distiller sa rage.* V. n. Tomber goutte à goutte.

Distillerie s. f. Lieu où se font les distillations.

Distinct, e adj. Différent, séparé d'un autre ; clair, net : *voix distincte ;* sans confusion.

Distinctement adv. Clairement; nettement; d'une manière distincte.

Distinctif, ive adj. Qui distingue.

Distinction s. f. Action de distinguer; division; séparation; différence; préférence; prérogative; marques qui distinguent.

Distingué, ée adj. Remarquable, éminent, de bonnes manières.

Distinguer v. a. Discerner; élever au-dessus des autres; mettre de la différence; diviser. SE DISTINGUER v. pr. Se signaler : *se distinguer par sa valeur ;* être distingué.

Distique s. m. Phrase en deux vers latins ou grecs; réunion de deux vers qui renferment un sens complet.

Distorsion s. f. Contorsion.

Distraction s. f. Séparation d'une partie d'avec le tout. Fig. inattention momentanée ; inapplication; récréation.

Distraire v. a. Séparer une partie d'un tout. Fig. détourner de quelque application ; récréer.

Distrait, e adj. et s. Qui a peu d'attention à ce qu'il dit ou fait.

Distrayant, e adj. Qui est propre à distraire.

Distribuer v. a. Partager entre plusieurs; diviser; mettre en ordre. V. n. et a. *t. d'imp.* Décomposer les pages après l'impression.

Distributeur, trice s. Celui, celle qui distribue.

Distributif, ive adj. Qui distribue.

Distribution s. f. Action de distribuer; ses effets; division, partage.

Distributivement adv. Dans le sens distributif.

District s. m. Etendue de juridiction.

Dit s. m. Maxime, sentence.

Dit, e adj. Prononcé; conclu, décidé; surnommé.

Dithyrambe s. m. Sorte de poésie lyrique en l'honneur de Bacchus; odes en stances libres.

Dithyrambique adj. Du dithyrambe.

Dito *t. de com.* Idem.

Diurétique adj. et s. m. Qui provoque les urines (*méd.*).

Diurnal s. m. Livre d'offices pour chaque jour.

Diurne adj. D'un jour; qui a rapport au jour.

Divagation s. f. Action de divaguer.

Divaguer v. n. Errer çà et là. Fig. s'écarter de son objet, de son but, de la question agitée.

Divan s. m. Sofa, canapé*. Fig. tribunal de justice turc.

Dive adj. f. Divine (vx.).

Divergence s. f. Etat de lignes qui s'écartent. Fig. différence d'opinions.

Divergent, e adj. Qui diverge.

Diverger v. n. S'écarter, s'éparpiller. Fig. se dit des opinions contraires, des esprits divers.

Divers, e adj. Différent, dissemblable. Pl. Plusieurs.

Diversement adv. En diverses manières; différemment.

Diversifiable adj. Qui peut se varier, se diversifier.

Diversifier v. a. Varier; changer.

Diversion s. f. Action de détourner ; effet de cette action.

Diversité s. f. Variété; différence.

Divertir v. a. Détourner, distraire, récréer. SE DIVERTIR v. pr. Se réjouir, prendre du plaisir.

Divertissant, e adj. Qui réjouit, qui divertit.

Divertissement s. m. Plaisir honnête, récréation.

Dividende s. m. Nombre à diviser; part d'intérêt qui revient à chaque actionnaire.

Divin, e adj. De Dieu ; qui a rapport à Dieu. Fig. parfait, excellent.

Divinateur, trice adj. Qui devine, qui prévoit, qui pressent.

Divination s. f. Art prétendu de deviner l'avenir.

Divinatoire adj. De la divination, qui sert à deviner.

Divinement adv. Par la vertu, la puissance divine. Fig. excellemment, parfaitement.

Diviniser v. a. Reconnaître

pour divin. Fig. exalter outre mesure.

Divinité s. f. Essence, nature divine; Dieu. Pl. Faux dieux du paganisme.

Divisé, ée adj. Séparé, partagé en deux ou plusieurs parties. Fig. qui est en discorde, désuni.

Diviser v. a. Partager, séparer par parties. Fig. désunir, mettre en discorde.

Diviseur s. m. Nombre par lequel on divise un autre.

Divisibilité s. f. Qualité de ce qui peut être divisé.

Divisible adj. Qui peut être divisé.

Division s. f. Séparation, partage d'un tout en parties. Fig. désunion, discorde.

Divisionnaire adj. De division.

Divorce s. m. Rupture de mariage. Fig. renoncement volontaire à ce à quoi l'on était attaché.

Divorcé, ée adj. et s. Qui a fait divorce.

Divorcer v. n. Faire divorce.

Divulgateur, trice s. Qui divulgue, publie.

Divulgation s. f. Action de divulguer; ses effets.

Divulguer v. a. Découvrir à d'autres, rendre public ce qui n'était pas su.

Dix s. m. et adj. numéral. Neuf plus un; dixième.

Dixième s. et adj. Nombre ordinal de dix; partie d'un tout divisé en dix parties égales.

Dixièmement adv. En dixième lieu.

Dizain s. m. Sorte de chapelet de dix grains; ouvrage composé de dix vers.

Dizaine s. f. Collection de dix unités.

Dizainier et **dizenier** s. m. Chef d'une dizaine; qui a dix personnes sous sa charge.

Djin, djinn ou **gin** s. m. Génie ou démon chez les Arabes et les Persans.

Docile adj. Doux; soumis; propre à recevoir l'instruction.

Docilement adv. Avec docilité.

Docilité s. f. Qualité qui rend docile, soumis, propre à être instruit.

Dock s. m. Vaste bassin dans lequel entrent les vaisseaux pour charger ou décharger leurs cargaisons; vastes magasins de dépôt.

Docte adj. et s. Erudit, savant.

Doctement adv. Savamment.

Docteur s. m. Promu au doctorat : *docteur en droit, en médecine.* Fig. savant, habile.

Doctoral, e adj. Du docteur. Fig. *ton doctoral*, ton de docteur.

Doctoralement adv. D'une manière doctorale.

Doctorat s. m. Degré, qualité de docteur : *parvenir au doctorat.*

Doctrinaire s. m. Prêtre ou clerc séculier de la doctrine chrétienne; partisan de théories politiques abstraites et modératrices.

Doctrinal, e adj. Qui se rapporte à une doctrine.

Doctrine s. f. Savoir, érudition; enseignement; ce que l'on croit.

Document s. m. Titre, preuve, renseignement écrit.

Dodécaèdre s. m. *Géom.* Corps solide formé de douze pentagones réguliers.

Dodécagone s. m. *Géom.* Figure à douze côtés et douze angles*.

Dodiner (se) v. pr. Se balancer. Fig. se dorloter.

Dodo s. m. (mot enfantin). Sommeil, lit. FAIRE DODO, dormir.

Dodu, ue adj. Gras, potelé, qui a beaucoup d'embonpoint.

Dogaresse s. f. Femme d'un doge.

Dogat s. m. Dignité de doge; sa durée.

Doge s. m. Chef des anciennes républiques de Venise et de Gênes.

Dogmatique adj. Qui regarde le dogme; sentencieux. S. f. L'ensemble des dogmes d'une religion. S. m. Le style dogmatique.

Dogmatiquement adv. D'une manière dogmatique.

Dogmatiser v. n. Enseigner une doctrine fausse, dangereuse. Fig. parler par sentences.

Dogmatiseur s. m. Qui prend un ton dogmatique, qui dogmatise.

Dogmatiste s. m. Qui dogmatise, établit des dogmes.

Dogme s. m. Enseignement reçu et servant de règle en matière de religion, de philosophie; point de doctrine.

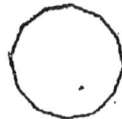

Dogre s. m. Bâtiment de pêche et de cabotage.

Dogue s.m. Gros chien.

Doguin, e s. Petit dogue.

Doigt s. m. Partie longue et mobile de la main ou du pied*. Fig. petite mesure, petite quantité. *Donner sur les doigts*, châtier; *obéir au doigt et à l'œil*, ponctuellement; *s'en mordre les doigts*, s'en repentir; *savoir sur le bout du doigt*, très bien, de mémoire. A DEUX DOIGTS DE loc. prép. Très près de.

Doigté ou **doigter** s. m. Art, effet du jeu des doigts sur un instrument de musique.

Doigter v. n. Placer les doigts d'une certaine manière sur un instrument de musique.

Doigtier s. m. Ce qui couvre le doigt.

Doit s. m. Le passif, ce qui est dû (t. de *commerce*).

Dol s. m. Tromperie, fraude, mauvaise foi.

Dolce (on pron. *doltché*) adv. (mot italien). Doucement (*mus.*).

Doléance s. f. Plainte.

Dolemment adv. D'une manière dolente.

Dolent, e adj. Triste, plaintif, affligé.

Doler v. a. Aplanir la superficie du bois (t. de *tonnelier*).

Dollar s. m. Monnaie des Etats-Unis, qui vaut 5 fr. 34.

Dolman s. m. Veste de hussard.

Dolmen s. m. (on pron. *dolmène*). Roche isolée marquant la tombe d'un guerrier gaulois.

Doloire s. f. Outil pour polir le bois.

Dolomie ou **dolomite** s. f. Chaux carbonatée granuleuse.

Dolopes, ancien peuple de Thessalie.

Dom s. m. Titre d'honneur.

Domaine s. m. Propriété, bien, fonds, héritage. Fig. tout ce qui embrasse un art. *Domaine public*, les biens de l'Etat.

Domanial, e adj. Qui est du domaine de l'Etat. (Pl. m. *domaniaux*).

Domat (Jean), célèbre jurisconsulte français (1625-1695).

Dôme s. m. Sorte de voûte en coupe renversée; coupole*.

Domesticité s. f. Etat des domestiques; état des animaux apprivoisés.

Domestique adj. Qui est de la maison, de la famille. S. Serviteur, servante à gages.

Domestiquement adv. A la manière d'un domestique; familièrement.

Domestiquer v. a. Rendre domestique un animal sauvage.

Domicile s. m. Logis, habitation, résidence; lieu qu'une personne a choisi pour y exercer ses droits civils ou politiques.

Domiciliaire adj. Du domicile.

Domicilié, ée adj. Ayant domicile.

Domicilier (se) v. pr. Etablir son domicile.

Dominant, e adj. Qui domine.

Dominante s. f. Note qui fait la quinte au-dessus de la tonique.

Dominateur, trice adj. et s. Qui domine, qui a la souveraineté.

Domination s. f. Puissance; autorité suprême. Au pl. Ordre d'anges.

Dominer v. n. et a. Commander; avoir autorité, pouvoir absolu sur. Fig. être plus haut; maîtriser : *dominer ses passions*.

Dominicain, aine s. Religieux de Saint-Dominique.

Dominical, e adj. Du Seigneur, du dimanche. *Oraison dominicale*, le *Pater*.

Dominique (saint), fondateur de l'ordre des Dominicains (1170-1221).

Dominiquin (Domenico Zampieri, dit le), célèbre peintre italien (1581-1641).

Domino s. m. Costume de bal masqué; sorte de jeu.

Dominoterie s. f. Sorte de commerce d'imageries; papiers colorés, marbrés.

Dominotier s. m. Marchand qui fait le commerce de dominoterie.

Domitien, empereur romain (51-96).

Dommage s. m. Perte, préjudice, malheur. *C'est dommage*, c'est fâcheux.

Dommageable adj. Qui cause du dommage.

Domptable adj. Qui peut être dompté.

Dompter v. a. Subjuguer, réduire à l'obéissance; vaincre, assujettir. SE DOMPTER v. pr. Se rendre maître de soi-même.

Dompteur s. m. Celui qui dompte.

Don s. m. Présent, gratification; faculté; talent.

Donat, nom de deux évêques schismatiques d'Afrique et d'un grammairien latin du IVe siècle.

Donataire s. A qui l'on fait une donation.

Donatello ou **Donato**, célèbre sculpteur florentin (1383-1466).

Donateur, trice s. Celui, celle qui fait une donation.

Donation s. f. Don fait par un acte.

Donatisme s. m. Hérésie des donatistes.

Donatistes s. m. pl. Partisans de l'hérésie de Donat (IVe s.).

Donc conj. Pour conclure; par conséquent; ainsi.

Donizetti, célèbre compositeur italien (1798-1848).

Donjon s. m. Tour la plus haute et la plus forte d'un château.

Donnant, e adj. Qui aime à donner.

Donne s. f. Distribution des cartes au jeu.

Donnée s. f. Base d'une recherche, d'une démonstration. *T. de math.* Quantité connue.

Donner v. a. Faire don, livrer, mettre entre les mains, causer, procurer, accorder, attribuer. V. n. Avoir vue sur. *Donner la chasse*, poursuivre; *donner la main*, consentir; *donner la main à*, consentir à, participer à; *donner dans le piège*, y tomber. SE DONNER v. pr. Donner à soi-même; se livrer. *Se donner pour*, se faire passer pour.

Donneur, euse, s. Qui donne.

Don Quichotte s. m. (héros du roman de Cervantès).Celui qui se fait à tout propos et hors de propos le redresseur des torts, le défenseur des opprimés. (Pl. *Don Quichottes.*)

Don Quichottisme s. m. Manie de faire le Don Quichotte.

Dont pron. rel. De qui, duquel, de laquelle, desquels, etc.

Dorade s. f. Sorte de poisson.

Dorage s. m. Action de dorer; action de parer, de déguiser son ouvrage.

Doré, ée adj. Revêtu d'or, qui a la couleur de l'or. S. m. Dorure.

Dorénavant adv. Désormais, à l'avenir.

Dorer v. a. Enduire, couvrir d'or. Fig. jaunir. *Dorer la pilule*, adoucir par des apparences spécieuses l'amertume d'une disgrâce; rendre, par de belles paroles, un refus moins désagréable.

Doreur, euse s. Qui dore les métaux, etc.

Dorien adj. et s. m. Dialecte et mode musical de la Doride. S. m. pl. L'une des tribus helléniques.

Dorique adj. et s. m. Le deuxième des cinq ordres d'architecture; dorien.

Dorloter v. a. Traiter délicatement, avec complaisance. SE DORLOTER v. pr. Prendre ses aises.

Dormans (Jean de), cardinal, chancelier de France sous Charles V (m. 1373).

Dormant, e adj. Qui dort. Fig. stagnant. S. m. Châssis fixe; pièce de bois scellée.

Dormeur, euse s. Qui dort, aime à dormir. S. f. Sorte de fauteuil ou de voiture.

Dormir v. n. Reposer; être dans le sommeil. Fig. agir lentement, négligemment; rester inactif. *Laisser dormir un ouvrage, une affaire*, ne pas s'en occuper.

Dormir s. m. Le sommeil.

Dormitif, ive adj. et s. m. Qui provoque le sommeil.

Dorothée (sainte), vierge et martyre en 311.

Dorsal, e adj. Qui appartient au dos. (Pl. m. *dorsaux.*)

Dortoir s. m. Grande salle où il y a plusieurs lits lieu où l'on dort.

Dorure s. f. Or mince appliqué sur un ouvrage; couleur qui l'imite; art de dorer.

Dos s. m. Partie postérieure du corps, des épaules aux reins. Fig. partie opposée; revers d'une chose. *Mettre sur le dos*, charger, accuser de; *avoir bon dos*, être capable de supporter; *se mettre quelqu'un à dos*, s'en faire un ennemi.

Dosage s. m. Action de doser.

Dos d'âne s. m. Terrain disposé en talus des deux côtés.

Dose s. f. Quantité déterminée de quelque chose.

Doser v. a. Régler, mettre les doses.

Dossier s. m. Partie d'un siège pour soutenir le dos*; liasse de papiers de procédure.

Dossière s. f. Partie du harnais placée sur le dos.

Dot s. f. (on pron. le *t*). Bien apporté par la femme en mariage.

Dotal, e adj. De la dot. *Régime dotal*, sous lequel les biens des époux sont rigoureusement séparés.

Dotation s. f. Action de doter un établissement public; l'ensemble des revenus de cet établissement.

Doter v. a. Donner une dot; assigner un revenu à un établissement. Fig. douer.

Douaire s. m. Don du mari à sa veuve, s'il prédécède.

Douairière s. f. Veuve qui jouit d'un douaire. Fig. femme âgée.

Douane s. f. Taxe sur certaines marchandises importées ou exportées; administration chargée de percevoir cette taxe; bureaux de cette administration.

Douanier s. m. Commis de la douane, qui visite les marchandises à leur passage aux frontières.

Douar s. m. (mot arabe). Réunion de tentes arabes.

Doublage s. m. Revêtement en cuivre mis à un navire (*mar.*); union de deux fils simples.

Double adj. Qui pèse, vaut ou contient, est répété deux fois; qui a son pareil à côté : *double porte*. Fig. traître, dissimulé : *esprit double*. S. m. Une fois autant; copie d'un acte; ancienne monnaie. Adv. Doublement.

Doubleau s. m. Solive d'un plancher plus forte que les autres.

Double-croche s. f. *Mus.* Note qui vaut la moitié d'une croche.

Doublement adv. Pour deux raisons, en deux manières.

Doublement s. m. Action de doubler.

Doubler v. a. Augmenter du double : *doubler le prix*; mettre une doublure : *doubler un habit*; mettre le double; franchir : *doubler le cap*. V. n. Devenir double.

Doubleur, euse s. Celui, celle qui double la soie, la laine, sur le rouet.

Doublon s. m. Monnaie d'or espagnole. *Impr.* Répétition de mots.

Doublure s. f. Etoffe qui sert à doubler, à garnir; acteur qui joue à défaut d'un autre.

Douce-amère s. f. Sorte de plante.

Douceâtre adj. Un peu doux; fade.

Doucement adv. Avec douceur; sans bruit; délicatement; lentement.

Doucereux, euse adj. Doux sans être agréable; fade.

Doucereusement adv. D'une manière doucereuse.

Doucet, ette adj. Diminutif de doux. S. f. Mâche.

Doucettement adv. Tout doucement.

Douceur s. f. Qualité de ce qui est doux. Fig. plaisir; petit profit. Au pl. Cajoleries. EN DOUCEUR loc. adv. Doucement.

Douche s. f. Eau que l'on verse d'un lieu élevé sur une partie malade, pour la guérir.

Doucher v. a. Donner une douche.

Doucine s. f. Sorte de moulure*; rabot de menuisier pour faire cette moulure.

Doué, ée adj. Orné, pourvu.

Douelle s. f. Parement d'un voussoir; courbure d'une voûte (*archit.*).

Douer v. a. Assigner un douaire; orner; favoriser; pourvoir.

Douille s. f. (*ll* m.). Partie creuse d'un objet qui s'emmanche.

Douillet, ette adj. et s. (*ll* m.). Doux et mollet; trop délicat; très sensible.

Douillette s. f. (*ll* m.). Pardessus de soie ouaté.

Douillettement adv. (*ll* m.). D'une manière douillette.

Douleur s. f. Souffrance physique ; sensation pénible ; idée qui serre, déchire le cœur.

Douloir (se) v. pr. Se plaindre (vx.).

Douloureusement adv. Avec douleur.

Douloureux, euse adj. Qui cause ou qui marque de la douleur.

Doute s. m. Incertitude ; crainte ; scrupule ; hésitation de l'opinion, de la foi. SANS DOUTE loc. adv. Certainement, selon toutes les apparences.

Douter v. n. Etre dans le doute ; n'avoir pas de confiance en. SE DOUTER v. pr. Soupçonner ; pressentir.

Douteur s. m. Celui qui doute.

Douteusement adv. Avec doute.

Douteux, euse adj. Incertain ; dont il y a lieu de douter. S. m. Ce qui est incertain.

Douvain s. m. Bois pour faire les douves.

Douve s. f. Longue planche de tonneau ; renoncule des prés.

Doux, ce adj. Agréable au goût ; qui n'est pas salé : *eau douce ;* qui flatte agréablement l'esprit ; tempéré ; tranquille ; affable ; humain ; qui ne fatigue pas ; malléable, ductile, non cassant : *fer doux.* Adv. Doucement. TOUT DOUX! loc. interj. (fam.). Ne vous emportez pas.

Douzaine s. f. Assemblage de choses de même nature par douze.

Douze adj. numéral. Dix plus deux ; douzième.

Douzième adj. Nombre ordinal de douze. S. m. Partie d'un entier divisé en douze parties.

Douzièmement adv. En douzième lieu.

Doyen s. m. Le plus ancien ou le chef d'un corps ; dignité ; titre ecclésiastique.

Doyenné s. m. Dignité de doyen ; sorte de poire.

Drachme s. f. (on pron. *dragme*). Poids et monnaie des anciens Grecs.

Dracon, législateur d'Athènes qui prononçait la peine de mort pour tous les délits, même pour l'oisiveté.

Draconien, ienne adj. De Dracon. Fig. très sévère ; cruel.

Dragage s. m. Action de draguer.

Dragée s. f. Sorte de bonbon ; menu plomb.

Drageoir s. m. Boîte à dragées.

Drageon s. m. Bourgeon qui part de la racine.

Drageonner v. n. Pousser des drageons.

Dragon s. m. Monstre fabuleux ; soldat de cavalerie. Fig. personne d'humeur fâcheuse et acariâtre.

Dragonnades s. f. pl. Expéditions des dragons contre les protestants des Cévennes, sous Louis XIV.

Dragonne s. f. Ornement de la poignée d'une épée.

Drague s. f. Pelle recourbée pour curer les ports, les rivières, les puits.

Draguer v. a. Curer ou creuser avec la drague.

Dragueur s. et adj. m. Bateau garni de dragues.

Drain s. m. (mot anglais). Fosse de drainage ; tuyau de terre pour le drainage*.

Drainable adj. Qui peut être drainé.

Drainage s. m. Opération qui consiste à placer dans les terrains humides des conduits en terre poreuse qui facilitent l'écoulement de l'eau.

Drainer v. a. et n. Faire le drainage.

Draineur s. m. Celui qui draine.

Dramatique adj. Qui a rapport au drame ; qui émeut. S. m. Le genre du drame.

Dramatiquement adv. D'une manière dramatique.

Dramatiser v. a. Rendre dramatique.

Dramaturge s. m. Auteur de drames.

Drame s. m. Pièce de théâtre représentant une action tragique ou comique. Fig. suite d'événements qui excitent l'émotion.

Drap s. m. Sorte d'étoffe de laine ; pièce de toile pour le lit ; linceul.

Drapeau s. m. Etendard*. Au pl. Langes (vx.). Fig. le service militaire : *être sous les drapeaux.*

Draper v. a. Couvrir, orner, garnir de drap; bien disposer les plis d'un vêtement ample. Fig. railler, médire; censurer.

Draperie s. f. Manufacture ou commerce de drap; pièce d'étoffe disposée avec symétrie; tenture.

Drapier s. m. Fabricant, marchand de drap.

Drastique adj. et s. m. *Méd.* Actif et violent.

Drèche s. f. Marc de l'orge moulu pour la bière.

Drelin s. m. Son de sonnette.

Dressage s. m. Action de dresser.

Dresser v. a. Lever, tenir droit. Fig. diriger, instruire, façonner, former; préparer. SE DRESSER v. pr. Se tenir droit; se façonner.

Dresseur s. m. Celui qui dresse les animaux.

Dressoir s. m. Outil pour dresser, redresser; sorte de buffet pour préparer le service ou pour égoutter la vaisselle.

Drille s. m. (*ll* m.). Soldat (vx.). *Bon drille*, bon compagnon; *pauvre drille*, malheureux.

Drilles s. f. pl. (*ll*. m.), Vieux chiffons de toile pour faire le papier.

Drisse s. f. *Mar.* Cordage pour hisser.

Drogman s. m. Interprète d'un ambassadeur européen dans le Levant.

Drogue s. f. Se dit des ingrédients propres à la teinture, à la chimie, à la médecine; sorte de jeu de cartes. Fig. chose mauvaise.

Droguer v. a. Médicamenter; donner trop de médicaments; falsifier. SE DROGUER v. pr. Se médicamenter.

Droguerie s. f. Commerce de drogues; les drogues mêmes.

Droguet s. m. Sorte d'étoffe.

Droguier s. m. Cabinet, armoire, boîte pour les drogues.

Droguiste s. m. Qui vend des drogues.

Droit s. m. Faculté d'avoir, de faire, d'exiger ce qui est juste; jurisprudence, science des lois; redevance, taxe, impôt. A BON DROIT loc. adv. Avec juste raison.

Droit, e adj. Debout; perpendiculaire; qui n'est pas penché, courbé, couché d'aucun côté; opposé de gauche; judicieux, équitable, juste. S. f. le côté droit, la main droite. Adv. Directement. A DROITE loc. adv. Du côté droit.

Droitement adv. Equitablement; judicieusement.

Droitier, ière adj. et s. Qui se sert ordinairement de la main droite.

Droiture s. f. Equité; rectitude de l'esprit, du cœur; justice. EN DROITURE loc. adv. Directement.

Drolatique adj. Badin; plaisant; risible; divertissant.

Drolatiquement adv. Plaisamment.

Drôle adj. Badin; plaisant; risible.

Drôle s. m. Mauvais sujet. (Fém. *drôlesse*.)

Drôlement adv. D'une manière drôle.

Drôlerie s. f. Chose drôle; bouffonnerie.

Drôlesse s. f. Voy. *Drôle*.

Dromadaire s. m. Espèce de chameau à une seule bosse.

Drouot, célèbre général français (1774-1847).

Dru, ue adj. Fort, vif, épais, touffu. Adv. En grande quantité et très serré : *la grêle tombe dru.*

Druide, druidesse s. Prêtre et prêtresse des Gaulois*.

Druidique adj. Du druidisme.

Druidisme s. m. Doctrine des druides.

Dryade s. f. *Myth.* Nymphe des bois.

Du, contraction de *de le.*

Dû s. m. Ce qui est dû; devoir; ce à quoi on est obligé.

Dû, due adj. Que l'on doit; qui est causé par.

Dualisme s. m. Système de ceux qui admettent deux principes supérieurs coéternels et égaux en puissance, le bon et le mauvais.

Dualiste s. m. Partisan du dualisme.

Dualité s. f. Caractère de ce qui est double en soi.

Du Barry (Jeanne VAUBERNIER,

comtesse), favorite de Louis XV, m. sur l'échafaud (1744-1793).

Du Bellay (Guillaume), homme d'État sous François Ier (1491-1543); — (Jean), frère du précédent, cardinal et homme d'État (1492-1560); — (Joachim), neveu du précédent, poète (1524-1560).

Du Biez, maréchal de France (m. 1551).

Dubitatif, ive adj. Qui exprime le doute.

Dubitation s. f. Figure de rhétorique par laquelle l'orateur feint le doute pour prévenir les objections.

Dubitativement adv. Avec [doute.

Dubois (cardinal), ministre du régent (1656-1723). — (Antoine), célèbre médecin et chirurgien français (1756-1837).

Duc s. m. Titre de noblesse; sorte d'oiseau de la famille du hibou.

Ducal, e adj. Qui appartient au duc, à la duchesse : *couronne ducale**.

Du Cange (Charles Du Fresne, seigneur), l'un des plus grands érudits de France (1610-1688).

Ducat s. m. Monnaie d'or variant de valeur suivant le pays.

Ducaton s. m. Petit ducat.

Duché s. m. Terre, titre d'un duc.

Duché-pairie s. m. et f. Titre de duc et pair.

Duchesne (André), savant historien français (1584-1640).

Duchesse s. f. Femme d'un duc; femme qui possède un duché.

Ducis (Jean-François), poète tragique français (1733-1816).

Ducroire s. m. Prime accordée au commissionnaire qui se rend caution du payement des marchandises par l'acheteur.

Ductile adj. Se dit des métaux qui peuvent être tirés et allongés.

Ductilité s. f. Qualité de ce qui est ductile.

Duègne s. f. Vieille femme qui veille sur la conduite d'une jeune.

Duel s. m. Combat singulier d'homme à homme; nombre qui dans les langues grecque et sanscrite désigne deux personnes, deux choses.

Duelliste s. m. Qui se bat souvent, qui aime à se battre en duel.

Dufrénoy (Pierre-Armand), célèbre minéralogiste et géologue français (1792-1857).

Duguay-Trouin, célèbre marin français (1673-1736).

Duguesclin (Bertrand), connétable de France (1314-1380).

Duire v. n. Plaire, convenir. (Ne s'emploie qu'à la troisième personne singulier du présent de l'indicatif.)

Dulcification s. f. Action de dulcifier.

Dulcifier v. a. Adoucir un acide.

Dulcinée s. f. Dame des pensées de Don Quichotte. Fig. se dit de l'héroïne d'un amour ridicule.

Dulie s. f. Culte que l'on rend aux saints, aux anges.

Dulong, physicien et chimiste français (1785-1838).

Dumarsais, célèbre grammairien français (1676-1757).

Dumas (Jean-Baptiste), célèbre chimiste français (1800-1884).

Dûment adv. En due forme.

Dumesnil (Marie-Françoise), célèbre tragédienne (1713-1803).

Dumont d'Urville, célèbre navigateur français (1790-1842).

Dumouriez, général français (1739-1824).

Dune s. f. Colline, monticule sablonneux le long des côtes.

Dunette s. f. Partie la plus élevée de l'arrière d'un navire.

Dunois, célèbre capitaine français, frère de Charles VI (1402-1468).

Duo s. m. Morceau de musique pour deux voix.

Duodécimal, e adj. Qui se divise, qui se compte par douze.

Duodénum s. m. Le premier des intestins grêles.

Duodi s. m. Le deuxième jour de la décade.

Dupaty (Charles), président au parlement de Bordeaux (1746-1788).

Dupe s. f. Qui est trompé, facile à tromper.

Duper v. a. Tromper.

Duperie s. f. Tromperie, ce qui fait que l'on est dupe.

Duperré, amiral français (1775-1846).

Duperron, cardinal français (1556-1618).

Dupetit-Thouars (Aristide), marin français (1760-1798).

Dupeur, euse s. Trompeur.

Duphot, général français (1770-1798).

Dupin (*aîné*), célèbre jurisconsulte et homme politique (1783-1865); — (Charles), son frère, mathématicien (1784-1873).

Dupleix, gouverneur des établissements français dans l'Inde, m. 1763.

Duplicata s. m. Double copie d'un acte, d'un écrit quelconque. (Pl. *duplicata.*)

Duplicatif, ive adj. Qui double, opère la duplication.

Duplication s. f. Action de doubler.

Duplicité s. f. Etat de ce qui est double et devrait être simple. Fig. mauvaise foi.

Dupont de l'Eure, homme politique français (1767-1855).

Dupuytren, célèbre chirurgien français (1777-1835).

Duquel, contraction de *de lequel*.

Duquesne (Abraham), célèbre marin français (1610-1688).

Dur, e adj. Ferme, solide, difficile à pénétrer, à déchirer, à entamer. Fig. sévère, implacable, insensible; pénible, austère. Adv. Durement.

Durable adj. Qui doit ou peut durer longtemps.

Durablement adv. D'une manière durable.

Durant prép. qui marque la durée. Pendant.

Durcir v. a. Rendre, faire devenir dur. V. n. Devenir dur.

Durcissement s. m. Action de durcir; effet de cette action.

Dure s. f. La terre, le plancher: *coucher sur la dure.*

Durée s. f. Espace de temps que dure une chose.

Durement adv. D'une manière dure; avec dureté, rudesse.

Dure-mère s. f. Une des trois membranes qui tapissent l'intérieur du crâne.

Durer v. n. Continuer d'être; exister longtemps.

Duret, ette adj. Un peu dur; ferme.

Dureté s. f. Fermeté; solidité; en général, qualité de ce qui est dur. Fig. rudesse, inhumanité. *Dureté de pinceau*, manière de peindre sèche, sans grâces; *dureté de style*, manière contrainte, sans facilité ni douceur.

Durillon s. m. (*ll* m.). Petit calus aux pieds ou aux mains.

Du Sommerard (Alexandre), savant antiquaire (1779-1842).

Duumvir s. m. Ancien magistrat romain exerçant une charge conjointement avec un autre. (On pron. *duomevir.*)

Duumviral, e adj. (on pron. *duomviral*). Qui se rapporte aux duumvirs.

Duumvirat s. m. (on pron. *duomevirat*). Dignité, charge du duumvir; sa durée.

Duval (Amaury), littérateur français (1760-1838). — (Alexandre), frère du précédent, auteur dramatique (1767-1842).

Duvet s. m. Menue plume douce et délicate; premier poil du menton; coton sur la peau des fruits.

Duveteux, euse adj. Garni de duvet.

Duvivier, général français (1794-1848).

Dyck (Van). Voy. *Van Dyck.*

Dynamique s. f. Science qui traite des forces.

Dynamisme s. m. Système qui suppose que la matière est mue par des forces contenues en elle-même.

Dynamite s. f. Substance explosible (*chim.*).

Dynamomètre s. m. *Phys.* Instrument qui sert à mesurer, à évaluer les forces.

Dynastie s. f. Suite de souverains d'une même race.

Dynastique adj. Qui concerne la dynastie. S. Partisan d'une dynastie.

Dysenterie s. f. Diarrhée avec douleurs d'entrailles (on pron. *dyssenterie*).

Dysentérique adj. De la dysenterie.

Dyspepsie s. f. Difficulté de digérer (*méd.*).

Dyspnée s. f. Difficulté de respirer (*méd.*).

Dysurie s. f. Difficulté d'uriner (*méd.*).

E

E s. m. Cinquième lettre de l'alphabet, la seconde des voyelles.

Éacides, les descendants d'Eaque.

Éaque, père de Pélée et l'un des juges des enfers (*myth.*).

Eau s. f. Liquide transparent, insipide, inodore, composé d'oxygène et d'hydrogène ; pluie ; mer ; lac ; rivière ; étang, etc. ; humeur, sérosités ; sueur ; urine ; éclat des pierreries ; liqueurs artificielles : *eau de mélisse, eau-de-vie*. Fig. *Eau bénite de cour*, belles promesses sans effet ; *faire venir l'eau à la bouche*, exciter l'appétit. EAU-FORTE, acide azotique, gravure faite au moyen de cet acide (pl. *eaux-fortes*). EAU SECONDE, eau-forte étendue d'eau.

Ébahir (s') v. pr. S'étonner, être surpris.

Ébahissement s. m. Etonnement, admiration subite, surprise.

Ébarber v. a. Oter les barbes du papier, les inégalités du bord, les bavures d'un trait de gravure.

Ébarboir s. m. Outil pour ébarber.

Ébarbure s. f. Barbe formée sur le cuivre par le burin ; fragment de fonte ôté du bord.

Ébat s. m. Divertissement. (Ne s'emploie guère qu'au pluriel.)

Ébattement s. m. Action de s'ébattre ; jeu d'une voiture dans ses balancements entre les brancards.

Ébattre (s'). v. pr. Se divertir.

Ébaubi, ie adj. Étonné, surpris.

Ébauche s. f. Esquisse ; premier essai ; ouvrage grossièrement commencé, où les parties principales sont indiquées.

Ébaucher v. a. Faire l'ébauche ; dégrossir.

Ébauchoir s. m. Outil de sculpteur pour ébaucher*.

Ébaudir (s') v. pr. Se réjouir avec excès en sautant, en dansant (vx.).

Ébaudissement s. m. Récréation (vx.).

Ébène s. f. Bois noir très dur et très pesant. Fig. beau noir.

Ébéner v. a. Donner au bois la couleur de l'ébène.

Ébénier s. m. Arbre des Indes, qui donne l'ébène.

Ébéniste s. m. Ouvrier qui travaille le bois, l'ébène et fait des meubles.

Ébénisterie s. f. Métier, ouvrage, commerce de l'ébéniste.

Éblouir v. a. Frapper la vue par un éclat trop vif. Fig. surprendre l'esprit par l'apparence brillante, spécieuse ; tenter, séduire.

Éblouissant, e adj. Qui éblouit.

Éblouissement s. m. Etat de la vue éblouie.

Éborgner v. a. Rendre borgne ; ôter aux arbres les yeux inutiles. S'ÉBORGNER v. pr. Se crever un œil, se faire mal à l'œil.

Éboulement s. m. Chute de ce qui s'éboule ; état d'une chose éboulée.

Ébouler v. n. et S'ÉBOULER v. pr. Tomber en ruines, en s'affaissant.

Éboulis s. m. Amas de choses éboulées.

Ébourgeonnement s. m. Action d'ébourgeonner.

Ébourgeonner v. a. Oter les bourgeons superflus d'un arbre à fruits.

Ébouriffant, e adj. Qui ébouriffe, qui surprend entièrement (fam.).

Ébouriffé, ée adj. Qui a les cheveux en désordre. Fig. surpris.

Ébranchement s. m. Action d'ébrancher, ses effets.

Ébrancher v. a. Dépouiller un arbre de quelques-unes de ses branches.

Ébranchoir s. m. Outil pour ébrancher.

Ébranlement s. m. Action par laquelle une chose est ébranlée ; secousse (au propre et au fig.).

Ébranler v. a. Donner des secousses et rendre moins ferme. Fig. rendre moins assuré ; étonner ; émouvoir. S'ÉBRANLER v. pr. branler ; se mettre en mouvement.

Ébrasement s. m. Action d'ébraser.

Ébraser v. a. Elargir en dedans la baie d'une porte, d'une croisée.

Ébrécher v. a. Faire une brèche au tranchant d'une lame. Fig. entamer, amoindrir : *ébrécher sa fortune.*

Ébriété s. f. Etat d'une personne ivre.

Ébroin, maire du palais sous Clotaire III et Thierry III, m. 681.

Ébrouement s. m. Ronflement du cheval qui a peur.

Ébrouer v. a. Laver, passer dans l'eau des toiles, des étoffes. S'ÉBROUER v. pr. Faire un ébrouement.

Ébruiter v. a. Rendre public ; divulguer. S'ÉBRUITER v. pr. Se répandre, devenir un bruit public.

Ébuard s. m. Coin de bois dur pour fendre le bois.

Ébullition s. f. Mouvement d'un liquide qui bout; éruption passagère qui survient à la peau.

Éburné, ée adj. Qui prend la consistance de l'ivoire.

Éburons, peuple de la Gaule Belgique, entre la Meuse et le Rhin.

Écacher v. a. Ecraser; froisser.

Écaillage s. m. (*ll* m.). Défaut de la faïence qui se lève en écailles ; action d'écailler les huîtres.

Écaille s. f. (*ll* m.). Petites lames sur la peau des poissons et de certains reptiles; tout ce qui y ressemble ; enveloppe dure de la tortue et de certains mollusques.

Écaillé, ée adj.(*ll* m.). Couvert ou privé d'écailles.

Écailler v. a. (*ll* m.). Enlever les écailles. S'ÉCAILLER v. pr. Tomber par écailles.

Écailler, ère s. (*ll* m.). Qui vend des huîtres, les ouvre.

Écailleux, euse adj. (*ll* m.). Qui se lève par écailles; composé d'écailles.

Écale s. f. Coque de certains fruits : *écale de noix.*

Écaler v. a. Oter l'écale.

Écarbouiller v. a. (*ll* m.). Ecraser (pop.).

Écarlate s. f. Couleur rouge fort vive; étoffe de cette couleur. Adj. Qui est de cette couleur.

Écarquillement s. m. (*ll* m.). Action d'écarquiller (fam.).

Écarquiller v. a. (*ll*. m.). Ecarter trop les jambes; ouvrir trop les yeux.

Écart s. m. Action d'écarter ou de s'écarter; cartes écartées. Fig. erreur; faute grave; digression. A L'ÉCART loc. adv. A part; dans un lieu écarté.

Écarté s. m. Sorte de jeu de cartes.

Écarté, ée adj. Eloigné, isolé.

Écartèlement s. m. Action d'écarteler.

Écarteler v. a. Mettre en pièces un criminel par le moyen de chevaux qu'on attache à chacun de ses membres. V. n. Partager l'écu en quatre (*blas.*).

Écartement s. m. Disjonction ; action d'écarter; séparation.

Écarter v. a. Eloigner; chasser; repousser; détourner ; disperser ; rejeter les cartes au jeu. S'ÉCARTER v. pr. Se détourner, s'éloigner.

Ecce homo s. m. (on pron. *ek-sé-ho-mo*). Statue, tableau représentant le Christ couronné d'épines.

Ecchymose s. f. Epanchement de sang entre la chair et la peau (*méd.*).

Ecclésiaste s. m. L'un des livres de l'Ancien Testament.

Ecclésiastique adj. Qui concerne l'Eglise. S. m. Membre du clergé; livre de l'Ancien Testament.

Ecclésiastiquement adv. En ecclésiastique.

Écervelé, ée adj. et s. Sans jugement, étourdi ; léger, évaporé.

Échafaud s. m. Ouvrage de charpente; plancher sur lequel travaillent les ouvriers; sorte de plancher dressé pour l'exécution des criminels.

Échafaudage s. m. Ensemble d'échafauds* Fig. Grands préparatifs pour peu de chose; ensemble de faux raisonnements.

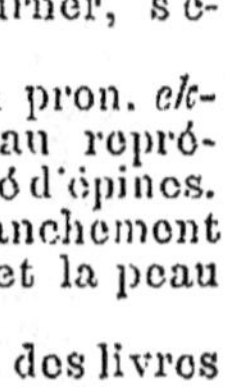

Échafauder v. a. Dresser des échafauds. Fig. faire de grands préparatifs pour peu de chose.

Échalas s. m. Bâton enfoncé en terre pour soutenir une vigne, un arbuste, etc.

Échalassement s. m. Action d'échalasser.

Échalasser v. a. Garnir d'échalas.

Échalier s. m. Haie, clôture de branches.

Échalote s. f. Sorte d'ail.

Échampir v. a. Imiter le relief (*peint.*).

Échancrer v. a. Faire une échancrure.

Échancrure s. f. Coupure, entaille en forme de croissant.

Échange s. m. Troc d'une chose pour une autre; envoi réciproque : *échange de courriers*. Fig. réciprocité.

Échangeable adj. Qui peut être échangé.

Échanger v. a. Faire un échange; se remettre, s'envoyer réciproquement.

Échangiste s. m. Celui qui fait un échange; partisan d'échanges.

Échanson s. m. Celui qui verse à boire.

Échantillon s. m. (*ll m.*). Partie d'une chose; portion d'une étoffe; modèle.

Échantillonner v. a. (*ll m.*). Confronter un poids, une mesure avec un modèle; couper l'échantillon.

Échanvrer v. a. Oter les plus grosses chènevottes.

Échappatoire s. f. Défaite, subterfuge, moyen adroit et subtil de sortir d'embarras.

Échappé s. m. Jeune écervelé. *Echappé de prison*, qui en est sorti ou semble en sortir.

Échappée s. f. Imprudence; étourderie. *Echappée de vue*, vue resserrée entre des montagnes, des bois, des maisons, etc.

Échappement s. m. Action d'échapper; mécanisme d'horlogerie.

Échapper v. n. S'évader, s'esquiver; sortir de, se soustraire. V. a. Eviter. *L'échapper belle*, échapper à un grand danger. S'ÉCHAPPER v. pr. S'évader.

Écharde s. f. Piquant de chardon; éclat de bois dans la chair.

Échardonner v. a. Oter les chardons.

Écharpe s. f. Large bande d'étoffe servant de baudrier ou de ceinture; bandage pour soutenir un bras blessé; sorte de vêtement de femme. EN ÉCHARPE loc. adv. De biais, de travers.

Écharper v. a. Faire une large blessure; mettre en pièces.

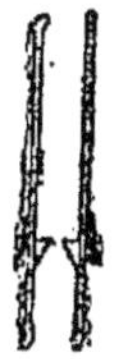

Échasse s. f. Bâton garni d'un étrier qu'on adapte au pied pour marcher dans les sables ou les marécages*. Fig. *Monté sur des échasses*, guindé, boursouflé.

Échassiers s. m. pl. *Zool.* Ordre d'oiseaux à longues jambes.

Échauboulé, ée adj. Qui a des échauboulures.

Échauboulure s. f. Elevure rouge sur la peau.

Échaudé s. m. Sorte de pâtisserie légère.

Échauder v. a. Tremper dans l'eau bouillante; jeter de l'eau chaude sur quelque chose. S'ÉCHAUDER v. pr. Se brûler avec un liquide chaud. Fig. éprouver quelque dommage.

Échaudoir s. m. Lieu où l'on échaude; vase pour échauder.

Échauffaison s. f. Eruption à la peau causée par une vive chaleur.

Échauffant, e adj. Qui échauffe.

Échauffé s. m. Odeur causée par une chaleur excessive ou la fermentation.

Échauffé, ée adj. Qui a subi l'action de la chaleur.

Échauffement s. m. Action d'échauffer; ses effets; excès de chaleur animale.

Échauffer v. a. Donner de la chaleur, rendre chaud. Fig. animer, exciter, enflammer, irriter. S'ÉCHAUFFER v. pr. Devenir chaud. Fig. s'animer; se passionner; se mettre en colère.

Échauffourée s. f. Entreprise mal concertée, téméraire et sans succès; rencontre imprévue à la guerre; léger combat.

Échauffure s. f. Petite rougeur, élevure sur la peau.

Échauler v. a. Voy. *Chauler*.

Échéance s. f. Terme de payement d'une dette, etc.

Échec s. m. Terme au jeu d'échecs pour indiquer que le roi ou la dame sont en prise. Fig. mauvais succès, perte considérable. *Tenir en échec*, empêcher d'agir.

Échecs s. m. pl. (on pron. *éché*). Sorte de jeu; ses pièces et ses pions.

Échelette s. f. Petite échelle; ridelle sur le devant d'une charrette.

Échelle s. f. Machine portative formée de deux montants de bois traversés par des bâtons qui forment une sorte d'escalier*. Fig. ligne divisée en parties égales, pour mesurer; hiérarchie.

Échelon s. m. Chacun des degrés d'une échelle. Fig. degré, rang. *Disposer des troupes par échelons*, les disposer sur plusieurs plans.

Échelonner v. a. Ranger en échelons.

Échenillage s. m. (*ll* m.). Action d'écheniller.

Écheniller v. a. (*ll* m.). Oter les chenilles, détruire leurs nids.

Échenilloir s. m. (*ll* m.). Outil pour écheniller.

Écheveau s. m. Fil, soie, laine, repliés en plusieurs tours.

Échevelé, ée adj. Qui a les cheveux en désordre.

Échevin s. m. Ancien officier municipal chargé de la police et des affaires de la ville.

Échevinage s. m. Charge d'échevin, ses fonctions, sa durée.

Échine s. f. Epine du dos; le dos lui-même.

Échinée s. f. Partie du dos d'un porc.

Échiner v. a. Rompre l'échine. Fig. tuer, assommer dans une mêlée; fatiguer extrêmement. S'ÉCHINER v. pr. Se fatiguer beaucoup.

Échinite s. m. *Géol.* Oursin de mer pétrifié.

Échiquier s. m. Table divisée par carrés pour jouer aux échecs; sorte de filet. *Cour de l'Echiquier*, cour de justice en Angleterre.

Écho s. m. (on pron. *ékô*). Redoublement, répétition du son; lieu où il se fait. Fig. celui qui répète ce qu'un autre dit.

Échoir v. n. Arriver par hasard, par succession; arriver à un temps fixé. *Le cas échéant*, à l'occasion. Temps usités : *ind. pr.* il échoit ou il échet; ils échoient; *pas. déf.* j'échus; *fut.* j'écherrai; *cond.* j'écherrais *imp. du subj.* que j'échusse; *part. prés.* échéant; *part. pas.* échu, ue.

Échomètre s. m. (on pron. *éko*—). *Phys.* Instrument pour mesurer la durée des sons, leurs intervalles et leurs rapports.

Échoppe s. f. Petite boutique en appentis; pointe de graveur*.

Échopper v. a. Travailler avec l'échoppe.

Échouage s. m. Etat d'un navire qui porte sur le fond.

Échouement s. m. Action d'échouer.

Échouer v. n. Donner contre un écueil, sur un bas-fond. Fig. ne pas réussir.

Écimer v. a. Couper la cime des arbres.

Éclaboussement s. m. Action d'éclabousser.

Éclabousser v. a. Faire jaillir de la boue, de l'eau sale sur quelqu'un.

Éclaboussure s. f. Boue qui a rejailli.

Éclair s. m. Éclat subit et passager de lumière; éclat de lumière qui précède le coup de tonnerre *. Fig. chose qui ne dure qu'un instant.

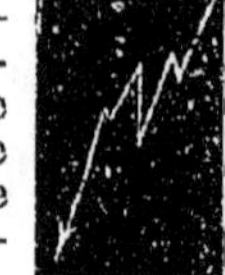

Éclairage s. m. Action d'éclairer; ses effets.

Éclaircie s. f. Endroit clair du ciel brumeux, d'une sombre forêt.

Éclaircir v. a. Rendre plus clair, moins épais; diminuer le nombre : *éclaircir les rangs*. Fig. rendre évident, clair, intelligible.

Éclaircissement s. m. Explication.

Éclaire s. f. Nom vulgaire de la chélidoine (*bot.*).

Éclairé, ée adj. Où il y a de la lumière. Fig. instruit, qui a de l'expérience.

Éclairer v. a. Répandre de la clarté sur; accompagner avec une lumière. Fig. donner des lumières de l'intelligence, de la clarté à l'esprit; épier, surveiller. V. n. Etinceler; pétiller; briller. V. imp. Faire des éclairs.

Éclaireur s. m. Soldat qui va à la découverte.

Éclanche s. f. Epaule de mouton séparée du corps.

Éclat s. m. Morceau d'un corps dur brisé; son violent; vive lumière; rumeur, scandale. Fig. splendeur, gloire, magnificence.

Éclatant, e adj. Qui jette de l'éclat; qui fait un grand bruit.

Éclater v. n. Se briser par éclats; briller; faire un grand bruit. Fig. s'emporter; se manifester.

Éclectique adj. et s. m. Qui fait un choix dans les divers systèmes des philosophes.

Éclectisme s. m. Philosophie éclectique.

Éclipse s. f. Obscurcissement d'un astre par l'interposition d'un autre. Fig. absence subite et momentanée; disparition passagère.

Éclipser v. a. Intercepter la lumière d'un astre. Fig. surpasser, effacer. S'ÉCLIPSER v. pr. Disparaître momentanément.

Écliptique s. f. Orbite apparente du soleil; orbite réelle de la terre. Adj. Qui a rapport aux éclipses.

Éclisse s. f. Petite plaque pour maintenir un membre fracturé (*chir.*); bois de fente pour faire des seaux, des tambours, etc.; rond d'osier pour faire égoutter le fromage.

Éclisser v. a. Mettre des éclisses.

Écloper v. a. Rendre boiteux. S'ÉCLOPER v. pr. Devenir boiteux.

Éclore v. n. Sortir de l'œuf; s'épanouir. Fig. paraître, se manifester. (Usité *aux* 3es *pers.* des temps suivants : *ind. pr.* il éclôt, ils éclosent; *fut.* il éclora, ils écloront; *cond.* il éclorait, ils écloraient; *sub. pr.* qu'il éclose, qu'ils éclosent; *part. pas.* éclos, ose.)

Éclosion s. f. Action d'éclore.

Écluse s. f. Barrière établie pour retenir et lâcher à volonté l'eau d'un canal; la porte d'une écluse.

Éclusée s. f. L'eau d'une écluse lâchée.

Éclusier s. m. Celui qui gouverne une écluse.

Écobuage s. m. Action d'écobuer; ses effets.

Écobue s. f. Pioche pour écobuer.

Écobuer v. a. Enlever la superficie d'un terrain avec l'herbe, la brûler et répandre ses cendres sur le sol.

Écœurer v. a. Donner des nausées; dégoûter.

Écoinçon ou **écoinson** s. m. Encoignure; pierre d'encoignure.

Écolâtre s. m. Ecclésiastique qui dirigeait l'école attachée à une cathédrale.

École s. f. Lieu où l'on enseigne; l'ensemble des élèves. Fig. doctrine particulière, ceux qui l'adoptent; manière d'un peintre fameux; peintres qui l'ont suivie; faute, étourderie (*t. de jeu*).

Écolier, ière s. Qui va à l'école, qui reçoit les leçons d'un maître. Fig. personne peu habile. *Le chemin des écoliers*, le plus long.

Éconduire v. a. Refuser à quelqu'un ce qu'il demande; éloigner avec ménagement.

Économat s. m. Charge d'économe; administration, bureaux de l'économe.

Économe adj. Qui est ménager d'une chose; qui épargne la dépense. S. m. Celui qui a soin de la dépense d'une maison.

Économie s. f. Ordre, règle dans la dépense, le gouvernement d'une maison; épargne. Fig. ordonnance de l'ensemble et des détails : *l'économie d'un discours, d'un dessin. Economie politique*, science qui traite des intérêts de la société, des principes relatifs à la formation, à l'accroissement et à la conservation des richesses d'un pays.

Économique adj. Qui concerne l'économie.

Économiquement adv. Avec économie.

Économiser v. a. Epargner, ménager.

Économiste s. m. Celui qui s'occupe d'économie politique.

Écope ou ESCOPE s. f. Pelle large et creuse qui sert à prendre et à lancer de l'eau *.

Écoper v. a. Vider l'eau avec une écope ou escope.

Écorce s. f. Enveloppe des arbres ou des plantes ligneuses et de certains fruits. Fig. superficie, apparence.

Écorcer v. a. Oter l'écorce.

Écorché s. m. Tête d'étude laissant voir les muscles à nu.

Écorchement s. m. Action d'écorcher.

Écorcher v. a. Oter la peau d'un animal, la déchirer. Fig. faire payer trop cher; faire une impression désagréable : *écorcher les oreilles. Écorcher une langue,* la mal parler.

Écorcherie s. f. Lieu où l'on écorche les animaux.

Écorcheur s. m. Celui qui écorche les bêtes. Fig. celui qui fait payer trop cher. ÉCORCHEURS, nom donné à des bandes d'aventuriers qui désolèrent une partie de l'Europe au quinzième siècle.

Écorchure s. f. Enlèvement partiel de la peau.

Écorner v. a. Rompre une corne à un animal; briser un angle. Fig. diminuer : *écorner un bien.*

Écornifler v. a. Chercher à manger aux dépens d'autrui (fam.).

Écorniflerie s. f. Action, habitude d'écornifler.

Écornifleur, euse s. Celui, celle qui écornifle; parasite.

Écornure s. f. Eclat d'un angle brisé; brèche occasionnée par l'écornure.

Écossais, e s. et adj. D'Ecosse.

Écosser v. a. Tirer de la cosse.

Écosseur, euse s. Celui, celle qui écosse.

Écot s. m. Ce que chacun paye d'un repas pris en commun.

Écoulement s. m. Flux, mouvement de ce qui s'écoule; vente, débit : *écoulement des marchandises.*

Écouler (s') v. pr. Se répandre; diminuer, passer, se dissiper; se vendre. ÉCOULER v. a. Vendre : *écouler des marchandises.*

Écourter v. a. Rogner, couper trop court.

Écoutant, e adj. et s. Qui écoute, auditeur.

Écoute s. f. Lieu où l'on écoute sans être vu; cordage pour tendre les voiles (*mar.*).

Écouter v. a. Prêter l'oreille pour entendre; donner audience; suivre les conseils, obéir. S'ÉCOUTER v. pr. Avoir trop soin de soi.

Écouteur, euse s. Celui, celle qui prête l'oreille à tout ce qu'o dit.

Écoutille s. f. (*ll* m.). Ouverture pour descendre dans l'intérieur d'un navire.

Écouvillon s. m. (*ll* m.). Outil pour nettoyer l'intérieur d'un four, d'un canon*.

Écouvillonner v. a. (*ll* m.). Nettoyer avec l'écouvillon.

Écran s. m. Sorte de meuble pour se garantir de l'ardeur du feu*.

Écrasant, e adj. Qui écrase. Fig. qui abat, humilie.

Écrasé, ée adj. Très court, très aplati.

Écrasement s. m. Action d'écraser; état de ce qui est écrasé.

Écraser v. a. Aplatir et briser par le poids, p un effort. Fig. vaincre, anéanti fatiguer, importuner; surcharge

Écrémer v. a. Oter la crè du lait. Fig. prendre ce qu'il y de meilleur.

Écrêter v. a. Enlever la crêt le sommet.

Écrevisse s. f. Sorte de crustacé*; signe du zodiaque.

Écrier (s') v. pr. Faire un grand cri, une exc mation; parler haut.

Écrille s. f. (*ll.* m.). Claie po arrêter le poisson à la déchar d'un étang.

Écrin s. m. Coffret où l'on met les bijoux*.

Écrire v. a. Tracer des lettres; faire une lettre, une missive; composer un ouvrage d'esprit. S'ÉCRIRE v. pr. Corr pondre par lettres.

Écrit s. m. Ce qui est écr convention écrite; ouvrage de térature.

Écrit, e adj. Qui est expri par des lettres; sur quoi o écrit; marqué.

Écriteau s. m. Inscription grosses lettres pour faire connaî quelque chose au public.

Écritoire s. f. Ce qui contient les choses nécessaires pour écrire; encrier.

Écriture s. f. Art d'écrire; lettres écrites; forme des lettres. Au pl. Lettres, comptes, registres d'un négociant. *L'Ecriture sainte* ou *les Écritures*, l'Ancien et le Nouveau Testament.

Écrivailler v. n. (*ll* m.). Ecrire beaucoup et mal.

Écrivailleur s. m. Evrivassier.

Écrivain s. m. Celui qui fait métier d'écrire; auteur d'un livre.

Écrivassier s. m. Ecrivain fécond et mauvais.

Écrou s. m. Trou dans lequel entre une vis*; acte qui constate l'emprisonnement d'une personne.

Écrouelles s. f. pl. Maladie lymphatique appelée *scrofules*, et vulgairement *humeurs froides*.

Écrouer v. a. Inscrire un prisonnier sur le registre de la geôle; emprisonner.

Écrouir v. a. Battre un métal à froid pour le rendre plus dense, plus élastique.

Écrouissement s. m. Action d'écrouir; ses effets.

Écroulement s. m. Action de s'écrouler.

Écrouler (s') v. pr. Tomber en s'affaissant. Fig. s'anéantir.

Écroûter v. a. Oter la croûte.

Écru, ue adj. Se dit du fil qui n'a pas été lavé, de la soie qui n'a pas été mise à l'eau bouillante.

Écrues s. f. pl. Bois nouvellement crûs sur des champs.

Écu s. m. Ancien bouclier; figure de bouclier sur laquelle se peignent les armoiries; ancienne monnaie.

Écueil s. m. (on pron. *ékeuil*). Rocher dans la mer. Fig. chose dangereuse.

Écuelle s. f. Pièce de vaisselle pour le potage.

Écuellée s. f. Le contenu d'une écuelle.

Écuisser v. a. Rompre un arbre en l'abattant.

Éculer v. a. Rabattre en marchant le quartier de sa chaussure.

Écumage s. m. Action d'écumer.

Écumant, e adj. Qui écume; qui se couvre d'écume. Fig. très animé.

Écume s. f. Mousse qui se forme sur un liquide agité, échauffé ou en fermentation; bave, sueur. Fig. rebut. *Ecume de mer*, silicate de magnésie dont on fait des pipes.

Écuménicité, Écuménique. Voy. *Œcuménicité*, *Œcuménique*.

Écumer v. n. Jeter de l'écume. Fig. être très animé. V. a. Enlever l'écume. *Ecumer les mers*, exercer la piraterie.

Écumeur s. m. Qui écume. Fig. *Ecumeur de mer*, pirate.

Écumeux, euse adj. Couvert d'écume.

Écumoire s. f. Ustensile de cuisine pour écumer.

Écurage s. m. Action d'écurer.

Écurer v. a. Nettoyer, curer, frotter, éclaircir.

Écureuil s. m. Petit quadrupède de la famille des rongeurs*.

Écureur, euse s. Qui écure.

Écurie s. f. Lieu où on loge les chevaux, les ânes, les mulets*; train, équipage.

Écusson s. m. Ecu d'armoiries; morceau d'écorce portant un œil ou un bouton propre à être greffé.

Écussonner v. a. Greffer en écusson.

Écussonnoir s. m. Couteau pour écussonner.

Écuyer s. m Gentilhomme qui suivait un chevalier; intendant de l'écurie d'un prince; celui qui enseigne l'équitation, qui dresse les chevaux*; celui qui donne la main à une dame pour la mener.

Écuyère s. f. Femme qui fait des exercices publics d'équitation. *Bottes à l'écuyère,* grandes bottes pour monter à cheval.

Éden s. m. (on pron. *édène*). Paradis terrestre. [dents.

Édenté, ée adj. Qui n'a plus de

Édenter v. a. User, rompre les dents d'une scie, d'un peigne, etc.

Edgeworth (MARIA), romancière et moraliste (1770-1849).

Édicter v. a. Faire et publier des édits, des lois.

Édicule s. m. Petit temple rustique.

Édifiant, e adj. Qui porte à la vertu, à la piété.

Édificateur s. m. Qui fait, qui construit un édifice.

Édification s. m. Action de bâtir. Fig. sentiments, exemples édifiants.

Édifice s. m. Bâtiment considérable. Fig. se dit d'une œuvre de génie; l'organisation, l'ensemble.

Édifier v. a. Bâtir. Fig. Porter à la vertu, à la piété, par les discours ou les exemples.

Édile s. m. Magistrat romain qui était chargé de l'inspection des jeux, des édifices, etc. Fig. magistrat municipal.

Édilité s. f. Charge, dignité des édiles.

Édit s. m. Loi, ordonnance de l'autorité souveraine.

Éditer v. a. Faire imprimer et publier un livre.

Éditeur s. m. Celui qui édite.

Édition s. f. Publication d'un livre; l'ensemble des exemplaires tirés.

Edme (saint), archevêque de Cantorbéry, m. 1242.

Edmond (saint), roi d'Est-Anglie, m. 870.

Édomites s. m. pl. Nom donné aux *Iduméens*, comme descendants d'Esaü, surnommé *Edom.*

Édouard (saint) *le Confesseur*, roi d'Angleterre (1003-1066). — Nom de plusieurs rois et princes d'Angleterre.

Édredon s. m. Duvet très fin; couvre-pied fait avec ce duvet.

Éducateur, trice s. Celui, cell qui donne l'éducation.

Éducatif, ive adj. Qui concern l'éducation.

Éducation s. f. Action et a de développer les facultés physi ques, intellectuelles et morales connaissance des usages de la so ciété; art d'élever certains an maux.

Éduens, peuple gaulois entre l Loire et la Saône.

Édulcoration s. f. Action d'é dulcorer.

Édulcorer v. a. Adoucir ave du sucre, du miel, un sirop.

Édule adj. Bon à manger.

Éduquer v. a. Elever, instruir les enfants, faire leur éducation.

Éfaufiler v. a. Tirer les fi d'un ruban, d'un morceau d'étoff

Effaçable adj. Qui peut êtr effacé.

Effacer v. a. Faire disparaîtr l'empreinte, l'image, les marques raturer. Fig. faire oublier; su passer.

Effaçure s. m. Ce qui est effac

Effaner v. a. Oter les fan du blé; effeuiller.

Effaré, ée adj. Troublé, effray

Effarement s. m. Trouble, e froi.

Effarer v. a. Troubler quelqu'u au point que ses yeux soient h gards.

Effarouchement s. m. Actio de s'effaroucher; état de celui q est effarouché.

Effaroucher v. a. Epouvante effrayer, faire fuir. Fig. Rend moins traitable; donner du dégoû de l'éloignement.

Effectif, ive adj. Qui exis réellement. S. m. Nombre réc *l'effectif d'une armée.*

Effectivement adv. En eff réellement. [tio

Effectuer v. a. Mettre à exéc

Efféminé, ée adj. et s. Volu tueux, amolli par les plaisirs.

Efféminer v. a. Amollir, rend faible comme une femme.

Effervescence s. f. Ebulliti qui se produit par le mélange certaines substances (*chim.*). Fi émotion vive et passagère.

Effervescent, e adj. Qui est effervescence.

Effet s. m. Résultat, produit d'une cause; exécution; apparence, éclat. Au pl Meubles, vêtements, lingerie. EN EFFET loc. adv. Effectivement, réellement,

Effeuillaison s. f. (*ll* m.). Temps où les feuilles tombent; action d'effeuiller.

Effeuiller v. a. (*ll* m.). Dépouiller un arbre de ses feuilles.

Efficace adj. Qui produit son effet. S. m. efficacité.

Efficacement adv. D'une manière efficace.

Efficacité s. f. Qualité de ce qui est efficace, de ce qui a la force nécessaire pour produire son effet.

Efficient, e adj. Qui produit certain effet.

Effigie s. f. Figure, représentation d'une personne *.

Effilé s. m. Frange de fil ou de soie.

Effilé, ée adj. Mince et grand; étroit, long.

Effiler v. a. Défaire un tissu fil à fil. S'EFFILER v. pr. S'en aller par fils.

Effilocher ou **effiloquer** v. a. Effiler de la soie pour faire de la ouate.

Effilure s. f. Fil provenant d'un tissu effilé.

Efflanqué, ée adj. Se dit d'un animal, d'un cheval amaigri dont les flancs sont creux et décharnés.

Efflanquer v. a. Rendre maigre : *efflanquer un cheval.*

Effleurer v. a. Oter les fleurs des plantes; n'enlever que la superficie; toucher légèrement.

Effleurir v. n. et S'EFFLEURIR v. pr. Tomber en efflorescence.

Efflorescence s. f. Etat de ce qui est efflorescent; matière pulvérulente et semblable à de la moisissure.

Efflorescent, e adj. Qui tombe en efflorescence; couvert d'efflorescences.

Effluence s. f. Emanation.

Effluent, e adj. Qui est en état d'effluence.

Effluve s. f. Emanation. Au pl. corpuscules invisibles qui émanent d'un corps ou d'un fluide (*phys.*).

Effondrement s. m. Action de creuser profondément la terre ; action de s'effondrer. Fig. perte complète, destruction.

Effondrer v. a. Fouiller et remuer la terre; briser; rompre. S'EFFONDRER v. pr. S'abîmer, s'enfoncer.

Effondrilles s. f. pl. Parties grossières restées au fond d'un vase après l'ébullition ou une infusion.

Efforcer (s') v. pr. Employer toutes ses forces pour faire une chose, pour atteindre un but; tâcher de.

Effort s. m. Action énergique du corps ou de l'esprit; douleur résultant d'une trop forte tension des muscles.

Effraction s. f. Fracture faite par un voleur pour dérober.

Effraie s. f. Sorte de chouette.

Effrayant, e adj. Qui effraye.

Effrayer v. a. Donner de la frayeur.

Effréné, ée adj. Sans frein, sans retenue.

Effriter v. a. User, épuiser une terre.

Effroi s. m. Frayeur, terreur, épouvante.

Effronté, ée adj. et s. Impudent, sans honte.

Effrontément adv. Avec effronterie, impudemment.

Effronterie s. f. Impudeur, hardiesse blâmable.

Effroyable adj. Qui cause de l'effroi; excessif, prodigieux, extrême.

Effroyablement adv. D'une manière effroyable, excessive.

Effruiter v. a. Cueillir les fruits.

Effusion s. f. Epanchement; action de répandre. *Effusion de cœur*, vive et sincère démonstration de confiance et d'amitié.

Égal, e adj. et s. Semblable; de même qualité ou quantité; de même condition; uni; toujours le même : *caractère égal;* indifférent: *cela m'est égal.* A L'ÉGAL DE loc. prép. Autant que.

Également adv. D'une manière égale; autant; pareillement.

Égaler v. a. Rendre égal; rendre uni; être ou se rendre égal à : *égaler quelqu'un en mérite.* S'ÉGALER

v. pr. S'assimiler; prétendre être égal à.

Égalisation s. f. Action d'égaliser.

Égaliser v. a. Rendre égales les quantités; unir, aplanir.

Égalitaire adj. Qui aime l'égalité; qui a pour but l'égalité.

Égalité s. m. Rapport entre des choses égales; uniformité; condition d'après laquelle tous les citoyens, sans exception, ont les mêmes droits.

Égard s. m. Considération; respect, déférence, attention. *Avoir égard*, considérer.

Égaré, ée adj. Troublé, hagard: *avoir les yeux égarés.*

Égarement s. m. Ecart de son chemin par méprise; dérèglement de mœurs.

Égarer v. a. Détourner du droit chemin; perdre. Fig. jeter dans l'erreur. S'ÉGARER v. pr. Se fourvoyer; se tromper.

Égayer v. a. Réjouir, rendre gai. S'ÉGAYER v. pr. Plaisanter, se distraire.

Égérie, nymphe révérée des Romains et que Numa, suivant la légende, allait consulter pour rédiger ses lois.

Égide s. f. Bouclier de Pallas* (*myth.*). Fig. défense; ce qui met à couvert, protège.

Éginard ou ÉGINHARD, chroniqueur, secrétaire de Charlemagne, m. 844.

Égisthe, fils de Thyeste et assassin d'Agamemnon.

Églantier s. m. Rosier sauvage.

Églantine s. f. Fleur de l'églantier*.

Église s. f. Société générale des fidèles; chaque branche du christianisme; édifice où se réunissent les fidèles.

Églogue s. f. Poème pastoral.

Égoïsme s. m. Vice de l'homme qui rapporte tout à soi.

Égoïste adj. et s. Qui a le vice de l'égoïsme.

Égorgement s. m. Action d'égorger.

Égorger v. a. Couper la gorge tuer, massacrer. Fig. ruiner.

Égorgeur s. m. Qui égorge.

Égosiller (s') v. pr. (*ll* m.). S faire mal au gosier en criant chanter beaucoup et très haut.

Égout s. m. Ecoulement des eaux sales; cloaque, conduit*.

Égoutier s. m. Cureur d'égouts.

Égouttage s. m. Action d'égoutter.

Égoutter v. a. Faire écouler goutte à goutte.

Égouttoir s. m. Ustensile pou faire égoutter.

Égoutture s. f. Dernières gou tes qui tombent de ce qu'on fa égoutter.

Égrainer. Voy. *Egrener*. [pe

Égrappage s. m. Action d'égraj

Égrapper v. a. Détacher l grains d'une grappe.

Égrappoir s. m. Instrume pour égrapper.

Égratigner v. a. Déchirer l gèrement la peau.

Égratignure s. f. Blessure fai en égratignant. Fig. blessure l gère.

Égrener v. a. Faire sortir grain de l'épi; détacher de grappe les grains de raisin.

Égrillard, e adj. (*ll* m.) V éveillé, gaillard.

Égrugeoir s. m. Instrument pour écraser le sel, le sucre*.

Égruger v. a. Casser, pulvériser dans l'égrugeoir.

Égueulement s. m. Altérati à la bouche des pièces d'artilleri

Égueuler v. a. Casser le ha du goulot, du bord d'un vase.

Égyptien, ienne adj. et s. D'Egypte*.

Eh! interj. de surprise, d'admiration.

Éherber v. a. Sarcler, enlever les mauvaises herbes.

Éhonté, ée adj. Qui est sans pudeur, sans honte.

Éjaculation s. f. Action d'éjaculer. Fig. Elan de l'âme vers Dieu.

Éjaculer v. a. Lancer avec force hors de soi.

Éjection s. f. Expulsion, évacuation.

Élaboration s. f. Action d'élaborer, de s'élaborer.

Élaborer v. a. Faire subir une modification : *l'estomac élabore les aliments*. Fig. préparer par un long travail. S'ÉLABORER v. pr. Subir une modification.

Élagage s. m. Action d'élaguer.

Élaguer v. a. Ebrancher. Fig. retrancher dans un ouvrage d'esprit ce qui est superflu.

Élagueur s. m. Qui élague.

Élam, fils de Sem.

Élamites, ancien peuple d'Asie, descendants d'Elam.

Élan s. m. Mouvement subit avec effort. Fig. mouvement de l'âme. — Espèce de cerf.

Élancé, ée adj. Efflanqué; effilé, très haut et mince.

Élancement s. m. Action de s'élancer; impression d'une douleur subite et passagère.

Élancer v. n. Causer des élancements. S'ÉLANCER v. pr. Se lancer en avant.

Élargir v. a. Rendre plus large. Fig. mettre hors de prison; étendre.

Élargissement s. m. Augmentation de largeur : action de rendre plus large. Fig. mise en liberté.

Élargissure s. f. Ce qu'on ajoute pour rendre plus large.

Élasticité s. f. Propriété de certains corps qui, après avoir été comprimés, reviennent sur-le-champ dans leur état primitif.

Élastique adj. Qui a de l'élasticité. Fig. qu'on peut étendre ou resserrer à volonté.

Eldorado s. m. Pays imaginaire où chacun vit au sein de l'abondance. Fig pays fertile; lieu de délices.

Éléazar, nom de plusieurs Juifs célèbres.

Électeur s. m. Qui a le droit d'élire; prince de l'empire en Allemagne.

Électif, ive adj. Qui se fait par élection.

Élection s. f. Action d'élire; concours de suffrages; choix.

Électivité s. f. Qualité de la personne élective.

Électoral, e adj. Qui a rapport aux élections.

Électorat s. m Dignité de prince électeur en Allemagne; leur domaine.

Électricité s. f Propriété qu'ont tous les corps d'attirer, dans certaines circonstances, les corps légers environnants, de produire des étincelles et de faire éprouver des commotions au système nerveux. — Ce mot vient du grec *elektron*, « ambre jaune », parce que l'électricité a été d'abord reconnue dans cette substance.

Électrique adj. De l'électricité; qui a rapport à l'électricité.

Électrisable adj. Qui peut être électrisé.

Électrisation s. f. Action, manière d'électriser.

Électro-aimant s. m. Fer doux transformé en aimant par une action électrique*.

Électro-chimie s. f. Ensemble des phénomènes chimiques dus à l'action de l'électricité.

Électriser v. a. Développer, communiquer la faculté électrique. Fig. animer, enflammer les esprits. les cœurs.

Électrode s. m. ou f. Conducteur d'électricité (*phys.*).

Électro-dynamique s. f. Partie de la physique qui traite de l'électricité comme force motrice. Adj. Qui donne lieu à un courant électrique.

Électro-magnétisme s. m. Ensemble des phénomènes magnétiques produits par l'électricité.

Électromètre s. m. Instrument qui sert à mesurer la quantité d'électricité dont un corps est chargé.

Électromoteur s. m. Appareil propre à développer l'électricité.

Électro-négatif, ive adj. Qui se porte au pôle positif de la pile électrique.

Électrophore s. m. Appareil à l'aide duquel on condense de l'électricité.

Électro-positif, ive adj. Qui se

porte au pôle négatif de la pile électrique.

Électroscope s. m. Instrument qui indique la présence ou la nature du fluide électrique.

Électuaire s. m. Sorte de préparation pharmaceutique.

Élégamment adv. Avec élégance.

Élégance s. f. Agrément dans les formes; grâce dans les manières, dans le langage, dans le style.

Élégant, e adj. Qui a de l'élégance.

Élégiaque adj. Qui appartient à l'élégie.

Élégie s. f. Petit poème dont le sujet est triste et tendre.

Élément s. m. Corps simple, substance indécomposée et regardée comme indécomposable. Fig. chose, lieu, compagnie qui plaît le plus : *être dans son élément.* Au pl. principes d'un art, d'une science.

Élémentaire adj. Qui appartient à l'élément, le constitue; qui contient les éléments : *ouvrage élémentaire.*

Éléphant s. m. Le plus gros des quadrupèdes, à trompe et à défenses d'ivoire*.

Éléphantiasis s. f. Sorte de lèpre qui ride la peau comme celle d'un éléphant.

Éleuthère (saint), pape, m. 192; — évêque de Tournai, m. 532.

Élevage s. m. Action d'élever des bestiaux, des animaux domestiques.

Élévateur adj. m. Qui sert à élever, en parlant d'un muscle.

Élévation s. f. Exhaussement; action d'élever, ses effets; représentation de la façade d'un édifice (*arch.*); moment de la messe où le prêtre élève l'hostie. Fig. grandeur d'âme.

Élève s. Disciple d'un maître. S. f. Culture, éducation.

Élevé, ée adj. Haut. Fig. noble, sublime; qui a reçu de l'éducation.

Élever v. a. Mettre plus haut. Fig. mettre dans un haut rang; augmenter; nourrir; donner l'éducation.

Éleveur s. m. Qui élève les animaux.

Élevure s. f. Sorte de pustule, bubon sur la peau.

Éliacim. Voy. *Joachim.*

Élider v. a. Faire une élision.

Élie, prophète qui fut enlevé au ciel vers l'an 880 av. J.-C.

Éliézer, serviteur d'Abraham.

Éligibilité s. f. Réunion des conditions exigées pour être élu.

Éligible adj Qui peut être élu.

Élimer (s') v. pr. S'user par l'usage.

Élimination s. f. Action d'éliminer.

Éliminer v. a. Chasser, expulser. *Math.* Faire disparaître une inconnue.

Élire v. a. Choisir; nommer à une dignité, par suffrage.

Élisabeth (sainte), mère de saint Jean-Baptiste. — (sainte), reine de Hongrie (1207-1231).

Élisabeth, reine d'Angleterre (1533-1603); — (Madame), sœur de Louis XVI (1764-1794).

Élisée, prophète, disciple d'Elie, m. 835 av. J.-C.

Élision s. f. Suppression d'une voyelle finale devant une voyelle initiale ou un *h* muet.

Élite s. f. Ce qu'il y a de meilleur, d'excellent, de plus digne d'être choisi dans son genre.

Élixir s. m. Liqueur spiritueuse extraite de diverses substances.

Elle, pronom personnel fém. de la 3e personne.

Ellébore s. m. Plante employée en médecine comme purgatif, et qu'on croyait autrefois propre à guérir la folie.

Elléborine s. f. Plante dont les feuilles ressemblent à celles de l'ellébore.

Elléborisé, ée adj. Préparé avec l'ellébore.

Ellipse s. f. Suppression d'un mot dans une phrase; courbe ovale formée par la coupe oblique d'un cône* (*géom.*).

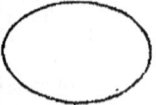

Ellipsoïde s. m. *Géom.* Solide formé par la révolution d'une ellipse autour de l'un de ses axes.

Ellipticité s. f. Forme elliptique.

Elliptique adj. Qui tient de l'ellipse.

Elliptiquement adv. Par ellipse.

Elme (*feu* Saint-) s. m. Flammes électriques à la surface des eaux, au sommet des mâts d'un navire, pendant la tempête.

Élocution s. f. Manière de s'exprimer; langage, diction, style; partie de la rhétorique qui traite du choix et de l'arrangement des mots.

Éloge s. m. Louange; discours à la louange de quelqu'un.

Élogieux, euse adj. Qui renferme l'éloge.

Éloi (saint), évêque de Noyon et ministre du roi Dagobert (588-659).

Éloigné, ée adj. Qui est loin; qui n'est point immédiat; qui diffère.

Éloignement s. m. Action d'éloigner, de s'éloigner; grande distance. Fig. antipathie, aversion; absence.

Éloigner v. a. Ecarter; mettre plus loin; différer; repousser. S'éloigner v. pr. S'absenter; avoir de la répugnance; différer de.

Éloquemment adv. Avec éloquence.

Éloquence s. f. Art, talent de bien dire, de persuader, d'émouvoir, de convaincre.

Éloquent, e adj. Qui a de l'éloquence; persuasif.

Élu, ue adj. et s. Choisi par élection; prédestiné à la gloire éternelle.

Élucidation s. f. Explication, éclaircissement.

Élucider v. a. Eclaircir; rendre manifeste, lucide.

Élucubration s. f. Ouvrage d'érudition fait à force de veilles et de travail.

Élucubrer v. a. Composer péniblement.

Éluder v. a. Éviter avec adresse.

Élysée s. m. Séjour des héros et des âmes vertueuses après leur mort.

Élyséen, enne, ou élysien, ienne adj. De l'Elysée. On dit aussi au pl. Elysées : *Champs Elysées*.

Élytre s. m. Aile extérieure des coléoptères.

Elzévir, ou Elzévier, famille célèbre d'imprimeurs hollandais des XVIe et XVIIe siècles. S. m. Livre édité par l'un de ces imprimeurs.

Elzévirien, ienne adj. A la manière des Elzévir.

Émaciation s. f. Amaigrissement, maigreur.

Émacié, ée adj. Déformé par la maigreur.

Émail s. m. Matière vitrifiée opaque ou transparente, qu'on applique sur la faïence, les métaux, etc.; chose émaillée (pl. *émaux*).

Émaillé, ée adj. (*ll* m.). Recouvert d'émail. Fig. orné.

Émailler v. a. (*ll* m.). Couvrir, orner d'émail. Fig. embellir, orner, décorer de fleurs, de traits d'esprit.

Émailleur s. m. (*ll* m.). Qui travaille en émail.

Émaillure s. f. (*ll* m.). Ouvrage, art de l'émailleur.

Émanation s. f. Action d'émaner; ce qui émane; écoulements, exhalaisons.

Émancipateur, trice s. Qui émancipe.

Émancipation s. f. Acte qui émancipe.

Émanciper v. a. Mettre hors de tutelle, hors de la puissance paternelle. S'émanciper v. pr. Prendre trop de liberté, de licence.

Émaner v. n. Tirer sa source, son origine; sortir; découler de.

Émargement s. m. Action d'émarger; ce qui est émargé ou porté en marge.

Émarger v. a. Porter en marge; écrire sur la marge d'un compte, d'un mémoire, etc.

Emballage s. m. Action d'emballer; ce qui sert à emballer.

Emballer v. a. Mettre dans une balle; empaqueter.

Emballeur s. m. Dont la profession est d'emballer.

Embarcadère s. m. Lieu où l'on s'embarque; lieu de départ d'un chemin de fer.

Embarcation s. f. Petit bateau, chaloupe.

Embargo s. m. Défense faite aux navires de sortir du port.

Embarquement s. m. Action d'embarquer, de s'embarquer.

Embarquer v. a. Mettre dans un navire, dans une barque. Fig. engager. S'embarquer v. pr. Entrer dans un navire; fig. s'engager dans une affaire.

Embarras s. m. Obstacle dans un chemin, etc. Fig. confusion de choses difficiles à débrouiller; irrésolution; perplexité; gêne.

Embarrassant, e adj. Qui cause de l'embarras.

Embarrassé, ée adj. Forcé, gêné : *air embarrassé*.

Embarrasser v. a. Causer de l'embarras. Fig. mettre en peine, dans l'irrésolution; gêner. S'EMBARRASSER v. pr. S'inquiéter : *Ne vous embarrassez de rien.*

Embasement s. m. *Arch.* Base continue qui fait saillie au pied d'un bâtiment.

Embastiller v. a. (*ll* m.). Mettre à la Bastille, en prison; entourer une ville de forteresses.

Embâter v. a. Mettre le bât à une bête de somme.

Embâtonner v. a. Armer d'un bâton.

Embauchage s. m. Action d'embaucher.

Embaucher v. a. Prendre un ouvrier; enrôler par adresse.

Embaucheur s. m. Qui embauche.

Embauchoir s. m. Forme que l'on met dans les bottes.

Embaumement s. m. Action d'embaumer un corps mort.

Embaumer v. a. Remplir un corps mort de baume, d'aromates, pour empêcher sa corruption; parfumer. V. n. Répandre une bonne odeur.

Embaumeur s. m. Qui embaume les corps.

Embéguiner v. a. Mettre un béguin; envelopper la tête comme d'un béguin. Fig. mettre dans l'esprit, entêter, persuader. S'EMBÉGUINER v. pr. S'entêter de.

Embellie s. f. Moment où le beau temps revient en mer.

Embellir v. a. Rendre beau, orner, parer. V. n. et S'EMBELLIR v. pr. Devenir beau. [lit.

Embellissant, e adj. Qui embel-

Embellissement s. m. Action d'embellir; ce qui embellit.

Embesogné, ée adj. Occupé à une besogne (fam.).

Emblaver v. a. Ensemencer en blé.

Emblavure s. f. Terre ensemencée de blé.

Emblée (d') loc. adv. Tout d'un coup, du premier effort.

Emblématique adj. Qui tient de l'emblème.

Emblématiquement adv. Par emblème.

Emblème s. m. Figure symbolique; attribut.

Emboire (s') v. pr. S'imbiber, se ternir.

Emboîtement s. m. Se dit d'un os, d'une pièce qui s'enchâsse dans une autre.

Emboîter v. a. Enchâsser une chose dans une autre. *Emboîter le pas*, marcher en posant le pied à la place où était celui de la personne qui précède.

Emboîture s. f. Endroit où les choses s'emboîtent.

Embolisme s. m. Intercalation.

Embolismique adj. Intercalaire. *Mois embolismique*, mois intercalé des Athéniens.

Embonpoint s. m. Bon état du corps un peu engraissé.

Embossage s. m. Action d'embosser; résultat de cette action.

Embosser v. a. Fixer un navire de l'avant et de l'arrière, de manière à lui faire présenter son travers.

Embordurer v. a. Mettre une bordure.

Embouché, ée adj. *Mal embouché*, grossier dans ses paroles.

Emboucher v. a. Mettre à la bouche un instrument à vent pour en tirer des sons.

Embouchoir s. m. Bout qu'on adapte à un instrument à vent, pour en tirer des sons.

Embouchure s. f. Entrée d'un fleuve dans la mer; partie du mors qui est dans la bouche; manière d'emboucher un instrument à vent; partie qui s'adapte à cet instrument pour en jouer. [boue.

Embouer v. a. Couvrir, salir de

Embouquement s. m. Action d'embouquer.

Embouquer v. n. Entrer dans un détroit, dans un canal (*mar.*).

Embourber v. a. Mettre dans la bourbe. Fig. engager quelqu'un dans une mauvaise affaire. S'EMBOURBER v. pr. Mêmes sens.

Embourrer v. a. Garnir de bourre.

Embourrure s. f. Action d'embourrer; grosse toile pour embourrer.

Embourser v. a. Mettre en [bourse.

Embranchement s. m. Réunion de chemins qui se croisent; jonction de tuyaux; ligne secondaire de chemin de fer se rattachant à une ligne principale; subdivision principale d'une classification.

Embrancher v. a. Joindre des tuyaux par des nœuds de soudure. S'EMBRANCHER v. pr. Former embranchement.

Embrasement s. m. Grand incendie. Fig. trouble, désordre, révolution.

Embraser v. a. Mettre en feu. Fig. animer, exciter.

Embrassade s. f. Action de deux personnes qui s'embrassent.

Embrasse s. f. Cordon ou bande qui sert à retenir un rideau*.

Embrassement s. m. Action d'embrasser, de s'embrasser.

Embrasser v. a. Serrer dans ses bras. Fig. environner, ceindre, donner un baiser; contenir; choisir, préférer; entreprendre : *embrasser une profession*. S'EMBRASSER v. pr. se presser mutuellement entre les bras.

Embrasure s. f. Ouverture d'une porte, d'une fenêtre; ouverture pratiquée pour tirer le canon.

Embrayage s. m. Appareil qui sert à embrayer.

Embrayer v. a. Faire communiquer les différentes parties d'une machine pour qu'elles fonctionnent toutes.

Embrigadement s. m. Action d'embrigader.

Embrigader v. a. Mettre dans une brigade. embaucher.

Embrocher v. a. Mettre à la broche. Fig. percer avec une arme pointue.

Embrouillement s. m. (*ll* m.). Embarras; confusion.

Embrouiller v. a. (*ll* m.). Mettre de la confusion, de l'embarras, de l'obscurité. S'EMBROUILLER v. pr. S'embarrasser, perdre le fil de ses pensées.

Embrumé, ée adj. Chargé de brouillards.

Embryon s. m. Fœtus commençant à se former. *Bot.* Rudiment du jeune fruit, des plantes, des fleurs.

Embryonnaire adj. De l'embryon (*physiol.* et *bot.*).

Embûche s. f. Piège; entreprise secrète pour surprendre quelqu'un, lui nuire.

Embuscade s. f. Embûche dans un lieu couvert, dans un bois, pour surprendre l'ennemi.

Embusquer v. a. et S'EMBUSQUER v. pr. Cacher ou se cacher dans un lieu couvert pour surprendre; se mettre en embuscade.

Émeraude s. f. Pierre précieuse, diaphane, d'un beau vert.

Émergence s. f. Etat de ce qui est émergent.

Émergent, e adj. Qui sort d'un milieu après l'avoir traversé : *rayons émergents*.

Emerger v. n. S'élever, surgir.

Émeri s. m. Pierre ferrugineuse fort dure qui, réduite en poudre, sert à polir les métaux, les diamants, etc.

Émerillon s. m. (*ll* m.) Sorte de croc*.

Émerillon s. m. (*ll* m.) Le plus petit, le plus vif des oiseaux de proie.

Émerillonné, ée adj. (*ll* m.) Gai, vif, éveillé.

Émérite adj. Qui a pris sa retraite et jouit des honneurs de son titre.

Émersion s. f. Réapparition d'un astre éclipsé (*astr.*); élévation d'un corps au-dessus d'un liquide dans lequel il était plongé.

Émerveiller v. a. (*ll* m.) Etonner, donner de l'admiration.

Émétique adj. et s. m. Vomitif; qui fait vomir.

Émétiser v. a. Mêler d'émétique.

Émettre v. a. Produire; publier; faire circuler. *Emettre un vœu*, l'exprimer.

Émeute s. f. Sédition populaire, insurrection.

Émeutier s. m. Agent de sédition, d'émeute.

Émier v. a. Frotter un corps entre les doigts pour le mettre en petites parties.

Émiettement s. m. Action d'émietter.

Émietter v. a. Réduire en miettes.

Émigrant, e s. Qui émigre.

Émigration s. f. Action d'émigrer.

Émigré, ée adj. et s. Qui a émigré.

Émigrer v. n. Quitter son pays pour se fixer, se réfugier dans un autre.

Émile (saint), martyr, m. 250.

Émile (Paul), consul et général romain, m. 216 av. J.-C. — (Paul), fils du précédent, dit *le Macédonique*, m. 158 av. J.-C.

Émincé s. m. Ragoût de viande coupée par tranches minces.

Émincer v. a. Couper par tranches minces.

Éminemment adv. Par excellence, au plus haut point.

Éminence s. f. Lieu élevé; petite hauteur; titre des cardinaux.

Éminent. e adj. Haut, élevé. Fig. excellent.

Éminentissime adj. Très éminent; titre des cardinaux.

Émir s. m. Titre des descendants de Mahomet.

Émissaire s. m. Agent chargé d'une mission secrète. Adj. *Bouc émissaire*, personne sur laquelle on fait retomber les torts des autres.

Émission s. f. Action d'émettre, de mettre en circulation.

Emmagasinage s. m. Action d'emmagasiner; temps que les marchandises restent en magasin.

Emmagasiner v. a. Mettre en magasin.

Emmaillotement s. m. (*ll* m.) Action, manière d'emmailloter.

Emmailloter v. a. (*ll* m.) Mettre en maillot.

Emmanchement s. m. Action d'emmancher.

Emmancher v. a. Mettre un manche. Fig. arranger : *Cette affaire est mal emmanchée* (fam.).

Emmanchure s. f. Ouverture d'une robe, d'un habit, pour y adapter les manches.

Emmanuel, nom hébreu signifiant *Dieu avec nous*.

Emmêler v. a. Brouiller, enchevêtrer.

Emménagement s. m. Action d'emménager.

Emménager v. n. Transporter et ranger ses meubles dans un nouveau logement.

Emmener v. a. Mener d'un lieu où l'on est dans un autre.

Emmenotter v. a. Mettre les menottes.

Emmiellé, ée adj. Enduit de miel. Fig. *paroles emmiellées*, flatteuses et d'une douceur affectée.

Emmieller v. a. Enduire, mêler de miel.

Emmitoufler v. a. Envelopper la tête, le corps de fourrures, de choses chaudes (fam.).

Emmortaiser v. a. Faire entrer un bout dans une mortaise.

Emmotté, ée adj. Dont la racine est entourée de mottes de terre.

Émoi s. m. Souci; émotion; inquiétude.

Émollient, e adj. et s. Qui adoucit, amollit.

Émolument s. m. Gain, profit, avantage. Au pl. gages.

Émonctoire s. m. Orifice du corps par où sortent les humeurs nuisibles.

Émondage s. m. Action d'émonder.

Émonder v. a. Couper les branches superflues d'un arbre.

Émondes s. f. pl. Branches superflues, coupées en émondant.

Émondeur s. m. Qui émonde.

Émotion s. f. Trouble, attendrissement.

Émotionner v. a. Donner, causer des émotions.

Émottage s. m. Action d'émotter.

Émotter v. a. Rompre les mottes d'un champ.

Émoucher v. a. Chasser les mouches.

Émouchet s. m. Oiseau de proie plus petit que l'épervier.

Émouchette s. f. Réseau de cordes flottantes pour garantir le cheval des mouches.

Émouchoir s. m. Queue de cheval adaptée à un manche pour émoucher.

Émoudre v. a. Aiguiser, passer sur la meule.

Émouleur s. m. Qui aiguise les couteaux, etc.

Émoulu, ue adj. part. d'*émoudre*. Fig. *frais émoulu*, sorti nouvellement de.

Émousser v. a. Oter la pointe, le tranchant. Fig. hébéter, ôter la force de l'esprit, des sens, du courage. — Oter la mousse.

Émoustiller v. a. (*ll* m.). Donner de la vivacité (fam.).

Émouvoir v. a. Toucher vivement; exciter.

Empaillage s. m. (*ll* m.). Action d'empailler.

Empailler v. a. (*ll* m.). Garnir de paille : *empailler une chaise;* remplir de paille la peau d'un animal mort.

Empailleur, euse s. (*ll* m.). Qui empaille.

Empalement s. m. Action d'empaler; supplice du pal.

Empaler v. a. Enfoncer un pal aigu dans le fondement et le faire sortir par les épaules.

Empan s. m. Espace compris entre les extrémités du pouce et du petit doigt écartés.

Empanacher v. a. Garnir d'un panache.

Empaquetage s. m. Action d'empaqueter.

Empaqueter v. a. Mettre en paquet.

Emparer (s') v. pr. Se saisir d'une chose, l'occuper, s'en rendre maître. Fig. asservir, dominer.

Empâtement s. m. Etat de ce qui est pâteux; action d'empâter, ses effets.

Empâter v. a. Rendre pâteux; remplir de pâte; engraisser une volaille. *Empâter un tableau,* le couvrir de couleurs épaisses.

Empattement s. m. Epaisseur de maçonnerie servant de fondement à un mur.

Empaumer v. a. Recevoir une balle avec la paume de la main. Fig. se rendre maître de l'esprit de quelqu'un (fam.).

Empaumure s. f. Partie du gant qui couvre la paume de la main.

Empêché, ée adj. Embarrassé, géné.

Empêchement s. m. Obstacle, opposition.

Empêcher v. a. Faire, mettre obstacle à; apporter de l'opposition. S'EMPÊCHER v. pr. S'abstenir.

Empeigne s. f. Le dessus du soulier.

Empenner v. a. Garnir de plumes une flèche.

Empereur s. m. Chef, souverain d'un empire (fém. *impératrice*).

Empesage s. f. Action, manière d'empeser.

Empesé, ée adj. Imprégné d'empois. Fig. raide, affecté dans ses manières; peu naturel.

Empeser v. a. Apprêter avec de l'empois.

Empeseur, euse s. Qui empèse.

Empester v. a. Infecter de la peste, d'un mal contagieux. Fig. répandre une mauvaise odeur.

Empêtrer v. a. Embarrasser les pieds. Fig. engager.

Emphase s. f. Pompe affectée dans les discours ou le ton.

Emphatique adj. Qui a de l'emphase.

Emphatiquement adv. Avec emphase.

Emphytéose s. f. Bail à longues années.

Emphytéote s. Qui jouit de l'emphytéose.

Emphytéotique adj. De l'emphytéose.

Empierrement s. m. Lit de pierres sur une route.

Empierrer v. a. Faire un empierrement.

Empiétement s. m. Action d'empiéter; son effet.

Empiéter v. a. et n. Usurper sur la propriété d'autrui.

Empiffrer v. a. Faire manger excessivement. S'EMPIFFRER v. pr. Manger avec excès.

Empilement s. m. Action d'empiler.

Empiler v. a. Mettre en pile.

Empire s. m. Commandement, puissance; autorité, domination; Etat gouverné par un empereur. Fig. ascendant, influence.

Empirer v. n. Devenir pire. V. a. Rendre pire.

Empirique adj. Qui ne s'attache qu'à l'expérience. S. m. Charlatan.

Empiriquement adv. D'une manière empirique.

Empirisme s. m. Médecine pratiquée d'après la seule expérience; charlatanisme.

Emplacement s. m. Lieu, place d'une maison, d'un jardin, etc.

Emplâtre s. m. Onguent étendu sur de la toile ou de la peau, et que l'on applique sur la partie malade. Fig. personne infirme, inutile, incapable d'agir.

Emplette s. f. Achat de marchandises ; la chose achetée.

Emplir v. a. Rendre plein. S'EMPLIR v. pr. Devenir plein.

Emploi s. m. Usage que l'on fait d'une chose ; fonctions, charge.

Employable adj. Qu'on peut employer.

Employé s. m. Qui a un emploi ; commis d'une administration, d'une maison de commerce.

Employer v. a. Mettre en usage ; se servir de ; donner un emploi, une occupation. S'EMPLOYER v. pr. S'occuper à, s'appliquer.

Emplumer v. a. Garnir de plumes. S'EMPLUMER v. pr. Réparer ses pertes ; s'enrichir dans une affaire.

Empocher v. a. Mettre en poche avec empressement.

Empoigner v. a. Prendre et serrer avec la main ; arrêter, saisir. S'EMPOIGNER v. pr. Se battre (pop.).

Empois s. m. Colle d'amidon.

Empoisonnement s. m. Action d'empoisonner, ses effets.

Empoisonner v. a. Donner du poison pour tuer ; infecter de poison. Fig. corrompre l'esprit, les mœurs ; troubler. V. n. Répandre une odeur infecte.

Empoisonneur, euse s. Qui empoisonne.

Empoisser v. a. Enduire de poix.

Empoissonnement s. m. Action d'empoissonner.

Empoissonner v. a. Peupler, garnir de poissons.

Emporté, ée adj. et s. Violent, colère, irritable.

Emportement s. m. Mouvement violent, déréglé, causé par une passion ; accès de colère.

Emporte-pièce s. m. Instrument pour découper . Fig. personne railleuse, mordante. (Pl. des *emporte-pièce.*)

Emporter v. a. Enlever, ôter d'un lieu ; arracher, entraîner. Fig. faire périr ; gagner. *L'emporter*, avoir le dessus, exceller. S'EMPORTER v. pr. Se mettre en colère ; ne plus obéir au frein, en parlant du cheval.

Empotage s. m. Action d'empoter.

Empoter v. a. Mettre dans un pot.

Empourprer v. a. Colorer de rouge ou de pourpre.

Empreindre v. a. Imprimer.

Empreinte s. f. Impression, marque.

Empressé, ée adj. et s. Qui agit avec ardeur, se donne beaucoup de mouvement pour réussir ; qui veut tout faire.

Empressement s. m. Hâte de faire ; action de s'empresser. Au pl. soins empressés, bons offices.

Empresser (s') v. pr. Agir avec ardeur, avec affection ; se hâter.

Emprisonnement s. m. Action d'emprisonner ; son effet.

Emprisonner v. a. Mettre en prison.

Emprunt s. m. Action d'emprunter ; la chose qu'on emprunte. Fig. ce qui n'est pas naturel, ce qui est faux : *beauté d'emprunt.*

Emprunté, ée adj. Faux ; embarrassé ; contraint ; qui n'est pas naturel : *air emprunté ; manières empruntées ;* supposé : *nom emprunté.*

Emprunter v. a. Demander et recevoir un prêt. Fig. tirer de ; se servir de ce qui est à un autre.

Emprunteur, euse s. Qui emprunte.

Empuantir v. a. Infecter de mauvaise odeur. S'EMPUANTIR v. pr. Devenir puant.

Empuantissement s. m. Etat de ce qui s'empuantit.

Empyrée s. m. Partie la plus élevée du ciel, où sont les dieux.

Empyreumatique adj. Qui tient de l'empyreume.

Empyreume s. m. Goût, odeur que contractent les substances soumises à l'action d'un feu violent (*chim.*).

Émulateur, trice s. Personne animée par l'émulation.

Émulation s. f. Désir noble d'égaler ou de surpasser quelqu'un.

Émule s. m. Concurrent, antagoniste, rival. S. f. Rivale.

Émulgent, e adj. Se dit des artères et des veines des reins.

Émulsif, ive adj. Se dit des semences qui donnent de l'huile par l'expression.

Émulsion s. f. Sorte de potion rafraîchissante d'un blanc laiteux.

Émulsionner v. a. Mêler une émulsion avec une potion.

En prép. Marque un rapport de lieu, de temps, la manière d'être, la disposition, l'occupation, la conformité, la destination, etc. Dans; durant; avec; comme; selon; pour, etc.

En pron. relat. de la troisième personne. De lui, d'elle; d'eux, d'elles; de cela.

Enamourer (s') v. pr. Devenir amoureux.

Encâblure s. f. *Mar.* Distance de 120 brasses (environ 200 mèt.).

Encadrement s. m. Action d'encadrer; ce qui encadre.

Encadrer v. a. Mettre dans un cadre; entourer.

Encadreur s. m. Qui encadre les tableaux, les estampes.

Encager v. a. Mettre en cage.

Encaisse s. f. Argent, valeurs en caisse.

Encaissé, ée adj. A bords escarpés : *rivière encaissée.*

Encaissement s. m. Action d'encaisser; résultat de cette action.

Encaisser v. a. Mettre en caisse ou dans une caisse.

Encan s. m. Vente publique aux enchères.

Encanailler v. a. (*ll* m.). Mêler avec de la canaille. S'ENCANAILLER v. pr. Fréquenter de la canaille.

Encapuchonner (s') v. pr. Se couvrir la tête d'un capuchon.

Encaquement s. m. Action de mettre le hareng en caque.

Encaquer v. a. Mettre dans une caque. Fig. fam. presser des gens, les entasser dans une voiture.

Encaqueur, euse s. Qui encaque.

Encarter v. a. Insérer un carton dans une feuille (*impr.*).

Encastillement s. m. (*ll* m.). Action d'encastiller.

Encastiller v. a. (*ll* m.). Enchâsser.

Encastrement s. m. Action d'encastrer; ses effets.

Encastrer v. a. Enchâsser; joindre; unir par le moyen d'une entaille; insérer dedans.

Encaustique s. f. Enduit préparé avec de la cire fondue.

Encavement s. m. Action d'encaver.

Encaver v. a. Mettre en cave.

Encaveur s. m. Qui encave.

Enceindre v. a. Environner; entourer; enfermer.

Enceinte s. f. Tour; clôture; circuit. Adj. f. Se dit d'une femme grosse.

Encelade, l'un des géants qui firent la guerre aux dieux (*myth.*).

Encens s. m. Sorte de gomme aromatique. Fig. flatterie, louange.

Encensement s. m. Action d'encenser; ses effets.

Encenser v. a. Envoyer de la fumée d'encens. Fig. donner des louanges; flatter.

Encenseur s. m. Qui encense. Fig. flatteur.

Encensoir s. m. Cassolette suspendue à des chaînes pour encenser.

Encéphalalgie s. f. Douleur dans le cerveau, dans la tête.

Encéphale s. m. Le cerveau et ses dépendances.

Encéphalique adj. De l'encéphale.

Enchaînement s. m. Liaison, suite de choses de même nature.

Enchaîner v. a. Lier; attacher avec une chaîne. Fig. capturer.

Enchaînure s. f. Enchaînement, en parlant d'ouvrages d'arts mécaniques.

Enchanté, ée adj. Fait par enchantement; plein d'enchantements. Fig. merveilleux, transporté de joie.

Enchanteler v. a. Mettre des tonneaux sur des chantiers; ranger du bois dans un chantier.

Enchantement s. m. Effet des charmes prétendus de la magie. Fig. plaisir vif; ravissement.

Enchanter v. a. Charmer, ensorceler par la magie. Fig. séduire, engager; ravir en admiration.

Enchanteur, eresse adj. Qui enchante. Fig. séduisant; ravissant.

Enchaper v. a. Enfermer un baril dans un autre.

Enchaperonner v. a. Couvrir d'un chaperon.

Enchâsser v. a. Mettre en châsse; encastrer.

Enchâssure s. f. Action, manière d'enchâsser; ce qui enchâsse.

Enchausser v. a. Couvrir de paille les légumes pour les faire blanchir.

Enchère s. f. Offre au-dessus d'une autre pour acheter ou louer. *Folle enchère*, à laquelle l'enchérisseur ne peut satisfaire.

Enchérir v. a. Mettre une enchère; faire une offre plus forte. V. n. Devenir plus cher. Fig. surpasser.

Enchérissement s. m. Augmentation de prix.

Enchérisseur s. m. Qui met une enchère.

Enchevalement s. m. Etai d'une maison pour la reprendre en sous-œuvre.

Enchevauchure s. f. Jonction par recouvrement, par feuillure.

Enchevêtrement s. m. Etat de ce qui est enchevêtré.

Enchevêtrer v. a. Mettre un chevêtre, un licou. S'ENCHEVÊTRER v. pr. S'embarrasser dans sa longe, en parlant d'un cheval. Fig. se mettre dans l'embarras.

Enchevêtrure s. m. Assemblage de solives.

Enchifrènement s. m. Embarras dans le nez, causé par un rhume.

Enchifrener v. a. Causer un rhume de cerveau. S'ENCHIFRENER v. pr. Prendre un rhume de cerveau.

Enchymose s. f. Effusion subite du sang sous la peau.

Enclave s. f. Terrain ou territoire enclavé dans un autre.

Enclavement s. m. Action d'enclaver, son effet.

Enclaver v. a. Enfermer une chose dans une autre.

Enclin, e adj. Porté de son naturel à.

Enclitique s. f. Particule qui s'unit au mot précédent; ex. : *ci* dans *celui-ci*.

Encloîtrer v. a. Mettre dans un cloître.

Enclore v. a. Enfermer de murs, de haies, etc.; enclaver.

Enclos s. m. Terrain clos.

Enclouage s. m. Action d'enclouer.

Enclouer v. a. Piquer un cheval en le ferrant; enfoncer un clou dans la lumière d'un canon pour le mettre hors de service.

Enclouure s. f. Blessure faite au pied du cheval en le ferrant.

Enclume s. f. Masse de fer sur laquelle on forge les métaux*.

Enclumeau ou **enclumot** s. m. Petite enclume portative.

Encoche s. f. Etabli de sabotier pour fixer le sabot; entaille.

Encocher v. a. Mettre la corde de l'arc dans la coche de la flèche.

Encoffrer v. a. Serrer, mettre dans un coffre.

Encoignure ou **encognure** s. f. Coin, angle de deux murailles; meuble qu'on y place.

Encollage s. m. Action d'encoller; son résultat.

Encoller v. a. Couvrir de colle, de gomme.

Encolure s. f. Partie du corps du cheval depuis la tête jusqu'aux épaules. Fig. air, apparence (en mauvaise part).

Encombrant, e adj. Qui encombre.

Encombre s. m. Empêchement, embarras : *arriver sans encombre*.

Encombrement s. m. Action d'encombrer; ses effets.

Encombrer v. a. Obstruer; embarrasser.

Encontre (à l') loc. prép. *Aller à l'encontre de...*, y être contraire, s'y opposer.

Encorbellement s. m. Construction en saillie.

Encore et **encor** (en poésie) adv. De nouveau; du moins; jusqu'à présent. ENCORE QUE loc. conj. Bien que; quoique.

Encorné, ée adj. Qui a des cornes.

Encourageant, e adj. Qui encourage.

Encouragement s. m. Ce qui encourage; éloge, récompense.

Encourager v. a. Animer; exciter; donner du courage.

Encourir v. a. Attirer sur soi; mériter, tomber en : *encourir la disgrâce.*

Encrage s. m. Action de placer l'encre d'imprimerie sur les rouleaux.

Encrasser, v. a. Rendre crasseux. S'ENCRASSER v. pr. Se remplir de crasse. Fig. s'avilir.

Encre s. f. Liqueur, pâte colorée pour écrire, imprimer.

Encrer v. a. *Impr.* Charger, enduire d'encre.

Encrier s. m. Petit vase où l'on met l'encre*.

Encroûté, ée adj. Couvert de croûtes, de mortier. Fig. *Encroûté de préjugés,* qui en est rempli.

Encroûter v. a. *Arch.* Enduire un mur de mortier. S'ENCROUTER v. pr. Se couvrir d'une croûte. Fig. s'alourdir.

Encuirasser (s') v. pr. Se couvrir d'une crasse épaisse.

Encuver v. a. Mettre dans une cuve.

Encyclique adj. et s. f. Lettre circulaire adressée par le pape au clergé et aux fidèles du monde catholique.

Encyclopédie s. f. Ouvrage où l'on traite toutes les sciences, tous les arts.

Encyclopédique adj. Qui appartient à l'encyclopédie.

Encyclopédiste s. m. Ecrivain qui concourt à la rédaction d'une encyclopédie.

Endécagone s. m. et adj. Figure qui a onze angles et onze côtés.

Endémique adj. Particulier à un peuple.

Endenté, ée adj. Garni de dents.

Endenter v. a. Mettre des dents.

Endetter v. a. Engager dans des dettes. S'ENDETTER v. pr. Faire des dettes.

Endêvé, ée adj. et s. Mutin; chagrin; impatient.

Endêver v. n. Avoir un grand dépit.

Endiablé, ée adj. et s. Enragé, furieux; très méchant.

Endiabler v. n. Enrager; se donner au diable; être furieux (fam.).

Endiguement s. m. Action d'endiguer.

Endiguer v. a. Construire une digue.

Endimancher (s') v. pr. Mettre ses plus beaux habits.

Endive s. f. Espèce de chicorée.

Endocarpe s. m. *Bot.* Membrane qui enveloppe les graines.

Endoctrinement s. m. Action d'endoctriner.

Endoctriner v. a. Instruire. Fig. Se rendre maître de l'esprit de quelqu'un.

Endolorir v. a. Rendre douloureux.

Endommagement s. m. Action d'endommager; état de ce qui est endommagé.

Endommager v. a. Causer du dommage.

Endormant, e adj. Qui endort, qui ennuie.

Endormeur s. m. Fig. enjôleur, flatteur.

Endormi, ie adj. Fig. lent, paresseux.

Endormir v. a. Faire dormir. Fig. bercer de vaines espérances; ennuyer.

Endos s. m. Endossement.

Endosse s. f. Tout l'embarras d'une affaire.

Endossement s. m. Signature au dos d'un effet de commerce; pour en transmettre la propriété à une autre personne.

Endosser v. a. Mettre sur son dos; charger de quelque chose de désagréable; mettre un endossement.

Endosseur s. m. Celui qui a endossé un billet.

Endroit s. m. Lieu, place; partie d'un discours; beau côté d'une étoffe.

Enduire v. a. Couvrir d'un enduit.

Enduit s. m. Couche de chaux, de plâtre, de cire, etc.

Endurable adj. Que l'on peut endurer.

Endurant, e adj. Qui souffre patiemment les injures.

Endurcir v. a. Rendre dur, fort, impitoyable, insensible. S'EN-

DURCIR v. pr. Devenir dur, cruel; s'accoutumer à.

Endurcissement s. m. Etat d'une âme endurcie.

Endurer v. a. Souffrir; supporter avec patience.

Énée, prince troyen dont les aventures forment le sujet de l'*Énéide*, poème épique de Virgile.

Énergie s. f. Force; vigueur d'âme; fermeté.

Énergique adj. Qui a de l'énergie.

Énergiquement adv. Avec éner- [gie.

Énergumène s. 2 g. Possédé du démon. Fig. enthousiaste ou colère à l'excès.

Énervant, e adj. Qui énerve.

Énervation s. f. Abattement des forces; relâchement des nerfs.

Énervement s. m. Etat de ce qui est énervé.

Énerver v. a. Affaiblir, amollir.

Enfaîteau s. m. Tuile courbe pour le faîte d'une maison.

Enfaîtement s. m. Table de plomb sur le faîte d'une maison.

Enfaîter v. a. Couvrir le faîte d'une maison.

Enfance s. f. Age de l'homme, depuis la naissance jusqu'à douze ans ou environ. Fig. se dit de l'extrême vieillesse : *tomber en enfance;* commencement.

Enfançon s. m. Petit enfant.

Enfant s. Garçon ou fille dans l'enfance; fils ou fille ; au pl. descendants.

Enfantement s. m. Action d'enfanter.

Enfanter v. a. Mettre au monde; produire.

Enfantillage s. m. (*ll* m.). Discours, manières d'enfant.

Enfantin, e adj. De l'enfance.

Enfariné, ée adj. Couvert de farine. *Venir la gueule enfarinée*, inconsidérément, avec une sotte confiance.

Enfariner v. a. Poudrer de farine.

Enfer s. m. Lieu du supplice des damnés. Fig. les démons ; lieu où l'on se déplaît ; vacarme.

Enfermé s. m. *Sentir l'enfermé*, sentir mauvais, faute d'air.

Enfermer v. a. Mettre dans un lieu d'où l'on ne puisse sortir; serrer.

Enferrer v. a. Percer avec u fer aigu. S'ENFERRER v. pr. Se je ter sur le fer. Fig. se nuire à so même.

Enfilade s. f. Longue suite.

Enfiler v. a. Passer un fil p un trou ; traverser. Fig. s'engag dans : *enfiler un chemin.*

Enfin adv. Bref; en un mo après tout.

Enflammé, ée adj. Plein feu : *imagination enflammée.*

Enflammer v. a. Allumer ; me tre en feu, en flammes. Fig. excite

Enflé, ée adj. Vain, fier. *St enflé*, ampoulé.

Enfler v. a. Remplir d'air, go fler. Fig. enorgueillir.

Enflure s. f. Gonflement; bou fissure. Fig. orgueil.

Enfoncement s. m. Action d'e foncer; partie d'une façade f mant arrière-corps; endroit tr reculé.

Enfoncer v. a. Faire pénétr au fond, plus avant; briser poussant : *enfoncer une porte.* V. Aller au fond.

Enfonceur s. m. *Enfonceur portes ouvertes*, fanfaron (fam.).

Enfonçure s. f. Creux; fond.

Enforcir v. a. et n. Rendre, d venir plus fort.

Enfouir v. a. Cacher en terr Fig. cacher.

Enfouissement s. m. Acti d'enfouir.

Enfouisseur s. m. Qui enfou

Enfourcher v. a. Monter à ch val, jambe deçà, jambe delà.

Enfourchure s. f. Point où tronc d'un arbre se bifurque.

Enfournée s. f. Action de me tre le pain au four.

Enfourner v. a. Mettre dans four.

Enfourneur, euse s. Qui e fourne.

Enfreindre v. a. Violer, tra gresser, contrevenir à.

Enfroquer v. a. et S'ENFR QUER v. pr. Donner ou prendre froc (fam.).

Enfuir (s') v. pr. Fuir ; s'éco ler; disparaître.

Enfumer v. a. Noircir, inco moder par la fumée.

Enfutailler v. a. (*ll* m.). Mett en futaille.

Engagé s. m. Celui qui s'est fait volontairement soldat.

Engageant, e adj. Insinuant, attrayant.

Engagement s. m. Action d'engager ; obligation ; promesse ; combat, bataille.

Engager v. a. Donner, mettre en gage ; obliger à ; inviter ; exciter ; enrôler ; commencer : *engager le combat*. S'ENGAGER v. pr. S'obliger à ; s'enrôler. Fig. s'embarrasser.

Engaîner v. a. Mettre dans une gaîne.

Engeance s. f. Race : *maudite engeance* (iron.).

Engeigner v. a. Tromper (vx.).

Engelmann, artiste français qui importa la lithographie en France, en 1815 (1788-1839).

Engelure s. f. Sorte d'enflure aux mains et aux pieds.

Engencement s. m. En peinture, disposition originale ou savante des draperies et ajustements ; son effet.

Engencer v. a. *Peint*. Disposer les accessoires avec art.

Engendrer v. a. Produire.

Engerbage s. m. Action, manière d'engerber.

Engerber v. a. Mettre en gerbes ou en tas.

Enghien (Louis-Antoine-Henri DE BOURBON, duc d'), le dernier des princes de Condé (1772-1804).

Engin s. m. Instrument, machine, piège.

Englober v. a. Réunir plusieurs choses pour en former un tout.

Engloutir v. a. Avaler en glouton. Fig. absorber, faire disparaître ; dissiper.

Engloutissement s. m. Action d'engloutir.

Engluement s. m. Composition pour recouvrir les plaies, la tige d'un arbre.

Engluer v. a. Enduire de glu. S'ENGLUER v. pr. Se prendre à la glu.

Engoncement s. m. Gêne, contrainte dans la taille.

Engoncer v. a. Rendre la taille gênée, contrainte, en parlant d'un vêtement.

Engorgement s. m. Embarras dans un canal, un tuyau, dans un vaisseau du corps.

Engorger v. a. Obstruer un canal, un tuyau, un vaisseau du corps S'ENGORGER v. pr. Se boucher.

Engouement ou **engoûment** s. m. Fig. État de celui qui est engoué ; préoccupation.

Engouer v. a. Embarrasser le gosier. S'ENGOUER v. pr. Fig. se passionner pour, s'enthousiasmer.

Engouffrer (s') v. pr. Se jeter dans un gouffre ; pénétrer avec violence dans un lieu resserré, en parlant du vent.

Engourdir v. a. Rendre comme perclus ; se dit, au fig., de l'esprit.

Engourdissement s. m. État de ce qui est engourdi.

Engrais s. m. Fumier ; pâturage gras ; ce qui engraisse la volaille.

Engraissement s. m. Action d'engraisser ; son effet.

Engraisser v. a. et n. Rendre ou devenir gras. S'ENGRAISSER v. pr. Devenir gras.

Engrangement s. m. Action d'engranger.

Engranger v. a. Mettre en grange.

Engravement s. m. État d'un bateau engravé.

Engraver v. a. Engager dans le sable, le gravier.

Engrêlure s. f. Petit point à une dentelle.

Engrenage s. m. Disposition de roues qui s'engrènent*.

Engrener v. a. et n. Commencer à mettre le blé dans la trémie du moulin. Fig. commencer une affaire. Se dit d'une roue dont les dents entrent dans celles d'une autre roue.

Engrenure s. f. Position de deux roues qui s'engrènent.

Engrossir v. a. et n. Rendre, devenir gros.

Engrumeler (s') v. pr. Se mettre en grumeaux.

Enguirlander v. a. Entourer de guirlandes.

Enhardir v. a. Rendre hardi ; encourager. S'ENHARDIR v. pr. Prendre de la hardiesse.

Enharmonique adj. Se dit d'un genre de musique procédant par quarts de ton.

Enharnachement s. m. (*h* asp.). Action d'enharnacher; harnais.

Enharnacher v. a. (*h* asp.). Mettre les harnais. Fig. habiller d'une manière bizarre.

Enherber v. a. Mettre en herbe.

Énigmatique adj. Qui tient de l'énigme, qui en renferme.

Énigmatiquement adv. D'une manière énigmatique.

Énigme s. f. Définition obscure à dessein et dont on donne à deviner le mot défini. Fig. chose difficile à expliquer, à comprendre.

Enivrant, e adj. Qui enivre.

Enivrement s. m. Etat d'une personne ivre. Fig. transport de joie, d'orgueil, etc.

Enivrer v. a. Rendre ivre. Fig. remplir d'orgueil, de vanité, de joie, etc.

Enjambée s. f. Action d'enjamber; espace enjambé; pas pour enjamber.

Enjambement s. m. Rejet au vers suivant d'un ou plusieurs mots qui complètent le sens du premier.

Enjamber v. a. et n. Franchir d'une enjambée; marcher à grands pas. Fig. avancer sur; empiéter.

Enjaveler v. a. Mettre en javelle.

Enjeu s. m. Ce qu'on met au jeu.

Enjoindre v. a. Ordonner, commander expressément.

Enjôler v. a. Attirer, engager par des paroles flatteuses.

Enjôleur, euse s. Qui enjôle.

Enjolivement s. m. Ce qui enjolive.

Enjoliver v. a. Rendre plus joli; orner.

Enjoliveur s. m. Qui enjolive.

Enjolivure s. f. Petits enjolivements à des choses de peu de valeur.

Enjoué, ée adj. Qui a de l'enjouement, gai, badin.

Enjouement s. m. Gaieté douce; badinage léger.

Enlacement s. m. Action d'enlacer; ses effets.

Enlacer v. a. Passer des lacets l'un dans l'autre. Fig. entremêler; étreindre.

Enlaidir v. a. Rendre laid. V. n. Devenir plus laid.

Enlaidissement s. m. Actio d'enlaidir; son effet.

Enlèvement s. m. Action d'e lever; rapt.

Enlever v. a. Lever en hau ravir; prendre par force; tran porter d'admiration, charmer. S'E LEVER, v. pr. Se détacher; s'éleve

Enlier v. a. Bien engager l pierres ensemble dans un mur.

Enlignement s. m. Etat de qui est enligné.

Enligner v. a. Placer sur u même ligne.

Enluminer v. a. Colorier. Fi rendre le teint rouge. S'ENLUMIN v. pr. Se farder; devenir rouge.

Enlumineur, euse s. Qui enl mine les estampes.

Ennéagone s. m. Figure à ne côtés.

Ennéandrie s. f. Neuvièn classe du système de Linné, re fermant les plantes à neuf étamine

Ennemi, ie s. et adj. Qui hai contraire, antipathique; adversair celui ou ceux avec qui l'on est e guerre.

Ennius (Quintus), poète lat (239-169 av. J.-C.).

Ennoblir v. a. Donner de noblesse, de l'éclat.

Ennui s. m. Chagrin, déplaisi souci, dégoût.

Ennuyant, e adj. Qui cause d l'ennui.

Ennuyer v. a. Causer de l'e nui. S'ENNUYER v. pr. Éprouver l'ennui.

Ennuyeusement adv. Avec e nui; d'une manière ennuyeuse.

Ennuyeux, euse adj. Qui e nuie.

Énoch ou **Hénoch**, fils de Caï — ÉNOCH, patriarche, père de M thusalem.

Énoncé s. m. Chose énoncée.

Énoncer v. a. Exprimer sa pe sée. S'ÉNONCER v. pr. S'exprime

Énonciatif, ive adj. Qui énon fait mention de.

Énonciation s. f. Expressio manière de s'énoncer; ce qui énoncé.

Enorgueillir v. a. (*ll* m.) Rend orgueilleux. S'ENORGUEILLIR v. p Devenir orgueilleux.

Énorme adj. Démesuré, exce sif en grosseur et grandeur.

Énormément adv. Excessivement.

Énormité s. f. Excès de grandeur. Fig. atrocité.

Enquérir (s') v. pr. Faire recherche, s'informer.

Enquête s. f. Recherche judiciaire, administrative, etc.

Enquêter (s') v. pr. S'enquérir, se soucier.

Enraciner (s') v. pr. Prendre racine.

Enragé, ée adj. Qui a la rage. S. Personne fougueuse, impétueuse.

Enrageant, e adj. Qui fait enrager.

Enrager v. n. Être saisi de la rage (vx.) Fig. être saisi de colère, avoir du dépit.

Enrayement ou **Enraiement** s. m. Action d'enrayer.

Enrayer v. a. et n. Arrêter une roue par les rais; tracer le premier sillon; s'arrêter.

Enrayure s. f. Ce qui sert à enrayer.

Enrégimenter v. a. Former un régiment; incorporer dans un régiment.

Enregistrement s. m. Action d'enregistrer; acte par lequel on enregistre.

Enregistrer v. a. Mettre sur un registre. Fig. prendre note de.

Enregistreur s. m. Qui enregistre.

Enrhumer v. a. Causer un rhume. S'ENRHUMER v. pr. Gagner un rhume.

Enrichir v. a. Rendre riche; orner. S'ENRICHIR v. pr. Devenir riche.

Enrichissement s. m. Ornement, parure qui enrichit; augmentation de richesses.

Enrochement s. m. Fondation en roches sur un sol mobile; consolidation d'une jetée.

Enrôlement s. m. Action d'enrôler; acte qui le constate.

Enrôler v. a. Mettre sur le rôle; engager dans l'armée. S'ENRÔLER v. pr. S'engager, s'affilier.

Enrôleur s. m. Qui enrôle.

Enrouement s. m. État de celui qui est enroué.

Enrouer v. a. Rendre la voix rauque. S'ENROUER v. pr. Perdre la netteté de sa voix.

Enrouiller v. a. (*ll* m.) Rendre rouillé. S'ENROUILLER v. pr. Devenir rouillé. Fig. se dit de l'esprit, de l'imagination.

Enroulement s. m. Action d'enrouler; son résultat.

Enrouler v. a. Rouler une chose autour d'une autre ou sur elle-même.

Enrubanner v. a. Orner de rubans. S'ENRUBANNER v. pr. Se décorer de rubans.

Enrue s. f. Sillon fort large.

Ensablement s. m. Amas de sable formé par l'eau ou le vent.

Ensabler v. a. Faire échouer sur le sable. S'ENSABLER v. pr. Échouer sur le sable.

Ensaboter v. a. et S'ENSABOTER v. pr. Mettre des sabots.

Ensachement s. m. Action d'ensacher.

Ensacher v. a. Mettre dans un sac.

Ensanglanter v. a. Souiller, remplir, couvrir de sang. (Se dit au propre et au fig.)

Enseignant, e adj. Qui donne l'enseignement.

Enseigne s. f. Marque, indice, tableau à la porte d'un marchand; drapeau.

Enseigne s. m. Officier de marine; autrefois officier porte-drapeau.

Enseignement s. m. Instruction; précepte; action, art d'enseigner.

Enseigner v. a. Instruire : *enseigner la jeunesse;* montrer une science : *enseigner l'histoire, la morale;* indiquer : *enseigner le chemin.*

Ensellé, ée adj. Se dit d'une bête de somme qui a le dos creux.

Ensemble adv. L'un avec l'autre; en même temps.

Ensemble s. m. Réunion des parties d'un tout; accord.

Ensemencement s. m. Action d'ensemencer.

Ensemencer v. a. Jeter la semence en terre; semer.

Enserrer v. a. Mettre dans une serre; enfermer.

Ensevelir v. a. Envelopper un corps mort dans un linceul. Fig. perdre, cacher, enfouir. S'ENSEVELIR v. pr. Se plonger.

Ensevelissement s. m. Action d'ensevelir.

Ensiforme adj. En forme de glaive.

Ensorceler v. a. Jeter un sort. Fig. inspirer une violente passion.

Ensorceleur, euse s. Qui ensorcelle.

Ensorcellement s. m. Action d'ensorceler; son effet; charme; enchantement.

Ensoufrer v. a. Enduire de soufre; exposer à sa vapeur.

Ensoufroir s. m. Lieu où l'on ensoufre les soies, les laines, etc.

Ensuite adv. Après, à la suite de.

Ensuivre (s') v. pr. Suivre, être après; dériver, procéder.

Entablement s. m. Saillie du mur sous le toit; partie supérieure d'une colonne*.

Entacher v. a. Souiller, gâter.

Entaille s.f. (*ll* m.). Incision, coche faite dans du bois; coupure dans les chairs.

Entailler v. a. (*ll* m.). Faire une entaille.

Entaillure s. f. (*ll* m.). Entaille.

Entame s. f. Premier morceau coupé d'un pain.

Entamer v. a. Faire une petite déchirure, une petite incision. Fig. commencer.

Entamure s. f. Petite déchirure; petite incision; entame.

En tant que loc. conj. En qualité de.

Entassement s. m. Amas de choses entassées.

Entasser v. a. Mettre en tas. Fig. accumuler; amasser.

Entasseur s. m. Celui qui entasse.

Ente s. f. Greffe; scion d'arbre greffé sur un autre arbre.

Entendement s. m. Faculté de l'âme de concevoir, d'entendre, de comprendre; sens; jugement.

Entendeur s. m. Qui entend et conçoit bien.

Entendre v. a. Ouïr, écouter; être frappé de sons; comprendre; avoir l'intelligence de; être habile à ou en quelque chose; avoir intention de. V. n. Prétendre; vouloir. S'ENTENDRE v. pr. Se concerter; être d'accord; se comprendre.

Entendu, ue adj. Ouï, conçu intelligent; habile; fait avec ordre avec art, avec goût.

Entente s. f. Interprétation, intelligence, bon accord.

Enter v. a. Greffer.

Entérinement s. m. Action d'entériner.

Entériner v. a. Approuver judiciairement.

Entérite s. f. *Méd.* Inflammation des intestins.

Enterrement s. m. Funérailles inhumation.

Enterrer v. a. Inhumer, mettre en terre un mort; enfouir en terre Fig. tenir caché. *Enterrer quelqu'un* lui survivre.

Entête ou **En-tête** s. f. Écrit ou imprimé au haut d'une lettre (Pl. *entêtes* ou *en-têtes*.)

Entêté, ée adj. et s. Qui a de l'entêtement; opiniâtre.

Entêtement s. m. Attachement opiniâtre à son opinion, à son goût

Entêter v. a. Faire mal à la tête Fig. préoccuper; prévenir en faveur de. S'ENTÊTER v. pr. S'opiniâtrer.

Enthousiasme s. m. Vive émotion; mouvement extraordinaire de l'âme; admiration outrée.

Enthousiasmer v. a. Charmer ravir en admiration. S'ENTHOUSIASMER v. pr. Devenir enthousiaste.

Enthousiaste adj. et s. Qui a ou qui exprime de l'enthousiasme admirateur outré.

Enthymème s. m. Syllogisme réduit à deux propositions.

Entiché, ée adj. Opiniâtrément attaché à.

Enticher v. a. Commencer à gâter. Fig. faire adopter une opinion, etc. S'ENTICHER v. pr. S'engouer.

Entier, ière adj. Complet, qui a toutes ses parties; considéré dans toute son étendue. Fig. opiniâtre obstiné. S. m. Chose entière; unité EN ENTIER loc. adv. Entièrement.

Entièrement adv. En entier tout à fait; totalement.

Entité s. f. Ce qui constitue l'être, l'essence d'une chose.

Entoilage s. m. Action d'entoiler; son résultat; toile pour entoiler.

Entoiler v. a. Fixer, coller sur toile.

Entoir s. m. Couteau pour enter.

Entomologie s. f. Traité des insectes.

Entomologique adj. Qui a rapport à l'entomologie.

Entomologiste s. m. Qui s'occupe d'entomologie.

Entonner v. a. Verser dans un tonneau ; prendre l'intonation ; chanter le commencement d'un air. S'ENTONNER v. pr. S'engouffrer.

Entonnoir s. m. Instrument pour entonner les liquides*.

Entorse s. f. Extension violente des ligaments, des parties molles qui entourent une articulation.

Entortillement et ENTORTILLAGE s. m. (*ll* m.). Action d'entortiller, son effet. Fig. embarras du style.

Entortiller v. a. (*ll* m.). Envelopper en tortillant. Fig. embarrasser.

Entour s. m. Circuit; au pl. environs.

Entourage s. m. Tout ce qui entoure pour orner. Fig. société habituelle de quelqu'un.

Entourer v. a. Ceindre; environner; former la compagnie de.

Entournure s. f. Echancrure d'une manche.

Entozoaires s. m. pl. *Zool.* Vers intestinaux.

Entr'accorder (s') v. pr. S'accorder l'un avec l'autre

Entr'accuser (s') v. pr. S'accuser réciproquement.

Entr'acte s. m. Intervalle entre deux actes.

Entr'admirer (s') v. pr. S'admirer mutuellement.

Entr'aider (s') v. pr. S'aider mutuellement.

Entrailles s. f. pl. Intestins, boyaux, viscères; lieux les plus profonds : *les entrailles de la terre.* Fig. affection, tendresse.

Entr'aimer (s') v. pr. S'aimer l'un l'autre.

Entrain s. m. Mouvement rapide et vif de l'esprit ; gaieté communicative.

Entraînable adj. Qui peut être entraîné.

Entraînant, e adj. Qui entraîne.

Entraînement s. m. Action d'entraîner; état de ce qui est entraîné; force, effet, charme de ce qui entraîne.

Entraîner v. a. Traîner avec soi. Fig. porter à... par force; causer, occasionner.

Entrait s. m. Pièce principale d'un comble.

Entrant, e adj. Qui entre.

Entr'appeler (s') v. pr. S'appeler l'un l'autre.

Entraver v. a. Mettre des entraves, des obstacles. Fig. arrêter le mouvement; embarrasser la marche des affaires, etc.

Entr'avertir (s') v. pr. S'avertir mutuellement.

Entraves s. f. pl. Liens aux pieds des chevaux pour les empêcher de s'enfuir*. Fig. obstacles.

Entre prép. Parmi, au milieu de; dans, en.

Entre-bâiller v. a. Entr'ouvrir légèrement.

Entre-battre (s') v. pr. Se battre l'un l'autre.

Entrechat s. m. Pas de danse.

Entre-choquer (s') v. pr. Se choquer l'un l'autre. Fig. se contredire avec aigreur.

Entre-colonne ou ENTRE-COLONNEMENT s. m. Espace entre deux colonnes.

Entre-communiquer (s') v. pr. Se communiquer l'un à l'autre.

Entre-connaître (s') v. pr. Se connaître mutuellement.

Entrecôte s. f. Morceau de viande coupé entre deux côtes.

Entrecouper v. a. Couper, diviser en plusieurs endroits.

Entre-croiser (s') v. pr. Se croiser l'un l'autre.

Entre-déchirer (s') v. pr. Se déchirer mutuellement.

Entre-détruire (s') v. pr. Se détruire l'un l'autre.

Entre-deux s. m. Ce qui est entre deux choses.

Entre-dévorer (s') v. pr. Se dévorer l'un l'autre. Fig. se ruiner, se faire mutuellement du mal.

Entre-donner (s') v. pr. Se donner mutuellement quelque chose.

Entrée s. f. Lieu par où l'on entre; action d'entrer; droit d'entrer au spectacle, etc.; droit à

Ensiforme adj. En forme de glaive.

Ensorceler v. a. Jeter un sort. Fig. inspirer une violente passion.

Ensorceleur, euse s. Qui ensorcelle.

Ensorcellement s. m. Action d'ensorceler; son effet; charme; enchantement.

Ensoufrer v. a. Enduire de soufre; exposer à sa vapeur.

Ensoufroir s. m. Lieu où l'on ensoufre les soies, les laines, etc.

Ensuite adv. Après, à la suite de.

Ensuivre (s') v. pr. Suivre, être après; dériver, procéder.

Entablement s. m. Saillie du mur sous le toit; partie supérieure d'une colonne*.

Entacher v. a. Souiller, gâter.

Entaille s.f. (*ll* m.). Incision, coche faite dans du bois; coupure dans les chairs.

Entailler v. a. (*ll* m.). Faire une entaille.

Entaillure s. f. (*ll* m.). Entaille.

Entame s. f. Premier morceau coupé d'un pain.

Entamer v. a. Faire une petite déchirure, une petite incision. Fig. commencer.

Entamure s. f. Petite déchirure; petite incision; entame.

En tant que loc. conj. En qualité de.

Entassement s. m. Amas de choses entassées.

Entasser v. a. Mettre en tas. Fig. accumuler; amasser.

Entasseur s. m. Celui qui entasse.

Ente s. f. Greffe; scion d'arbre greffé sur un autre arbre.

Entendement s. m. Faculté de l'âme de concevoir, d'entendre, de comprendre; sens; jugement.

Entendeur s. m. Qui entend et conçoit bien.

Entendre v. a. Ouïr, écouter; être frappé de sons; comprendre; avoir l'intelligence de; être habile à ou en quelque chose; avoir intention de. V. n. Prétendre; vouloir. S'ENTENDRE v. pr. Se concerter; être d'accord; se comprendre.

Entendu, ue adj. Ouï, con intelligent; habile; fait avec or avec art, avec goût.

Entente s. f. Interprétation, intelligence, bon accord.

Enter v. a. Greffer.

Entérinement s. m. Ac d'entériner.

Entériner v. a. Approuver diciairement.

Entérite s. f. *Méd.* Inflamma des intestins.

Enterrement s. m. Funérail inhumation.

Enterrer v. a. Inhumer, me en terre un mort; enfouir en te Fig. tenir caché. *Enterrer quelqu* lui survivre.

Entête ou **En-tête** s. f. É ou imprimé au haut d'une let (Pl. *entêtes* ou *en-têtes.*)

Entêté, ée adj. et s. Qui a l'entêtement; opiniâtre.

Entêtement s. m. Attachem opiniâtre à son opinion, à son g

Entêter v. a. Faire mal à la t Fig. préoccuper; prévenir en veur de. S'ENTÊTER v. pr. S'opi trer.

Enthousiasme s. m. Vive é tion; mouvement extraordinair l'âme; admiration outrée.

Enthousiasmer v. a. Charm ravir en admiration. S'ENTHOUS MER v. pr. Devenir enthousiast

Enthousiaste adj. et s. Qu ou qui exprime de l'enthousias admirateur outré.

Enthymème s. m. Syllogi réduit à deux propositions.

Entiché, ée adj. Opiniâtrém attaché à.

Enticher v. a. Commence gâter. Fig. faire adopter une nion, etc. S'ENTICHER v. pr. S gouer.

Entier, ière adj. Complet, a toutes ses parties; considéré toute son étendue. Fig. opini obstiné. S. m. Chose entière; u EN ENTIER loc. adv. Entièreme

Entièrement adv. En en tout à fait; totalement.

Entité s. f. Ce qui cons l'être, l'essence d'une chose.

Entoilage s. m. Action d'e ler; son résultat; toile pour ento

Entoiler v. a. Fixer, coller toile.

Entoir s. m. Couteau pour enter.

Entomologie s. f. Traité des insectes.

Entomologique adj. Qui a rapport à l'entomologie.

Entomologiste s. m. Qui s'occupe d'entomologie.

Entonner v. a. Verser dans un tonneau ; prendre l'intonation ; chanter le commencement d'un air. S'ENTONNER v. pr. S'engouffrer.

Entonnoir s. m. Instrument pour entonner les liquides*.

Entorse s. f. Extension violente des ligaments, des parties molles qui entourent une articulation.

Entortillement et ENTORTILLAGE s. m. (*ll* m.). Action d'entortiller, son effet. Fig. embarras du style.

Entortiller v. a. (*ll* m.). Envelopper en tortillant. Fig. embarrasser.

Entour s. m. Circuit; au pl. environs.

Entourage s. m. Tout ce qui entoure pour orner. Fig. société habituelle de quelqu'un.

Entourer v. a. Ceindre; environner; former la compagnie de.

Entournure s. f. Échancrure d'une manche.

Entozoaires s. m. pl. *Zool.* Vers intestinaux.

Entr'accorder (s') v. pr. S'accorder l'un avec l'autre

Entr'accuser (s') v. pr. S'accuser réciproquement.

Entr'acte s. m. Intervalle entre deux actes.

Entr'admirer (s') v. pr. S'admirer mutuellement.

Entr'aider (s') v. pr. S'aider mutuellement.

Entrailles s. f. pl. Intestins, boyaux, viscères; lieux les plus profonds : *les entrailles de la terre.* Fig. affection, tendresse.

Entr'aimer (s') v. pr. S'aimer l'un l'autre.

Entrain s. m. Mouvement rapide et vif de l'esprit ; gaieté communicative.

Entraînable adj. Qui peut être entraîné.

Entraînant, e adj. Qui entraîne.

Entraînement s. m. Action d'entraîner ; état de ce qui est entraîné; force, effet, charme de ce qui entraîne.

Entraîner v. a. Traîner avec soi. Fig. porter à... par force ; causer, occasionner.

Entrait s. m. Pièce principale d'un comble.

Entrant, e adj. Qui entre.

Entr'appeler (s') v. pr. S'appeler l'un l'autre.

Entraver v. a. Mettre des entraves, des obstacles. Fig. arrêter le mouvement; embarrasser la marche des affaires, etc.

Entr'avertir (s') v. pr. S'avertir mutuellement.

Entraves s. f. pl. Liens aux pieds des chevaux pour les empêcher de s'enfuir*. Fig. obstacles.

Entre prép. Parmi, au milieu de; dans, en.

Entre-bâiller v. a. Entr'ouvrir légèrement.

Entre-battre (s') v. pr. Se battre l'un l'autre.

Entrechat s. m. Pas de danse.

Entre-choquer (s') v. pr. Se choquer l'un l'autre. Fig. se contredire avec aigreur.

Entre-colonne ou ENTRE-COLONNEMENT s. m. Espace entre deux colonnes.

Entre-communiquer (s') v. pr. Se communiquer l'un à l'autre.

Entre-connaître (s') v. pr. Se connaître mutuellement.

Entrecôte s. f. Morceau de viande coupé entre deux côtes.

Entrecouper v. a. Couper, diviser en plusieurs endroits.

Entre-croiser (s') v. pr. Se croiser l'un l'autre.

Entre-déchirer (s') v. pr. Se déchirer mutuellement.

Entre-détruire (s') v. pr. Se détruire l'un l'autre.

Entre-deux s. m. Ce qui est entre deux choses.

Entre-dévorer (s') v. pr. Se dévorer l'un l'autre. Fig. se ruiner, se faire mutuellement du mal.

Entre-donner (s') v. pr. Se donner mutuellement quelque chose.

Entrée s. f. Lieu par où l'on entre; action d'entrer; droit d'entrer au spectacle, etc.; droit à payer pour ce qui entre. Fig. début, commencement.

Entrefaite s. f. *Dans cette entrefaite, sur ces entrefaites*, pendant ce temps-là.

Entrefilet s. m. Court article de journal entre deux filets.

Entre-frapper (s') v. pr. Se frapper l'un l'autre.

Entregent s. m. Manière adroite de se conduire dans le monde.

Entr'égorger (s') v. pr. S'égorger l'un l'autre.

Entrelacement s. m. Etat des choses entrelacées.

Entrelacer v. a. Mettre, enlacer l'un dans l'autre; entremêler.

Entrelacs s. m. pl. Choses entrelacées pour orner.

Entrelardé, ée adj. Où il y a du gras et du maigre.

Entrelarder v. a. Piquer de lard une viande. Fig. insérer, mêler.

Entre-ligne s. m. Espace qui sépare deux lignes. (Pl. des *entre-lignes.*)

Entre-louer (s') v. pr. Se louer mutuellement.

Entre-manger (s') v. pr. Se manger l'un l'autre.

Entremêlement s. m. Action d'entremêler; son effet.

Entremêler v. a. Mêler plusieurs choses ensemble. S'ENTREMÊLER v. pr. S'entremettre.

Entremets s. m. Ce qu'on sert après le rôti, avant le dessert.

Entremetteur, euse s. Qui s'entremet.

Entremettre (s') v. pr. S'employer, intervenir pour les intérêts d'autrui.

Entremise s. f. Action d'une personne qui interpose son office, son crédit pour aider; aide; moyen; secours.

Entre-nœud ou **Entre-nœuds** s. m. Espace entre les nœuds d'une tige.

Entre-nuire (s') v. pr. Se nuire l'un à l'autre.

Entre-percer (s') v. pr. Se percer l'un l'autre.

Entre-persécuter (s') v. pr. Se persécuter mutuellement.

Entre-pilastre ou **Entre-pilastres** s. m. Espace entre deux pilastres.

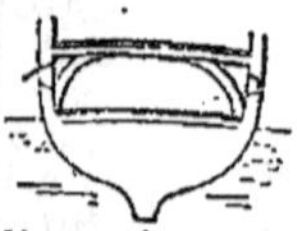

Entre-pont ou **Entrepont** s. m. Espace entre les deux ponts d'un navire*.

Entreposer v. a. Mettre des marchandises dans un entrepôt.

Entreposeur s. m. Préposé à la garde d'un entrepôt.

Entrepositaire s. Celui, celle qui a déposé des marchandises dans un entrepôt.

Entrepôt s. m. Lieu, magasin de dépôt.

Entre-pousser (s') v. pr. Se pousser l'un l'autre.

Entreprenant, e adj. Qui entreprend; hardi; téméraire.

Entreprendre v. a. Prendre la résolution de faire quelque chose et commencer à l'exécuter. Fig. attaquer, railler; tourmenter; embarrasser. *Entreprendre sur*, empiéter.

Entrepreneur, euse s. Qui entreprend à forfait un ouvrage considérable.

Entrepris, e adj. Embarrassé, perclus.

Entreprise s. f. Dessein formé; chose entreprise; attentat.

Entre-quereller (s') v. pr. Se quereller l'un l'autre.

Entrer v. n. Pénétrer dans; être admis dans. Fig. prendre part à; contribuer; commencer. V. a. Faire entrer : *entrer des marchandises.*

Entre-regarder (s') v. pr. Se regarder mutuellement.

Entre-répondre (s') v. pr. Se répondre l'un à l'autre.

Entre-saluer (s') v. pr. Se saluer mutuellement.

Entre-secourir (s') v. pr. Se secourir mutuellement.

Entresol s. m. Etage entre le rez-de-chaussée et le premier étage.

Entre-suivre (s') v. pr. Aller l'un après l'autre.

Entre-temps s. m. Intervalle de temps entre deux actions.

Entretènement s. m. Entretien, subsistance; ce qu'on donne à quelqu'un pour la nourriture et l'habillement; entretien d'une chose.

Entretenir v. a. Tenir en bon

état; réparer; fournir à la subsistance; parler à. S'ENTRETENIR v. pr. Converser avec quelqu'un; parler de; se conserver.

Entretien s. m. Action d'entretenir; ce qu'on donne pour entretenir; subsistance et vêtements; conversation, discours.

Entretoile s. f. Sorte de parure en dentelle entre deux bandes de toile.

Entre-tuer (s') v. pr. Se tuer réciproquement.

Entre-visiter (s') v. pr. Se visiter l'un l'autre.

Entrevoie s. f. Espace entre les deux voies d'un chemin de fer.

Entrevoir v. a. Voir imparfaitement ou en passant (se dit au propre et au figuré). S'ENTREVOIR v. pr. Avoir une entrevue, se rendre visite.

Entrevue s. f. Visite, rencontre concertée pour se voir, parler d'affaires.

Entr'immoler (s') v. pr. S'immoler mutuellement.

Entr'ouvert adj. *Cheval entr'ouvert*, qui s'est par un effort écarté les jambes de derrière.

Entr'ouverture s. f. Blessure du cheval par un grand écart.

Entr'ouvrir v. a. Ouvrir un peu.

Enture s. f. Endroit où l'on place une greffe; pièces de charpente servant d'échelons.

Énumérateur s. m. Qui fait l'énumération.

Énumératif, ive adj. Qui énumère.

Énumération s. f. Dénombrement.

Énumérer v. a. Faire l'énumération; dénombrer.

Envahir v. a. Usurper; prendre par force, par fraude; se précipiter dans.

Envahissant, e adj. Qui envahit.

Envahissement s. m. Action d'envahir.

Envahisseur s. m. Celui qui envahit.

Enveloppe s. f. Ce qui sert à envelopper*. Fig. dehors, apparence.

Envelopper v. a. Mettre autour; entourer. Fig. comprendre dans; cacher, déguiser.

Envenimer v. a. Infecter de venin. Fig. donner un caractère odieux; aigrir.

Enverger v. a. Garnir de petites branches d'osier.

Enverguer v. a. *Mar.* Attacher les voiles aux vergues.

Envergure s. f. Longueur des vergues d'un navire (*mar.*); étendue des ailes déployées d'un oiseau.

Envers s. m. Côté d'une étoffe qui ne doit pas être exposé à la vue; côté de la couture d'un ouvrage de toile.

Envers prép. À l'égard de.

Envi (à l') loc. adv. et prép. Avec émulation.

Enviable adj. Qui doit être envié.

Envie s. f. Chagrin, tristesse qu'on ressent des avantages d'autrui; désir; besoin; petit filet qui se détache de la peau autour des ongles.

Envieillir v. a. (*ll* m.) Faire paraître vieux.

Envier v. a. Etre attristé des avantages d'autrui; les souhaiter pour soi-même; désirer.

Envieux, euse adj. et s. Qui a de l'envie.

Enviné, ée adj. Qui a pris l'odeur du vin : *vase enviné*.

Environ adv. et prép. A peu près.

Environnant, e adj. Qui environne.

Environner v. a. Mettre autour; être ou se mettre autour.

Environs s. m. pl. Lieux d'alentour.

Envisager v. a. Regarder au visage. Fig. considérer, examiner.

Envoi s. m. Action d'envoyer; chose envoyée.

Envoisiné, ée adj. Qui a des voisins (fam.).

Envoler (s') v. pr. Prendre son vol, s'enfuir en volant; passer rapidement.

Envoûtement s. m. Action d'envoûter; son effet.

Envoûter v. a. Faire un maléfice au moyen d'une image de cire.

Envoyé, ée s. Personne envoyée. S. m. Agent diplomatique.

Envoyer v. a. Faire porter; diriger vers; pousser, jeter.

Éole, dieu des vents (*myth.*).

Éolien, enne adj. De l'Eolie. *Harpe éolienne*, instrument à cordes qui, frappé par le vent, rend des sons harmonieux.

Éolipyle s. m. *Phys.* Boule qui, remplie d'eau et chauffée, produit un jet continu de vapeur.

Éolique adj. Eolien.

Épacte s. f. Age de la lune au moment où l'année finit.

Épagneul s. m. Chien à longs poils*.

Épais, aisse adj. Qui a de l'épaisseur; dense; touffu; grossier; lourd.

Épaisseur s. f. Profondeur d'un corps solide; qualité de ce qui est épais.

Épaissir v. a. Rendre épais. V. n. et S'ÉPAISSIR v. pr. Devenir épais.

Épaississement s. m. Action d'épaissir.

Épaminondas, célèbre général thébain (IVe s. av. J.-C.).

Épamprement s. m. Action d'épamprer la vigne.

Épamprer v. a. Oter les pampres inutiles.

Épanchement s. m. Effusion, écoulement; accumulation d'un liquide où il ne doit pas être (*méd.*). Fig. Effusion de cœur.

Épancher v. a. Verser doucement en inclinant le vase. S'ÉPANCHER v. pr. S'extravaser. Fig. ouvrir son cœur.

Épandre v. a. Jeter çà et là; éparpiller.

Épanouir (s') v. pr. Déployer ses feuilles au sortir du bouton. Fig. se dérider. V. a. *Epanouir la rate*, réjouir.

Épanouissement s. m. Action de s'épanouir.

Épargne s. f. Economie dans la dépense; chose économisée. *Caisse d'épargne*, établissement public pour recevoir des épargnes.

Épargner v. a. User d'épargne, ménager; dispenser de; traiter avec indulgence.

Éparpillement s. m. (*ll m.*) Action d'éparpiller; son résultat.

Éparpiller v. a. (*ll m.*) Disperser çà et là.

Épars, e adj. Epandu çà et là. *Cheveux épars*, flottants et en désordre.

Épaté, ée adj. Se dit d'un nez gros, large et court.

Épater v. a. Rompre le pied d'un [verre.

Épaulard s. m. Grand mammifère marin.

Épaule s. f. Partie du corps qui se joint au bras chez l'homme, et à la jambe de devant chez les quadrupèdes.

Épaulée s. f. Effort fait de l'épaule pour pousser.

Épaulement s. m. Rempart de fascines et de terre.

Épauler v. a. Rompre, démettre l'épaule; mettre à couvert par un épaulement. Fig. assister, aider.

Épaulette s. f. Bande attachée sur la partie du vêtement qui couvre l'épaule; galon avec filets pendants porté par les militaires sur chaque épaule*.

Épave s. f. Chose égarée et sans maître connu. Au pl. *Epaves maritimes*, objets naufragés que la mer rejette sur ses bords.

Épeautre s. m. Sorte de blé petit et brun.

Épée s. f. Arme offensive et défensive que l'on porte au côté*. Fig. l'état militaire.

Épeler v. a. Nommer les lettres d'un mot et en former des syllabes.

Épellation s. f. Action, art d'épeler.

Épenthèse s. f. *Gram.* Insertion d'une lettre ou d'une syllabe au milieu d'un mot.

Épenthétique adj. Ajouté par épenthèse.

Éperdu, ue adj. Tout agité; troublé par une passion très vive.

Éperdument adv. Violemment.

Éperlan s. m. Petit poisson de mer.

Éperon s. m. Fer adapté au talon pour piquer le cheval; pointe de la proue; fortification en angle saillant; ouvrage en pointe servant à rompre le cours de l'eau; appui d'une muraille.

Éperonné, ée adj. Qui a des éperons.

Éperonner v. a. Piquer de l'éperon.

Éperonnier s. m. Qui fait ou vend des éperons, des mors, etc.

Épervier s. m. Oiseau de proie*; sorte de filet de pêche.

Éphèbe s. m. Enfant parvenu à l'âge de la puberté.

Éphémère adj. Qui ne dure qu'un jour; qui dure peu. S. Sorte d'insecte.

Éphémérides s. f. pl. Tables astronomiques; événements arrivés le même jour de l'année à différentes époques.

Éphod s. m. Ceinture des prêtres hébreux.

Éphores s. m. pl. Magistrats lacédémoniens.

Épi s. m. Partie du blé et d'autres graminées qui contient les grains; graines; ce qui a la forme d'un épi.

Épice s. f. Drogue aromatique pour assaisonner. Au pl. fig. (autrefois) honoraires des juges.

Épicer v. a. Assaisonner d'épices.

Épicerie s. f. Toutes sortes d'épices; commerce des épices.

Épicier, ière s. Qui vend des épices.

Épicrâne s. m. Ce qui entoure le crâne.

Épictète, célèbre philosophe stoïcien, né en Phrygie (1er s.).

Épicure, célèbre philosophe grec (341-270 av. J.-C.).

Épicurien, ienne adj. et s. Sectateur d'Épicure; voluptueux.

Épicurisme s. m. Doctrine d'Épicure; vie voluptueuse.

Épidémie s. f. *Méd.* Maladie attaquant dans le même temps et dans le même lieu un grand nombre de personnes.

Épidémique adj. Qui tient de l'épidémie.

Épiderme s. m. Première peau; enveloppe extérieure des plantes.

Épier v. n. Monter en épi. V. a. Observer secrètement.

Épierrer v. a. Ôter les pierres.

Épieu s. m. Arme à fer plat et pointu.

Épigastre s. m. Partie moyenne et supérieure de l'abdomen.

Épigastrique adj. De l'épigastre.

Épiglotte s. f. *Anat.* Cartilage qui recouvre la glotte.

Épigrammatique adj. Qui tient de l'épigramme.

Épigrammatiste s. m. Celui qui fait des épigrammes.

Épigramme s. f. Petite pièce de vers terminée par un trait piquant; trait, mot piquant.

Épigraphe s. f. Courte citation en tête d'un livre, d'un chapitre.

Épigraphie s. f. Art de déchiffrer les inscriptions.

Épigraphique adj. Qui a rapport à l'épigraphie.

Épilation s. f. Action d'épiler.

Épilatoire adj. Qui sert à épiler.

Épilepsie s. f. Mal caduc, haut mal.

Épileptique adj. Qui appartient à l'épilepsie; qui y est sujet.

Épiler v. a. Arracher ou faire tomber le poil.

Épillet s. m. (*ll* m.) Partie de l'épi.

Épilogue s. m. Conclusion d'un ouvrage d'esprit.

Épiloguer v. a. et n. Censurer, trouver à redire.

Épilogueur s. m. Qui aime à épiloguer.

Épinards s. m. pl. Plante potagère.

Épine s. f. Arbrisseau armé de piquants; piquants des plantes épineuses. *Épine dorsale*, colonne vertébrale. Au pl. fig. difficultés; grandes inquiétudes ou impatiences.

Épinette s. f. Instrument de musique; sorte de cage pour les volailles*.

Épineux, euse adj. Qui a des épines. Fig. *Chose épineuse*, très difficile.

Épine-vinette s. f. Espèce d'arbrisseau épineux*.

Épingle s. f. Petit fil de laiton pointu et à tête; espèce de bijou. Au pl. Gratifications; don fait à la femme, aux filles du vendeur.

Fig. *Tirer son épingle du jeu*, se tirer adroitement d'une affaire.

Épinglette s. f. Aiguille de fer pour percer les gargousses; fil d'archal pour déboucher la lumière d'un fusil.

Épinglier, ière Qui fait ou vend des épingles.

Épinière adj. f. De l'épine du dos : *moelle épinière*.

Épiniers s. m. pl. Bois, fourrés d'épines.

Épinoche s. f. Petit poisson très commun dans les ruisseaux*.

Épiphane (saint), docteur de l'Eglise grecque (310-403).

Epiphanie s. f. Fête de l'Eglise catholique; le jour des Rois.

Épiploon s. m. Grand repli du péritoine.

Épique adj. Propre à l'épopée; qui tient de l'épopée.

Épiscopal, e adj. De l'évêque : *palais épiscopal*.

Épiscopat s. m. Dignité d'évêque; sa durée; corps des évêques.

Épiscopaux s. m. pl. En Angleterre, partisans de l'épiscopat, par opposition à *presbytériens*.

Épisode s. f. Action incidente liée à l'action principale.

Épisodique adj. Qui appartient à l'épisode.

Épisser v. a. Réunir deux cordes en les entrelaçant.

Épissoir s. m. Outil pour épisser.

Épissure s. f. Jonction de deux bouts de corde.

Épistolaire adj. Qui a rapport à l'épître, aux lettres missives.

Épistolographe s. m. Auteur ancien dont on a des lettres.

Épitaphe s. f. Inscription sur un tombeau.

Épithalame s. m. Petit poème sur un mariage.

Épithète s. f. Mot servant à qualifier.

Épitomé s. m. Abrégé d'un livre, d'une histoire.

Épître s. f. Lettre missive; lettre en vers; partie de la messe.

Épizootie s. f. Maladie qui règne sur les bestiaux.

Épizootique adj. Qui tient de l'épizootie.

Éploré, ée adj. Tout en pleurs.

Éployé, ée adj. Qui a les ailes étendues.

Épluchage ou **épluchement** s. m. Action d'éplucher.

Éplucher v. a. Nettoyer des herbes, des graines, des laines, etc. Fig. fam. rechercher minutieusement ce qu'il peut y avoir de mauvais.

Éplucheur, euse s. Qui épluche.

Épluchoir s. m. Couteau pour éplucher.

Épluchure s. f. Ordure qu'on ôte en épluchant.

Épode s. f. Troisième partie de certains chants poétiques.

Épointé, ée adj. (Cheval) qui s'est démis les hanches; (chien) qui s'est cassé les os des cuisses.

Épointer v. a. Oter la pointe.

Éponge s. f. Substance marine poreuse qui absorbe les liquides. Fig. *Passer l'éponge*, effacer; faire oublier.

Eponger v. a. Nettoyer avec une éponge; étancher.

Éponine, femme de Sabinus qui, au début du règne de Vespasien, tenta d'affranchir les Gaules.

Éponyme adj. et s. m. Celui des neuf archontes qui donnait son nom à l'année.

Épopée s. f. Poème épique; genre épique.

Époque s. f. Point déterminé dans l'histoire; partie du temps où s'est passé un fait; date.

Époudrer v. a. Oter la poudre.

Épouffé, ée adj. Qui s'est essoufflé pour un sujet peu important.

Épouffer (s') v. pr. S'enfuir secrètement (pop.).

Épouiller v. a. (*ll* m.) Oter les poux.

Époumoner v. a. Fatiguer les poumons (fam.).

Épousailles s. f. pl. (*ll* m.) Célébration d'un mariage.

Épouse s. f. V. *Époux*.

Épousée s. f. Celle qu'on vient d'épouser ou qu'on va épouser.

Épouser v. a. Prendre en mariage. Fig. s'attacher à; prendre parti pour.

Épouseur s. m. Celui qui a dessein d'épouser.

Époussetage s. m. Action d'épousseter; son effet.

Épousseter v. a. Oter la poussière.

Époussette s. f. Instrument pour épousseter.

Épouvantable adj. Qui épouvante; incroyable, excessif, monstrueux.

Épouvantablement adv. D'une manière épouvantable.

Épouvantail s. m. Mannequin pour effrayer les oiseaux. Fig. ce qui fait peur.

Épouvante s. f. Terreur soudaine.

Épouvanter v. a. Causer de l'épouvante.

Époux, se s. Celui, celle que le mariage unit à une personne de l'autre sexe. Au pl. Le mari et la femme.

Épreindre v. a. Presser pour obtenir le suc, le jus.

Épreintes s. f. pl. Envie douloureuse d'aller à la selle.

Éprémesnil (D'), conseiller au parlement de Paris, député de la noblesse aux Etats généraux (1746-1794).

Éprendre (s') v. pr. Se passionner pour.

Épreuve s. f. Expérience, essai; malheurs; feuille imprimée pour indiquer les corrections; toute estampe qu'on tire sur une planche gravée.

Épris, e adj. Passionné pour.

Éprouver v. a. Essayer; faire l'épreuve; ressentir.

Éprouvette s. f. Instrument pour éprouver*, pour sonder.

Épucer v. a. Oter les puces.

Épuisable adj. Qui peut être épuisé.

Épuisement s. m. Action d'épuiser; son résultat; dissipation; perte de forces, d'argent.

Épuiser v. a. Tarir, mettre à sec; consommer, absorber. S'ÉPUISER v. pr. Se fatiguer, s'affaiblir.

Épuration s. f. Action d'épurer.

Épure s. f. Dessin d'architecture.

Épurer v. a. Purifier; rendre pur, correct.

Équarrir v. a. (on pron. *ékarir*). Tailler à angles droits; rendre carré; tuer et dépecer un cheval.

Équarrissage s. m. (on pron. *éka*). Etat de ce qui est équarri; action d'écorcher les chevaux, etc.

Équarrissement s. m. (on pr. *éka*). Action d'équarrir; état d'une chose équarrie.

Équarrisseur s. m. (on pron. *éka*). Qui fait métier de tuer et d'écorcher les chevaux, etc.

Équarrissoir s. m. (on pron. *éka*). Instrument pour équarrir.

Équateur s. m. (on pron. *ékoua*). Grand cercle de la sphère, également distant des deux pôles.

Équation s. f. (on pron. *ékoua*). *Algèb.* Expression de la condition d'égalité entre deux quantités. *Astron.* Différence entre les mouvements moyens et les mouvements vrais.

Équatorial, e adj. (on pron. *ékoua*). De l'équateur.

Équerre s. f. Instrument pour tracer des angles droits*.

Équestre adj. Se dit de l'ordre des chevaliers romains. *Statue, figure équestre*, statue représentant une personne à cheval.

Équiangle adj. (on pron. *ékui*). A angles égaux.

Équidistance s. f. (on pron. *ékui*). Qualité de ce qui est équidistant.

Équidistant, e adj. (on pron. *ékui*). Egalement distant de.

Équilatéral, e et **équilatère** adj. (on pron. *ékui*). *Géom.* A côtés égaux.

Équilibre s. m. Etat de repos des corps sous l'influence de forces qui se contre-balancent. Fig. égalité d'âme; repos d'esprit.

Équilibrer v. a. Mettre en équilibre.

Équinoxe s. f. Epoque de l'année où les jours sont égaux aux nuits.

Équinoxial, e adj. De l'équinoxe.

Équipage s. m. Train, suite, carrosses, chevaux, valets, etc.; voiture de maître; réunion de ceux qui font le service et la manœuvre d'un navire.

Équipe s. m. Convoi de bateaux; certain nombre d'ouvriers attachés à un travail spécial.

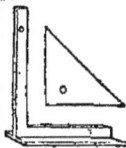

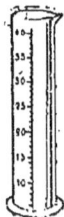

Équipée s. f. Action irréfléchie, téméraire.

Équipement s. m. Action d'équiper; ce qui sert à équiper.

Équiper v. a. Pourvoir du nécessaire. S'ÉQUIPER v. pr. S'accoutrer (fam.).

Équipollence s. f. Égalité de valeur.

Équipollent, e a. et s. Équivalent.

Équitable adj. Qui a de l'équité; conforme à l'équité.

Équitablement adv. D'une manière équitable.

Équitation s. f. (on pron. *ékui*). Art, action de monter à cheval.

Équité s. f. Justice naturelle; droiture.

Équivalence s. f. Égalité de valeur.

Équivalent, e adj. De même valeur.

Équivaloir v. n. Être de même valeur.

Équivoque adj. Qui peut s'interpréter en divers sens; suspect. S. f. Proposition, mot à double sens.

Équivoquer v. n. User d'équivoque.

Érable s. m. Sorte d'arbre*.

Éradication s. f. Action de déraciner.

Érafler v. a. Écorcher à peine en effleurant.

Éraflure s. f. Écorchure légère.

Éraillé, ée adj. (*ll* m.) *Œil éraillé*, qui a des filets rouges ou dont les paupières sont renversées en dehors.

Éraillement s. m. (*ll* m.) Renversement des paupières en dehors.

Érailler v. a. (*ll* m.) Relâcher, effiler un tissu, une étoffe.

Éraillure s. f. (*ll* m.) Place éraillée d'une étoffe.

Érasme, célèbre écrivain et érudit hollandais (1467-1536).

Érater v. a. Ôter la rate. S'ÉRATER v. pr. S'essouffler.

Ère s. f. Point fixe d'où l'on commence à compter les années; suite d'années depuis un point fixe; époque remarquable.

Érectile adj. *Anat.* Susceptible d'érection.

Érection s. f. Action d'ériger, d'élever, d'établir.

Éreinter v. a. Fouler ou rompre les reins; fatiguer, maltraiter (fam.).

Érémitique adj. D'ermite.

Érésipélateux, euse adj. Qui tient de l'érésipèle.

Érésipèle ou **érysipèle** s. m. Sorte d'affection aiguë inflammatoire.

Éréthisme s. m. Tension violente des fibres.

Ergo s. m. Donc, conclusion d'un raisonnement.

Ergot s. m. Ongle pointu de certains animaux; maladie du seigle.

Ergoté, ée adj. Qui a des ergots; malade de l'ergot.

Ergoter v. n. Chicaner; disputer sur tout.

Ergoteur, euse s. Qui ne fait qu'ergoter.

Ériger v. a. Dresser; élever; instituer. S'ÉRIGER v. pr. S'attribuer un droit, une qualité qu'on n'a pas.

Érinnys, nom de l'une des Furies (*myth.*).

Ermitage ou **Hermitage** s. m. Habitation, couvent d'ermites. Fig maison écartée et champêtre.

Ermite ou **hermite** s. m. Solitaire qui vit pieusement dans un lieu désert.

Érosion s. f. Action d'une substance qui ronge.

Érotique adj. Qui a rapport à l'amour.

Errant, e adj. Qui erre; vagabond.

Errata s. m. Liste des fautes d'impression d'un livre.

Erratique adj. *Méd.* Irrégulier, déréglé.

Erratum s. m. (on pron. *erratome*). Indication d'une faute d'impression.

Erre s. f. Train, allure (vx.). Au pl. Traces ou voies du cerf.

Errements s. m. pl. Erres, voies (en parlant d'affaires).

Errer v. n. Aller çà et là, au hasard. Fig. se tromper.

Erreur s. f. Action d'errer; fausse opinion; méprise; faute.

Erroné, ée adj. Contraire à la vérité, aux règles établies.

Érubescent, e adj. Qui commence à devenir rouge.

Éructation s. f. Émission de gaz par la bouche.

Érudit, e adj. et s. Qui a beaucoup d'érudition.

Érudition s. f. Savoir acquis par beaucoup de soin et de lecture; recherches savantes, curieuses.

Érugineux, euse adj. Qui tient de la rouille de cuivre.

Éruptif, ive adj. *Méd.* Accompagné d'éruption.

Éruption s. f. Sortie prompte et avec effort; sortie de pustules.

Érysipélateux. V. *Erésipélateux.*

Érysipèle. V. *Erésipèle.*

Ès (on pron. *èce*). Contraction pour *dans les.*

Escabeau s. m. et **escabelle** s. f. Siège de bois sans dossier.

Escadre s. f. Réunion de vaisseaux de guerre sous un même chef.

Escadrille s. f. (*ll* m.) Petite escadre.

Escadron s. m. Division d'un régiment de cavalerie.

Escadronner v. n. Faire des évolutions de cavalerie.

Escalade s. f. Action d'escalader.

Escalader v. a. Attaquer, emporter, enlever à l'aide d'échelles; monter dans une maison, franchir un mur avec une échelle.

Escale s. f. *Mar. Faire escale dans un port*, y mouiller, y relâcher.

Escalier s. m. Suite de degrés pour monter et descendre*.

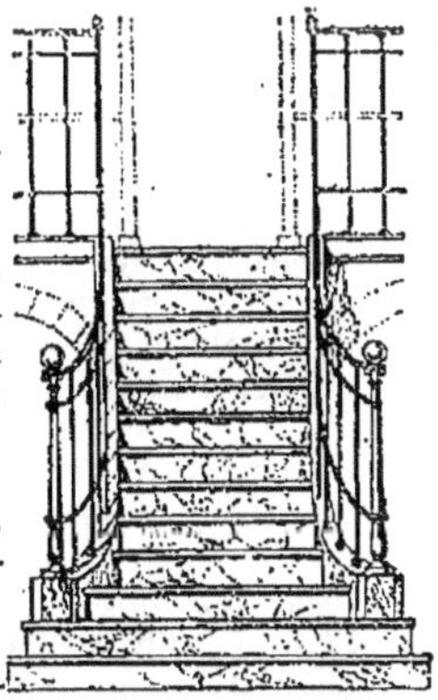

Escalope s. f. Tranche de viande apprêtée d'une certaine manière.

Escamotage s. m. Action d'escamoter.

Escamoter v. a. Faire disparaître par un tour de main; dérober subitement.

Escamoteur, euse s. Qui escamote.

Escamper v. n. S'enfuir en toute hâte (pop.).

Escampette s. f. *Prendre la poudre d'escampette*, s'enfuir (pop.).

Escapade s. f. Échappée; action d'abandonner son devoir pour aller se divertir.

Escape s. f. Fût d'une colonne.

Escarbilles s. f. pl. (*ll* m.) Résidu de la houille éteinte.

Escarbot s. m. Insecte du genre des scarabées.

Escarboucle s. f. Pierre précieuse d'un rouge foncé.

Escarcelle s. f. Grande bourse à l'antique.

Escargot s. m. Espèce de limaçon à coquille*.

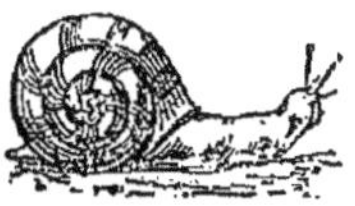

Escarmouche s. f. Combat entre de petits détachements, entre des tirailleurs.

Escarmoucher v. a. Combattre par escarmouche.

Escarmoucheur s. m. Qui va à l'escarmouche.

Escarole s. f. Espèce de chicorée.

Escarpe s. f. *Fortif.* Muraille au-dessus du fossé intérieur.

Escarpé, ée adj. A pente roide; difficile à gravir.

Escarpement s. m. *Fortif.* Pente roide,

Escarper v. a. Couper droit de haut en bas.

Escarpin s. m. Soulier à simple semelle.

Escarpolette s. f. Siège suspendu par des cordes pour se balancer.

Escarre s. f. Croûte sur la peau.

Eschine, philosophe grec, disciple de Socrate; — célèbre orateur grec (389-314 av. J.-C.).

Eschyle, célèbre poète tragique grec (525-456 av. J.-C.).

Escient s. m. Connaissance de ce qu'on dit ou fait (vx.). *A bon escient*, en connaissance de cause.

Esclandre s. m. Accident qui fait du bruit, du scandale.

Esclavage s. m. État de l'esclave; servitude; dépendance; contrainte.

Esclavagiste s. m. Partisan de l'esclavage des nègres.

Esclave s. et adj. Qui est en servitude, sous la dépendance absolue de.

Escobar, fameux casuiste espagnol (1589-1669).

Escobarder v. n. Chercher à tromper par des réticences, par des subterfuges.

Escobarderie s. f. Subterfuge, faux-fuyant.

Escogriffe s. m. Qui prend hardiment sans demander; homme grand et mal bâti.

Escompte s. m. Remise faite à celui qui paye avant l'échéance.

Escompter v. a. Payer avant l'échéance, moyennant escompte.

Escompteur s. m. Celui qui prend à l'escompte des effets de commerce.

Escopette s. f. Sorte de carabine qu'on portait ordinairement en bandoulière.

Escopetterie s. f. Décharge d'escopettes.

Escorte s. f. Troupe ou vaisseaux qui escortent.

Escorter v. a. Accompagner pour protéger, pour défendre, pour surveiller.

Escouade s. f. Petit détachement de soldats, sous les ordres d'un caporal ou d'un brigadier.

Escourgée s. f. Fouet de plusieurs courroies de cuir.

Escourgeon s. m. Orge hâtive.

Escousse s. f. Elan pour mieux sauter.

Escrime s. f. Art de faire des armes.

Escrimer v. n. Faire des armes. S'ESCRIMER v. pr. S'exercer, s'appliquer à.

Escrimeur s. m. Qui connaît l'escrime.

Escroc s. m. Fripon; fourbe; filou.

Escroquer v. a. Friponner, tirer quelque chose de quelqu'un par fourberie.

Escroquerie s. f. Action, art d'escroquer.

Escroqueur, euse s. Qui escroque.

Esculape, dieu de la médecine, fils d'Apollon.

Esope, fabuliste grec, m. 500 av. J.-C.

Espace s. m. Etendue indéfinie; étendue de temps, de lieu. S. f. Petite pièce de métal pour séparer les mots (*impr.*).

Espacement s. m. Distance entre deux objets; intervalle.

Espacer v. a. Ranger en laissant les espaces nécessaires.

Espadon s. m. Grande et large épée; poisson.

Espadonner v. n. Se servir de l'espadon.

Espagnol, e adj. D'Espagne. S. m. La langue espagnole.

Espagnolette s. f. Ferrure de fenêtre*.

Espagnoliser v. a. Affecter les mœurs, les locutions espagnoles.

Espalier s. m. Rangée d'arbres fruitiers appliqués contre un mur*.

Esparcette s. f. Sainfoin.

Espèce s. f. Division du genre; réunion d'individus sous un caractère commun; sorte; qualité; cas particulier. Au pl. Pièces de monnaie.

Espérance s. f. Attente d'un bien qu'on désire; cause ou objet de l'espérance; l'une des trois vertus théologales.

Espérer v. a. et n. Attendre un bien qu'on désire; mettre son espérance en.

Espiègle s. et adj. Fin, subtil, éveillé.

Espièglerie s. f. Malice d'espiègle.

Espingole s. f. Gros fusil court, à canon évasé.

Espion, onne s. Qui espionne.

Espionnage s. m. Action d'espionner; métier d'espion.

Espionner v. a. Epier les actions, les discours d'autrui, pour en rendre compte.

Esplanade s. f. Espace uni et découvert devant un édifice.

Espoir s. m. Espérance.

Esprit s. m. Substance incorporelle; être spirituel; ensemble des facultés intellectuelles; facilité de conception; imagination vive; raison ingénieuse et fine; caractère; aptitude; sens d'un auteur, d'un texte. Fluide subtil (*chim.*).

Esquif s. m. Petite barque, petit canot.

Esquille s. f. (*ll m.*) Petit fragment qui se détache d'un os malade.

Esquimaux, populations des régions polaires.

Esquinancie s. f. Inflammation de la gorge.

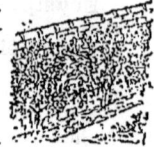

Esquisse s. f. Premier trait; premier modèle; ébauche.

Esquisser v. a. Faire une esquisse.

Esquiver v. a. et n. Eviter adroitement. S'ESQUIVER v. pr. Se retirer sans être vu.

Essai s. m. Epreuve; expérience; échantillon.

Essaim s. m. Volée de jeunes abeilles*. Fig. multitude; foule.

Essaimer v. n. Se dit des ruches d'où il sort un essaim.

Essanger v. a. Laver du linge avant de le mettre à la lessive.

Essartement s. m. Action d'essarter.

Essarter v. a. Défricher.

Essayer v. a. Eprouver; faire essai; examiner le titre de l'or, de l'argent. V. n. Tâcher de.

Essayeur s. m. Préposé à l'essai des matières d'or et d'argent.

Esse s. f. Cheville de fer en forme d'S*.

Essence s. f. Ce qui constitue la nature d'une chose; espèce des arbres; liquide sans viscosité, très volatil; huile aromatique.

Esséniens s. m. pl. Secte juive au temps des Machabées.

Essentiel, elle adj. De l'essence d'une chose; nécessaire; très important. S. m. Le point principal.

Essentiellement adv. Par essence; à un très haut degré.

Esseulé, ée adj. Qui est seul; délaissé.

Essieu s. m. Pièce qui passe dans le moyen des roues*.

Essor s. m. Action de l'oiseau qui prend son vol. Fig. Début énergique et hardi; liberté, affranchissement.

Essorer v. a. Exposer à l'air pour faire sécher.

Essoriller v. a. (*ll* m.). Couper les oreilles; couper les cheveux trop courts (fam.).

Essoucher v. a. Arracher les vieilles souches.

Essoufflé, ée adj. Qui est hors d'haleine.

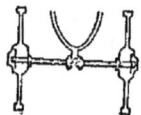

Essoufflement s. m. Etat de celui qui est essoufflé.

Essouffler v. a. Mettre hors d'haleine.

Essui s. m. Lieu où l'on étend pour faire sécher.

Essuie-mains s. m. Linge pour essuyer les mains.

Essuyer v. a. Oter l'eau, la sueur, la poussière, etc.; sécher. Fig. subir; éprouver.

Est s. m. L'orient.

Estacade s. f. Digue faite avec des pieux.

Estafette s. f. Courrier d'une poste à l'autre; porteur de dépêches.

Estafier s. m. Domestique en livrée et armé; laquais de grande taille.

Estafilade s. f. Balafre, déchirure.

Estafilader v. a. Faire une estafilade.

Estame s. f. Laine tricotée.

Estamet s. m. Etoffe de laine.

Estaminet s. m. Café où l'on fume.

Estampe s. f. Image imprimée; outil pour estamper.

Estamper v. a. Faire une empreinte.

Estampille s. f. (*ll* m.). Timbre; marque; cachet.

Estampiller v. a. (*ll* m.) Marquer avec une estampille.

Ester v. n. Poursuivre une action en justice.

Esther, nièce de Mardochée, épouse d'Assuérus.

Esthétique s. f. Science dont le but est de rechercher le beau et d'en déterminer les caractères. Adj. Se dit de ce qui se rapporte au sentiment du beau.

Estienne, nom d'une illustre famille d'imprimeurs et d'érudits français (XVIe s.).

Estimable adj. Qui mérite d'être estimé.

Estimateur s. m. Qui prise et fixe la valeur d'une chose.

Estimatif, ive adj. Qui a pour objet une estimation.

Estimation s. f. Évaluation; prisée.

Estime s. f. Opinion favorable; sentiment qui attache du prix à quelqu'un ou à quelque chose; calcul du chemin d'un navire (*mar.*)

Estimer v. a. Evaluer; faire cas de; croire, présumer.

Estival, e adj. D'été.

Estoc s. m. Ancienne épée longue et étroite; pointe d'une épée, d'un sabre; tronc d'arbre.

Estocade s. f. Botte; coup de pointe.

Estomac s. m. (*c* nul). Organe, viscère où s'opère la digestion des aliments; devant extérieur de la poitrine et de l'estomac.

Estomaquer (s') v. pr. Se choquer, s'offenser.

Estompe s. f. Rouleau de peau ou de papier pour étendre le crayon ou le pastel*.

Estomper v. a. Etendre avec l'estompe.

Estrade s. f. Petite élévation sur le plancher d'une chambre, d'une salle.

Estragon s. m. Herbe aromatique.

Estramaçon s. m. Sorte d'épée à deux tranchants.

Estramaçonner v. n. Donner des coups d'estramaçon.

Estrapade s. f. Potence; sorte de supplice.

Estrapader v a. Faire souffrir l'estrapade.

Estrapasser v. a. Fatiguer un cheval à l'excès.

Estrées (d'), nom d'une famille qui a fourni plusieurs maréchaux et amiraux de France, dont le plus célèbre est *Victor-Marie*, membre du conseil de régence en 1715 (1660-1737).

Estropier v. a. Priver de l'usage d'un membre; blesser. Fig. défigurer, altérer.

Esturgeon s. m. Gros poisson de mer*.

Et conj. Sert à lier les parties du discours.

Et cœtera loc. lat. Et le reste, et les autres.

Établage s. m. Prix d'une place dans une étable.

Étable s. f. Lieu couvert où l'on met les bestiaux.

Établer v. a. Mettre dans une étable.

Établi s. m. Table sur laquelle travaillent les menuisiers, serruriers, etc.*

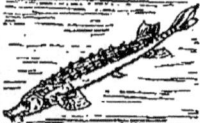

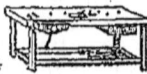

Établir v. a. Asseoir et fixer une chose; installer; mettre dans un état avantageux, dans une condition stable; marier; fonder, démontrer. S'ÉTABLIR v. pr. Fixer sa demeure en un lieu; se faire une position; se marier.

Établissement s. m. Action d'établir, d'instituer; état, siège d'une industrie; fondation d'utilité publique; commencement.

Étage s. m. Espace entre deux planchers d'une maison. Fig. degré d'élévation; rang.

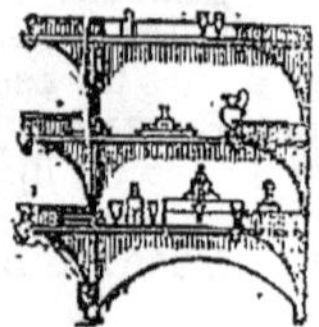

Étagé, ée adj. Disposé par étages.

Étager v. a. Disposer par étages.

Étagère s. f. Meuble à tablettes étagées*.

Étai s. m. Pièce de bois pour étayer*; cordages pour soutenir les mâts (*mar.*).

Étaim s. m. Partie la plus fine de la laine cardée.

Étain s. m. Métal d'un blanc grisâtre.

Étal s. m. Table de boucherie; boutique de boucher.

Étalage s. m. Exposition de marchandises; marchandises étalées. Fig. ce dont on fait parade.

Étalagiste s. m. Marchand qui étale dans les rues, sur les places.

Étaler v. a. Exposer en vente; déployer; montrer en détail; montrer avec ostentation. S'ÉTALER v. pr. S'étendre de son long.

Étalier s. m. Garçon d'étal.

Étalon s. m. Modèle de poids, de mesure; cheval entier.

Étalonnage ou **étalonnement** s. m. Action d'étalonner.

Étalonner v. a. Marquer un poids, une mesure, vérifiés sur l'étalon.

Étalonneur s. m. Préposé à l'étalonnage.

Étamage s. m. Action d'étamer.

Étambot s. m. *Mar.* Forte pièce de bois à l'extrémité de la quille, sur l'arrière du bâtiment.

Étamer v. a. Enduire d'une couche d'étain fondu; mettre le tain à une glace.

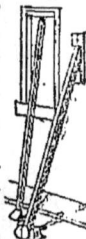

Étameur s. m. Ouvrier qui étame.

Étamine s. f. Organe mâle des fleurs.

Étamine s. f. Étoffe mince non croisée; tissu pour tamiser. Fig. examen détaillé et rigoureux.

Étaminier s. m. Fabricant d'étamine.

Étamper v. a. Faire les trous d'un fer à cheval.

Étamure s. f. Matière à étamer.

Étanchement s. m. Action d'étancher.

Étancher v. a. Arrêter l'écoulement d'un liquide; apaiser la soif.

Étançon s. m. Gros étai de bois*;

Étançonner v. a. Soutenir par des étançons.

Étang s. m. Grand amas d'eau dormante et empoissonnée.

Étape s. f. Distribution de vivres et de fourrage aux troupes en marche; endroit où se fait cette distribution.

État s. m. Manière d'être; position sociale; condition; mémoire; liste; inventaire; gouvernement. Au pl. Assemblée politique; *États généraux*, assemblée des trois ordres, la noblesse, le clergé et le tiers état.

État-major s. m. Corps d'officiers.

Étau s. m. Instrument pour serrer et maintenir les objets qu'on veut travailler*.

Étayement s. m. Action d'étayer.

Étayer v. a. Soutenir avec des étais; appuyer.

Été s. m. Saison entre le printemps et l'automne.

Éteignoir s. m. Ustensile creux pour éteindre la chandelle*.

Éteindre v. a. Faire cesser l'action du feu. Fig. amortir, calmer; abolir. S'ÉTEINDRE v. pr. Cesser de brûler. Fig. mourir, finir.

Étendage s. m. Cordes tendues pour y étendre des objets à sécher.

Étendard s. m. Enseigne de cavalerie; drapeau.

Étendoir s. m. Instrument pour étendre; lieu où l'on étend.

Étendre v. a. Allonger, déployer; développer; augmenter.

Étendue s. f. Dimension; espace; superficie; grandeur.

Éternel, elle adj. Sans commencement ni fin; perpétuel. Fig. répété trop souvent. S. m. Dieu.

Éternellement adv. Sans fin; continuellement.

Éterniser v. a. Rendre éternel; faire durer très longtemps.

Éternité s. f. Durée qui n'a ni commencement ni fin. Fig. temps très long.

Éternuer v. n. Faire un éternuement.

Éternuement s. m. Effort subit et convulsif à la suite duquel l'air est expiré brusquement et par le nez et par la bouche.

Étésiens adj. et s. m. pl. Vents qui soufflent dans les mers du Levant et la Méditerranée.

Étêtement s. m. Action d'étêter.

Étêter v. a. Couper la tête d'un arbre.

Éteuf s. m. (on pron. *éteu*). Petite balle pour jouer à la paume.

Éteule ou esteuble s. f. Chaume.

Éther s. m. Fluide subtil qu'on suppose remplir l'espace; liqueur spiritueuse très volatile.

Éthéré, ée adj. De la nature de l'éther. *Voûte éthérée*, le ciel (poésie).

Éthique s. f. Science de la morale.

Ethmoïdal, e adj. De l'ethmoïde.

Ethmoïde s. m. Os du crâne situé à la racine du nez.

Ethnique adj. Païen, idolâtre. *Mot ethnique*, mot qui désigne l'habitant d'un certain pays, d'une certaine ville; ex.: *Français, Parisien (gram.).*

Ethnographe s. m. Qui s'occupe d'ethnographie.

Ethnographie s. f. Étude et description des divers peuples.

Ethnographique adj. De l'ethnographie.

Éthologie s. f. Traité sur les mœurs.

Éthopée s. f. Peinture des mœurs.

Étiage s. m. Le plus grand abaissement des eaux d'une rivière.

Étienne (saint), premier martyr, m. 33; — (saint), pape et martyr, m. 257; — (saint), roi de Hongrie, m. 1038.

Étincelant, e adj. Qui étincelle.

Étinceler v. n. Jeter des éclats de lumière; briller.

Étincelle s. f. Petit éclat de feu, de lumière. Fig. petit trait brillant; saillie d'esprit.

Étincellement s. m. Éclat de ce qui étincelle.

Étiolement s. m. Langueur des plantes privées d'air et de lumière.

Étioler v. a. Produire l'étiolement. S'ÉTIOLER v. pr. Éprouver l'étiolement.

Étiologie s. f. Traité des causes des maladies.

Étique adj. Qui est dans l'étisie; très maigre.

Étiqueter v. a. Marquer d'une étiquette.

Étiquette s. f. Petit écriteau; cérémonial.

Étirer v. a. Étendre, allonger.

Étisie s. f. Phthisie; maladie qui dessèche le corps.

Étoffe s. f. Tissu de soie, de laine, de coton, etc. Fig. qualité, condition, naissance, mérite. Au pl. Frais prélevés par l'imprimeur sur le prix d'impression (*impr.*).

Étoffer v. a. Mettre tout ce qu'il faut d'étoffe; garnir comme il convient.

Étoile s. f. Astre fixe. *Etoile filante*, météore lumineux qui, la nuit, dans un ciel serein, produit sur les yeux l'effet d'une étoile se détachant de la voûte céleste*. Fig. destinée. Signe, marque au front d'un cheval; fêlure en étoile; centre où se réunissent plusieurs allées, plusieurs routes; astérisque.

Étoilé, ée adj. Semé d'étoiles.

Étoiler (s') v. pr. Se fêler en forme d'étoile.

Étole s. f. Bande d'étoffe que le prêtre officiant porte au cou*.

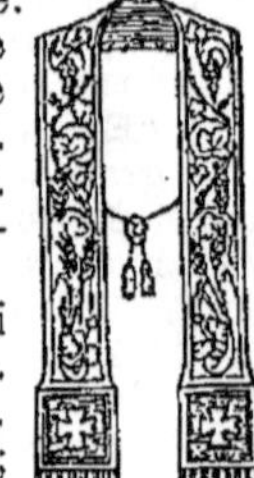

Étonnamment adv. D'une manière étonnante.

Étonnant, e adj. Qui étonne; extraordinaire.

Étonnement s. m. Surprise; admiration; ébranlement.

Étonner v. a. Causer de l'étonnement.

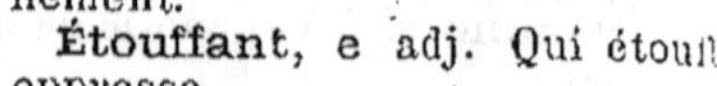

Étouffant, e adj. Qui étouffe, oppresse.

Étouffement s. m. Difficulté de respirer.

Étouffer v. a. Suffoquer. Fig. cacher; surmonter; éteindre; détruire; dissiper. V. n. Avoir la respiration empêchée.

Étouffoir s. m. Boîte pour étouffer, éteindre les charbons; ce qui étouffe les sons (*mus.*).

Étoupe s. f. Partie grossière de la filasse.

Étouper v. a. Boucher avec de l'étoupe.

Étoupille s. f. (*ll* m.). Mèche qui sert d'amorce.

Étoupillon s. m. (*ll* m.) Mèche d'étoupe pour préserver la charge de l'humidité.

Étourderie s. f. Action, caractère d'étourdi.

Étourdi, ie s. et adj. Qui agit sans réflexion. *A l'étourdie*, loc. adv. Inconsidérément.

Étourdiment adv. A la manière d'un étourdi.

Étourdir v. a. Troubler le cerveau par un ébranlement; fatiguer par le bruit, importuner. Fig. étonner, embarrasser; distraire de.

Étourdissant, e adj. Qui étourdit.

Étourdissement s. m. Ébranlement du cerveau; vertige. Fig. trouble.

Étourneau s. m. Sansonnet, oiseau de passage. Fig. Jeune homme léger et inconsidéré.

Étrange adj. Singulier, extraordinaire, inconcevable.

Étrangement adv. D'une manière étrange.

Étranger, ère adj. D'une autre nation, d'une autre famille; qui n'a aucune part à, aucun rapport avec, aucune connaissance de.

Étrangeté s. f. Caractère de ce qui est étrange; bizarrerie.

Étranglé, ée adj. Trop resserré, trop étroit.

Étranglement s. m. Action d'étrangler; resserrement, rétrécissement.

Étrangler v. a. Faire perdre la respiration en serrant le gosier. Fig. Trop resserrer.

Étrave s. f. *Mar.* Pièces de l'avant d'un bâtiment.

Être v. subs. Exister; être situé; appartenir; faire partie de.

Être s. m. Ce qui est; existence. Au pl. Les diverses parties d'une maison, d'un appartement.

Étrécir v. a. Rendre étroit.

Étrécissement s. m. Action d'étrécir; état de ce qui est étréci.

Étreindre v. a. Serrer fortement; embrasser; presser entre ses bras.

Étreinte s. f. Action d'étreindre.

Étrenne s. f. Présent du jour de l'an; première recette d'un marchand; premier usage qu'on fait d'une chose.

Étrenner v. a. Donner les étrennes; acheter le premier à un marchand; faire usage d'une chose pour la première fois. V. n. Se dit de la première recette que fait un marchand.

Étrésillon s. m. (*ll* m.) Pièce de bois pour étayer.

Étrésillonner v. a. (*ll* m.) Étayer avec des étrésillons.

Étrier s. m. Anneau pour appuyer les pieds du cavalier*. *Avoir le pied à l'étrier*, être au moment de partir, au fig. être en bonne voie de réussir. *Perdre les étriers*, être renversé de cheval, au fig. être déconcerté.

Étrille s. f. (*ll* m.) Instrument pour nettoyer la peau et le poil des chevaux*.

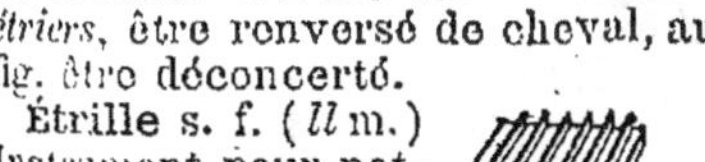

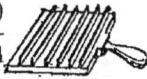

Étriller v. a. (*ll* m.) Nettoyer avec l'étrille. Fig. battre, maltraiter (fam.).

Étriqué, ée adj. Qui n'a pas l'ampleur suffisante.

Étrivière s. f. Courroie qui tient les étriers. Au pl. Fig. *Donner les étrivières* : faire subir de mauvais traitements.

Étroit, e adj. Qui a peu de largeur. Fig. peu capable; borné; rigoureux; intime. A L'ÉTROIT loc. adv. Dans un espace étroit; dans la gêne.

Étroitement adv. A l'étroit; intimement; à la rigueur.

Étroitesse s. f. Qualité d'une chose étroite (se dit surtout de l'esprit et des idées).

Étude s. f. Travail, application d'esprit; lieu où les élèves étudient; soin apporté à une chose; essai; cabinet d'un notaire, d'un avoué. Au pl. Instruction classique.

Étudiant, e s. Qui suit les cours d'une école publique.

Étudié, ée adj. Fait avec soin; feint, recherché, affecté.

Étudier v. a. et n. Appliquer son esprit; s'appliquer à apprendre; méditer; observer. S'ÉTUDIER A v. pr. S'appliquer, s'exercer à.

Étui s. m. Sorte de boîte*; enveloppe dure qui recouvre les ailes de certains insectes.

Étuve s. f. Lieu chauffé de manière à faire transpirer ou à faire sécher.

Étuvée s. f. Certaine manière de cuire des viandes, du poisson, des légumes.

Étuvement s. m. Action d'étuver.

Étuver v. a. Laver en appuyant doucement : *étuver une plaie.*

Étuviste s. m. Qui tient des bains et des étuves; baigneur.

Étymologie s. f. Origine, dérivation d'un mot; science des étymologies.

Étymologique adj. Qui concerne les étymologies.

Étymologiste s. m. Qui s'occupe d'étymologie.

Eubages s. m. pl. Classe de druides.

Eucharistie s. f. (on pron. *euca*—). Le Saint Sacrement du corps et du sang de Jésus-Christ contenus sous les espèces du pain et du vin.

Eucharistique adj. (on pron. *euca*—). Qui appartient à l'Eucharistie.

Euclide DE MÉGARE, philosophe grec (400 av. J.-C.); — célèbre géomètre grec (vers 320 av. J.-C.).

Eucologe s. m. Livre de prières.

Eudes, roi de France en 888, m. 898.

Eudiomètre s. m. Instrument pour mesurer la pureté de l'air, la quantité d'oxygène qu'il contient.

Eudiométrie s. f. Art d'analyser l'air atmosphérique.

Eudiométrique adj. Qui a rapport à l'eudiométrie.

Eugène Ier (saint), pape (654-657); EUGÈNE II (824-827); EUGÈNE III (1145-1153); EUGÈNE IV (1431-1446).

Euler, célèbre géomètre suisse (1707-1783).

Eulogies s. f. pl. Choses bénites.

Euménide s. f. *Myth.* Furie.

Euphémisme s. m. Adoucissement d'expression pour gazer des idées tristes, désagréables ou déshonnêtes.

Euphonie s. f. Son agréable.

Euphonique adj. Qui produit l'euphonie.

Euphorbe s. m. Genre de plantes à suc corrosif.

Euripide, célèbre poète tragique grec (480-402 av. J.-C.).

Européen, enne adj. et s. D'Europe.

Eurydice, femme d'Orphée.

Eurythmie s. f. Bel ordre, belle proportion.

Eusèbe (saint), pape, m. 310.

Eusèbe, évêque de Césarée et historien ecclésiastique (267-338).

Eustache s. m. Couteau grossier à manche de bois.

Eustache (saint), martyr, m. 130; — (saint) évêque d'Antioche, m. 337.

Euterpe, l'une des Muses (*myth.*).

Eutychéen, éenne adj. (on pron. *eutikéen*). D'Eutychès. Au pl. Partisans de l'hérésie d'Eutychès.

Eutychès (on pron. *Eutikès*), fameux hérésiarque du ve siècle.

Eux, pl. m. du pr. pers. *Lui.*

Évacuant, e adj. et s. m. Qui évacue. *Médicament évacuant*, qui détermine des évacuations.

Évacuation s. f. Action d'évacuer; matières évacuées.

Évacuer v. a. Vider; se décharger d'humeurs, d'excréments; faire sortir; abandonner.

Évader (s') v. pr. S'échapper furtivement.

Évagation s. f. Incessante mobilité d'esprit; suite de distractions.

Évaluation s. f. Appréciation, estimation.

Évaluer v. a. Fixer le prix; estimer la valeur.

Évangélique adj. Qui est selon l'Évangile; qui est de la religion réformée.

Évangéliquement adv. [...] manière évangélique.

Évangéliser v. act. [...] l'Évangile.

Évangéliste s. m. Chac[...] quatre saints, auteurs des [...]giles.

Évangile s. m. Loi de [...] Christ; sa doctrine; livres [...] contiennent.

Évanouir (s') v. pr. Tom[...] faiblesse; perdre connais[...] disparaître.

Évanouissement s. m. [...]lance; perte de connaissan[...]

Évaporation s. f. Vapo[...] d'un liquide. Fig. légère[...]prit (fam.).

Évaporé, ée adj. Étourdi, [...]sidéré.

Évaporer v. a. Vaporis[...] soudre en vapeur. Fig. e[...] S'ÉVAPORER v. pr. s'exha[...] dissiper, se perdre.

Évasé, ée adj. A large [...]ture.

Évasement s. m. État de[...] est évasé.

Évaser v. a. Élargir l'ouv[...]

Évasif, ive adj. Qui ser[...]der..

Évasion s. f. Action de s'[...]

Évêché s. m. Diocèse; [...] épiscopale; ville où il y a [...]que; palais de l'évêque.

Éveil s. m. Avis sur un[...] qui intéresse et à laquelle [...] pensait pas.

Éveillé, ée adj. et s. (*ll* m[...]) vif, avisé.

Éveiller v. a. (*ll* m.) T[...] sommeil. Fig. Donner de la [...] stimuler, provoquer. S'É[...] v. pr. Cesser de dormir.

Événement s. m. Tout [...] arrive; incident remarquabl[...] d'une chose; aventure.

Évent s. m. Altération [...]ments, des liqueurs, par l'a[...] l'air; ouverture par laque[...] tains cétacés rejettent l'eau qu'ils ont aspirée.

Éventail s. m. (*l* m.) Petit instrument pour s'éventer*.

Éventailliste s. m. (*ll* [...]) fabrique des éventails.

Éventaire s. m. Plateau d'osier des marchandes ambulantes.

Éventé ée adj. Altéré par l'action de l'air. Fig. évaporé, léger.

Éventer v. a. Agiter l'air avec l'éventail; exposer au vent, à l'air; déboucher. Fig. pénétrer, découvrir. S'ÉVENTER v. pr. Se gâter par le contact de l'air.

Éventoir s. m. Éventail grossier pour exciter le feu.

Éventrer v. a. Ouvrir le ventre.

Éventualité s. f. Caractère de ce qui est éventuel.

Éventuel, elle adj. Subordonné à quelque événement incertain.

Éventuellement adv. D'une manière éventuelle.

Évêque s. m. Prélat chargé de la conduite d'un diocèse*.

Éversif, ive adj. Qui renverse.

Éversion s. f. Ruine, renversement.

Évertuer (s') v. pr. S'exciter soi-même et faire effort pour.

Éviction s. f. Action d'évincer.

Évidemment adv. D'une manière évidente.

Évidence s. f. Caractère de ce qui est évident.

Évident, e adj. Clair, manifeste.

Évider v. a. Faire une cannelure, une échancrure.

Évidoir s. m. Outil pour évider.

Évier s. m. Pierre creuse et percée sur laquelle on lave la vaisselle.

Évincer v. a. Déposséder juridiquement. Fig. renvoyer d'un emploi; exclure.

Évitable adj. Qui peut être évité.

Éviter v. a. Fuir, esquiver.

Évocable adj. Qui peut être évoqué.

Évocation s. f. Action d'évoquer.

Évocatoire adj. Qui donne lieu à une évocation.

Évolution s. f. Mouvement de troupes, d'une flotte, etc.; variation; degrés de développement.

Évoquer v. a. Appeler, faire venir, faire apparaître; attribuer la connaissance d'une affaire à un tribunal.

Évulsion s. f. *Chir.* Action d'arracher.

Ex prép. Ci-devant : un *ex*-ministre.

Exact, e adj. Régulier, ponctuel, soigneux; conforme à, vrai. *Sciences exactes*, mathématiques.

Exactement adv. D'une manière exacte.

Exacteur s. m. Qui commet une exaction.

Exaction s. f. Action d'un fonctionnaire qui exige et perçoit ce qui n'est pas dû.

Exactitude s. f. Régularité; ponctualité; précision, justesse.

Exagérateur, trice adj. Qui exagère.

Exagératif, ive adj. Qui tient de l'exagération.

Exagération s. f. Action d'exagérer; discours, terme qui exagère.

Exagéré, ée adj. Où il y a de l'exagération. S. Enthousiaste, fanatique.

Exagérer v. a. Outrer, louer ou décrier à l'excès; grossir.

Exaltation s. f. Action d'élever; élévation du pape au pontificat. Fig. enthousiasme véhément; transport.

Exalté, ée adj. Porté à l'exaltation. S. Enthousiaste à l'excès.

Exalter v. a. Louer; vanter beaucoup; animer à l'excès; causer de l'exaltation.

Examen s. m. (on pron. *egzamin*). Observation, recherche exacte; épreuve orale ou écrite qu'on fait subir à un candidat.

Examinateur s. m. Commis pour examiner.

Examiner v. a. Faire l'examen; regarder attentivement.

Exarchat s. m. (on pron. *exarca*). Partie de l'Italie où commandait l'exarque.

Exarque s. m. Chef qui commandait en Italie pour les empereurs de Constantinople.

Exaspération s. f. Action d'exaspérer; état de ce qui est exaspéré.

Exaspérer v. a. Aigrir, irriter à l'excès.

Exaucer v. a. Accorder ce qu'on demande; écouter favorablement.

Excavation s. f. Action de creuser un terrain; creux fait dans un terrain.

Excaver v. a. Faire une excavation.

Excédant, e adj. Qui excède.

Excédent ou EXCÉDANT s. m. Ce qui est en plus.

Excéder v. a. Outrepasser, surpasser; battre; fatiguer à l'excès; importuner.

Excellemment adv. D'une manière excellente.

Excellence s. f. Degré éminent de perfection; titre d'honneur. PAR EXCELLENCE loc. adv. Excellemment, à merveille.

Excellent, e adj. Qui excelle; très bon.

Excellentissime adj. Parfaitement bon.

Exceller v. n. Être excellent, supérieur à.

Excentricité s. f. Distance du centre d'une ellipse à son foyer (*math.*); caractère, action bizarres.

Excentrique adj. *Géom.* Se dit des cercles à centres différents*; en dehors du centre. Fig. original, bizarre.

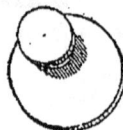

Excepté prép. A la réserve de; hors.

Excepter v. a. Ne pas comprendre dans un nombre, une règle.

Exception s. f. Action d'excepter; ce qui n'est pas soumis à la règle; ce qu'on doit excepter. A L'EXCEPTION DE loc. prép. Excepté.

Exceptionnel, elle adj. Qui renferme une exception.

Exceptionnellement adv. Par exception.

Excès s. m. Ce qui dépasse la mesure, les bornes; dérèglement; outrage; violence; excédent. A L'EXCÈS loc. adv. Outre mesure.

Excessif, ive adj. Qui excède la mesure, la règle.

Excessivement adv. A l'excès.

Exciper v. n. Alléguer une exception en justice; employer une pièce pour sa défense.

Excipient s. m. Substance propre à dissoudre, à incorporer certains médicaments.

Excise s. f. Impôt établi sur certaines boissons en Angleterr bureau où on le perçoit.

Excision s. f. *Chir.* Retranch ment à l'aide d'un instrument tra chant.

Excitant, e adj. et s. Propre exciter, à ranimer les forces : *mède excitant.*

Excitateur s. m. Instrument physique.

Excitatif, ive adj. Excitant.

Excitation s. f. Action d'ex ter; état de ce qui est excité.

Exciter v. a. Engager, port à; animer, encourager; provoqu

Exclamatif, ive adj. Qui e prime l'exclamation.

Exclamation s. f. Cri de joie, surprise, d'indignation.

Exclure v. a. Repousser, éca ter.

Exclusif, ive adj. Qui a fo d'exclure; qui exclut; qui repous tout ce qui blesse ses goûts, s opinions, etc.

Exclusion s. f. Action d'exclu

Exclusivement adv. En (cluant, en exceptant.

Excommunication s. f. Se tence qui excommunie.

Excommunier v. a. Retranch de la communion de l'Eglise.

Excoriation s. f. Ecorchure.

Excorier v. a. Ecorcher la pe

Excrément s. m. Ce qui s du corps par une évacuation na relle : matières fécales, urine, e

Excrémenteux, euse ou **exc mentiel, elle** adj. Qui tient l'excrément.

Excréteur ou **excrétoire** a m. Qui sert aux excrétions.

Excrétion s. f. Action par quelle les fluides sécrétés s poussés au dehors.

Excroissance s. f. Tumeur le corps, sur quelque partie plantes.

Excursion s. f. Course au hors; irruption. Fig. digression

Excusable adj. Qui peut é excusé.

Excuse s. f. Raison, préte pour se disculper ou discul quelqu'un.

Excuser v. a. Disculper; mettre les excuses; pardonn dispenser. S'EXCUSER v. pr. D ner des raisons pour se disculp

Exeat s. m. Permission de sortir, de s'absenter. (Pl. *exéats* ou *exeat.*)

Exécrable adj. Qu'on doit exécrer; détestable.

Exécrablement adv. D'une manière exécrable.

Exécration s. f. Sentiment d'horreur extrême pour; personne ou chose en exécration; imprécation.

Exécrer v. a. Avoir en exécration.

Exécutable adj. Qui peut être exécuté, effectué.

Exécutant s. m. Musicien qui exécute sa partie.

Exécuter v. a. Effectuer; mettre à effet; faire; exprimer, jouer sur un instrument; représenter; saisir les meubles par autorité de justice; faire mourir par suite d'un jugement. S'EXÉCUTER v. pr. Se résoudre à.

Exécuteur, trice s. Qui exécute. S. m. Le bourreau.

Exécutif, ive adj. Se dit du pouvoir chargé de l'exécution des lois.

Exécution s. f. Action, manière d'exécuter; supplice capital.

Exécutoire adj. et s. m. Qui peut être mis à exécution ou qui donne pouvoir de procéder à une exécution judiciaire.

Exégèse s. f. Explication, interprétation.

Exégétique adj. Qui sert à expliquer, à interpréter.

Exemplaire adj. Qui peut servir d'exemple.

Exemplaire s. m. Modèle : se dit des livres, gravures, etc., multipliés d'après un type commun.

Exemplairement adv. D'une manière exemplaire.

Exemple s. m. Ce qui peut ou doit servir de modèle; chose pareille.

Exempt, e adj. Qui n'est point sujet à; garanti, préservé.

Exempt s. m. Officier de police.

Exempter v. a. Rendre exempt, affranchir, dispenser de.

Exemption s. m. Droit, privilège qui exempte; dispense.

Exequatur s. m. (mot lat.; on pron. *egzécouatur*). Ordre ou permission d'exécuter, en diplomatie; autorisation donnée à un agent étranger pour exercer ses fonctions.

Exercer v. a. Dresser, former à; pratiquer; remplir des fonctions. S'EXERCER v. pr. S'appliquer à.

Exercice s. m. Action d'exercer, de s'exercer. Fig. peine, fatigue; occupation, pratique; action d'user de; évolution militaire; visite des commis des contributions.

Exérèse s. f. *Chir.* Opération par laquelle on extrait du corps tout ce qui lui est étranger, nuisible.

Exergue s. m. Espace au bas d'une médaille pour l'inscription.

Exfoliation s. f. Séparation par feuilles ou écailles.

Exfolier (s') v. pr. Se détacher en parties minces, en lames, en feuillets (*bot.* et *chir.*).

Exhalaison s. f. Emanation.

Exhalant, e adj. *Anat.* Se dit de très petits vaisseaux qui servent à l'exhalation.

Exhalation s. f. Action d'exhaler.

Exhaler v. a. Envoyer hors de soi des vapeurs, des odeurs, etc. Fig. exprimer vivement. S'EXHALER v. pr. S'évaporer.

Exhaussement s. m. Elévation.

Exhausser v. a. Elever plus haut.

Exhérédation s. f. *Jurisp.* Action de déshériter.

Exhéréder v. a. Déshériter.

Exhiber v. a. Représenter, montrer.

Exhibition s. f. Action d'exhiber.

Exhortation s. f. Discours par lequel on exhorte.

Exhorter v. a. Engager, exciter.

Exhumation s. f. Action d'exhumer.

Exhumer v. a. Déterrer un corps mort. Fig. produire, rappeler une chose longtemps oubliée.

Exigeant, e adj. Qui exige beaucoup ou trop.

Exigence s. f. Action, habitude d'exiger; nécessité.

Exiger v. a. Demander avec autorité; obliger ou vouloir obliger à; astreindre.

Exigibilité s. f. Etat de ce qui est exigible.

Exigible adj. Qui peut être exigé.

Exigu, uë adj. Fort petit, modique.

Exiguïté s. f. Petitesse, modicité.

Exil s. m. Bannissement, expulsion de la patrie; tout séjour qui n'est pas celui où l'on voudrait être.

Exilé, ée adj. Envoyé en exil.

Exiler v. a. Envoyer en exil.

Existant, e adj. Qui existe.

Existence s. f. Etat de ce qui existe; vie; durée; position.

Exister v. n. Être; vivre; avoir lieu actuellement.

Exode s. m. Deuxième livre du Pentateuque.

Exorable adj. Qui se laisse fléchir par les prières.

Exorbitamment adv. D'une manière exorbitante.

Exorbitant, e adj. Excessif, qui dépasse de beaucoup la mesure.

Exorciser v. a. Conjurer, chasser les démons.

Exorcisme s. m. Paroles et cérémonies pour exorciser.

Exorciste s. m. Qui exorcise.

Exorde s. m. Première partie d'un discours; début.

Exotérique adj. Extérieur; public (se dit de la doctrine que les anciens philosophes professaient publiquement, par opposition à leur doctrine secrète).

Exotique adj. Etranger; qui n'est pas naturel au pays.

Expansibilité s. f. Faculté expansive.

Expansible adj. Capable d'expansion.

Expansif, ive adj. Qui peut dilater ou se dilater. Fig. qui aime à s'épancher.

Expansion s. f. Dilatation des fluides. Fig. épanchement, effusion de cœur.

Expatriation s. f. Action d'expatrier ou de s'expatrier; état de celui qui est expatrié.

Expatrier v. a. Obliger quelqu'un de quitter sa patrie. S'EXPATRIER v. pr. La quitter.

Expectant, e adj. Qui est dans l'expectative.

Expectatif, ive adj. Qui donne droit d'espérer.

Expectative s. f. Attente, espérance fondée.

Expectorant, e adj. Qui fa[cilite] l'expectoration.

Expectoration s. f. Action d'[ex]pectorer.

Expectorer v. a. Expulser, [en] toussant, les humeurs visqueu[ses] des bronches, du poumon.

Expédient s. m. Moyen d'a[rri]ver à ses fins. Adj. m. Qui est [à] propos, urgent.

Expédier v. a. Hâter l'exé[cu]tion d'une chose, la conclusi[on] d'une affaire; dépenser vite; fa[ire] mourir vite; envoyer, faire pa[rtir] pour une destination.

Expéditeur s. m. Qui expé[die] des marchandises.

Expéditif, ive adj. Qui expé[die] vite.

Expédition s. f. Action d'ex[pé]dier; envoi de marchandises; ent[re]prise de guerre; copie littérale d'[un] acte.

Expéditionnaire adj. et s. Chargé de faire un envoi de m[ar]chandises; commis aux écritur[es] copiste.

Expérience s. f. Épreuve, [es]sai; connaissance acquise par [un] long usage.

Expérimental, e adj. Fondé [sur] l'expérience.

Expérimentation s. f. Acti[on] d'expérimenter.

Expérimenté, ée adj. Instr[uit] par l'expérience.

Expérimenter v. a. Éprou[ver] par expérience; vérifier par [des] expériences.

Expert, e adj. Qui est versé, qui a de l'expérience dans un a[rt,] dans un métier. S. m. Nommé [ou] choisi pour examiner et faire [un] rapport.

Expertise s. f. Visite, exam[en,] rapport des experts.

Expiation s. f. Action d'expi[er.]

Expiatoire adj. Qui expie.

Expier v. a. Réparer un cri[me,] une faute.

Expirant, e adj. Qui expire.

Expiration s. f. Echéance d'[un] terme convenu; fin d'un te[rme] fixé; action de rendre l'air aspir[é.]

Expirer v. n. Mourir, ren[dre] l'âme. Fig. cesser, prendre fin; ê[tre] à son terme. V. a. Rendre l'[air] qu'on avait aspiré.

Explétif, ive adj. *Gram.* C

n'est pas nécessaire au sens de la phrase.

Explicable adj. Qui peut être expliqué.

Explicateur s. m. Celui dont la mission est d'expliquer.

Explicatif, ive adj. Qui explique le sens de.

Explication s. f. Discours explicatif; éclaircissement; justification; traduction orale.

Explicite adj. Clair, formel, distinct, manifeste.

Explicitement adv. D'une manière explicite.

Expliquer v. a. Éclaircir; démontrer; interpréter, traduire; déclarer nettement. S'EXPLIQUER v. pr. Développer sa pensée; avoir une explication, un éclaircissement,

Exploit s. m. Action d'éclat à la guerre; acte d'un huissier.

Exploitable adj. Qui peut être exploité.

Exploitant adj. m. Se dit d'un huissier qui exploite.

Exploitation s. f. Action d'exploiter.

Exploiter v. a. Faire valoir, cultiver; spéculer sur; tirer profit de. V. n. Faire un exploit d'huissier.

Explorateur s. m. Qui se livre à des explorations.

Exploration s. f. Action d'explorer.

Explorer v. a. Examiner; visiter; aller à la découverte.

Explosion s. f. Bruit violent; éclat subit; détonation. Fig. manifestation brusque et très vive.

Exportateur s. m. Qui exporte.

Exportation s. f. Action d'exporter.

Exporter v. a. Transporter à l'étranger des produits du sol ou de l'industrie.

Exposant, e s. Qui expose un fait; qui expose ses droits, ses prétentions dans une requête; qui expose des ouvrages d'art, etc.; - nombre qui exprime le degré d'une puissance (*math.*).

Exposé s. m. Ce qui est exposé, articulé; récit, compte rendu.

Exposer v. a. Mettre en vue, présenter aux regards; expliquer; mettre en péril; abandonner. S'EXPOSER v. pr. Se mettre en danger.

Exposition s. f. Action d'exposer; ensemble d'objets exposés; récit; explication.

Exprès, esse adj. Positif, clair. S. m. Messager qu'on envoie dans un but spécial et déterminé.

Exprès adv. A certaine fin, à dessein.

Express adj. et s. m. (mot anglais). Se dit d'un train de chemin de fer qui va à grande vitesse.

Expressément adv. En termes exprès.

Expressif, ive adj. Qui exprime bien ce qu'on veut dire; énergique; significatif.

Expression s. f. Action d'exprimer par la pression; manifestation du sentiment, de la pensée; terme, tour, manière de rendre sa pensée.

Expressivement adv. D'une manière expressive.

Exprimable adj. Qui peut être exprimé.

Exprimer v. a. Extraire par la pression. Fig. manifester au dehors la pensée, le sentiment, les passions; énoncer. S'EXPRIMER v. pr. S'énoncer de telle ou telle façon.

Expropriation s. f. Action d'exproprier.

Exproprier v. a. Priver quelqu'un de sa propriété par voie légale.

Expulser v. a. Chasser, exclure; pousser au dehors.

Expulsion s. f. Action d'expulser.

Expurgation s. f. Action d'expurger.

Expurger v. a. Corriger, purger un livre de ce qu'il renferme de contraire à la religion, aux mœurs, à la décence.

Exquis, e adj. Excellent; travaillé avec toute la délicatesse possible; parfait.

Exsangue adj. *Méd.* Privé de sang.

Exsiccation s. f. Dessiccation.

Exsuccion s. f. Action de sucer, d'absorber par la succion.

Exsudation s. f. Action de suer.

Exsuder v. n. Sortir comme la sueur.

Extase s. f. Ravissement d'esprit; vive admiration; plaisir extrême.

Extasier (s') v. pr. Tomber en extase, être ravi d'admiration.

Extatique adj. Causé par l'extase. S. Celui, celle qui tombe fréquemment en extase.

Extensibilité s. f. Qualité de ce qui est extensible.

Extensible adj. Qui peut s'étendre, qui peut être étendu.

Extensif, ive adj. Qui produit l'extension.

Extension s. f. Étendue; action d'étendre, de s'étendre; augmentation; explication dans un sens plus étendu; action d'étendre la signification d'un mot (*gram.*).

Exténuation s. f. Affaiblissement extrême.

Exténuer v. a. Fatiguer, affaiblir, diminuer. S'EXTÉNUER v. pr. S'affaiblir par des excès.

Extérieur, e adj. Qui est au dehors, qui se passe au dehors; qui a rapport aux pays étrangers. S. m. Ce qui paraît au dehors; aspect; lieu qui est au dehors.

Extérieurement adv. A l'extérieur, au dehors.

Exterminateur, trice adj. et s. Qui extermine.

Extermination s. f. Destruction entière, anéantissement.

Exterminer v. a. Détruire, faire périr entièrement.

Externat s. m. École d'élèves externes.

Externe adj. Qui est au dehors, qui vient du dehors. S. Elève non pensionnaire.

Extinctif, ive adj. Qui a la propriété d'éteindre.

Extinction s. f. Action d'éteindre; son résultat. Fig. perte totale; destruction; abolition.

Extirpateur s. m. Celui qui extirpe.

Extirpation s. f. Action d'extirper, de déraciner. Fig. destruction totale.

Extirper v. a. Déraciner; enlever, détruire entièrement.

Extorquer v. a. Obtenir par force.

Extorsion s. f. Exaction violente; concussion,

Extra s. m. Ce qu'on fait en dehors de ses habitudes.

Extractif, ive adj. Qui marque l'extraction.

Extraction s. f. Action d'extraire. Fig. origine.

Extradition s. f. Action de remettre un criminel à un gouvernement étranger qui le réclame.

Extrados s. m. Surface convexe et extérieure d'une voûte.

Extradossé, ée adj. Se dit d'une voûte dont le parement extérieur est uni.

Extraire v. a. Tirer, séparer de; faire un extrait.

Extrait s. m. Substance extraite d'une autre; passage, article tiré et copié d'un livre, d'un registre, etc.; abrégé, sommaire.

Extrajudiciaire adj. Se dit des actes qui se font en dehors d'une instance ou des formes requises.

Extrajudiciairement adv. En la forme extrajudiciaire.

Extraordinaire adj. Qui sort des règles ordinaires; singulier, rare; étrange. S. m. Ce qui ne se fait pas ordinairement.

Extraordinairement adv. D'une façon extraordinaire; extrêmement.

Extravagamment adv. D'une façon extravagante.

Extravagance s. f. Bizarrerie, folie, action, parole extravagante.

Extravagant, e adj. et s. Fou, bizarre, fantasque.

Extravaguer v. n. Faire, dire des extravagances.

Extravasation ou extravasion s. f. Epanchement du sang.

Extravaser (s') v. pr. Se répandre dans les tissus (en parlant du sang et des humeurs).

Extrême adj. Qui est tout à fait au bout; qui est au plus haut degré; excessif. S. m. L'opposé, le contraire.

Extrême-Onction s. f. Sacrement qu'on administre aux mourants.

Extrêmement adv. Grandement; au dernier point.

Extremis (in) loc. adv. lat. A la dernière extrémité, à l'article de la mort.

Extrémité s. f. Bout, fin; derniers moments de la vie; état désespéré; excès. Au pl. Les pieds et les mains.

Extrinsèque adj. Qui vient du dehors.

Extrinsèquement adv. D'une manière extrinsèque.

Exubérance s. f. Surabondance, abondance inutile.

Exubérant, e adj. Surabondant, superflu.

Exulcératif, ive et **exulcérant, e** adj. Qui détermine l'ulcération.

Exulcération s. f. Commencement d'ulcère.

Exulcérer v. a. Causer un commencement d'ulcération.

Exultation s. f. Joie extrême.

Exulter v. n. Éprouver une grande joie (peu usité).

Exutoire s. m. Cautère, vésicatoire, ulcération artificielle.

Ex-voto s. m. Objet qu'on place dans une église ou dans une chapelle, en mémoire d'un vœu. (Au pl. *ex-voto.*)

Ézéchiel, l'un des quatre grands prophètes (VIe s. av. J.-C.); il prédit la fin de la captivité des Juifs.

F

F s. m. et f. La 6e lettre de l'alphabet et la 4e des consonnes.

Fa s. m. 4e note de la gamme.

Fabius (*gens Fabia*), illustre maison patricienne des premiers temps de Rome dont l'un des membres les plus célèbres, FABIUS CUNCTATOR, ou *le Temporiseur*, fut nommé dictateur après la défaite de Trasimène (217 av. J.-C.), et sut par sa prudence arrêter les progrès d'Annibal.

Fable s. f. Apologue, récit qui renferme une moralité; sujet d'une épopée, d'un drame, d'un roman; fausseté, aventure imaginaire; mythologie.

Fabliau s. m. Ancien conte en vers.

Fablier s. m. Auteur ou recueil de fables.

Fabricant, e s. Qui fabrique ou fait fabriquer.

Fabricateur s. m. Celui qui fabrique.

Fabrication s. f. Art, action de fabriquer; manière dont une chose est fabriquée.

Fabricien s. m. Marguillier.

Fabricius, général romain célèbre par la simplicité de ses mœurs (IIIe s. av. J.-C.).

Fabrique s. f. Fabrication; établissement où l'on fabrique; personnel de cet établissement; les revenus d'une église; le corps des fabriciens; ruines, édifices dans un tableau.

Fabriquer v. a. Faire certains ouvrages par des procédés mécaniques. Fig. inventer, forger.

Fabuleusement adv. D'une manière fabuleuse.

Fabuleux, euse adj. Qui a rapport à la fable; feint, controuvé; extraordinaire, incroyable.

Fabuliste s. m. Auteur de fables.

Façade s. f. Face d'un édifice.

Face s. f. Visage; superficie; aspect; façade; état des choses. EN FACE loc. adv. Par devant, en présence; vis-à-vis. FACE A FACE loc. adv. L'un vis-à-vis de l'autre. A LA FACE DE loc. prép. En présence de.

Facétie s. f. (on pron. *facéci*). Bouffonnerie, plaisanterie.

Facétieusement adv. (on pron. *facécieuseman*). D'une manière facétieuse.

Facétieux, euse adj. (on pron. *facécieu*). Plaisant; qui divertit, fait rire.

Facette s. f. Petite face d'un corps qui a plusieurs petits côtés.

Facetter v. a. Tailler à facettes.

Fâcher v. a. Mettre en colère; causer du déplaisir. SE FACHER v. pr. Se mettre en colère.

Fâcherie s. f. Mécontentement, déplaisir, chagrin.

Fâcheusement adv. D'une manière fâcheuse.

Fâcheux, euse adj. Qui fâche, qui déplaît; incommode, difficile. S. m. Un importun.

Facial, e adj. De la face.

Facies s. m. (on pron. *faciècc*). L'ensemble de la physionomie.

Facile adj. Aisé; qui donne peu de peine; qui ne sent point l'effort, la gêne, qui produit aisément; complaisant, commode; un peu faible.

Facilement adv. D'une manière facile.

Facilité s. f. Qualité de ce qui est facile; promptitude de l'esprit à saisir; complaisance; faiblesse. Au pl. Délais pour payer.

Faciliter v. a. Rendre facile.

Façon s. f. Manière dont une chose est faite; forme du travail de l'ouvrier; main-d'œuvre; prix; labour, culture; manière d'un écrivain, d'un artiste; sorte, espèce; manière de parler, de se tenir, d'agir. Au pl. Procédés cérémonieux; politesses affectées.

Faconde s. f. Abondance de paroles, loquacité.

Façonner v. a. Donner la façon à une chose, un labour à une terre. Fig. enjoliver; former les mœurs; polir les manières; orner; habituer à.

Façonnier, ière adj. et s. Qui fait des façons; trop cérémonieux.

Fac-similé s. m. Imitation parfaite (se dit principalement de l'écriture).

Factage s. m. Travail du facteur dans les messageries; ce qu'on paye au facteur.

Facteur s. m. Celui qui fait; fabricant: *facteur d'orgues;* commis chargé de négoce, trafic, etc.; employé de la poste qui porte les lettres*, les paquets; quantité dont un tout est formé (*math.*).

Factice adj. Fait, imité par art; qui n'est pas naturel.

Factieux, euse adj. et s. m. (on pron. *fak-ci-eu*). Séditieux.

Faction s. f. (on pron. *fak-ci-on*). Guet d'une sentinelle; parti.

Factionnaire s. m. (on pron. *fak-ci-o-nère*). Soldat en faction.

Factorerie s. f. Bureau des facteurs des compagnies de commerce à l'étranger.

Factotum (on pron. *factotome*) ou Factoton s. m. Qui se mêle de tout dans une maison.

Factum s. m. (on pron. *factome*). Mémoire écrit pour attaquer ou se défendre. (Pl. *factums.*)

Facture s. f. Mémoire d'un marchand, contenant les marchandises vendues, avec leurs prix; façon de faire, dont une chose est faite.

Facturer v. a. Rédiger une facture.

Facultatif, ive adj. Qui laisse la faculté d'agir; qui n'est pas obligatoire.

Faculté s. f. Puissance; pouvoir; moyen d'agir; vertu naturelle de l'âme, du corps ou de l'esprit; propriété naturelle des plantes, etc.; corps de professeurs chargés de l'enseignement des sciences ou des lettres. Au pl. Moyens pécuniaires: *Il faut savoir borner ses désirs à ses facultés.*

Fadaise s. f. Bagatelle; inepție.

Fadasse adj. Plein de fadeur.

Fade adj. Insipide; qui a peu de goût. Fig. qui n'a rien de piquant, d'animé, d'agréable.

Fadeur s. f. Qualité de ce qui est fade.

Fagot s. m. Faisceau de menu bois. Fig. sornettes, fadaises, contes: *conter des fagots. Sentir le fagot,* courir le risque d'être brûlé comme hérétique.

Fagotage s. m. Travail du fagoteur; bois propre aux fagots. Fig. mauvais ouvrage.

Fagoter v. a. Mettre en fagots. Fig. disposer sans ordre; mal arranger.

Fagotin s. m. Singe habillé. Fig. mauvais plaisant.

Fahrenheit, physicien prussien (1686-1740).

Faible adj. Qui manque de force, de solidité; débile. S. m. Ce qu'il y a de moins fort, de défectueux; défaut principal; passion dominante.

Faiblement adv. Avec faiblesse.

Faiblesse s. f. Débilité; manque de force, de puissance; défaillance, évanouissement, syncope. Fig. manque de courage, de fermeté; grand penchant pour.

Faiblir v. n. Perdre de sa force, de son courage, de son ardeur, de sa résistance.

Faïence s. f. Sorte de poterie de terre fine, vernissée.

Faïencerie s. f. Fabrique, commerce de faïence.

Faïencier, ière s. Marchand, fabricant de faïence.

Faille s. f. (*ll* m.) Solution de continuité dans une couche de houille (*géol.*); étoffe de soie à gros grains.

Failli s. m. (*ll* m.) Qui a fait faillite.

Faillibilité s. f. (*ll* m.) Sujétion à l'erreur; possibilité de se tromper.

Faillible adj. (*ll* m.) Qui peut se tromper; exposé à l'erreur.

Faillir v. n. (*ll* m.) Agir contre le devoir, les lois, etc.; se tromper; manquer à faire ; être sur le point de ; faire faillite. — *Conjug.*: Je faux, tu faux, il faut, nous faillons, vous faillez, ils faillent; je faillais; je faillis; je faudrai; je faudrais; faillant; failli, ie.

Faillite s. f. (*ll* m.) Banqueroute non frauduleuse.

Faim s. f. Besoin et désir de manger. Fig. avidité, désir ardent.

Faîne s. f. Fruit du hêtre*.

Fainéant, e adj. et s. Paresseux, qui ne veut rien faire.

Fainéanter v. n. Être fainéant; ne vouloir rien faire, par paresse.

Fainéantise s. f. Paresse lâche; vie de fainéant.

Faire v. a. Créer, former, produire, exécuter, composer, fabriquer. SE FAIRE v. pr. S'habituer, se perfectionner.

Faire s. m. Manière de faire.

Faisable adj. Qui peut être fait.

Faisan s. m. Oiseau de l'ordre des gallinacés*. POULE FAISANE ou FAISANDE, sa femelle.

Faisandeau s. m. Jeune faisan.

Faisander (se) v. pr. Acquérir du fumet (en parlant du gibier).

Faisanderie s. f. Lieu où l'on élève des faisans.

Faisceau s. m. Assemblage de certaines choses liées ou réunies. Pl. Hache entourée de verges.

Faiseur, euse s. Celui, celle qui fait.

Fait s. m. Action ; chose faite ; ce qu'on fait; événement; chose dont il s'agit : *venez au fait;* ce qui est ordinaire à quelqu'un. *Hauts faits*, exploits militaires; *voies de fait*, violences. DE FAIT loc adv. Véritablement. AU FAIT loc. adv. Tout bien considéré. EN FAIT DE loc. prép. En matière de.

Fait, e adj. Habitué. *Homme fait*, parvenu à un âge mûr.

Faîtage s. m. Toit, couverture.

Faîte s. m. Comble d'un édifice; sommet d'un arbre. Fig. le plus haut point.

Faîtière s. et adj. f. Tuile courbe sur le faîte.

Faix s. m. Fardeau. Fig. se dit des affaires, des maux.

Falaise s. f. Côte escarpée*.

Falbala s. m. Bande d'étoffe plissée au bas d'une jupe.

Falconet (L.-P.) statuaire français (1716-1791).

Fallace s. f. Tromperie; fraude.

Fallacieusement adv. Frauduleusement.

Fallacieux, euse adj. Trompeur; frauduleux.

Falloir v. imp. Être de devoir, d'obligation, de nécessité, de bienséance; manquer.

Fallope, célèbre anatomiste italien (1523-1562).

Falot s. m. Espèce de grande lanterne*.

Falot, e adj. et s. Plaisant; grotesque; ridicule.

Falotement adv. D'une manière falote.

Falourde s. f. Gros fagot.

Falsificateur s. m. Qui falsifie.

Falsification s. f. Action de falsifier; résultat de cette action.

Falsifier v. a. Contrefaire; altérer.

Falun s. m. Amas de coquilles brisées qui se trouvent dans certaines parties de la France et que l'on emploie comme engrais.

Faluner v. a. Répandre du falun sur une terre.

Falunière s. f. Mine de falun.

Famé, ée adj. Qui a bonne ou mauvaise réputation.

Famélique adj. et s. m. Pressé par la faim.

Fameux, euse adj. Renommé; fort connu ; célèbre.

Familiariser v. a. Rendre familier, habituel. SE FAMILIARISER v. pr. Se rendre familier; s'accoutumer.

Familiarité s. f. Manière familière de vivre avec quelqu'un; absence de toute cérémonie, de toute gêne dans les entretiens, etc.

Familier, ière adj. et s. Qui est de la famille; qui vit librement avec...; habituel; naturel, aisé : *style familier*. S. m. pl. Officiers de l'Inquisition; ceux qui fréquentent habituellement quelqu'un.

Familièrement adv. D'une manière familière.

Famille s. f. (*ll* m.). Toutes les personnes d'un même sang; race; commensaux; assemblage de genres et d'espèces, de plantes de même espèce (*zool.* et *bot.*).

Famine s. f. Disette de vivres.

Fanage s. m. Action de faner; salaire du faneur; feuillage d'une plante.

Fanaison s. f. Temps de faner le foin.

Fanal s. m. Grosse lanterne; phare à l'entrée d'un port ou le long des côtes.

Fanatique adj. et s. Zélé, passionné jusqu'à la fureur pour la religion, pour un parti, une opinion; furieux qui se croit inspiré.

Fanatiser v. a. Rendre fanatique.

Fanatisme s. m. Erreur, illusion, passion du fanatique.

Fane s. f. Feuille de la plante.

Faner v. a. Etendre l'herbe pour la faire sécher; flétrir. SE FANER v. pr. Se flétrir.

Faneur, euse s. Qui fane le foin.

Fanfan s. m. Petit enfant (*enfantin*).

Fanfare s. f. Concert de trompettes, etc., en signe de réjouissance; air pour lancer le cerf.

Fanfaron adj. et s. m. Qui fait le brave sans l'être; qui se vante trop.

Fanfaronnade s. f. Vanterie; fausse bravoure.

Fanfaronnerie s. f. Habitude de faire des fanfaronnades.

Fanfreluche s. f. Ornement frivole; bagatelle.

Fange s. f. Boue, bourbe. Fig. vie honteuse, déréglée.

Fangeux, euse adj. Plein fange.

Fanion s. m. Petit drapeau.

Fanon s. m. Peau qui pend sous la gorge du taureau, etc.; lame de baleine; pendant d'une mitre, d'une étole, d'une bannière; brassard du prêtre officiant*.

Fantaisie s. f. Imagination; pensée; goût; capri bizarrerie.

Fantaisiste s. m. Ecrivain artiste qui obéit aux caprices son imagination.

Fantasia s. f. Courses que Arabes ont coutume de pratiq dans leurs fêtes. (Pl. *fantasias*.

Fantasmagorie s. f. Art faire apparaître des spectres le moyen d'une illusion d'optiq ce spectacle.

Fantasmagorique adj. De f tasmagorie.

Fantasque adj. Capricieux; zarre.

Fantasquement adv. D' manière fantasque.

Fantassin s. m. Soldat d'inf terie.

Fantastique adj. Chimériq imaginaire.

Fantastiquement adv. D' manière fantastique.

Fantôme s. m. Spectre; visi chimère; ce qui n'a que l'ap rence; homme maigre et défait.

Faon s. m. (on pron. *fan*). P d'une biche.

Faonner v. n. Mettre bas parlant des biches).

Faquin s. m. Homme sans rite, sans honneur, sans cœur vain. Fig. fat, élégant.

Faquinerie s. f. Action du quin. Fig. fatuité.

Faquir ou **fakir** s. m. Religi mahométan, errant; dervis.

Faraday, célèbre physicien glais (1791-1867).

Farandole s. f. Danse prov çale en rond.

Faraud adj. et s. m. Recher dans sa mise (pop.).

Farce s. f. Comédie bouffon action plaisante, bouffonne. C Viande, herbes hachées et cées, qu'on met dans la volaille,

Farceur s. m. Celui qui fait des farces; bouffon.
Farcir v. a. *Cuis.* Remplir de farce.
Fard s. m. Composition pour donner plus d'éclat au teint du visage. Fig. déguisement, dissimulation : *parler sans fard.*
Fardeau s. m. Faix; charge. Fig. chose, personne incommode; emploi pénible.
Farder v. a. Mettre du fard. Fig. déguiser, donner un faux lustre pour cacher les défauts.
Fardier s. m. Chariot à roues très basses.
Farfadet s. m. Esprit follet. Fig. homme frivole.
Farfouiller v. a. et n. (*ll* m.). Fouiller en brouillant.
Faribole s. f. Chose frivole et vaine.
Farinacé, ée adj. De la nature de la farine.
Farine s. f. Grain réduit en poudre.
Fariner v. a. Saupoudrer de farine.
Farineux, euse adj. De la nature de la farine; blanchi par la farine.
Farinier s. m. Marchand de farine.
Farnèse, illustre famille italienne. — (Alexandre), grand capitaine au service de Philippe II, gouverneur des Pays-Bas.
Farniente (mot italien; on pron. *farni-in-té*). Douce oisiveté.
Faro s. m. Bière de Belgique.
Farouche adj. Sauvage; insociable, rude; peu traitable.
Fascicule s. m. Livraison d'un ouvrage scientifique ou littéraire; ce qu'on peut porter d'herbes sous le bras.
Fascinage s. m. Ouvrage fait de fascines.
Fascinateur, trice adj. Qui produit la fascination.
Fascination s. f. Charme qui fascine les yeux, empêche de voir ce qui est la réalité.
Fascine s. f. Fagot de branchages.
Fasciner v. a. Ensorceler. Fig. charmer; éblouir, tromper.
Faséole s. f. Espèce de haricot du Midi.
Fashion s. f. (mot anglais; on pron. *fachione*). La mode, le monde élégant.
Fashionable adj. et s. m. Jeune élégant.
Faste s. m. Ostentation, luxe, magnificence.
Fastes s. m. pl. Tables de l'ancien calendrier romain; récits des faits mémorables; registres historiques.
Fastidieusement adv. D'une manière fastidieuse.
Fastidieux, euse adj. Qui cause de l'ennui, du dégoût.
Fastueusement adv. Avec faste.
Fastueux, euse adj. Qui a du faste, de l'ostentation; qui l'aime.
Fat s. et adj. m. Impertinent; sans jugement; trop complaisant pour lui-même.
Fatal, e adj. Qui porte avec soi une destinée inévitable; funeste, malheureux.
Fatalement adv. Par fatalité.
Fatalisme s. m. Doctrine du fataliste.
Fataliste s. m. Qui attribue tout au destin, à la fatalité.
Fatalité s. f. Destinée inévitable, hasard malheureux.
Fatidique adj. Qui déclare la volonté du destin.
Fatigant, e adj. Qui donne de la fatigue, de l'ennui.
Fatigue s. f. Travail pénible; lassitude qu'il cause.
Fatiguer v. a. Donner de la fatigue, de la peine. Fig. ennuyer, importuner. Se fatiguer v. pr. Se lasser.
Fatime, fille de Mahomet.
Fatimites, dynastie musulmane issue de Fatime.
Fatras s. m. Amas confus de choses frivoles, inutiles.
Fatuité s. f. Caractère du fat, son impertinence.
Faubourg s. m. Partie d'une ville au-delà de son enceinte.
Faubourien, enne adj. Qui a rapport au faubourg ou à ses habitants. S. m. Habitant des faubourgs.
Fauchage s. m. Action de faucher.
Fauchaison s. f. Temps où l'on fauche.

Fauche s. f. Temps du fauchage ; son produit.

Fauchée s. f. Ce qu'un faucheur coupe de foin en un jour.

Faucher v. a. Couper avec la faux. Fig. détruire : *la mort fauche les humains.*

Fauchet s. m. Râteau à dents des deux côtés pour ramasser ce qui est fauché.

Faucheur s. m. Ouvrier qui fauche. Voy. *Faucheux.*

Faucheuse s. f. Machine à faucher.

Faucheux ou faucheur s. m. Sorte d'araignée à longues pattes.

Faucille s. f. (*ll* m.) Lame d'acier courbée en demi-cercle et emmanchée, pour couper le blé*, etc.

Faucillon s. m. (*ll* m.). Petite faucille.

Faucon s. m. Grand oiseau de proie.

Fauconneau s. m. Jeune faucon ; petite pièce d'artillerie.

Fauconnerie s. f. Art de dresser les oiseaux de proie ; lieu où on les dresse.

Fauconnier s. m. Qui dresse et soigne des oiseaux de proie.

Fauconnière s. f. Espèce de gibecière.

Faufiler v. a. Faire une fausse couture à longs points avant de coudre à demeure ; fam. insérer. SE FAUFILER v. pr. S'insinuer ; s'introduire avec adresse.

Faulx. Voy. *Faux.*

Faune s. m. Dieu champêtre chez les anciens Romains. S. f. Description des animaux d'un pays ; l'ensemble de ces animaux.

Faussaire s. m. Qui fait de faux actes ou altère des actes véritables.

Faussement adv. A faux ; contre la vérité.

Fausser v. a. Faire plier, courber un solide, en sorte qu'il ne se redresse pas ; rendre faux. Fig. enfreindre, violer. V. n. Chanter faux, jouer faux d'un instrument.

Fausset s. m. Brochette de bois pour boucher les trous d'un tonneau. Voix aiguë qu'on nomme aussi voix de tête.

Fausseté s. f. Qualité de ce qui est faux ; duplicité, hypocrisie, chose fausse.

Fausta, femme de Constan le Grand.

Faustine, nom de deux impé trices célèbres par leurs débor ments : l'une, femme de l'em reur Antonin, l'autre, épouse Marc-Aurèle.

Faute s. f. Manquement con le devoir, les règles, la loi ; imp fection, manque, absence ; tort, n ladresse, sottise. FAUTE DE l prép. Par manque. SANS FAU loc. adv. Immanquablement.

Fauteuil s. m. Grande chais bras et à dossier.

Fauteur, trice s. Qui favor un parti, une opinion ; complice.

Fautif, ive adj. Sujet à fail plein de fautes.

Fauve adj. Qui tire sur le roux. *Bêtes fauves*, cerfs, daims, biches, etc. S. m. La couleur fauve.

Fauvette s. f. Petit oiseau de l'ordre des pas reaux*.

Faux s. f. Grande lame d'acier emmanchée pour faucher*.

Faux, FAUSSE adj. Contraire à la vérité, à la réalité, à la raison, à la règle ; supposé : *faux nom* ; altéré : *acte faux* ; mal fondé ; discordant : *accord faux* ; perfide, infidèle : *faux ami* ; imi *diamant faux* ; trompeur. — FAU ATTAQUE, attaque feinte ; FAU CLEF, clef fabriquée pour en f un mauvais usage ; FAUSSES M CHES, manches qu'on met par-des d'autres ; FAUSSE MONNAIE, mon contrefaite et altérée ; *faire* FAU ROUTE, se tromper dans les moy que l'on emploie ; FAUX COL, co chemise rapporté, qui s'attache tour du cou ; FAUX FRAIS, dépe accidentelles, accessoires. — S Le contraire du vrai ; crime faussaire ; acte faux ; signa contrefaite ou supposée. Adv. F sement. A FAUX loc. adv. A to

Faux-fuyant s. m. Endroit tourné pour s'évader. Fig. défa échappatoire.

Favart, auteur comique (1 1792).

Faveur s. f. Grâce; bienfait; marque d'amitié, de bienveillance; crédit; bonnes grâces; ruban de soie très étroit. A LA FAVEUR DE loc. prép. Par le moyen de. EN FAVEUR DE loc. prép. En considération de.

Favorable adj. Propice, avantageux; qui favorise.

Favorablement adv. D'une manière favorable.

Favori, ite adj. Qui plaît le plus. S. Qui tient le premier rang dans les faveurs de quelqu'un.

Favori s. m. Touffes de barbe de chaque côté du visage.

Favoriser v. a. Traiter favorablement; aider, appuyer, seconder.

Favoritisme s. m. Système, abus, régime des favoris.

Féal, e adj. (Pl. m. *féaux.*) Fidèle.

Fébricitant, e adj. Qui a la fièvre.

Fébrifuge adj. 2 g. et s. m. Qui chasse la fièvre.

Fébrile adj. Qui a rapport à la fièvre.

Fécal, e adj. *Matière fécale*, excréments.

Fèces s. m. pl. Lie, sédiment, dépôt des liqueurs fermentées, filtrées.

Fécial s. m. (Pl. *féciaux.*) Prêtre de l'ancienne Rome.

Fécond, e adj. Qui produit beaucoup, qui fournit beaucoup; qui fertilise.

Fécondant, e adj. Qui rend fécond.

Fécondateur, trice adj. Qui féconde.

Fécondation s. f. Action de féconder; ses effets.

Féconder v. a. Rendre fécond.

Fécondité s. f. Qualité de ce qui est fécond; abondance, fertilité.

Fécule s. f. Partie farineuse des graines, des farines; sorte d'amidon.

Féculence s. f. *Chim.* Etat des liqueurs qui sont chargées de lie.

Féculent, e adj. Chargé de lie.

Féculerie s. f. Fabrique de fécule.

Fédéral, e adj. Qui a rapport à une confédération d'Etats.

Fédéraliser v. a. Faire adopter le régime fédératif. SE FÉDÉRALISER v. pr. Former une fédération.

Fédéralisme s. m. Système du gouvernement fédéral.

Fédéraliste s. m. Partisan du gouvernement fédéral.

Fédératif, ive adj. De la fédération, qui y tient.

Fédération s. f. Union politique d'Etats; alliance.

Fédéré, ée adj. et s. m. Allié par fédération.

Fée s. f. Créature imaginaire douée de pouvoirs surnaturels. Fig. femme enchanteresse, qui travaille très adroitement.

Féerie s. f. Art des fées. Fig. chose merveilleuse; très beau spectacle à décorations.

Féerique adj. De la féerie. Fig. merveilleux.

Feindre v. a. Simuler, faire semblant; imiter; inventer; imaginer. V. n. Hésiter à faire ou dire.

Feinte s. f. Dissimulation, déguisement, artifice, ruse.

Feintise s. f. Feinte.

Feld-maréchal s. m. (Pl. *feld-maréchaux.*) Le plus élevé des grades militaires en Allemagne, en Angleterre et en Russie.

Feldspath s. m. *Min.* Pierre dure composée de silice, d'alumine et de potasse.

Fêlé, ée adj. Fendu. Fig. *tête fêlée*, tête un peu folle (fam.).

Fêler v. a. Fendre un vase sans que les parties se séparent.

Félicitation s. f. Action de féliciter; paroles obligeantes pour prendre part à la joie de quelqu'un.

Félicité s. f. Grand bonheur; béatitude extrême.

Féliciter v. a. Complimenter quelqu'un sur un bonheur, un avantage, etc. SE FÉLICITER v. pr. S'applaudir, se louer de.

Félin, e adj. Qui appartient au chat; qui ressemble au chat.

Félix (saint), pape (269-274).

Félix, proconsul romain en Judée, Ier siècle.

Félon, onne adj et s. Qui manque à la foi jurée, traître et méchant.

Félonie s. f. Action de félon; cruauté.

Fêlure s. f. Fente d'une chose fêlée.

Femelle s. f. Animal qui conçoit et produit les petits; fleur qui n'a pas d'étamines. Adj. 2 g. : *un canari femelle, une perdrix femelle.*

Féminin, e adj. Qui tient à la femelle, à la femme, lui appartient ou lui ressemble. S. m. Le genre opposé au masculin.

Féminiser v. a. *T. de gram.* Donner le genre féminin à un mot masculin.

Femme s. f. Femelle de l'homme.

Femmelette s. f. Femme d'humeur légère et ignorante. Fig. homme efféminé.

Fémoral, e adj. De la cuisse, du fémur.

Fémur s. m. Os de la cuisse.

Fenaison s. f. Action, temps de couper les foins.

Fendant s. m. Fanfaron, faux brave. Coup d'épée donné de haut en bas (vx.).

Fenderie s. f. Art, action de fondre le fer; atelier pour le fendre.

Fendeur, euse s. Celui, celle qui fend.

Fendiller (se) v. pr. (*ll* m.). Se couvrir de petites fentes ou fêlures.

Fendoir s. m. Instrument pour fendre.

Fendre v. a. Diviser, couper en long; séparer les parties d'une masse en les traversant. Fig. *Fendre la tête, le cœur,* y causer de la douleur. SE FENDRE v. pr. S'entr'ouvrir, se diviser.

Fêne. Voy. *Faîne.*

Fénelon (François de Salignac de la Mothe), célèbre archevêque de Cambrai (1651-1715).

Fenêtrage s. m. L'ensemble des fenêtres d'un bâtiment.

Fenêtre s. f. Ouverture pour donner le jour; ce qui ferme cette ouverture*.

Fenil s. m. (*l* m.). Lieu où l'on serre les foins.

Fenouil s. m. (*l* m.). Sorte de plante.

Fenouillet s. m. ou **fenouillette** s. f. (*ll* m.). Espèce de pomme. Eau-de-vie distillée avec de la graine de fenouil.

Fente s. f. Ouverture faite en fendant en long; gerçure.

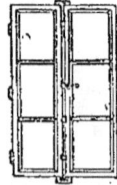

Féodal, e adj. Qui concerne les fiefs, leur appartient.

Féodalement adv. En vertu du droit de fief.

Féodalité s. f. Système politique qui soumettait les vassaux au suzerain; foi et hommage dus au seigneur d'un fief.

Fer s. m. Métal fort dur; instrument, outil en fer. *Fer à cheval,* semelle de fer que l'on cloue aux sabots d'un cheval*. Fig. arme aiguë ou tranchante. — Au pl. chaînes. Fig. captivité, esclavage.

Fer-blanc s. m. Tôle recouverte d'étain.

Ferblanterie s. f. Industrie ou commerce du ferblantier; produits de cette industrie.

Ferblantier s. m. Ouvrier qui travaille en fer-blanc.

Ferdinand (saint), roi de Castille (1200-1252). Nom de plusieurs souverains de différents pays.

Férétrien adj. m. Surnom donné à Jupiter par les Romains.

Férial, e adj. De férie.

Férie s. f. Jours de la semaine; jour de repos à Rome antique.

Férié, ée adj. De fête; consacré au repos.

Férir v. a. Frapper (vx.). *Sans coup férir,* sans combat.

Ferlage s. m. *Mar.* Action de ferler.

Ferler v. a. *Mar.* Plier entièrement et trousser les voiles.

Fermage s. m. Prix du loyer d'une ferme.

Fermant, e adj. Qui ferme.

Ferme s. f. Convention par laquelle un propriétaire donne un bien ou une chose à loyer; la chose même; pièce de charpente.

Ferme adj. Qui tient, se tient fixement et sans remuer; fixe, assuré; robuste; inébranlable. Adv. Fortement, avec assurance.

Fermement adv. Avec fermeté, force, assurance.

Ferment s. m. Levain. Fig. : *ferment de haine.*

Fermentable adj. Qui est susceptible de fermenter.

Fermentatif, ive adj. Qui a la vertu de fermenter.

Fermentation s. f. Mouvement

interne d'un liquide qui se décompose. Fig. agitation, division des esprits, des partis.

Fermenter v. n. Etre en fermentation. Fig. être dans l'agitation.

Fermentescible adj. Disposé à fermenter.

Fermer v. a. Clore ce qui est ouvert. V. n. Etre clos.

Fermeté s. f. Etat de ce qui est ferme. Fig. assurance ; constance ; courage.

Fermeture s. f. Ce qui sert à fermer ; action, moment de fermer les portes.

Fermier, ière s. Celui, celle qui prend à ferme.

Fermoir s. m. Agrafe de métal qui sert à fermer un livre*, une bourse, etc.

Fernandez (Juan), célèbre navigateur portugais qui pénétra le premier dans l'intérieur de l'Afrique (1446).

Féroce adj. Cruel, farouche, brutal.

Férocité s. f. Caractère, action [féroce.

Ferrage s. m. Action de ferrer les pieds d'un cheval.

Ferraille s. f. (*ll* m.) Vieux morceau de fer usé ou rouillé.

Ferrailler v. n. (*ll* m.) Faire du bruit en frappant des épées les unes contre les autres ; s'escrimer. Fig. disputer ; contester fortement (fam.).

Ferrailleur s. m. (*ll* m.) Qui aime à se battre ; marchand de ferraille.

Ferrant adj. m. *Maréchal* —, qui ferre les chevaux.

Ferré, ée adj. Garni de fer. Fig. qui possède bien son sujet. *Chemin ferré*, construit avec des cailloux.

Ferrement s. m. Outil de fer ; garnitures de fer.

Ferrer v. a. Garnir de fer ; mettre les fers au cheval, à un outil, etc.

Ferret s. m. Fer d'aiguillette, de lacet.

Ferreur s. m. Ouvrier qui ferre les lacets, les aiguillettes.

Ferrière s. f. Sac de cuir du maréchal ferrant, du serrurier.

Ferronnerie s. f. Fabrique, lieu de débit du fer ; menus ouvrages de cloutier.

Ferronnier, ière s. Qui vend des ouvrages en fer.

Ferrugineux, euse adj. De la nature du fer, qui contient de ses particules : *eau ferrugineuse*.

Ferrugo s. m. Rouille de fer.

Ferrure s. f. Garniture en fer ; action, manière de ferrer.

Fertile adj. Abondant, fécond, qui produit beaucoup.

Fertilement adv. Avec fertilité.

Fertilisant, e adj. Qui fertilise ; propre à fertiliser.

Fertilisation s. f. Action de fertiliser.

Fertiliser v. a. Rendre fertile.

Fertilité s. f. Qualité de ce qui est fertile.

Férule s. f. Palette de bois ou de cuir pour frapper dans la main des écoliers. Fig. autorité sévère, rigoureuse.

Fervemment adv. Avec ferveur.

Fervent, e adj. Qui a de la ferveur.

Ferveur s. f. Ardeur avec laquelle on se porte aux choses de piété, de charité, etc.

Festin s. m. Banquet, repas splendide.

Festiner v. a. Régaler quelqu'un. V. n. Faire un festin.

Festival s. m. Grande fête musicale. (Pl. *festivals.*)

Feston s. m. Faisceau de branches ornées de fleurs et de fruits ; ornement qui l'imite.

Festonner v. a. Découper en festons.

Festoyer ou **fêtoyer** v. a. Fêter, régaler quelqu'un.

Fête s. f. Jour consacré au culte ; jour de la fête du saint dont on porte le nom ; jour de réjouissance publique ou particulière.

Fête-Dieu s. f. Fête du Saint-Sacrement.

Fêter v. a. Chômer, célébrer une fête ; accueillir quelqu'un avec empressement.

Fétiche s. m. Amulette, talisman ; objet du culte des nègres.

Fétichisme s. m. Culte des fétiches.

Fétide adj. Qui a une odeur forte et très désagréable.

Fétidité s. f. Etat, qualité de ce qui est fétide.

Fêtoyer. V. *Festoyer*.

Fêtu s. m. Brin de paille.

Feu s. m. Lumière et chaleur que produisent les corps en combustion; amas de corps en combustion; foyer; coup d'arme à feu. Fig. chaleur; esprit vif, ardent, passion vive; famille habitant dans une même maison. *Feu follet*, flammes fugitives qu'on remarque au-dessus des marais ou dans les cimetières.

Feu, feue adj. Défunt. (Sans pl.)

Feudataire s. m. et adj. Vassal possesseur d'un fief.

Feuillage s. m. (*ll* m.) Toutes les feuilles d'un arbre; branches chargées de feuilles; ce qui les imite.

Feuillaison s. f. (*ll* m.) Renouvellement annuel des feuilles.

Feuillant, ine s. (*ll* m.) Religieux de l'ordre de Saint-Bernard. S. m. pl. Révolutionnaires en France (1792), modérés et opposés aux Jacobins.

Feuillard s. m. (*ll* m.) Branches fendues pour faire des cercles.

Feuille s. f. (*ll* m.) Partie de la plante qui garnit la tige, les rameaux. Fig. lame mince de métal, de bois, etc.; carré de papier blanc, écrit ou imprimé; journal.

Feuillé, ée adj. (*ll* m.) Garni de feuilles.

Feuillée s. f. (*ll* m.) Couvert en branches garnies de feuilles.

Feuiller v. n. (*ll* m.) Représenter les feuilles d'un arbre; se garnir de feuilles.

Feuillet s. m. (*ll* m.) Partie d'une feuille de papier contenant deux pages; troisième poche de l'estomac des ruminants.

Feuilletage s. m. (*ll* m.) Pâtisserie feuilletée; manière de la faire.

Feuilleter v. a. (*ll* m.) Tourner les feuillets d'un livre que l'on parcourt; faire lever la pâte en feuillets.

Feuilleton s. m. (*ll* m.) Coupon inférieur d'un journal, consacré à la littérature.

Feuilletoniste s. m. (*ll* m.) Celui qui écrit le feuilleton d'un journal.

Feuillette s. f. (*ll* m.) Tonneau contenant environ 135 litres.

Feuillu, ue adj. (*ll* m.) Plein de feuilles.

Feuillure s. f. (*ll* m.) *T. menuis.* Entaillures qui s'emboiten s'enfoncent dans une rainure.

Feurre s. m. Paille de tou sorte de blé.

Feutrage s. m. Préparation feutre; action de feutrer.

Feutre s. m. Etoffe non tissu faite en foulant la laine ou le po chapeau fabriqué avec cette étoff

Feutrer v. a. Mettre en feutr garnir de bourre.

Feutrier s. m. Qui prépare feutre.

Fève s. f. Plante légumineuse; sa graine*.

Fèverole s. f. Petite fève.

Février s. m. Second mois de l'année.

Fez s. m. Calotte turque.

Fi! interj. *Marque* le mépris, blâme, le dégoût.

Fiacre s. m. Voiture de place

Fiacre (saint), moine irlanda patron des jardiniers.

Fiançailles s. f. pl. (*ll* m.) P messe de mariage en présence d' prêtre.

Fiancé, ée adj. et s. Qui a f promesse de mariage.

Fiancer v. a. Promettre en m riage; faire les fiançailles (en pa lant du prêtre); donner en maria (en parlant du père).

Fiasco s. m. (mot ital.). *Fa fiasco*, échouer complètement.

Fibre s. f. Filament délié da les chairs; filet dans les plant *Avoir la fibre sensible*, s'émouv facilement.

Fibreux, euse adj. Qui a fibres, qui leur ressemble.

Fibrille s. f. Petite fibre.

Fibrine s. f. Substance anima flocons blancs et déliés dans chair musculaire et le sang.

Fic s. m. *Chir.* Excroissance chair. [ficel

Ficeler v. a. Lier avec de

Ficeleur s. m. Celui qui ficell

Ficelle s. f. Petite corde fils.

Fiche s. f. Petit morceau de servant à la penture des portes, c cheville; piquet.

Ficher v. a. Faire entrer pa pointe : *ficher un pieu en terre.*

Fichu s. m. Sorte de mouchoir de cou de femme.

Fichu, ue adj. Mal fait; perdu (pop.).

Fictif, ive adj. Feint.

Fiction s. f. Invention fabuleuse; supposition, être abstrait.

Fictivement adv. Par fiction.

Fidéicommis s. m. Legs fait à quelqu'un sous la condition tacite de le remettre à un autre.

Fidéicommissaire s. m. Chargé d'un fidéicommis.

Fidéjusseur s. m. Qui s'engage à payer pour un autre s'il ne paye pas; caution.

Fidéjussion s. f. Cautionnement.

Fidèle adj. Qui garde sa foi, remplit ses devoirs et ses engagements; exact, conforme à la vérité. S. m. Qui professe la vraie religion.

Fidèlement adv. D'une manière fidèle.

Fidélité s. f. Sincérité; foi; exactitude; loyauté.

Fiduciaire adj. *Héritier fiduciaire*, chargé d'un fidéicommis.

Fiduciairement adv. D'une manière fiduciaire.

Fief s. m. Domaine noble relevant d'un autre.

Fieffé, ée adj. Qui tenait en fief. Fig. désigne en mal le suprême degré : *fripon fieffé*.

Fiel s. m. Bile. Fig. haine; aigreur.

Fiente s. f. Excrément d'animaux.

Fienter v. n. Jeter son excrément.

Fier v. a. Commettre à la fidélité de quelqu'un. SE FIER v. pr. Avoir de la confiance en *ou* à.

Fier, fière adj. Hautain; orgueilleux; vain; considérable.

Fièrement adv. D'une manière fière; extrêmement.

Fierté s. f. Caractère de celui qui est fier; orgueil.

Fièvre s. f. Circulation accélérée du sang avec fréquence du pouls, chaleur et frisson. Fig. émotion violente.

Fiévreux, euse adj. Qui cause la fièvre; qui l'a.

Fièvrotte s. f. Petite fièvre.

Fifre s. m. Petite flûte très aiguë; celui qui en joue.

Figement s. m. Action de se figer; son effet.

Figer v. a. Congeler, épaissir par le froid. SE FIGER v. pr. Se coaguler.

Figue s. f. Fruit du figuier.

Figuerie s. f. Lieu planté de figuiers.

Figuier s. m. Arbre qui donne la figue *.

Figurant, e s. Personnage muet qui figure dans une pièce de théâtre, dans un ballet.

Figuratif, ive adj. Qui est la figure, le symbole de quelque chose.

Figurativement adv. D'une manière figurative.

Figure s. f. Forme extérieure d'un corps; visage; symbole; espace renfermé dans des lignes : *figure plane* (*géom.*); emploi de mots qui donnent de la force, de la grâce au style (*gram.*).

Figuré, ée adj. Détourné : *sens figuré*. *Langage figuré*, plein de figures. S. m. Sens métaphorique.

Figurément adv. Par métaphore.

Figurer v. a. Représenter. V. n. Paraître; faire figure. SE FIGURER v. pr. S'imaginer.

Figurine s. f. Figure très petite, en plâtre, en bronze, etc.

Figurisme s. m. Opinion de ceux qui croient que l'Ancien Testament est la figure du Nouveau.

Figuriste s. m. Celui qui moule des figures en plâtre; celui qui professe le figurisme.

Fil s. m. Petit brin long et délié de chanvre, de lin, de soie, de métal, etc.; tranchant d'un outil. Fig. suite de choses, d'une affaire, d'un discours, etc. *De fil en aiguille*, d'un propos, d'une chose à une autre.

Filage s. m. Manière de filer la laine, le lin, etc.

Filagramme. Voy. *Filigrane*.

Filament s. m. Petit filet, brin long et délié.

Filamenteux, euse adj. Qui a des filaments.

Filandière s. f. Qui file par métier. Adj. *Sœurs filandières*, les Parques (*myth.*).

Filandres s. f. pl. Filets longs

et déliés qui voltigent dans les airs; fibres dans la viande; petits vers qui attaquent les oiseaux.

Filandreux, euse adj. Rempli de filandres.

Filant, e adj. Qui coule, qui file doucement.

Filasse s. f. Filaments tirés du lin, du chanvre, etc.

Filassier, ière s. Qui façonne ou vend la filasse.

Filateur s. m. Entrepreneur, chef d'une filature.

Filature s. f. Lieu où se préparent le coton, la soie, où l'on file.

File s. f. Suite, rangée de choses, de personnes l'une après l'autre.

Filé s. m. Or, argent tiré à la filière.

Filer v. a. Transformer en fil le chanvre, le lin, etc.; tirer les métaux à la filière. V. n. Couler lentement; aller de suite; s'en aller (pop.).

Filerie s. f. Lieu où l'on file le chanvre.

Filet s. m. Fil délié; ligament situé sous la langue; sorte de tissu à mailles pour prendre des poissons*, des oiseaux, etc.; piège, embûches.

Fileur, euse s. Qui file la soie, la laine, l'or, etc.

Filial, e adj. Qui est du devoir du fils, de l'enfant : *piété filiale*.

Filialement adv. D'une manière filiale.

Filiation s. f. Descendance des enfants à l'égard des pères ou aïeux. Fig. suite des idées, des mots, leur liaison.

Filière s. f. Outil d'acier troué pour filer les métaux; écrou d'acier pour faire les vis*. *Passer par la filière*, par une épreuve difficile.

Filiforme adj. En forme de fil.

Filigrane s. m. Ouvrage d'orfèvrerie à jour; marque du papier.

Filin s. m. Corde (*mar.*).

Fille s. f. (*ll* m.) Enfant du sexe féminin; femme non mariée; servante.

Fillette s. f. (*ll* m.) Petite fill

Filleul, e s. (*ll* m.). La perso ne qu'on a tenue sur les fonts ba tismaux.

Filoche s. f. Espèce de tiss de filet.

Filon s. m. Veine métalliq qui court sous terre.

Filoselle s. f. Soie de quali inférieure.

Filou s. m. Voleur adroit; q trompe au jeu.

Filouter v. a. et n. Voler av adresse; tromper au jeu.

Filouterie s. f. Action de filo

Fils s. m. Enfant mâle, relativ ment aux père et mère.

Filtrant, e adj. Qui sert à trer.

Filtration s. f. Action de trer; passage à travers un filtre

Filtre s. m. Tout ce qui sert filtrer.

Filtrer v. a. Clarifier en passa à travers un filtre. V. n. Passer travers.

Filure s. f. Qualité de ce q est filé.

Fin s. f. Terme; ce qui termi achève; but. A LA FIN, loc. adv. k fin.

Fin, fine adj. Délié, menu; su til; spirituel; élégant.

Finage s. m. Étendue et born d'un territoire, d'une juridiction.

Final, e adj. Qui finit; qui du jusqu'à la fin.

Finale s. f. Dernière syllab dernière note. S. m. Morceau musique qui termine un acte d'op ra.

Finalement adv. Enfin; à fin.

Finance s. f. Argent comptai art de régir, d'asseoir, de lever impôts. Pl. Trésor public.

Financer v. n. Débourser l'argent.

Financier s. m. Qui manie finances; versé dans les financ

Financier, ière adj. Qui relatif aux finances.

Finasser v. n. User de mauv ses et petites finesses.

Finasserie s. f. Petite ou m vaise finesse.

Finasseur, euse ou **finassi ière** s. Celui, celle qui use de nasserie.

Finaud, e adj. et s. Fin; rusé dans les petites choses; qui finasse.
Finement adv. Délicatement; ingénieusement.
Finesse s. f. Qualité de ce qui est fin, délié; délicatesse d'esprit; ruse, astuce.
Finet, ette adj. et s. *Diminutif de* fin, rusé.
Finette s. f. Sorte d'étoffe de laine.
Fini, ie adj. Terminé; achevé; parfait.
Finir v. a. Achever, terminer; perfectionner. V. n. Prendre fin, cesser; aboutir à.
Finlandais, e adj. et s. De Finlande.
Fiole s. f. Petite bouteille de verre.
Fioritures s. f. pl. Ornements ajoutés à un morceau de musique.
Firmament s. m. Le ciel.
Firman s. m. Edit, ordre émané de quelque souverain de l'Orient.
Fisc s. m. Trésor de l'État; ses agents.
Fiscal, e adj. Qui concerne le fisc.
Fiscalement adv. D'une manière fiscale.
Fiscalité s. f. Qualité de ce qui est fiscal.
Fissure s. f. Gerçure, crevasse, petite fente.
Fistule s. f. Ulcère à entrée étroite et fond large.
Fistuleux, euse adj. De la nature de la fistule.
Fixatif, ive adj. Qui fixe, détermine.
Fixation s. f. Action de fixer.
Fixe adj. Immobile; certain; déterminé. S. m. Traitement sur lequel on a droit de compter. S. f. pl. Les étoiles fixes.
Fixe! interj. Commandement de rester immobile.
Fixé, ée part. pas. Etre attaché; n'avoir plus aucun doute.
Fixement adv. D'une manière fixe.
Fixer v. a. Arrêter, déterminer; rendre invariable, immobile; regarder fixement.
Fixité s. f. Etat de ce qui est fixe.
Flaccidité s. f. Etat des fibres relâchées, sans ressort; relâchement.

Flacon s. m. Sorte de bouteille*.

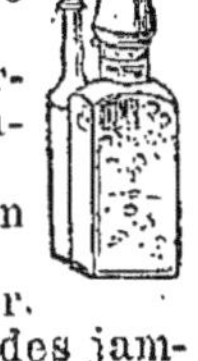

Flagellants s. m. pl. Sorte de fanatiques qui se flagellaient en public.
Flagellation s. f. Action de flageller.
Flageller v. a. Fouetter.
Flageoler v. n. Se dit des jambes qui tremblent.
Flageolet s. m. Petite flûte à son clair et aigu.
Flagorner v. a. Flatter souvent et bassement (fam.).
Flagornerie s. f. Flatterie basse et fréquente.
Flagorneur, euse s. Qui flagorne.
Flagrant, e adj. En état d'exécution, imminent. *Être pris en flagrant délit*, sur le fait.
Flair s. m. Odorat subtil des animaux.
Flairer v. a. Sentir par l'odorat. Fig. pressentir; prévoir.
Flaireur s. m. Celui qui flaire.
Flamand, e adj. De Flandre.
Flamant s. m. Grand oiseau de l'ordre des échassiers.
Flambant, e adj. Qui flambe.
Flambé, ée adj. Ruiné, perdu (fam.).
Flambeau s. m. Torche; chandelle: bougie; chandelier*. On dit au fig.: *le flambeau de la vérité, de la raison.*
Flamber v. a. Passer sur ou par le feu. V. n. Jeter de la flamme.
Flamberge s. f. Épée.
Flamboyant, e adj. Qui flamboie.
Flamboyer v. n. Jeter un grand éclat; briller.
Flamel (Nicolas), écrivain français, m. en 1418.
Flamine s. m. Prêtre, à Rome antique.
Flaminius Nepos, consul romain, m. 217 av. J.-C.
Flamme s. f. Partie subtile et lumineuse du feu; banderole longue, étroite et fendue au bout. Fig. ardent amour.
Flammèche s. f. Petite parcelle enflammée qui voltige.

Flan s. m. Sorte de tarte; métal taillé en rond pour faire une pièce de monnaie, une médaille, etc.

Flanc s. m. Chaque côté du corps, depuis les côtes jusqu'aux hanches. Fig. côté d'une chose. *Se battre les flancs*, faire beaucoup d'efforts inutiles.

Flandrin, peintre et archéologue français (1809-1876).

Flandrin s. m. Homme fluet et élancé, sans contenance.

Flanelle s. f. Etoffe de laine.

Flâner v. n. Se promener en musant, perdre son temps (fam.).

Flânerie s. f. Promenade sans but; oisiveté (fam.).

Flâneur, euse s. Qui flâne.

Flanquant, e adj. *Ouvrage flanquant*, avancé de manière à défendre les approches d'une place (*fortif.*).

Flanquer v. a. Garnir les flancs; fortifier; lancer brusquement (pop). SE FLANQUER v. pr. Se mettre, se placer mal à propos, se jeter dans.

Flaque s. f. Petite mare pleine d'eau dormante.

Flaquée s. f. Liquide que l'on jette vivement.

Flaquer v. a. Jeter un liquide avec impétuosité.

Flasque adj. Mou et sans force.

Flatter v. a. Louer à l'excès; embellir : *flatter un portrait ;* caresser; délecter (les sens). SE FLATTER v. pr. Se vanter; se persuader; espérer.

Flatterie s. f. Louange fausse et exagérée.

Flatteur, euse adj. et s. Qui flatte; caressant; trompeur : *miroir flatteur*.

Flatteusement adv. Avec flatterie, caresses.

Flatueux, euse adj. Qui cause des flatuosités.

Flatuosité s. f. Vent qui sort du corps.

Flavien (saint), patriarche d'Antioche, m. en 404.

Fléau s. m. Instrument dont on se sert pour battre le grain ; verge transversale d'une balance; barre de fer mobile derrière une porte. Fig. grand malheur; personne ou chose funeste.

Flèche s. f. Trait qu'on lance avec un arc ou une arbalète; ce qui en a la forme*; pièce de bois du train d'une voiture.

Fléchier (Esprit), orateur sacré, évêque de Nîmes (1632-1710).

Fléchir v. a. Ployer, courber. Fig. attendrir; émouvoir. n. Se ployer, se courber. Fig. pas persister dans ses sentime de sévérité, de fermeté.

Fléchissement s. m. Action fléchir; ses effets; état d'un co fléchi.

Fléchisseur s. et adj. m. M cle —, destiné à fléchir.

Flegmatique adj. et s. 2 g. C abonde en flegme, en pituite. F difficile à émouvoir.

Flegme s. m. Matière pit teuse. Fig. sang-froid; calme i branlable.

Flegmon. Voy. *Phlegmon*.

Flegmoneux, euse. Voy. *Phlegmoneux*.

Flesselles (Jacques de), d nier prévôt des marchands de P ris (1721-1789).

Flétrir v. a. Faner, séch ôter la couleur, la vivacité, la fr cheur. Fig. altérer la pureté, l nocence; diffamer, déshonorer.

Flétrissant, e adj. Qui dés nore.

Flétrissure s. f. Altération ce qui est flétri. Fig. tache à réputation; condamnation em tant infamie; empreinte de lett sur l'épaule d'un condamné.

Fleur s. f. Partie des végéta qui contient les organes de la production; plante qui fleurit. F éclat; élite; ce qu'il y a de p fin, de meilleur. A FLEUR DE prép. Au niveau de.

Fleuraison s. f. Formation fleurs; son époque.

Fleur de lis s. f. Ornement anciennes armoiries de France

Fleurdeliser v. a. Parsemer fleurs de lis.

Fleurer v. n. Exhaler une od

Fleuret s. m. Sorte d'épée minée par un bouton.

Fleurette s. f. Petite fleur. cajolerie.

Fleuri, ie adj. Qui est en fle

orné de fleurs ; frais : *teint fleuri.* Fig. orné : *style fleuri.*

Fleurir v. n. et v. a. Pousser des fleurs ; être en fleurs ; orner de fleurs. Fig. être en vogue, prospérer. Dans le sens figuré, il fait *florissant* au part. prés., et *florissait* à l'imparfait de l'indicatif.

Fleurissant, e adj. Qui pousse des fleurs ; fleuri. Au fig. *florissant.*

Fleuriste s. m. Amateur, cultivateur, peintre de fleurs. Adj. *Jardinier fleuriste*, qui s'occupe spécialement de la culture des fleurs.

Fleuron s. m. Petite fleur. Fig. *Fleuron de la couronne*, privilège, prérogative. *T. d'impr.* Ornement en forme de fleurs*.

Fleury (l'abbé), confesseur de Louis XV (1641-1723).

Fleuve s. m. Grande rivière qui se jette dans la mer. Fig. grande abondance.

Flexibilité s. f. Qualité de ce qui est flexible.

Flexible adj. Souple, qui se plie aisément. Fig. *esprit flexible*, qui se porte à tout facilement.

Flexion s. f. Etat de ce qui est fléchi ; mouvement des muscles fléchisseurs.

Flexueux, euse adj. Tortueux ; courbé plusieurs fois dans sa longueur : *tige flexueuse* (*bot.*).

Flexuosité s. f. Qualité, état de ce qui est flexueux.

Flibuster v. a. Filouter, voler.

Flibustier s. m. Pirate de l'Amérique ; boucanier.

Flicflac s. m. Pas de danse. (Pl. *flicflacs.*)

Flic flac s. m. Onomatopée imitant les coups du fouet.

Floche adj. Velu, velouté. *Soie floche*, non torse.

Flocon s. m. Petite touffe, petite pelotte de laine, de soie, de neige.

Floconneux, euse adj. Qui ressemble à des flocons.

Flonflon s. m. Se dit des refrains de chansons, de vaudevilles.

Floraison s. m. Fleuraison.

Floral, e adj. Qui appartient à la fleur. JEUX FLORAUX, V. *Jeu.*

Flore s. f. Traité et collection des fleurs d'un pays.

Floréal s. m. Deuxième mois du printemps de l'année républicaine française, du 20 avril au 20 mai.

Florence s. m. Taffetas léger.

Florentin, e adj. et s. De Florence.

Florès. Ne s'emploie que dans FAIRE FLORÈS, afficher un grand luxe, avoir du succès.

Florian, fabuliste français (1755-1794).

Florin s. m. Pièce de monnaie dans plusieurs Etats étrangers.

Florissant, e adj. Fig. en vogue, qui prospère ; brillant : *santé florissante.*

Flot s. m. Eau agitée ; vague ; marée ; train de bois. Au pl. la mer. Fig. foule ; grande quantité. A FLOTS loc. adv. En abondance.

Flottable adj. Où l'on peut faire flotter le bois.

Flottage s. m. Conduite du bois flotté sur l'eau.

Flottaison s. f. Partie du vaisseau qui est à fleur d'eau.

Flottant, e adj. Qui flotte. Fig. irrésolu, incertain.

Flotte s. f. Grand nombre de vaisseaux réunis.

Flotté, ée adj. Venu en flottant : *bois flotté.*

Flottement s. m. Ondulation d'une troupe en marche.

Flotter v. n. Etre porté sur ou par un fluide ; être agité, soutenu par le vent (se dit des cheveux, d'une étoffe, etc.). Fig. chanceler ; être irrésolu.

Flotteur s. m. Celui qui fait ou dirige un train de bois ; appareil indiquant l'abaissement du niveau de l'eau dans une machine à vapeur.

Flottille s. f. Petite flotte.

Fluctuation s. f. Mouvement des fluides épanchés dans une tumeur. Fig. défaut de fixité.

Fluctueux, euse adj. Agité de mouvements violents et contraires.

Fluer v. n. Couler.

Fluet, ette adj. Mince, délicat.

Fluide adj. Dont les parties, non adhérentes, ont une grande facilité à se mouvoir entre elles ; qui coule aisément. S. m. Corps fluide (l'eau, le gaz, etc.).

Fluidement adv. En coulant, circulant à la manière des fluides.

Fluidité s. f. Qualité de ce qui est fluide.

Fluor s. m. L'un des corps simples de la chimie.

Fluorhydrique adj. *Chim.* Se dit de l'acide formé par le fluor et l'hydrogène.

Fluorure *Chim.* Combinaison du fluor avec un autre corps simple.

Flûte s. f. Instrument de musique en forme de tuyau creux percé de trous et garni de clefs; petit pain long; verre à boire de forme longue; navire à fond plat, très large.

Flûté, ée adj. *Voix flûtée*, douce, agréable comme la flûte.

Flûteau s. m. Sifflet; plante de la famille des joncs.

Flûter v. n. Jouer de la flûte; boire (pop.).

Flûteur, euse s. Qui joue de la flûte; qui boit beaucoup (pop.).

Flûtiste s. m. Musicien qui joue de la flûte.

Fluvial, e adj. Qui concerne les fleuves.

Fluviatile adj. Se dit des coquilles et des plantes d'eau douce.

Flux s. m. Mouvement régulier de la mer vers le rivage; écoulement extraordinaire; mouvement.

Fluxion s. f. Ecoulement, dépôt d'humeurs; enflure.

Fluxionnaire adj. Qui est sujet aux fluxions.

Foc s. m. Voile triangulaire (*mar.*).

Focal, e adj. Du foyer (*phys.*).

Foë (de), romancier anglais (1661-1731).

Fœtus s. m. Premier état de l'enfant ou de l'animal après la conception.

Foi s. f. Croyance aux vérités révélées; objet de la foi; probité; témoignage; confiance. DE BONNE FOI loc. adv. Sincèrement.

Foie s. m. Gros viscère qui sécrète la bile, le fiel.

Foin s. m. Herbe des prés coupée et séchée ou non; barbes blanchâtres qui garnissent le fond d'un artichaut.

Foin! interj. marquant le mépris, le dépit, la colère.

Foire s. f. Grand marché public à époque fixe; diarrhée (pop.).

Fois s. f. Désigne le nombre, la quantité, le temps des choses, des actions : *répéter trois fois, maintès fois.* A LA FOIS loc. adv. En même temps. DE FOIS A AUTRE loc. adv. De temps en temps.

Foison s. f. (sans pl. ni art.). Abondance, grande quantité. A FOISON loc. adv. Abondamment.

Foisonner v. n. Abonder; multiplier.

Fol, folle. Voy. *Fou.*

Folâtre adj. Badin; qui aime à folâtrer.

Folâtrement adv. D'une manière folâtre.

Folâtrer v. n. Badiner agréablement, innocemment.

Folâtrerie s. f. Badinage; action, paroles plaisantes.

Foliacé, ée adj. De la nature des feuilles.

Foliation s. f. *Bot.* Assemblage des feuilles autour de la tige; moment où les feuilles se développent

Folichon, onne adj. et s. Folâtre, badin (fam.).

Folichonner v. n. Folâtrer (fam.).

Folie s. f. Aliénation d'esprit, démence; imprudence, extravagance; propos gais, sans suite, sans objet; passion excessive; excès, écart de conduite. A LA FOLIE loc. adv. Éperdument : *aimer à la folie*

Folié, ée adj. Qui est garni de feuilles (*bot.*); semblable à de petites feuilles (*chim.*).

Folio s. m. Feuillet; numéro d'une page.

Foliole s. f. Se dit des petites feuilles dont la réunion forme la feuille composée (*bot.*).

Follement adv. D'une manière folle.

Follet, ette adj. Un peu fou, badin. POIL FOLLET, duvet, premier poil du menton. FEU FOLLET, sorte de météore.

Folliculaire s. m. Journaliste (iron.).

Fomentation s. f. Application extérieure d'un remède adoucissant et fortifiant; le médicament même (*méd.*).

Fomenter v. a. Appliquer une fomentation (*méd.*). Fig. entrete nir sourdement : *fomenter la discorde.*

Foncé, ée adj. Chargé en couleur, sombre. Fig. riche, habile : *homme foncé.*

Foncer v. a. Mettre un fond à un tonneau ; charger en couleur. V. n. se précipiter sur quelqu'un.

Foncier, ière adj. D'un bien-fonds, d'une terre.

Foncièrement adv. A fond, dans le fond.

Fonction s. f. Action régulière des organes ; exercice d'un emploi, d'une charge ; cet emploi, cette charge même.

Fonctionnement s. m. Action de fonctionner.

Fonctionnaire s. m. Personne qui exerce une fonction.

Fonctionner v. n. Faire sa fonction.

Fond s. m. L'endroit le plus bas, le plus creux, le plus éloigné, le plus reculé ; douves qui ferment un tonneau ; ce sur quoi l'on dessine, on peint, on brosse. Fig. l'essentiel ; ce qu'il y a de plus intime, de plus secret. À FOND loc. adv. Profondément, tout à fait. DE FOND EN COMBLE loc. adv. Entièrement.

Fondamental, e adj. Qui sert de fondement.

Fondamentalement adv. D'une manière fondamentale.

Fondant, e adj. Qui fond ; qui se fond. S. m. Substance qui a la propriété de dissoudre.

Fondateur, trice s. Qui a fondé un établissement, une doctrine, etc.

Fondation s. f. Action de fonder, ses effets ; base, fondement ; fonds légués pour un usage louable.

Fondé, ée adj. Appuyé ; motivé, légitime. FONDÉ DE POUVOIR s. m. Mandataire.

Fondement s. m. Creux fait pour bâtir ; maçonnerie qu'on y établit. Fig. principe, cause, base, motif.

Fonder v. a. Faire les fondations d'un édifice. Fig. instituer une fondation ; motiver.

Fonderie s. f. Lieu où l'on fond les métaux ; art de fondre.

Fondeur s. m. Qui fond les métaux, les lettres, etc.

Fondre v. a. Rendre liquide par le feu ; dissoudre ; mêler ensemble. V. n. Se dissoudre ; diminuer ; se jeter, tomber impétueusement sur : *l'orage fondit sur la ville ; l'aigle fond sur l'agneau.* SE FONDRE v. pr. Se liquéfier. Fig. se dissiper, s'anéantir.

Fondrière s. f. Ouverture accidentelle à la surface de la terre ; terrain marécageux.

Fondrilles s. f. pl. (*ll* m.) Ordures, sédiment.

Fonds s. m. Sol d'une terre ; capital ; biens ; marchandises et achalandage d'une boutique. Fig. richesse de science, de vertus, etc.

Fondue s. f. Mets fait avec du fromage fondu au feu.

Fongible adj. Se dit des choses qui peuvent être remplacées par d'autres de même nature.

Fongiforme adj. Qui est en forme de champignon.

Fontaine s. f. Eau vive sortant de terre ; construction, édifice qui sert à l'écoulement des eaux* ; vase pour garder de l'eau.

Fontainier. Voy. *Fontenier.*

Fontanelle s. f. Endroit où aboutissent les sutures du crâne.

Fontange s. f. Nœud de rubans autour de la tête.

Fonte s. f. Action de fondre ; métal fondu. Au pl. fourreaux de cuir attachés à la selle pour y mettre les pistolets.

Fontenelle, littérateur français, neveu de Corneille (1657-1757).

Fontenier s. m. Celui qui fait, répare ou vend des fontaines.

Fonts s. m. pl. Vaisseau large, vase fixe pour baptiser.

For s. m. Tribunal, juridiction. FOR INTÉRIEUR, le jugement de sa propre conscience.

Forage s. m. Action de forer ; résultat de cette action.

Forain, e adj. Du dehors : *marchand forain,* qui parcourt les foires ; *rade foraine,* en pleine côte, sans abri.

Forban s. m. Voleur de mer.

Forçat s. m. Galérien.

Force s. f. Vigueur ; puissance, effet ; nécessité. Fig. vertu ; pénétration d'esprit, habileté ; solidité. PAR FORCE et DE VIVE FORCE loc. adv. Avec violence.

Forcé, ée adj. Qui n'est pas naturel.

Forcément adv. Par force, par contrainte.

Forcené, ée adj. et s. Furieux et hors de sens.

Forceps s. m. Instrument de chirurgie.

Forcer v. a. Contraindre, obliger à ; prendre par force ; rompre. *Forcer la main*, contraindre.

Forces s. f. pl. Gros ciseaux.

Forclore v. a. Exclure (*t. de droit*).

Forclusion s. f. Exclusion (*t. de droit*).

Forer v. a. Percer.

Forestier, ière adj. Qui concerne les forêts.

Foret s. m. Instrument pour forer, pour percer un tonneau *; cheville pour en boucher le trou.

Forêt s. f. Grande étendue de pays couverte de bois.

Forfaire v. a. Prévariquer ; agir contre le devoir.

Forfait s. m. Crime énorme.

Forfaiture s. f. Prévarication d'un magistrat.

Forfanterie s. f. Hâblerie.

Forge s. f. Lieu où l'on fond, où l'on forge et travaille les métaux ; enclume pour forger*.

Forgeable adj. Qui peut se forger.

Forger v. a. Donner la forme au fer, au métal, à l'aide du feu et du marteau. Fig. inventer ; faire.

Forgeron s. m. Qui forge, travaille aux forges.

Forgeur s. m. Qui forge certains objets. Fig. qui invente des faussetés.

Forjeter v. n. Sortir de l'alignement général d'un édifice (*archit.*).

Forlancer v. a. Faire sortir du gîte.

Formaliser (se) v. pr. S'offenser.

Formalisme s. m. Attachement excessif aux formes, aux formalités.

Formaliste s. Attaché aux formes, aux formalités.

Formalité s. f. Formule de droit ; manière expresse, formelle, de procéder en justice.

Format s. m. Dimension d'un livre.

Formation s. f. Action de former, de se former.

Forme s. f. Figure extérieure ; surface et contour ; modèle sur lequel on fait un chapeau, un soulier ; formalités ; pages imposées dans un châssis (*t. d'impr.*). POUR LA FORME loc. adv. Pour se conformer aux usages reçus.

Formel, elle adj. Exprès ; précis.

Formellement adv. En termes exprès ; précisément.

Formener v. a. Vexer ; chasser.

Former v. a. Donner l'être et la forme ; produire. Fig. façonner ; concevoir ; instruire.

Formidable adj. Redoutable.

Formier s. m. Qui fait et vend des formes.

Formose, pape, m. 896.

Formulaire s. m. Recueil de formules.

Formule s. f. Forme prescrite ; modèle d'acte ; résultat d'un calcul (*math.*); ordonnance de médecin.

Formuler v. a. Rédiger d'après la formule. Fig. énoncer.

Fornicateur, trice s. Celui, celle qui fornique.

Fornication s. f. Péché de luxure.

Forniquer v. n. Commettre le péché de luxure.

Fors prép. Excepté.

Fort, e adj. Robuste ; vigoureux ; grand et épais de taille ; en état de résister à un siège : *ville forte*. Fig. désagréable : *odeur forte ;* habile : *forte tête*.

Fort s. m. Lieu fortifié ; ce qu'il y a de plus fort dans une chose.

Forte adv. (mot italien), indique en musique l'endroit où le son doit être renforcé.

Fortement adv. Avec force.

Forte-piano. Voy. *Piano*.

Forteresse s. f. Lieu fortifié.

Fortifiant, e adj. Qui fortifie.

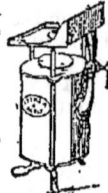

Fortification s. f. Action de fortifier; ouvrages pour fortifier*.

Fortifier v. a. Rendre fort, plus fort; affermir.

Fortin s. m. Petit fort.

Fortiori (à) loc. adv. (mot latin). A plus forte raison.

Fortrait, e adj. Excédé de fatigue : *cheval fortrait.*

Fortraiture s. f. Fatigue d'un cheval excédé.

Fortuit, e adj. Qui arrive par hasard.

Fortuitement adv. Par hasard.

Fortunat, évêque de Poitiers et poète (530-609).

Fortune s. f. Hasard; chance, cas fortuit; bonheur; biens, richesses; état, condition où l'on est. Divinité qui dispensait les biens et les maux* (*myth.*).

Fortuné, ée adj. Heureux; riche; où est le bonheur : *lieu fortuné.*

Forum s. m. Marché, place publique d'assemblée à Rome.

Forure s. f. Trou de foret.

Fosse s. f. Creux long et large fait en terre; tombeau.

Fossé s. m. Fosse en long.

Fossette s. f. Creux au menton, aux joues.

Fossile adj. et s. m. Du règne minéral; terres, pierres, coquilles, ossements, végétaux pétrifiés, tirés du sein de la terre.

Fossoyage s. m. Travail du fossoyeur.

Fossoyer v. a. Fermer avec des fossés.

Fossoyeur s. m. Qui fait des fosses pour les morts.

Fou ou **fol** m. **folle** f. adj. et s. Qui a perdu la raison; extrêmement gai, badin.

Fouace s. f. Sorte de galette cuite sous la cendre.

Fouage s. m. Droit seigneurial sur chaque feu, maison ou famille.

Fouailler v. a. (*ll* m.) Donner de nombreux coups de fouet.

Fouché (Joseph), conventionnel, ministre de la police et duc d'Otrante sous l'Empire (1764-1820).

Foudre s. f. Fluide électrique sortant des nues avec lumière et détonation. Fig. courroux de Dieu; excommunication de l'Eglise. S. m. Fuseau d'où sortent des dards en zig-zag. *Foudre de guerre, foudre d'éloquence,* grand général, grand orateur.

Foudre s. m. Grande tonne.

Foudroiement ou **foudroîment** s. m. Action par laquelle un être est foudroyé.

Foudroyant, e adj. Qui foudroie. Fig. renverser, ruiner; battre à coups nombreux de canon, d'armes à feu.

Fouée s. f. Chasse nocturne aux oiseaux.

Fouet s. m. Corde, lanière de cuir attachée à un bâton pour fouetter.

Fouetter v. a. Donner le fouet, battre de verges. V. n. Souffler, frapper avec impétuosité, en parlant du vent, de la grêle, etc.

Fouetteur, euse s. Qui fouette, qui aime à fouetter.

Fougeraie s. f. Lieu planté de fougères.

Fougère s. f. Sorte de plante*.

Fougue s. f. Mouvement violent, impétueux; emportement; verve, enthousiasme.

Fougueux, euse adj. Qui a de la fougue; violent, emporté.

Fouille s. f. (*ll* m.) Travail fait en fouillant la terre.

Fouille-au-pot s. m. (*ll* m.) Petit marmiton (pop.).

Fouiller v. a. (*ll* m.) Creuser pour chercher. Fig. chercher avec soin, examiner.

Fouillis s. m. (*ll* m.) Masse d'objets confus et en désordre (fam.).

Fouine s. f. Sorte de grosse belette.

Fouir v. a. Creuser en terre.

Fouisseur s. m. Se dit de tous les animaux qui ont l'habitude de creuser le sol, comme les taupes.

Foulage s. m. Action de presser; ses effets.

Foulant, e adj. Qui foule,

Foulard s. m. Sorte d'étoffe de soie légère.

Foule s. f. Multitude de personnes; grande quantité de choses. Fig. le vulgaire.

Foulées s. f. pl. Légères traces du pied du gibier.

Fouler v. a. Presser; marcher sur. Fig. opprimer. *Fouler aux pieds*, fig. traiter avec mépris.

Foulerie s. f. Lieu où l'on foule les draps, etc.

Fouloir s. m. Foulerie; instrument pour fouler.

Foulon s. m. Qui foule les draps.

Foulque s. f. Poule d'eau.

Foulques, curé de Neuilly, prêcha la quatrième croisade en 1199; m. en 1201.

Foulure s. f. Contusion, blessure d'un membre foulé. Au pl. Marques du pied d'un cerf.

Fouquet (Nicolas), surintendant des finances (1615-1680).

Fouquier-Tinville, accusateur public du tribunal révolutionnaire (1747-1795).

Four s. m. Lieu voûté en rond avec une ouverture, pour cuire le pain, les briques, le verre *, etc. PETITS FOURS, sorte de petites pâtisseries sèches.

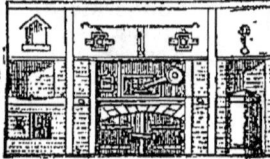

Fourbe adj. et s. Trompeur fin et adroit. S. f. Fourberie, tromperie.

Fourber v. a. Tromper par de mauvaises finesses.

Fourberie s. f. Tromperie ; ruse basse et vile jointe au mensonge.

Fourbir v. a. Polir, nettoyer (le fer).

Fourbisseur s. m. Qui fourbit, garnit et vend des épées.

Fourbissure s. f. Action de fourbir.

Fourbu, ue adj. (Cheval —), attaqué d'une fourbure.

Fourbure s. f. Maladie aux jambes du cheval.

Fourche s. f. Instrument à long manche, muni au bout de deux ou trois pointes; endroit où un chemin se divise en deux ou trois branches.

Fourcher v. n. Faire la fourche, se bifurquer.

Fourchette s. f. Ustensile de table en forme de fourche.

Fourchon s. m. Branche de fourche ou de fourchette; endroit d'où sortent les branches d'un arbre.

Fourchu, ue adj. En fourche.

Fourchure s. f. Endroit où une chose, un arbre fourchent.

Fourgon s. m. Grande charrette couverte; instrument pour remuer le feu dans le four.

Fourgonner v. n. Remuer le feu avec le fourgon, avec les pincettes, sans nécessité. Fig. fouiller maladroitement en mettant tout sens dessus dessous (fam.).

Fourmi s. f. Sorte d'insecte vivant en société sous terre.

Fourmilier s. m. Quadrupède d'Amérique qui se nourrit de fourmis.

Fourmilière s. f. Retraite des fourmis; ces fourmis. Fig. grand nombre de personnes ou de choses.

Fourmi-lion ou **fourmilion** s. m. Sorte d'insecte qui se nourrit de fourmis.

Fourmillement s. m. (*ll* m.) Picotement sur la peau comme si des fourmis y couraient.

Fourmiller v. n. (*ll* m.) Abonder, être en très grand nombre ; picoter entre cuir et chair.

Fournage s. m. Frais de la cuite du pain.

Fournaise s. f. Sorte de grand four; lieu très chaud. Fig. creuset.

Fourneau s. m. Meuble de cuisine ayant un ou plusieurs trous à feu pour cuire les viandes*; four de verrerie, etc.; creux plein de poudre.

Fournée s. f. Le contenu d'un four à pain, à chaux, etc., chauffé. Fig. nombre de personnes nommées en même temps à une fonction, à une dignité.

Fourni, ie adj. Pourvu ; touffu : *gazon fourni.*

Fournier, ière s. Qui tient un four public.

Fournil s. m. Lieu où est le four, où l'on pétrit. [soldat.

Fourniment s. m. Armes d'un

Fournir v. a. Pourvoir; livrer, donner; parfaire : *fournir sa course, sa carrière*. V. n. Subvenir, contribuer : *fournir à la dépense*.

Fournissement s. m. Fonds de chaque associé dans une société.

Fournisseur s. m. Qui entreprend la fourniture.

Fourniture s. f. Provision; ce qui est fourni; petites herbes dans la salade.

Fourrage s. m. Grain, paille, herbage servant de pâture aux bestiaux.

Fourrager v. a. Ravager : *fourrager un pays*. V. n. Couper, amasser du fourrage.

Fourragère adj. f. Se dit des plantes qu'on cultive comme fourrage, et de leur culture.

Fourrageur s. m. Qui va au fourrage.

Fourré, ée adj. Garni de fourrures. *Coups fourrés*, portés et reçus en même temps.

Fourré s. m. Partie de bois très fournie d'arbres, de broussailles.

Fourreau s. m. Gaîne; étui, enveloppe; robe d'enfant.

Fourrer v. a. Garnir de fourrure. Fig. faire entrer une chose parmi d'autres; introduire; donner avec excès. SE FOURRER v. pr. Entrer, s'introduire; s'engager dans; se garnir de fourrures.

Fourreur s. m. Qui fait et vend des fourrures.

Fourrier s. m. Sous-officier chargé de la comptabilité d'une compagnie et de pourvoir en route au logement des soldats.

Fourrière s. f. Lieu où l'on retient les voitures, les animaux saisis.

Fourrure s. f. Peau garnie de poils et préparée; robe fourrée.

Fourvoiement s. m. Action de se fourvoyer. Fig. erreur, méprise.

Fourvoyer v. a. et **Se fourvoyer** v. pr. Détourner, se détourner du chemin, de la bonne voie; se tromper.

Fox (George), fondateur de la secte des quakers (1624-1690).

Foy (Maxim.-Sébast.), célèbre général et orateur politique français (1775-1825).

Foyer s. m. Atre, place où se fait le feu; dans les théâtres, lieu où les acteurs se chauffent, où le public se réunit pendant les entr'actes. Fig. Siège principal; centre : *le foyer d'une maladie;* maison; domicile.

Frac s. m. Sorte de vêtement d'homme.

Fracas s. m. Rupture, fracture avec bruit et violence; grand bruit.

Fracasser v. a. Rompre; briser en pièces; mettre en désordre.

Fraction s. f. Action de rompre; *t. d'arith.* partie de l'unité; parties égales de l'unité.

Fractionnaire adj. Qui a rapport aux fractions; *nombre fractionnaire*, qui contient des fractions.

Fractionnement s. m. Action de fractionner; résultat de cette action.

Fractionner v. a. Réduire en parties; diviser.

Fracture s. f. Rupture avec effort.

Fracturé, ée adj. Où il y a fracture.

Fracturer v. a. Faire une fracture.

Fragile adj. Aisé à rompre, à se casser. Fig. peu stable; sujet à tomber en faute.

Fragilité s. f. Qualité de ce qui est fragile. Fig. instabilité; facilité à tomber en faute.

Fragment s. m. Morceau d'une chose brisée. Fig. petite partie d'un livre, d'un discours inachevé ou perdu.

Fragmenté, ée adj. Fêlé, dont un fragment est détaché.

Fragonard (Nicolas), peintre français (1732-1806).

Frai s. m. Action de frayer; altération de la monnaie par le frottement; multiplication des poissons, son temps; petits poissons.

Fraîchement adv. Avec fraîcheur; depuis peu de temps.

Fraîcheur s. f. Froid doux et agréable; qualité de ce qui est fait depuis peu; éclat des couleurs.

Fraîchir v. n. Se dit du vent qui devient vif.

Frairie s. f. Divertissement; bonne chère; débauche.

Frais s. m. pl. Dépenses; dépens d'un procès.

Frais, fraîche adj. Médiocrement froid; récent; nouvellement fait, produit, arrivé : *pain frais, nouvelle fraîche;* coloré et vif : *teint frais.* S. m. Air frais : *respirer le frais.* Adv. Récemment.

Fraise s. f. Fruit du fraisier*; mésentère de veau; collet plissé; outil pour fraiser.

Fraiser v. a. Plisser en forme de fraise.

Fraisette s. f. Petite fraise ou collet.

Fraisier s. m. Petite plante qui produit la fraise.

Fraisière s. f. Terrain planté de fraisiers.

Fraisil s. m. Cendres du charbon de terre.

Framboise s. f. Fruit du framboisier.

Framboiser v. a. Accommoder avec du jus de framboises.

Framboisier s. m. Arbrisseau épineux, tenant de la ronce; donne la framboise.

Framée s. f. Arme des anciens Francs.

Franc s. m. Unité des monnaies françaises.

Franc, franche adj. Libre; sincère, loyal; vrai : *franc pédant;* de la véritable espèce : *moineau franc;* exempt de charges, de droits, d'impôts. Adv. Résolument; sans détours : *parler franc.*

Franc, franque adj. Des Francs.

Français, e adj. Qui est de France; qui concerne la France. S. m. Langue parlée en France.

Franc-alleu s. m. Fonds de terre exempt de droits seigneuriaux. (Pl. *francs-alleux.*)

Franc archer s. m. Soldat sous Charles VII.

Franc-bord s. m. Espace de terrain laissé libre sur le bord d'une rivière; bordage extérieur d'un navire.

Franc-comtois, e adj. et s. De la Franche-Comté.

Franchement adv. Avec franchise, sincèrement; librement.

Franchir v. a. Sauter [par-dessus :-*franchir une barrière;* passer au delà : *franchir une rivière.* Fig. surmonter les difficultés.

Franchise s. f. Exemption; immunité. Fig. sincérité, loyauté.

Francisation s. f. Acte qui constate qu'un navire est français.

Franciscain s. m. Religieux de l'ordre de Saint-François d'Assise.

Franciser v. a. Donner une terminaison, une inflexion française à un mot d'une autre langue.

Francisque s. f. Hache d'armes des Francs.

Franc-maçon s. m. Initié à la franc-maçonnerie.

Franc-maçonnerie s. f. Association secrète à laquelle on n'est admis qu'après certaines épreuves.

Franco adv. Sans frais de transport.

François, nom de plusieurs saints : SAINT FRANÇOIS D'ASSISE, fondateur en 1208 des Frères mineurs (1182-1226); SAINT FRANÇOIS DE SALES, évêque de Genève, institua l'ordre de la Visitation (1567-1622); SAINT FRANÇOIS XAVIER, évangélisa les Indes et mourut en Chine (1506-1556).

François, nom de plusieurs souverains de France, d'Allemagne et d'Italie.

Francs s. m. pl. Confédération de peuples germains qui envahirent la Gaule et s'y établirent au ve siècle.

Frange s. f. Tissu d'où pendent des filets, pour orner.

Franger v. a. Garnir de franges.

Frangipane s. f. Pâtisserie contenant une crème aux amandes; parfum.

Franklin (Benjamin), homme d'Etat et publiciste, né à Boston; inventeur du paratonnerre (1706-1790).

Franquette (à la bonne) adv. Franchement, ingénument.

Frappant, e adj. Qui fait une impression vive sur les sens, l'esprit, l'âme; *portrait frappant,* très ressemblant.

Frappe s. f. Marque, empreinte que le balancier fait sur les monnaies.

Frappé, ée adj. Marqué. Fig. étonné; rafraîchi par le moyen de la glace : *vin frappé.*

Frappement s. m. Action de Moïse frappant le rocher.

Frapper v. a. Donner un ou plusieurs coups; donner l'empreinte à la monnaie. Fig. faire impression sur les sens ou l'esprit.

Frappeur, euse s. Qui frappe.

Frasil s. m. Poussier et menue braise.

Frasque s. f. Action extravagante, imprévue, faite avec éclat.

Frater s. m. (mot latin signifiant *frère*). Garçon chirurgien.

Fraternel, elle adj. Propre aux frères, tel qu'il leur convient ; *correction fraternelle*, faite en esprit de charité.

Fraternellement adv. D'une manière fraternelle.

Fraterniser v. n. Vivre fraternellement.

Fraternité s. f. Relation de frère à frère ; union, amitié, liaison fraternelle.

Fratricide s. m. Meurtre de son frère ou de sa sœur; celui qui s'en est rendu coupable.

Fraude s. f. Tromperie cachée; action de mauvaise foi; contrebande.

Frauder v. a. Tromper; frustrer par fraude.

Fraudeur, euse s. Qui fraude.

Frauduleusement adv. Avec fraude.

Frauduleux, euse adj. Où il y a de la fraude : *traité frauduleux;* enclin à la fraude : *esprit frauduleux*.

Fraxinelle s. f. Sorte de plante.

Frayant, e adj. Coûteux, qui occasionne de grands frais.

Frayer v. a. Tracer, marquer : *frayer un chemin;* frôler, toucher légèrement. V. n. Se multiplier, en parlant des poissons. Fig. se convenir, se fréquenter.

Frayeur s. f. Terreur extrême; crainte subite.

Fredaine s. f. Folie de jeunesse; trait de libertinage.

Frédégonde, femme de Chilpéric Ier, célèbre par sa rivalité avec Brunehaut (543-597).

Frédéric, nom commun à plusieurs souverains, entre autres : Frédéric Ier, dit *Barberousse* (1121-1190); Frédéric II (1184-1250), empereur d'Allemagne, et Frédéric II *le Grand*, roi de Prusse (1712-1786).

Fredon s. m. Roulement, tremblement dans le chant.

Fredonnement s. m. Action de fredonner.

Fredonner v. a. Faire des fredons ; chanter à demi-voix.

Fredonneur, euse s. Qui fredonne, qui chante à demi-voix.

Frégate s. f. Vaisseau de guerre léger et qui porte moins de 60 canons ; oiseau de mer.

Frein s. m. Mors ; ce qui bride. Fig. ce qui retient dans le devoir. *Ronger son frein*, n'oser faire éclater son dépit, sa colère.

Frelatage s. m. Action de frelater du vin, des drogues.

Frelater v. a. Falsifier. Fig. altérer, déguiser.

Frelaterie s. f. Frelatage.

Frelateur s. m. Qui frelate.

Frêle adj. Faible; fragile.

Frelon s. m. Grosse mouche-guêpe.

Freluquet s. m. Homme léger, frivole et sans mérite.

Frémir v. n. Trembler d'émotion, de colère ; se dit de l'eau près de bouillir, d'un corps qui vibre.

Frémissant, e adj. Qui frémit.

Frémissement s. m. Emotion ; tremblement causé par une passion; vibration d'un corps sonore; première apparence d'ébullition d'un liquide.

Frênaie s. f. Lieu planté de frênes.

Frêne s. m. Grand arbre à bois blanc.

Frénésie s. f. Aliénation d'esprit; fureur, passion violente.

Frénétique adj. Atteint de frénésie. S. Furieux.

Fréquemment adv. Souvent.

Fréquence s. f. Réitération fréquente.

Fréquent, e adj. Qui arrive souvent.

Fréquentatif, ive adj. Se dit de mots qui expriment la répétition, la fréquence. S. m. Un fréquentatif.

Fréquentation s. f. Commerce d'habitude qu'on a avec quelqu'un; usage fréquent.

Fréquenter v. a. Hanter; voir souvent; aller souvent à ou dans un lieu; visiter souvent. V. n. Faire de fréquentes visites : *fréquenter dans une maison.*

Frère s. m. Celui qui est né du même père et de la même mère que nous, ou seulement de l'un des deux. Fig. issu d'une même origine; membre d'une association, d'une congrégation.

Fresnel, célèbre physicien français (1788-1827).

Fresque s. f. Sorte de peinture sur la muraille recouverte d'un enduit.

Fressure s. f. Le cœur, la rate, le foie et les poumons de certains animaux.

Fret s. m. *Mar.* Louage d'un vaisseau; transport par mer.

Fréter v. a. Donner ou prendre un vaisseau à louage; le charger, l'équiper.

Fréteur s. m. Propriétaire d'un vaisseau qui le loue; celui qui le prend à louage.

Frétillant, e adj. (*ll* m.) Qui frétille.

Frétillement s. m. (*ll* m.) Mouvement de ce qui frétille.

Frétiller v. n. (*ll* m.) S'agiter par des mouvements vifs et courts.

Fretin s. m. Menu poisson. Fig. choses, personnes de peu de valeur, de rebut.

Frette s. f. Lien au moyen des roues.

Fretter v. a. Garnir d'une frette.

Freux s. m. Sorte de corneille.

Friabilité s. f. Qualité de ce qui est friable.

Friable adj. Qui se peut aisément réduire en poudre.

Friand, e adj. Qui aime et connaît les bons morceaux; délicat : *morceau friand.*

Friandise s. f. Amour des bons morceaux. Au pl. Sucreries, pâtisseries, etc.; morceaux friands.

Fricandeau s. m. Tranche de veau, de bœuf, lardée.

Fricassée s. f. Viande fricassée.

Fricasser v. a. Faire cuire de la viande coupée par morceaux. Fig. et pop. dissiper.

Fricasseur s. m. Qui fait des fricassées; mauvais cuisinier.

Friche s. f. Terre inculte. EN FRICHE loc. adv. Inculte.

Fricot s. m. Mets, repas.

Fricoter v. n. Faire fricot, faire bombance.

Fricoteur, euse Qui aime à fricoter (pop.).

Friction s. f. Frottement d'une partie du corps.

Frictionner v. a. Frotter une partie malade du corps.

Frigidité s. f. Sensation de froid; état de froideur.

Frigorifique adj. Qui cause le froid.

Frileux, euse adj. Fort sensible au froid.

Frimaire s. m. Troisième mois du calendrier républicain français, du 21 novembre au 21 décembre.

Frimas s. m. Grésil, brouillard froid et épais qui se glace. Fig. tous les signes, les météores de l'hiver.

Fringale s. f. Faim subite et violente.

Fringant, e adj. Fort alerte, fort éveillé.

Fringuer v. n. Se dit des chevaux fringants.

Friper v. a. Chiffonner. Fig. fam. dissiper en débauches.

Friperie s. f. Vieux habits, vieux meubles; commerce de fripier.

Fripier, ière s. Qui vend et achète de vieux habits, de vieux meubles.

Fripon, onne s. Voleur adroit; fourbe. Adj. Coquet, éveillé.

Friponneau s. m. Diminutif de fripon.

Friponner v. a. et n. Escroquer, voler adroitement. [pop.

Friponnerie s. f. Action de fripon.

Friquet s. m. Sorte d'oiseau*.

Frire v. a. Faire cuire dans la friture. V. n. Cuire.

Frise s. f. Pièce entre l'architrave et la corniche (*arch.*); sorte d'étoffe de laine.

Friser v. a. Crêper, boucler. Fig. toucher superficiellement. V. n. Être frisé.

Frison s. m. Coton de mauvaise qualité; boucle de cheveux frisés.

Frison, onne adj. et s. De la Frise.

Frisotter v. a. Friser souvent et par petites boucles.

Frisson s. m. Tremblement causé par le froid, la fièvre. Fig. émotion causée par la peur, la passion.

Frissonnement s. m. Léger frisson; émotion, frémissement.

Frissonner v. n. Avoir le frisson: être fortement ému.

Frisure s. f. Façon de friser; état de ce qui est frisé.

Frit, e adj. Cuit dans la friture. Fig. perdu (fam.).

Fritte s. f. Sable et sel pour faire le verre; sa cuisson.

Fritter v. a. Faire calciner.

Friture s. f. Action et manière de cuire dans le beurre, la graisse, l'huile; ce qui sert à frire; chose frite.

Frivole adj. Vain, léger.

Frivolement adv. D'une manière frivole.

Frivolité s. f. Caractère de ce qui est frivole.

Froc s. m. Habit de moine. Fig. l'état monastique.

Froid s. m. Absence ou privation de chaleur; température froide. Fig. air sérieux et composé; indifférence.

Froid, e adj. Privé de chaleur; qui cause l'impression du froid. Fig. sérieux, posé; sans intérêt, sans sel: *ouvrage froid.*

Froidement adv. De manière à sentir le froid. Fig. d'une manière froide, réservée.

Froideur s. f. Etat de ce qui est froid. Fig. indifférence; insensibilité.

Froidir v. n. Devenir froid.

Froidure s. f. Froid de l'air.

Froidureux, euse Qui amène le froid; qui craint le froid (vx.).

Froissart, célèbre chroniqueur et poète français (1327-1410).

Froissement s. m. Action de froisser; son effet.

Froisser v. a. Meurtrir; presser violemment. Fig. chiffonner.

Froissure s. f. Impression à la partie froissée.

Frôlement s. m. Action de frôler, effet de ce qui est frôlé.

Frôler v. a. Toucher légèrement en passant.

Fromage s. m. Lait caillé, égoutté et salé ou non.

Fromager, ère s. Qui fait et vend des fromages.

Fromagerie s. f. Endroit où l'on fait les fromages.

Froment s. m. La meilleure espèce de blé.

Fromentacée adj. f. (Plante —), qui tient du froment.

Fronce s. f. Pli du papier, des étoffes.

Froncement s. m. Action de froncer, son effet.

Froncer v. a. Plisser menu une étoffe, etc.

Froncis s. m. Plis à une étoffe, une robe, en la fronçant.

Frondaison s. f. Feuillage.

Fronde s. f. Tissu de cordes pour lancer des pierres; parti contre la cour à la minorité de Louis XIV.

Fronder v. a. Jeter avec une fronde. Fig. blâmer, critiquer.

Frondeur s. m. Qui se sert de la fronde. Fig. qui blâme; partisan de la Fronde.

Front s. m. Partie supérieure du visage; tout le visage; face d'une armée, d'un édifice. Fig. audace; impudence.

Frontal, e adj. Du front.

Fronteau s. m. Bandeau, ornement du front.

Frontière s. f. Limites, confins d'un Etat, considérés militairement. Adj. Limitrophe: *ville frontière.*

Frontispice s. m. Façade principale d'un édifice; titre d'un livre.

Fronton s. m. Ornement d'architecture au-dessus d'une porte*.

Frottage s. m. Action, travail de celui qui frotte.

Frottée s. f. Pain frotté. Fig. coups.

Frottement s. m. Collision, résistance de deux corps qui se frottent.

Frotter v. a. Passer une chose sur une autre en appuyant; enduire un parquet de cire et le brosser. Fig. frapper, battre. V. n. Passer la brosse sur un plancher ciré. *Se frotter à*, s'attaquer à.

Frotteur s. m. Qui frotte les parquets.

Frottoir s. m. Linge pour frotter ou se frotter; linge pour essuyer le rasoir.

Frou-frou s. m. Nom vulgaire des oiseaux-mouches; bruit que font certaines étoffes quand on les froisse. *Faire frou-frou*, étaler un grand luxe; faire beaucoup d'embarras.

Frouer v. n. Siffler pour attirer les oiseaux à la pipée.

Fructidor s. m. Douzième et dernier mois du calendrier républicain, du 18 août au 17 septembre.

Fructifère adj. *Bot.* Qui porte des fruits.

Fructification s. f. Formation et développement des fruits; disposition des parties qui forment le fruit; l'ensemble des fruits que porte un végétal.

Fructifier v. n. Porter, produire du fruit. Fig. produire quelque avantage.

Fructueusement adv. Avec fruit, avec profit.

Fructueux, euse adj. Qui produit du fruit; profitable.

Frugal, e adj. Qui se contente de peu pour sa nourriture, qui vit de choses simples et ordinaires; modéré, simple, sans apprêt.

Frugalement adv. D'une manière frugale.

Frugalité s. f. Qualité de ce qui est frugal; simplicité de mœurs et de vie.

Frugivore adj. Qui se nourrit de fruits, de végétaux.

Fruit s. m. Tout ce que la terre produit pour la nourriture des hommes et des animaux; production des végétaux qui succède à la fleur; dessert. Fig. produit, revenu, profit, avantage; effet bon ou mauvais.

Fruiterie s. f. Commerce des fruits.

Fruitier s. m. Endroit où l'on conserve le fruit pour l'hiver. Adj. Qui produit des fruits.

Fruitier, ière s. Qui vend du fruit, des légumes.

Frusquin s. m. Ce qu'on a d'argent, d'effets ou nippes.

Fruste adj. Se dit d'une médaille, d'une monnaie usée par le temps.

Frustratoire adj. *Jurispr.* Fait pour frustrer, pour tromper, pour éluder.

Frustrer v. a. Priver quelqu'un de ce qui lui est dû ou de ce qu'il attend; tromper.

Fucacées s. f. pl. *Bot.* Famille de plantes cryptogames.

Fuchsia s. m. Sorte de plante à fleurs pendantes.

Fucus s. m. (on pron. *fucuce*). Plante marine, varech.

Fugace adj. Passager; de courte durée.

Fugacité s. f. Qualité de ce qui est fugace.

Fugitif, ive adj. Qui est en fuite. Fig. qui passe, qui coule vite. S. Personne fugitive. *Poésies fugitives*, poésies légères.

Fugue s. f. *Mus.* Motif qui se répète dans le même morceau. Fig. fuite.

Fugué, ée adj. *Mus.* Qui est dans la forme et le style d'une fugue.

Fuie s. f. Petit colombier.

Fuir v. n. Se dérober, s'éloigner à la hâte; passer, s'écouler rapidement; laisser échapper le liquide par une légère fissure, en parlant d'un vase. V. a. Eviter.

Fuite s. f. Action de fuir, d'éviter; passage rapide; déroute. *Jurispr.* Délai artificieux; échappatoire.

Fulgural, e adj. Qui concerne la foudre.

Fulguration s. f. *Chim.* Eclair de la coupelle.

Fuligineux, euse adj. De couleur de suie.

Fuliginosité s. f. Propriété de ce qui est fuligineux.

Fulmicoton s. m. Coton-poudre.

Fulminant, e adj. Qui lance la foudre; qui éclate facilement, avec grand bruit. Fig. qui menace avec bruit et colère.

Fulmination s. f. Action de fulminer.

Fulminer v. n. Faire explosion. Fig. s'emporter, invectiver avec menaces. V. a. Publier une bulle.

Fulton (Robert), célèbre mécanicien des Etats-Unis (1765-1815).

Fumade s. f. *Agric.* Portion de terrain où l'on a parqué la nuit un troupeau de bêtes à laine.

Fumage s. m. *Agric.* Action de

répandre le fumier sur les terres.

Fumant, e adj. Qui jette de la fumée; couvert de sueur.

Fumé s. m. Epreuve d'un poinçon qu'on essaye, après l'avoir noirci à la fumée.

Fumée s. f. Vapeur qui se dégage des corps brûlés ou échauffés. Fig. vanité. Pl. Vapeurs qui montent de l'estomac au cerveau.

Fumer v. n. Jeter de la fumée. Fig. avoir du dépit. V. a. et n. Epandre du fumier sur les terres; exposer à la fumée; aspirer la vapeur du tabac brûlant.

Fumerolle s. f. Crevasse qui est près du cratère d'un volcan et qui exhale de la fumée.

Fumeron s. m. Charbon qui fume.

Fumet s. m. Arôme des viandes, des vins, etc.

Fumeterre s. f. Plante très commune dans les champs.

Fumeur, euse s. Qui fume du tabac.

Fumeux, euse adj. Qui répand de la fumée; qui envoie des vapeurs à la tête.

Fumier s. m. Vieille litière des chevaux, etc., mêlée avec leur fiente; toute espèce d'engrais. Fig. Chose sale et méprisable.

Fumigation s. f. Action de se fumiger.

Fumigatoire adj. Qui sert aux fumigations.

Fumiger v. a. Exposer à la fumée ou à la vapeur.

Fumiste s. m. Ouvrier qui arrange les cheminées pour les empêcher de fumer.

Fumivore adj. Qui absorbe la fumée. S. m. Appareil pour absorber la fumée.

Fumure s. f. Engrais tiré de lieux où les bêtes à laine ont été parquées; fumier en général; action et manière de fumer les terres.

Funambule s. Danseur, danseuse de corde.

Funèbre adj. Qui concerne les funérailles. Fig. sombre, triste, lugubre.

Funérailles s. f. pl. Cérémonies d'un enterrement.

Funéraire adj. Qui concerne les funérailles.

Funeste adj. Malheureux; désolant; sinistre.

Funestement adv. D'une manière funeste.

Fungine s. f. Substance charnue faisant la base des champignons.

Funiculaire adj. Composé de cordes.

Fur s. m. Vieux mot qui ne s'emploie que dans cette locution : *Au fur et à mesure*, à mesure que.

Furet s. m. Petit animal carnassier qui fait la chasse aux lapins. Fig. personne qui s'enquiert de tout, qui découvre tout.

Furetage s. m. Chasse au lapin avec le furet; action de fureter.

Fureter v. a. et n. Chasser au furet. Fig. fouiller, chercher partout avec soin, curieusement.

Fureteur s. m. Celui qui furète.

Fureur s. f. Frénésie, rage, colère violente; forte agitation; passion excessive; transport de l'esprit.

Furibond, e adj. Sujet à des emportements furieux. S. Personne furieuse.

Furie s. f. Emportement de colère; ardeur, impétuosité de courage. Fig. femme méchante et emportée. *Myth.* Divinité infernale.

Furieusement adv. D'une manière furieuse; excessivement.

Furieux, euse adj. et s. En furie; impétueux, violent, excessif.

Furoncle s. m. Phlegmon douloureux nommé vulgairement clou.

Furtif, ive adj. Qui se fait en cachette, à la dérobée.

Furtivement adv. D'une manière furtive.

Fusain s. m. Arbrisseau des haies; crayon fait avec du bois de fusain réduit en charbon.

Fuseau s. m. Petit instrument pour filer du chanvre ou du lin, pour faire de la dentelle, etc. Pl. fig. jambes ou bras fort grêles.

Fusée s. f. Fil enroulé sur le fuseau; pièce d'artifice; petit cône autour duquel tourne la chaîne d'une montre. *Mus.* Trait diatonique unissant deux notes séparées par un intervalle.

Fuselé, ée adj. En forme de fuseau.

Fuseler v. a. Donner la forme d'un fuseau.

Fuselier s. m. Fabricant et marchand de fuseaux.

Fuser v. n. Se répandre, s'étendre.

Fusibilité s. f. Qualité, état de ce qui est fusible.

Fusible adj. Qui peut être fondu, liquéfié.

Fusiforme adj. *Bot.* En forme de fuseau.

Fusil s. m. (on pron. *fuzi*). Arme à feu; briquet; morceau de fer pour aiguiser les couteaux*.

Fusilier s. m. Fantassin armé d'un fusil.

Fusillade s. f. (*ll* m.) Décharge de plusieurs fusils.

Fusiller v. a. (*ll* m.) Tuer à coups de fusil.

Fusion s. f. Liquéfaction, fonte. **Fig.** alliance, réunion, mélange.

Fusionnement s. m. Action d'opérer une fusion.

Fusionner v. a. Opérer la fusion entre des partis dissidents.

Fusionniste adj. et s. Partisan du système qui tend à fusionner.

Fustigation s. f. Action de fustiger.

Fustiger v. a. Battre à coups de fouet ou de verges.

Fût s. m. Bois sur lequel est monté le canon d'une arme à feu; partie de la colonne entre la base et le chapiteau ; futaille.

Futaie s. f. Forêt de grands arbres.

Futaille s.f. (*ll* m.) Tonneau pour le vin, etc.; collection de tonneaux.

Futaine s. f. Etoffe de fil et de coton.

Futé, ée adj. Fin, rusé, adroit.

Futée s. f. Sorte de mastic.

Futile adj. Frivole, peu sérieux; sans importance.

Futilité s. f. Caractère de ce qui est futile; chose futile.

Futur, e adj. Qui est à venir. S. La personne qu'on doit épouser. S. m. Temps du verbe qui exprime une action à venir.

Futurition s. f. Qualité d'une chose future, en tant que future.

Fuyant, e adj. Qui fuit, rapide. *Peint.* Qui s'enfonce, qui paraît se perdre dans un tableau.

Fuyard, e adj. Qui s'enfuit; qui a coutume de s'enfuir. S. m. Soldat qui prend la fuite.

G

G s. m. Septième lettre de l'alphabet et cinquième consonne.

Gabare s. f. Bâtiment de transport; espèce de filet.

Gabarier s. m. Patron d'une gabare.

Gabarit ou **gabari** s. m. Modèle de construction d'un navire, etc.

Gabegie s. f. Intrigue, fraude (pop.).

Gabelage s. m. Dépôt du sel dans le grenier avant la vente; marque mise par les commis pour reconnaître la qualité du sel.

Gabeleur s. m. Employé de la gabelle.

Gabelle s. f. Autrefois impôt sur le sel.

Gabeloü s. m. Commis de la douane, de l'octroi (pop.).

Gabier s. m. Matelot qui se tient dans les hunes.

Gabion s. m. *Artill.* Panier rempli de terre pour mettre à l'abri des balles.

Gabionner v. a. Couvrir avec des gabions.

Gâche s. f. Pièce de fer dans laquelle entre le pêne de la serrure d'une porte.

Gâcher v. a. Détremper, délayer du plâtre ou du mortier. Fig. travailler grossièrement, sans goût; gâter.

Gâchette s. f. Pièce en acier que fait partir la détente d'un fu-

...il; petite pièce de fer sous le ...ne d'une serrure.

Gâcheur, **euse** s. Ouvrier qui gâche; qui travaille mal (fam.).

Gâcheux, **euse** adj. Bourbeux, ...neux.

Gâchis s. m. Ordure, amas de boue; saleté. Fig. affaire désagréable; embarras.

Gad, l'un des fils de Jacob.

Gade s. m. Sorte de poisson.

Gadouard s. m. Vidangeur.

Gadoue s. f. Matière des fosses d'aisances.

Gaëls ou **Galls**, Celtes.

Gaëtan (saint), fondateur de l'ordre des Théatins (1480-1547).

Gaffe s. f. Perche munie d'un croc de fer à deux branches.

Gaffer v. a. Accrocher avec la gaffe.

Gage s. m. Nantissement. Fig. garantie, assurance; preuve. Au pl. salaire des domestiques.

Gager v. a. Parier; donner des gages.

Gageur, **euse** s. Qui gage; habitué à gager.

Gageure s. f. (on pron. *gajure*). Pari; chose gagée, pariée.

Gagiste s. m. Qui est gagé sans être domestique.

Gagnable adj. Qu'on peut gagner.

Gagnage s. m. Pâtis, pâturage.

Gagnant, **e** adj. et s. Qui gagne au jeu, à la loterie.

Gagne-denier s. m. Homme de peine. (Pl. *gagne-deniers.*)

Gagne-pain s. m. Ce qui sert pour gagner sa vie, son pain.

Gagne-petit s. m. Rémouleur*.

Gagner v. a. Faire un gain, un profit; acquérir; obtenir; mériter; attirer à; parvenir à; prendre un mal. Faire paître (en parlant des animaux de chasse). V. n. Faire des progrès; s'améliorer.

Gai, **e** adj. Qui a de la gaieté, qui inspire de la gaieté. Adv. et interj. Gaiement.

Gaiement ou **gaîment** adv. D'une manière gaie, de bon cœur.

Gaieté ou **gaîté** s. f. Joie, paroles, actions folâtres; disposition de l'esprit à voir les choses du côté le plus riant, le plus agréable. De gaieté de cœur loc. adv. Sans motif, sans but, de propos délibéré.

Gaillard, **e** adj. et s. (*ll* m.) Joyeux, gai, un peu libre; sain; dispos; un peu ivre.

Gaillard s. m. (*ll* m.) Elévation sur le pont d'un navire, à la poupe et à la proue.

Gaillardement adv. (*ll* m.) Joyeusement, gaiement, hardiment, légèrement.

Gaillardise s. f. (*ll* m.) Gaieté gaillarde; paroles, actions un peu libres.

Gain s. m. Profit, lucre; heureux succès; victoire.

Gaine s. f. Etui de couteau*, de ciseaux, etc.; enveloppe.

Gainerie s. f. Ouvrages, commerce du gainier.

Gainier s. m. Qui fait et vend des gaines.

Gala s. m. Fête, réjouissance, grand festin.

Galamment adv. De bonne grâce; d'une manière galante; élégamment.

Galant, **e** adj. et s. Probe, civil, sociable; dont les manières, la conversation sont agréables; qui cherche à plaire aux dames.

Galanterie s. f. Politesse; l'esprit, les manières agréables, respectueuses, empressées auprès des dames; petits cadeaux.

Galantin s. m. Homme ridiculement galant (fam.).

Galantine s. f. Sorte de mets fait avec de la chair de dindon ou de veau, lardé et désossé.

Galatée, l'une des Néréides (*myth.*).

Galba, empereur romain de 68 à 69.

Galbe s. m. *Archit.* Forme, contour.

Gale s. f. Maladie de la peau.

Galène s. f. Sulfure de plomb.

Galère s. f. Long navire à rames et quelquefois à voiles. Au pl. peine des galériens. Fig. lieu, état de souffrance.

Galère ou **Galérius**, empereur romain de 306 à 311, gendre de Dioclétien.

Galerie s. f. Longue pièce dans un édifice; balcon de théâtre; chemin souterrain; les spectateurs d'un jeu.

Galérien s. m. Condamné aux galères, aux travaux forcés.

Galerne s. f. Vent froid du nord-ouest.

Galet s. m. Caillou arrondi, plat ou ovale, sur les grèves, les rivages ; jeu de palet.

Galetas s. m. Dernier étage ; logement pauvre et mal en ordre.

Galette s. f. Sorte de gâteau plat.

Galeux, euse adj. et s. Qui a la gale. Fig. *brebis galeuse,* homme corrompu, dangereux.

Galien, célèbre anatomiste grec (131-201).

Galilée, illustre mathématicien, physicien et astronome italien (1564-1642).

Galiléen, enne s. et adj. De Galilée.

Galimatias s. m. Discours confus, inintelligible.

Galion s. m. Vaisseau des Indes espagnoles, pour apporter l'or, l'argent en Europe.

Galiote s, f. Petite galère.

Galipot s. m. Résine liquide du pin.

Galitzin (Wasili), ministre de Russie (1633-1713).

Gall (saint), fondateur du monastère de son nom, en Suisse (551-646).

Gall, médecin allemand, inventeur de la phrénologie (1758-1828).

Galland, savant orientaliste français (1646-1715).

Gallate s. m. Sel formé par les combinaisons de l'acide gallique avec différentes bases.

Galle s. f. Excroissance de la sève sur certains végétaux. *Noix de galle,* galle servant à teindre et à faire de l'encre.

Gallican, e adj. Qui concerne l'Eglise de France. S. m. Partisan des libertés et doctrines de l'Eglise gallicane.

Gallicanisme s. m. Doctrine de l'Eglise gallicane.

Gallicisme s. m. Expression, construction propres à la langue française.

Gallien, empereur romain de 260 à 268.

Gallinacés s. m. pl. Ordre d'oiseaux dont la poule est le type (*zool*).

Gallique adj. *Acide* —, tiré de la noix de galle.

Gallon s. m. Mesure de liquides anglaise.

Gallus, empereur romain, successeur de Décius (251-253).

Galoche s. f. Chaussure à semelle de bois.

Galon s. m. Tissu épais  de soie, d'or, d'argent, etc., en rubans; bande de galon que les sous-officiers portent sur leur manche.

Galonner v. a. Orner, border de galons.

Galonnier s. m. Fabricant de galons.

Galop s. m. Allure d'un cheval qui court très vite; sorte de danse; air de cette danse.

Galopade s. f. Action de galoper.

Galoper v. n. Aller le galop; aller de côté et d'autre. V. a. Mettre un cheval au galop. Fig. fam. poursuivre.

Galopin s. m. Petit marmiton, petit commissionnaire, gamin.

Galoubet s. m. Flûte provençale à trois trous.

Galsuinte ou **Galswinte**, sœur de Brunehaut et femme de Chilpéric, assassinée par son mari en 568.

Galuchat s. m. Peau de chien de mer travaillée.

Galvani, célèbre physicien italien (1737-1798).

Galvanique adj. Du galvanisme.

Galvaniser v. a Soumettre à l'action galvanique. Fig. donner une vie factice.

Galvanisme s. m. Nom donné à une classe de phénomènes électriques découverts par Galvani.

Galvanomètre s. m. Instrument pour mesurer l'intensité des effets galvaniques.

Galvanoplastie s. f. Art d'appliquer sur un métal une légère couche d'un autre métal, au moyen de la pile voltaïque.

Galvauder v. a. Maltraiter de paroles (vx.); déranger, gâter.

Gama (Vasco de), célèbre navigateur portugais, m. en 1525.

Gambade s. f. Saut sans art ni cadence.

Gambader v. n. Faire des gambades.

Gambiller v. n. (*ll* m.) Remuer sans cesse les jambes (fam.).

Gamelle s. f. Grande écuelle de bois ou de fer-blanc.

Gamin s. m. Enfant; polisson qui court les rues (pop.).

Gamine s. f. Petite fille espiègle et peu retenue (fam.).

Gaminerie s. f. Action de gamin (pop.).

Gamme s. f. Echelle des notes de musique selon l'ordre des tons naturels.

Ganache s. f. Mâchoire inférieure du cheval. Fig. et pop. Personne incapable et dénuée d'esprit.

Ganglion s. m. Organe en forme de glande.

Ganglionnaire adj. Du ganglion.

Gangrène s. f. Mortification totale d'une partie du corps. Fig. corruption, mal moral qui se propage.

Gangrené, ée adj. Attaqué de la gangrène.

Gangrener (se) v. pr. Se corrompre et devenir gangreneux.

Gangreneux, euse adj. De la nature de la gangrène; attaqué de gangrène.

Gangue s. f. Substance pierreuse à laquelle adhèrent les métaux.

Ganse s. f. Cordonnet de laine, de soie, d'or, etc.

Gant s. m. Partie de l'habillement qui est faite à la forme de la main et la recouvre.

Gantelet s. m. Gant revêtu de lames de fer; bandage pour la main.

Ganter v. a. et **Se ganter** v. pr. Mettre des gants.

Ganterie s. f. Fabrique et commerce de gants.

Gantier, ière s. Qui fait et vend des gants.

Ganymède, fils de Tros, devint l'échanson de Jupiter (*myth.*).

Garage s. m. Action de garer.

Garançage s. m. Action de garancer.

Garance s. f. Plante dont la racine fournit une couleur rouge; cette couleur même. Adj. Teint en garance.

Garancer v. a. Teindre en garance.

Garancière s. f. Lieu où croît la garance.

Garant, e s. Caution, qui répond de; auteur, passage que l'on cite à l'appui d'une assertion.

Garantie s. f. Engagement par lequel on garantit; caution.

Garantir v. a. Se rendre garant; répondre de quelque chose; assurer la qualité d'une chose; affirmer; dédommager, indemniser.

Garbure s. f. Potage de pain de seigle, choux et lard.

Garcette s. f. *Mar.* Cordes tressées.

Garçon s. m. Enfant mâle; jeune homme; célibataire; ouvrier sous un maître; employé subalterne dans certaines administrations; celui qui sert dans un café, etc.

Garçonnet s. m. Petit garçon.

Garçonnière s. f. Jeune fille qui aime à jouer avec les garçons (fam.).

Garde s. f. Action et commission, charge de garder, de défendre, de surveiller; troupe qui observe ou qui occupe un poste; femme qui soigne les malades; partie de l'épée qui couvre la main; feuillets blancs au commencement et à la fin d'un livre.

Garde s. m. Gardien; soldat qui monte la garde. *Garde des sceaux*, ministre de la justice.

Garde champêtre s. m. Qui garde les champs. (Pl. *gardes champêtres.*)

Garde-chasse s. m. Qui veille sur la chasse, à la conservation du gibier. (Pl *gardes-chasse.*)

Garde-côte adj. Qui garde la côte : *vaisseau garde-côte.* GARDES-CÔTES s. m. pl. Milice chargée de la garde des côtes.

Garde-crotte s. m. Bandes de cuir ou de tôle au-dessus des roues des calèches, pour garantir de la boue*. (Invar. au pl.)

Garde-feu s. m. Grille ou plaque que l'on met devant le feu. (Pl. *garde-feu* ou *feux.*)

Garde forestier s. m. Agent chargé de la garde des forêts. (Pl. *gardes forestiers.*)

Garde-fou s. m. Parapet. (Pl. *garde-fous.*)

Garde-main s. m. Papier que l'on met sous la main en écrivant ou en dessinant. (Invar. au pl.)

Garde-malade s. Qui garde un malade. (Pl. *garde-malades.*)

Garde-manger s. m. Armoire à châssis garnis de toile pour garder les aliments. (Invar. au pl.)

Garde-meuble s. m. Lieu où l'on serre les meubles. (Pl. *garde-meubles.*)

Garde national s. m. Citoyen faisant partie de la garde nationale. (Pl. *gardes nationaux.*)

Garde nationale s. f. Milice bourgeoise non soldée. (Pl. *gardes nationales.*)

Garde-note s. m. Ancien nom des notaires. (Pl. *gardes-notes.*)

Garde-pêche s. m. Qui fait la police de la pêche. (Pl. *gardes-pêche.*)

Garder v. a. Conserver une chose; observer; protéger, garantir; soigner un malade. SE GARDER v. pr. Se préserver, se défier de.

Garde-robe s. f. Vêtements; lieu où on les serre; lieux d'aisances. (Pl. *garde-robes.*)

Gardeur, euse s. Qui garde, fait paître des animaux.

Gardien, enne s. Qui garde, protège, surveille.

Gardon s. m. Sorte de poisson d'eau douce.

Gare! interj. pour faire déranger ou pour menacer.

Gare s. f. Abri pour les bateaux, les marchandises; embarcadère de chemin de fer.

Garenne s. f. Lieu où l'on conserve des lapins.

Garennier s. m. Qui a soin d'une garenne.

Garer v. a. Faire entrer dans une gare. SE GARER v. pr. Se ranger, se préserver, éviter.

Gargariser (se) v. pr. Se laver l'intérieur de la bouche, de la gorge.

Gargarisme s. m. Liqueur pour se gargariser.

Gargotage s. m. Repas, mets mal apprêtés, malpropres (pop.).

Gargote s. f. Auberge où l'on sert malproprement.

Gargotier, ière s. Qui tient gargote; mauvais cuisinier.

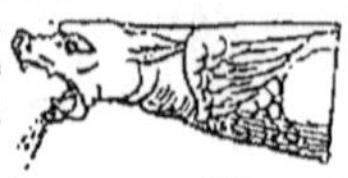

Gargouille s. f. (*ll* m.) Partie d'une gouttière d'où l'eau tombe*.

Gargouillement s. m. (*ll* m.) Bruit de l'eau dans la gorge, l'estomac, les entrailles.

Gargouiller v. n. (*ll* m.) Barboter dans l'eau.

Gargouillis s. m. (*ll* m.) Bruit de l'eau qui tombe d'une gargouille.

Gargousse s. f. Charge de poudre pour un canon.

Garnement s. m. Vaurien.

Garni, ie adj. Meublé. S. m. Maison garnie.

Garnier (Robert), poète dramatique français (1534-1590).

Garnir v. a. Pourvoir de ce qui est nécessaire; meubler; orner; renforcer. SE GARNIR v. pr. Se munir, se remplir.

Garnisaire s. m. Homme que l'on établit chez les contribuables en retard.

Garnison s. m. Soldats établis dans une ville pour la garder, la défendre; la ville elle-même.

Garnissage s. m. Action de garnir.

Garnisseur s. m. Celui qui garnit.

Garniture s. f. Ce qui sert à garnir, orner, compléter, renforcer.

Garou s. m. V. *Loup-garou.*

Garrot s. m. Partie du cheval entre l'épaule et l'encolure; bâton court pour serrer les liens.

Garrotter v. a. Attacher fortement par des liens.

Garrulité s. f. Défaut du bavard.

Gars s. m. Garçon (fam.).

Gascon, onne s. et adj. De la Gascogne. Fig. hâbleur, fanfaron.

Gasconnade s. f. Fanfaronnade; vanterie outrée.

Gasconner v. n. Parler avec l'accent gascon; dire des gasconnades.

Gaspillage s. m. (*ll* m.) Action de gaspiller; choses gaspillées.

Gaspiller v. a. (*ll* m.). Gâter; mettre en désordre; dissiper follement.

Gassendi (Pierre), célèbre philosophe français (1592-1656).

Gassendisme s. m. Système philosophique de Gassendi.

Gassion (Jean de), maréchal de France (1609-1647).

Gaster s. m. Le bas-ventre; l'estomac.

Gastéropodes s. m. pl. *Zool.* Classe de mollusques qui glissent sur leur ventre.

Gastralgie s. f. Douleur d'estomac.

Gastrique adj. De l'estomac.

Gastrite s. f. Inflammation de l'estomac.

Gastrolâtre s. m. Glouton, qui se fait un dieu de son ventre.

Gastronome s. m. Qui aime la bonne chère (fam.).

Gastronomie s. f. Art de faire bonne chère (fam.).

Gastronomique adj. Qui a rapport à la gastronomie.

Gâté, ée adj. Détérioré. Fig que l'on gâte par trop d'indulgence.

Gâteau s. m. Espèce de pâtisserie; gaufre d'une ruche; masse de cire ou de terre dont on remplit un moule pour en avoir l'empreinte.

Gâte-métier s. m. Qui vend ou travaille à trop bon marché. (Invar. au pl.)

Gâte-pâte s. m. Mauvais pâtissier ou boulanger; mauvais ouvrier.

Gâter v. a. Endommager; mettre en mauvais état; salir. Fig. accoutumer à l'indulgence; corrompre.

Gâte-sauce s. m. Mauvais cuisinier. (Au pl.: des *gâte-sauce* ou *gâte-sauces*.)

Gauche adj. Opposé à droit. Fig. ridicule; maladroit; mal tourné. S. f. Le côté, la main gauche. A GAUCHE loc. adv. Du côté gauche; de travers; à contre-sens.

Gauchement adv. D'une manière gauche; avec maladresse.

Gaucher, ère adj. et s. Qui se sert ordinairement de la main gauche.

Gaucherie s. f. Action d'un homme gauche.

Gauchir v. n. Détourner le corps pour éviter un coup; perdre sa forme. Fig. ne pas agir franchement.

Gauchissement s. m. Action de gauchir; ses effets.

Gaude s. f. Plante de la famille du réséda, qui sert à teindre en jaune.

Gaudir (se) v. pr. Se réjouir; se moquer (fam.).

Gaudisseur s. m. Qui se gaudit.

Gaudriole s. f. Plaisanterie un peu libre; propos gai.

Gaufrage s. m. Action de gaufrer.

Gaufre s. f. Pâtisserie plate, faite entre deux fers; rayon, gâteau de miel.

Gaufrer v. a. Imprimer des figures sur une étoffe ou du papier avec des fers chauds.

Gaufreur s. m. Ouvrier qui gaufre.

Gaufrier s. m. Ustensile pour cuire des gaufres.

Gaufrure s. f. Empreinte faite en gaufrant.

Gaule s. f. Grande perche; houssine.

Gauler v. a. Battre un arbre avec une gaule, pour en abattre les fruits.

Gaulois, e adj. et s. Des Gaules*. Fig. franc, droit: *manières gauloises*.

Gaultier (l'abbé), instituteur célèbre (1745-1818).

Gaupe s. f. Femme malpropre et désagréable (pop.).

Gausser (se) v. pr. Railler; se moquer (pop.).

Gausserie s. f. Raillerie; moquerie (pop.).

Gausseur, euse s. Qui se gausse de... (pop.).

Gave s. m. Courant d'eau.

Gavial s. m. Crocodile du Gange.

Gavion s. m. Gosier (pop.).

Gavotte s. f. Danse gaie; son air.

Gay-Lussac (Joseph-Louis), célèbre physicien et chimiste français (1778-1850).

Gaz s. m. Fluide aériforme; gaz hydrogène carboné qu'on emploie pour l'éclairage.

Gaze s. f. Etoffe très claire et très fine.
Gazéifiable adj. Qui peut être converti en gaz.
Gazéifier v. a. Transformer en gaz.
Gazéiforme adj. A l'état de gaz.
Gazelle s. f. Sorte de bête fauve.
Gazer v. a. Couvrir avec une gaze. Fig. voiler ce qui est trop libre dans un récit, un conte, etc.
Gazetier s. m. Qui fait ou rédige une gazette.
Gazette s. f. Feuille volante qui contient les nouvelles. Fig. bavard, médisant.
Gazeux, euse adj. De la nature du gaz.
Gazier s. m. Ouvrier en gaz.
Gazofacteur s. m. Usine où l'on fait du gaz portatif.
Gazomètre s. m. Instrument pour fixer la quantité du gaz employé ; appareil où s'élabore le gaz hydrogène propre à l'éclairage.
Gazon s. m. Herbe courte et menue ; terre qui en est couverte.
Gazonnant, e et **gazonneux, euse** adj. Qui imite le gazon.
Gazonnement s. m. Action de gazonner ; emploi des gazons.
Gazonner v. a. Garnir de gazons.
Gazonneux, euse. Voy. *Gazonnant.*
Gazouillement s. m. (*ll* m.) Ramage des oiseaux. Fig. murmure des ruisseaux.
Gazouiller v. n. (*ll* m.) Faire un gazouillement. Fig. commencer à prononcer des mots.
Gazouillis s. m. (*ll* m.) Ramage des oiseaux.
Geai s. m. Oiseau du genre de la pie *.

Géant, e s. Personne d'une grandeur extraordinaire.
Gédéon, cinquième juge des Hébreux.
Géhenne s. f. Enfer ; torture.
Geindre v. n. Gémir ; se plain-[dre.
Geindre s. m. Voy. *Gindre.*
Gelable adj. Qui peut être gelé par le froid.
Gélase (saint), pape, de 492 à 496.
Gel s. m. Gelée.

Gélatine s. f. Substance an[i]male que l'on obtient sous form[e] de gelée.
Gélatineux, euse adj. De l[a] nature de la gélatine.
Gelée s. f. Grand froid qui gla[ce] ; solidification de l'eau par l[e] froid ; jus coagulé.
Geler v. a. Glacer, endurcir pa[r] le froid ; causer du froid. V. n. S[e] glacer ; avoir très froid.
Gélinotte s. f. Jeune poule[,] oiseau semblable à la perdrix.
Gélivure s. f. Fente du boi[s] causée par le froid.
Gémeaux s. m. pl. Signe du zo[-]diaque.
Géminé, ée adj. Réitéré. *Bo[t.]* Se dit des parties qui naissent pa[r] paires du même point ou qui son[t] disposées deux à deux.
Gémir v. n. Exprimer sa pein[e,] sa douleur, d'une voix plaintive[,] non articulée ; se plaindre de.
Gémissant, e adj. Qui gémit.
Gémissement s. m. Plaint[e] douloureuse, lamentation.
Gemmation s. m. Développe[-]ment des bourgeons ; époque de c[e] développement.
Gemme adj. Fossile : *sel gemm[e].* S. f. Pierre précieuse.
Gemmifère adj. Qui contien[t] des pierres précieuses.
Gemmipare adj. Qui produ[it] des bourgeons (*bot.*).
Gemmule s. f. *Bot.* Petit bour[-]geon.
Gémonies s. f. pl. Lieu de sup[-]plice et d'exposition des cadavre[s] dans l'ancienne Rome.
Génal, e adj. Qui appartient au[x] joues.
Gênant, e adj. Qui gêne.
Gencive s. f. Chair qui entour[e] les dents.
Gendarme s. m. Autrefois hom[-]me d'armes ; soldat de police.
Gendarmer (se) v. pr. S'em[-]porter mal à propos pour peu d[e] chose.
Gendarmerie s. f. Le corps de[s] gendarmes.
Gendre s. m. Mari de not[re] fille.
Gêne s. f. Torture. Fig. situa[-]tion pénible ; contrainte ; pénuri[e] d'argent.
Généalogie s. f. Suite et de

nombrement d'aïeux; son tableau.

Généalogique s. f. Qui tient à la généalogie : *arbre généalogique*.

Généalogiste s. m. Qui dresse des généalogies.

Gêner v. a. Incommoder; contraindre; embarrasser; réduire à une pénurie d'argent.

Général, e adj. Universel; commun à un grand nombre; qui embrasse un grand nombre d'objets, s'en occupe : *procureur*, *contrôleur général*. EN GÉNÉRAL loc. adv. D'une manière générale; communément.

Général s. m. Chef d'une armée ou d'un corps d'armée; supérieur d'un ordre religieux; fait ou principe général.

Généralat s. m. Grade de général d'armée ou d'ordre religieux; sa durée.

Générale s. f. Batterie de tambour dans le péril.

Généralement adv. Universellement; ordinairement.

Généralisation s. f. Action de généraliser.

Généraliser v. a. Rendre général; étendre à tous un principe, une méthode, etc.

Généralissime s. m. Qui commande aux généraux.

Généralité s. f. Qualité de ce qui est général; autrefois : juridiction des trésoriers de France. Pl. Discours sans rapport précis au sujet.

Générateur, trice adj. Qui engendre.

Génératif, ive adj. Qui appartient à la génération.

Génération s. f. Action d'engendrer; postérité, descendants d'une personne; descendance de père en fils; nombre d'individus vivant dans le même temps; durée moyenne d'une génération; action de produire ce qui n'existait pas.

Généreusement adv. Avec générosité.

Généreux, euse adj. Magnanime; noble; qui donne, aime à donner; de bonne qualité, agréable : *vin généreux*.

Générique adj. Qui regarde le genre.

Générosité s. f. Grandeur d'âme; libéralité.

Genèse s. f. Premier livre de la Bible.

Génésiaque adj. Qui explique l'origine du monde.

Genêt s. m. Arbuste à fleurs jaunes.

Genet s. m. Cheval entier d'Espagne.

Genette s. f. Plante dont les fleurs sont semblables à celles du lin.

Geneviève (sainte), née à Nanterre, patronne de Paris (422-512).

Genevois, e adj. et s. De Genève.

Genévrier s. m. Arbrisseau odoriférant, toujours vert.

Gengis-Khan, empereur des Mongols (1162-1227).

Géniculé, ée adj. *Bot.* Composé de deux parties réunies en forme de genou.

Génie s. m. Esprit qu'on supposait veiller au sort d'un homme; caractère propre d'un auteur, d'une langue, etc; talent, penchant, inclination; homme d'un esprit élevé, supérieur; celui qui a du génie; corps d'armée chargé de construire des ponts, des routes, de lever des plans, etc.

Genièvre s. m. Arbuste; graine du genévrier.

Génisse s. f. Jeune vache.

Génital, e adj. De la génération.

Génitif s. m. Le second cas de la déclinaison grecque et latine.

Géniture s. f. Les enfants, relativement au père et à la mère.

Genlis (Mme de), auteur d'ouvrages sur l'éducation (1746-1830).

Génois, e s. et adj. De Gênes.

Genou s. m. Jonction de la cuisse et de la jambe; boule emboîtée qui peut tourner de tous les côtés (*mécan.*). A GENOUX loc. adv. Sur les genoux. Fig. *Demander à genoux*, très instamment.

Genouillé, ée adj. (*ll* m.) Articulé, joint bout à bout; fléchi en forme de genou.

Genouillère s. f. (*ll* m.) Partie de l'armure; pièce de cuir couvrant le genou *.

Génovéfain s. m. Chanoine régulier de Sainte-Geneviève.

Genre s. m. Ce qui est commun à plusieurs espèces, divisé en espèces; sorte, manière; goût particulier d'un peintre, etc.; division de la littérature, des beaux-arts : *le genre lyrique*. *T. de gram.*, le masculin, le féminin, le neutre.

Gens S. pl. fém. après l'adj., masc. avant. Personnes; domestiques.

Genséric, roi des Vandales (428-477).

Gent s. f. Nation; famille.

Gent, e adj. Joli, bien fait.

Gentiane s. f. Sorte de plante médicinale.

Gentianées s. f. pl. *Bot.* Famille des gentianes.

Gentil, ille adj. (*ll* m.) Joli, gracieux, agréable. *Iron.* vilain.

Gentil adj. et s. m. Païen.

Gentil-Bernard, poète français (1710-1775).

Gentilhomme s. m. (*l* m.) Homme de race noble.

Gentilhommerie s. f. (*l* m.) Qualité, état de gentilhomme.

Gentilité s. f. Les nations païennes.

Gentillâtre s. m. (*ll* m.) Petit gentilhomme dont on fait peu de cas.

Gentillesse s. f. (*ll* m.) Qualité de ce qui est gentil, agréable; agrément, grâce.

Gentiment adv. D'une manière gentille, agréable.

Génuflexion s. f. Action de fléchir le genou jusqu'à terre.

Géode s. f. *Min.* Pierre creuse contenant un noyau mobile ou de l'eau.

Géodésie s. f. Art de mesurer et diviser la terre; arpentage.

Géodésique adj. De la géodésie.

Geoffrin (Mme), femme célèbre par son esprit (1699-1777).

Geoffroy (l'abbé), fameux critique français (1743-1814).

Geoffroy Saint-Hilaire, célèbre naturaliste français (1772-1844).

Géognosie s. f. Connaissance de la substance, de la structure, de la situation des grandes masses de la terre.

Géognostique adj. De la géognosie.

Géogonie s. f. Histoire de l'origine de la terre.

Géographe s. m. Qui sait géographie, qui fait les cartes g graphiques.

Géographie s. f. Science de position respective des pays en eux et par rapport au ciel, et d cription de ce qu'ils contiennent principal.

Géographique adj. De la g graphie.

Géographiquement adv. Se les principes de la géographie.

Geôlage s. m. Droit dû au g lier à l'entrée, à la sortie, et p la détention de chaque prisonnie

Geôle s. f. Prison.

Geôlier, ière s. Qui a la ga d'une prison.

Géologie s. f. Connaissan description de la terre, de couches, de ses espèces, etc.

Géologique adj. De la géo gie.

Géologue s. m. Qui sait, en gne la géologie.

Géométral, e adj. Qui est tr ou dessiné d'après les lois de géométrie.

Géométralement adv. D'u manière géométrale.

Géomètre s. m. Qui sait, ap que la géométrie.

Géométrie s. f. Art de mesu la terre; science des propriétés l'étendue.

Géométrique adj. Qui conce la géométrie.

Géométriquement adv. D'u manière géométrique, exacte, goureuse.

Géoponique adj. Qui a rapp à l'agriculture.

Géorama s. m. Immense gl au centre duquel on est placé qui représente intérieurement surface de la terre.

George ou **Georges** (sai martyr (IIIe s.).

Géorgique s. f. et adj. 2 g. Li ou poème qui a rapport à la cult de la terre.

Géoscopie s. f. Connaissa des qualités de la terre.

Gépides, peuple goth qui, ap avoir suivi Attila, s'établit en cie.

Gérance s. f. Qualité, foncti du gérant; machine pour déch ger les vaisseaux.

Géranium s. m. Sorte de plante.

Gérant, e s. Qui administre, qui gère.

Gérard, illustre peintre français (1770-1837).

Gérard Dow, peintre hollandais (1613-1680).

Gerbe s. f. Faisceau de blé coupé. Fig. réunion de jets d'eau ; fusées réunies ; constellation.

Gerbée s. f. Botte de paille à demi battue.

Gerber v. a. Mettre en gerbe ; mettre des pièces de vin l'une sur l'autre.

Gerbillon s. m. (*ll* m.) Petite gerbe.

Gerboise s. f. Sorte de mammifère rongeur*.

Gercer v. a. et n. Faire de petites fentes ou crevasses. SE GERCER v. pr. Se fendre.

Gerçure s. f. Petite crevasse aux lèvres, aux mains, dans le fer, le bois, le plâtre, etc.

Gérer v. a. Administrer ; conduire ; gouverner.

Gerfaut s. m. Oiseau de proie du genre faucon.

Géricault, célèbre peintre français (1791-1824).

Germain, e adj. *Cousins germains*, issus de deux frères ou de deux sœurs, ou de frère et de sœur; *frères germains*, issus du même père et de la même mère.

Germain, e adj. De Germanie, d'Allemagne.

Germain (saint), évêque de Paris (496-576).

Germanicus, célèbre général romain (m. en 19).

Germanique adj. De la Germanie, des Allemands. CONFÉDÉRATION GERMANIQUE, confédération de divers États allemands.

Germanisme s. m. Façon de parler propre à la langue allemande.

Germe s. m. Partie de la semence dont se forme la plante. Fig. principe, cause.

Germer v. n. Pousser le germe au dehors. Fig. se développer.

Germinal s. m. Premier mois du printemps de l'année républicaine, du 21 mars au 20 avril.

Germination s. f. Premier développement du germe, de la plante.

Gérofle. V. *Girofle*.

Gérondif s. m. L'un des modes du verbe latin.

Géronte s. m. Membre du Sénat de Lacédémone ; vieillard. Fig. homme simple et crédule.

Gérontocratie s. f. Système de gouvernement où l'influence des vieillards est dominante.

Gerson (Jean), théologien et chancelier de l'Université, auteur présumé de l'*Imitation de Jésus-Christ* (1363-1429).

Gertrude (sainte), abbesse (m. en 1334).

Gervais (saint) et saint **Protais**, frères morts martyrs à Milan, sous Néron.

Gerzeau s. m. Mauvaise herbe dans le blé.

Gésier s. m. Deuxième ventricule des oiseaux granivores.

Gésine s. f. Couches, enfantement.

Gésir v. n. et défectif. Être couché. *Ind. pr.* il gît, nous gisons, vous gisez, ils gisent; *imp.*, je gisais, etc.; *part. pr.*, gisant.

Gesler ou **Gessler**, gouverneur de la Suisse pour Albert d'Autriche, qui, selon la tradition, fut tué par Guillaume Tell.

Gesse s. f. Sorte de plante légumineuse.

Gestation s. f. Temps de la portée des femelles.

Geste s. m. Mouvement du corps, surtout de la main, des bras. Au pl. Actions grandes, belles et mémorables.

Gesticulateur s. m. Qui fait trop de gestes.

Gesticulation s. f. Action de gesticuler.

Gesticuler v. n. Faire des gestes ; faire trop de gestes.

Gestion s. f. Action de gérer.

Géta, frère de Caracalla, avec qui il partagea l'empire, et qui le fit mettre à mort (189-212).

Gètes s. m. pl. Ancien peuple de la Thrace.

Gétules s. m. pl. Peuples d'Afrique.

Geyser s. m. Volcan d'eau.

Ghirlandajo, célèbre peintre italien (1451-1495).

Gibbeux, euse adj. Bossu, élevé (t. de *méd.* et de *bot.*).
Gibbon s. m. Singe à face humaine.
Gibbon (Edouard), historien anglais (1737-1794).
Gibbosité s. f. Courbure de l'épine du dos ; bosse ; proéminence en forme de bosse.
Gibecière s. f. Sac pour la chasse*; sac d'escamoteur.
Gibelet s. m. Petit foret.
Gibelin, e adj. et s. Partisan des empereurs aux XIIe, XIIIe et XIVe siècles.
Gibelotte s. f. Fricassée de poulets, de lapins, etc.
Giberne s. f. Boîte dans laquelle le soldat porte ses cartouches.
Gibet s. m. Potence*.
Gibier s. m. Animaux bons à manger que l'on prend à la chasse. Fig. fam. *Gibier de potence*, vagabond.
Giboulée s. f. Ondée de pluie froide et de grêle.
Giboyer v. n. Chasser, prendre gibier.
Giboyeur s. m. Qui aime à giboyer.
Giboyeux, euse adj. Abondant en gibier : *forêt giboyeuse*.
Gié (Pierre de), maréchal de France (1450-1513).
Gifle s. f. Soufflet (pop.).
Gifler v. a. Souffleter (pop.).
Gigantesque adj. et s. Qui tient du géant. Fig. extrêmement grand ou élevé ; emphatique.
Gigantomachie s. f. *Myth.* Combat des géants et des dieux.
Gigot s. m. Cuisse de mouton séparée du corps.
Gigoter v. n. Remuer sans cesse les jambes (pop.).
Gigue s. f. Sorte de danse ; son air ; jambe (pop.).
Gilet s. m. Sorte de veste courte, sous l'habit.
Giletier, ière s. Ouvrier en gilets.
Gille s. m. Niais.
Gimblette s. f. Pâtisserie dure et sèche en anneaux.
Gindre s. m. Garçon boulanger qui pétrit.
Gingembre s. m. Plante aromatique.

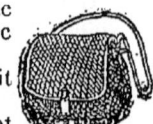

Gioia (Flavio), d'Amalfi, pilote napolitain, passe pour l'inventeur de la boussole (XIIIe s.).
Giorgione (le), peintre italien (1477-1511).
Giorno (à) loc. adv. (mot italien ; on pron. *a-djiorno*). Se dit d'un éclairage très brillant.
Giotto, peintre florentin (1276-1336).
Girafe s. f. Grand quadrupède d'Afrique, de l'ordre des ruminants*.
Girande s. f. Faisceau de plusieurs jets d'eau ; assemblage de fusées volantes qui partent en même temps.
Girandole s. f. Chandelier à branches*; assemblage de diamants.
Girard (Philippe de), inventeur de la machine à filer le lin (1775-1845).
Girardon, sculpteur français (1627-1715).
Giratoire adj. Qui tourne circulairement : *mouvement giratoire*.
Giraumont s. m. Espèce de citrouille d'Amérique.
Girofle s. m. Sorte de plante ; sa fleur.
Giroflée s. f. Sorte de plante ; sa fleur.
Giroflier s. m. Arbre qui donne le girofle.
Girolle s. f. Espèce de champignon comestible.
Giron s. m. Espace depuis la ceinture jusqu'aux genoux, étant assis. Fig. *le giron de l'Eglise*, la communion de l'Eglise catholique.
Girondin, e adj. et s. Se dit du parti qui avait pour chefs les députés de la Gironde, à la Convention.
Girouette s. f. Plaque mobile sur une tige, que fait tourner le vent, et qui sert à indiquer sa direction*. Fig. personne légère, changeante.
Gisant, e adj. part. de *gésir*. Couché, étendu.
Gisèle, fille de Charles le Simple, née en 897, femme de Rollon.
Gisement s. m. Situation des côtes de la mer, des couches de la terre.

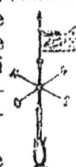

Git (Ci-), du verbe *gésir*. Formule d'épitaphe : ici repose. **Git** (fam.), pour consiste : *Là gît la difficulté.*

Gitane ou **gitana** s. f. Bohémienne d'Espagne.

Gitano s. m. Bohémien d'Espagne.

Gîte s. m. Demeure ordinaire où l'on couche ; où le lièvre repose.

Gîter v. n. Demeurer, coucher.

Givre s. m. Espèce de gelée blanche, de frimas qui s'attache aux branches des arbres, aux buissons, etc.

Glabre adj. *Bot.* Lisse, uni et sans poil.

Glaçant, e adj. Qui glace.

Glace s. f. Eau durcie par le froid. *Fig.* air de froideur, indifférence. — Plaque de cristal pour vitrage ; miroir ; liqueurs, fruits glacés.

Glacé, ée adj. Très froid ; lustré.

Glacer v. a. Congeler ; durcir ; causer un froid très vif. *Fig.* intimider, repousser par un accueil froid ; remplir d'effroi. — Revêtir d'un enduit luisant ; lustrer.

Glacial, e adj. sans pl. m. Qui glace : *vent glacial ;* qui est glacé : *mer glaciale.*

Glacier s. m. Limonadier qui prépare et vend les glaces ; fabricant de glaces de verre. Au pl. Amas de montagnes ou lits de glaces.

Glacière s. f. Lieu où l'on conserve la glace. *Fig.* endroit très froid.

Glacis s. m. Talus, pente insensible. *En peinture,* couleur transparente et légère.

Glaçon s. m. Morceau de glace. *Fig. fam.* personne très froide.

Gladiateur s. m. *Antiq.* Celui qui se battait dans l'arène.

Gladié, ée adj. *Bot.* En forme de glaive.

Glaïeul s. m. Sorte de plante*.

Glaire s. f. Humeur visqueuse ; blanc d'œuf cru.

Glaireux, euse adj. Plein de glaire ; de sa nature.

Glaise adj. et s. f. Terre forte et grasse.

Glaiser v. a. Enduire de glaise ; engraisser la terre avec de la glaise.

Glaiseux, euse adj. De la nature de la glaise.

Glaisière s. f. Lieu d'où l'on tire la glaise.

Glaive s. m. Epée tranchante.

Glanage s. m. Action de glaner.

Gland s. m. Fruit du chêne ; sorte d'ornement qui l'imite*.

Glande s. f. *Anat.* Partie molle, spongieuse, qui sert à la sécrétion des humeurs.

Glandée s. f. Récolte des glands.

Glandulaire adj. Voy. *Glanduleux.*

Glandule s. f. Petite glande.

Glanduleux, euse ou **glandulé, ée** adj. Qui a des glandes, composé de glandes.

Glane s. f. Poignée d'épis ramassés çà et là ; groupe de poires autour d'une branche ou d'oignons autour d'une torche de paille.

Glaner v. a. Ramasser les épis après la moisson.

Glaneur, euse s. Qui glane.

Glanure s. f. Ce que l'on glane après la moisson.

Glapir v. n. Se dit des renards et des petits chiens qui crient, d'une personne qui a la voix aigre.

Glapissant, e adj. Qui glapit.

Glapissement s. m. Cri en glapissant ; cri perçant.

Glas s. m. Son funèbre de cloche après la mort de quelqu'un.

Glauque adj. D'un vert bleuâtre.

Glèbe s. f. Fonds de terre ; serfs qui y étaient attachés.

Glissade s. f. Action de glisser.

Glissant, e adj. Sur quoi on glisse aisément.

Glissé s. m. Pas de danse en glissant.

Glissement s. m. Action de glisser.

Glisser v. n. Couler sur un corps gras ou uni. *Fig.* passer légèrement sur un sujet, ne pas approfondir. V. a. Mettre, couler adroitement ; insinuer.

Glisseur s. m. Qui glisse sur la glace.

Glissoire s. f. Chemin sur la glace pour y glisser en jouant.

Globe s. m. Corps sphérique; la terre; petite sphère représentant la terre*.

Globulaire s. f. Sorte de plante.

Globule s. m. Petit corps sphérique.

Globuleux, euse adj. Composé de globules.

Gloire s. f. Honneur, estime, réputation mérités par les vertus en action, les talents, les ouvrages; hommage à la divinité; éclat, splendeur; béatitude céleste; représentation du ciel ouvert.

Glorieusement adv. Avec gloire; d'une manière glorieuse.

Glorieux, euse adj. Qui s'est acquis de la gloire; qui jouit de la gloire céleste; vain, superbe. S. Plein de vanité.

Glorification s. f. Elévation à la gloire céleste.

Glorifier v. a. Honorer; rendre gloire. Se glorifier v. pr. Faire gloire, tirer vanité de.

Gloriole s. f. Vanité qui a pour objet de petites choses.

Glose s. f. Commentaire littéral.

Gloser v. a. Faire une glose; critiquer, censurer.

Gloseur, euse s. Qui glose sur tout; qui interprète en mal.

Glossaire s. m. Dictionnaire qui explique les mots peu connus; vocabulaire.

Glossateur s. m. Auteur d'une glose.

Glossologie s. f. Traité sur la langue.

Glotte s. f. Fente du larynx, pour le passage de l'air.

Glougloter ou **glouglouter** v. n. Se dit du cri des dindons.

Glouglou s. m. Bruit que fait une liqueur versée dans une bouteille.

Gloussement s. m. Cri de la poule, du dindon.

Glousser v. n. Se dit du cri de la poule qui veut couver ou appeler ses petits, du dindon qui fait la roue.

Glouteron s. m. La bardane, [plante.

Glouton, onne adj. et s. Qui mange avec avidité et excès.

Gloutonnement adv. D'une manière gloutonne.

Gloutonnerie s. f. Vice du glouton; avidité dans le manger.

Glu s. f. Composition végétale visqueuse et tenace pour prendre les oiseaux.

Gluant, e adj. Visqueux, de la nature de la glu.

Gluau s. m. Branche frottée de glu.

Gluck, célèbre compositeur de musique allemand (1714-1787).

Glucose s. f. *Chim.* Principe sucré dans les végétaux.

Gluer v. a. Frotter de glu; poisser.

Glui s. m. Paille de seigle pour couvrir les toits.

Glumacé, ée adj. *Bot.* Dont la fleur est une glume.

Glume s. f. *Bot.* Ecaille sèche qui enveloppe la fleur des graminées.

Glumelle ou **glumellule** s. f. Petite glume.

Gluten s. m. Matière visqueuse et collante de la farine; matière qui sert à lier ensemble les parties d'un corps solide.

Glutineux, euse adj. Gluant, visqueux.

Glycérine s. f. Principe doux des huiles.

Glycine s. f. Plante légumineuse à fleurs odorantes.

Glyphe s. m. Canal qui sert d'ornement d'architecture.

Glyptique s. f. Art de graver sur les pierres précieuses.

Gneiss s. m. *Géol.* Roche composée de quartz, de feldspath et de mica.

Gnome s. m. Génie imaginaire, gardien des trésors de la terre.

Gnomide s. f. Femelle d'un gnome.

Gnomique adj. Sentencieux.

Gnomon s. m. Cadran solaire.

Gnomonique s. f. Art de tracer les cadrans solaires.

Gnosticisme s. m. Opinion, hérésie des gnostiques.

Gnostiques s. m. pl. Hérétiques qui se vantaient d'avoir des lumières surnaturelles.

Go (Tout de) loc. adv. Sans façon, d'un seul trait, librement (pop.).

Gobelet s. m. Vase rond à boire; ce qui en a la forme.

Gobelins s. m. pl. Manufacture de tapisseries à Paris.

Gobelotter v. n. Boire souvent et à petits coups.

Gobe-mouches s. m. Oiseau qui se nourrit de mouches. Fig. homme qui s'occupe niaisement de bagatelles.

Gober v. a. Avaler avec avidité. Fig. fam. croire légèrement; saisir quelqu'un à l'improviste (pop.).

Goberger (se) v. pr. Se moquer, se réjouir; prendre ses aises (fam.).

Gobert (le baron), fondateur de deux prix pour les meilleurs ouvrages sur l'histoire de France (1807-1833).

Gobet s. m. Morceau que l'on gobe. Pop. Grosse cerise.

Gobeur, euse s. Qui gobe.

Godailler v. n. (*ll* m.) Boire à plusieurs reprises et avec excès (fam.).

Godailleur s. m. (*ll* m.) Qui godaille.

Godefroy de Bouillon, chef de la première croisade (1058-1100).

Godelureau s. m. Jeune homme qui fait le galant, l'agréable (fam.).

Goder v. n. Plisser, faire de faux plis.

Godet s. m. Sorte de petit vase sans pied et sans anse*; auget.

Godiche s. et adj. Fam. Benêt.

Godiveau s. m. Pâté chaud de hachis de veau, etc.

Goéland s. m. Oiseau de mer.

Goélette s. f. Bâtiment à deux mâts.

Goémon s. m. Varech, plante marine.

Gœthe (Jean Wolfgang), le plus célèbre des poètes de l'Allemagne.

Gog et **Magog**, géants ennemis d'Israël.

Gogaille s.f. (*ll* m.) Repas joyeux (pop.).

Gogo (à) loc. adv. Fam. Dans l'abondance.

Goguenard, e adj. et s. Plaisant, railleur.

Goguenarder v. n. Plaisanter mal, railler.

Goguenarderie s. f. Mauvaise plaisanterie.

Goguettes s. f. pl. Propos joyeux (fam.). *Etre en goguettes*, très gai, chanter.

Goinfre s. m. Qui met tout son plaisir à manger (pop.).

Goinfrer v. n. Manger beaucoup et avidement (pop.).

Goinfrerie s. f. Gourmandise sans goût (pop.).

Goître s. m. Tumeur grosse et spongieuse à la gorge.

Goîtreux, euse adj. et s. De la nature du goître; qui y est sujet.

Goldoni, célèbre poète comique italien (1707-1793).

Goldsmith, littérateur anglais (1728-1774).

Golfe s. m. Mer qui s'avance dans les terres.

Golgotha, montagne du Calvaire.

Goliath, géant philistin tué par David.

Gomaristes s. m. pl. Sectaires calvinistes en Hollande.

Gombette s. f. Code des lois du roi Gondebaud.

Gomer, fils de Japhet.

Gomérites s. m. pl. Les descendants de Gomer.

Gommage s. m. Action de gommer.

Gomme s. f. Substance épaisse qui découle de certains arbres. GOMME ÉLASTIQUE, caoutchouc; composition dont on se sert pour effacer les traces du crayon sur le papier*.

Gomme-gutte s. f. Substance résineuse des Indes, violent purgatif, sert à la peinture.

Gomme-résine s. f. Suc composé de gomme et de résine.

Gommer v. a. Enduire de gomme; mêler de gomme.

Gommeux, euse adj. Qui jette de la gomme; de la nature de la gomme.

Gommier s. m. Grand arbre d'Amérique qui jette de la gomme.

Gomphose s. f. Articulation immobile des os.

Gond s. m. Morceau de fer qui soutient la penture.

Gondebaud, roi des Bourguignons, oncle de Clotilde (463-516).

Gondole s. f. Sorte de barque.

Gondoler v. n. et SE GONDOLER v. pr. Se gonfler, se bomber, se déjeter.

Gondolier s. m. Qui conduit les gondoles.

Gonfalon ou **gonfanon** s. m. Bannière à fanons.

Gonfalonier s. m. Qui portait le gonfalon ; ancien magistrat d'une république d'Italie.

Gonflé, ée adj. Enflé.

Gonflement s. m. Enflure.

Gonfler v. a. Enfler. V. n. Devenir enflé.

Gong s. m. Instrument de musique chinois*.

Goniomètre s. m. Instrument pour mesurer les angles.

Goniométrie s. f. Art de mesurer les angles.

Gonsalve de Cordoue, capitaine célèbre au service de Ferdinand le Catholique (1443-1515).

Gontran, fils de Clotaire Ier et roi de Bourgogne et d'Orléans, de 561 à 593.

Gonzague, famille illustre d'Italie.

Gordien adj. m. *Nœud gordien*, très difficile à dénouer. Fig. difficulté insurmontable en apparence.

Goret s. m. Petit cochon.

Gorge s. f. Partie antérieure du cou ; gosier, cou et sein d'une femme ; entrée, orifice. Moulure concave (*archit.*).

Gorge-de-pigeon adj. (invar.) et s. m. Se dit d'une sorte de couleur changeante.

Gorgée s. f. Quantité de liqueur qu'on peut avaler en une seule fois.

Gorger v. a. Mettre dans la gorge; donner à manger avec excès. Fig. remplir, combler. SE GORGER v. pr. Se remplir jusqu'à la gorge.

Gorgerette s. f. Collerette (vx.).

Gorgerin s. m. Pièce de l'armure pour la gorge ; petite frise du chapiteau dorique (*archit.*).

Gorille s. m. (*ll* m.) Singe dont la conformation se rapproche beaucoup de celle de l'homme.

Gosier s. m. Partie intérieure du cou ; canal de la voix ; voix.

Goslin, Gozlin ou **Gosselin**, évêque de Paris, abbé de Saint-Germain des Prés, m. en 886.

Gosselin, chirurgien français (1815-1887).

Gothique adj. Qui vient d[es] Goths. Fig. Trop ancien, hors [de] mode. S. f. L'écriture gothique.

Goths s. m. pl. Ancien peup[le] germain.

Gouache s. f. Peinture avec d[es] couleurs délayées dans l'eau gor[n]mée.

Gouailler v. a. Railler (pop.)

Gouailleur, euse s. Qui gouai[lle] (pop.).

Goudron s. m. Matière noirât[re] que l'on extrait des arbres résineu[x].

Goudronnage s. m. Action [de] goudronner ; son résultat.

Goudronner v. a. Enduire [de] goudron.

Gouffre s. m. Précipice, abîm[e]. Fig. ce qui entraîne beaucoup [de] dépense : *Paris est un gouff[re]*. *Gouffre de malheur*, extrême m[i]sère.

Gouge s. f. Ciseau de men[ui]sier, de sculpteur, etc.

Goujat s. m. Valet de soldat, [aide-]maçon. Fig. homme sale, grossi[er].

Goujon s. m. Petit poisson bla[nc].

Goujon (Jean), illustre scu[lp]teur et architecte français (15[..]-1572).

Goulée s. f. Grosse bouchée.

Goulet s. m. Cou d'un vase (v[x]). Entrée étroite d'un port, d'un fi[let] de pêcheur.

Goulot s. m. Cou d'un vase.

Goulotte ou **goulette** s. f. [Pe]tite rigole.

Goulu, ue adj. Qui mange a[vec] avidité.

Goulûment adv. Avideme[nt], en goulu.

Goum s. m. Campement ou tr[ibu] arabe.

Goupille s. f. (*ll* m.) Clavette, très petite cheville*.

Goupiller v. a. (*ll* m.) Mettre [une] goupille.

Goupillon s. m. (*ll* m.) Aspers[oir] pour l'eau bénite ; brosse à l[ong] manche pour nettoyer.

Gourd, e adj. Engourdi par le froid.

Gourde s. f. Calebasse ; courge vide servant de bouteille.

Gourdin s. m Bâton gros et court (pop.).

Gourgane s. f. Petite fève [de] marais.

Gourmade s. f. Coup de poing.

Gourmand, e adj. et s. Glouton, goulu; qui mange avidement et avec excès.

Gourmander v. a. Réprimander durement.

Gourmandise s. f. Vice du gourmand.

Gourme s. f. Maladie des jeunes chevaux; affection cutanée des enfants.

Gourmé, ée adj. Guindé, qui a le maintien trop grave.

Gourmer v. a. Mettre la gourmette à un cheval. Fig. maltraiter.

Gourmet s. m. Qui sait goûter et connaître les vins, les mets, etc.; friand.

Gourmette s. f. Chaînette de fer qu'on attache au mors du cheval *.

Gousse s. f. Enveloppe des graines *. *Gousse d'ail*, tête d'ail. Au pl. ornements du chapiteau (*archit.*).

Gousset s. m. Creux de l'aisselle; morceau de toile à la chemise; petite poche.

Goût s. m. Le sens qui discerne la saveur; saveur, odeur; appétence des aliments. Fig. discernement, finesse de jugement; inclination pour une science, un art, une occupation, etc.

Goûter v. a. Sentir et discerner par le goût; vérifier la saveur. Fig. essayer, éprouver; approuver, trouver bon : *goûter un avis;* jouir de. V. n. Faire un goûter.

Goûter s. m. Repas entre le dîner et le souper.

Goutte s. f. Très petite partie d'un liquide; maladie des articulations. GOUTTE A GOUTTE loc. adv. Goutte après goutte. *Ne voir goutte*, ne point voir du tout.

Gouttelette s. f. Petite goutte.

Goutteux, euse adj. et s. Qui a la goutte, qui y est sujet.

Gouttière s. f. Canal pour les eaux de pluie des toits.

Gouvernable adj. Que l'on peut gouverner.

Gouvernail s. m. Timon mobile pour gouverner un navire, un bateau. Fig. direction, gouvernement.

Gouvernante s. f. Femme d'un gouverneur; femme à qui l'on confie l'éducation d'un enfant; celle qui a soin du ménage.

Gouvernants s. m. pl. Ceux qui gouvernent un Etat.

Gouverne s. f. Règle de conduite.

Gouvernement s. m. Action ou manière de gouverner, d'administrer; constitution d'un Etat; ceux qui gouvernent. Fig. direction.

Gouvernemental, e adj. (Pl. m. *gouvernementaux.*) Du gouvernement.

Gouverner v. a. Régir, conduire avec autorité; administrer; avoir crédit sur quelqu'un.

Gouvernés s. m. pl. Ceux qui sont gouvernés.

Gouverneur s. m. Qui gouverne une province, une ville; administrateur, directeur; précepteur.

Gouvion-Saint-Cyr, maréchal de France (1764-1830).

Goyave s. f. Fruit du goyavier *.

Goyavier s. m. Arbrisseau des Antilles.

Grabat s. m. Petit et méchant lit.

Grabeau s. m. Fragments, criblure, rebut de drogues sèches.

Grabuge s. m. Désordre, querelle.

Gracchus ou LES GRACQUES, nom de deux tribuns célèbres à Rome, qui périrent assassinés, l'un en 133, l'autre en 121 av. J.-C.

Grâce s. f. Faveur; remise de la peine méritée; remerciement; charme, agrément; secours que Dieu accorde pour le salut. Au pl. Prière après le repas. — *Myth.* Les trois déesses compagnes de Vénus.

Graciable adj. Digne de pardon.

Gracier v. a. Accorder la remise d'une peine.

Gracieusement adv. D'une manière gracieuse.

Gracieuseté s. f. Honnêteté, civilité; gratification.

Gracieux, euse adj. Agréable, civil; plein de grâce.

Gracilité s. f. Qualité de ce qui est grêle.

Gracques (les). Voy. *Gracchus*.

Gradation s. f. Augmentation successive par degrés.

Grade s. m. Dignité, degré d'honneur, d'avancement; degré dans une Université.

Gradé adj. m. Qui a un grade.

Grader v. a. Conférer un grade, une dignité.

Gradin s. m. Petit degré. Au pl. Bancs au-dessus les uns des autres.

Graduation s. f. Division en degrés.

Gradué, ée adj. Divisé en degrés.

Graduel s. m. Versets qui se disent entre l'épître et l'évangile; livre d'église qui comprend tout ce qui se chante au lutrin pendant la messe.

Graduel, elle adj. Qui va par degrés.

Graduellement adv. Par degrés.

Graduer v. a. Diviser en degrés; conférer les grades dans une faculté.

Graillement s. m. (*ll* m.) Son cassé, enroué de la voix.

Graillon s. m. (*ll* m.) Les restes ramassés d'un repas. *Odeur de graillon*, de graisse ou de viande brûlée.

Grailly (Jean de), captal de Buch, m. en 1377.

Grain s. m. Semence du blé, des graminées; fruit de certains végétaux; petite parcelle; petite aspérité sur une étoffe, une surface; poids ancien; averse, pluie soudaine; coup de vent (*mar.*).

Graine s. f. Semence des plantes.

Grainetier s. m. V. *Grènetier*.

Grainier, ière s. Qui vend des grains.

Graissage s. m. Action de graisser.

Graisse s. f. Substance animale, onctueuse et fusible, de la nature des huiles grasses.

Graisser v. a. Frotter, oindre de graisse ou d'huile.

Graisset s. m. Petite grenouille verte.

Graisseux, euse adj. De la nature de la graisse.

Gramen s. m. (On pron. l'*n*.) Plante graminée.

Graminée adj. et s. f. Famille de plantes comprenant le blé, l'avoine, le seigle, etc.

Grammaire s. f. Art de parl et d'écrire correctement; livre q en renferme les préceptes.

Grammairien s. m. Qui sa enseigne la grammaire.

Grammatical, e adj. De grammaire. *Construction gramm ticale*, selon les règles de la gram maire.

Grammaticalement adv. Sel les règles de la grammaire.

Gramme s. m. Unité de poi dans le système métrique.

Grammont, ancienne famille Bourgogne qui a donné trois év ques à Besançon.

Gramont (comte de), célèb courtisan de Louis XIV (1621-170

Grand, e adj. Fort étendu da les trois dimensions, surtout en l gueur et en largeur; principal, i portant; noble, élevé, illustre. S. Homme élevé en dignité.

Grand'chambre s. f. Premi chambre d'un parlement.

Grand' chose, pour *grande c se : n'avoir pas grand'chose*, av peu.

Grand-croix s. m. Officier pr cipal d'un ordre de chevalerie.

Grand-duc s. m. (Fém. *gran duchesse.*) Chef d'un grand-duch

Grand-duché s. m. Territo commandé par un grand-duc.

Grandelet, ette adj. Un grand.

Grandement adj. Avec gr deur; extrêmement; beaucoup.

Grandesse s. f. Dignité de gr d'Espagne.

Grandeur s. f. Qualité, éten de ce qui est grand; éminente périorité; noblesse; élévation me; pouvoir.

Grandiose adj. Grand, subli élevé, majestueux.

Grandir v. n. Croître en h teur, devenir grand.

Grandissime adj. Très gr (fam.).

Grand-livre s. m. Registre sont inscrites toutes les rentes d par l'État. On dit aussi : GR LIVRE DE LA DETTE PUBLIQUE. Livre de commerce sur le chaque débiteur, chaque créan a un compte spécial donnant situation de son actif et de passif.

Grand'maman s. f. Grand'mère. (Pl. *grand'mamans.*)

Grand'mère s. f. Mère de notre mère ou de notre père. (Pl. *grand'-mères.*)

Grand'messe ou **grande messe** s. f. Messe chantée avec solennité.

Grand-oncle s. m. Frère du grand-père ou de la grand'mère. (Pl. *grands-oncles.*)

Grand-père s. m. Aïeul, père du père ou de la mère. (Pl. *grands-pères.*)

Grand'tante s. f. Sœur du grand-père ou de la grand'mère. (Pl. *grand'tantes.*)

Grange s. m. Bâtiment où l'on serre les gerbes.

Grangée s. f. Ce que contient une grange.

Granit s. m. Pierre fort dure.

Granitique adj. De granit.

Granivore s. m. Qui vit de grains.

Granulation s. f. Réduction des métaux en grenaille ou petits grains. S. f. pl. *Méd.* Très petites tumeurs arrondies.

Granule s. m. Petit grain.

Granuler v. a. Mettre le métal en petits grains.

Granuleux, euse adj. Composé de petits grains.

Graphique adj. Se dit de tout ce qui a rapport à l'art de représenter les objets par des lignes ou des figures : *dessin graphique.*

Graphiquement adv. D'une manière graphique.

Graphite s. m. Sorte de plombagine, mine de plomb servant à faire des crayons.

Graphomètre s. m. Instrument pour mesurer les angles, lever les plans*.

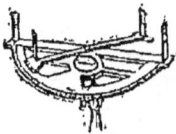

Grappe s. f. Grains en bouquets pendants : *grappe de raisin.*

Grappillage s. m. (*ll* m.) Action de grappiller.

Grappiller v. n. (*ll* m.) Cueillir les grappes qui restent après la vendange. Fig. faire de petits profits secrets.

Grappilleur, euse s. (*ll* m.) Qui grappille.

Grappillon s. m. (*ll* m.) Petite grappe.

Grappin s. m. Petite ancre à quatre ou cinq pointes recourbées ; instrument à crochets.

Gras, asse adj. Qui a beaucoup de graisse ; sali, enduit de graisse. S. m. La partie grasse d'une viande ; la viande.

Gras-double s. m. Membrane de l'estomac du bœuf.

Gras-fondu s. m. ou **gras-fondure** s. f. Maladie des chevaux, inflammation de la graisse du bas-ventre, des intestins.

Grassement adv. *Vivre grassement*, à son aise. *Payer grassement*, généreusement.

Grasset, ette adj. Un peu gras.

Grasseyement s. m. Prononciation en grasseyant.

Grasseyer v. n. Parler gras, mal prononcer la lettre *r*. [seye.

Grasseyeur, euse s. Qui gras-

Grassouillet, ette adj. (*ll* m.) *Diminutif* de grasset.

Gratien, empereur romain en 375, mort assassiné en 383.

Gratification s. f. Don, libéralité.

Gratifier v. a. Favoriser par des libéralités.

Gratin s. m. Ce qui demeure attaché au fond du poêlon ; apprêt de certains mets que l'on fait cuire entre deux feux.

Gratis adv. Sans frais.

Gratitude s. f. Reconnaissance d'un bienfait.

Gratte-cul s. m. Fruit de l'églantier, du rosier. [ment.

Gratteler v. a. Gratter légère-

Gratteleux, euse adj. Qui a la gratelle.

Grattelle s. f. Menue gale.

Gratte-papier s. m. Copiste ; mauvais écrivain.

Gratter v. a. Frotter ; ratisser ; râcler ; adoucir au grattoir.

Grattoir s. m. Outil pour gratter*.

Gratuit, e adj. Donné gratis ; sans fondement.

Gratuité s. f. Caractère de ce qui est gratuit.

Gratuitement adv. D'une manière gratuite ; sans fondement.

Gravatier s. m. Charretier qui enlève les gravois.

Gravats s. m. pl. Voy. *Gravois.*

Grave adj. Pesant; sérieux; important. *Mus.* Se dit des notes, des cordes basses.

Gravé, ée adj. Tracé avec le burin.

Gravelée s. f. Cendre de lie de vin. Adj. f. *Cendre gravelée,* faite de lie de vin calcinée.

Graveleux, euse adj. Mêlé de gravier; sujet à la gravelle. Fig. trop libre.

Gravelle s. f. Maladie causée par la présence de petites pierres dans les reins, la vessie.

Gravelure s. f. Discours trop libre.

Gravement adv. Avec gravité.

Graver v. a. Tracer avec le burin. Fig. imprimer fortement dans l'esprit.

Graveur s. m. Artiste qui grave.

Gravier s. m. Gros sable mêlé de très petits cailloux; sable dans l'urine.

Gravir v. a. et n. Monter, grimper avec peine un endroit rude et escarpé.

Gravitation s. f. *Phys.* Force en vertu de laquelle tous les corps s'attirent les uns les autres.

Gravité s. f. Pesanteur; importance des choses; qualité des personnes graves.

Graviter v. n. Tendre et peser vers un point.

Gravois s. m. Partie grossière de plâtre; menus débris de murs démolis.

Gravure s. f. Art, manière de graver; empreinte de planche gravée.

Gré s. m. Volonté, caprice; franche volonté de faire. DE GRÉ A GRÉ loc. adv. A l'amiable.

Grec, grecque adj. De Grèce. S. m. La langue grecque. S. f. Scie de relieur; ornement d'architecture*.

Gréciser v. n. Donner la forme grecque à un mot, à un tour d'une autre langue.

Gredin, ine s. Mendiant, coquin, homme vil.

Gredinerie s. f. Action de gredin.

Gréement ou **grément** s. m. Ce qui sert à gréer un vaisseau.

Gréer v. a. Equiper un navire

Gréeur s. m. Qui grée les bâtiments.

Greffe s. m. Bureau où l'on expédie les jugements, etc., où l'on garde les registres. S. f. Œil d'arbre, enté, appliqué sur un autre*.

Greffer v. a. Enter, faire une greffe.

Greffeur s. m. Qui greffe.

Greffier s. m. Fonctionnaire qui tient un greffe.

Greffoir s. m. Instrument de jardinier pour greffer.

Grège adj. f. *Soie grège,* sortant de dessus le cocon.

Grégeois adj. m. (Feu —), qui brûlait dans l'eau.

Grégoire, nom de plusieurs saints et de plusieurs papes :

Saints. — GRÉGOIRE *le Thaumaturge,* théologien de l'Église grecque, m. en 270. — GRÉGOIRE *de Nazianze,* célèbre théologien, Père de l'Église grecque (328-389). — GRÉGOIRE *de Nysse,* Père de l'Église grecque et évêque de Nysse (332-400). — GRÉGOIRE *de Tours,* évêque de Tours; célèbre théologien et historien (544-595).

Papes les plus célèbres. — SAINT GRÉGOIRE Ier *le Grand,* pape, de 590 à 604. On lui doit la liturgie de la messe et le *rit grégorien.* — GRÉGOIRE VII (Hildebrand), pape de 1073 à 1085, célèbre par ses luttes avec l'empereur d'Allemagne (querelle des investitures). — GRÉGOIRE XIII, pape de 1572 à 1585, réforma le calendrier.

Grégoire (l'abbé), membre de la Convention, évêque assermenté de Blois (1750-1831).

Grégorien, enne adj. Se dit du chant d'église modifié par Grégoire Ier, et du calendrier julien, réformé par Grégoire XIII.

Grégory (Jacques), astronome écossais (1636-1675).

Grègue s. f. Culotte, haut-de-chausse (vx.).

Grêle adj. Long et menu. *Voix grêle,* aiguë et faible.

Grêle s. f. Pluie gelée.

Grêlé, ée adj. Marqué de la petite vérole.

Grêler v. a. Gâter par la grêle. V. impers. Tomber, en parlant de la grêle.

Grelin s. m. *Mar.* Petit câble.

Grêlon s. m. Gros grain de grêle.

Grelot s. m. Boule de métal creuse qui résonne*.

Grelottant, e adj. Qui grelotte.

Grelotter v. n. Trembler de froid.

Grenade s. f. Fruit du grenadier*; petits boulets creux dans le genre des obus.

Grenadier s. m. Arbre qui donne les grenades; soldat qui dans l'origine lançait les grenades.

Grenadille s. f. Sorte de fleur appelée vulgairement *fleur de la Passion.*

Grenadine s. f. Soie pour fabriquer la dentelle noire.

Grenage s. m. Action de former le grain de la poudre.

Grenaille s.f. (*ll* m.) Métal réduit en grains.

Grenailler v. a. (*ll* m.) Mettre un métal en menus grains.

Grenaison s. f. Récolte des graines.

Grenat s. m. Pierre précieuse rouge. Adj. D'un rouge de grenat.

Grené s. m. Surface grenue; dessin qui offre une multitude de points très rapprochés les uns des autres.

Greneler v. a. Faire paraître des grains sur le cuir, le papier, etc.

Grener v. n. Produire de la graine, beaucoup de grains. V. a. Réduire en grains; greneler.

Grèneterie s. f. Commerce du grènetier.

Grènetier, ière s. Qui vend des graines.

Grenier s. m. Lieu où l'on serre les grains, etc.; dernier étage. Fig. pays fécond en blé : *la Sicile est le grenier de l'Italie.*

Grenouille s. f. (*ll* m) Petit quadrupède amphibie; reptile batracien.

Grenouillère s. f. (*ll* m.) Lieu où les grenouilles se retirent; lieu humide et malsain.

Grenouillet s. m. (*ll* m.), ou *Sceau de Salomon*, espèce de muguet.

Grenouillette s. f. (*ll* m.) Renoncule des marais; tumeur sous la langue (*méd.*).

Grenu, ue adj. Plein de grains; bien grenelé.

Grenure s. f. Action de grener; ses effets.

Grès s. m. Pierre formée de grains de sable; poterie de glaise mêlée de sable.

Grésil s.m. (on pron. *grézi*). Menue grêle.

Grésillement s. m. (*ll* m.) Action de grésiller; ses effets.

Grésiller v. impers. (*ll* m.) Se dit du grésil qui tombe. V. a. Racornir, rétrécir.

Grésoir s. m. Outil de vitrier.

Gresserie s. f. Carrière, pierres, vases de grès.

Gresset, poète français (1709-1777).

Grétry, célèbre compositeur de musique, né à Liège (1741-1813).

Greuze, peintre français (1725-1805).

Grève s. f. Plage unie et sablonneuse; coalition d'ouvriers qui refusent de travailler.

Grever v. a. Faire tort, léser; charger.

Gribeauval (de), célèbre général d'artillerie et ingénieur français (1715-1789).

Griblette s. f. Viande grillée.

Gribouillage s. m. (*ll* m.) Mauvaise peinture; écriture mal formée (fam.).

Gribouille s. m. (*ll* m.) Pop. Niais, sot.

Gribouiller v. n. (*ll* m.) Faire du gribouillage (fam.).

Gribouilleur, euse s. (*ll* m.) Qui fait du gribouillage.

Grièche adj. 2 g. Rude; sauvage : ne se dit qu'avec les substantifs *ortie* et *pie : ortie-grièche, pie-grièche.* (Voy. ces mots.)

Grief s. m. Dommage, lésion; plainte pour le dommage reçu.

Grief, ève adj. Grave, grand, considérable.

Grièvement adv. D'une manière griève.

Grièveté s. f. Atrocité, énormité.

Griffade s. f. Coup de griffe.

Griffe s. f. Ongle crochu de certains animaux; caïeux de certaines plantes; empreinte d'une signature. Fig. pouvoir injuste; dépendance.

Griffer v. a. Prendre, frapper avec la griffe; égratigner.

Griffon s. m. Oiseau de proie; animal fabuleux, moitié aigle, moitié lion; sorte de chien.

Griffonnage s. m. Mauvaise écriture; mauvais dessin.

Griffonner v. a. et n. Ecrire, dessiner mal.

Griffonneur s. m. Qui griffonne; auteur qui écrit mal.

Grignon s. m. Morceau de l'entamure du pain, du côté le plus cuit.

Grignoter v. n. Manger doucement en rongeant.

Grigou s. m. Pop. Avare; misérable.

Gril s. m. (on pron. *gri*). Ustensile de métal à jour pour faire griller ou chauffer.

Grillade s. f. (*ll* m.) Viande grillée.

Grillage s. m. (*ll* m.) Opération de métallurgie qui consiste à faire passer le minerai par plusieurs feux avant de le fondre; garniture de fils de fer en treillis.

Grillageur s. m. (*ll* m.) Qui fabrique des grillages et les pose.

Grille s. f. (*ll* m.) Assemblage de barreaux formant une clôture*; ustensile pour brûler le charbon de terre ou le coke dans les cheminées; le parloir dans certains couvents.

Griller v. a. (*ll* m.) Fermer avec une grille; rôtir sur le gril. V. n. Brûler. Fig. désirer vivement.

Grillon s. m. (*ll* m.) Petit insecte.

Grimaçant, e adj. Qui grimace. Fig. qui fait des plis : *robe grimaçante.*

Grimace s. f. Contorsion du visage ou de l'une de ses parties; mauvais plis d'une étoffe. Fig. mauvais accueil : *faire la grimace à quelqu'un.*

Grimacer v. n. Faire des grimaces; fig. des faux plis.

Grimacier, ière adj. et s. Qui fait des grimaces. Fig. hypocrite.

Grimaud s. m. Ecolier des basses classes (vx.); mauvais éc vain.

Grime s. m. Acteur qui joue l vieillards ridicules.

Grimer (se) v. pr. S'arranger visage au moyen de rides factic pour jouer certains rôles.

Grimm (baron), célèbre littér teur et critique, né à Ratisbon (1723-1807).

Grimoald, maire du palais so le règne de Sigebert II, m. en 65

Grimoire s. m. Livre de magi Fig. discours obscur; écriture di ficile à déchiffrer.

Grimpant, e adj. Qui grimpe.

Grimper v. n. Monter en s'ai dant des pieds et des mains. Fi avancer, s'élever.

Grimpereau s. m. Oiseau grim pant.

Grimpeurs s. m. pl. Ordre d'oi seaux à quatre doigts opposés, pou grimper.

Grincement s. m. Action d grincer.

Grincer v. a. et n. *Grincer le dents* ou *des dents*, les frotter le unes contre les autres.

Grincheux, euse adj. Qui a u caractère désagréable, susceptibl

Gringalet s. m. Homme faibl grêle.

Gringoire (Pierre), poète sati rique français (1475-1544).

Gringotter v. a. et n. Gazouiller en parlant des petits oiseaux. Fig fredonner, en parlant des per sonnes.

Griotte s. f. Sorte de ceris noirâtre et douce; marbre tachet de rouge et de brun.

Griottier s. m. Arbre qui port la griotte.

Grippe s. f. Fantaisie, caprice goût capricieux; sorte de catarrh

Grippé, ée adj. Malade de l grippe.

Gripper v. a. Attraper, ravi subtilement. SE GRIPPER v. pr. S froncer en se contractant. Fig. s prévenir défavorablement et san raison contre quelqu'un.

Grippe-sou s. m. Fam. Qui fai de petits gains sordides.

Gris, e adj. De couleur mêlé de blanc et de noir. Fig. fam. demi ivre. S. m. La couleur gris

Grisaille s. f. (*ll* m.) Peintur

à deux couleurs, l'une brune, l'autre claire.

Grisailler v. a. (*ll* m.) Barbouiller de gris.

Grisâtre adj. Qui tire sur le gris.

Griser v. a. Faire boire quelqu'un jusqu'à le rendre à demi-ivre.

Griset s. m. Jeune chardonneret avant la mue.

Grisette s. f. Etoffe grise de peu de valeur. Jeune fille de médiocre condition (se prend en mauvaise part).

Grison, onne adj. Qui est gris. S. m. Ane, baudet (pop.).

Grisonnant, e adj. Qui devient gris.

Grisonner v. n. Avoir les cheveux gris.

Grisou s. m. Gaz inflammable qui se dégage des mines de houille.

Grive s. f. Oiseau du genre du merle, bon à manger.

Grivelé, ée adj. Tacheté de gris et de blanc.

Grivois, e adj. Fam. Alerte, éveillé, d'humeur libre et hardie.

Groenlandais, e adj. et s. Du Groenland.

Grog s. m. Mélange d'eau-de-vie, de sucre et d'eau.

Grognard, e adj. et s. Qui grogne sans cesse.

Grognement s. m. Cri des pourceaux; action de grogner.

Grogner v. n. Se dit du cri du cochon. Fam. Murmurer à voix basse.

Grogneur, euse adj. et s. Qui grogne souvent.

Grognon s. et adj. Grogneur.

Groin s. m. Museau du cochon.

Grolle s. f. Oiseau qui ressemble à la corneille.

Grommeler v. n. Gronder, murmurer sourdement.

Grondeler v. n. Murmurer, faire un bruit sourd.

Grondement s. m. Bruit sourd.

Gronder v. a. Réprimander avec humeur. V. n. Murmurer, se plaindre entre ses dents; faire un bruit sourd (se dit du tonnerre, du vent, etc.).

Gronderie s. f. Réprimande avec colère.

Grondeur, euse adj. et s. Qui gronde, aime à gronder.

Groom s. m. (on pron. *groum*, mot anglais). Palefrenier; petit laquais*.

Gros, grosse adj. Qui a beaucoup de volume; enflé; grossier; grave. *Femme grosse*, enceinte.

Gros s. m. La partie la plus forte, la plus volumineuse; la partie principale; ancien poids; grosse écriture. Adv. Beaucoup. EN GROS loc. adv. Par grande quantité; d'une façon sommaire.

Gros (Antoine-Jean), célèbre peintre français (1771-1835).

Gros-bec s. m. Sorte d'oiseau.

Groseille s. f. (*ll* m.) Sorte de fruit*.

Groseillier s. m. (*ll* m.) Arbrisseau qui produit la groseille.

Grosley, littérateur français (1718-1785).

Grosse s. f. Collection de douze douzaines; expédition d'un acte.

Grossesse s. f. Etat d'une femme enceinte.

Grosseur s. f. Etat de ce qui est gros; tumeur.

Grossier, ière adj. Epais; mal travaillé; brut; commun; peu civilisé; impoli; qui suppose beaucoup d'ignorance, de maladresse.

Grossièrement adv. D'une manière grossière.

Grossièreté s. f. Caractère de ce qui est grossier; rudesse; impolitesse; parole, action grossière.

Grossir v. a. Rendre gros; faire paraître gros. Fig. exagérer; amplifier. V. n. Devenir gros; s'accroître.

Grossissement s. m. Action de grossir; son résultat.

Grosso modo loc. adv. D'une façon grossière, sommaire.

Grossoyer v. a. Faire la grosse d'un acte.

Grotesque adj. Ridicule, bizarre, extravagant.

Grotesquement adv. D'une manière grotesque.

Grotte s. f. Petite caverne.

Grouillant, e adj. (*ll* m.). Qui grouille.

Grouillement s. m. (*ll* m.). Bruit de ce qui grouille.

Grouiller v. n. (*ll* m.). Pop. Remuer; fourmiller.

Group s. m. Sac d'argent.
Groupe s. m. Réunion d'objets ou de personnes dont l'œil saisit l'ensemble.
Groupement s. m. Action de grouper.
Grouper v. a. Mettre en groupe; réunir, rassembler.
Gruau s. m. Grain mondé et moulu grossièrement. *Pain de gruau*, pain de qualité supérieure, fait avec la fleur de farine.
Grue s. f. Gros oiseau de passage. Fig. niais, sot. Machine pour élever de gros fardeaux *.
Gruerie s. f. Ancienne juridiction forestière de première instance.
Gruger v. a. Briser avec les dents; manger. *Fig. gruger quelqu'un*, lui manger son bien.
Grugerie s. f. Action de gruger.
Grugeur, euse s. Qui gruge.
Grume s. f. Bois coupé qui a son écorce.
Grumeau s. m. Portion durcie ou caillée de sang, de lait, etc.
Grumeler (se) v. pr. Se mettre en grumeaux.
Grumeleux, euse adj. Composé de grumeaux; qui a de petites inégalités.
Gruyère s. m. Fromage de Suisse.
Guano s. m. Sorte d'engrais.
Gué s. m. Endroit d'une rivière qu'on peut passer à pied.
Guéable adj. Que l'on peut passer à gué.
Guèbres s. m. pl. Descendants des anciens Persans.
Guébriant, maréchal de France (1602-1643).
Guède s. f. Plante qui sert à teindre en bleu, appelée aussi *pastel*.
Guéer v. a. Baigner, laver dans l'eau.
Guelfe s. m. Partisan d'une faction qui soutint en Italie les papes contre les empereurs.
Guenille s. f. (*ll* m.) Haillon, chiffon. Fig. chose sans valeur.
Guenillon s. m. (*ll* m.) Fam. Petite guenille.
Guenon s. f. Genre de singes; femelle d'un singe.
Guenuche s. f. Petite guenon.
Guêpe s. f. Grosse mouche semblable à une abeille.
Guêpier s. m. Nid de guêpes. Fig. mauvaise affaire.
Guerchin (le), peintre italien (1590-1666).
Guère ou **Guères** (*en poés.*) adv. Pas beaucoup, peu.
Guéret s. m. Terre labourée et non ensemencée.
Guéridon s. m. Table ronde à un seul pied.
Guérir v. a. Délivrer de maladie. Fig. se dit en parlant des maux du cœur, de l'esprit, de l'imagination. V. n. Recouvrer la santé.
Guérison s. f. Recouvrement de la santé.
Guérissable adj. Qu'on peut guérir.
Guérisseur s. m. Qui guérit; charlatan.
Guérite s. f. Petite loge où une sentinelle se met à couvert.
Guerre s. f. Lutte par la voie des armes entre des nations, des princes, des partis opposés. Art militaire; débats, démêlé.
Guerrier, ière adj. Qui appartient à la guerre; propre à la guerre. S. m. Qui fait la guerre et qui s'y plaît; soldat.
Guerroyer v. n. Fam. Faire la guerre.
Guerroyeur s. m. Fam. Celui qui se plaît à faire la guerre.
Guet s. m. Action d'épier; troupe chargée de surveiller.
Guet-apens s. m. Embûche dressée pour assassiner ou dévaliser quelqu'un. Fig. Dessein prémédité de nuire.
Guêtre s. f. Espèce de chaussure.
Guêtrer v. a. Mettre des guêtres à quelqu'un.
Guetter v. a. Observer, épier, attendre.
Guetteur, euse s. Qui guette.
Gueulard, e s. Pop. Qui a l'habitude de parler beaucoup et très haut.
Gueule s. f. Bouche de certains animaux; ouverture.
Gueuler v. n. Pop. Parler beaucoup et très haut; se plaindre en criant.

Gueules s. m. pl. *Blas.* La couleur rouge.

Gueusaille s. f. (*ll* m.) Troupe de gueux.

Gueusailler v. n. (*ll* m.) Pop. Faire métier de mendier.

Gueusant, e a. Qui gueuse.

Gueusard s. m. Fam. Gueux, coquin.

Gueuse s. f. Pièce de fer fondu et non purifié.

Gueuser v. n. et a. Mendier.

Gueuserie s. f. Indigence, misère, mendicité ; chose vile, de peu de prix.

Gueux, euse adj. et s. Indigent, qui mendie ; qui n'a pas de quoi vivre selon son état ; fripon, coquin. S. f. femme de mauvaise vie.

Gui s. m. Plante parasite qui pousse sur certains arbres.

Guichet s. m. Petite porte dans une grande.

Guichetier s. m. Valet de geôlier.

Gui d'Arezzo, moine italien, inventeur de la gamme (990-1050).

Guide s. m. Qui conduit, accompagne pour montrer le chemin ; qui dirige, donne des instructions, des conseils ; qui sert de modèle.

Guide s. f. Lanière de cuir attachée à la bride d'un cheval attelé, et qui sert à le conduire.

Guide-âne s. m. Livret contenant l'ordre des offices ; tout ce qui contient des instructions propres à guider dans un travail, etc.

Guider v. a. Montrer le chemin ; conduire, diriger.

Guido Reni, dit LE GUIDE, célèbre peintre bolonais (1575-1642).

Guidon s. m. Petit drapeau d'une compagnie ; celui qui le porte ; petit drapeau qui sert pour l'alignement.

Guignard s. m. Espèce de pluvier, bon à manger.

Guigne s. f. Espèce de cerise douce.

Guigner v. a. et n. Fam. Fermer à demi les yeux en regardant du coin de l'œil ; regarder sans faire semblant. Fig. former quelque dessein sur quelqu'un, sur quelque chose.

Guignier s. m. Arbre qui porte les guignes.

Guignol s. m. Sorte de polichinelle.

Guignon s. m. Fam. Malheur.

Guildive s. f. Tafia.

Guillage s. m. (*ll* m.) Fermentation de la bière.

Guillaume s. m. (*ll* m.) Sorte de rabot ; monnaie de Hollande.

Guillaume, nom de plusieurs rois et de plusieurs princes de Normandie, d'Angleterre, d'Ecosse, de Sicile, de Hollande et d'Aquitaine.

Guillemet s. m. (*ll* m.) Signe qui annonce une citation (« »).

Guillemeter v. a. (*ll* m.) Distinguer par des guillemets.

Guilleret, ette adj. (*ll* m.) Fam. Eveillé, gai, léger.

Guilleri s. m. (*ll* m.) Chant du moineau.

Guillocher v. a. (*ll*. m.) Faire un guillochis.

Guillochis s. m. (*ll* m.) Ornement composé de traits entrelacés.

Guilloire s. f. (*ll*. m.) Cuve de brasserie.

Guillotin, médecin français (1738-1814), fit remplacer les supplices en usage par la décapitation, et indiqua la machine qui fut appelée guillotine.

Guillotine s. f. (*ll*. m.) Instrument de supplice inventé par Guillotin pour trancher la tête *.

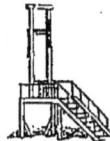

Guillotiner v. a. (*ll*. m.) Trancher la tête au moyen de la guillotine.

Guimauve s. f. Plante officinale, sorte de mauve.

Guimbarde s. f. Chariot long et court ; petit instrument sonore.

Guimpe s. f. Morceau de toile dont les religieuses se couvrent le cou et le sein ; sorte de fichu.

Guindage s. m. Action de guinder.

Guindant s. m. Hauteur d'un pavillon de vaisseau.

Guindé, ée adj. Qui a l'air contraint ; affecté.

Guinder v. a. Lever par le moyen d'une machine. Fig. affecter de l'élévation.

Guinée s. f. Monnaie d'or anglaise ; sorte de toile de coton.

Guingan s. m. Toile de coton.

Guingois s. m. Travers ; ce qui n'est pas droit. *De guingois*, loc. adv. De travers.

Guinguette s. f. Cabaret hors de la ville. Fig. et fam. petite maison de campagne.

Guipure s. f. Sorte de dentelle.

Guirlande s. f. Couronne, festons de fleurs.

Guise s. f. Manière, façon.

Guise, célèbre famille ducale de Lorraine venue en France au XVIe siècle.

Guitare s. f. Instrument de musique à six cordes *.

Guitariste s. Qui joue de la guitare.

Guizot, célèbre homme d'État et historien français (1787-1875).

Gustatif adj. m. *Anat.* Se dit du nerf qui transmet au cerveau la sensation du goût.

Gustation s. f. Sensation du goût, perception des saveurs.

Gutenberg, célèbre Allemand, inventeur de l'imprimerie (XVe s.).

Gutte V. *Gomme-gutte.*

Guttural, e adj. Qui appartient au gosier, qui vient du gosier, qui se prononce du gosier. S. f. Lettre gutturale.

Gymnase s. m. Lieu destiné aux exercices du corps.

Gymnasiarque s. m. Autrefois chef du gymnase; celui qui est très fort sur les exercices gymnastiques.

Gymnaste s. m. Autref., officier du gymnase.

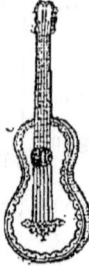

Gymnastique s. f. Art, actio d'exercer le corps pour le fortifier. Adj. qui concerne les exercices du corps.

Gymnique s. f. Science de exercices qu'on apprenait aux athlètes. Adj. Se dit des jeux o les athlètes combattaient nus.

Gymnosophiste s. m. Nom donné à d'anciens philosophes indiens.

Gymnosperme adj. Se dit de plantes dont les fleurs ont quatr graines nues au fond du calice.

Gymnospermie s. f. Ordre de plantes gymnospermes.

Gynandre adj. Se dit des plantes dont les étamines naissent su le pistil.

Gynandrie s. f. Classe de plantes gynandres.

Gynécée s. m. Appartement de femmes chez les Grecs.

Gypaète s. m. Espèce de vautour.

Gypse s. m. Plâtre; pierre plâtre.

Gypsé, ée adj. Rempli de plâtre

Gypseux, euse adj. De la nature du gypse.

Gyratoire adj. Se dit d'un mouvement de rotation.

Gyromancie s. f. Divination q se pratique en marchant en ron

Gyromancien, enne s. et ad Qui se livre à la gyromancie.

Gyrovague s. m. Moine q errait de monastère en monastère

H

La lettre H est aspirée dans les mots précédés d'un astérisque.

H s. m. et f. La 8e lettre de l'alphabet et la 6e des consonnes.

***Ha!** interj. de surprise.

Habacuc, l'un des douze petits prophètes.

Habeas-corpus s. m. Loi d'Angleterre qui accorde à un prisonnier sa liberté moyennant caution.

Habile adj. Capable, intelligent, adroit, savant. Pop. expéditif. *Jurisp.* Qui a droit de faire une chose.

Habilement adv. Avec habilet

Habileté s. f. Qualité de ce q est habile.

Habilité s. f. *Jurisp.* Aptitude

Habiliter v. a. *Jurisp.* Rend habile.

Habillage s. m. (*ll* m.) Préparation des volailles ou du gibi qu'on veut mettre à la broche.

Habillement s. m. (*ll* m.) Vêtement; action d'habiller.

Habiller v. a. (*ll* m.) Vêtir; fournir des vêtements; faire des habits. Se dit de l'effet que font les habits, lorsqu'on les a sur soi. Couvrir, envelopper. *Habiller quelqu'un de toutes pièces*, lui faire un mauvais parti; en dire beaucoup de mal.

Habilleur, euse s. (*ll* m.) Qui habille dans les théâtres.

Habillure s. f. (*ll* m.) Intersection des lattes d'un treillage.

Habit s. m. Vêtement; partie de l'habillement de l'homme.

Habitable adj. Qui peut être habité.

Habitacle s. m. Demeure. Armoire de bois placée vers l'artimon. (*mar.*).

Habitant, e s. Qui habite, qui fait sa demeure en un lieu.

Habitation s. f. Action d'habiter un lieu; domicile, maison.

Habiter v. a. et. n. Faire sa demeure.

Habitude s. f. Coutume, disposition acquise par des actes réitérés; démarche ordinaire; fréquentation habituelle.

Habitué, ée adj. Accoutumé à. S. Qui fréquente assidûment.

Habituel, elle adj. Passé en habitude.

Habituellement adv. Par habitude.

Habituer v. a. Faire prendre l'habitude.

***Hâbler** v. n. Parler beaucoup et avec vanterie, avec exagération.

***Hâblerie** s. f. Vanterie pleine d'exagération.

***Hâbleur, euse** s. Qui hâble; qui aime à hâbler.

***Hache** s. f. Instrument tranchant pour couper, pour fendre.

***Hache-écorce** s. m. Instrument pour couper l'écorce de chêne.

***Hache-paille** s. m. Instrument pour hacher la paille.

***Hacher** v. a. Couper en petits morceaux; couper maladroitement; faire des hachures.

***Hachereau** s. m. Petite cognée.

***Hachette** s. f. Petite hache.

***Hachette (Jeanne)**, célèbre héroïne française, n. en 1472.

***Hachis** s. m. Mets de viande ou de poisson haché.

***Hachisch** ou **Haschisch** s. m. Substance enivrante dont les Orientaux font usage pour se procurer des visions bizarres.

***Hachoir** s. m. Table, couteau pour hacher*.

***Hachotte** s. f. Outil pour couper les lattes.

***Hachure** s. f. Traits croisés dans le dessin ou la gravure.

***Hagard, e** adj. Farouche, rude.

Hagiographe s. m. Auteur de la vie des saints. Adj. Se dit de certains livres de la Bible.

Hagiologie s. f. Traité sur les choses saintes.

Hagiologique adj. Qui concerne l'hagiologie.

***Haha** s. m. Ouverture au mur d'un jardin, avec un fossé en dehors.

***Hahé** s. m. Cri pour arrêter les chiens en chasse.

***Haie** s. f. Clôture de ronces ou de branchages; pièce de la charrue; rangée de soldats, de spectateurs, etc.

***Haïe!** interj. Cri pour animer les chevaux.

***Haillon** s. m. (*ll m.*) Vieux lambeau de toile.

***Haine** s. f. Inimitié; répugnance, aversion; antipathie.

***Haineux, euse** adj. Naturellement porté à la haine.

***Haïr** v. a. Avoir de la haine, de la répugnance pour; détester.

***Haire** s. f. Chemisette de crin pour se mortifier.

***Haïssable** adj. Odieux; qui mérite, qui inspire la haine.

***Halage** s. m. Action de haler, de tirer un bateau.

***Halbran** s. m. Jeune canard sauvage.

***Hâle** s. m. Impression de l'air chaud et sec qui jaunit, sèche et flétrit; effet du vent, de la chaleur et de la sécheresse.

Haleine s. f. Faculté de respirer; souffle de la respiration.

Halenée s. f. Haleine accompagnée d'une odeur désagréable.

***Haler** v. a. Tirer un cordage, un bateau, etc.

***Hâler** v. a. Brunir le teint par le hâle, dessécher.

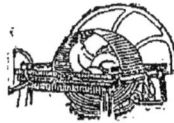

***Haletant, e** adj. Essoufflé, qui halète.

***Haleter** v. n. Respirer fréquemment, péniblement, en soufflant.

***Haleur** s. m. Qui remonte un bateau avec un câble.

Halévy (Jacques), célèbre compositeur français (1799-1862).

***Hallage** s. m. Droit de halle sur les denrées qui y sont en vente.

***Hallali** s. m. Cri de chasse au cerf sur ses fins.

***Halle** s. f. Place publique, couverte, pour le marché.

***Hallebarde** s. f. Pique garnie par en haut d'un fer en forme de croissant*.

***Hallebardier** s. m. Qui porte la hallebarde.

***Hallier** s. m. Buisson fort épais.

Hallucination s. f. Illusion des yeux. Fig. méprise, bévue.

Halluciné, ée adj. Qui a des hallucinations.

***Halo** s. m. Couronne lumineuse autour des astres.

***Haloir** s. m. Lieu où l'on sèche le chanvre.

***Halot** s. m. Trou de lapins dans une garenne.

***Halte** s. f. Pause de troupes en marche; lieu fixé pour cette pause. Interj. Commandement de s'arrêter.

***Hamac** s. m. Sorte de lit suspendu*.

***Hameau** s. m. Petit village.

Hameçon s. m. Petit crochet pour prendre le poisson. Fig. appât.

Hameçonné, ée adj. Aigu et courbé comme un hameçon (*bot.*).

Hamilton (comte d'), écrivain français, originaire d'Écosse (1646-1720).

***Hampe** s. f. Bois de hallebarde, d'un épieu; tige sans feuilles ni branches (*bot.*).

***Han** s. m. Sorte de caravansérail; son que fait entendre un homme qui frappe avec effort.

***Hanap** s. m. Grand vase à boire (vx.).

***Hanche** s. f. Partie du corps de l'homme, du cheval, etc., où s'emboîte la cuisse.

***Hangar** s. m. Remise pour l[...] charrettes, etc.

***Hanneton** s. m. Insecte coléo[...]tère. Fig. fam. jeune étourdi.

***Hanse** s. f. Confédération [...] villes pour le commerce.

***Hanséatique** adj. Se dit d[...] villes de la Hanse.

***Hanter** v. a. et n. Fréquent[...] visiter souvent.

***Hantise** s. f. Fréquentatio[...] commerce familier.

***Happe** s. f. Cercle qui gar[...] l'essieu; crampon.

***Happelourde** s. f. Pierre fa[...]se de belle apparence.

***Happer** v. a. Saisir, pren[...] avidement; surprendre à l'imp[...]viste.

***Haquenée** s. f. Petite jum[...] cheval de moyenne taille.

***Haquet** s. m. Charrette lon[...] et sans ridelles pour les tonnea[...]

***Haquetier** s. m. Conduct[...] d'un haquet.

***Harangue** s. f. Discours d[...]parat fait à une assemblée, à [...] prince, etc. Fig. fam. discours [...]nuyeux.

***Haranguer** v. a. et n. Pron[...]cer une harangue. [rang[...]

***Harangueur** s. m. Qui [...]

***Haras** s. m. Lieu où l'on él[...] des poulains.

***Harassement** s. m. État d[...] personne harassée.

***Harasser** v. a. Lasser, [...]guer à l'excès.

***Harceler** v. a. Provoquer, [...]cer; importuner, tourmenter; [...]guer par des attaques réitérée[...]

Harcourt (comte d'), cél[...] capitaine français (1601-1666).

***Harde** s. f. Troupe de b[...] fauves.

***Hardes** s. f. pl. Tout ce [...]sert à l'habillement.

***Hardi, ie** adj. Courageux; [...]suré; effronté; téméraire, a[...]cieux, imprudent.

***Hardiesse** s. f. Courage; a[...]rance, témérité; licence. Fig. [...]sée, expression sublime.

***Hardiment** adv. Avec [...]diesse, librement.

***Harem** s. m. Appartemen[...] dames turques ou persanes.

***Hareng** s. m. Sorte de poi[...] de mer.

*Harengaison s. f. Pêche du hareng, son temps, son lieu.

*Harengère s. f. Marchande de poissons. Fig. femme querelleuse et insolente.

*Hargneux, euse adj. Querelleur; insociable; d'humeur chagrine.

*Haricot s. m. Plante légumineuse; son fruit.

*Haridelle s. f. Méchant cheval maigre.

*Harlay (Achille de), président du parlement de Paris (1536-1616).

Harmonica s. m. Instrument de musique composé de plaques de verre.

Harmonie s. f. Accord agréable de divers sons; succession d'accords; concert; mesure et cadence du langage. Fig. parfait accord; concorde.

Harmonier v. a. Mettre en harmonie.

Harmonieusement adv. Avec harmonie.

Harmonieux, euse adj. Plein d'harmonie.

Harmonique adj. Qui produit de l'harmonie; qui appartient à l'harmonie.

Harmoniquement adv. Selon les lois de l'harmonie.

Harmoniser v. a. Mettre en harmonie. S'HARMONISER v. pr. Se mettre en harmonie (avec).

Harmoniste s. m. Qui possède l'harmonie, savant dans l'harmonie.

Harmonium s. m. Espèce d'orgue portatif.

*Harnachement s. m. Action de harnacher; tous les harnais.

*Harnacher v. a. Mettre le harnais à un cheval.

*Harnacheur s. m. Ouvrier qui fait des harnais.

*Harnais ou harnois s. m. Équipage de cheval; armure complète (vx.).

*Haro s. m. Clameur que l'on poussait autrefois pour arrêter quelqu'un et procéder sur-le-champ en justice.

Harold, roi d'Angleterre, de 1036 à 1039; — HAROLD II, roi d'Angleterre en 1066, vaincu et tué la même année à Hastings.

Haroun-al-Raschid, célèbre calife de Bagdad (765-809).

*Harpagon s. m. Avare. — Principal personnage de l'*Avare*, comédie de Molière.

*Harpailler (se) v. pr. (*ll.* m.) Se quereller.

*Harpe s. f. Instrument de musique à plusieurs cordes; pont-levis; pierre d'attente.

Harpège s. m. Effet produit par la touche successive des divers tons d'un accord.

Harpéger v. n. Toucher successivement les divers tons d'un accord.

*Harper v. a. Serrer fortement avec les mains. V. n. Se dit d'un cheval qui lève brusquement les jambes de derrière.

*Harpie s. f. Monstre fabuleux. Fig. personne avide; femme acariâtre.

*Harpiste s. Qui joue de la harpe.

Harpon s. m. Sorte de dard pour la pêche des baleines et des gros poissons.

*Harponner v. a. Accrocher avec le harpon.

*Harponneur s. m. Qui harponne.

Harrison, président des États-Unis en 1840 (1775-1841).

*Hart s. m. Lien d'osier; corde pour pendre.

*Hasard s. m. Fortune; sort; cas fortuit; risque, péril.

*Hasardé, ée adj. Qui n'est pas bien fondé; risqué. [hasard.

*Hasarder v. a. Exposer au

*Hasardeusement adv. D'une manière hasardeuse.

*Hasardeux, euse adj. Hardi, courageux, qui s'expose; périlleux.

*Hase s. f. Femelle du lièvre ou du lapin.

Hast s. m. *Arme d'hast*, arme emmanchée au bout d'un long bâton.

Hastaire s. m. Soldat romain armé d'un javelot.

*Haste s. f. Longue lance.

*Hasté, ée adj. *Bot.* Qui a la forme d'un fer de pique.

*Hâte s. f. Vitesse; diligence; précipitation; promptitude. À LA HÂTE loc. adv. Très vite.

*Hâter v. a. Presser; faire dépêcher; accélérer. SE HÂTER v. pr. Faire diligence.

***Hâtier** s. m. Sorte de chenet de cuisine.

***Hâtif, ive** adj. Précoce : *fruit hâtif.*

***Hâtiveau** s. m. Sorte de poire; pois précoce.

***Hâtivement** adv. D'une manière hâtive.

***Hâtiveté** s. f. Précocité (des plantes, des fleurs, etc.).

***Haubans** s. m. pl. Gros cordages qui soutiennent les mâts.

***Haubert** s. m. Cuirasse ancienne.

Haudriettes s. f. pl. Religieuses hospitalières.

***Hausse** s. f. Ce qui sert à hausser; augmentation de valeur.

***Hausse-col** s. m. Plaque de métal qui, autrefois, couvrait la gorge des officiers d'infanterie. (Pl. *hausse-cols.*)

***Haussement** s. m. Action de hausser.

***Hausser** v. a. Rendre plus haut; lever en haut; augmenter la valeur. V. n. Etre, devenir plus haut.

***Haut, e** adj. Elevé; situé plus haut; grand; orgueilleux. S. m. Hauteur; élévation; faîte; sommet. Adv. Hautement; à haute-voix; dans une situation élevée.

***Hautain, e** adj. Orgueilleux, fier, superbe.

***Hautainement** adv. D'une manière hautaine.

***Hautbois** s. m. Sorte d'instrument à vent; celui qui en joue.

***Haut-bord** s. m. *Vaisseau de haut-bord*, grand vaisseau.

***Haut-de-chausses** s. m. Culotte d'autrefois.

***Haut-dessus** s. m. *Mus.* Partie supérieure des dessus chantants.

***Haute-cour** s. f. Tribunal suprême.

***Haute futaie** s. f. Bois dans toute sa hauteur.

***Hautement** adv. Hardiment; librement; résolument; avec hauteur; à voix haute.

***Haute paye** s. f. Solde plus forte que la paye ordinaire.

***Haute-taille** s. f. *Mus.* Voix moyenne.

***Hauteur** s. f. Etendue en élévation; éminence; colline. Fig. arrogance, fierté, orgueil.

***Haut-fond** s. m. Endroit où la mer a peu de profondeur.

***Haut fourneau** s. m. Voy. *Fourneau.*

***Haut-le-corps** s. m. Bond d'un cheval; brusque mouvement du corps; convulsion d'estomac.

***Haut mal** s. m. Epilepsie.

Hautpoul (d'), général français (1754-1807).

***Hâve** adj. Pâle, maigre, défiguré.

***Havir** v. a. et n. Dessécher la viande à grand feu, sans qu'elle cuise en dedans.

***Hâvre-sac** s. m. Sorte de sac en peau pour le soldat en marche, l'ouvrier en route.

Haxo, général français, célèbre ingénieur militaire (1774-1838).

Haydn (François-Joseph), célèbre compositeur de musique allemand (1732-1809).

***Hé** interj. pour appeler, avertir, etc.

***Heaume** s. m. Casque (vx.).

Hebdomadaire adj. De chaque semaine; qui paraît chaque semaine ; *journal hebdomadaire.*

Hebdomadier s. m. Dans un chapitre ou un couvent, chanoine qui est de semaine pour officier.

Hébé, déesse de la jeunesse (*myth.*).

Héberger v. a. Loger chez soi.

Hébété, ée adj. et s. Stupide.

Hébéter v. a. Rendre bête et stupide.

Hébétude s. f. Stupidité; démence.

Hébraïque adj. Des Hébreux.

Hébraïsant s. m. Qui s'attache à l'étude de l'hébreu.

Hébreu s. et adj. m. Juif (pl. *Hébreux*); langue hébraïque. Fig. chose inintelligible.

Hécate, Diane (*myth.*).

Hécatombe s. f. Sacrifice de cent victimes. Fig. grand sacrifice.

Hectare s. m. Mesure de cent ares.

Hectogramme s. m. Poids de cent grammes.

Hectolitre s. m. Mesure de cent litres.

Hectomètre s. m. Longueur de cent mètres.

Hégésippe, historien ecclésiastique, m. en 180.

Hégire s. f. Ère des mahomé-
ns.
Hein? interj. exprimant l'inter-
ration.
Heine (Henri), poète et litté-
eur allemand (1800-1856).
Hélas! interj. de plainte.
Hélène (sainte), mère de l'em-
reur Constantin, m. en 328.
*Héler v. a. Appeler avec un
rte-voix.
Héli, juge d'Israël et grand-
être; m. en 1112 av. J.-C.
Hélice s. f. Ligne en vis au-
ur d'un cylindre; tour extérieur
l'oreille.
Hélicoïde adj. Semblable à
élice.
Hélicon s. m. Le Parnasse,
ontagne consacrée à Apollon et
x Muses.
Héliomètre s. m. Instrument
ur mesurer le diamètre des
tres.
Hélioscope s. m.
nette pour regar-
r le soleil.
Héliotrope s. m.
enre de plantes*;
spèce de jaspe.
Hellébore ou Ellébore s. m.
ante employée
mme purgatif*.
Hellen, fils de
eucalion; a donné
n nom aux Hel-
nes.
Hellènes, les
recs.
Hellénique adj. Qui appartient
la Grèce.
Hellénisme s. m. Tour, locution
opres à la langue grecque.
Helléniste s. m. Savant versé
ns la langue grecque.
Helvétien, ienne adj. et s.
'Helvétie.
Helvétique adj. Des Suisses.
*Hem! interj. pour appeler.
Hémérocalle s.
Plante de la fa-
ille des liliacées*.
Hémi, particule
ui commence un
ertain nombre de
ots et signifie de-
i.
Hémicycle s. m. Demi-cercle
n amphithéâtre.

Hémiplégie ou hémiplexie s. f. Paralysie de la moitié du corps.
Hémisphère s. m. Moitié du globe terrestre.
Hémistiche s. m. Moitié d'un vers.
Hémoptysie s. f. Crachement de sang.
Hémorragie s. f. Perte, écoulement de sang.
Hémorroïdal, e adj. Qui a rapport aux hémorroïdes.
Hémorroïdes s. f. pl. Tumeur des veines de l'anus laissant échapper du sang.
Hendécagone s. m. et adj. Qui a onze angles.
Hendécasyllabe s. m. et adj. Qui a onze syllabes.
*Hennir v. n. (on pron. *anir*). Faire un hennissement.
*Hennissement s. m. Cri naturel du cheval.
*Henri (dans le langage familier on n'aspire pas l'*h*). Nom de plusieurs rois et empereurs; entre autres, *Rois de France* : HENRI II (1518-1559); HENRI III (1552-1589); HENRI IV *le Grand* (1553-1610). — *Empereurs* : HENRI Ier *l'Oiseleur* (876-936); saint HENRI (972-1024); HENRI IV (1050-1106); HENRI V (1081-1125). — *Rois d'Angleterre* : HENRI Ier *Beauclerc* (1068-1135); HENRI II PLANTAGENET (1133-1189); HENRI V (1388-1422); HENRI VI (1421-1471); HENRI VII DE RICHEMONT (1458-1509); HENRI VIII (1491-1547).
Henriette-Marie de France, fille de Henri IV, femme de Charles Ier, roi d'Angleterre (1609-1660).
Henriette d'Angleterre, fille de la précédente, femme de Philippe d'Orléans, frère de Louis XIV (1644-1670).
Henriot, commandant de la garde de Paris en 1793 (1761-1794).
Hépatique adj. Qui appartient au foie.
Heptagone s. m. et adj. Qui a sept angles.
Heptaméron s. m. Ouvrage divisé par sept journées.
Héraclides, les descendants d'Hercule.
Héraldique adj. Qui a rapport au blason.

***Hâtier** s. m. Sorte de chenet de cuisine.

***Hâtif, ive** adj. Précoce : *fruit hâtif.*

***Hâtiveau** s. m. Sorte de poire; pois précoce.

***Hâtivement** adv. D'une manière hâtive.

***Hâtiveté** s. f. Précocité (des plantes, des fleurs, etc.).

***Haubans** s. m. pl. Gros cordages qui soutiennent les mâts.

***Haubert** s. m. Cuirasse ancienne.

Haudriettes s. f. pl. Religieuses hospitalières.

***Hausse** s. f. Ce qui sert à hausser; augmentation de valeur.

***Hausse-col** s. m. Plaque de métal qui, autrefois, couvrait la gorge des officiers d'infanterie. (Pl. *hausse-cols.*)

***Haussement** s. m. Action de hausser.

***Hausser** v. a. Rendre plus haut; lever en haut; augmenter la valeur. V. n. Etre, devenir plus haut.

***Haut, e** adj. Elevé; situé plus haut; grand; orgueilleux. S. m. Hauteur; élévation; faîte; sommet. Adv. Hautement; à haute-voix; dans une situation élevée.

***Hautain, e** adj. Orgueilleux, fier, superbe.

***Hautainement** adv. D'une manière hautaine.

***Hautbois** s. m. Sorte d'instrument à vent; celui qui en joue.

***Haut-bord** s. m. *Vaisseau de haut-bord*, grand vaisseau.

***Haut-de-chausses** s. m. Culotte d'autrefois.

***Haût-dessus** s. m. *Mus.* Partie supérieure des dessus chantants.

***Haute-coûr** s. f. Tribunal suprême.

***Haute futaie** s. f. Bois dans toute sa hauteur.

***Hautement** adv. Hardiment; librement; résolument; avec hauteur; à voix haute.

***Haûte paye** s. f. Solde plus forte que la paye ordinaire.

***Haute-taille** s. f. *Mus.* Voix moyenne.

***Hauteur** s. f. Etendue en élévation; éminence; colline. Fig. arrogance, fierté, orgueil.

***Haut-fond** s. m. Endroit où mer a peu de profondeur.

***Haut fourneau** s. m. V. *Fourneau.*

***Haut-le-corps** s. m. Bond d cheval; brusque mouvement corps; convulsion d'estomac.

***Haut mal** s. m. Epilepsie.

Hautpoul (d'), général fr çais (1754-1807).

***Hâve** adj. Pâle, maigre, d guré.

***Havir** v. a. et n. Dessécher viande à grand feu, sans qu' cuise en dedans.

***Hâvre-sac** s. m. Sorte de en peau pour le soldat en marc l'ouvrier en route.

Haxo, général français, célè ingénieur militaire (1774-1838).

Haydn (François-Joseph), lèbre compositeur de musi allemand (1732-1809).

***Hé** interj. pour appeler, av tir, etc.

***Heaume** s. m. Casque (v

Hebdomadaire adj. De cha semaine; qui paraît chaque maine ; *journal hebdomadaire.*

Hebdomadier s. m. Dans chapitre ou un couvent, chan qui est de semaine pour officie

Hébé, déesse de la jeun (*myth.*).

Héberger v. a. Loger chez

Hébété, ée adj. et s. Stupid

Hébéter v. a. Rendre bêt stupide.

Hébétude s. f. Stupidité; mence.

Hébraïque adj. Des Hébre

Hébraïsant s. m. Qui s'att à l'étude de l'hébreu.

Hébreu s. et adj. m. Juif (pl. *breux*); langue hébraïque. chose inintelligible.

Hécate, Diane (*myth.*).

Hécatombe s. f. Sacrifice cent victimes. Fig. grand sacri

Hectare s. m. Mesure de ares.

Hectogramme s. m. Poids cent grammes.

Hectolitre s. m. Mesure de litres.

Hectomètre s. m. Longueu cent mètres.

Hégésippe, historien ecclé tique, m. en 180.

Hégire s. f. Ère des mahométans.

* **Hein?** interj. exprimant l'interrogation.

Heine (Henri), poète et littérateur allemand (1800-1856).

Hélas! interj. de plainte.

Hélène (sainte), mère de l'empereur Constantin, m. en 328.

* **Héler** v. a. Appeler avec un porte-voix.

Héli, juge d'Israël et grand-prêtre; m. en 1112 av. J.-C.

Hélice s. f. Ligne en vis autour d'un cylindre; tour extérieur de l'oreille.

Hélicoïde adj. Semblable à l'hélice.

Hélicon s. m. Le Parnasse, montagne consacrée à Apollon et aux Muses.

Héliomètre s. m. Instrument pour mesurer le diamètre des astres.

Hélioscope s. m. Lunette pour regarder le soleil.

Héliotrope s. m. Genre de plantes*; espèce de jaspe.

Hellébore ou **Ellébore** s. m. Plante employée comme purgatif*.

Hellen, fils de Deucalion; a donné son nom aux Hellènes.

Hellènes, les Grecs.

Hellénique adj. Qui appartient à la Grèce.

Hellénisme s. m. Tour, locution propres à la langue grecque.

Helléniste s. m. Savant versé dans la langue grecque.

Helvétien, ienne adj. et s. D'Helvétie.

Helvétique adj. Des Suisses.

* **Hem!** interj. pour appeler.

Hémérocalle s. f. Plante de la famille des liliacées*.

Hémi, particule qui commence un certain nombre de mots et signifie demi.

Hémicycle s. m. Demi-cercle en amphithéâtre.

Hémiplégie ou **hémiplexie** s. f. Paralysie de la moitié du corps.

Hémisphère s. m. Moitié du globe terrestre.

Hémistiche s. m. Moitié d'un vers.

Hémoptysie s. f. Crachement de sang.

Hémorragie s. f. Perte, écoulement de sang.

Hémorroïdal, e adj. Qui a rapport aux hémorroïdes.

Hémorroïdes s. f. pl. Tumeur des veines de l'anus laissant échapper du sang.

Hendécagone s. m. et adj. Qui a onze angles.

Hendécasyllabe s. m. et adj. Qui a onze syllabes.

* **Hennir** v. n. (on pron. *anir*). Faire un hennissement.

* **Hennissement** s. m. Cri naturel du cheval.

* **Henri** (dans le langage familier on n'aspire pas l'*h*). Nom de plusieurs rois et empereurs; entre autres, *Rois de France* : HENRI II (1518-1559); HENRI III (1552-1589); HENRI IV *le Grand* (1553-1610). — *Empereurs* : HENRI I[er] *l'Oiseleur* (876-936); saint HENRI (972-1024); HENRI IV (1050-1106); HENRI V (1081-1125). — *Rois d'Angleterre* : HENRI I[er] *Beauclerc* (1068-1135); HENRI II PLANTAGENET (1133-1189); HENRI V (1388-1422); HENRI VI (1421-1471); HENRI VII DE RICHEMONT (1458-1509); HENRI VIII (1491-1547).

Henriette-Marie de France, fille de Henri IV, femme de Charles Ier, roi d'Angleterre (1609-1660).

Henriette d'Angleterre, fille de la précédente, femme de Philippe d'Orléans, frère de Louis XIV (1644-1670).

Henriot, commandant de la garde de Paris en 1793 (1761-1794).

Hépatique adj. Qui appartient au foie.

Heptagone s. m. et adj. Qui a sept angles.

Heptaméron s. m. Ouvrage divisé par sept journées.

Héraclides, les descendants d'Hercule.

Héraldique adj. Qui a rapport au blason.

***Héraut** s. m. Officier chargé des cris publics, des proclamations, etc.

Herbacé, ée adj. *Plante* —, dont la racine seule subsiste pendant l'hiver.

Herbage s. m. Toutes sortes d'herbes.

Herbe s. f. Plante d'une faible consistance, qui perd sa tige en hiver; gazon.

Herber v. a. Exposer sur l'herbe.

Herberie s. f. Lieu où l'on fait blanchir la cire; marché aux herbes.

Herbette s. f. Herbe courte et menue.

Herbeux, euse adj. Où il croît de l'herbe.

Herbier s. m. Collection de plantes desséchées.

Herbière s. f. Vendeuse d'herbes.

Herbivore adj. et s. m. Qui mange de l'herbe.

Herborisation s. f. Action d'herboriser.

Herboriser v. n. Chercher des herbes, des plantes.

Herboriseur s. m. Qui herborise.

Herboriste s. Qui connaît, vend des plantes médicinales.

Herboristerie s. f. Commerce, boutique d'herboriste.

Herbu, ue adj. Couvert d'herbe.

Hercule, demi-dieu de la fable. Fig. homme très fort.

Herculéen, enne adj. Digne d'Hercule.

***Herder,** célèbre philosophe et littérateur allemand (1744-1803).

***Hère** s. m. Homme sans mérite, sans fortune.

Héréditaire adj. Qui vient des aïeux, se transmet par succession.

Héréditairement adv. Par droit de succession.

Hérédité s. f. Droit de succession.

Hérésiarque s. m. Auteur d'une hérésie; chef de secte hérétique.

Hérésie s. f. Doctrine contraire à la foi.

Hérétique adj. et s. Qui appartient à l'hérésie; qui en est partisan, qui la professe.

***Hérissé, ée** adj. Garni de piquants; couvert d'aspérités, choses saillantes, aiguës. Fig. a *faire hérissée* de difficultés.

***Hérisser** v. a. Dresser, parlant des cheveux, des poil, garnir de piquants. Se hérisse v. pr. Se dresser.

***Hérisson** s. m. Petit anim mammifère dont la peau est co verte de piquants; sorte de ro dentée; poutre hérissée de pointe

Héritage s. m. Ce qui vient p succession.

Hériter v. a. et v. n. Recueill une *ou* par succession.

Héritier, ière s. Qui hérite.

Hermandad (la sainte), a cienne association d'officiers police en Espagne, avec une m lice pour exécuter leurs ordres.

Hermangarde, femme de Lou le Débonnaire.

Hermaphrodisme s. m. Ét d'hermaphrodite.

Hermaphrodite s. et adj. D deux sexes.

Hermès, nom grec de Mercur

Hermétique adj. *T. d'alchim* Qui a rapport au grand œuvre, la transmutation des métaux. *Fe meture hermétique,* aussi parfai que possible.

Hermétiquement adv. Se de tout ce qui est fermé aussi pa faitement que possible.

Hermine s. f. Petit anim blanc, du genre de la belette; fourrure.

Hermitage. V. *Ermitage.*

Hermite. V. *Ermite.*

***Herniaire** adj. Qui a rapp aux hernies.

***Hernie** s. f. Tumeur caus par la sortie d'un viscère hors sa cavité naturelle.

***Hernieux, euse** adj. De nature des hernies.

Hérode le Grand, roi des Jui m. l'an 1 de J.-C. — Hérod Agrippa, roi de Judée, m. 44. Hérode-Antipas, fils d'Hérode Grand et tétrarque de Galilée.

Hérodiade, femme d'Héro Antipas.

Hérodiens s. m. pl. Sectai juifs, qui avaient Hérode p chef et pour messie.

Héroï-comique adj. Qui ti de l'héroïque et du comique.

Héroïne s. f. Femme très courageuse, qui a de l'élévation dans l'âme; principal personnage d'un poème, d'un roman, d'une pièce de théâtre.

Héroïque adj. Qui tient du héros; grand, noble, élevé.

Héroïquement adv. D'une manière héroïque.

Héroïsme s. m. Caractère, qualité, vertus du héros; grandeur d'âme peu commune.

Hérold, célèbre compositeur français (1791-1833).

***Héron** s. m. Oiseau aquatique de l'ordre des échassiers *.

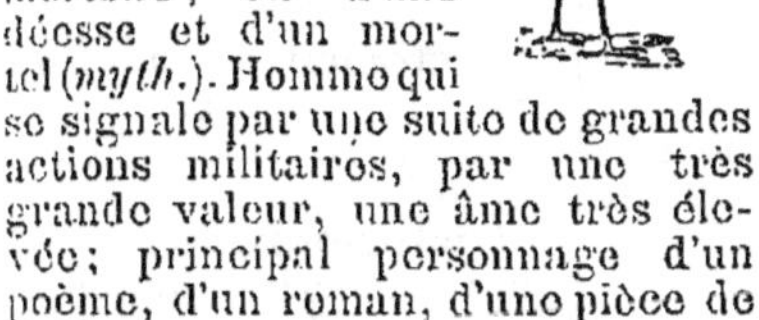

***Héros** s. m. Fils d'un dieu et d'une mortelle, ou d'une déesse et d'un mortel (*myth.*). Homme qui se signale par une suite de grandes actions militaires, par une très grande valeur, une âme très élevée; principal personnage d'un poème, d'un roman, d'une pièce de théâtre.

Herrera LE VIEUX (1576-1656) et son fils HERRERA LE JEUNE (1622-1685), célèbres peintres espagnols.

***Hersage** s. m. Action de herser.

Herschell, célèbre astronome anglais (1738-1822).

***Herse** s. f. Instrument d'agriculture; grille qui s'abaisse entre le pont-levis et la porte d'une ville.

***Herser** v. a. Passer la herse dans un champ.

***Herseur** s. m. Qui herse.

Hérules, peuple germanique qui détruisit l'empire d'Occident en 476.

Hésiode, célèbre poète grec; IXe siècle av. J.-C.

Hésitant, e adj. Qui hésite.

Hésitation s. f. Action d'hésiter; embarras; incertitude.

Hésiter v. n. Etre embarrassé, lent à parler, à agir; être incertain, indécis.

Hespérides, filles d'Atlas (mythologie).

Hétéroclite adj. *Gram.* Qui s'écarte des règles. Fig. irrégulier, bizarre.

Hétérodoxe adj. Contraire à la vraie doctrine.

Hétérodoxie s. f. Opposition à l'orthodoxie; discordance d'opinions.

Hétérogène adj. *Matières* —, de différentes natures.

***Hêtre** s. m. Arbre qui porte la faîne.

***Heu!** interj. Qui exprime l'admiration, le doute.

Heur s. m. Bonne fortune; bonheur (vx.).

Heure s. f. La vingt-quatrième partie d'un jour; temps, moment, époque.

Heures. s. f. pl. *Myth.* Divinités qui présidaient aux heures de la journée ou aux saisons.

Heureusement adv. D'une manière heureuse; avec bonheur; avantageusement.

Heureux, euse adj. et s. Qui jouit du bonheur; que la fortune favorise; propice; avantageux; qui cause le bonheur.

***Heurt** s. m. Choc, secousse en heurtant.

***Heurter** v. a. Choquer, toucher rudement. Fig. blesser, contrarier, contredire.

***Heurtoir** s. m. Marteau à la porte pour heurter (vx.).

Hexacorde s. m. Instrument de musique à six cordes.

Hexaèdre adj. et s. m. Qui a six faces.

Hexagone s. m. Qui a six angles et six côtés *.

Hexaméron s. m. Ouvrage divisé en six parties ou six journées.

Hexamètre s. m. et adj. Vers qui a six pieds.

Hiatus s. m. (on pron. l's). Rencontre de deux voyelles.

Hibernant, e ou **hivernant, e** adj. *Animal* —, qui reste engourdi pendant l'hiver.

Hibernation ou **hivernation** s. f. Engourdissement pendant l'hiver.

***Hibou** s. m. Oiseau nocturne. Fig. fam. homme mélancolique, insociable.

***Hic** s. m. Nœud, principale difficulté (fam.).

Hidalgo s. m. Titre de certains nobles d'Espagne.

***Hideur** s. f. Horreur, caractère de ce qui est hideux.

***Hideusement** adv. D'une manière hideuse.

***Hideux, euse** adj. Difforme; horrible à voir; affreux; dégoûtant.

***Hie** s. f. Instrument pour enfoncer les pavés, les pilotis.

***Hiement** s. m. Action d'enfoncer avec la hie.

Hier v. a. Enfoncer en terre avec la hie.

Hier adv. Le jour qui précède celui où l'on est.

***Hiérarchie** s. f. Ordre et subordination des anges, des degrés de l'état ecclésiastique, de ceux qui ont l'autorité.

***Hiérarchique** adj. De la hiérarchie.

***Hiérarchiquement** adv. Selon la hiérarchie.

Hiérarchiser v. a. Etablir une hiérarchie.

Hiératique adj. Qui concerne les choses sacrées; qui appartient aux prêtres.

Hiéroglyphe s. m. Figure, caractère de l'écriture symbolique des anciens Egyptiens.

Hiéroglyphique adj. De l'hiéroglyphe.

Hiérogramme s. m. Caractère sacré de l'écriture sacerdotale en Egypte.

Hiérographe s. m. Conservateur des choses sacrées en Egypte; qui les décrit.

Hiérographie s. f. Description des choses sacrées.

Hilaire (saint), évêque de Poitiers, m. en 367. — HILAIRE (saint), pape de 461 à 467.

Hilarion (saint), solitaire, m. en 372.

Hilarité s. f. Joie douce; gaieté calme.

Hildebrand. Voy. GRÉGOIRE VII.

Hilote. Voy. *Ilote*.

Hincmar, archevêque de Reims, m. en 882.

Hippique adj. Qui a rapport aux chevaux : *concours hippique*.

Hippocrate, célèbre médecin grec. S. m. Médecin.

Hippocratique adj. D'Hippocrate.

Hippodrome s. m. Lieu pour la course des chevaux.

Hippopotame s. m. Mammifère pachyderme, amphibie, tient du bœuf et du cheval*.

Hirondelle s. f. Oiseau de passage.

Hirsuté, ée ou **hirsuteux, euse** adj. *Bot.* Garni de poils roides et longs.

Hispanisme s. m. Idiotisme espagnol.

***Hisser** v. a. Hausser, faire monter.

Histoire s. f. Récit de faits, d'aventures, de choses dignes de mémoire; récit mensonger (fam.); description des choses de la nature.

Historien s. m. Qui écrit l'histoire.

Historier v. a. Enjoliver de petits ornements.

Historiette s. f. Petite histoire; conte.

Historiographe s. f. Auteur chargé d'écrire l'histoire du temps. S. m. Détail des faits.

Histoire adj. Qui appartient à l'histoire.

Historiquement adv. D'une manière historique.

Histrion s. m. Baladin, bouffon, joueur de farces; mauvais comédien.

Hiver s. m. Saison la plus froide de l'année, du 22 décembre au 21 mars.

Hivernage s. m. Action d'hiverner; labour avant l'hiver.

Hivernal, e adj. Qui est d'hiver.

Hivernant, e. Voy. *Hibernant*.

Hivernation. Voy. *Hibernation*.

Hiverner v. n. Passer l'hiver. V. a. *Hiverner les terres*, leur donner un dernier labour avant l'hiver.

***Ho!** interj. pour appeler, témoigner l'admiration, l'indignation, etc.

***Hobereau** s. m. Petit oiseau de proie; petit gentilhomme de campagne.

***Hoc** s. m. Sorte de jeu de cartes.

***Hoca** s. m. Jeu de hasard.

***Hoche** s. f. Coche, entaillure.

Hoche (Lazare), célèbre général français (1768-1797).

HOMME

MAIN

A annulaire externe.
B extenseur du pouce.
C extenseurs des doigts.

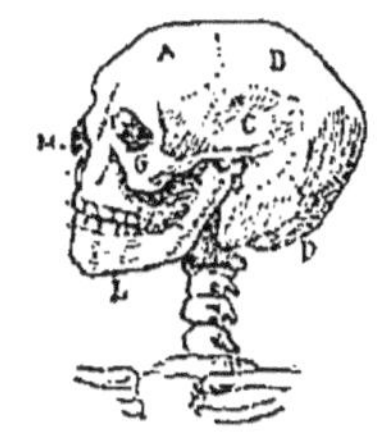

CRANE

A coronal.
B pariétal gauche.
C temporal.
D occipital.
E fosse orbiculaire.
G pommette.
L mâchoire inf.
M os du nez.

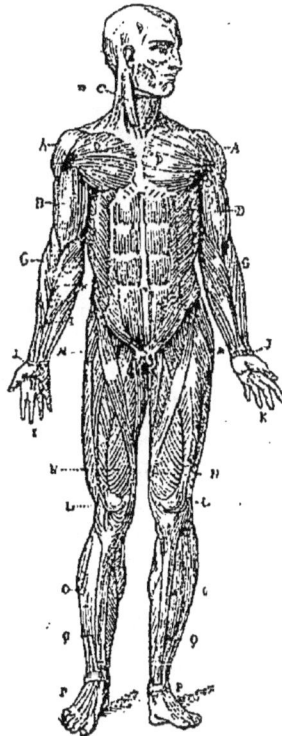

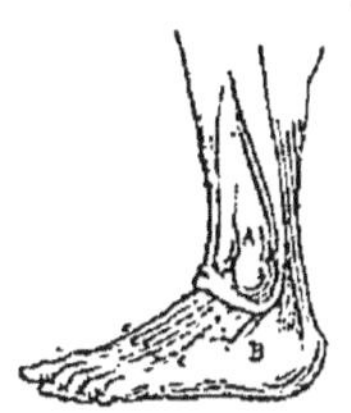

PIED

A malléole externe.
B long péronier.
C extenseurs des doigts.

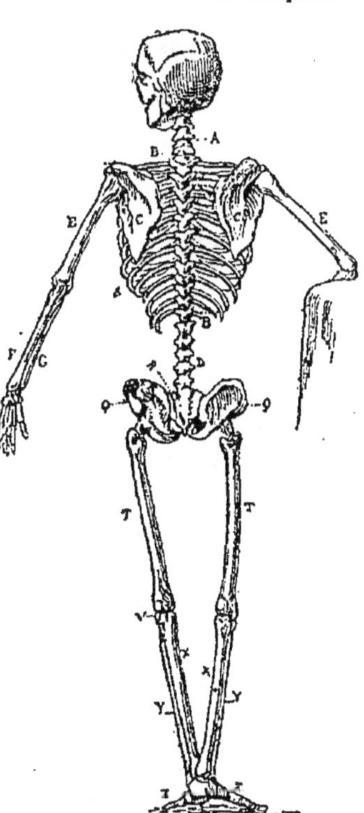

SQUELETTE

A vertèbres du col.
B vertèbres de la colonne.
C omoplate.
D vertèbres des lombes.
E humérus.
F radius.
G cubitus.
H main.
Q os des iles.
R sacrum.
S côtes.
T fémur.
V rotule.
X tibia.
Y péroné.
Z pied.

ÉCORCHÉ

A deltoïde.
B biceps.
C mastoïde.
D pectoraux.
E estomac.
F poitrine.
G long supinateur.
H fléchiss. du carpe.
I palmaire.
J annulaire.
K main.
L rotule.
M triceps.
N vaste interne.
O le jambier.
P pieds.
Q long extenseur des doigts.

***Hochement** s. m. Action de hocher (la tête).

***Hochepot** s. m. Bœuf haché, cuit avec des marrons, des navets, etc.

***Hocher** v. a. Secouer, branler (la tête).

***Hochet** s. m. Jouet d'enfant garni de grelots. Fig. chose futile.

Hoffmann, romancier et musicien allemand (1776-1822).

Hoir s. m. Héritier direct.

Hoirie s. f. Héritage, succession directe.

***Holà!** interj. pour appeler. Adv. Tout beau; assez. S. m. *Mettre le holà*, apaiser une querelle.

Holbein (Hans), célèbre peintre allemand (1493-1554).

Holocauste s. m. Chez les Juifs, sacrifice dans lequel la victime était entièrement détruite par le feu; la victime sacrifiée; sacrifice en général.

Holopherne, général de Nabuchodonosor Ier; m. 659 av. J.-C.

***Hom!** interj. exprimant le doute, la méfiance.

***Homard** s. m. Grosse écrevisse de mer.

***Hombre** s. m. Jeu de cartes; celui qui y fait jouer.

Homélie s. f. Instruction publique et familière sur l'Evangile, sur la religion.

Homère, célèbre poète grec (9e ou 10e s. av. J.-C.).

Homérique adj. D'Homère.

Homicide s. m. Meurtre; meurtrier. Adj. Qui tue.

Hommage s. m. Devoir du vassal envers le suzerain; soumission, respect; dons offerts en hommage.

Hommager s. m. Qui devait l'hommage.

Hommasse adj. Se dit ironiquement d'une femme dont la voix, la taille, etc., tiennent de l'homme.

Homme s. m. Animal raisonnable formé d'un corps et d'une âme; l'espèce humaine en général; individu mâle de cette espèce; mari.

Hommée s. f. Travail d'un homme dans un jour; ancienne mesure de terrain.

Homœopathe s. et adj. Qui pratique l'homœopathie.

Homœopathie s. f. Système médical qui consiste à traiter une maladie par des remèdes qu'o suppose produire des effets ana logues à ces maladies mêmes.

Homœopathique adj. De l'ho mœopathie.

Homogène adj. De même na ture; formé de parties semblables.

Homogénéité s. f. Qualité d ce qui est homogène.

Homologation s. f. Confirma mation d'un acte par la justice.

Homologue adj. *Géom.* Se d des côtés qui, dans des figure semblables, se correspondent e sont opposés à des angles égaux

Homologuer v. a. Confirmer e justice.

Homonyme adj. et s. Du mêm nom. Se dit en grammaire de mo pareils ayant des sens différents

Homonymie s. f. Ressemblanc de noms, sens différents d'u même mot; qualité des homonyme

Homophone adj. *Gram.* Qui le même son.

Homophonie s. f. Concert d voix à l'unisson.

***Honchets** s. m. pl. V. *Jonchets*

***Hongre** adj. m. Cheval no entier.

Hongrois, e s. et adj. De Hon grie.

Hongroyeur s. m. Qui fa çonne le cuir de Hongrie.

Honnête adj. Vertueux; con forme à l'honneur, à la vertu, la probité, à la bienséance; gra cieux, affable; convenable; suffi sant (fam.) : *fortune, part honnête* S. m. Ce qui est honnête.

Honnêtement adv. D'une ma nière honnête.

Honnêteté s. f. Qualité de c qui est honnête; pureté de mœurs probité.

Honneur s. m. Gloire, estim qui suit la vertu, les talents, probité; réputation; chasteté; ac de respect, de vénération, d'e time. Pl. Dignités.

***Honnir** v. a. Déshonorer, cou vrir de honte; bafouer.

Honorabilité s. f. Qualité d ce qui est honorable.

Honorable adj. Digne d'hon neur. *Amende honorable*, aveu p blic du crime avant le supplice.

Honorablement adv. D'un manière honorable.

Honoraire adj. Qui a les honneurs d'une place, d'un emploi sans l'exercer. S. m. pl. Rétribution donnée aux médecins, aux avocats, aux notaires, etc.

Honorer v. a. Rendre honneur et respect; faire honneur à. S'HONORER v. pr. Acquérir de l'honneur; faire une chose honorable; tirer vanité de.

Honorifique adj. Qui procure des honneurs.

Honorius, empereur d'Occident (384-423). — Nom de plusieurs papes.

***Honte** s. f. Déshonneur; confusion; opprobre. Fig. ce qui déshonore.

***Honteusement** adv. D'une manière honteuse.

***Honteux, euse** adj. Qui a, qui cause de la honte; déshonorant; vil.

Hôpital s. m. Maison de charité pour recevoir et traiter les malades indigents.

***Hoquet** s. m. Mouvement convulsif du diaphragme avec bruit.

***Hoqueter** v. n. Faire des hoquets.

***Hoqueton** s. m. Autrefois, casaque brodée d'archer.

Horace, très célèbre poète latin, auteur d'*odes*, de *satires*, d'*épîtres* et d'un *Art poétique* (64-7 av. J.-C.).

Horaces (les), nom des trois frères romains qui combattirent les Curiaces (667 av. J.-C.).

Horaire adj. Qui a rapport aux heures, se fait par heures; mesuré par heure.

Horatius Coclès, célèbre guerrier romain (507 av. J.-C.).

***Horde** s. f. Peuplade errante; troupe, multitude indisciplinée.

***Horion** s. m. Coup violent sur la tête ou les épaules (vx.).

Horizon s. m. Grand cercle de la sphère qui la partage en deux; ce que l'on voit du ciel et de la terre.

Horizontal, e adj. Parallèle à l'horizon.

Horizontalement adv. Parallèlement à l'horizon.

Horloge s. f. Machine qui marque et sonne les heures.

Horloger s. m. Celui qui fait, vend, répare les horloges, les montres.

Horlogerie s. f. Art, ouvrages, commerce de l'horloger.

Hormis prép. Hors, excepté.

Horographie s. f. Art de faire des cadrans; gnomonique.

Horométrie s. f. Art de mesurer et diviser les heures.

Horoscope s. m. Prédiction de la destinée de quelqu'un, d'après l'inspection, la situation des astres, lors de sa naissance.

Horreur s. f. Mouvement pénible de l'âme qui frémit de terreur, de crainte; détestation, haine violente; chose très laide.

Horrible adj. Qui fait horreur; excessif *en mal*.

Horriblement adv. D'une manière horrible.

Horripilation s. f. Frisson subit qui fait dresser les cheveux.

Horripiler v. a. Causer un sentiment d'irritation très vive.

***Hors** prép. Excepté, à l'exclusion de; en dehors.

***Hors-d'œuvre** s. m. Pièce accessoire en saillie (*archit.*); ce qui n'est pas indispensable à l'intelligence d'un sujet (*littérat.*); chose inutile; mets servis avec le potage.

Hortense (la reine), fille de l'impératrice Joséphine et du comte de Beauharnais. Elle épousa Louis Bonaparte, roi de Hollande, et fut mère de Napoléon III (1783-1837).

Hortensius, célèbre orateur romain (114-50 av. J.-C.).

Horticole adj. Qui a rapport à l'horticulture.

Horticulteur s. m. Qui s'occupe de la culture des jardins.

Horticulture s. f. Art de cultiver les jardins.

Hospice s. m. Maison où les religieux reçoivent les voyageurs; maison de refuge pour les vieillards pauvres.

Hospitalier, ière adj. Qui exerce l'hospitalité.

Hospitaliser v. a. Donner l'hospitalité.

Hospitalité s. f. Charité envers les étrangers, les voyageurs que l'on reçoit, loge et nourrit.

Hostie s. f. Victime offerte à Dieu; pain consacré ou destiné à l'être.

Hostile adj. Qui est d'un ennemi.

Hostilement adv. En ennemi.
Hostilité s. f. Action d'ennemi; agression, première attaque.
Hôte, hôtesse s. Qui tient auberge; celui, celle qui donne ou reçoit l'hospitalité.
Hôtel s. m. Demeure somptueuse; maison garnie. HÔTEL DE VILLE, maison commune.
Hôtel-Dieu s. m. Hôpital.
Hôtelier, ière s. Qui tient hôtellerie.
Hôtellerie s. f. Auberge.
***Hotte** s. f. Sorte de panier à bretelles sur le dos.
***Hottée** s. f. Ce que contient une hotte.
***Houblon** s. m. Plante qui sert à fabriquer la bière*.
***Houblonner** v. a. Mettre du Houblon.
***Houblonnière** s. f. Champ planté de houblon.
Houdon, célèbre statuaire français (1741-1828).
***Houe** s. f. Instrument de labour à fer large et recourbé et manche de bois.
***Houer** v. a. Labourer avec la houe.
***Houille** s. f. (*ll* m.) Sorte de charbon de terre.
***Houiller, ère** adj. (*ll* m.) Qui renferme de la houille.
***Houillère** s. f (*ll* m.) Mine de houille.
***Houilleur** s. m. (*ll* m.) Ouvrier des mines de houille.
***Houilleux, euse** adj. (*ll* m.) Qui contient de la houille.
***Houle** s. f. Vague après la tempête.
***Houlette** s. f. Bâton de berger garni d'une petite pelle et d'un crochet*; petite bêche cintrée.
***Houleux, euse** adj. Agité, bouillonnant, en parlant de la mer, de la foule.
***Houper** v. a. *T. de chasse.* Appeler son compagnon.
***Houppe** s. f. Touffe de fils en bouquet.
***Houppelande** s. f. Sorte de manteau très large.
***Houpper** v. a. Faire ou mettre des houppes. Peigner (la laine).
***Houppette** s. f. Petite houppe.
***Houra** ou ***hourra** s. m. Cri de guerre, d'acclamation des Russes.
***Hourdage** s. m. Maçonnage grossier.
***Hourder** v. a. Maçonner grossièrement; faire l'aire d'un plancher sur des lattes.
***Hourdis** s. m. Hourdage pour l'aire d'un plancher.
***Houret** s. m. Mauvais petit chien de chasse.
***Hourra.** V. *Houra.*
***Hourvari** s. m. Cri de chasse pour ramener les chiens aux premières voies; grand tumulte, grand bruit.
***Houspiller** v. a. (*ll* m.) Tirailler, secouer quelqu'un pour le maltraiter; maltraiter de paroles. SE HOUSPILLER v. pr. Se disputer, se battre.
***Houssage** s. m. Action de housser. [houx.
***Houssaie** s. f. Lieu planté de
***Housse** s. f. Couverture de cheval, de lit, de siège, etc.
***Housser** v. a. Nettoyer avec un houssoir.
***Houssine** s. f. Baguette de houx ou d'autre bois pour battre.
***Houssiner** v. a. Frapper avec une houssine.
***Houssoir** s. m. Balai de branches, de plumes.
***Houx** s. m. Arbrisseau toujours vert, à feuilles hérissées, baies rouges*.
***Hoyau** s. m. Sorte de houe à deux fourchons.
***Hu** ou **ssue!** interj. pour faire avancer les chevaux.
***Hublot** s. m. Petit sabord ouvert à l'entrepont.
***Huche** s. f. Grand coffre pour pétrir et serrer le pain.
***Huchet** s. m. Cornet avec lequel on appelle de loin.
Hudson, célèbre navigateur m. 1611.
***Huée** s. f. *T. de chasse.* Cri pour effrayer les bêtes. *Fig.* cris nombreux de dérision.

***Huer** v. a. Faire des huées après le loup ; (fig.) après quelqu'un.

Hugo (Victor), célèbre poète français (1802-1885).

***Huguenot, ote** s. et adj. Calviniste.

***Huguenote** s. f. Petit fourneau surmonté d'une marmite.

Hugues le Grand ou LE BLANC, fils du roi Robert et duc de France, m. 956. — HUGUES CAPET, fils du précédent et roi de France en 987, m. 996. — HUGUES DE PROVENCE, roi d'Italie en 926, m. 947.

Hui adv. marque le jour où l'on est (vx.).

Huile s. f. Liqueur grasse et onctueuse.

Huiler v. a. Oindre avec de l'huile ; mettre de l'huile dans.

Huilerie s. f. Fabrique d'huile.

Huileux, euse adj. De la nature de l'huile ; gras ; frotté d'huile.

Huilier s. m. Vase à l'huile.

Huis s. m. Porte (vx.). *A huis clos*, sans publicité.

Huisserie s. f. Assemblage de pièces qui forment l'ouverture d'une porte.

Huissier s. m. Garde de la porte chez un roi, etc. ; officier de justice qui ajourne, fait les significations.

***Huit** adj. num. Deux fois quatre ; huitième. S. m. Chiffre 8.

***Huitain** s. m. Stance, pièce de huit vers.

***Huitaine** s. f. Nombre de huit ; espace de huit jours.

***Huitième** adj. Nombre ordinal de huit. S. m. La huitième partie.

***Huitièmement** adv. En huitième lieu.

Huître s. f. Mollusque de mer à coquille bivalve. Fig. fam. Personne stupide.

Huîtrier s. m. Marchand d'huîtres.

Humain, e adj. De l'homme ; qui le concerne ; sensible à la pitié ; doux, bienfaisant.

Humainement adv. Suivant le pouvoir, la capacité de l'homme ; avec humanité, bonté.

Humaniser v. a. Inspirer des sentiments, donner des mœurs, des manières conformes à l'humanité ; rendre plus traitable, plus humain.

Humaniste s. m. Qui étudie, sait, enseigne les humanités.

Humanitaire adj. Qui intéresse l'humanité entière.

Humanité s. f. Nature humaine ; les hommes ; honnêteté, bonté, douceur ; sensibilité pour les maux d'autrui. Au pl. Ce qu'on apprend dans les collèges jusqu'à la philosophie exclusivement.

Humble adj. Qui a de l'humilité ; médiocre ; modeste.

Humblement adv. Avec humilité, soumission, modestie, respect.

***Humboldt** (Guillaume, baron de), savant philologue et homme d'État prussien (1767-1835). — (Alexandre), frère du précédent et savant illustre (1769-1859).

Humectant, e adj. et s. Qui humecte, rafraîchit.

Humectation s. f. Action d'humecter.

Humecter v. a. Mouiller, rendre humide.

***Humer** v. a. Avaler, aspirer un liquide ; aspirer par le nez.

Huméral, e adj. Qui a rapport à l'épaule.

Humérus s. m. Os du bras.

Humeur s. f. Substance fluide dans les corps organisés ; sucs viciés. Fig. tempérament ; caprice ; fantaisie.

Humide adj. De la nature de l'eau ; mouillé ; où il y a de l'humidité. S. m. L'opposé du sec.

Humidement adv. Dans un lieu humide.

Humidité s. f. Qualité de ce qui est humide ; moiteur.

Humiliant, e adj. Qui humilie, donne de la confusion.

Humiliation s. f. État de celui qui est humilié ; action par laquelle on humilie.

Humilier v. a. Abaisser ; mortifier ; donner de la confusion. S'HUMILIER v. pr. Se rendre humble.

Humilité s. f. Vertu chrétienne qui nous donne le sentiment de notre faiblesse ; soumission ; abaissement ; modestie.

Humoral, e adj. *Méd.* Qui vient des humeurs, qui les concerne.

Humorisme s. m. Doctrine des médecins humoristes.

Humoriste adj. Qui a de l'humeur ; difficile à vivre. S. m. Médecin qui attribue les maladies aux humeurs viciées.

Humoristique adj. Fait avec humour.

Humour s. m. Singularité piquante d'esprit et de caractère.

***Hune** s. f. Plate-forme en haut et autour d'un mât.

***Hunier** s. m. Mât qui porte la hune, sa voile.

Hunyade, célèbre guerrier hongrois (1400-1456).

***Huppe** s. f. Bel oiseau de passage huppé; touffe de plumes sur la tête de certains oiseaux.

***Huppé, ée** adj. Qui a une huppe. Fig. fam. apparent, considérable; habile.

***Hure** s. f. Tête coupée de sanglier.

***Hurlement** s. m. Cri lugubre et prolongé du loup, du chien. Fig. cri violent de douleur, de colère de l'homme, etc.

***Hurler** v. n. Pousser des hurlements.

***Hurleur** s. m. Qui hurle. Singe à voix très forte.

Hurluberlu s. m. Étourdi, inconsidéré.

***Huss** (Jean), célèbre hérésiarque (1373-1415).

***Hussard** s. m. Cavalier hongrois; soldat de cavalerie légère.

***Hussite** s. Disciple de Jean Huss.

***Hutte** s. f. Petite loge de terre, de bois, etc.

***Hutter** v. a. et v. n. Amarrer les vergues. SE HUTTER, v. pr. Se loger dans des huttes.

Hyacinthe s. f. Sorte de plante: jacinthe. Pierre précieuse d'un jaune orangé.

Hyalin, e adj. Semblable au verre.

Hybride s. m. et adj. Qui provient de deux sujets d'espèces différentes; *mot hybride*, tiré de deux langues.

Hydrate s. m. *Chim.* Combinaison de l'eau avec une base.

Hydraulique adj. Que l'eau fait mouvoir. S. f. Science qui enseigne à conduire, à élever les eaux au moyen de machines.

Hydraulico-pneumatique adj. Se dit d'une machine élevant l'eau au moyen de l'air.

Hydre s. f. Serpent d'eau douce très venimeux; serpent fabuleux à sept têtes renaissantes. Fig. mal qu'augmentent les efforts faits pour le détruire.

Hydrocéphale s. f. Hydropisie de la tête. Adj. et s. Qui est affecté d'une hydrocéphale.

Hydrofuge adj. Qui chasse l'humidité, qui en préserve.

Hydrogène s. m. Gaz dont la combinaison avec l'oxygène forme de l'eau.

Hydrographie s. f. Connaissance, description des mers, des côtes, etc.

Hydrologie s. f. Science, traité des eaux, de leur nature.

Hydromel s. m. Breuvage d'eau et de miel.

Hydromètre s. m. Instrument pour peser les liqueurs.

Hydrométrie s. f. Science qui enseigne à mesurer les propriétés des fluides.

Hydrophobe s. et adj. Attaqué de la rage.

Hydrophobie s. f. Rage.

Hydropique adj. et s. Qui a une hydropisie.

Hydropisie s. f. Accumulation morbide de sérosité dans une partie du corps.

Hydropote s. Qui ne boit que de l'eau.

Hydroscope s. m. Celui qui devine les sources par leurs émanations.

Hydroscopie s. f. Faculté de l'hydroscope.

Hydrostatique s. f. Science de la pesanteur et de l'équilibre des liquides. Adj. Qui y a rapport.

Hydrosulfate ou **hydrosulfure** s. m. Noms génériques des sels formés d'acide hydrosulfurique et d'une base.

Hydrosulfurique adj. Composé d'hydrogène et de soufre.

Hydrothérapie s. f. Traitement médical par l'eau.

Hydrothérapique adj. Qui a rapport à l'hydrothérapie.

Hydrure s. m. *Chim.* Combinaison de l'hydrogène avec un corps simple.

Hyémal ou **hiémal, e** adj. De l'hiver.

Hyène s. f. Quadrupède carnassier.

Hygiène s. f. Traité, art de la conservation de la santé.

Hygiénique adj. Qui a rapport à l'hygiène.

Hygromètre s. m. Instrument qui sert à connaître le degré d'humidité de l'air.

Hygrométrie s. f. Science qui a pour but la mesure des degrés d'humidité de l'air.

Hygrométrique adj. Qui a rapport à l'hygrométrie; qui est sensible à l'humidité de l'air.

Hymen (on pron. *hymène*) ou **hyménée** s. m. Divinité qui présidait au mariage (*myth.*). Mariage.

Hymne s. m. Poème en l'honneur des dieux, des héros. S. f. Cantique chanté à l'église.

Hypallage s. m. Figure de grammaire par laquelle on attribue à certains mots ce qui appartient à d'autres.

Hyperbole s. f. *Rhét.* Figure qui consiste à agrandir ou à diminuer excessivement la vérité des choses; exagération. *Géom.* Section d'un cône par un plan qui, prolongé, rencontre le cône opposé.

Hyperbolique adj. Qui exagère beaucoup au-delà du vrai; qui a la forme de l'hyperbole.

Hyperboliquement adv. Par hyperbole.

Hyperborée ou **hyperboréen, ne** adj. Nom donné par les anciens aux pays et aux peuples du Nord.

Hyperdulie s. f. Culte rendu à la sainte Vierge. [meil.

Hypnologie s. f. Traité du som-

Hypnotique adj. 2 g. et s. m. Qui procure le sommeil.

Hypnotisme s. m. Sommeil provoqué par des moyens artificiels.

Hypo prép. grecque qu'on joint à quelques mots français pour en atténuer le sens.

Hypoazotique adj. *Chim. Acide* —, formé par la combinaison de l'azote avec l'oxygène.

Hypochloreux adj. *Chim. Acide* —, composé de chlore et d'oxygène.

Hypochlorite s. f. *Chim.* Nom générique des sels formés par l'acide hypochloreux.

Hypocondre s. m. Chacune des parties latérales de l'abdomen. Fig. homme mélancolique, esprit chagrin. Adj. Hypocondriaque.

Hypocondriaque adj. et s. Qui appartient à l'hypocondrie; qui est atteint d'hypocondrie.

Hypocondrie s. f. Maladie des hypocondres; tristesse, mélancolie causée par cette maladie.

Hypocrisie s. f. Fausse apparence de piété, de vertu, de probité.

Hypocrite s. et adj. Qui a de l'hypocrisie.

Hypogastre s. m. Partie inférieure du bas-ventre. [gastre.

Hypogastrique adj. De l'hypo-

Hypogée s. m. Construction souterraine où l'on déposait les morts.

Hypoglosse adj. et s. m. Se dit des nerfs de la langue.

Hypostase s. f. Personne réelle; substance.

Hypostatique adj. Se dit de l'union du Verbe divin avec la nature humaine.

Hypostatiquement adv. D'une manière hypostatique.

Hypoténuse s. f. *Géom.* Le côté opposé à l'angle droit dans un triangle rectangle*.

Hypothécaire adj. Qui a ou donne droit d'hypothèque.

Hypothécairement adv. Avec hypothèque; par rapport à l'hypothèque.

Hypothèque s. f. Garantie d'une créance; droit d'un créancier sur les immeubles d'un débiteur.

Hypothéquer v. a. Donner pour hypothèque.

Hypothèse s. f. Supposition dont on tire une conséquence.

Hypothétique adj. Fondé sur une hypothèse.

Hypothétiquement adv. Par hypothèse.

Hypotypose s. f. Fig. de rhét. Description vive et animée.

Hyrcan Ier, souverain pontife des Juifs, m. 107 av. J.-C.; Hyrcan II, souverain pontife et roi des Juifs, m. 30 av. J.-C.

Hysope ou **hyssope** s. f. Plante aromatique de la famille des labiées.

I

I s. m. 9e lettre de l'alphabet; vaut 1 en chiffres romains.

Iambe s. m. Pied du vers latin ou grec composé d'une brève et d'une longue.

Iambique adj. De l'ïambe. *Vers ïambiques*, composés d'ïambes.

Ibérique adj. De l'Ibérie : *péninsule ibérique*.

Ibidem (mot lat. signifiant *là-même*) adv. Le même, au même lieu.

Ibis s. m. Oiseau qui dévore les serpents.

Icare, fils de Dédale (*myth.*).

Icelui, icelle adj. et pron. démonst. Celui, celle; celui-ci, celle-ci (vx.).

Ichtyologie s. f. Partie de l'histoire naturelle qui traite des poissons.

Ici adv. En ce lieu-ci; en cet endroit. ICI-BAS loc. adv. Dans ce bas monde.

Iconoclaste s. m. Hérétique, briseur d'images.

Iconographe s. m. Qui sait l'iconographie.

Iconographie s. f. Description, connaissance des images, des tableaux, des monuments antiques.

Iconographique adj. Qui appartient à l'iconographie.

Iconographiquement adv. Selon l'iconographie.

Idéal, e adj. sans pl. m. Qui n'existe qu'en idée; chimérique. S. m. L'IDÉAL, beauté, perfection idéale.

Idéaliser v. a. Elever à la hauteur de l'idéal.

Idéalisme s. m. Système philosophique d'après lequel les choses n'existent que dans nos idées.

Idéaliste adj. 2 g. et s m. De l'idéalisme; qui professe l'idéalisme.

Idée s. f. Représentation d'une chose dans l'esprit; opinion; croyance; invention; ébauche d'un ouvrage; vision chimérique.

Idem (mot lat. qu'on pron. *idème* et qu'on abrège ainsi : ID.). Pron. Le même. Adv. De même.

Identifier v. a. Comprendre deux choses sous une même idée. S'IDENTIFIER v. pr. Confondre son être, son existence avec celle d'un autre; ne faire qu'un avec lui.

Identique adj. Le même; compris sous une même idée; qui ne fait qu'un avec un autre.

Identiquement adv. D'une manière identique.

Identité s. f. Qualité de ce qui est identique.

Ides s. f. pl. Le quinzième jour de mars, mai, juillet et octobre, et le treizième des autres mois.

Idiome s. m. Langue propre à une nation, à une province; dialecte.

Idiot, e adj. Stupide; imbécile.

Idiotisme s. m. Locution particulière à une langue, contre la grammaire; état de l'idiot.

Idolâtre s. et adj. Qui adore les idoles; qui rend un culte divin à la créature. Fig. qui aime avec excès.

Idolâtrer v. n. Adorer les idoles. V. a. Aimer avec passion.

Idolâtrie s. f. Adoration des idoles; culte des faux dieux. Fig. amour excessif.

Idolâtrique adj. De l'idolâtrie.

Idole s. f. Figure, statue de faux dieux. Fig. objet d'un amour excessif.

Idoménée, roi de Crète, un des héros du siège de Troie (*myth.*).

Idylle s. f. Petit poème qui tient de l'églogue.

If s. m. Arbre toujours vert, de la famille des conifères.

Ignace (saint), patriarche de Constantinople, de 846 à 877, Père de l'Eglise.

Ignace de Loyola (saint), fondateur de l'Ordre des Jésuites (1481-1556).

Igname s. m. Liane dont on mange la racine.

Ignare s. f. adj. Ignorant; qui n'a point étudié.

Igné, ée (on pron. *ig-né*) adj. De feu, de la nature du feu.

Ignition (on pron. *ig-ni-cion*) Etat d'un métal rougi au feu.

Ignoble adj. Bas, vil.

Ignoblement adv. D'une manière ignoble.

Ignominie s. f. Infamie, grand déshonneur.

Ignominieusement adv. Avec ignominie.

Ignominieux, euse adj. Plein d'ignominie, qui la cause.

Ignoramment adv. Avec ignorance.

Ignorance s. f. Manque de savoir; défaut de connaissance; vide de l'esprit.

Ignorant, e adj. et s. Qui n'a point de savoir, d'étude, illettré: qui ignore une chose, un fait.

Ignorantissime adj. Très ignorant.

Ignorer v. a. Ne savoir pas; n'être pas instruit, averti, informé de; ne pas connaître.

Il pron. pers. m. de la troisième personne.

Ile s. f. Espace de terre tout environné d'eau.

Iléon ou **Ileum** s. m. Le plus gros des intestins grêles (*anat.*).

Iles s. m. pl. Les flancs, les parties latérales du bas-ventre (*anat.*).

Iliade s. f. Poème épique d'Homère sur la prise de Troie.

Iliaque adj. Qui a rapport à l'iléon ou aux îles (*anat.*).

Ilion, l'un des noms de Troie.

Illégal, e adj. Contre la loi.

Illégalement adv. D'une manière illégale.

Illégalité s. f. Caractère de ce qui est illégal.

Illégitime adj. Non légitime; qui n'est pas selon la loi; injuste, déraisonnable.

Illégitimement adv. D'une manière illégitime, déraisonnable; injustement.

Illégitimité s. f. Défaut de légitimité.

Illettré, ée adj. Qui n'a que de légères connaissances; ignorant.

Illicite adj. Défendu par la loi; qui n'est pas permis.

Illicitement adv. Contre le droit, la justice; d'une manière illicite.

Illimitable adj. Qui ne peut être limité.

Illimité, ée adj. Sans limites, sans bornes.

Illisible adj. Qu'on ne peut lire.

Illisiblement adv. D'une manière illisible.

Illogique adj. Contraire à la logique.

Illuminateur s. m. Qui illumine, qui se charge des illuminations.

Illumination s. f. Action d'illuminer; état de ce qui est illuminé; grande quantité de lumières disposées avec symétrie. Fig. lumière soudaine qui éclaire l'âme, l'esprit.

Illuminé, ée adj. Eclairé. S. Visionnaire; hérétique.

Illuminer v. a. Eclairer, répandre de la lumière sur...; faire des illuminations. Fig. éclairer l'âme, l'esprit.

Illusion s. f. Erreur; songe, fantôme; apparence trompeuse aux yeux, à l'imagination; pensées chimériques.

Illusionner v. a. Faire, causer de l'illusion; tromper par des illusions. S'ILLUSIONNER v. pr. Se faire illusion.

Illusoire adj. Captieux; inutile, sans effet.

Illusoirement adv. D'une façon illusoire.

Illustration s. f. Action d'illustrer; marques d'honneur; personnage illustre. Au pl. gravures intercalées dans un livre.

Illustre adj. Eclatant, célèbre.

Illustrer v. a. Rendre illustre. *Illustrer un ouvrage*, l'enrichir de gravures.

Illustrissime adj. Très illustre.

Ilot s. Petite île.

Ilote s. m. Esclave à Sparte.

Ilotisme s. m. Etat, condition de l'ilote.

Image s. f. Représentation en sculpture, en peinture, etc.; estampe; ressemblance; représentation dans l'esprit; idée; métaphore qui rend une idée plus vive et plus sensible.

Imagé, ée adj. *Style imagé*, plein de figures et d'images.

Imager v. a. Représenter par des images, par des emblèmes.

Imager, ère s. Qui vend des images.

Imagerie s. f. Fabrique, commerce d'images.

Imaginable adj. Qui se peut imaginer.

Imaginaire adj. Qui n'est que dans l'imagination; sans réalité. *Alg.* Impossible.

Imaginatif, ive adj. Qui imagine aisément.

Imagination s. f. Faculté d'imaginer, d'inventer, d'exprimer vivement; opinion peu fondée; chimère.

Imaginative s. f. Faculté d'imaginer.

Imaginer v. a. Créer, former, combiner, se représenter dans son esprit; inventer; croire, se persuader. S'IMAGINER v. pr. Se représenter dans l'esprit; croire, se persuader, se figurer sans fondement.

Imbécile adj. et s. Faible d'esprit; niais.

Imbécilement adv. Avec imbécillité.

Imbécillité s. f. Faiblesse d'esprit; niaiserie.

Imberbe adj. Sans barbe.

Imbiber v. a. Faire pénétrer par un liquide. S'IMBIBER v. pr. Être pénétré d'un liquide.

Imbibition s. f. Action d'imbiber ou de s'imbiber.

Imbroglio s. m. (mot italien; on pron. *brolio*). Embrouillement; petite pièce de théâtre très embrouillée. (Pl. *imbroglios.*)

Imbu, ue adj. Rempli, pénétré.

Imitable adj. Qu'on peut, qu'on doit imiter.

Imitateur, trice adj. et s. Qui imite (en parlant des personnes).

Imitatif, ive adj. Qui imite (en parlant des choses).

Imitation s. f. Action d'imiter, ses effets; chose imitée. *Imitation de Jésus-Christ,* titre d'un livre de piété.

Imiter v. a. Faire de même qu'un autre; contrefaire; copier; prendre pour modèle.

Immaculé, ée adj. Sans tache de péché.

Immanent, e adj. Qui demeure; continu; constant.

Immangeable adj. Qui ne peut se manger.

Immanquable adj. Qui ne peut manquer d'arriver, d'être, de réussir.

Immanquablement adv. Avec certitude, sans faute; infailliblement.

Immatérialiser v. a. Ren supposer tout immatériel.

Immatérialité s. f. Etat, lité de ce qui est immatériel.

Immatériel, elle adj. Sans tière; de pur esprit.

Immatériellement adv. D manière immatérielle.

Immatriculation s. f. Ac d'immatriculer, son résultat.

Immatricule s. f. Enre trement.

Immatriculer v. a. Enregis sur la matricule.

Immédiat, e adj. Sans ir médiaire.

Immédiatement adv. D manière immédiate.

Immémorial, e adj. Dont gine très ancienne est inconn

Immense adj. D'une gran démesurée; sans bornes, sans sure; très grand, très étendu.

Immensément adv. D'une nière immense.

Immensité s. f. Grand étendue immense.

Immerger v. a. Plonger un liquide.

Immérité, ée adj. Que l'o pas mérité.

Immersif, ive adj. Fait immersion.

Immersion s. f. Action de ger dans un liquide. *Astron.* E d'un astre dans l'ombre d'un a

Immeuble adj. et s. m. Q peut être transporté d'un lieu autre; bien-fonds, terre, son, etc.

Immigration s. f. Etablisse d'étrangers dans un pays.

Imminence s. f. Caractè ce qui est imminent.

Imminent, e adj. Près de ber sur; menaçant.

Immiscer (s') v. pr. Se m mal à propos d'une affaire.

Immixtion s. f. Action de miscer dans.

Immobile adj. Qui ne se pas. Fig. ferme, inébranlable

Immobilier, ière adj. Qui cerne les immeubles.

Immobilisation s. f. A d'immobiliser; son résultat.

Immobiliser v. a. Rendre mobile; rendre immobilier.

Immobilité s. f. Etat

personne ou d'une chose immobile.

Immodération s. f. Défaut de modération.

Immodéré, ée adj. Excessif, violent, démesuré, outré.

Immodérément adv. Sans modération, avec excès.

Immodeste adj. Sans modestie; contraire à la modestie, à la pudeur, à la chasteté.

Immodestement adv. D'une manière immodeste.

Immodestie s. f. Manque de modestie, de pudeur, de chasteté.

Immolation s. f. Action d'immoler.

Immoler v. a. Offrir en sacrifice. Fig. sacrifier; causer la perte de. S'IMMOLER v. pr. Se sacrifier.

Immonde adj. Impur, sale.

Immondices s. f. Ordures, boue.

Immondicité s. f. Qualité de ce qui est immonde.

Immoral, e adj. Contraire à la morale, aux mœurs; sans mœurs, sans principes de morale.

Immoralité s. f. Opposition à la morale; état de ce qui est immoral.

Immortaliser v. a. Rendre immortel.

Immortalité s. f. Etat de ce qui est immortel; espèce de vie perpétuelle dans le souvenir des hommes.

Immortel, elle adj. Qui n'est point sujet à la mort. Fig. d'une grande durée probable; dont la mémoire est ou doit être éternelle.

Immortelle s. f. Plante vivace dont les fleurs ne se fanent point.

Immuabilité s. f. Qualité de ce qui est immuable.

Immuable adj. Qui n'est pas sujet à changer.

Immuablement adv. D'une manière immuable.

Immunité s. f. Exemption d'impôts, de devoirs, de charges, etc.

Immutabilité s. f. Qualité de ce qui est immuable.

Impair, e adj. Qui ne peut se diviser en nombres entiers égaux.

Impalpabilité s. f. Qualité de ce qui est impalpable.

Impalpable adj. Qui ne peut se sentir au toucher; d'une finesse, d'une ténuité extrême.

Impanation s. f. Système théologique des luthériens, d'après lequel le corps de J.-C. et la substance du pain existeraient simultanément dans l'Eucharistie.

Impardonnable adj. Qu'on ne peut pardonner.

Imparfait, e adj. Qui n'est pas achevé, parfait, complet; qui a des défauts, des imperfections. S. m. Second temps de l'indicatif.

Imparfaitement adv. D'une manière imparfaite.

Impartageable adj. Qui ne peut être partagé.

Impartial, e adj. Qui est exempt de partialité.

Impartialement adv. Sans partialité.

Impartialité s. f. Qualité de l'être impartial.

Impasse s. f. Cul-de-sac. Fig. situation d'où l'on ne peut sortir.

Impassibilité s. f. Qualité de ce qui est impassible.

Impassible adj. Non susceptible de souffrance; difficile à émouvoir.

Impassiblement adv. D'une manière impassible.

Impatiemment adv. Avec impatience, inquiétude, chagrin.

Impatience s. f. Manque de patience, agitation, sentiment d'inquiétude causée par la douleur, l'attente et l'espoir; impossibilité de souffrir patiemment.

Impatient, e adj. Qui manque de patience; qui ne peut supporter.

Impatientant, e adj. Qui impatiente.

Impatienter v. a. Faire perdre patience. S'IMPATIENTER v. pr. Perdre patience.

Impatroniser (s') v. pr. S'introduire, s'établir dans une maison et finir par y dominer.

Impayable adj. Qui ne peut trop se payer. Fig. fam. extraordinaire, très plaisant.

Impayé, ée adj. Non payé.

Impeccabilité s. f. Etat de celui qui ne peut pécher.

Impeccable adj. Incapable de pécher, de faillir.

Impénétrabilité s. f. Qualité de ce qui est impénétrable.

Impénétrable adj. Qui ne peut être pénétré. Fig. inexplicable.

Impénétrablement adv. D'une manière impénétrable.

Impénitence s. f. Endurcissement dans le péché.

Impénitent, e adj. et s. Endurci dans le péché; qui n'en a pas de regret.

Impératif, ive adj. Impérieux. S. m. *Gram.* L'un des modes du verbe.

Impérativement adv. D'une manière impérative.

Impératrice s. f. Femme d'un empereur, *ou* femme qui est chef d'un empire.

Imperceptible adj. Qui ne peut être senti, aperçu. Fig. qui échappe à l'esprit, à l'attention.

Imperceptiblement adv. D'une manière imperceptible.

Imperdable adj. Qui ne se peut perdre.

Imperfectibilité s. f. Caractère, état de l'être imperfectible.

Imperfectible adj. Qu'on ne peut rendre parfait.

Imperfection s. f. Etat de ce qui n'est point achevé, parfait; défaut.

Imperforation s. f. Etat de ce qui est imperforé.

Imperforé, ée adj. Qui n'est pas ouvert, percé, et qui devrait l'être.

Impérial, e adj. D'un empereur ou d'un empire.

Impériale s. f. Dessus d'une voiture; jeu de cartes; sorte de prune, de tulipe.

Impérialiste s. m. Partisan d'un empereur.

Impériaux s. m. pl. Les troupes de l'empereur d'Allemagne.

Impérieusement adv. D'une manière impérieuse; avec hauteur, orgueil.

Impérieux, euse adj. Altier, hautain, qui commande avec hauteur, avec orgueil.

Impérissable adj. Qui ne peut périr, être anéanti.

Impéritie s. f. (on pron. *impérici*). Défaut d'habileté, incapacité, maladresse.

Imperméabilité s. f. Qualité de ce qui est imperméable.

Imperméable adj. (Corps —), qu'un fluide ne peut pas traverser.

Impermutabilité s. f. Qualité, état de ce qu'on ne peut chang[er].

Impermutable adj. Qu'on [ne] peut changer.

Impersonnel, elle adj. Se [dit] des verbes qui ne se conjugu[ent] qu'à la troisième personne du s[in]gulier.

Impersonnellement adv. D'[une] manière impersonnelle.

Impertinemment adv. Av[ec] impertinence.

Impertinence s. f. Caractè[re] d'une personne impertinente; s[ot]tise; action, parole impertinen[te].

Impertinent, e adj. et s. Q[ui] est, parle ou agit contre les bi[en]séances, la raison, le jugeme[nt], la discrétion.

Imperturbabilité s. f. Etat [de] ce qui est imperturbable.

Imperturbable adj. Qu'on [ne] peut troubler, émouvoir; tra[n]quille.

Imperturbablement adv. D'u[ne] manière imperturbable.

Impétrable adj. *Jurisp.* Qu'[on] peut impétrer, obtenir.

Impétrant, e adj. et s. *Juri[sp.]* Qui impètre, obtient.

Impétration s. f. Obtention.

Impétrer v. a. *Jurisp.* Obte[nir] par une requête.

Impétueusement adv. Av[ec] impétuosité.

Impétueux, euse adj. Viole[nt,] rapide. Fig. vif, emporté.

Impétuosité s. f. Qualité de [ce] qui est impétueux; extrême vi[va]cité.

Impie adj. et s. Sans religi[on ou] qui lui est opposé.

Impiété s. f. Mépris pour la [re]ligion; action impie.

Impitoyable adj. Insensible [à] la pitié; sans pitié.

Impitoyablement adv. S[ans] pitié.

Implacabilité s. f. Persé[vé]rance dans le ressentiment.

Implacable adj. Qui ne p[eut] être apaisé.

Implacablement adv. D'[une] manière implacable.

Implantation s. f. Action [de] planter, de s'implanter.

Implanter v. a. Insérer; pl[an]ter dans ou sur. Fig. introdu[ire] (un usage). S'IMPLANTER v. [pr.] Etre implanté; adhérer à.

Implication s. f. Engagement dans une affaire criminelle; contradiction.

Implicite adj. Qui est renfermé dans une clause, une proposition, et peut s'en tirer par induction ou conséquence.

Implicitement adv. D'une manière implicite.

Impliquer v. a. Envelopper; engager; embarrasser; renfermer; entraîner.

Implorer v. a. Demander avec ardeur, humilité.

Impoli, ie adj. Sans politesse.

Impoliment adv. D'une manière impolie.

Impolitesse s. f. Défaut, action, discours opposés à la politesse; grossièreté dans les discours, les manières.

Impolitique adj. Contraire à la bonne politique.

Impolitiquement adv. D'une manière impolitique.

Impondérable adj. Dont on ne peut apprécier la pesanteur.

Impopulaire adj. Qui n'est pas conforme aux désirs du peuple; qui lui déplaît.

Impopularité s. f. Manque de popularité.

Importance s. f. Ce qui fait qu'une chose est d'un grand intérêt : autorité, crédit.

Important, e adj. Qui a de l'importance. S. m. La chose essentielle; homme vain, qui affecte de l'importance.

Importateur s. et adj. Celui qui importe une denrée, une chose d'un pays dans le sien.

Importation s. f. Action d'importer.

Importer v. a. Apporter dans un pays des marchandises étrangères; introduire des choses nouvelles venant du dehors. V. imp. Etre avantageux; être d'importance : *Cela importe beaucoup.*

Importun, une adj. et s. Qui importune, qui incommode, qui fatigue.

Importunément adv. D'une manière importune.

Importuner v. a. Fatiguer par des demandes, des assiduités; incommoder, ennuyer.

Importunité s. f. Action d'importuner. Au pl. assiduités, demandes fatigantes.

Imposable adj. Sujet à l'impôt, aux droits.

Imposant, e adj. Propre à attirer le respect, la considération; grave, sérieux.

Imposer v. a. Mettre dessus; soumettre à un impôt; disposer les pages dans un châssis (*imprim.*). Fig. prescrire, commander, assujettir, inspirer le respect. EN IMPOSER v. n. Abuser, tromper, mentir.

Imposeur s. m. Ouvrier imprimeur qui impose.

Impositeur s. m. Celui qui met, qui asseoit des impôts.

Imposition s. f. Action d'imposer les mains, d'imposer les pages; impôts.

Impossibilité s. f. Défaut de possibilité; obstacle invincible.

Impossible adj. 2 g. et s. m. Qui ne peut être, qui ne peut se faire. Fig. très difficile. PAR IMPOSSIBLE loc. adv. En supposant possible ce qui ne l'est pas *ou* ne le paraissait pas.

Imposte s. f. Partie d'un pied-droit sur laquelle commence un arc; dessus dormant et vitré d'une porte, d'une croisée.

Imposteur s. et adj. m. Trompeur, menteur, calomniateur, hypocrite.

Imposture s. f. Action de tromper; mensonge, calomnie, hypocrisie.

Impôt s. m. Charge publique, [taxe.

Impotable adj. Imbuvable.

Impotence s. f. Etat de la personne impotente.

Impotent, e adj. et s. Estropié, privé de l'usage d'un membre.

Impraticable adj. Qui ne peut se faire; où l'on ne peut passer; que l'on ne peut habiter; insociable : *personne impraticable.*

Imprécation s. f. Souhaits contre quelqu'un, malédiction.

Imprégnable adj. Qui ne peut être imprégné.

Imprégnation s. f. Action d'imprégner; résultat de cette action.

Imprégner v. a. Imbiber; charger un liquide de matières étrangères. Fig. faire pénétrer dans le cœur, dans l'esprit.

Imprenable adj. Qui ne peut être pris.

Imprescriptibilité s. f. Qualité de ce qui est imprescriptible.

Imprescriptible adj. Non susceptible de prescription.

Impressif, ive adj. Qui fait impression, qui pénètre.

Impression s. f. Action d'un corps s'appliquant sur un autre; empreinte; action d'imprimer un livre, résultat de cette action. Fig. effet produit sur le cœur ou sur l'esprit.

Impressionnable adj. Facile à impressionner.

Impressionner v. a. Faire impression sur le cœur, sur l'esprit; émouvoir.

Imprévoyance s. f. Défaut de prévoyance.

Imprévoyant, e adj. Imprudent; léger; qui n'a pas de prévoyance.

Imprévu, ue adj. Qui n'a pas été prévu. S. m. Ce qui ne peut être prévu.

Imprimé, ée adj. Qui a été imprimé. S. m. Petite brochure, feuille volante.

Imprimer v. a. Faire ou laisser une empreinte; empreindre des lettres sur du papier, des dessins sur du papier ou sur une étoffe; publier par l'imprimerie. Fig. produire une impression, graver dans l'esprit. *Imprimer le mouvement à un corps*, le lui communiquer.

Imprimerie s. f. Art d'imprimer les livres, les dessins, etc.; établissement et matériel d'imprimeur.

Imprimeur s. m. Celui qui exerce l'art de l'imprimerie.

Improbabilité s. f. Invraisemblance.

Improbable adj. Qui n'a point de probabilité.

Improbateur, trice adj. et s. Qui désapprouve.

Improbation s. f. Action d'improuver.

Improbité s. f. Manque de probité.

Improductif, ive adj. Qui ne produit point.

Impromptu s. m. Ce qui se fait sur-le-champ, sans préparation.

Impropre adj. Qui ne convient pas; qui n'est pas juste, pas exact.

Improprement adv. D'une manière impropre.

Impropriété s. f. Défaut d'exactitude, de justesse.

Improuver v. a. Désapprouver, blâmer.

Improvisateur, trice s. Qui improvise, qui a le talent d'improviser.

Improvisation s. f. Action d'improviser; ce qu'on improvise.

Improviser v. a. et n. Faire sans préparation et sur-le-champ des vers, un discours, de la musique; parler d'abondance.

Improviste (à l') loc. adv. Subitement, lorsqu'on y pense le moins.

Imprudemment adv. Avec imprudence.

Imprudence s. f. Défaut de prudence; action contraire à la prudence.

Imprudent, e adj. Qui manque de prudence.

Impubère adj. et s. Qui n'est pas encore pubère.

Impudemment adv. Effrontément, avec impudence.

Impudence s. f. Effronterie; action, parole contraire à la pudeur.

Impudent, e adj. et s. Effronté, sans pudeur, insolent.

Impudeur s. f. Défaut, manque de pudeur; effronterie.

Impudicité s. f. Vice contraire à la chasteté.

Impudique adj. et s. Contraire à la chasteté, qui l'offense.

Impudiquement adv. D'une manière impudique.

Impuissance s. f. Manque de pouvoir, de forces, de moyens.

Impuissant, e adj. Qui n'a pas le pouvoir, la force d'agir; incapable de produire son effet.

Impulsif, ive adj. Qui agit par impulsion; qui donne l'impulsion.

Impulsion s. f. *Phys.* Mouvement communiqué par le choc. Fig. instigation.

Impunément adv. Avec impunité; sans inconvénient.

Impuni, ie adj. Qui demeure sans punition.

Impunité s. f. Manque de punition.

Impur, e adj. Qui n'est pas pur; altéré, corrompu par le mélange. Fig. impudique.

Impureté s. f. Ce qu'il y a d'impur, de grossier, d'étranger dans un corps, un écrit, etc. Fig. impudicité.

Imputabilité s. f. Qualité d'une action imputable; état d'une dette, d'une chose reçue et qui peut entrer en déduction de ce qui est dû.

Imputable adj. Qui peut ou qui doit être imputé à.

Imputation s. f. Action d'imputer; accusation sans preuves.

Imputer v. a. Attribuer, destiner à; accuser, charger de.

Imputrescible adj. Qui ne peut se pourrir.

Inabordable adj. Qu'on ne peut aborder.

Inabordé, ée adj. (Côte, rivage —), sur lesquels on n'a point abordé.

Inacceptable adj. Que l'on ne peut recevoir, accepter.

Inaccessible adj. Dont on ne peut approcher.

Inaccommodable adj. Qui ne se peut accommoder.

Inaccordable adj. Qu'on ne peut accorder.

Inaccostable adj. Qu'on ne peut accoster.

Inaccoutumé, ée adj. Inusité; qui n'a pas coutume de se faire, d'arriver; qu'on n'a pas coutume de faire, d'éprouver.

Inachevé, ée adj. Qui n'a point été achevé.

Inactif, ive, adj. Qui n'a pas d'activité, qui n'agit pas; indolent.

Inaction s. f. (on pr. *inaxion*). Cessation de toute action; repos.

Inactivité s. f. Manque d'activité; indolence.

Inadmissibilité s. f. Qualité de ce qui est inadmissible.

Inadmissible adj. Qui ne peut être admis.

Inadmission s. f. Refus d'admettre.

Inadvertance s. f. Défaut d'attention, étourderie.

Inaliénabilité s. f. Qualité de ce qui est inaliénable.

Inaliénable adj. Qu'on ne peut aliéner.

Inalliable adj. Qui ne peut s'allier.

Inaltérable adj. Qui ne peut être altéré. Fig. que rien ne peut troubler.

Inamissibilité s. f. Qualité de ce qui est inamissible.

Inamissible adj. Qui ne se peut perdre (t. de *théologie*).

Inamovibilité s. f. Qualité de ce qui est inamovible.

Inamovible adj. Qui ne peut être ôté d'un poste ou changé, déplacé : *officier inamovible.*

Inanimation s. f. Nature, état des être inanimés.

Inanimé, ée adj. Qui n'est point animé. Fig. sans vivacité, sans expression.

Inanité s. f. Le vide, la vanité d'une chose.

Inanition s. f. Epuisement par défaut de nourriture.

Inapercevable adj. Qui ne peut être aperçu.

Inaperçu, ue adj. Qui n'est point aperçu.

Inappétence s. f. Défaut d'appétit.

Inapplicable adj. Qui ne peut être appliqué.

Inapplication s. f. Inattention; manque d'application.

Inappliqué, ée adj. Qui n'a point d'application, d'attention.

Inappréciable adj. Qu'on ne peut apprécier; qui est d'un grand prix.

Inaptitude s. f. Défaut d'aptitude.

Inarticulé, ée adj. Qui n'est point articulé : *son inarticulé.*

Inassorti, ie adj. Qui n'est point assorti.

Inattaquable adj. Qu'on ne peut attaquer.

Inattendu, ue adj. Qu'on n'attendait pas; imprévu.

Inattentif, ive adj. Qui ne fait pas attention.

Inattention s. f. Manque d'attention.

Inaugural, e adj. De l'inauguration.

Inauguration s. f. Consécration, dédicace; cérémonie religieuse au sacre d'un souverain; entrée solennelle dans un emploi.

Inaugurer v. a. Faire l'inauguration; dédier; consacrer.

Incalculable adj. Qui ne peut se calculer; très nombreux; très considérable.

Incandescence s. f. Etat d'un corps chauffé jusqu'au blanc.

Incandescent, e adj. Qui est en incandescence.

Incantation s. f. Action de faire des enchantements.

Incapable adj. Qui n'est pas capable.

Incapacité s. f. Défaut de capacité.

Incarcération s. f. Action d'incarcérer; état de celui qui est incarcéré.

Incarcérer v. a. Mettre en prison.

Incarnadin, e adj. De couleur plus pâle que l'incarnat ordinaire.

Incarnat, e adj. et s. Couleur entre le cerise et le rose.

Incarnation s. f. Acte par lequel la Divinité s'est unie à la nature humaine en la personne de Jésus-Christ.

Incarné, ée adj. Revêtu d'un corps humain ; qui s'est fait homme. Fig. *diable incarné*, personne très méchante.

Incarner (s') v. pr. Se dit de la Divinité qui prend un corps humain, d'une âme, d'un esprit qui se revêt d'un corps de chair.

Incartade s. f. Insulte inconsidérée; extravagance déplacée.

Incendiaire s. et adj. 2 g. Auteur d'un incendie. Fig. séditieux : *discours incendiaire*.

Incendie s. m. Grand embrasement. Fig. troubles, factions, grandes guerres.

Incendié, ée adj. et s. Qui a été détruit ou ravagé par un incendie ; victime d'un incendie.

Incendier v. a. brûler, exciter des troubles, ravager.

Incertain, e adj. Non certain; irrésolu, variable. S. m. Ce qui est douteux, non assuré.

Incertainement adv. Avec doute, incertitude.

Incertitude s. f. Manque de certitude, indécision, doute, irrésolution.

Incessamment adv. Sans délai, sans cesse.

Incessant, e adj. Qui ne cesse pas, qui est sans fin.

Incessible adj. Qui ne peut être cédé.

Inceste s. m. Commerce criminel entre parents ou alliés au degré prohibé par la loi.

Incestueusement adv. Avec inceste, dans l'inceste.

Incestueux, euse adj. et s. Souillé d'inceste ; où il y a inceste.

Incidemment adv. Par incident, par occasion.

Incidence s. f. *Géom.* Rencontre d'une ligne avec une autre ligne, d'une surface avec une autre surface.

Incident s. m. Evénement qui survient dans le cours d'une affaire; contestation.

Incident, e adj. Qui survient, tombe sur. *Proposition incidente*, insérée dans la proposition principale et s'y rattachant.

Incidenter v. n. Faire naître des incidents pour chicaner.

Incinération s. f. Action de réduire en cendres, ses effets.

Incinérer v. a. Réduire en cendres.

Incirconcis, e adj. et s. Qui n'a pas été circoncis.

Inciser v. a. Couper en long, faire une incision.

Incisif, ive adj. Qui coupe ; *dents incisives*, dents de devant destinées à couper les aliments. Fig. tranchant, mordant : *style incisif*.

Incision s. f. Coupure en long.

Incitant, e adj. et s. m. Qui donne du ton, qui stimule.

Incitation s. f. Action d'inciter; instigation; impulsion.

Inciter v. a. Exciter, pousser.

Incivil, e adj. Impoli, qui n'est pas civil, bienséant.

Incivilement adv. Avec incivilité, d'une manière incivile.

Incivilisé, ée adj. Qui n'est pas civilisé.

Incivilité s. f. Manque de civilité; action, parole contraire à la civilité.

Incivique adj. Qui n'a point de civisme.

Incivisme s. m. Défaut de civisme.

Inclairvoyant, e adj. Qui n'est pas clairvoyant.

Inclémence s. f. Défaut de clémence.

Inclément, e adj. Sans clémence.

Inclinaison s. f. Etat de ce qui n'est pas perpendiculaire. *Angle d'inclinaison*, angle que forme l'ornaison d'une planète avec l'écliptique.

Inclinant, e adj. Se dit d'un cadran solaire dont le plan est oblique à l'horizon.

Inclination s. f. Action de pencher; pente naturelle, disposition; affection.

Incliner v. a. Pencher; baisser, courber. V. n. Être incliné, penché. Fig. avoir du penchant, de la prédilection pour.

Inclus, e adj. Enfermé, enveloppé.

Inclusivement adv. Y compris.

Incoercible adj. Non coercible.

Incognito adv. et s. m. (on mouille *gn*). Sans être connu. *Garder l'incognito,* ne pas se faire connaître.

Incohérence s. f. Qualité de ce qui est incohérent.

Incohérent, e adj. Qui manque de liaison.

Incohésion s. f. Défaut de cohésion.

Incolore adj. Qui n'est pas coloré.

Incomber v. n. Se dit fam. d'un devoir qui est imposé à quelqu'un, qui est au nombre de ses obligations.

Incombustibilité s. f. Qualité de ce qui est incombustible.

Incombustible adj. Qui n'est pas combustible.

Incommensurabilité s. f. Caractère de ce qui est incommensurable.

Incommensurable adj. Qui ne peut être mesuré; très grand. Se dit en mathém. de deux quantités qui n'ont pas de mesure commune.

Incommode adj. Qui n'est pas commode, qui cause de la gêne.

Incommodé, ée adj. Qui éprouve de la gêne; indisposé.

Incommodément adv. D'une manière incommode.

Incommoder v. a. Causer de l'incommodité, de la gêne.

Incommodité s. f. Gêne, malaise que produit une chose incommode.

Incommunicable adj. Qui ne peut être communiqué.

Incommutabilité s. f. Caractère de ce qui est incommutable.

Incommutable adj. Qui ne peut ou dont on ne peut être dépossédé.

Incomparable adj. Qui n'a pas son pareil, qui ne peut être comparé à rien.

Incomparablement adv. Sans comparaison aucune.

Incompatibilité s. f. Caractère de ce qui est incompatible.

Incompatible adj. Qui n'est pas compatible, qui ne peut pas se concilier avec autre chose : *emplois, fonctions incompatibles.*

Incompétemment adv. D'une manière incompétente (*jurisp.*).

Incompétence s. f. Défaut de compétence.

Incompétent, e adj. Qui n'est pas compétent.

Incomplet, ète adj. Qui n'est pas complet.

Incomplètement adv. D'une manière incomplète.

Incomplexe adj. Simple, non complexe.

Incompréhensibilité s. f. Etat de ce qui est incompréhensible.

Incompréhensible adj. Qu'on ne peut comprendre.

Incompréhensiblement adv. D'une manière incompréhensible.

Incompressibilité s. f. Qualité de ce qui est incompressible.

Incompressible adj. Qui ne peut être comprimé.

Incompris, e adj. Qui n'est pas compris. Adj. et s. Iron. et fam. Personne prétentieuse qui ne se croit pas appréciée à sa juste valeur.

Inconcevable adj. Non concevable; surprenant.

Inconciliable adj. Qu'on ne peut concilier.

Inconduite s. f. Mauvaise conduite.

Incongru, ue adj. Contre les règles de la syntaxe; contre les convenances, les bienséances.

Incongruité s. f. Faute contre la syntaxe; contre la bienséance et le bon sens.

Incongrûment adv. D'une manière incongrue.

Inconnu, ue adj. et s. Qui n'est point connu; non éprouvé.

Inconséquence s. f. Défaut de suite dans les idées, dans les paroles, dans les actions.

Inconséquent, e adj. et s. Qui agit ou qui parle contrairement à ses propres principes; léger dans sa conduite.

Inconsidération s. f. Manque de réflexion ; légère imprudence.

Inconsidéré, ée adj. et s. Irréfléchi : imprudent.

Inconsidérément adv. Sans réflexion.

Inconsistance s. f. Défaut de consistance.

Inconsistant, e adj. Se dit d'une chose qui ne s'accorde pas ou n'est pas moralement liée avec une autre.

Inconsolable adj. Qu'on ne peut consoler ; qui ne peut se consoler.

Inconsolablement adv. De manière à ne pouvoir être consolé.

Inconsolé, ée adj. Qui n'est pas consolé.

Inconstamment adv. Sans constance ; avec légèreté.

Inconstance s. f. Facilité à changer d'opinion, de conduite, etc. ; changement, variabilité.

Inconstant, e adj. Sujet à changer, variable.

Inconstitutionnalité s. f. Caractère de ce qui est inconstitutionnel.

Inconstitutionnel, elle adj. Qui n'est pas constitutionnel.

Inconstitutionnellement adv. D'une manière inconstitutionnelle.

Incontestabilité s. f. Qualité de ce qui est incontestable.

Incontestable adj. Qu'on ne peut contester.

Incontestablement adv. D'une manière incontestable.

Incontesté, ée adj. Qui n'est point contesté.

Incontinence s. f. Vice opposé à la continence, à la chasteté. Impossibilité de retenir (*méd.*).

Incontinent, e adj. Qui n'est pas continent, chaste.

Incontinent adv. Aussitôt, sur l'heure.

Inconvenance s. f. Défaut de convenance ; action, parole contraire aux convenances.

Inconvenant, e adj. Qui manque de convenance, de bienséance.

Inconvénient s. m. Conséquence fâcheuse d'une action, d'une opinion, d'une mesure, etc.

Inconvertible adj. Qu'on ne peut changer, convertir.

Incorporabilité s. f. Qualité des êtres incorporels.

Incorporation s. f. Action d
corporer, ses effets.

Incorporel, elle adj. Qui
point de corps ; immatériel.

Incorporer v. a. Mêler,
une chose à une autre de man
à ne former qu'un seul corps ;
entrer dans un corps militaire.

Incorrect, e adj. Qui n'est
correct.

Incorrectement adv. D'une
nière incorrecte.

Incorrection s. f. Défaut
correction.

Incorrigibilité s. f. Caract
défaut de ce qui est incorrigibl

Incorrigible adj. Qui ne p
ne veut pas se corriger.

Incorruptibilité s. f. Qu
de ce qui est incorruptible ; i
grité.

Incorruptible adj. Qui ne
se corrompre ou être corromp

Incrédibilité s. f. Ce qui
qu'on ne peut croire une chos
qui la rend incroyable.

Incrédule adj. et s. Qui ne
pas.

Incrédulité s. f. Répugnan
croire ; manque de foi religie

Incréé, ée adj. Qui existe
avoir été créé.

Incrimination s. f. Action
criminer.

Incriminer v. a. Impute
crime ; accuser.

Incroyable adj. Qui ne
être cru ; difficile à croire.

Incroyablement adv. D
manière incroyable.

Incrustation s. f. Action
cruster ; chose incrustée.

Incruster v. a. Appliquer
surface d'un objet des lame
plaques de certaines matières
l'orner, etc. S'INCRUSTER v.
Adhérer fortement.

Incubation s. f. Action
ovipares qui couvent des œuf
dit aussi d'un mal qui couve.

Inculpation s. f. Action
culper, d'attribuer une fau
quelqu'un.

Inculpé, ée adj. et s. C
celle qu'on accuse d'un délit,
crime.

Inculper v. a. Accuser, cha
d'un délit, d'une faute, d'un c

Inculquer v. a. Faire en

graver une chose dans l'esprit, à force de la répéter.

Inculte adj. Qui n'est pas cultivé (au propre et au fig.).

Inculture s. f. Etat de ce qui est inculte.

Incunable adj. Se dit des livres qui datent de l'origine de l'imprimerie. S. m. Livre imprimé au xve siècle.

Incurabilité s. f. Caractère de ce qui ne peut être guéri.

Incurable adj. et s. Qui ne peut pas être guéri; malade qui ne peut pas être guéri.

Incurablement adv. D'une manière incurable.

Incurie s. f. Défaut de soin.

Incurieux, euse adj. Qui n'est pas curieux, qui ne désire pas savoir ce qu'il ignore.

Incuriosité s. f. Insouciance d'apprendre ce qu'on ignore.

Incursion s. f. Course de gens de guerre ou de maraudeurs en pays ennemi ou étranger; voyage d'exploration.

Incurvation s. f. Action de courber; courbure.

Incuse adj. et s. f. Se dit des médailles qui, au lieu d'être gravées en relief, le sont en creux, par suite d'un défaut de fabrication.

Inde s. m. Couleur bleue tirée de l'indigo.

Indébrouillable adj. Fam. Qui ne peut être débrouillé.

Indécachetable adj. Qu'on ne peut décacheter.

Indécemment adv. (on pron. *indéçaman*). D'une manière indécente.

Indécence s. f. Manque de décence; action, parole indécente.

Indécent, e adj. Qui est contre la décence.

Indéchiffrable adj. Impossible, très difficile à déchiffrer, à deviner: *écriture indéchiffrable*. Fig. difficile à expliquer.

Indécis, e adj. Qui n'est pas décidé : *question indécise*; qui n'a pas pris de résolution : *personne indécise*.

Indécision s. f. Défaut de décision; état d'une personne indécise.

Indéclinabilité s. f. *Gram.* Caractère des mots indéclinables.

Indéclinable adj. *Gram.* Qui ne peut pas être décliné.

Indécomposable adj. Qui ne peut pas être décomposé.

Indécrottable adj. Qu'on ne peut décrotter. Fig. difficile à corriger; insupportable (fam.).

Indéfectibilité s. f. Caractère de ce qui ne peut défaillir, cesser d'être.

Indéfectible adj. Qui ne peut défaillir; qui ne peut cesser d'être.

Indéfendable adj. Qui ne peut pas être défendu.

Indéfini, ie adj. Qui n'a pas de limites; indéterminé. *Passé indéfini*, l'un des temps du verbe.

Indéfiniment adv. D'une manière indéfinie.

Indéfinissable adj. Qu'on ne peut définir ni expliquer.

Indéhiscence s. f. Propriété de ce qui est indéhiscent.

Indéhiscent adj. *Bot.* Qui ne s'ouvre pas, qui ne se fend pas.

Indélébile adj. Qui ne peut être effacé.

Indélébilité s. f. Caractère, qualité de ce qui est indélébile.

Indélibéré, ée adj. Irréfléchi.

Indélicat, e adj. Qui manque de délicatesse.

Indélicatesse s. f. Manque de délicatesse, procédé indélicat.

Indemne adj. (on pron. *indèm-ne*). Indemnisé.

Indemnisation s. f. (on pron. *indamnisacion*). Action d'indemniser, fixation d'indemnité.

Indemniser v. a. (on pron. *indamniser*). Dédommager.

Indemnité s. f. (on pron. *indamnité*). Dédommagement.

Indémontrable adj. Qui ne peut être démontré.

Indéniable adj. Que l'on ne peut dénier ou refuser.

Indépendamment adv. D'une manière indépendante; sans égard à; sans rapport avec.

Indépendance s. f. Etat de ce qui est indépendant; caractère indépendant.

Indépendant, e adj. Qui ne dépend point de; qui n'a point de rapport avec; libre de toute dépendance; qui aime l'indépendance.

Indescriptible adj. Qui ne peut se décrire.

Indestructibilité s. f. Qualité de ce qui ne peut être détruit.

Indestructible adj. Qui ne saurait être détruit.

Indétermination s. f. Irrésolution; état d'une chose non déterminée.

Indéterminé, ée adj. Non déterminé; irrésolu.

Indéterminément adv. D'une manière indéterminée.

Indévot, e adj. et s. Qui n'a pas de dévotion.

Indévotement adv. Sans dévotion.

Indévotion s. f. Manque de dévotion.

Index s. m. Table d'un livre; catalogue de livres défendus; le doigt qui est après le pouce, le doigt indicateur.

Indicateur, trice adj. Qui indique, qui montre. S. m. Le doigt index.

Indicatif, ive adj. Qui sert à indiquer. S. m. Mode du verbe indiquant simplement l'action ou l'état.

Indication s. f. Action d'indiquer; ce qui indique; renseignement.

Indice s. m. Signe apparent et probable d'une chose.

Indicible adj. Qui ne saurait être dit, qu'on ne peut exprimer.

Indiction s. f. (on pron. *indixion*). Convocation d'un concile; période de quinze années.

Indicule s. m. Petit indice, petite marque.

Indien, ienne adj. De l'Inde.

Indifféremment adv. (on pron. *indifféraman*). D'une manière indifférente; avec froideur.

Indifférence s. f. Etat d'une personne indifférente; froideur; absence d'affection, d'attachement.

Indifférent, e adj. Que l'on n'a pas lieu de préférer; qui n'a pas d'importance; qui n'intéresse pas; qui n'a point de penchant pour, d'attachement à rien.

Indigence s. f. Grande pauvreté. Fig. absence, manque.

Indigène s. et adj. Naturel à *ou* d'un pays.

Indigent, e adj. et s. Nécessiteux; très pauvre.

Indigeste adj. Difficile à digérer. Fig. *ouvrage indigeste*, mal conçu, sans ordre, sans netteté.

Indigestion s. f. Digestion mauvaise ou nulle.

Indignation s. f. Colère contre ce qui est injuste, honteux et indigne.

Indigne adj. Qui n'est pas digne, ne mérite pas; méchant; très condamnable; odieux.

Indigné, ée adj. Qui éprouve de l'indignation.

Indignement adv. D'une manière indigne.

Indigner v. a. Irriter, exciter l'indignation. S'INDIGNER v. pr. Entrer en indignation; se fâcher.

Indignité s. f. Qualité odieuse de ce qui est indigne; affront.

Indigo s. m. Substance qui donne un beau bleu; couleur de l'indigo.

Indigoterie s. f. Lieu où l'on cultive et prépare l'indigo.

Indigotier s. m. Arbuste des Indes qui donne l'indigo.

Indiquer v. a. Montrer; marquer; enseigner; faire connaître.

Indirect, e adj. Qui n'est pas direct.

Indirectement adv. D'une manière indirecte.

Indiscernable adj. Qu'on ne peut discerner.

Indisciplinable adj. Qu'on ne peut discipliner; indocile.

Indiscipliné, ée adj. Qui n'est pas discipliné.

Indiscipline s. f. Manque de discipline.

Indiscret, ète adj. et s. Qui n'a pas de discrétion, de mesure, d'à-propos; imprudent, qui ne garde aucun secret.

Indiscrètement adv. D'une manière indiscrète; imprudemment.

Indiscrétion s. f. Manque de discrétion; action indiscrète.

Indispensable adj. Dont on ne peut se dispenser.

Indispensablement adv. Nécessairement.

Indisponibilité s. f. Etat, qualité de ce qui est indisponible.

Indisponible adj. Dont on ne peut disposer par testament.

Indisposé, ée adj. Légèrement malade.

Indisposer v. a. Fâcher; mettre dans une disposition peu favorable (indisposer une personne contre une autre). Rendre un peu malade.

Indisposition s. f. Légère maladie.

Indissolubilité s. f. Qualité de ce qui est indissoluble.

Indissoluble adj. Qui ne peut se dissoudre.

Indissolublement adv. D'une manière indissoluble.

Indistinct, e adj. Qui n'est pas bien distinct.

Indistinctement adv. D'une manière indistincte; confusément; sans distinction.

Individu s. m. Etre particulier de chaque espèce; personne.

Individualiser v. a. Considérer individuellement.

Individualité s. f. Qualité, état de l'individu; ce qui le constitue.

Individuel, elle adj. De l'individu; qui a rapport à lui, le caractérise.

Individuellement adv. D'une manière individuelle.

Indivis, e adj. Qui n'est pas divisé : *succession indivise*. PAR INDIVIS loc. adv. Sans division, en commun : *posséder par indivis*.

Indivisibilité s. f. Qualité de ce qui est indivisible.

Indivisible adj. Qui ne peut se diviser.

Indivisiblement adv. D'une manière indivisible.

Indivision s. f. Etat de ce qui est indivis.

In-dix-huit s. m. Livre dont les feuilles sont pliées en 18 feuillets.

Indocile adj. Qui n'a pas de docilité; difficile à instruire, à gouverner.

Indocilité s. f. Caractère de celui qui est indocile.

Indolemment adv. Avec indolence.

Indolence s. f. Nonchalance, insensibilité; apathie.

Indolent, e adj. Qui a de l'indolence; nonchalant.

Indomptable adj. Qui ne peut être dompté; qu'on ne peut soumettre à l'obéissance.

Indompté, ée adj. Qu'on n'a pu dompter; fougueux; sauvage.

In-douze s. m. Livre dont les feuilles sont pliées en 12 feuillets.

Indû, ue adj. Contre le devoir, la règle, la raison, l'usage.

Indubitable adj. Dont on ne peut douter: assuré, certain.

Indubitablement adv. Sans doute, assurément, certainement.

Induction s. f. Instigation, impulsion; manière de raisonner; conséquence.

Induire v. a. Porter, pousser à; inférer, tirer une conséquence.

Indulgemment adv. (on pron. —*jaman*). Avec indulgence.

Indulgence s. f. Bonté et facilité à pardonner, à excuser les torts de quelqu'un; rémission accordée par l'Eglise de la peine due aux péchés.

Indulgent, e adj. Qui a de l'indulgence, qui pardonne aisément.

Indult s. m. Privilège accordé par le pape.

Indûment adv. D'une manière indue.

Industrie s. f. Dextérité, adresse; les arts mécaniques; le commerce; profession, métier. *Chevalier d'industrie*, homme qui vit d'expédients.

Industriel, elle adj. Produit par l'industrie. S. m. Celui qui s'adonne à l'industrie.

Industrieusement adv. Avec art, industrie.

Industrieux, euse adj. Qui a de l'industrie, de l'adresse.

Inébranlable adj. Qui ne peut être ébranlé. Fig. ferme, constant.

Inébranlablement adv. Fermement, d'une manière inébranlable.

Inédit, e adj. Qui n'a point été imprimé, publié.

Ineffabilité s. f. Impossibilité d'exprimer par les paroles.

Ineffable adj. Qu'on ne peut exprimer par des paroles.

Ineffaçable adj. Qui ne peut être effacé.

Inefficace adj. Qui ne produit point d'effet.

Inefficacité s. f. Manque de vertu, d'efficacité.

Inégal, e adj. Qui n'est point égal; raboteux; bizarre.

Inégalement adv. D'une manière inégale.

Inégalité s. f. Défaut d'égalité; irrégularité.

Inélégance s. f. Manque d'élégance.

Inélégant, e adj. Qui manque d'élégance.

Inéligibilité s. f. Etat de celui qui est inéligible.

Inéligible adj. Qui ne peut être élu.

Inéluctable adj. Qu'on ne peut repousser ou éviter.

Inénarrable adj. Qui ne peut être raconté.

Inepte adj. Sans aptitude à; impertinent; absurde.

Ineptie s. f. Absurdité, sottise; action, propos, réflexions ineptes.

Inépuisable adj. Qu'on ne peut épuiser, tarir.

Inépuisablement adv. D'une manière inépuisable.

Inerte adj. Sans ressort, sans activité, sans énergie.

Inertie s. f. Indolence, inaction. Propriété des corps de persister dans leur état de repos ou de mouvement (*phys.*).

Inespéré, ée adj. Heureux et imprévu.

Inespérément adv. Contre toute espérance.

Inestimable adj. Qu'on ne peut assez estimer.

Inévitable adj. Que l'on ne peut éviter.

Inévitablement adv. D'une manière inévitable.

Inexact, e adj. Sans exactitude.

Inexactement adv. D'une manière inexacte.

Inexactitude s.f. Manque d'exactitude; erreur.

Inexcusable adj. Qui ne peut être excusé.

Inexécutable adj. Qui ne peut être exécuté.

Inexécuter v. a. Ne point exécuter une chose; l'abandonner.

Inexécution s. f. Manque d'exécution.

Inexercé, ée adj. Qui n'est pas exercé.

Inexigible adj. Qui ne peut être exigé; qui n'est pas arrivé à échéance.

Inexorable adj. Qu'on ne peut fléchir, apaiser par les prières; sévère, dur.

Inexorablement adv. D'une manière inexorable.

Inexpérience s. f. Défaut, manque d'expérience.

Inexpérimenté, ée adj. Qui n'a point d'expérience.

Inexpiable adj. Qui ne se peut expier.

Inexplicable adj. Qu'on ne peut expliquer; incompréhensible; bizarre.

Inexploré ée adj. Qui n'a pas encore été exploré.

Inexplosible adj. Qui ne peut faire explosion.

Inexprimable adj. Qu'on ne peut exprimer.

Inexpugnable adj. Qui ne peut être forcé, pris d'assaut.

In extenso (mots latins) loc. adv. Tout au long.

Inextinguible adj. Qui ne peut être éteint.

In extremis (mots latins) loc. adv. A l'article de la mort : *mariage in extremis*.

Inextricable adj. Qui ne peut être démêlé. Fig. dont on ne peut se dégager.

Infaillibilité s. f. Qualité de ce qui est infaillible.

Infaillible adj. Certain, immanquable; qui ne peut faillir, errer, ni tromper.

Infailliblement adv. Assurément, indubitablement.

Infaisable adj. Qui ne peut être fait.

Infamant, e adj. Qui porte infamie : *peine infamante*.

Infâme adj. et s. Diffamé, flétri par la loi, l'opinion; honteux; indigne; déshonorant.

Infamie s. f. Flétrissure; ignominie, opprobre; action infâme.

Infant, e s. Titre donné aux enfants puînés des rois d'Espagne ou de Portugal.

Infanterie s. f. Soldats à pied.

Infanticide s. m. Meurtre d'un enfant, surtout d'un enfant nouveau-né; meurtrier d'un enfant, de son propre enfant.

Infatigable adj. Qui ne peut être fatigué.

Infatigablement adv. Sans se fatiguer, se lasser.

Infatuation s. f. Prévention excessive et ridicule en faveur de.

Infatuer v. a. Inspirer un engouement ridicule pour. S'INFATUER v. pr. S'entêter de.

Infécond, e adj. Stérile.

Infécondité s. f. Stérilité.
Infect, e adj. Puant, gâté, corrompu.
Infecter v. a. Gâter, corrompre; donner une odeur fétide.
Infection s. f. Grande puanteur; contagion.
Inféodation s. f. Action d'inféoder.
Inféoder v. a. Donner une terre pour être tenue en fief.
Infère adj. *Bot.* Qui fait corps avec le tube du calice.
Inférer v. a. Tirer une conséquence de.
Inférieur, e adj. et s. Placé au dessous; moindre en dignité, en mérite, en force, etc. S. Subordonné.
Inférieurement adv. Au dessous.
Infériorité s. f. Inégalité; rang inférieur.
Infernal, e adj. Qui appartient à l'enfer. Fig. qui annonce beaucoup de méchanceté, de noirceur. *Pierre infernale*, nitrate d'argent fondu.
Infertile adj. Stérile.
Infertilité s. f. Stérilité.
Infestation s. f. Action d'infester; ses effets.
Infester v. a. Ravager; dévaster; incommoder.
Infidèle adj. et s. Qui manque de fidélité; qui commet des soustractions, inexact; qui n'a pas la vraie foi.
Infidèlement adv. D'une manière infidèle.
Infidélité s. f. Manque de fidélité, d'exactitude, de vérité; acte d'infidélité; état de ceux qui n'ont pas la vraie foi.
Infiltration s. f. Action d'un fluide qui s'infiltre.
Infiltrer (s') v. pr. Passer comme par un filtre à travers les pores d'un solide.
Infime adj. Dernier, le plus bas.
Infini, ie adj. Qui n'a ni commencement ni fin; sans limites; sans fin; innombrable. S. m. Ce qu'on suppose sans limites. A L'INFINI, loc. adv. Sans fin, sans mesure.
Infiniment adv. Sans fin, extrêmement.
Infinité s. f. Qualité de ce qui est infini; nombre très considérable.
Infinitésimal, e adj. Qui concerne les infiniment petits.
Infinitif s. m. Mode impersonnel du verbe.
Infirmatif, ive adj. Qui infirme; qui rend nul.
Infirmation s. f. Action d'infirmer.
Infirme adj. et s. Faible, fragile; qui a une infirmité.
Infirmer v. a. Affaiblir, annuler.
Infirmerie s. f. Logement des malades dans les communautés.
Infirmier, ière s. Qui soigne les malades dans une infirmerie.
Infirmité s. f. Faiblesse; maladie habituelle; vice de constitution. Fig. imperfection.
Inflammabilité s. f. Qualité, caractère de ce qui est inflammable.
Inflammable adj. Qui s'enflamme facilement.
Inflammation s. f. Action de s'enflammer, résultat de cette action. Fig. ardeur aux parties échauffées du corps.
Inflammatoire adj. Qui cause l'inflammation.
Infléchi, ie adj. Fléchi en dedans (*bot.*).
Infléchir v. a. Dévier. S'INFLÉCHIR v. pr. Se dévier.
Inflexibilité s. f. Qualité de ce qui est inflexible. Fig. persévérance inébranlable dans la sévérité.
Inflexible adj. Qui ne peut être fléchi ou plié. Fig. qui ne se laisse point émouvoir ni ébranler.
Inflexiblement adv. D'une manière inflexible.
Inflexion s. f. Action de fléchir; changement de ton, d'accent dans la voix.
Inflictif, ive adj. Qui est ou doit être infligé.
Infliction s. f. Action d'infliger.
Infliger v. a. Frapper quelqu'un d'une peine, d'un châtiment.
Inflorescence s. f. Disposition des fleurs sur la tige (*bot.*).
Influence s. f. Action d'une personne ou d'une chose qui influe sur une autre. Fig. crédit, ascendant.
Influencer v. a. Exercer une influence.
Influent, e adj. Qui influe.
Influer v. n. Exercer sur une personne ou une chose une action qui la modifie; faire impression.
In-folio s. m. Format où la feuille est pliée en deux; livre qui a ce format.

Information s. f. Action de s'informer; résultat de cette action; enquête judiciaire.

Informe adj. Dont la forme est altérée ou n'est pas déterminée. Fig. imparfait.

Informé s. m. Information.

Informer v. a. Avertir, instruire. V. n. Faire une enquête. S'INFORMER v. pr. Chercher à savoir.

Infortune s. f. Adversité, malheur, disgrâce.

Infortuné, ée adj. et s. Malheureux.

Infracteur s. m. Transgresseur.

Infraction s. f. Action d'enfreindre une loi, un traité, etc.

Infranchissable adj. Qui ne peut être franchi.

Infrangible adj. Qui ne peut être brisé.

Infructueusement adv. Sans profit, sans utilité.

Infructueux, euse adj. Qui rapporte peu ou point de fruit.

Infus, e adj. Versé en nous par la nature : *science infuse.*

Infuser v. a. Verser, jeter une substance dans un liquide et l'y laisser tremper.

Infusible adj. Qui ne peut être fondu ou se fondre.

Infusion s. f. Action d'infuser; liquide où l'on a fait infuser.

Infusoires s. m. pl. Classe de zoophytes, comprenant les animalcules qui se développent dans les liquides (*zool.*).

Ingambe adj. Qui se meut aisément.

Ingénier (s') v. pr. Chercher dans son esprit quelque moyen de réussir.

Ingénieur s. m. Inventeur et constructeur de machines; celui qui trace et dirige la construction des travaux d'art ou d'industrie, des ponts, des routes, etc.

Ingénieusement adv. D'une manière ingénieuse.

Ingénieux, euse adj. Fertile en ressources, habile, inventif; fait avec adresse, avec esprit.

Ingénu, ue adj. et s. Franc, sincère; naïf.

Ingénuité s. f. Caractère d'une personne ingénue.

Ingénument adv. Avec ingénuité; très franchement.

Ingérence s. f. Action de s'ingérer, de se mêler d'une chose sans en avoir le droit, sans y être autorisé.

Ingérer v. a. Introduire par la bouche dans l'estomac : *ingérer des aliments.* S'INGÉRER v. pr. Se mêler d'une chose sans en avoir le droit.

Ingestion s. f. Action d'ingérer les aliments.

Ingouvernable adj. Qui ne peut pas être gouverné.

Ingrat, e adj. Qui n'a point de reconnaissance. Fig. qui ne produit pas ce qu'on espérait; qui déplaît, qui est désagréable. S. Celui, celle qui n'a pas de reconnaissance.

Ingratitude s. f. Vice des ingrats, manque de reconnaissance.

Ingrédient s. m. (on pron. *ingrédian*). Ce qui entre dans la composition d'un médicament, d'une boisson, d'un mets, etc.

Ingres, peintre français (1780-1867).

Inguérissable adj. Qui ne peut pas être guéri.

Inguinal, e adj. (on pron. *inguïnal*). Qui appartient, qui a rapport à l'aine.

Ingurgitation s. f. Action d'introduire un liquide dans la gorge.

Ingurgiter v. a. Avaler avec avidité.

Inhabile adj. Qui manque d'habileté; qui n'a pas les qualités requises pour faire une chose.

Inhabilement adv. D'une manière inhabile.

Inhabileté s. f. Manque d'habileté.

Inhabilité s. f. Incapacité (*jurisp.*).

Inhabitable adj. Qui ne peut être habité.

Inhabitation s. f. Cessation, absence d'habitation.

Inhabité, ée adj. Qui n'est pas habité.

Inhabitude s. f. Défaut d'habitude.

Inhabitué, ée adj. Qui n'a pas *ou* n'a plus l'habitude.

Inhalation s. f. Action d'inspirer l'air ou tout autre fluide.

Inhérence s. f. Qualité de ce qui est inhérent.

Inhérent, e adj. Qui par sa nature est joint inséparablement à une chose.

Inhiber v. a. Défendre, prohiber (*jurisp.*).

Inhibition s. f. Défense; prohibition (*jurisp.*).

Inhospitalier, ière adj. Qui n'est pas hospitalier; qui n'offre pas un refuge assuré.

Inhospitalité s. f. Refus d'hospitalité; inhumanité.

Inhumain, e adj. Sans humanité, sans pitié, cruel.

Inhumainement adv. Sans humanité; cruellement.

Inhumanité s. f. Manque d'humanité, cruauté, action cruelle.

Inhumation s. f. Enterrement.

Inhumer v. a. Mettre un mort dans la terre.

Inimaginable adj. Que l'on ne peut imaginer.

Inimitable adj. Qui ne saurait être imité.

Inimitié s. f. Haine, aversion.

Inintelligemment adv. D'une manière inintelligente.

Inintelligence s. f. Défaut d'intelligence.

Inintelligent, e adj. Qui est sans intelligence.

Inintelligible adj. Qui ne peut être compris.

Inintelligiblement adv. D'une manière inintelligible.

Inique adj. Très injuste.

Iniquement adv. Injustement.

Iniquité s. f. Défaut d'équité, injustice. Fig. péché, corruption de mœurs.

Initial, e adj. (on pron. *inicial*). Qui commence (pl. m. *initials*). S. f. Lettre qui commence un mot.

Initiateur, trice adj. et s. (on pron. *iniciateur*). Qui initie.

Initiatif, ive adj. (on pron. *iniciatif*). Qui donne ou laisse l'initiative.

Initiation s. f. (on pron. *iniciacion*). Action d'initier.

Initiative s. f. (on pron. *iniciative*). Liberté de choisir, faculté intellectuelle qui aperçoit promptement les moyens d'agir, de sortir d'affaire, de réussir.

Initié, ée s. (on pron. *inicié*). Personne qui est initiée aux mystères ou admise dans une société secrète.

Initier v. a. (on pron. *inicié*). Admettre à certaines cérémonies secrètes, aux mystères d'une religion; enseigner les difficultés d'une science, d'un art, etc.

Injecter v. a. Introduire avec une seringue un liquide dans une cavité du corps. S'INJECTER v. pr. Être injecté; recevoir un excès de sang.

Injection s. f. Action d'injecter; liquide injecté.

Injonction s. f. Action d'enjoindre, commandement exprès.

Injouable adj. Qui ne peut être joué : *pièce injouable*.

Injure s. f. Insulte, outrage; reproche. Fig. se dit des intempéries de l'air; *injures du sort*, revers immérités.

Injurier v. a. Offenser par des injures. S'INJURIER v. pr. Se dire réciproquement des injures.

Injurieusement adv. D'une manière injurieuse, outrageante.

Injurieux, euse adj. Qui fait injure, qui est injuste, offensant. Fig. injuste, nuisible.

Injuste adj. Qui agit contre la justice; contraire à la justice; déraisonnable. S. 2 g. Personne injuste. S. m. Ce qui est injuste.

Injustement adv. D'une manière injuste.

Injustice s. f. Manque de justice, d'équité; acte d'injustice.

Injustifiable adj. Qui ne saurait être justifié.

Inné, ée adj. Né avec nous.

Innocemment adv. (on pron. *inosaman*). Avec innocence.

Innocence s. f. Etat de celui qui est innocent, pur, candide; grande simplicité d'esprit.

Innocent, e adj. et s. Qui n'est pas coupable; qui ne nuit point; pur, candide; simple, crédule.

Innocenter v. a. Absoudre, déclarer innocent.

Innocuité s. f. Qualité d'une chose qui n'est pas nuisible.

Innombrable adj. Qui ne se peut nombrer.

Innombrablement adj. D'une manière innombrable.

Innomé, ée adj. Qui n'a pas encore reçu de nom.

Innovateur s. m. Qui innove.

Innovation s. f. Introduction de quelque nouveauté.

Innover v. a. et n. Faire une innovation.

Inobservation s. f. Manque d'obéissance aux lois; inexécution de promesses, d'engagements.

Inoccupé, ée adj. Qui est sans occupation.

In-octavo s. m. Livre dont chaque feuille est pliée en 8 feuillets.

Inoculateur, trice s. Qui inocule.

Inoculation s. f. Action de communiquer artificiellement quelque maladie contagieuse en introduisant le virus dans le corps.

Inoculer v. a. Communiquer une maladie par inoculation.

Inodore adj. Sans odeur.

Inoffensif, ive adj. Incapable d'offenser, de nuire.

Inofficieux, euse adj. Qui déshérite sans motif : *testament inofficieux; donation inofficieuse*, faite aux dépens de la légitime.

Inofficiosité s. f. Qualité d'un acte inofficieux.

Inondation s. f. Débordement d'eaux dans un pays; eaux débordées; grande multitude.

Inonder v. a. Submerger par débordement; mouiller beaucoup. Fig. envahir, remplir.

Inopiné, ée adj. Imprévu.

Inopinément adv. D'une manière imprévue.

Inopportun, une adj. Qui n'est pas opportun.

Inopportunité s. f. Qualité de ce qui est inopportun.

Inorganique adj. Qui n'est pas organisé.

Inouï, ïe adj. Tel qu'on n'a jamais rien ouï dire de semblable; étrange, singulier.

Inoxydable adj. Qui ne peut s'oxyder.

In-plano s. m. Format où la feuille imprimée ne contient qu'une page de chaque côté.

In-quarto s. m. Livre dont chaque feuille est pliée en 4 feuillets.

Inquiet, iète adj. Non tranquille; qui est dans le trouble, dans quelque peine d'esprit. Fig. agité, remuant.

Inquiétant, e adj. De nature à inquiéter.

Inquiéter v. a. Rendre inquiet; troubler, tourmenter. S'INQUIÉTER v. pr. Etre inquiet, se tourmenter.

Inquiétude s. f. Etat d'une personne inquiète; défaut de tranquillité, trouble, souci, agitation.

Inquisiteur s. m. Juge de l'Inquisition. Adj. m. Qui cherche connaître, scrutateur.

Inquisition s. f. Recherch perquisition, enquête; tribunal ecclésiastique pour rechercher juger les hérétiques.

Inquisitorial, e adj. Ombrageu et arbitraire.

Insaisissable adj. Qu'on ne peu saisir; incompréhensible.

Insalubre adj. Malsain, nuisib à la santé.

Insalubrité s. f. Qualité de c qui est insalubre.

Insanité s. f. Absence, priva tion de bon sens.

Insatiabilité s. f. (on pron. *i saciabilité*). Avidité qui ne peut êt rassasiée.

Insatiable adj. (on pron. *ins ciable*). Qui ne peut être rassasi Fig. très avide.

Insatiablement adv. D'une m nière insatiable.

Insciemment adv. (on pron. *i siaman*). Sans le savoir.

Inscription s. f. Action d'in crire; éloge, récit, indication gr vés sur les métaux, le marbre, et action d'inscrire le nom d'un ét diant sur le registre de la facul dans laquelle il étudie pour prend ses grades.

Inscrire v. a. Ecrire sur un r gistre, sur une liste; tracer u figure dans l'intérieur d'une aut (*géom.*). S'INSCRIRE EN FAUX, sout nir en justice qu'une pièce fausse; contredire.

Inscrutable adj. Qui ne pe pas être scruté.

Insecte s. m. Petit animal sa os, dont le corps est articulé.

Insecticide adj. Qui tue les i sectes : *poudre insecticide*.

Insectivore adj. et s. Qui nourrit d'insectes.

Insécurité s. f. Manque de s curité.

In-seize s. m. Format d'un i primé dont la feuille est pliée 16 feuillets.

Insensé, ée adj. et s. Qui a pe du le sens; contraire au bon se

Insensibilisateur s. m. Ce q produit l'insensibilité.

Insensibilité s. f. Absence, défaut de sensibilité.

Insensible adj. Qui n'éprouve aucune sensation. Fig. qui n'a pas de sensibilité morale; que les sens ne perçoivent pas.

Insensiblement adv. D'une manière insensible; peu à peu.

Inséparable adj. et s. Qui ne peut pas être séparé.

Inséparablement adv. D'une manière inséparable.

Insérer v. a. Mettre dans, faire entrer dans.

Insermenté, ée adj. et s. Qui n'a pas voulu prêter serment.

Insertion s. f. Action d'insérer; ce qui est inséré.

Insidieusement adv. D'une manière insidieuse.

Insidieux, euse adj. Qui cherche à surprendre : *question insidieuse*.

Insigne adj. Qui se fait remarquer, en bien ou en mal : *faveur insigne, lâcheté insigne*.

Insigne s. m. Marque extérieure d'une dignité.

Insignifiance s. f. Caractère de ce qui est insignifiant.

Insignifiant, e adj. Qui ne signifie rien; qui n'a aucune importance.

Insinuant, e adj. Qui s'insinue, qui cherche à s'insinuer.

Insinuation s. f. Action d'insinuer, de s'insinuer.

Insinuer v. a. Introduire, faire entrer doucement; faire entrer dans l'esprit. S'INSINUER v. pr. S'introduire, pénétrer doucement, habilement.

Insipide adj. Fade, sans saveur. Fig. qui n'a aucune valeur, aucun attrait.

Insipidité s. f. Caractère de ce qui est insipide.

Insistance s. f. Action d'insister.

Insister v. n. Demander, dire avec persévérance.

Insociabilité s. f. Caractère d'une personne insociable.

Insociable adj. Fâcheux, incommode, avec qui l'on ne peut pas vivre.

Insolation s. f. Action d'exposer quelqu'un ou quelque chose aux rayons du soleil; maladie produite par les coups de soleil durant les grandes chaleurs.

Insolemment adv. (on pron. *insolaman*). Avec insolence.

Insolence s. f. Hardiesse excessive, effronterie; orgueil offensant; action, parole insolente.

Insolent, e adj. Trop hardi, effronté; orgueilleux. Fig. extraordinaire. S. Personne insolente.

Insolite adj. Qui est contraire à l'usage.

Insolubilité s. f. Qualité de ce qui est insoluble, de ce qui ne peut se dissoudre.

Insoluble adj. Qui ne peut se dissoudre. Fig. qu'on ne peut résoudre, expliquer.

Insolvabilité s. f. Etat de celui qui ne peut payer.

Insolvable adj. Qui n'est pas solvable.

Insomnie s. f. Privation, absence de sommeil.

Insondable adj. Qui ne peut être sondé.

Insouciance s. f. Etat, caractère de celui qui est insouciant.

Insouciant, e adj. Qui ne se soucie de rien.

Insoumis, e adj. Qui n'est pas soumis.

Insoumission s. f. Défaut de soumission.

Insoutenable adj. Qu'on ne peut soutenir, justifier; qu'on ne peut supporter.

Inspecter v. a. Examiner avec autorité, avec une mission spéciale.

Inspecteur, trice s. Qui inspecte.

Inspection s. f. Examen; action d'inspecter; emploi d'inspecteur.

Inspirateur, trice adj. Qui inspire.

Inspiration s. f. Suggestion; conseil; chose inspirée; sentiments, pensées, desseins inspirés par le génie, par l'enthousiasme, par Dieu; l'enthousiasme dans la poésie, dans les beaux-arts, etc.; action par laquelle l'air entre dans les poumons.

Inspirer v. a. Faire entrer l'air dans les poumons. Fig. faire naître une pensée, un dessein, etc.; conseiller, animer.

Instable adj. Qui n'a point de stabilité.

Instabilité s. f. Défaut de stabilité.

Installation s. f. Action d'installer.

Installer v. a. Mettre en possession d'une charge, d'un emploi; établir, loger en quelque endroit. S'INSTALLER v. pr. S'établir.

Instamment adv. Avec instance, d'une manière pressante.

Instance s. f. Sollicitation pressante; procédure, poursuite devant un tribunal.

Instant s. m. Moment très court, très petit espace de temps. A L'INSTANT loc. adv. Aussitôt.

Instant, e adj. Qui poursuit avec instance. Fig. imminent.

Instantané, ée adj. Qui ne dure qu'un instant; soudain.

Instantanéité s. f. Caractère de ce qui est instantané.

Instar (à l') loc. prép. Comme, à l'exemple de.

Instauration s. f. Action d'établir, d'instituer.

Instigateur, trice s. Qui pousse à.

Instigation s. f. Incitation, suggestion.

Instiguer v. a. Exciter, pousser à.

Instillation s. f. (on pron. *ins-til-la-cion*). Action d'instiller.

Instiller v. a. (on pron. *ins-til-ler*). Faire couler, verser goutte à goutte.

Instinct s. m. (*ct* nuls). Mouvement naturel qui fait agir les animaux sans le secours de la réflexion; mouvement indélibéré de l'homme; grande aptitude; propension irrésistible.

Instinctif, ive adj. Qui appartient à l'instinct, qui naît de l'instinct.

Instinctivement adv. Par instinct.

Instituer v. a. Etablir quelque chose de nouveau: donner commencement à; établir en fonction, en charge; nommer, faire héritier par testament.

Institut s. m. Constitution d'un ordre religieux; l'ordre même; l'ensemble des académies françaises.

Institutes s. f. pl. Principes, éléments du droit romain.

Instituteur, trice s. Qui institue; qui est chargé de l'éducation d'un ou plusieurs enfants; maître de pension, d'école.

Institution s. f. Action d'instituer; chose instituée; maison d'éducation.

Instructeur adj. et s. m. Celui qui instruit; celui qui enseigne l'exercice et le maniement des armes.

Instructif, ive adj. Qui instruit. (Ne se dit que des choses.)

Instruction s. f. Education, enseignement; connaissances données ou acquises; ordres donnés à un envoyé; formalités nécessaires pour mettre une cause en état d'être jugée.

Instruire v. a. Enseigner, donner des leçons; informer, avertir; mettre une cause en état d'être jugée.

Instruit, e adj. Qui a de l'instruction.

Instrument s. m. Outil en général, machine propre aux arts ou aux sciences; tout ce qui sert à faire quelque chose; t. de *musique:* machine qui rend des sons.

Instrumentaire adj. m. *Témoin instrumentaire*, celui qui assiste un officier public dans certains actes.

Instrumental, e adj. (sans pl. m.). Qui sert d'instrument. *Musique instrumentale*, composée pour les instruments.

Instrumentation s. f. Arrangement de la musique instrumentale.

Instrumenter v. a. Faire les parties musicales des divers instruments. V. n. Faire des contrats, des procès-verbaux, des exploits, etc.

Instrumentiste s. m. Celui qui joue d'un instrument de musique.

Insu s. m. Ignorance d'une chose. A L'INSU DE loc. prép. Sans que la chose ait été sue de.

Insubmersible adj. Qui ne peut être submergé.

Insubordination s. f. Défaut de subordination, d'obéissance.

Insubordonné, ée adj. Qui a l'esprit d'insubordination.

Insuccès s. m. Défaut de succès.

Insuffisamment adv. Non suffisamment.

Insuffisance s. f. Manque de suffisance; incapacité.

Insuffisant, e adj. Qui ne suffit pas.

Insufflation s. f. Action d'insuffler.

Insuffler v. a. Souffler dans.

Insulaire adj. et s. Qui habite une île.

Insultant, e adj. Qui insulte.

Insulte s. f. Offense; outrage de fait ou de paroles.

Insulter v. a. Offenser, outrager par une insulte. V. n. Manquer aux convenances, au respect, à la raison, etc.

Insupportable adj. Qui ne peut être souffert, supporté.

Insupportablement adv. D'une manière insupportable.

Insurgé, ée adj. et s. Rebelle, séditieux.

Insurger v. a. Soulever contre; faire révolter. S'INSURGER v. pr. Se soulever contre, se révolter.

Insurmontable adj. Qui ne peut être surmonté.

Insurmontablement adv. D'une manière insurmontable.

Insurrection s. f. (on pron. *insurrexion*). Soulèvement contre l'autorité, contre le gouvernement.

Insurrectionnel, elle adj. (on pron. *insurrexionel*). Qui tient de l'insurrection.

Intact, e adj. (on pron. le *c* et le *t*). A quoi l'on n'a pas touché. Fig. entier; pur.

Intactile adj. Qui ne peut tomber sous le tact.

Intangibilité s. f. Qualité de ce qui est intangible.

Intangible adj. Qui échappe au sens du toucher.

Intarissable adj. Qui ne peut se tarir, s'épuiser.

Intarissablement adv. Sans tarir, sans cesser.

Intégral, e adj. Qui a rapport à la chose entière; total, complet; *Calcul intégral*, par lequel on remonte des infiniment petits aux quantités finies.

Intégrale s. f. *Math.* Quantité finie à laquelle on remonte par le calcul intégral.

Intégralement adv. En totalité.

Intégralité s. f. Etat d'une chose entière, complète.

Intégrant, e adj. Qui contribue à la formation d'un tout.

Intégration s. f. Action d'intégrer.

Intègre adj. Qui est d'une probité incorruptible.

Intégrer v. a. *Math.* Trouver l'intégrale.

Intégrité s. f. Etat d'une chose entière ou intacte. Fig. probité; équité sans tache.

Intellect s. m. (on pron. le *c* et le *t*). Entendement.

Intellectif, ive adj. Qui appartient à l'entendement.

Intellectuel, elle adj. De l'intelligence; spirituel.

Intellectuellement adv. D'une manière purement intellectuelle.

Intelligence s. f. Faculté intellective; capacité de comprendre, de saisir une idée, une combinaison; facilité de compréhension. Fig. habileté, adresse; bon accord; complicité secrète; être purement spirituel.

Intelligent, e adj. Qui a de l'intelligence.

Intelligible adj. Qui peut être compris ou entendu.

Intelligiblement adv. D'une manière intelligible.

Intempérance s. f. Manque de tempérance; excès.

Intempérant, e adj. Qui a de l'intempérance.

Intempéré, ée adj. Déréglé.

Intempérie s. f. Etat déréglé de l'atmosphère; mauvais temps.

Intempestif, ive adj. Qui n'est pas à propos.

Intempestivement adv. D'une manière intempestive.

Intendance s. f. Administration d'une grande maison ou d'une partie des affaires publiques; administration militaire; charge, fonction, maison de l'intendant.

Intendant s. m. Celui qui exerce une intendance.

Intendante s. f. Femme d'un intendant.

Intense adj. Grand, fort, vif.

Intensité s. f. Degré de force ou d'activité d'une chose, d'une qualité, d'une puissance.

Intenter v. a. *Intenter un procès, une accusation*, faire un procès, former une accusation.

Intention s. f. Tendance de l'âme vers un but; volonté; dessein; motif.

Intentionné, ée adj. Qui a certaine intention.

Intentionnel, elle adj. Qui appartient à l'intention.

Intercalaire adj. Ajouté et inséré : *jour intercalaire.*

Intercalation s. f. Action d'intercaler; son résultat.

Intercaler v. a. Insérer; se dit du jour qu'on ajoute tous les quatre ans au mois de février; ajouter un article dans un compte, une ligne, une phrase dans un écrit.

Intercéder v. n. Prier, solliciter pour quelqu'un.

Interceptation s. f. Action d'intercepter.

Intercepter v. a. Interrompre le cours de; arrêter par surprise.

Interception s. f. Interruption du cours direct d'une chose; action d'intercepter.

Intercesseur s. m. Celui qui intercède.

Intercession s. f. Action d'intercéder; prière.

Intercostal, e adj. Qui est entre les côtes.

Interdiction s. f. Défense, prohibition; suspension des fonctions. *Jurisp.* Privation des droits civiques; action d'ôter à quelqu'un la libre disposition de ses biens, et même de sa personne.

Interdire v. a. Défendre quelque chose à quelqu'un; prononcer l'interdiction contre quelqu'un. *Jurisp.* Oter à quelqu'un la libre disposition de ses biens et l'exercice de ses droits civils. Troubler, déconcerter.

Interdit s. m. Sentence qui défend à un ecclésiastique l'exercice des ordres sacrés; défense de célébrer les sacrements et le service divin dans certains lieux.

Interdit, e adj. et s. Que l'on a interdit; troublé, déconcerté.

Intéressant, e adj. Qui intéresse.

Intéressé, ée adj. et s. Qui a un intérêt dans; trop attaché à ses intérêts; avare.

Intéresser v. a. Donner un intérêt dans une affaire; faire prendre part à; inspirer, donner de l'intérêt; émouvoir, toucher. S'INTÉRESSER v. pr. Prendre intérêt à; prendre parti pour.

Intérêt s. m. Ce qui importe à quelqu'un; soin excessif de nos intérêts; profit qu'on retire de l'argent prêté; sentiment de bienveillance; attention, curiosité; ce q[...] charme l'esprit, touche le cœur.

Interfolier v. a. Brocher, reli[...] en insérant des feuillets blancs.

Intérieur, e adj. Qui est au d[...] dans, qui est dans l'âme. S. m. [...] dedans; la vie privée.

Intérieurement adv. Au d[...] dans.

Intérim s. m. (on pron. *intérime*) L'entre-temps; action de gouvern[...] par intérim.

Intérimaire adj. et s. Qui exer[...] des fonctions par intérim.

Interjectif, ive adj. Qui e[...] prime, exige l'interjection.

Interjection s. f. Partie d'ora[...] son qui sert à exprimer les pa[...] sions.

Interjeter v. a. *Jurisp. Interj[...] ter appel*, appeler d'un jugement

Interligne s. m. Espace ent[...] deux lignes. S. f. *Impr.* Lame [...] métal pour séparer les lignes.

Interligner v. a. Séparer p[...] des interlignes.

Interlinéaire adj. Ecrit da[...] l'interligne.

Interlocuteur, trice s. Perso[...] nage qu'on introduit dans le di[...] logue. Par ext., toute person[...] conversant avec une autre.

Interlocution s. f. Jugeme[...] par lequel on interloque.

Interlocutoire adj. et s. m. J[...] gement qui ordonne une preu[...] une instruction préalable. mais [...] préjuge le fond; preuve ord[...] née.

Interlope adj. et s. m. Nav[...] marchand qui trafique en fraude

Interloquer v. a. Ordonner [...] interlocutoire. Fam. embarrass[...] étourdir.

Intermède s. m. Divertisseme[...] entre les actes d'une pièce [...] théâtre.

Intermédiaire adj. Qui [...] entre deux. S. m. Entremis[...] personne qui s'entremet.

Interminable adj. Qui ne p[...] se terminer, qui dure trop lon[...] temps.

Intermission s. f. Discontinu[...] tion; interruption.

Intermittence s. f. Caract[...] de ce qui est intermittent; d[...] continuation.

Intermittent, e adj. Qui ce[...]

et reprend par intervalles : *pouls intermittent.*

Internat s. m. Pension où les élèves sont à demeure; fonctions que remplissent des élèves en médecine dans les hôpitaux.

International, e adj. Qui a lieu de nation à nation.

Interne adj. Qui est intérieur. S. Elève d'un lycée, d'une pension qui demeure dans l'établissement; élève en médecine attaché à un hôpital et qui y demeure.

Interner v. a. Faire entrer dans l'intérieur; obliger à résider dans une localité déterminée, sans permission d'en sortir. V. n. Entrer dans l'intérieur d'un pays.

Interosseux, euse adj. Qui est situé entre les os.

Interpellateur, trice s. Celui, celle qui interpelle.

Interpellation s. f. Sommation de répondre sur un fait; interrogation; demande d'explications.

Interpeller v. a. Sommer de répondre, de s'expliquer sur un fait; requérir.

Interpolateur s. m. Celui qui interpole.

Interpolation s. f. Action d'interpoler; ce qui est interpolé.

Interpoler v. a. Insérer par fraude ou par ignorance un mot, une phrase dans un texte.

Interposer v. a. Mettre une chose entre deux autres. Fig. faire intervenir. S'INTERPOSER v. pr. Se placer entre deux. Fig. intervenir comme médiateur.

Interposition s. f. Situation d'un corps entre deux autres. Fig. intervention.

Interprétateur s. m. Celui qui interprète.

Interprétatif, ive adj. Explicatif, qui sert à l'interprétation.

Interprétation s. f. Explication, action d'interpréter.

Interprète s. Traducteur; truchement; celui qui est chargé de faire connaître les volontés d'un autre.

Interpréter v. a. Traduire une langue dans une autre; expliquer ce qui est obscur; supposer de bonnes ou de mauvaises intentions à : *interpréter favorablement.* S'INTERPRÉTER v. pr. Etre interprété.

Interrègne s. m. Intervalle de temps pendant lequel un Etat manque de chef.

Interrogant, e adj. Qui a la manie d'interroger; qui marque l'interrogation : *point interrogant.*

Interrogateur, trice s. Celui, celle qui interroge; examinateur. Adj. Qui interroge.

Interrogatif, ive adj. Qui sert à interroger, qui marque interrogation.

Interrogation s. f. Question, demande qu'on fait à quelqu'un; figure de rhétorique par laquelle on interroge. POINT D'INTERROGATION, point qui, dans l'écriture, marque l'interrogation (?).

Interrogativement adv. En interrogeant.

Interrogatoire s. m. Ensemble des questions du juge et des réponses de l'accusé; procès-verbal qui relate ces questions et ces réponses.

Interroger v. a. Questionner. Fig. Consulter, examiner. S'INTERROGER v. pr. S'examiner soi-même; se faire réciproquement des questions.

Interroi s. m. Magistrat qui gouvernait en l'absence du roi, du dictateur ou des consuls romains.

Interrompre v. a. Empêcher la continuation, la continuité d'une chose; couper la parole à quelqu'un. S'INTERROMPRE v. pr. Cesser de parler, d'agir.

Interrompu, ue adj. Arrêté, sans suite, sans liaison.

Interrupteur, trice s. Celui, celle qui interrompt un discours.

Interruption s. f. Action d'interrompre, état de ce qui est interrompu.

Intersection s. f. (on pron. *intercexion*). Se dit du point où des lignes, des plans, etc., s'entrecoupent.

Interstice s. m. Espace situé entre deux temps ou entre deux parties, deux molécules d'un corps; intervalle.

Intersticiel ou **interstitiel, elle** adj. Des interstices.

Intervalle s. m. Distance d'un lieu, d'un temps, d'un objet, d'un son, etc., à un autre.

Intervenant, e adj. et s. Qui intervient.

Intervenir v. a. Venir au milieu de ou parmi; prendre part à une chose, entrer dans une affaire, se rendre médiateur; interposer son autorité.

Intervention s. f. (on pron. *intervancion*). Action d'intervenir.

Interversion s. f. Action d'intervertir, renversement, dérangement d'ordre.

Intervertir v. a. Renverser, déranger la disposition des choses; détourner.

Intervertissement s. m. Action d'intervertir; renversement.

Intestat adj. (on pron. le *t* final). Qui n'a pas fait de testament. AB INTESTAT, loc. adv. latine. En l'absence de testament.

Intestin s. m. Viscère qui est dans le ventre, boyau.

Intestin, e adj. Qui est dans le corps; qui est en dedans du pays, de la famille : *guerre intestine*, guerre civile.

Intestinal, e adj. Des intestins.

Intimation s.f. Action d'intimer.

Intime adj. Très intérieur et profond; ce qui fait l'essence d'une chose. Fig. qui est au fond du cœur, au fond de l'âme; qui a ou marque un grand attachement. S. 2 g. Pour qui l'on a une vive amitié.

Intimé, ée s. Celui, celle qui se défend en cause d'appel (*jurisp.*).

Intimement adv. Profondément, étroitement, fortement.

Intimer v. a. Déclarer, faire savoir; appeler en justice.

Intimidation s. f. Action d'intimider; menace dans le but d'intimider.

Intimider v. a. Donner de la crainte, de l'appréhension.

Intimité s. f. Qualité de ce qui est intime; liaison intime.

Intitulé s. m. Formule en tête d'un acte; titre d'un livre.

Intituler v. a. Donner un titre.

Intolérable adj. Qu'on ne peut tolérer.

Intolérablement adv. D'une manière intolérable.

Intolérance s. f. Défaut de tolérance.

Intolérant, e adj. et s. Qui manque de tolérance, qui ne peut souffrir aucune autre opinion que la sienne.

Intolérantisme s. m. Système des intolérants.

Intonation s. f. Action, manière d'attaquer une note, un son; ton de la voix en parlant, en lisant, en récitant.

Intrados s. m. Partie intérieure et concave d'une voûte.

Intraduisible adj. Qu'on ne peut traduire.

Intraitable adj. Rude, d'un commerce difficile; à qui on ne peut faire entendre raison.

Intra-muros loc. adv. Dans l'intérieur des murs de la ville.

Intransitif, ive adj. Se dit des verbes neutres, lesquels expriment des actions qui ne passent point hors du sujet.

Intrant s. m. Celui qui était choisi pour élire le recteur de l'université de Paris.

Intrépide adj. Qui ne craint pas le péril; que les obstacles ne rebutent point.

Intrépidement adv. Avec intrépidité.

Intrépidité s. f. Courage, fermeté inébranlable dans le péril.

Intrigant, e adj. et s. Qui se mêle de beaucoup d'intrigues.

Intrigue s. f. Pratique secrète pour faire réussir ou pour faire manquer une affaire; action et incidents d'une pièce de théâtre; embarras, incident fâcheux.

Intriguer v. a. Embarrasser, donner à penser. V. n. Faire une intrigue.

Intrinsèque adj. Intérieur; propre, essentiel.

Intrinsèquement adv. D'une manière intrinsèque.

Introducteur, trice s. Qui introduit.

Introductif, ive adj. Qui sert de commencement à une procédure.

Introduction s. f. Action d'introduire; ce qui sert d'entrée, de préparation à une science, à une étude; discours préliminaire.

Introduire v. a. Faire entrer, faire paraître; établir; donner cours à.

Introït s. m. (on pron. le *t* final). Prière qui commence la messe.

Intromission s. f. Action par laquelle un corps est introduit ou s'introduit dans un autre.

Intronisation s. f. Action d'introniser.

Introniser v. a. Installer un évêque sur son siège épiscopal.

Introuvable adj. Qu'on ne peut trouver.

Introuvé, ée adj. Qui n'est pas trouvé.

Intrus, e adj. et s. Introduit par force, ou contre le droit, ou sans être invité.

Intrusion s. f. Action de s'introduire contre le droit.

Intuitif, ive adj. *Théol.* Se dit de la vision claire d'une chose.

Intuition s. f. *Théol.* Vision intuitive, se dit de la vision de Dieu dans le ciel. *Phil. Vérité d'intuition*, vérité frappante et qui se manifeste d'elle-même à l'intelligence.

Intuitivement adv. *Théol.* D'une manière intuitive.

Intumescence s. f. Action par laquelle une chose s'enfle.

Intussusception s. f. Introduction dans un corps organisé d'une matière quelconque qui l'accroît.

Inusité, ée adj. Qui n'est point usité.

Inutile adj. Qui ne sert à rien.

Inutilement adv. Sans utilité.

Inutilité s. f. Manque d'utilité; défaut d'emploi. Pl. Choses inutiles.

Invaincu, ue adj. Qui n'a jamais été vaincu.

Invalide adj. et s. Infirme, qui ne peut travailler. Fig. sans effet légal; soldat mis hors de service par l'âge ou les blessures.

Invalidement adv. Sans validité, sans force, sans effet.

Invalider v. a. Rendre invalide, nul.

Invalidité s. f. Manque de validité.

Invariabilité s. f. État de ce qui est invariable.

Invariable adj. Qui ne change point.

Invariablement adv. D'une manière invariable.

Invasion s. f. Irruption, envahissement. *Méd.* Premiers symptômes, début d'une maladie.

Invective s. f. Parole injurieuse; discours amer et violent.

Invectiver v. n. Dire des invectives.

Invendable adj. Qui ne peut pas être vendu.

Invendu, ue adj. Qui n'a pas été vendu.

Inventaire s. m. Description détaillée des meubles, des immeubles, etc., appartenant à une personne ou se trouvant dans une maison; évaluation des marchandises, valeurs, etc., que possède un commerçant; état de ses créances et de ses dettes, etc.

Inventer v. a. Trouver, imaginer le premier; imaginer pour tromper.

Inventeur, trice s. Celui, celle qui a fait une invention; celui, celle qui imagine.

Inventif, ive adj. Qui a le génie des inventions; habile à imaginer.

Invention s. f. Action d'inventer; chose inventée; chose imaginée pour tromper; partie de la rhétorique qui s'occupe de rechercher et de choisir les preuves du discours; découverte.

Inventorier v. a. Dresser un inventaire; comprendre dans un inventaire.

Inversable adj. Qui ne peut pas verser.

Inverse adj. Qui est dans un sens opposé à un autre sens. S. m. Le contraire.

Inversement adv. D'une manière inverse, en sens inverse.

Inversion s. f. Action d'intervertir; changement de l'ordre naturel des mots.

Invertébré, ée adj. et s. Qui n'a point de vertèbres (*zool.*).

Investigateur, trice s. Qui fait des investigations. Adj. Qui scrute, qui examine.

Investigation s. f. Action de rechercher, de suivre à la trace; recherche attentive et suivie.

Investir v. a. Mettre en possession; entourer de troupes de manière à empêcher l'entrée et la sortie.

Investissement s. m. Action d'investir, de cerner une ville, une citadelle.

Investiture s. f. Acte par lequel on investit quelqu'un d'une dignité ecclésiastique, d'un fief.

Invétéré, ée adj. Fortifié par une longue durée.

Invétérer (s') v. pr. Devenir

ancien, se fortifier par une longue durée.

Invincible adj. Qui ne peut pas être vaincu.

Invinciblement adv. D'une manière invincible.

In-vingt-quatre s. m. Format où la feuille est pliée en 24 feuillets; livre de ce format.

Inviolabilité s. f. Qualité de ce qui est inviolable.

Inviolable adj. Que l'on ne doit pas enfreindre, auquel on ne doit pas attenter.

Inviolablement adv. D'une manière inviolable.

Invisibilité s. f. Etat de ce qui est invisible.

Invisible adj. Qui ne peut être vu. Fig. qui se cache.

Invisiblement adv. D'une manière invisible.

Invitation s. f. Action d'inviter.

Invité, ée s. et adj. Celui, celle qui a reçu une invitation.

Inviter v. a. Convier à, prier d'assister; engager à, exhorter. S'INVITER v. pr. Participer à quelque chose sans y avoir été convié.

Invocation s. f. Acte ou parole par lesquels on invoque.

Involontaire adj. Qui a lieu sans le concours de la volonté.

Involontairement adv. Sans le vouloir; contre la volonté.

Involuté, ée adj. Qui est roulé en dedans (*bot.*).

Invoquer v. a. Appeler à son aide. Fig. citer en sa faveur, en appeler à.

Invraisemblable adj. Qui n'est pas vraisemblable.

Invraisemblablement adv. De manière invraisemblable.

Invraisemblance s. f. Défaut de vraisemblance.

Invulnérabilité s. f. Qualité de ce qui est invulnérable.

Invulnérable adj. Qui ne peut être blessé (s'emploie au sens propre et figuré).

Invulnérablement adv. D'une manière invulnérable.

Iode s. m. L'un des corps simples de la chimie.

Iodé, ée adj. Qui contient de [l'iode.

Iodeux et **iodique** adj. m. Se dit des acides que forme l'iode en se combinant avec l'oxygène.

Iodure s. m. Composé résultant de la combinaison de l'iode avec un corps simple.

Ionien, enne adj. D'Ionie.

Ionique adj. De l'Ionie. *Ordre ionique*, un des cinq ordres d'architecture.

Iota s. m. Neuvième lettre de l'alphabet grec. Fig. la moindre chose, rien : *il n'y manque pas un iota.*

Ipécacuana s. m. Arbrisseau d'Amérique dont l'écorce et la racine sont employées à cause de leurs propriétés vomitives.

Iphigénie, fille de Clytemnestre et d'Agamemnon.

Irascibilité adj. Qualité d'une personne irascible.

Irascible adj. Prompt à se mettre en colère.

Irène, impératrice d'Orient, m. en 803.

Irénée (saint), évêque de Lyon, martyr (140-202).

Iris s. m. (on pron. l'*s* final). Déesse de la fable (*myth.*); cercle qui entoure la prunelle de l'œil; arc-en-ciel; genre de plantes; poudre faite de la racine d'iris.

Irisé, ée adj. Qui présente les couleurs de l'arc-en-ciel.

Iriser (s') v. pr. Se revêtir des couleurs de l'arc-en-ciel.

Irlandais, e adj. et s. D'Irlande.

Ironie s. f. Raillerie; figure de rhétorique par laquelle on fait entendre le contraire de ce qu'on dit.

Ironique adj. Où il y a de l'ironie.

Ironiquement adv. D'une manière ironique; par ironie.

Iroquois s. Homme ou femme de la peuplade de ce nom en Amérique. Fig. adj. et s. Qui a des habitudes bizarres; qui est bizarre.

Irrachetable adj. Qu'on ne peut racheter.

Irradiation s. f. Emission, expansion, effusion des rayons de lumière, du soleil, etc.

Irradier v. n. Se séparer en rayons.

Irraisonnable adj. Qui n'est pas doué de raison.

Irraisonnablement adv. D'une manière irraisonnable; sans raison.

Irrationnel, elle adj. *Géom.* Se

dit des grandeurs qui n'ont aucune mesure commune avec l'unité.

Irréalisable adj. Qui ne peut pas être réalisé.

Irréconciliable adj. Que l'on ne peut réconcilier.

Irréconciliablement adv. D'une manière irréconciliable.

Irréconcilié, ée adj. Qui n'a pu être réconcilié : *ennemis irréconciliés.*

Irrécouvrable adj. Qui ne peut être recouvré.

Irrécusable adj. Qu'on ne peut récuser : *preuve irrécusable.*

Irréductibilité s. f. Etat, qualité de ce qui est irréductible.

Irréductible adj. Qui ne peut être réduit, ramené à une forme plus simple; qui ne peut être remis en sa place normale (*chir.*).

Irréfléchi, ie adj. Qui n'est pas réfléchi : *propos irréfléchi.*

Irréflexion s. f. Défaut de réflexion.

Irréformable adj. Qui ne peut être réformé.

Irréfragable adj. Irrécusable; qu'on ne peut contredire.

Irréfutable adj. Qui ne peut être réfuté.

Irrégularité s. f. Manque de régularité (au propre et au fig.).

Irrégulier, ère adj. Qui ne suit pas les règles; qui n'a pas de régularité, de symétrie.

Irrégulièrement adv. Avec irrégularité.

Irréligieusement adv. Avec irréligion.

Irréligieux, euse adj. Contraire à la religion, qui l'offense : *discours irréligieux;* qui n'a pas de religion : *personne irréligieuse.*

Irréligion s. f. Impiété; manque de religion.

Irrémédiable adj. A quoi l'on ne peut remédier.

Irrémédiablement adv. D'une façon irrémédiable.

Irrémissible adj. Qui ne mérite pas de pardon.

Irrémissiblement adv. Sans rémission, sans miséricorde.

Irréparable adj. Qu'on ne peut réparer.

Irréparablement adv. D'une manière irréparable.

Irrépréhensible adj. Qu'on ne saurait reprendre, blâmer : *conduite irrépréhensible.*

Irréprochable adj. Qui ne mérite pas de reproche.

Irréprochablement adv. D'une manière irréprochable.

Irrésistible adj. A quoi on ne peut résister (au propre et au fig.).

Irrésistiblement adv. D'une manière irrésistible.

Irrésolu, ue adj. Indécis; qui a peine à se résoudre, à se déterminer.

Irrésolument adv. D'une manière irrésolue, incertaine.

Irrésolution s. f. Incertitude, indécision.

Irrespectueux, euse adj. Qui manque au ou de respect.

Irresponsabilité s. f. Etat, position d'une personne irresponsable.

Irresponsable adj. Qui n'est point soumis à la responsabilité.

Irrévéremment adv. Avec irrévérence.

Irrévérence s. f. Manque de révérence, de respect.

Irrévérent, e adj. Contre le respect que l'on doit.

rrévocabilité s. f. Qualité de ce qui est irrévocable.

rrévocable adj. Qui ne peut être révoqué.

Irrévocablement adv. D'une manière irrévocable.

Irrigateur s. m. Instrument à injection (*méd.*).

Irrigation s. f. Arrosement des prés, etc., par le moyen de rigoles qui amènent l'eau des rivières ou des canaux.

Irritabilité s. f. Qualité de ce qui est irritable.

Irritable adj. Qui peut être irrité; qui s'irrite aisément.

Irritant, e adj. Qui irrite. *Jurisp.* Qui annule : *clause irritante.*

Irritation s. f. Action de ce qui irrite; état d'une personne irritée. Fig. agitation, effervescence.

Irriter v. a. Mettre en colère; causer l'irritation. S'IRRITER v. pr. Se mettre en colère.

Irruption s. f. Entrée soudaine des ennemis dans un pays.

Isaac, patriarche, fils d'Abraham et de Sara, père de Jacob et d'Esaü.

Isaac Comnène, empereur d'Orient de 1057 à 1059 (m. en 1061). — ISAAC L'ANGE, empereur en 1185, détrôné par son frère Alexis en 1195, fut rétabli en 1203 par les Croisés, et, six mois après, renversé de nouveau et tué (1204).

Isabeau de Bavière, reine de France, femme de Charles VI (1371-1435).

Isabelle adj. D'une couleur jaune très clair. S. m. Cheval isabelle.

Isabelle de France, fille de Philippe le Bel, épousa le roi d'Angleterre Edouard II (1290-1357).

Isabelle la Catholique, reine de Castille, femme de Ferdinand le Catholique, roi d'Aragon (1451-1504).

Isabelle II, fille de Ferdinand VII et de Marie-Christine, née en 1830, reine d'Espagne en 1833, détrônée en 1868 par la guerre civile.

Isabey, peintre français (1767-1855).

Isaïe, le premier des quatre grands prophètes (785-681 av. J.-C.).

Isard s. m. Chamois des Pyrénées.

Ischion s. m. L'un des trois os dans lesquels s'emboîte le fémur.

Isidore (saint), évêque de Séville (570-636).

Isis, déesse égyptienne, sœur et femme d'Osiris.

Islam ou **Islamisme** s. m. Mahométisme.

Islandais, e adj. D'Islande.

Imaël, fils d'Abraham et d'Agar, père des Arabes.

Isocèle adj. *Géom.* A deux côtés égaux : *triangle isocèle**.

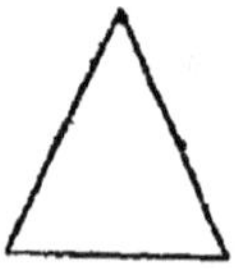

Isocrate, orateur célèbre d'Athènes (436-338 av. J.-C.).

Isolant, e adj. *Phys.* Qui ne conduit pas l'électricité.

Isolation s. f. Action d'isoler les corps.

Isolé, ée adj. Ecarté ; seul, abandonné.

Isolement s. m. Etat de ce qui est isolé, d'une personne qui vit isolée.

Isolément adv. D'une manière isolée.

Isoler v. a. Faire qu'un objet ne tienne à aucun autre ; tenir quelqu'un dans l'isolement. *Phys. Isoler un corps*, le placer de telle sorte qu'il ne touche à aucun autre conducteur de l'électricité.

Isoloir s. m. Siège à pieds de verre sur lequel on place l'objet qu'on veut électriser.

Israël, nom que l'ange donna à Jacob. — ROYAUME D'ISRAEL, l'un des deux royaumes qui se formèrent en Palestine après la mort de Salomon.

Israélite adj. et s. Juif, Hébreu.

Issachar, fils de Jacob, chef d'une des douze tribus.

Issu, ue adj. Venu, descendu : *issu d'une bonne famille.*

Issue s. f. Sortie, lieu par où l'on sort ; événement final ; succès. A L'ISSUE DE loc. adv. Au sortir de.

Isthme s. m. Langue de terre resserrée entre deux mers.

Isthmiques (JEUX), jeux solennels de la Grèce, qui se célébraient dans l'isthme de Corinthe, tous les trois, quatre ou cinq ans, en l'honneur de Neptune.

Italien, enne adj. et s. D'Italie.

Italique adj. De l'Italie ancienne. Adj. et s. m. Caractère d'imprimerie couché inventé par Alde Manuce, en Italie.

Item adv. (mot lat. ; on pron. *itème*). De plus ; s'emploie dans les comptes, les énumérations.

Itératif, ive adj. Fait plusieurs fois et par intervalle : *ordre itératif.*

Itérativement adv. Pour la seconde, troisième fois.

Itinéraire s. m. Route à suivre en voyageant ; livre dans lequel un voyageur raconte les aventures de son voyage, ce qu'il a remarqué. Adj. *Mesures itinéraires*, qui servent à évaluer l'étendue des routes.

Ivan, nom de six princes qui ont régné en Russie. — IVAN Ier (1328-1350). — IVAN II (1353-1358). — IVAN III (1462-1505). — IVAN IV, est le premier qui ait porté le titre de czar (1533-1584). — IVAN V (1682-1696). — IVAN VI (1740-1764).

Ivoire s. m. Dent d'éléphant détachée. Fig. la blancheur, le poli de l'ivoire.

Ivoirier s. m. Qui travaille l'ivoire.

Ivraie s. f. Mauvaise herbe qui croît parmi les blés. Fig. ce qu'il y a de mauvais.

Ivre adj. Qui a le cerveau troublé par les fumées du vin ou des liqueurs alcooliques. Fig. troublé par les passions : *ivre de joie, de gloire.*

Ivresse s. f. État de celui qui est ivre. Fig. transport, enthousiasme poétique; exaltation, délire.

Ivrogne, esse adj. et s. Sujet à l'ivrognerie.

Ivrogner v. n. Boire avec excès et souvent.

Ivrognerie s. f. Habitude de s'enivrer.

Ixion, roi des Lapithes; ayant tué son beau-père, il fut précipité dans le Tartare par Jupiter et condamné à tourner perpétuellement une roue entourée de serpents (*myth.*).

J

J s. m. Dixième lettre de l'alphabet.

Jable s. m. Rainure dans les douves d'un tonneau pour arrêter les pièces du fond.

Jabler v. a. Faire le jable des douves.

Jabot s. m. Poche membraneuse sous la gorge des oiseaux; mousseline à l'ouverture d'une chemise d'homme.

Jaboter v. n. Parler sans cesse, babiller (pop.).

Jacasser v. n. Crier (en parlant de la pie). Fig. bavarder.

Jacasserie s. f. Bavardage.

Jacent, e adj. Abandonné, sans maître (en parlant de biens, d'une succession).

Jachère s. f. État d'une terre labourable qu'on laisse reposer; cette terre elle-même.

Jachérer v. a. Labourer les jachères.

Jacinthe s. f. Plante liliacée; sa fleur.

Jacob, fils d'Isaac, père de douze fils qui ont fondé les douze tribus d'Israël.

Jacobin, e s. Religieux de Saint-Dominique. CLUB DES JACOBINS, société populaire qui tenait ses séances dans un ancien couvent de Jacobins, à Paris, pendant la première révolution.

Jacobinisme s. m. Système politique du parti des jacobins.

Jacobite s. Sectaire chrétien de l'Orient dans le Ve siècle. — S. m. pl. Partisans de Jacques II et de Jacques III en Angleterre.

Jaconas s. m. Sorte de mousseline.

Jacquerie ou **Jaquerie** s. f. Insurrection des paysans contre les seigneurs en France, en 1358.

Jacques (saint) LE MAJEUR, apôtre, m. 44. — Saint JACQUES LE MINEUR, apôtre et premier évêque de Jérusalem; m. 62.

Jacques, nom porté par plusieurs rois, entre autres : *Rois d'Écosse :* JACQUES Ier (1391-1437); JACQUES II (1430-1460); JACQUES V, père de Marie Stuart (1512-1542). — *Rois d'Angleterre :* JACQUES Ier, fils de Marie Stuart (1566-1625); JACQUES II, détrôné par son gendre Guillaume d'Orange (1633-1701).

Jactance s. f. Vanterie; louange de soi par vanité.

Jaculatoire adj. (Oraison —), courte et fervente.

Jadis adv. Autrefois.

Jaguar s. m. Quadrupède carnassier d'Amérique.

Jaillir v. n. Saillir, sortir impétueusement (en parlant d'un fluide).

Jaillissant, e adj. (*ll* m.). Qui jaillit.

Jaillissement s. m. (*ll* m.). Action de jaillir.

Jaïre, juif de Capharnaüm, dont Jésus-Christ ressuscita la fille.

Jais s. m. Sorte de charbon minéral très dur, d'un noir brillant. On l'appelle aussi *jayet.*

Jalon s. m. Bâton planté pour aligner. Fig. point de direction; indications préliminaires.

Jalonner v. n. et a. Planter des jalons.

Jalonneur s. m. Homme chargé de jalonner ou qui se place lui-même comme un jalon.

Jalouser v. a. Avoir de la jalousie contre quelqu'un.

Jalousie s. f. Chagrin, envie du bonheur d'autrui; soupçon, inquiétude. Espèce de volet.

Jaloux, ouse adj. et s. Qui a de la jalousie; envieux; désireux de.

Jamais adv. En aucun temps. A ou POUR JAMAIS loc. adv. Toujours. A TOUT JAMAIS, loc. adv. Pour toujours.

Jambage s. m. Assise de pierres; ligne droite de certaines lettres : *m*, *n*, etc.

Jambe s. f. Partie du corps, du genou jusqu'au pied; branche d'un compas. JAMBES DE FORCE, pièces de bois destinées à soutenir une charpente*.

Jambé, ée adj. *Bien jambé*, qui a la jambe bien faite.

Jambier, ière adj. De la jambe: *muscle jambier*.

Jambon s. m. Cuisse ou épaule de porc salé.

Jambonneau s. m. Petit jambon.

Janissaire s. m. Fantassin turc, garde du Grand-Seigneur.

Jansénisme s. m. Doctrine de Jansénius.

Janséniste adj. et s. m. Partisan du jansénisme.

Jansénius, évêque d'Ypres, dont la doctrine particulière sur la grâce et la prédestination fut combattue par les Jésuites et condamnée par le Saint-Siège (1585-1638).

Jante s. f. Partie du cercle d'une roue.

Janus, le plus ancien roi du Latium.

Janvier s. m. Premier mois de l'année européenne.

Japonais, e adj. Du Japon.

Jappement s. m. Action de japper; aboiement.

Japper v. n. Aboyer.

Jaquemart s. m. Figure de métal représentant un homme armé qui frappe les heures sur une cloche.

Jaquette s. f. Sorte de redingote courte.

Jardin s. m. Terrain clos où l'on cultive des fleurs, des légumes, des arbres.

Jardinage s. m. Art de cultiver les jardins.

Jardiner v. a. Travailler au jardin.

Jardinet s. m. Petit jardin.

Jardinier, ère s. Qui cultive un jardin. S. f. Caisse ou corbeille pour mettre des fleurs; sorte de potage.

Jargon s. m. Langage corrompu.

Jargonner v. n. et v. a. Parler un jargon.

Jargonneur, euse s. Qui jargonne.

Jarre s. f. Grande cruche.

Jarret s. m. Partie postérieure du genou; bosse d'une voûte.

Jarretière s. f. Ruban, courroie pour maintenir le bas sur la jambe.

Jaser v. n. Causer, babiller. Fig. révéler un secret.

Jaserie s. f. Action de jaser; babil, caquet.

Jaseur, euse s. et adj. Qui jase; indiscret.

Jasmin s. m. Arbuste; sa fleur*; son odeur.

Jasminées s. f. pl. *Bot.* Famille de plantes dont le jasmin est le type.

Jason, chef des Argonautes (*myth.*).

Jaspe s. m. Pierre bigarrée, de la nature de l'agate.

Jaspé, ée adj. Bigarré.

Jasper v. a. Bigarrer en imitant le jaspe.

Jaspure s. f. Action de jasper; son effet.

Jatte s. f. Vase rond et sans rebords; sébile de bois.

Jattée s. f. Plein une jatte.

Jauge s. f. Juste mesure d'un vaisseau fait pour contenir des liquides; action de jauger; instrument pour jauger.

Jaugeage s. m. Action de jauger; droit de jauge.

Jauger v. a. Mesurer, avec la jauge, la capacité.

Jaugeur s. m. Celui qui jauge.

Jaunâtre adj. Qui tire sur le jaune.

Jaune adj. Couleur d'or, de citron, de safran, etc. S. m. La couleur jaune.

Jaunir v. a. Rendre jaune; teindre en jaune. V. n. Devenir jaune.

Jaunissant, e adj. Qui jaunit.

Jaunisse s. f. Maladie qui donne à la peau une teinte jaune.

Javeler v. a. et n. Mettre en javelle.

Javeleur, euse s. Celui, celle qui javelle.

Javeline s. f. Espèce de dard long et menu.

Javelle s. f. Poignées de blé scié couchées sur le sillon.

Javelot s. m. Espèce de dard.

Jayet. V. *Jais.*

Je pron. pers. de la première personne du singulier. JE NE SAIS QUOI. S. m. Chose, idée, sensation qu'on ne saurait définir, exprimer.

Jean, nom de plusieurs personnages, saints, papes, empereurs ou rois dont voici les principaux.

SAINTS. — SAINT JEAN-BAPTISTE, précurseur de Jésus-Christ; m. 32. — SAINT JEAN L'ÉVANGÉLISTE, l'un des douze apôtres; m. 101. — SAINT JEAN CHRYSOSTOME, Père de l'Eglise grecque; m. 407. — SAINT JEAN DE DIEU, instituteur des Frères de la Charité (1495-1550).

PAPES. — 23 papes ont porté ce nom (523-1415).

EMPEREURS. — Il y eut 8 empereurs d'Orient du nom de Jean (969-1448).

ROIS. — *Roi de France :* JEAN II LE BON (1319-1364). — *Roi d'Angleterre :* JEAN SANS TERRE, frère de Richard Cœur-de-Lion (1166-1216). — *Rois de Portugal :* JEAN Ier LE GRAND (1357-1433); JEAN II (1445-1495); JEAN III (1502-1557); JEAN IV DE BRAGANCE (1604-1656). — *Duc de Bourgogne :* JEAN SANS PEUR (1373-1419).

Jean Bart. V. *Bart.*

Jean de Meung, poète français; m. vers 1318.

Jeanne, nom de plusieurs princesses, entre autres : JEANNE DE NAVARRE, femme du roi Philippe le Bel (1272-1305); JEANNE DE FLANDRE, comtesse de Montfort, et JEANNE DE PENTHIÈVRE, toutes deux célèbres dans la guerre de Bretagne; JEANNE D'ALBRET, mère de Henri IV (1531-1572); JEANNE LA FOLLE, reine de Castille, mère de Charles-Quint (1482-1555); JEANNE Ire (1325-1382) et JEANNE II (1368-1435), toutes deux reines de Naples.

Jeanne d'Arc ou **Darc**, surnommée la *Pucelle d'Orléans*, héroïne française, née à Domrémy (Lorraine) en 1409, délivra Orléans assiégé par les Anglais, fit sacrer Charles VII à Reims, battit les ennemis partout où elle les rencontra, et, prise à Compiègne par les Bourguignons qui la vendirent aux Anglais, fut brûlée vive à Rouen le 30 mai 1431.

Jeanne Hachette. V. *Hachette.*

Jébuséens, peuple de la terre de Chanaan.

Jéhovah (mot hébreu). Dieu.

Jéhu, roi d'Israël; m. 848 av. J.-C.

Jenner, médecin anglais, découvrit la vaccine.

Jephté, juge d'Israël; (XIIIe s. avant J.-C.).

Jérémie, l'un des quatre grands prophètes (629-586 av. J.-C.).

Jérémiade s. f. Plainte réitérée et importune, par allusion aux *Lamentations* du prophète Jérémie.

Jéroboam Ier, roi d'Israël de 962 à 954 av. J.-C. — JÉROBOAM II, roi d'Israël de 817 à 776 av. J.-C.

Jérôme (saint), Père de l'Eglise latine (331-420).

Jésuite s. m. Religieux de la Compagnie de Jésus.

Jésuitique adj. De jésuite.

Jésuitisme s. m. Caractère, manière de jésuite; doctrine des Jésuites.

Jésus-Christ ou **Jésus**. Nom du Messie, fils de Dieu.

Jésus s. m. et adj. Sorte de papier.

Jet s. m. Action de jeter; espace parcouru par la chose jetée; bourgeon; rayon de lumière.

Jetée s. f. Amas de matériaux pour protéger l'entrée d'un port; chaussée de cailloux.

Jeter v. a. Lancer au loin. Fig. répandre : *jeter de l'eau sale;* mettre, livrer à, faire tomber dans : *jeter dans l'erreur;* pousser, produire : *jeter des rejetons;* exhaler, faire entendre : *jeter un cri. Jeter le manche après la cognée*, se décourager. *Jeter la pierre à quelqu'un*, l'accuser, lui faire un crime de quelque chose. SE JETER v. pr. Se lancer, s'élancer. Fig. s'adonner, se livrer à.

Jeton s. m. Pièce de métal, d'os, d'ivoire, pour payer et compter au jeu, pour distribuer aux membres présents dans certaines sociétés.

Jeu s. m. Divertissement, récréation; lieu où l'on joue; manière de jouer un instrument, de représenter un rôle, de faire des armes; tout ce avec quoi l'on peut jouer. Fig. bagatelle, plaisanterie. JEUX FLORAUX, académie de poètes et prosateurs à Toulouse. *Se faire un jeu*, exécuter, opérer facilement.

Jeudi s. m. Cinquième jour de la semaine.

Jeun (à) loc. adv. Sans avoir mangé : *être à jeun*.

Jeune adj. Qui n'est guère avancé en âge; qui a encore la vigueur, la gaieté, la grâce, les goûts de la jeunesse. Fig. étourdi, évaporé.

Jeûne s. m. Abstinence d'aliments; obligation religieuse de ne faire qu'un repas dans la journée.

Jeûner v. n. Ne point prendre d'aliments; observer les jeûnes ordonnés. Fig. s'abstenir.

Jeunesse s. f. Age entre l'enfance et l'âge viril; les jeunes gens.

Jeunet, te adj. Fort jeune.

Jeûneur, euse s. Qui jeûne.

Jézabel, femme d'Achab, roi d'Israël; m. 876 av. J.-C.

Joab, général de David; m. 1014 av. J.-C.

Joachaz, roi d'Israël; m. 832 av. J.-C. — Roi de Juda; m. 608 av. J.-C.

Joachim ou Eliacim, roi de Juda; m. 597 av. J.-C.

Joachim (saint), père de la sainte Vierge.

Joad ou **Joïada**, grand prêtre des Juifs (IXe s. siècle av. J.-C.).

Joaillerie s. f. Art, marchandises, commerce de joaillier.

Joaillier, ère s. Qui travaille en joyaux, en pierreries; qui les vend.

Joas, roi de Juda après la mort d'Athalie.

Job, personnage biblique; patriarche célèbre par sa piété et sa résignation (XVIIIe s. av. J.-C.).

Jobard s. m. Sot, niais (pop.).

Jobelin s. m. Jobard; homme très patient (vx.).

Jocaste, femme de Laïus, roi de Thèbes.

Jockey s. m. Jeune postillon ou valet de pied.

Jocko s. m. Espèce de singe.

Jocrisse s. m. Benêt; valet niais et maladroit.

John Bull (Jean Taureau), sobriquet donné au peuple anglais.

Johnson (Samuel), célèbre littérateur anglais (1709-1784).

Joie s. f. Vif sentiment de plaisir, de satisfaction, de bonheur; sujet de joie; gaieté.

Joignant, e adj. Qui est auprès, contigu. JOIGNANT prép. Tout contre.

Joindre v. a. Ajouter; unir; allier; atteindre. V. n. Se toucher; fermer, clore.

Joint s. m. Point de jonction, de contact; articulation des os. Fig. *Trouver le joint d'une affaire*, la meilleure façon de la prendre.

Jointé, ée adj. Se dit du cheval dont le paturon est trop court ou trop long.

Jointif, ive adj. Qui est joint.

Jointoyer v. a. Remplir les joints des pierres avec du plâtre ou du mortier.

Jointure s. f. Joint; attache.

Joinville (le sire de), historien français (1224-1319).

Joli, ie adj. Gentil, agréable; avantageux; qui plaît. *Ironiquement :* qui déplaît, blâmable.

Joliet, te adj. Diminutif de joli.

Joliment adv. D'une manière jolie; bien; beaucoup.

Joliveté s. f. Babiole, bijou de peu de valeur; gentillesse d'enfant (vx.).

Jonas, un des douze petits prophètes.

Jonathas, fils de Saül et ami de David.

Jonc s. m. Plante aquatique; canne de jonc; bague unie.

Jonchée s. f. Herbes, branches, feuilles, fleurs répandues sur un chemin; choses entassées; sorte de fromage.

Joncher v. a. Parsemer, couvri

de joncs, de fleurs, d'herbes, (fig.) de morts, etc.

Jonchets s. m. pl. Sorte de jeu avec des bâtons très menus.

Jonction s. f. Action de joindre; union, assemblage; lieu où elle se fait.

Jongler v. n. Faire des tours de passe-passe. Fig. tromper.

Jonglerie s. f. Tour de passe-passe; charlatanerie; tromperie.

Jongleur s. m. Autrefois, espèce de ménétrier errant; charlatan, faiseur de tours. Fig. trompeur.

Jonque s. f. Navire chinois.

Jonquille s. f. (*ll* m.) Sorte de plante; sa fleur.

Joram, roi de Juda de 880 à 877 av. J.-C. — Roi d'Israël de 887 à 876 av. J.-C.

Jordaens, célèbre peintre flamand, élève de Rubens (1593-1678).

Josabeth, femme du grand prêtre Joad.

Josaphat, roi de Juda de 904 à 880 av. J.-C.

Josaphat (vallée de), entre Jérusalem et le mont des Oliviers, arrosée par le Cédron. C'est là, suivant un passage du prophète Joël, que les morts doivent se trouver rassemblés le jour du jugement dernier.

Joseph, fils de Jacob et de Rachel; vendu par ses frères à des marchands égyptiens, il devint ministre du pharaon (2113 à 2003 av. J.-C.).

Joseph (saint), époux de la sainte Vierge.

Josèphe (Flavius), célèbre historien juif (37-95).

Joséphine (l'impératrice), fille du comte Tascher de la Pagerie, veuve du vicomte de Beauharnais; épousa Bonaparte (1796), qui la répudia en 1809 (1763-1814).

Josias, roi de Juda de 639 à 609 av. J.-C.

Josué, chef des Hébreux après Moïse, les introduisit dans la Terre promise.

Jouailler v. n. (*ll* m.) Jouer à petit jeu (fam.).

Joubarbe s. f. Sorte de plante.

Joue s. f. Partie latérale du visage. *Mettre* ou *coucher en joue*, viser avec une arme à feu, et au fig. : viser à quelque chose pour l'obtenir.

Jouer v. n. Se récréer, folâtrer, s'ébattre; prendre part à un jeu, à un exercice; se servir d'un instrument; se mouvoir facilement. *Jouer de malheur*, ne réussir jamais. V. a. Faire une partie de jeu; exécuter un morceau de musique; représenter une pièce de théâtre; feindre; tromper. Se jouer v. pr. Se moquer, s'amuser de.

Jouet s. m. Ce qui sert à amuser un enfant, un jeune animal; bagatelle. Fig. personne dont on se moque ou se joue.

Joueur, euse s. Qui joue; qui a la passion du jeu.

Joufflu, ue adj. et s. A grosses joues.

Jouffroy (le marquis de), inventeur de la navigation à vapeur (1751-1832).

Joug s. m. Pièce de bois pour atteler les bœufs. Fig. sujétion; servitude.

Jouir v. n. Avoir l'usage et la possession actuelle d'une chose; éprouver un sentiment général de bonheur, de jouissance.

Jouissance s. f. Usage et possession d'une chose; plaisir.

Jouissant, e adj. Qui jouit.

Joujou s. m. Jouet d'enfant.

Jour s. m. Clarté, lumière du soleil; espace de 24 heures; temps que le soleil est sur l'horizon; ouverture par où vient la lumière. Fig. apparence sous laquelle les objets se présentent; époque; la vie.

Journal s. m. Note de ce qui arrive ou est arrivé jour par jour; écrit périodique; livre de commerce.

Journalier, ère adj. Qui se fait chaque jour. Fig. sujet à changer. S. m. Qui travaille à la journée.

Journalisme s. m. Etat du journaliste.

Journaliste s. m. Qui travaille à la rédaction d'un journal.

Journée s. f. Jour; temps depuis le lever jusqu'au coucher du soleil; travail, salaire d'un jour; chemin qu'on fait en un jour; jour de bataille.

Journellement adv. Tous les jours.

Joute s. f. Combat à cheval ou sur l'eau d'homme à homme, avec des lances. Fig. dispute, rivalité.

Jouter v. n. Lutter.

Jouteur, euse s. Qui joute.

Jouvenceau s. m. Adolescent (fam.).

Jouvencelle s. f. Jeune fille (vx.).

Jouvenet (Jean), peintre français (1644-1717).

Jovial, e adj. Sans pl. m. Gai, joyeux.

Jovialement adv. D'une manière joviale.

Jovialité s. f. Caractère jovial.

Jovien, empereur romain de 363 à 364.

Joyau s. m. Ornement précieux; bijou.

Joyeuse (Anne, duc de), favori de Henri III, tué à la bataille de Coutras (1561-1587). Ses frères, François (1562-1615) et Henri (1567-1608) furent, le premier cardinal, l'autre, maréchal de France.

Joyeusement adv. Avec joie.

Joyeuseté s. f. Plaisanterie, mot pour rire.

Joyeux, euse adj. Rempli de joie; qui procure de la joie.

Juan d'Autriche (don), fils naturel de Charles-Quint, vainqueur des Turcs à Lépante (1545-1578).

Jubé s. m. Tribune en forme de galerie entre la nef et le chœur, dans certaines églises.

Jubilaire adj. Qui a rapport au jubilé.

Jubilation s. f. Réjouissance (fam.).

Jubilé s. m. Indulgence plénière et solennelle accordée par le pape. Autrefois, solennité juive de 50 en 50 ans, lors de laquelle les débiteurs et les esclaves devenaient quittes et libres.

Jubiler v. n. Se réjouir.

Jucher v. n. Se percher sur un bâton, une branche, pour dormir (en parlant des oiseaux). Fig. se placer, se loger dans un lieu élevé.

Juchoir s. m. Endroit où juchent les poules.

Juda, un des douze fils de Jacob. — (Royaume de), formé à la mort de Salomon par la réunion des tribus de Juda et de Benjamin.

Judaïque adj. Qui appartient aux juifs.

Judaïser v. n. Suivre les cérémonies de la loi judaïque; se conduire, vivre en juif.

Judaïsme s. m. Religion juiv

Judas Iscariote, l'un des douz apôtres, trahit Jésus-Christ. S. Traître; petite ouverture à plancher pour voir ce qui se pas au dessous.

Judas Machabée. V. *Machabé*

Jude (saint), l'un des dou apôtres.

Judicature s. f. Etat, fonctio dignité de juge.

Judiciaire adj. Fait en justic qui lui appartient. *Astrologie judiciaire*, prétendue connaissance d l'avenir par les astres. S. f. Juge ment, faculté de juger, de raisonne

Judiciairement adv. En form judiciaire, en justice.

Judicieusement adv. Avec ju gement; d'une manière judicieus

Judicieux, euse adj. Qui a jugement bon; fait avec jugemen

Judith, héroïne juive, trancha tête à Holopherne.

Juge s. m. Magistrat chargé d rendre la justice; arbitre. Juge paix, magistrat chargé de jug les différends de peu d'importan et de concilier, autant que possibl les parties.

Jugé s. m. S'emploie en parla d'un jugement rendu selon ou cont les règles: *le bien jugé, le mal jug*

Jugeable adj. Qui peut être m en jugement.

Jugement s. m. Décision pr noncée en justice; faculté de l'âm de juger; avis, opinion, sentimen décision après examen.

Juger v. a. et n. Rendre la ju tice; décider; être d'opinion que. se figurer; conjecturer; apprécie

Jugeur s. m. Qui juge, déci de tout sans connaissance.

Jugulaire adj. Qui appartient la gorge. S. f. La veine jugulair mentonnière d'un casque, etc.

Juguler v. a. Egorger; étra gler. Fig. pressurer, enlever to l'argent (fam.).

Jugurtha, roi de Numidie, c lèbre par sa lutte contre les R mains (119-106 av. J.-C.).

Juif, ive adj. et s. Qui suit religion de Moïse. Fig. qui prête usure; qui vend trop cher.

Juillet s. m. (*ll* m.) Le 7e mois de l'année.

Juin s. m. Le 6e mois de l'année.

Juiverie s. f. Quartier des Juifs. Fig. marché usuraire.

Jujube s. m. Fruit du jujubier; suc extrait de ce fruit.

Jujubier s. m. Arbre.

Jules Ier (saint), pape de 337 à 352. — JULES II, pape de 1503 à 1513. — JULES III, pape de 1550 à 1555.

Jules Romain, peintre célèbre de l'Italie (1492-1546).

Julie, fille de Jules César et femme de Pompée; m. en 55 av. J.-C.

Julien l'Apostat, empereur romain (361-363).

Julienne s. f. Espèce de giroflée bisannuelle; potage de légumes.

Jumeau, elle s. et adj. Se dit de deux ou plusieurs enfants nés ensemble.

Jumelles s. f. pl. Deux pièces de bois ou de métal semblables qui servent d'appui à un mât ou entrent dans la composition d'une machine. Double lorgnette*.

Jument s. f. Femelle du cheval.

Junon, épouse de Jupiter (*myth.*).

Junte s. f. Conseil d'administration, corps de régence en Espagne.

Jupe s. f. Vêtement de femme, de la ceinture aux pieds.

Jupiter, le père et le maître des dieux (*myth.*).

Jupon s. m. Courte jupe de dessous.

Jurande s. f. Charge de juré d'un métier; le corps des jurés marchands.

Jurassique adj. *Géol.* Se dit des roches ou des terrains dont la composition est analogue à celle du Jura.

Juré s. m. Membre d'un jury.

Juré, ée adj. Irréconciliable : *ennemi juré*.

Jurement s. m. Serment fait en vain; blasphème; imprécation.

Jurer v. a. et n. Affirmer par serment; promettre fortement; blasphémer Fig. ne pas s'accorder; contraster désagréablement.

Jureur s. m. Qui jure beaucoup par habitude.

Juridiction s. f. (on pron. *juridixion*). Pouvoir, droit de juger; étendue de territoire où le juge exerce ce pouvoir.

Juridique adj. Qui est de droit; selon le droit, la justice.

Juridiquement adv. D'une manière juridique.

Jurisconsulte s. m. Qui fait profession du droit et de donner conseil sur le droit.

Jurisprudence s. f. Science du droit; manière d'interpréter, d'appliquer les lois; esprit des lois d'un pays.

Juriste s. m. Qui sait le droit, qui écrit sur le droit.

Juron s. m. Jurement.

Jury ou **juri** s. m. Assemblée de citoyens appelés à prononcer sur l'existence d'un délit, d'un crime, sur la culpabilité d'un accusé, sur un concours, etc.

Jus s. m. (*s* nulle). Suc tiré par expression ou coction.

Jusque et jusques prép. marquant le terme.

Jusquiame s. f. Sorte de plante.

Jussieu (de), nom de cinq célèbres botanistes français : ANTOINE (1686-1758); BERNARD, son frère (1699-1777); JOSEPH, autre frère (1704-1779); ANTOINE-LAURENT, neveu des précédents (1748-1836), et ADRIEN, fils de Laurent (1797-1853).

Jussion s. f. Commandement.

Justaucorps s. m. Vêtement d'homme, qui serre le corps.

Juste adj. Equitable, conforme au droit, à la raison, à la justice; qui a la justesse convenable; exact; mérité. S. m. Ce qui est juste; homme de bien. Adv. Avec justesse. AU JUSTE loc. adv. Exactement, précisément.

Justement adv. Avec justice; avec justesse; précisément.

Justesse s. f. Qualité de ce qui est juste, convenable; précision exacte.

Justice s. f. Vertu morale qui fait que l'on rend à chacun ce qui lui appartient; bon droit; pouvoir de faire droit; les juges, l'autorité judiciaire : *descente de justice*.

Justiciable adj. Soumis à la juridiction de.

Justicier adj. et s. m. Qui fait justice; qui a droit de rendre justice.

Justicier v. a. Punir en exécution d'une sentence ou d'un arrêt.

Justifiable adj. Qui peut être justifié.

Justifiant, e adj. *Théol.* Qui rend juste intérieurement : *foi, grâce justifiante.*

Justificatif, ive adj. Qui sert à justifier, à prouver.

Justification s. f. Action de justifier ; action, procédé par lequel on se justifie ; rétablissement d'un pécheur dans la grâce. Longueur des lignes (*imprim.*).

Justifier v. a. Montrer, prouver, déclarer l'innocence ; prouver la vérité d'un fait avancé ; autoriser, sanctionner. Fig. donner la justice intérieure (*théol.*) · donner aux lignes la longueur qu'elles doivent avoir (*impr.*). SE JUSTIFIER v.pr. Prouver son innocence ; être ou pouvoir être justifié.

Justin, historien latin du IIe s.

Justin (saint), père de l'Église au IIe siècle.

Justin Ier, empereur d'Orient (518-537). — JUSTIN II (565-578).

Justinien Ier, empereur d'Orient (527-565). — JUSTINIEN II, empereur d'Orient en 685, détrôné en 694, rétabli en 705, assassiné en 711.

Juteux, euse adj. Qui a beaucoup de jus.

Juvénal, poète satirique latin (42-120).

Juvénal des Ursins (Jean), prévôt des marchands de Paris, puis chancelier de France (1360-1431). — (Jean), fils du précédent et archevêque de Reims (1388-1473). — (Guillaume), frère du précédent et chancelier de France (1400-1472).

Juvénile adj. Jeune, de jeunesse.

Juxtaposer v. a. Poser une chose à côté d'une autre.

Juxtaposition s. f. Situation d'une chose à côté d'une autre sans rien qui sépare. *Phys.* Augmentation des corps par addition extérieure de parties.

K

K s. m. Onzième lettre de l'alphabet.

Kabyle s. m. Peuple indigène de l'Afrique septentrionale.

Kakatoès ou **cacatois** s. m. Espèce de perroquet*.

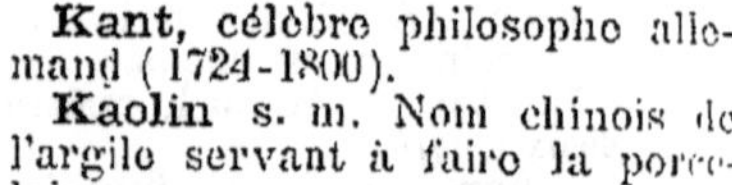

Kaléidoscope s. m. Tube de carton dans lequel des lames de verre disposées en prisme font apparaître de petits objets sous mille formes agréables et variées à mesure qu'on tourne le tube.

Kan ou **khan** s. m. Prince, commandant tartare ; marché public en Orient.

Kangourou ou **kanguroo** s. m. Quadrupède de la Nouvelle-Hollande*.

Kant, célèbre philosophe allemand (1724-1800).

Kaolin s. m. Nom chinois de l'argile servant à faire la porcelaine.

Kara-Mustapha, grand-vizir de Mahomet IV, vaincu par Sobieski à Vienne, en 1683.

Kellermann, maréchal de France (1735-1820).

Képi s. m. Espèce de casquette à l'usage des soldats et des élèves des collèges et lycées*.

Képler (Jean), illustre astronome allemand (1571-1630).

Kératry (comte de), écrivain français et homme politique (1769-1859).

Kermesse s. f. Foire annuelle en Hollande et en Flandre.

Khédivat s. m. Dignité de khédive.

Khédive s. m. Vice-roi d'Egypte.

Kilo, mot générique qui, placé devant un nom de mesure, exprime mille fois cette mesure. S. m. kilogramme (pl. *kilos*).

Kilogramme s. m. Mille grammes.

Kilogrammètre s. m. Unité de force équivalant à l'effort nécessaire pour élever un kilogramme à la hauteur d'un mètre.

Kilolitre s. m. Mille litres.

Kilomètre s. m. Mille mètres.

Kilométrer v. a. Placer sur une route des bornes kilométriques.

Kilométrique adj. Qui a rapport au kilomètre. *Bornes kilométriques*, bornes placées sur les routes de kilomètre en kilomètre et servant à indiquer la distance parcourue.

Kiosque s. m. Petit pavillon dans les jardins, sur les boulevards.

Kirsch ou kirsch-wasser s. m. Liqueur obtenue par la distillation du jus de cerises fermenté.

Kléber (J.-B.), célèbre général de la Révolution (1763-1800).

Knout s. m. Instrument de supplice composé de lanières armées de fer avec lesquelles on fouette les hommes; supplice infligé avec cet instrument.

Kopeck s. m. Monnaie russe, environ 4 cent. de notre monnaie.

Kosciusko, célèbre général polonais (1746-1817).

Kotzebue, littérateur allemand (1761-1819).

Krause, philosophe allemand (1781-1832).

Kremlin s. m. Palais des czars à Moscou.

Kreutzer s. m. Monnaie allemande, 4 centimes de notre monnaie.

Kyrié ou **Kyrié éléison** (mots grecs signif. *Seigneur ayez pitié*) s. m. Prière au commencement de la messe.

Kyrielle s. f. Longue suite de choses ennuyeuses.

Kyste s. m. *Chirurg.* Membrane ou vessie qui renferme des humeurs.

Kysteux, euse adj. De la nature des kystes.

Kystique adj. Qui a rapport au kyste.

L

L s. m. Douzième lettre de l'alphabet. En chiffres romains, L vaut 50.

La art. fém. et pron. pers. V. *Le*.

La s. m. 6e note de la gamme de ut.

Là adv. Dans cet endroit. Joint à diverses prépositions il forme plusieurs loc. adv., telles que : *de là*, de ce lieu-là ; *jusque-là*, jusqu'à cet endroit ou jusqu'à ce moment ; *par là*, par cet endroit, par ce moyen. LÀ LA adv. Médiocrement. Interj. doucement.

Laban, beau-père de Jacob.

Labarum s. m. Étendard de Constantin.

Labeur s. m. Travail pénible.

Labial, e adj. Qui a rapport aux lèvres; qui se prononce des lèvres. S. f. *Gram.* Lettre labiale.

Labié, ée adj. *Bot. Plante labiée*, à fleurs découpées en lèvres, comme l'ortie. S. f. pl. Famille des plantes labiées.

La Boétie (Étienne de), écrivain français, ami de Montaigne (1530-1563).

Laboratoire s. m. Lieu où l'on fait des préparations chimiques ou pharmaceutiques.

Laborieusement adv. Avec beaucoup de peine, de travail.

Laborieux, euse adj. Qui travaille beaucoup; qui exige beaucoup de travail, de peine.

Laboulaye, publiciste français (1811-1883).

Labour s. m. Façon qu'on donne aux terres en les labourant.

Labourable adj. Propre à être labouré.

Labourage s. m. Art de labourer la terre ; ouvrage du laboureur.

La Bourdonnais (Mahé de), marin français (1699-1753).

Labourer v. a. Fendre et retourner la terre ; sillonner.

Laboureur s. m. Celui qui laboure la terre.

La Bruyère (Jean de), célèbre moraliste français (1645-1696).

Labyrinthe s. m. Edifice composé d'un grand nombre de pièces au milieu desquelles on s'égare ; petit bois dont les allées s'entrecroisent en tout sens. Fig. complication d'affaires embrouillées. *Anat.* Cavité de l'oreille.

Lac s. m. Grande étendue d'eau environnée par les terres.

La Calprenède, romancier et auteur dramatique français (1610-1663).

Lacédémon, roi de Sparte, XVIe siècle av J.-C.

Lacédémonien, ienne adj. et s. De Lacédémone.

Lacer v. a. Attacher avec un lacet.

Lacépède (comte de), naturaliste français (1756-1825).

Lacération s. f. Action de lacérer.

Lacérer v. a. Déchirer, mettre en pièces.

Laceron s. m. V. *Laiteron.*

Lacet s. m. Cordon de fil ou de soie servant à serrer un vêtement ; lacs pour la chasse ; en Turquie, cordon pour étrangler un condamné.

La Chaise (le Père), jésuite, confesseur de Louis XIV (1624-1709). — Cimetière de Paris établi sur l'emplacement d'une propriété du Père La Chaise.

Lâche adj. Qui n'est pas tendu, serré : *étoffe lâche.* Fig. mou, languissant : *style lâche;* poltron, sans honneur ; sans vigueur. S. m. Homme lâche.

Lâchement adv. Mollement, avec nonchalance ; sans courage, sans honneur.

Lâcher v. a. Desserrer, détendre ; laisser échapper ou aller : *lâcher une proie, les écluses.* Fig. dire inconsidérément.

Lâcheté s. f. Poltronnerie ; paresse ; mollesse ; action basse, déshonorante.

Lacis s. m. Réseau de fil ou de soie. *Anat.* Entrelacement de vaisseaux, de fibres du corps.

La Condamine, savant français (1701-1774).

Laconique adj. Concis ; précis ; bref.

Laconiquement adv. D'une manière laconique ; en peu de mots.

Laconisme s. m. Façon de parler concise et énergique.

Lacordaire (le Père), célèbre prédicateur français de l'ordre de Saint-Dominique (1802-1861).

Lacretelle (Pierre-Louis), écrivain français (1751-1824). — (Jean-Charles), historien français (1766-1855).

Lacroix, célèbre mathématicien français (1765-1843).

Lacrymal, e adj. Qui a rapport aux larmes.

Lacrymatoire s. m. Autrefois, chez les Romains, vase destiné à contenir les larmes versées aux funérailles. Adj. *Urne lacrymatoire.*

Lacs s. m. (on pron *lâ*). Cordons déliés ; piège pour prendre du gibier ; corde à nœud coulant pour attraper, abattre les chevaux. Fig. passion où l'on est engagé ; charmes séducteurs ; embarras.

Lactation s. f. Action d'allaiter.

Lacté, ée adj. Qui a l'apparence, la nature du lait. *Voie lactée*, amas d'étoiles formant une raie blanche dans le ciel.

Lactescent, e adj. Laiteux (en parlant de certaines plantes).

Lactifère adj. Qui contient, qui produit du lait (*anat.* et *bot.*).

Lactique adj. *Acide lactique*, produit par la décomposition du lait.

Lacune s. f. Ce qui manque dans un livre, dans un texte, dans un discours, interruption ; vide, défaut de suite.

Lacustre adj. Qui vit dans l'eau ; qui a été formé par les eaux des lacs et des marais.

Ladislas, nom de plusieurs rois de Hongrie et de Pologne. V. *Vladislas.*

Ladre adj. 2 g. et s. m. (au fém. *ladresse*). Lépreux. Fig. avare sordide ; insensible.

Ladrerie s. f. Lèpre ; hôpital de lépreux. Fig. avarice sordide.

Lady s. f. (mot angl. ; on pron. *lédi*). Titre qu'on donne en Angleterre aux femmes et aux filles des lords. (Pl. *ladies.*)

Laennec, célèbre médecin français (1781-1826).

Laerce ou **Laerte.** V. *Diogène.*

Laërte, père d'Ulysse.

La Fare (marquis de), poète français (1644-1712).

La Fayette, maréchal de France sous Charles VII ; m. 1464. — (marquis de), général français, célèbre dans les événements des révolutions de 1789 et de 1830 (1757-1834). — (Mme de), femme auteur, amie de Mme de Sévigné (1632-1693).

La Feuillade (duc de), maréchal de France (1675-1691).

Laffite (Jacques), célèbre banquier, ministre des finances de Louis-Philippe (1767-1844).

La Fontaine (Jean de), le premier des fabulistes français (1621-1695).

La Force (Caumont, duc de), maréchal de France (1559-1652).

Lagrange, célèbre géomètre et mathématicien français (1736-1813).

Lagrénée, peintre français (1724-1805).

La Harpe, célèbre littérateur français (1739-1803).

Lahire, célèbre capitaine du roi Charles VII ; m. en 1442.

Lagune s. f. Petit lac ; flaque d'eau dans des marécages.

Lai, laie adj. Laïque.

Laïc. V. *Laïque.*

Laid, e adj. Difforme ; désagréable à la vue par sa forme ou sa couleur. Fig. honteux, déshonnête.

Laidement adv. D'une manière difforme.

Laideron s. f. Jeune femme ou jeune fille laide.

Laideur s. f. Qualité de ce qui est laid, difforme, (fig.) de ce qui est vicieux.

Laie s. f. Femelle du sanglier ; route étroite dans une forêt.

Lainage s. m. Marchandise de laine ; toison des moutons ; façon donnée au drap.

Laine s. f. Poil frisé des moutons ; cheveux crépus des nègres.

Lainer v. a. Donner le lainage au drap.

Lainerie s. f. Toute marchandise de laine.

Laineux, euse adj. Bien fourni de laine ; recouvert d'une sorte de laine (*bot.*).

Lainier s. m. Marchand de laine ; ouvrier en laine.

Laïque adj. et s. Qui n'appartient pas au clergé.

Lairesse (Gérard de), peintre flamand (1640-1711).

Lais s. m. Jeune baliveau de réserve ; alluvion.

Laisse s. f. Corde pour mener des chiens. Fig. *Mener quelqu'un en laisse*, en faire tout ce qu'on veut.

Laisser v. a. Quitter ; abandonner ; ne pas emporter ; ne pas déranger ; oublier ; confier ; perdre : *laisser la vie. Laisser faire*, permettre qu'on fasse. *Ne pas laisser de* ou *que de*, ne pas cesser d'être, ne pas discontinuer de.

Laisser-aller s. m. Abandon, négligence ; facilité à céder.

Laisser-passer ou **laissez-passer** s. m. Permission donnée par écrit de laisser passer ou circuler.

Lait s. m. Liqueur blanche des mamelles ; suc blanc de quelques plantes et de quelques fruits ; liquide artificiel qui a la couleur du lait.

Laitage s. m. Le lait ; ce qui se fait avec du lait.

Laitance [ou **laite** s. f. Substance blanche et molle qu'on trouve dans les poissons mâles.

Laité, ée adj. Qui a de la laite.

Laiterie s. f. Endroit où se conserve le lait et se fait le laitage.

Laiteron s. m. Plante laiteuse qui sert à la nourriture des lapins.

Laiteux, euse adj. Qui a la couleur du lait ; qui contient un suc blanc semblable au lait : *plante laiteuse.*

Laitier s. m. Scorie des métaux en fusion.

Laitier, ière s. Celui, celle qui vend du lait. Adj. Qui donne du lait : *vache laitière.*

Laiton s. m. Alliage de cuivre et de zinc.

Laitue s. f. Herbe potagère.

Laïus, roi de Thèbes, père d'Œdipe (*myth.*).

Lakanal (Joseph), conventionnel, président du comité de l'instruction publique (1762-1845).

Lalande, astronome français (1732-1807).

Lally-Tollendal, gouverneur général des provinces françaises dans l'Inde (1702-1766). — (marquis de), fils du précédent (1751-1830).

Lama s. m. Prêtre de Bouddha; quadrupède du Pérou.

Lamanage s. m. Travail des lamaneurs; pilotage des ports.

Lamaneur s. et adj. m. Pilote pour diriger les vaisseaux à l'entrée ou à la sortie d'un port.

Lamantin s. m. Espèce de phoque.

Lamarck (chevalier de), célèbre naturaliste français (1744-1829).

Lamarque, célèbre général français (1770-1832).

Lamartine (Alphonse de), célèbre poète et homme politique français (1790-1869).

La Martinière, géographe et historien français (1662-1746).

Lambeau s. m. Morceau, pièce d'une étoffe ou de chair déchirée.

Lambin, ine adj. et s. Qui agit lentement.

Lambiner v. n. Agir lentement (fam.).

Lambourde s. f. Pièce de bois pour soutenir un parquet, les bouts des solives, etc.; pierre tendre et calcaire.

Lambrequins s. m. pl. Découpures en bois, en tôle, qui couronnent un pavillon, une tente, etc.

Lambris s. m. Revêtement de menuiserie, de marbre, de stuc, etc., appliqué sur les murs d'un appartement; enduit de plâtre dans un grenier, un galetas.

Lambrissage s. m. Ouvrage de celui qui a lambrissé.

Lambrissé, ée adj. Revêtu de lambris; *chambre lambrissée*, se dit d'une chambre placée sous le toit.

Lambrisser v. a. Revêtir de lambris.

Lambruche ou **lambrusque** s. f. Sorte de vigne sauvage.

Lame s. f. Morceau de métal plat et très mince, fer d'un outil tranchant, d'une épée; vague de la mer.

Lamé, ée adj. Orné de lames de [métal.

Lamech, père de Noé.

Lamelle s. f. Petite lame.

Lamellé, ée ou **lamelleux, euse** adj. Qui se divise en lames ou feuilles : *l'ardoise est une pierre lamelleuse.*

Lamennais, philosophe et théologien français (1782-1854).

Lamentable adj. Qui mérite d'être pleuré; qui porte à la pitié.

Lamentablement adv. D'un ton lamentable.

Lamentation s. f. Plainte accompagnée de gémissements.

Lamenter (se) v. pr. Gémir, se plaindre, se désoler.

Lamie s. f. Monstre fabuleux des anciens; sorte de requin.

Laminage s. m. Action de laminer.

Laminer v. a. Réduire un métal en lame, le passer au laminoir.

Laminerie s. f. Atelier où on lamine les métaux.

Lamineur s. m. Qui lamine les métaux.

Laminoir s. m. Machine, cylindres pour laminer.

Lamoignon (Guillaume de), premier président au parlement de Paris, connu par son intégrité et son savoir (1617-1677).

La Monnoye (Bernard de), érudit et littérateur français (1641-1728).

Lamoricière (de), général et homme politique français (1806-1865).

Lamothe-Houdancourt (Ph. de), maréchal de France (1605-1657).

Lamotte-Picquet, célèbre marin français (1720-1791).

Lamourette, évêque constitutionnel de Lyon, député à la Législative, mort sur l'échafaud en 1794.

Lampadaire s. m. Sorte de candélabre; officier qui portait les lampes devant l'empereur.

Lampadiste s. m. Chez les Grecs, celui qui s'exerçait à la course des flambeaux.

Lampadophore s. m. Porteur des lampes dans les cérémonies religieuses des Grecs.

Lampadophories s. f. pl. Fêtes grecques qui se célébraient la nuit, à la lueur des flambeaux.

Lampas s. m. Enflure au palais des jeunes chevaux; étoffe épaisse de soie.

Lampe s. f. Vase où l'on met une mèche et de l'huile pour éclairer.

Lampée s. f. Pop. Grand verre de vin.

Lamper v. a. et n. Boire avidement des lampées.

Lamperon s. m. Languette qui tient la mèche dans une lampe.

Lampion s. m. Vase où l'on met du suif ou de l'huile avec une mèche, pour illuminer.

Lampiste s. m. Celui qui fait, qui vend des lampes.

Lampisterie s. f. Lieu où l'on serre, où l'on prépare les lampes.

Lampride, historien latin (IVe s.).

Lamproie s. f. Poisson de mer de forme allongée comme l'anguille.

Lamproyon ou **lamprillon** (*ll* m.) s. m. Petite lamproie.

Lampyre s. m. Ver luisant.

Lancastre (Maison de), famille anglaise, rivale de la maison d'York; a fourni à l'Angleterre les rois Henri IV, Henri V et Henri VI.

Lance s. f. Arme consistant en un fer pointu fixé à l'extrémité d'un long manche; ce qui en a la forme.

Lancelot, grammairien français, un des solitaires de Port-Royal (1615-1695).

Lancement s. m. Action de lancer un navire.

Lancéolé, ée adj. *Bot.* Qui a la forme d'un fer de lance.

Lancer v. a. Jeter avec force; envoyer avec violence; attaquer, faire partir le cerf. SE LANCER v. pr. Se jeter sur ou dans; entrer dans : *se lancer dans les affaires*.

Lancette s. f. Instrument de chirurgie en forme de petite lance.

Lancier s. m. Cavalier armé d'une lance.

Lancinant, e adj. Qui se fait sentir par élancements.

Lancret (Nicolas), peintre français (1690-1743).

Landau s. m. Sorte de voiture à quatre roues.

Lande s. f. Grande étendue de terre inculte et stérile.

Landgrave s. m. Titre de dignité en Allemagne.

Landgraviat s. m. Dignité de landgrave.

Landier s. m. Gros chenet.

Landri ou **Landry**, maire du palais de Neustrie pendant la minorité de Clotaire II; assassina Chilpéric Ier à l'instigation de Frédégonde (584). — SAINT LANDRY, évêque de Paris vers 650.

Landsturm s. f. (on pron. *landstourm*). En Allemagne, levée en masse de tous les hommes en état de porter les armes.

Landwehr s. m. Sorte de garde nationale mobile en Allemagne.

Laneret s. m. Mâle du lanier.

Lanfranc, archevêque de Cantorbéry et théologien (1005-1089). — Peintre italien (1581-1647).

Langage s. m. Expression de la pensée ou des sentiments; faculté de la parole; idiome; manière de s'expliquer; style; cri, chant des animaux.

Lange s. m. Linge dont on enveloppe les enfants au berceau.

Langoureusement adv. D'une manière langoureuse.

Langoureux, euse adj. Qui ne fait que languir, qui marque de la langueur.

Langouste s. f. Sorte de crust. de mer*.

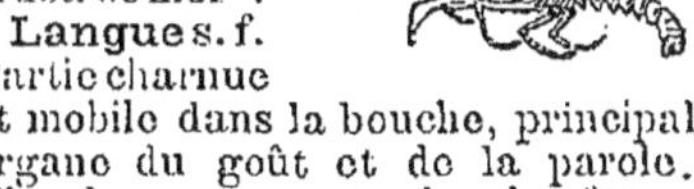

Langue s. f. Partie charnue et mobile dans la bouche, principal organe du goût et de la parole. Fig. langage; ce qui a la forme d'une langue. *Langue morte*, qui ne se parle plus.

Languedocien, ienne adj. et s. Du Languedoc.

Languette s. f. Petite langue; ce qui est découpé en forme de langue.

Langueur s. f. Etat maladif; affaiblissement durable; abattement, ennui; absence d'énergie.

Langueyer v. a. *Langueyer un porc*, examiner sa langue pour voir s'il est ladre.

Langueyeur s. m. Qui langueye les porcs.

Languier s. m. Langue de porc fumée.

Languir v. n. Etre consumé peu à peu par une maladie qui abat; être dans l'abattement; manquer de vivacité.

Languissamment adv. D'une manière languissante.

Languissant, e adj. Qui languit, qui manque de vivacité.

Lanice adj. *Bourre lanice*, bourre de laine.

Lanier s. m. Espèce de faucon.

Lanière s. f. Courroie étroite et longue.

Lanifère adj. Qui porte de la laine : *animal lanifère*.

Lanigère adj. Laineux (*bot.*).

Laniste s. m. Celui qui formait, achetait ou vendait des gladiateurs.

Lanjuinais, président de la Convention en 1795, puis sénateur et enfin pair de France sous la Restauration (1753-1827).

Lannes, duc de Montebello, maréchal de France (1769-1809).

Lansquenet s. m. Autrefois, fantassin allemand; sorte de jeu de cartes.

Lanterne s. f. Boîte transparente dans laquelle on met une lumière à l'abri du vent; sorte de tourelle sur le comble, le dôme d'un monument. *Lanterne magique*, instrument d'optique qui fait voir en grand, sur une surface extérieure, l'image des figures peintes en petit sur des morceaux de verre.

Lanterner v. n. Perdre le temps à des riens.

Lanternerie s. f. Fadaise, discours frivole.

Lanternier s. m. Qui fabrique ou allume des lanternes; qui lanterne.

Lanugineux, euse adj. Qui est couvert d'un duvet semblable à la laine (*bot.*).

Laocoon, fils de Priam et d'Hécube, prêtre d'Apollon, étouffé avec ses deux fils par deux serpents monstrueux (*myth.*).

Laomédon, roi de Troie, père de Priam, fut tué par Hercule.

Lao-Tseu, philosophe et littérateur chinois, (600 av. J.-C.).

La Palisse (Jacques de), maréchal de France, tué en 1525 à la bataille de Pavie.

Laper v. n. et v. a. Boire en attirant avec la langue, comme le chien.

Lapereau s. m. Jeune lapin.

La Pérouse, navigateur français; il partit pour un voyage de découvertes, en 1785, et périt dans l'île Vanikoro (Océanie).

Lapidaire s. m. Ouvrier qui taille les pierres précieuses. Adj. *Style lapidaire*, style des inscriptions sur monuments.

Lapidation s. f. Action de lapider.

Lapider v. a. Tuer ou attaquer à coups de pierres.

Lapidification s. f. Conversion en pierre; formation des pierres.

Lapidifier v. a. Convertir en pierre, donner la dureté de la pierre. — SE LAPIDIFIER v. pr. Acquérir la dureté de la pierre.

Lapidifique adj. Propre à former les pierres.

Lapin, e s. m. Petit quadrupède rongeur *.

Lapis (on pr. l's) ou **lapis-lazuli** s. m. Sorte de pierre bleue appelée aussi *outre-mer* ou *lazulite*.

Lapithes, ancien peuple de Thessalie.

Laplace (marquis de), célèbre mathématicien et astronome français (1749-1827).

Lapon, onne adj. et s. De la Laponie.

Laps s. m. Espace de temps.

Laps, e adj. Qui a quitté la religion catholique.

Lapsus s. m. (mot latin). Faute, erreur, méprise : *lapsus linguæ*, erreur de langage; *lapsus calami*, erreur d'écriture.

Laquais s. m. Valet de livrée.

Laque s. f. Gomme-résine, couleur. S. m. Vernis de Chine; meubles qui en sont revêtus.

Laqueux, euse adj. Qui a la couleur ou la nature de la laque.

La Quintinie, agronome français (1626-1688).

Larcin s. m. Vol fait adroitement et sans violence.

Lard s. m. Graisse solide qui se trouve entre la peau et la chair du porc.

Larder v. a. Garnir de lardons. Fig. percer en beaucoup d'endroits; surcharger : *larder un texte de citations*.

Lardoire s. f. Tige de fer pour larder.

Lardon s. m. Petit morceau de lard. Fig. mot piquant.

Lare s. m. Dieu de la maison, chez les Romains. Fig. *Les lares*, la maison, le foyer domestique.

La Réveillère de Lépeaux, membre de la Convention et du Directoire, créateur de la *Théophilanthropie* (1753-1824).

La Reynie (de), premier lieutenant général de police de Paris (1625-1709).

Large adj. Qui a de la largeur. Fig. libéral, généreux; fait par masses et à grands traits. S. m. Largeur; haute mer. Fam. *Gagner le large*, s'enfuir.

Largement adv. D'une manière large; abondamment.

Largesse s. f. Libéralité; distribution d'argent.

Largeur s. f. Etendue d'une surface du côté le moins long.

Largo adv. *Mus.* Avec un mouvement très lent.

Largue s. m. Haute mer. Adj. Se dit du vent qui s'écarte au moins d'un quart de la route que l'on tient.

Larguer v. a. *Mar.* Lâcher une manœuvre.

Lariboisière (comte), général d'artillerie français (1759-1812).

Larigot s. m. Petit flageolet (vx.). Un des jeux de l'orgue. Pop. *Boire à tire-larigot*, excessivement.

Larix s. m. Mélèze.

Larme s. f. Goutte d'eau qui sort de l'œil; goutte d'un liquide; petite quantité; image d'une larme sur une tenture ou sur un monument funèbre.

Larmier s. m. Partie d'une corniche destinée à faire tomber l'eau de pluie en gouttes, à une distance convenable des murs; saillie au bas d'un châssis de croisée, de porte, pour empêcher l'eau de pénétrer. Au pl. Tempes du cheval.

Larmières s. f. pl. Fentes qui sont au-dessous des yeux du cerf, et d'où sort une liqueur qu'on appelle *larmes de cerf.*

Larmoiement s. m. Ecoulement involontaire des larmes.

Larmoyant, e adj. Qui verse des larmes; qui en fait verser.

Larmoyer v. n. Verser des larmes.

La Rochefoucauld (duc de), écrivain français, joua un rôle important pendant la Fronde et publia des *Maximes* (1613-1680).

La Rochefoucauld-Liancourt (duc de), philanthrope et homme politique français (1747-1827).

La Rochejaquelein (comte de), illustre chef vendéen, tué en 1794.

La Romiguière, philosophe français (1756-1837).

Larron, nesse s. Qui dérobe furtivement. S. m. *Impr.* Morceau de papier qui reçoit l'impression au détriment de la feuille; pli d'un feuillet qui n'a pas été rogné.

Larronneau s. m. Petit larron.

Larve s. f. Insecte tel qu'il est en sortant de l'œuf. S. f. pl. *Myth.* Génies malfaisants; âmes errantes des méchants; spectres, fantômes.

Laryngé, ée ou larygien, enne adj. Qui appartient au larynx.

Laryngite s. f. Inflammation du larynx.

Laryngographie s. f. Description du larynx.

Laryngotomie s. f. Incision faite au larynx.

Larynx s. m. Partie supérieure de la trachée-artère.

Las interj. Pour hélas! (vx.).

Las, se adj. Fatigué. Fig. ennuyé, importuné.

La Salle (le bienheureux J.-B. de), fondateur de l'Institut des Frères des Ecoles chrétiennes (1651-1719).

Lascif, ive adj. Enclin à la luxure; qui excite à la luxure.

Lascivement adv. D'une manière lascive.

Lasciveté s. f. Penchant à la luxure; ce qui y porte.

Lassant, e adj. Qui lasse.

Lasser v. a. Fatiguer, ennuyer, importuner.

Lasseret s. m. Tarière pour les petites mortaises; anneau de fer pour l'espagnolette d'une croisée.

Lassitude s. f. Abattement de corps et d'esprit; fatigue. Fig. ennui, dégoût.

Last ou laste s. m. *Mar.* Poids de deux tonneaux.

Lasting s. m. (on pron. *lastingue*). Etoffe de laine.

Latanier s. m. Palmier dont on tire le sagou.

Latent, e adj. Caché.

Latéral, e adj. Qui appartient au côté d'une chose.

Latéralement adv. De côté, sur le côté.

Latere (à) (on pron. *latéré*). Mots latins par lesquels on désigne un légat envoyé d'auprès de la personne ou *du côté* du pape, pour remplir des fonctions particulières et importantes.

Laticlave s. m. Tunique à bordure de pourpre et à boutons de pourpre ou d'or.

Latin, e adj. Du Latium; des Romains. *Eglise latine*, Eglise d'Occident. LATINS s. m. pl. Peuples du Latium.

Latiniser v. a. Donner une forme ou une terminaison latine à un mot d'une autre langue.

Latinisme s. m. Tour de phrase propre à la langue latine.

Latiniste s. m. Qui entend et qui parle le latin.

Latinité s. f. Langage latin. *Basse latinité*, dont se servaient les auteurs latins des derniers temps.

Latitude s. f. *Géog.* Distance d'un lieu à l'équateur de la terre; climat, par rapport à la température. Fig. liberté d'action.

Latomie s. f. Carrière où l'on renfermait des prisonniers, chez les anciens.

Latone, mère d'Apollon et de Diane (*myth.*).

La Tour d'Auvergne (HENRI de), maréchal de France, père de Turenne (1555-1623). — (TH. CORRET de), guerrier français célèbre par son intrépidité et son désintéressement (1743-1800).

La Trémoille ou **La Trémouille** (Gui, sire de), conseiller de Charles VI, m. en 1398; — GEORGES, ministre sous Charles VII, l'un des adversaires de Jeanne d'Arc (1385-1446).

Latrie s. f. *Culte de latrie*, qui n'est dû qu'à Dieu seul.

Latrines s. f. pl. Lieux d'aisances.

Latte s. f. Morceau de bois long, étroit et plat.

Latter v. a. et n. Garnir de lattes.

Lattis s. m. (*s* nulle). Ouvrage de lattes.

Laudanum s. m. (on pron. *laudanome*). Extrait d'opium.

Laudatif, ive adj. Qui loue.

Laudes s. f. pl. Partie de l'office après matines.

Laugier (André), chimiste français (1770-1832).

Lauraguais (comte de), savant et littérateur français (1733-1823).

Lauréat adj. et s. m. (*t* nul). Qui a obtenu un prix à un concours.

Laurent (saint), martyr; m. 258.

Laurier s. m. Arbuste. Fig. succès, victoire.

Laurinées s. f. pl. Famille des lauriers (*bot.*).

Lavabo s. m. Prière que dit le prêtre en se lavant les doigts pendant la messe; petit linge d'autel avec lequel le prêtre s'essuie les doigts; meuble de toilette. (Pl. *lavabos.*)

Lavage s. m. Action de laver; trop grande quantité d'eau pour laver; breuvage où il y a trop d'eau; opération par laquelle on sépare, au moyen de l'eau, dans les mines, les parties qui ne sont pas métalliques de la partie propre à être fondue.

Laval (de Montmorency), premier évêque du Canada, m. en 1708.

La Valette (Parisot de), grand maître de Malte (1494-1568). — LA VALETTE (comte de), aide de camp de Napoléon Ier, puis directeur des postes (1768-1830).

La Vallière (duchesse de), célèbre par l'attachement qu'elle inspira à Louis XIV; elle se retira chez les Carmélites, en 1674, et y prit le voile (1644-1710).

Lavande s. f. Plante aromatique de la famille des labiées.

Lavandier s. m. Nom qu'on donnait à ceux qui étaient chargés, dans la maison du roi, de faire blanchir le linge.

Lavandière s. f. Femme qui lave le linge; bergeronnette.

Lavardin (Jean Beaumanoir de), maréchal de France (1551-1614).

Lavaret s. m. Sorte de truite.

Lavasse s. f. Pluie subite et abondante; soupe, breuvage où il y a trop d'eau (fam.).

Lavater, écrivain suisse (1741-1801).

Lave s. f. Matière fondue et enflammée que vomissent les volcans.

Lavé, ée adj. Qui est nettoyé avec de l'eau; *couleur lavée*, couleur peu vive et peu chargée.

Lavement s. m. Action de laver; clystère.

Laver v. a. Nettoyer avec un liquide. Fig. *Laver une injure dans le sang*, la venger par un meurtre; *laver un dessin*, l'ombrer, le colorier avec de l'eau dans laquelle on a délayé une matière colorante. SE LAVER v. pr. Se nettoyer avec de l'eau. Fig. se justifier : *se laver d'une imputation.*

Lavette s. f. Chiffon dont on se sert pour laver la vaisselle.

Laveur, euse s. Qui lave.

Lavis s. m. Manière de laver un dessin.

Lavoir s. m. Lieu public destiné à laver le linge.

Lavoisier, illustre chimiste français, m. sur l'échafaud (1743-1794).

Lavure s. f. Eau qui a servi à laver; produit du lavage.

Law (on pron. *lass.*) (Jean), fameux financier écossais, contrôleur général des finances de France (1671-1729).

Laxatif, ive adj. Qui lâche le ventre.

Layer v. a. Tracer une route dans une forêt.

Layetier s. m. Celui qui fait des layettes, des caisses, des malles, etc.

Layette s. f. Petit coffret; linges d'un enfant nouveau-né.

Layeur s. m. Celui qui trace des laies dans une forêt.

Lazare (saint), frère de Marthe et de Marie, ressuscité par Jésus-Christ.

Lazaret s. m. Lieu où séjournent en quarantaine les navires venant de pays infectés de maladies contagieuses.

Lazariste s. m. Missionnaire de la congrégation de Saint-Lazare.

Lazarone s. m. Mendiant de Naples. (Pl. *lazaroni.*)

Lazzi s. m. (mot ital.). Epigramme, bon mot. (Pl. *lazzi* ou *lazzis.*)

Le, la, les art. servant à déterminer les noms. Pron. pers. servant à désigner les personnes et les choses.

Lé s. m. Largeur d'étoffe.

Lebailly, fabuliste franç. (1756-1832).

Lebas, célèbre graveur français (1707-1783).

Lebon (Philippe), célèbre chimiste français (1769-1815).

Lebrun (Ch.), célèbre peintre français (1619-1690).

Lebrun (Mme Elisabeth Vigée), peintre de portraits (1755-1842).

Lèche s. f. Tranche fort mince de pain, etc.

Léché, ée adj. Trop fini. *Ours mal léché*, personne mal élevée.

Lèchefrite s. f. Ustensile de cuisine pour recevoir le jus et la graisse du rôti.

Lécher v. a. Passer la langue sur quelque chose. Fig. faire un ouvrage avec un soin minutieux.

Leclerc (Sébastien), célèbre graveur français (1637-1714). — VICTOR-EMMANUEL, général français, époux de Pauline Bonaparte (1772-1802).

Leçon s. f. Instruction donnée ou reçue; texte à lire ou à apprendre par cœur. Fig. avis, conseil; partie de l'office à matines; une des différentes manières dont un texte est écrit.

Lecoq (Robert), évêque de Laon, chef du parti démocratique aux États généraux de 1357; mort vers 1360.

Lecourbe, célèbre général français (1760-1815).

Lecouvreur (Adrienne), fameuse tragédienne (1692-1730).

Lecteur, trice s. Celui, celle qui lit.

Lecture s. f. Action de lire; la chose qui est lue. Fig. instruction acquise en lisant de bons ouvrages.

Leczinski. V. *Stanislas.*

Léda, mère de Castor et de Pollux (*myth.*).

Le Dain (Olivier), barbier et confident de Louis XI; m. 1484.

Lefebvre, duc de Dantzick, maréchal de France (1755-1820).

Lefranc de Pompignan, poète français (1709-1784).

Légal, e adj. Qui est suivant la loi, d'après la loi, conforme à la loi. (Pl. m. *légaux.*)

Légalement adv. D'une manière légale.

Légalisation s. f. Action de légaliser.

Légaliser v. a. Rendre légal, donner un caractère authentique.

Légalité s. f. Qualité de ce qui est légal.

Légat s. m. (*t* nul). Envoyé du Pape.

Légataire s. Celui, celle à qui l'on a fait un legs.

Légation s. f. Charge d'un légat, d'un ambassadeur, ceux qui font partie de l'ambassade; hôtel du légat, de l'ambassadeur.

Lège adj. m. Se dit d'un navire qui est sans lest ou non chargé.

Légendaire s. m. Auteur de légendes; livre de légendes. Adj. 2 g. De la légende, qui a le caractère d'une légende.

Légende s. f. Vie des saints; longue liste; inscription d'une médaille. Fig. récit fabuleux.

Legendre, géomètre français (1752 1833).

Léger (saint), évêque d'Autun, ministre de Childéric II (616-678).

Léger, ère adj. Qui ne pèse guère; facile à porter, à digérer; dispos et agile; agréable; délicat; peu important; qui a peu de force; superficiel; volage; inconsidéré.

Légèrement adv. D'une manière légère; peu; inconsidérément.

Légèreté s. f. Qualité de ce qui est léger; agilité, vitesse. Fig. Inconstance; irréflexion, imprudence; faute peu grave.

Légiférer v. n. Faire des lois.

Légion s. f. Corps de gens de guerre. Fig. grand nombre. *Légion d'honneur*, ordre institué en France pour récompenser les services et les talents distingués.

Légionnaire adj. et s. m. Qui fait partie d'une légion; membre de la Légion d'honneur.

Législateur, trice s. Qui fait des lois; qui établit les principes d'un art, d'une science.

Législatif, ive adj. Qui fait les lois : *corps législatif;* qui est de la nature des lois.

Législation s. f. Droit de faire des lois; corps des lois; science des lois.

Législature s. f. Les pouvoirs qui concourent à la confection des lois; assemblée législative; durée de ses pouvoirs.

Légiste s. m. Qui connaît les lois; jurisconsulte.

Légitimaire adj. *Jurisp.* Qui appartient à la légitime.

Légitimation s. f. Reconnaissance par ses père et mère d'un enfant naturel assimilé par là aux enfants légitimes; acte authentique qui constate les pouvoirs d'un agent.

Légitime adj. Qui a les conditions, les qualités requises par la loi. *Enfant légitime :* né ou conçu pendant le mariage. Juste, équitable, fondé sur la raison. S. f. *Jurisp.* Portion de biens assurée par la loi à certains héritiers.

Légitimement adv. Conformément à la loi, à l'équité, à la raison.

Légitimer v. a. Donner à un enfant naturel les droits des enfants légitimes; faire reconnaître pour authentique, justifier, rendre excusable.

Légitimisme s. m. Opinion, doctrine des légitimistes.

Légitimiste adj. et s. Partisan de la légitimité.

Légitimité s. f. Qualité de ce qui est légitime; hérédité royale par droit de naissance.

Legs s. m. (on pron. *lé* ou *lègue*). Don laissé par testament.

Léguer v. a. Donner par testament, transmettre.

Légume s. m. Toute sorte d'herbes potagères.

Légumier, ière adj. Planté de légumes; qui produit des légumes; qui appartient aux légumes.

Légumineux, euse adj. Se dit de certaines plantes dont le fruit est une gousse, telles que les pois, les fèves, etc.

Léguiniste s. m. Jardinier qui cultive des légumes.

Lemme s. m. *Math.* Proposition qui prépare à la démonstration d'une autre.

Lémures s. m. pl. Larves. Voy. ce mot.

Lendemain s. m. Le jour suivant.

Lendore s. Personne lente et paresseuse (fam.).

Lénifier v. a. Adoucir (*méd.*).

Lénitif, ive adj. Qui calme, qui adoucit : *remède lénitif.* S. m. Remède adoucissant. Fig. adoucissement, consolation, soulagement.

Lenoir (J.-Ch.), lieutenant de police (1732-1807).

Le Nôtre, architecte célèbre, dessina le plan du parc de Versailles (1613-1700).

Lent, e adj. Tardif, qui n'agit pas avec promptitude.

Lente s. f. Œuf de pou.

Lentement adv. Avec lenteur.

Lenteur s. f. Manque d'activité, de célérité.

Lenticulaire adj. Qui a la forme d'une lentille : *verre lenticulaire.*

Lentille s.f. (*ll* m.) Plante légumineuse ; graine de cette plante servant d'aliment ; en terme d'arts, ce qui a la forme d'une lentille.

Léon. — *Papes* : LÉON Ier (saint), dit LE GRAND (440-461), sauva Rome d'Attila. — LÉON II (saint), (682-683). — LÉON III (795-816), couronna Charlemagne en 800. — LÉON IV (847-855). — LÉON V (903). — LÉON VI (928-929). — LÉON VII (936-939). — LÉON VIII (963-965). — LÉON IX (saint), (1049-1054). — LÉON X (1513-1521), protégea les arts et les lettres. — LÉON XI (1605). — LÉON XII (1823-1829).— LÉON XIII, né en 1810, a succédé à Pie IX, le 20 février 1878.

Empereurs : LÉON Ier (*le Grand*), empereur d'Orient (457-474). — LÉON II, petit-fils du précédent (474). -- LÉON III (*l'Isaurien*), commença l'hérésie des Iconoclastes (717-741). — LÉON IV (*le Khazar*) (775-780).— LÉON V (*l'Arménien*) (813-820). — LÉON VI (*le Philosophe*), (886-911).

Léonard de Vinci, peintre et sculpteur célèbre de l'école florentine.

Léonidas Ier, roi de Sparte (491-480 av. J.-C.), mort aux Thermopyles avec 300 Spartiates. — LÉONIDAS II, roi de Sparte avec Agis III, de 257 à 236 av. J.-C.

Léonin, ine adj. Qui est propre au lion. Fig. *Société léonine*, où le plus fort tire tout l'avantage. *Vers léonin*, vers latin dont les deux hémistiches riment ensemble.

Léopard s. m. Quadrupède carnassier.

Léopardi, poète italien (1798-1837).

Léopold Ier, empereur d'Allemagne de 1658 à 1705, fils et successeur de Ferdinand III. — LÉOPOLD II (1790-1792), frère de Marie-Antoinette.

Léopold Ier, roi des Belges (1831-1865). — LÉOPOLD II, son fils, lui succéda.

Lépante, victoire navale remportée par don Juan d'Autriche sur les Turcs, en 1571, dans le golfe de Lépante, en Grèce.

Lépas s. m. Sorte de coquillage appelé aussi *patelle*.

Lepautre (Antoine), architecte français (1621-1691).

L'Épée (l'abbé de), fondateur de l'institution des Sourds-Muets (1712-1789).

Lepère, célèbre architecte français (1761-1844).

Lépide, triumvir romain, m. 13 av. J.-C.

Lépidoptères s. m. pl. Ordre d'insectes à quatre ailes écailleuses et colorées (*zool.*).

Léporide s. m. Animal provenant du croisement du lapin et du lièvre.

Lèpre s. f. Maladie de la peau produite par la décomposition du sang. Fig. mal, chose mauvaise.

Lépreux, euse adj. et s. Qui est atteint de la lèpre.

Léproserie s. f. Hôpital pour les lépreux.

Lequel, laquelle, lesquels, lesquelles, pron. relatifs ou conjonctifs et d'interrogation.

Lérot ou **liron** s. m. Espèce de petit loir gris à taches noires sur l'œil et derrière l'oreille.

Leroy (Pierre), l'un des auteurs de la *Satire Ménippée*.

Les art. pl. Voy. *Le*.

Le Sage, célèbre écrivain français, auteur de *Gil Blas*, du *Diable boiteux*, etc. (1668-1747).

Lesbien, ienne adj. et s. De Lesbos.

Lescot (Pierre), célèbre architecte français (1510-1578).

Lèse adj. f. qui ne s'emploie que joint à un substantif et indique que la chose exprimée par ce substantif a été attaquée, violée : *crime de lèse-majesté, de lèse-humanité.*

Léser v. a. Faire tort.

Lésine s. f. Ladrerie, épargne jusque dans les plus petites choses.

Lésiner v. n. User de lésine.

Lésinerie s. f. Acte de lésine.

Lésineur, euse adj. et s. Qui lésine.

Lésion s. f. Tort, dommage dans une transaction ; contusion ; blessure.

Lesseps (Ferdinand de), ingénieur français, né en 1805 ; a opéré le percement de l'isthme de Suez et entrepris celui de l'isthme de Panama.

Lessivage s. m. Action de lessiver.

Lessive s. f. Eau qui a passé sur les cendres de bois ou dissous de la soude, pour laver le linge ; linge qui doit être lessivé ; action de lessiver.

Lessiver v. a. Nettoyer, blanchir au moyen de la lessive.

Lest (on pron. *leste*) s. m. Toute matière pesante dont on charge le fond d'un navire, la nacelle d'un ballon, pour les tenir en équilibre.

Lestage s. m. Action de lester un vaisseau, un ballon.

Leste adj. Léger dans ses mouvements. Fig. Adroit, actif ; un peu trop libre : *propos leste.*

Lestement adv. D'une manière leste. Fig. avec légèreté ; d'une manière peu respectueuse.

Lester v. a. Garnir de lest un vaisseau, la nacelle d'un ballon.

Lesteur adj. et s. m. Bateau qui porte le lest.

Lesueur (Eustache), célèbre peintre français (1616-1655).

Le Tellier, ministre de Louis XIV, père de Louvois (1603-1685).

Letellier, jésuite, dernier confesseur de Louis XIV (1643-1719).

Léthargie s. f. Assoupissement profond qui ôte l'usage des sens. Fig. nonchalance, insensibilité pour tout.

Léthargique adj. De la léthargie : *sommeil léthargique.* Fig. nonchalant.

Léthé, un des fleuves de l'Enfer dont les eaux procuraient aux ombres qui en buvaient l'oubli du passé (*myth.*).

Léthifère adj. Qui cause la mort.

Lettre s. f. Caractère de l'alphabet ; épître, missive, dépêche. *Lettre de change*, billet tiré sur un correspondant au profit ou à l'ordre d'un tiers ; *lettre de voiture*, bulletin contenant l'indication des objets dont un voiturier est chargé ; *lettre de cachet*, ordre d'arrêter une personne, sous l'ancien régime. À LA LETTRE loc. adv. Ponctuellement, littéralement. Au pl. LES BELLES-LETTRES, la grammaire, l'éloquence et la poésie ; un *homme de lettres*, un écrivain.

Lettré, ée adj. Qui a de l'érudition, du savoir. S. m. Mandarin chinois qui cultive les lettres.

Lettrine s. f. Petite lettre servant à indiquer un renvoi ; lettres majuscules au haut de chaque colonne dans un dictionnaire.

Leu ou **Loup** (saint), archevêque de Sens (VIIe siècle).

Leucippe, philosophe grec (550 av. J.-C.).

Leude s. m. Nom donné aux compagnons du chef ou du roi chez les Francs.

Leur pr. poss. 2 g. A eux, à elles. Adj. poss. 2 g.

Leurre s. m. Cuir façonné en forme d'oiseau pour rappeler le faucon. Fig. appât, piège pour attirer, tromper.

Leurrer v. a. Dresser un oiseau au leurre. Fig. attirer par des promesses pour tromper. SE LEURRER v. pr. Être leurré, s'abuser.

Le Vaillant, voyageur et naturaliste français (1753-1824).

Levain s. m. Pâte aigrie que l'on mêle à la pâte du pain pour la faire lever ; substance qui facilite la fermentation. Fig. germe du mal ; reste d'une passion violente.

Levant s. m. Partie de l'horizon où le soleil semble se lever ; régions de l'Orient. Adj. m. Qui se lève : *soleil levant.*

Levantin, ine adj. et s. Qui est du Levant : *les peuples levantins.*

Levantine s. f. Sorte d'étoffe de soie.

Lève s. f. Espèce de cuiller qui sert à lever la boule au jeu du mail.

Levé s. m. Croquis d'un plan.

Levée s. f. Action de lever, de recueillir ; collecte ; récolte ; perception ; enrôlement ; digue, chaussée.

Lever v. a. Hausser ; dresser ; recueillir ; percevoir ; enrôler ; ôter ; écarter ; couper une partie sur un tout. V. n. Commencer à pousser et à sortir de terre. SE LEVER v. pr. Se mettre debout, sortir de son lit ; paraître sur l'horizon.

Lever s. m. Temps auquel on se lève.

Lever-Dieu s. m. Temps de la messe où le prêtre élève l'hostie.

Le Verrier, célèbre astronome français (1811-1877).

Leveur s. m. *Impr.* Qui lève des feuilles ou des lettres.

Lévi, un des douze fils de Jacob,

donna son nom à l'une des douze tribus d'Israël.

Léviathan s. m. Monstre marin dont il est question dans le *Livre de Job*.

Levier s. m. Barre propre à soulever des fardeaux.

Levis adj. m. Voy. *Pont*.

Lévite s. m. Israélite de la tribu de Lévi, destiné au service du temple; ecclésiastique qui a reçu seulement les ordres mineurs. S. f. Sorte de vêtement.

Lévitique s. m. Troisième livre du Pentateuque.

Levraut s. m. Jeune lièvre.

Lèvre s. f. Partie extérieure et charnue qui borde la bouche. *Chir.* Bord d'une plaie. *Bot.* Découpure, à peu près en forme de lèvres, des plantes labiées.

Levreteau s. m. Petit levraut.

Levrette s. f. Femelle du lévrier.

Levretté, ée adj. Qui a la taille mince comme un lévrier.

Levretterie s. f. *Vén.* Art d'élever des lévriers.

Levriche s. f. Petite levrette.

Lévrier s. m. Chien courant pour la chasse du lièvre*. Fig. agent qui poursuit quelqu'un.

Levron s. m. Jeune lévrier; lévrier de petite taille.

Levronne s. f. Jeune levrette.

Levûre s. f. Ecume de bière qui sert de levain; ce qu'on lève du lard à larder.

Lexicographe s. m. Auteur d'un lexique, d'un dictionnaire; celui qui s'occupe de travaux lexicographiques.

Lexicographie s. f. Science du lexicographe.

Lexicographique adj. Qui a rapport à la lexicographie.

Lexicologie s. f. Traité sur les mots; science des mots.

Lexicologue s. m. Qui s'occupe de lexicologie.

Lexigraphie s. f. Art de bien écrire les mots.

Lexique s. m. Dictionnaire. Adj. *Manuel lexique*, petit dictionnaire d'un usage fréquent et facile.

Lexiquement adv. Selon le lexique.

Leyde (bouteille de), appareil en forme de bouteille dans lequel on accumule de l'électricité.

Lez adv. Proche de. N'est plus usité que dans quelques noms de lieux : *le Plessis-lez-Tours*, etc.

Lézard s. m. Genre de reptiles sauriens.

Lézarde s. f. Crevasse dans un mur.

Lézardé, ée adj. Qui a des lézardes.

Lézarder (se) v. pr. Se couvrir de lézardes.

Lhomond, grammairien français (1727-1794).

L'Hôpital (Michel de), homme d'Etat français (1507-1573).

Lia, fille aînée de Laban et femme de Jacob.

Liais s. m. Pierre dure, d'un grain très fin.

Liaison s. f. Union de plusieurs choses; ce qui sert à lier. Fig. amitié, société.

Liaisonner v. a. Arranger des pierres de manière que le milieu des unes porte sur les joints des autres.

Liane s. f. Plante sarmenteuse.

Liant, e adj. Souple, élastique, flexible. Fig. doux, complaisant, affable; S. m. Douceur, affabilité, esprit de conciliation.

Liard s. m. Ancienne petite monnaie de cuivre valant trois deniers.

Liarder v. n. Fam. Boursiller; lésiner; payer liard à liard.

Liardeur, euse s. Avare; qui lésine.

Liasse s. f. Amas de papiers liés ensemble.

Libage s. m. Quartier de pierre, gros moellon employé pour les fondements d'un édifice.

Libation s. f. Effusion de liqueur en l'honneur des dieux. Fam. *Faire des libations*, boire du vin largement.

Libelle s. m. Ecrit injurieux, diffamatoire.

Libellé s. m. Rédaction d'un acte.

Libeller v. a. Rédiger dans les formes, motiver une demande judiciaire.

Libelliste s. m. Faiseur de libelles.

Libellule s. f. Insecte névroptère.

Liber s. m. (on pron. *libère*). *Bot.* Pellicule entre l'écorce et le bois.

Libéra s. m. Prière pour les morts.

Libérable adj. Qui peut être libéré.

Libéral, e adj. Qui aime à donner; qui veut la liberté pour tous. *Arts libéraux*, les études, les arts de l'intelligence.

Libéralement adv. D'une manière libérale.

Libéralisme s. m. Système, ensemble des idées libérales.

Libéralité s. f. Générosité, penchant à donner; don.

Libérateur, trice adj. et s. Qui a délivré d'un grand péril, de la servitude, etc.

Libératif, ive adj. Qui opère la libération.

Libération s. f. Décharge d'une obligation, d'une peine, etc.

Libère (saint), pape; m. 366.

Libérer v. a. Délivrer; décharger d'une obligation. SE LIBÉRER v. pr. S'acquitter.

Liberté s. f. Pouvoir de faire ou de ne pas faire, libre arbitre; état d'une personne libre; franchise; permission, droit; facilité dans les mouvements. Au pl. Immunités; familiarités, hardiesse : *prendre des libertés.*

Liberticide adj. Destructif de la liberté.

Libertin, ine adj. et s. Déréglé dans ses mœurs; licencieux, sans frein, dissipé ; autrefois : esprit fort, incrédule.

Libertinage s. m. Conduite déréglée, débauche; irréligion; grande légèreté d'esprit.

Libertiner v. n. et SE LIBERTINER v. pr. Vivre dans le libertinage; se dissiper beaucoup; s'écarter de son devoir (fam.).

Libes (Antoine), savant physicien français (1760-1832).

Libidineux, euse adj. Plein de désirs violents et déréglés; qui entraîne ou est enclin à la débauche.

Libraire s. m. Celui qui vend des livres.

Librairie s. f. Magasin ou commerce de livres; profession de libraire.

Libre adj. Qui a le pouvoir de faire ou de ne pas faire; indépendant; exempt de; aisé, dégagé; trop familier; licencieux. Fig. *Champ libre*, permission, faculté d'agir; *vers libres*, vers de mesures différentes; *traduction libre*, non littérale.

Libre-échange s. m. Liberté de commerce d'une nation à l'autre.

Libre-échangiste s. m. Partisan du libre-échange.

Librement adv. Avec liberté, sans contrainte.

Librettiste s. m. Auteur d'un libretto.

Libretto s. m. (mot italien). Livret qui renferme le poème sur lequel le musicien compose la musique d'un opéra. (Pl. *librettos* ou *libretti*.)

Libyque adj. De la Libye.

Lice s. f. Lieu préparé où se font les courses, les tournois, les joutes. Fig. contestation, discussion. — Assemblage des fils verticaux à mailles d'un métier à tisser. Femelle d'un chien de chasse.

Licence s. f. Permission; liberté trop grande, contraire au respect; dérèglement; grade universitaire. *Licence poétique*, incorrection permise en poésie.

Licencié s. m. Celui qui a pris le degré de licence dans une faculté.

Licenciement s. m. Action de licencier des troupes.

Licencier v. a. Congédier, en parlant des troupes. SE LICENCIER v. pr. S'émanciper; sortir des bornes du devoir, de la modestie.

Licencieusement adv. D'une manière licencieuse.

Licencieux, euse adj. Déréglé, désordonné.

Licet s. m. (m. latin; on pron. *licète*). Permission. (Pl. *licets.*)

Lichen s. m. (on pron. *likène*). Plante cryptogame, parasite.

Licitation s. f. Vente aux enchères d'un bien possédé en commun par plusieurs.

Licite adj. Permis par la loi.

Licitement adv. D'une manière licite.

Liciter v. a. Vendre par licitation.

Licorne s. f. Animal sauvage, fabuleux, sorte de cheval ayant une corne sur le front. *Licorne de mer*, cétacé nommé aussi *narval*.

Licou ou **licol** s. m. Lien autour du cou du cheval, etc.

Licteur s. m. Autrefois, à Rome, officier public portant les faisceaux auprès des consuls ou des dictateurs.

Lie s. f. Dépôt que fait une liqueur : *lie de vin. Couleur lie de vin*, couleur rouge violacé. Fig. ce qu'il y a de plus vil : *la lie du peuple. Boire le calice jusqu'à la lie*, être abreuvé d'humiliations. Adj. f. CHÈRE LIE, bonne chère (vx.).

Liège s. m. Sorte de chêne vert; son écorce épaisse et légère, très employée dans l'industrie.

Lien s. m. Ce qui lie, attache, unit (au propre et au fig.). Au pl. esclavage : *être dans les liens*.

Lienterie s. f. (on pron. *liante-rie*). Sorte de dévoiement sans digestion.

Lientérique adj. Qui tient de la lienterie.

Lier v. a. Attacher avec un lien; faire un nœud; joindre, bien mélanger : *lier une sauce*. Fig. obliger, astreindre à : *être lié par un contrat*. FOU A LIER, fou dangereux. SE LIER v. pr. Etre lié; s'obliger, s'astreindre; former une suite, faire un tout : *les phrases se lient entre elles;* former une liaison d'amitié.

Lierre s. m. Plante grimpante à feuilles larges et toujours vertes *.

Liesse s. f. Joie très vive.

Lieu s. m. Partie de l'espace qu'occupe un corps (*phys.*); localité, séjour. LIEUX D'AISANCES, latrines. Fig. occasion, sujet : *avoir lieu de se plaindre*. LIEU COMMUN, idée générale; vérité banale. AU LIEU DE loc. prép. A la place de. AU LIEU QUE loc. conj. Tandis que.

Lieue s. f. Ancienne mesure itinéraire; *lieue métrique*, lieue de 4 kilomètres.

Lieur, euse s. Celui, celle qui lie les gerbes.

Lieutenance s. f. Charge, grade de lieutenant.

Lieutenant s. m. Celui qui remplace un chef absent; officier au-dessous du capitaine.

Lièvre s. m. Animal de l'ordre des rongeurs.

Ligament s. m. *Anat.* Muscle; tout ce qui lie, attache les parties.

Ligamenteux, euse adj. De la nature des ligaments.

Ligature s. f. Bande pour lier dans la saignée; nœud qui serre une artère ou une veine pour arrêter le sang. Lettres liées; en musique, union, par un trait, de plusieurs notes.

Lige adj. Tout à fait dépendant d'un seigneur.

Lignage s. m. Race, famille.

Lignager adj. et s. m. Du même lignage.

Ligne s. f. Trait simple en longueur sans largeur ni profondeur; suite de mots écrits ou imprimés; cordeau, ficelle pour aligner; direction; rang de troupes ou de navires; retranchements; fil avec un hameçon pour pêcher; ancienne mesure, douzième partie du pouce. Fig. descendance, lignage; *ligne équinoxiale* ou *la Ligne*, l'équateur.

Ligne (prince de), général au service de l'Autriche et littérateur français (1735-1814).

Lignée s. f. Race, descendance.

Ligneul s. m. Fil enduit de poix à l'usage des cordonniers.

Ligneux, euse adj. De la nature du bois.

Lignicole adj. (on pron. *lig-ni-cole*). *Zool.* Se dit de certains mollusques qui établissent leur séjour dans le bois.

Lignifère adj. (on pron. *lig-ni-fère*). *Bot.* Se dit des branches qui ne donnent ni fleurs ni fruits, mais seulement du bois.

Lignifier (se) v. pr. (on pron. *lig-nifier*). Se convertir en bois.

Lignite (on pron. *lig-nite*). *Géol.* Sorte de houille, combustible minéral ayant conservé sa forme ligneuse.

Ligue s. f. Confédération de plusieurs Etats; complot, cabale. Union des catholiques, et parti politique sous Henri III et Henri IV.

Liguer v. a. Unir dans une même ligue. SE LIGUER v. pr. Former une ligue.

Ligueur, euse s. Partisan de la Ligue sous Henri III et Henri IV.

Liguori (saint Alphonse de), évêque, fondateur de l'Institut du Très-Saint-Rédempteur, dont les membres sont appelés *Liguoristes* (1696-1787).

Ligurien, ienne adj. et s. De la Ligurie.

Lilas s. m. (*s* nulle). Arbrisseau, sa fleur; couleur de cette fleur.

Liliacées s. f. pl. Famille de plantes dont le lis est le type (*bot.*).

Limace s. f. ou LIMAS s. m. Sorte de mollusque sans coquille.

Limaçon s. m. Sorte de mollusque à une coquille; partie de l'oreille. *Fig. escalier en limaçon*, escalier tournant.

Limage s. m. Action ou manière de limer.

Limaille s. f. (*ll* m.) Parcelles de métal que la lime fait tomber.

Limande s. f. Poisson de mer plat et mince.

Limbe s. m. Bord extérieur d'un astre, d'un quart de cercle gradué. Au pl. Séjour des saints de l'Ancien Testament; séjour des enfants morts sans baptême.

Lime s. f. Outil d'acier trempé pour polir à froid, dégrossir et couper les métaux; sorte de citron.

Limer v. a. Polir, dégrossir, couper avec la lime. *Fig.* polir, perfectionner : *limer des vers.*

Limeur s. m. Ouvrier qui se sert de la lime.

Limier s. m. Gros chien de chasse pour détourner la bête.

Liminaire adj. (Epître —), qui se met à la tête d'un livre; préliminaire.

Limitatif, ive adj. Qui limite.

Limitation s. f. Fixation, restriction.

Limite s. f. Ligne commune à deux Etats ou à deux terrains contigus; ligne qui marque la fin d'une étendue : *limites de la mer. Fig.* borne d'une action, d'une influence : *toute puissance a des limites.*

Limité, ée adj. Borné, circonscrit; qui ne doit durer qu'un certain temps.

Limiter v. a. Borner; fixer des limites.

Limitrophe adj. Qui est sur les limites.

Limon s. m. Boue, terre; fruit plus petit que le citron et qui a beaucoup de jus; pièce de bois du devant d'une voiture. *Arch.* Pièce de bois ou de pierre, taillée en biais, qui supporte les marches et la balustrade d'un escalier.

Limonade s. f. Boisson de jus de citron ou de limon.

Limonadier, ière s. Qui tient un café.

Limoneux, euse adj. Bourbeux; plein de limon.

Limonier s. m. Arbre qui porte le limon; cheval qu'on met aux limons.

Limonière s. f. Brancard d'une voiture, formé de deux longues pièces de bois.

Limosinage s. m. Maçonnerie faite avec des moellons et du mortier. On dit aussi *limousinage.*

Limousin, e adj. et s. De Limoges ou du Limousin.

Limousine s. f. Sorte de manteau de roulier fait en laine commune.

Limpide adj. Clair, transparent.

Limpidité s. f. Qualité de ce qui est limpide.

Limure s. f. Action de limer; état d'une chose limée.

Lin s. m. Plante dont on file l'écorce; toile qui en résulte.

Lin (saint), pape de 68 à 78.

Linaire s. f. Sorte de plante dont les feuilles ressemblent à celles du lin.

Linceul s. m. Drap pour ensevelir les morts.

Linçoir s. m. Pièce de charpente d'un plancher.

Lincoln (Abraham), président des Etats-Unis (1809-1865).

Linéaire adj. Qui a rapport aux lignes : *dessin linéaire.*

Linéal, e adj. Qui est dans l'ordre d'une ligne, d'une descendance : *succession linéale.*

Linéament s. m. Trait du visage; première trace d'une chose.

Linge s. m. Toile mise en œuvre.

Linger, ère s. Qui travaille en linge; qui a soin du linge dans une maison importante.

Lingerie s. f. Commerce de linge; endroit où on met le linge.

Lingot s. m. Or, argent, étain, etc., en barre, en masse.

Lingotière s. *f.* Moule pour réduire en lingots les métaux en fusion.

Lingual, e adj. (on pron. *lingoual*). Qui a rapport à la langue. *Consonnes linguales*, formées par la langue : *d, t, l, n, r*.

Linguiste s. m. (on pron. *lingu-iste*). Qui s'occupe de l'étude des langues.

Linguistique s. f. (on pron. *lingu-istique*). Science comparative des langues.

Linier, ière adj. Qui a rapport au lin : *industrie linière*. S. f. Champ de lin.

Liniment s. m. Médicament onctueux avec lequel on fait des frictions.

Linné (Charles), naturaliste suédois, célèbre par sa classification des plantes (1707-1778).

Linon s. m. Batiste claire, d'un apprêt très ferme.

Linot s. m., ou **linotte** s. f. Petit oiseau gris-brun dont le chant est très agréable. Fig. *Tête de linotte*, légère, sans mémoire, sans réflexion.

Linteau s. m. Pièce de bois au-dessus de l'ouverture d'une porte ou d'une fenêtre.

Lion, lionne s. Quadrupède carnassier*; cinquième signe du zodiaque. Fig. personne courageuse, intrépide, furieuse.

Lionceau s. m. Petit lion.

Lippe s. f. Lèvre inférieure grosse et avancée.

Lippée s. f. Bouchée (vx.). Repas. *Franche lippée* : bon repas qui ne coûte rien.

Lippu, ue adj. et s. Fam. Qui a une lippe.

Lipse (Juste), célèbre philosophe et littérateur belge (1546-1606).

Liquation s. f. (on pron. *licouacion*). Action de séparer un métal très fusible d'un autre qui l'est moins; ressuage.

Liquéfaction s. f. *Chim.* Changement d'un solide en liquide.

Liquéfiable adj. Qu'on peut liquéfier.

Liquéfiant, e adj. Qui produit la liquéfaction.

Liquéfier v. a. Rendre liquide, fondre.

Liqueur s. f. Toute substance liquide; boisson spiritueuse.

Liquidateur adj. et s. m. Qui liquide un compte, une affaire.

Liquidation s. f. Action de liquider; acte par lequel on liquide.

Liquide adj. Fluide, coulant, clair, net. S. m. Ce qui est liquide ; aliment liquide.

Liquider v. a. Régler, fixer ce qui était indéterminé; vendre une partie de son bien pour dégager l'autre de toute dette. *Liquider une société de commerce* : payer les dettes et partager l'actif restant entre les associés, lorsque la société cesse. SE LIQUIDER v. pr. Payer ses dettes.

Liquidité s. f. Qualité des corps liquides.

Liquoreux, euse adj. Qui est comme de la liqueur.

Liquoriste s. m. Qui fait ou vend des liqueurs.

Lire v. a. et n. Parcourir des yeux ou prononcer ce qui est écrit ou imprimé. Fig. comprendre; pénétrer quelque chose d'obscur ou de caché.

Lis s. m. (on pron. *l's*). Plante bulbeuse à fleurs grandes et odorantes. Fig. extrême blancheur.

Liseré ou **liséré** s. m. Petite bordure faite sur une étoffe avec un ruban uni ou brodé.

Liserer ou **lisérer** v. a. Mettre un liseré.

Liseron s. m. Plante à fleurs en entonnoir.

Liseur, euse s. Fam. Qui a l'habitude de lire beaucoup.

Lisible adj. Aisé à lire.

Lisiblement adv. D'une manière lisible.

Lisière s. f. Bord d'une étoffe; cordon attaché sous les bras d'un enfant pour le soutenir quand il commence à marcher; extrémités d'un champ, d'une forêt, d'un pays.

Lissage s. m. Action de lisser.

Lisse s. f. Fils verticaux à mailles d'un métier à filer, destinés à recevoir ceux de la chaîne; pièce transversale d'une barrière, d'un garde-fou. *Mar.* Pièce de bois qui sert à lier les parties d'un navire.

Lisse adj. Uni, poli.

Lisseau s. m. Peloton de fil ou de ficelle.

Lisser v. a. Rendre lisse, polir.

Lissette s. f. Outil d'os pour lisser.

Lisseur, euse adj. et s. Qui lisse la surface du papier, des étoffes, etc.

Lissoir s. m. Instrument qui sert à lisser.

Lissure s. f. Polissure donnée avec le lissoir.

Liste s. f. Catalogue de noms de personnes; suite de choses. *Liste civile*, revenu alloué au souverain.

Listel s. m. *Archit.* Petite moulure carrée ; espace plein entre les cannelures d'une colonne. (Pl. *listeaux.*)

Liston s. m. *Blas.* Bande qui porte la devise.

Lit s. m. Meuble pour se coucher; ce qui le compose; lieu où l'on se couche. Fig. mariage; canal d'une rivière; couche d'une substance sur une autre; fond, base. *Lit de justice*, trône du roi au parlement; la séance solennelle qui avait lieu à cette occasion.

Litanies s. f. pl. Prière en forme d'invocation successive, adressée à Dieu, à la Vierge, aux saints. Fig. énumération longue et ennuyeuse.

Liteau s. m. Lieu où le loup repose pendant le jour; raie blanche ou de couleur qui borde une nappe, une serviette.

Litée s. f. Réunion d'animaux dans un même gîte.

Literie s. f. Tout ce qui compose un lit.

Litharge s. f. Oxyde de plomb fondu et cristallisé.

Lithargé, ée ou **lithargyré, ée** adj. Altéré, falsifié avec de la litharge.

Lithochromie s. f. Procédé lithographique pour imprimer en noir et en couleur.

Lithocolle s. f. Ciment employé par le lapidaire pour fixer les pierres précieuses qu'il travaille.

Lithographe s. m. Imprimeur, dessinateur, écrivain sur pierre.

Lithographie s. f. Art de reproduire sur le papier ce qui a été dessiné ou écrit sur une pierre; feuille imprimée par ce procédé.

Lithographier v. a. Imprimer par les procédés lithographiques.

Lithographique adj. Qui a rapport à la lithographie.

Lithologie s. f. Connaissance des pierres précieuses.

Lithologue s. m. Celui qui s'occupe de lithologie.

Lithophyte s. m. Production marine qui tient de la pierre par sa dureté, et de la plante par sa forme.

Lithotome s. m. Instrument de chirurgie pour extraire la pierre de la vessie.

Lithotomie s. f. *Chir.* Opération qui consiste à extraire une pierre de la vessie.

Lithotomiste s. m. Chirurgien qui fait l'opération de la pierre.

Lithuanien, ienne adj. et s. De Lithuanie.

Litière s. f. Voiture ou chaise couverte portée sur deux brancards; paille que l'on répand dans les écuries, les étables, et sur laquelle se couchent les animaux.

Litigant, e adj. Qui plaide (vx.).

Litige s. m. Contestation.

Litigieux, euse adj. Contesté; qui peut être en litige.

Litispendance s. f. Temps de la durée d'un procès.

Litorne s. f. Grive à tête cendrée.

Litote s. f. Figure de rhétorique qui affaiblit l'expression pour l'augmenter.

Litre s. m. Unité des mesures de capacité contenant un décimètre cube. S. f. Bande noire avec des armoiries, pour les funérailles.

Litron s. m. Ancienne mesure de capacité pour les matières sèches.

Littéraire adj. Qui appartient à la littérature, aux belles-lettres.

Littérairement adv. D'une manière littéraire.

Littéral, e adj. Qui est conforme au texte, à la lettre : *traduction littérale*. GRANDEUR LITTÉRALE (t. de *math.*), grandeur exprimée par des lettres.

Littéralement adv. À la lettre; d'une façon littérale.

Littéralité s. f. Caractère de ce qui est littéral.

Littérateur s. m. Qui est versé dans la littérature.

Littérature s. f. Les belles-lettres, la poésie, l'éloquence, etc.; leur connaissance, leurs règles; ensemble des œuvres produites par les grands écrivains d'une nation.

Littoral, e adj. Qui appartient au rivage, aux bords de la mer; qui vit sur les bords de la mer, des fleuves, des lacs : *poissons littoraux*. S. m. Région qui s'étend le long de la mer.

Littré, savant français (1801-1881), auteur d'un *Dictionnaire de la langue française*.

Liturgie s. f. Ordre du service divin; les cérémonies qui s'y observent; ses prières.

Liturgique adj. Qui a rapport à la liturgie.

Liturgiste s. m. Celui qui étudie la liturgie.

Liure s. f. Corde servant à lier un fardeau sur une voiture; tours de corde qui lient ensemble plusieurs objets (*mar.*).

Livide adj. De couleur plombée et noirâtre : *teint livide*.

Lividité s. f. État de ce qui est livide.

Livie, femme de Néron, puis d'Auguste, mère de Tibère (m. en 29 après J.-C.).

Livingstone, célèbre voyageur anglais (1813-1873).

Livrable adj. Qui peut être livré.

Livraison s. f. Action de livrer de la marchandise vendue; cahier, tome d'un livre, d'un ouvrage publié par parties séparées.

Livre s. m. Feuilles imprimées réunies ensemble; ouvrage d'esprit; division d'un ouvrage; registre. A LIVRE OUVERT, loc. adv. Sans préparation, sur-le-champ. — S. f. Ancien poids; ancienne monnaie d'argent; unité monétaire de divers pays.

Livrée s. f. Espèce d'uniforme que l'on donne aux domestiques; les domestiques eux-mêmes. Fig. marques extérieures.

Livrer v. a. Donner; abandonner; mettre en possession d'une chose; exposer à; remettre par trahison. *Livrer bataille*, engager la bataille. SE LIVRER v. pr. S'abandonner à; se donner; se mettre au pouvoir, en la possession de.

Livret s. m. Petit livre; petit registre.

Lixiviation s. f. *Chim.* Lavage des cendres pour en tirer les parties solubles.

Lixiviel, elle adj. Obtenu par la lixiviation.

Lo (saint), évêque de Coutances; m. 366.

Lobau (MOUTON, comte de), maréchal de France (1770-1838).

Lobe s. m. Division formée par des sillons ou des échancrures; bout inférieur de l'oreille; division large et arrondie de certaines feuilles. *Lobes séminaux*, les cotylédons (*bot.*).

Lobé, ée adj. Partagé en lobes.

Lobulaire adj. Du lobe.

Lobule s. m. Petit lobe.

Local, e adj. Qui a rapport, qui est spécial à un lieu (pl. m. *locaux*). S. m. Toutes les parties d'un lieu, sa disposition.

Localement adv. D'une manière locale; par rapport au lieu.

Localisation s. f. Action de localiser.

Localiser v. a. Rendre local, fixer dans un lieu. SE LOCALISER, v. pr. Être localisé.

Localité s. f. Contrée spéciale, pays déterminé.

Locataire s. Celui, celle qui loue, qui tient à loyer tout ou partie d'une maison.

Locatif, ive adj. Qui concerne, regarde le locataire : *réparations locatives*.

Location s. f. Action de louer; prix d'un loyer.

Locatis s. m. (*s* nulle). Mauvais cheval de louage (fam.).

Loch s. m. (on pron. *lok*). Instrument pour mesurer la vitesse d'un navire.

Loche s. f. Petit poisson d'eau douce; nom vulgaire de la limace.

Locher v. n. Branler, être près de tomber : se dit du fer d'un cheval.

Locomobile ou **machine locomobile** s. f. Machine à vapeur montée sur un chariot et facilement transportable.

Locomoteur, trice adj. Qui

opère la locomotion : *muscle locomoteur*.

Locomotif, ive adj. Qui a rapport à la locomotion.

Locomotion s. f. Action ou faculté de se mouvoir d'un lieu à un autre.

Locomotive ou **machine locomotive** s. f. Machine à vapeur qui se meut elle-même et traîne sur un chemin de fer un convoi de voitures appelées wagons.

Loculaire ou **loculeux, euse** adj. Qui est divisé en plusieurs loges ou cavités (*bot.*).

Locuste, fameuse empoisonneuse de Rome, qui fit périr Claude par l'ordre d'Agrippine, et Britannicus par l'ordre de Néron.

Locution s. f. Expression, phrase ; façon de parler.

Lods s. m. pl. (Usité seulement dans l'expression : *lods et ventes.*) Droits du seigneur sur les ventes des héritages dans son fief.

Lof s. m. Le côté que le navire présente au vent (*mar.*).

Lofer v. n. Venir au vent (*mar.*).

Logarithme s. m. Nombre pris dans une progression arithmétique, répondant à un nombre d'une progression géométrique.

Logarithmique adj. Qui appartient aux logarithmes, qui y a rapport.

Loge s. f. Petite hutte ; petit local ; petite cellule ; logement d'un portier ; sorte de cabinet dans un théâtre ; cage pour les bêtes féroces ; lieu où se rassemblent des francs-maçons ; cavités renfermant les pépins de certains fruits.

Logeable adj. Où l'on peut loger commodément.

Logement s. m. Domicile habituel ; lieu où on loge.

Loger v. n. Habiter dans. V. a. Donner à loger ; faire habiter ; placer. *Loger à la belle étoile*, n'avoir pas de logement, coucher en plein air. SE LOGER, v. pr. Prendre un logement ; se placer en un lieu.

Logette s. f. Petite loge.

Logeur, euse s. Qui tient des logements garnis.

Logicien s. m. Qui étudie ou possède la logique.

Logique s. f. Art de penser et de raisonner juste ; raisonnement ; méthode ; sens droit. Adj. 2 g. Conforme à la logique.

Logiquement adv. D'une manière conforme à la logique.

Logis s. m. (*s* nulle). Habitation, maison, hôtellerie. *Corps de logis*, partie d'une habitation.

Logogriphe s. m. Sorte d'énigme.

Logomachie s. f. Dispute de mots.

Loi s. f. Règle établie par l'autorité divine ou humaine qui ordonne ou défend certaines choses, pour le maintien de la société, de l'ordre universel ; puissance, autorité.

Loin adv. A une grande distance. LOIN DE loc. prép. A une grande distance de. AU LOIN loc. adv. Dans l'éloignement, dans le lointain.

Lointain, aine adj. Qui est fort loin, fort éloigné. S. m. Eloignement, lieu ou point éloigné.

Loir s. m. Petit quadrupède de l'ordre des rongeurs.

Loisible adj. Qui est permis.

Loisir s. m. Temps disponible *ou* suffisant.

Lombaire adj. Qui appartient aux lombes.

Lombards, peuple d'origine germanique ou scandinave qui envahit l'Italie au VIe siècle et y fonda un Etat puissant dont le dernier roi, Didier, fut vaincu par Charlemagne en 774. — A Paris, on donnait ce nom, au moyen âge, aux usuriers, qui presque tous venaient de la Lombardie. S. m. Etablissement où l'on prête sur gage.

Lombes s. f. pl. Partie inférieure du dos.

Lombric s. m. Ver de terre ; ver intestinal qui lui ressemble.

Lombrical, e adj. Qui a la forme d'un lombric.

Londrin s. m. Drap qui imite ceux de Londres.

Long, longue adj. Qui a de la longueur, de la durée ; lent, tardif ; qui offre des longueurs. S. m. Longueur, durée. AU LONG, TOUT AU LONG, loc. adv. D'une manière détaillée ; amplement. A LA LONGUE, loc. adv. Avec le temps.

Longanime adj. Qui a de la longanimité.

Longanimité s. f. Clémence de

LOCOMOTIVE

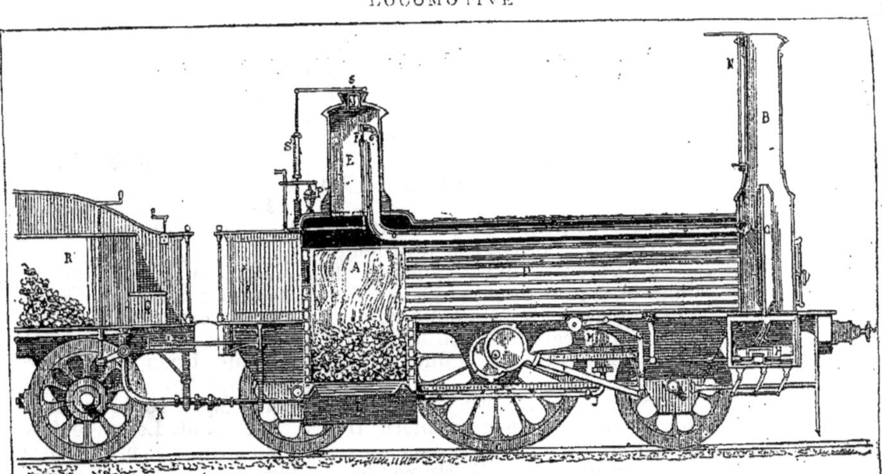

LÉGENDE

A foyer. — B cheminée. — C boite à fumée. — D chaudière. — E réservoir de vapeur. — F régulateur. — GGG prise de vapeur. — H tiroir. — H bielles. — JK tuyau d'alimentation. — L cendrier. — M pompe d'alimentation. — N fermeture de la cheminée. — P sifflet. — Q boite à outils du tender. — R réservoir à eau. — S soupape de sûreté. — S' manomètre.

Dieu qui tarde à punir; clémence d'un souverain offensé; patience d'une grande âme insensible à l'injure.

Longe s. f. Bande; lanière de cuir; corde à l'anneau du licou; moitié de l'échine du veau.

Longer v. a. Marcher le long de; côtoyer.

Longévité s. f. Longue durée de la vie.

Longimètre s. m. Mesure de longueur, à l'usage des tailleurs.

Longimétrie s. f. Art de mesurer les longueurs.

Longipède adj. Qui a les pieds longs.

Longirostre adj. A long bec. S. m. pl. Famille d'oiseaux à long bec.

Longitude s. f. Distance d'un méridien local à un premier méridien.

Longitudinal, e adj. Étendu en long.

Longitudinalement adv. En longueur.

Long-jointé, ée adj. Se dit d'un cheval qui a le paturon trop long.

Longtemps adv. Pendant un long espace de temps.

Longue s. f. Ancienne note de musique. *Gram.* Syllabe longue.

Longue-vue s. f. Lunette d'approche.

Longuement adv. Pendant un long temps; d'une manière trop étendue.

Longuet, ette adj. Un peu long.

Longueur s. f. Étendue d'une chose d'un bout à l'autre; durée de temps; lenteur. Pl. Endroits trop longs dans un écrit.

Lope de Vega, célèbre poète espagnol (1563-1635).

Lopin s. m. Morceau (pop.).

Loquace adj. (on pr. *locouace*). Qui parle beaucoup.

Loquacité s. f. (on pron. *locouacité*). Habitude de parler beaucoup.

Loque s. f. Lambeau d'étoffe usée.

Loquèle s. f. (on pron. *locuèle*). Facilité à parler trivialement de choses communes.

Loquet s. m. (*t* nul). Sorte de fermeture de porte très simple.

Loqueteau s. m. Petit loquet.

Loqueteux, euse adj. Déchiré, en loques.

Loquette s. f. Pop. Petite loque.

Lord s. m. (*d* nul). Titre de noblesse en Angleterre.

Lorgnade s. f. Action de lorgner: coup d'œil à la dérobée (fam.).

Lorgner v. a. Regarder avec une lorgnette; regarder à la dérobée. Fig. avoir des vues sur; chercher à obtenir.

Lorgnerie s. f. Action de lorgner (fam.).

Lorgnette s. f. Petite lunette d'approche.

Lorgneur, euse s. Qui lorgne (fam.).

Lorgnon s. m. Petite lunette à un seul verre.

Loriot s. m. Sorte d'oiseau.

Loriquet (le Père), célèbre jésuite français (1767-1845).

Lorrain (Claude Gelée, dit le), célèbre peintre paysagiste français (1600-1682).

Lorrain, aine adj. et s. De la Lorraine.

Lorraine (Charles, cardinal de), frère de François, duc de Guise (1525-1574).

Lors adv. Alors; en ce temps-là. Dès lors loc. adv. Dès ce temps-là; en conséquence. Pour lors, loc. adv. En ce temps-là, alors; puisque. Lors de, loc. prép. Dans le temps de.

Lorsque conj. Quand.

Los s. m. Louange (vx. mot).

Losange s. m. (d'après l'usage commun; f. suivant l'Académie). Figure à 4 côtés égaux, ayant 2 angles obtus et 2 angles aigus*.

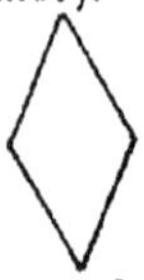

Losse ou **lousse** s. f. Outil de tonnelier pour percer le trou des bondes.

Lot s. m. (*t* nul). Portion d'un tout partagé entre plusieurs; gain à une loterie. Fig. sort, destinée, partage.

Loterie s. f. Jeu où des lots sont tirés au sort. Fig. affaire de hasard.

Loth, neveu d'Abraham.

Lothaire Ier, empereur, fils de Louis le Débonnaire (795-855). — Lothaire II, son fils, roi de Lorraine, m. 869. — Lothaire II, empereur d'Allemagne (1075-1137). — Lothaire, roi de France (941-986).

Loti, ie adj. *Bien loti*, *mal loti*, bien ou mal traité en partage.

Lotion s. f. (on pron. *locion*). Action de laver, de nettoyer; ablution.

Lotir v. a. Partager, faire des lots.

Lotissement s. m. Action de faire des lots.

Lotisseur adj. et s. m. Qui fait des lots.

Loto s. m. Espèce de loterie jouée avec des boules et des cartons numérotés.

Lotus ou lotos s. m. (on pron. l'*s*). Plante aquatique d'Egypte.

Louable adj. Digne de louange.

Louablement adv. D'une manière louable.

Louage s. m. Cession temporaire de l'usage d'une chose moyennant un prix convenu.

Louange s. f. Eloge.

Louanger v. a. Louer, donner des louanges.

Louangeur, euse adj. et s. Qui aime à louer; qui loue sans discernement ; qui a le caractère de louange.

Louche adj. Qui a la vue de travers. Fig. dont les rapports ne sont pas bien marqués; qui n'est pas clair; qui est douteux, peu assuré. — S. m. Ce qui est louche.

Loucher v. n. Regarder un peu de travers.

Loucherie s. f. Défaut, habitude, action du loucheur.

Louchet s. m. Sorte de hoyau; petite bêche.

Loucheur, euse s. Celui, celle qui louche.

Louer v. a. Donner ou prendre à loyer; donner des louanges. — SE LOUER, v. pr. Servir pour des gages; se donner des louanges; être content du service, des procédés de quelqu'un, de l'effet, de l'utilité, des résultats d'une chose.

Loueur, euse s. Qui donne à louage; qui donne des louanges.

Lougre s. m. Petit bâtiment de guerre à deux mâts.

Louis, nom de plusieurs princes.

Empereurs. LOUIS Ier, *le Débonnaire*, fils de Charlemagne, empereur d'Occident et roi de France, de 814 à 840. — LOUIS II, *le Jeune*, fils de Lothaire Ier, roi d'Italie, succéda à son père (855); m. 875. — LOUIS III, *l'Aveugle*, petit-fils du précédent, enleva l'Italie à Bérenger; empereur de 900 à 928. — LOUIS IV, *l'Enfant*, empereur de 908 à 911. — LOUIS V, *de Bavière* (1314-1347).

France. — LOUIS Ier (Voy. LOUIS Ier, emp.). — LOUIS II, *le Bègue* (877-879). — LOUIS III (879-882). — LOUIS IV, *d'Outre-Mer* (936-954). — LOUIS V, *le Fainéant* (986-987). — LOUIS VI, *le Gros* (1108-1137). — LOUIS VII, *le Jeune* (1137-1180). — LOUIS VIII, *le Lion* (1223-1226). — LOUIS IX ou *saint Louis* (1226-1270). Il gouverna (1226-1236) sous la régence de sa mère Blanche de Castille; entreprit la 7e croisade, où il fut fait prisonnier; revint en France après la mort de sa mère (1254), fonda la Sainte-Chapelle, la Sorbonne et les Quinze-Vingts; entreprit en 1270 la 8e croisade et mourut de la peste à Tunis. — LOUIS X, *le Hutin* (1314-1316). — LOUIS XI (1461-1483). — LOUIS XII, le *Père du Peuple* (1498-1515). — LOUIS XIII, le *Juste* (1610-1643). Son règne fut illustré par Richelieu, son ministre. — LOUIS XIV, *le Grand* (1643-1715). — LOUIS XV (1715-1774). — LOUIS XVI, régna de 1774 à 1792, fut décapité en 1793. — LOUIS XVII, né en 1785, fut, à la mort de son père, proclamé roi par les émigrés, et mourut au Temple le 8 juin 1795. — LOUIS XVIII (1814-1824); son règne fut interrompu par les Cent-Jours. — LOUIS-PHILIPPE Ier, fils du duc d'Orléans, élu roi des Français (1830), fut renversé (1848), se réfugia en Angleterre où il mourut (1850).

LOUIS, le *grand Dauphin*, fils de Louis XIV (1661-1711). — LOUIS, duc de Bourgogne, fils du précédent, dauphin en 1711, m. en 1712. — LOUIS, fils de Louis XV et de Marie Leczinska, dauphin (1729-1765), laissa trois fils : Louis XVI, Louis XVIII et Charles X.

Louis Ier, *le Grand*, roi de Hongrie et de Pologne, de 1342 à 1382. — LOUIS II, roi de Hongrie et de Bohême, de 1515 à 1526.

Louis Ier, roi de Portugal, né en 1838, monté sur le trône en 1861.

Louis Ier, roi de Germanie, le même que Louis le Débonnaire. — LOUIS II, *le Germanique*, troisième fils du précédent, roi de Germanie, de 817 à 876; Louis III, *le Saxon*, roi de Germanie, de 876 à 882, fils du précédent. — Louis IV, roi de Germanie en 899, le même que Louis IV, empereur d'Allemagne. — Louis V, roi de Germanie, le même que Louis V, empereur d'Allemagne.

Louis (Ordre de Saint-), institué par Louis XIV pour récompenser le mérite militaire.

Louis de Gonzague (saint), célèbre jésuite (1568-1591).

Louis s. m. Ancienne monnaie d'or, valant 24 livres.

Louise de Savoie, épouse du duc d'Orléans, mère de François Ier (1476-1531).

Louise-Bonne s. f. Variété de poire douce et fondante.

Loup s. m. Quadrupède sauvage et carnassier ressemblant au chien de berger*; masque en velours noir. Fig. *Marcher à pas de loup*, doucement et pour surprendre. LOUP DE MER, vieux marin.

Loup (saint), évêque de Troyes, m. en 478.

Loup-cervier s. m. Nom vulgaire du *lynx*. (Pl. *loups-cerviers*.)

Loupe s. f. Tumeur qui vient sous la peau; excroissance ligneuse qui vient sur le tronc et sur les branches de certains arbres; lentille de verre convexe des deux côtés, qui grossit les objets.

Loupeux, euse adj. Qui a des loupes.

Loup-garou s. m. Sorcier qui, suivant les gens superstitieux, erre la nuit, transformé en loup. (Pl. *loups-garous*.)

Lourd, e adj. Pesant, difficile à porter, à remuer : *lourd fardeau*. Fig. *Temps lourd*, orageux; *lourde faute*, grossière; *esprit lourd*, pesant, grossier, stupide; *style lourd*, qui manque de facilité, d'élégance.

Lourdaud, e adj. et s. Grossier et maladroit.

Lourdement adv. Pesamment. Fig. Grossièrement.

Lourderie s. f. Faute grossière, contre le bon sens, la bienséance.

Lourdeur s. f. Pesanteur.

Loutre s. f. Animal amphibie de la grosseur du blaireau, vit de poissons.

Louve s. f. Femelle du loup; sorte de coin en fer pour enlever une pierre.

Louver v. a. Soulever avec la [louve.

Louvet, ette adj. *Cheval louvet*, dont le poil ressemble à celui du loup.

Louveteau s. m. Petit loup.

Louveter v. n. Mettre bas, en parlant de la louve.

Louveterie s. f. Tout ce qui concerne la chasse au loup.

Louvetier s. m. Chef de la louveterie.

Louviers s. m. Drap fabriqué dans la ville de ce nom, en Normandie.

Louvoyer v. n. *Mar.* Aller tantôt d'un côté et tantôt de l'autre, pour profiter du vent. Fig. prendre des détours pour atteindre un but auquel on ne peut arriver directement.

Louvre s. m. Palais à Paris, autrefois résidence des rois de France.

Lovelace s. m. Séducteur.

Loxodromie s. f. *Mar.* Courbe que décrit un navire en suivant constamment le même rumb de vent.

Loxodromique adj. Qui a rapport à la loxodromie.

Loyal, e adj. Qui n'est point fraudé; honnête et franc.

Loyalement adv. D'une manière loyale.

Loyauté s. f. Qualité d'une personne, d'une chose loyale.

Loyer s. m. Prix de louage d'une maison, d'un appartement.

Lozange. Voy. *Losange*.

Lubie s. f. Caprice bizarre.

Lubricité s. f. Instinct de débauche.

Lubrifier v. a. Rendre glissant.

Lubrique adj. Adonné à la débauche, qui porte à la débauche.

Luc (saint), un des quatre évangélistes.

Lucain, célèbre poète latin, auteur de la *Pharsale*.

Lucarne s. f. Petite ouverture pour éclairer le grenier d'une maison.

LUMIÈRE ÉLECTRIQUE

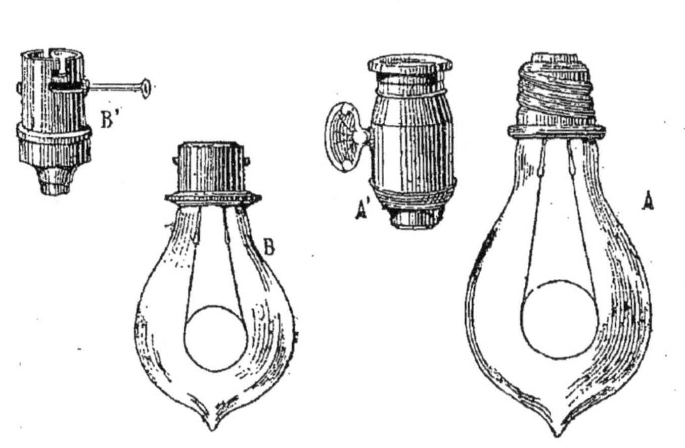

LAMPES INCANDESCENTES

A lampe à vis. — A son support. — B lampe à baïonnette. — B' son support.

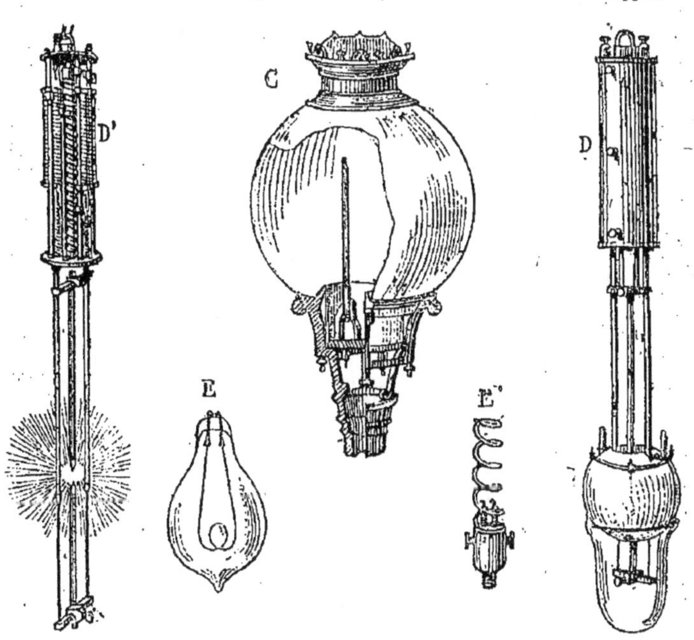

LAMPE A ARC

C bougie Jablockhoff. — D lampe Cance (élévation). — D' vis de réglage, détails de la lampe renfermés dans la boîte D. — E lampe à œillet. — E' son support.

Lucide adj. Clair, lumineux. Fig. qui a de la clarté, qui voit juste : *esprit lucide*.

Lucidité s. f. Caractère de ce qui est lucide.

Lucie (sainte), vierge chrétienne, martyrisée en 304.

Lucien, écrivain grec (120-200).

Lucifer, chef des anges rebelles; nom de la planète Vénus quand on la voit le matin.

Lucilius, poète latin (148-105 av. J.-C.).

Lucine, déesse qui présidait à la naissance des enfants (*myth.*).

Luciole s. f. Un des noms du *ver luisant*.

Lucratif, ive adj. Qui apporte du gain, du lucre : *commerce lucratif*.

Lucrativement adv. D'une manière lucrative.

Lucre s. m. Gain, profit.

Lucrèce, femme de Collatin, parent de Tarquin, roi de Rome; outragée par Sextus, fils du roi, elle se poignarda; sa mort détermina la chute de la royauté et la fondation de la république (509 av. J.-C.) — S. f. femme vertueuse.

Lucrèce, poète latin, né vers 95 av. J.-C.

Lucubration s. f. Voy. *Elucubration*.

Lucullus, général romain, consul en 74 av. J.-C.; célèbre par son luxe excessif. — S. m. Celui qui aime à traiter splendidement.

Lucumon s. m. Autrefois chef ou prince étrusque.

Ludion s. m. Petite figure qui flotte dans une carafe pleine d'eau et qu'on peut faire descendre et monter par l'effet de la pression de l'air (*phys.*).

Luette s. f. Partie charnue, saillante, à l'entrée du gosier.

Lueur s. f. Faible clarté. Fig. légère apparence.

Lugubre adj. Triste, funèbre; qui inspire la douleur, la tristesse.

Lugubrement adv. D'une manière lugubre.

Lui pron. pers. de la 3e pers. du sing. LUI-MÊME, en personne.

Luire v. n. Eclairer, répandre de la lumière; briller. Fig. se dit de l'espérance qui luit à notre esprit. — Je luis, nous luisons, je luisais; (point de *passé défini*); je luirai, je luirais; luis, luisons, luisez; que je luise; (point d'*imp.*); luisant, lui.

Luisant, e adj. Qui luit, a de l'éclat : *étoffe luisante, ver luisant*. S. m. Eclat (d'une étoffe). S. f. Etoile brillante (*astr.*).

Luitprand, roi des Lombards (712 à 744).

Lulli (J.-B.), compositeur de musique italien, nommé par Louis XIV intendant de la musique de la cour (1633-1687).

Lumachelle s. f. Espèce de marbre renfermant des débris de coquilles.

Lumbago s. m. (on pron. *lonbago*). Rhumatisme dans les lombes, dans les reins.

Lumière s. f. Fluide subtil qui rend les objets visibles; jour, clarté; bougie ou lampe allumée; petit trou à la culasse d'une arme à feu. Fig. la vie; le jour; intelligence, connaissance; publicité; indications, éclaircissements.

Lumignon s. m. Bout d'une mèche.

Luminaire s. m. Corps naturel qui éclaire.

Lumineusement adv. D'une manière lumineuse.

Lumineux, euse adj. Qui donne de la lumière. Fig. brillant, clair, net.

Lunaire adj. De la lune. S. f. Plante astringente.

Lunaison s. f. Temps d'une nouvelle lune à une autre.

Lunatique adj. et s. Qui est soumis aux influences de la lune. Fig. capricieux, fantasque.

Lundi s. m. Deuxième jour de la semaine.

Lune s. f. Planète satellite de la terre; *lune rousse*, lune d'avril. Fig. caprice (pop.); *lune de miel*, les premiers temps du mariage.

Lunette s. f. Instrument composé d'un ou de plusieurs verres pour rendre la vision plus distincte ou pour grossir les objets; orifice du siège des latrines.

Lunetier s. m. Fabricant ou marchand de lunettes.

Luni-solaire adj. Se dit, en astronomie, de ce qui est composé de la révolution du soleil et de celle de la lune.

Lunule s. f. Figure ayant la forme d'un croissant.

Lunulé, ée adj. Qui est en forme de croissant (*bot.* et *zool.*).

Lupin s. m. Sorte de plante légumineuse employée comme fourrage.

Luron, onne s. Sans souci, vigoureux, déterminé (pop).

Lustrage s. m. Opération pour lustrer.

Lustral, e adj. Qui concerne les purifications, qui sert aux purifications : *eau lustrale*. (Pl. m. *lustraux*.)

Lustration s. f. Action de purifier.

Lustre s. m. Eclat, splendeur, relief; chandelier à plusieurs branches que l'on suspend au plafond; espace de cinq années.

Lustrer v. a. Donner du lustre.

Lustreur s. m. Ouvrier qui donne le dernier apprêt à une étoffe.

Lustrine s. f. Sorte d'étoffe de soie ou de coton.

Lustroir s. m. Instrument pour nettoyer les glaces, les polir; molette.

Lut s. m. (on pr. le *t*). Enduit pour boucher des vases, des tubes, etc.

Luter v. a. Enduire de lut.

Luth s. m. Sorte d'instrument de musique à cordes.

Luther (Martin), célèbre hérésiarque, chef de la réformation religieuse en Allemagne (1483-1546).

Luthéranisme s. m. Doctrine religieuse de Luther.

Lutherie s. f. Profession, commerce, ouvrage de luthier.

Luthérien, enne adj. et s. Qui suit la doctrine de Luther; conforme à la doctrine de Luther.

Luthier s. m. Fabricant d'instruments de musique.

Lutin s. m. Esprit follet. Fig. enfant espiègle.

Lutin, ine adj. Eveillé, piquant.

Lutiner v. a. Tourmenter. V. n. Faire le lutin.

Lutrin s. m. Pupitre d'église.

Lutte s. f. Sorte d'exercice, de combat corps à corps. Fig. guerre, dispute, conflit, controverse.

Lutter v. n. Combattre à la lutte. Fig. combattre, résister.

Lutteur s. m. Qui lutte.

Luxation s. f. Déplacement d'un os hors de sa cavité.

Luxe s. m. Somptuosité. Fig. grande abondance, superfluité; parure, ornement.

Luxembourg (Henri de Montmorency-Bouteville, duc de), célèbre maréchal de France (1628-1695).

Luxembourgeois, e adj. et s. Du Luxembourg ou de la ville de ce nom.

Luxer v. a. Produire une luxation.

Luxueusement adv. Avec luxe.

Luxueux, euse adj. Qui a du luxe, où il y a du luxe.

Luxure s. f. L'un des sept péchés capitaux.

Luxuriant, e adj. Trop fertile, surabondant.

Luxurieusement adv. Avec luxure.

Luxurieux, euse adj. Lascif; impudique.

Luynes (duc de), favori de Louis XIII, connétable de France (1578-1621).

Luzerne s. f. Plante fourragère.

Luzerneux, euse adj. Qui produit de la luzerne.

Luzernière s. f. Champ de luzerne.

Lycaon, roi d'Arcadie, métamorphosé en loup par Jupiter (*myth.*).

Lycanthrope s. m. Homme atteint de lycanthropie.

Lycanthropie s. f. Maladie mentale de celui qui se croit changé en loup ou en quelque autre animal.

Lycée s. m. Lieu où Aristote donnait ses leçons; secte, école de ce philosophe. Etablissement où l'on s'occupe de littérature et de sciences; collège.

Lycéen s. m. Elève d'un lycée.

Lycographie s. f. Traité sur les loups.

Lycurgue, législateur de Sparte (884 av. J.-C.). — Orateur célèbre d'Athènes (408-426 av. J.-C.).

Lymphatique adj. Qui concerne la lymphe. Fig. mou, indolent, sans énergie.

Lymphe s. f. Humeur transparente qui circule dans certains vaisseaux du corps. *Bot.* Suc aqueux dans les plantes.

Lynx s. m. Espèce de chat sauvage auquel les anciens attribuaient une vue très perçante.

Lyre s. f. Instrument de musique à cordes; sa représentation. *Fig.* la poésie lyrique. *Astr.* Constellation boréale.

Lyrique adj. Qui se chante sur la lyre; propre à être mis en musique; qui fait des odes, etc. propres à être chantés : *poète lyrique. Théâtre lyrique*, théâtre d'opéra. S. m. Auteur, genre, talent lyrique.

Lyrisme s. m. Verve, exaltation poétique; enthousiasme outré.

Lysandre, général spartiate qui gagna sur les Athéniens la bataille d'Ægos-Potamos (m. 395 av. J.-C.).

Lysias, célèbre orateur athénien, adversaire des trente tyrans (458-378 av. J.-C.).

Lysimaque, un des capitaines d'Alexandre (362-282 av. J.-C.).

Lysippe, statuaire grec (IVe s. av. J.-C.).

M

M s. f. et m. Treizième lettre de l'alphabet. M en chiffres romains vaut 1000.

Ma adj. poss. f. Voy. *Mon.*

Mabillon, savant bénédictin (1632-1707).

Macabre adj. *Danse macabre*, où figurent des personnes de tous les états, sous la conduite de la mort, qui les enlève successivement.

Macadam s. m. (on pron. *macadame*). Voie ferrée au moyen de cailloux, inventée par l'Anglais Macadam.

Macadamisage s. m. Action, manière de macadamiser.

Macadamiser v. a. Garnir une voie de cailloux d'après le système de l'Anglais Macadam.

Macaque s. m. Genre de singe; guenon à queue courte et tête plate.

Macaron s. m. Petite pâtisserie faite d'amandes, de sucre, etc.

Macaronée s. f. Poésie burlesque mêlée de mots latins et de mots de la langue vulgaire auxquels on donnait une terminaison latine.

Macaroni s. m. Pâte sèche et cylindrique, qui se fait avec de la farine de froment, et qu'on assaisonne ordinairement avec du fromage.

Macaronique adj. En style de macaronée.

Macaulay, historien anglais (1800-1859).

Macbeth, roi d'Ecosse, régna de 1040 à 1057.

Macédoine s. f. Mélange de différents légumes ou de divers fruits. Fig. *macédoine littéraire*, mélange de morceaux divers et disparates.

Macération s. f. Action de macérer.

Macérer v. a. Faire infuser à froid une substance dans un liquide pour en extraire les principes solubles. Affliger son corps par des austérités.

Machabée (Mathathias), chef des Hébreux, dirigea la résistance contre Antiochus Epiphane (167 av. J.-C.). — Ses fils s'illustrèrent : JUDAS, 167 à 161 av. J.-C. — JONATHAS, 158 à 143 av. J.-C. — SIMON, 136 à 133 av. J.-C.

Machabées (les), nom de sept frères qui souffrirent le martyre avec leur mère sous Antiochus Epiphane (164 av. J.-C.).

Machabées s. m. pl. (on pron. *macabé*). Les deux derniers livres de l'Ancien Testament.

Mâche s. f. Herbe potagère qu'on mange en salade.

Mâchecoulis ou **Mâchicoulis** s. m. Galerie saillante au sommet d'un mur, avec des ouvertures par lesquelles on peut jeter des projectiles sur les assiégeants, dans les fossés.

Mâchefer s. m. Scories qu'on trouve dans les foyers où l'on brûle de la houille.

MACHINE A VAPEUR

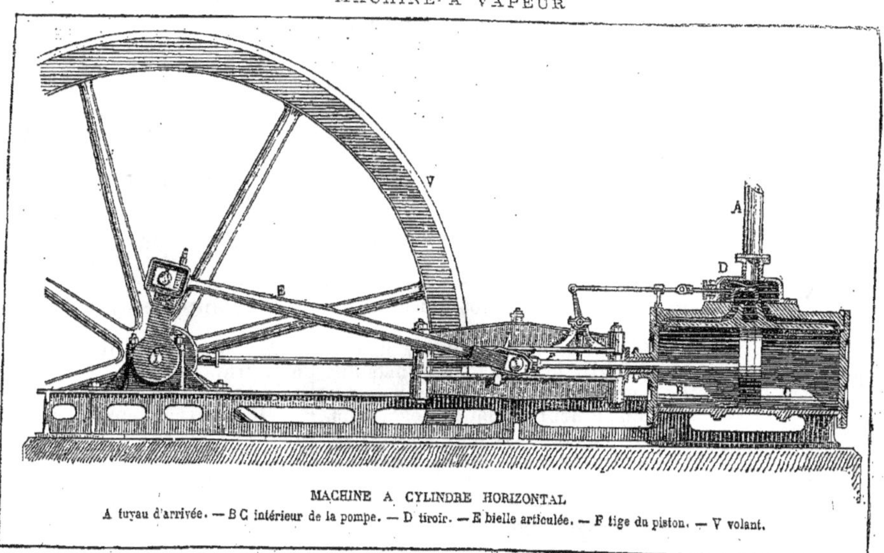

MACHINE A CYLINDRE HORIZONTAL

A tuyau d'arrivée. — B C intérieur de la pompe. — D tiroir. — E bielle articulée. — F tige du piston. — V volant.

Mâchelier, ère adj. Qui appartient aux mâchoires. *Dents mâchelières*, les molaires des herbivores.

Mâcher v. a. Broyer avec les dents. Fig. préparer : *mâcher la besogne*.

Mâcheur, euse s. Qui mâche; qui mange beaucoup.

Machiavel (on pron. *ma-ki-avèle*), homme d'Etat et historien italien (1469-1527).

Machiavélique (on pron. *makiavélik*) adj. Digne de Machiavel, astucieux, perfide.

Machiavélisme s. m. Système politique de Machiavel; astuce, déloyauté.

Machiavéliste s. Qui pratique le machiavélisme.

Mâchicoulis. Voy. *Mâchecoulis*.

Machinal, e adj. Qui tient de la machine ; produit sans réflexion, par le simple jeu des organes : *mouvement machinal*.

Machinalement adv. D'une manière machinale.

Machinateur, trice s. Qui machine un complot, un mauvais dessein.

Machination s. f. Action de machiner un complot, un mauvais dessein.

Machine s. f. Engin, instrument, outil, combinaison, ensemble de forces motrices pour tirer, lever, traîner, lancer quelque chose, communiquer le mouvement à un objet, mettre en jeu un agent comme le feu, l'eau, l'électricité, etc.; outil, instrument quelconque. Fig. personne sans esprit, sans volonté; moyens employés pour faire réussir une affaire. *Machine à vapeur*, machine dans laquelle la vapeur est employée comme force motrice. *Machine électrique*, appareil destiné à produire de l'électricité. *Machine infernale*, engin de destruction dirigé contre Bonaparte en 1800 et Louis-Philippe en 1835.

Machiner v. a. Former secrètement de mauvais desseins : *machiner une trahison*.

Machiniste s. m. Celui qui invente, construit ou conduit des machines.

Mâchoire s. f. Partie de la bouche dans laquelle les dents sont enchâssées. Fig. homme d'un esprit lourd (pop.).

Mâchonner v. a. Mâcher avec difficulté ou négligemment. Fig. *mâchonner les mots*, les mal articuler.

Mâchurer v. a. Barbouiller de noir: *mâchurer du papier;* ne pas tirer net (*impr.*).

Macis s. m. Ecorce intérieure de la noix muscade : *huile de macis*.

Mackau (de), amiral français (1788-1855).

Mac-Mahon (de), duc de Magenta, maréchal de France, né à Sully (Saône-et-Loire), en 1808, élu président de la République pour 7 ans (1873), en remplacement de M. Thiers, donna sa démission le 30 janvier 1879.

Maçon s. m. Ouvrier qui travaille aux ouvrages de construction où on emploie de la pierre, du plâtre. Fig. ouvrier qui travaille grossièrement.

Maçonnage s. m. Travail du maçon.

Maçonner v. a. Travailler à une construction en employant de la pierre, du plâtre, etc. Fig. travailler grossièrement.

Maçonnerie s. f. Ouvrage du maçon.

Maçonnique adj. Qui appartient à la franc-maçonnerie.

Macreuse s. f. Oiseau aquatique.

Macrin, empereur romain, m. en 218.

Macrobe, philosophe et grammairien latin, vivait vers l'an 400.

Maculature s. f. Action de maculer; feuille de papier maculée (*impr.*); feuille de papier servant d'enveloppe.

Macule s. f. Souillure, tache sur le disque du soleil.

Maculer v. a. et n. Tacher, barbouiller.

Madame s. f. Titre que l'on donne aux femmes mariées, aux religieuses, aux filles de maison souveraine; titre que l'on donnait autrefois à la fille aînée du roi ou du dauphin et à la femme du frère du roi. (Pl. *mesdames*.)

Madapolam s. m. Espèce de calicot.

Madéfaction s. f. Action d'humecter.

Madéfier v. a. *Pharm.* Humecter une substance,

Madeleine s. f. Sorte de petit gâteau ; espèce de poire.

Madeleine (sainte MARIE-), pécheresse convertie à la vue des miracles de Jésus-Christ.

Madelonnettes (les), maison religieuse fondée à Paris en 1618 pour servir de refuge aux filles repentantes, et placée sous la protection de sainte Madeleine; elle fut convertie en prison en 1793.

Mademoiselle s. f. Titre qu'on donne aux filles non mariées; titre qu'on donnait autrefois à la fille aînée de Monsieur, frère du roi, ou à la première princesse du sang non mariée. (Pl. *mesdemoiselles.*)

Madgyars, nom sous lequel on désigne les Hongrois.

Madianites, peuple idolâtre, imposa aux Hébreux une captivité de sept années à laquelle mit fit Gédéon.

Madone s. f. Représentation de la sainte Vierge.

Madrague s. f. Enceinte de filets pour prendre les thons.

Madras s. m. Étoffe de soie et de coton qui était primitivement fabriquée à Madras.

Madré, ée adj. Tacheté. Fig. adj. et s. fin, rusé.

Madrépore s. m. Genre de polypiers pierreux.

Madrier s. m. Planche de chêne très épaisse.

Madrigal s. m. Sorte de petite pièce de vers.

Madrilène adj. et s. De Madrid.

Madrure s. f. Tache, bigarrure sur la peau ou sur le bois.

Maestro s. m. (mot italien signifiant *maître*). Se dit d'un habile compositeur de musique.

Mafflé, ée ou **mafflu, ue** adj. Qui a de grosses joues.

Magasin s. m. Lieu où sont amassées des marchandises, des provisions ou des munitions de guerre. Fig. recueil.

Magasinage s. m. Séjour de marchandises dans un magasin.

Magasinier s. m. Celui qui garde le magasin; registre du magasin.

Mage s. m. Prêtre, homme savant en astrologie ou philosophie chez les anciens Perses.

Magellan (Fernand), navigateur portugais, qui le premier fit le tour du monde; m. 1521.

Magendie, célèbre médecin et physiologiste français (1783-1855).

Magicien, enne s. Qui fait profession de magie: personne dont le talent produit des effets merveilleux.

Magie s. f. Art d'opérer, par des moyens surnaturels, des effets merveilleux; sorcellerie; illusion produite par l'art.

Magique adj. De la magie; qui fait illusion, étonne, enchante.

Magisme s. m. Ancienne religion des Mages.

Magister s. m. (on pron. *magistère*). Maître d'école de village.

Magistère s. m. Dignité du grand maître de Malte; temps que durait son autorité; poudre médicinale.

Magistral, e adj. Qui tient du maître; qui lui convient; fait de main de maître, digne d'un habile maître.

Magistralement adv. D'un ton, d'un air magistral.

Magistrat s. m. Officier civil revêtu d'une autorité judiciaire ou administrative; membre d'une cour de justice.

Magistrature s. f. Charge, dignité de magistrat; sa durée; le corps entier des magistrats.

Magnan s. m. Ver à soie.

Magnanerie ou **Magnanière** s. f. Lieu où l'on élève les vers à soie.

Magnanier s. m. Celui qui élève des vers à soie.

Magnanime adj. Qui a l'âme grande, généreuse.

Magnanimement adv. Avec magnanimité.

Magnanimité s. f. Grandeur d'âme.

Magnat s. m. (on pron. *mag-na*). Se disait en Pologne et en Hongrie des grands du royaume.

Magnence (on pron. *mag-nance*), empereur d'Occident (350-353).

Magnésie s. f. Terre absorbante, blanche, très légère, insipide, insoluble dans l'eau (*chim.*).

Magnésien, enne adj. Qui est

de la nature de la magnésie, qui en contient.

Magnesium s. m. (on pron. *ma-gné-siomm*). L'un des corps simples de la chimie.

Magnétique adj. De l'aimant.

Magnétiser v. a. Communiquer ou développer le magnétisme animal.

Magnétiseur s. m. Qui magnétise.

Magnétisme s. m. Propriété de l'aimant. Fluide qui, dit-on, agit sur les sens et l'imagination, et produit divers phénomènes; procédés par lesquels on produit ces phénomènes.

Magnificat s. m. (on pron. *mag-nificate*). Cantique de la Vierge qu'on chante aux vêpres et au salut.

Magnificence s. f. Qualité de ce qui est magnifique; somptuosité; splendeur. Pl. Choses magnifiques; dépenses éclatantes.

Magnifier v. a. (on pron. *mag-nifier*). Louer, exalter la grandeur (de Dieu).

Magnifique adj. Somptueux; splendide; beau; sublime; élevé. S. m. Personne qui aime l'éclat, la magnificence.

Magnifiquement adv. Avec magnificence.

Magnolier ou **Magnolia** s. m. Arbre d'Amérique, remarquable par la beauté de ses fleurs.

Magnus, nom de plusieurs rois de Norvège, de 1042 à 1185.

Magot s. m. Gros singe du genre des macaques; figure grotesque en porcelaine de Chine; homme fort laid ou grossier dans ses manières; amas d'argent caché.

Mahmoud Ier, sultan des Turcs Ottomans (1730 à 1754). — MAHMOUD II, sultan des Turcs (1808-1839).

Mahomet, fondateur de la religion musulmane (571-632).

Mahomet Ier, sultan ottoman, de 1413 à 1421. — MAHOMET II, sultan ottoman, de 1451 à 1484; s'empara de Constantinople (1453), dont il fit sa capitale. — MAHOMET III, sultan ottoman, de 1595 à 1603. — MAHOMET IV, sultan ottoman en 1649, déposé en 1687, m. en prison en 1691.

Mahométan, ane adj. et s. Qui appartient au mahométisme, qui le professe.

Mahométisme s. m. Religion de Mahomet.

Mai s. m. 5e mois de l'année. Arbre enrubanné qu'on plantait devant une maison en signe d'honneur.

Maie s. f. Huche, pétrin.

Maigre adj. Sec, qui n'a pas de graisse. Fig. aride, peu productif, peu abondant; pauvre, grêle, mesquin. S. m. La partie de la chair où il n'y a point de gras; aliments maigres. *Jour maigre, repas maigre*, où l'on ne mange pas de viande.

Maigre s. m. Sorte de poisson de mer.

Maigrelet, ette adj. Un peu maigre.

Maigrement adv. Chétivement, petitement.

Maigret, ette adj. Diminutif de maigre.

Maigreur s. f. Etat d'un corps maigre. Fig. sécheresse; défaut d'ampleur, de moelleux, de grâce.

Maigrir v. n. Devenir maigre. V. a. Rendre maigre.

Mail s. m. (*l* m.) Maillet pour jouer aux boules; le jeu du mail; le lieu où on le joue.

Maille s. f. (*ll* m.) Ancienne petite monnaie de billon. *N'avoir ni sou ni maille*, être dans une extrême pauvreté. *Avoir maille à partir avec quelqu'un*, avoir un différend sur très peu de chose. Petit anneau dont plusieurs réunis forment un tissu; chacun des annelets de fer d'une armure défensive : *cotte de mailles*. Moucheture sur les plumes du perdreau.

Maillechort s. m. (*ll* m.) Alliage de cuivre, de zinc et de nickel, imitant l'argent.

Mailler v. a. (*ll* m.) Faire des mailles; espacer également les tringles de bois destinées à former un treillage. SE MAILLER v. pr. Prendre des mailles ou mouchetures, en parlant des perdreaux.

Maillet s. m. (*ll* m.) Marteau de bois à deux têtes.

Mailleter v. a. (*ll* m.) *Mar.* Couvrir de clous le doublage d'un vaisseau.

Mailloche s. f. (*ll* m.) Gros maillet de bois.

Maillot s. m. (*ll* m.) Langes dont

on enveloppe un enfant au berceau; sorte de pantalon collant que mettent les danseurs et danseuses de théâtre.

Maillotins, nom donné à un parti de rebelles sous la minorité de Charles VI.

Maillure s.f. (*ll m.*) Mouchetures sur les plumes d'un oiseau de proie.

Main s. f. Partie du corps humain qui termine le bras; cahier de 25 feuilles de papier. Fig. puissance, vertu, dépendance. *Coup de main*, entreprise hardie et vivement conduite. *A pleines mains*, abondamment. *Sous main*, en cachette.

Main-chaude s. f. Sorte de jeu.

Main-coulante s. f. Bande de bois dont la rampe d'un escalier est recouverte.

Main-courante s. f. Registre, cahier où l'on inscrit les achats et les dépenses de chaque jour.

Main de justice s. f. Sceptre surmonté d'une main.

Main-d'œuvre s. f. Travail, façon de l'ouvrier.

Main-forte s. f. Aide à la justice; assistance donnée à l'autorité. [sie.

Mainlevée s. f. Levée de sai-

Mainmise s. f. Saisie.

Mainmortable adj. et s. Sujet au droit de mainmorte.

Mainmorte s. f. Servitude féodale; état de ceux qui ne pouvaient disposer de leurs biens.

Maint, e adj. Plus d'un; plusieurs.

Maintenant adv. Actuellement, à cette heure.

Maintenir v. a. Tenir ferme et fixe; conserver dans le même état, la même position; protéger, soutenir; affirmer.

Maintenon (Fr. d'Aubigné, marquise de), née en 1635, épousa le poète Scarron. Gouvernante des enfants de Mme de Montespan, elle plut à Louis XIV, qui l'épousa secrètement (1684). Elle fonda la maison de Saint-Cyr, où l'on élevait les jeunes filles nobles et pauvres; m. en 1719.

Maintenue s. f. Acte qui maintient; confirmation dans une possession disputée.

Maintien s. m. Conservation; contenance.

Maire s. m. Premier officier municipal d'une commune, d'un arrondissement. *Maire du palais*, ministre qui gouvernait l'État sous les rois mérovingiens.

Mairie s. f. Charge du maire; siège des bureaux d'une administration municipale; commune.

Mais conj. Qui marque opposition, différence, augmentation ou diminution, et qui sert de transition pour revenir à une idée, à un sujet. Adv. *N'en pouvoir mais*, n'en pouvoir davantage.

Maïs s. m. Blé de Turquie.

Maison s. f. Bâtiment qui sert d'habitation; famille, race; officiers et gardes d'un souverain; gens attachés au service d'une maison; établissement commercial. *Petites maisons*, hôpital de fous.

Maisonnée s. f. Fam. Tous les individus d'une famille qui habitent la même maison.

Maisonnette s. f. Petite maison.

Maistrance s. f. Classe des premiers sous-officiers de marine.

Maistre (Joseph de), philosophe religieux, né à Chambéry (1754-1821). — De Maistre (Xavier), frère du précédent, écrivain (1764-1852).

Maître s. m. Celui qui a des serviteurs, des ouvriers, qui commande, propriétaire; qui enseigne; savant; expert. Titre donné aux avocats, aux chefs de certains ordres, aux grands peintres, aux grands musiciens, etc. *Etre passé maître*, avoir beaucoup d'habileté.

Maîtresse s. f. Ce mot prend presque toutes les acceptions du mot *maître*. Fam. *Une maîtresse femme*, femme qui a de la tête, du caractère, de l'ascendant.

Maîtrise s. f. Qualité de maître dans les métiers, dans certaines charges; emploi de maître de chapelle dans une église cathédrale; maison où l'on instruit les enfants de chœur.

Maîtriser v. a. Dominer, assujétir, soumettre; gouverner à son gré, tourner à son avantage.

Majesté s. f. Grandeur suprême, caractère auguste, grandiose; titre donné aux souverains et aux souveraines.

Majestueusement adv. Avec majesté.

Majestueux, euse adj. Qui a de la majesté.

Majeur, e s. et adj. Qui est parvenu à l'âge de majorité; plus grand, considérable, très important; irrésistible.

Majeure s. f. Première proposition d'un syllogisme. *Théol.* Acte soutenu en théologie pour la licence.

Major s. m. Officier supérieur dirigeant l'administration et la comptabilité d'un régiment. Adj. m. *Adjudant-major*, officier chargé de la police et de la direction des manœuvres dans un régiment. *Sergent-major*, sous-officier qui a l'administration d'une compagnie. *Tambour-major*, le chef des tambours d'un régiment.

Majorat s. m. Immeuble inaliénable attaché à la possession d'un titre de noblesse.

Majordome s. m. Maître d'hôtel en Espagne et en Italie; officier de marine qui a soin des vivres.

Majorité s. f. Etat du majeur; âge où l'on entre en exercice de ses droits civils : *atteindre sa majorité;* le plus grand nombre (de suffrages, etc.); le parti dominant dans une assemblée délibérante.

Majuscule s. et adj. Lettre capitale.

Mal s. m. Le contraire du bien; défaut, vice; mauvaise action; douleur; maladie locale; malheur; travail, peine. Adv. Autrement qu'on ne doit, de mauvaise manière.

Malachie, le dernier des petits prophètes.

Malacie s. f. *Méd.* Appétit dépravé.

Malactique adj. et s. m. Emollient; remède émollient.

Malade adj. et s. Qui ne jouit pas d'une bonne santé; qui a quelque maladie.

Maladie s. f. Privation, altération de la santé; épidémie; affection déréglée pour quelque chose.

Maladif, ive adj. Valétudinaire; sujet à être malade.

Maladrerie s. f. Hôpital pour les lépreux.

Maladresse s. f. Manque d'adresse, gaucherie, bévue.

Maladroit, e adj. et s. Qui manque d'adresse.

Maladroitement adv. D'une manière maladroite.

Malaga s. m. Vin qu'on récolte à Malaga.

Malagma ou **malagme** s. m. Cataplasme émollient.

Malaguette ou **maniguette** s. f. Sorte de poivre.

Malai ou **malais** s. m. Langue la plus pure de l'Inde orientale.

Malaire adj. Qui appartient à la joue.

Malaise s. m. Etat fâcheux, déplaisant; pauvreté, détresse.

Malaisé, ée adj. Difficile, incommode; gêné dans sa fortune.

Malaisément adv. Difficilement, avec peine.

Malandre s. f. Crevasse au pli du genou du cheval; nœuds pourris dans le bois de charpente.

Malandreux, euse adj. Qui a des malandres.

Malandrie s. f. Sorte de lèpre.

Mal-appris, e s. et adj. Mal élevé, sans usage; grossier.

Mal à propos loc. adv. A contretemps.

Malart s. m. Mâle de la cane sauvage.

Malavisé, ée adj. et s. Imprudent, indiscret.

Malaxation s. f. Action de malaxer.

Malaxer v. a. Amollir, en maniant, en pétrissant.

Malbâti, ie adj. et s. Mal fait, mal tourné.

Malebranche (Nicolas), philosophe français (1638-1715).

Malcontent, e adj. Mécontent.

Maldisant, e adj. et s. Qui aime à dire du mal des autres.

Mâle s. m. Tout être du sexe masculin. Adj. Vigoureux, énergique.

Malebête s. f. Méchante bête; personne dangereuse.

Malédiction s. f. Action de maudire; imprécation; fatalité.

Maléfice s. m. Action par laquelle on est censé nuire à l'aide de moyens surnaturels ou cachés.

Maléficié, ée adj. En butte à l'action d'un maléfice; languissant, maltraité.

Maléfique adj. Qui a une influence maligne (en parlant des planètes).

Malemort s. f. Mort funeste.

Malencontre s. f. Mauvaise rencontre; accident fâcheux.

Malencontreusement adv. Par malencontre.

Malencontreux, euse adj. Sujet à des revers, à des accidents; qui porte malheur.

Mal-en-point adv. En mauvais état de santé ou de fortune.

Malentendu s. m. Parole, action mal interprétée; méprise.

Malepeste. Sorte d'interjection, d'imprécation, marquant de l'étonnement (fam.).

Malesherbes (de Lamoignon de), défenseur de Louis XVI devant la Convention (1721-1794).

Mal-être s. m. Indisposition vague.

Malévole adj. Malveillant. Fam. et peu usité.

Malfaçon s. f. Ce qu'il y a de mal fait dans un ouvrage; mauvaise façon d'agir; supercherie.

Malfaire v. n. Faire de mauvaises actions. (N'est usité qu'à l'infinitif.)

Malfaisance s. f. Disposition à faire du mal.

Malfaisant, e s. et adj. Qui se plaît à mal faire; nuisible.

Malfaiteur, trice s. Dont les habitudes ou les actions sont criminelles.

Malfamé, ée adj. Qui a mauvaise réputation.

Malgracieusement adv. De mauvaise grâce (vx.).

Malgracieux, euse adj. Incivil, rude (vx.).

Malgré prép. Contre le gré de; nonobstant.

Malhabile s. et adj. Qui manque d'habileté, d'adresse, d'intelligence.

Malhabilement adv. D'une manière malhabile.

Malhabileté s. f. Défaut d'habileté, d'adresse.

Malherbe (François de), célèbre poète français (1555-1628).

Malheur s. m. Mauvaise fortune; accident fâcheux; revers, désastre.

Malheureusement adv. D'une manière malheureuse.

Malheureux, euse s. et adj. Qui n'est pas heureux; qui a du malheur; funeste, fâcheux; digne de pitié; pauvre, méchant et vil.

Malhonnête s. et adj. Qui n'est point honnête; incivil.

Malhonnêtement adv. Sans probité, avec impolitesse.

Malhonnêteté s. f. Action, parole contraire à la probité ou à la politesse.

Malice s. f. Inclination à mal faire, à nuire, à contrarier; disposition à la gaieté et à la plaisanterie; action faite, parole dite pour badiner.

Malicieusement adv. Avec malice.

Malicieux, euse adj. Qui a de la malice; où il y a de la malice.

Malignement adv. Avec malignité.

Malignité s. f. Inclination à penser, à dire, à faire du mal.

Malin, igne s. et adj. Qui prend plaisir à penser, à dire ou à faire du mal; fin, rusé, nuisible.

Maline s. f. Temps des grandes marées.

Malines s. f. Dentelles très fines fabriquées en Belgique et principalement à Malines.

Malingre adj. D'une complexion délicate et maladive.

Malintentionné, ée s. et adj. Qui a de mauvaises intentions.

Malique adj. Se dit d'un acide tiré des fruits.

Malitorne s. et adj. Pop. Mal tourné; grossier; gauche (vx.).

Malle s. f. Coffre servant à renfermer les effets du voyageur; grand panier; malle-poste.

Malle-poste s. f. Voiture qui transporte les lettres et dépêches.

Malléabilité s. f. Qualité de ce qui est malléable.

Malléable adj. Qui est dur et ductile, qu'on peut forger et étendre à coups de marteau.

Malléole s. f. Os de la cheville du pied.

Malletier s. m. Ouvrier qui fait des malles, des coffres.

Mallette s. f. Petite malle; sac de toile.

Malmener v. a. Maltraiter; réprimander durement.

Malotru, ue adj. et s. Mal bâti; mal appris; maussade, grossier.

Malpeigné, ée s, et adj. Qui est malpropre, en désordre.

Malplaisant, e adj. Désagréable (vx.).

Malpropre adj. Qui manque de propreté; sale.

Malproprement adv. D'une manière malpropre.

Malpropreté s. f. Défaut de propreté, saleté.

Malsain, e adj. Qui n'est pas sain; contraire à la santé.

Malséant, e adj. Qui est contre la bienséance; peu convenable.

Malsonnant, e adj. Contraire à la morale, à l'orthodoxie, à la bienséance; téméraire; choquant.

Malt s. m. Orge préparée pour faire de la bière.

Malthus, économiste anglais (1766-1834).

Maltôte s. f. Perception d'un droit qui n'est pas dû, qui est illégal.

Maltôtier s. m. Celui qui perçoit la maltôte.

Maltraiter v. a. Traiter durement, en paroles ou en actions; causer un dommage.

Malveillance s. f. (*ll* m.) Mauvais vouloir.

Malveillant, e adj. et s. (*ll* m.) Animé de mauvaises dispositions.

Malversation s. f. Faute grave commise par cupidité dans l'exercice d'une fonction.

Malverser v. n. Commettre des malversations.

Malvoulu, ue adj. A qui l'on veut du mal.

Maman s. f. (mot enfantin). Mère. *Grand'maman, bonne maman*, grand'mère.

Mamelle s. f. Organe glanduleux où se forme le lait.

Mamelon s. m. Extrémité de la mamelle. Fig. petit monticule arrondi.

Mamelonné, ée adj. Couvert de petites éminences (*hist. nat.*).

Mameloulk ou mameluk s. m. Soldat d'une milice à cheval formée en Egypte d'esclaves affranchis et qui domina ce pays de 1251 à 1811. Les Mamelouks furent massacrés en 1811 par ordre de Méhémet-Ali.

Mamertins s. m. pl. Mercenaires qui, s'étant établis en Sicile, y appelèrent les Romains et devinrent l'occasion de la première guerre Punique.

Mamillaire adj. Qui a la forme d'un mamelon (*hist. nat.*).

Mammaire adj. Qui a rapport aux mamelles : *glandes mammaires*.

Mammifère adj. Qui a des mamelles. S. m. pl. Classe des animaux à mamelles.

Mammouth s. m. Eléphant dont l'espèce a disparu et dont on retrouve les ossements près des grandes rivières de Sibérie.

Manant s. m. Paysan (vx.). Homme grossier.

Manassé, fils aîné de Joseph, fut adopté par Jacob et devint le chef d'une des 12 tribus d'Israël.

Manassès, roi de Juda (694-640 av. J.-C.).

Manceau, celle adj. et s. Qui est du Mans.

Mancenillier s. m. Arbre des Indes.

Manche s. f. Partie du vêtement qui enveloppe le bras. Fig. ce qui ressemble à une manche; bras de mer resserré entre deux terres.

Manche s. m. Poignée d'un outil, d'un instrument.

Mancheron s. m. Poignée d'un manche de charrue.

Manchette s. f. Ornement du poignet de la chemise; notes à la marge d'un texte imprimé.

Manchon s. m. Fourrure en manche pour mettre les mains et les garantir du froid; cylindre dans lequel entrent deux bouts de tube qu'il sert à unir.

Manchot, ote adj. et s. Privé d'une main, d'un bras. Fig. *N'être pas manchot*, être fin, adroit. S. m. Oiseau palmipède.

Mancini, nom de cinq nièces du cardinal Mazarin, célèbres à divers titres au dix-septième siècle.

Mandane, fille d'Astyage, mère de Cyrus.

Mandant s. m. Celui qui, par un mandat, donne pouvoir à un autre d'agir en son nom.

Mandarin s. m. Fonctionnaire chinois.

Mandarine s. f. Sorte de petite orange très parfumée.

Mandat s. m. Acte par lequel

une personne donne à une autre personne le pouvoir de parler ou d'agir en son nom ; ordre de payer une certaine somme à une personne désignée. MANDAT D'AMENER, ordre de comparaître devant un juge. MANDAT D'ARRÊT, ordre d'arrêter et de conduire en prison.

Mandataire s. Qui est chargé d'un mandat.

Mandater v. a. Délivrer un mandat pour le payement d'une somme.

Mandement s. m. Ordre par lequel on mande ; lettre d'un évêque à ses diocésains.

Mander v. a. Donner ordre de venir; envoyer dire, faire savoir.

Mandibule s. f. Mâchoire, surtout la mâchoire inférieure.

Mandoline s. f. Instrument de musique, à cordes*.

Mandore s. f. Sorte de luth qu'on touche avec les doigts.

Mandrill s. m. Espèce de singe de la Guinée.

Mandrin s. m. Arbre du tour; poinçon avec lequel on perce les métaux à chaud.

Mandubiens s. m. pl. Peuple de l'ancienne Gaule (Bourgogne).

Manducation s. f. Action de manger.

Manéage s. m. Travail gratuit des matelots pour charger ou décharger un navire.

Manège s. m. Exercice du cheval pour le dresser; lieu où l'on dresse les chevaux, où l'on enseigne l'équitation. Fig. manière d'agir adroite et artificieuse.

Mânes s. m. pl. Ombres, âmes des morts chez les anciens.

Manès, hérésiarque né en Perse, fondateur de la secte des Manichéens (240-274).

Manfred ou **Mainfroi**, roi de Naples et de Sicile (1258-1266).

Manganèse s. m. Métal grisâtre, très dur, mais cassant (*chim.*).

Mangeable adj. Qui peut se manger; bon à manger.

Mangeaille s. f. (*ll* m.) Nourriture d'animaux domestiques, et au fig. fam. de l'homme.

Mangeant, e adj. Qui mange.

Mangeoire s. f. Auge où mangent les chevaux, les bêtes de somme, etc.

Manger v. a. Mâcher et avaler les aliments ; détruire, ronger. Fig. dépenser, dissiper : *manger son bien. Manger quelqu'un des yeux*, le regarder avec tendresse ; *manger ses mots*, ne pas les bien prononcer. SE MANGER v. pr. Être mangé ; se dévorer.

Manger s. m. Ce qu'on mange, ce dont on se nourrit.

Mangerie s. f. Action de manger. Fig. frais de chicane, exactions (pop.).

Mange-tout s. m. Fam. Dissipateur. (Invar. au pl.) POIS MANGE-TOUT, sorte de pois dont la cosse se mange.

Mangeur, euse s. Qui mange beaucoup. Fig. dissipateur, prodigue (fam.).

Mangeure s. f. (on pron. *manjure*). Endroit mangé d'une étoffe, d'un pain, etc.

Mangue s. f. Fruit du manguier.

Manguier s. m. Arbre du Brésil et des Indes.

Maniable adj. Aisé à manier. Fig. traitable, doux : *caractère maniable.*

Maniaque adj. et s. Possédé d'une manie.

Manichéen, enne adj. et s. Qui adopte le manichéisme.

Manichéisme s. m. Doctrine de Manès, qui admet deux premiers principes, un bon et un mauvais.

Manie s. f. Folie dans laquelle l'imagination est frappée d'une idée fixe. Fig. passion excessive; habitude bizarre.

Maniement ou **Manîment** s. m. Action de manier. Fig. administration, gestion.

Manier v. a. Prendre, toucher avec la main, se servir de : *manier un outil, une arme, la plume.* Fig. conduire, administrer, gérer. SE MANIER v. pr. Être régi, conduit.

Manière s. f. Façon, sorte, usage, coutume ; espèce, apparence ; façon d'écrire, de dessiner, de peindre ; affectation. Pl. tenue du corps.

Maniéré, ée adj. Affecté dans ses manières. Fig. trop recherché : *auteur, style maniéré.*

Maniérisme s. m. Défaut de celui qui s'abandonne au genre maniéré.

Maniériste adj. et s. Qui est maniéré.

Manieur s. m. Qui manie beaucoup d'argent (fam.).

Manifestation s. f. Action de manifester; ses effets.

Manifeste adj. Evident, notoire: *erreur manifeste*. S. m. Ecrit public par lequel un souverain, un chef de parti rend compte de sa conduite.

Manifestement adv. Evidemment.

Manifester v. a. Faire connaître. SE MANIFESTER v. pr. Se montrer, se faire connaître.

Manigance s. f. Petite manœuvre secrète (fam.).

Manigancer v. a. Tramer une petite ruse (fam.).

Manioc s. m. Arbrisseau d'Amérique, dont la racine fournit la cassave.

Manipulaire s. m. Chef d'un manipule.

Manipulateur s. m. Celui qui manipule.

Manipulation s. f. Manière d'opérer en certains arts.

Manipule s. m. Dixième partie d'une cohorte romaine; ornement au bras gauche du prêtre célébrant la messe.

Manipuler v. a. Arranger, mêler, pétrir avec la main.

Manique s. f. Espèce de gant dont se servent certains ouvriers.

Manitou s. m. Esprit, divinité des sauvages de l'Amérique septentrionale.

Maniveau s. m. Petit panier d'osier sur lequel on étend, pour les vendre, les champignons, les fraises, etc.

Manivelle s. f. Pièce de fer ou de bois, composée de deux branches à angle droit, pour tourner une roue, un essieu, etc.

Manlius CAPITOLINUS, Romain célèbre qui précipita du Capitole les Gaulois qui tentaient de s'en emparer (390). Accusé d'aspirer à la royauté, il fut précipité du haut de la roche Tarpéienne (382). — MANLIUS TORQUATUS, Romain ainsi nommé parce qu'il prit le collier (*torques*) d'un Gaulois qu'il avait tué dans un combat singulier (361 av. J.-C.).

Manne s. f. Suc congelé, purgatif, de certains végétaux; nourriture miraculeuse que Dieu envoya aux Israélites dans le désert.

Manne s. f. Panier d'osier plus long que large.

Mannequin s. m. Panier long et étroit; figure imitant le corps humain. Fig. homme sans caractère, que l'on fait mouvoir comme on veut.

Mannequiné, ée adj. Peint, qui sent l'affectation, le mannequin.

Mannette s. f. Petite manne.

Manœuvre s. f. Exercice qu'on fait faire aux soldats pour leur apprendre le maniement des armes et les diverses évolutions; mouvement combiné de troupes; art de gouverner un vaisseau; cordage. Fig. brigue, intrigue. S. m. Aide-maçon. Fig. mauvais artiste.

Manœuvrer v. a. et n. Faire exécuter des mouvements à; exécuter des mouvements. Fig. prendre des mesures pour réussir.

Manœuvrier s. m. Celui qui entend bien la manœuvre des troupes ou des vaisseaux.

Manoir s. m. Autrefois, habitation entourée de terres.

Manomètre s. m. Appareil destiné à indiquer la tension de la vapeur à des températures données.

Manou, premier législateur des Indiens (XIIe ou XVe siècle av. J.-C.).

Manouvrier s. m. Ouvrier qui travaille de ses mains et à la journée.

Manquant, e adj. et s. Qui manque, qui est en moins.

Manque s. m. Défaut, absence. MANQUE DE loc. prép. Faute de.

Manqué, ée adj. Défectueux; sans talent, avorté : *poète manqué*.

Manquement s. m. Défaut, manque.

Manquer v. n. Faillir, tomber en faute; ne pas s'acquitter de ce qu'on doit; défaillir; être absent, être de moins. *Manquer à*, ne pas faire ce qu'on doit. V. a. Ne pas trouver; laisser échapper; ne pas atteindre.

Mansard ou **Mansart** (François), célèbre architecte français (1598-1666).

Mansarde s. f. Petit logement pratiqué dans un comble.

Mansardé, ée adj. Disposé en mansarde.

Manse s. f. *Féod.* Etendue de terrain nécessaire pour l'entretien d'une famille.

Mansuétude s. f. Bénignité, douceur d'âme.

Mante s. f. Vêtement de femme, ample et sans manches; genre d'insectes.

Manteau s. m. Vêtement ample que l'on met par-dessus les habits. Fig. prétexte. *Manteau de cheminée*, saillie de la cheminée.

Mantegna (André), célèbre peintre italien (1430-1506).

Mantelet s. m. Petit manteau, petite mante. Fig. ancienne machine de guerre; tablier de cuir des carrosses.

Mantille s. f. (*ll* m.) Sorte de mantelet, petite mante.

Manuce, famille de célèbres imprimeurs vénitiens : *Alde* l'Ancien (1449-1515); *Paul*, son fils (1512-1574); *Alde* le Jeune, fils de Paul (1547-1597).

Manuel s. m. Petit livre que l'on peut toujours avoir à la main ou sous la main.

Manuel, elle adj. Qui se fait avec la main.

Manuel Comnène, empereur grec; m. 1180.

Manuellement adv. Avec la main; de la main à la main.

Manufacture s. f. Fabrication d'ouvrages manuels; lieu où on les fabrique.

Manufacturer v. a. Fabriquer en manufacture.

Manufacturier s. m. Propriétaire ou ouvrier d'une manufacture.

Manufacturier, ière adj. De manufacture, qui a rapport à la fabrication.

Manumission s. f. Affranchissement d'un esclave, d'un serf, etc.

Manuscrit, e adj. et s. m. Ecrit à la main.

Manutention s. f. Administration, maintien, conservation; établissement où se fabrique le pain pour la troupe.

Manutentionnel, elle adj. De la manutention.

Mappemonde s. f. Carte des deux hémisphères du globe.

Maquereau s. m. Sorte de poisson de mer.

Maquette s. f. Petit modèle informe d'un ouvrage de ronde-bosse (t. de *sculpture*).

Maquignon s. m. Marchand de chevaux. Fig. celui qui intrigue pour des mariages, des ventes, etc.

Maquignonnage s. m. Métier de maquignon. Fig. intrigue.

Maquignonner v. a. Tromper en vendant un cheval. Fig. intriguer.

Maquis ou makis s. m. pl. Terrains incultes dans la Corse.

Marabout s. m. Religieux mahométan; cafetière à large ventre; sorte d'oiseau, ses plumes.

Maraîcher, ère s. et adj. Jardinier qui cultive spécialement les légumes; qui a rapport à ce genre de culture.

Marais s. m. Terrain abreuvé par des eaux sans écoulement; terrain bas planté de légumes. *Marais salant*, formé par l'eau de mer, qui, en s'évaporant, dépose le sel.

Marasme s. m. Maigreur, consomption. Fig. affaiblissement extrême.

Marat (Jean-Paul), membre de la Convention nationale, périt assassiné par Charlotte Corday.

Marâtre s. f. et adj. Belle-mère; femme très dure envers les enfants de son mari; mère cruelle, dénaturée.

Maraud, e s. Coquin effronté.

Maraude s. f. Vol commis par des soldats écartés de l'armée.

Marauder v. n. Aller en maraude.

Maraudeur s. m. Qui va en maraude.

Maravédis s. m. Petite monnaie espagnole valant un centime et demi.

Marbeuf (comte de), administrateur de la Corse pour la France, de 1768 à 1786.

Marbre s. m. Pierre calcaire très dure susceptible d'un beau poli; table sur laquelle on pose les formes d'imprimerie.

Marbrer v. a. Imiter le marbre au moyen d'une peinture.

Marbrerie s. f. Atelier, art du marbrier.

Marbreur s. m. Celui qui marbre le papier, etc.

Marbrier s. m. Celui qui vend, qui travaille le marbre.

Marbrière s. f. Carrière de marbre.

Marbrure s. f. Imitation du marbre au moyen d'une peinture.

Marc s. m. Ancien poids de 8 onces; résidu d'une substance dont on a extrait le suc ou l'arome par expression, filtration, ébullition, ou autrement.

Marc (saint), évangéliste, martyrisé en 68.

Marcassin s. m. Petit sanglier au-dessous d'un an.

Marcassite s. f. Pyrite jaune d'or, à facettes brillantes.

Marc Aurèle, empereur romain de 161 à 180.

Marcel (Etienne), prévôt des marchands de Paris, tué aux portes de Paris en 1358.

Marcescent, e adj. *Bot.* Qui sèche sur la tige.

Marchand, e s. Qui fait profession d'acheter et de vendre. Adj. Qui est de bon débit; favorable pour la vente. *Prix marchand*, de marchand à marchand. Où l'on vend beaucoup : *place marchande.*

Marchander v. a. Demander le prix d'une chose; solliciter une diminution de prix. V. n. (fam.). Hésiter, balancer.

Marchandise s. f. Ce qui se vend, ce dont on trafique.

Marche (Olivier de la), chroniqueur et poète français (1426-1502).

Marche s. f. Autrefois, frontière militaire d'un Etat; action, mouvement de celui qui marche. *Mus.* Air pour la marche des troupes; morceau qui a le mouvement d'un air militaire; conduite, progression des idées dans un ouvrage; degré d'escalier.

Marché s. m. Lieu public où l'on vend, réunion des marchands et des acheteurs au marché; ce qu'on a acheté; conclusion d'une vente ou d'une convention.

Marchepied s. m. Marche, petite estrade, escabeau. Fig. moyen de parvenir à un emploi plus élevé.

Marcher v. n. Aller, s'avancer d'un lieu à un autre; se mouvoir; s'avancer; *en général*, faire des progrès.

Marcher s. m. Manière de marcher.

Marcheur, euse s. Qui marche beaucoup sans fatigue.

Marcien, empereur d'Orient (450-457).

Marcomans, peuplade germanique, qui habita d'abord entre le Rhin, le Mein et le Danube, puis en Bohême.

Marcomir, chef franc, père de Pharamond.

Marcotte s. f. Branche couchée en terre pour qu'elle prenne racine.

Marcotter v. a. Coucher en terre des marcottes.

Mardi s. m. Troisième jour de la semaine.

Mardochée, Juif, oncle d'Esther.

Mardonius, gendre et général de Darius Ier, tué à Platée (479 av. J.-C.).

Mare s. f. Petit amas d'eau dormante.

Marécage s. m. Terre bourbeuse des marais; marais qui commence à se sécher.

Marécageux, euse adj. Plein de marécages; humide.

Maréchal s. m. Artisan qui ferre les chevaux; nom de divers grades militaires. *Maréchal de France*, celui qui occupe le grade militaire le plus élevé.

Maréchalerie s. f. Art du maréchal ferrant.

Maréchaussée s. f. Ancienne juridiction des maréchaux de France. Corps de cavalerie établi pour la sûreté publique, aujourd'hui remplacé par la gendarmerie.

Marée s. f. Flux et reflux de la mer; poisson frais de mer. Pop. et prov. *Arriver comme marée en carême*, arriver fort à propos.

Maréyeux, euse s. Qui vend de la marée.

Margay s. m. Chat sauvage nommé autrement *chat-tigre.*

Marge s. f. Blanc autour d'une page imprimée ou écrite. Fam. Temps ou moyens plus que suffisants pour réussir.

Margelle s. f. L'assise de pierres qui forme le rebord d'un puits.

Marger v. a. Compasser les marges d'une feuille à imprimer, pour les mettre en rapport avec la forme.

Marginal, e adj. Qui est à la marge.

Marginé, ée adj. *Bot.* A bords saillants.

Marginelle s. f. Espèce de mollusque.

Marginer v. a. Ecrire sur la marge d'un livre.

Margot s. f. Pie. Fig. femme bavarde.

Margouillis s. m. (*ll* m.) Gâchis plein d'ordures. Fig. embarras.

Margrave s. m. Titre de quelques petits princes souverains en Allemagne.

Margraviat s. m. Dignité, juridiction de margrave.

Marguerite ou **Reine-Marguerite** s. f. Petite fleur blanche ou rouge, ou blanche et rouge; la plante qui porte cette fleur.

Marguerite d'Anjou, femme du roi d'Angleterre Henri VI de Lancastre (1429-1482).

Marguerite DE PROVENCE, reine de France et femme de saint Louis (1221-1295). — MARGUERITE DE BOURGOGNE, femme de Louis X, roi de France. — MARGUERITE DE VALOIS, sœur de François Ier, épousa Henri d'Albret, roi de Navarre (1492-1549). — MARGUERITE DE VALOIS ou DE FRANCE, fille de Henri II et de Catherine de Médicis, épousa Henri de Navarre (depuis Henri IV, roi de France), en 1572; son mariage fut cassé en 1599 (m. en 1615).

Marguillerie s. f. Charge de marguillier.

Marguillier s. m. (*ll* m.) Administrateur de la fabrique et de l'œuvre d'une paroisse.

Mari s. m. Epoux; celui qui est joint à une femme par mariage.

Mariable adj. En état, en âge d'être marié.

Mariage s. m. Union légitime d'un homme et d'une femme; célébration des noces; le sacrement du mariage.

Marie (sainte), mère de Jésus-Christ.

Marie, nom de plusieurs princesses dont les principales sont :

MARIE DE BRABANT, femme de Philippe III le Hardi, morte en 1321. — MARIE D'ANGLETERRE, reine de France, femme de Louis XII (1497-1534). — MARIE DE MÉDICIS, reine de France, femme de Henri IV (1573-1642). — MARIE THÉRÈSE, reine de France, femme de Louis XIV (1638-1683). — MARIE LECZINSKA, reine de France, femme de Louis XV (1703-1768). — MARIE ANTOINETTE, reine de France, femme de Louis XVI, mourut sur l'échafaud (1755-1793). — MARIE-LOUISE, archiduchesse d'Autriche, fille de François II, empereur d'Allemagne; épousa Napoléon Ier en 1810 (1791-1847). — MARIE-AMÉLIE, reine de France, femme de Louis-Philippe (1782-1866).

MARIE DE BOURGOGNE, fille unique de Charles le Téméraire, femme de Maximilien d'Autriche (1457-1482).

MARIE DE LORRAINE, reine d'Écosse, femme de Jacques V et mère de Marie Stuart (1515-1560).

MARIE-THÉRÈSE D'AUTRICHE, impératrice d'Allemagne, reine de Hongrie et de Bohême, mère de Marie-Antoinette (1717-1780).

MARIE Ire, TUDOR, reine d'Angleterre, née en 1516, fille de Henri VIII, régna de 1553 à 1558. — MARIE II, reine d'Angleterre, fille de Jacques II et femme de Guillaume III (1662-1695).

MARIE-CAROLINE, reine de Naples, fille de l'empereur François Ier et de Marie-Thérèse (1752-1814).

MARIE-CHRISTINE, reine d'Espagne, femme de Ferdinand VII (1806-1878). — MARIE CHRISTINE, seconde femme d'Alphonse XII, née en 1858, régente d'Espagne en 1885 à la mort de son mari.

MARIE STUART, d'abord reine d'Écosse, puis reine de France par son mariage avec François II; veuve en 1560, elle revint en Écosse où l'attendait une longue série de malheurs. Forcée de fuir, elle se réfugia en Angleterre, mais Élisabeth la fit emprisonner et exécuter après dix-huit ans de captivité (1542-1587).

Marié, ée s. Qui vient d'être uni par le mariage.

Marier v. a. Joindre par le mariage. Fig. unir, allier, assimiler, assortir.

Marieur, euse s. Qui s'entremet, aime à s'entremettre pour faire des mariages.

Marigny (Enguerrand de), ministre de Philippe le Bel, pendu sous Louis X, en 1315.

Marin, e adj. Qui est de mer, qui en vient; spécialement destiné à la marine. *Pied marin*, accoutumé au mouvement du vaisseau. S. m. Homme de mer.

Marinade s. f. Friture de viande marinée; sauce de sel, vinaigre et épices pour mariner.

Marine s. f. Science de la navigation sur mer; tout ce qui la concerne; ce qui fait la puissance navale d'une nation; personnel du service de mer. *Peint.* Tableau représentant une vue ou une scène maritime.

Mariner v. a. Assaisonner le poisson de manière à le conserver longtemps; laisser tremper la viande dans le vinaigre, la saumure, pour l'attendrir et lui donner du goût.

Maringouin s. m. Moucheron d'Amérique, espèce de cousin.

Marinier s. m. Qui exerce le métier de conduire les bateaux sur les rivières et canaux.

Marionnette s. f. Petite figure de bois ou de carton qu'on fait mouvoir à l'aide de fils ou de ressorts. Fig. personne frivole qu'on fait agir comme on veut.

Marital, e adj. Qui appartient au mari.

Maritalement adv. En mari, en bon mari; comme on doit vivre en mariage.

Maritime adj. Relatif à la mer; voisin de la mer.

Maritorne s. f. Fille mal bâtie, grossière, malpropre.

Marius (Caïus), célèbre général romain, fut sept fois consul; m. en 86 av. J.-C.

Marivaudage s. m. Style précieux, affecté, mais vide de sens.

Marivaux, écrivain français (1688-1763).

Marjolaine s. f. Plante aromatique.

Marlborough (John CHURCHILL, duc de), célèbre général anglais (1650-1722).

Marmaille s.f. (*ll* m.) Troupe de marmots, de petits enfants.

Marmelade s. f. Confiture de fruits très cuits.

Marmenteau adj. et s. m. Bois de haute futaie destiné à la décoration d'une terre.

Marmite s. f. Vase pour faire bouillir le bœuf, etc., son contenu.

Marmiteux, euse adj. et s. Pauvre, maladif; qui est à plaindre et qui se plaint sans cesse.

Marmiton s. m. Valet de cuisine.

Marmonner v. a. et n. Murmurer à voix basse.

Marmontel, littérateur français (1723-1799).

Marmot s. m. Gros singe barbu à longue queue; figure grotesque. Fam. Petit garçon. *Croquer le marmot.* Attendre longtemps ou vainement.

Marmottage s. m. Action de marmotter; ce qu'on marmotte.

Marmotte s. f. Quadrupède rongeur de l'ordre des loirs qui vit dans les montagnes et dort durant l'hiver*. Mouchoir dont les femmes s'enveloppent la tête.

Marmotter v. a. Parler confusément entre ses dents.

Marmotteur, euse s. Qui marmotte.

Marmouset s. m. (on pron. *marmouzet*). Petite figure grotesque; petit garçon; petit homme mal fait; sorte de chenet.

Marnage s. m. Action de marner les terres.

Marne s. f. Terre calcaire, argileuse, dont on se sert pour amender certains terrains.

Marner v. a. Répandre de la marne sur un champ.

Marneux, euse adj. De la nature de la marne; qui en contient.

Marnière s.f. Carrière de marne.

Maronite s. et adj. Catholique du rit syrien qui habite les vallées du Liban.

Maroquin s. m. Cuir de bouc ou de chèvre apprêté avec de la noix de galle, qui se fabriquait originairement dans le Maroc.

Maroquiner v. a. Apprêter le maroquin, ou l'imiter.

Maroquinerie s. f. Art d'apprêter le maroquin ; endroit où on l'apprête.

Maroquinier s. m. Ouvrier qui maroquine ; marchand de maroquin.

Marot (Clément), célèbre poète français (1495-1544).

Marotique adj. Imité de Marot.

Marotte s. f. Sceptre de la folie*. Fam. Manie, objet d'une affection violente et déréglée, d'une folle passion.

Maroufle s. m. Malhonnête homme ; homme grossier.

Maroufle s. f. Espèce de colle pour maroufler.

Maroufler v. a. Coller une toile avec de la maroufle, sur du bois, etc., pour peindre.

Marquant, e adj. Qui marque, qui se fait remarquer.

Marque s. f. Ce qui sert à marquer, désigner, distinguer ; empreinte ; instrument pour marquer ; impression, trace laissée par un corps sur un autre qu'il a touché ; jeton pour marquer ou compter au jeu ; lettres initiales sur le linge, etc. ; preuve, témoignage ; indication de prix ; peine infamante qui consiste à appliquer sur l'épaule d'un criminel un fer chaud qui trace l'empreinte d'une ou plusieurs lettres, signes représentatifs du crime ou de la peine infligée.

Marquer v. a. Mettre une marque ; laisser des traces ; flétrir de la marque ; indiquer ; désigner ; spécifier ; témoigner, prouver. V. n. Se dit de celui ou de ce qui est marquant, fait sensation, impression.

Marqueté, ée adj. Couvert de taches de couleurs différentes.

Marqueter v. a. Marquer de diverses taches.

Marqueterie s. f. Ouvrage de menuiserie, de pièces de rapport de diverses couleurs.

Marqueteur s. m. Ouvrier qui fait de la marqueterie.

Marquette s. f. Pain de cire vierge.

Marqueur, euse s. Qui marque.

Marquis s. m. Titre venant, dans la hiérarchie nobiliaire, entre le titre de duc et celui de comte.

Marquisat s. m. Titre, domaine de marquis.

Marquise s. f. Titre que l'on donne à la femme d'un marquis ; tente de toile ; ombrelle à manche brisé ; sorte de poire.

Marquoir s. m. Instrument qui sert à marquer, à l'usage des tailleurs et des couturières.

Marraine s. f. Celle qui tient un enfant sur les fonts de baptême.

Marri, ie adj. Fâché, repentant (vx.).

Marron s. m. Fruit du marronnier ; pièce d'artifice ; ouvrage imprimé furtivement. Adj. invar. Couleur approchant de celle du marron.

Marron, onne adj. et s. Nègre qui s'est enfui dans les bois pour y vivre en liberté ; courtier sans titre.

Marronnage s. m. Etat d'un nègre marron, d'un courtier sans titre.

Marronner v. a. Arranger les cheveux en grosses boucles. V. n. Pop. Murmurer tout bas.

Marronnier s. m. Espèce de châtaignier cultivé. *Marronnier d'Inde*, arbre d'agrément.

Mars s. m. Troisième mois de l'année ; planète. *Myth.* Dieu de la guerre. Pl. Les menus grains qu'on sème au mois de mars.

Marseillais, e adj. et s. De Marseille.

Marseillaise s. f. Chant républicain composé par Rouget de l'Isle en 1792.

Marsouin s. m. Cétacé du genre dauphin. Pop. Homme laid, malbâti, malpropre.

Marsupiaux s. m. pl. Sorte de quadrupèdes.

Marsyas, joueur de flûte qui défia Apollon et que ce dieu fit écorcher vif (*myth.*).

Marte ou **Martre** s. f. Sorte de fouine ; sa peau, employée comme fourrure.

Marteau s. m. Outil de fer pour frapper, battre, cogner, forger, etc. ; heurtoir pour frapper ; osselet dans le tambour de l'oreille.

Martel s. m. Marteau (vx.). *Martel en tête*, jalousie, inquiétude.

Martelage s. m. Marque faite avec un marteau aux arbres d'une coupe, pour indiquer qu'ils sont réservés.

Marteler v. a. Battre, travailler avec le marteau. Fig. faire avec effort un travail d'esprit; causer du souci, de l'inquiétude.

Martelet s. m. Petit marteau.

Marteleur s. m. Ouvrier chargé de la direction du marteau dans les forges.

Marthe (sainte), sœur de Lazare et de Marie-Madeleine.

Martial, e adj. Belliqueux : *air martial*. — COUR MARTIALE, tribunal militaire.

Martial, poète latin (43-104).

Martial (saint), évêque de Limoges (IIIe siècle).

Martignac (de), homme d'Etat, ministre de Charles X (1773-1832).

Martin (saint), évêque de Tours, apôtre des Gaules (316-397).

Martin Ier, pape (649-654). — MARTIN II (882-884). — MARTIN III (942-946). — MARTIN IV (1281-1285), condamna les auteurs des Vêpres siciliennes. — MARTIN V (1417-1431), présida le concile de Constance qui condamna Jean Huss et sa doctrine.

Martin (Henri), écrivain français (1810-1883).

Martinet s. m. Espèce d'hirondelle; gros marteau de forge mû par la vapeur ou par un courant d'eau; espèce de fouet; petit chandelier plat qui a un manche.

Martingale s. f. Courroie attachée à la muserolle du cheval et à la sangle, pour empêcher qu'il ne se cabre. *T. de jeu.* Se dit lorsqu'on ponte à chaque coup le double de ce qu'on a perdu sur le coup précédent.

Martin-pêcheur s. m. Oiseau du genre des passereaux*.

Martin-sec s. m. Sorte de poire d'automne.

Martyr, e s. m. Qui souffre, qui a souffert la mort plutôt que de renoncer à sa croyance; personne qui souffre beaucoup.

Martyre s. m. Mort, tourments endurés pour la foi. Fig. grande souffrance.

Martyriser v. a. Faire souffrir le martyre. Fig. tourmenter cruellement.

Martyrologe s. m. Catalogue des martyrs et des saints.

Marum s. m. (on pron. *marome*). Plante aromatique appelée vulgairement *herbe à chat*.

Maryland s. m. Tabac du Maryland.

Mascarade s. f. Troupe de gens masqués; déguisement d'une personne qui met un masque.

Mascaret s. m. Masse d'eau en forme de barre remontant impétueusement le courant d'un fleuve.

Mascaron s. m. Tête sculptée ornant les fontaines, les portes, etc. (*archit.*).

Masculin, e adj. Qui a rapport, qui appartient au mâle; qui est mâle ou considéré comme tel (*gram.*). S. m. Le masculin, le genre masculin.

Masculinité s. f. Caractère de ce qui est masculin.

Masinissa, roi de Numidie, allié de Rome contre Carthage, m. en 149 av. J.-C.

Masque s. m. Faux visage de carton ou d'étoffe que l'on s'applique sur la figure; personne masquée. Fig. apparence trompeuse.

Masque de fer (*l'homme au*), personnage mystérieux, prisonnier d'État mort à la Bastille de Paris en 1703, et qui, selon l'opinion la plus commune, était un secrétaire du duc de Mantoue, l'Italien Mattioli.

Masquer v. a. Couvrir d'un masque la figure de quelqu'un. Fig. Cacher; dissimuler. SE MASQUER v. pr. Se déguiser et mettre un masque.

Massacrante adj. f. *Humeur massacrante*, humeur très difficile, intraitable.

Massacre s. m. Tuerie, carnage d'hommes, de bêtes sans défense; action de gâter une chose de prix.

Massacrer v. a. Tuer beaucoup de gens à la fois. Fig. gâter, défigurer.

Massacreur s. m. Celui qui

massacre, qui exécute mal une besogne.

Massage s. m. Action de masser, de faire des frictions.

Massagètes s. m. pl. Peuplade scythe, à l'est de la mer Caspienne.

Masse s. f. Amas de choses qui font corps; corps solide et compact: *masse de plomb;* la totalité d'une chose dont les parties sont de même nature; l'ensemble des citoyens, le public; fonds d'argent d'une société, d'une compagnie de soldats; somme d'argent mise au jeu. EN MASSE loc. adv. Tout à la fois.

Masse s. f. Gros marteau de fer carré des deux côtés. *Masse d'armes*, sorte de massue de fer, au moyen âge; sorte de bâton avec une tête d'or ou d'argent qu'on porte dans certaines cérémonies; gros bout d'une queue de billard.

Masséna, maréchal de France (1758-1817).

Massepain s. m. Pâtisserie faite avec des amandes pilées et du sucre.

Masser v. a. Disposer des objets en masse. *T. milit.* Disposer en colonnes serrées. — Faire le massage.

Masser v. a. Faire une masse au jeu.

Massicot s. m. Oxyde de plomb jaune.

Massier s. m. Officier qui porte une masse dans certaines cérémonies.

Massif, ive adj. Epais, pesant, grossier, lourd, qui n'est pas creux; plein et sans mélange : *or massif.* S. m. Plein bois, bosquet épais; ouvrage de maçonnerie destiné à supporter quelque chose.

Massillon (*ll* m.), évêque de Clermont, célèbre prédicateur français (1663-1742).

Massivement adv. D'une manière massive.

Massorah ou **Massore** s. f. Examen critique du texte de l'Écriture sainte fait par des docteurs juifs.

Massorétique adj. Qui a rapport à la Massore.

Massorètes s. m. pl. Docteurs juifs qui ont travaillé à la Massore.

Massue s. f. Bâton noueux plus gros par un bout que par l'autre.

Mastic s. m. Résine du lentisque; composé pâteux, ductile, qui sert à enduire, à coller, etc.

Mastication s. f. Action de mâcher.

Masticatoire adj. 2 g. et s. m. Se dit des remèdes qu'on mâche pour exciter l'excrétion de la salive.

Mastiquer v. a. Enduire de mastic; joindre, coller avec du mastic.

Mastodonte s. m. Nom d'un énorme pachyderme fossile (*géol.*).

Masure s. f. Maison en ruine. Fig. méchante habitation.

Mat s. m. (on pron. le *t*). Coup du jeu d'échecs.

Mat, e adj. (on pron. le *t*). Qui est sans éclat, lourd, compact.

Mât s. m. (*t* nul). Longue pièce de bois qui porte les voiles nécessaires à la route d'un navire. *Mât de Cocagne*, mât très élevé au haut duquel on suspend des prix.

Matador s. m. (mot espagnol). Celui qui dans les combats de taureaux doit combattre l'animal à pied et lui donner la mort. Fig. homme considérable dans son état (fam.).

Matamore s. m. Faux brave.

Matathias, père des Macchabées.

Matelas s. m. Sac plat et piqué, rempli de laine, de bourre, etc., et qui couvre toute l'étendue du lit; coussin piqué.

Matelasser v. a. Garnir de coussins.

Matelassier, ère s. Celui, celle qui fait et rebat les matelas.

Matelot s. m. (*t* final nul). Marin qui manœuvre sur un navire.

Matelote s. f. Mets de poissons cuits au vin.

Mater v. a. Faire mat aux échecs. Fig. mortifier, humilier, abattre; dompter l'humeur, le caractère.

Mâter v. a. Garnir de mâts un navire.

Mâtereau s. m. Petit mât.

Matérialiser v. a. Rendre ou supposer matériel.

Matérialisme s. m. Système du matérialiste.

Matérialiste s. et adj. Celui qui n'admet que l'existence des corps matériels et nie celle de l'âme ou esprit.

Matérialité s. f. Qualité de ce qui est matériel.

Matériaux s. m. pl. Ce qui sert à bâtir, fig. à composer un ouvrage d'esprit.

Matériel, elle adj. Formé de matière, qui a rapport à la matière. Fig. grossier, lourd, pesant. S. m. Objets divers employés à un service public; bagages, munitions; ustensiles, agencement d'un établissement industriel.

Matériellement adv. D'une manière matérielle.

Maternel, elle adj. De la mère; qui est propre à la mère; *langue maternelle*, langue du pays où l'on est né.

Maternellement adv. D'une manière maternelle; en mère.

Maternité s. f. État, qualité de mère.

Mathan, prêtre de Baal et ministre d'Athalie; m. 876 av. J.-C.

Mathématicien, enne s. Celui, celle qui sait les mathématiques, qui s'en occupe.

Mathématiques s. f. pl. Science des propriétés de la grandeur en tant que calculable et mesurable.

Mathématiquement adv. Selon les règles des mathématiques.

Mathias ou **Matthias** (saint), disciple de Jésus-Christ, admis au nombre des apôtres en remplacement de Judas.

Mathieu ou **Matthieu** (saint), l'un des quatre évangélistes, martyrisé en Perse.

Mathilde (sainte), femme de Henri Ier, *l'Oiseleur*, roi de Germanie; m. en 968.

Mathusalem, grand-père de [Noé.

Matière s. f. Ce dont une chose est faite; substance étendue et divisible, susceptible de formes diverses, et sans mouvement propre; sujet, motif, occasion; déjections du corps; pus qui sort d'une plaie.

Mâtin s. m. Gros chien de garde.

Matin s. m. Les premières heures du jour; le temps qui s'écoule depuis minuit jusqu'à midi. Fig. les premières années de la vie. Adv. De bonne heure.

Matinal, e adj. Qui s'est levé matin.

Mâtineau s. m. Petit mâtin.

Matinée s. f. Tout le temps qui s'écoule depuis le lever du soleil jusqu'à midi.

Matines s. f. pl. Partie de l'office divin qui se dit avant le lever du jour.

Matineux, euse adj. Habitué à être matinal.

Matinier, ière adj. Qui appartient au matin.

Matir v. a. Rendre mat sans polir ni brunir.

Matoir s. m. Marteau qui sert à river les clous.

Matois, e adj. et s. Malin, rusé.

Matoiserie s. f. Fourberie, ruse.

Matou s. m. Chat mâle. Pop. Homme désagréable par la figure et par le caractère.

Matras s. m. (on pron. l'*s*). Vase de verre à long col (*chim.*).

Matrice s. f. Moule gravé en creux; étalon des poids et mesures; enveloppe des cristaux, des pierres, des minéraux; registre original d'après lequel sont établis les rôles des contributions.

Matriculaire adj. Inscrit sur les matricules.

Matricule s. f. Registre, rôle sur lequel on inscrit les noms des membres d'une société, les soldats d'un régiment.

Matrimonial, e adj. Qui a rapport au mariage.

Matrone s. f. Dame romaine; sage-femme (vx.). Iron. Femme d'un certain âge, d'une certaine gravité.

Matte s. f. Substance métallique qui n'a subi qu'une première fonte.

Maturatif, ive adj. et s. m. *Méd.* Qui hâte la suppuration d'une plaie.

Maturation s. f. Progrès successif des fruits vers la maturité.

Mâture s. f. Ensemble des mâts; art de mâter; bois pour faire les mâts.

Maturité s. f. État de ce qui est mûr. Fig. complet développement de force intellectuelle et physique; solidité de jugement.

Matutinal, e adj. Qui appartient au matin.

Maudire v. a. Faire des imprécations contre quelqu'un; détester; réprouver avec horreur.

Maudit, e adj. Très mauvais ; détestable. S. Réprouvé.

Maugréer v. n. Pester ; enrager.

Maupertuis (P.-L. Moreau de), géomètre et astronome français (1698-1759).

Maure, **Mauresque**, **Mauricaud**. Voy. *More*, *Moresque*, etc.

Maurepas (comte de), ministre de Louis XV (1715), exilé en 1749; rappelé par Louis XVI (1701-1781).

Maurice (saint), chef de la légion thébaine, martyrisé avec ses soldats pour avoir refusé de sacrifier aux faux dieux (286).

Maury (le cardinal), orateur français (1746-1817).

Mausole, roi de Carie ; m. en 353 av. J.-C. [funéraire.

Mausolée s. m. Riche monument

Maussade adj. et s. Désagréable; de mauvaise grâce; ennuyeux, sombre.

Maussadement adv. D'une manière maussade.

Maussaderie s. f. Mauvaise grâce ; manières désagréables.

Mauvais, e adj. Le contraire de *bon* : méchant; nuisible; enclin au mal; malicieux, malin. S. m. Ce qu'il y a de mauvais. Adv. *Sentir mauvais*. Exhaler une mauvaise odeur.

Mauve s. f. Plante émolliente et adoucissante.

Mauviette s. f. Sorte d'alouette grasse. Fig. personne d'une complexion très chétive.

Mauvis s. m. Petite grive rousse.

Maxence, empereur romain de 306 à 312.

Maxillaire adj. Qui appartient, qui a rapport aux mâchoires : *os maxillaire*.

Maxime s. f. Proposition générale qui sert de principe, de base, de règle.

Maxime-Pétrone, empereur d'Occident en 455, tué par ses soldats la même année.

Maximien-Hercule, empereur romain de 286 à 305; m. en 310.

Maximilien Ier, empereur d'Allemagne de 1495 à 1519. — MAXIMILIEN II, empereur d'Allemagne de 1564 à 1576. — MAXIMILIEN LE GRAND, duc de Bavière de 1597 à 1619. — MAXIMILIEN (Joseph), roi de Bavière de 1806 à 1825.

Maximin, empereur romain de 235 à 238.

Maximum s. m. (on pron. *maximome*). Le plus haut degré où une chose puisse atteindre.

Mayenne (Ch. de Lorraine, duc de), frère des Guise, m. en 1611.

Mazarin (Giulo Mazarini, dit), successeur de Richelieu (1602-1661).

Mazette s. f. Mauvais petit cheval ; joueur inhabile.

Me pron. pers. de la 1re pers. du sing. S'employant comme régime dir. : moi ; rég. indir. : à moi.

Méandre s. m. Sinuosités d'un fleuve, d'une rivière.

Méat s. m. *Anat*. Conduit.

Mécanicien s. m. Qui connaît la mécanique ; qui invente, construit ou dirige des machines.

Mécanique s. f. Science des lois de l'équilibre et du mouvement. Adj. Qui a rapport à la mécanique, au travail manuel.

Mécaniquement adv. D'une manière mécanique.

Mécanisme s. m. Ensemble de pièces, de machines, de moyens, de mouvements, soit naturels, soit artificiels.

Mécène, favori et ministre d'Auguste, combla de bienfaits Horace, Virgile et les autres savants de son siècle. S. m. Protecteur des lettres, des sciences, des arts et de ceux qui s'y adonnent.

Méchamment adv. Avec méchanceté.

Méchanceté s. f. Penchant à faire du mal; action méchante; parole médisante.

Méchant, e adj. Mauvais ; contraire à la bonté, à la justice ; enclin à faire le mal. Insuffisant; chétif. S. Personne de mauvais caractère.

Mèche s. f. Cordon de coton, de chanvre, etc., qu'on fait brûler dans une lampe, ou qu'on enduit de cire ou de suif pour en faire des bougies ou des chandelles; matière préparée pour prendre feu très vite ; bout de ficelle à l'extrémité d'un fouet ; pointe d'une vrille, etc.

Méchef, s. m. Malheur, fâcheuse aventure (vx.).

Mécher v. a. Enlever la mauvaise odeur d'un tonneau au moyen d'une mèche soufrée.

Mécompte s. m. Erreur de calcul; espérance déçue.

Mécompter (se) v. pr. Se tromper dans un calcul, dans une espérance.

Méconnaissable adj. Qu'on ne peut reconnaître.

Méconnaissant, e adj. Ingrat, oublieux.

Méconnaître v. a. Ne pas reconnaître; mal apprécier. SE MÉCONNAITRE v. pr. Oublier ce qu'on a été, ce qu'on est.

Mécontent, e adj. et s. Qui n'est pas content.

Mécontentement s. m. Manque de satisfaction; déplaisir.

Mécontenter v. a. Rendre mécontent.

Mécréant s. m. Qui appartient à une autre religion que la religion chrétienne; incrédule, impie.

Mécroire v. a. et n. Refuser de croire.

Médaille s. f. (*ll* m.) Pièce de métal frappée en l'honneur d'une personne, d'une action mémorable, d'un succès, etc.

Médailleur s. m. (*ll* m.) Graveur de médailles.

Médaillier s. m. (*ll* m.) Meuble spécial pour mettre des médailles; collection de médailles.

Médailliste s. m. (*ll* m.) Qui se connaît en médailles.

Médaillon s. m. (*ll* m.) Grande médaille; bijou portatif dans lequel on enferme un portrait, des cheveux, etc.

Médard (saint), évêque de Noyon (457-545).

Médecin s. m. Qui exerce la médecine. Fig. ce qui remédie à un mal, entretient la santé.

Médecine s. f. Art de conserver, de rétablir la santé; système médical; purgatif.

Médeciner v. a. Donner souvent des médecines (fam.).

Médian, e adj. Qui est au milieu.

Médianoche s. m. Repas, composé de mets gras, qui se fait après minuit d'un jour maigre.

Médiante s. f. *Mus.* Tierce au-dessus de la note tonique.

Médiastin s. m. *Anat.* Cloison membraneuse formée par l'adossement des deux plèvres.

Médiat, e adj. Qui n'a rapport, qui ne touche à une chose que par intermédiaire.

Médiatement adv. D'une manière médiate.

Médiateur, trice s. Qui s'entremet pour concilier, pour mettre d'accord.

Médiation s. f. Entremise; action du médiateur.

Médiatiser v. a. Faire qu'un prince, un État en Allemagne, cesse de dépendre immédiatement de l'empire.

Médical, e adj. Qui appartient à la médecine.

Médicament s. m. Remède pour combattre une maladie.

Médicamentaire adj. Qui a rapport aux médicaments.

Médicamenter v. a. Donner des médicaments.

Médicamenteux, euse adj. Qui a la vertu d'un médicament.

Médication s. f. *Méd.* Mode de traitement d'une maladie.

Médicinal, e adj. Qui sert de remède.

Médicis (on pron. *cice*), illustre famille qui régna sur Florence, et dont les membres les plus célèbres furent : COSME (1389-1464); — LAURENT Ier, dit *le Magnifique*, protecteur des arts et des lettres (1448-1492); — LAURENT II, père de Catherine de Médicis, mort en 1519; — ALEXANDRE, premier duc de Florence, assassiné par Lorenzaccio (1510-1537); — COSME, premier grand-duc de Toscane (1519-1574).

Médimne s. m. Mesure de contenance chez les Grecs.

Médiocre adj. Entre le grand et le petit, le bon et le mauvais, la richesse et la pauvreté. S. m. Ce qui est médiocre.

Médiocrement adv. D'une façon médiocre.

Médiocrité s. f. État, qualité de ce qui est médiocre.

Médire v. n. Dire du mal de quelqu'un.

Médisance s. f. Action de médire; propos méchants et nuisibles; les gens médisants.

Médisant, e s. et adj. Qui médit.

Méditatif, ive adj. et s. Porté à la méditation.

Méditation s. f. Application de l'esprit pour approfondir un sujet; écrit sur la philosophie ou la religion : oraison mentale.

Méditer v. a. Réfléchir, examiner attentivement; projeter. V. n. Réfléchir sur; avoir dessein de; faire une méditation pieuse.

Méditerrané, ée adj. Qui est au milieu des terres : *Mer Méditerranée*. (Voy. à la *partie géographique.*)

Méditerranéen, enne adj. Qui appartient à la Méditerranée.

Médium s. m. (on pron. *médiome*). Moyen d'accommodement; milieu; compensation. *Mus.* Son de voix entre le grave et l'aigu.

Médius s. m. (on pron. *s*). Le doigt du milieu.

Médoc s. m. Sorte de caillou brillant; vin qu'on récolte dans le Médoc.

Médullaire adj. Qui appartient à la moelle; de la nature de la moelle.

Méduse, l'une des Gorgones (*myth.*).

Meeting s. m. (mot anglais; on pron. *mi-tin-gue*). Réunion populaire dont le but est de discuter une question politique ou d'intérêt national.

Méfaire v. n. Faire le mal.

Méfait s. m. Mauvaise action.

Méfiance s. f. Manque de confiance; disposition à soupçonner le mal.

Méfiant, e adj. et s. Qui a de la méfiance.

Méfier (se) v. pr. Ne pas se fier; avoir de la méfiance.

Mégarde (par) loc. adv. Par inadvertance, faute de prendre garde.

Mégère s. f. L'une des trois furies. Fig. femme méchante et emportée.

Mégie s. f. Action de mégir.

Mégir v. a. Préparer en blanc les peaux de mouton, etc.

Mégisserie s. f. Travail, commerce de mégissier.

Mégissier s. m. Celui qui prépare les peaux, qui les vend.

Méhul, célèbre compositeur de musique français (1763-1817).

Meilleraie (duc de la), maréchal de France (1602-1664).

Meilleur, e adj. Comparatif de *bon*. LE MEILLEUR, LA MEILLEURE, superlatif de *bon*. S. m. *Le meilleur*, ce qu'il y a de mieux.

Maistre ou **mestre** s. m. Grand mât d'un bâtiment à voiles latines.

Mélanagogue s. m. et adj. Qui chasse la bile.

Mélanchton, théologien allemand, ami de Luther (1497-1560).

Mélancolie s. f. Humeur noire; disposition à la tristesse; amour de la rêverie.

Mélancolique adj. et s. Qui est sujet à la mélancolie; qui l'inspire.

Mélancoliquement adv. D'une manière mélancolique.

Mélange s. m. Résultat de choses mêlées ensemble. Pl. Recueil de diverses pièces de prose ou de vers sur différents sujets.

Mélanger v. a. Mêler ensemble; faire un mélange; amalgamer.

Mélanite s. f. Grenat noir.

Mélasse s. f. Résidu du sucre raffiné.

Melchisédech (on pron. *melkisédek*), roi de Salem, prêtre du Très-Haut et contemporain d'Abraham.

Méléagre, roi de Calydon, prit part à l'expédition des Argonautes (*myth.*).

Mêlée s. f. Combat corps à corps entre plusieurs hommes entremêlés; bagarre; vive contestation.

Mêler v. a. Mettre ensemble plusieurs choses; unir sans ordre; brouiller, confondre. SE MÊLER v. pr. Se mélanger, s'unir à; s'embrouiller. *Se mêler de*, s'occuper de, s'ingérer mal à propos.

Mélèze s. m. Arbre de la famille des conifères*.

Mélide s. f. Morve, maladie des ânes.

Mélier s. m. Sorte de raisin blanc.

Mélilot s. m. Plante légumineuse.

Mélisse s. f. Plante médicinale aromatique.

Mellifère adj. Qui produit le miel.

Mellification s. f. Manière dont les abeilles font le miel.

Melliturgie s. f. Préparation du miel; ouvrage des abeilles.

Mélodie s. f. Agrément qui résulte d'une heureuse suite de sons;

cette suite même ; suite de mots et de phrases qui charment l'oreille.

Mélodieusement adv. Avec mélodie.

Mélodieux, euse adj. Plein de mélodie.

Mélodramatique adj. Qui appartient au mélodrame.

Mélodramaturge s. m. Auteur de mélodrames.

Mélodrame s. m. Sorte de drame en musique ou mêlé de chant.

Mélographie s. f. Art de noter la musique.

Mélomane s. Qui aime la musique avec passion.

Mélomanie s. f. Amour excessif de la musique.

Melon s. m. Fruit provenant d'une plante de la famille des cucurbitacées.

Melongène s. f. Aubergine.

Melonnière s. f. Terrain où l'on cultive les melons.

Mélopée s. f. Déclamation notée des anciens ; règles de la composition musicale.

Méloplaste s. m. Tableau musical pour l'enseignement du chant.

Melpomène s. f. Muse de la tragédie. Fig. la tragédie.

Mémarchure s. f. Entorse d'un cheval qui a fait un faux pas.

Membrane s. f. Tissu mince, souple, qui couvre certains organes.

Membrané, ée adj. *Hist. nat.* Qui a des membranes.

Membraneux, euse adj. De la nature de la membrane.

Membre s. m. Partie extérieure et mobile du corps, la tête exceptée ; individu faisant partie d'une réunion, d'une société, d'une famille ; partie d'une phrase, d'une période.

Membré, ée adj. *Bien membré*, qui a les membres forts et bien proportionnés.

Membru, ue adj. et s. Qui a de gros membres.

Membrure s. f. Pièce de menuiserie dans laquelle sont enchâssés les panneaux ; mesure pour le bois à brûler ; ais de relieur pour mettre les livres en presse.

Même pron. relat. et adj. Qui n'est point différent. Adv. Aussi. Loc. adv. *Etre à même de*, à portée de ; *boire, manger à même*, boire à la bouteille, manger dans le plat.

Mêmement adv. De même (vx.).

Memento s. m. (on pron. *mé-minto*). Prière de la messe ; marque pour rappeler le souvenir de quelque chose.

Memnon, personnage fabuleux, fils de Thiton et de l'Aurore, et qui vint au secours de Troie.

Mémoire s. f. Faculté de se souvenir ; son action ; son effet ; réputation qu'on laisse après soi. S. m. Ecrit sommaire pour rappeler quelque chose, pour donner des instructions ; dissertation ; liste d'objets vendus ou fournis ; état de sommes dues. Pl. Relations de faits particuliers pour servir à l'histoire.

Mémorable adj. Digne de mémoire ; remarquable.

Mémoratif, ive adj. Qui se souvient, qui remet en mémoire (vx.).

Mémorial s. m. Livre-journal des banquiers et commerçants ; registre commercial ; mémoire.

Menaçant, e adj. Qui menace.

Menace s. f. Geste ou parole pour marquer le ressentiment et l'intention de nuire.

Menacer v. a. Faire des menaces.

Ménades, autre nom des Bacchantes.

Ménage s. m. Gouvernement domestique et tout ce qui concerne la dépense et l'entretien d'une famille ; économie, épargne ; mari et femme vivant ensemble.

Ménagement s. m. Retenue, égard, précaution.

Ménager v. a. Economiser ; employer avec modération ; concilier ; distribuer avec art, avec adresse ; soigner ; préserver de ce qui peut nuire. SE MÉNAGER v. pr. Se soigner ; se conduire avec adresse.

Ménager, ère s. et adj. Qui entend le ménage, l'économie. S. f. Femme qui a soin du ménage.

Ménagerie s. f. Réunion d'animaux rares et étrangers ; le lieu où ils sont réunis.

Ménandre, célèbre poète comique grec (342-290 av. J.-C.).

Mendelssohn-Bartholdy, célèbre compositeur de musique prussien (1809-1847).

Mendiant, e s. et adj. Qui mendie. *Les quatre mendiants*, les quatre ordres religieux qui vivaient de quêtes : les Jacobins, les Cordeliers, les Augustins et les Carmes. Fig. quatre sortes de fruits secs, raisins et figues, noisettes et amandes.

Mendicité s. f. Etat de mendiant; excès d'indigence qui force à mendier pour vivre.

Mendier v. a. Demander l'aumône. Fig. solliciter, rechercher bassement.

Meneau s. m. Traverse de croisée*.

Ménechme s. m. Se dit de deux individus qui se ressemblent parfaitement.

Menée s. f. Pratique mauvaise et secrète ; intrigue. *Vén.* La route du cerf qui fuit.

Ménélas, roi de Sparte, frère d'Agamemnon.

Ménénius Agrippa, consul romain en 503 av. J.-C.

Mener v. a. Conduire, guider, voiturer; forcer à suivre; diriger, gouverner.

Ménestrel s. m. Nom des anciens poètes et musiciens ambulants.

Ménétrier s. m. Musicien de village.

Meneur, euse s. Qui mène, organise, dirige quelque chose, un parti, etc.

Menhir s. m. Pierre druidique élevée en forme de colonne*.

Méniane s. f. *Archit.* Terrasse ou balcon en avant-corps.

Menin s. m. Gentilhomme attaché autrefois au service du Dauphin.

Méninge s. f. Nom des membranes qui enveloppent le cerveau.

Méningé, ée adj. Qui a rapport aux méninges.

Méningite s. f. Inflammation des méninges.

Ménisque s. m. Verre convexe d'un côté et concave de l'autre.

Ménologe s. m. Calendrier de l'Eglise grecque.

Menon s. m. Chèvre du Levant dont la peau fait de beau maroquin.

Menotte s. f. Main d'enfant. Pl. Liens qu'on met aux poignets de certains prisonniers.

Mense s. f. Revenu d'une abbaye, d'un évêché.

Mensole s. f. Clef de voûte.

Mensonge s. m. Discours contre la vérité, à dessein de tromper; fiction, illusion, vanité.

Mensonger, ère adj. Faux, trompeur.

Mensongèrement adv. D'une manière mensongère.

Mensuel, elle adj. Qui a lieu tous les mois.

Mental, e adj. Qui se fait dans l'esprit : *oraison mentale;* qui a rapport à l'esprit : *aliénation mentale.*

Mentalement adv. D'une manière mentale.

Menterie s. f. Mensonge léger, sans conséquence (fam.).

Menteur, euse adj. Qui ment; dont l'apparence est trompeuse. S. Qui ment, a l'habitude de mentir.

Menthe s. f. Plante odoriférante de la famille des labiées.

Mention s. f. (on pron. *mancion*). Témoignage, rapport fait de vive voix ou par écrit. MENTION HONORABLE, distinction accordée dans un concours, à un ouvrage qui n'a obtenu ni le prix ni un accessit.

Mentionner v. a. Faire mention.

Mentir v. n. Affirmer pour vrai ce qu'on sait être faux. SANS MENTIR, loc. adv. En vérité, à dire vrai.

Menton s. m. Partie du visage qui est au-dessous de la bouche.

Mentonnet s. m. Pièce qui reçoit le bout d'un loquet, pour tenir une porte fermée.

Mentonnière s. f. Bande de toile dont on entoure le menton dans les cas de blessures ou de fluxion.

Mentor (on pron. *min-tor*), ami d'Ulysse, à qui ce prince confia l'éducation de Télémaque. S. m. Gouverneur, guide sûr et éclairé.

Menu, ue adj. Délié, mince; qui a peu de volume; de peu de conséquence. *Menus plaisirs*, dépenses de fantaisie. S. m. Le détail : *compter par le menu;* détail d'un repas. Adv. En petits morceaux : *hacher menu.*

Menuaille s. f. Quantité de petites monnaies; toute sorte de choses petites et sans valeur.

Menuet s. m. Sorte de danse que l'on exécutait à deux personnes; air de cette danse.

Menuiser v. a. et n. Travailler en menuiserie.

Menuiserie s. f. Art du menuisier; ouvrages que fait un menuisier.

Menuisier s. m. Artisan qui fait de *menus* ouvrages en bois.

Méphitique adj. Malfaisant, corrompu : *air méphitique.*

Méphitisme s. m. Corruption de l'air par des émanations méphitiques.

Méplat s. m. *Peint.* Indication des plans d'un objet par les masses de clairs et d'ombres. Adj. *Lignes méplates*, qui établissent le passage d'un plan à un autre; *bois méplat*, plus large qu'épais.

Méprendre (se) v. pr. Se tromper, prendre une chose pour une autre.

Mépris s. m. Sentiment par lequel on juge une personne ou une chose indigne d'estime, d'égards ou d'attention; action de mépriser. Au MÉPRIS DE loc. prép. Sans avoir égard à.

Méprisable adj. Digne de mépris.

Méprisant, e adj. Qui marque du mépris.

Méprise s. f. Erreur de celui qui se méprend.

Mépriser v. a. Avoir, témoigner du mépris pour; ne pas craindre : *mépriser la mort.*

Mer s. f. Vaste amas d'eau salée qui couvre la plus grande partie du globe; grande portion de cette vaste étendue. *Basse mer*, la mer vers la fin de son reflux; *pleine mer*, *haute mer*, éloignée des rivages.

Mercantile adj. Qui concerne le commerce. Fig. intéressé : *esprit mercantile.*

Mercantilisme s. m. Propension à rapporter tout au trafic, au commerce, au gain.

Mercator, géographe hollandais (1512-1594).

Mercenaire adj. Qui se fait pour de l'argent; qui fait payer ses services; aisé à corrompre. Fig. s. m. Qui travaille pour de l'argent.

Mercenairement adv. D'une façon mercenaire.

Mercerie s. f. Marchandises, commerce de mercier.

Merci s. f. Miséricorde : *crier merci.* Fig. *Être à la merci de quelqu'un,* à sa discrétion. S. m. Remerciement.

Mercier, littérateur français (1740-1814).

Mercier, ière s. Qui vend de menues marchandises, surtout de celles qui ont rapport à la toilette.

Mercœur (duc de), de la maison de Lorraine, le dernier des princes ligueurs (1558-1602).

Mercredi s. m. Le quatrième jour de la semaine.

Mercure s. m. Planète la plus voisine du soleil. Corps métallique blanc et fluide, dont le nom vulgaire est *vif-argent.*

Mercuriale s. f. Réprimande faite en forme de discours; prix des grains, des farines, etc., vendus dans les marchés.

Mercuriel, elle adj. Qui contient du mercure.

Mercy, célèbre général des armées impériales, tué à Nordlingue en 1645.

Mère s. f. Femme qui a mis un enfant au monde; femelle qui a un petit. Fig. supérieure d'un couvent; se dit des contrées considérées comme origine : *la Grèce mère des arts;* cause, origine : *l'oisiveté est la mère de tous les vices.* Adj. *mère patrie,* pays qui a fondé une colonie; *langue mère,* dont une autre est dérivée.

Mère adj. Pur. *Mère goutte,* vin qui coule des grappes vendangées avant qu'elles aient été pressurées; *mère laine,* laine la plus fine qui se tond sur le dos des brebis.

Méré (chevalier de), moraliste français (1610-1685).

Méridien, ienne adj. Qui a rapport au méridien. S. m. Grand cercle de la sphère passant par les deux pôles*. S. f. Ligne qu'on suppose tracée sur un

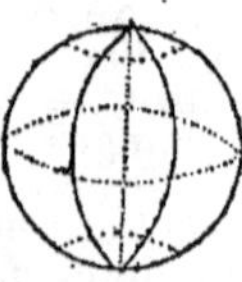

pays dans le plan d'un méridien ; sommeil après midi : *faire la méridienne.*

Méridional, e adj. Du midi, du côté du midi.

Meringue s. f. Sorte de pâtisserie garnie de crème.

Mérino (don Geronimo), fameux chef de guérillas espagnoles (1770-1840).

Mérinos s. m. (on pron. l'*s*). Mouton d'origine espagnole à laine très fine ; cette laine même.

Merise s. f. Fruit du merisier.

Merisier s. m. Cerisier sauvage.

Méritant, e adj. Qui mérite, qui a du mérite.

Mérite s. m. Vertu, qualité, conduite qui rendent digne d'estime, de considération, de récompense ou de punition ; ce qu'une chose a de bon, d'utile.

Mériter v. a. Etre, se rendre digne de ; se mettre dans le cas de : *mériter d'être battu.* V. n. *Bien mériter de*, rendre des services à.

Méritoire adj. Qui mérite récompense ; louable.

Méritoirement adv. D'une manière méritoire.

Merlan s. m. Sorte de poisson de mer.

Merle s. m. Oiseau de l'ordre des passereaux*. Fig. *fin merle*, homme fin, adroit, rusé (fam.).

Merlin s. m. Longue massue des bouchers pour assommer les bœufs ; hache pour fendre le bois.

Merlin DE DOUAI, célèbre jurisconsulte, membre de la Convention et ministre d'Etat sous le premier Empire (1754-1838).

Merlin DE THIONVILLE, membre de la Convention (1762-1833).

Merluche s. f. Morue sèche.

Mérope, femme de Cresphonte, roi de Messénie ; XIIe s. av. J.-C.

Mérovée, roi des Francs (411-458).— Fils de Chilpéric Ier (VIe s.).

Mérovingien, ienne adj. et s. De la race de Mérovée.

Merrain s. m. Menues planches de chêne.

Merry ou **Médéric** (saint), abbé de Saint-Martin de Tours (VIIe s.).

Merveille s. f. (*ll* m.) Chose rare, extraordinaire, qui excite l'admiration. A MERVEILLE loc. adv. très bien.

Merveilleusement adv. (*ll* m.) D'une façon merveilleuse.

Merveilleux, euse adj. (*ll* m.) Admirable ; surprenant ; étonnant ; excellent. S. Celui, celle qui affecte de belles manières. S. m. Intervention des êtres surnaturels dans un poème ; ce qui est surnaturel.

Mes adj. poss. pl. Voy. *Mon.*

Mésair ou **mézair** s. m. Allure d'un cheval qui tient le milieu entre le terre à terre et les courbettes.

Mésaise s. m. Malaise.

Mésalliance s. f. Mariage avec une personne d'une condition inférieure.

Mésallier v. a. Faire une mésalliance. SE MÉSALLIER v. pr. Déroger, s'abaisser.

Mésange s. f. Oiseau de l'ordre des passereaux.

Mésarriver v. n. imp. Avoir une issue fâcheuse.

Mésavenir v. n. imp. Mésarriver.

Mésaventure s. f. Accident fâcheux.

Mésentère s. m. Membrane qui maintient les intestins.

Mésentérique adj. Du mésentère.

Mésentérite s. f. Inflammation du mésentère.

Mésestime s. f. Privation de l'estime.

Mésestimer v. a. Ne pas estimer ; avoir mauvaise opinion de ; apprécier une chose au-dessous de sa valeur.

Mésintelligence s. f. Mauvaise intelligence, défaut d'accord, dissension.

Mésinterpréter v. a. Interpréter mal.

Mesmer, Allemand, auteur de la doctrine du magnétisme animal (1733-1815).

Mesmérisme s. m. Doctrine de Mesmer sur le magnétisme animal.

Mesmériste s. m. Partisan du mesmérisme.

Mésoffrir v. n. Offrir beaucoup au-dessous de la valeur d'une marchandise.

Mesquin, e adj. Chiche ; parcimonieux ; pauvre et de chétive apparence ; de mauvais goût ; qui indique la parcimonie.

Mesquinement adv. D'une manière mesquine.

Mesquinerie s. f. Economie outrée, ridicule ; acte d'avarice ; petitesse.

Message s. m. Commission de dire ou de porter quelque chose ; ce qu'on est chargé de dire ou de porter ; communication officielle.

Messager, ère s. Qui fait ou porte un message.

Messagerie s. f. Établissement de voitures publiques partant à heures fixes ; bureau, voitures de la messagerie.

Messaline, 3e femme de l'empereur Claude Ier, célèbre par ses crimes et ses débauches, mise à mort en 48 ap. J.-C.

Messe s. f. Sacrifice du corps et du sang de J.-C. ; prières qui l'accompagnent ; musique de l'office de la messe.

Messéance s. f. Défaut de bienséance.

Messéant, e adj. Qui est contre la bienséance.

Messeoir v. n. irrég. N'être pas séant, convenable.

Messidor s. m. Le 10e mois de l'année républicaine, du 19 juin au 19 juillet.

Messie s. m. Le Christ annoncé par les prophètes dans l'Ancien Testament.

Messier s. m. Gardien des fruits avant la récolte.

Messieurs pl. de *monsieur*. Voy. ce mot.

Messire s. m. Ancien titre d'honneur. *Poire de Messire-Jean*, sorte de poire cassante et très sucrée.

Mestre-de-camp s. m. Colonel de cavalerie ou d'infanterie sous l'ancienne monarchie.

Mesurable adj. Que l'on peut mesurer.

Mesurage s. m. Action de mesurer, de vérifier la mesure ; procès-verbal de l'arpenteur.

Mesure s. f. Ce qui sert de règle pour déterminer une quantité, une dimension ; ménagement, modération ; bornes ; rythme, cadence.

Mesuré, ée adj. Circonspect.

Mesurer v. a. Déterminer une quantité au moyen d'une mesure ; proportionner ; régler avec circonspection. *T. de math.* Exprimer les rapports d'une quantité avec une autre du même genre. SE MESURER v. pr. Lutter contre.

Mesureur s. m. Celui qui mesure.

Mésuser v. n. Faire un mauvais usage ; abuser.

Métacarpe s. m. Partie de la main entre les doigts et le poignet.

Métachronisme s. m. (on pron. *métakro*—). Anachronisme par anticipation de date.

Métairie s. f. Petite ferme.

Métal s. m. Corps minéral simple, tantôt ductile et malléable, tantôt cassant. (Pl. *métaux*.)

Métalepse s. f. Figure de rhétorique par laquelle on prend l'antécédent pour le conséquent, et réciproquement.

Métallique adj. Qui concerne le métal, de la nature du métal. S. f. Métallurgie (vx.).

Métallisation s. f. Formation des métaux.

Métalliser v. a. Faire prendre la forme métallique à un oxyde.

Métallographie s. f. Science, traité des métaux.

Métallurgie s. f. Art d'extraire les métaux et de les purifier.

Métallurgique adj. Qui a rapport à la métallurgie.

Métallurgiste s. m. Celui qui s'occupe de la métallurgie.

Métamorphose s. f. Transformation, changement.

Métamorphoser v. a. Changer, transformer.

Métaphore s. f. Espèce de comparaison abrégée, par laquelle on transporte un mot du sens propre au sens figuré.

Métaphorique adj. Qui tient de la métaphore ; qui abonde en métaphores.

Métaphoriquement adv. D'une manière métaphorique.

Métaphysicien s. m. Celui qui fait son étude de la métaphysique.

Métaphysique s. f. Science des principes ; théorie des idées ; abus des abstractions. Adj. Qui appartient à la métaphysique ; trop abstrait.

Métaphysiquement adv. D'une manière métaphysique.

Métaphysiquer v. n. Traiter

une question d'une manière métaphysique.

Métaplasme s. m. Addition ou retranchement d'une lettre ou d'une syllabe dans un mot.

Métastase s. f. *Méd.* Transport ou passage d'une maladie d'une partie du corps dans une autre.

Métatarse s. m. *Anat.* Partie du pied comprise entre les orteils et le tarse.

Métathèse s. f. *Gram.* Transposition d'une lettre.

Métayer, ère s. Qui fait valoir une métairie; fermier en général.

Méteil s. m. (*l* m.) Froment et seigle mêlés ensemble.

Métempsycose s. f. (on pron. *métanpsicoze*). Passage d'une même âme d'un corps dans un autre, après la mort.

Météore s. m. Phénomène lumineux qui paraît accidentellement dans les régions supérieures de l'atmosphère. Fig. personne, chose qui produit une impression vive, mais peu durable.

Météorique adj. Des météores.

Météorisé, ée adj. *Méd.* Gonflé, tendu par des gaz, en parlant du ventre.

Météorisme s. m. Gonflement, tension du ventre.

Météorologie s. f. Science, traité des météores et des variations atmosphériques.

Météorologique adj. Qui concerne les météores et les changements de l'atmosphère.

Météorologiste ou **météorologue** s. m. Qui s'occupe de météorologie.

Méthode s. f. Manière d'agir, de parler, d'écrire, d'après un certain ordre, certains principes, un certain système; traité élémentaire. *Hist. nat.* Classification des êtres d'après leurs caractères distinctifs. Usage, habitude, manière d'être.

Méthodique adj. Qui a de la méthode; qui est fait avec méthode; qui n'agit que par poids et par mesure.

Méthodiquement adv. Avec [méthode.

Méthodisme s. m. Doctrine des méthodistes.

Méthodiste s. Membre d'une secte très rigide de l'Eglise anglicane.

Méticuleux, euse adj. et s. Susceptible de petites craintes, de petits scrupules.

Métier s. m. Profession d'un art mécanique; toute occupation habituelle. Machine à filer, à tisser, etc.

Métis, isse s. et a. Né d'un blanc et d'une Indienne, ou d'un Indien et d'une blanche; né de deux espèces différentes, en parlant des animaux.

Métonomasie s. f. Changement d'un nom propre, en le traduisant en une autre langue.

Métonymie s. f. Figure de rhétorique par laquelle on prend la cause pour l'effet, le sujet pour l'attribut, le contenant pour le contenu, etc.

Métope s. f. *Archit.* Intervalle carré entre les triglyphes de la frise dorique.

Métoposcopie s. f. Art de conjecturer par l'inspection des traits du visage.

Métoposcopique adj. Qui a rapport à la métoposcopie.

Mètre s. m. Mesure du vers; nature et nombre de pieds nécessaires à la formation de chaque genre de vers; mesure de longueur, la dix-millionième partie du quart du méridien terrestre.

Métré s. m. Résultat d'un mesurage métrique.

Métrer v. a. Mesurer par mè- [tres.

Métrique adj. Qui a rapport au mètre. S. f. La science de la quantité et des diverses espèces de vers dans les langues prosodiques.

Métrologie s. f. Connaissance des poids et des mesures de tous les peuples; traité de cette science.

Métrologiste s. m. Auteur de recherches sur la métrologie.

Métromane s. Celui qui a la manie de faire des vers.

Métromanie s. f. Manie de faire des vers.

Métronome s. m. Sorte de machine pour indiquer et régler la mesure d'un morceau musical.

Métropole s. f. Ville avec siège archiépiscopal; un Etat considéré par rapport à ses colonies. Adj. f. *Eglise métropole*, église métropolitaine.

Métropolitain, e adj. Archiépiscopal. S. m. Archevêque.

Mets s. m. Aliment apprêté pour un repas.

Mettable adj. Qu'on peut mettre.

Metternich (prince de), homme d'État autrichien (1773-1859).

Metteur s. m. *Metteur en œuvre*, ouvrier qui monte les pierreries; *metteur en pages*, celui qui met en pages les paquets de composition (*impr.*).

Mettre v. a. Poser, placer en un lieu, dans un état, dans une situation, etc.; apprêter : *mettre la table. Mettre en doute*, ne pas croire; *mettre en train*, commencer (une chose). SE METTRE v. pr. Se placer; s'occuper de; commencer à; s'habiller d'une certaine manière.

Meublant, e adj. Propre à meubler.

Meuble adj. Aisé à remuer, à transporter : *biens meubles; terre meuble*, brisée par les labours. S. m. Tout ce qui sert à meubler, à orner un appartement.

Meubler v. a. Garnir de meubles. Fig. orner, enrichir : *meubler sa mémoire*.

Meuglement s. m. Voy. *Beuglement*.

Meugler v. n. Voy. *Beugler*.

Meule s. f. Cylindre plat pour broyer, aiguiser, polir, user, etc.; monceau, pile de foin, d'épis, de gerbes.

Meulerie s. f. Atelier où l'on prépare les meules de moulin.

Meulière s. f. Pierre dont on fait des meules de moulin et que l'on emploie pour bâtir; carrière d'où on la tire. S'emploie adjectivement : *pierre meulière*.

Meunerie s. f. Art, état de meunier.

Meung (Jean de), écrivain français (1279-1320).

Meunier, ière s. Qui conduit un moulin à blé. S. m. Sorte de poisson.

Meurtre s. m. Homicide commis avec violence. Fig. grand dommage.

Meurtrier, ière s. Qui a commis un meurtre. Adj. Qui tue beaucoup de personnes : *arme meurtrière*.

Meurtrière s. f. Ouverture pratiquée dans les murs d'une fortification pour tirer à couvert.

Meurtrir v. a. Faire une meurtrissure. SE MEURTRIR v. pr. Devenir meurtri.

Meurtrissure s. f. Contusion livide.

Meute s. f. Troupe de chiens de chasse.

Mévendre v. a. Vendre à vil prix.

Mévente s. f. Vente à bas prix (vx.); non-vente, cessation de vente.

Mexicain, e s. et adj. Du Mexique.

Meyerbeer (Giacomo), célèbre compositeur de musique prussien mort à Paris (1791-1864).

Mezzo-termine s. m. (mot ital.; on pron. *mé-dzo-ter-mi-né*). Moyen terme. (Plur. des *mezzotermine*.)

Mi adj. invar. marquant la moitié, le partage en deux parties égales : *mi-partie; mi-carême*.

Mi s. m. *Mus.* Troisième note de la gamme.

Mi-août s. f. (on pron. *mi-ou*). Le milieu du mois d'août.

Miasme s. m. Exhalaisons putrides; émanations morbifiques.

Miaulement s. m. Cri du chat.

Miauler v. n. Crier (en parlant du chat).

Mica s. m. Substance vitreuse en feuilles élastiques, flexibles et d'un éclat métallique.

Micacé, ée adj. De la nature du mica, qui en a les apparences.

Mi-carême s. f. Le jeudi après le troisième dimanche de carême.

Michaud, historien français (1767-1839).

Miche s. f. Grand pain rond.

Michée, un des douze petits prophètes juifs.

Michel (saint), archange, chef de la milice céleste.

Michel (ordre de Saint-), ordre militaire établi par Louis XI en 1469.

Michel, nom de huit empereurs d'Orient (811-1282), dont l'un, MICHEL PALÉOLOGUE, détruisit l'empire latin d'Orient (1261).

Michel-Ange Buonarotti (on pron. *mikel*), sculpteur, peintre et architecte italien (1475-1564).

Michelet, historien français (1798-1874).

Micipsa, roi de Numidie, fils de Massinissa, oncle de Jugurtha, régna de 170 à 112 av. J.-C.

Micmac s. m. Intrigue obscure (fam.).

Micocoulier s. m. Grand arbre ressemblant à l'orme, dont le bois est employé dans l'industrie.

Mi-corps (à) loc. adv. Jusqu'à la moitié du corps.

Microbe s. m. Etre microscopique, animal ou végétal, qui se développe dans une foule de fermentations et de maladies.

Microcosme s. m. Petit monde : *l'homme est un microcosme.*

Micrographe s. m. Qui se livre à la micrographie.

Micrographie s. f. Description des objets microscopiques.

Micromètre s. m. Instrument servant à mesurer les objets très petits; instrument pour mesurer les distances célestes très petites.

Microscope s. m. Instrument d'optique qui grossit considérablement les petits objets *.

Microscopique adj. Qui ne peut être vu qu'au microscope; extrêmement petit.

Midas, roi de Phrygie, qui changeait en or tout ce qu'il touchait (*myth.*).

Midi s. m. Milieu du jour; point cardinal appelé aussi *sud;* les pays méridionaux.

Mie s. f. Partie molle du pain sous la croûte.

Mie. Syn. de *pas* ou de *point : n'écoutez mie* (La Fontaine).

Mie s. f. Abréviation de *amie : ma mie.*

Miel s. m. Substance sucrée que les abeilles forment avec le suc des fleurs.

Miellé, ée adj. Enduit de miel; qui contient du miel.

Mielleusement adv. D'une manière mielleuse.

Mielleux, euse adj. Qui tient du miel. Fig. fade, doucereux.

Mien, mienne adj. poss. *Le mien, la mienne* pr. poss. Qui est à moi, ce qui m'appartient. *Les miens* s. m. pl. Mes proches, mes alliés.

Miette s. f. Petite parcelle de pain. Fig. très petite partie.

Mieux adv. Comparatif de *bien;* d'une manière préférable, meilleure. S. m. Etat meilleur. Adv. En meilleur état.

Mièvre adj. Vif, espiègle et remuant; grêle, chétif.

Mièvrerie s. f. Caractère de celui qui est mièvre; tour malicieux.

Mignard, e adj. Gracieux et délicat; d'une élégance affectée.

Mignard (Pierre), peintre français (1610-1695).

Mignardement adv. D'une façon mignarde.

Mignarder v. a. Traiter trop délicatement; affecter de la délicatesse, de la grâce : *mignarder son style.*

Mignardise s. f. Caractère de ce qui est mignard; affectation de gentillesse, de délicatesse; espèce de soutache qui sert à garnir les robes.

Mignet, historien français (1796-1884).

Mignon, onne adj. et s. Gracieux, délicat; enfant chéri, préféré. Au pl. Favoris de Henri III.

Mignonnement adv. D'une manière mignonne.

Mignonnette s. f. Petite personne mignonne; poivre concassé.

Mignoter v. a. Dorloter, caresser, traiter délicatement.

Mignotise s. f. Flatterie, caresse.

Migraine s. f. Douleur dans une partie de la tête.

Migration s. f. Action d'émigrer en grand nombre.

Mijaurée s. f. Fille ou femme très prétentieuse.

Mijoter v. a. Faire cuire lentement et doucement. Fig. mignoter; préparer de longue main : *mijoter un projet.*

Mil adj. num. cardinal, syn. de *mille* dans le compte des années après J.-C. : *l'an mil huit cent quatre-vingt-onze.*

Mil ou **Millet** (*ll* m.) s. m. Plante graminée; sa graine, petite, jaune.

Milady s. f. (mot anglais; on pron. *milédi*). Titre donné en Angleterre à la femme d'un lord ou d'un noble. (Pl. *miladys* ou *miladies.*)

Milan s. m. Oiseau de proie.

Milanais, e adj. et s. De Milan.

Mildew s. m. (m. anglais; on pron. *mildiou*). Maladie de la vigne.

Miliaire adj. Se dit de toute élevure à la peau qui ressemble au grain de millet. *Fièvre miliaire*, avec éruption de petits boutons rouges.

Milice s. f. Corps de troupes, armée; levée de bourgeois et de paysans avant 1789 : *milice bourgeoise*.

Milicien s. m. Soldat de milice.

Milieu s. m. Centre d'un lieu; la partie moyenne d'une durée, d'un écrit ou d'un discours; parti, procédé également éloigné des extrémités, des excès contraires. *Phys.* Fluide qui environne les corps. Au milieu de loc. prép. Parmi.

Militaire adj. Qui concerne la guerre : *art militaire; heure militaire*, précise. S. m. Le soldat.

Militairement adv. D'une manière militaire.

Militant, e adj. Qui lutte, qui combat : *parti militant. Église militante*, assemblée des fidèles sur la terre (*théol.*).

Militariser v. tr. *Militariser un pays*, lui donner une organisation, des habitudes militaires.

Militarisme s. m. Système politique qui s'appuie sur l'armée.

Militer v. n. Etre probant, déterminant.

Mille adj. num. Dix fois cent. S. m. Mesure itinéraire d'environ 1,000 mètres.

Millefeuille s. f. Plante officinale à feuilles très petites.

Millénaire adj. Qui contient mille. S. m. Mille ans. Au pl. Sectaires qui croyaient que la terre serait, après le jugement dernier, un paradis où les élus jouiraient, pendant mille ans, de toutes sortes de plaisirs.

Mille-pertuis s. m. Plante officinale.

Mille-pieds s. m. Insecte qui a beaucoup de pieds.

Millérine s. f. Terre semée de millet.

Millésime s. m. Chiffres qui marquent l'année, la date sur les monnaies, médailles et monuments.

Millet s. m. Voy. *Mil.*

Milliade s. f. Mille ans.

Milliaire s. m. et adj. Se dit des bornes placées sur les grands chemins pour indiquer les distances.

Milliard s. m. Mille fois un million.

Milliare s. m. Millième partie de l'are.

Milliasse s. f. Fam. Un très grand nombre ; nom donné dans le Midi à la farine de millet bouillie.

Millième adj. Nombre ordinal qui complète le nombre mille. S. m. Millième partie.

Millier s. m. Mille; nombre indéterminé, mais considérable.

Milligramme s. m. Millième du gramme.

Millimètre s. m. Millième du mètre.

Million s. m. Dix fois cent mille; nombre indéterminé, mais très considérable.

Millionième adj. Nombre ordinal qui complète le nombre d'un million. S. m. Millionième partie.

Millionnaire adj et s. Qui possède un ou plusieurs millions; extrêmement riche.

Milord s. m. Mot anglais équivalent à *monseigneur*. Fig. et pop. Homme riche.

Miltiade, général athénien, gagna sur les Perses la bataille de Marathon (490 av. J.-C.); mort en prison (489).

Milton, célèbre poète anglais (1608-1674).

Mime s. m. Espèce de comédie bouffonne et licencieuse, chez les Romains; acteur qui jouait ces sortes de pièces.

Mimer v. a. Représenter par des gestes.

Mimique adj. Qui concerne les mimes; qui imite par le geste.

Mimique s. f. Art d'imiter, d'exprimer par le geste.

Mimographie s. f. Traité sur la mimique.

Mimosa s. f. Nom latin de la sensitive.

Minage s. m. Ancien droit perçu sur les grains qui se vendaient au marché.

Minaret s. m. Chez les Turcs, tour en forme de clocher, du haut de laquelle on appelle le peuple à la prière, et d'où l'on annonce les heures.

Minauder v. n. Affecter des

mines, des manières pour plaire, pour paraître plus agréable.

Minauderie s. f. Action, habitude de minauder; mines, façons, manières affectées pour plaire.

Minaudier, ère adj et s. Qui a l'habitude de minauder.

Mince adj. Qui a peu d'épaisseur. Fig. peu considérable, très médiocre.

Mine s. f. Air du visage; contenance; apparence, semblant : *faire mine de...;* accueil : *faire bonne mine.* Pl. Signes d'intelligence; grimaces.

Mine s. f. Lieu souterrain où gisent les métaux, les houilles, etc.; la substance minérale encore mêlée aux substances étrangères; cavité pratiquée sous un bastion, sous un roc, etc., pour le faire sauter au moyen de la poudre.

Mine s. f. Poids et monnaie des Grecs; ancienne mesure de Paris.

Miner v. a. Pratiquer une mine; creuser lentement. Fig. consumer, détruire peu à peu.

Minerai s. m. Métal tel qu'on l'extrait de la mine.

Minéral s. m. Corps inorganique qui se trouve dans l'intérieur ou à la surface de la terre.

Minéral, e adj. Qui est de l'essence du minéral, qui contient du minéral. RÈGNE MINÉRAL, ensemble des minéraux.

Minéralisateur s. m. Substance qui en minéralise une autre.

Minéralisation s. f. Action de minéraliser; combinaison du minéral avec le soufre, l'arsenic, etc.

Minéraliser v. a. Convertir en minéral : se dit des substances qui, combinées avec les matières métalliques, en modifient les caractères extérieurs.

Minéralogie s. f. Science, connaissance des minéraux et de la manière de les extraire.

Minéralogique adj. Qui concerne la minéralogie.

Minéralogiste s. m. Celui qui est versé dans la minéralogie.

Minerio s. f. Mine de sel.

Minerve, fille de Jupiter, déesse de la sagesse, des arts et de la guerre.

Minet, ette s. Fam. Petit chat, petite chatte.

Mineur s. m. Ouvrier des mines.

Mineur adj. Plus petit, moindre. Adj. et s. Qui n'a pas atteint sa majorité.

Mineure s. f. Seconde proposition d'un syllogisme.

Miniature s. f. Peinture très délicate, très fine; personne ou chose délicate, petite, jolie.

Miniaturiste s. m. Peintre en miniature.

Minière s. f. La terre, le sable, la pierre d'où l'on tire un minéral, un métal.

Minima (à) loc. adv. (*Jurisp.*). *Appel à minima*, appel interjeté par le ministère public contre un jugement qui applique une peine trop faible.

Minime s. m. Religieux de l'Ordre de Saint-François de Paule. Adj. Très peu considérable.

Minimum s. m. (on pron. *minimome*). Le plus petit degré.

Ministère s. m. Emploi, bureaux d'un ministre; les ministres; entremise.

Ministériel, elle adj. Du ministre; qui est propre au ministère; qui en émane; qui lui appartient. S. et adj. m. Partisan du ministère.

Ministériellement adv. Dans la forme ministérielle.

Ministre s. m. Celui dont on se sert pour l'exécution de quelque chose d'important; fonctionnaire chargé de la conduite des affaires de l'État; envoyé d'un prince dans une cour étrangère; supérieur de couvent; évêque, curé, etc.; pasteur protestant.

Minium s. m. (on pron. *miniome*). Oxyde rouge de plomb.

Minois s. m. Visage d'une jeune personne plus jolie que belle (fam.).

Minon s. m. Chat (fam.).

Minoratif s. m. et adj. m. Purgatif léger.

Minoration s. f. *Méd.* Evacuation légère, sans trouble.

Minorité s. f. Le petit nombre relatif; état d'un mineur; sa durée.

Minos, fils de Jupiter et d'Europe, roi de Crète, sage législateur, juge des enfers.

Minot s. m. Mesure ancienne de capacité.

Minotaure s. m. Monstre fabuleux; constellation.

Minoterie s. f. Préparation des farines destinées à l'exportation; l'établissement où cette préparation se fait; commerce de farines.

Minotier s. m. Qui fait la minoterie.

Minuit s. m. Le milieu de la nuit.

Minuscule s. f. et adj. Se dit des petites lettres par oppposition aux majuscules.

Minute s. f. Soixantième partie de l'heure, du degré; lettre, écriture très petite; brouillon d'un écrit; original d'un acte, d'un jugement. Fig. très petit espace de temps.

Minuter v. a. Faire une minute.

Minutie s. f. (on pron. *minuci*). Bagatelle, vétille.

Minutieusement adv. (on pron. *minucieuseman*). D'une manière minutieuse.

Minutieux, euse adj. (on pron. *minucieu*). Qui s'attache aux minuties.

Mioche s. m. Pop. et fam. Petit garçon.

Miollis, général français (1759-1828).

Miquelet s. m. Soldat qui fait partie de la garde des gouverneurs de province en Espagne; bandit espagnol qui vivait dans les Pyrénées.

Mirabeau (comte de), l'orateur le plus éminent de la Révolution française (1749-1791).

Mirabelle s. f. Petite prune jaune, très douce.

Miracle s. m. Acte de la puissance divine, contraire aux lois connues de la nature. Fig. chose extraordinaire, surprenante.

Miraculeusement adv. D'une manière miraculeuse.

Miraculeux, euse adj. Qui tient du miracle.

Mirage s. m. Effet d'optique qui fait paraître au-dessus de l'horizon les objets qui n'y sont pas.

Mire s. f. Bouton placé au bout d'une arme à feu pour mirer.

Mirer v. a. Viser; convoiter. *Mirer un œuf*, regarder au travers pour s'assurer qu'il est frais. SE MIRER v. pr. Se regarder dans un miroir.

Mirifique adj. Fam. Admirable, surprenant, superbe.

Mirliflore s. m. Fam. Jeune homme qui fait l'agréable, le merveilleux.

Mirliton s. m. Espèce de flûte formée d'un roseau bouché à ses extrémités par un morceau de baudruche.

Mirmidon ou **myrmidon** s. m. Homme de très petite taille et sans considération.

Miroir s. m. Glace de verre étamé qui réfléchit l'image des objets*; tout corps poli qui produit le même effet. Fig. ce qui représente, exprime une ressemblance, au physique et au moral : *les yeux sont le miroir de l'âme.*

Miroité, ée adj. Se dit d'un cheval pommelé, d'une étoffe à reflets.

Miroitement s. m. Éclat que jette une surface polie qui miroite.

Miroiter v. n. Réfléchir la lumière; briller de divers reflets.

Miroiterie s. f. Art et commerce du miroitier.

Miroitier s. m. Celui qui fait et vend des miroirs.

Miroton s. m. Mets composé de tranches de viande déjà cuite, qu'on assaisonne d'oignons, etc.

Mis, e adj. Posé, placé; vêtu.

Misaine s. f. *Mar.* Mât entre le beaupré et le grand mât.

Misanthrope s. m. et adj. Qui hait les hommes; homme bourru, chagrin, peu sociable.

Misanthropie s. f. Haine des hommes, humeur chagrine et bourrue; éloignement pour la société.

Misanthropique adj. Qui a le caractère de la misanthropie.

Miscellanées s. f. pl. Recueil de fragments littéraires ou scientifiques sur des sujets divers.

Miscibilité s. f. Propriété de ce qui peut se mêler.

Miscible adj. Qui a la propriété de se mêler.

Mise s. f. Ce qu'on met au jeu ou dans une association; enchère; cours de la monnaie; manière de s'habiller. *Être de mise*, de mode, sociable, présentable, recevable.

Misérable adj. et s. Qui est dans la misère; méchant; mauvais dans son genre; méprisable, vil.

Misérablement adv. D'une manière misérable.

Misère s. f. Grande indigence; dénûment absolu; néant des choses humaines; bagatelle.

Miséréré s. m. Psaume; colique très violente.

Miséricorde s. f. Vertu qui porte à la compassion, à la pitié, au pardon, à soulager les misères d'autrui; grâce, pardon. Interjection qui marque l'étonnement.

Miséricordieusement adv. Avec miséricorde.

Miséricordieux, euse adj. Qui a de la miséricorde.

Missel s. m. Livre de messe.

Mission s. f. Envoi avec pouvoir d'agir; rôle important; congrégation de missionnaires; leurs prédications.

Missionnaire s. m. Prêtre employé aux missions pour convertir les infidèles, pour instruire les ignorants.

Missive s. f. et adj. Lettre destinée à être envoyée.

Mistral s. m. Vent de nord-ouest, extrêmement violent, dans les contrées voisines de la Méditerranée.

Mitaine s. f. Espèce de gant sans doigtiers; petit gant de femme à doigts coupés vers la moitié. Pl. Fig. précautions, ménagements.

Mite s. f. Insecte presque imperceptible.

Mithridate, nom de plusieurs rois parthes : MITHRIDATE Ier, roi du Pont, allié de Cyrus. — MITHRIDATE LE GRAND, ennemi implacable des Romains, roi du Pont de 123 à 63 av. J.-C.

Mithridate s. m. Drogue antivénéneuse.

Mitigatif, ive adj. Qui mitige, adoucit.

Mitigation s. f. Adoucissement.

Mitiger v. a. Adoucir.

Miton s. m. Sorte de gant ne couvrant que l'avant-bras.

Mitonner v. n. Cuire longtemps dans de l'eau, dans du bouillon, dans du jus. V. a. Fam. Dorloter, disposer adroitement, préparer doucement une affaire.

Mitoyen, enne adj. Qui sépare, qui est au milieu.

Mitoyenneté s. f. Etat de ce qui est mitoyen; droit de deux voisins sur un mur mitoyen.

Mitraillade s.f. (*ll* m.) Décharge de plusieurs canons chargés à mitraille sur une masse d'individus.

Mitraille s.f. (*ll* m.) Vieille quincaillerie; ferraille dont on charge les canons; monnaie de billon.

Mitrailler v. a. (*ll* m.) Tirer le canon à mitraille.

Mitre s. f. Coiffure des évêques en habits pontificaux; coiffure que les Romains avaient empruntée aux Perses.

Mitré, ée adj. Qui porte la mitre.

Mitron s. m. Pop. Garçon boulanger.

Mixte adj. Mélangé, composé de choses hétérogènes. S. m. Corps mixte.

Mixtiligne adj. Se dit en géométrie de figures terminées en partie par des lignes droites, et en partie par des lignes courbes.

Mixtion s. f. Mélange de drogues dans un liquide.

Mixtionner v. a. Faire une mixtion.

Mixture s. f. Médicament liquide formé du mélange de diverses substances.

Mnémonique s. f. Art d'aider la mémoire au moyen de certains signes. Adj. Qui appartient à la mémoire.

Mnémosine, déesse de la mémoire, mère des neufs Muses (*myth.*).

Mnémotechnie s. f. Mnémonique.

Mnémotechnique adj. Qui appartient à la mnémotechnie.

Moab, fils de Loth.

Moabites, peuplade arabe issue de Moab, habitait la partie de l'Arabie Pétrée située à l'est de la mer Morte.

Mobile adj. Qui se meut ou peut être mu; changeant; qui reçoit aisément des impressions différentes. S. m. Corps qui est mu; force qui meut. Fig. ce qui porte à agir.

Mobiliaire adj. Qui consiste en meubles; qui concerne les meubles.

Mobilier, ière adj. *Jurisp.* De la nature du meuble; qui concerne le mobilier. S. m. L'ensemble des meubles.

Mobilisation s. f. Action de mobiliser.

Mobiliser v. a. Convertir en meuble un immeuble réel ou réputé tel; envoyer en expédition des troupes sédentaires.

Mobilité s. f. Facilité à être mu; inconstance; incertitude.

Modalité s. f. Mode, manière d'être.

Mode s. m. Manière d'être; forme, méthode. *Gramm.* Manière de conjuguer. *Mus.* Relation des notes formant l'une des deux échelles toniques, majeure ou mineure. S. f. Usage passager dépendant du caprice; manière, fantaisie. Pl. Parures à la mode.

Modelage s. m. Opération de celui qui modèle.

Modèle s. m. Exemplaire, patron; tout ce qu'on se propose d'imiter; personne qui sert de modèle aux peintres, aux sculpteurs.

Modeler v. a. Faire en petit l'objet que l'on veut représenter en grand. Fig. régler, conformer.

Modénature s. f. Moulures de l'architecture.

Modérateur, trice s. Qui modère, règle, tempère.

Modération s. f. Retenue; diminution; adoucissement.

Modéré, ée adj. et s. Eloigné de tout excès; sage et retenu.

Modérément adv. Sans excès, avec modération.

Modérer v. a. Diminuer, adoucir, tempérer. SE MODÉRER v. pr. Se posséder, se contenir.

Moderne adj. Nouveau, récent. S. m. Auteurs, savants, artistes qui ont paru depuis la Renaissance.

Moderner v. a. *Archit.* Restaurer dans le goût moderne.

Modeste adj. Qui a de la modestie, de la modération, de la pudeur; simple, médiocre, sans éclat.

Modestement adv. D'une manière modeste.

Modestie s. f. Retenue, pudeur, décence.

Modicité s. f. Petite quantité.

Modifiable adj. Susceptible de modification.

Modificatif, ive adj. Qui modifie. S. m. *Gramm.* Se dit des mots qui déterminent ou modifient le sens des autres.

Modification s. f. Changement dans la manière d'être; action de modifier.

Modifier v. a. Opérer un changement; corriger; modérer, restreindre.

Modillon s. m. (*ll* m.) Ornement d'architecture sous le larmier de la corniche.

Modique adj. Peu considérable, de peu de valeur.

Modiquement adv. Avec modicité.

Modiste s. Qui fait ou vend des modes.

Modulation s. f. *Mus.* Transition harmonique; action de moduler le chant ou l'harmonie; effet qui en résulte.

Module s. m. Mesure pour les proportions en architecture; par extension, tout ce qui sert à mesurer; diamètre d'une médaille.

Moduler v. a. et n. Faire passer le chant ou l'harmonie dans des tons ou des modes différents.

Moelle s. f. Substance molle et grasse dans les os; substance molle et spongieuse dans le cœur du bois. Fig. ce qu'il y a de meilleur, de plus essentiel dans un ouvrage d'esprit.

Moelleusement adv. D'une manière moelleuse.

Moelleux, euse adj. Rempli de moelle. Fig. souple; agréable; doux, gracieux.

Moellon s. m. Pierre de construction.

Moellonnier s. m. Coin pour diviser les moellons

Mœuf s. m. *Gramm.* Mode, manière de conjuguer les verbes (vx.).

Mœurs s. f. pl. Habitudes naturelles ou acquises dans la conduite de la vie; manière de vivre, inclinations, coutumes.

Mofette s. f. Exhalaison dangereuse des lieux souterrains.

Mohammed, nom arabe de Mahomet.

Mohatra adj. m. *Contrat mohatra*, sorte de contrat usuraire (vx.).

Mohicans, peuple indien de l'Amérique du Nord.

Moi pr. pers. de la 1re pers.

Moignon s. m. Reste d'un membre coupé, d'une grosse branche d'arbre coupée ou rompue.

Moindre adj. Plus petit, moins considérable, moins bon.

Moindrement (le) adv. *Pas le moindrement*, en aucune façon.

Moine s. m. Religieux vivant sous une règle commune et séparé du monde ; ustensile servant à chauffer un lit.

Moineau s. m. Passereau, petit oiseau de plumage gris-roux.

Moinillon s. m. (*ll* m.) Petit moine, ou moine sans considération.

Moins adv. Marque l'infériorité. S. m. Signe de la soustraction (—).

Moirage s. m. Action de moirer.

Moire s. f. Apparence ondée et chatoyante donnée aux étoffes par un apprêt; étoffe ainsi apprêtée.

Moiré s. m. Ce qui est moiré; ce qui a l'éclat chatoyant de la moire.

Moirer v. a. Donner par la pression à une étoffe un éclat changeant, une apparence ondée et chatoyante.

Mois s. m. Une des douze parties de l'année; prix convenu pour un mois.

Moïse, chef et législateur des Hébreux.

Moise s. f. Pièce de charpente qui en lie d'autres; long crochet en fer dans les manufactures de glaces.

Moiser v. a. Mettre des moises.

Moisi, ie adj. Qui est couvert de moisissure. S. m. Ce qui est moisi.

Moisir v. n. et **Se moisir** v. pr. Se dit d'une matière qui se couvre d'une espèce de mousse qui marque un commencement de corruption.

Moisissure s. f. Altération d'une matière moisie; endroit moisi.

Moissine s. f. Branche de vigne avec les grappes qui y pendent encore.

Moisson s. f. Récolte des blés et autres grains; époque, durée de la moisson. Fig. abondance; conversion des âmes.

Moissonner v. a. Faire la moisson. Fig. enlever, détruire, faire périr.

Moissonneur, euse s. Qui fait la moisson.

Moite adj. Un peu humide.

Moiteur s. f. Légère humidité.

Moitié s. f. L'une des deux parties égales d'un tout. Fam. Femme à l'égard du mari. *A moitié* loc. adv. En partie, à demi.

Moka s. m. Café qui vient de Moka, en Arabie.

Mol, olle adj. Voy. *Mou*.

Molaire adj. f. et s. f. Se dit des grosses dents qui servent à broyer les aliments.

Molay (Jacques de), dernier grand maître des Templiers, brûlé vif en 1314.

Môle s. m. Jetée de pierre à l'entrée d'un port pour protéger les navires.

Molé (Mathieu), premier président au parlement de Paris (1584-1656).

Moléculaire adj. Qui appartient aux molécules.

Molécule s. f. Petite partie d'un corps.

Molène s. f. Sorte d'herbe.

Molester v. a. Vexer, tourmenter.

Molette s. f. Extrémité de l'éperon qui sert à piquer le cheval; tumeur à la jambe des chevaux; cône de marbre, de verre, etc., pour broyer des couleurs, etc*.

Molière (J.-A. Poquelin, dit), le premier des auteurs comiques français (1622-1673).

Molina, jésuite espagnol, auteur du *molinisme* (1535-1601).

Molinisme s. m. Opinion de Molina sur la grâce.

Moliniste s. et adj. Partisan de l'opinion de Molina sur la grâce.

Mollah s. m. Espèce de patriarche turc.

Mollasse adj. Sans consistance; trop mou et désagréable au toucher.

Mollement adv. D'une manière molle; faiblement, sans vigueur; avec un abandon gracieux.

Mollesse s. f. Qualité de ce qui est mou; manque de vigueur, de fermeté; excès d'indulgence; abandon gracieux dans le style.

Mollet, ette adj. D'une mollesse agréable au toucher.

Mollet s. m. Le gras de la jambe.

Molleton s. m. Etoffe de laine, de soie ou de coton, chaude et mollette.

Mollification s. f. Action de mollifier.

Mollifier v. a. *Méd.* Rendre mou et fluide.

Mollir v. n. Devenir mou; manquer de force; fléchir; céder trop aisément.

Mollusque adj. et s. m. Animal sans vertèbres et sans articulations.

Molosse s. m. Sorte de gros chien.

Molybdate s. m. *Chim.* Sel de l'acide molybdique combiné avec des bases.

Molybdène s. m. Sorte de métal cassant de la couleur du plomb.

Molybdique adj. *Acide molybdique*, formé par le molybdène.

Molybdite s. f. Pierre minérale contenant du plomb.

Molybdoïde s. f. Mine de plomb très dure.

Moment s. m. Instant, très petite partie de temps.

Momentané, ée adj. Qui ne dure qu'un moment.

Momentanément adv. Passagèrement, pendant un moment.

Momerie s. f. Mascarade (vx.). Fig. affectation, déguisement de sentiments. Fam. Cérémonie bizarre, ridicule.

Momie s. f. Corps d'Egyptien embaumé. Fig. personne sèche et noire; homme nonchalant.

Mon adj. poss. m. Qui est à moi; qui m'appartient; qui me concerne.

Monacal, e adj. Appartenant à l'état monastique.

Monacalement adv. D'une manière monacale.

Monachisme s. m. Se dit des institutions monastiques (iron.).

Monaco s. m. Monnaie peu estimée de l'ancienne principauté de Monaco.

Monade s. f. Etre simple et sans parties; animal extrêmement petit.

Monadelphie s. f. Classe de végétaux dans le système de Linné.

Monadiste s. m. Partisan du système des monades.

Monandrie s. f. Classe du système de Linné, qui renferme les plantes à une seule étamine.

Monarchie s. f. Gouvernement d'un Etat par un seul chef; Etat gouverné par un monarque.

Monarchique adj. De la monarchie; gouverné par un monarque.

Monarchiquement adv. D'une manière monarchique.

Monarchiste s. m. Partisan de la monarchie.

Monarque s. m. Chef d'une monarchie.

Monastère s. m. Couvent.

Monastique adj. Qui concerne les moines.

Monaut adj. m. Qui n'a qu'une oreille.

Monceau s. m. Tas, amas en forme de petit mont.

Moncey, maréchal de France (1754-1842).

Mondain, e adj. et s. Attaché aux vanités du monde.

Mondainement adv. D'une manière mondaine.

Mondanité s. f. Vanité mondaine.

Monde s. m. L'univers; la terre; le genre humain; la société des hommes; partie de la société dans laquelle on vit; ceux qui ont les mœurs corrompues; vie séculière.

Monde adj. Pur, net.

Monder v. a. Nettoyer.

Mondifier v. a. *Méd.* Nettoyer, déterger.

Monétaire s. m. Officier qui présidait à la fabrication des monnaies. Adj. Qui a rapport aux monnaies : *système monétaire*.

Monétisation s. Action de monétiser.

Monétiser v. a. Mettre en circulation comme monnaie.

Monge (Gaspard), célèbre mathématicien français, l'un des fondateurs de l'Ecole polytechnique (1746-1818).

Mongols (empire des) ou du **Grand Mogol**, empire fondé par Gengis-Khan (1206-1227), reconstitué par Tamerlan (1370-1405), et plus tard par Bahour, descendant de Tamerlan (1505-1530); après Aureng-Zeyb (1659-1707), sous le règne duquel il atteignit son apogée, cet empire tomba en décadence.

Monique (sainte), mère de saint Augustin (332-387).

Moniteur s. m. Qui avertit,

donne des avis, des conseils; dans l'enseignement mutuel : qui dirige les autres; titre de certains journaux.

Monition s. f. Avertissement juridique avant l'excommunication.

Monitoire adj. et s. m. Lettre d'un official pour obliger ceux qui ont connaissance d'un fait à le révéler.

Monitorial, e adj. *Lettres monitoriales*, en forme de monitoire.

Monnaie s. f. Pièces de métal frappées au coin d'un prince ou d'un État souverain, et ayant un cours légal; menues espèces; lieu où l'on bat monnaie.

Monnayage s. m. Fabrication de la monnaie.

Monnayer v. a. Convertir un métal en monnaie; donner l'empreinte à la monnaie.

Monnayeur s. m. Celui qui travaille à la monnaie de l'État.

Monochrome adj. Qui est d'une seule couleur. S. m. Tableau d'une seule couleur.

Monocle s. m. Petite lunette qui ne sert que pour un œil; lorgnon*.

Monocorde s. m. Instrument à une seule corde.

Monocotylédone adj. et s. Se dit des plantes dont les semences n'ont qu'un cotylédon.

Monœcie s. f. Dans le système de Linné, classe de végétaux portant sur le même pied des fleurs mâles et des fleurs femelles.

Monogame adj. et s. Qui n'a été marié qu'une fois; homme marié à une seule femme, femme mariée à un seul mari.

Monogamie s. f. État de ceux qui n'ont été mariés qu'une fois; état d'un homme marié à une seule femme, d'une femme mariée à un seul homme.

Monogramme s. m. Chiffre ou caractère composé des lettres d'un nom.

Monographe s. m. Auteur d'une monographie.

Monographie s. f. Description d'une seule espèce d'animaux, de végétaux; livre qui traite spécialement d'un seul objet.

Monoïque adj. De la monœcie.

Monolithe adj. et s. m. Se dit des pierres d'un seul morceau.

Monologue s. m. Scène dramatique où un personnage est seul et se parle à lui-même.

Monomane adj. et s. Atteint de monomanie.

Monomanie s. f. Manie, passion, fureur pour un objet, une idée unique.

Monôme s. m. Quantité algébrique qui n'est pas divisée par les signes *plus* et *moins*.

Monopétale adj. *Bot.* Se dit des fleurs dont la corolle est d'un seul pétale.

Monophylle adj. m. *Bot.* Se dit d'un calice formé d'une seule pièce.

Monopole s. m. Droit exclusif de vendre ou de faire quelque chose.

Monopoleur s. m. Celui qui exerce un monopole.

Monopoliser v. a. et n. Exercer le monopole.

Monoptère adj. Se dit d'un édifice rond formé d'une simple colonnade.

Monostique s. m. Épigramme en un seul vers.

Monostyle adj. *Bot.* Qui n'a qu'un style.

Monosyllabe adj. et s. m. Se dit d'un mot d'une seule syllabe.

Monosyllabique adj. Formé d'une seule syllabe; formé de monosyllabes.

Monotone adj. Toujours sur le même ton. Fig. d'une uniformité fatigante.

Monotonie s. f. Uniformité trop grande, ennuyeuse.

Mons s. m. (on pron. l'*s*). Abréviation du mot *monsieur* (iron.).

Monseigneur s. m. Titre d'honneur.

Monseigneur s. m. Sorte de levier dont les voleurs se servent pour forcer les clôtures.

Monseigneuriser v. a. Traiter de monseigneur (iron.).

Monsieur s. m. (on pron. *mocieu*). Titre donné aux hommes par bienséance; frère aîné d'un roi de France; (pl. messieurs). *Prune de Monsieur*, sorte de grosse prune violette.

Monsigny, compositeur de musique français (1729-1817).

Monstre s. m. Animal qui a une conformation contre nature; être imaginaire (*myth.*). Fig. chose extrêmement laide; personne cruelle et dénaturée.

Monstrelet (Enguerrand de), chroniqueur français (1390-1453).

Monstrueusement adv. Prodigieusement, excessivement.

Monstrueux, euse adj. Qui a une conformation contre nature; du monstre. Fig. excessif, prodigieux : *avarice monstrueuse.*

Monstruosité s. f. Anomalie grave dans la conformation; chose, action monstrueuse.

Mont s. m. Grande élévation de terre ou de roche. *Par monts et par vaux*, de tous côtés.

Montage s. m. Action de transporter quelque chose de bas en haut; action de monter une machine.

Montagnard, e adj. Qui habite les montagnes, qui a rapport aux habitants des montagnes. S. Habitant des montagnes; sous la Convention, membre du parti de la Montagne.

Montagne s. f. Grande masse de terre ou de roche fort élevée au-dessus du sol de la terre; amas considérable. Sous la Convention on donnait ce nom aux partisans des mesures révolutionnaires qui siégeaient sur les gradins les plus élevés de la salle.

Montagneux, euse adj. Où il y a beaucoup de montagnes : *pays montagneux.*

Montaigne (Michel de), célèbre écrivain et moraliste français (1533-1592).

Montalembert (comte de), publiciste et homme politique français (1810-1870).

Montalivet (comte de), ministre et pair de France (1801-1880).

Montanisme s. m. Hérésie prêchée en Phrygie par Montanus au deuxième siècle.

Montant s. m. Pièce de bois ou de fer posée verticalement; total d'un compte; goût relevé; odeur forte.

Montant, e adj. Qui monte, qui va en montant : *chemin montant. Garde montante*, celle qu'on place dans un poste pour remplacer la garde *descendante.*

Montausier (duc de), gouverneur du Dauphin, fils de Louis XIV (1610-1690).

Montcalm (marquis de), général français, tué à l'attaque de Québec en 1759.

Mont-de-piété s. m. Etablissement public qui prête sur gages aux personnes ayant un pressant besoin d'argent. (Pl. *monts-de-piété.*)

Monté, ée adj. Auquel rien ne manque : *atelier, magasin bien monté.* Fig. exalté, échauffé : *esprit, imagination montée.*

Montecuculli, général autrichien, adversaire de Turenne (1608-1681).

Montée s. f. Action de monter; chemin montant; marches d'un escalier.

Monter v. a. Se transporter en un lieu plus haut; porter une chose en haut, assembler, ajuster les pièces : *monter un lit, une machine;* pourvoir des choses nécessaires : *monter son ménage; monter un cheval*, être monté sur un cheval. V. n. Aller en un lieu plus haut; s'élever; aller en montant; s'élever en grade; hausser de prix; former un total de. Se monter v. pr. S'élever, s'irriter; se fournir : *se monter en linge.*

Montespan (marquise de), femme célèbre de la cour de Louis XIV (1641-1707).

Montesquieu, président au parlement de Bordeaux, littérateur (1689-1755).

Monteur s. m. Ouvrier qui monte des pièces d'orfèvrerie, etc.

Montfaucon (Bernard de), célèbre bénédictin de la Congrégation de Saint-Maur (1655-1741).

Montferrat (Boniface, marquis de), l'un des chefs de la 4e croisade (1202).

Montfort (Simon, comte de), chef de la croisade contre les Albigeois (1208); m. en 1218.

Montgolfier, nom de deux frères inventeurs des aérostats : Joseph-Michel, 1740-1810; Jacques-Etienne, 1745-1799; tous deux nés à Vidalon-lès-Annonay (Ardèche).

Montgolfière s. f. Ballon primitif, renfermant de l'air dilaté par la chaleur.

Monticule s. m. Petit mont.

Mont-Joie s. m. Ancien cri de guerre des Français.

Montluc (Blaise de), maréchal de France (1501-1577).

Montmorency, illustre famille de France dont les membres les plus célèbres sont : ANNE, 1er duc de Montmorency, connétable de France, ministre de François Ier (1492-1567) ; MONTMORENCY-LAVAL (1766-1826), ministre des affaires étrangères en 1821.

Montmorency s. f. Variété de cerise à courte queue et acide.

Montoir s. m. Billot, grosse pierre pour monter à cheval.

Montpensier (duchesse de), fille de Gaston d'Orléans, joua un rôle important dans la Fronde (1627-1693).

Montre s. f. Petite horloge portative ; marchandises exposées au dehors d'une boutique ; armoire vitrée pleine de ces marchandises : *mettre un article en montre*. Fig. apparence, ce qui paraît au dehors.

Montrer v. a. Faire voir ; manifester ; prouver ; enseigner. *Montrer les dents*, faire voir qu'on veut se défendre ; *montrer quelqu'un au doigt*, le désigner par mépris. SE MONTRER v. pr. Paraître, se faire voir.

Montueux, euse adj. Très inégal, mêlé de plaines et de collines : *pays montueux*.

Monture s. f. Bête sur laquelle on monte ; ce qui sert à assembler, à supporter la partie principale d'un objet : *la monture d'une scie, d'une bague*, etc. ; travail de l'ouvrier qui a monté un ouvrage.

Montyon (baron de), magistrat français (1733-1820).

Monument s. m. Ouvrage d'architecture ou de sculpture, pour transmettre à la postérité la mémoire d'un personnage, d'une action célèbre ; tombeau ; édifice public. Fig. tout ouvrage digne de passer à la postérité.

Monumental, e adj. (Pl. m. *monumentaux*.) Qui a les proportions d'un monument : *statue monumentale*.

Moquer (se) v. pr. Se railler ; rire de ; mépriser, braver ; ne pas parler ou agir sérieusement.

Moquerie s. f. Parole ou action moqueuse ; chose absurde, impertinente.

Moquette s. f. Sorte d'étoffe veloutée en laine.

Moqueur, euse adj. et s. Qui a l'habitude de se moquer, de railler. S. m. Oiseau d'Amérique, du genre merle.

Morailles s. f. pl. (*ll* m.) Pinces pour serrer le nez des chevaux difficiles à ferrer.

Moraillon s. m. (*ll* m.) Pièce de fer avec un anneau qui entre dans la serrure, pour fermer un coffre.

Moraine s. f. *Géol.* Débris de roches sur les côtés ou au pied d'un glacier.

Moral, e adj. (Pl. m. *moraux*.) Qui concerne les mœurs ; conforme à la morale ; qui pratique la morale. S. m. Ensemble des facultés morales.

Morale s. f. Science qui enseigne les règles à suivre pour faire le bien et éviter le mal ; moralité d'une fable ; réprimande.

Moralement adv. Suivant les règles de la morale.

Moralisateur, trice adj. Propre à moraliser.

Moralisation s. f. Action de moraliser.

Moraliser v. a. Rendre moral ; réprimander.

Moraliseur, euse s. Qui affecte de parler morale (iron.).

Moraliste s. Auteur qui écrit sur les mœurs. Adj. : *écrivain moraliste*.

Moralité s. f. Réflexion morale ; caractère moral d'une personne, ses mœurs, ses principes ; sens moral d'une fable ; rapport des actions avec la morale ; sorte de drame moral au moyen âge.

Morand, architecte français (1727-1794).

Morbide adj. *Méd.* Qui tient à la maladie : *état morbide*.

Morbidesse s. f. *Peint.* et *sculpt.* Mollesse, délicatesse, souplesse agréable des chairs dans une figure.

Morbifique adj. Qui cause ou regarde la maladie.

Morbleu ! interj. qui marque l'impatience, la colère.

Morceau s. m. Partie séparée d'un tout ; partie non séparée, mais distincte ; fragment d'un ouvrage d'esprit.

Morceler v. a. Diviser par morceaux.

Morcellement s. m. Action de morceler.

Mordacité s. f. Qualité corrosive. Fig. médisance aigre et piquante.

Mordant, e adj. Qui mord; qui a une qualité corrosive; piquant, caustique. S. m. Vernis pour fixer l'or sur les métaux; substance qui fixe les couleurs sur la laine.

Mordicant, e adj. Acre, picotant, corrosif. Fig. qui aime à critiquer, à médire.

Mordicus adv. (on pr. l'*s*) Avec ténacité, obstination.

Mordienne (A LA GROSSE) loc. adv. Pop. Sans façon, sans finesse.

Mordiller v. a. (*ll* m.) Mordre légèrement, à plusieurs reprises.

Mordoré, ée adj. D'un brun mêlé de rouge. S. m. La couleur mordorée.

Mordre v. a. et n. Serrer avec les dents; ronger, creuser. *Mordre la poussière*, être tué et renversé sur la place. Fig. médire, critiquer avec malignité.

More ou **Maure** s. m. Nom d'un peuple africain. *Traiter de Turc à Maure*, sans aucun égard.

Moreau (Jean-Victor), célèbre général français (1763-1813).

Moreau (Hégésippe), poète français (1810-1838).

Morelle s. f. Plante vénéneuse.

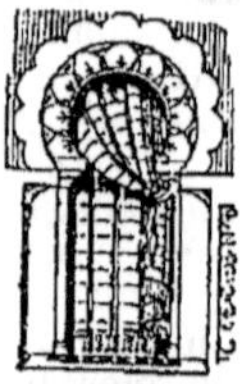

Moresque ou **mauresque**, adj. Qui a rapport aux Mores, à leurs usages : *architecture moresque* *. S. f. Danse à la manière des Mores.

Morfil s. m. Petites parties d'acier qui restent adhérentes au tranchant d'une lame passée sur la meule; dents d'éléphant non travaillées.

Morfondre v. a. Causer un froid qui pénètre. SE MORFONDRE v. pr. Être exposé à un froid pénétrant. Fig. et fam. Perdre du temps à attendre.

Morfondure s. f. Maladie des chevaux à la suite d'un refroidissement.

Morgoule s. f. Sorte de mollusque.

Morgue s. f. Contenance roide et hautaine; arrogance ridicule et dure.

Morgue s. f. Lieu où l'on expose les cadavres des inconnus; endroit à l'entrée d'une prison pour examiner les détenus, afin de les reconnaître ensuite.

Moribond, e adj. et s. Qui va mourir.

Moricaud, e adj. et s. Fam. Qui a le teint brun.

Morigéner v. a. Former les mœurs (vx.); corriger, remettre dans l'ordre et dans le devoir.

Morille s. f. (*ll* m.) Sorte de champignon.

Morillon s. m. (*ll* m.) Espèce de raisin noir. Pl. Émeraudes brutes.

Morion s. m. Armure de tête des anciens chevaliers.

Morlot, cardinal français, archevêque de Paris (1795-1862).

Morne adj. Triste, sombre, abattu.

Morne s. m. En Amérique, petite montagne ronde.

Mornifle s. f. Pop. Coup de main sur le visage.

Morny (duc de), homme politique français (1811-1865).

Morose adj. Chagrin, bizarre, difficile.

Morosité s. f. Caractère morose.

Morphée, dieu des songes (*myth.*).

Morphine s. f. Substance narcotique tirée de l'opium.

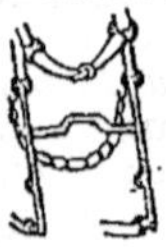

Mors s. m. Pièces de fer pour brider un cheval; pièce qu'on lui met dans la bouche pour le diriger*.

Morsure s. f. Action de mordre; plaie, meurtrissure, marque faite en mordant. Fig. effet de la médisance, de la calomnie.

Mort, s. f. Fin, cessation de la vie; peine capitale; grande douleur, grand chagrin.

Mort, e adj. Qui a cessé de vivre. S. Personne morte.

Mortaise s. f. Entaille faite dans une pièce de bois pour y recevoir le bout ou tenon d'une autre pièce.

Mortalité s. f. Condition des êtres sujets à la mort; quantité de personnes ou d'animaux qui meurent.

Mort-bois s. m. Bois inutiles

dans les forêts; droit de couper le bois sec dans les forêts.

Morte-eau s. f. Marée la plus faible et époque de cette marée.

Mortel, elle adj. Sujet à la mort; qui cause la mort: *coup mortel*. Fig. très long: *ennui mortel; ennemi mortel*, irréconciliable; *péché mortel (théol.)*, péché qui fait perdre entièrement la grâce. S. Un homme, une femme. S. m. pl. L'espèce humaine.

Mortellement adv. De manière à causer la mort. Fig. excessivement: *mortellement ennuyeux; pécher mortellement*: faire un péché mortel.

Morte-saison s. f. Moment de l'année où, dans certaines professions, le travail, le débit, sont moins abondants qu'à l'ordinaire.

Mortier s. m. Chaux détrempée avec du sable pour lier les pierres ou les moellons d'une construction; vase pour piler*; sorte de bonnet rond que portaient les présidents de parlements. Anciennement, pièce d'artillerie pour lancer les bombes.

Mortier, duc de Trévise, maréchal de France, ministre de la guerre sous Louis-Philippe (1768-1835).

Mortifère adj. Qui cause la mort.

Mortifiant, e adj. Qui mortifie.

Mortification s. f. État de chairs qui ne participent plus à la vie et prêtes à se gangrener *(méd.)*; action de mortifier son corps *(théol.)*. Fig. grande humiliation.

Mortifier v. a. Causer la gangrène *(méd.)*; *mortifier de la viande*, faire qu'elle de.ienne plus tendre; affaiblir son corps, dompter ses sens par des jeûnes, des austérités *(théol.)*. Fig. humilier, chagriner.

Mort-né adj. m. Mort en naissant. (Fém. *mort-née*.)

Mortuaire adj. Qui se rapporte aux morts. *Extrait mortuaire*, extrait tiré des registres d'une mairie où sont inscrits les noms des personnes décédées.

Morue s. f. Poisson de mer.

Morus (Thomas), grand chancelier d'Angleterre, mis à mort par Henri VIII dont il refusait de reconnaître la suprématie spirituelle (1480-1535).

Morve s. f. Humeur visqueuse des narines; maladie contagieuse des chevaux.

Morveux, euse adj. Qui a de la morve au nez; qui est attaqué de la morve. S. Petit enfant (fam.).

Mosaïque adj. Qui vient de Moïse.

Mosaïque s. f. Ouvrage composé de petites pierres de différentes couleurs, assemblées de manière à former des figures; art de faire cet ouvrage. Fig. ouvrage d'esprit composé de morceaux séparés.

Mosaïste s. m. Artiste en mosaïque.

Mosette s. f. Camail que portent les évêques et les chanoines dans les cérémonies de l'Eglise.

Mosquée s. f. Temple, lieu de prière des mahométans.

Mot s. m. Syllabe ou réunion de syllabes exprimant une idée; ce qu'on dit ou écrit en peu de paroles; sentence, parole digne de remarque. *Bon mot*, parole spirituelle; *mot d'ordre*, parole servant à faire reconnaître des amis, des soldats, etc.; *mot à mot*, se dit d'une traduction littérale. En un mot loc. adv. Bref, enfin. A demi-mot loc. adv. Sans tout dire.

Motet s. m. Chant d'église qui ne fait pas partie du service divin.

Moteur s. m. Ce qui donne le mouvement. Fig. *le moteur d'une entreprise*. Adj. Qui produit le mouvement: *force motrice*.

Motif s. m. Ce qui pousse à faire une chose; phrase musicale qui se reproduit dans le cours d'un morceau.

Motion s. f. Action de mouvoir; proposition faite par un membre d'une assemblée délibérante.

Motiver v. a. Donner les raisons, les motifs de; servir de motif à.

Motte s. f. Parcelle de terre détachée par la charrue, la bêche, etc.; portion de terre qui adhère aux racines d'une plante. *Motte à brûler*, petite masse de tan usé servant à faire du feu; *motte de beurre*, certaine masse de beurre.

Motter (se) v. pr. Se cacher derrière les mottes de terre, en parlant des perdrix.

Motteville (Mme de), femme de chambre de la reine Anne d'Autriche (1621-1689), célèbre par ses *Mémoires* sur la vie de cette princesse.

Motu proprio (*de*), loc. adv. lat. De son propre mouvement.

Motus interj. (on pron. *motuce*). Silence!

Mou ou **mol, molle** adj. Qui cède facilement au toucher : *cire molle*. Fig. qui manque de vigueur : *caractère, style mou.*

Mou s. m. Poumon de certains animaux.

Mouchard s. m. Espion de la police.

Mouche s. f. Insecte à deux ailes*. *Mouche à miel*, abeille. Fig. espion; morceau de taffetas noir que les femmes se mettent sur le visage; point noir que l'on vise dans un tir; sorte de jeu de cartes; petit vésicatoire. *Pattes de mouche*, écriture illisible.

Moucher v. a. Presser les narines pour en faire sortir les mucosités; ôter le bout de la mèche brûlée d'une chandelle ; espionner.

Moucherolle s. m. Oiseau de l'ordre des passereaux.

Moucheron s. m. Mouche très petite; espèce de petit cousin; bout de la mèche d'une chandelle qui brûle.

Moucheté, ée adj. Qui a des taches. *Fleuret moucheté*, fleuret dont le bout est garni d'un bouton ou mouche, pour éviter les accidents.

Moucheter v. a. Orner de mouchetures ; garnir d'une mouche un fleuret.

Mouchettes s. f. pl. Instrument pour moucher les chandelles.

Mouchetture s. f. Tache naturelle sur la peau, sur les plumes de certains animaux; ornement d'une étoffe mouchetée.

Moucheur s. m. Celui qui, dans les anciens théâtres, était chargé de moucher les chandelles.

Mouchoir s. m. Linge pour se moucher; fichu dont les femmes se couvrent le cou.

Mouchure s. f. Ce qu'on ôte d'une chandelle en la mouchant.

Moudre v. a. Broyer, mettre en poudre avec la meule. — Je mouds, tu mouds, il moud, nous moulons, etc.; je moulais; je moulus; je moudrai; mous, moulons; que je moule; que je moulusse; moulant; moulu, ue.

Moue s. f. Grimace en allongeant les deux lèvres. Fig. bouderie.

Mouette s. f. Oiseau de mer.

Moufette. Voy. *Mofette*.

Mouflard, e s. Qui a le visage plein et rebondi.

Moufle s. f. Système de poulies assemblées dans une même chape pour soulever des poids considérables; sorte de gros gant sans doigts.

Moufle s. m. En chimie, vaisseau de terre pour exposer des corps à l'action du feu, sans que la flamme y touche.

Mouflon s. m. Quadrupède ruminant, espèce de bélier sauvage.

Mouillage s. m. (*ll* m.) Action de mouiller; lieu de la mer propre à y jeter l'ancre.

Mouille-bouche s. f. Poire fondante.

Mouiller v. a. (*ll* m.) Tremper, humecter, rendre humide. *Mouiller les l*, les prononcer comme dans *fille, seuil, bataille*, etc. *Mouiller l'ancre*, ou simplement *mouiller*, jeter l'ancre.

Mouillette s. f. (*ll* m.) Morceau de pain long et mince qu'on trempe dans les œufs à la coque.

Mouilloir s.m. (*ll* m.) Petit vase dans lequel les fileuses mouillent le bout de leurs doigts.

Mouillure s. f. (*ll* m.) Action de mouiller; état de ce qui est mouillé.

Moulage s. m. Action de mouler; action de mesurer du bois au moule.

Moule s. m. Matière creusée pour donner la forme au métal fondu, au plâtre, à la cire, etc. Fig. modèle; ancienne mesure de bois à brûler. S. f. Mollusque bon à manger.

Moulé, ée adj. et s. m. *Lettre moulée*, lettre imprimée ou qui imite l'imprimé. MOULÉE s. f. Genre d'écriture.

Mouler v. a. Jeter en moule, faire au moule. [moule.

Mouleur s. m. Ouvrier qui

Moulin s. m. Machine à moudre.

Moulinage s. m. Façon qu'on donne à la soie au moyen d'une espèce de moulin ; action de moudre.

Mouliner v. a. Faire subir à la soie les opérations du moulinage.

Moulinet s. m. Sorte de tourniquet ; machine pour la monnaie.

Moulineur ou **moulinier** s. m. Ouvrier employé au moulinage de la soie.

Moult adv. Beaucoup (vx.).

Moulu, ue adj. Pulvérisé. Fig. meurtri, contusionné.

Moulure s. f. Ornement d'architecture.

Mounier, homme politique français ; c'est sur sa proposition que fut prêté en 1789 le serment dit du *Jeu de Paume* (1758-1805).

Mourant, e adj. et s. Qui se meurt. Fig. languissant.

Mourir v. n. Cesser de vivre. Fig. cesser d'être, d'exister. SE MOURIR v. pr. Être sur le point de mourir. Fig. finir, cesser.

Mouron s. m. Plante qui sert pour la nourriture des petits oiseaux.

Mourre s. f. Espèce de jeu.

Mousquet s. m. Ancienne arme à feu.

Mousquetade s. f. Coup de mousquet ; décharge de mousquets.

Mousquetaire s. m. Soldat à pied armé d'un mousquet ; cavalier qui faisait partie de la garde du roi.

Mousqueterie s. f. Mousquetade, fusillade.

Mousqueton s. m. Sorte de fusil gros et court.

Mousse s. m. Jeune apprenti matelot.

Mousse s. f. Herbe parasite, cryptogame, très vivace ; écume sur certains liquides.

Mousseline s. f. Toile de coton très claire et très fine.

Mousselinette s. f. Mousseline extrêmement légère.

Mousser v. n. Se dit des liquides qui se couvrent de mousse. Fig. *faire mousser*, faire beaucoup valoir.

Mousseron s. m. Petit champignon qui croît dans la mousse.

Mousseux, euse adj. Qui mousse.

Moussoir s. m. Ustensile pour faire mousser le chocolat ; cylindre pour délayer la pâte du papier.

Mousson s. f. Vents périodiques de la mer des Indes.

Moussu, ue adj. Couvert de mousse.

Moustache s. f. Barbe au-dessus de la lèvre supérieure.

Moustiquaire s. m. Rideau de gaze ou de mousseline pour préserver des moustiques.

Moustique s. m. Insecte d'Afrique et d'Amérique dont la piqûre est très douloureuse.

Moût s. m. Vin nouveau qui n'a pas encore fermenté.

Moutarde s. f. Espèce de sénevé ; sa graine ; cette graine broyée avec du moût ou du vinaigre.

Moutardier s. m. Petit vase à moutarde ; marchand ou fabricant de moutarde.

Moutier s. m. Monastère (vx.).

Mouton s. m. Bélier qu'on engraisse ; sa viande ; peau de mouton préparée. Fig. et fam. Homme fort doux ; masse de fer pour enfoncer des pieux. Pl. Fam. Vagues blanchissantes sur la mer et les rivières.

Mouton, comte de Lobau, maréchal de France (1770-1830).

Moutonner v. a. Rendre frisé comme la laine d'un mouton. V. n. Se dit de la mer, d'un lac, d'une rivière qui s'agite.

Moutonnier, ière adj. Qui a la nature des moutons. Fig. qui suit l'exemple des autres.

Mouture s. f. Action de moudre du blé ; salaire du meunier ; mélange par tiers de froment, de seigle et d'orge.

Mouvance s. f. Se disait de la dépendance d'un fief à l'égard d'un autre.

Mouvant, e adj. Qui a la puissance de mouvoir ; qui n'est pas stable, solide ; se disait d'un fief qui relevait d'un autre.

Mouvement s. m. Transport d'un corps d'un lieu dans un autre ; agitation, déplacement d'un corps ou de ses parties ; changements dans un corps militaire ou civil. *Mus.*

Degré de vitesse de la mesure : ce qui anime le style ; impulsions, passions de l'âme ; agitation, fermentation dans les esprits ; mécanisme d'une horloge, d'une montre.

Mouver v. a. Remuer la terre d'un pot, d'une caisse, à la surface.

Mouvoir v. a. Remuer, faire changer de place ; exciter, faire agir. Je meus, tu meus, il meut, nous mouvons, vous mouvez, ils meuvent ; je mouvais ; je mus ; je mouvrai ; je mouvrais ; meus, mouvons ; que je meuve, que nous mouvions ; que je musse ; mouvant ; mû, mue.

Moxa s. m. *Chir.* Cautérisation avec du coton, de l'étoupe qu'on fait brûler sur les téguments d'un malade.

Moye s. f. Partie tendre et friable d'une pierre dure.

Moyen s. m. Ce qui sert pour parvenir à une fin ; pouvoir, faculté de faire quelque chose ; entremise. En *jurispr.*, raisons à l'appui des conclusions prises. Pl. Richesses ; facultés naturelles, morales ou physiques.

Moyen, enne adj. Qui tient le milieu entre deux extrémités. Moyen âge s. m. Temps qui s'est écoulé entre les années 395 et 1453.

Moyennant prép. Au moyen de.

Moyennement adv. D'une manière moyenne ; médiocrement.

Moyenner v. a. Procurer par entremise (vx.).

Moyeu s. m. Partie centrale de la roue d'une voiture où s'emboîtent les rais ; prune confite.

Mozarabe s. et adj. Chrétien d'Espagne descendant des Mores.

Mozart, célèbre compositeur de musique né à Salzbourg (1756-1791).

Muable adj. Inconstant.

Muance s. f. Action de muer.

Muche-pot (à) loc. adv. En cachette.

Mucilage s. m. Substance visqueuse et nourrissante des végétaux.

Mucilagineux, euse adj. Qui contient du mucilage.

Mucosité s. f. Fluide visqueux sécrété par les membranes muqueuses ; suc de certaines plantes.

Mucus s. m. (on pron. l'*s*). Mucosité.

Mue s. f. Changement de poil, de plumes, de peau, de cornes, etc., chez les animaux ; époque de ces changements ; cage où l'on engraisse la volaille.

Mué, ée adj. Qui a mué.

Muer v. n. Changer de poil, de plumes, etc., en parlant des animaux ; se dit en parlant de la voix des jeunes gens, à l'âge où elle devient plus grave.

Muet, ette adj. et s. Privé de l'usage de la parole ; qui se tait. *Gramm.* Qu'on ne prononce pas.

Muette s. f. Pavillon servant de rendez-vous de chasse.

Mufle s. m. Extrémité du museau de certains mammifères.

Muflier s. m. Genre de plantes.

Mufti s. m. Le chef suprême de la religion mahométane.

Muge s. m. Poisson de mer, autrement nommé *mulet*.

Mugir v. n. Se dit du cri du taureau, des bœufs et des vaches, et au fig., du bruit des vents, des flots.

Mugissant, e adj. Qui mugit.

Mugissement s. m. Cri des bœufs, des taureaux et des vaches ; bruit des vents, des flots, etc.

Muguet s. m. Plante à petites fleurs blanches d'une odeur agréable * ; espèce d'aphte dans la bouche des enfants nouveau-nés. Fam. Celui qui fait le galant auprès des dames.

Mugueter v. a. et v. n. Faire le galant auprès des dames.

Muid s. m. Ancienne mesure de capacité.

Mulâtre, esse s. et adj. Né d'un nègre et d'une blanche ou d'un blanc et d'une négresse.

Mule s. f. Femelle du mulet ; ancienne chaussure ; pantoufle du pape. Au pl. Engelures au talon.

Mulet s. m. Quadrupède qui tient du cheval et de l'âne ; tout animal métis ; poisson de mer appelé aussi *muge*.

Muletier s. m. Conducteur de mulets.

Mulon s. m. Amas de sel ; grand tas de foin.

Mulot s. m. Espèce de souris des champs.

Multicaule adj. *Bot.* A plusieurs tiges.

Multicolore adj. Qui est de diverses couleurs.

Multiflore adj. A plusieurs fleurs.

Multiforme adj. A plusieurs formes.

Multilatère adj. A plusieurs côtés.

Multilobé, ée adj. A plusieurs lobes.

Multiloculaire adj. *Bot.* A plusieurs loges.

Multiparti, ie adj. *Bot.* Divisé en lanières.

Multiple adj. et s. *Arithm.* Nombre qui contient plusieurs fois exactement un autre nombre.

Multipliable adj. Qui peut être multiplié.

Multiplicande s. m. Nombre à multiplier.

Multiplicateur s.m. Nombre par lequel on en multiplie un autre.

Multiplication s. f. Augmentation en nombre ; opération d'arithmétique par laquelle on répète un nombre autant de fois qu'il y a d'unités dans un autre nombre donné.

Multiplicité s. f. Nombre indéfini de choses diverses; grand nombre.

Multiplier v. a. Augmenter le nombre, la quantité d'une chose. *Arithm.* Faire une multiplication. V. n. Croître en nombre. SE MULTIPLIER v. pr. Se dit d'un homme très actif, qui semble être dans plusieurs lieux à la fois, d'une personne qui fait plusieurs choses en même temps.

Multitude s. f. Grand nombre ; la foule, le vulgaire.

Multivalve adj. et s. f. Se dit de coquilles composées de plusieurs valves.

Municipal, e adj. Qui a rapport à la municipalité : *droits municipaux, conseil municipal.*

Municipalité s. f. Corps des officiers municipaux ; commune qu'ils administrent; maison où ils tiennent leurs séances.

Municipe s. m. Ville municipale d'Italie qui avait le droit de bourgeoisie romaine.

Munificence s.f. Vertu qui porte à faire de grandes libéralités.

Munir v. a. Garnir, pourvoir de.

Munition s. f. Provision de bouche, de choses nécessaires à la guerre. *Pain de munition*, pain des soldats.

Munitionnaire s. m. Celui qui fournit les munitions aux troupes; celui qui en a soin.

Munzer ou **Muntzer**, fondateur de la secte des Anabaptistes, décapité en 1525.

Muphti. Voy. *Mufti.*

Muqueux, euse adj. Qui a ou qui produit de la mucosité. *Membranes muqueuses*, membranes qui garnissent certaines cavités du corps. *Fièvre muqueuse*, fièvre causée par l'irritation des membranes muqueuses.

Mur s. m. Ouvrage de maçonnerie pour enclore ou séparer.

Mûr, e adj. Se dit des fruits parvenus à leur maturité, propres à être cueillis ou mangés. Fig. *Age mûr*, âge qui suit la jeunesse.

Muraille s.f. (*ill* m.) Mur épais et élevé ; rempart.

Mural, e adj. *Couronne murale*, couronne ornée de créneaux et donnée chez les Romains à celui qui était monté le premier à l'assaut*. *Plante murale*, qui croît sur les murs.

Murat (Joachim), épousa Caroline Bonaparte en 1800 et fut placé sur le trône de Naples (1808) par Napoléon (1771-1815).

Mûre s. f. Fruit du mûrier.

Mûrement adv. Avec beaucoup de réflexion, d'attention.

Murène s. f. Poisson de mer qui ressemble à l'anguille.

Murer v. a. Entourer de murailles; boucher avec de la maçonnerie.

Murex s. m. Coquille univalve, hérissée de pointes.

Muriate s. m. *Chim.* Chlorhydrate.

Muriatique adj. *Acide muriatique*, ancien nom de l'acide chlorhydrique.

Mûrier s. m. Arbre qui porte les mûres.

Murillo (Esteban), célèbre peintre de l'école espagnole (1618-1682).

Mûrir v. n. Venir à maturité. V.

a. Rendre mûr, au propr. et au fig.

Murmure s. m. Bruit confus de paroles; plainte sourde excitée par le mécontentement; bruit léger des eaux qui coulent, des feuilles agitées, etc.

Murmurer v. n. Faire entendre un murmure.

Murrhin, e adj. Se dit de vases fort estimés des anciens.

Musagète adj. m. *Myth.* Qui conduit les Muses : *Apollon Musagète.*

Musaraigne s. f. Petit animal sauvage de la grosseur d'une souris.

Musard, e adj. et s. Qui perd son temps à des riens.

Musarderie, musardise s. f. Caractère, conduite du musard.

Musc s. m. Quadrupède ruminant; parfum qu'on en tire.

Muscade adj. et s. f. Fruit du muscadier aromatique; boule d'escamoteur.

Muscadelle s. f. Sorte de poire.

Muscadet s. m. Vin qui a le goût du vin muscat.

Muscadier s. m. Arbre qui porte la muscade.

Muscadin s. m. Petite pastille musquée; homme qui affecte une grande recherche dans son costume.

Muscat adj. m. et s. m. Raisin parfumé; vin qu'on en tire; nom de plusieurs espèces de poires.

Muscle s. m. Partie du corps charnue, fibreuse et irritable; organe du mouvement chez les animaux.

Musclé, ée adj. Qui a les muscles bien marqués.

Musculaire adj. Appartenant aux muscles.

Muscule s. f. Ancienne machine de guerre pour couvrir les assiégeants.

Musculeux, euse adj. Plein de muscles; qui a les muscles très apparents et très forts.

Muse s. f. *Myth.* Chacune des neuf déesses qui présidaient aux beaux-arts. Fig. inspiration poétique. Pl. fig. la poésie, les belles lettres.

Museau s. m. Partie de la tête de quelques animaux, comprenant la gueule et le nez.

Musée s. m. Lieu destiné à l'étude des lettres, des sciences et des beaux-arts, et où sont rassemblés les productions, les monuments qui y sont relatifs.

Museler v. a. Mettre une muselière à un animal. Fig. empêcher de parler, d'agir librement.

Muselière s. f. Ce qu'on met aux animaux pour les empêcher de mordre, de paître, etc.

Muser v. n. S'amuser à des riens.

Muserolle s. f. Partie de la bride d'un cheval.

Musette s. f. Instrument de musique champêtre; air fait pour cet instrument; petit sac de toile pour mettre les menues provisions de route.

Muséum s. m. (on pron. *muséome*). Musée.

Musical, e adj. Qui appartient à la musique.

Musicalement adv. Suivant les règles de la musique.

Musicien, enne s. Qui sait, compose, enseigne, professe la musique.

Musique s. f. Science du rapport et de l'accord des sons; art de composer des chants, des airs; production de cet art; pratique, exécution de la musique; concert; compagnie de musiciens.

Musqué, ée adj. Parfumé de musc. Fig. qui a trop d'apprêt, de recherche.

Musquer v. a. Parfumer avec du musc.

Musset (Alfred de), poète et auteur dramatique français (1810-1857).

Musulman, e s. Vrai croyant, titre que se donnent les mahométans. Adj. Qui concerne la religion des mahométans.

Mutabilité s. f. Qualité de ce qui est sujet à changer

Mutacisme s. m. Difficulté de prononcer les lettres B, M, P.

Mutation s. f. Changement; transport de propriété d'une personne à une autre; révolution.

Mutilation s. f. Retranchement d'une partie d'un corps animé. Fig. destruction, dégradation.

Mutiler v. a. Casser, couper, retrancher un membre. Fig. ôter une partie essentielle d'un écrit; briser, défigurer.

Mutin, e adj. et s. Obstiné, têtu;

séditieux. *Visage, air mutin*, vif, éveillé.

Mutiner (se) v. pr. Faire le mutin; se porter à la sédition, à la révolte; se dépiter.

Mutinerie s. f. Sédition; obstination d'un enfant qui se dépite.

Mutisme s. m. et **mutité** s. f. Etat du muet.

Mutualité s. f. Etat de ce qui est mutuel.

Mutuel, elle adj. Réciproque.

Mutuellement adv. Réciproquement.

Myélite s. f. Inflammation de la moelle épinière.

Myographie s. f. Représentation, description des muscles.

Myologie s. f. Partie de l'anatomie qui traite des muscles.

Myologique adj. De la myologie.

Myope adj. et s. Qui a la vue courte.

Myopie s. f. Etat du myope.

Myosotis s. m. Plante vulgairement nommée *oreille de souris* ou *Ne m'oubliez pas*.

Myotomie s. f. Partie de l'anatomie qui a pour objet la dissection des muscles.

Myriade s. f. Nombre de dix mille; nombre infini.

Myriagramme s. m. Dix mille grammes.

Myrialitre s. m. Dix mille litres.

Myriamètre s. m. Dix mille mètres.

Myriapode adj. et s. m. Insecte qui a un très grand nombre de pattes.

Myriare s. m. Etendue de dix mille ares.

Myrmidon s. m. Homme de très petite taille.

Myrobolan s. m. Fruit desséché des Indes.

Myrrhe s. f. Gomme odoriférante.

Myrte s. m. Arbrisseau toujours vert*.

Myrtiforme adj. Qui a la forme d'une feuille de myrte.

Myrtille s. f. Airelle.

Mystagogue s. m. *Antiq.* Prêtre qui initiait aux mystères.

Mystère s. m. Culte secret dans le polythéisme; ce qui est proposé à la foi des chrétiens; opérations secrètes de la nature; en général: secret; soins, précautions pour n'être pas observé. Au moyen âge, pièces de théâtre tirées de la Bible.

Mystérieusement adv. D'une manière mystérieuse.

Mystérieux, euse adj. Relatif aux mystères religieux; qui contient quelque secret; qui fait mystère de beaucoup de petites choses.

Mysticisme s. m. Système, amour de la mysticité.

Mysticité s. f. Raffinement de dévotion; recherche profonde en spiritualité.

Mystificateur s. m. Qui se plaît à mystifier.

Mystification s. f. Action de mystifier.

Mystifier v. a. Abuser de la crédulité pour rendre ridicule.

Mystique adj. Secret, allégorique. Adj. et s. Qui raffine sur les matières de dévotion; contemplatif.

Mystiquement adv. Selon le sens mystique.

Mythe s. m. Trait de la fable, des temps héroïques ou fabuleux. Fig. être imaginaire.

Mythologie s. f. Histoire fabuleuse des divinités de l'antiquité; science, explication du paganisme.

Mythologique adj. De la mythologie.

Mythologiste et **mythologue** s. m. Qui traite de la fable, l'explique, la sait.

N

N s. m. et s. f. La 14e lettre de l'alphabet.

Nabab s. m. Prince indien. Fig. tout richard.

Nababie s. f. Dignité, territoire du nabab.

Nabot, e s. Fam. Personne de très petite taille.

Nabonassar, roi de Babylone (747 av. J.-C.).

Nabuchodonosor Ier, roi de Ninive (667-647 av. J.-C.). — NABUCHODONOSOR II, roi de Babylone (605-562 av. J.-C.).

Nacarat adj. invar. Qui est de couleur rouge claire. S. m. La couleur nacarat.

Nacelle s. f. Petit bateau sans mât ni voile; sorte de grand panier suspendu à un ballon.

Nacre s. f. Substance blanche et brillante qui forme l'intérieur de certaines coquilles.

Nacré, ée adj. Qui a l'éclat, l'apparence de la nacre.

Nadir s. m. *Astron.* Le point du ciel qui est verticalement sous nos pieds.

Naffe s. f. *Eau de naffe*, eau de senteur qui a pour base la fleur d'oranger.

Nage s. f. *A la nage*, en nageant; *en nage*, trempé, mouillé de sueur.

Nagée s. f. Espace qu'on parcourt en nageant à chaque impulsion donnée au corps par les bras et les jambes.

Nageoire s. f. Membrane des poissons qui leur sert à nager.

Nager v. n. Se soutenir sur l'eau par le mouvement des membres; flotter sur l'eau; ramer. Fig. *Nager dans*, être au milieu de. *Nager en grande eau*, être dans l'abondance.

Nageur, euse s. Qui nage; qui rame.

Naguère ou **naguères** adv. Il y a peu de temps.

Nahum, l'un des douze petits prophètes (VIIIe s. av. J.-C.).

Naïade s. f. *Myth.* Nymphe des fontaines et des rivières.

Naïf, naïve adj. Naturel, ingénu; sans apprêt, sans artifice; d'une grande simplicité d'esprit. S. Ce ou celui qui est naïf; celle qui est naïve.

Nain, e S. et adj. Qui est d'une taille bien au-dessous de l'ordinaire.

Naissance s. f. Action de naître; qualité, condition de l'être qui vient à la vie; origine; extraction; commencement. DE NAISSANCE loc. adv. En naissant : *aveugle de naissance*.

Naissant, e adj. Qui naît, qui commence.

Naître v. n. Venir au monde; sortir de terre, commencer à pousser. Fig. commencer, prendre origine.

Naïvement adv. Avec naïveté.

Naïveté s. f. Ingénuité; simplicité d'une personne sans déguisement; simplicité niaise; propos qu'on laisse échapper par ignorance.

Nanan s. m. *Mot enfantin.* Friandise, sucrerie.

Nankin s. m. Cotonnade jaune-chamois, fabriquée originairement à Nankin.

Nansouty (comte de), célèbre général français (1768-1815).

Nantir v. a. Donner des gages pour assurance d'une dette; pourvoir, procurer. SE NANTIR v. pr. Se pourvoir par précaution.

Nantissement s. m. Ce que l'on donne à un créancier pour sûreté d'une dette.

Napee s. f. *Myth.* Nymphe des forêts, des montagnes.

Napel s. m. Plante vénéneuse du genre aconit.

Naphte s. m. Bitume liquide, transparent, très inflammable et volatil.

Napier (Sir Charles), vice-amiral anglais (1786-1860).

Napoléon, Voy. *Bonaparte.*

Napoléon s. m. Pièce d'or de 20 ou de 40 francs, à l'effigie de Napoléon.

Nappe s. f. Linge dont on couvre la table pour les repas; ce qui en a la forme, l'apparence : *nappe d'eau;* ornement d'autel.

Napperon s. m. Petire nappe.

Narcisse s. m. Plante bulbeuse, sa fleur; personnage de la fable qui, s'étant vu dans une fontaine, mourut en s'admirant. Fig. homme amoureux de sa figure.

Narcotine s. f. Matière cristalline obtenue par la dissolution alcoolique de l'opium.

Narcotique s. m. et adj. Qui assoupit.

Nard s. m. Plante aromatique, graminée, du genre de la lavande; son parfum.

Nargue s. invar. Mépris d'une chose. Interj. qui marque le mépris, le dédain, le dépit.

Narguer v. a. Fam. Braver avec mépris.

Narguilé ou **narguilet** s. m. Pipe persane.

Narine s. f. Chacune des deux ouvertures du nez.

Narquois, e s. et a. Fin, rusé, moqueur.

Narrateur s. m. Celui qui narre.

Narratif, ive adj. De la narration; qui expose en détail.

Narration s. f. Récit.

Narré s. m. Courte relation.

Narrer v. a. Faire un récit; raconter.

Narsès, général de Justinien (472-568).

Narval s. m. Sorte de cétacé.

Nasal, e adj. *Anat.* Du nez. *Gram.* Qui se prononce du nez. S. f. Lettre nasale.

Nasalement adv. Avec un son nasal.

Nasalité s. f. Qualité du son nasal.

Nasard s. m. Un des jeux de l'orgue.

Nasarde s. f. Chiquenaude sur le nez.

Nasarder v. a. Donner des nasardes. Fig. se moquer de quelqu'un.

Naseau s. m. Narine de certains animaux, surtout du cheval.

Nasillard, e adj. (*ll* m.) Qui vient du nez; qui nasille. S. Personne nasillarde.

Nasiller v. n. (*ll* m.) Parler du nez.

Nasilleur, euse s. (*ll* m.) Qui parle du nez.

Nasillonner v. n. (*ll* m.) Diminutif de *nasiller*.

Nasitort s. m. Cresson alénois.

Nassau (Guillaume Ier, de), *le Taciturne*, fondateur et premier stathouder de la république des Provinces-Unies (1533-1584).

Nasse s. f. Panier d'osier pour prendre du poisson.

Natal, e adj. Où l'on est né: *jour, pays natal.* (Sans pl. masc.)

Natation s. f. Art, action de nager.

Natatoire adj. Qui concerne la natation.

Natif, ive adj. Né en un certain lieu; naturel; apporté en naissant; se dit d'un métal qu'on trouve dans la terre à l'état de pureté.

Nation s. f. Tous les habitants d'un même pays, vivant sous un même gouvernement, parlant la même langue.

National, e adj. Qui est de toute la nation, la concerne. S. pl. Totalité des individus qui composent une nation.

Nationalement adv. D'une manière nationale.

Nationalité s. f. Caractère national.

Nativité s. f. Naissance; naissance de Jésus-Christ, de la Vierge et de quelques saints.

Natron s. m. Carbonate de soude cristallisé.

Natte s. f. Tissu de paille ou de jonc de trois brins entrelacés; fil, soie, cheveux, etc., tressés en natte.

Natter v. a. Revêtir de nattes; tresser en natte.

Naturalibus (*In*) loc. lat. Dans un état de nudité complète.

Naturalisation s. f. Action de naturaliser; ses effets.

Naturaliser v. a. Donner à un étranger les droits de citoyen dans un pays; accoutumer au sol, au climat, les animaux, les plantes des pays étrangers.

Naturalisme s. m. Qualité de ce qui est naturel ou produit par une cause naturelle; faux système de l'athée qui attribue tout à la nature considérée comme premier principe.

Naturaliste s. m. Qui sait l'histoire naturelle; qui s'applique à son étude; qui adopte les principes du naturalisme.

Naturalité s. f. Etat de celui qui est né dans le pays où il habite ou qui s'y est fait naturaliser.

Nature s. f. Ensemble des êtres créés; ordre établi dans l'univers; ce qui constitue un être en général; disposition, inclination de l'âme; affection. *Peindre d'après nature*, d'après les objets réels qu'on veut représenter.

Naturel, elle adj. Qui appartient à la nature; qui est conforme à ses lois, à son ordre, à son cours; qui est tel que la nature l'a fait; qu'on apporte en naissant, qu'on n'a pas acquis : *qualité naturelle;* qui n'est pas falsifié : *vin naturel;* simple, sans affectation. *Enfant naturel*, né hors du mariage. *Histoire naturelle*, science qui a pour objet l'étude et la classification des animaux, des végétaux et des minéraux. S. m. Habitant originaire d'un pays; manière d'être naturelle; sentiments naturels; simplicité, absence d'affectation. *Au naturel*, loc. adv. D'après nature, selon la nature.

Naturellement adv. Par une propriété naturelle; par la force, le secours de la nature; d'une manière aisée, franche, naturelle.

Naufrage s. m. Perte d'un vaisseau sur mer. Fig. ruine, malheur, revers.

Naufragé, ée adj. et s. Qui a fait naufrage.

Naulage s. m. Fret.

Naumachie s. f. Spectacle d'un combat naval dans les amphithéâtres romains.

Nauséabond, e adj. Qui cause des nausées.

Nausée s. f. Envie de vomir. Fig. dégoût qu'inspirent certaines choses.

Nausicaa, fille d'Alcinoüs, roi des Phéaciens; elle accueillit Ulysse naufragé (*myth.*).

Nautile s. m. Mollusque testacé dont la coquille est contournée en spirale.

Nautique adj. De la navigation : *carte nautique.*

Nautonier, ière s. Celui, celle qui conduit un navire.

Naval, e adj. sans pl. m. Qui concerne les vaisseaux de guerre : *combat naval, force navale.*

Navée s. f. Charge d'un bateau

Navet s. m. Plante crucifère dont la racine est employée comme aliment.

Navette s. f. Sorte de navet sauvage dont la graine fournit l'huile de navette.

Navette s. f. Instrument de tisserand pour faire courir le fil de la trame; petit vase en métal en forme de navire, qui sert dans les églises à mettre l'encens.

Naviculaire adj. Qui a la forme d'une nacelle.

Navigable adj. Où l'on peut naviguer.

Navigateur s. m. Qui fait des voyages au long cours sur mer. Adj. Adonné à la navigation.

Navigation s. f. Action de naviguer; art du navigateur.

Naviguer v. n. Aller sur mer ou sur les grandes rivières.

Navire s. m. Bâtiment pour aller sur mer.

Navrant, e adj. Qui navre; très affligeant; déplorable.

Navrer v. a. Blesser; affliger extrêmement.

Ne adv. de négation.

Né, née adj. Qui a reçu la naissance; issu. *Nouveau-né*, qui vient de naître; *bien né*, né d'une famille honnête; qui a de bonnes inclinations; *mal né*, qui en a de mauvaises.

Néanmoins adv. Toutefois, cependant.

Néant s. m. Rien; ce qui n'existe pas; nullité; peu de valeur; manque de naissance, de mérite, de talent, de puissance.

Nébuleuse s. f. Assemblage d'étoiles, blancheur dans le ciel; corps céleste sans éclat.

Nébuleux, euse adj. Obscurci par les nuages. Fig. sombre, soucieux.

Nécessaire adj. Dont on ne peut se passer; indispensable; très utile; infaillible; inévitable. S. m. Ce qui est nécessaire, essentiel, indispensable; boîte, étui qui renferme divers petits objets.

Nécessairement adv. Par un besoin absolu; infailliblement.

Nécessité s. f. Chose nécessaire, indispensable; besoin pressant; indigence; contrainte.

Nécessiter v. a. Rendre une chose nécessaire.

Nécessiteux, euse adj. et s. Indigent, pauvre.

Necker (Jacques), célèbre homme d'État, fut ministre sous Louis XVI (1732-1804).

Nec plus ultrà s.m. (mots lat.). Terme qu'on ne peut dépasser.

Nécrologe s. m. Registre où l'on inscrit les morts ; ouvrage consacré à la mémoire des hommes célèbres morts récemment.

Nécrologie s. f. Écrit consacré à la mémoire des personnes mortes depuis peu de temps.

Nécrologique adj. Qui appartient à la nécrologie.

Nécromancie ou **nécromance** s. f. Art prétendu d'évoquer les morts pour connaître les secrets ou l'avenir.

Nécromancien, enne s. Qui s'occupe de nécromancie.

Nécropole s. f. En Égypte, vastes souterrains destinés aux sépultures; cimetière.

Nécrose s. f. Mortification totale de la chair.

Nectaire s. m. Réservoir qui contient le miel dans la corolle (*bot.*).

Nectar s. m. Breuvage des dieux (*myth.*). Fig. boisson délicieuse.

Néerlandais, e adj. et s. Né en Néerlande ou Pays-Bas.

Nef s. f. Partie d'une église qui s'étend du portail au chœur; navire (poét.).

Néfaste adj. Se disait, chez les Romains, des jours de deuil et de tristesse, où l'on célébrait des sacrifices en mémoire de quelque désastre. Fig. funeste, malheureux.

Nèfle s. f. Fruit du néflier.

Néflier s. m. Arbre de la famille des rosacées, qui produit des nèfles.

Négateur, trice adj. et s. Qui a l'habitude de nier.

Négatif, ive adj. Qui marque négation : *particule négative*.

Négation s. f. Action de nier; particule qui sert à nier.

Négativement adv. D'une manière négative.

Négligé s. m. Costume, état d'une personne qui n'est pas encore parée.

Négligé, ée adj. Qui n'est pas soigné.

Négligement s. m. Action de négliger à dessein : *négligement du pinceau*.

Négligemment adv. (on pron. *néglijaman*). Avec négligence.

Négligence s. f. Défaut de soin, d'exactitude, d'application ; faute légère dans le style.

Négligent, e adj. et s. Qui a de la négligence, qui est sans soin.

Négliger v. a. N'avoir pas le soin nécessaire de quelque chose; ne pas mettre en usage; ne pas fréquenter ; ne pas tenir compte de ; se relâcher de ses devoirs. SE NÉGLIGER v. pr. N'avoir pas soin de sa personne; se relâcher.

Négoce s. m. Trafic, commerce. Fig. intrigue blâmable ; affaire périlleuse.

Négociable adj. Qui peut se négocier : *effet négociable*.

Négociant s. m. Celui qui fait le négoce, le commerce en grand.

Négociateur, trice s. Celui, celle qui négocie quelque affaire importante.

Négociation s. f. Art, action de négocier les affaires importantes; l'affaire même qu'on traite; trafic.

Négocier v. a. Traiter une affaire; céder, transporter.

Nègre, négresse s. Homme, femme à peau noire; nom qu'on donne spécialement à la race des noirs.

Négrerie s. f. Lieu où l'on renfermait les nègres dont on faisait commerce.

Négrier adj. et s. Qui se livre, qui sert à la traite des nègres.

Négrillon, onne s. (*ll m.*) Petit nègre, petite négresse.

Négrophile s. m. Ami des noirs; partisan de leur affranchissement.

Négus s. m. (on pr. l'*s*). Titre de l'empereur d'Abyssinie.

Neige s. f. Vapeur congelée dans l'atmosphère, retombant en légers flocons blancs. Fig. extrême blancheur.

Neiger v. n. Se dit de la neige qui tombe.

Neigeux, euse adj. Chargé de neige ; qui annonce la neige; qui en a la couleur.

Néméens adj. m. pl. (on pron.

némé-in). *Jeux néméens*, qui se célébraient tous les cinq ans, près de Némée, en l'honneur d'Hercule.

Nemrod, petit-fils de Cham, fondateur de Babylone (2230 av. J.-C.).

Nénies s. f. pl. Chants funèbres chez les anciens Romains.

Nenni (on pron. *nani*) part. nég. Non.

Nénufar ou **nénuphar** s. m. Plante aquatique.

Néographe s. et adj. Qui suit une orthographe nouvelle et inusitée.

Néographie s. f. ou **néographisme** s. m. Manière nouvelle et inusitée d'écrire les mots.

Néologie s. f. Invention, emploi de mots nouveaux, ou de mots anciens dans un sens nouveau.

Néologique adj. Qui concerne la néologie.

Néologisme s. m. Abus dans l'emploi des mots nouveaux, des expressions nouvelles.

Néologue ou **néologiste** s. m. Qui affecte le néologisme.

Néoménie s. f. Nouvelle lune; fête qui se célébrait chez les anciens à chaque renouvellement de lune.

Néophyte s. Personne nouvellement convertie à la religion chrétienne ou baptisée.

Néphélion s. m. Petite tache blanche sur l'œil.

Néphralgie s. f. Douleur des reins.

Néphrétique adj. Se dit d'une colique violente causée par le gravier qui se détache des reins, et d'un remède propre à la calmer. S. f. Cette colique même. S. m. Celui qui en est affligé.

Nephtali, l'une des douze tribus des Hébreux.

Népotisme s. m. Influence, autorité des neveux d'un pape; se dit de la faveur partiale d'un homme en place à l'égard de ses parents.

Neptune s. m. *Myth.* Le dieu des mers. *Poét.* La mer. *Astr.* Planète.

Nérée, fils de l'Océan et de Téthys, père des Néréides.

Néréide s. f. *Myth.* Nymphe de la mer.

Nerf s. m. Petits filaments blanchâtres, organes des sensations et du mouvement chez les animaux. Fig. force, mobile, principe agissant.

Nerf-férure s. f. *Vétér.* Coup reçu par un cheval sur le tendon de la jambe.

Néroli s. m. Essence de fleur d'oranger.

Néron (Lucius Domitius), empereur romain, célèbre par ses folies et ses cruautés (54-68 apr. J.-C.).

Nerprun s. m. Arbrisseau à baies purgatives.

Nerva, empereur romain (96-98 apr. J.-C.).

Nervaison s. f. Assemblage des nerfs, des fibres et des ligaments.

Nerval, e adj. Bon pour les nerfs; qui les affecte; qui en vient.

Nerver v. a. Garnir de nervures.

Nerveux, euse adj. Plein de nerfs; qui appartient aux nerfs; qui a les nerfs irritables. Fig. fort, énergique.

Nervin adj. et s. m. Qui fortifie les nerfs.

Nervoir s. m. Outil de relieur pour les nervures.

Nervosité s. f. Qualité de ce qui est nerveux.

Nervure s. f. Partie saillante sur le dos d'un livre; moulures en saillie sur les arêtes d'une voûte; côte élevée sur les feuilles des plantes; lignes saillantes sur les ailes des insectes.

Nescio vos, mots lat. Formule familière de refus.

Nessus, centaure tué par Hercule (*myth.*).

Nestor, nom d'un des héros de l'Iliade d'Homère. S. m. Vieillard sage et expérimenté.

Nestorianisme s. m. Hérésie de Nestorius, au cinquième siècle.

Nestorien s. m. Partisan des doctrines de Nestorius.

Nestorius, patriarche de Constantinople, m. en 439, chef de l'hérésie des Nestoriens.

Net, nette adj. Propre, sans souillure; uni, poli, sans taches; clair; sans ambiguïté; distinct; franc, loyal; irréprochable.

Net adv. Tout uniment; tout d'un coup; clairement; distinctement; déduction faite des charges et des frais.

Nettement adv. Avec netteté.

Netteté s. f. Qualité de ce qui est net.

Nettoiement, nettoyage s. m. Action de nettoyer.

Nettoyer v. a. Rendre net.

Neuf adj. numér. (on pron. *neu* devant une cons. et devant *h* asp., *neuv* devant une voyelle). Huit plus un; neuvième. S. m. Le chiffre neuf.

Neuf, neuve adj. Fait depuis peu; qui n'a point encore servi; qui n'a pas encore été dit. Fig. qui manque d'usage, d'expérience. S. m. Ce qui est neuf, chose nouvelle.

Neutralement adv. *Gram.* Dans le sens neutre.

Neutralisation s. f. Action de rendre neutre.

Neutraliser v. a. Rendre neutre; empêcher l'effet naturel d'une chose; annuler.

Neutralité s. f. Etat d'une puissance neutre; d'une personne qui ne prend pas parti dans une discussion.

Neutre adj. Qui n'est ni masculin ni féminin (*gram.*); se dit des verbes qui n'ont pas de complément direct, qui ne prend pas de parti entre des nations, des personnes opposées; se dit, en chimie, des corps qui ne changent pas la couleur de la teinture de tournesol ou du sirop de violettes. S. m. Le genre neutre (*gram.*).

Neuvaine s. f. Espace de neuf jours consacrés à des prières, à des pratiques de dévotion.

Neuvième adj. num. ordinal de neuf. S. m. La neuvième partie d'un tout.

Neuvièmement adv. En neuvième lieu.

Neveu s. m. Fils du frère ou de la sœur. S. m. pl. Les descendants.

Névralgie s. f. Douleur de nerfs.

Névralgique adj. Qui appartient à la névralgie.

Névritique adj. Propre à calmer les nerfs.

Névrographie s. f. Description des nerfs.

Névrologie s. f. Partie de l'anatomie qui traite des nerfs.

Névroptères s. m. pl. Ordre d'insectes qui ont quatre ailes réticulées, transparentes.

Névrose s. f. Maladie des nerfs.

Newton (Isaac), illustre savant anglais qui découvrit les lois de la gravitation (1642-1727).

Ney (duc d'Elchingen, prince de la Moskowa), illustre maréchal de France (1769-1815).

Nez s. m. Partie éminente du visage qui sert à l'odorat. Fig. le sens de l'odorat.

Ni conj. négative équivalent à *et ne pas.*

Niable adj. Qui peut être nié.

Niais, e adj et s. Sot, sans expérience, sans intelligence ni usage du monde.

Niaisement adv. D'une façon niaise.

Niaiser v. n. S'amuser à des niaiseries.

Niaiserie s. f. Caractère de ce qui est niais; bagatelle.

Nicéphore Ier, *Logothète*, empereur d'Orient (802-811). — Nicéphore II, *Phocas* (963-969). — Nicéphore III, *Botoniate* (1078-1081).

Niche s. f. Enfoncement dans l'épaisseur d'un mur pour y mettre une statue, etc; cabane dans laquelle couche un chien. Fig. tour de malice ou d'espièglerie.

Nichée s. f. Nid où il y a des petits; ces petits. Fig. *une nichée d'enfants.*

Nicher v. n. Faire son nid. V. a. Placer en quelque endroit. Se nicher v. pr. Se placer; se cacher.

Nichet s. m. Œuf qu'on met dans un nid pour y faire pondre les poules.

Nichoir s. m. Cage pour faire couver les serins.

Nicias, général athénien, tué par les Syracusains pour avoir capitulé après une défaite (413 av. J.-C.).

Nickel s. m. Métal grisâtre qu'on trouve dans les mines de cobalt (*chim.*).

Nicodème, disciple de Jésus-Christ.

Nicodème s. m. Homme simple, niais.

Nicolas de Damas ou Damascène, historien grec né en 64 av. J.-C.

Nicolas (saint), dit le Grand, pape (858-867).

Nicolas Ier (Pawlowitch), empereur de Russie (1825-1855).

Nicotiane s. f. (on pron. *nico-*

ciane). Premier nom du tabac en France, de Nicot, qui l'y introduisit.

Nicotine s. f. Substance très vénéneuse qu'on extrait du tabac.

Nid s. m. Petit berceau que se font les oiseaux pour y déposer leurs œufs.

Nidoreux, euse adj. Qui a un goût, une odeur de pourri, d'œufs couvis.

Nièce s. f. Fille du frère ou de la sœur.

Niellage s. m. Action de nieller.

Nielle s. m. Ornements ou figures que l'on grave en creux sur un ouvrage d'orfèvrerie. S. f. Plante qui croît dans les blés; maladie des plantes qui change en poussière noire la substance farineuse de la graine.

Nieller v. a. Orner de nielles; gâter par la nielle.

Nielleur s. m. Graveur de nielles.

Niellure s. f. Art du nielleur; action destructive que la nielle exerce sur les grains

Nier v. a. Dire qu'une chose n'existe pas, n'est pas vraie. *Nier une dette*, soutenir qu'on ne doit pas la payer.

Nigaud, e adj. et s. Sot, niais.

Nigauder v. n. Faire des nigauderies, s'amuser à des riens.

Nigauderie s. f. Action de nigaud.

Nihilisme s. m. Négation de toute croyance.

Nihiliste s. m. Partisan du nihilisme.

Nilgaut s. m. Espèce d'antilope.

Nimbe s. m. Cercle de lumière autour de la tête des saints, en peinture.

Ninus, roi d'Assyrie (1968-1916 av. J.-C.), agrandit Ninive et lui donna son nom.

Niobé, fille de Tantale (*myth.*).

Nippe s. f. Vêtement, meuble.

Nipper v. a. Fournir de nippes.

Nique s. f. Signe de mépris ou de moquerie. *Faire la nique*, se moquer (fam.).

Nitée s. f. Nichée.

Nitocris, reine de Babylone, femme de Nabuchodonosor II.

Nitouche s. f. *Faire la sainte nitouche*, feindre de ne pas désirer ce que l'on souhaite vivement; affecter un faux air de douceur, de réserve, de modestie, de pudeur (fam.).

Nitrate s. m. *Chim.* Sel formé par la combinaison de l'acide nitrique avec une base.

Nitre s. m. Salpêtre.

Nitreux, euse adj. Qui tient du nitre : *terre nitreuse.*

Nitrière s. f. Lieu où se forme le nitre.

Nitrique adj. *Acide nitrique*, combinaison d'azote et d'oxygène qui se trouve dans le nitre.

Nitrite s. m. *Chim.* Sel formé par la combinaison de l'acide nitreux avec une base.

Nitroglycérine s. f. Substance liquide produite par la réaction de l'acide nitrique sur la glycérine et dont la combustion produit une explosion des plus violentes.

Niveau s. m. Instrument pour connaître si un plan est horizontal*; horizontalité. Fig. égalité de rang, de mérite.

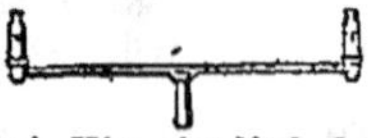

Niveler v. a. Mesurer, à l'aide du niveau, la différence d'élévation qui existe entre deux ou plusieurs points; aplanir, mettre au *ou* de niveau (au prop. et au fig.).

Niveleur s. m. Qui nivelle. Fig. celui qui veut effacer les rangs sociaux.

Nivellement s. m. Art, action de niveler.

Nivernais, e adj. et s. De Nevers, du Nivernais.

Nivet s. m. Remise faite en secret à celui qui achète par commission.

Nivôse s. m. Quatrième mois de l'année républicaine, du 21 décembre au 19 janvier.

Noailles, nom d'une famille célèbre originaire du Limousin.

Nobiliaire adj. De noblesse. S. m. Catalogue des familles nobles d'un pays.

Nobilissime adj. Très noble. S. m. Titre des Césars du bas-empire.

Noble adj. et s. Qui fait partie d'une classe distinguée ou privilégiée dans l'Etat. Fig. illustre, distingué.

Noblement adv. D'une manière noble.

Noblesse s. f. Qualité noble; les hommes qualifiés nobles. Fig. élévation, dignité, grandeur.

Noce s. f. ou **noces** s. f. pl. Mariage; festin et réjouissances du mariage. *N'être pas à la noce*, être en péril.

Nocher s. m. Pilote.

Noctambule adj. et s. Somnambule.

Noctambulisme s. m. Etat du noctambule.

Nocturne adj. Qui a lieu durant la nuit. S. m. Partie de l'office divin; romance à deux voix.

Nocuité s. f. Qualité de ce qui est nuisible.

Nodier (Charles), littérateur français (1783-1844).

Nodosité s. f. État de ce qui a des nœuds; les nœuds mêmes.

Nodus s. m. Tumeur dure sur les os, les tendons, etc.

Noé, fils de Lamech, échappa au déluge avec ses fils, Sem, Cham et Japhet.

Noël s. m. Fête anniversaire de la nativité de Jésus-Christ; cantiques à son sujet, leur air.

Nœud s. m. Enlacement d'un objet flexible; partie plus dure dans le cœur du bois; grosseur, excroissance des arbres. Fig. lien, liaison, mariage; point essentiel; obstacle; intrigue d'une œuvre dramatique; difficulté; *nœud gordien*, que l'on ne peut défaire; difficulté inextricable.

Noir, e adj. De la couleur la plus opposée au blanc; livide. Fig. triste, morne, méchant, odieux. S. m. Nègre; ce qui est noir.

Noir (le prince), surnom du fils aîné d'Édouard III d'Angleterre (1330-1376).

Noirâtre adj. Tirant sur le noir.

Noiraud, e adj. et s. Qui a les cheveux noirs et le teint fort brun.

Noirceur s. f. Qualité de ce qui est noir. Fig. atrocité; malignité criminelle.

Noircir v. n. Devenir noir. V. a. Rendre noir. Fig. faire passer pour malhonnête. SE NOIRCIR v. pr. Devenir noir.

Noircissure s. f. Tache de noir.

Noire s. f. Note de musique valant la moitié d'une blanche ou le double de la croche.

Noise s. f. Querelle, discorde.

Noiseraie s. f. Lieu planté de noyers ou de noisetiers.

Noisetier ou **coudrier** s. m. Arbre qui porte des noisettes.

Noisette s. f. Petite noix, fruit du noisetier*; sa couleur.

Noix s. f. Fruit du noyer. *Noix de coco*, fruit du cocotier. *Noix de galle*, excroissance produite par la piqûre d'un insecte sur les chênes du Levant.

Noli me tangere (m. lat. signif. *ne me touche pas*) s. m. Espèce de balsamine.

Nolis s. m. (on pron. *noli*). Action de noliser.

Nolisement ou **nolissement** s. m. Action de noliser.

Noliser v. a. Affréter, louer (un navire).

Nom s. m. Mot qui sert à désigner une personne ou une chose. *Nom de nombre*, mot qui sert à compter les objets. Réputation, gloire : *se faire un nom*. *Au nom de*, de la part de.

Nomade adj. et s. Qui n'a pas d'habitation fixe, en parlant des peuples.

Nombrant adj. m. Qui nombre. *Nombre nombrant*, nombre abstrait.

Nombre s. m. Unité, collection d'unités, ou partie d'unité; quantité indéterminée. En grammaire, forme particulière des noms et des verbes, suivant qu'il s'agit d'un ou plusieurs objets; harmonie résultant d'un certain arrangement de mots. *En nombre*, en quantité. *Sans nombre*, en telle quantité qu'on ne pourrait pas compter. *Dans le nombre*, entre plusieurs personnes ou choses.

Nombrer v. a. Trouver le nombre de; compter.

Nombres, quatrième livre du Pentateuque, contenant le dénombrement du peuple juif.

Nombreux, euse adj. Qui est en grand nombre; harmonieux : *style nombreux*.

Nombril s. m. (on pron. *nombri*). Petite cavité au milieu de l'abdomen.

Nomenclateur s. m. Esclave qui indiquait les noms des citoyens romains à ceux qui le désiraient, qui faisait ranger les convives à table. Celui qui s'applique à la nomenclature d'une science.

Nomenclature s. f. Liste des mots, des noms propres à une science.

Nominal, e adj. Qui a rapport au nom. *Valeur nominale*, valeur exprimée sur un papier-monnaie et qui est au-dessus de sa valeur réelle.

Nominalement adv. Avec une valeur nominale.

Nominataire s. m. *Abbé nominataire*, qui était nommé par le roi à un bénéfice.

Nominateur s. m. Celui qui nomme aux bénéfices.

Nominatif s. m. Le premier cas des mots déclinables en latin, en grec, en allemand, etc.; le sujet de la proposition.

Nominatif, ive adj. Qui contient des noms : *état nominatif*.

Nomination s. f. Action, droit de nommer à une charge, etc.; ses effets.

Nominativement adv. En désignant le nom.

Nommé, ée adj. Qui est appelé. A POINT NOMMÉ loc. adv. Précisément, à propos.

Nommément adv. Spécialement; en désignant par le nom.

Nommer v. a. Donner, imposer un nom; faire mention; choisir, désigner. SE NOMMER v. pr. Déclarer son nom; être nommé.

Non adv. négatif. L'opposé de [oui.

Non-activité s. f. Position de celui qui momentanément n'exerce aucune fonction.

Nonagénaire adj. et s. Qui a quatre-vingt-dix ans.

Nonante adj. Nom de nombre cardinal composé de neuf dizaines (vx.).

Nonce s. m. Prélat, ambassadeur du pape.

Nonchalamment adv. Avec nonchalance.

Nonchalance s. f. Négligence, manque de soin; lenteur, mollesse, indolence.

Nonchalant, e adj. et s. Qui a de la nonchalance.

Nonciature s. f. Emploi, charge de nonce; durée de cet emploi.

None s. f. L'une des sept heures canoniales.

Nones s. f. pl. Chez les Romains, le huitième jour avant les ides.

Non-être s. m. Ce qui n'existe pas.

Nonidi s. m. Le neuvième jour de la décade dans le calendrier républicain.

Non-lieu s. m. Déclaration d'un tribunal constatant qu'il n'y a pas lieu de poursuivre.

Nonne ou nonnain s. f. Religieuse.

Nonnette s. f. Jeune religieuse; petit pain d'épice.

Nonobstant prép. Malgré.

Nonpareil, eille adj. Sans égal (vx.).

Nonpareille s. f. *Imp.* Très petit caractère.

Non-payement s. m. Défaut de payement.

Non-réussite s. f. Manque de réussite.

Non-sens s. m. (on pron. *nonsan*). Défaut de sens, de signification.

Nonuple adj. Qui contient neuf fois.

Nonupler v. a. Répéter neuf fois.

Non-usage s. m. Cessation d'un usage.

Non-valeur s. f. Manque de valeur; marchandises qui ne se vendent pas; créance qu'on n'a pu recouvrer. (Pl. *non-valeurs*.)

Nopal s. m. Plante d'Amérique, sur laquelle on trouve la cochenille. (Pl. *nopals*.)

Nord s. m. Celui des pôles de la terre qui est du côté de l'étoile polaire.

Nord-est s. m. Partie du monde située entre le nord et l'est.

Nord-ouest s. m. Partie du monde située entre le nord et l'ouest.

Normal, e adj. Conforme à la règle : *état normal*. *Ecole normale*, où l'on forme des professeurs. (Pl. m. *normaux*.)

Normalement adv. D'une façon normale.

Normand, e adj. et s. De la Normandie.

Normands, pirates qui, sortis du Danemark et de la Scandinavie, envahirent la Grande-Bretagne, la France, etc. (IXe et Xe s.).

Nos adj. poss. des deux genres, pluriel de *notre*.

Nosographie s. f. Description des maladies en général.

Nosologie s. f. Traité des maladies en général.

Nostalgie s. f. Désir violent de revoir sa patrie.

Nostalgique adj. Qui tient de la nostalgie.

Nostradamus, astrologue français, célèbre par ses prophéties (1503-1566).

Nota ou **nota bene** (mots lat. qui signifient *notez, remarquez bien*). S. m. Note à la marge ou au bas d'un écrit. (Inv. au pl.)

Notabilité s. f. Caractère de ce qui est notable; personne notable.

Notable adj. Remarquable, considérable. S. m. Un citoyen des plus considérables d'un État, d'une ville.

Notablement adv. Beaucoup; d'une manière notable.

Notaire s. m. Officier public qui reçoit et rédige les contrats, les testaments, etc.

Notamment adv. Spécialement.

Notarial, e adj. Qui a rapport au notariat.

Notariat s. m. Charge de notaire.

Notarié, ée adj. Passé devant notaire : *acte notarié*.

Notation s. f. Action de noter, de représenter à l'aide de signes convenus.

Note s. f. Marque sur un écrit; commentaire; petit extrait, exposé succinct; mémoire à solder; communication diplomatique; caractère de musique.

Noter v. a. Faire une marque; remarquer; exprimer par des notes : *noter un air*.

Noteur s. m. Copiste de musique.

Notice s. f. Extrait raisonné, compte rendu succinct; écrit de peu d'étendue sur un sujet quelconque.

Notification s. f. Acte par lequel on notifie.

Notifier v. a. Faire savoir dans les formes légales.

Notion s. f. Connaissance, idée d'une chose.

Notoire adj. Connu; manifeste; évident.

Notoirement adv. Manifestement.

Notoriété s. f. Evidence d'un fait, d'une chose de fait généralement reconnue. *Acte de notoriété*, acte passé devant notaires, par lequel une déclaration de témoins supplée à des preuves par écrit.

Notre adj. poss. Qui est à nous, qui est relatif à nous. Pl. *Nos*.

Nôtre pron. poss. Qui est à nous. S. m. Ce qui est à nous. Pl. Ceux qui sont de notre pays, de notre parti; nos parents.

Notre-Dame s. f. La sainte Vierge; fête, image de la sainte Vierge; église consacrée à la sainte Vierge.

Notule s. f. Petite note.

Noue s. f. Endroit où se rencontrent les surfaces inclinées de deux combles; plomb que l'on y met. — Terre grasse et humide.

Noué, ée adj. Rachitique.

Nouer v. a. Lier; faire un nœud à quelque chose. Fig. Former le nœud, l'intrigue d'une pièce. NOUER v. n. et SE NOUER v. pr. Passer de l'état de fleur à l'état de fruit. SE NOUER v. pr. Devenir rachitique.

Nouet s. m. Linge noué dans lequel on a mis une substance pour la faire bouillir.

Noueux, euse adj. Qui a beaucoup de nœuds.

Nougat s. m. Gâteau d'amandes au caramel.

Nouilles s. f. pl. Pâte de farine et d'œufs que l'on coupe en tranches allongées et très étroites.

Noulet s. m. Canal fait avec des noues.

Nourrain s. m. Alevin.

Nourrice s. f. Femme qui allaite un enfant. Fig. ce qui entretient, nourrit.

Nourricier, ière adj. Qui nourrit, qui opère la nutrition. S. m. Le mari d'une nourrice. On dit aussi adjectivem. *Père nourricier*.

Nourrir v. a. Sustenter; allaiter; entretenir, fournir d'aliments. Fig. élever, instruire les enfants; produire, renfermer; faire durer.

Nourrissage s. m. Soin, manière d'élever les bestiaux.

Nourrissant, e adj. Qui sustente, qui nourrit beaucoup.

Nourrisseur s. m. Qui nourrit des vaches, des ânesses, etc.

Nourrisson s. m. Enfant que l'on nourrit. *Nourrisson des Muses*, bon poète.

Nourriture s. f. Tout ce qui nourrit. Fig. ce qui sert d'aliment intellectuel ou moral.

Nous pron. de la 1re pers., pl. de *je* ou *moi*.

Nouveau ou nouvel, elle adj. Qui commence d'être, de paraître. Fig. novice, inexpérimenté. S. m. Ce qui est nouveau. Adv. Nouvellement. De nouveau, derechef.

Nouveau-né s. m. Enfant qui vient de naître.

Nouveauté s. f. Qualité de ce qui est nouveau; chose nouvelle; innovation.

Nouvelle s. f. Premier avis; récit; renseignement; conte, historiette.

Nouvellement adv. Depuis peu.

Nouvelliste s. m. Qui est en quête de nouvelles, et qui en débite.

Novale s. f. Terre nouvellement défrichée. Au pl. Dîmes que les curés levaient sur les novales.

Novateur, trice adj. et s. Qui fait des innovations; qui cherche à introduire des doctrines nouvelles.

Novation s. f. *Jurisp.* Changement d'une obligation en une autre.

Novembre s. m. Le 11e mois de l'année.

Novice s. Qui est entré nouvellement dans un couvent; apprenti matelot. Adj. Peu exercé, qui a peu d'expérience ou d'habileté.

Noviciat s. m. Etat de novice; sa durée; maison, logement des novices; apprentissage.

Noyade s. f. Action de noyer.

Noyau s. m. Capsule ligneuse et dure qui renferme l'amande ou la graine dans certains fruits. Fig. origine, premiers éléments; masse principale; partie centrale.

Noyé, ée adj. et s. Qui a perdu connaissance ou qui est mort dans l'eau.

Noyer s. m. Arbre qui produit les noix.

Noyer v. a. Faire périr dans un liquide; inonder. Se noyer v. pr. Périr sous l'eau. Fig. se ruiner, se perdre.

Nu, nue adj. Qui n'est point vêtu; qui n'est plus enveloppé : *épée nue*. Fig. sans ornement. S. m. Se dit des figures qui ne sont pas drapées : *dessiner le nu*. — *A l'œil nu*, sans lunette.

Nuage s. m. Amas de vapeurs dans l'atmosphère. Fig. doutes, soupçons, brouille; chagrin, tristesse, mauvaise humeur.

Nuageux, euse adj. Couvert de nuages : *ciel nuageux*. Fig. qui n'est pas clair : *style nuageux*.

Nuance s. f. Degrés de force ou de faiblesse d'une couleur; assortiment de couleurs. Fig. légère différence entre deux choses du même genre.

Nuancer v. a. Assortir différentes couleurs. Fig. nuancer des caractères, des images, des idées.

Nubile adj. En âge d'être marié. *Age nubile*, âge auquel on est en état de se marier.

Nubilité s. f. Etat d'une personne nubile; âge nubile.

Nudité s. f. Etat d'une personne nue; figure nue.

Nue s. f. Nuage. Fig. *porter aux nues*, louer à l'excès; *tomber des nues*, être surpris, très embarrassé, décontenancé.

Nuée s. f. Nuage étendu, épais, sombre. Fig. multitude en mouvement de personnes, d'animaux, d'insectes, etc.

Nuement. Voy. *Nûment*.

Nuer v. a. Nuancer, assortir.

Nuire v. n. Faire tort, porter dommage; faire obstacle. Se nuire v. pr. Se faire du tort.

Nuisible adj. Qui nuit, peut nuire.

Nuit s. f. L'espace de temps où le soleil est sous notre horizon. Fig. obscurité; secret, mystère.

Nuitamment adv. De nuit.

Nuitée s. f. L'espace d'une nuit; travail fait pendant une nuit.

Nul, nulle adj. Aucun, pas un; sans valeur, sans mérite; inutile. Nul, pron. m. Nul homme, personne.

Nullement adv. En aucune manière.

Nullité s. f. Défaut qui rend un acte nul. Fig. défaut de talents; personne sans mérite.

Nûment ou nuement adv. Sans déguisement : *dire nûment la vérité*.

Numéraire adj. *Valeur numéraire*, valeur légale des pièces de monnaie ayant cours. S. m. Argent monnayé.

Numéral, e, adj. Qui désigne un nombre : *adjectif numéral*. (Pl. m. *numéraux*.)

Numérateur s. m. Terme d'une fraction qui indique combien elle contient de parties de l'unité.

Numération s. f. Art d'énoncer et d'écrire les nombres.

Numérique adj. Des nombres.

Numériquement adv. En nombre exact.

Numéro s. m. Chiffre, marque que l'on place sur un objet et qui sert à le désigner ou bien à le reconnaître.

Numérotage s. m. Action de numéroter.

Numéroter v. a. Mettre un numéro, une cote ; distinguer par des numéros.

Numide adj. et s. De la Numidie.

Numismate s. m. Qui étudie, connaît, décrit les médailles.

Numismatique adj. Qui a rapport aux médailles antiques. S. f. Science des médailles.

Nummulaire s. f. Sorte de plante dont les feuilles ont la forme d'une pièce de monnaie; petite coquille fossile.

Nuncupatif adj. m. (on pron. *non*). S'est dit d'un testament dicté par le testateur, avec les formalités prescrites par la loi (*jurisp.*).

Nundinal, e adj. (on pron. *non*). *Lettres nundinales*, chez les Romains, les huit premières lettres de l'alphabet, qui servaient à indiquer les jours de marché. *Jour nundinal*, jour de marché indiqué par une de ces lettres.

Nuptial, e, adj. Qui concerne les noces. (Pl. m. *nuptiaux*.)

Nuque s. f. Partie postérieure du cou, immédiatement au-dessous de l'occiput.

Nutritif, ive adj. Qui nourrit, alimente.

Nutrition s. f. Fonction par laquelle les sucs nourriciers sont convertis en la substance de l'animal.

Nyctalope s. Qui voit mieux la nuit que le jour.

Nyctalopie s. f. Maladie des yeux qui rend nyctalope.

Nymphe s. f. Divinité fabuleuse du second ordre qui habitait les fontaines, les fleuves, les bois et les prairies. Fig. femme jeune, belle et bien faite. Le premier degré de la métamorphose des insectes.

Nymphée s. f. T. d'*antiq.* Bain public. T. d'*archit.* Lieu orné de statues, de vases, de bassins et de fontaines.

O

O s. m. Quinzième lettre de l'alphabet.

O s. m. Caractère qu'on appelle zéro.

O interj. qui exprime un sentiment d'admiration, de joie, de douleur, de prière, etc.

Oasis s. f. (on pron. *oazice*). Lieu qui, au milieu des déserts de l'Afrique ou de l'Asie, offre une belle végétation. Fig. Lieu où l'on se repose après de longs malheurs.

Obédience s. f. Obéissance. *Lettre d'obédience*, lettre délivrée par un supérieur à un religieux, à une religieuse appartenant à un ordre enseignant, et que le gouvernement reçoit comme équivalent du brevet de capacité.

Obédiencier s. m. Religieux qui, par ordre de son supérieur, dessert un bénéfice dont il n'est pas titulaire.

Obédientiel, elle adj. Qui a rapport à l'obédience.

Obéir v. n. Faire ce que veut un autre, ce qui est commandé; se laisser gouverner.

Obéissance s. f. Action de celui qui obéit; l'un des vœux de religion.

Obéissant, e adj. Qui obéit.

Obélisque s. m. Monument quadrangulaire en forme d'aiguille.

Obérer v. a. Endetter.

Obèse adj. Qui est affecté d'obésité.

Obésité s. f. Excès d'embonpoint.

Obit s. m. (on pron. *obite*). Messe anniversaire pour le repos de l'âme d'un mort.

Obituaire adj. et s. m. Se dit du registre renfermant les noms des morts, le jour de leur sépulture, la fondation des obits, etc.

Objecter v. a. Faire une objection; reprocher.

Objectif, ive adj. et s. m. Se dit du verre d'une lunette tourné du côté de l'objet qu'on veut voir. *Philos.* Ce qui a rapport à l'objet.

Objection s. f. Difficulté opposée à une proposition, à une demande.

Objectivité s. f. Qualité de ce qui est objectif.

Objet s. m. Ce qui s'offre à la vue, frappe les sens, émeut l'âme; sujet, motif, cause d'une action, d'un sentiment, d'une passion; but, fin qu'on se propose.

Objurgation s. f. Reproche violent, réprimande vive.

Objurguer v. a. Gronder, réprimander, quereller (vx.).

Oblat s. m. Moine-lai; invalide entretenu dans une abbaye.

Oblation s. f. Ce qu'on offre à Dieu ou à l'église; action par laquelle on offre quelque chose à Dieu.

Obligation s. f. Lien, engagement qui impose quelque devoir; ce qu'impose la reconnaissance; acte par lequel on s'engage à faire telle chose, à payer telle somme.

Obligatoire adj. Qu'on est obligé de faire, d'après les lois ou la morale.

Obligé, ée adj. Redevable d'un service rendu; qui est dans l'obligation de; prescrit, contraint, nécessaire.

Obligeamment adv. D'une manière obligeante.

Obligeance s. f. Penchant à obliger, à rendre service; acte obligeant.

Obligeant, e adj. Officieux, qui aime à obliger, à faire plaisir.

Obliger v. a. Engager; lier par un acte; imposer l'obligation de; forcer; porter, exciter à; rendre service. S'OBLIGER v. pr. Se rendre service à soi-même ou réciproquement; s'engager à.

Oblique adj. De biais; incliné. Fig. détourné, indirect; suspect; frauduleux.

Obliquement adv. D'une manière oblique. Fig. d'une manière insidieuse. contraire à la droiture, à la franchise, à la probité.

Obliquer v. n. Aller obliquement.

Obliquité s. f. Inclinaison d'une ligne; d'un plan sur un autre. Fig. fausseté, astuce.

Oblitération s. f. Action d'oblitérer; son effet.

Oblitérer v. a. Effacer insensiblement, en laissant des traces.

Oblong, gue adj. Plus long que large.

Obole s. f. Petite pièce de monnaie grecque; monnaie de cuivre valant la moitié d'un denier tournois; ancien poids de 12 grains.

Obombrer v. a. Couvrir de son ombre.

Obreptice adj. Obtenu par surprise et en cachant la vérité.

Obrepticement adv. D'une manière obreptice.

Obreption s. f. Réticence qui rend obreptice une grâce obtenue.

Obscène adj. Qui blesse la pudeur; déshonnête.

Obscénité s. f. Action, parole, image obscène.

Obscur, e adj. Sombre, ténébreux, qui n'est pas bien éclairé. Fig. peu intelligible; peu connu.

Obscurcir v. a. Rendre obscur. S'OBSCURCIR v. pr. Devenir obscur.

Obscurcissement s. m. Affaiblissement de lumière; état d'une chose obscurcie.

Obscurément adv. Avec obscurité.

Obscurité s. f. Privation de la lumière. Fig. défaut de clarté; chose obscure; ignorance; vie cachée; bassesse de la naissance.

Obsécrations s. f. pl. Autrefois, chez les Romains, prières publiques pour apaiser les dieux.

Obséder v. a. Etre assidu auprès de quelqu'un pour capter son esprit; tourmenter par des illusions fréquentes, par des importunités.

Obsèques s. f. pl. Funérailles pompeuses.

Obséquieusement adv. D'une manière obséquieuse.

Obséquieux, euse adj. Qui porte à l'excès les égards, les complaisances, le respect.

Obséquiosité s. f. Caractère, qualité d'une personne obséquieuse.

Observable adj. Qui peut être observé.

Observance s. f. Pratique d'une règle religieuse; cette règle même.

Observantin s. m. Cordelier de l'étroite observance.

Observateur, trice adj. et s. Qui obéit aux lois, suit les règles; qui observe; spectateur attentif.

Observation s. f. Action d'observer; accomplissement d'une loi, d'un devoir; remarque, objection.

Observatoire s. m. Edifice destiné aux observations astronomiques.

Observer v. a. Accomplir ce qui est prescrit par le devoir, la loi, l'usage; considérer avec application; remarquer; épier. S'OBSERVER v. pr. Etre très circonspect.

Obsession s. f. Action d'obséder; importunité.

Obsidional, e adj. Qui concerne le siège d'une ville. *Couronne obsidionale*, couronne d'herbe que les Romains accordaient à celui qui avait fait lever le siège d'une ville.

Obstacle s. m. Empêchement, opposition, difficulté, embarras.

Obstination s. f. Opiniâtreté, trop grand attachement à son sens.

Obstiné, ée adj. et s. Qui s'obstine. *Fig.* opiniâtre, qu'on ne peut faire cesser : *mal obstiné* (fam.).

Obstinément adv. Avec obstination.

Obstiner v. a. Rendre opiniâtre. S'OBSTINER v. pr. S'opiniâtrer.

Obstructif, ive adj. Qui cause ou qui peut causer des obstructions.

Obstruction s. f. Engorgement, embarras dans les vaisseaux (*méd.*).

Obstruer v. a. Causer de l'obstruction, de l'embarras.

Obtempérer v. n. Obéir.

Obtenir v. a. Parvenir à se faire accorder ce qu'on demande; parvenir à un résultat. S'OBTENIR v. pr. Etre obtenu.

Obtention s. f. Action d'obtenir.

Obturateur, trice adj. Qui ferme : *muscle obturateur*. S. m. Pièce, plaque servant à boucher un orifice.

Obturation s. f. Action de boucher une ouverture à la voûte du palais, etc. (*chir.*).

Obtus, e adj. *Angle obtus*, plus grand qu'un angle droit (*géom.*); en pointe émoussée : *feuille obtuse* (*bot.*). Fig. sans pénétration : *esprit obtus.*

Obtusangle adj. Qui a un angle obtus.

Obus s. m. Projectile creux, rempli de poudre et armé d'une fusée.

Obusier s. m. Bouche à feu dont on se sert pour lancer des obus.

Obvention s. f. Impôt ecclésiastique.

Obvier v. n. Prendre des mesures pour prévenir un mal.

Oc (langue d'), dialecte de la langue romane parlé au XIIIe siècle dans les parties de la France situées au sud de la Loire.

Occasion s. f. Rencontre, conjoncture favorable pour faire une chose; circonstance; sujet, cause. A L'OCCASION DE, loc. prép. Au sujet de.

Occasionnel, elle adj. Qui donne occasion, qui en sert.

Occasionnellement adv. Par occasion.

Occasionner v. a. Donner lieu à, être cause de.

Occident s. m. Côté où le soleil paraît se coucher; partie du globe qui est située de ce côté.

Occidental, e adj. Qui est à l'Occident. S. m. pl. *les Occidentaux*, les Européens.

Occipital, e adj. Qui appartient à l'occiput.

Occiput s. m. Le derrière de la tête.

Occire v. a. Tuer.

Occiseur s. m. Meurtrier (vx.).

Occision s. f. Meurtre, tuerie (vx.).

Occultation s. f. Disparition passagère d'un astre caché par la lune.

Occulte adj. Caché; dont la cause est inconnue. *Sciences occultes*, se dit de la magie, de l'alchimie, etc.

Occultement adv. D'une manière occulte.

Occupant, e adj. Qui occupe, qui est en possession. S. *Premier occupant*, celui qui s'empare le premier.

Occupation s. f. Emploi, affaire; habitation d'un lieu; action de s'emparer d'un pays, etc.

Occupé, ée adj. Qui a de l'occupation; habité : *maison occupée.*

Occuper v. a. Tenir, remplir un espace de lieu ou de temps; habiter : *occuper une maison*; s'emparer de. Fig. remplir, posséder : *occuper un emploi;* employer : *occuper des ouvriers;* donner de l'occupation. S'OCCUPER v. pr. s'employer, s'appliquer, penser, songer, travailler à.

Occurrence s. f. Rencontre, événement fortuit, occasion.

Occurrent, e adj. Qui survient (peu us.).

Océan s. m. Vaste étendue d'eau salée qui baigne toutes les parties de la terre.

Ochosias, roi d'Israël (888 av. J.-C.). — Roi de Juda, père de Joas (884 av. J.-C.).

O'Connell (Daniel), célèbre agitateur irlandais (1775-1847).

Ocre s. f. Terre argileuse, tantôt rouge, tantôt jaune, employée dans la peinture à l'huile.

Ocreux, euse adj. Qui est de la nature de l'ocre.

Octaèdre s. m. Corps solide à huit faces.

Octant s. m. Instrument d'astronomie qui comprend la 8e partie d'un cercle et qui sert à mesurer les hauteurs et les distances.

Octante adj. num. Se disait autrefois pour *quatre-vingts.*

Octantième adj. Quatre-vingtième.

Octave s. f. Suite de fêtes religieuses qui durent huit jours; le huitième jour de ces fêtes; stance de huit vers; en musique, intervalle de huit degrés.

Octave, nom de l'empereur romain Auguste avant la bataille d'Actium et la défaite d'Antoine.

Octavie, nom de plusieurs femmes romaines, dont l'une était sœur d'Auguste; une autre fut la femme de Néron qui la tua.

Octavo (In-) s. m. Livre dont les feuilles sont pliées en huit.

Octidi s. m. Le huitième jour de la décade républicaine.

Octobre s. m. Dixième mois de l'année.

Octogénaire adj. et s. Qui a quatre-vingts ans.

Octogone s. m. Polygone à huit angles et à huit côtés.

Octroi s. m. Concession; droit perçu sur certaines denrées.

Octroyer v. a. Concéder, accorder (vx.).

Octuple adj. Qui contient huit fois.

Octupler v. a. Rendre huit fois aussi grand.

Oculaire adj. Qui appartient à l'œil : *nerf oculaire. Témoin oculaire*, qui a vu de ses propres yeux.

Oculairement adv. Par le moyen des yeux.

Oculiste s. m. Médecin qui traite spécialement les maladies des yeux.

Odalisque s. f. Femme de sérail.

Ode s. f. Poème destiné à être chanté; petit poème lyrique divisé en stances.

Odéon s. m. Edifice destiné, chez les anciens, à l'exécution d'œuvres musicales.

Odeur s. f. Sensation de l'odorat; exhalaison odorante d'un corps. S. f. pl. Se dit de toute espèce de parfum. Fig. réputation.

Odieusement adv. D'une manière odieuse.

Odieux, euse adj. Qui excite l'aversion, la haine, l'indignation. S. m. Ce qui est odieux.

Odoacre, roi des Hérules, prit Rome en 476 et mourut en 493.

Odomètre s. m. Instrument pour mesurer les distances parcourues.

Odontalgie s. f. Mal de dents.

Odontalgique adj. Qui calme l'odontalgie.

Odontologie s. f. Partie de l'anatomie qui étudie spécialement les dents.

Odorant, e adj. Qui a de l'odeur.

Odorat s. m. Sens qui perçoit les odeurs.

Odoriférant, e adj. Qui répand de l'odeur.

Odyssée s. f. Poème d'Homère. Fig. suite d'aventures, voyage rempli d'incidents.

Œcuménicité s. f. Qualité de ce qui est œcuménique.

Œcuménique adj. *Concile œcuménique,* auquel sont convoqués tous les évêques de l'Eglise catholique.

Œcuméniquement adv. D'une manière œcuménique.

Œdémateux, euse adj. Qui a rapport à l'œdème; de la nature de l'œdème.

Œdème s. m. *Méd.* Tumeur molle, blanchâtre, sur le corps.

Œdipe, fils de Laïus, roi de Thèbes, et de Jocaste; tua son père sans le connaître, devina l'énigme proposée par le sphinx et fut lui-même roi de Thèbes (XIVe siècle av. J.-C.). S. m. Homme habile à deviner les énigmes, à résoudre les questions obscures.

Œil s. m. (Pl. *yeux.*) Organe de la vue; regard; attention. *Coup d'œil,* regard prompt; *en un clin d'œil,* en un moment; *dévorer des yeux,* regarder avec avidité. *Œil* se dit aussi du relief des caractères d'imprimerie: *cicéro gros œil;* de l'ouverture de certains outils: *l'œil d'un marteau;* des boutons ou bourgeons des arbres; des trous qui se trouvent dans le pain, le bouillon et le fromage.

Œil-de-bœuf s. m. Sorte de petite fenêtre ronde ou ovale. (Pl. *œils-de-bœuf.*)

Œillade s. f. (*ll* m.) Coup d'œil furtif.

Œillère s. f. (*ll* m.) Petit vase pour baigner l'œil; pièce de cuir qui garantit l'œil du cheval; dent canine de la mâchoire supérieure. Adj. *dent œillère.*

Œillet s. m. (*ll* m.) Fleur odoriférante; la plante; petit trou destiné à recevoir un lacet.

Œilleton s. m. (*ll* m.) Rejeton d'œillet; bourgeon de certaines racines.

Œillette s. f. (*ll* m.) Pavot cultivé dont on tire de l'huile.

Œnanthe s. f. Plante de la famille des ombellifères.

Œnée, roi de Calydon, père de Méléagre, de Déjanire et de Tydée.

Œnologie s. f. Traité sur le vin, sur l'art de le faire.

Œnomètre s. m. Instrument pour fixer le degré de force du vin.

Œnophile adj. Qui aime le vin.

Œnophore s. m. Vase pour le vin; échanson (antiq.).

Œsophage s. m. Canal qui conduit les aliments de la bouche à l'estomac.

Œsophagien, enne adj. De l'œsophage.

Œuf s. m. (l'*f* ne se prononce pas au pl.). Corps organique que pondent les femelles des oiseaux, des poissons, etc. Fig. ce qui en a la forme.

Œuvé, ée adj. Qui a des œufs.

Œuvre s. f. Ce qui est fait, produit par un agent, et subsiste après l'action; ouvrage considérable; action importante; action morale; banc des marguilliers; fabrique d'une paroisse. S. m. Recueil d'estampes, de compositions musicales d'un même auteur; grand ouvrage.

Offensant, e adj. Qui offense; injurieux.

Offense s. f. Injure de fait ou de parole; péché, faute.

Offensé, ée adj. et s. Qui a reçu une offense.

Offenser v. a. Faire une offense; blesser. S'OFFENSER v. pr. Se piquer, se fâcher.

Offenseur s. m. Celui qui a fait l'offense.

Offensif, ive adj. Qui attaque, qui sert à l'attaque: *arme, ligue offensive.*

Offensive s. f. Attaque (t. de guerre).

Offensivement adv. D'une manière offensive.

Offerte s. f. ou **offertoire** s. m. Partie de la messe avant la consécration; prière qui précède l'oblation du pain et du vin.

Office s. m. Devoir; assistance, protection, secours; charge, emploi, fonction: service, cérémonies de l'Eglise; les domestiques d'une maison. LE SAINT-OFFICE, tribunal de l'Inquisition.

Official s. m. Juge ecclésiastique, désigné par l'évêque pour exercer en son nom la juridiction contentieuse.

Officialité s. f. Juridiction de l'official.

Officiant adj. et s. m. Qui officie à l'église.

Officiel, elle adj. Déclaré, dit,

proposé en vertu d'une autorité reconnue; qui émane du gouvernement.

Officiellement adv. D'une manière officielle.

Officier v.n. Faire l'office divin à l'église.

Officier s. m. Qui a une charge, un office, un commandement; domestique qui a soin de l'office dans une maison.

Officieusement adv. D'une manière officieuse.

Officieux, euse adj. Obligeant, serviable; que l'on fait pour rendre service.

Officinal, e adj. Se dit en pharmacie des drogues, des compositions apprêtées d'avance et des plantes employées à leur préparation.

Officine s. f. Laboratoire de pharmacie. Fig. Lieu où a été apprêté quelque chose de mauvais, de blâmable.

Offrande s. f. Ce qu'on offre à Dieu; don; cérémonie de la messe.

Offrant adj. et s. m. Celui qui offre.

Offre s. f. Action d'offrir; ce qu'on offre.

Offrir v. a. Présenter, proposer, montrer quelque chose. S'OFFRIR v. pr. Se présenter.

Offusquer v. a. Empêcher de voir, d'être vu; éblouir. Fig. troubler; choquer, donner de l'ombrage, déplaire.

Og, roi de Basan, exterminé avec tout son peuple par Moïse.

Oger ou **Ogier le Danois**, guerrier célèbre sous le règne de Charlemagne.

Ogival, e adj. En forme d'ogive; où domine l'ogive.

Ogive s. f. Arceau en forme d'arête au sommet d'une voûte, d'une face de croisée*.

Ognon. Voy. *Oignon.*

Ogre s. m. Monstre imaginaire, qu'on suppose anthropophage, dans les contes de fées. Fig. grand mangeur. Au fém., *ogresse.*

Oh! interj. qui marque l'admiration, la surprise, l'affirmation, l'invocation, etc.

Ohé! interj. pour appeler.

Oïdium s. m. (on pron. *oïdiome*). Maladie du raisin.

Oie s. f. Oiseau aquatique, palmipède, plus gros que le canard*. *Contes de ma mère l'oie*, contes pour amuser les enfants, absurdités.

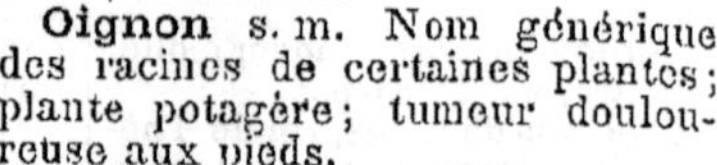

Oignon s. m. Nom générique des racines de certaines plantes; plante potagère; tumeur douloureuse aux pieds.

Oignonière s. f. Terre semée d'oignons.

Oïl (langue d'), dialecte parlé au moyen âge dans la partie de la France située au nord de la Loire.

Oïlée, roi des Locriens, l'un des Argonautes.

Oindre v. a. Frotter d'une matière grasse.

Oing s. m. Vieille graisse de porc fondue.

Oint s. m. et adj. Qui a reçu une onction sainte.

Oiseau s. m. Animal à deux pieds, ovipare, ayant un bec, des plumes et des ailes. À VOL D'OISEAU loc. adv. En ligne droite. — Instrument pour porter le mortier.

Oiseau-mouche s. m. Le plus petit des oiseaux, d'Amérique.

Oiseler v. n. Tendre des filets pour prendre des oiseaux.

Oiselet s. m. Petit oiseau (vx.).

Oiseleur s. m. Dont le métier est de prendre des oiseaux.

Oiselier, ière s. Dont la profession est d'élever et de vendre des oiseaux.

Oisellerie s.f. Art de prendre et d'élever des oiseaux; commerce d'oiseaux.

Oiseux, euse adj. Fainéant; vain, inutile; oisif.

Oisif, ive adj. Qui ne fait rien, qui est dans l'oisiveté; inutile.

Oisillon s. m. (*ll* m.) Petit oiseau.

Oisivement adv. D'une manière oisive.

Oisiveté s. f. Etat de celui qui est oisif; habitude de l'inaction.

Oison s. m. Petit de l'oie. Fig. idiot.

Oléagineux, euse adj. Qui est de la nature de l'huile; huileux.

Oléine s. f. Principe de l'huile.
Oléinées s. f. pl. Famille de plantes dont l'olivier est le type (*bot.*).
Oléogène s. m. Gaz hydrogène carburé (*chim.*).
Olfactif, ive adj. De l'odorat : *nerf olfactif*.
Oliban s. m. Le premier encens qui découle de l'arbre.
Olibrius s. m. Celui qui fait le brave, l'entendu, et qui n'est que ridicule.
Oligarchie s. f. Gouvernement où l'autorité souveraine est entre les mains d'un petit nombre.
Oligarchique adj. De l'oligarchie.
Oligarque s. m. Partisan ou membre d'une oligarchie.
Olim s. m. pl. Anciens registres du parlement de Paris.
Olivaire adj. Qui a la forme d'une olive.
Olivaison s. f. Saison de la récolte des olives.
Olivâtre adj. Qui a la couleur de l'olive.
Olive s. f. Fruit à noyau dont on tire de l'huile ; ce qui en a la forme.
Olivet (l'abbé d'), grammairien français, auteur de plusieurs traductions (1682-1768).
Olivète s. f. Plante dont la graine fournit de l'huile.
Olivettes s. f. pl. Sorte de danse en Provence.
Olivier s. m. Arbre qui produit des olives*. 
Ollaire adj. f. Se dit d'une pierre facile à tailler et qui sert à faire des pots.
Olographe adj. Se dit d'un testament écrit tout entier de la main du testateur.
Olympe, montagne de la Grèce entre la Macédoine et la Thessalie, où les anciens plaçaient le séjour de leurs divinités. Fig. le ciel.
Olympiade s. f. Espace de quatre années chez les anciens Grecs.
Olympias, épouse de Philippe II, roi de Macédoine, et mère d'Alexandre le Grand.
Olympien, ienne adj. Qui appartient à l'Olympe ; surnom de Jupiter. S. m. pl. Les douze principales divinités de l'Olympe.
Olympique adj. Se dit des jeux qu'on célébrait tous les quatre ans à Olympie.
Omar, 2e calife des Musulmans (634-644).
Ombelle s. f. Mode d'inflorescence dans lequel les pédoncules floraux partent tous d'un même point et arrivent à peu près à la même hauteur.
Ombellifère adj. Se dit des plantes qui portent des ombelles. S. f. pl. Famille de plantes.
Ombilic s. m. Nombril. Cavité à l'une des extrémités de certains fruits.
Ombilical, e adj. De l'ombilic. (Pl. m. *ombilicaux.*)
Ombiliqué, ée adj. Pourvu d'un ombilic (*bot.*).
Ombrage s. m. Réunion d'arbres, de branches, de feuilles qui donnent de l'ombre. Fig. défiance, soupçon. *Porter ombrage*, exciter le soupçon, la crainte.
Ombrager v. a. Faire, donner de l'ombre. Fig. couvrir, cacher.
Ombrageux, euse adj. Se dit des chevaux, des mulets, etc., peureux, qui s'effrayent de leur ombre. Fig. qui prend de l'ombrage, soupçonneux.
Ombre s. f. Obscurité causée par un corps opaque qui intercepte la lumière ; les endroits les plus obscurs, les plus bruns d'un tableau. Fig. la nuit ; ce qui protège ; retraite ; solitude ; légère apparence ; chose passagère ; apparition d'un mort. Sous L'OMBRE DE loc. prép. Sous la protection, à la faveur de.
Ombrelle s. f. Petit parasol.
Ombrer v. a. Mettre les ombres (à un tableau).
Ombreux, euse adj. Qui fait de l'ombre ; ombragé.
Ombrons ou **Ombres** s. m. pl. Gaulois qui s'établirent en Italie.
Oméga s. m. La dernière lettre de l'alphabet grec. Fig. la fin.
Omelette s. f. Œufs battus et cuits ensemble.
Omettre v. a. Oublier, passer sous silence ; manquer à faire.
Omission s. f. Manquement de celui qui omet ; chose omise.
Omniades, dynastie de califes arabes fondée à Damas par Moawiah en 661.

Omnibus s. m. Sorte de voiture publique. Adj. m. *Train omnibus*, train de chemin de fer à toutes places.

Omnipotence s. f. Toute-puissance.

Omnipotent, e adj. Tout-puissant.

Omniscience s. f. Connaissance infinie de Dieu.

Omnivore adj. Qui mange de tous les aliments : *l'homme est omnivore.*

Omoplate s. f. Os plat et large qui forme la partie postérieure des épaules (*anat.*).

On pron. indéf., marque une ou plusieurs personnes.

Onagre s. m. Ane sauvage ; ancienne machine balistique de guerre. S. f. Sorte de plante.

Onc, oncques ou **onques** adv. Jamais (vx.).

Once s.f. Ancien poids de 8 gros.

Onciale adj. Se dit des grandes lettres dans les anciennes inscriptions et les vieux manuscrits.

Oncle s. m. Frère du père ou de la mère.

Onction s. f. Action d'oindre. Fig. choses, pensées qui portent à la piété, qui touchent le cœur.

Onctueusement adv. Avec onction.

Onctueux, euse adj. Huileux. Fig. qui a de l'onction.

Onctuosité s. f. Qualité de ce qui est onctueux.

Onde s.f. Flot, soulèvement de l'eau agitée ; l'eau ; la mer. Fig. ce qui imite les flots.

Ondé, ée adj. Façonné en forme d'ondes.

Ondée s. f. Grosse pluie subite et passagère.

Ondin, e s. Prétendu génie qui habite les eaux.

Ondoiement s. m. Baptême sans cérémonie.

Ondoyant, e adj. Qui ondoie, qui se meut par ondes.

Ondoyer v. n. Flotter par ondes. V. a. Baptiser sans pratiquer les cérémonies.

Ondulation s. f. Mouvement oscillatoire par ondes.

Ondulatoire adj. Qui ondule.

Ondulé, ée adj. Dont la surface présente des ondulations.

Onduler v. n. Produire, avoir un mouvement d'ondulation.

Onduleux, euse adj. Qui forme des ondulations.

Onéraire adj. Qui a le soin et la charge d'une chose.

Onéreusement adv. D'une manière onéreuse.

Onéreux, euse adj. Qui est à charge ; incommode.

Onésime (saint), disciple de saint Paul et martyr ; m. 95.

Ongle s. m. Partie dure à l'extrémité des doigts ; au pl. griffes de certains animaux.

Onglée s. f. Engourdissement douloureux au bout des doigts, causé par le froid.

Onglet s. m. Bande de papier que l'on coud au dos d'un livre en le reliant, pour y coller des cartes, des estampes ; extrémité d'une planche, d'une moulure formant un angle de 45 degrés ; espèce de burin dont l'extrémité est en losange.

Onglette s. f. Espèce de burin.

Onguent s.m. Médicament mou, onctueux, qui s'applique extérieurement.

Onguiculé, ée adj. *Hist. nat.* Pourvu de petits ongles.

Ongulé, ée adj. *Zool.* Dont le pied se termine par un sabot.

Onirocritie s. f. (on pron. *onirokricí*). Interprétation des songes.

Oniromance ou **oniromancie** s. f. Divination par les songes.

Onocrotale s. m. Espèce de pélican.

Onomatopée s. f. Formation d'un mot dont le son est imitatif de la chose qu'il signifie ; ce mot lui-même.

Ontologie s.f. Théorie et science de l'être en général (*phil.*).

Ontologique adj. De l'ontologie.

Onyx s. m. Sorte d'agate.

Onze adj. num. card. 2 g. et s. m. Nombre qui contient dix et un ; onzième. (Ce mot et ses dérivés, précédés d'un article ou de la préposition *de*, se prononcent comme si l'*o* était aspiré.)

Onzième adj. num. ord. 2 g. et s. m. Qui suit immédiatement le dixième ; la onzième partie. [lieu.

Onzièmement adv. En onzième

Opacité s. f. Qualité de ce qui est opaque.

Opale s. f. Pierre précieuse, de couleur laiteuse, à reflets colorés.

Opaque adj. Qui n'est point transparent.

Opéra s. m. Sorte de poème dramatique mis en musique; théâtre où l'on joue les opéras.

Opérateur, trice s. Qui se livre à quelque manipulation; celui qui fait certaines opérations de chirurgie; débitant de drogues en public.

Opération s. f. Action d'une puissance, d'une faculté qui produit un effet; action méthodique du chirurgien qui opère; calculs arithmétiques; transactions commerciales. Au pl. mouvements des troupes en campagne.

Opératoire adj. Qui consiste dans les opérations.

Opercule s. m. Petit couvercle; se dit en histoire naturelle de tout appareil protégeant un organe, un orifice, une partie quelconque.

Opérer v. a et n. Pratiquer; produire un effet; faire une opération. S'OPÉRER v. pr. Être, pouvoir être opéré, réalisé.

Opérette s. f. Petit opéra.

Opes s. m. pl. Trous dans les murs où posent les chevrons; trous des boulins, des solives.

Ophicléide s. m. Instrument de musique.

Ophidiens s. m. pl. Reptiles, les serpents.

Ophite s. m. Porphyre vert.

Ophtalmie s. f. Inflammation des yeux.

Ophtalmique adj. Des yeux; qui concerne l'ophtalmie.

Ophtalmologie s. f. Partie de l'anatomie qui traite de l'œil.

Opiacé, ée adj. Qui contient de l'opium.

Opiat s. m. Pâte pour les dents.

Opilatif, ive adj. Qui cause des obstructions.

Opilation s. f. Obstruction.

Opiler v. a. Causer des obstructions; boucher (*méd.*).

Opimes adj. f. pl. Se dit des dépouilles que remportait celui des Romains qui avait tué le général ennemi.

Opinant s. m. Celui qui opine.

Opiner v. n. Dire son avis, dans une compagnie, sur une chose mise en délibération.

Opiniâtre adj. et s. Obstiné, trop fortement attaché à son opinion, à sa volonté : *enfant, esprit opiniâtre;* acharné : *combat opiniâtre.*

Opiniâtrément adv. Avec opiniâtreté.

Opiniâtrer v. a. Soutenir un fait, une proposition avec opiniâtreté; rendre opiniâtre. S'OPINIATRER v. pr. S'obstiner; vouloir fermement.

Opiniâtreté s. f. Obstination; trop grand attachement à son opinion, à sa volonté.

Opinion s. f. Sentiment particulier qu'on se forme d'une chose; jugement que l'on porte d'une personne ou d'une chose; jugement du plus grand nombre.

Opium s. m. Suc de pavot blanc.

Opoponax ou **opopanax** s. m. Sorte de gomme jaune; plante qui la fournit.

Opportun, e adj. A propos, selon le temps et le lieu; favorable.

Opportunément adv. D'une manière opportune.

Opportunisme s. m. Système politique d'une fraction du parti républicain.

Opportunité s. f. Qualité de ce qui est opportun; occasion favorable.

Opposant, e adj. et s. Qui s'oppose.

Opposé, ée adj. Contraire, en face de. S. m. Le contraire. A L'OPPOSÉ DE loc. prép. Au contraire; vis-à-vis de.

Opposer v. a. Placer une personne, une chose pour faire obstacle à une autre; mettre vis-à-vis, en comparaison ou pour faire contraste; objecter.

Opposite s. m. Le contraire, l'opposé. A L'OPPOSITE loc. adv. et prép. Vis-à-vis.

Oppositif, ive adj. Qui oppose.

Opposition s. f. Empêchement, obstacle; contrariété d'esprit entre des personnes; action de se rendre opposant; parti qui, dans une assemblée délibérante, est opposé au parti dominant. En astron. distance de 180 degrés entre deux astres.

Oppresser v. a. Presser fortement; gêner la respiration; opprimer.

Oppresseur s. m. Celui qui opprime.

Oppressif, ive adj. Qui opprime.

Oppression s. f. Action d'opprimer, d'oppresser; état de ce qui est opprimé, oppressé; étouffement.

Oppressivement adv. D'une manière oppressive.

Opprimé, ée adj. part. Que l'on opprime. S. m. Personne opprimée.

Opprimer v. a. Accabler par violence, par excès de pouvoir; tenir dans l'oppression,

Opprobre s. m. Honte, affront, ignominie.

Optatif, ive adj. Qui exprime le souhait : *formule optative.* S. m. Mode du verbe grec qui exprime le désir.

Opter v. n. Choisir entre plusieurs choses qu'on ne peut avoir à la fois.

Opticien s. m. Versé dans l'optique; qui fait ou vend des instruments d'optique.

Optime adv. (mot latin; on pron. *optimé*). Très bien.

Optimisme s. m. Système des philosophes qui croient que tout est pour le mieux possible.

Optimiste s. Partisan de l'optimisme.

Option s. f. Pouvoir, faculté, action d'opter; choix.

Optique adj. Qui concerne la vue. S. f. Science qui traite de la lumière et des lois de la vision; perspective.

Opulemment adv. Avec opulence.

Opulence s. f. Grande richesse; abondance de biens.

Opulent, e adj. Très riche.

Opuscule s. m. Petit ouvrage de science, de littérature.

Or conj. pour lier une proposition, un discours à un autre, pour exhorter, inviter.

Or s. m. Métal précieux, dont on fait des monnaies et des bijoux. Fig. richesse.

Oracle s. m. Prétendue réponse des dieux; le dieu qui la rendait. Fig. vérités des livres saints; décision importante; celui qui la donne; personne dont on suit aveuglément les avis.

Orage s. m. Tempête; grosse pluie. Fig. malheur qui menace; vive réprimande.

Orageux, euse adj. Qui cause de l'orage; sujet aux orages. Fig. tumultueux.

Oraison s. f. Discours; ouvrage d'éloquence ; prière adressée à Dieu.

Oral, e adj. Qui se transmet par la voix.

Orange s. f. Fruit de l'oranger.

Orangé, ée adj. Qui a la couleur d'orange. S. m. Cette couleur même.

Orangeade s. f. Boisson de jus d'orange, de sucre et d'eau.

Orangeat s. m. Confiture faite d'écorce d'orange.

Oranger s. m. Arbre toujours vert qui porte les oranges.

Oranger, ère s. Qui vend des oranges.

Orangerie s. f. Lieu où l'on place, où l'on serre les orangers.

Orangiste s. m. En Belgique, partisan de la maison d'Orange.

Orang-outang s. m. Sorte de singe.

Orateur s. m. Qui compose, qui prononce des ouvrages d'éloquence, des harangues.

Oratoire adj. Qui appartient à l'orateur. S. m. Lieu destiné à prier; nom d'une congrégation religieuse.

Oratoirement adv. D'une manière oratoire.

Oratorien s. m. Qui est de la congrégation de l'Oratoire.

Oratorio s. m. Petit drame en musique sur un sujet religieux.

Orbe s. m. Cercle; orbite d'une planète; globe. Adj. 2 g. *Coup orbe*, qui meurtrit, mais n'entame pas la chair; *mur orbe*, sans porte ni fenêtre.

Orbiculaire adj. Rond et sphérique.

Orbiculairement adv. En rond.

Orbiculé, ée adj. Plat et rond (t. de *bot.*).

Orbitaire adj. Qui a rapport à l'orbite de l'œil.

Orbite s. f. ou m. (Acad.). Cavité de l'œil; route que parcourt une planète.

Orchestration s. f. Action d'orchestrer; résultat de cette action.

Orchestre s. m. Chez les Grecs lieu où l'on dansait; place des musiciens dans nos théâtres modernes; les musiciens eux-mêmes.

Orchestrer v. a. Faire pour l'or-

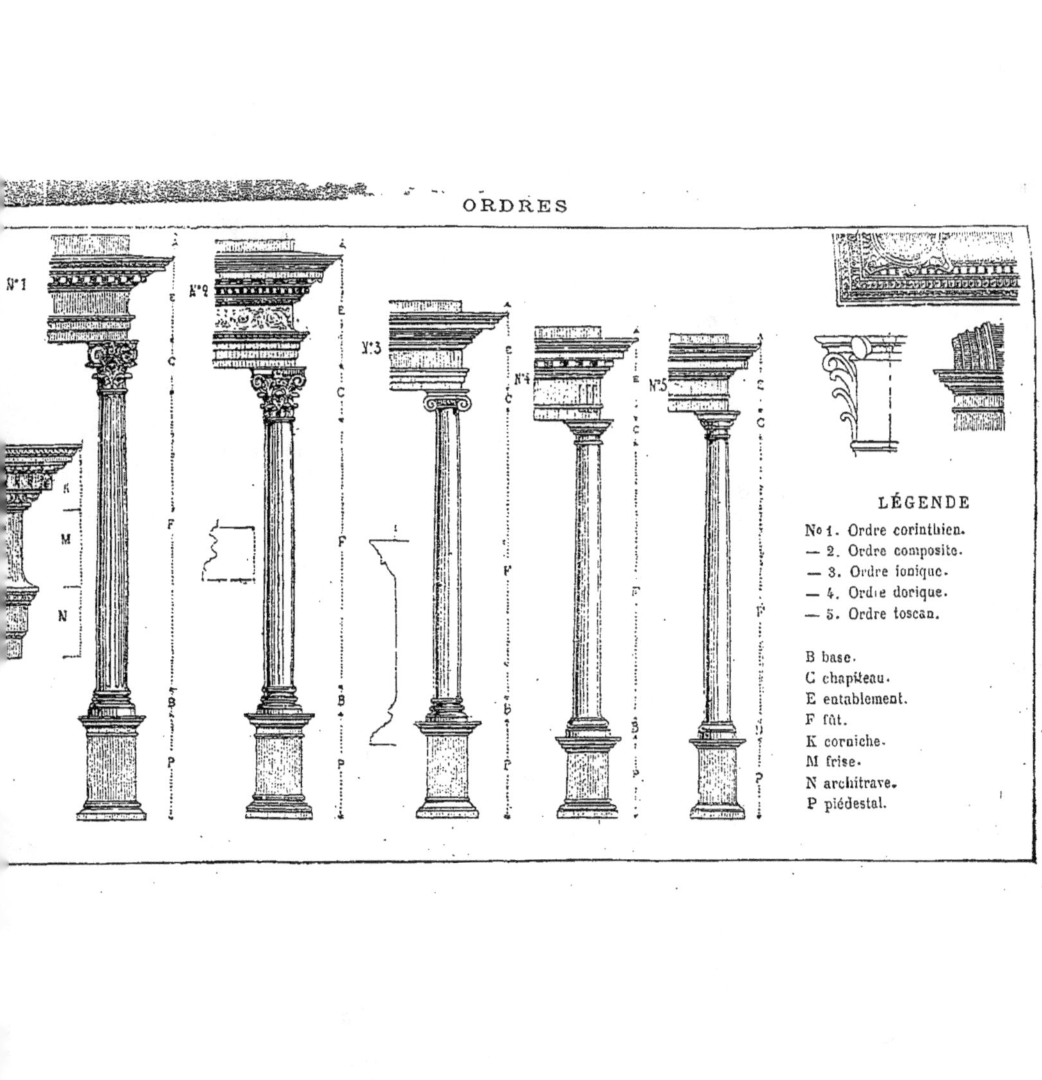
N°1
N°2
N°3
N°4
N°5
K
M
N
E
C
F
B
P
LÉGENDE
No 1. Ordre corinthien.
— 2. Ordre composite.
— 3. Ordre ionique.
— 4. Ordre dorique.
— 5. Ordre toscan.
B base.
C chapiteau.
E entablement.
F fût.
K corniche.
M frise.
N architrave.
P piédestal.

chestre les différentes parties d'une composition musicale.

Orchidées s. f. pl. Famille de plantes.

Orchis s. m. Plante, type de la famille des orchidées.

Ordalie s. f. Au moyen âge, épreuve usitée dans les jugements de Dieu.

Ordéal s. m. Au moyen âge, épreuve par le fer chaud.

Ordinaire adj. Qui a coutume d'être, d'arriver, de se faire; qui arrive souvent, qui est dans l'ordre commun; dont on se sert ordinairement; médiocre, vulgaire. S. m. Ce qu'on a coutume de servir pour le repas; ce qui a coutume d'être, d'arriver; usage, habitude; évêque ou autorité diocésaine. A L'ORDINAIRE loc. adv. Suivant la coutume. D'ORDINAIRE, POUR L'ORDINAIRE, souvent, le plus souvent.

Ordinairement adv. Habituellement; le plus souvent.

Ordinal adj. m. Qui marque le nombre, l'ordre: *adjectif numéral ordinal.*

Ordinand s. m. Qui doit recevoir les ordres sacrés.

Ordinant s. m. Evêque conférant les ordres sacrés.

Ordination s. f. Action de conférer les ordres sacrés.

Ordonnance s. f. Disposition; ordre; arrangement; règlement pour l'exécution des lois; constitutions des rois de France; prescriptions d'un médecin; soldat qui suit un officier.

Ordonnancer v. a. Ecrire au bas d'un mémoire l'ordre d'en payer le montant.

Ordonnateur s. m. Celui qui ordonne, qui dispose; celui qui ordonne les payements, qui dirige les funérailles.

Ordonnée s. f. Perpendiculaire abaissée d'un point d'une courbe sur l'axe de cette courbe (*géom.*).

Ordonner v. a. et n. Disposer, mettre en ordre, en rang; commander, prescrire; disposer d'une chose.

Ordre s. m. Arrangement, disposition selon le rang; compagnie dont les membres font vœu de vivre sous certaines règles; devoir; commandement. L'un des sept sacrements.

Ordure s. f. Excrément, impureté du corps; balayures, saletés. Fig. corruption; chose déshonnête ou sale.

Ordurier, ère adj. Qui dit des ordures, qui en contient.

Orée s. f. Bord, lisière d'un bois (vx.).

Oreillard, e adj. (*ll* m.) Qui a les oreilles longues et pendantes.

Oreille s. f. (*ll* m.) Organe de l'ouïe; ce qui a de la ressemblance avec la forme de l'oreille; pli au coin d'une page. Fig. *prêter l'oreille*, écouter favorablement ou avec intérêt; *se faire tirer l'oreille*, céder avec peine.

Oreille d'ours s. f. Sorte de plante odorante.

Oreiller s. m. (*ll* m.) Coussin pour mettre sous la tête.

Oreillette s. f. (*ll* m.) Cavités du cœur au-dessus des ventricules.

Oreillons ou orillons s. m. pl. (*ll* m.) Tumeurs des parotides près de l'oreille.

Orelli, célèbre philologue suisse (1787-1849).

Oremus s. m. (mot latin). Prière.

Ores (d') ou **ors** (d') adv. De cette heure, de ce moment (vx.).

Oreste, fils d'Agamemnon et de Clytemnestre.

Orfèvre s. m. Fabricant ou marchand d'ouvrages d'or ou d'argent.

Orfèvrerie s. f. Art, commerce, ouvrage d'orfèvre.

Orfraie s. f. Oiseau de proie.

Organdi s. m. Sorte de mousseline de coton très claire.

Organe s. m. Partie du corps qui sert aux sensations, aux opérations de l'animal; la voix. Fig. personne dont on se sert pour déclarer ses volontés, pour faire quelque chose.

Organique adj. Formé d'organes, qui tient aux organes, qui y a rapport.

Organisateur, trice adj. Qui organise ou sait organiser.

Organisation s. f. Manière dont un corps est organisé. Fig. arrangement, disposition.

Organiser v. a. Donner aux parties d'un corps la disposition nécessaire pour les fonctions auxquelles il est destiné. Fig. régler, disposer.

Organisme s. m. Ensemble des fonctions qu'exécutent les organes.

Organiste s. 2 g. Musicien qui touche de l'orgue.

Organsin s. m. Soie torse, passée au moulin.

Organsinage s. m. Action d'organsiner.

Organsiner v. a. Tordre et passer deux fois la soie au moulin.

Orge s. f. Sorte de grain, plante qui le produit. S. m. dans *orge perlé, orge mondé*.

Orgeat s. m. Sorte de boisson faite avec une émulsion d'amandes.

Orgelet s. m. Petite tumeur inflammatoire à la paupière.

Orgie s. f. débauche de table. Au pl. fêtes de Bacchus dans l'antiquité.

Orgue s. m. (fém. au pl.) Instrument de musique composé de tuyaux, avec clavier et soufflet; lieu de l'église où sont les orgues. *Orgue de Barbarie*, orgue portatif à cylindre; *point d'orgue*, trait exécuté par la partie chantante et pendant lequel l'accompagnement est suspendu (*mus.*).

Orgueil s. m. (*l* m.) Opinion trop avantageuse de soi-même avec mépris pour les autres; le premier des sept péchés capitaux.

Orgueilleusement adv. (*ll* m.) D'une manière orgueilleuse.

Orgueilleux, euse adj. (*ll* m.) Qui a de l'orgueil.

Orient s. m. Point du ciel où le soleil se lève sur l'horizon, où il se lève à l'équinoxe; l'Asie et l'Afrique orientale.

Oriental, e adj. De l'Orient; d'Orient. S.m.pl. Les peuples orientaux.

Orientaliste s. m. Qui est versé dans les langues orientales.

Orientation s.f. Action d'orienter ou de s'orienter.

Orienter v. a. Disposer une chose suivant la situation qu'elle doit avoir par rapport aux points cardinaux. S'ORIENTER v. pr. Reconnaître l'orient et les autres points cardinaux. Fig. reconnaître de quoi il s'agit, les moyens de succès, comment il faut se comporter.

Orifice s. m. Ouverture plus ou moins étroite qui conduit à quelque cavité; entrée étroite d'un vase, d'un tuyau, etc.

Oriflamme s. f. Etendard des anciens rois de France.

Origène, docteur de l'Eglise (185-254).

Originaire adj. Qui tire son origine de.

Originairement adv. Dans l'origine, primitivement.

Original, ale adj. Qui n'a pas été fait d'après un modèle, qui est la source, le principe, le modèle d'une imitation; neuf. S. m. Premier en son genre: texte, par opposition à traduction; objet d'art de la main même de l'artiste; personne dont on fait le portrait. Fig. homme bizarre, de mœurs particulières qui le font paraître ridicule (pl. m. *originaux*).

Originalement adv. D'une manière originale.

Originalité s. f. Qualité de ce ou de celui qui est original.

Origine s. f. Principe, commencement, cause d'une chose; extraction d'une race, d'une famille, d'une nation; étymologie d'un mot.

Originel, elle adj. Qui vient de l'origine, qui remonte jusqu'à l'origine. *Péché originel*, péché que tous les hommes ont contracté dans la personne d'Adam.

Originellement adv. Dès l'origine.

Orillon s. m. (*ll* m.) Appendice en forme d'oreille. Au pl. pièces de bois au soc de la charrue.

Orion, célèbre chasseur changé par Diane en constellation (*myth.*).

Oripeau s. m. Cuivre mince et poli qui a l'éclat de l'or. Fig. faux brillant; chose apparente mais de peu de valeur.

Orle s. m. Filet sous l'ove d'un chapiteau (*archit.*); terme de blason.

Orléanais, aise adj. D'Orléans.

Orléans (ducs d'): LOUIS, fils du roi Charles V, né en 1372, assassiné par Jean-sans-Peur à Paris, en 1407. — CHARLES, fils du précédent, père du roi Louis XII (1391-1464). — GASTON, 3e fils de Henri IV (1608-1660).—PHILIPPE, frère de Louis XIV et chef de la maison d'Orléans-Bourbon (1640-1701).—PHILIPPE II, fils du précédent, régent pendant la minorité de Louis XV (1674-1723).— LOUIS-PHILIPPE-JOSEPH, dit *Ega-*

lité, arrière-petit-fils du précédent et père du roi Louis-Philippe (1747-1793). — FERDINAND D'ORLÉANS, fils aîné du roi Louis-Philippe (1810-1842).

Orlof ou **Orloff** (Grégoire), ministre de Catherine II, impératrice de Russie (1734-1783).

Ormaie ou **ormoie** s. f. Lieu planté d'ormes.

Orme s. m. Sorte d'arbre. Fig. *Attendez-moi sous l'orme*, se dit d'un rendez-vous qu'on donne sans dessein de s'y rendre.

Ormeau s. m. Petit orme.

Ormesson (Olivier d'), contrôleur général des finances sous Charles IX et Henri III (1525-1600).

Ormille s. f. (*ll* m.) Très petit ormeau. Au pl. plant de petits ormes.

Orne s. m. Sorte de frêne.

Ornemaniste s. m. Artiste, ouvrier qui ne fait que des ornements.

Ornement s. m. Ce qui orne; ce qui donne du lustre, du brillant. Au pl. habits sacerdotaux.

Ornemental, ale adj. D'ornement.

Ornementation s. f. Manière d'exécuter ou de disposer les ornements.

Ornementer v. a. Opérer l'ornementation.

Orner v. a. Parer, embellir.

Ornière s. f. Trace profonde que font dans les chemins les roues des voitures. Fig. habitudes invétérées.

Ornithogalle s. m. Genre de plantes de la famille des liliacées*.

Ornithographie s. f. Description des diverses espèces d'oiseaux.

Ornithologie s. f. Partie de la zoologie qui traite des oiseaux.

Ornithologique adj. De l'ornithologie.

Ornithologiste ou **ornithologue** s. m. Qui s'occupe d'ornithologie.

Ornithomance ou **ornithomancie** s. f. Divination par le vol des oiseaux.

Orographie s. f. Traité, description des montagnes.

Oronge s. f. Sorte de champignon.

Orose (Paul); historien et théologien latin du IVe s.

Orpailleur s. m. (*ll* m.) Qui tire les paillettes d'or du sable des rivières.

Orphée, célèbre poète grec de la Thrace (XIIIe s. av. J.-C.).

Orphelin, ine s. Qui a perdu son père et sa mère ou l'un des deux.

Orphelinat s. m. Hospice d'orphelins.

Orphéon s. m. Société de personnes qui se livrent à l'étude et à la pratique de la musique vocale.

Orphéoniste s. Membre d'un orphéon.

Orphique adj. D'Orphée. S. m. pl. Philosophes pythagoriciens. S. f. pl. Fêtes de Bacchus.

Orpiment s. m. Sulfure jaune d'arsenic.

Orpin s. m. Sorte de plante; orpiment.

Orque s. f. Mammifère marin.

Orseille s. f. (*ll* m.) Sorte de lichen qui donne une belle couleur bleue employée pour la teinture.

Ort adj. inv. *Peser ort*, peser avec l'emballage.

Orteil s. m. (*l* m.) Doigt du pied.

Orthodoxe adj. Conforme à la saine doctrine en matière de religion.

Orthodoxie s. f. Qualité de ce qui est orthodoxe.

Orthodromie s. f. Route d'un vaisseau parcourue en ligne droite.

Orthogonal, ale adj. Perpendiculaire ou formant des angles droits (*géom.*).

Orthogonalement adv. Perpendiculairement.

Orthographe s. f. Art et manière d'écrire correctement les mots d'une langue.

Orthographie s. f. Elévation géométrale d'un bâtiment; profil ou coupe perpendiculaire.

Orthographier v. a. Ecrire les mots selon l'orthographe.

Orthographique adj. Qui appartient à l'orthographe ou à l'orthographie.

Orthopédie s. f. Art de corriger ou de prévenir les difformités du corps des enfants (*méd.*).

Orthopédique adj. Qui appartient à l'orthopédie.

Orthopédiste s. m. Médecin qui cultive l'orthopédie.

Ortie s. f. Plante dont la tige et les feuilles sont garnies de poils piquants; mèche passée entre le cuir et la chair d'un cheval malade.

Ortie-grièche s. f. Ortie dont la piqûre est douloureuse (pl. *orties-grièches*).

Ortive adj. f. *Amplitude ortive*, arc de l'horizon entre l'orient vrai et le centre d'un astre à son lever (*astr.*).

Ortolan s. m. Sorte de petit oiseau.

Orvale s. f. Espèce de sauge (*bot.*).

Orvet s. m. Sorte de petit serpent.

Orviétan s. m. Sorte de drogue.

Oryctographie s. f. Description des fossiles (*géol.*).

Oryctologie s. f. Histoire des fossiles.

Os s. m. Partie du corps de l'animal, compacte, dure et solide, qui soutient et unit les autres parties.

Oscillation s. f. Mouvement d'un corps qui oscille. Fig. fluctuation.

Oscillatoire adj. De la nature de l'oscillation.

Osciller v. n. Se mouvoir alternativement en sens contraire.

Oscitation s. f. Bâillement.

Osé, ée adj. Hardi, audacieux.

Osée, l'un des petits prophètes (VIIIe s. av. J.-C.); — dernier roi d'Israël (m. 718 av. J.-C.).

Oseille s. f. (*ll* m.) Herbe potagère.

Oser v. a. et n. Avoir la hardiesse, l'audace de dire, de faire une chose; entreprendre hardiment.

Oseraie s. f. Lieu planté d'osiers.

Oseur s. m. Celui qui ose, qui est hardi dans une entreprise.

Osier s. m. Espèce de petit saule dont les jets sont très flexibles; ces jets eux-mêmes.

Osiris, dieu égyptien (*myth.*).

Osmanlis s. m. pl. Nom donné aux Ottomans.

Osmazôme s. m. Substance nutritive, agréable, dans les muscles et le sang des animaux; base du bouillon.

Osmium s. m. (on pr. *osmiome*). L'un des corps simples de la chimie.

Osques ou **Opiques**, nation qui, sous le nom d'Aborigènes, peupla, la première, l'Italie.

Ossature s. f. L'ensemble des os; les parties qui lient un édifice (*archit.*).

Osselet s. m. Petit os.

Ossements s. m. Os décharnés des cadavres, des squelettes.

Osseux, se adj. De la nature des os.

Ossian, célèbre barde écossais du IIIe siècle.

Ossianique adj. D'Ossian; d'un sublime sauvage, obscur et vaporeux.

Ossification s. f. Changement des membranes et des cartilages en os.

Ossifier v. a. Changer en os. S'OSSIFIER v. pr. Se changer en os.

Ossu, e adj. Qui a de gros os.

Ossuaire s. m. Amas d'os; monument formé d'os.

Ostensible adj. Qui peut être montré.

Ostensiblement adv. D'une manière ostensible.

Ostensif, ive adj. Qui montre, sert à montrer.

Ostensoir s. m. Pièce d'orfèvrerie dans laquelle on expose le Saint Sacrement ou des reliques.

Ostentateur, trice adj. Qui a de l'ostentation.

Ostentation s. f. Montre affectée, blâmable, de ce dont on tire vanité.

Ostéolithe s. m. Os fossile.

Ostéologie s. f. Partie de l'anatomie qui traite des os.

Ostéotomie s. f. Dissection des os (*anat.*).

Ostracé, ée adj. Qui ressemble à l'huître.

Ostracisme s. m. Bannissement, pour dix ans, des hommes devenus suspects, par leurs talents ou leur ambition, à la jalousie républicaine des Athéniens.

Ostrogoths, habitants des parties orientales de la Gothie. S. m. Homme sans usage, grossier.

Otage s. m. Personne ou chose remise à un général ennemi pour la garantie d'un traité.

Otalgie s. f. Mal d'oreille.

Ôter v. a. Tirer une chose de la place où elle est; prendre, enlever; délivrer; faire cesser. S'ÔTER v. pr. Quitter sa place.

Othman, 3ᵉ calife d'Orient, m. 656. — OTHMAN Iᵉʳ, *le Victorieux*, fondateur de l'empire des Turcs-Ottomans (1259-1326).

Othon, 7ᵉ empereur romain; m. 69.

Othon Iᵉʳ, *le Grand*, fils de Henri l'Oiseleur, empereur d'Allemagne (962-973). — OTHON II, fils du précédent, empereur (973-983). — OTHON III, fils du précédent (983-1002). — OTHON IV, empereur (1208-1218).

Othoniel, premier juge d'Israël après Josué; m. 1514 av. J.-C.

Otieux, euse adj. (on pron: *ocieu*). Oisif.

Ottoman, e adj. et s. Turc. *Empire ottoman* ou *Porte ottomane*, la Turquie.

Ottomane s. f. Sorte de canapé.

Ou conj. marquant l'alternative: *oui ou non;* autrement, en d'autres temps.

Où adv. En quel lieu : *où est-il?* A quoi, dans lequel, dans laquelle: *l'état où il est.*

Ouaille s. f. (*ll* m.) Brebis. Fig. chrétien à l'égard d'un pasteur.

Ouais! interj. marquant la surprise, l'ironie.

Ouate s. f. (on aspire l'*o* après l'article). Coton très fin mis entre deux étoffes.

Ouater v. a. Mettre de la ouate entre deux étoffes.

Ouateux, euse adj. De la nature de la ouate.

Oubli s. m. Manque de souvenir.

Oubliance s. f. Oubli (vx.).

Oublie s. f. Sorte de pâtisserie.

Oublier v. a. Perdre le souvenir de; laisser par inadvertance; ne garder plus de ressentiment; n'avoir pas de reconnaissance.

Oubliettes s. f. pl. Cachots où l'on jetait autrefois ceux qui étaient condamnés à une prison perpétuelle.

Oublieur s. m. Qui fait et vend des oublies.

Oublieux, euse adj. Qui oublie aisément.

Oudinot, maréchal de France (1767-1847).

Ouen (saint), évêque de Rouen, ministre de Dagobert Iᵉʳ (609-686).

Ouest s. m. Partie du monde qui est au soleil couchant.

Ouf! interj. marquant la douleur, la fatigue, l'oppression.

Oui adv. d'affirmation opposé à *non*. OUI-DA, certainement, volontiers, vraiment. *Se fâcher pour un oui ou un non*, pour peu de chose.

Ouï-dire s. m. Ce qu'on ne sait que par le dire d'autrui.

Ouïe s. f. Sens par lequel on perçoit les sons.

Ouïes s. f. pl. Branchies, parties servant à la respiration des poissons; ouvertures au corps du violon.

Ouïr v. a. Entendre, écouter. (Usité seulement à l'infinitif et au participe passé : *ouï* construit avec *avoir* dans les temps composés.)

Ouistiti s. m. Petit sagouin d'une très jolie figure.

Ouragan s. m. Tempête violente accompagnée de tourbillons.

Ourdir v. a. Disposer sur une machine les fils d'une étoffe. Fig. machiner, tramer : *ourdir une trahison.*

Ourdissage s. m. Action de l'ouvrier qui ourdit.

Ourdisseur, euse s. Ouvrier, ouvrière qui ourdit.

Ourdissoir s. m. Outil pour ourdir.

Ourdissure s. f. Action d'ourdir, son résultat.

Ourler v. a. Faire un ourlet.

Ourlet s. m. Pli, rebord fait à du linge, à une étoffe.

Ours s. m. Quadrupède féroce très velu*. Fig. homme farouche. *Ours mal léché*, enfant difforme; homme brutal, mal élevé.

Ourse s. f. Femelle de l'ours. *Grande Ourse*, *Petite Ourse*, constellations septentrionales.

Oursin s. m. Zoophyte marin à coquille hérissée de pointes.

Ourson s. m. Petit de l'ourse.

Outarde s. f. Gros oiseau gallinacé.

Outardeau s. m. Petit d'une outarde.

Outil s. m. (on pron. *outi*). Instrument d'artisan.

Outillage s. m. (*ll* m.) Ensemble des outils.

Outillé, ée adj. (*ll m.*) Qui a des outils.

Outiller v. a. (*ll m.*) Garnir d'outils.

Outrage s. m. Injure grave de fait ou de parole.

Outrageant, e adj. Qui outrage.

Outrager v. a. Faire outrage; offenser cruellement.

Outrageusement adv. D'une manière outrageuse; avec excès.

Outrageux, euse adj. Qui fait outrage.

Outrance s. f. Excès. A OUTRANCE loc. adv. A l'excès.

Outre s. f. Peau de bouc cousue en forme de sac pour les liquides.

Outre prép. et adv. Au delà; pardessus. EN OUTRE loc. adv. De plus; indépendamment de.

Outré, ée adj. Exagéré; fâché, irrité.

Outrecuidance s. f. Présomption ridicule.

Outrecuidant, e adj. Présomptueux, téméraire.

Outrecuidé, ée adj. Présomptueux, téméraire (vx.).

Outrément adv. D'une manière outrée.

Outremer s. m. Couleur bleue de lapis-lazuli pulvérisé.

Outrepasse s. f. Abattis que l'adjudicataire d'une coupe de bois fait au-delà des limites marquées.

Outrepasser v. a. Aller au-delà de, passer les bornes prescrites.

Outrer v. a. Porter au-delà de la raison; accabler, fatiguer; exagérer; offenser à l'excès.

Ouvert, e adj. Non fermé. Fig. franc, sincère. *Parler à cœur ouvert*, sans déguisement; *à livre ouvert*, sans préparation.

Ouvertement adv. Publiquement; sans déguisement.

Ouverture s. f. Fente, trou; action d'ouvrir. Fig. commencement de certaines choses; proposition; expédient; aveu, confidence.

Ouvrable adj. Consacré au travail : *jour ouvrable*.

Ouvrage s. m. Œuvre; produit d'un travail; production de l'esprit; travaux de fortification.

Ouvragé, ée adj. Qui a demandé beaucoup de travail de la main.

Ouvrant, e adj. *A porte ouvrante*, au moment où l'on ouvre les portes; *à jour ouvrant*, dès que le jour commence à paraître.

Ouvré, ée adj. Façonné : *linge, métal ouvré*.

Ouvrer v. n. Travailler. V. a. *Ouvrer la monnaie*, fabriquer, façonner des espèces.

Ouvreur, euse s. Qui ouvre.

Ouvrier, ière s. Qui travaille habituellement de la main pour gagner un salaire. Adj. Qui travaille : *classe ouvrière;* où l'on travaille : *jour ouvrier*.

Ouvrir v. a. Faire que ce qui était fermé ne le soit plus; entamer, fendre, faire une ouverture. Fig. commencer.

Ouvroir s. m. Lieu où plusieurs ouvriers travaillent ensemble.

Ovaire s. m. Organe où sont renfermés les œufs dans les animaux femelles (*zool.*); partie du pistil où sont attachées les graines (*bot.*).

Ovalaire adj. De forme ovale.

Ovale adj. De figure ronde et oblongue comme un œuf. S. m. Figure ovale.

Ovation s. f. Petit triomphe chez les Romains; honneur rendu à une personne dans une assemblée.

Ove s. m. Ornement en forme d'œuf* (*archit.*).

Ové, ée adj. Qui a la forme d'un œuf.

Ovide, célèbre poète latin (43 av. J.-C.-18 ap. J.-C.).

Oviforme adj. Qui a la forme d'un œuf.

Ovile et ovine adj. Des brebis, des moutons.

Ovipare adj. 2 g. et s. m. Qui se reproduit par des œufs; animal qui engendre des œufs.

Ovoïde adj. En forme d'œuf.

Ovovivipare adj. et s. Se dit des ovipares dont les œufs éclosent dans le ventre de la femelle.

Oxycrat s. m. Mélange de vinaigre et d'eau.

Oxydabilité s. f. Faculté de s'oxyder.

Oxydable adj. Qui peut s'oxyder.

Oxydation s. f. *Chim.* Action d'oxyder; état de ce qui est oxydé.

Oxyde s. m. *Chim.* Composé neutre ou à réaction alcaline d'oxygène et d'un métalloïde ou d'un métal.

Oxyder v. a. Amener à l'état

d'oxyde. S'OXYDER v. pr. Se charger d'oxygène.

Oxygénation s. f. Toute combinaison de l'oxygène avec un corps quelconque.

Oxygène s. m. Gaz, l'un des corps simples de la chimie.

Oxygéner v. a. Combiner avec l'oxygène.

Ozanam (Jacques), mathématicien français (1640-1717).

Ozone s. m. *Chim.* Variété d'oxygène électrisé qui exhale une odeur très forte.

P

P s. m. Seizième lettre de l'alphabet.

Pacage s. m. Lieu où paissent les bestiaux; pâturage.

Pacager v. n. Paître, faire paître.

Pace (in) s. m. (on pron. *in'-pacé*). Prison fort rigoureuse. (Pl. *in pace.*)

Pacha s. m. Titre d'honneur en Turquie.

Pachalik s. m. Gouvernement d'une province par un pacha; cette province.

Pache, ministre de la guerre en 1792, maire de Paris aux journées du 31 mai et du 2 juin 1793; m. en 1823.

Pachydermes s. m. pl. (on pr. *paki-*). Ordre de mammifères à peau épaisse, comme l'éléphant.

Pacificateur, trice s. et adj. Qui pacifie.

Pacification s. f. Action de pacifier; rétablissement de la paix, de la concorde.

Pacifier v. a. Calmer, apaiser; établir la paix.

Pacifique adj. Qui aime la paix; qui est favorable à la paix; paisible, tranquille.

Pacifiquement adv. D'une manière pacifique.

Pacôme (saint), né dans la Thébaïde, le principal fondateur des communautés monastiques (292-348).

Pacotille s. f. (*ll* m.) Petit paquet de marchandises que l'on embarque avec soi pour son compte; bagages, paquets, etc.; marchandises de peu de valeur.

Pacte s. m. Convention.

Pactiser v. n. Faire un pacte. Fig. transiger.

Pactole, fleuve de Lydie, qui roulait des paillettes d'or.

Pacuvius (Marcus), poète tragique latin (220-130 av. J.-C.).

Padischah s. m. Titre du sultan des Turcs ottomans.

Padilla (don Juan de), chef du parti national espagnol contre Charles-Quint; m. 1522.

Padou s. m. Ruban moitié fil, moitié soie.

Pæan s. m. Hymne en l'honneur des dieux du paganisme.

Paer (Ferdinand), compositeur de musique italien (1771-1839).

Pagaie s. f. Rame dont se servent les Indiens et les sauvages.

Paganini (Nicolo), célèbre violoniste génevois (1784-1840).

Paganisme s. m. Religion païenne.

Page s. f. L'un des côtés d'un feuillet de papier; écriture ou impression contenue dans ce côté.

Page s. m. Jeune homme au service d'un souverain, d'un prince, d'un grand seigneur. Fig. *Hors de page*, hors de la dépendance d'autrui.

Pagination s. f. Série des numéros des pages d'un livre.

Paginer v. a. Numéroter les pages d'un livre, d'un cahier, d'un registre, etc.

Pagne s. m. Morceau de toile de coton dont les Indiens se couvrent de la ceinture aux genoux.

Pagnon s. m. Sorte de drap noir.

Pagnote s. m. Poltron, sans énergie.

Pagnoterie s. f. Absence de courage, d'énergie.

Pagode s. f. Temple de certains peuples asiatiques; idole adorée dans ces temples; monnaie d'or indienne.

Paie, paiement, V. *Paye, payement.*

Païen, enne adj. et s. Sectateur du polythéisme antique; idolâtre; qui est relatif au culte des faux dieux.

Paillard adj. et s. m. (*ll* m.) Débauché, luxurieux.

Paillardise s. f. (*ll* m.) Luxure; action de paillard.

Paillasse s. f. (*ll* m.) Sac de toile rempli de paille dont on garnit les lits. S. m. Bateleur, bouffon.

Paillasson s. m. (*ll* m.) Natte de paille ou de jonc.

Paille s. f. (*ll* m.) Tiges desséchées du blé, du seigle, etc. Fig. défaut dans les métaux, les pierres précieuses, etc. *Homme de paille*, prête-nom. *Feu de paille*, chose de peu de durée.

Paille-en-queue s. m. (*ll* m.). Oiseau de mer dont la queue a deux longues plumes étroites (inv. au pl.).

Pailler s. m. (*ll m.*) Basse-cour d'une ferme.

Paillet adj. m. (*ll* m.) Se dit du vin rouge peu chargé de couleur.

Pailleté, ée adj. (*ll* m.) Couvert de paillettes.

Paillette s. f. (*ll* m.) Petit morceau d'une lame d'or, d'argent, de cuivre ou d'acier appliqué sur une étoffe; parcelle d'or dans le sable de quelques rivières.

Pailleur, euse s. (*ll* m.) Celui, celle qui vend ou voiture de la paille.

Pailleux adj. m. (*ll* m.) Qui a une paille, un défaut.

Paillis s. m. (*ll* m.) Revêtement en paille.

Paillon s. m. (*ll* m.) Poignée de paille; grosse paillette.

Pain s. m. Aliment fait de farine pétrie et cuite. Fig. la nourriture de chaque jour; substances en masse : *pain de sucre. Pain bénit*, pain que le prêtre bénit et qu'on distribue à la grand'messe.

Pair, e adj. Égal, semblable, pareil. *Nombre pair*, divisible exactement par 2. S. m. L'égal : *vivre avec ses pairs;* égalité entre la valeur nominale et la valeur réelle ou prix : *change, rente au pair.* DE PAIR loc. adv. Sur le même rang.

Pair s. m. Titre de dignité : se disait autrefois des grands vassaux du roi; aujourd'hui membre de la chambre des Lords en Angleterre.

Paire s. f. Couple d'animaux de la même espèce, mâle et femelle; deux choses de même espèce qui vont ensemble; chose unique composée de deux pièces essentielles : *une paire de pincettes.*

Pairesse s. f. Femme d'un pair ou qui possède une pairie.

Pairie s. f. Dignité de pair; fief, domaine auquel cette dignité était autrefois attachée.

Paisiello, compositeur de musique italien (1741-1816).

Paisible adj. Qui demeure en paix; calme, tranquille; doux et pacifique; qui n'est pas troublé, inquiété, dans la possession d'un bien.

Paisiblement adv. D'une manière paisible.

Paisseau s. m. Échalas.

Paisson s. f. Ce que les animaux paissent et broutent.

Paître v. n. Brouter l'herbe (en parlant des animaux). V. a. Faire paître. Fig. *envoyer paître*, renvoyer avec colère, mépris. — *Ind. pr.* je pais, tu pais, il paît, n. paissons, v. paissez, ils paissent; *imp.* je paissais; point de *p. déf.; fut.* je paîtrai; *cond.* je paîtrais; *impér.* pais, paissons, paissez; *subj. pr.* que je paisse; point d'*imp. du subj.; part. pr.* paissant; *part. p.* pu, usité seulement en termes de fauconnerie.— SE PAÎTRE v. pr. Se nourrir. Fig. *Se paître de chimères*, se livrer à de vaines imaginations.

Paix s. f. État d'un peuple qui n'est point en guerre; traité de paix; repos, calme, concorde; tranquillité de l'âme. PAIX! interj. Silence.

Pal s. m. Long pieu aiguisé; *t. de blason :* pieu posé debout qui divise l'écu de haut en bas. (Pl. *pals.*)

Paladin s. m. Chevalier errant.

Palais s. m. Maison vaste et somptueuse d'un grand personnage; hôtel magnifique; édifice où siègent les tribunaux, les assemblées législatives. Fig. le barreau, la profession d'avocat. — Partie supérieure de l'intérieur de la bouche. Fig. sens du goût.

Palamède, guerrier grec au siège de Troie, passe pour être l'inventeur de l'arithmétique, de la balance et du jeu d'échecs.

Palan s. m. Assemblage de poulies et de cordages pour mouvoir des fardeaux.

Palançons s. m. pl. Morceaux de bois qui retiennent les torchis.

Palanquin s. m. Sorte de litière en usage chez les Hindous.

Palaprat, auteur dramatique français (1650-1721).

Palastre s. m. Boîte de fer qui contient le mécanisme d'une serrure.

Palatale adj. et s. f. Se dit d'une consonne qui se prononce la langue touchant au palais.

Palatin adj. m. Titre de dignité de ceux qui avaient quelque office dans le palais d'un prince ; seigneur qui avait un palais où se rendait la justice. S. m. Gouverneur d'une province polonaise.

Palatin, ine adj. Qui a rapport au palais (*anat.*); de l'électeur palatin.

Palatinat s. m. Dignité de palatin ; pays gouverné par un palatin.

Palatine s. f. Fourrure que les femmes portent autour du cou et sur les épaules; femme d'un palatin.

Pale s. f. Aube de roue d'un bateau à vapeur; partie plate d'une rame; couvercle carré du calice pendant la messe.

Pâle adj. Blême, terne, blafard, peu coloré. Fig. sans éclat.

Palée s. f. Rang de pieux.

Palefrenier s. m. Valet qui panse les chevaux.

Palefroi s. m. Cheval de parade.

Paléographe s. m. Celui qui s'occupe de paléographie.

Paléographie s. f. Art de déchiffrer les écritures anciennes.

Paléologue, illustre famille byzantine qui donna sept souverains à l'empire d'Orient,

Paléontographie s. f. Histoire ou description des animaux et des végétaux fossiles.

Paléontologie s. f. Science qui traite des animaux et des végétaux fossiles.

Paléontologique adj. De la paléontologie.

Paleron s. m. Partie plate et charnue de l'épaule du cheval, du bœuf, etc.

Palès, déesse des bergers, des troupeaux.

Palestre s. f. Chez les anciens, lieu public d'exercices du corps; ces exercices.

Palestrina, compositeur de musique italien (1524-1594).

Palestrique adj. *Exercice palestrique*, qui se faisait dans les palestres. S. f. L'art de la palestre.

Palet s. m. Pierre plate et ronde pour jouer en la jetant à un but.

Paletot s. m. Sorte de vêtement de drap moelleux et chaud.

Palette s. f. Sorte de raquette en bois pour jouer au volant; planchette mince sur laquelle les peintres mettent leurs couleurs; petite écuelle d'étain de capacité déterminée pour recevoir le sang d'une saignée.

Palétuvier s. m. Espèce d'arbre des Indes.

Pâleur s. f. Couleur de ce qui est pâle.

Pali s. m. et adj. 2 g. Langue sacrée de l'Hindoustan.

Palier s. m. Plate-forme sur un escalier.

Palification s. f. Action de fortifier un sol avec des pilotis.

Palimpseste s. m. Manuscrit sur parchemin d'auteurs anciens, d'abord effacé, puis recouvert d'une autre écriture.

Palingénésie s. f. Régénération, renaissance, résurrection.

Palinodie s. f. Rétractation de ce que l'on a dit. *Chanter la palinodie*, se rétracter.

Pâlir v. n. Devenir pâle. Fig. s'affaiblir. V. a. Rendre pâle, faire paraître pâle.

Palis s. m. (on pron. *pâli*). Pieu ; lieu entouré de palis; palissade.

Palissade s. f. Clôture de pieux, de palis.

Palissader v. a. Entourer de palissades; dresser des palissades.

Palissage s. m. Action de palisser.

Palissandre s. m. Sorte de bois violet.

Pâlissant, e adj. Qui pâlit.

Palisser v.a. Attacher les branches d'un arbre contre un mur, un treillage, etc., en palissade.

Palissot, poète et littérateur français (1730-1814).

Palissy (Bernard de), célèbre potier et émailleur français (1510-1590).

Palladio, célèbre architecte italien (1518-1580).

Palladium s. m. L'un des corps simples de la chimie. Statue de Pallas qui était regardée comme le gage de la conservation de Troie. Fig. protection.

Pallas, Minerve (*myth.*).

Palliatif, ive adj. Qui pallie, qui soulage.

Palliation s. f. Action de pallier.

Pallier v. a. Déguiser, excuser; ne guérir qu'en apparence.

Pallium s. m. Ornement propre aux archevêques.

Palma-Christi s. m. Le ricin.

Palmaire adj. Qui a rapport à la paume de la main.

Palmarès s. m. Programme d'une distribution de prix à des collégiens.

Palme s. f. Branche de palmier*; le palmier. Fig. symbole de triomphe. S. m. Mesure de longueur en Italie et chez les anciens.

Palmé, ée adj. Se dit des oiseaux dont les doigts sont réunis par une membrane (*zool.*), et des feuilles profondément divisées et ressemblant à une main ouverte (*bot.*).

Palmette s. f. Ornement en feuilles de palmier.

Palmier s. m. Arbre qui donne les dattes.

Palmipède s. m. et adj. Nom d'un ordre d'oiseaux caractérisés par des pieds palmés.

Palmiste s. m. Nom vulgaire du palmier.

Palmite s. m. Moelle du palmier.

Palombe s. f. Espèce de pigeon ramier.

Palonnier s. m. Pièce d'un train de voiture qui tient les traits.

Pâlot, otte adj. Un peu pâle (fam.).

Palpable adj. Qui se fait sentir au toucher. Fig. évident.

Palpablement adv. D'une manière palpable.

Palpe s. f. Petite antenne à la bouche des insectes.

Palpébral, e adj. Se dit de ce qui a rapport aux paupières.

Palper v. a. Manier, toucher avec la main. Fig. *Palper de l'argent*, en recevoir.

Palpitant, e adj. Qui palpite.

Palpitation s. f. Battement, mouvement déréglé et inégal du cœur.

Palpiter v. n. Avoir des palpitations.

Paltoquet s. m. Homme épais et grossier.

Paludéen, enne adj. Qui appartient aux marais.

Paludier s. m. Ouvrier des marais salants.

Palus s. m. (on prononce l'*s*). Marais.

Pâmer v. n. et SE PAMER v. pr. Tomber en défaillance; s'évanouir.

Pâmoison s. f. Défaillance, évanouissement.

Pampa s. f. Vaste plaine de l'Amérique méridionale.

Pampe s. f. Feuille du blé, de l'orge, etc.

Pamphlet s. m. Petite brochure (se prend en mauvaise part).

Pamphlétaire s. m. Auteur de pamphlets.

Pampre s. m. Branche de vigne avec ses feuilles.

Pan s. m. Partie considérable d'un vêtement, d'un mur; côté d'un ouvrage en menuiserie, en orfèvrerie.

Pan, le dieu des bergers (*myth.*).

Panacée s. f. Remède prétendu universel.

Panache s. m. Assemblage de longues plumes sur un casque, sur la tête des chevaux, etc.; partie supérieure d'une lampe d'église.

Panaché, ée adj. Qui présente des couleurs mélangées.

Panacher v. n. et SE PANACHER v. pr. Se dit des plantes dont les tiges, les feuilles, les fleurs sont rayées de diverses couleurs.

Panachure s. f. Taches des choses panachées.

Panade s. f. Soupe de pain mitonné avec de l'eau et du beurre.

Panader (Se) v. pr. Marcher avec ostentation et complaisance comme un paon.

Panage s. m. Droit de laisser paître les porcs dans les forêts.

Panais s. m. Plante potagère.

Panard adj. m. Se dit d'un cheval dont les deux pieds de devant sont tournés en dehors.

Panard, chansonnier français (1694-1765).

Panaris s. m. Tumeur flegmoneuse à l'extrémité des doigts.

Panathénées s. f. pl. Fêtes annuelles et solennelles de Minerve à Athènes.

Pancaliers s. et adj m. pl. Variété du chou frisé.

Pancarte s. f. Placard pour avertir le public; écrit; affiche.

Panckoucke (Charles-Joseph) (1736-1798), et Charles-Louis — (1780-1844), imprimeurs-libraires français.

Pancrace s. m. Exercice chez les anciens, consistant dans la réunion de la lutte et du pugilat.

Pancratiaste s. m. Athlète qui s'adonnait au pancrace ou qui en avait remporté le prix.

Pancréas s. m. (on prononce l'*s*). Corps glanduleux placé entre le foie et la rate, qui a pour fonction d'opérer, à l'aide d'un suc qu'il sécrète, la digestion des substances grasses.

Pancréatique adj. Du pancréas.

Pandectes s. f. pl. Recueil de lois romaines compilées sous Justinien et contenant les décisions sur toutes les questions controversées jusqu'alors.

Pandémonium s. m. Lieu de réunion de tous les démons.

Pandion, nom de deux rois d'Athènes (XVe et XIVe s. av. J.-C.).

Pandore, nom de la première femme suivant la mythologie. Jupiter lui donna une boîte contenant tous les maux; Épiméthée, mari de Pandore, ouvrit cette boîte, et tous les maux se répandirent sur la terre; l'espérance seule resta au fond.

Pandour ou **pandoure** s. m. Soldat hongrois. Fig. soldat brutal; homme grossier.

Pané, ée adj. couvert de pain émietté. *Eau panée*, dans laquelle on a fait bouillir du pain.

Panégyrique s. m. Discours public à la louange de quelqu'un; louanges.

Panégyriste s. m. Auteur d'un panégyrique.

Paner v. a. Couvrir la viande de pain émietté.

Panerée s. f. Le contenu d'un panier plein.

Paneterie s. f. Lieu où l'on distribue le pain dans les grandes maisons, les communautés, les collèges, etc.

Panetier s. m. Officier des grandes maisons qui est commis à la garde et à la distribution du pain.

Panetière s. f. Sac où les bergers mettent leur pain.

Pangolin s. m. Quadrupède des Indes et d'Amérique, dont le corps est couvert d'écailles.

Panicule s. f. Sorte d'inflorescence en bouquet.

Paniculé, ée adj. Qui a les fleurs disposées en panicules (*bot.*).

Panier s. m. Ustensile d'osier, de jonc, etc., qui sert à porter des provisions, des objets divers; sorte de jupon au XVIIIe siècle; ruche d'abeille. Fig. *Panier percé*, prodigue; dissipateur.

Panifiable adj. Dont on peut faire du pain.

Panification s. f. Conversion des matières farineuses en pain.

Panifier v. n. et a. Devenir pain, convertir en pain.

Panique adj. 2 g. et s. f. Frayeur subite et sans fondement.

Panne s. f. Étoffe imitant le velours, plus grossière, velue: graisse du ventre des porcs et autres animaux; pièce de bois qui soutient les chevrons; partie du marteau opposée au gros bout. *Mettre en panne un navire*, disposer les voiles de manière à l'arrêter.

Panneau s. m. Toute partie d'un ouvrage d'architecture, de menuiserie, etc., qui offre une surface encadrée; filet à prendre des lièvres, des lapins. Fig. piège, tromperie.

Panneauter v. n. Tendre des panneaux pour prendre des lièvres, etc.

Panneton s, m. Partie de la clef qui entre dans la serrure.

Panonceau s. m. Ecusson d'armoiries mis sur une affiche, sur un poteau ; écusson placé à la porte des notaires, des huissiers, etc.

Panoplie s. f. Collection d'armes* ; trophée,

Panorama s. m. Grand tableau circulaire du centre duquel on peut voir la totalité de l'objet ou du paysage représenté, comme si l'on était sur une hauteur.

Panoramique adj. 2 g. De panorama, en panorama.

Pansage s. m. Action de panser un animal.

Pansard, arde s. Celui, celle qui a un gros ventre (pop.)

Panse s. f. Ventre (fam.) ; premier estomac des ruminants ; partie arrondie de la lettre *a*.

Pansement s. m. Action de panser une plaie ; action d'étriller, de brosser, etc. un cheval.

Panser v. a. Appliquer un remède sur une plaie ; la nettoyer, en lever l'appareil ; faire le pansement d'un cheval.

Pansu, ue adj. et s. Qui a une grosse panse (fam.).

Pantalon s. m. Culotte descendant jusqu'au bas de la jambe ; personnage bouffon de l'ancienne comédie italienne.

Pantalonnade s. f. Danse bouffonne. Fig. subterfuge ridicule.

Pantelant, e adj. Haletant ; palpitant.

Panteler v. n. Haleter.

Panthéisme s. m. Système erroné de ceux qui n'admettent d'autre dieu que l'universalité des êtres.

Panthéiste s. Partisan du panthéisme. Adj. Qui appartient au panthéisme.

Panthéon s. m. Temple consacré à tous les dieux chez les anciens ; église de Rome ; monument national dans lequel on dépose les restes de ceux qui ont illustré la patrie.

Panthère s. f. Animal féroce du genre chat, à peau mouchetée.

Pantière s. f. Filet vertical pour prendre les oiseaux.

Pantin s. m. Figure de carton qui se meut avec des fils. Fig. homme aux gestes ridicules ; personne que l'on fait agir comme l'on veut.

Pantographe s. m. Instrument qui sert à copier toutes sortes de dessins.

Pantois adj. m. Haletant. Fig. stupéfait, interdit, penaud.

Pantomètre s. m. Instrument pour mesurer des angles, prendre des hauteurs.

Pantomime s. f. Pièce de théâtre où les acteurs ne s'expriment que par gestes. S. m. Acteur muet.

Pantoufle s. f. Chaussure de chambre.

Paoli (Pascal), célèbre général corse (1726-1807).

Paon s. m. (on pron. *pan*). Gros oiseau d'un beau plumage* ; espèce de papillon.

Paonne s. f. (on pron. *pane*), femelle du paon.

Paonneau s. m. (on pron. *paneau*) Jeune paon.

Papa s. m. Père (terme enfantin).

Papal, e adj. Du pape, qui appartient au pape (pl. m. *papals*).

Papalin s. m. Soldat du pape.

Papas s. m. Prêtre de l'Église grecque.

Papauté s. f. Dignité de pape ; temps pendant lequel a régné un pape.

Papavéracées s. f. pl. Famille de plantes dont le pavot est le type (*bot.*).

Papayer s. m. (on pron. *papèïé*). Sorte d'arbre fruitier des Indes.

Pape s. m. Le chef de l'Église catholique romaine.

Papegai s. m. Figure d'oiseau de carton ou de bois pour servir de but au tir à l'arc.

Papelard, e adj. et s. Hypocrite (fam.).

Papelardise s. f. Hypocrisie.

Paperasse s. f. Papier écrit qui ne sert plus ; écrits inutiles.

Paperasser v. n. Remuer, feuilleter, arranger des paperasses ; écrire sans fin.

Paperassier s. m. Celui qui aime à paperasser, conserver des paperasses.

Papeterie s. f. Manufacture ou commerce de papier; art de le fabriquer.

Papetier s. m. Fabricant ou marchand de papier.

Papier s. m. Feuille faite de pâte de vieux linge détrempé ou d'autres substances pour servir à écrire, à imprimer, etc. Fig. titres, documents, mémoires, effets de commerce, effets publics. *Papier-monnaie* s. m. Papier ayant cours de monnaie.

Papilionacé ou **Papillonacé, ée** adj. (*ll* m.) Se dit d'une corolle à cinq pétales inégaux en forme de de papillon. (S. f. pl.) Les papilionacées (*bot.*) [pilles.

Papillaire adj. Qui a des pa-

Papille s. f. Petite éminence ou excroissance à la surface du corps, et principalement sur la langue.

Papillon s. m. (*ll* m.) Insecte à quatre ailes poudreuses, venant de chenille à ver. Fig. esprit léger, volage.

Papillonnage s. m. (*ll* m.) Action de papillonner.

Papillonner v. n. (*ll* m.) Voltiger d'objets en objets.

Papillotage s. m. (*ll* m.) Mouvement involontaire des yeux qui les empêche de se fixer sur les objets. Fig. brillantes futilités.

Papillote s. f. (*ll* m.) Morceau de papier dont on enveloppe les cheveux pour les friser; enveloppe de papier; bonbon enveloppé de papier.

Papilloter v. n. (*ll* m.) Se dit des yeux agités par le papillotage, et au fig. d'un style trop brillant, d'un tableau qui fatigue les yeux.

Papin (Denis), célèbre physicien français, qui le premier reconnut la force élastique de la vapeur (1647-1710).

Papinien, fameux jurisconsulte romain (142-212).

Papirius Cursor, général et dictateur romain (IVe s. av. J.-C.).

Papisme s. m. Terme sous lequel les protestants désignent l'Église catholique.

Papiste s. m. et adj. Catholique romain (iron.); partisan de la suprématie des papes.

Papyrus s. m. Plante qui servait autrefois de papier.

Pâque s. f. Fête des Juifs en mémoire de leur sortie d'Égypte. *Pâque* ou *Pâques*, fête des chrétiens en mémoire de la résurrection de J.-C. *Pâques fleuries*, le dimanche des Rameaux. *Pâques closes*, le dimanche de Quasimodo. *Faire ses pâques*, communier au temps de Pâques.

Paquebot s. m. Navire à vapeur servant au transport des lettres et des passagers.

Pâquerette s. f. Petite marguerite blanche qui fleurit au temps de Pâques.

Paquet s. m. Assemblage de plusieurs objets attachés ou enveloppés ensemble; lettres ou dépêches.

Paqueter v. a. Mettre en paquet.

Pâquis s. m. Lieu où le gibier vient paître; pâturage.

Par prép. A travers; dans l'intérieur de; au moyen de, à cause de. Sert à exprimer le complément des verbes passifs.

Para s. m. Petite monnaie turque, le quarantième de la piastre.

Parabole s. f. Allégorie renfermant une vérité, une leçon importante; ligne courbe résultant de la section d'un cône par un plan parallèle à l'un de ses côtés* (*géom.*).

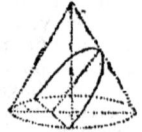

Parabolique adj. Qui tient de la parabole; courbé en parabole.

Paraboliquement adv. D'une manière parabolique; en décrivant une parabole.

Paracelse, médecin et chimiste suisse (1493-1541).

Parachèvement s. m. Action de parachever.

Parachever v. a. Terminer complètement.

Parachronisme s. m. Erreur de date qui consiste à placer un fait à une date plus récente.

Parachute s. m. Appareil destiné à empêcher, à amortir les effets d'une chute.

Paraclet s. m. Nom du Saint-Esprit. LE PARACLET, monastère de femmes, fondé par Abélard, près de Nogent-sur-Seine (Aube).

Parade s. f. Réunion de troupes qui vont être passées en revue;

représentation burlesque à la porte du théâtre d'un bateleur; action de parer, d'éviter un coup. *Faire parade d'une chose*, en tirer vanité.

Parader v. n. Faire manœuvrer un cheval.

Paradigme s. m. Exemple, modèle de grammaire.

Paradis s. m. Séjour de délices où se trouvaient Adam et Ève; séjour des bienheureux dans l'éternité. Fig. bonheur: les dernières galeries dans un théâtre. *Oiseau de paradis*, très petit oiseau des Indes, remarquable par son plumage.

Paradoxal, e adj. Qui aime le paradoxe; qui tient du paradoxe.

Paradoxe s. m. Opinion contraire à l'opinion reçue.

Paradoxisme s. m. Fig. de rhétorique qui consiste à réunir sur un même sujet des attributs qui semblent inconciliables.

Parafe. Voy. *Paraphe.*

Parafer. Voy. *Parapher.*

Paraffine s. f. Substance blanche composée de carbone et d'hydrogène, extraite des schistes bitumineux.

Parafoudre s. m. Instrument qui sert à remédier aux effets de la foudre sur le télégraphe électrique.

Parage s. m. Rang, qualité. Étendue de côtes accessibles à la navigation. Fig. endroit où l'on se rencontre.

Paragraphe s. m. Petite section d'un discours, d'un chapitre, etc.; le signe §.

Paraître v. n. Être exposé à la vue; se manifester, éclater, briller; se dit d'un livre qui est mis en vente; sembler. *Faire paraître*, montrer, publier. V. imp. Il semble.

Paraliens s. m. pl. Nom qu'on donnait aux habitants des côtes (antiq.).

Paralipomènes s. m. pl. Titre de deux livres de la Bible qui forment un supplément aux livres des Rois.

Paralipse s. f. Fig. de rhétorique dite aussi *prétérition.*

Parallactique adj. Qui a rapport à la parallaxe; qui sert à observer la parallaxe: *lunette parallactique* (*astron.*).

Parallaxe s. f. Arc céleste compris entre le lieu véritable et le lieu apparent d'un astre; angle formé au centre d'un astre par deux lignes droites menées de ce point, l'une au centre de la terre, l'autre au point où se trouve l'observateur.

Parallèle adj. 2 g. et s. f. Se dit d'une ligne, d'une surface dont tous les points sont également distants d'une autre ligne ou d'une autre surface. S. m. Cercle parallèle à l'équateur; comparaison de deux choses, de deux personnes entre elles.

Parallèlement adv. D'une manière parallèle.

Parallélépipède ou **parallélipipède** s. m. Corps solide terminé par six parallélogrammes dont les opposés sont parallèles entre eux (*géom.*).

Parallélisme s. m. État de deux lignes, de deux plans parallèles.

Parallélogramme s. m. Quadrilatère dont les côtés opposés sont égaux et parallèles.

Paralogisme s. m. Faux raisonnement.

Paralyser v. a. Frapper de paralysie. Fig. neutraliser.

Paralysie s. f. Privation ou diminution du sentiment et du mouvement volontaire.

Paralytique adj. et s. Qui est atteint de paralysie.

Parangon s. m. Modèle; patron; comparaison; sorte de caractère d'imprimerie. *Diamant parangon* ou simplement *parangon*, diamant sans défaut.

Parangonnage s. m. Action de parangonner (*imp.*).

Parangonner v. a. Comparer; faire qu'un caractère qui n'est pas du même corps que celui dont on se sert s'aligne bien avec lui (*imp.*).

Parant, e adj. Qui pare, qui est propre à orner.

Parapet s. m. Massif de terre ou de maçonnerie qui borde un ouvrage de fortification; muraille à hauteur d'appui sur un pont, une terrasse, un quai, etc.

Paraphe ou **parafe** s. m. Chiffre qu'on ajoute à son nom dans les signatures.

Parapher ou **parafer** v. a. Mettre son paraphe au bas d'un écrit.

Paraphernal adj. et s. m. Se dit d'un bien particulier de la femme dont l'administration lui est réservée. (Pl. *Paraphernaux.*)

Paraphrase s. f. Explication plus étendue que le texte ; discours verbeux, diffus.

Paraphraser v. a. et n. Faire une paraphrase ; étendre, amplifier.

Paraphraseur, euse s. Qui fait des paraphrases, qui amplifie.

Paraphraste s. m. Auteur de paraphrases ; interprète.

Parapluie s. m. Petit pavillon portatif qui protège contre la pluie.

Parasange s. f. Mesure itinéraire chez les anciens Perses.

Parasélène s. f. Image de la lune réfléchie dans un nuage.

Parasite s. m. Celui qui fait métier d'aller manger à la table d'autrui. Adj. *Plante parasite*, qui vit de la substance d'une autre. Fig. inutile. Au pl. Ordre d'insectes (*zool.*).

Parasitisme s. m. Manière de vivre du parasite.

Parasol s. m. (on pron. *paraçol*). Petit pavillon portatif qui protège contre l'ardeur du soleil.

Paratonnerre s. m. Vergé de fer terminée en pointe, qu'on place sur les maisons pour les garantir du tonnerre en neutralisant l'électricité des nuages *.

Paravent s. m. Suite de châssis mobiles couverts d'étoffe pour garantir du vent, des courants d'air.

Parc s. m. (on pron. *park*). Grande étendue de bois, de terres entourées de murs, de fossés, etc. ; bois clos et rempli de gibier ; pâtis où l'on engraisse les bœufs ; clôture où l'on enferme les moutons ; lieu où l'on garde des huîtres dans l'eau ; l'ensemble des fourgons, des pièces d'artillerie.

Parcage s. m. Séjour des moutons, des huîtres dans un parc.

Parcellaire adj. et s. m. Fait par petites parcelles : *plan parcellaire.*

Parcelle s. f. Petite partie d'une chose.

Parce que loc. conj. A cause que, par la raison que.

Parchemin s. m. Peau de mouton préparée pour écrire. Fig. au pl. Titres de noblesse.

Parcheminerie s. f. Lieu où l'on prépare le parchemin ; art de le préparer.

Parcheminier s. m. Celui qui apprête ou vend le parchemin.

Parcimonie s. f. Epargne sur les petites choses.

Parcimonieux, euse adj. Qui a beaucoup de parcimonie.

Parcourir v. a. Courir d'un bout à l'autre d'un lieu ; visiter rapidement ; aller çà et là. Fig. examiner rapidement.

Parcours s. m. Route, chemin parcouru ; droit de mener paître les troupeaux sur le terrain d'autrui ou sur un terrain commun.

Pardessus s. m. Vêtement de dessus.

Pardon s. m. Rémission d'une faute, d'une offense. *Je vous demande pardon*, formule de civilité.

Pardonnable adj. Qui peut ou doit être pardonné.

Pardonner v. a. et n. Accorder le pardon d'une faute ; faire grâce ; excuser, tolérer ; voir sans dépit, sans jalousie ; épargner, excepter.

Paré, ée adj. Orné, bien mis.

Paré (Ambroise), célèbre chirurgien français (1517-1590).

Pareil, eille adj. et s. m. (*ll* m.) Egal, semblable, de la même condition. S. f. *Rendre la pareille*, traiter de la même manière.

Pareillement adv. (*ll* m.) De la même manière, également.

Parélie. V. *Parhélie.*

Parelle s. f. Plante appelée aussi *patience.*

Parement s. m. Ornement ; ce qui pare ; retroussis au bout de la manche d'un habit ; surface apparente d'un ouvrage de maçonnerie, de menuiserie, etc.

Parenchymateux, euse adj. De la nature du parenchyme.

Parenchyme s. m. Substance propre de chaque viscère (*physiol.*) ; moelle, pulpe des fruits, des plantes (*bot.*).

Parent, e adj. et s. Qui est de la même famille, du même sang, de même origine. Au pl. Le père et la mère.

Parentage s. m. L'ensemble des parents.

Parenté s. f. Consanguinité; les parents et les alliés.

Parentèle s. f. Tous les parents (vx.).

Parenthèse s. f. Phrase formant un sens séparé au milieu d'une période; signe dont on se sert pour marquer le commencement et la fin d'une parenthèse (.....). Digression, réflexion incidente.

Parer v. a. Rendre plus beau, embellir; éloigner de soi, éviter. SE PARER v. pr. Faire toilette. Fig. tirer vanité de.

Parère s. m. Avis donné par des négociants sur un point de droit commercial.

Paresse s. f. Vice du paresseux.

Paresser v. n. Se laisser aller à la paresse.

Paresseusement adv. Avec paresse.

Paresseux, euse adj. et s. Qui hait, qui évite le travail; sans vigueur, sans énergie. *Estomac paresseux*, celui qui digère lentement. S. m. Quadrupède de l'Amérique du Sud, qui se meut avec une extrême lenteur.

Parfaire v. a. Terminer complètement. *Parfaire une somme*, ajouter ce qui y manquait.

Parfait, e adj. Qui a toutes les qualités et pas un défaut; qui ne laisse rien à désirer; achevé, accompli. S. m. Temps passé dans les verbes.

Parfaitement adv. D'une manière parfaite.

Parfilage s. m. Action de parfiler.

Parfiler v. a. Défaire fil à fil une étoffe ou un galon et en séparer l'or et l'argent.

Parfois adv. Dans certaines circonstances; quelquefois.

Parfondre v. a. Faire fondre l'émail également partout.

Parfournir v. a. Achever de fournir; fournir en entier.

Parfum s. m. Odeur aromatique agréable; ce qui exhale une odeur agréable.

Parfumer v. a. Répandre une bonne odeur; imprégner de parfums.

Parfumerie s. f. Fabrication, commerce de parfums.

Parfumeur, euse s. Qui fabrique, vend des parfums.

Parhélie ou parélie s. m. Image du soleil réfléchie dans les nuages.

Pari s. m. Gageure; ce qu'on a gagné.

Paria s. m. Chez les Indiens, homme de la dernière caste. Fig. homme que personne ne veut fréquenter.

Pariade s. f. Perdrix variées; saison où elles s'apparient.

Parier v. a. Faire un pari, une gageure.

Pariétaire s. f. Plante qui croît sur les murailles.

Pariétal, e adj. *Plantes pariétales*, plantes qui croissent sur les murailles; *os pariétaux*, les deux os qui forment les côtés de la voûte du crâne.

Parieur, euse s. Qui parie.

Pâris (on pron. l'*s*), fils de Priam et d'Hécube.

Parisien, ienne adj. et s. De Paris.

Parisis adj. (on pron. l'*s* finale). Se dit d'une monnaie frappée à Paris.

Parisyllabique adj. Qui a le même nombre de syllabes.

Parité s. f. Égalité, similitude.

Parjure s. m. Faux serment; serment violé. Adj. et s. 2 g. Qui a fait un parjure.

Parjurer (se) v. pr. Faire un parjure.

Parlage s. m. Caquetage, verbiage (fam.).

Parlant, e adj. Qui parle. Fig. *Portrait parlant*, fort ressemblant; fort expressif.

Parlement s. m. Cour souveraine de justice avant la Révolution; chambres législatives en Angleterre.

Parlementaire adj. Du parlement. S. m. Celui qui, dans la guerre, est chargé de négocier.

Parlementer v. n. Faire et écouter des propositions pour rendre une place de guerre. Fig. entrer en accommodement.

Parler v. n. Prononcer, proférer des paroles, discourir. Fig. expliquer, manifester sa pensée, s'exprimer en une langue quelconque : *parler français*. *Parler affaires*, en raisonner, en discourir ; *parler au hasard*, sans réflexion ; *parler d'abondance*, improviser ; *faire parler de soi*, faire des choses dont le monde parle en bien ou en mal. SE PARLER v. pr. Avoir un entretien avec autrui ou avec soi-même ; être parlé.

Parler s. m. Langage, manière de parler. *Avoir son franc parler*, dire franchement ce qu'on pense.

Parlerie s. f. Babil, verbiage (fam.).

Parleur, euse s. Qui a l'habitude de parler beaucoup. *Beau parleur*, qui parle avec facilité et agréablement.

Parloir s. m. Chambre dans les couvents, les collèges, etc., destinée à recevoir les personnes qui viennent du dehors.

Parménide, philosophe grec (ve siècle av. J.-C.).

Parménion, général macédonien sous Philippe et Alexandre ; m. 329 av. J.-C.

Parmentier, célèbre agronome français (1737-1813).

Parmesan s. m. Sorte de fromage fabriqué en Lombardie.

Parmesan (Le), peintre italien (1503-1540).

Parmi prép. Au milieu de, au nombre de.

Parnasse s. m. Montagne de la Phocide consacrée à Apollon et aux Muses. Fig. *le Parnasse*, la poésie.

Parny, poète français (1753-1814).

Parodie s. f. Imitation d'un poème, d'un ouvrage qu'on veut tourner en raillerie.

Parodier v. a. Faire une parodie ; imiter, contrefaire.

Parodiste s. m. Auteur de parodies.

Paroi s. f. Cloison intérieure ; côté intérieur d'un vase, d'un tube, etc.

Paroisse s. f. Territoire sur lequel s'étend la juridiction spirituelle d'un curé ; église de la paroisse ; les habitants eux-mêmes.

Paroissial, e adj. Qui appartient à la paroisse : *clergé paroissial*.

Paroissien, ienne s. Habitant d'une paroisse. S. m. Livre de messe.

Parole s. f. Mot prononcé ; faculté, action de parler ; ton de voix ; éloquence ; promesse verbale : *tenir sa parole*. S. f. pl. Les phrases sur lesquelles est faite la musique d'un opéra, d'une chanson.

Paroli s. m. Le double de ce qu'on a joué d'abord.

Paronomase s. f. Figure de rhétorique qui consiste à rapprocher des mots dont le son est à peu près semblable, mais dont le sens est différent.

Paronomasie s. f. Ressemblance entre mots de différentes langues.

Paronyme s. m. Mot qui a du rapport avec un autre par le son qu'il fait entendre.

Paronymique adj. Qui appartient au paronyme : *analogie paronymique*.

Parotide s. f. Glande salivaire derrière l'oreille (*anat.*) ; gonflement de cette glande (*méd.*).

Paroxysme s. m. La plus forte intensité d'une douleur, d'une maladie. Fig. moment le plus aigu, le plus intense d'une sensation, d'une passion.

Parpaing s. m. (on pron. *parpin*). Pierre qui tient toute l'épaisseur d'un mur.

Parquer v. a. Mettre des animaux dans un parc. V. n. Être dans un parc (en parlant des moutons, etc.).

Parques s. f. pl. Déesses infernales qui présidaient à la vie des hommes et en filaient le cours (*myth.*).

Parquet s. m. Assemblage de pièces de bois formant le plancher d'une chambre ; la partie d'une salle de justice où se trouvent les sièges des juges et le barreau des avocats ; lieu où les officiers ministériels tiennent leurs séances ; les officiers du ministère public en séance.

Parquetage s. m. Action de parqueter ; ouvrage de parquet.

Parqueter v. a. Mettre du parquet.

Parqueterie s. f. Art de faire des parquets.

Parqueteur s. m. Ouvrier qui fait des parquets.

Parrain s. m. Celui qui tient un enfant sur les fonts de baptême.

Fig. promoteur; celui qui donne son nom à une cloche.

Parrainage s. m. Qualité de parrain.

Parrhasius, peintre grec (ve s. av. J.-C.).

Parricide s. Celui, celle qui tue son père ou sa mère. Adj. Qui a commis un parricide. S. m. Crime du parricide.

Parsemer v. a. Semer, répandre çà et là.

Parsi s. m. Autre nom des Guèbres.

Part s. m. Enfant nouveau-né (*jurisp.*). (Sans pluriel.)

Part s. f. Partie ou portion d'un tout; participation; lieu, endroit : *demeurer quelque part. Billet de faire part*, billet par lequel on fait part d'une naissance, d'un mariage, d'un enterrement. DE TOUTE PART, DE TOUTES PARTS loc. adv. De tous les côtés. DE PART EN PART loc. adv. D'un côté à l'autre. A PART loc. adv. D'une manière séparée, en particulier.

Partage s. m. Division d'une chose en plusieurs portions; portion d'une chose partagée.

Partageable adj. Qui peut être partagé.

Partageant s. m. Celui qui a droit à une part de quelque chose.

Partager v. a. Diviser un tout en plusieurs portions; donner en partage; posséder en commun. Fig. avoir, prendre sa part de. *Partager l'opinion, l'avis de quelqu'un*, être de son opinion, de son avis. V. n. Avoir part. SE PARTAGER v. pr. Etre partagé.

Partance s. f. Départ d'un navire. *Vaisseau en partance*, sur le point de partir.

Partant adv. Par conséquent.

Partenaire s. Associé avec qui l'on joue.

Parterre s. m. Partie d'un jardin plantée de fleurs; dans une salle de spectacle, espace au bas de la scène, entre l'orchestre et l'amphithéâtre; les spectateurs qui sont au parterre.

Parthénon s. m. Temple de Minerve à Athènes.

Parti s. m. Union de plusieurs personnes contre d'autres qui ont un intérêt contraire; résolution; expédient; condition, traitement fait à quelqu'un; profession; troupe de gens de guerre détachée pour une expédition; personne à marier.

Partiaire adj. m. (on pron. *par-si-ère*). *Colon partiaire*, fermier qui rend au propriétaire une partie des récoltes (*jurisp.*).

Partial, ale adj. sans m. pl. (on pron. *par-si-al*). Qui favorise une opinion, une personne au préjudice d'une autre.

Partialement adv. Avec partialité.

Partialité s. f. (on pron. *par-si-a-li-té*). Attachement passionné et aveugle à un parti, à une personne.

Participant, e adj. Qui participe à quelque chose.

Participation s. f. Action de participer, de prendre part à; part qu'on a prise à une affaire.

Participe s. m. Mot qui tient à la fois de la nature du verbe et de celle de l'adjectif.

Participer v. a. Avoir, prendre part à; tenir de la nature de.

Particulariser v. a. Marquer les particularités, les détails d'une affaire; rendre particulier, par opposition à généraliser.

Particularité s. f. Circonstance particulière.

Particule s. f. Petite partie; petit mot qui ne peut s'employer seul et s'unit à un radical pour le modifier; se dit aussi de tous les monosyllabes qui ne varient pas : *et, ni, ou, mais, sinon, quand.*

Particulier, ière adj. Qui appartient en propre; l'opposé de général et de public; extraordinaire, spécial; secret; bizarre. S. m. Personne privée; ce qui est particulier. EN PARTICULIER adv. séparément, à part.

Particulièrement adv. Singulièrement, spécialement.

Partie s. f. Portion d'un tout; chacune des mélodies dont la réunion forme l'harmonie : *morceau à quatre parties;* projet; jeu; espèce de mots : *les dix parties du discours;* manière de tenir les livres de commerce : *tenir les livres en partie simple, en partie double;* profession commerciale. Au pl. plaideurs. EN PARTIE loc. adv. Partiellement.

Partiel, elle adj. (on pron. *par-ci-el*). Qui fait partie d'un tout; qui n'a lieu qu'en partie.

Partiellement adv. Par parties.

Partir v. a. Diviser en plusieurs parts (vx.). Fig. *Avoir maille à partir avec quelqu'un*, avoir quelque démêlé avec lui.

Partir v. n. Se mettre en chemin, commencer un voyage; sortir avec impétuosité; prendre sa course, son vol; tirer son origine, émaner. A PARTIR DE loc. prép. A dater de; en commençant à.

Partisan s. m. Celui qui est du parti de quelqu'un, qui soutient son parti, prend sa défense; chef, membre d'expéditions militaires hardies; autrefois, financier qui prenait à ferme les revenus de l'Etat.

Partitif, ive adj. Qui désigne une partie d'un tout (*gram.*).

Partition s. f. Réunion de toutes les parties d'une composition musicale.

Partout adv. En tous lieux.

Parure s. f. Ornement, ajustement; tout ce qui sert à parer; ce qui a été retranché pour parer un ouvrage.

Parvenir v. n. Arriver au terme qu'on s'est proposé. Fig. s'élever en dignité; faire fortune; atteindre.

Parvenu, ue s. Personne obscure qui a fait fortune.

Parvis s. m. Place devant la grande porte d'une église; les grandes cours qui étaient dans le Temple juif.

Pas s. m. Mouvement du pied pour marcher ou pour danser; espace parcouru à chaque pas; vestige du pied. Fig. démarches; passage étroit dans une vallée; seuil d'une porte; espace entre deux filets d'une vis. *Faux pas*, pas mal assuré, et fig. faute; *avoir le pas*, avoir la préséance; *mettre au pas*, mettre à la raison. A PAS DE LOUP loc. adv. Sans bruit et dans le dessein de surprendre. PAS A PAS loc. adv. doucement.

Pas adv. de négation qui se joint toujours avec *ne* ou *non*.

Pascal, e adj. Qui appartient à la Pâque ou à la fête de Pâques. (Pl. m. *pascals*.)

Pascal Ier (saint), pape, de 817 à 824.

Pascal (Blaise), illustre savant et écrivain français (1623-1662).

Pasithée, l'une des trois Grâces (*myth.*).

Pasquier (Etienne), célèbre jurisconsulte et érudit français (1529-1615).

Pasquin s. m. Statue mutilée à Rome, à laquelle on a coutume d'attacher secrètement des placards satiriques. Fig. bouffon.

Pasquinade s. f. Placard satirique; raillerie bouffonne.

Passable adj. Admissible comme non mauvais.

Passablement adv. D'une manière supportable.

Passade s. f. Très court séjour; allées et venues d'un cheval; aumône demandée ou faite en passant.

Passage s. m. Action, moment, droit de passer; lieu par où l'on passe; sorte de voie couverte; traversée. Fig. transition; endroit cité d'un auteur; partie d'une phrase musicale, fioritures.

Passager, ère adj. Qui ne fait que passer; qui est de peu de durée. S. Personne qui s'embarque pour passer en quelque lieu.

Passagèrement adv. En passant, pour peu de temps.

Passant s. m. Celui qui passe.

Passant, e adj. Fréquenté, où il passe beaucoup de monde.

Passation s. f. Action de passer un contrat.

Passavant s. m. Billet qui autorise le transport de certaines marchandises.

Passe s. f. Petite somme pour compléter un compte; sorte de mouvement d'escrime, de danse ou de jeu; sorte de canal de mer entre deux bancs. Fig. *Etre en passe de*, être en état de parvenir à un but.

Passé s. m. Le temps écoulé; ce qui est dans le temps écoulé; temps du verbe. Prép. Après.

Passé, ée adj. Qui a été et qui n'est plus; flétri, fané.

Passe-carreau s. m. Tringle de bois sur laquelle les tailleurs passent les coutures au fer.

Passe-cordon s. m. Grosse aiguille à enfiler.

Passe-debout s. m. Permission de faire entrer, sans payer l'octroi, des denrées qui ne doivent pas séjourner dans la ville.

Passe-droit s. m. Faveur, grâce accordée contre l'usage ou au préjudice de quelqu'un.

Passe-lacet s.m. Sorte de grosse aiguille qui sert à passer un lacet.

Passement s. m. Tissu plat et un peu large qui sert d'ornement aux meubles ou aux vêtements.

Passementer v. a. Chamarrer de passements.

Passementerie s. f. Art et commerce du passementier.

Passementier, ière s. Qui fait et vend des passements, des ornements et accessoires de meubles.

Passe-partout s. m. Clef commune à plusieurs personnes pour une même serrure ou qui peut ouvrir plusieurs serrures différentes dans une même maison; sorte de cadre propre à plusieurs objets.

Passe-passe s. m. Tours d'adresse, de subtilité. Fig. adroite fourberie.

Passe-poil s. m. Liséré qui borde certaines parties des vêtements.

Passeport s. m. Permission de passer et voyager librement. Fig. chose qui en fait passer ou supporter d'autres.

Passer v. n. Aller d'un lieu à un autre; changer d'état; se glisser: s'écouler; cesser, disparaître, s'effacer; être admis, reçu. *Passer pour*, être réputé.

Passer v. a. Dépasser, surpasser, aller au delà; traverser; transmettre, transporter; omettre; faire, rédiger: *passer un contrat;* accorder, pardonner. Fig. *Passer le temps*, se divertir; *passer l'éponge sur*, vouloir oublier une mauvaise chose. SE PASSER v. pr. S'écouler; perdre son éclat, sa fraîcheur; se priver de; avoir lieu.

Passerat, poète et savant français, l'un des auteurs de la *Satire Ménippée* (1534-1602).

Passereau s. m. Moineau. Au pl. Ordre d'oiseaux (*zool.*).

Passerelle s. f. Sorte de pont étroit pour les piétons*.

Passe-temps s. m. Divertissement; ce qui en est l'objet, l'instrument.

Passeur, euse s. Batelier, batelière qui fait traverser l'eau.

Passibilité s. f. Qualité des corps passibles.

Passible adj. Qui peut éprouver des sensations; qui doit subir une peine.

Passif, ive adj. Qui souffre l'action; se dit en gram. des verbes et des participes qui présentent le sujet comme supportant l'action. Fig. qui n'agit point. En comptabilité, *dette passive*, celle que l'on est tenu d'acquitter. S. m. Verbe à signification passive; dette passive.

Passim adv. (mot latin; on pron. *passime*). Çà et là, de tout côté.

Passion s. f. Mouvement impétueux de l'âme; affection violente, vive, profonde, pour un objet; cet objet; forte prévention pour ou contre; expression vive et énergique des sentiments; souffrance et mort: ne se dit en ce sens que de Jésus-Christ et de la partie de l'Evangile où sa passion est racontée; sermon prêché à ce sujet.

Passionné, ée adj. Rempli de passion, d'affection, d'ardeur.

Passionnel, elle adj. Qui agit par le moyen des passions, qui tient aux passions.

Passionnément adv. Avec beaucoup de passion.

Passionner v. a. Donner un caractère animé et qui marque la passion; intéresser fortement. SE PASSIONNER v. pr. Se laisser aller à la passion, prendre un extrême intérêt à.

Passivement adv. D'une manière passive.

Passiveté ou **passivité** s. f. Etat de l'âme qui éprouve la sensation.

Passoire s. f. Ustensile percé de trous servant à passer le jus des fruits, etc.

Pastel s. m. Sorte de plante appelée aussi *guède;* sorte de crayon fait de couleurs pulvérisées; peinture au pastel.

Pastenade s. f. Panais.

Pastèque s. f. Melon d'eau.

Pasteur s. m. Celui qui fait paître un troupeau. Fig. se dit des ministres de la religion.

Pastiche s. m. Tableau ou écrit rempli d'imitations; opéra composé de morceaux de différents maîtres.

Pastille s. f. (*ll* m.) Petit pain

de substance odorante ou bonne à manger.

Pastoral, e, adj. Qui appartient aux pasteurs; champêtre. S.f. Pièce de théâtre où les personnages sont des bergers.

Pastoralement adv. En bon pasteur.

Pastoureau ou pastourel s. m. Petit berger. *Pastoureaux*, fanatiques qui, sous prétexte d'une croisade, ravagèrent la France pendant l'absence de Louis VIII.

Pastourelle s. f. Jeune bergère; figure de contredanse.

Pat s. m. (on pron. le *t*). Coup du jeu d'échecs qui rend la partie nulle.

Patache s. f. Vaisseau léger pour le service des navires; sorte de voiture publique non suspendue.

Patagon, onne adj. et s. De la Patagonie; monnaie espagnole d'argent.

Pataquès s. m. Faute grossière de prononciation consistant en une liaison vicieuse.

Patarafe s. f. Ecriture informe; lettres confuses et mal formées; traits informes.

Patard s. m. Petite monnaie ancienne.

Patarins s. m. pl. Sectaires vaudois; Albigeois.

Patate s. f. Sorte de pomme de terre.

Patatras interj. (*s* nulle). Exprime le bruit, la chute, la rupture.

Pataud s. m. Jeune chien à grosses pattes. Fig. PATAUD, AUDE adj. et s. Grossièrement fait.

Patauger v. n. Marcher dans la bourbe, dans la boue. Fig. s'embarrasser, s'embrouiller en parlant.

Pâte s. f. Farine détrempée et pétrie; choses broyées, détrempées, mises en masse. Fig. caractère, complexion. *Mettre la main à la pâte*, entreprendre soi-même un travail, une affaire.

Pâté s. m. Pâtisserie qui renferme de la viande ou du poisson. Fig. goutte d'encre sur le papier; assemblage de maisons; caractères d'imprimerie mêlés.

Pâtée s. f. Mélange d'aliments en pâte pour les animaux.

Patelin s. m. Homme souple, artificieux, flatteur, insinuant pour tromper, venir à ses fins.

Patelin, e adj. De patelin, souple, artificieux, insinuant.

Patelinage s. m. Manière insinuante et artificieuse d'un patelin.

Pateliner v. n. Agir en patelin. V. a. Ménager adroitement quelqu'un par intérêt; manier une affaire avec adresse.

Patelineur, euse s. Patelin; qui pateline.

Patelle s. f. Ecaille de tortue.

Patène s. f. Petite assiette qui sert à couvrir le calice et à recevoir l'hostie.

Patenôtre s. f. Oraison dominicale; prière. Au pl. chapelet.

Patent, e adj. Evident, manifeste. *Lettres patentes*, lettres du roi scellées du grand sceau.

Patente s. f. Commission, diplôme; contribution annuelle payée par les commerçants.

Patentable adj. Qui doit payer patente.

Patenté, ée adj. Qui a une patente, qui paye patente.

Patenter v. a. Soumettre à la patente.

Pater s. m. (on pron. l'*r*). Oraison dominicale. (Inv. au pl.)

Patère s. f. Vase en forme de soucoupe; espèce de crochet pour tenir ouverts des rideaux de lit, de fenêtre, etc., pour suspendre divers objets.

Paterne adj. Paternel, qui marque la bonté.

Paternel, elle adj. Qui convient, qui a rapport au père.

Paternellement adv. A la manière d'un père.

Paternité s. f. Etat, qualité de père.

Pâteux, euse adj. De la nature de la pâte; qui empâte la bouche. Fig. lourd, embarrassé : *discours pâteux*.

Pathétique adj. Qui touche, qui émeut : *discours pathétique*. S. m. Ce qui touche, ce qui émeut.

Pathétiquement adv. D'une manière pathétique.

Pathologie s. f. Partie de la médecine qui traite de la nature, des causes et des symptômes des maladies.

Pathologique adj. De la pathologie.

Pathos s. m. Emploi des moyens pathétiques; emphase déplacée.

Patibulaire adj. Qui appartient au gibet : *fourches patibulaires ;* qui sent le gibet, qui mérite la potence : *face patibulaire.*

Patiemment adv. Avec patience.

Patience s. f. Vertu qui fait supporter le mal, l'attente, avec courage, tranquillité. PATIENCE! interj. Attendez, ayez patience.

Patience s. f. Plante médicinale.

Patient, e adj. Qui a de la patience. S. m. Celui qui endure une opération, un supplice.

Patienter v. n. Endurer, attendre avec patience.

Patin s. m. Chaussure à semelle très épaisse ; chaussure pour glisser sur la glace.

Patin (Guy), médecin et littérateur français (1601-1672).

Patinage s. m. Action de patiner.

Patine s. f. Vert-de-gris qui se forme sur les statues, les médailles de bronze ; crasse dont se chargent les vieux tableaux.

Patiner v. n. Glisser avec des patins. V. a. Manier avec peu de précaution.

Patineur s. m. Celui qui patine sur la glace.

Pâtir v. n. Eprouver une souffrance.

Pâtis s. m. Terrain en friche dans lequel on mène paître les bestiaux.

Pâtisser v. n. Faire de la pâtisserie.

Pâtisserie s. f. Pâte préparée et cuite au four ; art, commerce du pâtissier.

Pâtissier, ière s. Qui fait ou vend de la pâtisserie.

Pâtissoire s. f. Table à rebords pour faire la pâtisserie.

Patois s. m. Langage, dialecte particulier à un pays, à un peuple.

Patoiser v. n. Parler patois. Fig. parler d'une manière incorrecte.

Pâton s. m. Sorte de pâte pour engraisser la volaille.

Patouillet s. m. (*ll* m.) Machine hydraulique pour séparer la terre de la mine.

Patraque s. f. Machine usée et de peu de valeur. Fig. s. f. et adj. g. Personne faible et usée.

Pâtre s. m. Celui qui garde et fait paître des troupeaux de bœufs, etc.

Patriarcal, e adj. De patriarche. (Pl. m. *patriarcaux.*)

Patriarcat s. m. Dignité de patriarche.

Patriarche s. m. Saint personnage de l'Ancien Testament ; dignité de l'Eglise. Fig. vieillard qui vit au milieu d'une famille nombreuse.

Patrice s. m. Titre de dignité à Rome, sous Constantin.

Patrice ou **Patrick** (saint), apôtre de l'Irlande ; m. 461.

Patriciat s. m. Dignité de patrice ; ordre des patriciens.

Patricien s. m. Noble romain, issu des premiers sénateurs.

Patricien, ienne adj. De patricien, qui appartient aux patriciens.

Patrie s. f. Pays où l'on est né. Fig. nation dont on fait partie.

Patrimoine s. m. Bien qui vient du père ou de la mère. Fig. revenu ordinaire et naturel.

Patrimonial, e adj. De patrimoine. (Pl. m. *patrimoniaux.*)

Patriote s. et adj. Qui aime sa patrie.

Patriotique adj. Qui appartient au patriote.

Patriotiquement adv. En patriote.

Patriotisme s. m. Amour de la patrie.

Patrociner v. a. Parler longuement pour persuader (vx.).

Patrocle, ami d'Achille.

Patron, onne s. Protecteur ; saint dont on porte le nom ; maître d'une maison.

Patron s. m. Modèle pour la tapisserie, la broderie, etc. ; papier découpé d'après lequel on taille l'étoffe.

Patronage s. m. Protection ; secours ; assistance.

Patronal, e adj. Qui a rapport au patron, au saint du lieu : *fête patronale.*

Patronner v. a. Recommander, protéger ; introduire dans le monde.

Patronner v. a. Enduire de couleur au moyen d'un patron évidé.

Patronnesse adj. f. Se dit d'une dame qui dirige une fête, une bonne œuvre au profit des pauvres.

Patronymique adj. *Nom patro-*

nymique, nom commun à tous les descendants d'une race.

Patrouillage s. m. (*ll* m.) Saleté qu'on fait en patrouillant (pop.).

Patrouille s. f. (*ll* m.) Tournée nocturne que des soldats font dans une ville pour la sûreté des habitants; le détachement même qui fait la patrouille.

Patrouiller v. n. (*ll* m.) Faire la patrouille.

Patrouiller v. n. (*ll* m.) Remuer de l'eau bourbeuse (pop.). V. a. Manier malproprement.

Patrouillis s. m. (*ll* m.) Patrouillage; bourbier.

Patru, avocat français (1604-1681).

Patte s. f. Pied des quadrupèdes qui ont des doigts, des ongles ou des griffes, des oiseaux autres que les oiseaux de proie; de certains animaux aquatiques, comme l'écrevisse, le homard, etc., de certains insectes, comme le hanneton, l'araignée, la mouche, et de certains reptiles comme le lézard et le crocodile; petite bande d'étoffe pour attacher un vêtement; espèce de clou aplati au gros bout. Fig. *Pattes de mouches*, écriture griffonnée; *faire patte de velours*, caresser avec intention de nuire.

Patte-d'oie s. f. Point de réunion de plusieurs routes; petites rides divergentes à l'angle extérieur de chaque œil.

Patte-pelu, ue s. Qui va adroitement à ses fins sous des apparences de douceur et d'honnêteté.

Pattu, ue adj. Se dit des oiseaux qui ont des plumes aux pattes : *pigeon pattu*.

Pâturage, s. m. Lieu où les bestiaux vont paître; usage du pâturage.

Pâture s. f. Nourriture des animaux en général. Fig. nourriture de l'homme (fam.), de l'âme, de l'esprit.

Pâturer v. n. Prendre la pâture.

Pâtureur s. m. Celui qui mène les chevaux à l'herbe.

Paturon s. m. Partie de la jambe du cheval, entre le boulet et la couronne.

Paul (saint), apôtre des gentils, martyrisé à Rome avec saint Pierre l'an 66 de J.-C. — (saint), premier ermite; mourut à 113 ans (342).

Paulette s. f. Droit que les officiers de justice et de finances payaient annuellement au roi afin de pouvoir disposer de leurs charges et les transmettre à leurs héritiers.

Paume s. f. Le dedans de la main; sorte de jeu de balle. Jeu de paume, lieu où l'on joue à la paume.

Paumelle s. f. Espèce d'orge.

Paumer v. a. Frapper.

Paumier s. m. Propriétaire qui loue un jeu de paume.

Paumure s. f. Sommet de la tête d'un cerf, à l'endroit où les bois se divisent.

Paupérisme s. m. État de pauvreté permanente dont souffre une portion de l'État.

Paupière s. f. Peau mobile, bordée de cils, qui recouvre le globe de l'œil.

Pausanias, général spartiate mis à mort vers 468 av. J.-C.

Pausanias, géographe grec (IIe siècle av. J.-C.).

Pause s. f. Cessation momentanée d'une action; intervalle de silence (*mus.*).

Pauser v. n. Faire une pause (*mus.*).

Pauvre adj. Qui n'a pas le nécessaire; qui produit peu; *pays pauvre*; chétif, mauvais en son genre; digne de pitié. S. m. Celui qui est dans la misère, qui mendie.

Pauvrement adv. D'une manière pauvre.

Pauvresse s. f. Femme pauvre qui mendie.

Pauvret, ette s. Pauvre petit, pauvre petite.

Pauvreté s. f. État de ce qui est pauvre. Au pl. Choses sottes, sans intérêt.

Pavage s. m. Ouvrage fait avec du pavé.

Pavane s. f. Ancienne danse grave et sérieuse; air de cette danse.

Pavaner (se) v. pr. Marcher ou se poser d'une manière fière, superbe.

Pavé s. m. Morceau de grès, de pierre, qui sert à paver; terrain, chemin, espace pavé. Fig. *Être sur le pavé*, n'avoir pas de domicile ou être sans place; *tenir le haut du pavé*, être au premier rang.

Pavement s. m. Action de paver; matériaux pour paver.

Paver v. a. Couvrir le sol avec des pavés.

Paveur s. m. Ouvrier qui fait le métier de paver.

Pavillon s. m. (*ll* m.) Sorte de tente carrée, autrefois à l'usage des gens de guerre; corps de bâtiment carré; extrémité évasée d'une trompette, etc.; bannière ou drapeau des navires. Fig. *Baisser pavillon, amener pavillon*, se reconnaître vaincu, se rendre.

Pavois s. m. Sorte de grand bouclier; tenture de toile autour du plat-bord d'un navire les jours de réjouissance.

Pavoiser v. a. Orner un navire de pavois et de pavillons (*mar.*).

Pavot s. m. Sorte de plante dont la graine fournit l'opium; sa fleur. Fig. le sommeil.

Payable adj. Qui doit être payé.

Payant, e adj. et s. Qui paye.

Paye ou **paie** s. f. Salaire, payement; *haute paye*, solde plus forte que la solde ordinaire.

Payement, paiement, paîment s. m. Action de payer; ce que l'on donne pour acquitter une dette.

Payen, enne. V. *Païen*.

Payer v. a. Acquitter une dette, Fig. récompenser, dédommager, expier, punir, obtenir par un sacrifice.

Payeur, euse s. Qui paye.

Pays s. m. Contrée, lieu de naissance, patrie; les gens du pays.

Pays, payse s. compatriote (pop.).

Paysage s. m. Étendue de pays que l'on voit d'un seul aspect; tableau qui le représente.

Paysagiste s. m. Peintre de paysages.

Paysan, anne s. Habitant de la campagne travaillant à la terre.

Paysannerie s. f. Condition des paysans; manières de paysan.

Péage s. m. Droit de passage, lieu où l'on paye ce droit.

Péager s. m. Celui qui reçoit le péage.

Péan ou **pæan**. Voy. *Pæan*.

Peau s. f. Membrane qui enveloppe et couvre le corps de l'homme et de certains animaux; enveloppe des fruits charnus, des branches, des tiges; croûte légère à la superficie des substances liquides ou onctueuses.

Peausserie s. f. Commerce, état, métier, marchandise de peaussier.

Peaussier s. m. Ouvrier qui prépare les peaux; celui qui vend des peaux.

Pec adj. m. *Hareng pec*, en caque et fraîchement salé.

Peccable adj. Qui est capable de pécher, de faire le mal.

Peccadille s. f. (*ll* m.) Petit péché, faute légère.

Peccant, e adj. Qui pèche, vicieux (*méd.*).

Peccavi s.m. (mot latin signifiant *j'ai péché*). *Un bon peccavi*, aveu accompagné d'un sincère repentir de ses péchés (fam.).

Pêche s. f. Gros fruit à noyau.

Pêche s. f. Art, exercice, action, droit de pêcher; poisson ou objet pêché.

Péché s. m. Transgression volontaire de la loi divine.

Pécher v. n. Commettre un péché, faillir. Fig. avoir un défaut.

Pêcher v. a. Prendre du poisson; retirer de l'eau. Fig. tirer de, puiser, prendre.

Pêcher s. m. Arbre qui produit la pêche.

Pêcherie s. f. Lieu où l'on pêche.

Pécheur, pécheresse s. Qui a commis des péchés.

Pêcheur, euse s. Qui pêche du poisson, qui aime à pêcher. Adj. m. Qui se livre à la pêche.

Pécore s. f. Animal. Fig. personne sotte, stupide (fam.).

Pecque s. f. Femme sotte et impertinente.

Pectiné, ée adj. En forme de peigne ou de dents de peigne (*bot.* et *zool.*).

Pectoral, e adj. De la poitrine, qui concerne la poitrine (pl. m, *pectoraux*). S. m. ornement du grand prêtre hébreu sur la poitrine.

Péculat s. m. Vol des deniers publics par ceux qui en ont le maniement, l'administration.

Pécule s. m. Bien que l'on amasse par le travail et l'épargne.

Pécuniaire adj. Qui a rapport à l'argent, qui consiste en argent monnayé.

Pécunieux, euse adj. Qui a beaucoup d'argent ; riche.

Pédagogie s. f. Direction, éducation des enfants.

Pédagogique adj. Qui a rapport à la pédagogie.

Pédagogue s. m. Celui qui enseigne les enfants. Fig. censeur, pédant.

Pédale s. f. Gros tuyau d'orgue que l'on fait jouer avec le pied ; touche mue avec le pied.

Pédant, e adj. et s. Qui affecte un ton décisif, ou trop d'exactitude, de sévérité, d'instruction, de supériorité.

Pédanter v. n. Faire mal le métier de professeur.

Pédanterie s. f. Air pédant, érudition pédante.

Pédantesque adj. Qui sent le pédant.

Pédantesquement adv. D'un air pédant, d'une façon pédante.

Pédantiser v. n. Faire le pédant (fam.).

Pédantisme s. m. Manière de parler ou d'agir en pédant.

Pédestre adj. *Statue pédestre*, qui représente une personne à pied ; *voyage pédestre*, qui se fait à pied.

Pédestrement adv. A pied.

Pédicelle s. m. Pédoncule.

Pédicellé, ée adj. Qui a un pédicelle (*bot.*).

Pédiculaire adj. *Maladie pédiculaire*, dans laquelle il s'engendre beaucoup de poux.

Pédicule s. m. Support plus ou moins grêle et allongé d'un organe quelconque (*bot.* et *zool.*).

Pédiculé, ée adj. Qui est porté sur un pédicule.

Pédicure adj. et s. m. Qui soigne les pieds.

Pédiluve s. m. Bain de pieds.

Pédimane adj. Qui a les pieds de derrière en forme de main. S. m. pl. Mammifères carnassiers qui ont les pieds de derrière en forme de main (*zool.*).

Pédonculaire adj. Qui appartient au pédoncule (*bot.*).

Pédoncule s. m. Support commun de plusieurs fleurs ; tige qui soutient la fleur et le fruit (*bot.*).

Pédonculé, ée adj. Porté sur un pédoncule (*bot.*).

Pedro (dom), empereur du Brésil (1798-1834).

Pedum s. m. (on pron. *pédome*), Bâton pastoral.

Peel (Robert) (on pron. Pil), célèbre ministre d'Angleterre (1788-1850).

Pégase s. m. Cheval ailé des Muses (*myth.*). Fig. génie poétique.

Peignage s. m. Action de peigner la laine, etc.

Peigne s. m. Instrument à dents pour démêler les cheveux, pour apprêter la laine, le chanvre, etc.

Peigné, ée adj. Démêlé, nettoyé, ajusté. Fig. soigné, poli, travaillé avec soin.

Peigner v. a. Démêler ou nettoyer avec un peigne.

Peigneur, euse s. Celui, celle qui peigne la laine, le chanvre, etc.

Peignier s. m. Qui fait et vend des peignes.

Peignoir s. m. Sorte de manteau que l'on met quand on se peigne, en sortant du bain.

Peignures s. f. pl. Cheveux qui tombent en les peignant.

Peindre v. a. Représenter une personne, une chose, par des lignes et des couleurs ; couvrir de couleur. Fig. décrire ; représenter vivement à l'esprit.

Peine s. f. Sentiment du mal en général ; chagrin, douleur, travail, fatigue, difficulté, embarras, châtiment, punition. *Homme de peine*, qui gagne sa vie par un travail pénible. A PEINE loc. adv. Aussitôt que, depuis peu, presque pas. A GRAND'PEINE loc. adv. Difficilement.

Peiné, ée adj. Affligé.

Peiner v. a. Causer de la peine, de la fatigue. V. n. Éprouver de la peine, de la répugnance.

Peintre s. m. Celui qui exerce l'art de la peinture, dont la profession est de peindre. Fig. qui représente vivement, par le discours, les sentiments de l'âme.

Peinturage s. m. Action de peinturer.

Peinture s. f. Art de peindre ; ouvrage de peinture. Fig. description, représentation vive par le discours.

Peinturer v. a. Enduire de couleur.

Peintureur s. m. Ouvrier qui peinture; mauvais peintre.

Péjoratif, ive adj. et s. *Gram.* Pris en mauvaise part; ex. : *bellâtre, douceâtre.*

Pékin s. m. Espèce d'étoffe de soie.

Pelade s. f. Maladie qui fait tomber le poil et les cheveux.

Pelage s. m. Couleur du poil.

Pélage, hérésiarque du ve siècle. Nom de deux papes au vi^e^ siècle.

Pélagianisme s. m. Hérésie de Pélage, qui niait le péché originel.

Pelard adj. m. Se dit du bois dépouillé de son écorce.

Pélasges s. m. pl. Peuples primitifs de la Grèce.

Pelé, ée adj. Dépourvu de poils, de cheveux. Fig. qui n'a plus de verdure.

Pélée, père d'Achille (*myth.*).

Pêle-mêle adv. Ensemble et confusément. S. m. Mélange confus.

Peler v. a. Oter le poil; ôter la peau d'un fruit, l'écorce d'un arbre. V. n. Perdre sa peau.

Pèlerin, ine s. Voyageur; qui fait un pèlerinage.

Pèlerinage s. m. Voyage de dévotion à quelque lieu consacré; lieu, sanctuaire que visite un pèlerin.

Pèlerine s. f. Sorte de vêtement de femme.

Pélican s. m. Oiseau aquatique de l'ordre des palmipèdes; instrument pour arracher les grosses dents.

Pelisse s. f. Robe, vêtement garni de fourrure.

Pélissier (*duc de Malakoff*), maréchal de France (1794-1864).

Pelle s. f. Instrument de fer ou de bois, large et plat, avec un manche.

Pellée, pellerée, pelletée s. f. Ce que peut contenir une pelle.

Pelleterie s. f. Commerce de fourrures; peaux, fourrures.

Pelletier, ière s. Qui prépare, vend des fourrures.

Pellico (Silvio), littérateur italien (1788-1854).

Pellicule s. f. Peau très mince.

Pélopidas, célèbre général thébain, mort en 364 av. J.-C.

Pélopides s. m. pl. Descendants de Pélops.

Pélops, fils de Tantale, père d'Atrée et de Thyeste (*myth.*).

Pelote s. f. Sorte de boule qu'on forme en enroulant du fil, de la soie, etc.; coussinet où l'on fiche des aiguilles, des épingles.

Peloter v. n. Jouer à la paume sans faire une partie réglée. V. n. Mettre en pelotes. Fig. battre, maltraiter.

Peloton s. m. Boule de fil, de soie, etc.; subdivision d'une compagnie de soldats.

Pelotonner v. a. Mettre en peloton. SE PELOTONNER v. pr. Se mettre en boule.

Pelouse s. f. Terrain couvert de gazon.

Peltaste s. m. Chez les anciens Grecs, soldat armé à la légère.

Pelte s. f. Petit bouclier échancré en forme de croissant.

Pelu, ue adj. Couvert de poils.

Peluche s. f. Sorte de velours à longs poils.

Peluché, ée adj. Se dit des étoffes et des plantes velues.

Pelucher v. n. En parlant des étoffes, se couvrir de poils qui se dégagent du tissu, par l'usage ou le frottement.

Pelucheux, euse adj. Qui peluche.

Pelure s. f. Peau d'un fruit, d'un légume.

Pelvien, ienne adj. Qui a rapport au bassin (*anat.*).

Pénal, e adj. Qui assujettit à quelque peine. *Code pénal*, recueil des lois indiquant les peines portées contre les crimes et délits.

Pénalité s. f. Système des peines établies par les lois.

Pénates s. m. pl. dieux domestiques des anciens païens. Fig. habitation, demeure.

Penaud, e adj. Embarrassé, honteux, interdit (fam.).

Penchant s. m. Pente. Fig. déclin; inclination naturelle.

Penchant, e adj. Qui penche. Fig. Qui est sur le déclin.

Penché, ée adj. Qui est incliné.

Penchement s. m. Action de se pencher; état d'un corps qui penche.

Pencher v. a. Incliner : *pencher*

la tête. V. n. N'être pas droit ou perpendiculaire. Fig. incliner; être porté à. SE PENCHER v. pr. S'incliner, se baisser.

Pendable adj. Qui mérite la potence.

Pendaison s. f. Action d'attacher au gibet.

Pendant prép. servant à marquer la durée du temps. PENDANT QUE loc. conj. Tandis que.

Pendant, e adj. Qui pend. Fig. qui n'est pas décidé; imminent. S.m. Partie du ceinturon qui soutient l'épée; objet d'art correspondant à un autre. *Pendants d'oreilles*, parures attachées aux boucles d'oreilles.

Pendard, e s. Qui mérite d'être pendu; vaurien.

Pendeloque s. f. Lambeau d'un vêtement déchiré; pierreries ajoutées à des boucles d'oreilles; petite pièce de cristal taillée en forme de pierre.

Pendentif s. m. Portion de voûte placée entre les quatre grands arcs qui supportent un dôme, une coupole (*archit.*).

Pendeur s. m. Celui qui pend; bourreau.

Pendiller v. n. (*ll* m.) Etre suspendu en l'air et agité.

Pendre v. a. Attacher un objet en haut, de manière qu'il ne touche point la terre; attacher quelqu'un à la potence. V. n. Etre suspendu. SE PENDRE v. pr. Se donner la mort par strangulation; se suspendre. [gibet.

Pendu, ue adj. et s. Attaché au

Pendule s. m. Corps pesant suspendu à l'extrémité d'un fil, de manière qu'il fasse, en allant et venant, des oscillations régulières. S. f. Horloge dont un pendule règle le mouvement.

Pène s. m. Partie de la serrure qui entre dans la gâche pour fermer la porte.

Pénélope, femme d'Ulysse et mère de Télémaque.

Pénétrabilité s. f. Qualité de ce qui est pénétrable.

Pénétrable adj. Qu'on peut pénétrer; où l'on peut pénétrer.

Pénétrant, e adj. Qui pénètre. Fig. qui approfondit vivement les choses; qui scrute; qui émeut.

Pénétratif, ive adj. Qui a la vertu de pénétrer : *qualité pénétrative.*

Pénétration s. f. Propriété et action de pénétrer. Fig. sagacité; subtilité de l'esprit.

Pénétrer v. a. Percer; passer à travers; entrer bien avant. Fig. découvrir : *pénétrer un secret*; approfondir. V. n. Aller bien avant, au propre et au fig. SE PÉNÉTRER v. pr. Entrer l'un dans l'autre; faire pénétrer en soi.

Pénible adj. Qui donne de la peine : *travail pénible*; qui cause une peine morale : *impression pénible.*

Péniblement adv. D'une manière pénible, douloureuse.

Péniche s. f. Canot fin, muni de voiles.

Pénicillé, ée adj. Qui est en forme de pinceau (*bot.*).

Péninsulaire adj. Qui appartient à une péninsule ou à ses habitants.

Péninsule s. f. Presqu'île.

Pénitence s. f. Repentir; regret d'avoir offensé Dieu; un des sept sacrements de l'Église; peine imposée au pénitent; jeûnes, prières que l'on s'impose à soi-même pour expier ses péchés; punition imposée pour une faute.

Pénitencerie s. f. Fonction de pénitencier; tribunal de la pénitencerie à Rome.

Pénitencier s. m. Prêtre commis par l'évêque pour absoudre certains cas réservés; maison de détention.

Pénitent, e adj. Qui a regret d'avoir offensé Dieu; qui fait pénitence. S. Qui confesse ses péchés; membre de certaines confréries.

Pénitentiaire adj. Qui a rapport à l'amélioration morale des condamnés : *système pénitentiaire.*

Pénitentiaux, elles adj. pl. Qui appartient à la pénitence, qui la concerne : *psaumes pénitentiaux, œuvres pénitentielles.*

Pénitentiel s. m. Rituel de la pénitence.

Pénitentier, Voy. *Pénitencier.*

Penn (William ou Guillaume), législateur de la Pensylvanie (1644-1718).

Pennage s. m. Ensemble des plumes d'un oiseau de proie.

Penne s. f. Longue plume de l'aile et de la queue des oiseaux.

Pennon s. m. Sorte de bannière ou d'étendard.

Penny s. m. (mot anglais). Sou anglais qui vaut environ 10 centimes. Le pl. est *pence* (on pron. *pènce*).

Pénombre s. f. Lumière faible dans les éclipses ; demi-ombre, demi-obscurité.

Pensant, e adj. Qui pense, qui est capable de penser.

Pensée s. f. Opération de l'intelligence qui combine les idées ; opinion, dessein ; chose pensée et exprimée ; sens d'une phrase ; première idée d'une chose ; maxime.

Pensée s. f. Plante du genre de la violette ; sa fleur.

Penser s. m. Pensée (*poétique*).

Penser v. n. Former dans son esprit des pensées, des idées ; réfléchir, raisonner, songer à, avoir le dessein de, imaginer, croire, juger ; prendre garde.

Penseur s. m. Personne qui a l'habitude de penser, de réfléchir profondément.

Pensif, ive adj. Occupé d'une pensée qui attache fortement.

Pension s. f. Somme d'argent que l'on donne pour être logé, nourri ; lieu où l'on est logé et nourri pour un certain prix ; maison d'éducation où les élèves sont logés et nourris ; revenu annuel assuré à quelqu'un pour des services rendus.

Pensionnaire s. m. Qui paye pension, qui reçoit une pension annuelle, qui est dans une pension.

Pensionnat s. m. Maison d'éducation où l'on reçoit des élèves pensionnaires.

Pensionner v. a. Donner, faire une pension à quelqu'un.

Pensum s. m. (on pron. *pinsome*). Surcroît de travail donné à un écolier par punition. (Pl. *pensums*).

Pentacorde s. m. (on pron. *pintacorde*). Lyre à cinq cordes.

Pentagonal, e adj. (on pron. *pintagonal*). Qui a la forme d'un pentagone.

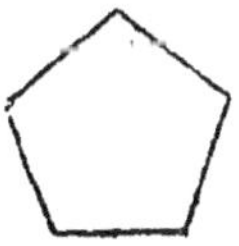

Pentagone s. m. (on pron. *pintagone*). Figure qui a cinq angles et cinq côtés* (*géom.*).

Pentamètre s. m. (on pron. *pintamètre*). Vers grec ou latin composé de cinq pieds.

Pentapole s. f. (on pron. *pintapole*). Contrée qui renferme cinq villes principales.

Pentateuque s. m. (on pron. *pintateuque*). Les cinq premiers livres de la Bible.

Pente s. f. Inclinaison d'un terrain, d'une surface. Fig. inclination, penchant naturel.

Pentecôte s. f. Fête chrétienne qui se célèbre le cinquantième jour après Pâques.

Penthésilée, reine des Amazones, tuée par Achille devant Troie.

Penture s. f. Bande de fer transversale sur une porte, sur une fenêtre.

Pénultième adj. Avant-dernier. S. f. Avant-dernière syllabe d'un mot.

Pénurie s. f. Disette extrême ; pauvreté, misère.

Péotte s. f. Grande gondole.

Pépie s. f. Maladie des oiseaux consistant en une petite peau blanche qui leur vient au bout de la langue et les empêche de boire. Fig. *Avoir la pépie*, avoir une grande soif.

Pépier v. n. Se dit du cri des moineaux.

Pépin s. m. Semence au centre de certains fruits.

Pépin de Landen, maire du palais sous Dagobert Ier, m. 649.

Pépin d'Héristal, petit-fils de Pépin de Landen, duc d'Austrasie et maire du palais en Neustrie ; m. 714.

Pépin le Bref, fils de Charles-Martel et roi de France en 752 ; m. 768.

Pépinière s. f. Plant de jeunes arbres. Fig. collection, réunion de personnes destinées à un même état, à une même profession.

Pépiniériste s. m. Jardinier qui cultive une pépinière.

Pépite s. f. Morceau de métal dans les mines ; masse plus ou moins grande d'or massif.

Péplum (on pron. *péplome*), ou **péplon** s. m. Sorte de vêtement de femme chez les anciens.

Percale s. f. Tissu de coton fin et serré.

Percaline s. f. Toile de coton légère et lustrée.

Perçant, e adj. Qui perce, qui pénètre. Fig. qui fait éprouver une sensation vive : *froid perçant;* aigu, clair : *cri perçant;* qui a de la pénétration : *esprit perçant.*

Perce (en) loc. adv. Se dit des tonneaux auxquels on fait une ouverture pour tirer le liquide qu'ils contiennent.

Percé, ée adj. Troué, où il y a des ouvertures. Fig. *Homme bas percé*, presque ruiné; *panier percé*, personne qui dépense tout ce qu'elle a.

Perce-bois s. m. Insecte qui attaque le bois.

Percée s. f. Ouverture dans un bois.

Percement s. m. Action de percer.

Perce-neige s. f. Petite plante qui fleurit en hiver. (Inv. au pl.)

Perce-oreille s. m. Nom vulgaire de la forficule. (Pl. *perce-oreilles.*)

Percepteur s. m. Commis à la perception des impôts.

Perceptibilité s. f. Qualité de ce qui est perceptible.

Perceptible adj. Qui peut être perçu ou aperçu.

Perceptif, ive adj. Qui perçoit par l'esprit, par l'intelligence (*phil.*).

Perception s. f. Action de percevoir, de recouvrer les impôts; emploi de percepteur. Fig. acte par lequel l'esprit perçoit les objets.

Percer v. a. Faire une ouverture, un trou. Fig. pénétrer, approfondir ; *percer le cœur* : causer de l'affliction. V. n. Se faire ou avoir une issue. Fig. se manifester ; sortir de la foule, du vulgaire.

Percevoir v. a. Recevoir l'impression des objets. Recouvrer les impôts.

Perche s. f. Sorte de poisson d'eau douce. Morceau de bois long de trois à quatre mètres et de moyenne grosseur. Ancienne mesure agraire, la 100e partie d'un arpent (34 mètres carrés environ, à Paris).

Perchée s. f. Réunion d'oiseaux perchés.

Percher v. n. ou **se percher** v. pr. Se dit des oiseaux qui se posent sur une branche. Se mettre sur quelque chose de haut.

Percheron, onne adj. et s. Qui est du Perche. Se dit d'un cheval originaire du Perche et propre au trait rapide.

Perchlorure s. m. Se dit en chimie d'un composé neutre de chlore et de fer qui contient la plus grande quantité possible de chlore.

Perchoir s. m. Bâton sur lequel perchent les oiseaux, les volailles.

Percier, architecte français (1764-1838).

Perclus, e adj. Qui ne peut exécuter aucun mouvement; impotent.

Perçoir s. m. Instrument pour percer.

Percussion s. f. Choc d'un corps contre un autre. *Arme à percussion*, dans laquelle la capsule est frappée par un marteau ou par une aiguille.

Perdable adj. Qui peut être perdu.

Perdant, e s. Celui, celle qui perd au jeu.

Perdiccas, un des généraux d'Alexandre, fut tuteur de son fils; m. en 321 av. J.-C.

Perdition s. f. Action de perdre, de ruiner; *navire en perdition*, en danger de naufrage. État d'une personne qui est hors de la croyance de l'Église et de la voie du salut (*théol.*).

Perdre v. a. Être privé d'une chose qu'on possédait; être séparé par la mort ou autrement d'une personne qu'on aime ; égarer ; avoir le désavantage : *perdre une bataille.* Fig. faire un mauvais emploi : *perdre son temps;* causer la ruine. V. n. Diminuer de prix, de valeur. SE PERDRE v. pr. Ne plus savoir où l'on est; se déshonorer, se damner.

Perdreau s. m. Perdrix de l'année.

Perdrigon s. m. Espèce de prune.

Perdrix s. f. Oiseau de la famille des gallinacés*. *Œil de perdrix*, espèce de cor entre les doigts des pieds.

Perdu, ue adj. Qu'on ne possède

plès; qui ne sert à rien; mal employé. *Sentinelle perdue*, postée dans un lieu très avancé. *A corps perdu*, avec impétuosité. *Perdu de dettes, de débauche*, qui n'a plus de ressources, déshonoré.

Père s. m. Celui qui a un ou plusieurs enfants; titre qu'on donne aux religieux et aux prêtres dans la confession; créateur, fondateur; *nos pères*, nos ancêtres; *le Père éternel*, Dieu; *le Saint Père*, le pape; *les Pères de l'Eglise*, les docteurs dont les écrits servent de règle en matière de foi.

Péréfixe (Hardouin de), précepteur de Louis XIV, archevêque de Paris (1605-1670).

Pérégrination s. f. Voyage fait dans les pays éloignés.

Pérégrinité s. f. Etat de celui qui est étranger dans un pays.

Péremption s. f. Annulation d'une procédure qui n'a pas été continuée dans les délais fixés.

Péremptoire adj. Qui a pour objet la péremption; décisif, sans réplique.

Péremptoirement adv. D'une manière péremptoire, décisive.

Pérennité s. f. Etat de ce qui dure longtemps; perpétuité.

Perfectibilité s. f. Qualité de ce qui est perfectible.

Perfectible adj. Qui est susceptible d'être perfectionné ou de se perfectionner.

Perfection s. f. Etat de ce qui est parfait; qualité excellente de l'âme et du corps. EN PERFECTION, DANS LA PERFECTION loc. adv. Parfaitement.

Perfectionnement s. m. Action de perfectionner; effet de cette action.

Perfectionner v. a. Rendre parfait, plus parfait. SE PERFECTIONNER v. pr. S'améliorer, être perfectionné.

Perfide adj. Qui manque de foi : *ami perfide;* où il y a de la perfidie : *action perfide*. S. Qui agit avec perfidie.

Perfidement adv. Avec perfidie.

Perfidie s. f. Déloyauté, manque de foi, trahison.

Perfolié, ée adj. Se dit en botanique des feuilles qui, entourant la tige, semblent traversées par elle.

Perforant, e adj. Qui est susceptible de perforer.

Perforateur, trice adj. Qui perfore.

Perforation s. f. Action de perforer.

Perforer v. a. Percer.

Pergolèse, compositeur de musique italien (1710-1736).

Péri s. m. et f. Génie ou fée dans les contes persans.

Périanthe s. m. *Bot.* Ensemble des enveloppes florales.

Péricarde s. m. Espèce de sac membraneux qui enveloppe le cœur.

Péricardique adj. Qui concerne le péricarde.

Péricardite s. f. Inflammation du péricarde.

Péricarpe s. m. Enveloppe de la graine, des semences.

Périchondre n. m. (on pron. *périkondre*). *Anat.* Membrane qui recouvre les cartilages.

Péricliter v. n. Être en péril.

Péricrâne s. m. Membrane qui couvre le crâne.

Périgée s. m. Point de l'orbite d'une planète où elle est le plus rapprochée de la terre.

Périgourdin, e adj. et s. Qui est du Périgord ou de Périgueux.

Périgueux s. m. Pierre noire fort dure, dont se servent les verriers, les émailleurs, etc.

Périhélie s. m. Point de l'orbite d'une planète où elle est le plus rapprochée du soleil.

Péril (*l.* m.) s. m. Danger, risque.

Périlleusement adv. (*ll* m.) Avec péril.

Périlleux, euse adj. (*ll* m.) Où il y a du péril.

Périmer v. n. Se dit d'une instance qui périt par prescription ou faute de poursuites faites dans le délai fixé.

Périmètre s. m. Contour, circonférence d'une figure géométrique.

Période s. f. Espace de temps, division; temps qu'un astre met à faire sa révolution (*astr.*); phase d'une maladie (*méd.*); phrase composée de plusieurs membres (*rhét.*). S. m. Espace de temps indéterminé; le plus haut point où une chose, une personne puisse atteindre.

Périodicité s. f. Etat de ce qui est périodique.

Périodique adj. Qui revient à des temps marqués.

Périodiquement adv. D'une manière périodique.

Périœcien s. m. Nom donné aux habitants de la terre qui, ayant une même latitude, sont éloignés entre eux de 180° en longitude, en sorte qu'il est midi chez les uns quand il est minuit chez les autres.

Périoste s. m. Membrane fibreuse qui couvre les os.

Périostose s. f. Gonflement du périoste.

Péripatéticien, enne adj. et s. Qui suit la doctrine d'Aristote.

Péripatétisme s. m. Philosophie d'Aristote.

Péripétie s. f. (on pron. *péripéci*). Evénement dans un poème, dans une pièce de théâtre, qui change la face des choses.

Périphérie s. f. Contour d'une figure curviligne.

Périphérique adj. Qui appartient à la périphérie.

Périphrase s. f. Circonlocution dont on se sert pour exprimer ce qu'on ne veut pas dire en termes propres.

Périphraser v. n. Parler par périphrases.

Péripneumonie s. f. Inflammation du poumon (*méd.*).

Périptère s. m. Edifice entouré extérieurement de colonnes isolées.

Périr v. n. Prendre fin; être détruit; finir d'une manière violente et prématurée; dépérir. Fig. tomber en ruines, en décadence; être anéanti.

Périsciens s. m. pl. Habitants des zones glaciales.

Périssable adj. Qui est sujet à périr, peu durable.

Périssoire s. f. Sorte d'embarcation très légère.

Péristyle s. m. Edifice environné de colonnes isolées.

Péritoine s. m. Membrane tendue autour des viscères du bas-ventre et les enveloppant (*anat.*).

Péritonite s. f. Inflammation du péritoine.

Perle s. f. Globule qui se forme dans certaines coquilles. Fig. ce qu'il y a de mieux dans son genre.

Perlé, ée adj. Orné de perles. Fig. bien fait, brillant. *Orge perlé*, dépouillé de sa seconde enveloppe.

Permanence s. f. Etat de ce qui est permanent; durée constante; état d'une assemblée qui déclare qu'elle ne lèvera pas la séance jusqu'à ce que telle chose soit terminée.

Permanent, e adj. Stable, qui dure constamment.

Perméabilité s. f. Qualité de ce qui est perméable.

Perméable adj. Qui se laisse traverser ou pénétrer par un fluide.

Permettre v. a. Donner liberté, pouvoir de dire ou de faire; autoriser, tolérer; donner le loisir, le moyen de. SE PERMETTRE v. pr. Se donner la liberté de.

Permis s. m. Permission écrite.

Permission s. f. Autorisation de dire, de faire.

Permutable adj. Qui peut être échangé.

Permutant adj. et s. m. Qui permute.

Permutation s. f. Action de permuter, transposition, échange.

Permuter v. a. Echanger un emploi; transposer.

Pernicieusement adv. D'une manière pernicieuse.

Pernicieux, euse adj. Mauvais, dangereux, nuisible.

Péroné s. m. Os long et grêle à la partie externe de la jambe.

Péronnelle s. f. Jeune femme sotte et fière (fam.).

Péroraison s. f. Conclusion d'un discours, d'un plaidoyer, d'une symphonie, etc.

Pérorer v. n. Discourir avec emphase.

Péroreur s. m. Celui qui a la manie de pérorer.

Pérou, république de l'Amérique du Sud, riche en mines d'or et d'argent. Fig. affaire très avantageuse.

Peroxyde s. m. Oxyde du degré le plus élevé (*chim.*).

Perpendiculaire adj. Qui se dirige sur une ligne ou un plan de manière à former un angle droit. S. f. Ligne perpendiculaire.

Perpendiculairement adv. De manière perpendiculaire.

Perpendicularité s. f. État de ce qui est perpendiculaire.

Perpenna, général romain, m. 71 av. J.-C.

Perpétration s. f. Action de perpétrer.

Perpétrer v. a. Commettre un crime, un méfait.

Perpétuation s. f. Action qui perpétue ; effet de cette action.

Perpétue (Ste), vierge martyrisée en 203.

Perpétuel, elle adj. Qui ne cesse point, qui dure toute la vie ; continuel, fréquent, habituel.

Perpétuellement adv. Sans cesse, fréquemment.

Perpétuer v. a. Rendre perpétuel, faire durer toujours ou longtemps. SE PERPÉTUER v. pr. Ne pas cesser d'être, se succéder.

Perpétuité s. f. Durée perpétuelle. À PERPÉTUITÉ loc. adv. Pour toujours.

Perplexe adj. Qui est dans la perplexité, qui jette dans la perplexité.

Perplexité s. f. Irrésolution inquiète, anxiété.

Perquisiteur s. m. Celui qui fait une perquisition.

Perquisition s. f. Recherche exacte, sévère.

Perrault (Claude), architecte français, auteur de la colonnade du Louvre (1613-1688). — (Charles), littérateur, frère du précédent, surtout connu par ses *Contes de fées* (1628-1703).

Perron s. m. Escalier extérieur avec plate-forme.

Perronet, ingénieur français (1708-1794).

Perroquet s. m. Oiseau de l'ordre des grimpeurs qui imite la parole humaine. Fig. personne qui répète ou récite sans comprendre. En terme de marine, mât, vergue et voile au-dessus d'un mât de hune.

Perruche s. f. Petit perroquet à longue queue ; femelle du perroquet*.

Perruque s. f. Coiffure de faux cheveux. Fig. vieux bonhomme.

Perruquier s. m. Celui qui fait des perruques, qui coiffe et qui rase.

Perruquière s. f. Femme d'un perruquier.

Pers, e adj. De couleur entre le vert et le bleu.

Persan, e adj. et s. De la Perse moderne.

Perse s. f. Sorte de toile peinte.

Perse, poète satirique latin (34-62).

Persécutant, e adj. Qui persécute ; qui se rend incommode par ses importunités.

Persécuter v. a. Poursuivre ardemment et injustement quelqu'un ; le tourmenter, l'importuner ; presser avec importunité.

Persécuteur, trice adj. et s. Qui persécute ; importun.

Persécution s. f. Action de persécuter, poursuite injuste et violente, vexation, importunité.

Persée, fils de Jupiter et de Danaé (*myth.*). — Roi de Macédoine, m. 168 av. J.-C.

Persévéramment adv. Avec persévérance.

Persévérance s. f. Qualité ou action d'une personne qui persévère.

Persévérant, e adj. Qui persévère.

Persévérer v. n. Continuer, demeurer ferme et constant dans la même manière d'être.

Persicot s. m. Sorte de liqueur faite avec des noyaux de pêche, du sucre et de l'esprit de vin.

Persienne s. f. Sorte de jalousie à tringles de bois plates disposées en abat-jour.

Persiflage s. m. Raillerie.

Persifler v. a. Tourner quelqu'un en ridicule ; parler avec ironie et moquerie.

Persifleur s. m. Celui qui persifle.

Persil s. m. (*l* nulle). Sorte de plante potagère.

Persillade s. f. (*ll* m.) Ragoût fait de tranches de bœuf froid assaisonné de persil.

Persillé, ée adj. (*ll* m.) Parsemé de petits points verdâtres.

Persique adj. m. Se dit d'un ordre d'architecture.

Persistance s. f. Qualité de ce qui est persistant ; action de persister.

Persistant, e adj. Qui persiste.

Persister v. n. Demeurer ferme dans ses résolutions, dans ses sentiments, etc.; se tenir ferme, rester constamment dans tel ou tel état.

Personnage s. m. Personne considérable, homme remarquable; personne fictive mise en action dans un ouvrage dramatique. *Fig.* rôle que l'on joue dans la société.

Personnalité s. f. Ce qui appartient essentiellement à une personne, ce qui constitue son caractère; égoïsme; paroles qui attaquent personnellement quelqu'un.

Personne s. f. Homme ou femme. *En personne*, soi-même; *aimer sa personne*, ses aises. *Gram.* Rôle des mots par rapport à l'acte de la parole. *Théol.* Les *personnes divines*, la sainte Trinité.

Personne pr. ind. m. sing. Nul, qui que ce soit; quelqu'un.

Personné, ée adj. et s. *Bot.* Se dit des fleurs auxquelles leur conformation donne l'apparence d'un mufle.

Personnel, elle adj. Propre et particulier à chaque personne. *Contribution personnelle*, celle que l'on paye pour sa personne et non pour ses biens. *Gram. Pronom personnel*, qui représente une des trois personnes; *mode personnel*, autre que l'infinitif. S. m. *Le personnel d'un établissement*, tous les employés.

Personnellement adv. En personne.

Personnification s. f. Action de personnifier; résultat de cette action.

Personnifier v. a. Attribuer à une chose inanimée la figure, les sentiments, le langage d'une personne.

Perspectif, ive adj. Qui représente un objet en perspective : *dessin perspectif*.

Perspective s. f. Art de représenter les objets dans leurs situations respectives; aspect des objets vus de loin. Fig. espérance ou crainte d'une chose probable, quoique éloignée. EN PERSPECTIVE loc. adv. Dans l'éloignement, dans l'avenir.

Perspicace adj. Qui a de la perspicacité.

Perspicacité s. f. Pénétration d'esprit.

Perspicuité s. f. Clarté, netteté.

Perspiration s. f. *Méd.* Transpiration insensible.

Persuader v. a. Porter à croire, décider à faire. SE PERSUADER v. pr. Croire, s'imaginer.

Persuasif, ive adj. Qui a le pouvoir, le talent de persuader.

Persuasion s. f. Action de persuader; ferme croyance.

Perte s. f. Privation d'un bien, d'un avantage; mort, ruine; dommage; mauvais emploi; mauvais succès, issue fâcheuse. A PERTE loc. adv. Avec perte. A PERTE DE VUE loc. adv. Hors de la portée de la vue.

Pertinemment adv. D'une manière pertinente.

Pertinence s. f. Qualité de ce qui est pertinent.

Pertinent, e adj. Qui est tel qu'il convient; qui se rapporte à la question.

Pertuis s. m. Trou par où se perd l'eau d'un bassin, d'une fontaine, etc.; passage étroit pratiqué dans un cours d'eau; détroit.

Pertuisane s. f. Sorte de hallebarde à fer long, large et tranchant.

Perturbateur, trice adj. et s. Qui cause du trouble.

Perturbation s. f. Trouble, émotion de l'âme; bouleversement dans un Etat; dérangement dans le mouvement des corps célestes.

Pérugin (VANNUCCI, dit le), célèbre peintre italien (1446-1524).

Péruvien, ienne adj. et s. Du Pérou.

Pervenche s. f. Plante printanière; sa fleur*.

Pervers, e adj. et s. Méchant, dépravé.

Perversement adv. D'une manière perverse.

Perversion s. f. Changement de bien en mal.

Perversité s. f. Méchanceté, dépravation.

Pervertir v. a. Faire changer de bien en mal.

Pervertissement s. m. Action de pervertir.

Pervertisseur s. m. Celui qui pervertit; corrupteur.

Pesage s. m. Action de peser.

Pesamment adv. D'une manière pesante. Fig. sans grâce.

Pesant, e adj. Lourd, qui pèse. Fig. à charge; sans légèreté, sans grâce. S'emploie subst. dans cette expression : *cet homme vaut son pesant d'or.*

Pesanteur s. f. Etat de ce qui est pesant; malaise. Fig. défaut de pénétration : *pesanteur d'esprit.*

Pesée s. f. Action de peser, ce qui a été pesé en une fois.

Pèse-lait s. m. Instrument qui permet de reconnaître la qualité du lait. (Inv. au pl.)

Pèse-liqueur s. m. Instrument qui sert à faire connaître la pesanteur spécifique des liquides. (Pl. *pèse-liqueurs.*)

Peser v. a. Constater au moyen de poids connus la pesanteur d'un objet. Fig. examiner attentivement; *peser ses paroles*, parler avec lenteur, avec circonspection. V. n. Avoir un certain poids; appuyer fortement; causer de la peine, de l'embarras, du chagrin.

Peseur s. m. Celui qui pèse.

Peson s. m. Instrument qui sert à peser.

Pessimisme s. m. Opinion du pessimiste.

Pessimiste s. m. Celui qui par système prétend que tout va très mal.

Peste s. f. Maladie contagieuse qui cause une grande mortalité. Fig. chose pernicieuse qui corrompt l'esprit ou le cœur; personne qui peut faire beaucoup de mal. Interj. Sorte d'imprécation : *peste soit de....*

Pester v. n. Exprimer son mécontentement par des paroles aigres.

Pestifère adj. Qui communique la peste.

Pestiféré, ée adj. et s. Infecté de la peste, atteint de la peste.

Pestilence s. f. Etat de ce qui est pestilent; corruption de l'air. Fig. mauvaise doctrine.

Pestilent, e adj. Qui tient de la peste; qui la donne ou l'annonce.

Pestilentiel, elle adj. Qui a le caractère de la peste; contagieux.

Pet s. m. Vent qui sort du corps par en bas avec bruit (terme à éviter).

Pétale s. m. Chacune des feuilles de la corolle d'une fleur (*bot.*).

Pétarade s. f. Suite de pets que fait un cheval, un âne, etc., en ruant.

Pétard s. m. Boîte que l'on remplit de poudre pour faire sauter les portes, etc.; petite pièce d'artifice.

Pétarder v. a. Faire jouer le pétard.

Pétardier s. m. Celui qui fait les pétards ou qui les applique.

Pétase s. m. Sorte de chapeau en usage chez les anciens.

Petau, savant jésuite français (1583-1652).

Pétaud ou **petaud** s. m. *Cour du roi Pétaud*, lieu de désordre et de confusion où tout le monde est maître.

Pétaudière ou petaudière s. f. Assemblée bruyante et sans ordre.

Pet-en-l'air s. m. Robe de chambre très courte. (Invar. au pl.)

Péter v. n. Faire un pet (terme à éviter). Fig. faire un bruit subit et éclatant.

Péteur, euse s. Celui, celle qui pète (terme à éviter).

Pétillant, e adj. (*ll* m.) Qui pétille.

Pétillement s. m. (*ll* m.) Action de pétiller.

Pétiller v. n. (*ll* m.) Eclater avec un petit bruit réitéré. Fig. être plein de vivacité; jeter un vif éclat; être impatient.

Pétiole s. m. (on pron. *péciole*). Support de la feuille, vulgairement *queue* (*bot.*).

Pétiolé, ée adj. Porté par un pétiole (*bot.*).

Pétion, président de la république d'Haïti (1770-1818).

Pétion, maire de Paris en 1791-1792 (1753-1793).

Petit, e adj. Qui a peu d'étendue ou de volume; dont la taille est au-dessous de la moyenne; peu nombreux. Fig. faible, médiocre, bas, de peu de valeur; *se faire petit*, occuper le moins de place possible, éviter l'éclat. S. m. Animal nouvellement né; personne de condition ordinaire; chose petite. EN PETIT loc. adv. En raccourci. PETIT A PETIT loc. adv. Peu à peu.

Petit (Jean), cordelier français, docteur en théologie ; m. 1413.

Petite-fille s. f. Fils du fils ou de la fille. (Pl. *petites-filles.*)

Petitement adv. En petite quantité, mesquinement.

Petites-Maisons s. f. pl. Ancien hôpital des fous à Paris.

Petitesse s. f. Caractère de ce qui est petit ; peu d'étendue ; modicité ; faiblesse ; action sans générosité.

Petit-fils s. m. Fils du fils ou de la fille. (Pl. *petits-fils.*)

Petit-gris s. m. Sorte d'écureuil du nord ; fourrure de cet animal. (Pl. *petits-gris.*)

Pétition s. f. Demande écrite adressée à une autorité. *Pétition de principe*, raisonnement faux consistant à donner pour preuve ce qu'il s'agit de prouver.

Pétitionnaire s. Qui adresse une pétition à une autorité.

Pétitionnement s. m. Action de pétitionner.

Pétitionner v. n. Adresser une pétition.

Pétitoire s. m. Demande en justice pour revendiquer la propriété d'un immeuble.

Petitot (Jean), peintre en émail (1607-1691).

Peton s. m. Petit pied (fam.).

Pétoncle s. m. Nom de plusieurs coquillages bivalves.

Pétrarque, poète italien (1304-1374).

Pétrel s. m. Oiseau de mer palmipède.

Pétrifiant, e adj. Qui a la propriété de pétrifier.

Pétrification s. f. Changement en pierre d'une substance végétale ou animale ; chose pétrifiée.

Pétrifier v. a. Changer en pierre. Fig. rendre immobile, stupéfier.

Pétrin s. m. Grand coffre dans lequel on pétrit le pain.

Pétrir v. a. Faire une pâte avec de l'eau et de la farine ; presser avec les mains pour faire une pâte.

Pétrissable adj. Qu'on peut pétrir.

Pétrissage s. m. Action de pétrir.

Pétrisseur s. m. Celui qui, chez un boulanger, pétrit la pâte.

Pétrole s. m. Huile minérale servant à l'éclairage.

Pétrone, écrivain latin, auteur du *Satyricon*, m. en 66.

Pétrosilex s. m. Pierre siliceuse.

Pétulance s. f. Vivacité impétueuse.

Pétulant, e adj. Qui a de la pétulance.

Petun s. m. Ancien nom du *tabac.*

Pétunia s. m. Genre de plantes d'agrément originaires de l'Amérique du Sud.

Pétunsé s. m. Pierre que les Chinois emploient pour faire leur porcelaine.

Peu s. m. Une petite quantité. Adv. En petite quantité. PEU A PEU loc. adv. Insensiblement. DANS PEU, SOUS PEU loc. adv. Dans peu de temps. A PEU PRÈS loc. adv. Pas tout à fait.

Peuplade s. f. Multitude de gens qui vont coloniser un pays ; petite société dans les pays non encore civilisés.

Peuple s. m. Multitude d'hommes sous les mêmes lois ; partie la moins fortunée, la moins instruite d'une ville, d'un Etat.

Peuplement s. m. Action de peupler une rivière, un étang, une basse-cour, une forêt, etc.

Peupler v. a. Emplir un lieu d'habitants (se dit des hommes, des animaux, des plantations). SE PEUPLER v. pr. Devenir peuplé.

Peuplier s. m. Grand arbre de la famille des salicinées.

Peur s. f. Trouble que cause la vue ou l'attente d'un danger, d'un mal. DE PEUR QUE loc. conj. Pour éviter que.

Peureusement adv. D'une manière craintive.

Peureux, euse adj. et s. Sujet à la peur, qui manque d'assurance.

Peut-être adv. Probablement.

Phaéton, fils d'Apollon, obtint de conduire durant un jour le char du Soleil ; mais, s'étant approché trop près de la terre, il faillit l'embraser ; alors Jupiter le foudroya (*myth.*).

Phaéton s. m. Voiture à quatre roues légère et découverte.

Phalange s. f. Ancien corps de troupes armées de piques ; toute espèce de troupes ; chacun des os qui composent les doigts et les orteils.

Phalangite s. m. Soldat de la phalange.

Phalanstère s. m. Edifice occupé par une association de travailleurs (dans le système de Fourier).

Phalaris, tyran d'Agrigente, fameux par ses cruautés (VIe s. avant J.-C.).

Phalène s. f. Papillon de nuit.

Pharamond, chef franc, considéré comme fondateur de la monarchie des Francs (420-428).

Pharaon s. m. Nom par lequel on désignait les anciens rois d'Egypte; sorte de jeu de cartes.

Phare s. m. Tour dressée sur un rivage et au sommet de laquelle on allume des feux pour guider les navigateurs.

Pharisaïque adj. Qui tient du caractère des pharisiens.

Pharisaïsme s. m. Caractère des pharisiens. Fig. hypocrisie.

Pharisien s. m. Secte de Juifs qui, exagérant les pratiques de la loi de Moïse, affectaient de se distinguer par la sainteté extérieure de leur vie. Fig. celui qui n'a qu'une piété extérieure.

Pharmaceutique adj. Qui a rapport à la pharmacie. S. f. Traité des médicaments.

Pharmacie s. f. Art de préparer les médicaments; officine où ils sont préparés ou débités.

Pharmacien s. m. Celui qui exerce la pharmacie.

Pharmacopée s. f. Recueil des formules d'après lesquelles les médicaments doivent être préparés.

Pharmacopole s. m. Vendeur de drogues; ne se dit que par plaisanterie, en parlant d'un charlatan.

Pharnace, fils de Mithridate le Grand (m. 47 av. J.-C.).

Pharyngien, ienne adj. Du pharynx.

Pharyngite s. f. Inflammation du pharynx (*méd.*).

Pharyngo-laryngite s. f. Inflammation du pharynx et du larynx (*méd.*).

Pharynx s. m. Gosier, partie supérieure de l'œsophage.

Phase s. f. Apparences diverses sous lesquelles la lune se présente successivement à nos regards. Fig. se dit des changements successifs qui se remarquent dans certaines choses.

Phébus s. m. Apollon, dieu du soleil et de la poésie (*myth.*). Fig. homme qui fait le beau parleur; style obscur et ampoulé.

Phèdre, fabuliste latin (Ier s. ap. J.-C.).

Phénicien, ienne adj. et s. De la Phénicie.

Phénicoptère s. m. Flamant.

Phénique adj. *Chim.* Se dit d'un acide produit par la distillation de la houille.

Phénix s. m. Oiseau fabuleux auquel on attribuait une vie de plusieurs siècles et qui, brûlé, renaissait de ses cendres. Fig. personne supérieure, unique dans son genre.

Phénol s. m. *Chim.* Substance extraite des huiles fournies par les goudrons des gaz.

Phénoménal, e adj. Qui tient du phénomène.

Phénomène s. m. Tout ce qui apparaît d'extraordinaire dans le ciel, dans l'air. Fig. ce qui est rare et surprenant; personne qui se fait remarquer par ses talents, ses actions.

Phidias, sculpteur grec, contemporain de Périclès (496-431 av. J.-C.).

Philanthrope s. m. Celui qui aime les hommes, qui s'occupe des moyens d'améliorer le sort de ses semblables.

Philanthropie s. f. Amour de l'humanité.

Philanthropique adj. Inspiré par la philanthropie.

Philémon, mari de Baucis (*myth.*). — Poète comique grec (IIIe s. av. J.-C.).

Philènes, nom de deux frères de la ville de Cyrènes (Afrique), célèbres par leur dévouement patriotique.

Philétère, fondateur du royaume de Pergame (283 av. J.-C.).

Philharmonique adj. Qui aime l'harmonie, la musique.

Philidor, compositeur de musique français (1727-1795).

Philippe (saint), apôtre, m. 80.

—(saint), diacre, m. 70. Voy. *Néri.*

Philippe, nom de 5 rois de Macédoine, entre autres : PHILIPPE II, père d'Alexandre le Grand (382-336 av. J.-C.); PHILIPPE III ou V, illustre par ses luttes contre les Romains (234-178 av. J.-C.).

Philippe l'Arabe, empereur romain (204-249).

Philippe Ier, roi de France (1060-1108); PHILIPPE II, *Auguste*, roi de France (1180-1223); PHILIPPE III, *le Hardi*, roi de France (1270-1285); PHILIPPE IV, *le Bel*, roi de France (1285-1314); PHILIPPE V, *le Long*, roi de France (1316-1322); PHILIPPE VI DE VALOIS, roi de France (1328-1350).

Philippe Ier de Rouvre, duc de Bourgogne (1345-1361); PHILIPPE II, *le Hardi*, fils du roi Jean le Bon, duc de Bourgogne (1342-1404); PHILIPPE III, *le Bon*, duc de Bourgogne, fils de Jean-sans-Peur et père de Charles le Téméraire (1396-1467).

Philippe de Souabe, fils de Frédéric Barberousse, né en 1178, empereur d'Allemagne en 1206; mort assassiné en 1208.

Philippe Ier, *le Beau*, roi d'Espagne, père de Charles-Quint (1504-1506); PHILIPPE II, roi d'Espagne, fils de Charles-Quint (1556-1598); PHILIPPE III, roi d'Espagne (1598-1621); PHILIPPE IV, roi d'Espagne (1621-1665); PHILIPPE V, *duc d'Anjou*, petit-fils de Louis XIV, appelé au trône d'Espagne en 1700, par le testament de Charles II, fut définitivement reconnu par la paix d'Utrecht, en 1712; il mourut en 1746.

Philippique s. f. Nom donné à quatre discours de Démosthène contre Philippe, roi de Macédoine. Fig. discours violent et injurieux.

Philistins ou **Palestins**, peuple de la Syrie ancienne, donna son nom à la Palestine.

Philoctète, compagnon d'Hercule.

Philologie s. f. Science des belles-lettres, de la critique, etc.; étude des langues et de la littérature, principalement au point de vue de la grammaire et de la critique.

Philologique adj. Qui concerne la philologie.

Philologue s. m. Qui s'occupe de philologie.

Philosophale adj. f. *Pierre philosophale*, pierre qui devait permettre la transmutation des métaux en or. Fig. chose impossible à trouver.

Philosophe s. m. Qui s'occupe de philosophie. Fig. personne qui mène une vie tranquille et retirée.

Philosopher v. n. Traiter, raisonner des choses de la philosophie; argumenter.

Philosophie s. f. Etude des causes et des principes; système particulier : *philosophie de Platon;* étude des principes généraux d'une science, d'un art; fermeté d'âme, résignation; cours de philosophie.

Philosophique adj. Qui appartient ou se rapporte à la philosophie.

Philosophiquement adv. D'une manière philosophique.

Philosophisme s. m. La manie, l'abus de la philosophie.

Philosophiste s. m. Faux philosophe.

Philostrate, sophiste grec du premier siècle.

Philotechnique adj. Qui aime les arts, les sciences : *société philotechnique.*

Philtre s. m. Drogue à laquelle on attribuait le pouvoir de faire naître quelque passion.

Phlébite s. f. Inflammation des veines (*méd.*).

Phlébotomie s. f. Saignée.

Phlégéthon, un des fleuves des enfers (*myth.*).

Phlegmasie s. f. Inflammation interne (*méd.*).

Phlegmon s. m. Tumeur inflammatoire au-dessous de la peau.

Phlegmoneux, euse adj. Qui a le caractère du phlegmon.

Phlogistique s. m. Principe du feu, d'après les anciens chimistes.

Phlogose s. f. Inflammation superficielle (*méd.*).

Phlox s. m. Genre de plantes, originaires de l'Amérique.

Phocas, empereur d'Orient (602-610).

Phocion, général athénien, adversaire de Démosthène, condamné injustement par ses compatriotes à boire la ciguë (402-317 av. J.-C.)

Phonétique adj. Qui a rapport à la voix. *Écriture phonétique,* dont les éléments représentent des sons.

Phonique adj. Qui a rapport à la voix.

Phonographe s. m. Appareil qui reçoit les sons et les reproduit avec exactitude.

Phoque s. m. Quadrupède amphibie des mers du Nord.

Phosphate s. m. Sel formé par la combinaison de l'acide phosphorique avec une base (*chim.*).

Phosphore s. m. Corps simple, solide, d'un blanc jaunâtre, lumineux dans l'obscurité.

Phosphoré, ée adj. Qui contient du phosphore.

Phosphorescence s. f. Propriété qu'ont plusieurs corps de briller dans l'obscurité.

Phosphorescent, e adj. Qui luit dans l'obscurité.

Phosphoreux adj. m. Se dit d'un acide formé par la combustion lente du phosphore.

Phosphorique adj. Qui appartient au phosphore, où il entre du phosphore. — *Acide phosphorique,* combinaison d'oxygène et de phosphore,

Photius, patriarche d'Alexandrie, commença le schisme d'Orient au IXe siècle.

Photographe s. m. Celui qui s'occupe de photographie.

Photographie s. f. Art de fixer sur verre, sur métal ou sur papier, au moyen de la chambre obscure et de divers procédés chimiques, l'image des objets extérieurs, des monuments, des paysages, des individus, etc.; image reproduite de cette manière.

Photographier v. a. Reproduire par la photographie.

Photographique adj. Qui a rapport à la photographie.

Photographiquement adv. Par les procédés de la photographie.

Photogravure s. f. Gravure faite par un procédé photographique.

Photosphère s. f. Atmosphère lumineuse du soleil (*astron.*).

Phrase s. f. Assemblage de mots formant un sens complet. *Phrase musicale,* suite régulière d'accords.

Phraséologie s. f. Etude et connaissance de la phrase; construction de phrase particulière à une langue ou à un écrivain; discours où s'étalent de grands mots vides de sens.

Phraséologique adj. Qui concerne la phraséologie.

Phraser v. n. Faire des phrases.

Phraseur ou **phrasier** s. m. Faiseur de phrases, en mauvaise part; écrivain sonore et vide.

Phrénique adj. *Anat.* Qui a rapport au diaphragme.

Phrénologie s. f. Etude du caractère et des fonctions intellectuelles de l'homme, fondée sur la conformation du crâne.

Phrénologique adj. Qui appartient à la phrénologie.

Phrénologiquement adv. En phrénologie.

Phrénologiste ou **phrénologue** s. m. Qui s'occupe de phrénologie.

Phtiriasis s. f. Maladie pédiculaire.

Phtisie s. f. *Méd.* Consomption lente; maladie de poitrine.

Phtisique adj. Qui est attaqué de la phtisie.

Phyllithe s. m. Feuille pétrifiée, ou pierre qui porte des empreintes de feuilles.

Phylloxera s. m. Genre d'insectes très petits qui s'attaquent à la racine et à la tige de la vigne.

Physicien s. m. Qui s'occupe de physique.

Physico-mathématique adj. Qui a rapport à la physique et aux mathématiques : *les sciences physico-mathématiques.*

Physiognomonie s. f. Art de connaître les hommes par l'inspection du visage.

Physiognomonique adj. Qui a rapport à la physiognomonie.

Physiologie s. f. Science de la vie et des fonctions organiques.

Physiologique adj. Qui a rapport à la physiologie.

Physiologiste s. m. Qui s'occupe de physiologie.

Physionomie s. f. L'air, les

traits du visage; certain air de vivacité et d'agrément répandu habituellement sur le visage. *Fig.* caractère qui distingue certaines choses.

Physionomiste s. Qui se connaît en physionomie.

Physique s. f. Science qui a pour objet l'examen abstrait de chacune des propriétés des corps et des actions mécaniques que ces corps exercent les uns sur les autres, et la constatation des divers phénomènes qu'ils offrent dans leurs mouvements; ouvrage qui traite de cette science. Adj. Naturel, matériel; qui s'appuie sur une observation des sens; effectif, réel. S. m. Physionomie, extérieur d'une personne.

Physiquement adv. D'une manière physique.

Phytographe s. m. Qui s'occupe de phytographie.

Phytographie s. f. Partie de la botanique qui traite de la description des plantes.

Phytologie s. f. Syn. de *Botanique.*

Piaffe s. f. Faste, ostentation, braverie.

Piaffer v. n. Faire piaffe; frapper la terre des pieds de devant, en parlant du cheval.

Piaffeur s. m. Cheval qui piaffe.

Piailler v. n. (*ll* m.) Criailler (fam.).

Piaillerie s. f. (*ll* m.) Criaillerie (fam.).

Piailleur, euse s. (*ll* m.) Qui piaille; criard.

Pian s. m. En Amérique, maladie cutanée qui affecte surtout les nègres.

Pianissimo adv. *Mus.* Très doucement.

Pianiste s. Qui joue du piano.

Piano ou forte-piano s. m. Instrument de musique, à clavier.

Piano adv. *Mus.* Doucement.

Piast ou piaste s. m. Descendant des anciennes maisons de Pologne.

Piastre s. f. Monnaie d'argent en usage dans divers pays.

Piauler v. n. Se dit du cri des petits poulets.

Pibrac (GUI DU FAUR, seigneur de), ambassadeur de Charles IX au concile de Trente (1529-1584).

Pic s. m. Instrument de fer courbé, pointu et à long manche. Oiseau insectivore de l'ordre des grimpeurs. Terme du jeu de piquet, lorsque le joueur parvenu à trente sans que l'autre ait rien compté, passe de trente à soixante. Pointe de montagne. A PIC loc. adv. Verticalement.

Pic de la Mirandole (Jean), savant et théologien italien (1463-1494).

Pica s. m. Dépravation du goût caractérisée par le désir de manger des substances non alimentaires, telles que la chaux, le charbon, etc.

Picador s. m. En Espagne, cavalier qui attaque le taureau avec la pique.

Picard, auteur dramatique français (1769-1828).

Piccini, compositeur italien, célèbre par sa rivalité avec Gluck (1727-1800).

Piccinisie s. m. S'est dit des partisans de la musique de Piccini par opposition aux *gluckistes*, partisans de la musique de Gluck.

Pichegru, général français, conquit la Hollande en 1795, puis il trahit le Directoire et fut chassé de France (1798); il y rentra en 1804, fut pris et s'étrangla dans sa prison (1761-1804).

Pichenette s. f. Chiquenaude.

Picholine s. f. (on pron. *pikoline*). Olive d'une petite espèce, qu'on sert comme hors d'œuvre. Adj. : *olives picholines.*

Picorée s. f. Action de marauder : *aller à la picorée.*

Picorer v. n. Aller en maraude. Fig. grappiller, faire des voleries.

Picoreur s. m. Soldat qui va à la picorée. Fig. plagiaire.

Picot s. m. Pointe qui reste sur le bois qui n'a pas été coupé net; engrêlure au bord des dentelles.

Picotement s. m. Impression incommode sur la peau comme si l'on y faisait des piqûres légères.

Picoter v. a. Causer des picotements; becqueter (en parlant des oiseaux). Fig. attaquer par des paroles malignes.

Picoterie s. f. Parole maligne.

Picotin s. m. Mesure pour l'avoine; ce qu'elle contient.

Picrate s. m. Sel formé par l'acide picrique (*chim.*).

Picrique adj. m. *Acide picrique*, matière tinctoriale d'un jaune d'or éclatant.

Pictes s. m. pl. Ancien peuple de l'Écosse, de race gaélique, résista à tous les efforts des Romains.

Pic-vert. Voy. *Pivert*.

Pie. Nom qui fut porté par neuf papes : PIE Ier (saint) (142-157). — PIE II (Æneas Sylvius PICCOLOMINI), (1458-1464). — PIE III (1503). — PIE IV (1559-1565). — PIE V (saint) (1566-1572). — PIE VI (1775-1799). — PIE VII (1800-1823), négocia le concordat et sacra Napoléon Ier. — PIE VIII (1829-1830). — PIE IX (1846-1878).

Pie s. f. Oiseau à plumage blanc et noir. Fig. *Bavarder comme une pie*, parler beaucoup. Adj. Blanc et noir : *cheval pie*; pieux : *œuvre pie*.

Pièce s. f. Partie d'un tout; morceau d'étoffe, de bois, de métal; partie d'appartement; chose détachée formant un tout complet : *pièce de vin*; bouche à feu; ouvrage d'esprit, comédie, tragédie; figures du jeu d'échecs. Fig. *Faire pièce à quelqu'un*, lui jouer un mauvais tour, se moquer de lui. PIÈCE A PIÈCE loc. adv. Un objet après l'autre.

Piécette s. f. Petite monnaie d'argent.

Pied s. m. Partie du corps de l'homme et de certains animaux qui leur sert de base et à marcher; partie de la tige ou du tronc d'un arbre qui est le plus près de terre; endroit le plus bas d'un monument, d'une montagne, etc.; support de certains meubles et ustensiles; ancienne mesure de 12 pouces; division des vers métriques. Fig. *Couper l'herbe sous les pieds à quelqu'un*, le supplanter; *lâcher pied*, s'enfuir. A PIED loc. adv. pédestrement. PIED A PIED loc. adv. Pas à pas. DE PIED FERME loc. adv. Sans quitter son poste.

Pied-à-terre s. m. Petit logement dans un endroit où l'on ne vient qu'en passant. (Inv. au pl.)

Pied bot s. m. Pied rond et contrefait; celui qui a un pied bot.

Pied-de-biche s. m. Instrument de dentiste.

Pied-de-chèvre s. m. Sorte de levier en fer.

Pied-droit s. m. Partie du jambage d'une porte, d'une fenêtre.

Piédestal s. m. Support d'une statue, d'une colonne, etc.

Piédouche s. m. Petit piédestal.

Pied plat s. m. Homme qui ne mérite aucune considération. (Pl. *pieds plats*.)

Piège s. m. Machine pour prendre certains animaux. Fig. artifice, embûches.

Pie-grièche s. f. Sorte d'oiseau.

Pie-mère s. f. *Anat.* L'une des membranes qui enveloppent l'encéphale.

Piérides s. f. pl. *Myth.* Autre nom des Muses.

Pierraille s. f. (*ll m.*) Amas de petites pierres.

Pierre s. f. Corps dur et solide formé dans la terre; fragment de rocher, caillou; concrétions qui se forment dans les reins, dans la vessie. *Pierres précieuses*, minéraux précieux à cause de leur rareté, tels que le diamant, le rubis, l'émeraude, etc. PIERRE DE TOUCHE, petite pierre noire pour essayer l'or et l'argent. Fig. ce qui éprouve. Fig. *Jeter la pierre à quelqu'un*, lui adresser des reproches, l'accuser.

Pierre (saint), prince des apôtres; m. 66.

Pierre. Nom de plusieurs princes et rois, entre autres : PIERRE III et PIERRE IV, rois d'Aragon; m. le 1er en 1285, le 2e en 1387. — PIERRE *le Cruel*, roi de Castille (1334-1369). — PIERRE Ier, *le Justicier* ou *le Cruel*, roi de Portugal (1320-1367). — PIERRE Ier, *le Grand*, tzar de Russie (1672-1725). — PIERRE II, tzar de Russie (1715-1730). — PIERRE III, tzar de Russie (1728-1772).

Pierre l'Hermite ou l'Ermite, prédicateur de la première croisade; m. 1115.

Pierrée s. f. Conduit fait à pierres sèches pour l'écoulement des eaux.

Pierreries s. f. pl. Pierres précieuses.

Pierrette s. f. Petite pierre; femme costumée en pierrot.

Pierreux, euse adj. Plein de

pierres. S. Qui a la maladie de la pierre.

Pierrot s. m. Moineau franc; personnage de l'ancienne comédie italienne et de la pantomime moderne, dont la figure est enfarinée et le vêtement blanc.

Pierrier s. m. Espèce de petit canon.

Piété s. f. Amour et respect pour les choses de la religion ; sentiment de vénération.

Piéter v. n. Au jeu de boules ou de quilles, tenir le pied à l'endroit marqué. SE PIÉTER v. pr. Se roidir sur ses pieds, résister.

Piétinement s. m. Action de piétiner.

Piétiner v. n. Remuer vivement les pieds. V. a. Fouler avec les pieds.

Piétisme s. m. Doctrine des piétistes.

Piétiste s. Membre d'une secte luthérienne qui s'attache à la lettre de l'Evangile.

Piéton s. m. Qui va à pied; facteur rural. Au f. *piétonne.*

Piètre adj. Mesquin, chétif.

Piètrement adv. D'une manière piètre.

Piètrerie s. f. Chose vile et méprisable.

Pieu s. m. Pièce de bois pointue par un bout.

Pieusement adv. D'une manière pieuse.

Pieux, euse adj. Qui a de la piété, qui en a le caractère.

Pigalle, sculpteur français (1714-1785).

Pigeon s. m. Oiseau de basse-cour que l'on élève dans un colombier*. Fig. homme que l'on attire adroitement pour en tirer quelque profit.

Pigeonneau s. m. Jeune pigeon.

Pigeonnier s. m. Lieu où l'on tient des pigeons, où on les élève. Fig. méchante habitation.

Pignocher v. n. Manger négligeamment de très petits morceaux (fam.).

Pignon s. m. Partie du mur qui s'élève en triangle et supporte le bout du faîtage d'un comble; pomme de pin; petite roue dont les dents engrènent dans celles d'une plus grande.

Pilastre s. m. Pilier carré ordinairement engagé dans le mur.

Pilate (Ponce), procurateur de la Judée en l'an 27, eut la coupable faiblesse d'abandonner Jésus aux Juifs.

Pilâtre de Rozier, aéronaute français (1756-1785).

Pilau s. m. Dans l'Orient, riz cuit avec du beurre ou de la graisse et de la viande.

Pile s. f. Amas de choses placées les unes sur les autres; massif de maçonnerie qui soutient les arches d'un pont; appareil de physique pour dégager l'électricité; côté d'une pièce de monnaie opposé à la face.

Piler v. a. Broyer avec un pilon.

Pileur s. m. Ouvrier qui pile.

Pilier s. m. Sorte de grosse colonne ronde ou carrée qui sert à soutenir quelque partie d'un édifice; poteau. Fig. *Pilier de café*, habitué d'un lieu public.

Pillage s. m. (*ll* m.) Action de piller.

Pillard, e adj. et s. (*ll* m.) Qui aime à piller; plagiaire; chien querelleur et hargneux.

Piller v. a. (*ll* m.) Emporter violemment les biens d'une ville, d'une maison, etc.; commettre des exactions, des concussions. V. n. Prendre chez autrui des choses qu'on donne comme siennes.

Pillerie s. f. (*ll* m.) Volerie, extorsion; action de piller.

Pilleur s. m. (*ll* m.) Qui pille.

Pilon s. m. Instrument pour piler dans un mortier*.

Pilonner v. a. Battre avec le pilon.

Pilori s. m. Poteau où l'on attachait les condamnés que l'on exposait aux regards du public.

Pilorier v. a. Mettre au pilori. Fig. diffamer.

Pilot s. m. Pieu de forte dimension.

Pilotage s. m. Ouvrage de pilotis. Art du pilote.

Pilote s. m. Marin qui conduit, qui gouverne un navire; guide.

Piloter v. a. et n. Enfoncer des pilotis. V. a. Faire le métier de pilote. Fig. servir de guide à quelqu'un.

Pilotin s. m. Apprenti pilote.

Pilotis s. m. Gros pieux que l'on enfonce en terre.

Pilulaire adj. Qui est en forme de pilule. S. Instrument pour donner des pilules aux animaux.

Pilule s. f. Médicament en forme de petite boule. Fig. chose désagréable, pénible.

Pimbêche s. f. Femme impertinente et précieuse.

Piment s. m. Plante dont le fruit est rouge et très piquant.

Pimpant, e adj. Élégant, recherché dans sa mise.

Pimprenelle s. f. Herbe de la famille des rosacées et d'un goût aromatique, que l'on mêle avec la salade.

Pin s. m. Grand arbre toujours vert dont on tire la résine.

Pinacle s. m. Partie la plus élevée d'un édifice. Fig. *Etre sur le pinacle*, dans une haute position.

Pinasse ou **pinace** s. f. Petit vaisseau long et léger.

Pinastre s. m. Pin sauvage.

Pinçage s. m. Action de raccourcir les sarments de la vigne ou les pousses des arbres fruitiers en les pinçant ou cassant.

Pinçard s. m. Cheval qui s'appuie sur la pince en marchant.

Pince s. f. Action de pincer; barre de fer aplatie par un bout, qui sert de levier; longues tenailles; extrémité antérieure du pied des animaux ongulés; partie inférieure antérieure du sabot du cheval; instrument de chirurgie; pli qu'on fait à l'étoffe et qui, large à sa base, se termine en pointe. S. f. pl. Grosses pattes avec lesquelles pincent les écrevisses, les homards; les dents de devant des herbivores.

Pincé, ée adj. Prétentieux: *air pincé. Lèvres pincées*, lèvres minces et tenues serrées l'une contre l'autre.

Pinceau s. m. Touffe de poils dont on se sert pour étendre les couleurs. Fig. manière de peindre.

Pincée s. f. Quantité d'une chose qu'on peut prendre avec deux ou trois doigts.

Pincelier s. m. Vase en fer-blanc où les peintres prennent l'huile et nettoient les pinceaux.

Pince-maille s. m. Personne qui fait paraître son avarice jusque dans les plus petites choses. (Inv. au pl.)

Pincement s. m. Action de pincer.

Pincer v. a. Serrer la superficie de la peau; saisir, couper; faire résonner avec les doigts les cordes d'un instrument de musique; arrêter, saisir. Fig. surprendre en faute, critiquer. *Pincer les lèvres*, les rapprocher l'une contre l'autre en signe de mécontentement, de pruderie.

Pincettes s. f. pl. Instrument de fer à deux branches égales, pour arranger le feu.

Pinçon s. m. Marque qui reste lorsqu'on a été pincé.

Pindare, le plus grand des poètes lyriques grecs (520-440 av. J.-C.).

Pindarique adj. Qui imite Pindare.

Pinéale adj. f. Se dit d'une glande située au-devant du cervelet.

Pinel, médecin aliéniste français (1745-1826).

Pingouin ou **pinguin** s. m. Oiseau de mer palmipède.

Pingre s. Qui est très riche, avare.

Pinière s. f. Plantation de pins.

Pinnule s. f. Petite plaque de cuivre percée d'un trou et placée verticalement à chaque extrémité de l'alidade d'un demi-cercle.

Pinque s. f. Sorte de petit navire à fond plat.

Pinson s. m. Petit oiseau.

Pintade s. f. Oiseau de l'ordre des gallinacés*.

Pinte s. f. Ancienne mesure de capacité (0 lit. 931).

Pinter v. n. Boire avec excès (pop.).

Pinto Ribeiro, chef de la conspiration qui donna la couronne du Portugal au duc de Bragance (Jean IV); m. 1649.

Pinturicchio, célèbre peintre italien (1454-1513).

Piochage s. m. Travail à la pioche.

Pioche s. f. Outil pour creuser, démolir, etc.

Piocher v. a. Fouir avec la pioche. V. n. Fig. travailler avec ardeur.

Piocheur s. m. et adj. Qui travaille beaucoup (terme d'écolier).

Pion s. m. Petite pièce du jeu d'échecs, du jeu de dames.

Pionner v. n. Prendre beaucoup de pions.

Pionnier s. m. Travailleur qui aplanit les chemins, qui creuse les tranchées, etc ; soldat des compagnies de discipline.

Pipe s. f. Grande futaille ; tuyau muni d'un fourneau pour fumer le tabac.

Pipeau s. m. Flûte champêtre ; petit chalumeau pour imiter le cri des oiseaux. Au pl. Petites branches enduites de glu pour prendre des oiseaux.

Pipée s. f. Chasse aux pipeaux.

Piper v. a. Prendre à la pipée. Fig. tromper. *Piper des dés, des cartes*, les préparer pour tromper au jeu.

Piperie s. f. Tromperie au jeu.

Pipeur s. m. Celui qui trompe au jeu.

Piquant s. m. Pointes que portent certaines plantes. Fig. goût relevé ; ce qui plaît à l'esprit.

Piquant, e adj. Qui pique ; qui est de haut goût ; très froid (en parlant de la température). Fig. offensant ; qui fait une impression vive et agréable sur l'esprit ; qui plaît.

Pique s. f. Arme formée d'un long bois terminé par un fer plat et pointu ; brouillerie, aigreur.

Pique s. m. L'une des quatre couleurs du jeu de cartes.

Piqué s. m. Etoffe de coton formée de deux tissus unis par des points rangés en losanges.

Pique-assiette s. m. Parasite.

Pique-nique s. m. Repas où chacun paye son écot. (Pl. *pique-niques*.)

Piquer v. a. Entamer légèrement avec un objet pointu ; se dit des serpents, des insectes ; faire du piqué ; larder de la viande ; affecter le goût de manière que la langue en semble piquée. Fig. frapper d'un trait satirique ; fâcher, irriter ; exciter, réveiller, animer. SE PIQUER v. pr. S'offenser ; se glorifier, tirer vanité de ; se dit du vin qui commence à s'aigrir. *Se piquer d'honneur*, montrer plus de courage, faire plus d'efforts.

Piquet s. m. Petit pieu, petit détachement ; punition qui consiste à se tenir debout et immobile ; sorte de jeu de cartes.

Piquette s. f. Boisson faite d'eau et de marc de raisin. Fig. mauvais vin.

Piqueur, euse s. Qui pique des ouvrages à l'aiguille. S. m. Homme à cheval qui conduit les meutes ou qui précède une voiture ; dans les ponts et chaussées, employé chargé de seconder les conducteurs ; celui qui larde les viandes.

Piquier s. m. Soldat armé d'une pique.

Piqûre s. f. Blessure faite par un objet piquant, par un animal ; trou fait par un insecte ; rangs de points faits symétriquement sur une étoffe.

Pirate s. m. Voleur de mer, corsaire barbaresque. Fig. homme qui s'enrichit aux dépens d'autrui.

Pirater v. n. Exercer la piraterie.

Piraterie s. f. Action de pirate, métier de pirate.

Pire adj. au comparatif. Plus mauvais, plus nuisible. S. m. Ce qu'il y a de plus mauvais.

Piriforme adj. En forme de poire.

Pirithoüs, roi des Lapithes, ami de Thésée.

Pirogue s. f. Bateau des sauvages fait d'un tronc d'arbre ou d'écorces.

Piron (Alexis), poète dramatique français (1689-1773).

Pirouette s. f. Sorte de jouet à pivot ; tour entier ou demi-tour fait par le corps en se tenant sur la pointe d'un seul pied.

Pirouetter v. n. Faire des pirouettes.

Pis s. m. Mamelle d'une vache, d'une chèvre, d'une brebis, etc.

Pis adv. et adj. au comparatif Plus mal. DE MAL EN PIS loc. adv. De mal en plus mal. AU PIS ALLER

[Pis]se. adv. En supposant les choses au pire état. S. m. Ce qu'il y a de pire.

Pisani (Victor), célèbre amiral vénitien ; m. 1380.

Pisano (Nicolas), sculpteur et architecte italien, m. 1270. — (Jean) fils du précédent, sculpteur et architecte, donna le plan du *Campo Santo* de Pise ; m. 1320.

Pisciculture s. f. Art d'élever et de propager les poissons.

Pisciforme adj. Qui a la forme d'un poisson (*zool.*).

Piscine s. f. Vivier, réservoir à mettre du poisson.

Pisé s. m. Terre argileuse pétrie dont on fait des constructions.

Pisistrate, tyran d'Athènes ; m. 527 av. J.-C.

Pissat s. m. Urine des animaux.

Pissement s. m. Action de pisser (*méd.*).

Pissenlit s. m. Plante qui se mange en salade; enfant qui pisse au lit.

Pisser v. n. Uriner. [vent.

Pisseur, euse s. Qui pisse sou-

Pissoir s. m. Lieu où l'on pisse.

Pissoter v. n. Uriner en petite quantité.

Pissotière s. f. Pissoir.

Pistache s. f. Petite noix à amande verte.

Pistachier s. m. Arbre qui produit des pistaches.

Piste s. f. Trace, vestige.

Pistil s. m. Organe femelle de la fleur ; il en occupe ordinairement le centre et se change en fruit.

Pistole s. f. Ancienne monnaie valant 10 francs ; restaurant d'une prison ; commodités qu'un prisonnier obtient en payant.

Pistolet s. m. Arme à feu très courte.

Piston s. m. Cylindre très court qui joue dans un corps de pompe ou dans un tube quelconque.

Pitance s. f. Portion que l'on donne à chacun, à chaque repas dans une communauté ; subsistance journalière.

Piteusement adv. D'une manière piteuse.

Piteux, euse adj. Digne de pitié, de compassion.

Pithou (Pierre), savant magistrat français, participa à la rédaction de la *Satire Ménippée* (1539-1599).

Pitié s. f. Sentiment qui porte à soulager les souffrances ; compassion, miséricorde ; sentiment de mépris.

Piton s. m. Espèce de clou dont la tête est en forme d'anneau ; sommet pointu d'une montagne.

Pitoyable adj. Naturellement enclin à la pitié ; qui excite à la pitié ; méprisable.

Pitoyablement adv. D'une manière pitoyable.

Pitre s. m. Aide d'un escamoteur ; bouffon, mauvais plaisant.

Pitt (William), lord *Chatam*, célèbre ministre anglais (1708-1778). — (William), 2e fils du précédent, homme d'Etat anglais, très hostile à la France (1759-1806).

Pittacus, l'un des sept sages de la Grèce (652-569 av. J.-C).

Pittoresque adj. 2 g. et s. m. Qui concerne la peinture ; d'un effet imposant ; se dit de publications ornées de dessins. Fig. qui frappe l'esprit : *récit pittoresque.*

Pittoresquement adv. D'une manière pittoresque.

Pituitaire adj. Qui a rapport à la pituite.

Pituite s. f. Humeur blanche et visqueuse sécrétée par divers organes du corps.

Pituiteux, euse adj. Qui abonde en pituite. S. Dont le tempérament est pituiteux.

Pivert s. m. Sorte d'oiseau à plumage jaune et vert.

Pivoine s. f. Sorte de plante; sa fleur. S. m. Sorte d'oiseau.

Pivot s. m. Morceau arrondi de métal ou de bois sur lequel tourne un autre corps. Fig. appui, soutien.

Pivotant, e adj. Qui s'enfonce perpendiculairement dans la terre : *plante pivotante.*

Pivoter v. n. Tourner sur un pivot; s'enfoncer perpendiculairement en parlant des racines.

Pizarre (François), espagnol, conquérant du Pérou (1475-1541).

Pizzicato adv. et s. m. (mot italien ; on pron. *pitzicato*). En pinçant avec les doigts (*mus.*).

Placage s. m. Action, art de plaquer; ouvrage de menuiserie

Piochage s. m. Travail à la pioche.

Pioche s. f. Outil pour creuser, démolir, etc.

Piocher v. a. Fouir avec la pioche. V. n. Fig. travailler avec ardeur.

Piocheur s. m. et adj. Qui travaille beaucoup (terme d'écolier).

Pion s. m. Petite pièce du jeu d'échecs, du jeu de dames.

Pionner v. n. Prendre beaucoup de pions.

Pionnier s. m. Travailleur qui aplanit les chemins, qui creuse les tranchées, etc ; soldat des compagnies de discipline.

Pipe s. f. Grande futaille; tuyau muni d'un fourneau pour fumer le tabac.

Pipeau s. m. Flûte champêtre; petit chalumeau pour imiter le cri des oiseaux. Au pl. Petites branches enduites de glu pour prendre des oiseaux.

Pipée s. f. Chasse aux pipeaux.

Piper v. a. Prendre à la pipée. Fig. tromper. *Piper des dés, des cartes*, les préparer pour tromper au jeu.

Piperie s. f. Tromperie au jeu.

Pipeur s. m. Celui qui trompe au jeu.

Piquant s. m. Pointes que portent certaines plantes. Fig. goût relevé; ce qui plaît à l'esprit.

Piquant, e adj. Qui pique; qui est de haut goût; très froid (en parlant de la température). Fig. offensant; qui fait une impression vive et agréable sur l'esprit; qui plaît.

Pique s. f. Arme formée d'un long bois terminé par un fer plat et pointu; brouillerie, aigreur.

Pique s. m. L'une des quatre couleurs du jeu de cartes.

Piqué s. m. Etoffe de coton formée de deux tissus unis par des points rangés en losanges.

Pique-assiette s. m. Parasite.

Pique-nique s. m. Repas où chacun paye son écot. (Pl. *pique-niques*.)

Piquer v. a. Entamer légèrement avec un objet pointu; se dit des serpents, des insectes: faire du piqué; larder de la viande; affecter le goût de manière que la langue en semble piquée. Fig. frapper d'un trait satirique; fâcher, irriter; exciter, réveiller, animer. Se piquer v. pr. S'offenser; se glorifier, tirer vanité de; se dit du vin qui commence à s'aigrir. *Se piquer d'honneur*, montrer plus de courage, faire plus d'efforts.

Piquet s. m. Petit pieu, petit détachement; punition qui consiste à se tenir debout et immobile; sorte de jeu de cartes.

Piquette s. f. Boisson faite d'eau et de marc de raisin. Fig. mauvais vin.

Piqueur, euse s. Qui pique des ouvrages à l'aiguille. S. m. Homme à cheval qui conduit les meutes ou qui précède une voiture; dans les ponts et chaussées, employé chargé de seconder les conducteurs; celui qui larde les viandes.

Piquier s. m. Soldat armé d'une pique.

Piqûre s. f. Blessure faite par un objet piquant, par un animal; trou fait par un insecte; rangs de points faits symétriquement sur une étoffe.

Pirate s. m. Voleur de mer, corsaire barbaresque. Fig. homme qui s'enrichit aux dépens d'autrui.

Pirater v. n. Exercer la piraterie.

Piraterie s. f. Action de pirate, métier de pirate.

Pire adj. au comparatif. Plus mauvais, plus nuisible. S. m. Ce qu'il y a de plus mauvais.

Piriforme adj. En forme de poire.

Pirithoüs, roi des Lapithes, ami de Thésée.

Pirogue s. f. Bateau des sauvages fait d'un tronc d'arbre ou d'écorces.

Piron (Alexis), poète dramatique français (1689-1773).

Pirouette s. f. Sorte de jouet à pivot; tour entier ou demi-tour fait par le corps en se tenant sur la pointe d'un seul pied.

Pirouetter v. n. Faire des pirouettes.

Pis s. m. Mamelle d'une vache, d'une chèvre, d'une brebis, etc.

Pis adv. et adj. au comparatif Plus mal. De mal en pis loc. adv. De mal en plus mal. Au pis aller pe. adv. En supposant les choses au pire état. S. m. Ce qu'il y a de pire.

Pisani (Victor), célèbre amiral vénitien ; m. 1380.

Pisano (Nicolas), sculpteur et architecte italien, m. 1270. — (Jean) fils du précédent, sculpteur et architecte, donna le plan du *Campo Santo* de Pise ; m. 1320.

Pisciculture s. f. Art d'élever et de propager les poissons.

Pisciforme adj. Qui a la forme d'un poisson (*zool.*).

Piscine s. f. Vivier, réservoir à mettre du poisson.

Pisé s. m. Terre argileuse pétrie dont on fait des constructions.

Pisistrate, tyran d'Athènes ; m. 527 av. J.-C.

Pissat s. m. Urine des animaux.

Pissement s. m. Action de pisser (*méd.*).

Pissenlit s. m. Plante qui se mange en salade; enfant qui pisse au lit.

Pisser v. n. Uriner.

Pisseur, euse s. Qui pisse souvent.

Pissoir s. m. Lieu où l'on pisse.

Pissoter v. n. Uriner en petite quantité.

Pissotière s. f. Pissoir.

Pistache s. f. Petite noix à amande verte.

Pistachier s. m. Arbre qui produit des pistaches.

Piste s. f. Trace, vestige.

Pistil s. m. Organe femelle de la fleur ; il en occupe ordinairement le centre et se change en fruit.

Pistole s. f. Ancienne monnaie valant 10 francs ; restaurant d'une prison ; commodités qu'un prisonnier obtient en payant.

Pistolet s. m. Arme à feu très courte.

Piston s. m. Cylindre très court qui joue dans un corps de pompe ou dans un tube quelconque.

Pitance s. f. Portion que l'on donne à chacun, à chaque repas dans une communauté ; subsistance journalière.

Piteusement adv. D'une manière piteuse.

Piteux, euse adj. Digne de pitié, de compassion.

Pithou (Pierre), savant magistrat français, participa à la rédaction de la *Satire Ménippée* (1539-1599).

Pitié s. f. Sentiment qui porte à soulager les souffrances ; compassion, miséricorde ; sentiment de mépris.

Piton s. m. Espèce de clou dont la tête est en forme d'anneau ; sommet pointu d'une montagne.

Pitoyable adj. Naturellement enclin à la pitié ; qui excite à la pitié ; méprisable.

Pitoyablement adv. D'une manière pitoyable.

Pitre s. m. Aide d'un escamoteur ; bouffon, mauvais plaisant.

Pitt (William), lord *Chatam*, célèbre ministre anglais (1708-1778). — (William), 2e fils du précédent, homme d'Etat anglais, très hostile à la France (1759-1806).

Pittacus, l'un des sept sages de la Grèce (652-569 av. J.-C).

Pittoresque adj. 2 g. et s. m. Qui concerne la peinture ; d'un effet imposant ; se dit de publications ornées de dessins. Fig. qui frappe l'esprit : *récit pittoresque*.

Pittoresquement adv. D'une manière pittoresque.

Pituitaire adj. Qui a rapport à la pituite.

Pituite s. f. Humeur blanche et visqueuse sécrétée par divers organes du corps.

Pituiteux, euse adj. Qui abonde en pituite. S. Dont le tempérament est pituiteux.

Pivert s. m. Sorte d'oiseau à plumage jaune et vert.

Pivoine s. f. Sorte de plante ; sa fleur. S. m. Sorte d'oiseau.

Pivot s. m. Morceau arrondi de métal ou de bois sur lequel tourne un autre corps. Fig. appui, soutien.

Pivotant, e adj. Qui s'enfonce perpendiculairement dans la terre : *plante pivotante*.

Pivoter v. n. Tourner sur un pivot ; s'enfoncer perpendiculairement en parlant des racines.

Pizarre (François), espagnol, conquérant du Pérou (1475-1541).

Pizzicato adv. et s. m. (mot italien ; on pron. *pitzicato*). En pinçant avec les doigts (*mus.*).

Placage s. m. Action, art de plaquer ; ouvrage de menuiserie fait de feuilles de bois précieux appliquées sur d'autres bois.

Placard s. m. Armoire dans un mur; boiserie au-dessus d'une porte; écrit injurieux ou séditieux affiché dans les rues.

Placarder v. a. Afficher un placard.

Place s. f. Lieu; espace occupé par une personne ou un objet; emploi, dignité; rang d'un écolier dans ses classes; espace, lieu public découvert et entouré de bâtiments; ville de guerre; ville de commerce ou de banque. *Place d'armes*, terrain libre et spacieux, où s'assemble la garnison d'une ville de guerre.

Placement s. m. Action de placer de l'argent, des domestiques, etc.

Placer v. a. Mettre dans une place, dans un lieu; donner un emploi; prêter de l'argent à intérêt; vendre des marchandises.

Placer s. m. (on pron. l'*r*). Lieu où l'on trouve de l'or.

Placet s. m. Demande succincte par écrit pour obtenir grâce, justice, faveur, etc.

Placeur s. m. Homme qui place des domestiques ou des employés, qui procure la vente des marchandises.

Placide adj. Calme, pacifique.

Placidement adv. D'une manière placide.

Placidité s. f. Douceur, humeur tranquille.

Placier s. m. Qui s'occupe du placement d'articles de commerce.

Plafond s. m. Surface plane qui forme la partie supérieure d'un lieu couvert; surface qui forme le haut d'une salle. Fig. peinture ornant un plafond.

Plafonnage s. m. Action de plafonner; travail du plafonneur.

Plafonner v. a. Faire un plafond, garnir le dessus d'un plancher; se dit aussi comme v. n. d'une peinture faite à un plafond.

Plafonneur s. m. Celui qui plafonne.

Plagal adj. m. Se dit en plain-chant du mode ou du ton qui part de la quarte au-dessous de la finale.

Plage s. f. Rivage de mer plat et découvert. Fig. contrée; climat.

Plagiaire adj et s. m. Qui s'approprie ce qu'il a pillé dans les ouvrages d'autrui.

Plagiat s. m. Action du plagiaire; passage pillé d'un ouvrage.

Plaid s. m. Plaidoirie, audience; manteau écossais; couverture de voyage.

Plaidable adj. Qui peut être plaidé.

Plaidant, e adj. Qui plaide.

Plaider v. n. et v. a. Contester quelque chose en justice; soutenir une cause de vive voix devant les juges. Fig. prendre la défense de.

Plaideur, euse s. Celui, celle qui plaide, qui aime à plaider.

Plaidoirie s. f. Art de plaider, action de plaider.

Plaidoyer s. m. Discours prononcé pour défendre la cause de quelqu'un.

Plaie s. f. Solution de continuité dans les parties molles du corps; cicatrice. Fig. chose préjudiciable, peine, affliction, calamité.

Plaignant, e adj. et s. Qui se plaint en justice.

Plain, e adj. Sans inégalités, uni. DE PLAIN-PIED loc. adv. Au même niveau, au même étage.

Plain-chant s. m. Chant de l'église.

Plaindre v. a. Compatir aux peines d'autrui; employer ou donner avec répugnance et parcimonie. SE PLAINDRE v. pr. Se lamenter, témoigner son mécontentement; se pourvoir en justice.

Plaine s. f. Grande étendue de terre dans un pays uni. Fig. vaste étendue. *La plaine liquide*, la mer.

Plainte s. f. Action de se planidre; gémissement; mécontentement.

Plaintif, ive adj. Qui exhale des gémissements; qui a l'accent de la plainte.

Plaintivement adv. D'un ton plaintif.

Plaire v. n. Agréer, faire plaisir. SE PLAIRE v. pr. Aimer à être dans un lieu, être agréable l'un à l'autre. *Se plaire à*, trouver du plaisir à. IL PLAIT, IL A PLU, etc. v. imp. Vouloir, trouver bon, avoir pour agréable.

Plaisamment adv. D'une manière agréable, ridicule.

Plaisance s. f. *Lieu de plaisance, maison de plaisance*, qui sert au plaisir, à l'agrément.

Plaisant, e adj. Qui plaît, qui divertit; ridicule, impertinent. S. m. Celui qui cherche à faire rire; ce qui fait rire.

Plaisanter v. n. Railler, badiner, dire ou faire quelque chose pour amuser ou faire rire les autres. V. a. Railler quelqu'un.

Plaisanterie s. f. Raillerie, badinage; dérision offensante.

Plaisir s. m. Sentiment agréable excité dans l'âme par une impression physique ou morale; divertissement; volonté, consentement; faveur, grâce.

Plan s. m. Surface plane; dessin d'une ville, d'un terrain, d'un édifice, etc. Fig. dessein, projet; disposition des parties principales d'un ouvrage; en peinture, se dit des éloignements différents où sont placés les personnes et les objets.

Plan, e adj. Plat et uni.

Planche s. f. Ais, morceau de bois peu épais et plus long que large; feuille de métal gravée; estampe; espace de terrain plus long que large mis en culture et séparé des parties environnantes par une allée. Fig. *Faire la planche*, nager étendu sur le dos.

Planchéier v. a. Garnir de planches.

Plancher s. m. Ouvrage de charpente formé de solives recouvertes de planches, et qui recouvre le sol ou sépare deux étages.

Planchette s. f. Petite planche; petite planche pour lever des plans.

Plançon ou **plantard** s. m. Branche que l'on sépare du tronc pour la planter en terre.

Plane s. m. Platane.

Plane s. f. Outil d'acier tranchant à deux poignées pour aplanir le bois.

Planer v. a. Unir, aplanir, égaliser le bois avec la plane; dresser au marteau. V. n. Se soutenir en l'air sur les ailes étendues (en parlant d'un oiseau). Fig. considérer de haut.

Planétaire adj. Des planètes.

Planète s. f. Corps céleste et opaque qui se meut autour du soleil et emprunte de lui sa lumière (*astr.*).

Planeur s. m. Ouvrier qui plane des métaux.

Planimétrie s. f. Partie de la géométrie qui enseigne l'art de mesurer les surfaces planes.

Planisphère s. m. Représentation de la sphère céleste ou terrestre sur un plan.

Plant s. m. Jeune tige nouvellement plantée; quantité de jeunes arbres plantés dans un même terrain.

Plantage s. m. Plants de cannes à sucre, de tabac, etc.

Plantagenets, dynastie de rois d'Angleterre (1151-1485), fondée par Henri II, fils de Geoffroy V, comte d'Anjou.

Plantain s. m. Sorte de plante.

Plantation s. f. Action de planter; quantité d'arbres plantés dans le même lieu; établissement dans les colonies.

Plante s. f. Nom général des végétaux; végétal à tige non ligneuse, herbe. *Plante du pied*, le dessous du pied.

Planter v. a. Mettre une plante en terre; fixer en terre. Fig. *Planter là quelqu'un*, l'abandonner.

Planteur s. m. Celui qui plante; colon qui cultive des plantations dans les colonies.

Plantigrade adj. m. Qui marche sur la plante du pied (*zool.*). S. m. pl. Tribu de la famille des carnivores dont l'ours fait partie.

Plantoir s. m. Outil pour planter.

Plantureusement adv. Copieusement, en abondance.

Plantureux, euse adj. Copieux, abondant.

Planude, moine grec du XIVe s., auteur d'un recueil de fables d'Esope.

Planure s. f. Bois retranché en planant.

Plaque s. f. Feuille de métal; espèce de chandelier qui s'applique à une muraille; sorte de décoration.

Plaqué s. m. Métal recouvert d'une feuille mince d'or ou d'argent.

Plaqueminier s. m. Arbre qui fournit le bois d'ébène.

Plaquer v. a. Appliquer une chose plate sur une autre.

Plaquette s. f. Petit volume de peu d'épaisseur. Fig. objet de faible valeur.

Plaqueur s. m. Ouvrier qui fait du placage.

Plastique s. f. Art de modeler des figures, des ornements en plâtre, etc. Adj. 2 g. Qui forme, qui a le pouvoir de former.

Plastron s. m. Pièce de devant de la cuirasse. Fig. personne en butte aux railleries des autres.

Plastronner v. a. Garnir d'un plastron.

Plat s. m. Vaisselle à l'usage de la table; mets qu'elle contient; la partie plate d'une chose.

Plat, e adj. Dont la superficie est plane et unie. Fig. dénué de saveur, de vivacité, d'animation, d'élégance; sans mérite. *Calme plat*, état très calme de la mer ou des affaires.

Platane s. m. Arbre.

Plat-bord s. m. Dessus des bordages (*mar.*).

Plateau s. m. Chose plate; bassin de balance; sorte de plat très large sur lequel on sert le café, etc.; terrain élevé, plat et uni.

Plate-bande s. f. Bordure des jardins garnie de fleurs; moulure plate et unie dont on garnit le dessus des traverses des rampes d'escalier, des balcons, etc.; pierre plate formant une bande. (Pl. *plates-bandes*.)

Platée s. f. Quantité de nourriture qu'un plat contient; massif de toutes les fondations d'un bâtiment.

Plate-forme s. f. Sorte de terrasse sur un édifice; ouvrage de terre pour y placer les bouches à feu. (Pl. *plates-formes*.)

Plate-longe s. f. Longe plate.

Platement adv. Avec platitude.

Platine s. m. Métal d'un blanc gris, l'un des corps simples de la chimie.

Platine s. f. Pièce plate dans divers instruments.

Platitude s. f. Qualité, défaut de ce qui est plat dans les écrits, la conversation, etc.

Platon, philosophe grec, disciple de Socrate (429-347 av. J.-C.).

Platonicien, ienne adj. et s. Qui a rapport à la philosophie de Platon, qui en est partisan.

Platonique adj. Qui a rapport au système philosophique de Platon. *Amour platonique*, affection toute spirituelle, attachement de pure amitié.

Platonisme s. m. Système philosophique de Platon.

Plâtrage s. m. Ouvrage fait en plâtre; action de plâtrer une prairie, un terrain, le vin.

Plâtras s. m. Débris de plâtre; mauvais matériaux.

Plâtre s. m. Sulfate de chaux; ornement moulé en plâtre.

Plâtré, ée adj. part. Couvert de plâtre, garni de plâtre. Fig. caché, fardé, peu sincère. *Vin plâtré*, clarifié à l'aide du plâtre.

Plâtrer v. a. Couvrir de plâtre, en répandre sur un sol. Fig. couvrir, déguiser par de faux dehors.

Plâtreux, euse adj. Qui contient du plâtre.

Plâtrier s. m. Celui qui prépare ou qui vend le plâtre.

Plâtrière s. f. Carrière d'où l'on extrait le plâtre; lieu où on le prépare.

Plausibilité s. f. Qualité de ce qui est plausible.

Plausible adj. Qui peut être approuvé.

Plausiblement adv. D'une manière plausible.

Plaute, célèbre poète comique latin (227-183 av. J.-C.).

Plèbe s. f. Le bas peuple.

Plébéien, ienne adj. et s. Qui était de l'ordre de la plèbe chez les Romains; chez les modernes, qui est de la classe du peuple, roturier.

Plébiscite s. m. Décret de la plèbe romaine; aujourd'hui, décision du peuple sur une question qui lui est soumise.

Plectrude, femme de Pépin d'Héristal.

Pléiade s. f. Réunion de sept poètes français sous Henri III, et dont Ronsard était le chef.

Pléiades s. f. pl. Groupe d'étoiles dans la constellation du Taureau.

Plein, e adj. Qui contient tout ce qu'il peut contenir; qui abonde en quelque chose que ce soit; entier; gras. *Pleine lune*, dont le disque entier est lumineux. *La pleine mer*, la haute mer. S. m. L'espace entièrement rempli de matière; gros et large trait d'écriture. Prép. Autant qu'il est possible d'en contenir. EN PLEIN loc. adv. Complètement. TOUT PLEIN loc. adv. Beaucoup.

Pleinement adv. Entièrement,

Plénier, ère adj. Complet, entier. *Cour plénière*, assemblée solennelle tenue autrefois par le roi, le prince souverain. *Indulgence plénière*, rémission entière des peines temporelles dues au péché.

Plénipotentiaire s. et adj. Envoyé muni de pleins pouvoirs pour une négociation.

Plénitude s. f. Abondance excessive.

Pléonasme s. m. Surabondance de termes qui ajoutent à la phrase de la grâce ou de l'énergie.

Plésiosaure s. m. Grand reptile fossile dont la forme approchait de celle du lézard (*géol.*).

Pléthore s. f. Surabondance de sang et d'humeurs.

Pléthorique adj. Abondant en humeurs; qui a trop de sang (*méd.*).

Pleur s. m. Gémissement. Au pl. larmes. Fig. eau qui découle des jeunes bourgeons de la vigne. *Les pleurs de l'aurore*, la rosée.

Pleurant, e adj. Qui pleure.

Pleurard s. m. Qui pleure souvent et sans sujet.

Pleurer v. n. Répandre des larmes. Fig. laisser découler de l'eau (en parlant de la vigne). V. a. Regretter vivement.

Pleurésie s. f. Inflammation de la plèvre (*méd.*).

Pleurétique adj. et s. Qui est attaqué de la pleurésie.

Pleureur, euse s. Celui, celle qui a l'habitude de pleurer. Fig. adj. se dit des arbres à branches pendantes : *saule pleureur*.

Pleureuses s. f. pl. Manchettes de deuil.

Pleureux, euse adj. Qui annonce une personne affligée ou qui a pleuré : *air pleureux*.

Pleurnicher v. n. Faire semblant de pleurer.

Pleurnicheur, euse s. Celui, celle qui pleurniche.

Pleuropneumonie s. f. Inflammation de la plèvre et des poumons (*méd.*).

Pleutre s. m. Homme sans courage et sans capacité.

Pleuvoir v. imp. et v. n. Se dit de l'eau qui tombe des nuages, et au fig. de ce qui arrive en grande quantité : *Les bombes pleuvaient, il pleut des balles*. — *Ind. pr.* il pleut; *imp.* il pleuvait; *p. déf.* il plut; *fut.* il pleuvra; *cond.* il pleuvrait; *subj. pr.* qu'il pleuve; *imp.* qu'il plût; *part. pr.* pleuvant; *part. p.* plu.

Plèvre s. f. Membrane qui tapisse les côtés intérieurs de la poitrine (*anat.*).

Plexus s. m. (on pron. l'*s*). Filets de nerfs entrelacés (*anat.*).

Pleyon s. m. Petit brin d'osier pour lier la vigne.

Pli s. m. Double fait à une étoffe, à un papier, etc.; marque qui en résulte; ride, sa marque; enveloppe de lettre, la lettre elle-même. Fig. habitude; endroit où le bras, où le jarret plie.

Pliable adj. Aisé à plier, flexible. Fig. docile.

Pliage s. m. Action de plier; résultat de cette action.

Pliant, e adj. Facile à plier. Fig. docile. S. m. Sorte de siège qui se plie.

Pliement s. m. Action de plier.

Plier v. a. Mettre en un ou plusieurs doubles; courber, fléchir. Fig. assujettir, accoutumer à la règle. *Plier bagage*, s'en aller furtivement. V. n. Devenir courbé. Fig. céder, reculer, se soumettre. SE PLIER v. pr. Se soumettre.

Plieur, euse s. Celui, celle qui plie.

Pline *l'Ancien*, littérateur et savant latin, auteur d'une *Histoire naturelle* (23-79). — PLINE *le Jeune*, neveu du précédent, célèbre écrivain latin (62-115).

Plinthe s. f. Membre d'architecture en forme de table carrée; bande plate rectangulaire qui règne au pied d'un bâtiment, au bas d'un mur d'appartement.

Plioir s. m. Petit instrument plat en bois ou en ivoire pour plier et couper le papier.

Plissage ou **plissement** s. m. Action de plisser.

Plissé, ée adj. part. Qui forme

un pli ou des plis; où il y a des plis.

Plisser v. a. Faire des plis. V. n. Former des plis.

Plissure s. f. Manière de faire des plis; ensemble de plis.

Plomb s. m. Métal très pesant; balle de fusil; instrument pour déterminer la verticale; cuvette pour l'écoulement des eaux sales. *Mine de plomb*, plombagine. A PLOMB, loc. adv. Perpendiculairement.

Plombage s. m. Action de plomber.

Plombagine s. f. Graphite.

Plombé, ée adj. Livide.

Plomber v. a. Attacher, appliquer du plomb.

Plomberie s.f. Art de fondre le plomb; lieu où on le fond.

Plombeur s.m. Celui qui plombe.

Plombier s. m. Ouvrier qui travaille le plomb; marchand de plomb.

Plongeant, e adj. Dont la direction est de haut en bas; qui plonge.

Plongée s.f. Talus supérieur du parapet.

Plongeon s.m. Genre d'oiseaux aquatiques; action de plonger, et, au fig., de faiblir, de céder par crainte.

Plonger v. a. Faire entrer un corps dans un liquide. Fig. enfoncer; jeter dans. V. n. S'enfoncer sous l'eau. Fig. avoir une direction de haut en bas. SE PLONGER v. pr. Entrer sous l'eau. Fig. se livrer, s'abandonner entièrement à.

Plongeur s. m. Nageur qui fait son métier de plonger. Adj. et s.m. Se dit d'un ordre d'oiseaux palmipèdes.

Plotine, femme de Trajan.

Ployable adj. Aisé à ployer.

Ployer v. a. et v. n. Courber, plier, fléchir; arranger une chose en la pliant.

Pluche s. f. Voy. *Peluche*.

Pluie s. f. Eau qui tombe par gouttes de l'atmosphère. Fig. ce qui tombe en grande quantité.

Plumage s. m. Toutes les plumes d'un oiseau.

Plumail s. m. (*l* m.) Sorte de petit balai de plumes.

Plumasseau s. m. Bout de plume; balai de plumes.

Plumasserie s. f. Métier et commerce de plumassier.

Plumassier, ière s. Qui prépare et vend des ouvrages de plumes, des plumes pour l'ornement.

Plume s. f. Tuyau garni de barbes et de duvet qui couvre l'oiseau; plume préparée qu'on emploie comme ornement ou pour écrire*. Fig. plume de métal qui sert pour écrire*; style d'un auteur.

Plumeau s. m. Balai de plumes.

Plumée s. f. Ce que l'on peut prendre d'encre avec la plume à écrire.

Plumer v. a. Arracher les plumes. Fig. dépouiller quelqu'un adroitement, par ruse.

Plumet s. m. Plume d'autruche préparée et mise autour du chapeau; bouquet de plumes.

Plumetis s. m. Sorte de broderie faite avec du coton peu tordu.

Plumeux, euse adj. Barbu comme la plume; qui est fait de plumes.

Plumitif s. m. Minute originale des arrêts ou des délibérations.

Plupart (la) s. f. collectif. Le plus grand nombre, la plus grande partie.

Pluralité s. f. Plus grande quantité, multiplicité.

Pluriel, ielle adj. Qui marque la pluralité. S. m. Nombre pluriel, mot au pluriel (*gram.*).

Plus adv. Davantage, outre cela, encore; exprime aussi la supériorité dans une comparaison. LE PLUS adv. et s. m. Superlatif relatif; l'opposé de *le moins;* signe d'addition (+). DE PLUS EN PLUS loc. adv. Progressivement. NI PLUS NI MOINS loc. adv. Tout autant. TANT ET PLUS loc. adv. Abondamment.

Plusieurs adj. indéf. pl. 2 g. Un certain nombre de personnes ou de choses.

Plus-que-parfait s. m. Temps du verbe qui indique une action antérieure à une autre déjà passée elle-même.

Plus-value s. f. Valeur excédante.

Plutarque, célèbre biographe et moraliste grec (50-140).

Pluton, dieu des enfers (*myth.*).

Plutonien, ienne ou **plutonique** adj. Se dit de terrains produits par l'action du feu intérieur (*géol.*).

Plutôt adv. marquant la préférence.

Plutus (on pron. l's), dieu des richesses (*myth.*).

Pluvial s. m. Grande chape.

Pluvial, e adj. Qui a rapport à la pluie.

Pluvier s. m. Oiseau de l'ordre des échassiers.

Pluvieux, euse adj. Abondant en pluie; qui amène la pluie.

Pluviomètre s. m. Appareil qui sert à mesurer la quantité de pluie qui tombe dans un temps déterminé en un point donné.

Pluviôse s. m. Le 5e mois du calendrier républicain.

Pneumatique s. f. Science qui a pour objet les propriétés physiques de l'air. Adj. Relatif à l'air; *machine pneumatique*, machine avec laquelle on fait le vide en pompant l'air contenu dans un récipient (*phys.*).

Pneumatologie s. f. Traité des substances spirituelles.

Pneumonie s. f. Maladie inflammatoire des poumons (*méd.*).

Pneumonique adj. et s. Se dit des remèdes propres à la pneumonie.

Pochade s. f. Esquisse faite à la hâte.

Poche s. f. Petit sac attaché à un vêtement; filet de chasse en forme de poche; cuiller demi-sphérique appelée aussi *louche;* jabot des oiseaux.

Pocher v. a. Faire une meurtrissure suivie d'enflure : *pocher les yeux. Pocher des œufs*, les faire cuire dass l'eau chaude sans les mêler.

Pocheter v. a. Garder dans sa poche.

Pochette s. f. Petite poche; petit violon.

Podagre s. f. Goutte qui attaque les pieds. Adj. et s. Qui a la goutte aux pieds.

Podestat s. m. Titre de magistrat dans plusieurs villes d'Italie.

Podium s. m. (on pron. *podiome*). Petit mur formant galerie autour de l'arène dans les amphithéâtres.

Poë (Edgar), poète et romancier américain (1813-1849).

Pœan s. m. Hymne des anciens en l'honneur d'Apollon.

Pœcile s. m. Portique public orné de peintures à Athènes.

Poêle s. m. Drap mortuaire; voile que l'on tenait sur la tête des mariés pendant l'office. S. f. Ustensile de cuisine dont on se sert pour frire.

Poêle ou poile s. m. Fourneau de terre ou de métal pour chauffer les chambres; salle commune où est le poêle.

Poêlée s. f. Plein une poêle.

Poêlier s. m. Fabricant et marchand de poêles.

Poêlon s. m. Petite poêle, casserole.

Poêlonnée s. f. Ce que peut contenir un poêlon.

Poème s. m. Ouvrage en vers.

Poésie s. f. Art de faire des ouvrages en vers; sentiment du beau idéal; richesse poétique même en prose. Au pl. ouvrages en vers.

Poète s. m. Celui qui cultive la poésie.

Poètereau s. m. Mauvais poète.

Poétesse s. f. Femme poète.

Poétique adj. Qui concerne la poésie. S. f. Traité de l'art de la poésie.

Poétiquement adv. D'une manière poétique.

Poétiser v. a. Rendre poétique. V. n. Faire des vers.

Poids s. m. Pesanteur; qualité de ce qui est pesant; ce qui sert à peser, à donner de la pesanteur. Fig. importance, considération; ce qui semble peser sur l'esprit, le cœur, etc.; circonspection. *Avoir deux poids et deux mesures*, juger, agir avec partialité.

Poignant, e adj. Qui fait souffrir; piquant, pénétrant.

Poignard s. m. Arme courte et pointue*. Fig. forte douleur morale.

Poignarder v. a. Frapper avec un poignard.

Poignée s. f. Ce que l'on peut prendre ou serrer avec la main fermée; partie d'un objet destinée à être tenue avec la main. Fig. petit nombre : *une poignée de soldats*.

Poignet s. m. Jonction du bras et de la main; bord de la manche.

Poil s. m. Filet délié qui sort de la peau; barbe, chevelure; filaments très déliés.

Poilu, ue adj. Garni de beaucoup de poils.

Poinçon s. m. Outil de fer aigu pour percer ou graver; morceau d'acier gravé en relief pour frapper les coins ou matrices, marquer les monnaies, la vaisselle, etc.

Poinçonnement s. m. Action de poinçonner.

Poinçonner v. a. Marquer avec un poinçon.

Poindre v. a. Piquer. V. n. Commencer à paraître, en parlant du jour.

Poing s. m. Main fermée.

Point s. m. Douleur piquante : *point de côté;* piqûre faite avec une aiguille enfilée; certains ouvrages de broderie ou de dentelle; intersection de deux lignes droites; signe de ponctuation. Fig. division d'un discours; question, objet principal d'une affaire, etc.; état, période, degré; dans les anciennes mesures, douzième partie de la ligne. *Point d'honneur*, ce que l'on regarde comme touchant à l'honneur. DE POINT EN POINT loc. adv. Exactement. AU DERNIER POINT loc. adv. Extrêmement. A POINT loc. adv. A propos.

Point, mot qui se joint avec *ne* pour renforcer la négation.

Pointage s. m. Action de pointer une bouche à feu, de faire des relèvements sur une carte marine.

Pointal s. m. Pièce de bois servant d'étai.

Pointe s. f. Bout piquant et aigu; outil pour graver; petit clou; extrémité. Fig. trait malin d'esprit; goût piquant.

Pointement s. m. Pointage.

Pointer v. a. Porter un coup avec la pointe d'une épée, etc.; diriger vers un point en mirant; faire des points. V. n. S'élever, voler vers le ciel.

Pointeur s. m. Artilleur qui pointe le canon.

Pointillage s. m. (*ll* m.) Petits points.

Pointillé s. m. (*ll* m.) Manière de dessiner, de graver en pointillant.

Pointiller v. n. et v. a. (*ll* m.) Faire de petits points. Fig. contester sur des riens.

Pointillerie s. f. (*ll* m.) Contestation sur des bagatelles.

Pointilleux, euse adj. (*ll* m.) Qui aime à contrarier, à pointiller.

Pointu, ue adj. Qui a une pointe aiguë.

Pointure s. f. Lame garnie d'une pointe pour retenir le papier; trou qu'elle y fait (*imprim.*); mesure d'une chaussure, d'un chapeau.

Poire s. f. Sorte de fruit*; ce qui en a la forme.

Poiré s. m. Boisson faite avec des poires.

Poireau ou **porreau**, s. m. Plante potagère; excroissance sur la peau.

Poirée s. f. Sorte de bette.

Poirier s. m. Arbre qui produit des poires.

Pois s. m. Sorte de légume; sa plante.

Poison s. m. Venin; suc vénéneux. Fig. ce qui corrompt l'esprit ou les mœurs.

Poissard, e adj. Qui imite le langage, les mœurs du bas peuple. S. f. Marchande de poissons. Fig. femme à manières et expressions libres et de mauvais ton.

Poisser v. a. Enduire, frotter de poix; salir avec quelque chose de gluant.

Poisseux, euse adj. Qui poisse.

Poisson s. m. Animal à sang froid, qui vit dans l'eau; ancienne petite mesure, huitième de la pinte.

Poissonnaille s. f. (*ll* m.) Petit poisson, fretin.

Poissonnerie s. f. Lieu où l'on vend le poisson.

Poissonneux, euse adj. Abondant en poisson.

Poissonnier, ière s. Qui vend du poisson.

Poissonnière s. f. Ustensile pour faire cuire le poisson.

Poitrail s. m. (*l* m.) Le devant des épaules du cheval; harnais qui le couvre. Pl. *poitrails.*

Poitrinaire adj. et s. Phtisique, qui a la poitrine attaquée.

Poitrine s. f. Partie du corps contenant les poumons et le cœur.

Poivrade s. f. Sauce composée de poivre, de sel et de vinaigre.

Poivre s. m. Epice, fruit aromatique de certaines plantes. *Poivre long*, sorte de poivre, de piment.

Poivre (Pierre), célèbre voyageur français (1719-1786).

Poivrer v. a. Assaisonner de poivre.

Poivrier s. m. Arbrisseau qui produit le poivre.

Poivrier s. m. ou **poivrière** s.f. Ustensile dans lequel on met le poivre.

Poix s. f. Mélange de résine brûlée et de suie.

Polacre ou **polaque** s. f. Sorte de navire.

Polaire adj. Du pôle, qui est près du pôle.

Polarisation s.f. Modification de la lumière réfléchie latéralement.

Polariscope s. m. Instrument qui sert à reconnaître si un corps dévie le plan de polarisation, à droite ou à gauche (*phys.*).

Polariser v. a. Causer la polarisation.

Polarité s. f. Propriété de l'aimant de se diriger vers les pôles.

Polder s. m. Dans les Pays-Bas plaine conquise sur la mer et protégée par des digues.

Pôle s. m. Chacune des extrémités de l'axe de la sphère céleste, de l'axe d'un globe, d'un axe quelconque.

Polémarque s. m. Chez les anciens Grecs, chef de la guerre.

Polémique s. f. Dispute, querelle de plume. Adj. Qui appartient à la dispute.

Polenta s. f. Bouillie de farine de maïs, etc.

Poli, ie adj. Uni et luisant. Fig. civil, honnête; châtié : *style poli.* S. m. Lustre, brillant.

Police s. f. Ordre, règlement établi pour la sûreté, la tranquillité, l'aisance d'une ville, d'une assemblée, etc. Fig. contrat d'assurance.

Policer v. a. Civiliser, adoucir les mœurs.

Polichinelle s. m. Marionnette à deux bosses. Fig. bouffon ridicule.

Policier, ière adj. De la police.

Polignac (Jules, prince de), ministre de Charles X (1780-1847).

Poliment s. m. Action de polir; état de ce qui est poli.

Poliment adv. Avec politesse.

Polir v. a. Rendre clair, uni et luisant. Fig. cultiver, orner, adoucir le style, l'esprit, les mœurs.

Polissage s. m. Action de polir, son effet.

Polisseur, euse s. Qui donne le poli.

Polissoir s. m. Instrument pour polir.

Polissoire s. f. Sorte de décrottoire.

Polisson s. m. Petit garçon malpropre ou vagabond; libertin.

Polisson, onne adj. Licencieux; très libre.

Polissonner v. n. Dire ou faire des polissonneries.

Polissonnerie s. f. Action de polisson; parole licencieuse.

Polissure s. f. Polissage.

Politesse s. f. Manière civile et honnête de vivre, d'agir, de parler; action polie.

Politique adj. Qui a rapport aux affaires publiques. Fig. fin, adroit, prudent, réservé. S. m. Qui s'occupe du gouvernement, des affaires de l'Etat. S. f. Art, manière de gouverner les États; connaissance du droit public; règle de conduite. Fig. conduite adroite pour arriver à ses fins.

Politiquement adv. Selon les règles de la politique; d'une manière adroite, politique.

Politiquer v. n. Raisonner sur les affaires publiques.

Polka s. f. Espèce de danse.

Pollen s. m. (on pron. *pol-lène*) Poussière fécondante des végétaux renfermée dans les anthères (*bot.*).

Pollion (Asinius), orateur, poète et consul romain, protecteur de Virgile et d'Horace; mort l'an 3 de J.-C.

Polluer v. a. Souiller, profaner.

Pollution s. f. Profanation, souillure.

Pollux, frère de Castor (*myth.*).

Polonaise s. f. Sorte de danse; espèce de redingote.

Poltron, onne adj. et s. Lâche, sans courage.

Poltronnerie s. f. Action, caractère du poltron.

Poltrot de Méré (Jean), assassin du duc de Guise au siège d'Orléans, en 1563.

Polybe, célèbre historien grec; m. 122 av. J.-C.

Polychrome adj. Qui est de plusieurs couleurs.

Polyclète, célèbre statuaire grec du cinquième siècle av. J.-C.

Polycrate, tyran de Samos, vivait au VIe siècle av. J.-C.

Polyèdre s. m. *Géom.* Solide terminé par plusieurs faces.

Polyédrique adj. De polyèdre.

Polyeucte (saint), martyr ; m. 257.

Polygame s. et adj. Celui qui est dans l'état de polygamie. Se dit en botanique des plantes qui portent sur le même pied des pistils et des étamines.

Polygamie s. f. État de l'homme qui est en même temps l'époux de plusieurs femmes. En botanique, classe des plantes polygames.

Polyglotte adj. Qui est écrit en plusieurs langues. S. m. Celui qui sait, qui parle plusieurs langues.

Polygonal, e adj. Qui a la forme d'un polygone.

Polygone s. m. *Géom.* Figure qui a plusieurs angles et plusieurs côtés.

Polygraphe s. m. Auteur qui a écrit sur un grand nombre de matières.

Polynice, frère d'Étéocle (XIVe s. av. J.-C.).

Polynôme s. m. *Math.* Quantité algébrique composée de plusieurs termes séparés par les signes + ou —.

Polype s. m. Nom d'animaux à corps mou terminé par plusieurs filaments qui leur servent de pieds (*zool.*). Excroissance sur les membranes muqueuses (*méd.*).

Polypétale adj. *Bot.* Qui a plusieurs pétales.

Polypeux, euse adj. *Méd.* Qui est de la nature du polype.

Polyphème, fameux cyclope, eut l'œil crevé par Ulysse (*myth.*).

Polypier s. m. Habitation de polypes vivant en agrégations.

Polysyllabe ou **polysyllabique** adj. Qui est de plusieurs syllabes.

Polytechnique adj. Qui embrasse plusieurs arts ou sciences.

Polythéisme s. m. Doctrine religieuse qui admet la pluralité des dieux.

Polythéiste s. Celui, celle qui professe le polythéisme.

Polyxène, la plus jeune fille de Priam.

Pommade s. f. Préparation pharmaceutique ou de parfumerie composée de graisse et de substances médicinales ou parfums.

Pommader v. a. Enduire de pommade.

Pomme s. f. Fruit à pépins, de forme ronde ; ornement en forme de pomme. *Pomme de terre*, plante dont les racines sont garnies de tubercules bons à manger. Fig. *Pomme de discorde*, cause de dissension ; *pomme de pin*, fruit du pin, du sapin.

Pommé, ée adj. Fait en forme de pomme. Fig. achevé, complet (en mauvaise part).

Pommeau s. m. Sorte de petite pomme au-dessus de la poignée d'une épée ; éminence arrondie sur le devant de la selle.

Pommelé, ée adj. part. de *pommeler*.

Pommeler (se) v. pr. Se dit du ciel qui se couvre de petits nuages ronds, des chevaux dont la robe se couvre de taches grisâtres.

Pommelle s. f. Plaque de métal percé de trous qu'on met à l'entrée d'un conduit pour arrêter les ordures.

Pommer v. n. Se dit des légumes qui forment la pomme.

Pommeraie s. f. Lieu planté de pommiers.

Pommette s. f. Partie saillante de la joue, au-dessous de l'œil ; ornement en forme de pomme.

Pommier s. m. Arbre qui produit les pommes ; ustensile de cuisine pour faire cuire des pommes.

Pomone, déesse des fruits (*myth.*).

Pompadour (marquise de), favorite de Louis XV (1721-1764). Adj. inv. Se dit des meubles, des étoffes à la mode de cette époque.

Pompe s. f. Appareil somptueux ; machine pour élever l'eau. Fig. manière de s'exprimer en termes magnifiques. Au pl. Vanités mondaines.

Pompée (Cnéius), surnommé LE GRAND, célèbre général romain (106-48 av. J.-C.). L'aîné de ses fils, CNÉIUS POMPÉE, périt après la bataille de Munda, en cherchant à fuir (45 av. J.-C.) ; le jeune, SEXTUS POMPÉE, fut plus tard tué à

Milot par un officier d'Antoine (35 av. J.-C.).

Pomper v. a. Attirer l'eau ou l'air avec une pompe. Fig. attirer. V. n. Faire agir la pompe.

Pompeusement adv. Avec pompe.

Pompeux, euse adj. Qui a de la pompe; magnifique. Fig. noble, élevé : *style pompeux.*

Pompier s. m. Celui qui fait des pompes; homme d'un corps chargé de porter des secours dans les incendies.

Pompon s. m. Ornement de peu de valeur que les femmes ajoutent à leurs ajustements; houppe de laine que les militaires portent à leurs coiffures.

Pomponne (marquis de), ministre de Louis XIV, de 1672 à 1679).

Pomponner v. a. Orner de pompons, parer. SE POMPONNER, v. pr. Se parer, s'habiller avec soin.

Ponçage s. m. Action de poncer.

Ponce s. et adj. f. Se dit d'une pierre sèche, poreuse et légère, qui est un produit volcanique. S. f. Petit sachet pour poncer, rempli de charbon pilé ou de plâtre fin.

Ponceau s. m. Petit pont d'une arche.

Ponceau s. m. Pavot sauvage d'un rouge vif; rouge très vif et très foncé. Adjectiv. : qui est de cette couleur.

Poncer v. a. Polir avec la pierre ponce; passer la ponce sur un dessin dont on a piqué le trait.

Poncire s. m. Espèce de citronnier; son fruit.

Poncis s. m. Dessin piqué sur lequel on passe la ponce.

Ponction s. f. Opération par laquelle on fait évacuer par une ouverture les eaux épanchées dans le corps.

Ponctualité s. f. Qualité de la personne ponctuelle; exactitude à faire une chose à temps.

Ponctuation s. f. Art de ponctuer.

Ponctué, ée adj. Formé d'une suite de points; parsemé de taches en forme de points.

Ponctuel, elle adj. Exact.

Ponctuellement adv. Avec ponctualité, exactitude.

Ponctuer v. a. Mettre des points, des virgules, etc., dans un discours écrit.

Pondérabilité s. f. Qualité de ce qui est pondérable. [pesé.

Pondérable adj. Qui peut être

Pondérateur, trice adj. Qui maintient l'équilibre : *pouvoir pondérateur.*

Pondération s. f. Relation entre des poids ou des puissances qui s'équilibrent. *Pondération des pouvoirs*, équilibre cherché entre les différents corps d'un gouvernement constitutionnel.

Pondérer v. a. Équilibrer, au figuré.

Pondeuse adj. et s. f. *Poule pondeuse,* qui pond souvent.

Pondre v. a. Faire des œufs, en parlant des femelles des oiseaux et de certains reptiles.

Poney s. m. Petit cheval à long poil, qu'on trouve en Irlande et en Écosse.

Pongo s. m. Espèce de singe, du genre orang-outang.

Pont s. m. Ouvrage en pierre, en fer, en bois, pour faciliter le passage d'un cours d'eau; plancher d'un vaisseau. PONTS ET CHAUSSÉES, corps d'ingénieurs chargés de tous les travaux qui se rapportent aux voies de communication; PONT AUX ANES, chose facile à faire, que tout le monde sait.

Ponte s. m. A quelques jeux de hasard, le joueur par rapport au banquier; au jeu d'hombre, l'as de cœur ou de carreau, quand on fait jouer dans l'une de ces couleurs.

Ponte s. f. Action de pondre; temps où les oiseaux pondent.

Ponté, ée adj. *Vaisseau ponté,* qui a un ou plusieurs ponts.

Ponter v. n. Mettre de l'argent contre le banquier, aux jeux de hasard.

Pontet s. m. Partie de la sous-garde d'une arme à feu.

Pontife s. m. Personne remplissant des fonctions élevées comme ministre d'un culte. *Le souverain pontife,* le pape.

Pontifical, e adj. Qui appartient à la dignité de pontife. (Pl. m. *pontificaux.*)

Pontificalement adv. Avec les habits pontificaux.

Pontificat s. m. Dignité de grand pontife; dignité du pape; temps durant lequel un pape occupe le Saint-Siège.

Pont-neuf s. m. Chanson populaire. (Pl. *ponts-neufs.*)

Ponton s. m. Pont flottant; vieux vaisseau rasé qui sert à divers usages dans les ports.

Pontonnage s. m. Droit perçu pour passer un pont, une rivière.

Pontonnier s. m. Celui qui perçoit le pontonnage; soldat employé à la construction des ponts flottants.

Pope s. m. Prêtre russe.

Pope, célèbre poète anglais (1688-1744).

Popeline s. f. Sorte d'étoffe de soie.

Populace s. f. Le bas peuple.

Populacerie s. f. Mœurs de la populace, viles manières.

Populacier, ière adj. Propre à la populace. S. Celui, celle qui en a les goûts, les manières.

Populaire adj. Qui est du peuple; qui recherche, se concilie l'affection du peuple; répandu parmi le peuple.

Populairement adv. D'une façon populaire.

Populariser v. a. Rendre populaire.

Popularité s. f. Caractère d'un homme populaire; faveur publique.

Population s. f. Nombre des habitants d'un pays.

Populeux, euse adj. Où il y a une nombreuse population.

Porc s. m. (on ne prononce pas le *c* devant une consonne). Cochon. Fig. homme sale ou grossier.

Porcelaine s. f. Terre fine et à demi vitrifiée dont on fait des vases et des ustensiles.

Porc-épic s. m. Quadrupède de l'ordre des rongeurs, dont le corps est armé de piquants. (Pl. *porcs-épics.*)

Porche s. m. Petit vestibule à l'entrée d'une église, d'un temple, etc.

Porcher, ère s. Celui, celle qui garde les troupeaux.

Porcherie s. f. Toit à porcs.

Porcine adj. f. *Bêtes porcines*, les porcs.

Pore s. m. Se dit d'ouvertures imperceptibles dans la peau de l'animal, par où se fait la transpiration; petits orifices dont les végétaux sont criblés.

Porée (Charles), jésuite français et poète latin moderne (1675-1741).

Poreux, euse adj. Qui a des pores. [poreux.

Porosité s. f. Qualité des corps

Porphyre s. m. Sorte de roche dure à fond rouge tacheté de blanc.

Porphyre, philosophe néoplatonicien (233-304).

Porphyrisation s. f. Action de porphyriser.

Porphyriser v. a. Broyer sur du porphyre avec une molette.

Porphyrogénète adj. Titre des enfants des empereurs grecs de Constantinople nés pendant le règne de leur père.

Porphyroïde adj. Qui ressemble au porphyre.

Porsenna, lars ou roi de Clusium, défenseur de Tarquin.

Port s. m. Lieu sur la côte de la mer, qui sert d'abri aux navires; lieu sur les rivières, où les bateaux abordent et chargent ou déchargent leurs marchandises; ville qui a un port. Fig. lieu de repos, de tranquillité; charge d'un bâtiment; action de porter; prix de transport; manière de se tenir.

Porta (Jean-Baptiste), célèbre physicien napolitain (1540-1615).

Portable adj. Qui peut être porté.

Portage s. m. Action de porter.

Portail s. m. (*l* m.) Façade d'une église, d'un édifice, où est la porte principale. (Pl. *portails.*)

Portalis, ministre des cultes sous Napoléon Ier (1746-1807).

Portant, e adj. *Bien portant, mal portant*, en bonne ou en mauvaise santé; *à bout portant*, de très près.

Portatif, ive adj. Que l'on peut aisément porter.

Porte s. f. Ouverture pour entrer dans un lieu fermé ou pour en sortir; assemblage de bois qui sert à fermer l'entrée d'une ville, d'une chambre, d'un meuble, etc. Fig. accès, moyen d'arriver. *La Porte* ou *la Sublime-Porte*, la cour du sultan des Turcs.

Porte adj. *Veine porte*, grosse veine qui distribue le sang dans le foie.

Porte-allumettes s. m. Ustensile dans lequel on place les allumettes.

Porteballe s. m. Petit mercier qui court le pays en portant des marchandises sur son dos.

Portechape s. m. Celui qui porte ordinairement la chape à l'église.

Portechoux s. m. Petit cheval de jardinier.

Porte-clefs s. m. Valet de prison. (Inv. au pl.)

Portecrayon s. m. Instrument dans lequel on met un crayon.

Porte-croix s. m. Celui qui porte la croix.

Porte-crosse s. m. Celui qui porte la crosse. (Inv. au pl.)

Porte-Dieu s. m. Prêtre qui porte le viatique aux malades. (Inv. au pl.)

Porte-drapeau s. et adj. m. Celui qui porte le drapeau. (Inv. au pl.)

Portée s. f. Totalité des petits que les animaux quadrupèdes mettent bas en une fois; distance à laquelle un canon, un fusil, un arc, etc., peuvent atteindre; distance où la voix, la vue, l'ouïe peuvent atteindre. Fig. étendue, capacité de l'esprit; force, valeur d'un raisonnement; lignes sur lesquelles on note la musique.

Porte-enseigne s. m. Celui qui porte l'enseigne. (Inv. au pl.)

Porte-épée s. m. Morceau de cuir qui porte l'épée. (Inv. au pl.)

Porte-étendard s. m. Celui qui porte l'étendard. (Inv. au pl.)

Porte-étriers s. m. pl. Courroies servant à relever les étriers.

Porte-étrivières s. m. Anneaux carrés aux deux côtés de la selle.

Portefaix s. m. Porteur de fardeaux, crocheteur.

Portefeuille s. m. Carton plié en deux ou sorte de petit sac en peau pour renfermer des papiers, des dessins, etc. Fig. fonctions d'un ministre.

Porte-glaives (*chevaliers*). Ordre militaire et religieux, fondé en Livonie (1201-1561).

Porte-malheur s. m. Homme dont la présence est funeste.

Portemanteau s. m. Crochet fixé à la muraille et où l'on suspend les vêtements; sorte de valise de cuir ou d'étoffe.

Portement s. m. Tableau représentant le Christ portant sa croix.

Porte-monnaie s. m. Petit sachet ou portefeuille où l'on met son argent de poche. (Inv. au pl.)

Porte-montre s. m. Coussinet pour y placer une montre. (Inv. au pl.)

Porte-mors s. m. Partie de la bride qui soutient le mors. (Inv. au pl.)

Porte-mouchettes s. m. Plateau où l'on place les mouchettes. (Inv. au pl.)

Porte-mousqueton s. m. Sorte d'agrafe pour soutenir le mousqueton. (Inv. au pl.)

Porte-musc s. m. Animal ruminant qui fournit le musc. (Inv. au pl.)

Porte-plume, ou mieux **porteplume** s. m. Manche destiné à maintenir les plumes métalliques.

Porter v. a. Soutenir un objet pesant; transporter d'un lieu à un autre; mettre, avoir sur soi; diriger: *porter ses pas, ses regards vers un lieu*. Fig. exciter à: *porter à la désobéissance*. V. n. Être porté sur; atteindre (en parlant des projectiles, des armes). SE PORTER v. pr. Être porté. *Se porter bien, mal*, être en bonne, en mauvaise santé.

Porter s. m. (on pron. l'*r* finale). Sorte de bière anglaise.

Porte-respect s. m. Arme défensive qui impose (fam.). (Inv. au pl.)

Porteur, euse s. Celui, celle qui porte un fardeau, une lettre, etc.

Porte-voix s. m. Instrument pour porter la voix au loin. (Inv. au pl.)

Portier, ère s. Qui garde la porte de la maison.

Portière s. f. Ouverture, porte d'un carrosse, d'un compartiment de chemin de fer, etc.; rideau devant une porte.

Portion s. f. Partie d'un tout divisé; partie d'un mets.

Portioncule s. f. Petite portion.

Portique s. m. Galerie ouverte à colonnes. Fig. la philosophie stoïcienne.

Portraire v. a. Faire le portrait.

Portrait s. m. Ressemblance d'une personne, tracée au crayon, au pinceau, etc. Fig. description de l'extérieur, du caractère, etc.

Portraitiste s. m. Peintre de portraits.

Portraiture s. f. Portrait (vx. mot).

Portugais, e adj. et s. Du Portugal.

Portulan s. m. Livre qui contient la description de chaque port de mer.

Porus, l'un des rois de l'Inde qui furent vaincus par Alexandre.

Posage s. m. Action de poser; travail et dépense pour mettre en place certains ouvrages.

Pose s. f. Action de poser, de placer; attitude.

Posé, ée adj. Rassis, grave; en crédit dans le monde.

Posément adv. Doucement, modérément.

Poser v. a. placer, mettre sur. Fig. établir; fixer, préciser; supposer. V. n. Etre posé sur; prendre une attitude. Se poser v. pr. Se placer; prendre une position.

Poseur s. m. Celui qui pose.

Posidonius, philosophe grec stoïcien (133-49 av. J.-C.).

Positif, ive adj. Assuré, constant; se dit par opposition à naturel; qui est écrit, prescrit: *droit positif;* se dit aussi d'une personne qui n'a en vue que des intérêts matériels.

Positif s. m. Premier degré de signification d'un adjectif.

Position s. f. Lieu, point où une chose est placée; attitude.

Positivement adv. D'une manière positive.

Possédé, ée adj. Epris de, au pouvoir de. S. Démoniaque. Fig. qui s'agite beaucoup, inquiet, tourmenté.

Posséder v. a. Avoir entre ses mains, être maître de. Fig. savoir parfaitement: *posséder les sciences.* Se posséder v. pr. Etre maître de soi, se contenir.

Possesseur s. m. Qui possède.

Possessif adj. Se dit en grammaire des mots qui expriment une idée de possession.

Possession s. f. Jouissance d'un bien; la chose possédée. Au pl. Terres possédées par un État ou un particulier.

Possessoire s. m. Action relative à la possession d'un bien.

Possibilité s. f. Qualité de ce qui est possible.

Possible adj. Qui peut être, qui peut se faire. Se met toujours au singulier après les expressions *le plus, le moins.* S m. Ce que l'on peut.

Postal, e adj. Qui concerne les postes: *conventions postales;* qui est destiné à être envoyé par la poste: *carte postale.*

Postcommunion s. f. Oraison que dit le prêtre après la communion.

Postdate s. f. Date postérieure à la date véritable.

Postdater v. n. Mettre une postdate à un écrit quelconque.

Poste s. f. Relais de chevaux établis de distance en distance pour le service des voyageurs; manière de voyager; maison où sont les chevaux de poste; administration pour le transport des lettres; bureau de poste.

Poste s. m. Lieu où un soldat est placé par son chef; corps de garde; soldats qui y sont placés. Fig. emploi quelconque.

Poster v. a. Placer dans un poste, dans un endroit. Se poster v. pr. Se placer pour observer.

Postérieur, e adj. Qui vient après; qui est placé derrière.

Postérieurement adv. Après.

Postériori (à) m. lat. signifiant: De ce qui s'ensuit.

Postériorité s. f. État d'une chose postérieure à une autre.

Postérité s. f. Suite de ceux qui descendent d'une même souche; les générations futures.

Postface s. f. Sorte d'avertissement placé à la fin d'un livre.

Posthume adj. Né après la mort de son père; se dit aussi d'un ouvrage publié après la mort de son auteur.

Postiche adj. Fait et ajouté après coup; faux; qui tient la place d'un autre: *caporal postiche.*

Postillon s. m. (*ll* m.) Homme attaché au service de la poste aux chevaux.

Post-scriptum s. m. Ce qu'on ajoute à une lettre après la signature. (Inv. au pl.)

Postulant, e s. Celui, celle qui sollicite un emploi; personne qui demande à faire son noviciat dans une maison religieuse.

Postulat s. m. *Géom.* Demande d'un principe pour établir une démonstration. (On dit aussi *postulatum*, au pl. *postulata*.)

Postulation s. f. Action de postuler.

Postuler v. a. Demander avec instance. V. n. Faire toutes les procédures dans l'instruction d'une affaire, en parlant d'un avoué.

Posture s. f. Manière dont on se pose, attitude du corps. Fig. état où l'on est par rapport à sa fortune.

Pot s. m. Vase de terre ou de métal; marmite où l'on fait bouillir la viande; mesure de deux pintes. *Pot-pourri*, plat composé de différentes sortes de viandes cuites avec diverses sortes de légumes; au fig. morceau de musique composé de différents airs. *Pot de chambre*, vase de nuit.

Potable adj. Qu'on peut boire sans répugnance : *eau potable*.

Potage s. m. Soupe faite avec du bouillon dans lequel on a mis du pain ou toute autre substance alimentaire.

Potager, ère adj. Cultivé dans un potager. *Jardin potager* ou substantiv. *potager*, jardin destiné à la culture des légumes.

Potasse s. f. *Chim.* Oxyde de potassium.

Potassium s. m. *Chim.* Métal qui, combiné avec l'oxygène, donne la potasse pure.

Pot-au-feu s. m. Morceau de viande destiné à être mis dans la marmite pour faire du bouillon. (Inv. au pl.)

Pot-de-vin s. m. Ce qui se donne comme présent en sus du prix convenu pour un marché. (Pl. *pots-de-vin*).

Pote adj. f. *Main pote*, main grasse ou enflée.

Poteau s. m. Pièce de bois de charpente posée droit en terre.

Potée s. f. Ce que contient un pot. Fig. un grand nombre.

Potelé, ée adj. Gras et plein.

Potelet s. m. Petit poteau.

Potence s. f. Assemblage de trois pièces de bois ou de fer formant triangle et servant de support; gibet pour le supplice de la pendaison; le supplice même.

Potentat s. m. Souverain d'un grand État. Fig. celui qui affecte une grande importance.

Poterie s. f. Toute vaisselle de terre ou d'étain; lieu où elle se fabrique; industrie du potier; brique (*arch.*).

Poterne s. f. Porte secrète de fortification pour faire des sorties.

Pothier, savant jurisconsulte français (1699-1772).

Pothin (saint), évêque de Lyon, martyrisé dans cette ville (177).

Potiche s. f. Vase en porcelaine de Chine ou du Japon; vase en verre imitant la porcelaine de Chine.

Potier s. m. Celui qui fait, qui vend des pots, de la vaisselle.

Potin s. m. Mélange de cuivre jaune et de cuivre rouge.

Potion s. f. Médicament liquide.

Potiron s. m. Sorte de grosse citrouille.

Pou s. m. Insecte parasite. (Pl. *poux*.)

Pouacre adj. et s. Malpropre (pop.).

Pouah! interj. exprimant le dégoût.

Pouce s. m. Le plus gros doigt de la main ou du pied; ancienne mesure.

Poucettes s. f. pl. Corde pour lier ensemble les pouces d'un prisonnier.

Poucier s. m. Morceau de métal, de corne, pour couvrir le pouce.

Pou-de-soie, **pout-de-soie** ou **poult-de-soie** s. m. Sorte d'étoffe de soie unie et sans lustre.

Pouding s. m. Mets composé de mie de pain, de moelle de bœuf, de raisin, d'œufs, etc.

Poudingue s. m. Pierre formée de petits cailloux unis par un ciment très dur.

Poudre s. f. Poussière; substance broyée ou pilée; mélange de salpêtre, de soufre et de charbon pour charger les armes à feu. Fig.

Jeter de la poudre aux yeux, éblouir par ses discours et ses manières; *mettre le feu aux poudres*, exciter la discorde, la sédition.

Poudrer v. a. Couvrir légèrement de poudre.

Poudrette s. f. Matière fécale desséchée pour servir d'engrais.

Poudreux, euse adj. Plein de poussière.

Poudrier s. m. Petite boîte où l'on met la poudre à sécher l'écriture; horloge de sable.

Poudrière s. f. Boîte à poudre pour sécher l'écriture; boîte, récipient dans lequel est contenu l'approvisionnement de poudre d'un tireur; fabrique de poudre à canon; magasin de poudre.

Poudroyer v. a. Remplir de poudre, de poussière. V. n. S'élever en poussière.

Pouf, onomatopée exprimant le bruit que fait un corps en tombant.

Pouf s. m. Réclame; annonce emphatique; gros tabouret cylindrique.

Pouffer v. n. *Pouffer de rire*, éclater de rire involontairement.

Pouillé s. m. (*ll* m.) Dénombrement de tous les bénéfices d'un diocèse, etc.

Pouiller v. a. (*ll* m.) Faire des reproches.

Pouillerie s. f. (*ll* m.) Extrême pauvreté; lieu très malpropre.

Pouilles s. f. pl. (*ll* m.) Reproches avec injures.

Pouilleux, euse adj. et s. (*ll* m.) Qui a des poux.

Poulailler s. m. (*ll* m.) Lieu où juchent les poules. Fig. bicoque, place mal fortifiée; la partie du théâtre la plus élevée.

Poulain s. m. Le cheval avant trois ans.

Poulaine s. f. Soulier dont la pointe était plus ou moins longue; assemblage de pièces de bois terminées en pointe à l'avant d'un vaisseau.

Poularde s. f. Jeune poule qu'on a engraissée.

Poule s.f. La femelle du coq. Fig. *Une poule mouillée*, une personne sans résolution et sans courage.

Poulet s. m. Le petit d'une poule. *Poulet d'Inde*, dindonneau.

Poulette s. f. Jeune poule.

Pouliche s. f. Jument qui a moins de trois ans.

Poulie s. f. Roue de bois dur ou de métal, creusée d'une gorge à sa circonférence pour recevoir une corde, et tournant sur un axe qui est supporté par une chape.

Poulinement s. m. Action de pouliner.

Pouliner v. n. Se dit d'une cavale qui met bas.

Poulinière adj. f. Se dit d'une jument destinée à produire des poulains.

Pouliot s. m. Plante aromatique du genre des menthes.

Poulot, otte s. m. et f. Terme de caresse dont on se sert en parlant à un enfant.

Poulpe s. f. Voy. *pulpe*.

Poulpe s. m. Animal marin de la classe des mollusques.

Pouls s. m. Battement des artères. Fig. *Se tâter le pouls*, consulter ses forces.

Poumon s. m. Organe renfermé dans la poitrine, et par lequel s'effectue la respiration.

Poupard s. m. Enfant au maillot.

Poupe s. f. L'arrière d'un vaisseau.

Poupée s. f. Petite figure humaine de carton, de bois, de cire, etc.; espèce de mannequin sur lequel on essaye des chapeaux, des vêtements.

Poupin, ine adj. et s. Qui a une toilette affectée.

Poupon s. m. Petit enfant au visage plein et potelé.

Pour prép. marquant le motif, la cause, et signifiant aussi : en considération de, moyennant, eu égard à, etc. S. m. *Le pour et le contre*. POUR QUE loc. conj. Afin que. POUR PEU QUE loc. conj. Si peu que.

Pourboire s. m. Petite libéralité en signe de satisfaction.

Pourceau s. m. Cochon, porc.

Pourchasser v. a. Poursuivre avec ardeur.

Pourfendeur s. m. Celui qui pourfend; fanfaron.

Pourfendre v. a. Fendre un homme de haut en bas.

Pourparler s. m. Conférence.

Pourpier s. m. Sorte de plante potagère.

Pourpoint s. m. Ancien vêtement qui couvrait le corps depuis le cou jusqu'à la ceinture.

Pourpre s. m. Rouge foncé; maladie. S. f. Teinture rouge que les anciens tiraient d'un coquillage; étoffe teinte de cette couleur. Fig. dignité souveraine; cardinalat.

Pourpré, ée adj. De couleur de pourpre.

Pourpris s. m. (vx.). Enceinte.

Pourquoi conj. et adv. Pour quelle cause. S. m. La raison de.

Pourri, ie adj. Gâté, corrompu. S. m. Ce qui est en putréfaction.

Pourrir v. n. S'altérer, se gâter. Fig. séjourner longtemps. V. a. Corrompre.

Pourrissage s. m. Macération des chiffons à papier dans l'eau.

Pourrissoir s. m. Lieu où l'on fait macérer les chiffons à papier.

Pourriture s. f. État de ce qui est pourri; corruption.

Poursuite s. f. Action de poursuivre. Fig. soin pour obtenir quelque chose; démarches; procédure.

Poursuivant s. m. Celui qui brigue une chose, qui exerce des poursuites en justice, qui recherche une femme en mariage.

Poursuivre v. a. Suivre avec vitesse, avec acharnement. Fig. persécuter; continuer; chercher à obtenir.

Pourtant adv. Néanmoins, cependant.

Pourtour s. m. Le tour; le circuit de certains objets, d'un édifice.

Pourvoi s. m. Recours à un tribunal supérieur. *Pourvoi en grâce*, demande faite au chef de l'État pour obtenir remise ou commutation de peine.

Pourvoir v. n. Donner ordre à; fournir ce qui est nécessaire; nommer à un emploi. V. a. Munir, garnir; douer; établir par un mariage. SE POURVOIR v. pr. Se munir; recourir à un tribunal.

Pourvoirie s. f. Lieu où l'on garde les provisions.

Pourvoyeur, euse s. Qui est chargé de fournir à une maison les provisions dont elle a besoin.

Pourvu, ue adj. et s. Qui a obtenu place ou bénéfice; établi; marié.

Pourvu que loc. conj. avec le subj. En cas que, à condition que.

Pousse s. f. Jet que produit un arbre dans le cours d'une année; maladie des chevaux, des vins.

Poussée s. f. Action de pousser; effet de ce qui pousse.

Pousser v. a. Faire effort contre une personne ou une chose pour l'ôter de sa place; imprimer un mouvement; faire croître. Fig. faire avancer; engager, exciter : *pousser au mal. Pousser quelqu'un à bout*, le mettre en colère. V. n. Produire une poussée (*arch.*); croître; aller jusqu'à : *pousser jusqu'à la ville* (fam.).

Poussette s. f. Jeu d'enfants.

Poussier s. m. Poussière de charbon.

Poussière s. f. Terre réduite en poudre très fine. Fig. *Mordre la poussière*, être tué en combattant.

Poussif, ive adj. Qui a la pousse : *cheval poussif*. Adj. et s. m. Qui a de la peine à respirer.

Poussin s. m. Petit poulet nouvellement éclos.

Poussin (Nicolas), célèbre peintre français (1594-1665).

Poussinière s. f. Nom vulgaire de la constellation des Pléiades,

Poussoir s. m. Bouton qu'on pousse pour faire sonner une montre à répétition.

Poutre s. f. Grosse pièce de bois équarrie qui soutient les solives d'un plancher.

Poutrelle s. f. Petite poutre.

Pouvoir v. n. Avoir la faculté, être en état de; être possible. V. a. Avoir l'autorité, le moyen. SE POUVOIR v. pr. Être possible.

Pouvoir s. m. Faculté de faire; puissance ou possession; faculté d'agir pour un autre; acte qui donne cette faculté; autorité; crédit, empire, ascendant.

Pradier, célèbre sculpteur français (1786-1852).

Pradon, poète tragique français, m. 1698.

Pragmatique s. et adj. f. Règlement. *Pragmatique sanction*, règlement fait en matière ecclésiastique.

Praguerie s. f. Nom donné à la révolte des seigneurs et du dauphin contre Charles VII, en 1440.

Prairial s. m. Neuvième mois du calendrier républicain.

Prairie s. f. Etendue de terre qui produit de l'herbe, du foin.

Praline s. f. Amande rissolée dans du sucre.

Praliner v. a. Faire rissoler dans du sucre.

Praticable adj. Qui peut être pratiqué.

Praticien s. et adj. m. Celui qui a l'expérience et la pratique d'un art; celui qui entend bien la procédure.

Pratique s. f. Application de la théorie, des règles d'un art; exécution d'un dessein; méthode, usage, expérience; chaland, acheteur. Adj. Qui applique, qui agit : *morale pratique.*

Pratiquement adv. Dans la pratique.

Pratiquer v. a. et n. Mettre en pratique, exercer; fréquenter.

Praxitèle, célèbre sculpteur grec (360-280 av. J.-C.).

Pré s. m. Terre où l'on recueille du foin ou qui sert au pâturage.

Préadamites s. m. pl. Hérétiques qui prétendaient qu'avant Adam il avait existé d'autres hommes.

Préalable adj. et s. m. Qui doit être dit, fait avant autre chose. AU PRÉALABLE loc. adv. Auparavant.

Préalablement adv. D'abord.

Préambule s. m. Discours préliminaire.

Préau s. m. Petit pré; place carrée, cour d'un cloître, d'une prison; lieu de récréation dans une école.

Prébende s. f. Revenu d'un ecclésiastique, d'un chanoine.

Prébendé, ée adj. Qui jouit d'une prébende.

Prébendier s. m. Ecclésiastique qui sert au chœur sous l'autorité des chanoines.

Précaire adj. Qui dépend de la volonté d'autrui; qui n'a pas de durée certaine.

Précairement adv. D'une manière précaire.

Précaution s. f. Ce que l'on fait pour éviter un mal; circonspection. *Précaution oratoire*, moyen détourné par lequel on cherche à se concilier la bienveillance de ses auditeurs.

Précautionner v. a. Mettre en garde, prémunir contre un mal. SE PRÉCAUTIONNER v. pr. Prendre des précautions.

Précédemment adv. (on pron. *précédaman*). Auparavant.

Précédent, e adj. Qui est immédiatement auparavant. S. m. Fait antérieur par lequel on veut en justifier un autre.

Précéder v. a. Marcher devant; être devant.

Précepte s. m. Règle de conduite; enseignement.

Précepteur s. m. Maître chargé d'une éducation particulière.

Préceptoral, e adj. Qui appartient, qui convient au précepteur.

Préceptorat s. m. État, fonctions de précepteur.

Prêche s. m. Sermon protestant; église protestante.

Prêcher v. a. Annoncer la parole de Dieu, instruire le peuple par des sermons; exciter à la vertu, à la piété. V. n. *Prêcher d'exemple*, pratiquer ce qu'on enseigne.

Prêcheur s. m. Celui qui prêche; prédicateur.

Précieusement adv. Avec le plus grand soin.

Précieux, euse adj. Qui a beaucoup de prix, de valeur; affecté dans ses manières et dans son langage. S. f. Femme qui affecte dans ses manières et dans son langage une recherche pédante.

Préciosité s. f. Affectation dans les manières et dans le langage.

Précipice s. m. Lieu profond où l'on ne peut tomber sans péril. Fig. danger redoutable.

Précipitamment adv. Avec précipitation.

Précipitant s. m. *Chim.* Corps qui en précipite un autre, qui fait un précipité.

Précipitation s. f. Action de précipiter; vitesse excessive, trop grand empressement.

Précipité s. m. Dépôt qui se forme au fond d'un vase.

Précipiter v. a. Faire tomber du haut en bas; donner plus de vitesse. SE PRÉCIPITER v. pr. Se jeter d'un lieu élevé.

Préciput s. m. *Jurisp.* Droit accordé à une personne de prélever avant tout partage une partie de terminée d'un bien, d'une succession.

Précis s. m. Résumé court et net.

Précis, e adj. Nettement déterminé; catégorique.

Précisément adv. Avec précision; d'une manière exacte.

Préciser v. a. Déterminer avec précision.

Précision s. f. Grande régularité; caractère de ce qui est précis.

Précité, ée adj. Déjà cité.

Précoce adj. Mûr avant le temps.

Précocité s. f. Caractère de ce qui est précoce.

Précompter v. a. Compter par avance les sommes à déduire.

Préconçu, ue adj. Adopté avant tout examen.

Préconisation s. f. Action de préconiser.

Préconiser v. a. Déclarer publiquement qu'un prêtre peut être élevé à l'épiscopat. Fig. louer avec excès.

Précurseur s. m. Celui qui vient avant un autre et qui annonce sa venue. Fig. ce qui annonce : *signes précurseurs.*

Prédécéder v. n. Mourir avant un autre.

Prédécesseur s. m. Celui qui a précédé quelqu'un dans un emploi, dans une charge.

Prédestination s. f. Décret divin par lequel de toute éternité les élus sont destinés à la gloire éternelle (*théol.*); arrangement immuable d'événements que rien ne peut empêcher.

Prédestiné, ée adj. et s. Destiné à la gloire éternelle; destiné d'avance à.

Prédestiner v. a. Destiner d'avance.

Prédéterminant, e adj. Qui détermine.

Prédétermination s. f. Action de prédéterminer.

Prédéterminer v. a. Déterminer la volonté hu[maine] (en parlant de Dieu).

Prédicant s. m. Prédicateur protestant.

Prédicateur s. m. Celui qui prêche. Fig. celui qui publie des doctrines.

Prédication s. f. Action de prêcher; sermon.

Prédiction s. f. Action de prédire; chose prédite.

Prédilection s. f. Préférence d'amitié, d'affection.

Prédire v. n. Prophétiser; annoncer ce qui doit arriver.

Prédisposant, e adj. *Méd.* Qui prédispose.

Prédisposer v. n. Disposer d'avance.

Prédisposition s. f. Disposition naturelle à contracter certaines maladies.

Prédominance s. f. Action de ce qui prédomine.

Prédominant, e adj. Qui prédomine.

Prédominer v. n. Prévaloir; s'élever, se faire sentir au dessus.

Prééminence s. f. Supériorité de rang, de dignité, de droits.

Prééminent, e adj. Qui excelle.

Préemption s. f. Droit d'acheter d'avance ou le premier.

Préexcellence s. f. Qualité de ce qui l'emporte sur tout.

Préexceller v. n. L'emporter sur tout autre.

Préexistant, e adj. Qui existe avant.

Préexistence s. f. Existence antérieure.

Préexister v. n. Exister avant.

Préface s. f. Discours préliminaire en tête d'un livre; partie de la messe.

Préfectoral, e adj. Qui a rapport au préfet; qui émane du préfet.

Préfecture s. f. Nom par lequel on désignait le gouvernement d'une province dans l'empire romain; aujourd'hui, circonscription administrative d'un préfet.

Préférable adj. Qui mérite d'être préféré.

Préférablement adv. Par préférence.

Préféré, ée s. Personne que l'on aime mieux que les autres.

Préférence s. f. Acte par lequel on choisit une personne ou une chose plutôt qu'une autre. Pl. Marques particulières d'affection ou d'honneur qu'on accorde à quelqu'un.

Préférer v. a Se déterminer

Jeter de la poudre aux yeux, éblouir par ses discours et ses manières; *mettre le feu aux poudres*, exciter la discorde, la sédition.

Poudrer v. a. Couvrir légèrement de poudre.

Poudrette s. f. Matière fécale desséchée pour servir d'engrais.

Poudreux, euse adj. Plein de poussière.

Poudrier s. m. Petite boîte où l'on met la poudre à sécher l'écriture; horloge de sable.

Poudrière s. f. Boîte à poudre pour sécher l'écriture; boîte, récipient dans lequel est contenu l'approvisionnement de poudre d'un tireur; fabrique de poudre à canon; magasin de poudre.

Poudroyer v. a. Remplir de poudre, de poussière. V. n. S'élever en poussière.

Pouf, onomatopée exprimant le bruit que fait un corps en tombant.

Pouf s. m. Réclame; annonce emphatique; gros tabouret cylindrique.

Pouffer v. n. *Pouffer de rire*, éclater de rire involontairement.

Pouillé s. m. (*ll* m.) Dénombrement de tous les bénéfices d'un diocèse, etc.

Pouiller v. a. (*ll* m.) Faire des reproches.

Pouillerie s. f. (*ll* m.) Extrême pauvreté; lieu très malpropre.

Pouilles s. f. pl. (*ll* m.) Reproches avec injures.

Pouilleux, euse adj. et s. (*ll* m.) Qui a des poux.

Poulailler s. m. (*ll* m.) Lieu où juchent les poules. Fig. bicoque, place mal fortifiée; la partie du théâtre la plus élevée.

Poulain s. m. Le cheval avant trois ans.

Poulaine s. f. Soulier dont la pointe était plus ou moins longue; assemblage de pièces de bois terminées en pointe à l'avant d'un vaisseau.

Poularde s. f. Jeune poule qu'on a engraissée.

Poule s.f. La femelle du coq. Fig. *Une poule mouillée*, une personne sans résolution et sans courage.

Poulet s. m. Le petit d'une poule. *Poulet d'Inde*, dindonneau.

Poulette s. f. Jeune poule.

Pouliche s. f. Jument qui a moins de trois ans.

Poulie s. f. Roue de bois dur ou de métal, creusée d'une gorge à sa circonférence pour recevoir une corde, et tournant sur un axe qui est supporté par une chape.

Poulinement s. m. Action de pouliner.

Pouliner v. n. Se dit d'une cavale qui met bas.

Poulinière adj. f. Se dit d'une jument destinée à produire des poulains.

Pouliot s. m. Plante aromatique du genre des menthes.

Poulot, otte s. m. et f. Terme de caresse dont on se sert en parlant à un enfant.

Poulpe s. f. Voy. *pulpe*.

Poulpe s. m. Animal marin de la classe des mollusques.

Pouls s. m. Battement des artères. Fig. *Se tâter le pouls*, consulter ses forces.

Poumon s. m. Organe renfermé dans la poitrine, et par lequel s'effectue la respiration.

Poupard s. m. Enfant au maillot.

Poupe s. f. L'arrière d'un vaisseau.

Poupée s. f. Petite figure humaine de carton, de bois, de cire, etc.; espèce de mannequin sur lequel on essaye des chapeaux, des vêtements.

Poupin, ine adj. et s. Qui a une toilette affectée.

Poupon s. m. Petit enfant au visage plein et potelé.

Pour prép. marquant le motif, la cause, et signifiant aussi : en considération de, moyennant, eu égard à, etc. S. m. *Le pour et le contre*. POUR QUE loc. conj. Afin que. POUR PEU QUE loc. conj. Si peu que.

Pourboire s. m. Petite libéralité en signe de satisfaction.

Pourceau s. m. Cochon, porc.

Pourchasser v. a. Poursuivre avec ardeur.

Pourfendeur s. m. Celui qui pourfend; fanfaron.

Pourfendre v. a. Fendre un homme de haut en bas.

Pourparler s. m. Conférence.

Pourpier s. m. Sorte de plante potagère.

Pourpoint s. m. Ancien vêtement qui couvrait le corps depuis le cou jusqu'à la ceinture.

Pourpre s. m. Rouge foncé; maladie. S. f. Teinture rouge que les anciens tiraient d'un coquillage; étoffe teinte de cette couleur. Fig. dignité souveraine; cardinalat.

Pourpré, ée adj. De couleur de pourpre.

Pourpris s. m. (vx.). Enceinte.

Pourquoi conj. et adv. Pour quelle cause. S. m. La raison de.

Pourri, ie adj. Gâté, corrompu. S. m. Ce qui est en putréfaction.

Pourrir v. n. S'altérer, se gâter. Fig. séjourner longtemps. V. a. Corrompre.

Pourrissage s. m. Macération des chiffons à papier dans l'eau.

Pourrissoir s. m. Lieu où l'on fait macérer les chiffons à papier.

Pourriture s. f. État de ce qui est pourri; corruption.

Poursuite s. f. Action de poursuivre. Fig. soin pour obtenir quelque chose; démarches; procédure.

Poursuivant s. m. Celui qui brigue une chose, qui exerce des poursuites en justice, qui recherche une femme en mariage.

Poursuivre v. a. Suivre avec vitesse, avec acharnement. Fig. persécuter; continuer; chercher à obtenir.

Pourtant adv. Néanmoins, cependant.

Pourtour s. m. Le tour; le circuit de certains objets, d'un édifice.

Pourvoi s. m. Recours à un tribunal supérieur. *Pourvoi en grâce*, demande faite au chef de l'État pour obtenir remise ou commutation de peine.

Pourvoir v. n. Donner ordre à; fournir ce qui est nécessaire; nommer à un emploi. V. a. Munir, garnir; doner; établir par un mariage. SE POURVOIR v. pr. Se munir; recourir à un tribunal.

Pourvoirie s. f. Lieu où l'on garde les provisions.

Pourvoyeur, euse s. Qui est chargé de fournir à une maison les provisions dont elle a besoin.

Pourvu, ue adj. et s. Qui a obtenu place ou bénéfice; établi; marié.

Pourvu que loc. conj. avec le subj. En cas que, à condition que.

Pousse s. f. Jet que produit un arbre dans le cours d'une année; maladie des chevaux, des vins.

Poussée s. f. Action de pousser; effet de ce qui pousse.

Pousser v. a. Faire effort contre une personne ou une chose pour l'ôter de sa place; imprimer un mouvement; faire croître. Fig. faire avancer; engager, exciter : *pousser au mal. Pousser quelqu'un à bout*, le mettre en colère. V. n. Produire une poussée (*arch.*); croître; aller jusqu'à : *pousser jusqu'à la ville* (fam.).

Poussette s. f. Jeu d'enfants.

Poussier s. m. Poussière de charbon.

Poussière s. f. Terre réduite en poudre très fine. Fig. *Mordre la poussière*, être tué en combattant.

Poussif, ive adj. Qui a la pousse : *cheval poussif*. Adj. et s. m. Qui a de la peine à respirer.

Poussin s. m. Petit poulet nouvellement éclos.

Poussin (Nicolas), célèbre peintre français (1594-1665).

Poussinière s. f. Nom vulgaire de la constellation des Pléiades,

Poussoir s. m. Bouton qu'on pousse pour faire sonner une montre à répétition.

Poutre s. f. Grosse pièce de bois équarrie qui soutient les solives d'un plancher.

Poutrelle s. f. Petite poutre.

Pouvoir v. n. Avoir la faculté, être en état de; être possible. V. a. Avoir l'autorité, le moyen. SE POUVOIR v. pr. Être possible.

Pouvoir s. m. Faculté de faire; puissance ou possession; faculté d'agir pour un autre; acte qui donne cette faculté; autorité; crédit, empire, ascendant.

Pradier, célèbre sculpteur français (1786-1852).

Pradon, poète tragique français, m. 1698.

Pragmatique s. et adj. f. Règlement. *Pragmatique sanction*, règlement fait en matière ecclésiastique.

Praguerie s. f. Nom donné à la révolte des seigneurs et du dauphin contre Charles VII, en 1440.

Prairial s. m. Neuvième mois du calendrier républicain.

Prairie s. f. Étendue de terre qui produit de l'herbe, du foin.

Praline s. f. Amande rissolée dans du sucre.

Praliner v. a. Faire rissoler dans du sucre.

Praticable adj. Qui peut être pratiqué.

Praticien s. et adj. m. Celui qui a l'expérience et la pratique d'un art; celui qui entend bien la procédure.

Pratique s. f. Application de la théorie, des règles d'un art; exécution d'un dessein; méthode, usage, expérience; chaland, acheteur. Adj. Qui applique, qui agit : *morale pratique*.

Pratiquement adv. Dans la pratique.

Pratiquer v. a. et n. Mettre en pratique, exercer; fréquenter.

Praxitèle, célèbre sculpteur grec (360-280 av. J.-C.).

Pré s. m. Terre où l'on recueille du foin ou qui sert au pâturage.

Préadamites s. m. pl. Hérétiques qui prétendaient qu'avant Adam il avait existé d'autres hommes.

Préalable adj. et s. m. Qui doit être dit, fait avant autre chose. AU PRÉALABLE loc. adv. Auparavant.

Préalablement adv. D'abord.

Préambule s. m. Discours préliminaire.

Préau s. m. Petit pré; place carrée, cour d'un cloître, d'une prison; lieu de récréation dans une école.

Prébende s. f. Revenu d'un ecclésiastique, d'un chanoine.

Prébendé, ée adj. Qui jouit d'une prébende.

Prébendier s. m. Ecclésiastique qui sert au chœur sous l'autorité des chanoines.

Précaire adj. Qui dépend de la volonté d'autrui; qui n'a pas de durée certaine.

Précairement adv. D'une manière précaire.

Précaution s. f. Ce que l'on fait pour éviter un mal; circonspection. *Précaution oratoire*, moyen détourné par lequel on cherche à se concilier la bienveillance de ses auditeurs.

Précautionner v. a. Mettre en garde, prémunir contre un mal. SE PRÉCAUTIONNER v. pr. Prendre des précautions.

Précédemment adv. (on pron. *précédaman*). Auparavant.

Précédent, e adj. Qui est immédiatement auparavant. S. m. Fait antérieur par lequel on veut en justifier un autre.

Précéder v. a. Marcher devant; être devant.

Précepte s. m. Règle de conduite; enseignement.

Précepteur s. m. Maître chargé d'une éducation particulière.

Préceptoral, e adj. Qui appartient, qui convient au précepteur.

Préceptorat s. m. État, fonctions de précepteur.

Prêche s. m. Sermon protestant; église protestante.

Prêcher v. a. Annoncer la parole de Dieu, instruire le peuple par des sermons; exciter à la vertu, à la piété. V. n. *Prêcher d'exemple*, pratiquer ce qu'on enseigne.

Prêcheur s. m. Celui qui prêche; prédicateur.

Précieusement adv. Avec le plus grand soin.

Précieux, euse adj. Qui a beaucoup de prix, de valeur; affecté dans ses manières et dans son langage. S. f. Femme qui affecte dans ses manières et dans son langage une recherche pédante.

Préciosité s. f. Affectation dans les manières et dans le langage.

Précipice s. m. Lieu profond où l'on ne peut tomber sans péril. Fig. danger redoutable.

Précipitamment adv. Avec précipitation.

Précipitant s. m. *Chim.* Corps qui en précipite un autre, qui fait un précipité.

Précipitation s. f. Action de précipiter; vitesse excessive, trop grand empressement.

Précipité s. m. Dépôt qui se forme au fond d'un vase.

Précipiter v. a. Faire tomber du haut en bas; donner plus de vitesse. SE PRÉCIPITER v. pr. Se jeter d'un lieu élevé.

Préciput s. m. *Jurisp.* Droit accordé à une personne de prélever avant tout partage une partie de terminée d'un bien, d'une succession.

Précis s. m. Résumé court et net.

Précis, e adj. Nettement déterminé; catégorique.

Précisément adv. Avec précision; d'une manière exacte.

Préciser v. a. Déterminer avec précision.

Précision s. f. Grande régularité; caractère de ce qui est précis.

Précité, ée adj. Déjà cité.

Précoce adj. Mûr avant le temps.

Précocité s. f. Caractère de ce qui est précoce.

Précompter v. a. Compter par avance les sommes à déduire.

Préconçu, ue adj. Adopté avant tout examen.

Préconisation s. f. Action de préconiser.

Préconiser v. a. Déclarer publiquement qu'un prêtre peut être élevé à l'épiscopat. Fig. louer avec excès.

Précurseur s. m. Celui qui vient avant un autre et qui annonce sa venue. Fig. ce qui annonce : *signes précurseurs.*

Prédécéder v. n. Mourir avant un autre.

Prédécesseur s. m. Celui qui a précédé quelqu'un dans un emploi, dans une charge.

Prédestination s. f. Décret divin par lequel de toute éternité les élus sont destinés à la gloire éternelle (*théol.*); arrangement immuable d'événements que rien ne peut empêcher.

Prédestiné, ée adj. et s. Destiné à la gloire éternelle; destiné d'avance à.

Prédestiner v. a. Destiner d'avance.

Prédéterminant, e adj. Qui détermine.

Prédétermination s. f. Action de prédéterminer.

Prédéterminer v. a. Déterminer la volonté humaine (en parlant de Dieu).

Prédicant s. m. Prédicateur protestant.

Prédicateur s. m. Celui qui prêche. Fig. celui qui publie des doctrines.

Prédication s. f. Action de prêcher; sermon.

Prédiction s. f. Action de prédire; chose prédite.

Prédilection s. f. Préférence d'amitié, d'affection.

Prédire v. n. Prophétiser; annoncer ce qui doit arriver.

Prédisposant, e adj. *Méd.* Qui prédispose.

Prédisposer v. n. Disposer d'avance.

Prédisposition s. f. Disposition naturelle à contracter certaines maladies.

Prédominance s. f. Action de ce qui prédomine.

Prédominant, e adj. Qui prédomine.

Prédominer v. n. Prévaloir; s'élever, se faire sentir au dessus.

Prééminence s. f. Supériorité de rang, de dignité, de droits.

Prééminent, e adj. Qui excelle.

Préemption s. f. Droit d'acheter d'avance ou le premier.

Préexcellence s. f. Qualité de ce qui l'emporte sur tout.

Préexceller v. n. L'emporter sur tout autre.

Préexistant, e adj. Qui existe avant.

Préexistence s. f. Existence antérieure.

Préexister v. n. Exister avant.

Préface s. f. Discours préliminaire en tête d'un livre; partie de la messe.

Préfectoral, e adj. Qui a rapport au préfet; qui émane du préfet.

Préfecture s. f. Nom par lequel on désignait le gouvernement d'une province dans l'empire romain; aujourd'hui, circonscription administrative d'un préfet.

Préférable adj. Qui mérite d'être préféré.

Préférablement adv. Par préférence.

Préféré, ée s. Personne que l'on aime mieux que les autres.

Préférence s. f. Acte par lequel on choisit une personne ou une chose plutôt qu'une autre. Pl. Marques particulières d'affection ou d'honneur qu'on accorde à quelqu'un.

Préférer v. a Se déterminer

en faveur d'une personne ou d'une chose ; estimer davantage.

Préfet s. f. Celui qui, chez les Romains, occupait une préfecture; en France, magistrat chargé de l'administration d'un département.

Préfix, e adj. Déterminé d'avance.

Préfixe adj. et s. m. *Gram.* Se dit des particules qui se placent au commencement d'un mot pour en modifier le sens.

Préhension s. f. Action de saisir, de prendre.

Préhistorique adj. Qui a précédé les temps dits historiques.

Préjudice s. m. Tort, dommage.

Préjudiciable adj. Qui porte, qui cause du préjudice.

Préjudiciaux adj. m. pl. *Prat.* Se dit des frais qu'on est obligé de solder avant d'être reçu à se pourvoir contre un jugement.

Préjudiciel, elle adj. *Jurisp.* *Question préjudicielle*, qui se juge avant la principale.

Préjudicier v. n. Porter préjudice.

Préjugé s. m. Opinion adoptée sans examen. *Jurisp.* Ce qui a été jugé auparavant dans un cas semblable.

Préjuger v. a. Décider avant d'avoir approfondi; prévoir par conjecture.

Prélasser (se) v. pr. Affecter un air de gravité, de morgue.

Prélat s. m. Ecclésiastique revêtu d'une haute dignité.

Prélature s. f. Dignité de prélat.

Prèle s. f. Sorte de plante.

Prélèvement s. m. Action de prélever.

Prélever v. a. Lever préalablement une portion d'un total.

Préliminaire adj. 2 g. et s. m. Qui précède la matière principale.

Préliminairement adv. Préalablement.

Prélude s. m. Ce que l'on joue pour se mettre dans le ton. Fig. ce qui précède quelque chose et lui sert de préparation.

Préluder v. n. Essayer sa voix, son instrument. Fig. se préparer à.

Prématuré, ée adj. Mûr avant le temps ordinaire. Fig. qui arrive avant le temps ordinaire, qu'il n'est pas encore temps d'entreprendre.

Prématurément adv. Avant le temps convenable.

Prématurité s. f. Maturité avant le temps ordinaire.

Préméditation s. f. Délibération en soi-même; dessein réfléchi qui a précédé l'exécution d'un crime.

Prémédité, ée adj. Fait avec intention formelle.

Préméditer v. a. Méditer quelque temps sur une chose avant de l'exécuter.

Prémices s. f. pl. Les premiers fruits de la terre, du bétail. Fig. premières productions de l'esprit; commencements.

Premier, ière adj. num. ord. Qui précède tous les autres. Fig. le plus excellent. S. m. Le premier étage d'une maison.

Premièrement adv. En premier lieu.

Prémisses s. f. pl. Les deux premières propositions d'un syllogisme.

Prémontrés s. m. pl. Ordre de chanoines réguliers dont l'abbaye principale était à Prémontré, près de Laon.

Prémunir v. a. Munir par précaution. Se prémunir v. pr. Se précautionner contre.

Prémunissement s. m. Action de se prémunir; ce qui prémunit.

Prenable adj. Qui peut être pris.

Prenant, e adj. Qui prend.

Prendre v.a. Saisir avec la main ou autrement; avaler; se donner; *prendre un congé;* s'emparer de; mettre chez soi; contracter : *prendre froid;* s'engager dans : *prendre le bon chemin;* agir avec, traiter : *prendre par la douceur;* se servir de : *prendre le chemin de fer. Prendre femme*, se marier; *prendre le voile*, se faire religieuse; *prendre congé*, quitter. V. n. Pousser, s'enraciner; se congeler. Fig. arriver, survenir, réussir.

Preneur, euse s. Celui, celle qui prend; personne qui prend à loyer, à bail.

Prénom s. m. Nom qui précède le nom de famille ; nom de baptême.

Prénotion s. f. Première notion qu'on a d'une chose.

Préoccupation s. f. Etat d'un esprit préoccupé; inquiétude.

Préoccuper v. a. Absorber complètement l'esprit. SE PRÉOCCUPER v. pr. S'occuper exclusivement.

Préopinant s. m. Celui qui opine avant un autre.

Préopiner v. n. Opiner avant un autre.

Préparateur s. m. Celui qui prépare quelque chose.

Préparatifs s. m. pl. Apprêts.

Préparation s. f. Action de préparer ou de se préparer.

Préparatoire adj. Qui sert à préparer. S. m. Ce qui sert de préparation.

Préparer v. a. Arranger, disposer à l'avance; disposer. SE PRÉPARER v. pr. Être préparé, commencer à se produire.

Prépondérance s. f. Caractère de ce qui est prépondérant.

Prépondérant, e adj. Qui a plus d'importance ou d'autorité; *voix prépondérante*, voix qui emporte la majorité.

Préposé s. m. Qui est chargé d'une mission.

Préposer v. a. Confier le soin, la direction de quelque chose.

Préposition s. f. Mot invariable servant à exprimer des rapports entre deux termes.

Prérogative s. f. Avantage particulier; privilège exclusif.

Près adv. A une petite distance. DE PRÈS loc. adv. D'une distance peu considérable. A PEU PRÈS loc. adv. Environ, presque. PRÈS DE loc. prép. Sur le point de.

Présage s. m. Signe par lequel on conjecture l'avenir.

Présager v. a. Annoncer une chose à venir; conjecturer l'avenir.

Pré-salé s. m. Viande des moutons qui ont pâturé dans des prés submergés parfois par l'eau de mer.

Presbyte adj. Qui ne voit que de loin. S. Personne presbyte.

Presbytéral, e adj. Qui concerne les prêtres, la prêtrise.

Presbytère s. m. Logement du curé.

Presbytérianisme s. m. Doctrine des presbytériens.

Presbytérien, ienne s. et adj. Protestant d'Angleterre qui ne reconnaît pas l'autorité épiscopale.

Presbytie s. f. (on pron. *presbici*) ou **presbytisme** s. m. Vue, état du presbyte.

Prescience s. f. Connaissance que Dieu a de l'avenir; faculté de connaître d'avance, de prévoir.

Prescriptible adj. Qui peut être prescrit.

Prescription s. f. Ordonnance, précepte; manière d'acquérir une propriété par une possession non interrompue pendant un temps fixé par la loi; extinction d'une dette, à défaut de demande de payement dans le temps fixé.

Prescrire v. a. et n. Ordonner, enjoindre; acquérir ou se libérer par prescription. SE PRESCRIRE v. pr. Se perdre par prescription; s'imposer une obligation.

Préséance s. f. Droit de prendre place avant quelqu'un ou de le précéder.

Présence s. f. Existence dans un lieu marqué. Fig. *Présence d'esprit*, vivacité, promptitude d'esprit. EN PRÉSENCE loc. adv. En face. EN PRÉSENCE DE loc. prép. En vue de, devant.

Présent s. m. Don; le temps actuel; temps du verbe marquant une action actuelle.

Présent, e adj. Qui est dans un lieu marqué; qui existe actuellement. Fig. très net dans la mémoire. A PRÉSENT loc. adv. Maintenant.

Présentable adj. Qui peut être présenté.

Présentateur, trice adj. et s. Qui a le droit de présenter.

Présentation s. f. Action de présenter.

Présentement adv. Maintenant.

Présenter v. a. Mettre devant; remettre; mettre sous les yeux; offrir; tourner vers; désigner celui à qui un emploi doit ou peut être donné; exposer. SE PRÉSENTER v. pr. Paraître devant quelqu'un.

Préservateur, trice adj. Qui préserve.

Préservatif, ive adj. et s. m. Qui a la vertu de préserver.

Préservation s. f. Action, moyen de préserver.

Préserver v. a. Sauver d'un mal qui pourrait arriver.

Présidence s. f. Action, droit de présider ; place de président ; temps pendant lequel on exerce la présidence ; fonction de président d'une république.

Président s. m. Celui qui préside une assemblée, un tribunal ; premier magistrat d'une république.

Présidente s. f. Celle qui préside ; femme d'un président.

Présidentiel, elle adj. Qui a rapport à un président de république.

Présider v. n. Occuper le premier rang dans une assemblée ; avoir la direction. V. a. Exercer les fonctions de président.

Présidial s. m. Tribunal qui, en certains cas, jugeait en dernier ressort ; circonscription territoriale qui enfermait le ressort. *Les présidiaux*, les juges d'un présidial.

Presle s. f. Voy. *Prêle*.

Présomptif, ive adj. *Héritier présomptif*, celui qui doit naturellement hériter de quelqu'un ; le prince destiné à régner par l'ordre de sa naissance.

Présomption s. f. *Jurisp.* Ce qui est supposé vrai jusqu'à preuve du contraire ; opinion trop avantageuse de soi-même.

Présomptivement adv. En présumant.

Présomptueusement adv. D'une manière présomptueuse.

Présomptueux, euse adj. et s. Qui a trop haute opinion de soi-même ; qui annonce de la présomption.

Presque adv. A peu près.

Presqu'île s. f. Terre qui ne tient au continent que par une gorge étroite appelée isthme et que les eaux de la mer entourent de tous les autres côtés.

Pressage s. m. Action de presser.

Pressamment adv. D'une manière pressante.

Pressant, e adj. Qui presse. Fig. urgent.

Presse s. f. Machine qui sert à serrer, à presser ; machine au moyen de laquelle on imprime ; l'imprimerie en général, ses produits.

Pressé, ée adj. Qui a hâte ; dont il est urgent de s'occuper.

Pressée s. f. Action de presser, de serrer ; masse de fruits dont on exprime le suc à la fois ; le suc exprimé.

Pressement s. m. Action de presser.

Pressentiment s. m. Sentiment vague qui fait prévoir, craindre ou espérer.

Pressentir v. a. Avoir un pressentiment de ; deviner ; tâcher de connaître les dispositions d'une personne.

Presser v. a. et n. Serrer avec force. Fig. poursuivre sans relâche ; insister ; hâter ; être urgent. Se presser v. pr. Se serrer, se hâter.

Presseur s. m. Ouvrier qui presse.

Pressier s. m. Ouvrier qui travaille à la presse d'imprimerie.

Pression s. f. Action de presser. Fig. influence, ascendant.

Pressis s. m. Jus ou suc exprimé.

Pressoir s. m. Machine qui sert à pressurer le raisin, les pommes, etc. ; lieu où se trouve cette machine.

Pressurage s. m. Action de soumettre au pressoir.

Pressurer v. a. Presser le raisin, les pommes, etc., pour en extraire le jus. Fig. épuiser par les impôts.

Pressureur s. m. Celui qui conduit un pressoir.

Prestance s. f. Bonne mine accompagnée de gravité.

Prestant s. m. Un des jeux de l'orgue.

Prestation s. f. Action de prêter serment ; corvée imposée aux habitants des communes.

Preste adj. Adroit, agile.

Prestement adv. D'une manière preste.

Prestesse s. f. Agilité, subtilité.

Prestidigitateur s. m. Escamoteur qui fait des tours subtils avec ses doigts.

Prestidigitation s. f. Art du prestidigitateur.

Prestige s. m. Illusion opérée par artifice, sortilège. Fig. influence.

Prestigieux, euse adj. Qui tient du prestige.

Presto, prestissimo adv. *Mus.* Vite, très vite.

Présumable adj. Qu'on peut présumer.

Présumé, ée adj. Cru par supposition.

Présumer v. a. Conjecturer. V. n. Avoir bonne opinion.

Présupposer v. a. Supposer préalablement.

Présupposition s. f. Supposition préalable.

Présure s. f. Substance qui sert à faire cailler le lait.

Prêt s. m. Action de prêter; la chose prêtée; solde des sous-officiers et des soldats.

Prêt, e adj. Disposé à.

Pretantaine s. f. *Courir la pretantaine*, çà et là, sans sujet.

Prêté s. m. *C'est un prêté rendu*, c'est une juste représaille.

Prétendant, e s. Qui prétend, aspire à. S. m. Prince qui prétend avoir des droits à un trône occupé par un autre.

Prétendre v. a. Réclamer comme un droit; vouloir, exiger, affirmer, soutenir. V. n. Aspirer.

Prétendu, ue adj. Supposé, soi-disant. S. Celui, celle qui doit se marier.

Prête-nom s. m. Celui qui prête son nom dans un acte. (Pl. *prête-noms.*)

Prétentieusement adv. D'une manière prétentieuse.

Prétentieux, euse adj. et s. Qui a de la prétention, où il y a de la prétention.

Prétention s. f. Droit qu'on a ou qu'on croit avoir à la possession d'une chose; visées à l'esprit, au savoir, à l'élégance.

Prêter v. a. Donner à condition qu'on rendra. Fig. attribuer, imputer. [verbe.

Prétérit s. m. Temps passé du

Prétérition ou prétermission s. f. Figure de rhétorique par laquelle on feint d'omettre ce dont on parle cependant.

Préteur s. m. Magistrat chargé de la justice chez les anciens Romains.

Prêteur, euse adj. et s. Qui prête.

Prétexte s. m. Cause simulée, raison apparente. SOUS PRÉTEXTE DE loc. prép. S. f. Robe des anciens Romains, bordée de pourpre.

Prétexter v. a. Prendre pour prétexte; couvrir d'un prétexte.

Prétoire s. m. Lieu où les magistrats romains rendaient la justice.

Prétorien, ienne adj. et s. Qui est propre au préteur; soldat de la garde des empereurs romains.

Prêtre s. m. Ministre de la religion.

Prêtresse s. f. Femme attachée au service des faux dieux.

Prêtrise s. f. Ordre sacré qui confère le droit et le pouvoir de dire la messe, d'absoudre et de donner les sacrements; le sacerdoce.

Préture s. f. Charge de préteur.

Preuve s. f. Ce qui établit la vérité d'un fait; marque, témoignage; vérification d'un calcul.

Preux adj. et s. m. Brave, vaillant.

Prévaloir v. n. Avoir l'avantage, l'emporter sur. SE PRÉVALOIR v. pr. Tirer avantage de.

Prévaricateur s. et adj. m. Celui qui prévarique.

Prévarication s. f. Action de trahir la cause, les intérêts de celui que l'on devait soutenir; faute faite par mauvaise foi, intérêt contre les devoirs de sa charge.

Prévariquer v. n. Être ou se rendre coupable de prévarication.

Prévenance s. f. Manière obligeante d'être prévenant.

Prévenant, e adj. Obligeant; agréable, qui prévient en faveur de : *figure prévenante.*

Prévenir v. a. Devancer; anticiper; aller au-devant des désirs, des besoins de quelqu'un; détourner par des soins. *Prévenir le mal*, avertir, informer.

Préventif, ive adj. Qui prévient.

Prévention s. f. Opinion favorable ou contraire qui précède l'examen; état d'une personne prévenue de délit, de crime.

Préventivement adv. D'une manière préventive.

Prévenu, ue adj. Qui est influencé pour ou contre; qui est présumé coupable. S. Celui, celle que l'on présume coupable.

Prévision s. f. Vue des choses futures. Au pl. Conjectures.

Prévoir v. a. Juger par avance qu'une chose doit arriver; prendre les précautions nécessaires.

Prévôt s. m. Titre de divers officiers préposés à une haute surveillance.

Prévôtal, e adj. Qui concerne la juridiction du prévôt.

Prévôtalement adv. D'une manière prévôtale, sans appel.

Prévôté s. f. Dignité, juridiction, fonctions de prévôt; son territoire; son hôtel.

Prévoyance s. f. Action de prévoir, de prendre des précautions.

Prévoyant, e adj. Qui juge bien de l'avenir et prend de sages mesures; qui marque de la prévoyance.

Priam, fils de Laomédon, époux d'Hécube, dernier roi de Troie (1341-1270 avant J.-C.).

Priape, fils de Bacchus et de Vénus, dieu des jardins (*myth.*).

Prié s. m. Celui qu'on a convié, invité.

Prie-Dieu s. m. Sorte de pupitre avec un marche-pied où l'on s'agenouille pour prier Dieu. (Inv. au pl.)

Prier v. a. Adresser des demandes à Dieu; demander avec soumission; inviter, convier. *Se faire prier*, différer d'accorder une chose facile.

Prière s. f. Demande à titre de grâce; acte de religion par lequel on s'adresse à Dieu.

Priestley, savant physicien anglais (1733-1804).

Prieur, e s. Celui, celle qui régit des religieux en communauté; titre de dignité.

Prieur *de la Marne*, conventionnel, membre des comités de défense générale et de salut public (1760-1827).

Prieuré s. m. Communauté religieuse sous la direction d'un prieur; maison du prieur.

Primaire adj. Du premier degré en commençant; qui concerne le premier degré d'enseignement : *école primaire.*

Primat s. m. Le premier par le rang d'entre les archevêques.

Primatial, e adj. (on pron. *primacial*). Qui appartient au primat : *sièges primatiaux.*

Primatice (le), peintre, sculpteur et architecte italien (1501-1570).

Primatie s. f. (on pron. *primaci*). Dignité de primat.

Primauté s. f. Prééminence; premier rang.

Prime s. f. La première des heures canoniales. Adj. Signe algébrique (') : *a'* (*a* prime).

Prime s. f. Prix d'assurance; somme accordée à titre d'encouragement.

Prime abord (de) loc. adv. En premier lieu.

Primer v. n. Tenir la première place. Fig. v. a. et n. L'emporter sur.

Prime saut (de) loc. adv. Subitement.

Prime-sautier, ière adj. Qui agit, parle, écrit du premier mouvement, sans délibération. (Pl. *prime-sautiers.*)

Primeur s. f. Première saison des fruits, des légumes; fruit, légume précoce.

Primevère s. f. Plante qui fleurit au commencement du printemps.

Primicériat s. m. Dignité de primicier.

Primicier s. m. Celui qui a la première dignité dans certaines églises.

Primidi s. m. Premier jour de la décade républicaine.

Primipilaire ou **primipile** s. m. Centurion qui commandait la première compagnie dans la cohorte romaine.

Primitif, ive adj. Qui est le premier, le plus ancien; qui précède; *mot, temps primitif*, dont d'autres se forment (*gram.*).

Primitivement adv. Originairement.

Primo adv. Premièrement.

Primogéniture s. f. Aînesse.

Primordial, e adj. Qui est à l'origine, le premier en ordre, primitif. (Pl. m. *primordiaux.*)

Primordialement adv. Originairement.

Prince s. m. Celui qui possède une souveraineté ou qui est d'une maison souveraine. Fig. le premier en mérite, en talent. *Le prince des ténèbres*, le démon, Satan.

Prince Noir (le), Edouard, prince de Galles, fils d'Edouard III (1330-1376).

Princeps adj. f. Se dit de la première édition d'un ouvrage.

Princesse s. f. Fille ou femme de prince.

Princier, ière adj. De prince.

Principal, e adj. Le plus considérable, en parlant de personnes. S. m. Ce qu'il y a de plus important; somme d'argent portant intérêt; directeur d'un collège.

Principalat s. m. Fonctions d'un principal de collège.

Principalement adv. Particulièrement, surtout.

Principalité s. f. Principalat.

Principauté s. f. Dignité de prince; domaine d'un prince. Au pl. Le 3e chœur des anges.

Principe s. m. Commencement, cause première, origine; précepte fondamental, maxime. Au pl. Premières règles d'un art, d'une science.

Principicule s. m. Prince peu puissant.

Principion s. m. Petit prince.

Printanier, ière adj. Du printemps.

Printemps s. m. La première saison de l'année. Fig. la jeunesse; année, en parlant des années de la jeunesse (*poétique*).

Priori (à) loc. adv. *Raisonner à priori*, raisonner d'après un principe antérieur admis comme évident.

Priorité s. f. Antériorité, primauté, qualité d'une chose qui passe ou doit passer avant une autre.

Pris, e adj. part. Dont on s'est emparé.

Priscien, grammairien latin du Ve siècle.

Priscillien, hérésiarque espagnol, m. en 305.

Prise s. f. Action de prendre, de s'emparer de; facilité de saisir; querelle; pincée: *une prise de tabac*. *Prise de corps*, action d'arrêter un homme en vertu d'un jugement. *En être aux prises*, se combattre; *lâcher prise*, céder.

Prisée s. f. Action de mettre un prix aux objets vendus à l'enchère.

Priser v. a. Faire une estimation. Fig. estimer, faire cas de. V. n. et a. Aspirer du tabac par le nez.

Priseur, euse s. Qui prise du tabac. Adj. m. *Commissaire-priseur*, celui qui met le prix aux choses qui se vendent aux enchères.

Prismatique adj. Qui a la forme d'un prisme.

Prisme s. m. Polyèdre terminé par deux bases polygonales égales et parallèles, et dont les faces latérales sont des parallélogrammes (*géom.*).

Prison s. f. Lieu où l'on enferme ceux qu'on veut détenir; emprisonnement; captivité. Fig. lieu sombre et profond.

Prisonnier, ière s. et adj. Détenu dans une prison.

Privatif, ive adj. et s. m. Se dit des particules qui marquent la privation, comme *in* dans *insalubre* (*gram.*).

Privation s. f. Perte, absence ou manque d'un bien, d'une qualité, etc.; action de se priver volontairement de quelque chose.

Privativement adv. Exclusivement.

Privauté s. f. Grande familiarité.

Privé, ée adj. Qui est simple, particulier; se dit des choses par opposition à public: *les affaires privées*; apprivoisé, familier.

Privé s. m. Lieux d'aisances.

Privément adv. Familièrement.

Priver v. a. Oter à quelqu'un ce qu'il a; apprivoiser. SE PRIVER v. pr. Se défaire de; s'abstenir de.

Privilège s. m. Faculté accordée à une seule personne ou à un corps, de faire quelque chose ou de jouir d'un avantage, à l'exclusion des autres; acte qui accorde cette faculté; droits attachés aux emplois, aux conditions; droit d'un créancier de se faire payer sur certains objets préférablement à d'autres. Fig. don naturel.

Privilégié, ée adj. et s. Qui a

un privilège ou qui y donne droit.

Privilégier v. a. Accorder un privilège.

Prix s. m. Estimation, valeur d'une chose; *de prix*, qui vaut beaucoup. Fig. ce que coûte un avantage; mérite; récompense; salaire; punition. À TOUT PRIX loc. adv. A un prix quelconque. Fig. malgré tout. AU PRIX DE loc. prép. En comparaison de.

Probabilité s. f. Apparence de vérité; doctrine des opinions probables.

Probable adj. Qui a une apparence de vérité; qu'il est raisonnable de supposer.

Probablement adv. D'une façon probable.

Probant, e adj. Qui prouve.

Probation s. f. Le noviciat; temps d'épreuve qui précède le noviciat.

Probatique adj. f. *Piscine probatique*, réservoir d'eau, près du temple de Salomon, où étaient lavés les animaux qui devaient servir aux sacrifices.

Probe adj. Qui a de la probité.

Probité s. f. Exacte régularité à remplir tous les devoirs de la vie civile.

Problématique adj. Dont on peut douter; équivoque.

Problématiquement adv. D'une manière problématique.

Problème s. m. Question à résoudre; proposition douteuse; chose difficile à expliquer, à concevoir.

Proboscide s. f. La trompe d'un éléphant; trompe des insectes diptères.

Proboscidien, ienne adj. Qui a le nez prolongé en une trompe. S. m. pl. Les mammifères pachydermes à trompe.

Probus, empereur romain (276-282).

Procas, roi d'Albe la Longue, père d'Amulius et de Numitor.

Procédé s. m. Manière d'agir d'une personne envers une autre; petit rond de cuir que l'on applique au bout d'une queue de billard.

Procéder v. n. Se mettre à une besogne; agir en quelque affaire que ce soit; agir en justice. *Théol.* Provenir de; tirer origine.

Procédure s. f. Manière de procéder en justice; instruction judiciaire d'un procès; les actes faits dans une instance.

Procédurier, ière adj. Qui entend la procédure.

Procès s. m. Instance devant un juge, sur un différend. Fig. *Faire le procès*, critiquer.

Processif, ive adj. Qui aime les procès; qui a rapport au procès.

Procession s. f. Marche solennelle du clergé et du peuple dans l'intérieur de l'église ou au dehors; longue suite de personnes.

Processionnellement adv. En procession.

Procès-verbal s. m. Voy. *Verbal*.

Prochain, e adj. Qui est dans le voisinage; qui est près d'arriver. S. m. Chaque homme en particulier.

Prochainement adv. Bientôt.

Proche prép. Dans le voisinage de. Adv. Dans le voisinage. DE PROCHE EN PROCHE loc. adv. En allant d'un lieu à un lieu voisin. Fig. peu à peu. Adj. Qui est près; qui est près d'arriver. S. m. pl. Parents.

Prochronisme s. m. Erreur de date, qui consiste à placer un événement dans un temps antérieur à celui où il est arrivé.

Procida (Jean de), chef de la conspiration des Vêpres siciliennes (1225-1299).

Proclamateur s. m. Celui qui proclame.

Proclamation s. f. Action de proclamer; publication solennelle.

Proclamer v. a. Publier à haute voix. Fig. révéler, manifester.

Proclès, roi de Sparte (XIIe s. av. J.-C.).

Proclides, les descendants de Proclès.

Proconsul s. m. Magistrat romain qui gouvernait avec l'autorité du consul.

Proconsulaire adj. Propre au proconsul.

Proconsulat s. m. Dignité de proconsul.

Procope, historien grec, m. 565.

Procréation s. f. Génération.

Procréer v. a. Engendrer.

Procris, femme de Céphale (*myth.*).

Procurateur s. m. Ancien titre

d'un des principaux magistrats de Venise et de Gênes.

Procuration s. f. Pouvoir donné par quelqu'un d'agir en son nom.

Procurer v. a. Faire obtenir.

Procureur, procuratrice s. Qui a le pouvoir d'agir pour autrui. S.m. Magistrat qui exerce les fonctions du ministère public auprès d'un tribunal.

Procuste ou **Procruste**, brigand de l'Attique, fut tué par Thésée.

Prodigalité s. f. Caractère du prodigue ; profusion.

Prodige s m. Ce qui arrive contre le cours ordinaire des choses. Fig. personne ou chose qui excelle en son genre.

Prodigieusement adv. D'une manière prodigieuse.

Prodigieux, euse adj. Qui tient du prodige. Fig. excessif, étonnant.

Prodigue adj. et s. Qui dissipe son bien en folles dépenses. Fig. qui répand avec libéralité.

Prodiguer v. a. Donner avec profusion.

Prodrome s. m. Avant-coureur ; chose qui en précède une autre.

Producteur, trice adj. et s. Qui produit, qui engendre.

Productif, ive adj. Capable de produire ; qui rapporte de bons revenus.

Production s. f. Action de produire ; ce qui est produit.

Produire v. a. Engendrer, porter, rapporter ; faire, procurer, exposer, mettre sous les yeux. SE PRODUIRE v. pr. S'introduire, se faire connaître.

Produit s. m. Rapport d'une terre, d'une maison, d'un emploi, etc.; résultat de la multiplication, d'une opération chimique, etc.

Proéminence s. f. État de ce qui est proéminent.

Proéminent, e adj. Qui est plus en relief que ce qui l'environne.

Proéminer v. n. Être proéminent.

Profanateur, trice adj. et s. Qui profane.

Profanation s. f. Action de profaner les choses saintes. Fig. abus des choses rares et précieuses.

Profane adj. Contre le respect dû aux choses sacrées ; qui n'appartient pas à la religion : *les auteurs profanes*. S. m. Personne qui n'est pas initiée aux mystères de quelque science, etc.; chose profane.

Profaner v. a. Abuser des choses de la religion, les traiter avec irrévérence. Fig. dégrader, avilir ce qui est rare et précieux.

Proférer v. a. Prononcer, articuler.

Profès, esse adj. et s. Qui a prononcé des vœux dans un ordre religieux.

Professer v. a. Avouer publiquement, reconnaître hautement ; exercer ; enseigner publiquement.

Professeur s. m. Celui qui enseigne une science, un art.

Profession s. f. Déclaration publique d'un sentiment habituel. *Profession de foi*, formule qui contient les principes de religion auxquels on est attaché ; écrit qui renferme les opinions d'un candidat ; état, emploi, condition ; acte qui consiste à faire solennellement les trois vœux de religion.

Professionnel, elle adj. Qui concerne une profession.

Professo (ex) loc. adv. En homme qui connaît son sujet.

Professoral, e adj. Qui appartient à un professeur.

Professorat s. m. Emploi de professeur.

Profil s. m. Trait, délinéation du visage d'une personne vu par un de ses côtés ; aspect, représentation d'un objet vu d'un côté seulement.

Profiler v. a. Dessiner en profil. SE PROFILER v. pr. Présenter ses contours.

Profit s. m. Bénéfice qu'on retire de quelque chose ; petites gratifications que reçoivent les domestiques, utilité.

Profitable adj. Dont on peut tirer profit.

Profitablement adv. D'une manière profitable.

Profitant, e adj. Qui profite.

Profiter v. n. Tirer un gain, tirer de l'avantage de ; rapporter du profit, être utile ; faire des progrès.

Profond, e adj. Dont le fond est

très éloigné de l'ouverture, du bord; qui présente une grande longueur perpendiculairement à la façade. Fig. difficile à pénétrer, à connaître. S. m. Le fond, la profondeur.

Profondément adv. Bien avant. Fig. d'une manière profonde.

Profondeur s. f. Etendue d'une chose de la superficie au fond; la dimension d'un corps considéré de bas en haut. Fig. se dit des choses difficiles à pénétrer, à comprendre.

Profusément adv. Avec profusion.

Profusion s. f. Action de répandre sans modération les libéralités, les dépenses.

Progéniture s. f. Famil. Il se dit des enfants et des petits des animaux.

Progné ou **Procné**, femme de Térée, fut changée en hirondelle par les dieux.

Programme s. m. Ecrit qu'on affiche et qu'on distribue pour exposer le plan d'une fête publique, les conditions d'un concours, etc.; indication générale d'une politique, d'une doctrine.

Progrès s. m. Mouvement en avant, avancement, développement.

Progresser v. n. Faire des progrès.

Progressif, ive adj. Qui change de place en avant; qui s'opère peu à peu. Fig. qui fait des progrès; qui suit une progression.

Progression s. f. Mouvement en avant; proportion continue. Fig. suite non interrompue, marche; en mathématiques, suite de nombres ou de quantités dérivant successivement les unes des autres, selon une même loi.

Progressiste adj. Qui partage les idées de progrès politique et social.

Progressivement adv. D'une manière progressive.

Prohibé, ée adj. Défendu.

Prohiber v. a. Défendre, interdire.

Prohibitif, ive adj. Qui interdit.

Prohibition s. f. Défense, interdiction.

Proie s. f. Ce que les animaux carnassiers ravissent pour leur nourriture; butin fait à la guerre. Fig. toute chose dont on s'empare avec violence. *En proie à*, exposé à.

Projectile s. m. Tout corps lancé par une force quelconque. Adj. De projection.

Projection s. f. Action de jeter, de lancer; représentation d'un corps sur une surface plane.

Projet s. m. Dessein, entreprise; ébauche.

Projeter v. a. Faire, former un projet; jeter, diriger en avant. SE PROJETER v. pr. Paraître en avant.

Prolégomènes s. m. pl. Préambule.

Prolepse s. f. Figure de rhétorique qui consiste à prévenir une objection pour la réfuter.

Prolétaire s. m. Dernière classe des citoyens à Rome; citoyen pauvre et sans profession lucrative.

Prolétariat s. m. Condition du prolétaire.

Prolifique adj. Qui a la vertu d'engendrer.

Prolixe adj. Trop étendu, diffus: *style prolixe*.

Prolixement adv. Avec prolixité.

Prolixité s. f. Défaut de ce qui est prolixe.

Prologue s. m. Avant-propos.

Prolongation s. f. Le temps ajouté à la durée fixée d'une chose.

Prolonge s. f. Corde pour la manœuvre des bouches à feu.

Prolongement s. m. Action de prolonger, extension.

Prolonger v. a. Rendre plus long, faire durer plus longtemps. SE PROLONGER v. pr. augmenter de durée, s'étendre

Promenade s. f. Action de se promener, lieu où l'on se promène.

Promener v. a. Mener en différents lieux. SE PROMENER v. pr. Marcher pour se divertir ou pour faire de l'exercice.

Promeneur, euse s. Qui se promène.

Promenoir s. m. Lieu destiné à la promenade.

Promesse s. f. Assurance verbale ou par écrit; engagement.

Prométhée, fils de Japhet, déroba le feu du ciel et s'en servit pour animer un homme d'argile; Jupiter le punit en le faisant attacher au sommet du Caucase où un vautour lui dévorait le foie sans cesse renaissant (*myth.*).

Prometteur, euse s. Qui promet légèrement, sans intention de tenir.

Promettre v. a. et n. Faire une promesse. Fig. annoncer, prédire. SE PROMETTRE v. pr. Promettre l'un à l'autre; espérer; prendre une ferme résolution.

Promis, e adj. part. Qui a été l'objet d'une promesse. *La terre promise*, la terre de Chanaan, et au fig. pays riche et fertile. S. Fiancé, fiancée.

Promiscuité s. f. Mélange confus et désordonné, en parlant des personnes.

Promission s. f. *Terre de promission*, la terre promise.

Promontoire s. m. Cap.

Promoteur, trice s. Qui donne la première impulsion, qui est la cause principale. [mouvoir.

Promotion s. f. Action de pro-

Promouvoir v. a. Faire avancer en grade, en dignité; ne s'emploie guère qu'à l'infinitif et au participe passé : *promu, ue*.

Prompt, e adj. Soudain, rapide, qui ne tarde pas; actif, diligent; qui s'emporte aisément.

Promptement adv. D'une manière prompte.

Promptitude s. f. Célérité, vitesse; diligence; colère, emportement.

Promu, ue Voy. *Promouvoir*.

Promulgation s. f. Action de publier des lois.

Promulguer v. a. Publier une loi suivant les formes requises.

Pronaos s. m. Partie antérieure des temples anciens.

Prône s. m. Instruction chrétienne faite à la messe paroissiale le dimanche. Fig. remontrances.

Prôner v. a. et n. Faire le prône. Fig. louer avec excès; faire des remontrances.

Prôneur, euse s. Qui prône, qui loue, qui fait des remontrances.

Pronom s. m. Mot qui tient la place du nom (*gram.*).

Pronominal, e adj. Qui appartient au pronom. *Verbe pronominal*, verbe qui se conjugue avec deux pronoms (*gram.*).

Pronominalement adv. Comme verbe pronominal.

Prononcé, ée adj. Bien marqué : *traits prononcés*. S. m. Enoncé d'un jugement.

Prononcer v. a. Articuler les lettres, les mots, etc.; réciter; décider. V. n. Déclarer ce qui a été décidé, jugé; ordonner. SE PRONONCER v. pr. Manifester son intention; être prononcé.

Prononciation s. f. Action ou manière de prononcer.

Pronostic s. m. Conjecture sur des choses futures; ce qui sert de pronostic.

Pronostication s. f. Action de pronostiquer.

Pronostiquer v. a. Faire un pronostic.

Pronostiqueur s. m. Qui pronostique.

Prony (de), ingénieur français (1755-1839).

Propagande s. f. Congrégation établie à Rome pour la propagation de la foi. Fig. propagation d'opinions, de doctrines.

Propagateur s. m. Qui propage.

Propagation s. f. Action de propager; diffusion.

Propager v. a. Multiplier par la reproduction. Fig. répandre.

Propension s. f. Tendance d'un corps vers un autre. Fig. penchant, inclination. [J.-C.

Properce, poète latin, m. 14 av.

Prophète s. m. Celui qui annonce ce qui doit arriver.

Prophétesse s. f. Celle qui fait des prophéties.

Prophétie s. f. (on pron. *profé-ci*). Prédiction faite par inspiration divine. Fig. simple prédiction.

Prophétique adj. Qui tient du prophète, qui contient une prophétie.

Prophétiquement adv. En prophète.

Prophétiser v. a. Prédire l'avenir par inspiration divine. Fig. prévoir.

Prophylactique adj. Qui sert à préserver, à prévenir. S. f. Prophylaxie (*méd.*).

Prophylaxie s. f. Partie de la médecine qui a pour objet la conservation de la santé (*méd.*).

Propice adj. Favorable.

Propitiation s. f. (on pron. *propiciacion*). Chose offerte à Dieu pour le rendre propice.

Propitiatoire adj. Qui a la vertu de rendre propice. S. m. Table d'or très pur qui était placée au-dessus de l'arche d'alliance.

Propolis s. f. (on pron. l's). Matière résineuse, rougeâtre et odorante dont les abeilles se servent pour calfeutrer les plus petites ouvertures de leur ruche.

Proportion s. f. Convenance et rapport des parties entre elles et avec leur tout. Au fig. convenance. Au pl. Dimensions; égalité de deux rapports (*math.*). A PROPORTION, EN PROPORTION loc. prép. Par rapport, ou égard à.

Proportionnalité s. f. Condition des quantités proportionnelles entre elles.

Proportionnel, elle adj. Qui est en proportion. *Moyenne proportionnelle*, quantité moyenne entre deux autres (*math.*).

Proportionnellement adv. D'une manière proportionnelle.

Proportionnément adv. En proportion.

Proportionner v. a. Garder la proportion convenable. SE PROPORTIONNER v. pr. Se mettre à la portée.

Propos s. m. Résolution; discours que l'on tient dans la conversation; but, motif. Au pl. Médisances. A PROPOS loc. adv. Convenablement. A PROPOS DE loc. prép. A l'occasion de. A TOUT PROPOS loc. adv. A tout moment. DE PROPOS DÉLIBÉRÉ loc. adv. Avec dessein.

Proposable adj. Qu'on peut proposer.

Proposer v. a. Mettre une chose en avant pour qu'on l'examine; offrir, désigner, etc. SE PROPOSER v. pr. S'offrir; avoir dessein de.

Proposition s. f. En *gram.*, l'expression d'un jugement; chose proposée; en *math.*, question à résoudre.

Propre adj. Qui appartient exclusivement à une personne, à une chose; qui a l'aptitude, les qualités requises; qui peut servir à; net, bien soigné, bien arrangé. *Nom propre*, nom individuel; *sens propre*, sens primitif, naturel d'un mot. EN MAIN PROPRE loc. adv. Dans les mains de la personne intéressée. S. m. Ce qui distingue un objet d'un autre; le sens propre d'un mot; *Posséder en propre*, en propriété.

Proprement adv. Avec propreté; d'une manière convenable; dans un sens propre. A PROPREMENT PARLER loc. adv. Pour parler en termes exacts et précis.

Propret, ette adj. et s. Qui se met proprement et avec une certaine recherche.

Propreté s. f. Qualité d'une personne ou d'une chose propre.

Propréteur s m. Magistrat romain qui administrait les provinces à la place du préteur.

Propriétaire s. Qui possède, qui a une propriété. *Nu propriétaire*, celui qui a la nue propriété.

Propriété s. f. Droit par lequel une chose appartient en propre à quelqu'un; biens, fonds, terres, maisons; ce qui est le propre d'une chose; vertu particulière; emploi du mot, de l'expression propre. *La nue propriété*, la propriété du fonds sans l'usufruit (*jurisp.*).

Propulseur adj. et s. m. Qui pousse en avant.

Propulsion s. f. Mouvement qui porte en avant.

Prorata s. m. AU PRORATA loc. adv. Suivant la part déterminée, à proportion.

Prorogatif, ive adj. Qui proroge.

Prorogation s. f. Délai, remise.

Proroger v. a. Prolonger le temps qui avait été fixé; ajourner.

Prosaïque adj. Qui tient de la prose.

Prosaïquement adv. D'une manière prosaïque.

Prosaïser v. n. Écrire en vers d'une manière prosaïque.

Prosaïsme s. m. Défaut des vers qui contiennent trop d'expressions prosaïques. Fig. monotonie.

Prosateur s. m. Auteur qui écrit en prose.

Proscenium s. m. (on pron. *procéniome*). Avant-scène.

Proscripteur s. m. Qui proscrit.

Proscription s. f. Condamnation à mort sans formes judiciaires. Fig. abolition, destruction.

Proscrire v. a. Condamner à mort sans formes judiciaires; bannir. Fig. abolir.

Proscrit, e adj. et s. Qui est frappé de proscription.

Prose s. f. Discours qui n'est point assujetti à une certaine mesure; hymne latine rimée que l'on chante à la messe.

Prosélyte s. Personne nouvellement convertie à la foi catholique; partisan qu'on gagne à une opinion, à un parti.

Prosélytisme s. m. Zèle de faire des prosélytes.

Proserpine, reine des enfers (*myth.*).

Prosodie s. f. Prononciation des mots conformément à l'accent et à la quantité ou durée des syllabes.

Prosodique adj. Qui appartient à la prosodie.

Prosopopée s. f. Figure de rhétorique qui consiste à faire agir ou parler une personne absente, ou un objet inanimé.

Prospectus s. m. Programme qui annonce et décrit un ouvrage, un établissement nouveau.

Prospère adj. Favorisé de la fortune.

Prospérer v. n Être favorisé de la fortune.

Prospérité s. f. Etat de celui qui prospère.

Prosternation s. f. État de celui qui est prosterné.

Prosternement s. f. Action de se prosterner.

Prosterner (se) v. pr. S'abaisser jusqu'à terre pour supplier, adorer.

Prostration s. f. Anéantissement, abattement des forces musculaires.

Protagoniste s. m. Acteur chargé du rôle principal sur le théâtre grec.

Protagoras, sophiste grec (Ve siècle).

Protase s. f. Partie d'un poème dramatique qui contient l'exposition du sujet.

Prote s. m. Qui dirige les travaux dans une imprimerie.

Protecteur, trice s. Qui protège quelqu'un.

Protection s. f. Action de protéger, appui donné à quelqu'un.

Protectionniste s. m. Partisan du système économique qui consiste à protéger l'industrie nationale en frappant de droits élevés les produits similaires de l'industrie étrangère.

Protectorat s. m. Appui que prête un État à un autre moins puissant.

Protée s. m. Fils de Neptune (*myth.*).

Protégé, ée s. Celui, celle qu'on protège.

Protéger v. a. Prendre la défense de quelqu'un, de quelque chose; accorder son appui; défendre, garantir.

Protestant, e adj. et s. Nom donné aux partisans de Luther, de Calvin, de Zwingle et aux anglicans.

Protestantisme s. m. Doctrine des luthériens, des calvinistes, des anglicans.

Protestation s. f. Déclaration formelle de sa volonté; assurance positive; action de protester.

Protester v. a. Assurer fortement; promettre positivement; faire un protêt: *protester un billet.* V. n. Faire une protestation contre.

Protêt s. m. Acte de recours contre les endosseurs en cas de non-payement d'un effet de commerce.

Protocole s. m. Formulaire pour les actes publics; registre où l'on inscrit les délibérations ou les actes d'un congrès, d'une diète, etc.; ces actes mêmes.

Protonotaire s. m. Premier notaire ou secrétaire du pape.

Prototype s. m. Original sur lequel on forme quelque chose.

Protoxyde s. m. Oxyde du premier degré (*chim.*).

Protubérance s. f. Éminence, saillie du crâne.

Protuteur s. m. Celui qui gère et administre à la place du tuteur.

Prou adv. Assez, beaucoup: *peu ou prou* (fam.).

Proue s. f. Avant d'un navire.

Prouesse s. f. Acte de valeur. Fig. action blâmable ou ridicule.

Proust, chimiste français (1755-1826).

Prouvable adj. Qui peut être prouvé.

Prouver v. a. Etablir la vérité d'un fait par le raisonnement ou par des témoignages.

Provenance s. f. Action de provenir; denrée qui provient d'un pays.

Provenant, e adj. Qui provient.

Provençal, e adj. et s. De la Provence.

Provende s. f. Provision de vivres; mélange de grains qu'on donne aux moutons.

Provenir v. n. Procéder, venir, résulter.

Proverbe s. m. Maxime.

Proverbial, adj. Qui tient du proverbe. (Pl. m. *proverbiaux.*)

Proverbialement adv. D'une manière proverbiale.

Providence s. f. Sagesse suprême de Dieu conduisant toutes choses. Fig. aide, soutien.

Providentiel, elle adj. Qui vient de la Providence.

Providentiellement adv. D'une façon providentielle.

Provignage ou provignement s. m. Action de provigner.

Provigner v. a. Coucher en terre des branches d'arbre afin qu'elles prennent racine. V. n. Multiplier.

Provin s. m. Rejeton d'un cep de vigne provigné.

Province s. f. Division territoriale faisant partie d'un Etat; les habitants des provinces.

Provincial, e adj. Qui tient de la province. S. Personne de la province. S. m. Supérieur de province, dans certains ordres religieux. (Pl. m. *provinciaux.*)

Provincialat s. m. Dignité de provincial.

Proviseur s. m. Chef d'un lycée.

Provision s. f. Amas de choses nécessaires ou utiles; somme d'argent qu'on adjuge provisoirement.

Provisionnel, elle adj. Qui résulte d'une provision.

Provisionnellement adv. Au moyen d'une provision.

Provisoire adj. Qui se fait en attendant un autre état de choses; *jugement provisoire*, prononcé par provision.

Provisoirement adv. En attendant.

Provisorat s. m. Fonction de proviseur.

Provocant, e adj. Qui excite, provoque, irrite.

Provocateur, trice adj. et s. Qui provoque.

Provocation s. f. Action de provoquer.

Provoquer v. a. Irriter, exciter, défier. Fig. produire.

Proximité s. f. Voisinage. A PROXIMITÉ DE loc. prép. Près de.

Prude adj. et s. f. Qui affecte un air sage et circonspect.

Prudemment adv. Avec prudence.

Prudence s. f. Vertu qui enseigne les moyens de parvenir à ses fins en évitant tout danger.

Prudent, e adj. Qui a de la prudence; conforme à la prudence.

Pruderie s. f. Affectation de sagesse.

Prud'homie s. f. Probité.

Prud'homme s. m. Homme d'une sagesse et d'une probité reconnues (vx.); arbitre, expert.

Prudhon, peintre français (1760-1823).

Prune s. f. Sorte de fruit à noyau.

Pruneau s. m. Prune sèche.

Prunelaie s. f. Lieu planté de pruniers.

Prunelle s. f. Petite prune sauvage; partie médiane de l'œil par laquelle passent les rayons lumineux.

Prunellier s. m. Arbrisseau qui porte les prunelles.

Prunier s. m. Arbre qui produit les prunes.

Prurigineux, euse adj. Qui cause des démangeaisons.

Prurit s. m. Vive démangeaison.

Prussien, ienne adj. et s. De la Prusse.

Prytane s. m. Sénateur qui avait la préséance à Athènes.

Prytanée s. m. Habitation des prytanes; sorte de collège.

Psalmiste s. m. Le roi David, auteur des psaumes.

Psalmodie s. f. Manière de chanter des psaumes.

Psalmodier v. n. et v. a. Chanter, réciter des psaumes à mi-voix.

Psaltérion s. m. Espèce de harpe.

Psamménit, roi d'Égypte (526-525 av. J.-C.).

Psammis, roi d'Egypte, (601-595 av. J.-C.).

Psaume s. m. Se dit des cantiques sacrés composés par David.

Psautier s. m. Recueil des psaumes.

Pseudo Particule qu'on place devant certains mots pour leur donner la qualification de faux : *pseudo-prophète.*

Pseudonyme s. m. Faux nom.

Psora ou **psore** s. f. Maladie de la peau.

Psorique adj. Qui est de la nature de la psore (*méd.*).

Psyché, jeune fille qui fut épousée par l'Amour et mise au nombre des déesses (*myth.*). S. f. Grande glace mobile.

Psychologie s. f. (on pron. *psikologi*). Partie de la philosophie qui étudie l'âme et ses facultés.

Psychologique adj. De la psychologie.

Psychologiste ou **psychologue** s. m. Qui s'occupe de psychologie.

Psylle s. m. Charmeur de serpents.

Ptérodactyle s. m. Grand reptile fossile.

Ptolémée, nom que portaient les rois d'Egypte de la dynastie des Lagides.

Ptolémée (Claude), célèbre astronome grec d'Alexandrie (IIe s.).

Puamment adv. Avec puanteur. Fig. impudemment.

Puant, e adj. Qui pue.

Puanteur s. f. Mauvaise odeur.

Pubère adj. et s. Qui a atteint l'âge de puberté.

Puberté s. f. Etat des personnes nubiles.

Public, ique adj. Qui appartient à tout un peuple, commun; manifeste; qui a lieu en présence de tout le monde : *séance publique.* S. m. Le peuple en général; les spectateurs. EN PUBLIC loc. adv. En présence de tout le monde.

Publicain s. m. Fermier des deniers publics chez les Romains.

Publication s. f. Action de publier.

Publiciste s. m. Celui qui écrit sur le droit public, qui est versé dans cette science.

Publicité s. f. Notoriété publique, divulgation.

Publier v. a. Rendre public; faire paraître (un livre).

Publiquement adv. En public.

Puce s. f. Insecte qui se nourrit du sang de l'homme et de quelques animaux. Fig. *Avoir la puce à l'oreille,* être inquiet. Adj. De la couleur de la puce.

Pucelle D'ORLÉANS (la), Jeanne d'Arc.

Puceron s. m. Petit insecte qui s'attache aux plantes.

Puddlage s. m. Procédé pour affiner la fonte.

Puddler v. a. Affiner la fonte.

Puddleur s. m. Ouvrier qui affine la fonte.

Pudeur s. f. Honte honnête; chasteté; discrétion.

Pudibond, e adj. Qui a beaucoup de pudeur (fam.).

Pudicité s. f. Chasteté.

Pudique adj. Qui a de la pudicité.

Pudiquement adv. D'une manière pudique.

Puer v. n. Sentir mauvais. V. a. Exhaler une mauvaise odeur : *puer le vin.*

Puéril, e adj. De l'enfance.

Puérilement adv. D'une manière puérile.

Puérilité s. f. Action d'enfant.

Puerpéral, e adj. Qui attaque les femmes en couche (*méd.*).

Puget (PIERRE), célèbre statuaire et architecte français (1622-1694).

Pugilat s. m. Combat à coups de poing.

Puîné, ée adj. et s. Qui est né après un frère, une sœur.

Puis adv. de temps. Ensuite, après. ET PUIS loc. adv. Enfin.

Puisage s. m. Action de puiser.

Puisard s. m. Sorte de puits pratiqué pour recevoir les eaux inutiles.

Puisatier s. m. Ouvrier qui creuse des puits.

Puiser v. a. et v. n. Plonger

un vase dans un liquide pour avoir de ce liquide. Fig. emprunter, tirer de.

Puisque conj. marquant une cause, un motif.

Puissamment adv. D'une manière puissante ; extrêmement.

Puissance s. f. Domination, empire ; état souverain ; vertu, propriété ; portée d'un instrument d'optique (*phys.*) ; degré auquel on élève une quantité en la multipliant par elle-même (*math.*). Au pl. L'un des neuf chœurs des anges.

Puissant, e adj. Qui a de l'autorité, du pouvoir, du crédit ; extrêmement riche ; qui a de l'embonpoint.

Puits s. m. Trou profond creusé pour en tirer de l'eau, pour l'exploitation d'une mine, etc. Fig. *Puits de science*, homme très savant (fam.).

Pullulant, e adj. Qui pullule.

Pullulation s. f. Action de pulluler.

Pulluler v. n. Multiplier en abondance et en peu de temps.

Pulmonaire adj. Du poumon ; qui attaque le poumon. S. f. Sorte de plante.

Pulmonie s. f. Maladie du poumon.

Pulmonique adj. et s. Qui a les poumons attaqués.

Pulpation s. f. Action de réduire en pulpe certaines substances (*pharm.*).

Pulpe s. f. Substance charnue et molle des fruits et des légumes.

Pulper v. a. Réduire en pulpe (*pharm.*).

Pulpeux, euse adj. Formé d'une [pulpe.

Pulsatif, ive adj. Qui cause des pulsations (*méd.*).

Pulsation s. f. Battement du pouls.

Pulvérin s. m. Poudre très fine employée pour la composition des artifices.

Pulvérisable adj. Qui peut être réduit en poudre.

Pulvérisation s. f. Action de pulvériser.

Pulvériser v. a. Réduire en poudre. Fig. réduire à néant.

Pulvérulent, e adj. Chargé de poussière ; se dit, en *botan.*, des plantes qui sont couvertes de duvet fin comme la poussière.

Pumicin s. m. Huile de palme.

Punais, e adj. et s. Qui rend par le nez une odeur infecte.

Punaise s. f. Insecte qui sent très mauvais.

Punaisie s. f. Maladie du punais.

Punch s. m. (on pron. *ponche*). Mélange d'eau-de-vie ou de rhum, de sucre, de citron et de thé.

Punique adj. Des Carthaginois ; *guerre punique*, guerre entre Rome et Carthage. Fig. *Foi punique*, mauvaise foi.

Punir v. a. Infliger une peine.

Punissable adj. Qui mérite une punition.

Punisseur adj. et s. m. Qui punit.

Punition s. f. Action de punir ; châtiment.

Pupillaire adj. Qui appartient au pupille ; qui a rapport à la pupille de l'œil.

Pupille s. Mineur en tutelle. S. f. Ouverture de la prunelle de l'œil.

Pupitre s. m. Meuble dont on se sert pour écrire ou pour lire des livres, de la musique, etc.

Pur, e adj. Qui est sans mélange, que rien ne vicie ; chaste, sans tache ; véritable, réel. EN PURE PERTE loc. adv. Inutilement.

Purée s. f. Bouillie faite avec des pois et autres légumes cuits dans l'eau.

Purement adv. D'une manière pure, innocente ; uniquement, simplement.

Pureté s. f. Qualité de ce qui est pur. Fig. droiture ; innocence ; correction.

Purgatif, ive adj. Qui a la propriété de purger. S. m. Remède qui purge.

Purgation s. f. Action de purger ; le purgatif même.

Purgatoire s. m. Lieu où les âmes des justes, morts en état de grâce, vont se purifier des péchés qui n'ont pas été suffisamment expiés sur la terre.

Purge s. f. Purgatif ; action de purifier ; levée d'une hypothèque.

Purger v. a. Purifier, nettoyer. Fig. lever une hypothèque. SE PURGER v. pr. Prendre un purgatif. Fig. se disculper.

Purification s. f. Action de purifier; fête en l'honneur de la sainte Vierge.

Purificatoire s. m. Linge avec lequel le prêtre essuie le calice.

Purifier v. a. Rendre pur. SE PURIFIER v. pr. Devenir pur.

Puriforme adj. Qui ressemble à du pus.

Purin s. m. Liquide qui découle du fumier.

Purisme s. m. Affectation de pureté dans le langage.

Puriste s. m. Celui qui affecte le purisme.

Puritain, e s. Presbytérien rigide d'Angleterre et d'Écosse.

Puritanisme s. m. Doctrine, secte des puritains.

Purpurin, e adj. Qui approche de la couleur de la pourpre.

Purpurine s. f. Bronze moulu qui s'applique au vernis.

Purulence s. f. Qualité de ce qui est purulent.

Purulent, e adj. Plein, mêlé de pus.

Pus s. m. Matière liquide qui se forme dans les plaies, les abcès, etc.

Pusillanime adj. Trop timide; sans courage, sans énergie; qui a l'âme faible.

Pusillanimement adv. D'une manière pusillanime.

Pusillanimité s. f. Excessive timidité; manque de courage.

Pustule s. f. Petite tumeur inflammatoire.

Pustuleux, euse adj. Accompagné de pustules.

Putatif, ive adj. Qui passe pour être ce qu'il n'est pas : *père putatif.*

Putativement adv. D'une manière putative.

Putois s. m. Petit quadrupède du genre martre; espèce de pinceau.

Putréfactif, ive adj. Qui produit la putréfaction.

Putréfaction s. f. Décomposition d'un corps organisé lorsque la vie l'a abandonné; état de ce qui est putréfié.

Putréfiable adj. Qui est susceptible de se putréfier.

Putréfiant, e adj. Tombé en putréfaction.

Putréfier v. a. Corrompre, pourrir.

Putrescence s. f. Travail de la putréfaction.

Putrescibilité s. f. Caractère, nature de ce qui est putrescible.

Putrescible adj. Sujet à la putréfaction.

Putride adj. Corrompu et fétide.

Putridité s. f. Etat de ce qui est putride.

Puy s. m. Tertre, éminence, montagne.

Pygmée s. m. Nom donné, dans la fable, à de petits hommes qu'on supposait n'avoir qu'une coudée de hauteur; homme de très petite taille. Fig. homme sans talent, sans mérite.

Pylône s. m. Portail d'un monument égyptien.

Pylore s. m. Orifice inférieur de l'estomac.

Pylorique adj. Qui a rapport au pylore.

Pyramidal, e adj. Qui a la forme d'une pyramide. Fig. colossal, étonnant. S. f. Espèce de campanule.

Pyramide s. f. Solide ayant pour base un polygone et pour faces latérales des triangles qui se réunissent en un même point appelé sommet de la pyramide; monuments gigantesques élevés en Égypte sous les pharaons.

Pyramider v. n. Être disposé en pyramide.

Pyrénéen, enne adj. et s. Des Pyrénées.

Pyrèthre s. m. *Bot.* Espèce de camomille.

Pyrique adj. Qui a rapport au feu, aux feux d'artifice.

Pyrite s. f. Combinaison de soufre et de métal.

Pyriteux, euse adj. De la nature de la pyrite.

Pyroligneux adj. m. *Chim.* Se dit d'un acide obtenu par la distillation du bois.

Pyromètre s. m. Instrument à l'aide duquel on mesure les températures très élevées.

Pyrophore s. m. Composition chimique qui a la propriété de s'enflammer au seul contact de l'air.

Pyroscaphe s. m. Bateau à vapeur.

Pyroscope s. m. Instrument qui sert à mesurer ou reconnaître l'intensité de la chaleur (*phys.*).

Pyrotechnie s. f. Art de faire des feux d'artifice, d'employer le feu.

Pyrotechnique adj. De la pyrotechnie.

Pyroxyle s. m. Coton-poudre.

Pyrrha, femme de Deucalion.

Pyrrhique adj. et s. f. Danse qui se faisait les armes à la main chez les anciens Grecs.

Pyrrhon, célèbre philosophe grec, florissait vers 340 av. J.-C.

Pyrrhus, roi d'Epire, célèbre par sa guerre contre les Romains; m. 272 av. J.-C.

Pythagore, illustre philosophe grec (VIe s. av. J.-C.).

Pythagoricien, ienne adj. et s. De la secte philosophique de Pythagore.

Pythagorique adj. De Pythagore.

Pythagorisme s. m. Doctrine philosophique de Pythagore.

Pythie s. f. Prêtresse de l'oracle d'Apollon à Delphes.

Pythien adj. m. Surnom d'Apollon pythique.

Pythique adj. m. Se dit des jeux qui se célébraient tous les quatre ans à Delphes, en l'honneur d'Apollon.

Python s. m. Serpent monstrueux qui fut tué par Apollon (*myth.*); sorte de serpent.

Pythonisse s. f. Pythie de Delphes. Fig. devineresse.

Q

NOTA. La prononciation *koua*, *kui*, etc., des syllabes *qua*, *qui*, etc. est indiquée entre parenthèses. Dans tous les autres mots, ces mêmes syllabes se prononcent *ka*, *ki*, etc.

Q s. m. 17e lettre de l'alphabet.

Quades s. m. pl. (on pron. *kouade*). Ancien peuple de la Germanie.

Quadragénaire adj. et s. (on pron. *koua*). Qui contient 40 unités; qui est âgé de 40 ans.

Quadragésimal, e adj. (on pron. *koua*). Qui appartient à la quadragésime, au carême.

Quadragésime s. f. (on pron. *koua*). *Dimanche de la quadragésime*, 1er dimanche de carême.

Quadrangulaire adj. (on pron. *koua*). Qui a 4 angles.

Quadrature s. f. (on pron. *koua*). Réduction géométrique d'une figure curviligne à un carré équivalent en surface. *Quadrature du cercle*, problème insoluble.

Quadrige s. m. (on pron. *koua*). Char traîné par 4 chevaux.

Quadrilatère s. m. (on pron. *koua*). Figure à 4 côtés (*géom.*).

Quadrille s. m. (*ll* m.) Groupes de 4 danseurs et de 4 danseuses exécutant des contredanses dans un bal; ensemble des morceaux de musique correspondant aux figures qu'on exécute dans ces contredanses.

Quadrillé, ée adj. (*ll* m.) Divisé en un grand nombre de petits carrés.

Quadriller v. a. (*ll* m.) Diviser en petits carrés.

Quadrinôme s. m. (on pron. *koua*). Expression algébrique composée de 4 termes.

Quadrumane adj. (on pron. *koua*). Qui a 4 mains. S. m. Animal à 4 mains. S. m. pl. Second ordre des mammifères comprenant les singes.

Quadrupède adj. (on pron. *koua*). Qui a 4 pieds. S. m. Animal à 4 pieds ou à 4 pattes.

Quadruple adj. (on pron. *koua*). 4 fois aussi grand. S. m. 4 fois autant.

Quadrupler v. a. (on pron. *koua*). Rendre quadruple. V. n. Devenir quadruple.

Quai s. m. Levée revêtue de pierres de taille et faite le long d'un cours d'eau; rivage d'un port pour le chargement et le déchargement des navires.

Quaker. eresse ou quakre, esse s. (on pron. *kou-akre*). Membre d'une secte protestante répandue en Angleterre et aux États-Unis.

Qualifiable adj. Qui peut être qualifié.

Qualificateur s. m. Théologien du tribunal de l'Inquisition.

Qualificatif, ive adj. Qui exprime la qualité : *adjectif qualificatif*. S. m. Mot qui en qualifie un autre.

Qualification s. f. Attribution d'une qualité.

Qualifié, ée adj. *Vol qualifié*, vol commis avec des circonstances aggravantes.

Qualifier v. a. Faire connaître la qualité d'une personne ou d'une chose.

Qualité s. f. Ce qui fait qu'une chose est bonne ou mauvaise, grande ou petite, etc. ; disposition de l'âme, de l'esprit; noblesse : *personne de qualité* ; titre. EN QUALITÉ DE, à titre de.

Quand adv. Dans le temps où ; à quelle époque; bien que.

Quant à loc. prép. Pour ce qui est de.

Quant, e adj. N'est plus usité que dans l'expression : TOUTES ET QUANTES FOIS QUE, toutes les fois que.

Quantième s. m. La date précise du jour.

Quantitatif, ive adj. Qui a rapport à la quantité.

Quantité s. f. Se dit de tout ce qui peut être mesuré ou compté, de tout ce qui est susceptible d'accroissement ou de diminution; grand nombre. En prosodie, la valeur des syllabes longues, brèves.

Quantum s. m. (mot latin ; on pron. *kouantome*). Une quantité, une somme déterminée.

Quarantaine s. f. Nombre d'environ 40; âge de 40 ans ; isolement pendant plusieurs jours des personnes ou des objets venant d'un pays infecté de contagion.

Quarante adj. num. 4 fois 10. S. m. Le chiffre 40.

Quarantième adj. Nombre ordinal de 40. S. m. La 40e partie d'un tout.

Quarderonner v. a. Faire un quart de rond sur l'angle d'une pierre, d'une pièce de bois (*archit.*).

Quart s. m. Quatrième partie d'un tout; temps pendant lequel chaque partie de l'équipage d'un navire fait son service tour à tour.

Quart, e adj. Quatrième. *Fièvre quarte*, fièvre qui revient tous les 4 jours.

Quartaut s. m. Vaisseau tenant la quatrième partie d'un muid.

Quarte s. f. 60e partie de la tierce (*math.*); ancienne mesure tenant 2 pintes ; intervalle de deux tons et demi (*mus.*); quatre cartes de la même couleur qui se suivent (*t. de jeu*); manière de porter un coup de fleuret ou d'épée.

Quartenier s. m. Ancien officier de police d'un quartier.

Quarteron s. m. Ancien poids, quatrième partie de la livre.

Quarteron, onne s. Né d'un blanc et d'une mulâtresse ou d'un mulâtre et d'une blanche.

Quartidi s. m. (on pron *kouar*). Le 4e jour de la décade républicaine.

Quartier s. m. La 4e partie de certains objets et, en général, portion d'un tout; partie d'une ville ; habitants d'un quartier; caserne; première et quatrième phase de la lune. *Faire quartier*, accorder la vie sauve.

Quartier-maître s. m. Officier chargé de la comptabilité d'un corps; sous-officier de marine. (Pl. *quartiers-maîtres.*)

Quarto adv. (on pron. *kouar*). Quatrièmement. Voy. *In-quarto*.

Quartz s. m. (on pron. *kouartz*). Pierre siliceuse très dure.

Quartzeux, euse adj. (on pron. *kouar*). De la nature du quartz.

Quasi adv. Presque. S. m. Morceau de la cuisse d'un veau.

Quasi-contrat s. m. Engagement envers un tiers sans convention préalable. (Pl. *quasi-contrats.*)

Quasi-délit s. m Dommage causé involontairement. (Pl. *quasi-délits.*)

Quasiment adv. Presque (pop.).

Quasimodo s. f. Le premier dimanche après Pâques.

Quassia s. m. (on pron. *koua*).

Ecorce amère et tonique du quassier.

Quassier s. m. (on pron. *kouasié*). Arbrisseau qui fournit une écorce très amère et tonique.

Quaternaire adj. (on pron. *kouater-nère*). Qui vaut quatre ou qui est divisible par quatre. *Terrain quaternaire*, qui comprend toutes les formations plus récentes que les calcaires d'eau douce.

Quaterne s. m. Combinaison de quatre numéros pris ensemble à la loterie et sortis ensemble au tirage; se dit, au loto, de quatre numéros marqués sur la même ligne horizontale.

Quatorzaine s. f. Espace de quatorze jours.

Quatorze adj. num. Dix et quatre; quatorzième. S. m. Le nombre quatorze; le quatorzième jour du mois; au jeu de piquet, les quatre as, les quatre rois, les quatre dames, les quatre valets ou les quatre dix.

Quatorzième adj. Nombre ordinal de quatorze. S. m. La quatorzième partie d'un tout.

Quatorzièmement adv. En quatorzième lieu.

Quatrain s. m. Petite pièce de poésie qui contient quatre vers; quatre vers faisant partie d'un sonnet, etc.

Quatre adj. num. Deux fois deux; quatrième. S. m. Le nombre, le chiffre quatre; le quatrième jour du mois.

Quatre-temps s. m. pl. Les trois jours de jeûne prescrits par l'Eglise en chacune des quatre saisons de l'année.

Quatre-vingtième adj. Nombre ordinal de quatre-vingts. S. m. Partie d'un tout divisé en quatre-vingts parties.

Quatre-vingts adj. num. Quatre fois vingt; s'écrit avec un *s* quand il n'est pas suivi d'un autre nombre, sans *s* quand il précède un autre nombre auquel il est joint, ou quand il est employé pour quatre-vingtième.

Quatrième adj. Nombre ordinal de quatre. S. m. La quatrième partie d'un tout.

Quatrièmement adv. En quatrième lieu.

Quatriennal, e adj. Se dit d'un office, d'une charge qui s'exerce de quatre années l'une.

Quatuor s. m. (on pron. *koua*). Morceau de musique à quatre parties. (Pl. *quatuors*.)

Quayage s. m. Droit payé pour avoir l'usage d'un quai, d'un port.

Que pron. relatif. Lequel, laquelle, lesquels, lesquelles. Pron. interrogatif. Quelle chose. Adv. Combien; pourquoi. Conj. servant à joindre deux membres de phrase.

Quel, quelle adj. indéfini dont on se sert pour interroger, pour marquer le doute, ou par exclamation.

Quelconque adj. indéf. Quel qu'il soit, quelle qu'elle soit.

Quélen (de), archevêque de Paris (1778-1839).

Quellement adv. *Tellement quellement*, ni bien, ni mal; plutôt mal que bien.

Quelque adj. indéf. Un ou plusieurs; un petit nombre, une petite quantité. Adv. A quelque degré, quoique; environ, à peu près.

Quelquefois adv. Parfois.

Quelqu'un, une pron. indéf. Un, une entre plusieurs; une personne. (Pl. *Quelques-uns, quelques-unes*.)

Quémander v. n. Mendier clandestinement.

Quémandeur, euse s. Celui, celle qui quémande.

Qu'en-dira-t-on s. m. Ce que peut ou pourra dire le public (fam.): *se moquer du qu'en-dira-t-on.*

Quenelle s. f. Espèce de boulette de viande hachée.

Quenotte s. f. Dent de petit enfant (fam.).

Quenouille s. f. (*ll* m.) Sorte de petit bâton dont une extrémité est entourée de chanvre, de lin, etc., pour filer; chanvre, lin, etc. dont la quenouille est chargée; arbre fruitier taillé en forme de quenouille.

Quenouillée s. f. (*ll* m.) La quantité de chanvre, de lin, etc., qui garnit une quenouille.

Quercitron s. m. Sorte de chêne vert dont l'écorce teint en jaune.

Querelle s. f. Contestation, démêlé. Fig. *Querelle d'Allemand*, querelle faite sans sujet.

Quereller v. a. et n. Faire querelle à quelqu'un; réprimander. SE QUERELLER v. pr. Discuter avec aigreur l'un contre l'autre.

Querelleur, euse adj. et s. Qui fait ou cherche souvent querelle.

Quérir ou querir (*Acad.*). v. a. Chercher avec charge d'amener ou d'apporter. (Il ne s'emploie qu'à l'infinitif présent avec aller, envoyer, venir.)

Quesnay (François), célèbre économiste français (1694-1774).

Quesnel, théologien français (1634-1719).

Questeur s. m. (on pron. *kués*). Magistrat romain qui administrait les finances, etc.; dans une assemblée législative, membre chargé de la partie administrative.

Question s. f. Interrogation, demande; proposition à discuter; autrefois, torture infligée aux accusés et aux condamnés pour leur arracher des aveux.

Questionnaire s. m. Celui qui donnait la question aux accusés; série de questions.

Questionner v. a. Adresser des questions à quelqu'un. V. n. Faire des questions.

Questionneur, euse s. Qui fait sans cesse des questions.

Questorien, enne adj. Qui appartient au questeur.

Questure s. f. (on pron. *kués*). Charge de questeur; bureau des questeurs.

Quête s. f. Action de chercher; action de demander et de recueillir des aumônes; le montant de cette collecte.

Quêter v. a. Rechercher. V. n. Recueillir des aumônes.

Quêteur, euse s. Qui quête.

Queue s. f. Partie qui termine par derrière le corps de la plupart des animaux; tige, support des fleurs, des feuilles, des fruits. Fig. le bout, la fin; suite de personnes qui attendent pour entrer à leur tour. *Queue de billard*, instrument dont on se sert pour pousser les billes.

Queue s. f. Futaille; pierre à aiguiser (en ce sens on écrit aussi *queux*).

Queussi-queumi loc. adv. De même, pareillement.

Queuter v. n. Au billard, pousser d'un seul coup les deux billes avec la queue.

Queux s. m. Cuisinier (vx.).

Qui pr. rel. Lequel, laquelle, etc.; celui qui, quiconque; quelle personne?

Quia (on pron. *kui-a*). *Etre à quia, mettre à quia*, être réduit ou réduire à ne pouvoir répondre.

Quibus s. m. (on pron. *kui-buce*). Argent monnayé (pop.).

Quiconque pr. ind. Toute personne qui.

Quidam s. m. (on pron. *ki-dan*). Personne dont on ignore ou dont on n'exprime point le nom. (Pl. *quidams.*)

Quiet, ète adj. (on pron. *kui*). Tranquille, calme (vx.).

Quiètement adv. (on pron. *kui*). Tranquillement, avec quiétude.

Quiétisme s. m. (on pron. *kui*). Doctrine religieuse des quiétistes.

Quiétiste s. m. (on pron. *kui*). Qui suit la doctrine du quiétisme.

Quiétude s. f. (on pron. *kui*). Tranquillité; repos.

Quignon s. m. Gros morceau de pain.

Quillage s. m. (*ll* m.) *Mar.* Droit que les navires payent dans les ports de France, la première fois qu'ils y entrent.

Quille s. f. (*ll.* m.) Forte et longue pièce de bois qui va de la poupe à la proue d'un navire; morceau de bois rond dont on se sert au jeu de ce nom *.

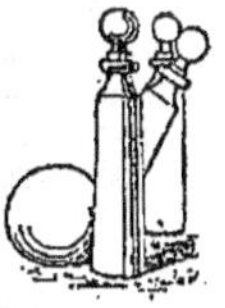

Quiller v. n. (*ll.* m.) Lancer une quille le plus près possible de la boule, afin de décider qui jouera le premier.

Quillette s. f. (*ll.* m.) Brin d'osier qu'on enfonce en terre pour qu'il y prenne racine.

Quillier s. m. Espace carré dans lequel on range les neuf quilles.

Quinaire adj. (on pron. *kui*). Qui peut se diviser exactement par cinq.

Quinaud, e adj. Honteux, confus.

Quincaille s. f. (*ll.* m.) Tout ustensile de fer ou de cuivre.

Quincaillerie s. f. (*ll* m.) Marchandise de toute sorte de quincaille.

Quincaillier s. m. Marchand de quincaillerie.

Quinconce s. m. Plants d'arbres disposés en échiquier ; lieu planté de cette manière.

Quinconcial, e adj. Qui est disposé en quinconce.

Quindécagone (on pron. *kuin*) ou **pentadécagone** s. m. Figure à quinze côtés.

Quindécemvirs s. m. pl. (on pron. *kuin*). Chez les Romains, nom donné aux quinze magistrats chargés de garder les livres sibyllins.

Quine s. m. Cinq numéros pris et sortis ensemble à la loterie ; coup de dés qui amène deux cinq au trictrac ; cinq numéros marqués sur la même ligne horizontale au jeu de loto.

Quinine s. f. Substance amère contenue dans l'écorce du quinquina.

Quinola s. m. Valet de cœur au jeu de reversi.

Quinquagénaire adj. et s. (on pron. *kuinkoua*). Agé de cinquante ans.

Quinquagésime s. f. (on pron. *kuinkoua*). Dimanche qui précède le premier dimanche de carême.

Quinquennal, e adj. (on pron. *kuinkuèn-nal*). Qui a lieu de cinq ans en cinq ans ; qui dure cinq ans.

Quinquérème s. f. (on pron. *kuinkué*—). Navire à cinq rangs de rameurs.

Quinquet s. m. Lampe à double courant d'air, du nom de Quinquet, son inventeur.

Quinquina s. m. Arbre dont l'écorce amère et fébrifuge est appelée aussi *quinquina*.

Quint adj. m. Cinquième du nom : *Charles-Quint*.

Quintaine s. f. Poteau contre lequel on lançait le dard ou le javelot.

Quintal s. m. Poids de cinquante kilogrammes. *Quintal métrique*, cent kilogrammes. (Pl. *quintaux*.)

Quinte s. f. *Mus.* Intervalle de cinq notes ; au piquet, série de cinq cartes successives de même couleur ; accès de toux. Fig. caprice.

Quintefeuille s. f. Plante rosacée.

Quintessence s. f. Ce qu'il y a de meilleur dans une chose.

Quintessencié, ée adj. Trop subtil : *pensée quintessenciée*.

Quintessencier v. a. Raffiner, subtiliser.

Quintette s. m. Morceau de musique à cinq parties.

Quinteux, euse adj. Sujet à des quintes, à des caprices.

Quintidi s. m. (on pron. *kuin*). Cinquième jour de la décade républicaine.

Quinto adv. (on pron. *kuin*). Cinquièmement.

Quintuple adj. et s. m. (on pron. *kuin*). Qui vaut cinq fois autant.

Quintupler v. a. (on pron *kuin*). Rendre cinq fois aussi grand.

Quinzaine s. f. Quinze unités, quinze jours.

Quinze adj. num. Dix plus cinq ; quinzième. S. m. Le quinzième jour du mois.

Quinze-Vingts s. m. pl. Hôpital fondé par saint Louis pour 300 aveugles.

Quinzième adj. num. Nombre ordinal de quinze. S. m. La quinzième partie d'un tout.

Quinzièmement adv. En quinzième lieu.

Quipos s. m. pl. Cordelettes nouées qui servaient d'écriture aux anciens Péruviens.

Quiproquo s. m. Méprise. (Pl. *quiproquos*.)

Quirinal s. m. (on pron. *kui*). Palais à Rome.

Quirinus (on pron. *kui*). Surnom de Mars, de Jupiter, etc.

Quittance s. f. Écrit par lequel on déclare acquittée une dette.

Quittancer v. a. Reconnaître qu'une personne s'est acquittée d'une obligation, qu'elle a payé une dette.

Quitte adj. Libéré de ce qu'il devait. Fig. dispensé de.

Quitter v. a. Tenir quitte ; laisser, abandonner ; renoncer à.

Quitus s. m. (on pron. *kuituss*). Arrêté définitif d'un compte.

Qui-va-là ou Qui va là ? interj. Cri d'une personne qui entend du bruit et craint une surprise.

Qui-vive ! interj. Cri d'une sentinelle, d'une patrouille qui entend du bruit. Fig. *Etre sur le qui-vive*, être très attentif.

Quoi pron. rel. Lequel, laquelle, etc.; quelque chose que. *De quoi*, ce qui est nécessaire pour. Pron. interrogatif. Quelle chose. Interj. marquant l'étonnement, l'indignation.

Quoique conj. Bien que.

Quolibet s. m. Mauvaise plaisanterie, calembour.

Quote adj. f. Usité dans *quote-part*, la part que chacun doit payer ou recevoir.

Quotidien, ienne adj. De chaque jour.

Quotidiennement adv. Tous les jours.

Quotient s. m. (on pron. *kocian*). Résultat d'une division (*math.*).

Quotité s. f. Somme fixe à laquelle monte chaque quote-part.

R

R s. f. ou s. m., suivant la prononciation. La dix-huitième lettre de l'alphabet et la quatorzième consonne.

Rabâchage s. m. Défaut de celui qui rabâche.

Rabâcher v. n. et a. Revenir souvent et inutilement sur ce qu'on a dit.

Rabâcherie s. f. Discours ou écrit plein de répétitions fatigantes.

Rabâcheur, euse s. Qui rabâche (fam.).

Rabais s. m. Diminution de prix et de valeur.

Rabaissement s. m. Action de rabaisser.

Rabaisser v.a. Mettre plus bas; diminuer. Fig. déprécier; humilier.

Rabat s. m. (on pron. *rabaj*). Ornement de toile sous le menton; action de rabattre le gibier.

Rabat-joie s. m. Personne ou chose qui trouble la joie (fam.).

Rabatteur s. m. Celui qui, à la chasse, rabat le gibier.

Rabattre v. a. Rabaisser, faire descendre; diminuer; battre la campagne pour amener le gibier du côté des chasseurs. V. n. Retrancher de : *rabattre de ses prétentions*. SE RABATTRE v. pr. Retomber. Fig. changer de propos.

Rabattu, ue adj. Rabaissé, diminué.

Rabaut-Saint-Étienne, membre de la Constituante (1743-1793).

Rabbin s. m. Docteur juif.

Rabbinage s. m. Etude des livres des rabbins.

Rabbinique adj. Des rabbins.

Rabbinisme s. m. Doctrine des rabbins.

Rabbiniste s. m. Qui suit la doctrine des rabbins.

Rabdomance ou **rabdomancie** s. f. Prétendue divination à l'aide de baguettes.

Rabelais, célèbre écrivain français (1483-1553).

Rabelaisien, ienne adj. A la manière de Rabelais.

Rabêtir v. a. Rendre bête. V. n. Devenir plus bête (pop.).

Rabiole s. f. Chou-rave.

Rabique adj. De la rage.

Râble s. m. Partie du lapin, du lièvre, depuis les épaules jusqu'à la queue; instrument pour remuer la braise.

Râblé, ée ou **râblu, ue** adj. Qui a le râble épais. Fig. fort, robuste.

Rabonnir v. a. Rendre meilleur. V. n. Devenir meilleur.

Rabot s. m. Outil pour unir le bois.

Raboter v. a. Aplanir avec le rabot.

Raboteur s. m. Ouvrier qui rabote.

Raboteux, euse adj. Noueux, inégal : *chemin raboteux*. Fig. rude, grossier : *style raboteux*.

Rabougri, ie adj. Chétif; mal conformé.

Rabougrir v. n. Se dit des plantes, des arbres qui ne profitent pas, et au fig. des personnes chétives, mal conformées.

Rabouillère s. f. (*ll m.*) Trou des lapins dans les garennes.
Raboutir v. a. Coudre des étoffes bout à bout.
Rabrouer v. a. Repousser avec rudesse.
Racahout s. m. Sorte de fécule nourrissante.
Racaille s. f. (*ll* m.) Rebut du peuple.
Racan, poète français (1589-1670).
Raccommodage s. m. Travail de celui qui a raccommodé.
Raccommodement s. m. Réconciliation après une querelle.
Raccommoder v. a. Réparer, remettre en bon état. Fig. réconcilier. SE RACCOMMODER v. pr. S'arranger, se réconcilier.
Raccommodeur, euse s. Celui, celle qui raccommode, dont le métier est de raccommoder.
Raccord s. m. Liaison établie entre les parties disparates d'un objet ou, au fig., d'un ouvrage d'esprit.
Raccordement s. m. Action de faire des raccords.
Raccorder v. a. Faire un raccord, des raccords.
Raccourci, ie adj. Abrégé, trop court. *A bras raccourci*, de toutes ses forces. S. m. Effet de perspective faisant paraître les objets plus courts qu'ils ne sont en réalité. EN RACCOURCI loc. adv. En abrégé.
Raccourcir v. a. Rendre plus court. V. n. et SE RACCOURCIR v. pr. Devenir plus court.
Raccourcissement s. m. Action de raccourcir; état de ce qui est raccourci.
Raccoutrement s. m. Action de raccoutrer.
Raccoutrer v. a. Raccommoder.
Raccoutumer (se) v. pr. Reprendre une habitude.
Raccroc s. m. (on pron. *ra-kro*). Coup non visé aux jeux qui exigent de l'adresse.
Raccrocher v. a. Accrocher de nouveau, rattraper. V. n. Faire un raccroc. SE RACCROCHER v. pr. Se retenir à quelque chose. Fig. s'attacher à une ressource.
Race s. f. Tous les êtres d'une même descendance ; réunion d'individus appartenant à la même espèce : *race blanche*. Race non altérée par des croisements : *cheval de race*.
Rachat s. m. Action de racheter ; délivrance.
Rachel, fille de Laban et femme de Jacob.
Rachetable adj. Qui peut être racheté.
Racheter v. a. Acheter ce qu'on a vendu, ou une chose analogue à celle qu'on a vendue; délivrer; faire compensation. SE RACHETER v. pr. Se délivrer à prix d'argent. Être racheté.
Rachidien, ienne adj. Qui a rapport à la colonne vertébrale (*anat.*).
Rachis s. m. Colonne vertébrale (*anat.*).
Rachitique adj. et s. Affecté de rachitisme.
Rachitisme s. m. Maladie qui se manifeste chez les enfants, par une déformation du rachis et de la plupart des os.
Racinage s. m. Les racines alimentaires : navet, carotte, etc. Décoction pour la teinture.
Racinal s. m. Grosse pièce de bois qui en soutient d'autres.
Racine s. f. Partie inférieure d'un végétal qui sert à le fixer dans la terre et à pomper sa nourriture; certaines plantes alimentaires dont on mange la partie qui vient en terre; partie par laquelle certains organes tiennent au corps. Fig. principe, origine; mot primitif (*gram.*); nombre qui, multiplié par lui-même, en donne un autre appelé puissance (*math.*).
Racine (Jean), célèbre poète tragique français (1635-1699). RACINE (Louis) (1692-1763), poète, fils du précédent.
Raciner v. n. Pousser des racines.
Râclée s. f. Une volée de coups (pop.).
Râcler v. a. Gratter de manière à enlever quelques parties de la superficie d'un corps. Fig. *Râcler un violon*, en mal jouer.
Râcleur s. m. Celui qui râcle; mauvais joueur de violon.
Râcloir s. m. Instrument pour râcler.

Râcloire s. f. Planchette qui sert à râcler le dessus d'une mesure de grain.

Râclure s. f. Ce qu'on enlève en raclant.

Racolage s. m. Action de racoler.

Racoler v. a. Engager de gré ou par ruse des hommes pour la milice. Fig. *racoler des partisans.*

Racoleur s. m. Celui qui racole.

Racontage s. m. Conte fait à plaisir.

Raconter v. a. Faire le récit de.

Raconteur, euse s. Celui qui a la manie de raconter.

Racornir v. a. Rendre sec et dur comme la corne. SE RACORNIR v. pr. Devenir semblable à la corne.

Racornissement s. m. Etat de ce qui est racorni.

Racquitter v. a. Faire regagner ce qui avait été perdu. SE RACQUITTER v. pr. Regagner ce qu'on avait perdu.

Radagaise, chef des Germains, envahit l'Italie (406), fut vaincu et mis à mort par Stilicon.

Rade s. f. Etendue de mer resserrée entre des terres plus ou moins élevées et servant d'abri aux navires.

Radeau s. m. Assemblage de pièces de bois formant sur l'eau une sorte de plancher.

Radegonde (sainte), reine de France, femme de Clotaire Ier; se retira dans un monastère à Poitiers, où elle mourut en odeur de sainteté (521-587).

Rader v. a. Mettre un navire en rade; rendre égale la surface d'une mesure de grain.

Radiaires s. m. pl. Autre nom des *rayonnés* (*zool.*).

Radial, e adj. Qui a rapport au radius (*anat.*).

Radiant, e adj. Qui s'étend en rayons (*phys.*).

Radiation s. f. Action de rayer, de biffer; émission de rayons lumineux, de calorique.

Radical, e adj. De la racine; Fig. *guérison radicale,* qui a détruit le mal dans sa racine; *lettres radicales,* lettres qui appartiennent à la racine du mot (*gram.*); *signe radical,* que l'on met devant les quantités dont on veut extraire la racine (*math.*). S. m. Signe radical; mot primitif (*gram.*); partisan d'une réforme radicale ou complète.

Radicalement adv. Essentiellement, dans sa racine.

Radicalisme s. m. Système ou opinion de ceux qui veulent une réforme radicale.

Radicant, e adj. Qui produit des racines distinctes de la racine principale (*bot.*).

Radicelle ou **radicule** s. f. Petite racine (*bot*).

Radié, ée adj. Se dit des fleurs composées de fleurons et de demi-fleurons. S. f. pl. Famille de plantes à fleurs radiées (*bot.*).

Radier s. m. Grille de charpente sur laquelle on établit la fondation des écluses; assemblage de madriers.

Radier v. a. Rayer.

Radieux, euse adj. Rayonnant. Fig. animé par la joie.

Radis s. m. Sorte de raifort cultivé.

Radius s. m. (on prononce l'*s*). Os mince et long qui occupe le côté externe de l'avant-bras (*anat.*).

Radjah ou **rajah** s. m. Titre des princes de l'Hindoustan.

Radoire s. f. Règle qui sert à rader.

Radotage s. m. Radoterie; discours sans suite et sans raison.

Radoter v. n. Dire des choses sans suite, sans raison, sans fondement.

Radoterie s. f. Habitude de radoter.

Radoteur, euse s. Celui, celle qui radote.

Radoub s. m. Réparation pratiquée au corps d'un navire (*mar.*).

Radouber v. a. Faire des réparations à un navire. SE RADOUBER v. pr. Réparer une perte; reprendre de la santé.

Radoubeur s. m. Celui qui radoube.

Radoucir v. a. Rendre plus doux. Fig. apaiser. SE RADOUCIR v. pr. Devenir plus doux.

Radoucissement s. m. Action de radoucir; diminution dans la violence de la température ou d'un mal.

Radziwil, célèbre famille polonaise originaire de la Lithuanie.

Rafale s. f. Sur mer, coup de vent de terre à l'approche des montagnes (*mar.*).

Raffermir v. a. Rendre plus ferme. Fig. remettre dans un état plus assuré. SE RAFFERMIR v. pr. Devenir plus ferme, plus solide.

Raffermissement s. m. Action de raffermir; ce qui remet une chose dans un état plus assuré.

Raffinage s. m. Action de raffiner.

Raffiné, ée adj. et s. Rusé, adroit, subtil.

Raffinement s. m. Extrême subtilité; excès de recherche.

Raffiner v. a. Rendre plus fin, plus pur. V. n. Subtiliser : *il raffine sur tout.* SE RAFFINER v. pr. Devenir plus fin, plus habile.

Raffinerie s. f. Lieu où l'on raffine le sucre, etc.

Raffineur s. m. Celui qui raffine.

Raffoler v. n. Se passionner follement pour quelqu'un, pour quelque chose.

Raffolir v. n. Devenir fou.

Rafistoler v. a. Raccommoder (fam.).

Râfle s. f. Grappe de raisin qui n'a plus de grains; action de râfler.

Râfler v. a. Emporter tout promptement (fam.).

Rafraîchir v. a. Rendre plus frais. Fig. rogner, mettre en meilleur état; ravitailler. V. n. Devenir frais. SE RAFRAÎCHIR v. pr. Devenir plus frais; boire un coup.

Rafraîchissant, e adj. et s. au m. Propre à diminuer la chaleur atmosphérique, à rafraîchir le corps.

Rafraîchissement s. m. Action de rafraîchir; effet de ce qui rafraîchit. Au pl. Mets, boissons, fruits que l'on sert à une compagnie : vivres frais pour un navire.

Ragaillardir v. a. (*ll* m.) Redonner de la gaieté (fam.).

Rage s. f. Hydrophobie. Fig. délire furieux, douleur violente; violente passion.

Rager v. n. S'irriter (fam.).

Rageur, euse adj. et s. Qui s'irrite facilement (fam.).

Ragot, ote adj. et s. Court et gros.

Ragotin s. m. Homme contrefait, ridicule; enfant rabougri.

Ragoût s. m. Mets qui plaît et excite l'appétit. Fig. ce qui excite les désirs.

Ragoûtant, e adj. Qui ragoûte. Fig. qui plaît.

Ragoûter v. a. Redonner du goût. Fig. réveiller le désir.

Ragrafer v. a. Agrafer de nouveau.

Ragrandir v. a. Rendre plus grand.

Ragréement s. m. Action de ragréer.

Ragréer v. a. Remettre à neuf, aplanir, ajuster. SE RAGRÉER v. pr. Se pourvoir de ce qui manque (*mar.*).

Raïa s. m. Sujet de l'empire turc soumis à la capitation.

Raide, RAIDEUR, RAIDIR. Voy. *Roide, Roideur, Roidir.*

Raie s. f. Ligne tirée avec une plume, avec un instrument tranchant, etc.; lignes longues sur la peau des animaux, sur les étoffes, etc.; séparation des cheveux sur le haut de la tête. Poisson de mer plat et cartilagineux.

Raifort s. m. Sorte de rave.

Rail s. m. (on pron. *raï* en mouillant l'*l*). Barre de fer sur laquelle roulent les wagons.

Railler v. a. (*ll* m.) Tourner en ridicule. V. n. Badiner. SE RAILLER v. pr. Se moquer.

Raillerie s. f. (*ll* m.) Action de railler; plaisanterie.

Railleur, euse adj. et s. (*ll* m.) Qui se plaît à railler; qui a le caractère de la raillerie.

Railway s. m. (mot anglais; on pron. *rèl-ouè*). Chemin de fer. (Pl. *railways.*)

Raimondi (Marc-Antoine), graveur italien (1488-1546).

Rainceau. Voy. *Rinceau.*

Raine s. f. Grenouille (vx.).

Rainette s. f. Espèce de grenouille; sorte de pomme.

Rainure s. f. Longue entaillure sur l'épaisseur d'une planche.

Raiponce s. f. Plante dont les racines se mangent en salade.

Raire ou RÉER v. n. Se dit du cri du cerf.

Rais s. m. pl. Rayons de la roue.

Raisin s. m. Le fruit de la vigne. Fig. sorte de papier.

Raisiné s. m. Confiture faite avec du jus de raisin doux et des poires ou des coings.

Raison s. f. Faculté par laquelle l'homme juge, connaît et se conduit; bon sens; justesse d'esprit, sagesse; ce qui est de devoir, de droit; cause, sujet, motif; réparation d'un outrage; rapport (*math.*). Nom d'une maison de commerce. A RAISON DE loc. prép. Au taux de, sur le pied de. EN RAISON DE loc. prép. En proportion de, en considération de.

Raisonnable adj. Doué de raison; qui agit selon la raison; qui est conforme à la raison; suffisant, convenable.

Raisonnablement adv. Avec raison; passablement.

Raisonnement s. m. Faculté de raisonner; argument.

Raisonner v. n. Faire usage de sa raison pour connaître, pour juger; chercher et alléguer des raisons touchant une affaire, etc.; répliquer. V. a. Appliquer le raisonnement à ce qu'on fait.

Raisonneur, euse s. Qui aime à raisonner; qui réplique.

Rajeunir v. a. Rendre l'air de la jeunesse. V. n. Redevenir jeune. SE RAJEUNIR v. pr. Se dire plus jeune qu'on ne l'est réellement.

Rajeunissement s. m. Action de rajeunir.

Rajouter v. a. Ajouter de nouveau.

Rajustement s. m. Action de rajuster.

Rajuster v. a. Ajuster de nouveau, remettre en bon état.

Râle s. m. Oiseau de l'ordre des échassiers.

Râle ou **râlement** s. m. Bruit produit par la respiration gênée chez les moribonds.

Ralentir v. a. Rendre plus lent. V. n. Devenir plus lent.

Ralentissement s. m. Diminution de mouvement, d'activité.

Râler v. n. Faire entendre un râle.

Ralingue s. f. Cordage cousu en ourlet autour d'une voile pour la fortifier.

Ralinguer v. a. Garnir une voile de ralingues.

Ralliement ou **ralliment** s. m. Action de rallier ou de se rallier. *Point de ralliement*, endroit marqué aux troupes pour se rallier.

Rallier v. a. Rassembler des troupes en fuite. *Rallier un vaisseau*, le rejoindre. Fig. attirer à une opinion, à un sentiment; rapprocher. SE RALLIER v. pr. Se réunir.

Rallonge s. f. Ce qui sert à rallonger.

Rallongement s. m. Action de rallonger.

Rallonger v. a. Rendre plus long.

Rallumer v. a. Allumer de nouveau.

Ramadan ou **ramazan** s. m. Carême des musulmans.

Ramage s. m. Représentation de rameaux de feuillage sur une étoffe; chant des petits oiseaux. Fig. babil des enfants.

Ramager v. n. Se dit des oiseaux qui font entendre leur ramage (peu usité).

Ramaigrir v. a. Rendre maigre de nouveau. V. n. Redevenir maigre.

Ramas s. m. Assemblage d'objets de peu de valeur.

Ramasse s. f. Traîneau pour descendre les monts couverts de neige.

Ramassé, ée adj. Aux formes épaisses, trapues.

Ramasser v. a. Faire un amas, réunir par quelque effort; prendre ce qui est à terre; traîner en ramasse. SE RAMASSER v. pr. Se replier sur-soi-même.

Ramasseur s. m. Celui qui ramasse; conducteur d'une ramasse.

Ramassis s. m. Assemblage d'objets ramassés sans choix.

Rambour s. m. Espèce de pomme.

Rame s. f. Aviron; petite branche que l'on plante en terre pour soutenir des pois, des haricots, etc; quantité de vingt mains de papier.

Ramé, ée adj. Se dit de balles ou de boulets joints ensemble.

Rameau s. m. Petite branche d'arbre. *Le dimanche des Rameaux*, le dimanche d'avant Pâques. Fig. subdivision ; branche d'une science, d'une secte, d'une famille, etc.

Rameau, compositeur de musique français (1683-1764).

Ramée s. f. Assemblage de branches entrelacées ; branches coupées avec leurs feuilles vertes.

Ramel (Jean-Pierre), général français (1770-1815).

Ramener v. a. Amener de nouveau ; faire revenir avec soi. Fig. rétablir.

Ramentevoir v. a. (on pron. *raman*). Remettre en mémoire (vx.)

Ramer v. a. Soutenir des plantes grimpantes avec des rames. V. n. Tirer à la rame.

Ramereau s. m. Jeune ramier.

Ramette s. f. Petite rame de papier ; châssis de fer des imprimeurs.

Rameur s. m. Celui qui rame.

Rameux, euse adj. Qui a des rameaux.

Ramier s. et adj. m. Pigeon sauvage.

Ramification s. f. Disposition des rameaux, des branches ; en anatomie, division d'une grosse veine, d'une artère, etc. Fig. subdivision.

Ramifier (se) v. pr. Se diviser en plusieurs rameaux. Fig. se subdiviser.

Ramilles s. f. pl. (*ll* m.) Petits rameaux, petites branches.

Ramingue adj. Se dit d'un cheval qui se défend de l'éperon et refuse d'avancer lorsqu'on le lui fait sentir.

Ramire, nom de 3 rois des Asturies (IXe, Xe s.) et de 2 rois d'Aragon (XIe, XIIe s.).

Ramoitir v. a. Rendre moite.

Ramollir v. a. Amollir, rendre plus mou, plus maniable. SE RAMOLLIR v. pr. Devenir mou. Fig. devenir imbécile.

Ramollissant, e adj. Qui ramollit. S. m. Remède qui ramollit (*méd.*).

Ramollissement s. m. Action de se ramollir ; état de ce qui est ramolli. *Ramollissement du cerveau*, lésion grave du cerveau qui est accompagnée d'une altération des facultés intellectuelles (*méd.*).

Ramonage s. m. Action de ramoner.

Ramoner v. a. Nettoyer le tuyau d'une cheminée, en ôter la suie.

Ramoneur s. m. Celui qui ramone les cheminées.

Rampant, e adj. Qui rampe. Fig. bas, vil : *style rampant*.

Rampe s. f. Partie d'un escalier, d'un palier à un autre ; balustrade d'un escalier ; plan incliné ; rangée de lumières placée au bord de la scène dans un théâtre.

Rampement s. m. Action de ramper.

Ramper v. n. Se traîner sur le ventre comme les vers ; s'étendre sur la terre, en s'inclinant ; s'attacher aux murailles, aux arbres, en parlant des plantes. Fig. être dans un état abject ; s'abaisser excessivement.

Rampin adj. m. Synonyme de *pinçard*.

Ramure s. f. Ensemble des branches d'un arbre ; bois d'un cerf, d'un daim.

Ramus (Pierre de la Ramée, dit), célèbre philosophe, professeur au Collège de France (1502-1572).

Rancart s. m. *Mettre au rancart*, mettre de côté, au rebut (fam.).

Rance adj. Se dit d'un corps gras qui avec le temps a contracté une odeur forte et un goût désagréable. S. m. Odeur, goût rance.

Rancé (l'abbé de), réformateur de la Trappe (1626-1700).

Rancher s. m. Pièce de bois garnie de chevilles servant d'échelons.

Rancidité. Voy. *Rancissure*.

Rancio adj. et s. m. Vin d'Espagne devenu jaunâtre en vieillissant.

Rancir v. n. Devenir rance.

Rancissure ou **rancidité** s. f. État de ce qui est rance.

Rançon s. f. Prix qu'on donne pour la délivrance d'un captif.

Rançonnement s. m. Action de rançonner.

Rançonner v. a. Mettre à rançon. Fig. exiger plus qu'il n'est dû.

Rançonneur, euse s. Celui, celle qui rançonne.

Rancune s. f. Ressentiment d'une offense.

Rancunier, ière adj. et s. Qui a de la rancune.

Rang s. m. Ordre, disposition de choses ou de personnes sur une même ligne. Fig. place, degré d'honneur qui appartient à chacun ; différentes classes de la société. *Mettre au rang*, mettre au nombre.

Rangée, ée adj. part. A son rang ; bien disposé ; qui a de l'ordre dans sa conduite, dans ses affaires.

Rangé s. f. Suite de plusieurs choses mises sur une même ligne.

Ranger v. a. Mettre dans un certain ordre, dans un certain rang ; mettre de côté ; mettre au nombre de. Se ranger v. pr. Se mettre en rang. Fig. vivre plus régulièrement qu'auparavant. *Se ranger à l'avis de quelqu'un*, l'adopter.

Ranimer v. a. Rendre la vie. Fig. exciter ; rendre la vigueur, l'éclat.

Rantzau (Jean, comte de), général danois (1492-1565). — Josias (comte de), général danois, puis maréchal de France, m. en 1650.

Ranz s. m. *Ranz des vaches*, air que jouent les bergers suisses en gardant leurs troupeaux.

Raoul, duc de Bourgogne et roi de France en 923 ; m. en 936.

Raout ou **rout** s. m. (on pron. le *t*). Assemblée nombreuse de personnes du grand monde.

Rapace adj. Avide, ardent à la proie. Fig. enclin à la rapine. S. m. pl. Ordre de la classe des oiseaux (*zool.*).

Rapacité s. f. Avidité d'un animal, d'une personne rapace.

Rapatelle s. f. Toile faite de crin pour les tamis.

Rapatriage ou **rapatriement** s. m. Réconciliation.

Rapatriement s. m. Renvoi dans sa patrie d'un marin naufragé, d'un colon laissé dans les pays étrangers ; rentrée de troupes envoyées dans un pays étranger.

Rapatrier v. a. Réconcilier, raccommoder des personnes brouillées.

Rapatrier v. a. Renvoyer dans la patrie un marin, un voyageur, un colon, un corps de troupes.

Râpe s. f. Ustensile de ménage pour réduire en poudre du sucre, du fromage, etc. ; grosse lime à bois ; grappe de raisin dépouillée de ses grains.

Râpé s. m. Vin que l'on obtient en jetant de l'eau sur du marc.

Râpé, ée adj. Fort usé.

Râper v. a. Mettre en poudre, limer, user avec une râpe.

Rapetasser v. a. Raccommoder grossièrement de vieilles hardes.

Rapetisser v. a. Rendre plus petit. V. n. Devenir plus petit. Se rapetisser v. pr. Se rendre petit, s'abaisser.

Raphaël, archange.

Raphaël Sanzio, le plus célèbre des peintres modernes, fut aussi architecte et sculpteur ; né à Urbino (Etats du pape) en 1483, m. en 1520.

Rapide adj. Extrêmement vite ; très incliné : *pente rapide*. S. m. Courant d'eau rapide ; train de chemin de fer à très grande vitesse.

Rapidement adv. Avec rapidité.

Rapidité s. f. Vitesse très grande.

Rapiéçage ou **rapiècement** s. m. Action de rapiécer.

Rapiécer v. a. Raccommoder en mettant des pièces.

Rapiècetage s. m. Action de rapiéceter.

Rapiéceter v. a. Raccommoder au moyen de petites pièces.

Rapière s. f. Grande épée à lame longue et effilée.

Rapin s. m. Jeune élève dans un atelier de peintre ; jeune peintre sans talent.

Rapin (Nicolas), écrivain français, un des auteurs de la *Satire Ménippée* (1540-1608). — Rapin (René), jésuite français, auteur du poème latin des *Jardins* (1621-1687).

Rapine s. f. Pillage, volerie.

Rapiner v. n. Prendre injustement par rapine. V. a. Piller.

Rapointir v. a. Refaire une pointe émoussée ou cassée.

Rapp (comte), général français (1772-1821).

Rappareiller v. a. Remettre avec une ou plusieurs choses pareilles.

Rapparier v. a. Rejoindre avec son pareil.

Rappel s. m. Action par laquelle on rappelle ; son du tambour pour rappeler ; disposition d'un testament qui rappelle les exclus. *Rappel à l'ordre*, blâme public infligé par le président à un membre d'une assemblée.

Rappeler v. a. Appeler de nouveau ; faire revenir ; faire revenir dans la mémoire. SE RAPPELER v. pr. Retrouver le souvenir de.

Rapport s. m. Action de rapporter ; produit annuel ; relation, récit, témoignage ; analogie, convenance ; liaisons de certaines choses entre elles, relation à leur fin ; relations d'affaires, d'amitié, etc ; vapeur qui monte de l'estomac à la bouche ; relation des mots les uns avec les autres (*gram.*) ; relation entre deux grandeurs, entre deux quantités (*math.*). PAR RAPPORT A loc. prép. Pour ce qui est de, en comparaison de. SOUS LE RAPPORT DE, au point de vue de.

Rapportable adj. Qui doit être rapporté à une succession.

Rapporter v. a. Apporter de nouveau une chose au lieu où elle était précédemment ; apporter à son retour ; donner un produit, un revenu ; faire le récit de ce qu'on a vu, entendu, appris ; répéter par indiscrétion ou par malice ; attribuer ; révoquer, rendre nul : *rapporter un décret. S'en rapporter à quelqu'un, à quelque chose*, y avoir confiance, y ajouter foi. SE RAPPORTER v. pr. Avoir de la conformité ; avoir rapport.

Rapporteur, euse s. Qui fait des rapports : *rapporteur dangereux, fidèle rapporteur ;* instrument de géométrie dont on se sert pour mesurer et pour tracer des angles.

Rapprendre v. a. Apprendre de nouveau.

Rapprochement s. m. Action de rapprocher. Fig. réconciliation.

Rapprocher v. a. Approcher de nouveau, de plus près. Fig. mettre en regard, comparer ; réconcilier. SE RAPPROCHER v. pr. Etre rapproché ; venir plus près ; se réconcilier.

Rapsode ou **rhapsode** s. m. Chez les Grecs, chantre des poëmes d'Homère.

Rapsoder ou **rhapsoder** v. a. Raccommoder mal et sans soin (fam.) ; composer une œuvre de pièces et de morceaux disparates.

Rapsodie ou **rhapsodie** s. f. Morceaux de poésie d'Homère. Fig. mélange confus de vers ou de prose.

Rapsodiste ou **rhapsodiste** s. m. Auteur de rapsodies ; mauvais compilateur.

Rapt s. m. (on pron. *ra-ptt*). Enlèvement d'une personne, par violence ou par séduction.

Râpure s. f. Ce qu'on enlève avec la râpe.

Raquetier s. m. Fabricant de raquettes.

Rare adj. Qui n'est pas commun ni ordinaire ; qui arrive peu souvent ; qui se trouve rarement.

Raréfactif, ive adj. Qui a la propriété de raréfier.

Raréfaction s. f. Action de raréfier ; dilitation.

Raréfiant, e adj. Qui raréfie, qui dilate.

Raréfier v. a. Rendre moins dense ; dilater.

Rarement adv. Peu souvent.

Rareté s. f. Etat ou qualité de ce qui est rare, peu abondant ; objet rare, curieux.

Rarissime adj. Très rare.

Ras adj. Qui a le poil fort court ; uni : *rase campagne*. Fig. *Faire table rase*, rejeter toute opinion, toute notion déjà acquise. S. m. Etoffe dont le poil ne paraît pas.

Rasade s. f. Verre plein jusqu'aux bords.

Rasant, e adj. Qui rase.

Rasement s. m. Action de raser.

Raser v. a. Tondre, couper le poil près de la peau. Fig. couper ou abattre au niveau de la surface ou du sol ; passer rapidement tout auprès.

Rasoir s. m Instrument pour raser ou se raser.

Rassasiant, e adj. Qui rassasie.

Rassasiement s. m. Etat d'une personne rassasiée. Fig. satiété, dégoût.

Rassasier v. a. Apaiser la faim,

satisfaire l'appétit. Fig. assouvir les passions. SE RASSASIER v. pr. Apaiser sa faim. Fig. satisfaire ses goûts, ses passions, etc.

Rassemblement s. m. Action de rassembler ce qui est épars; attroupement de personnes.

Rassembler v. a. Assembler de nouveau; réunir. SE RASSEMBLER v. pr. Se réunir.

Rasseoir v. a. Asseoir de nouveau, replacer. Fig. calmer. SE RASSEOIR v. pr. S'asseoir de nouveau. Fig. s'apaiser.

Rasséréner v. a. Rendre serein. SE RASSÉRÉNER v. pr. Devenir serein.

Rassis, e adj. Qui n'est plus tendre : *pain rassis*. Fig. calme, mûri par la réflexion : *esprit rassis*.

Rassoter v. a. Infatuer (fam.).

Rassurant, e adj. Qui rassure.

Rassurer v. a. Redonner l'assurance, rendre la tranquillité. SE RASSURER v. pr. Se remettre de quelque crainte.

Rat s. m. Petit quadrupède rongeur*. Fig. caprice, fantaisie. *Rat de cave*, sorte de bougie longue et mince roulée sur elle-même.

Ratafia s. m. Liqueur composée de fruits, d'eau-de-vie et de sucre.

Ratatiné, ée adj. Rabougri, raccourci, rapetissé.

Ratatiner (se) v. pr. Se raccourcir, se resserrer.

Ratatouille s. f. (*ll* m.) Ragoût grossier (pop.).

Rate s. f. Viscère mou situé dans l'hypocondre gauche. Fig. *Epanouir la rate*, rire beaucoup.

Rate s. f. Femelle du rat.

Rateau s. m. Instrument d'agriculture, de jardinage, etc.

Râtelée s. f. Ce qu'on peut ramasser d'un seul coup de râteau.

Râteler v. a. Amasser avec le râteau.

Râteleur s. m. Ouvrier qui râtelle.

Râtelier s. m. Sorte d'échelle placée en long au-dessus d'une mangeoire pour contenir le fourrage des animaux; bois pour poser les fusils. Fig. les deux rangées de dents.

Rater v. n. et a. Se dit d'une arme à feu qui manque à tirer. Fig. ne pas réussir; manquer son coup.

Ratier, ière adj. et s. Capricieux, bizarre (pop.).

Ratière s. f. Petite machine à prendre les rats.

Ratificatif, ive adj. Qui ratifie.

Ratification s. f. Action de ratifier; acte qui ratifie.

Ratifier v. a. Approuver, confirmer ce qui a été fait ou promis.

Ratine s. f. Etoffe croisée dont le poil est tiré en dehors.

Ratiner v. a. Faire de la ratine.

Ration s. f. (on pron. *racion*). Portion journalière de vivres.

Rational s. m. (on pron. *racional*). Morceau d'étoffe carrée que le grand prêtre des Juifs portait sur la poitrine.

Rationalisme s. m. (on pron. *racio*). Doctrine philosophique qui prétend tout expliquer au moyen de la raison.

Rationaliste s. m. (on pron. *racio*.) Partisan du rationalisme.

Rationnel, elle adj. (on pron. *racionèl*). Conforme à la raison.

Rationnellement adv. (on pron. *racionèlman*). D'une manière rationnelle.

Rationner v. a. (on pron. *racioné*). Donner la ration.

Ratissage s. m. Action de ratisser.

Ratisser v. a. Enlever en raclant la superficie d'une chose, ou l'ordure qui y tient.

Ratissoire s. f. Instrument pour ratisser.

Ratissure s. f. Ce qu'on ôte en ratissant.

Raton s. m. Petit rat.

Rattacher v. a. Attacher de nouveau. Fig. faire dépendre.

Ratteindre v. a. Rattraper.

Rattraper v. a. Reprendre; rejoindre.

Rature s. f. Trait de plume passé sur ce qu'on a écrit, pour l'effacer.

Raturer v. a. Effacer avec un trait de plume ce qui est écrit.

Raucité s. f. Apreté, rudesse de la voix.

Rauque adj. Rude et comme enroué.

Ravage s. m. Dommage, dégât produit avec violence, rapidité. Fig. *les ravages des passions.*

Ravager v. a. Faire du ravage.

Ravageur s. m. Qui ravage.

Ravaillac, assassin de Henri IV (1578-1610).

Ravalement s. m. Crépi fait de haut en bas à un mur, à une façade, etc.

Ravaler v. a. Faire le ravalement d'un mur, d'une construction. Fig. déprécier. SE RAVALER v. pr. S'abaisser, s'avilir.

Ravaudage s. m. Racommodage de hardes. Fig. mauvaise besogne.

Ravauder v. a. Raccommoder des hardes. Fig. maltraiter en paroles.

Ravauderie s. f. Discours futile.

Ravaudeur, euse s. Qui ravaude. Fig. importun qui ne dit que des balivernes.

Rave s. f. Sorte de plante potagère.

Ravier s. m. Petit plat dans lequel on sert les hors-d'œuvre.

Ravière s. f. Terrain semé de raves.

Ravigote s. f. Sauce à l'échalote.

Ravigoter v. a. Remettre en force, en vigueur (fam.).

Ravilir v. a. Rendre vil et méprisable.

Ravin s. m. Lieu cavé par une ravine; chemin creux.

Ravine s. f. Petit cours d'eau pluviale qui se précipite d'un lieu élevé; ravin.

Ravinement s. m. Action de raviner.

Raviner v. a. Ravager un terrain par des ravines.

Ravignan (l'abbé de), célèbre prédicateur français (1795-1858).

Ravir v. a. Enlever de force, emporter. Fig. charmer. A RAVIR loc. adv. Admirablement bien.

Raviser (se) v. pr. Changer d'avis.

Ravissant, e adj. Qui ravit, prend, emporte. Fig. merveilleux, qui charme.

Ravissement s. m. Enlèvement avec violence. Fig. transport de joie, d'admiration.

Ravisseur s. m. Qui ravit, enlève avec violence.

Ravitaillement s. m. (*ll* m.) Action de ravitailler.

Ravitailler v. a. (*ll* m.) Remettre des vivres et des munitions dans une place.

Raviver v. a. Rendre plus vif, au fig. plus actif.

Ravoir v. a. Avoir de nouveau; recouvrer (usité seulement à l'infin. pr.).

Rayé, ée adj. Qui a des raies; *étoffe rayée.*

Rayement s. m. Action de rayer.

Rayer v. a. Faire des raies; effacer, raturer.

Raymond, nom de sept comtes de Toulouse, parmi lesquels on remarque surtout: RAYMOND IV, l'un des chefs de la 1re croisade (1042-1105); RAYMOND VI, défenseur des Albigeois (1156-1222).

Raynal (l'abbé), littérateur français (1713-1796).

Raynouard, poète et philologue français (1761-1836).

Rayon s. m. Trait de lumière; suite de rayons lumineux; lueur; demi-diamètre d'un cercle*; planche, tablette; gâteau de cire fait par les abeilles.

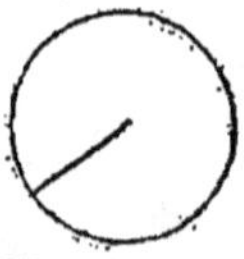

Rayonnant, e adj. Qui rayonne.

Rayonné, ée adj. Disposé en rayons. S. m. pl. Radiaires (*zool.*).

Rayonnement s. m. Action de rayonner.

Rayonner v. n. Jeter ou envoyer des rayons; briller.

Rayure s. f. Manière dont une étoffe est rayée.

Razzia s. f. Pillage.

Ré s. m. Note de musique, la deuxième de la gamme naturelle.

Réacteur adj. et s. m. Qui cause, opère une réaction.

Réactif, ive adj. et s. m. Qui réagit.

Réaction s. f. Action de réagir; son effet. Fig. mouvement ou action contraire à un parti.

Réactionnaire adj. et s. 2 g. Qui agit contre. Fig. partisan de la réaction.

Réagir v. n. Se dit du corps, de l'être qui agit sur celui dont il a éprouvé l'action. Fig. agir sur ou en sens contraire.

Réajournement s. m. Ajournement réitéré.

Réajourner v. a. Ajourner de nouveau.

Réal s. m. Monnaie d'argent espagnole. (Pl. *réaux.*)

Réale adj. et s. f. Se disait de la principale des galères du roi.

Réalgar s. m. Sulfure rouge d'arsenic.

Réalisable adj. Qui peut être réalisé.

Réalisation s. f. Action de réaliser.

Réaliser v. a. Rendre réel; *réaliser sa fortune*, la convertir en argent comptant. SE RÉALISER v. pr. S'effectuer.

Réalisme s. m. Système philosophique d'après lequel les idées abstraites étaient considérées comme des êtres réels; matérialisme.

Réaliste s. m. Partisan du réalisme; littérateur ou artiste qui ne voit la nature que sous son aspect matériel.

Réalité s. f. Existence effective; chose réelle. EN RÉALITÉ loc. adv. Réellement.

Réapparition s. f. Action de réapparaître.

Réappel s. m. Appel renouvelé.

Réappeler v. a. Appeler une seconde fois.

Réapposer v. a. Apposer de nouveau.

Réapposition s. f. Action de réapposer.

Réassignation s. f. Nouvelle assignation.

Réassigner v. a. Assigner de nouveau.

Réatteler v. a. Atteler de nouveau.

Réaumur, célèbre physicien (1683-1757).

Rebaisser v. a. Baisser de nouveau.

Rebander v. a. Bander de nouveau.

Rebaptiser v. a. Baptiser de nouveau.

Rébarbatif, ive adj. Rude, rebutant, peu civil.

Rebâter v. a. Remettre le bât. Fig. replacer sous le joug.

Rebâtir v. a. Bâtir de nouveau.

Rebattage s. m. Action de rebattre.

Rebattre v. a. Battre de nouveau. Fig. répéter d'une manière ennuyeuse.

Rebec s. m. Ancien violon à trois cordes.

Rébecca, femme d'Isaac.

Rebelle adj. et s. Qui refuse d'obéir à une autorité légitime; qui lui résiste, qui se révolte.

Rebeller (se) v. pr. Se révolter; ne pas obéir.

Rébellion s. f. Révolte, soulèvement, résistance à l'autorité.

Rebénir v. a. Bénir une seconde fois.

Rebéquer (se) v. pr. Répondre avec fierté à son supérieur (fam.).

Rebiffer (se) v. pr. Regimber (fam.).

Reblanchir v. a. Blanchir de nouveau.

Reboire v. a. et n. Boire de nouveau.

Reboisement s. m. Action de reboiser; résultat de cette action.

Reboiser v. a. Replanter de bois un terrain.

Rebondi, ie adj. Arrondi par embonpoint.

Rebondir v. n. Faire un ou plusieurs bonds.

Rebondissement s. m. Action de rebondir.

Rebord s. m. (*d* nul). Bord élevé ou replié, renversé, ajouté.

Reborder v. a. Mettre un nouveau bord.

Rebotter v. a. Botter de nouveau. SE REBOTTER v. pr. Remettre ses bottes.

Reboucher v. a. Boucher de nouveau; fausser, émousser. SE REBOUCHER v. pr. Se boucher encore; se fausser.

Rebouillir v. n. (*ll* m.) Bouillir de nouveau.

Rebours s. m. Sens contraire; le contre-pied. A ou AU REBOURS loc. adv. En sens contraire.

Rebours, e adj. Revêche; peu traitable (*fam.*).

Rebouteur s. m. Celui qui remet les os cassés, les luxations, etc. (pop.).

Reboutonner v. a. Boutonner une seconde fois.

Rebrider v. a. Brider une seconde fois.

Rebroder v. a. Broder par-dessus ce qui est déjà brodé.

Rebroussement s. m. Inflexion d'une courbe qui retourne en arrière (*géom.*).

Rebrousser v. a. Relever en sens contraire les cheveux, etc. Fig. se diriger en sens contraire. A REBROUSSE-POIL loc. adv. A contre-poil. Fig. à contre-sens.

Rebroyer v. a. Broyer de nouveau.

Rebuffade s. f. Mauvais accueil; refus avec mépris et paroles dures.

Rébus s. m. (on pron. l'*s*). Jeu de mots; allusions équivoques. Fig. mauvaise plaisanterie.

Rebut s. m. Action de rebuter; ce qui a été rebuté.

Rebutant, e adj. Qui rebute. Fig. déplaisant, choquant.

Rebuter v. a. Rejeter avec dureté, refuser avec dédain; décourager, choquer. SE REBUTER v. pr. Se décourager, se dégoûter.

Recacher v. a. Cacher de nouveau.

Recacheter v. a. Cacheter de nouveau.

Récalcitrant, e adj. et s. Qui résiste avec opiniâtreté.

Récalcitrer v. n. Résister opiniâtrément.

Récamier (Mme), femme célèbre par son esprit et sa beauté (1777-1849).

Récapitulation s. f. Répétition sommaire.

Récapitulateur, trice adj. et s. Qui récapitule.

Récapituler v. a. Résumer, redire sommairement.

Recarder v. a. Carder une seconde fois.

Recarreler v. a. Carreler de nouveau.

Recasser v. a. Donner un premier labour.

Recéder v. a. Rendre à quelqu'un ce qu'il avait cédé; céder une chose qu'on vient d'acheter.

Recel s. m. Recèlement.

Recélé s.m. Recèlement d'effets.

Recèlement s. m. Action de recéler.

Recéler v. a. Garder et cacher le vol de quelqu'un; cacher chez soi les coupables. Fig. renfermer.

Recéleur, euse s. Qui recèle.

Récemment adv. Nouvellement.

Recensement s. m. Dénombrement; vérification.

Recenser v. a. Faire un recensement.

Récent, e adj. Nouveau; nouvellement fait ou arrivé.

Recepage s. m. Action de recéper.

Recepée s. f. Partie d'un bois qu'on a recépé.

Receper v. a. Couper par le pied; tailler jusqu'au pied.

Récépissé s. m. Reçu de papiers; quittance. (Pl. *récépissés*.)

Réceptacle s. m. Lieu où se rassemblent des choses sans valeur, des gens méprisables ou dangereux; bassin recevant les eaux de divers conduits.

Réception s. f. Action par laquelle on reçoit; accueil, manière de recevoir; cérémonie pour recevoir, installer.

Réceptivité s. f. Faculté de recevoir une impression.

Recette s. f. Ce qui est reçu en argent ou autrement; action de recevoir; composition de drogues; écrit qui l'enseigne. Fig. méthode.

Recevable adj. Qui peut être admis, reçu.

Receveur, euse s. Chargé de faire recette d'argent.

Recevoir v. a. Accepter, prendre ce qui est offert, donné ou transmis; prendre ce qui est dû; éprouver, ressentir un effet, une impression, un coup, etc.; agréer, accueillir, admettre.

Réchampir v. a. T. de *peinture*: prononcer les oppositions par des couches nouvelles. T. de doreur: réparer avec du blanc.

Rechange s. m. Se dit d'objets que l'on tient en réserve pour en remplacer de semblables.

Réchapper v. n. Être délivré d'une maladie, d'un péril.

Rechargement s. m. Action de recharger.

Recharger v. a. Charger de nouveau.

Rechasser v. a. Chasser de nouveau; repousser d'un lieu en un autre, expulser une seconde fois.

Réchaud s. m. Ustensile pour tenir les plats chauds pendant les repas.

Réchauffé s. m. Mets réchauffé. Fig. pensée, ouvrage pris, imité d'un autre.

Réchauffement s. m. Fumier neuf pour réchauffer les terres.

Réchauffer v. a. Chauffer ce qui était refroidi. Fig. ranimer.

Réchauffoir s. m. Fourneau pour réchauffer les plats.

Rechausser v. a. Chausser de nouveau. Fig. remettre de la terre au pied d'un arbre, d'une plante.

Rêche adj. Rude au goût, au toucher.

Recherche s. f. Action de rechercher; perquisition; poursuite en vue d'épouser une femme; raffinement; réparations à la toiture ou au pavage. Au pl. Travaux d'érudition.

Recherché, ée adj. Affecté; qui a du raffinement.

Rechercher v. a. Chercher de nouveau, avec soin, avec curiosité. Fig. agir pour obtenir une personne en mariage; désirer voir ou connaître; réparer les défauts d'un ouvrage.

Rechercheur s. m. Celui qui fait des recherches.

Rechigné, ée adj. Qui a l'air maussade.

Rechigner v. n. Gronder; témoigner de la mauvaise humeur, du chagrin, de la répugnance.

Rechoir v. n. Choir de nouveau (vx. mot).

Rechute s. f. Nouvelle chute. Fig. retour au péché, à la même faute; réapparition d'une maladie récente.

Récidive s. f. Rechute dans une faute.

Récidiver v. n. Faire une récidive.

Récidiviste s. Celui, celle qui commet de nouveau le même crime, le même délit.

Récif, rescif ou **rossif** s. m. Chaîne de rochers à fleur d'eau.

Récipé s. m. Ordonnance médicale; recette. (Pl. *récipés.*)

Récipiendaire s. m. Celui que l'on reçoit dans une compagnie.

Récipient s. m. Vase pour recevoir les produits d'une distillation; cloche de verre sur le plateau de la machine pneumatique.

Réciprocité s. f. État, caractère de ce qui est réciproque.

Réciproque adj. Mutuel; qui exprime l'action mutuelle; inverse. S. m. La pareille. S. f. Proposition inverse d'une autre déjà démontrée.

Réciproquement adv. Mutuellement; d'une manière inverse.

Récit s. m. Narration, relation; chant d'une seule voix ou jeu d'un seul instrument.

Récitant, e adj. Voix, instrument qui joue, exécute seul (*mus.*).

Récitateur s. m. Celui qui récite.

Récitatif s. m. Chant qui n'est pas assujetti à la mesure (*mus.*).

Récitation s. f. Action de réciter.

Réciter v. a. Prononcer ce que l'on sait par cœur; raconter.

Réclamant, e adj. et s. Qui réclame.

Réclamation s. f. Action de réclamer.

Réclame s. f. Mot isolé au bas d'une page et qui est le premier de la page suivante; partie du répons que l'on reprend après le verset; petit article dans un journal pour annoncer un livre, un objet de commerce, etc.

Réclamer v. a. Implorer, revendiquer. V. n. Contredire, s'opposer à.

Reclouer v. a. Clouer de nouveau.

Reclure v. a. Renfermer dans une clôture étroite et rigoureuse. (Usité seulement à l'inf. pr. et aux temps formés du part. p. *reclus, use.*)

Reclus, use adj et s. Qui vit dans la retraite; renfermé, cloîtré.

Reclusion ou **réclusion** s. f. État d'une personne renfermée; peine de la détention.

Recogner v. a. et n. Cogner de nouveau. Fig. repousser (pop.).

Recognitif, ive adj. (on pron. *recog-nitif*). Qui sert à reconnaître: *acte recognitif, signes recognitifs.*

Recognition s. f. (on pron. *recog-nicion*). Action de reconnaître.

Recoiffer v. a. Coiffer de nouveau.

Recoin s. m. Coin plus caché. Fig. ce qu'il y a de plus caché.

Récolement s. m. Action de récoler des témoins; vérification.

Récoler v. a. Lire aux témoins leurs propres dépositions, pour voir s'ils y persistent.

Recoller v. a. Coller de nouveau.

Récollet s. m. Religieux réformé de l'ordre de Saint-François.

Récolte s. f. Action de recueillir les produits du sol ; productions de la terre récoltées. Fig. se dit de choses qu'on rassemble ou qu'on reçoit.

Récolter v. a. Faire une récolte.

Recommandable adj. Louable, estimable.

Recommandation s. f. Action de recommander.

Recommander v. a. Charger, ordonner de faire ; exhorter à ; conseiller fortement ; prier d'être favorable à, d'avoir soin de ; rendre recommandable. SE RECOMMANDER v. pr. Implorer le secours, la protection ; se rendre recommandable.

Recommencer v. a. et n. Commencer de nouveau à faire ce qu'on a déjà fait.

Recommencement s. m. Action de recommencer.

Récompense s. f. Ce qu'on donne à quelqu'un en récompense d'un service rendu, d'une action méritoire ; dédommagement, compensation. Fig. châtiment.

Récompenser v. a. Donner une récompense ; dédommager ; châtier.

Recomposer v. a. Composer de nouveau ; réunir les parties séparées d'un corps (*chim.*).

Recomposition s. f. Action de recomposer ; résultat de cette action.

Recompter v. a. Compter de nouveau.

Réconciliable adj. Qui peut être réconcilié.

Réconciliateur, trice s. Qui réconcilie.

Réconciliation s. f. Raccommodement de personnes brouillées.

Réconcilier v. a. Faire une réconciliation. SE RÉCONCILIER v. pr. Se remettre bien avec quelqu'un.

Reconduire v. a. Accompagner quelqu'un qui s'en retourne après une entrevue.

Reconduite s. f. Action de reconduire.

Réconfort s. m. Consolation ; secours.

Réconfortation s. f. Action de réconforter.

Réconforter v. a. Conforter, consoler.

Reconnaissable adj. Facile à reconnaître.

Reconnaissance s. f. Action de reconnaître ; action d'explorer une contrée ; acte écrit par lequel on se reconnaît redevable ou dépositaire ; confession d'une faute ; gratitude.

Reconnaissant, e adj. Qui a de la gratitude.

Reconnaître v. a. Se remettre dans l'esprit en les voyant l'image d'une chose, d'une personne ; parvenir à connaître, à apercevoir ; considérer, observer, avouer ; avoir de la gratitude. SE RECONNAÎTRE v. pr. Trouver sa ressemblance ; trouver ses opinions, ses sentiments dans un autre ; reprendre ses sens ; se remettre dans l'esprit l'idée d'un lieu déjà vu ; avouer quelque chose de soi.

Reconquérir v a. Conquérir de nouveau.

Reconstituer v. a. Constituer de nouveau.

Reconstitution s. f. Action de reconstituer.

Reconstruction s. f. Action de reconstruire.

Reconstruire v. a. Construire de nouveau.

Reconvention s. f. Action intentée au demandeur et devant le même juge (*jurisp.*)

Reconventionnel, elle adj. Qui est de la nature d'une reconvention (*jurisp.*).

Reconventionnellement adv. Par reconvention.

Recopier v. a. Copier de nouveau.

Recoquillement s. m. (*ll* m.) État de ce qui est recoquillé.

Recoquiller v. a. (*ll* m.) Retrousser en forme de coquille. SE RECOQUILLER v. pr. Devenir recoquillé.

Recorder v. a. Répéter une chose apprise par cœur afin de se la mieux rappeler. SE RECORDER v. pr Se remettre en l'esprit.

Recorriger v. a. Corriger de nouveau.

Recors s. m. Agent qui assiste un huissier, lorsqu'il procède à une saisie (vx.).

Recoucher v. a. Coucher de nouveau. SE RECOUCHER v. pr. Se remettre au lit.

Recoudre v. a. Coudre de nouveau ce qui était décousu ou déchiré.

Recoupe s. f. Farine grossière qu'on tire du son remis sous la meule; débris des pierres quand on les taille.

Recoupement s. m. Retraite faite à chaque assise de pierre.

Recouper v. a. Couper de nouveau; mélanger des vins.

Recoupette s. f. Troisième farine tirée du son.

Recourber v. a. Courber de nouveau; courber en rond par le bout. SE RECOURBER v. pr. Devenir courbe.

Recourir v. n. Courir de nouveau; avoir recours à.

Recours s. m. Action par laquelle on recherche l'assistance, le secours; ressource, refuge; action en garantie; pourvoi. RECOURS EN GRACE, demande adressée au chef d'un État pour obtenir la remise ou la commutation d'une peine.

Recousse ou **rescousse** s. f. Délivrance de quelqu'un, reprise d'une chose qui avait été enlevée par force. A LA RESCOUSSE! A l'aide!

Recouvrable adj. Qui peut être recouvré.

Recouvrance s. f. Action de recouvrer; secours (vx.).

Recouvrement s. m. Action de recouvrer; recette de deniers dus, démarches faites pour les recevoir. Action de recouvrir; partie d'une pierre, d'une tuile, etc., qui couvre un joint.

Recouvrer v. a. Retrouver ce qui était perdu; acquérir de nouveau; faire la levée des impôts; toucher une somme due.

Recouvrir v. a. Couvrir de nouveau. Fig. cacher, dissimuler.

Recracher v. a. Cracher de nouveau; rejeter en crachant.

Récréance s. f. Jouissance provisionnelle des revenus d'un bien contesté. LETTRES DE RÉCRÉANCE, lettres remises à un ambassadeur pour qu'il les présente au souverain auprès duquel on le rappelle.

Récréatif, ive adj. Qui récrée.

Récréation s. f. Ce qui délasse du travail; divertissement, plaisir.

Recréer v. a. Créer de nouveau.

Récréer v. a. Divertir, réjouir, ranimer. SE RÉCRÉER v. pr. Prendre du divertissement.

Récrément s. m. Impureté mêlée à d'autres substances; humeur qui se sépare du sang et s'y remêle (*méd.*).

Recrépir v. a. Crépir de nouveau.

Recreuser v. a. Creuser de nouveau.

Récrier (se) v. pr. Pousser un cri de surprise, d'effroi; réclamer, protester.

Récrimination s. f. Action de récriminer.

Récriminatoire adj. Qui contient une récrimination.

Récriminer v. n. Répondre à des accusations par d'autres accusations.

Récrire v. a. Ecrire, rédiger de nouveau. V. n. Ecrire une nouvelle lettre.

Recroître v. n. Croître, pousser de nouveau.

Recroqueviller (se) v. pr. (*ll* m.) Se dit du cuir, du parchemin qui se retire, se replie sur lui-même sous l'action du feu.

Recru, ue adj. Epuisé de fatigue.

Recrudescence s. f. Retour et accroissement des symptômes d'une maladie après un mieux sensible.

Recrue s. f. Nouvelle levée de soldats; soldat de nouvelle levée. Fig. personne nouvellement entrée dans une compagnie.

Recrutement s. m. Action de recruter.

Recruter v. a. Lever des troupes; attirer, faire entrer dans une société. SE RECRUTER v. pr. Recevoir des recrues.

Recruteur s. m. Celui qui fait des recrues.

Recta adv. Ponctuellement.

Rectangle adj. Qui a un angle droit. S. m. Quadrilatère à angles droits et à côtés parallèles égaux (*géom.*).

Rectangulaire adj. Qui a des angles droits.

Recteur s. m. Chef d'une université, d'une académie universitaire; curé d'une paroisse.

Rectificateur s. m. Appareil pour rectifier les liqueurs.

Rectificatif, ive adj. Qui rectifie.

Rectification s. f. Action de rectifier. *Rectification d'une courbe*, opération par laquelle on trouve une ligne droite égale en longueur à une courbe donnée (*géom.*).

Rectifier v. a. Rendre droit. Fig. corriger, redresser. Distiller de nouveau une liqueur.

Rectiligne adj. Terminé par des lignes droites (*géom.*).

Rectitude s. f. Qualité, état d'une ligne droite (*géom.*); conformité à la règle droite, aux vrais principes.

Recto s. m. Première page d'un feuillet. (Pl. *rectos.*)

Rectoral, e adj. Qui appartient au recteur.

Rectorat s. m. Charge, dignité de recteur.

Rectrice adj. et s. f. Longue plume de la queue d'un oiseau (*zool.*).

Rectum s. m. (on pron. *rectome*). Le dernier des gros intestins (*anat.*).

Reçu s. m. Quittance sous seing privé; écrit par lequel on reconnaît avoir reçu de l'argent ou autre chose.

Recueil s. m. (*l* m.). Réunion d'actes, d'écrits, de pièces de musique, etc.

Recueillement s. m. (*ll* m.). Action de se recueillir; état d'une personne qui se recueille.

Recueillir v. a. (*ll* m.). Récolter, rassembler des choses dispersées; recevoir ce qui tombe. Fig. donner l'hospitalité; compiler; tirer profit. SE RECUEILLIR v. pr. Concentrer ses pensées sur un objet.

Recuire v. a. Cuire de nouveau.

Recuit s. m. ou **recuite** s. f. Action de remettre les métaux au feu.

Recul s. m. Mouvement d'une chose qui recule.

Reculade s. f. Action de ce qui recule. Fig. action de céder lorsqu'on s'est trop avancé dans une affaire.

Reculé, ée adj. Écarté, éloigné, lointain.

Reculée s. f. *Feu de reculée*, qui oblige à se reculer.

Reculement s. m. Action de reculer.

Reculer v. a. Pousser, retirer, placer en arrière. Fig. éloigner du but; différer. V. n. Se mouvoir en arrière. SE RECULER v. pr. Se porter en arrière.

Reculons (à) loc. adv. En reculant.

Récupérer v. a. Recouvrer. SE RÉCUPÉRER v. pr. Se dédommager.

Récurage s. m. Action de récurer.

Récurer v. a. Écurer.

Récusable adj. Qui peut être récusé.

Récusation s. f. Action de récuser.

Récuser v. a. Rejeter un juge dont on soupçonne la partialité; rejeter le témoignage, l'autorité de. SE RÉCUSER v. pr. Refuser de juger.

Rédacteur s. m. Qui rédige. (Au fém. *rédactrice.*)

Rédaction s. f. Action de rédiger; chose rédigée.

Redan s. m. Ressaut dans une construction faite sur un terrain en pente; fortification à angles saillants et rentrants.

Reddition s. f. Action de rendre.

Redéfaire v. a. Défaire de nouveau.

Redemander v. a. Demander de nouveau; demander ce qu'on a donné ou prêté.

Rédempteur s. m. Celui qui rachète (se dit de Jésus-Christ seul).

Rédemption s. f. (on pron. *rédanpsion*). Rachat du genre humain par N.-S. Jésus-Christ; rachat des captifs chrétiens pris par les infidèles.

Redescendre v. n. et a. Descendre encore ou de nouveau.

Redevable adj. et s. Qui doit encore après un payement fait. Fig. qui a une obligation à l'égard de quelqu'un.

Redevance s. f. Dette; charge, rente payable à des termes fixes.

Redevancier, ière s. Qui paye redevance.

Redevenir v. n. Devenir de nouveau.

Redevoir v. a. Devoir après un compte fait.

Rédhibition s. f. Action pour faire casser la vente d'une chose défectueuse.

Rédhibitoire adj. Qui peut opérer la rédhibition : *vice rédhibitoire.*

Rédiger v. a. Formuler par écrit.

Rédimer (se) v. pr. Se racheter, se délivrer (des poursuites judiciaires, des vexations, etc.).

Redingote s. f. Vêtement d'homme plus long et plus large que l'habit.

Redire v. a. Répéter; révéler ce qu'on savait par confidence. V. n. Trouver *à redire*, à blâmer.

Rediseur, euse s. Qui répète les mêmes choses.

Redite s. f. Répétition.

Redondance s. f. Superfluité de paroles dans un discours.

Redondant, e adj. Superflu, inutile : *terme redondant.*

Redonner v. a. Donner de nouveau la même chose. V. n. Revenir à la charge.

Redorer v. a. Dorer de nouveau. Fig. enrichir, orner.

Redormir v. n. Dormir de nouveau.

Redoublé, ée adj. *Pas redoublé,* pressé, accéléré.

Redoublement s. m. Accroissement, augmentation. *Gram.* Réduplication de la syllabe initiale du radical, à certains temps de certains verbes grecs.

Redoubler v. a. et n. Remettre une doublure; réitérer avec augmentation; augmenter au double.

Redoutable adj. Fort à craindre.

Redoute s. f. Pièce de fortification détachée.

Redouter v. a. Craindre fort.

Rédowa s. f. (on pron. *rédova*). Espèce de danse à trois temps.

Redressement s. m. Action de redresser; son effet. Fig. réparation.

Redresser v. a. Rendre droit. Fig. réprimander, châtier, mortifier.

Redresseur s. m. *Redresseur de torts,* chevalier errant qui se faisait le vengeur des injustices ou de la violence, et le défenseur des opprimés.

Réductibilité s. f. Qualité, état des corps qui peuvent être réduits.

Réductible adj. Qui peut être réduit.

Réductif, ive adj. Qui a la propriété de réduire.

Réduction s. f. Action de réduire; effet de cette action. *Géom.* Opération par laquelle on ramène une figure à une autre plus petite. *Chim.* Opération qui consiste à enlever l'oxygène à un oxyde métallique pour mettre le métal à nu. *Chir.* Action de remettre à leur place les os luxés ou fracturés. Fig. action de subjuguer.

Réduire v. a. Rendre moindre; transformer une chose en une autre; subjuguer, contraindre. *Arith.* Transformer. *Chir.* Remettre à leur place les os luxés. *Chim.* Séparer d'un oxyde le métal qu'il renferme.

Réduit s. m. Retraite. *Fortif.* Demi-lune.

Réduplicatif, ive adj. Qui marque le redoublement (*gram.*).

Réduplication s. f. Répétition d'une syllabe, d'une lettre.

Réédification s. f. Action de réédifier.

Réédifier v. a. Rebâtir.

Rééditer v. a. Faire une nouvelle édition.

Réel, elle adj. Qui existe réellement.

Réélection s. f. Action d'élire de nouveau.

Rééligibilité s. f. Etat d'une personne rééligible.

Rééligible adj. Qui peut être réélu.

Réélire v. a. Elire de nouveau.

Réellement adv. Véritablement, effectivement.

Réer. Voy. *Raire.*

Réexpédier v. a. Expédier de nouveau.

Réexpédition s. f. Action de réexpédier.

Réexportation s. f. Action de réexporter.

Réexporter v. a. Transporter à l'étranger des marchandises importées.

Réfaction s. f. Réduction qui a lieu sur le prix des marchandises lorsque, au moment de la livraison, elles ne remplissent pas les conditions convenues.

Refaire v. a. Faire une seconde fois; réparer, raccommoder. V. n. Recommencer. SE REFAIRE v. pr. Réparer ses forces.

Refait s. m. Au jeu, partie, coup qu'il faut recommencer.

Refaucher v. a. Faucher de nouveau.

Réfection s. f. Réparation d'un [édifice.

Réfectoire s. m. Lieu où l'on prend les repas en commun dans les maisons d'éducation, dans les communautés.

Refend s. m. (on pron. *re-fan*). Action de fendre, de partager. *Mur de refend*, mur intérieur qui sépare les pièces d'un bâtiment. *Bois de refend*, bois scié de long.

Refendre v. a. Fendre de nouveau; scier, fendre en long.

Référé s. m. Recours au juge qui, dans les cas d'urgence, statue provisoirement.

Référence s. f. Action de se référer ou de renvoyer à quelque chose; renseignements sur une maison d'affaires.

Référendaire s. m. Dans les chancelleries, officier rapporteur; officier attaché à la division du sceau, au ministère de la justice.

Référer v. a. Rapporter une chose à une autre; attribuer. V. n. Faire rapport. SE RÉFÉRER v. pr. Avoir rapport; s'en rapporter.

Refermer v. a. Fermer de nouveau. SE REFERMER v. pr. Etre refermé.

Referrer v. a. Ferrer une seconde fois.

Refeuilleter v. a. (*ll* m.) Feuilleter, lire de nouveau.

Réfléchi, ie adj. Fait ou dit avec réflexion; qui a le caractère de la réflexion.

Réfléchir v. a. Renvoyer, répercuter. V. n. Etre renvoyé. Fig. penser mûrement à une chose. SE RÉFLÉCHIR v. pr. Etre réfléchi.

Réfléchissant, e adj. Qui cause la réflexion, qui fait rejaillir (*phys.*).

Réfléchissement s. m. Rejaillissement, réverbération.

Réflecteur adj. et s. m. Se dit d'un appareil pour réfléchir la lumière.

Reflet s. m. Réflexion de la lumière ou de la couleur d'un corps sur un autre.

Refléter v. a. Opérer un reflet.

Refleurir v. n. Fleurir de nouveau. Fig. reprendre de l'éclat.

Réflexibilité s. f. Propriété d'un corps réflexible.

Réflexible adj. Propre à être réfléchi.

Réflexion s. f. Rejaillissement, réverbération; action de l'esprit qui réfléchit, pensée qui en résulte.

Refluer v. n. Retourner vers sa source, en parlant des fluides; déborder.

Reflux s. m. (on pron. *reflu*). Mouvement de la mer qui se retire après le flux. Fig. vicissitude.

Refondre v. a. Fondre de nouveau; remanier.

Refonte s. f. Action de refondre.

Réformable adj. Qui peut ou doit être réformé.

Réformateur, trice s. Qui réforme.

Réformation s. f. Action de réformer, de corriger. Innovation religieuse introduite par les protestants au XVIe siècle.

Réforme s. f. Rétablissement dans l'ordre, dans l'ancienne forme ou discipline; changement pour améliorer; réduction de troupes. Le protestantisme.

Réformé, ée adj. Se dit des religieux qui suivent la réforme établie dans leur ordre; mis de côté comme étant hors de service. *Religion réformée*, le protestantisme. S. m. pl. Les protestants.

Reformer v. a. Former de nouveau. SE REFORMER v. pr. Etre reformé, se rallier après avoir été dispersé (en parlant de troupes).

Réformer v. a. Rectifier; changer pour améliorer; réduire à un moindre nombre; déclarer impropre au service militaire. SE RÉFORMER v. pr. Se corriger.

Refouiller v. a. (*ll* m.) Fouiller une seconde fois.

Refoulement s. m. Action de refouler; son résultat.

Refouler v. a. Fouler de nouveau; enfoncer la charge dans le fond du canon. Fig. repousser. V. n. Revenir en arrière.

Refouloir s. m. Instrument dont on se servait autrefois pour bourrer le canon.

Réfractaire adj. 2 g. et s. m. Rebelle, désobéissant (fonctionnaire, conscrit, etc.). Qui résiste à l'action du feu, des acides : *terre, métal réfractaire.*

Réfracter v. a. Produire la réfraction.

Réfractif, ive adj. Qui produit la réfraction.

Réfraction s. f. Changement de direction éprouvé par un rayon lumineux qui passe obliquement d'un milieu dans un autre.

Refrain s. m. Mot ou vers qu'on répète après chaque couplet. Fig. ce qu'on répète à tout propos.

Réfrangibilité s. f. Qualité des rayons réfrangibles.

Réfrangible adj. Susceptible de réfraction.

Refrapper v. a. Frapper de nouveau.

Refréner v. a. Réprimer; soumettre au frein.

Réfrigérant, e adj. Qui rafraîchit, détermine un refroidissement. S. m. Remède rafraîchissant, vaisseau rempli d'eau pour condenser les vapeurs dans l'alambic.

Réfrigératif, ive adj. Qui rafraîchit, refroidit.

Réfrigération s. f. Action de produire le froid.

Réfrigérer v. a. Produire la réfrigération.

Réfringent, e adj. Qui cause une réfraction.

Refrogné, ée, ou renfrogné, ée adj. et s. Qui est refrogné.

Refrogner ou renfrogner v. a. Contracter le visage par mauvaise humeur. SE REFROGNER v. pr. Devenir refrogné.

Refroidir v. a. Rendre froid. Fig. diminuer l'ardeur, le zèle. V. n. Devenir froid. SE REFROIDIR V. pr. Devenir froid. Fig. devenir moins ardent.

Refroidissement s. m. Abaissement de la température d'un corps; maladie causée par le passage brusque de la chaleur au froid. Diminution d'ardeur, de zèle.

Refuge s. m. Asile, retraite, protection. Fig. excuse, prétexte.

Réfugié, ée s. Qui a cherché un refuge dans un pays étranger.

Réfugier (se) v. pr. Se retirer en un lieu de sûreté. Fig. avoir recours à.

Refuir v. n. Se dit du cerf qui revient sur ses pas pour tromper le chasseur.

Refuite s. f. Ruses d'un cerf poursuivi.

Refus s. m. Action de refuser.

Refuser v. a. Ne pas accepter, rejeter une offre, une demande. SE REFUSER v. pr. Etre refusé; se priver de. SE REFUSER A, ne pas vouloir.

Réfutable adj. Qui peut être réfuté.

Réfutation s. f. Discours, écrit par lequel on réfute.

Réfuter v. a. Combattre par des raisons solides ce qu'un autre a avancé.

Regagner v. a. Gagner ce qu'on avait perdu ; atteindre de nouveau.

Regain s. m. Herbe qui repousse dans une prairie après qu'elle a été fauchée.

Régal s. m. Mets que l'on mange avec plaisir. Fig. grand plaisir.

Régalade s. f. Action de régaler. BOIRE A LA RÉGALADE, boire en versant dans la bouche sans que le vase touche les lèvres.

Régalant, e adj. Qui régale, qui divertit.

Régale s. f. Droit qu'avaient les rois de France de percevoir les revenus d'un évêché, pendant la vacance. S. m. Un des jeux de l'orgue, dit aussi : *voix humaine.*

Régale adj. f. *Eau régale*, mélange d'acide chlorhydrique et d'acide azotique.

Régalement s. m. Nivellement.

Régaler v. a. Donner un régal, divertir, réjouir ; niveler un terrain.

Régalien s. m. Inhérent à la royauté.

Régaliste s. m. Pourvu par le roi d'un bénéfice en régale.

Regard s. m. Action de la vue. Fig. attention. Ouverture pratiquée dans un aqueduc, un égout, etc., pour en faciliter la visite. EN REGARD loc. adv. Vis-à-vis.

Regardant, e adj. Qui regarde de trop près à quelque chose ; peu libéral ; trop ménager. S. m. Spectateur.

Regarder v. a. Jeter la vue sur, examiner ; être vis-à-vis; concerner. V. n. Prendre garde à.

Regarnir v. a. Garnir de nouveau.

Régates s. f. pl. Joutes sur l'eau.

Régence s. f. Dignité de la personne appelée à diriger les affaires de l'Etat pendant la minorité ou l'absence du souverain ; temps que dure la régence ; fonctions de régent dans un collège.

Régénérateur, trice s. et adj. Qui régénère.

Régénération s. f. Reproduction ; renouvellement moral ; renaissance en J.-C. Fig. amélioration considérable.

Régénérer v. a. Donner une nouvelle existence ; faire renaître en J.-C. Fig. réformer.

Régent, e s. et adj. Qui exerce la régence ; professeur dans certains collèges.

Régenter v. a. et n. Enseigner en qualité de régent ; aimer à dominer.

Régicide s. m. Assassinat, meurtre d'un roi ; celui qui commet cet acte. Adj. Qui excite à ce crime : *doctrine régicide.*

Régie s. f. Administration de biens ; administration chargée de la recette des impôts indirects.

Regimber v. n. Ruer. Fig. résister, refuser d'obéir.

Régime s. m. Action de régir, de gouverner, d'administrer ; ordre, règle qu'on observe dans la manière de se nourrir, de vivre ; mot qui dépend d'un autre (*gram.*) ; assemblage de fruits à l'extrémité d'un rameau de palmier, de bananier, etc. (*bot.*).

Régiment s. m. Corps de gens de guerre composé de plusieurs bataillons ou escadrons. Fig. grand nombre.

Régimentaire adj. Qui est relatif au régiment : *école régimentaire.*

Région s. f. Grande étendue de pays ; espace que présente le ciel ; partie du corps : *la région du cœur.* Fig. degré où l'on s'élève dans les sciences.

Régional, e adj. Qui appartient à un pays, à une région.

Régir v. a. Gouverner ; administrer ; avoir, exiger pour régime (*gram.*).

Régisseur s. m. Celui qui régit ; administrateur.

Régistrateur s. m. Qui enregistre les bulles du pape.

Registre s. m. Livre où l'on écrit les actes, les affaires de chaque jour. Se dit des règles de bois que l'organiste tire pour faire résonner les différents jeux d'un orgue.

Registrer v. a. Enregistrer.

Réglage s. m. Action de régler une montre, de régler le papier.

Règle s. f. Instrument pour tirer des lignes droites. Fig. principe, loi, enseignement ; bon ordre ; exemple, modèle ; coutumes ; règlements, statuts des ordres religieux. Se dit des opérations d'arithmétique : *les quatre règles.*

Réglé, ée adj. Conforme, assujetti aux règles ; sage, régulier.

Règlement s. m. Ordonnance, statut qui règle la conduite ; action de régler.

Règlément adv. D'une manière réglée.

Réglementaire adj. Qui concerne le règlement.

Réglementation s. f. Action de réglementer.

Réglementer v. a. Faire des règlements. V. n. Multiplier les règlements.

Régler v. a. Tirer des lignes avec la règle. Fig. diriger ; déterminer. Se régler v. pr. Être réglé ; se modérer.

Réglet s. m. Filet (*imp.*) ; petite moulure (*arch.*).

Réglette s. f. Petite règle.

Régleur s. m. Ouvrier qui règle les registres, le papier de musique.

Réglisse s. f. Plante légumineuse dont la racine est employée en médecine.

Réglure s. f. Manière dont le papier est réglé ; travail du régleur.

Régnant, e adj. Qui règne.

Regnard, poète comique français (1655-1709).

Règne s. m. Gouvernement d'un souverain ; laps de temps pendant lequel il a gouverné. Fig. pouvoir, empire, principale influence ; grandes divisions comprenant tous les êtres créés : *le règne animal, le règne végétal, le règne minéral.*

Régner v. n. Gouverner un Etat. Fig. dominer, être en vogue.

Régnier (Mathurin), poète satirique français (1573-1613).

Regonflement s. m. Action de regonfler.

Regonfler v. a. Gonfler de nouveau.

Regorgement s. m. Action de regorger.

Regorger v. n. Déborder. Fig. avoir en grande abondance.

Regouler v. a. Repousser avec des paroles dures; rassasier jusqu'au dégoût.

Regrat s. m. Vente de seconde main, en détail, des menues denrées, des restes.

Regrattage s. m. Action de regratter.

Regratter v. a. Gratter de nouveau ; râcler. V. n. Faire des profits en revendant au détail; faire des réductions sur un compte.

Regratterie s. f. Commerce de regrattier; marchandise de regrat.

Regrattier, ière s. Qui fait le regrat; qui fait des diminutions minutieuses sur tous les comptes.

Regret s. m. Déplaisir que cause une perte ou le défaut de succès; repentir. Au pl. Plaintes, lamentations. A REGRET loc. adv. Avec répugnance.

Regrettable adj. Qui mérite des regrets.

Regretter v. a. Avoir des regrets.

Régularisation s. f. Action de régulariser.

Régulariser v. a. Rendre régulier.

Régularité s. f. Conformité aux règles, aux devoirs ; état de ce qui est régulier.

Régulateur, trice adj. Qui règle, qui régularise. S. m, Toute pièce, tout appareil servant à régler la marche d'une machine.

Régule s. m. Nom donné par les anciens chimistes aux substances métalliques non ductiles.

Régulier, ière adj. Conforme aux règles, à la régularité ; exact, ponctuel. Se dit des ordres religieux, par opposition à *séculier*.

Régulièrement adv. D'une manière régulière; selon les règles.

Régulus, général romain, célèbre par son héroïsme. Pris par les Carthaginois, il fut envoyé à Rome pour négocier l'échange des prisonniers; mais il persuada au Sénat de refuser l'échange et, revenu à Carthage, il périt, dit-on, dans les supplices (255 av. J.-C.).

Réhabilitation s. f. Action de réhabiliter ; rétablissement dans le premier état.

Réhabiliter v. a. Rétablir quelqu'un dans tous les droits et prérogatives qu'il avait perdus. SE RÉHABILITER v. pr. Rentrer dans ses droits.

Réhabituer v. a. Faire reprendre une habitude perdue. SE RÉHABITUER v. pr. Reprendre une habitude perdue.

Rehaussement s. m. Action de rehausser ; son effet.

Rehausser v. a. Hausser davantage; relever. Fig. faire paraître ; vanter; faire valoir.

Rehaut s. m. Retouche servant à faire ressortir des figures (*peint.*).

Reid (Thomas), philosophe écossais (1710-1796).

Réimporter v. a. Importer de nouveau.

Réimposer v. a. Faire une nouvelle imposition.

Réimposition s. f. Nouvelle imposition ; action de réimposer.

Réimpression s. f. Action de réimprimer ; son résultat.

Réimprimer v. a. Imprimer de nouveau.

Rein s. m. Organe double qui sépare du sang les matières salines, l'urine. S. m. pl. Les lombes.

Réincorporer v. a. Incorporer de nouveau.

Reine s. f. Femme d'un roi; princesse qui gouverne un royaume. Fig. la chose la plus excellente, la plus belle; personne qui domine ; femelle unique d'un essaim d'abeilles. Pièce du jeu d'échecs.

Reine-claude s. f. Espèce de prune très estimée. (Pl. *reines-claude.*)

Reine-marguerite s. f. Plante de jardin. (Pl. *reines-marguerite.*)

Reinette ou **rainette** s. f. Sorte de pomme.

Réinstallation s. f. Action de réinstaller.

Réinstaller v. a. Installer de nouveau.

Reinté, ée adj. Se dit d'un chien qui a les reins solides.

Réintégration s. f. Action de réintégrer.

Réintégrer v. a. Rétablir dans une possession, dans un emploi, dans un lieu.

Réitératif, ive adj. Qui réitère.

Réitération s. f. Action de réitérer.

Réitérer v. a. Faire de nouveau une chose déjà faite.

Reitre ou **rêtre** s. m. Anciennement cavalier allemand. Fig. *vieux reitre*, homme madré et astucieux.

Rejaillir v. n. (*ll* m.) Jaillir; être repoussé d'un corps sur un autre. Fig. résulter.

Rejaillissement s. m. (*ll* m.) Action, mouvement de ce qui rejaillit.

Rejet s. m. Action d'exclure, de rejeter; renvoi; nouvelle pousse des végétaux.

Rejetable adj. Qui doit être rejeté.

Rejeter v. a. Jeter de nouveau; repousser; écarter, dédaigner; mettre au rebut. *Bot.* Pousser des rejets.

Rejeton s. m. Nouveau jet d'une plante. Fig. descendant.

Rejoindre v. a. Réunir les parties séparées; ratteindre; retrouver.

Rejointoyer v. a. Remplir et ragréer avec du mortier les joints des pierres d'une vieille muraille.

Rejouer v. a. et n. Jouer de nouveau.

Réjoui, ie adj. Gai; divertissant. S. Personne de bonne humeur.

Réjouir v. a. Donner de la joie, du divertissement. SE RÉJOUIR v. pr. Se divertir; se moquer de.

Réjouissance s. f. Démonstration de joie; os et basse viande que les bouchers ajoutent pour compléter le poids. Au pl. Fêtes publiques.

Réjouissant, e adj. Qui réjouit.

Relâchant, e adj. *Méd.* Qui relâche.

Relâche s. m. Interruption; intermission de travail, de souffrance, etc.; repos; suspension des représentations d'un théâtre. S. f. *Mar.* Lieu où l'on peut relâcher; action de relâcher.

Relâché, ée adj. Qui n'est plus si tendre, si ferme. Fig. moins appliqué; moins sévère; moins exact.

Relâchement s. m. Diminution de tension, d'ardeur; ralentissement de zèle de régularité; paresse; adoucissement.

Relâcher v. a. Détendre, ralentir, diminuer; céder; rendre plus lâche, plus mou; remettre en liberté. V. n. Rabattre de. *Mar.* Faire relâche. SE RELACHER v. pr. Se détendre; se ralentir; perdre de sa force, de son activité; s'adoucir.

Relais s. m. Chevaux, chiens de chasse destinés à en remplacer d'autres; lieu où on met les relais; terrain que la mer laisse à découvert, en se retirant.

Relancer v. a. Lancer de nouveau; aller trouver quelqu'un pour obtenir de lui quelque chose.

Relaps, e adj. Qui est retombé dans l'hérésie, dans un péché. S. Personne relapse.

Relargir v. a. Rendre plus large.

Relater v. a. Mentionner, raconter.

Relatif, ive adj. Qui a quelque relation, quelque rapport à. *Phil.* Qui n'existe que sous certaines conditions; opposé d'*absolu*.

Relation s. f. Rapport d'une chose à une autre. Liaison; correspondance; récit.

Relativement adv. Par rapport à; d'une manière relative.

Relaver v. a. Laver de nouveau.

Relaxation s. f. Mise en liberté d'un prisonnier; diminution ou rémission d'une peine.

Relaxer v. a. Remettre en liberté.

Relayer v. a. Occuper les ouvriers les uns après les autres. V. n. Prendre des relais. SE RELAYER v. pr. Se remplacer alternativement dans un travail.

Relayeur s. m. Qui entretient un relais de chevaux.

Relégation s. f. Bannissement dans un lieu déterminé.

Reléguer v. a. Exiler en un lieu fixe; tenir à l'écart.

Relent s. m. Mauvais goût que

contracte une viande renfermée dans un endroit humide.

Relevailles s. f. pl. (*ll* m.) Cérémonie à l'église lorsqu'une accouchée y vient pour la première fois.

Relevé, ée adj. *Sauce relevée*, sauce d'un haut goût. Fig. noble; sublime. S. m. Extrait des articles d'un registre, d'un compte, etc.

Relevée s. f. Le temps de l'après-midi.

Relever v. a. Lever; remettre debout ou en état; enlever; hausser, exhausser. Fig. donner plus de relief, plus d'éclat; louer, exalter; critiquer; remplacer une autre personne dans une occupation; libérer d'un engagement. V. n. Ressortir, dépendre de. SE RELEVER v. pr. Se lever de nouveau, se rétablir.

Releveur adj. et s. m. *Muscles releveurs*, qui servent à relever les parties auxquelles ils sont attachés.

Relief s. m. Ce qui est relevé, partie saillante d'un objet; ouvrage de sculpture relevé en bosse. Fig. éclat qui relève. Au pl. Restes de viandes.

Relier v. a. Lier de nouveau; coudre et couvrir les feuillets d'un livre; mettre des cercles à un tonneau; unir par des voies de communication.

Relieur, euse s. Qui relie des livres.

Religieusement adv. D'une manière religieuse.

Religieux, euse adj. Qui a rapport à la religion; pieux; exact, fidèle. S. Soumis par des vœux à la profession religieuse.

Religion s. f. Ensemble de doctrines et de pratiques qui constitue le rapport de l'homme avec Dieu; foi, croyance; piété, dévotion; tout ce qui lie, attache fortement à des opinions, des sentiments, des personnes. *Entrer en religion*, prononcer les vœux dans un ordre monastique.

Religionnaire s. Qui faisait profession de la religion réformée.

Religiosité s. f. Sentiment de scrupule religieux.

Reliquaire s. m. Boîte, cadre, etc., où l'on enchâsse des reliques*.

Reliquat s. m. Reste d'un compte; restes d'une maladie.

Reliquataire s. Débiteur d'un reliquat de compte

Relique s. f. Ce qui reste d'un saint, de ses vêtements, après sa mort; ce qui reste des instruments de la passion de J.-C. Au pl. Restes de quelque chose de grand.

Relire v. a. Lire de nouveau.

Reliure s. f. Ouvrage d'un relieur; manière dont un livre est relié.

Relocation s. f. Contrat par lequel on reloue.

Relouer v. a. Louer de nouveau; sous-louer.

Reluire v. n. Luire par réflexion; briller. Fig. paraître avec éclat.

Reluisant, e adj. Qui reluit.

Reluquer v. a. Lorgner du coin de l'œil. Fig. convoiter (fam.).

Remâcher v. a. Mâcher de nouveau. Fig. repasser dans son esprit : *remâcher une leçon* (fam.).

Remaniement ou **remaniment** s. m. Action de remanier; son effet.

Remanier v. a. Manier de nouveau; refaire, raccommoder. Fig. retoucher, disposer autrement.

Remarier v. a. Marier de nouveau. SE REMARIER v. pr. Contracter un nouveau mariage.

Remarquable adj. Qui se fait remarquer; digne d'être remarqué.

Remarquablement adv. D'une manière remarquable.

Remarque s. f. Observation; note.

Remarquer v. a. Marquer une seconde fois; faire attention à; distinguer.

Remballage s. m. Action de remballer.

Remballer v. a. Emballer de nouveau.

Rembarquement s. m. Action de rembarquer ou de se rembarquer.

Rembarquer v. a. Embarquer de nouveau. SE REMBARQUER v. pr. Se mettre de nouveau sur mer. Fig. s'engager de nouveau dans une entreprise.

Rembarrer v. a. Repousser vigoureusement. Fig. repousser, rejeter avec force, indignation.

Remblai s. m. Travail pour élever un terrain ou combler un creux avec des terres rapportées; ces terres mêmes.

Remblaver v. a. Semer de nouveau une terre en blé.

Remblayer v. a. Combler un creux, hausser un terrain avec des gravois, des terres rapportées.

Remboîtement s. m. Action de remboîter; son effet.

Remboîter v. a. Remettre ce qui était déboîté. SE REMBOÎTER v. pr. Se remettre en place.

Rembourrage s. m. Apprêt donné aux laines teintes.

Rembourrement s. m. Action de rembourrer; son effet.

Rembourrer v. a. Garnir de bourre, de laine, etc.

Remboursable adj. Qui doit ou peut être remboursé.

Remboursement s. m. Action de rembourser; payement d'une somme due.

Rembourser v. a. Rendre l'argent déboursé.

Rembrandt, célèbre peintre et graveur hollandais (1606-1674).

Rembruni, ie adj. Sombre et triste.

Rembrunir v. a. Rendre brun ou plus brun. Fig. attrister.

Rembrunissement s. m. Etat de ce qui est rembruni.

Rembuchement s. m. Rentrée du cerf dans son fort.

Rembucher (se) v. pr. Rentrer dans le bois, en parlant des bêtes sauvages (*vénerie*).

Remède s. m. Ce qui sert à guérir ou à prévenir un mal physique ou moral, une maladie; lavement.

Remédiable adj. A quoi on peut remédier.

Remédier v. n. Apporter remède, au propre et au fig.

Remêler v. a. Mêler de nouveau.

Remémoratif, ive adj. Qui fait ressouvenir.

Remémorer v. a. Faire ressouvenir. SE REMÉMORER v. pr. Se rappeler.

Remener v. a. Mener de nouveau; conduire une personne, un animal où il était; transporter une chose où elle était auparavant.

Remerciement ou **remercîment** s. m. Action de grâces; paroles pour remercier.

Remercier v. a. Rendre grâce; refuser honnêtement; renvoyer, destituer.

Réméré s. m. Pacte de vente avec faculté de rachat; faculté de reprendre une chose vendue en rendant son prix : *vente à réméré* (*jurispr.*).

Remettre v. a. Mettre une chose où elle était; mettre de nouveau; raccommoder; remboîter; rendre, restituer; faire la remise d'une dette; pardonner; rétablir la santé; rassurer, calmer; différer. SE REMETTRE v. pr. Recouvrer sa santé; s'appliquer de nouveau à; se confier.

Remeubler v. a. Regarnir de meubles

Remi (saint), archevêque de Reims, baptisa Clovis en 496 (437-533).

Réminiscence s. f. Léger ressouvenir; vers, pensées d'autrui dont on se ressouvient et que l'on emploie comme étant de soi.

Remise s. f. Action de remettre; délai; argent remis; grâce ou réduction d'une peine; rabais; abri pour les voitures.

Remiser v. a. Placer sous la remise.

Rémissible adj. Qui peut être pardonné.

Rémission s. f. Pardon; grâce, indulgence. *Méd.* Diminution, adoucissement.

Rémissionnaire s. m. *Jurisp.* Celui qui avait obtenu des lettres de rémission.

Rémittent, e adj. Se dit des maladies qui ont des rémissions : *fièvre rémittente.*

Remmailler v. a. (*ll* m.) Refaire des mailles.

Remmaillotter v. a. (*ll* m.) Emmaillotter de nouveau.

Remmener v. a. Emmener ce qu'on avait amené.

Rémolade ou **rémoulade** s. f. Sauce piquante; remède pour les foulures des chevaux.

Remontage s. m. Action de remonter des bottes; l'ouvrage qui en résulte.

Remonte s. f. Action de remonter la cavalerie; achat de chevaux pour la remonte.

Remonter v. n. Monter de nouveau; retourner en haut. Fig. augmenter de valeur, en parlant des effets publics; reprendre les choses de plus haut ou de plus loin ; tirer son origine de : s'étendre jusqu'à. V. a. Monter de nouveau ce qui a été démonté; gravir de nouveau; aller contre le courant; donner de nouveaux chevaux, de nouveaux équipages. Fig. réparer; rétablir, ranimer.

Remontoir s. m. Pièces qui servent à remonter une montre, une pendule.

Remontrance s. f. Paroles de blâme; avertissements.

Remontrer v. a. Montrer de nouveau; faire des remontrances.

Rémora ou **rémore** s. m. Petit poisson auquel les anciens attribuaient la force d'arrêter un vaisseau. Fig. obstacle; retardement.

Remordre v. a. et n. Mordre de nouveau. Fig. attaquer de nouveau.

Remords s. m. Vif reproche de la conscience, vif repentir.

Remorque s. f. Action de remorquer.

Remorquer v. a. Se dit d'un bâtiment qui en traine un autre à sa suite; tirer des wagons sur un chemin de fer.

Remorqueur adj. et s. m. Qui remorque.

Rémotis (à) loc. adv. A l'écart.

Remoucher v. a. Moucher de nouveau.

Remoudre v. a. Moudre de nouveau.

Rémoudre v. a. Emoudre de nouveau.

Rémoulade s. f. Voy. *Rémolade*.

Remoulage s. m. Son provenant de la mouture du gruau.

Rémouleur s. m. Ouvrier ambulant qui aiguise les couteaux, les ciseaux, etc.

Remous s. m. Tournoiement d'eau à l'arrière d'un navire en marche.

Rempaillage s. m. (*ll* m.) Ouvrage du rempailleur.

Rempailler v. a. (*ll* m.) Garnir de nouveau une chaise de paille.

Rempailleur, euse s. (*ll* m.) Qui rempaille les chaises.

Remparer (se) v. pr. Se fortifier; se défendre avec un rempart.

Rempart s. m. Levée de terre qui environne et défend une place. Fig. ce qui sert de défense.

Remplaçant, e s. Personne qui en remplace une autre dans une occupation quelconque. S. m. Celui qui remplaçait un jeune homme appelé au service militaire.

Remplacement s. m. Action de remplacer.

Remplacer v. a. Faire un remplacement; tenir lieu de; donner un successeur.

Remplage s. m. Action de remplir une pièce de vin qui n'est pas tout à fait pleine.

Rempli s. m. Pli fait à une étoffe pour la rétrécir, la raccourcir.

Remplier v. a. Faire un rempli.

Remplir v. a. Emplir de nouveau; achever d'emplir; emplir; compléter. Fig. occuper : *remplir une place;* accomplir : *remplir sa promesse;* s'acquitter de, satisfaire : *remplir ses engagements*, *remplir l'attente*. SE REMPLIR v. pr. Devenir plein.

Remplissage s. m. Action de remplir; ouvrage fait pour remplir. Fig. en *littér*. inutilités.

Remplisseuse s. f. Ouvrière qui raccommode les dentelles.

Remploi s. m. Nouvel emploi de deniers.

Remployer v. a. Employer de nouveau.

Remplumer (se) v. pr. Se regarnir de plumes, en parlant des oiseaux. Fig. rétablir ses affaires, sa santé (fam.).

Rempocher v. a. Remettre dans la poche (fam.).

Rempoissonnement s. m. Action de rempoissonner.

Rempoissonner v. a. Repeupler de poisson.

Remporter v. a. Reprendre et rapporter d'un lieu ce qu'on y avait apporté; enlever. Fig. gagner, obtenir.

Rempotage s. m. Action de rempoter.

Rempoter v. a. Changer une plante de pot.

Remuage s. m. Action de remuer du vin, du blé.

Remuant, e adj. Qui s'agite sans cesse : *enfant remuant*. Fig. *esprit remuant*, qui trouble l'ordre social ou domestique.

Remue-ménage s. m. Dérangement de meubles. Fig. trouble, désordre, changement. (Pl. *remue-ménage*.)

Remuement ou **remûment** s. m. Action de ce qui remue. Fig. troubles.

Remuer v. a. Mouvoir une chose, la changer de place. Fig. émouvoir. V. n. Changer de place. SE REMUER v. pr. Se mouvoir. Fig. se donner du mouvement pour réussir.

Remueuse s. f. Femme qu'on donne en aide à la nourrice de l'enfant d'un prince pour remuer l'enfant, le changer de langes.

Remugle s. m. Odeur de ce qui a été longtemps renfermé.

Rémunérateur, trice adj. et s. Qui récompense.

Rémunération s. f. Récompense.

Rémunératoire adj. Qui tient lieu de récompense.

Rémunérer v. a. Récompenser.

Remus, frère de Romulus.

Renâcler v. n. Faire du bruit en retirant son haleine par le nez. Fig. hésiter, refuser de faire (pop.)

Renaissance s. f. Renouvellement. LA RENAISSANCE, se dit du siècle de François Ier.

Renaissant, e adj. Qui renaît.

Renaître v. n. Naître de nouveau; repousser, en parlant des fleurs, des feuilles, etc.

Rénal, e adj. Qui a rapport aux reins.

Renard s. m. Mammifère carnassier du genre chien*. Fig. Homme rusé.

Renarde s. f. Femelle du renard.

Renardeau s. m. Petit renard.

Renardier s. m. Qui prend, tue les renards.

Renardière s. f. Tanière de renards.

Renaudot, médecin français, fonda en 1631 la *Gazette de France* (1584-1653).

Rencaissage s. m. Action de rencaisser.

Rencaisser v. a. Remettre dans une caisse.

Renchéri, ie adj. et s. Difficile, dédaigneux.

Renchérir v. a. Rendre plus cher. V. n. Devenir plus cher; surpasser. Fig. dire ou faire plus qu'un autre.

Renchérissement s. m. Augmentation de prix.

Rencogner v. a. Pousser, serrer dans un coin.

Rencontre s. f. Hasard qui réunit deux personnes, deux choses; choc, occasion, circonstance; duel. DE RENCONTRE, d'occasion.

Rencontrer v. a. Trouver sans chercher; se procurer. SE RENCONTRER v. pr. Se rejoindre; avoir ensemble la même pensée; se battre en duel.

Rencorser v. a. Mettre un corsage neuf à une robe.

Rendant, e adj. Qui rend. RENDANT COMPTE s. m. Celui qui rend un compte (*jurisp.*).

Rendement s. m. Ce que rend ou produit une chose, une exploitation.

Rendez-vous s. m. Parole qu'on se donne mutuellement de se rendre à une certaine heure en un lieu désigné; le lieu du rendez-vous.

Rendormir v. a. Faire dormir de nouveau. SE RENDORMIR v. pr. S'endormir de nouveau.

Rendoubler v. a. Replier une étoffe pour la raccourcir.

Rendre v. a. Redonner, restituer; remettre une chose à son propriétaire; livrer : *rendre une forteresse :* rapporter, produire; rejeter; représenter; traduire; donner de nouveau. *Rendre compte d'une chose*, en donner l'explication, le détail. *Rendre l'âme*, mourir. *Rendre grâces*, remercier. SE RENDRE v. pr. Aller; se transporter; céder, se soumettre; être traduit.

Rendu, ue adj. et s. m. *C'est un rendu, un prêté rendu*, se dit d'un tour joué à quelqu'un pour lui rendre la pareille.

Rendurcir v. a. Rendre plus dur. SE RENDURCIR v. pr. Devenir plus dur, et fig. plus méchant.

Rêne s. f. Courroie de la bride d'un cheval. Fig. gouvernement, administration, direction.

René d'Anjou, 2e fils de Louis II d'Anjou, devint duc d'Anjou, puis roi de Naples (1409-1480), célèbre par son goût éclairé pour les arts.

Renégat, e s. Qui a renié le

christianisme ; qui a abandonné son parti, ses amis.

Rénette s. f. Outil que le vétérinaire, le maréchal emploie pour creuser les sabots des chevaux.

Rénetter v. a. Couper avec la rénette.

Renfaîtage s. m. Action de renfaîter ; ouvrage qui en résulte.

Renfaîter v. a. Raccommoder le faîte d'un toit.

Renfermé s. m. Odeur que contractent les objets qui ont été longtemps renfermés.

Renfermer v. a. Enfermer une seconde fois ; comprendre, contenir ; mettre en prison. Fig. réduire, limiter. SE RENFERMER v. pr. Être renfermé *Se renfermer en soi-même*, se recueillir.

Renflement s. m. État de ce qui est renflé ; augmentation insensible du diamètre d'une colonne, de la base au tiers de la hauteur.

Renfler v. n. Augmenter de volume. V. a. Donner plus de volume.

Renflouage v. a. Action de renflouer un navire.

Renflouer v. a. Remettre à flot (un vaisseau échoué).

Renfoncement s. m. Action de renfoncer ; son effet ; creux dans un mur, dans un ouvrage ; effet de perspective qui fait paraître une chose enfoncée et éloignée.

Renfoncer v. a. Enfoncer de nouveau ou plus avant.

Renforcé, ée adj. Rendu plus fort. *Sot renforcé*, extrêmement sot.

Renforcement s. m. Action de renforcer, son effet.

Renforcer v. a. Rendre plus fort. SE RENFORCER v. pr. Devenir plus fort, plus habile.

Renforcir v. a. Rendre plus fort. V. n. Devenir plus fort, plus robuste (pop.).

Renformir v. a. Recouvrir un vieux mur d'un enduit épais.

Renformis s. m. Réparation d'un vieux mur.

Renfort s. m. Augmentation de force ; arrivée de nouvelles troupes.

Renfrogner. Voy. *Refrogner.*

Rengagement s. m. Action de se rengager.

Rengager v. a. Engager de nouveau. SE RENGAGER v. pr. S'engager de nouveau.

Rengaine s. f. Répétition banale (pop.).

Rengainer v. a. Remettre dans le fourreau, dans la gaine. V. n. Remettre l'épée au fourreau.

Rengorger (se) v. pr. Avancer la gorge en retirant la tête en arrière ; se donner des airs d'importance.

Rengraisser v. a. Faire redevenir gras. V. n. Redevenir gras.

Rengrènement s. m. Action de rengréner.

Rengréner v. a. Remettre sous le balancier les monnaies mal frappées ; remoudre le gruau ; engrener une roue dans une autre.

Reniable adj. De nature à être renié.

Reniement ou renîment s. m. Action de renier.

Renier v. a. Désavouer ; nier ; déclarer, contre la vérité, qu'on ne connait pas ; renoncer à, abjurer.

Reniflement s. m. Action de renifler.

Renifler v. n. Retirer en respirant l'air ou l'humeur des narines.

Rènîflerie s. f. Action de renifler.

Renifleur, euse adj. et s. Qui renifle.

Renne s. m. Quadrupède du même genre que le cerf, et vivant dans les pays du Nord.

Renom s. m. Réputation ; célébrité ; opinion du public.

Renommé, ée adj. Illustre, fameux, célèbre.

Renommée s. f. Réputation, célébrité ; renom ; bruit public.

Renommer v. a. Nommer, élire de nouveau ; nommer avec éloge, vanter.

Renonce s. f. Absence d'une couleur (au jeu de cartes).

Renoncement s. m. Action de renoncer ; acte qui contient le renoncement.

Renoncer v. n. Se désister ; quitter ; abandonner : *renoncer à une succession*, *renoncer à l'espoir*. Ne pas avoir dans son jeu de cartes la couleur demandée. V. a. Renier, désavouer.

Renonciation s. f. Acte par lequel on renonce à quelque chose.

Renonculacées s. f. pl. Famille de plantes qui a pour type la renoncule.

Renoncule s. f. Genre de plantes, type des renonculacées.

Renouement ou **renoûment** s. m. Action de renouer, de renouveler.

Renouer v. a. Nouer une chose dénouée; renouveler; rejoindre ce qui était interrompu.

Renoueur, euse s. Qui remet les membres démis.

Renouveau s. m. Le printemps, saison nouvelle.

Renouvelable adj. Qui peut être renouvelé.

Renouveler v. a. Rendre nouveau; publier de nouveau; recommencer; faire de nouveau; transformer. SE RENOUVELER v. pr. Être renouvelé.

Renouvellement s. m. Rétablissement d'une chose dans un état meilleur ou nouveau; réitération; accroissement.

Rénovateur, trice s. et adj. Qui renouvelle une chose.

Rénovation s. f. Action de renouveler.

Renseignement s. m. Indice qui sert à faire connaître ou reconnaître une chose.

Renseigner v. a. Enseigner de nouveau; fournir un renseignement.

Rensemencer v. a. Ensemencer de nouveau.

Rentamer v. a. Entamer de nouveau.

Rentasser v. a. Entasser de nouveau; presser.

Rente s. f. Revenu annuel en argent ou en nature.

Renté, ée adj. Qui a des rentes.

Renter v. a. Assigner des revenus annuels.

Rentier, ière adj. et s. Qui a des rentes, qui vit de ses revenus.

Rentoilage s. m. Action de rentoiler.

Rentoiler v. a. Regarnir de toile; transporter une vieille peinture sur une toile neuve.

Rentortiller v. a. (*ll* m.) Entortiller de nouveau.

Rentraire v. a. Coudre, joindre deux morceaux sans que la couture paraisse.

Rentraiture s. f. Couture de ce qui est rentrait.

Rentrant adj. m. Se dit d'un angle dont le sommet est à l'intérieur de la figure (*géom.*).

Rentrayeur, euse s. Qui sait rentraire.

Rentrée s. f. Action de rentrer; retour; *t. de jeu*, cartes prises au talon; recouvrement d'une somme.

Rentrer v. n. Entrer de nouveau; revenir; recouvrer, obtenir de nouveau. *Rentrer en soi-même*, faire réflexion sur soi-même. V. a. Porter ou reporter dedans ce qui était dehors.

Renvahir v. a. Envahir de nouveau.

Renvelopper v. a. Envelopper de nouveau.

Renverse (à la) loc. adv. Sur le dos, le visage en haut.

Renversement s. m. Action de renverser; état d'une chose renversée; ruine; bouleversement; destruction.

Renverser v. a. Jeter par terre. Fig. abattre; détruire; mettre en déroute, en désordre. Fig. troubler; transposer; mêler.

Renverseur s. m. Celui qui renverse.

Renvoi s. m. Envoi d'une chose à la personne qui l'a déjà envoyée; congé; ajournement; signe qui dans un livre, renvoie le lecteur d'une place à une autre.

Renvoyer v. a. Envoyer de nouveau; faire reporter; congédier; ajourner; repousser; réfléchir, répercuter.

Réoccupation s. f. Action de réoccuper.

Réoccuper v. a. Occuper de nouveau.

Réordination s. f. Action de réordonner.

Réordonner v. a. Conférer les ordres sacrés pour la seconde fois lorsque la première ordination a été jugée nulle.

Réorganisation s. f. Action de réorganiser.

Réorganiser v. a. Organiser de nouveau.

Réouverture s. f. Action d'ouvrir de nouveau un théâtre, un établissement de commerce, etc.

Repaire s. m. Retraite des anmaux malfaisants, et fig. des voleurs, des brigands, etc.

Repaître v. n. Manger, prendre sa réfection. V. a. Nourrir, donner à manger à. Fig. *repaître ses yeux d'un spectacle*, le regarder avec avidité. SE RÉPAITRE v. pr. Se nourrir.

Répandre v. a. Laisser tomber; épancher, verser; étendre au loin; exhaler; distribuer. SE RÉPANDRE v. pr. Se dissiper; s'étendre au loin, se propager.

Répandu, ue adj. Communément admis. *Etre répandu dans le monde*, aller souvent dans la société.

Réparable adj. Qui peut se réparer.

Reparaître v. n. Paraître, se montrer de nouveau.

Réparateur, trice s. et adj. Qui répare.

Réparation s. f. Ouvrage fait ou à faire pour réparer. Fig. satisfaction exigée ou donnée d'une injure, d'une offense.

Réparer v. a. Refaire, rétablir, raccommoder; remettre dans le premier état. Fig. effacer, expier; donner satisfaction d'une injure, d'une offense. *Réparer le temps perdu*, faire un meilleur emploi du temps que par le passé.

Réparition s. f. *Astr.* Synonyme de *réapparition*.

Reparler v. n. Parler une seconde fois.

Repartager v. a. Partager de nouveau.

Repartie s. f. Prompte réplique.

Repartir v. a. Répliquer promptement, répondre.

Repartir v. n. Partir de nouveau.

Répartir v. a. Partager, distribuer.

Répartiteur s. m. Qui fait une répartition.

Répartition s. f. Partage, distribution.

Repas s. m. Réfection; nourriture que l'on prend chaque jour à heure fixe.

Repassage s. m. Action d'aiguiser un couteau, un canif, etc.; action de repasser du linge.

Repasser v. n. Passer de nouveau. V. a. Traverser de nouveau; transporter de nouveau; aiguiser; passer un fer chaud sur du linge. Fig. répéter ce qu'on a appris par cœur.

Repasseur s. m. Qui repasse, aiguise les lames.

Repasseuse s. f. Femme dont le métier est de repasser le linge.

Repavage s. m. Action de repaver.

Repaver v. a. Paver de nouveau.

Repêcher v. a. Retirer de l'eau ce qui y est tombé.

Repeindre v. a. Peindre de nouveau.

Rependre v. a. Pendre, suspendre de nouveau.

Repenser v. n. Penser, réfléchir de nouveau.

Repentance s. f. Regret des péchés.

Repentant, e adj. Qui se repent.

Repenties adj. f. pl. *Filles repenties*, maison religieuse où des femmes ayant vécu dans le désordre sont enfermées pour y faire pénitence.

Repentir (se) v. pr. Avoir une véritable douleur, un véritable regret.

Repentir s. m. Regret sincère d'avoir fait ou de n'avoir pas fait quelque chose; trace d'un premier essai que le peintre a corrigé.

Repercer v. a. Percer de nouveau.

Répercussif, ive adj. et s. *Méd.* Se dit des toniques qui, appliqués sur une partie malade, font refluer à l'intérieur les humeurs qui tendent à l'engorger.

Répercussion s. f. Action des médicaments répercussifs. *Phys.* Réflexion du son, de la lumière, etc.

Répercuter v. a. Faire refluer les humeurs à l'intérieur; réfléchir, renvoyer.

Reperdre v. a. Perdre de nouveau.

Repère s. m. Trait ou marque pour faciliter l'ajustement des pièces d'un assemblage; marques sur un mur pour indiquer ou retrouver un niveau, un alignement, une distance.

Répertoire s. m. Inventaire, table, recueil; liste des pièces restées au théâtre.

Repeser v. a. Peser de nouveau.

Répétailler v. a. (*ll* m.) Fam. Répéter trop souvent la même chose.

Répéter v. a. Redire, dire ce qu'on a dit ou appris; s'exercer à prononcer ou exécuter en particulier ce qu'on doit prononcer ou exécuter en public; représenter, réfléchir l'image des objets; donner des répétitions à des élèves; redemander ce qu'on a donné.

Répétiteur s. m. Celui qui répète des élèves.

Répétition s. f. Redite; réitération; réclamation en justice; leçon particulière donnée à des élèves; action de répéter.

Repeuplement s. m. Action de repeupler.

Repeupler v. a. Peupler de nouveau.

Repic s. m. Terme du jeu de piquet.

Repiquage s. m. Action de repiquer; son effet.

Repiquer v. a. Piquer de nouveau; transplanter.

Répit s. m. Relâche, délai.

Replacer v. a. Remettre en place.

Replanter v. a. Planter de nouveau.

Replâtrage s. m. Action de replâtrer.

Replâtrer v. a. Renduire de plâtre. Fig. chercher à réparer une faute.

Replet, ète adj. Qui a trop d'embonpoint.

Réplétion s. f. Plénitude, grande abondance d'humeurs; excès d'embonpoint.

Repli s. m. Pli redoublé. Au pl. Mouvement des reptiles.

Replier v. a. Plier ce qui avait été déplié; plier une ou plusieurs fois. SE REPLIER v. pr. Faire un ou plusieurs plis; se mouvoir en arrière (*t. milit.*).

Réplique s. f. Réponse verbale ou écrite à ce qui a été dit, répondu; le dernier mot que dit un acteur avant que son interlocuteur parle.

Répliquer v. a. Faire une réplique.

Replonger v. a. Plonger de nouveau. V. n. S'enfoncer de nouveau dans l'eau.

Repolir v. a. Polir de nouveau.

Répondant s. m. Qui subit un examen; qui répond la messe; qui se rend caution.

Répondre v. a. et n. Faire une réponse; écrire en réponse à une lettre; répliquer; aboutir; être en rapport, en proportion, en correspondance, en conformité avec; suffire à; être caution, garant.

Répons s. m. Espèce d'antienne.

Réponse s. f. Réplique; repartie; réfutation; lettre en réponse à une autre.

Report s. m. Action de reporter une somme; cette somme même.

Reporter v. a. Porter une chose au lieu où elle était auparavant; transporter, placer ailleurs.

Repos s. m. Cessation de travail, d'occupation, de mouvement; calme, tranquillité; sommeil; pause dans les vers.

Reposé, ée adj. *Teint reposé*, frais. A TÊTE REPOSÉE loc. adv. Avec réflexion.

Reposée s. f. Lieu où une bête fauve se repose pendant le jour.

Reposer v. a. Mettre dans un état de repos, de tranquillité; calmer. V. n. Dormir; être déposé en quelque endroit; être établi, fondé sur. SE REPOSER v. pr. Cesser de travailler, d'agir.

Reposoir s. m. Autel qu'on élève dans les rues où passe la procession le jour de la fête-Dieu.

Repoussant, e adj. Qui repousse, qui inspire de l'aversion, du dégoût.

Repoussement s. m. Action de repousser.

Repousser v. a. Rejeter, renvoyer; faire reculer avec effort. Fig. écarter, ne pas admettre. V. n. Pousser de nouveau (en parlant d'un arbre, d'une plante).

Repoussoir s. m. Cheville de fer qui sert à faire sortir une autre cheville. Fig. chose ou personne qui en fait valoir une autre par le contraste.

Répréhensible adj. Blâmable.

Répréhension s. f. Action de reprendre, de blâmer.

Reprendre v. a. Prendre de

nouveau; continuer; réprimander; censurer; blâmer. V. n. Recommencer; se rétablir. SE REPRENDRE v. pr. Se corriger; se rétracter.

Représaille s. f. (*ll* m.) Tout ce qui se fait contre un ennemi pour s'indemniser d'un dommage ou se venger de violences.

Représentant s. m. Celui qui en représente un autre; député.

Représentatif, ive adj. Qui représente.

Représentation s. f. Exhibition, exposition devant les yeux; ce qu'on représente par les arts, par le discours; manière de vivre appartenant à une personne distinguée par son rang; air imposant, belle prestance; objection; remontrance respectueuse; corps des représentants d'un peuple.

Représenter v. a. Présenter de nouveau; exhiber, exposer devant les yeux; rappeler le souvenir; rendre l'image; peindre; exprimer; jouer une pièce de théâtre; faire des remontrances respectueuses; tenir la place, agir au nom de quelqu'un. V. n. Avoir une belle prestance; bien remplir les honneurs de sa place.

Répressif, ive adj. Qui réprime.

Répression s. f. Action de réprimer.

Réprimable adj. Qui doit ou peut être réprimé.

Réprimande s. f. Reproche, observation sévère; peine disciplinaire.

Réprimander v. a. Reprendre avec autorité; frapper d'une peine disciplinaire.

Réprimant, e adj. Qui réprime.

Réprimer v. a. Rabaisser, rabattre, empêcher de faire du progrès: *réprimer ses passions;* châtier, punir. SE RÉPRIMER v. pr. Etre réprimé.

Repris s. m. *Repris de justice,* homme qui a déjà subi une condamnation pénale.

Reprise s. f. Action de prendre de nouveau; continuation après l'interruption; action de raccommoder une étoffe déchirée; réparation à un mur; remise à la scène d'une pièce qu'on avait cessé de jouer; partie d'un air de musique qui doit être répétée. Au pl. Ce que chaque époux a le droit de reprendre, avant partage, sur la masse des biens de la communauté.

Repriser v. a. Raccommoder en faisant des reprises.

Réprobateur, trice adj. Qui exprime la réprobation.

Réprobation s. f. Action de réprouver.

Réprochable adj. Qui mérite des reproches; récusable: *témoin reprochable.*

Reproche s. m. Ce qu'on objecte pour faire honte, pour blâmer; motif pour récuser un témoin. SANS REPROCHE loc. adv. Sans faire de reproches.

Reprocher v. a. Objecter une chose ou blâmable ou fâcheuse. SE REPROCHER v. pr. S'adresser à soi-même un reproche; se refuser: *l'avare se reproche tout.*

Reproducteur, trice adj. Qui reproduit, qui sert à reproduire.

Reproductibilité s. f. Faculté de ce qui est reproductible.

Reproductible adj. Qui peut être reproduit.

Reproductif, ive adj. Qui peut produire de nouveau.

Reproduction s. f. Action par laquelle une chose est produite de nouveau; nouvelle production; action de reproduire une œuvre d'art, etc.

Reproduire v. a. Produire de nouveau; imprimer un ouvrage en contrefaçon. SE REPRODUIRE v. pr. Etre reproduit; se perpétuer par la génération.

Réprouvé, ée adj. et s. Damné.

Reprouver v. a. Prouver de nouveau.

Réprouver v. a. Rejeter; désavouer; condamner.

Reps s. m. Sorte d'étoffe.

Reptile adj. Qui rampe. S. m. Animal qui rampe. Fig. être vil, bas, rampant.

Républicain, e adj. Qui appartient à la république. S. Partisan de la république.

Républicanisme s. m. Qualité, opinion de républicain.

République s. f. Etat, gouvernement. Etat dans lequel l'autorité souveraine est exercée au nom de tous par des représentants élus.

Fig. *La république des lettres*, les gens de lettres.

Répudiation s. f. Action de répudier; divorce.

Répudier v. a. Renvoyer sa femme avec les formalités légales. Fig. renoncer à : *répudier une succession*.

Répugnance s. f. Aversion pour quelqu'un ou pour quelque chose.

Répugnant, e adj. Qui répugne; contraire, opposé.

Répugner v. n. Inspirer, avoir du dégoût, de l'aversion; être opposé, contraire à.

Repulluler v. n. Renaître en grande quantité.

Répulsif, ive adj. Qui repousse : *force répulsive*.

Répulsion s. f. Action de ce qui repousse; état de ce qui est repoussé. Fig. grande répugnance.

Réputation s. f. Renom; estime; opinion publique.

Réputer v. a. Estimer, présumer, croire, regarder comme.

Requérable adj. 2 g. Qui doit être requis, demandé par le créancier lui-même.

Requérant, e adj. et s. Qui requiert, qui demande en justice.

Requérir v. a. Demander en justice; demander avec autorité.

Requête s. f. Demande verbale ou par écrit adressée à un fonctionnaire; demande en justice; prière.

Requêter v. a. Quêter de nouveau (en parlant d'un chien de chasse).

Requiem s. m. Mot latin signif. repos. (on prón. *rékuiême*). Prière pour les morts. (Pl. *requiem*.)

Requin s. m. (on pron. *rekin*). Poisson de mer très vorace.

Requinquer (se) v. pr. Mettre ses beaux habits (pop).

Requis, e adj. Demandé, convenable, nécessaire.

Réquisition s. f. Action de requérir; demande faite par autorité publique qui met une chose à sa disposition; levée d'hommes, de chevaux.

Réquisitoire s. m. Accusation faite par le ministère public dans un tribunal. Fig. reproches violents.

Rescindant, e adj. Qui est sujet à rescision (*jurisp.*). S. m. Moyen, demande pour faire casser un arrêt, annuler un acte.

Rescinder v. a. Casser un arrêt, annuler un acte (*jurisp.*).

Rescision s. f. Cassation d'un arrêt, annulation d'un acte (*jurisp.*).

Rescisoire adj. Qui donne lieu à rescision.

Rescousse s. f. Résistance; délivrance d'un prisonnier (vx.). *A la rescousse*, à l'aide, au secours.

Rescription s. f. Mandement par écrit pour toucher une somme.

Rescrit s. m. Réponse d'un empereur romain aux questions sur lesquelles il était consulté par les juges, par les gouverneurs des provinces, ou par les particuliers; réponse du pape à des questions sur la théologie.

Réseau s. m. Petit rêts : *tendre un réseau*; tissu léger à petites mailles; entrelacement de vaisseaux sanguins, de nerfs, etc., (*anat.*). — *Réseau de chemin de fer*, l'ensemble des voies ferrées d'un pays.

Résection s. f. Action de couper, de retrancher (*chir.*).

Réséda s. m. Sorte de plante.

Réséquer v. a. Pratiquer la résection (*chir.*).

Réservation s. f. Action par laquelle on réserve (*jurisp.*).

Réserve s. f. Action de réserver; chose réservée; portion de biens que la loi réserve à certains héritiers (*jurisp.*); bois qu'on réserve dans une coupe, qu'on laisse croître en haute futaie. Fig. discrétion, circonspection, retenue. *Armée de réserve*, ou simplement RÉSERVE, partie de l'armée qu'on n'appelle sous les drapeaux qu'en cas de besoin. SANS RÉSERVE loc. adv. Sans exception. EN RÉSERVE loc. adv. A part.

Réservé, ée adj. Discret, circonspect., modeste. CAS RÉSERVÉ, se dit d'un péché qui ne peut être absous que par le pape ou l'évêque.

Réserver v. a. Garder, retenir quelque chose d'un tout, une chose entre plusieurs autres; garder une chose pour un autre temps, pour un autre usage. SE RÉSERVER v. pr. Garder pour soi.

Réserviste s. m. Qui fait partie de l'armée de réserve.

Réservoir s. m. Lieu fait pour amasser et conserver certaines choses ; récipient disposé pour recevoir les eaux*.

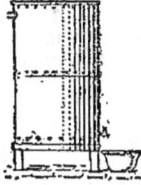

Résidant, e adj. Qui demeure habituellement dans un lieu.

Résidence s. f. Demeure habituelle ; séjour actuel et obligé dans le lieu où l'on exerce quelque fonction ; emploi d'un résident auprès d'un prince.

Résident s. et adj. m. Envoyé pour résider auprès d'un prince, d'un gouvernement étranger. Il est moins qu'un ambassadeur, mais plus qu'un agent.

Résidente s. f. Femme d'un résident.

Résider v. n. Faire sa demeure en quelque endroit. Fig. consister, exister.

Résidu s. m. Reliquat ; ce qui reste d'une substance soumise à une action chimique.

Résignant s. m. Celui qui résigne un office.

Résignataire s. m. Celui à qui l'on a résigné un office.

Résignation s. f. Démission d'un office ; abandon en faveur de quelqu'un ; soumission à la volonté de Dieu, à son sort, à la force.

Résigner v. a. Se démettre d'un office, etc., en faveur de quelqu'un. SE RÉSIGNER v. pr. Se soumettre, s'abandonner.

Résiliation s. f. Annulation d'un acte.

Résiliement ou **resilîment** s. m. Annulation d'un acte.

Résilier v. a. Casser, annuler un acte.

Résille s. f. (*ll.* m.) filet qui enveloppe les cheveux.

Résine s. f. Matière inflammable qui découle du pin, du sapin, etc.

Résineux, euse adj. Qui produit la résine ; qui en contient ; qui tient de sa nature.

Résipiscence s. f. Reconnaissance de sa faute avec amendement.

Résistance s. f. Qualité par laquelle un corps résiste au choc, au frottement, à la division ; obstacle ; défense contre l'attaque. Fig. opposition.

Résistant, e adj. Qui oppose de la résistance.

Résister v. n. Opposer de la résistance, ou la force à la force ; ne pas céder ou plier.

Résolu, ue adj. Décidé, arrêté, déterminé ; hardi.

Résoluble adj. Qui peut être résolu.

Résolument adv. Avec une résolution fixe ; absolument ; hardiment.

Résolutif, ive adj. et s. m. Se dit des remèdes qui déterminent la résolution des tumeurs.

Résolution s. f. Cessation totale de consistance ; réduction d'un corps à ses premiers principes (*chim.*) ; cassation d'un acte ; solution ; décision ; dessein ; fermeté, courage.

Résolutoire adj. Qui emporte la résolution d'un acte.

Résolvant, e adj. et s. Qui résout (*méd.*).

Résonance s. f. Battement prolongé et graduel du son ; intensité, prolongement, réflexion du son.

Résonnant, e adj. Qui retentit, qui renvoie le son.

Résonnement s. m. Retentissement, renvoi du son.

Résonner v. n. Retentir, renvoyer le son, rendre beaucoup de son.

Resonner v. n. et a. (on pron. *reçonné*). Sonner une seconde fois.

Résorber v. a. (on pron. *réçorbé*). Absorber une seconde fois.

Résorption s. f. Action d'absorber une seconde fois.

Résoudre v. a. Faire cesser la consistance, l'union entre les parties d'un tout ; décider un cas douteux, une question ; déterminer, arrêter, décider ; casser, annuler. SE RÉSOUDRE v. pr. Se réduire, se changer, se convertir ; se déterminer à. — *Ind. pr.* je résous, tu résous, il résout, n. résolvons, v. résolvez, ils résolvent ; *imp.* je résolvais ; *p. déf.* je résolus ; *fut.* je résoudrai ; *cond.* je résoudrais ; *impér.* résous, résolvons, résolvez ; *subj. pr.* que je résolve ; *imp.* que je résolusse ; *part. pr.* résolvant ; *part. p.* résolu, ue (dans le sens de *décidé, déterminé*), et résous, *sans fém.* (dans le sens de *changé, converti en*). [en.

Résous, adj. et part. m. Changé

Respect s. m. (on pron. *resspèk*). Vénération, déférence ; rapport, égards. *Respect humain*, estime du jugement des hommes ; *tenir quelqu'un en respect*, le contenir, lui imposer.

Respectable adj. Qui mérite du respect ; qu'on doit respecter.

Respectablement adv. D'une manière respectable ou propre à se faire respecter.

Respecter v. a. Révérer, honorer. Fig. épargner, ne point endommager. — SE RESPECTER v. pr. Garder avec soin la décence, la bienséance convenables à son rang, à son âge, à son état, etc.

Respectif, ive adj. Qui a rapport à chacun en particulier.

Respectivement adv. D'une manière respective.

Respectueusement adv. Avec respect.

Respectueux, euse adj. Qui témoigne ou marque du respect.

Respirable adj. Que l'on peut respirer.

Respiration s. f. Action de respirer.

Respiratoire adj. Qui sert, qui a rapport à la respiration.

Respirer v. a. et n. Attirer et repousser l'air par le mouvement des poumons. Fig. vivre ; prendre, avoir quelque relâche ; marquer, témoigner, exprimer ; désirer vivement.

Resplendir v. n. Briller avec grand éclat.

Resplendissant, e adj. Qui resplendit.

Resplendissement s. m. Grand éclat formé par l'expansion, le rejaillissement, la réflexion de la lumière.

Responsabilité s. f. Obligation d'être responsable de soi-même, d'une autre personne, d'une chose confiée, etc.

Responsable adj. Qui doit répondre d'une chose, de ses propres actes ou des actes d'une autre personne.

Ressac s. m. Retour violent des vagues vers le large, après avoir frappé le rivage.

Ressaigner v. a. et n. Saigner de nouveau.

Ressaisir v. a. Reprendre, saisir de nouveau. — SE RESSAISIR v. pr. Se remettre en possession.

Ressasser v. a. Sasser de nouveau. Fig. examiner attentivement ; discuter de nouveau ; répéter.

Ressasseur s. m. Celui qui ressasse, revient sans cesse sur les mêmes choses.

Ressaut s. m. Saillie d'une corniche, etc., hors de la ligne droite (*arch.*).

Ressauter v. n. Sauter de nouveau.

Resseller v. a. Seller de nouveau.

Ressemblance s. f. Rapport, conformité entre des personnes ou des choses.

Ressemblant, e adj. Qui est conforme, semblable.

Ressembler v. n. Avoir de la ressemblance.

Ressemelage s. m. Action de ressemeler ; résultat de cette action.

Ressemeler v. a. Mettre de nouvelles semelles à une vieille chaussure.

Ressemer v. a. Semer de nouveau.

Ressenti, ie adj. Rendu vivement par l'effet du talent et de l'étude.

Ressentiment s. m. Faible attaque ou renouvellement d'un mal déjà ressenti. Fig. souvenir des injures avec le désir de s'en venger.

Ressentir v. a. Eprouver, sentir vivement. SE RESSENTIR v. pr. Sentir quelque reste d'un mal qu'on a eu ; éprouver les suites ou l'influence d'une chose. *Se ressentir d'une injure*, s'en souvenir avec amertume.

Resserrement s. m. Action par laquelle une chose est resserrée.

Resserrer v. a. Serrer davantage ce qui s'est lâché. Fig. rendre plus étroit, plus solide : *resser-*

rer les liens de l'amitié; renfermer; abréger : *resserrer un discours;* rendre moins ouvert, moins libre. SE RESSERRER v. pr. Devenir moins étendu; se rétrécir. Fig. retrancher de sa dépense.

Ressort s. m. Propriété de la matière pressée, pliée ou tendue, de se rétablir plus ou moins exactement dans son premier état (*phys.*); morceau de métal qui est fait et posé de façon qu'il se rétablit dans sa première situation quand il cesse d'être comprimé. Fig. activité, énergie, moyens; étendue d'une juridiction.

Ressortir v. n. Sortir après être rentré; sortir de nouveau. Fig. être plus saillant, plus brillant, plus visible.

Ressortir v. n. Etre du ressort d'une juridiction. *Ressortir à,* se rapporter à.

Ressortissant, e adj. Qui est du ressort.

Ressouder v. a. Souder de nouveau.

Ressource s. f. Ce à quoi on a recours pour se tirer d'embarras, pour vaincre une difficulté. Au pl. richesses d'un pays. *Homme de ressource*, fertile en expédients.

Ressouvenir (se) v. pr. Se rappeler, se remettre dans la mémoire; considérer, réfléchir, faire attention à.

Ressouvenir s. m. Idée, image conservée d'une chose passée; sentiment d'une douleur qui se renouvelle.

Ressuage s. m. Etat, action d'un corps qui ressue.

Ressuer v. n. Se dit des corps qui laissent sortir leur humidité intérieure.

Ressusciter v. a. Ramener de la mort à la vie. Fig. renouveler, faire revivre. V. n. Revenir à la vie.

Ressuyer v. a. Sécher; essuyer de nouveau.

Restant, e adj. Qui reste. S. m. Ce qui reste.

Restaurant, e adj. Qui restaure, répare les forces. S. m. Mets qui restaure; établissement de restaurateur.

Restaurateur, trice s. Qui refait, répare, rétablit. S. m. Traiteur chez lequel on trouve des aliments à toute heure.

Restauration s. f. Rétablissement, réparation; rétablissement d'une ancienne dynastie sur le trône.

Restaurer v. a. Réparer, rétablir; remettre en bon état, en vigueur. SE RESTAURER v. pr. Prendre un repas.

Restaut, grammairien français (1696-1764).

Reste s. m. Ce qui demeure d'un tout, d'une quantité; débris; ce que quelqu'un a refusé, abandonné; résultat d'une soustraction. Au pl. cendres, ossements d'une personne morte. DU RESTE, AU RESTE loc. adv. Au surplus, d'ailleurs. DE RESTE loc. adv. Plus qu'il n'en faut.

Rester v. n. Etre de reste; demeurer. *En rester à,* se borner à, s'être arrêté à.

Restituable adj. Qui doit être restitué; qui peut être rétabli en son premier état.

Restituer v. a. Rendre ce qui a été pris ou ce qui est possédé indûment; rétablir.

Restitution s. f. Action de restituer.

Restreindre v. a. Diminuer, réduire, limiter. SE RESTREINDRE v. pr. Réduire sa dépense.

Restrictif, ive adj. Qui limite, qui restreint : *clause restrictive.*

Restriction s. f. Modification; condition qui restreint. *Restriction mentale*, réserve qu'on fait d'une partie de ce que l'on pense, pour tromper ceux à qui l'on parle.

Restringent, e adj. et s. Qui a la vertu de resserrer (*méd.*).

Résultant, e adj. Qui résulte. S. f. *Méc.* Force qui résulte de la composition de plusieurs forces appliquées à un point donné.

Résultat s. m. Ce qui résulte d'une action, d'un fait, d'un principe.

Résulter v. n. S'ensuivre. (N'est usité qu'à l'infinitif, aux participes et aux 3es personnes.)

Résumé s. m. Précis d'un discours.

Résumer v. a. Reprendre, réduire en peu de mots ce qu'il y a d'essentiel dans un écrit, un discours. SE RÉSUMER v. pr. Reprendre en peu de mots ce qu'on a dit et conclure.

Résurrection s. f. Retour de la mort à la vie.

Retable s. m. Ornement d'architecture contre lequel est appuyé l'autel *.

Rétablir v. a. Remettre en son premier état, en meilleur état; ramener, faire renaître. SE RÉTABLIR v. pr. Recouvrer la santé.

Rétablissement s. m. Action de se rétablir; état de ce qui est rétabli.

Retaille s. f. (*ll* m.) Partie, morceau qu'on retranche d'une chose en la façonnant.

Retailler v. a. (*ll* m.) Tailler de nouveau.

Rétamage s. m. Action de rétamer; son résultat.

Rétamer v. a. Etamer de nouveau des ustensiles de cuisine.

Rétameur s. m. Ouvrier qui rétame.

Retaper v. a. Remettre un chapeau à neuf.

Retard s. m. Délai; retardement.

Retardataire s. Qui est en retard.

Retardement s. m. Délai; action de retarder.

Retarder v. a. Différer; empêcher d'aller, de partir; *retarder une pendule*, en mettre les aiguilles sur une heure moins avancée, et faire qu'elle aille moins vite. V. n. Aller trop lentement.

Retâter v. a. Tâter de nouveau; manier plusieurs fois.

Reteindre v. a. Teindre de nouveau.

Retendre v. a. Tendre de nouveau.

Retenir v. a. Ravoir; garder par devers soi ce qui est à un autre; ne pas lâcher; conserver ce que l'on a; prélever; faire demeurer; empêcher l'effet prochain d'une action; arrêter; réprimer; garder dans sa mémoire. SE RETENIR v. pr. S'empêcher de tomber; s'arrêter avec effort.

Rétention s. f. Action de retenir, de réserver. *Méd. Rétention d'urine*, difficulté, impossibilité d'uriner.

Rétentionnaire s. m. Celui qui retient ce qui appartient à d'autres.

Retentir v. n. Résonner; rendre, renvoyer un son éclatant.

Retentissant, e adj. Qui retentit.

Retentissement s. m. Bruit, son renvoyé avec plus ou moins d'éclat. Fig. *cette nouvelle a eu un grand retentissement*.

Retentum s. m. (on pron. *rétentiome*). Partie d'un arrêt que les juges tenaient secrète, mais qui ne laissait pas d'avoir son exécution; ce qu'on réserve, ce qu'on ne dit pas.

Retenu, ue adj. Sage, modéré.

Retenue s. f. Modération, discrétion, modestie; ce qu'on retient sur un traitement, un salaire, une pension, etc. *Etre en retenue*, se dit, dans les collèges, d'un élève qu'on prive de récréation ou de sortie pour le punir de quelque faute. *Arith.* Nombre réservé pour être joint aux chiffres de la colonne suivante.

Reterçage ou **retersage** s. m. Action de reterser.

Retercer ou **reterser** v. a. Donner un second labour à la vigne pour détruire les herbes.

Rétiaire s. m. (on pron. *réciaire*). Gladiateur armé d'un filet et d'un trident.

Réticence s. f. Suppression ou omission volontaire d'une chose qu'on devrait dire.

Réticulaire adj. En forme de réseau.

Rétif de la Bretonne, romancier français (1734-1806).

Rétif, ive adj. Qui résiste, s'arrête, recule: *cheval rétif*. Fig. difficile à conduire, à persuader: *enfant, caractère, esprit rétif*.

Rétine s. f. La plus intérieure des membranes de l'œil.

Rétinite s. f. Inflammation de la rétine.

Retiration s. f. Action d'imprimer le verso d'une feuille de papier.

Retiré, ée adj. Solitaire, peu fréquenté: *lieu retiré; vie retirée*, qui s'écoule dans la retraite.

Retirement s. m. Contraction, raccourcissement, en parlant des muscles et des nerfs.

Retirer v. a. Tirer une seconde fois; tirer à soi, en arrière; ôter une personne, une chose, de l'endroit où elle était; prendre, priver de; percevoir, recueillir. SE RETIRER v. pr. S'en aller; retourner à sa place; se raccourcir.

Retombée s. f. *Arch.* Naissance d'une voûte.

Retomber v. n. Tomber de nouveau. Fig. être atteint de nouveau d'une maladie, d'un vice, etc.

Retondre v. a. Tondre de nouveau. *Archit.* Retrancher des ornements inutiles.

Retordement s. m. Action de retordre les soies.

Retordre v. a. Tordre de nouveau; tordre.

Rétorquer v. a. Tourner contre son adversaire les arguments dont il s'est servi.

Retors, e adj. Qui a été retordu, Fig. rusé.

Rétorsion s. f. Action de rétorquer les raisons, les preuves.

Retouche s. f. Correction à un tableau; endroit retouché.

Retoucher v. n. Toucher de nouveau. V. a. et n. Corriger; perfectionner.

Retour s. m. Action de revenir, de retourner; tour contraire; vicissitude; réciprocité de sentiments. *Archit.* Encoignure d'un bâtiment.

Retourne s. f. Carte qu'on retourne à certains jeux.

Retourner v. n. Aller de nouveau; revenir à. V. a. Tourner d'un autre sens. SE RETOURNER v. pr. Regarder derrière soi. *S'en retourner*, s'en aller.

Retracer v. a. Tracer de nouveau. Fig. raconter, rappeler, décrire.

Rétractation s. f. Action de se rétracter.

Rétracter v. a. Déclarer qu'on n'a plus l'opinion qu'on avait annoncée. SE RÉTRACTER v. pr. Se dédire; se désavouer.

Rétractile adj. Qui a la faculté de se retirer, de rentrer en dedans, tels sont les ongles du chat.

Rétractilité s. f. Qualité de ce qui est rétractile.

Rétraction s. f. *Méd.* Raccourcissement, contraction.

Retraire v. a. *Jurisp.* Exercer un retrait, retirer.

Retrait s. m. *Jurisp.* Action en justice, par laquelle on retire un héritage qui avait été vendu; action de retirer un projet présenté à une assemblée; diminution de volume; suspension (d'un emploi).

Retrait, e adj. Qui mûrit sans se remplir (en parlant des grains).

Retraite s. f. Action de se retirer; lieu où l'on se retire, se réfugie; pension; marche de troupes qui se retirent après un échec. Signal pour faire rentrer les soldats; retrait; traite faite après le protêt.

Retraité, ée adj. Qui reçoit une pension de retraite.

Retranchement s. m. Suppression de quelque partie d'un tout; suppression totale; travaux pour se mettre à couvert contre les attaques des ennemis.

Retrancher v. a. Oter, supprimer; séparer une partie d'un tout. SE RETRANCHER v. pr. Se restreindre; borner sa défense à; se mettre à couvert par des retranchements.

Retravailler v. a. (*ll* m.) Travailler de nouveau.

Rétréci, ie adj. Étroit, borné.

Rétrécir v. a. Rendre plus étroit. V. n. et SE RÉTRÉCIR v. pr. Devenir plus étroit.

Rétrécissement s. m. Action de rétrécir; état d'une chose rétrécie.

Retremper v. a. Tremper de nouveau. Fig. donner une nouvelle vigueur.

Rétribuer v. a. Donner un salaire, une récompense.

Rétribution s. f. Salaire, récompense.

Rétroactif, ive adj. Qui agit sur le passé.

Rétroaction s. f. Etat de ce qui est rétroactif.

Rétroactivement adv. D'une manière rétroactive.

Rétroactivité s. f. Qualité de ce qui est rétroactif.

Rétroagir v. n. Avoir un effet rétroactif.

Rétrocéder v. a. *Jurisp.* Rendre ce qui avait été cédé.

Rétrocession s. f. *Jurisp.* Acte par lequel on rétrocède.

Rétrocessionnaire s. A qui l'on rétrocède.

Rétrogradation s. f. Action de rétrograder.

Rétrograde adj. Qui va en arrière.

Rétrograder v. n. Retourner en arrière.

Rétrospectif, ive adj. Qui regarde en arrière; qui revient sur le temps passé.

Rétrospectivement adv. D'une manière rétrospective.

Retroussement s. m. Action de retrousser.

Retrousser v. a. Relever en haut ce qui était détroussé. SE RETROUSSER v. pr. Retrousser ses vêtements.

Retroussis s. m. Bord retroussé d'un vêtement, d'un chapeau, etc.

Retrouver v. a. Trouver une seconde fois; trouver ce qu'on avait perdu, oublié. Fig. reconnaître.

Rets s. m. Filet pour prendre des oiseaux, des poissons, etc.

Réunion s. f. Action de réunir ou de se réunir; son résultat; assemblée. Fig. réconciliation.

Réunir v. a. Rassembler ce qui était désuni, épars, séparé; joindre. Fig. réconcilier. SE RÉUNIR v. pr. S'assembler; concourir.

Réussir v. n. Avoir un bon ou un mauvais succès, un heureux succès.

Réussite s. f. Bon succès; bon ou mauvais succès; issue.

Revaloir v. a. Fam. Rendre la pareille.

Revanche s. f. Action par laquelle on se revanche. EN REVANCHE loc. adv. Pour rendre la pareille.

Revancher v. a. Défendre quelqu'un qui est attaqué. SE REVANCHER v. pr. Se défendre; rendre la pareille.

Revancheur s. m. Qui revanche: défenseur.

Rêvasser v. n. Avoir des rêveries diverses et fréquentes; penser vaguement.

Rêvasserie s. f. Action de rêvasser; état de celui qui rêvasse.

Rêvasseur s. m. Fam. Qui rêvasse.

Rêve s. m. Songe qu'on fait en dormant. Fig. espoir mal fondé; projet chimérique.

Revêche adj. Rude, âpre au goût. Fig. peu traitable.

Réveil s. m. (*l* m.) Cessation de sommeil. Réveille-matin.

Réveille-matin s. m. (*ll* m.) Horloge dont la sonnerie réveille à une heure déterminée.

Réveiller v. a. (*ll* m.) Tirer du sommeil. Fig. exciter de nouveau, ranimer; faire renaître. SE RÉVEILLER v. pr. S'éveiller, se ranimer.

Réveillon s. m. (*ll* m.) Repas fait au milieu de la nuit.

Révélateur, trice s. Qui révèle.

Révélation s. f. Action de révéler. Inspiration par laquelle Dieu a fait connaître sa loi, ses mystères: la religion révélée.

Révélé, ée adj. *La religion révélée.* le christianisme.

Révéler v. a. Découvrir, déclarer, faire savoir.

Revenant, e adj. Qui plaît, qui revient. S. m. Prétendu esprit qui revient de l'autre monde.

Revenant-bon s. m. Emolument, profit. Fig. avantage inattendu.

Revendeur, euse s. Qui revend, qui achète pour revendre.

Revendicable adj. Qui peut être revendiqué.

Revendication s. f. *Jurisp.* Action de revendiquer.

Revendiquer v. a. Réclamer ce qui nous appartient.

Revendre v. a. Vendre ce qu'on a acheté.

Revenir v. n. Venir de nouveau; retourner au lieu d'où l'on était parti; recommencer à dire ou à faire ce qu'on a fait ou dit; croître de nouveau; reparaître; causer des rapports, des vapeurs. Se rétablir; reconnaître son erreur; se réconcilier; résulter à l'avantage ou au désavantage de quelqu'un; coûter; plaire.

Revente s. f. Seconde vente.

Revenu s. m. Produit annuel; rente.

Revenue s. f. Le jeune bois qui revient sur une coupe.

Rêver v. n. et a. Faire quelque rêve; être dans le délire; être distrait; penser, méditer; désirer vivement.

Réverbération s. f. Réflexion de la lumière, de la chaleur.

Réverbère s. m. Miroir réflecteur qu'on place derrière la flamme pour en concentrer la lumière sur un certain espace; sorte de lanterne*.

Réverbérer v. a. et n. Réfléchir, repousser, renvoyer la lumière, la chaleur.

Reverdir v. a. Repeindre en vert. V. n. Redevenir vert. Fig. rajeunir; redevenir plus fort.

Reverdissement s. m. Action de reverdir.

Révéremment adv. (on pron. *révéraman*). Fam. Respectueusement.

Révérence s. f. Respect, vénération; titre d'honneur; mouvement pour saluer.

Révérencielle adj. f. *Crainte révérencielle*, mêlée de respect.

Révérencieusement adv. Avec respect.

Révérencieux, euse adj. Qui affecte de faire des révérences.

Révérend, e adj. et s. Digne d'être révéré (titre).

Révérendissime adj. Très vénérable (titre des généraux d'ordre, des archevêques, des patriarches).

Révérer v. a. Honorer, respecter.

Rêverie s. f. Pensée où se laisse aller l'imagination; idée extravagante; délire.

Revernir v. a. Vernir de nouveau.

Revers s. m. Côté d'une chose opposé à celui que l'on considère comme le côté principal; partie repliée d'un habit; côté d'une médaille opposé à l'effigie; coup d'arrière-main. Fig. disgrâce, accident fâcheux.

Reversement s. m. Transport de la cargaison d'un navire dans un autre.

Reverser v. a. Verser de nouveau; transborder.

Reversi ou **reversis** s. m. Sorte de jeu de cartes.

Réversibilité s. f. Qualité de ce qui est réversible.

Réversible adj. Qui doit faire retour à son propriétaire, à son héritier, etc. : *bien réversible*.

Réversion s. f. Retour d'un bien à son premier propriétaire.

Revêtement s. m. Sorte de placage qu'on fait à une construction; ouvrage pour retenir les terres d'un fossé.

Revêtir v. a. Donner des vêtements à quelqu'un qui en manque; enduire, couvrir. Fig. prendre : *revêtir un caractère;* donner : *revêtir d'un pouvoir*. SE REVÊTIR v. pr. S'habiller. Fig. se donner une qualité.

Revêtu, ue adj. Habillé, recouvert. Fig. orné, décoré; chargé; *revêtu d'un pouvoir.*

Rêveur, euse adj. et s. Qui rêve, qui s'abandonne aux rêveries; extravagant.

Revient s. m. *Prix de revient* ou simplement *revient*, prix auquel revient une chose.

Revirement s. m. Action de revirer (*mar.*); transport de créance.

Revirer v. n. Tourner d'un autre côté avec le gouvernail (*mar.*). Fig. *revirer de bord*, changer de parti.

Reviser v. a. Revoir, examiner de nouveau.

Reviseur s. m. Celui qui revoit après un autre.

Revision s. f. Nouvel examen. *Conseil de revision*, conseil qui, lors du recrutement de l'armée, s'assure que les conscrits sont propres au service.

Revisiter v. a. Visiter de nouveau.

Revivification s. f. Action de revivifier.

Revivifier v. a. Vivifier de nouveau. Fig. donner une nouvelle vie spirituelle.

Revivre v. n. Vivre de nouveau, revenir de la mort à la vie. *Faire revivre*, renouveler, rendre les forces.

Révocabilité s. f. Qualité de ce qui est révocable.

Révocable adj. Qui peut être révoqué.

Révocation s. f. Action de révoquer; acte qui révoque.

Révocatoire adj. Qui révoque (*jurisp.*).

Revoici, revoilà prép. Voici, voilà de nouveau.

Revoir v. a. Voir de nouveau; corriger, retoucher, examiner de nouveau. SE REVOIR v. pr. Se voir de nouveau; se reproduire. S. AU REVOIR, formule d'adieu.

Revoler v. n. Voler de nouveau vers.

Révoltant, e adj. Qui révolte, qui indigne.

Révolte s. f. Soulèvement contre l'autorité légitime; rébellion.

Révolté, ée adj. et s. Qui est en révolte.

Révolter v. a. Porter, pousser à la révolte; indigner. SE RÉVOLTER v. pr. S'insurger; s'indigner contre.

Révolu, ue adj. Achevé, complet (se dit du cours des astres, du temps).

Révolution s. f. Retour d'un astre au point de son départ; mouvement circulaire complet; bouleversement total, changement considérable dans les choses du monde : *révolutions du globe*; changement dans l'état politique, etc.

Révolutionnaire adj. Qui a rapport aux révolutions politiques. S. m. Partisan des révolutions.

Révolutionner v. a. Mettre en révolution; troubler profondément.

Revolver s. m. (mot angl.; on pron. *révolvère*). Pistolet à plusieurs coups.

Revomir v. a. Vomir ce qu'on avait avalé.

Révoquer v. a. Rappeler; ôter les pouvoirs; annuler (un ordre).

Revue s. f. Recherche, inspection exacte; inspection des troupes; titre de certains écrits périodiques.

Révulsif, ive adj. et s. Se dit des divers moyens employés en médecine pour détourner le principe d'une maladie vers une autre partie.

Révulsion s. f. Action des remèdes révulsifs (*méd.*).

Reynolds, peintre anglais (1723-1792).

Rez prép. (on pron. *ré*). Tout contre.

Rez-de-chaussée s. m. La partie d'une maison au niveau du sol. (Pl. *rez-de-chaussée*.)

Rhabillage s. m. (*ll* m.) Raccommodage.

Rhabiller v. a. (*ll* m.) Habiller de nouveau; raccommoder.

Rhabilleur, euse s. (*ll* m.) Qui rhabille, raccommode.

Rhagade s. f. Sorte de gerçure.

Rhénan, e adj. Du Rhin, aux bords du Rhin.

Rhéteur s. m. Qui enseignait l'art de bien dire; orateur sec et emphatique.

Rhétoricien s. m. Qui sait la rhétorique; élève de rhétorique.

Rhétorique s. f. Art de bien dire; classe, traité de rhétorique; affectation d'éloquence.

Rhingrave s. m. Comte du Rhin; titre de quelques princes d'Allemagne. S. f. Espèce de haut-de-chausses.

Rhinocéros s. m. (on pron. *rinocéroce*). Quadrupède pachyderme, ayant une corne sur le nez *.

Rhodium s. m. (on pron. *rodiome*). L'un des corps simples de la chimie.

Rhododendron s. m. (on pron. *dindron*). Arbrisseau de la famille des rosacées.

Rhombe s. m. Losange.

Rhomboïdal, e, aux adj. En forme de rhombe.

Rhomboïde s. m. Figure qui ressemble à un rhombe.

Rhubarbe s. f. Plante provenant de la Chine, et dont la racine est purgative.

Rhum s. m. (on pron. *rome*). Eau-de-vie de sucre.

Rhumatisé, ée adj. Qui a des rhumatismes.

Rhumatisant adj. et s. Qui est affecté de rhumatismes.

Rhumatismal, e ou **rhumatique** adj. Du rhumatisme.

Rhumatisme s. m. Douleur qui a son siège dans les muscles et les articulations.

Rhume s. m. Bronchite légère; *rhume de cerveau*, syn. de *coryza*.

Rhythme s. m. Voy. *Rythme*.

Rhythmique adj. Voy. *Rythmique*.

Rhyton s. m. Vase antique en forme de corne, qui servait à boire.

Riant, e adj. Qui annonce de la gaieté; agréable à la vue. Fig. agréable à l'esprit.

Ribambelle s. f. Kyrielle, longue suite (fam.).

Ribaud, e adj. et s. Luxurieux, impudique (pop.).

Ribauderie s. f. Action de ribaud.

Ribeira ou **Ribera** (Joseph), dit l'ESPAGNOLET, célèbre peintre espagnol (1588-1659).

Ribordage s. m. Dommage causé par un choc bord à bord (*mar.*).

Ribote s. f. Excès de table, de boisson (pop.).

Riboter v. n. Faire ribote (pop.).

Riboteur, euse s. Qui aime à faire ribote (pop.).

Ricanement s. m. Action de ricaner.

Ricaner v. n. Rire à demi.

Ricanerie s. f. Rire moqueur (fam.).

Ricaneur, euse s. Qui ricane (fam.).

Ric-à-ric loc. adv. Avec une exactitude rigoureuse (fam.).

Richard s. m. Homme fort riche et de médiocre condition (fam.).

Richard Ier, dit CŒUR DE LION, roi d'Angleterre (1189-1199). — RICHARD II, fils du prince Noir (1377-1399). — RICHARD III, duc de Glocester, arriva au trône en faisant assassiner ses neveux encore mineurs (1483-1485).

Richard Lenoir (FRANÇOIS RICHARD dit), célèbre manufacturier français (1765-1839).

Richardson (SAMUEL), romancier anglais (1689-1761).

Riche adj. Opulent, qui a beaucoup de biens; abondant, fertile (au prop. et au fig.); de grand prix. Fig. *Langue riche*, qui abonde en mots et en tours de phrases. S. m. Personne riche.

Richelieu (ARMAND DUPLESSIS, cardinal DE), célèbre ministre de Louis XIII (1585-1642), favorisa les lettres et fonda l'Académie française.

Richelieu (duc de), arrière-petit neveu du cardinal, maréchal de France (1696-1788). — RICHELIEU (Armand-Emmanuel, duc de), petit-fils du précédent, ministre des affaires étrangères sous Louis XVIII (1766-1822).

Richement adv. Magnifiquement; d'une manière riche.

Richemond (HENRI TUDOR, comte de), roi d'Angleterre sous le nom de Henri VII.

Richemont (duc de), connétable de France, puis duc de Bretagne (1393-1458).

Richepanse, général français (1770-1802).

Richesse s. f. Opulence, abondance de biens. Fig. magnificence, éclat, fécondité.

Richissime adj. Extrêmement riche (fam.).

Richter (Jean-Paul), célèbre littérateur allemand (1763-1825).

Ricin s. m. Plante dont les graines donnent une huile purgative.

Ricocher v. n. Faire des ricochets.

Ricochet s. m. Bond d'une pierre plate jetée obliquement sur la surface de l'eau; bonds répétés des projectiles. Fig. suite d'événements amenés les uns par les autres. *Par ricochet*, par des moyens indirects.

Rictus s. m. Fente de la bouche.

Ride s. f. Pli sur la peau du visage, des mains, etc., sur la peau des fruits. Fig. froncement que le vent fait naître à la surface de l'eau.

Rideau s. m. Etoffe suspendue pour couvrir ou cacher; toile de théâtre. Fig. ce qui arrête la vue. *Derrière le rideau*, en secret.

Ridelle s. f. Côté d'une charrette en râtelier.

Rider v. a. Faire, causer des rides.

Ridicule adj. Digne de risée, de moquerie. S. m. Ce qui est ridicule.

Ridiculement adv. D'une façon ridicule.

Ridiculiser v. a. Rendre ridicule; tourner en ridicule.

Ridiculité s. f. Qualité de ce qui est ridicule; action, parole, chose ridicule.

Rien s. m. Néant, nulle chose; peu de chose; quoi que ce soit. Au pl. bagatelles.

Rienzi (Nicolas di), tribun qui, n'ayant pu obtenir de Clément VI qu'il quittât Avignon, essaya de rétablir la république à Rome en 1347; m. 1354.

Rieur, euse s. Qui rit, aime à rire.

Riflard s. m. (*d* nul). Gros rabot, ciseau dentelé; parapluie (pop.).

Rifler v. a. Enlever avec un riflard; polir avec le rifloir. Fig. enlever (pop.).

Rifloir s. m. Lime recourbée.

Rigaud (Hyacinthe), peintre français (1659-1743).

Rigaudon. Voy. *Rigodon*.

Rigide adj. Roide, inflexible. Fig. dur, sévère, exact.

Rigidement adv. Avec rigidité.

Rigidité s. f. Qualité de ce qui est rigide. Fig. grande sévérité.

Rigodon ou **rigaudon** s. m. Ancienne danse à deux temps.

Rigole s. f. Petit canal pour faire couler les eaux; petite tranchée pour planter des bordures.

Rigorisme s. m. Morale trop sévère.

Rigoriste adj. et s. Trop sévère dans la morale.

Rigoureusement adv. Avec rigueur, sévérite, exactitude.

Rigoureux, euse adj. Très sévère; rude; d'une exactitude parfaite.

Rigueur s. f. Sévérité extrême; austérité; âpreté, dureté; grande exactitude. A LA RIGUEUR loc. adv. A la lettre.

Rillettes s. f. pl. (*ll* m.) Viande de porc hachée très menu et mêlée de graisse.

Rimailler v. n. (*ll* m.) Faire de mauvais vers.

Rimailleur s. m. (*ll* m.) Qui rimaille.

Rime s. f. Uniformité de son dans la terminaison de deux mots. *N'avoir ni rime ni raison*, être absurde.

Rimer v. n. Se terminer par un même son; faire des vers. Fig. s'accorder, avoir du rapport à : *cela ne rime à rien* (fam.). V. a. Mettre en vers.

Rimeur s. m. Qui fait des vers; mauvais poète.

Rinceau s. m. Feuillages dans les ornements d'architecture.

Rincée s. f. Volée de coups, correction.

Rincer v. a. Nettoyer en lavant et en frottant. Fig. réprimander.

Rinçure s. f. L'eau qui a servi à rincer.

Ringard s. m. Barre que l'on soude à un morceau de fer pour le manier.

Ripaille s. f. (*ll* m.) Grande chère; débauche de table.

Ripe s. f. Outil de maçon pour gratter la pierre.

Riper v. a. Ratisser avec la ripe.

Ripopée s. f. Mélange de vins, de liqueurs, de sauces. Fig. ouvrage contenant des idées communes, incohérentes.

Riposte s. f. Répartie prompte, réponse vive; botte en parant (*t. d'escrime*).

Riposter v. n. Faire une riposte.

Ripuaires s. m. pl. Peuplades franques des bords du Rhin.

Riquet, auteur du *canal du Midi* ou *canal des Deux-Mers* (1604-1680).

Rire v. n. Exprimer la joie, le dédain, le mépris, la cruauté par une contraction des muscles du visage; plaire aux yeux, à l'esprit; être favorable; se divertir; badiner. *Pour rire*, non effectivement. SE RIRE v. pr. Se moquer.

Rire ou **ris** s. m. Action de rire.

Ris s. m. Glande sous la gorge d'un veau.

Ris s. m. pl. Partie d'une voile, au-dessous de la vergue, comprise entre deux bandes de toile munies d'œillets dans lesquels on passe des cordelettes pour raccourcir la voile quand le vent est trop fort (*mar.*).

Risban s. m. Terre-plein garni de canons pour défendre un port.

Risée s. f. Eclats de rire moqueurs. *Etre la risée*, être un objet de moquerie.

Risette s. f. Petit éclat de rire.

Risibilité s. f. Faculté de rire.

Risible adj. Qui a la faculté de rire; propre à faire rire; digne de moquerie.

Risiblement adv. D'une manière risible.

Risquable adj. Périlleux, hasardeux, où il y a du risque; qu'on peut risquer.

Risque s. m. Péril, hasard, danger. *A ses risques et périls*, en acceptant la responsabilité de tout ce qui peut arriver.

Risquer v. a. Hasarder; mettre en danger; courir les risques. V. n. S'exposer à des risques. SE RISQUER v. pr. Courir le risque; hasarder.

Risque-tout s. m. Homme téméraire que rien n'arrête. (Pl. des *risque-tout*.)

Rissole s. f. Sorte de pâtisserie de viande hachée et frite.

Rissoler v. a. Rôtir de manière à donner au mets une couleur rousse.

Rit (on pron. le *t*), ou **rite** s. m. Ordre prescrit des cérémonies religieuses. (Pl. *rites*.)

Ritournelle s. f. Reprise d'un chant; petite symphonie qui le précède. Fig. répétitions fréquentes dans le discours.

Rituel s. m. Livre des cérémonies, des prières de l'Eglise.

Rivage s. m. Bord de la mer, et poét., des rivières.

Rival, e adj. et s. Concurrent.

Rivaliser v. n. Disputer de talent, de mérite, etc.

Rivalité s. f. Concurrence, émulation.

Rivarol, littérateur français (1753-1801).

Rive s. f. Bord d'un fleuve, d'une rivière, d'un lac, d'un ruisseau, etc.

River v. a. Abattre, recourber la pointe de l'autre côté de l'objet qu'il perce, et l'y aplatir. Fig. *River à quelqu'un son clou*, lui répliquer vivement; *river les fers*, affermir l'esclavage.

Riverain, e adj. Qui est le long de la rive. S. m. Qui habite ou possède un terrain le long d'une rivière, d'une forêt, d'un chemin, etc.

Rivet s. m. Clou rivé*.

Rivière s. f. Cours d'eau qui coule dans un lit assez grand pour porter un bateau, et se jette dans un fleuve. Fig. *Rivière de diamants*, collier de gros diamants.

Rivure s. f. Petite broche de fer dans les charnières.

Rixdale s. f. Monnaie d'argent de plusieurs Etats du Nord.

Rixe s. f. Querelle accompagnée d'injures, de menaces, de coups.

Riz s. m. Plante céréale à grains blancs, cultivée dans les pays chauds; les grains de cette plante*.

Rizière s. f. Campagne semée de riz.

Rob s. m. Suc dépuré et épais de fruits cuits.

Rob ou **robre** s. m. Deux parties liées, au jeu de whist.

Robbia (Luca *della*), sculpteur florentin, inventeur des bas-reliefs en terre cuite émaillée (1388-1463).

Robe s. f. Vêtement long avec des manches propre aux femmes, aux gens d'église, de justice, etc. Fig. profession des gens de loi, des ecclésiastiques; couleur du poil des animaux.

Robert, nom de plusieurs rois et princes dont les plus célèbres sont: ROBERT LE FORT, tige de la race des Capétiens, m. 866. — ROBERT Ier, roi de France, fils du précédent, m. 923. — ROBERT II *le Pieux*, fils de Hugues Capet, roi de France (970-1031). — ROBERT *Courte Heuse* fils de Guillaume le Conquérant et duc de Normandie, m. 1134. ROBERT BRUCE roi d'Ecosse, m. 1329.

Robertson (William), historien anglais (1721-1793).

Robespierre (Maximilien), célèbre révolutionnaire, né à Arras, membre du Comité du salut public (1759-1794).

Robin s. m. Homme de robe.

Robinet s. m. Pièce d'un tuyau de fontaine pour arrêter ou faire couler l'eau à volonté.

Robinier s. m. Genre de la famille des légumineuses, auquel appartient l'acacia.

Roboam, fils de Salomon et roi de Juda, m. 946 av. J.-C.

Roboratif, ive adj. Qui fortifie.

Robre. Voy. *Rob*.

Robuste adj. Fort, vigoureux. Fig. ferme.

Robustement adv. D'une manière robuste.

Roc s. m. Masse de pierre très dure qui tient à la terre.

Rocaille s. f. (*ll* m.) Composition d'architecture rustique faite de pierres et de coquillages.

Rocailleur s. m. (*ll* m.) Qui travaille en rocaille.

Rocailleux, euse adj. (*ll* m.) Plein de petits cailloux : *chemin rocailleux*. Fig. dur : *style rocailleux*.

Rocambole s. f. Espèce d'ail plus doux que l'ail ordinaire. Fig. ce qu'il y a de plus piquant dans un genre (vx.); facétie.

Roch (saint), se dévoua au soin des pestiférés en Italie. Atteint lui-même, il se retira dans une solitude où il recouvra la santé (1295-1327).

Rochambeau (comte de), maréchal de France (1725-1807). — ROCHAMBEAU (Joseph), fils du précédent, général français (1750-1813).

Roche s. f. Bloc considérable de pierre dure ; masses minérales de la croûte terrestre. Fig. *Cœur de roche*, cœur dur, insensible.

Rocher s. m. Roc élevé et escarpé. Fig. homme dur, cœur insensible.

Rochet s. m. (on pron. *rochè*). Surplis à manches étroites. *Roue à rochet*, roue garnie de dents recourbées*.

Rocheux, euse adj. Qui est couvert de roches.

Rock s. m. Oiseau gigantesque et fabuleux dont parlent les contes des *Mille et une Nuits*.

Rococo adj. et s. m. invar. Genre d'architecture, d'ameublement caractérisé par la profusion des ornements, des rocailles, des guirlandes de fleurs enlacées d'une manière affectée. Fig. se dit en général de tout ce qui tient aux vieilleries, au mauvais goût.

Rocou s. m. Pâte tinctoriale, préparée avec les semences du rocouyer.

Rocouer v. a. Peindre avec du [rocou.

Rocouyer s. m. Arbrisseau qui produit le rocou.

Roder v. a. User par le frottement mutuel de deux objets.

Rôder v. n. Errer çà et là.

Rôdeur s. m. Qui rôde.

Rodogune, fille de Phraate, roi des Parthes, épousa le roi de Syrie Démétrius Nicanor (240 av. J.-C.).

Rodolphe de Habsbourg, empereur d'Allemagne (1273-1291), fondateur de la maison d'Habsbourg. — RODOLPHE II, empereur d'Allemagne (1576-1612).

Rodomont s. m. Fanfaron, faux brave, vantard.

Rodomontade s. f. Fanfaronnade.

Rœderer (comte), homme politique et écrivain français (1754-1835).

Rogations s. f. pl. Prières publiques et processions pour les biens de la terre, pendant les trois jours qui précèdent l'Ascension.

Rogatoire adj. *Commission rogatoire*, commission adressée par un juge à un autre pour l'inviter à faire un acte de procédure ou d'instruction dans l'étendue de son ressort.

Rogaton s. m. Reste de viandes. Fig. objet de rebut.

Roger, nom de deux rois de Sicile (XIe et XIIe siècles).

Rogne s. f. Gale invétérée ; mousse sur le bois.

Rogne-pied s. m. Outil de maréchal-ferrant pour rogner la corne.

Rogner v. a. Retrancher, ôter du bout, des extrémités. Fig. ôter, retrancher.

Rogneur, euse s. Qui rogne.

Rogneux, euse adj. et s. Qui a la rogne.

Rognon s. m. Rein d'un animal.

Rognonner v. n. Murmurer entre ses dents (pop.).

Rognure s. f. Ce qu'on a rogné.

Rogomme s. m. Liqueur, eau-de-vie. *Voix de rogomme*, enrouée par l'abus des liqueurs fortes.

Rogue adj. Fier, arrogant.

Rohan, famille noble, descendant des anciens rois et ducs de Bretagne, et qui a produit plusieurs hommes célèbres.

Roi s. m. Chef souverain d'un royaume ; le premier, le principal en son genre ; principale pièce du jeu d'échecs ; figure du jeu de cartes. — *Le jour des Rois*, l'Épiphanie (6 janvier).

Roide ou **raide** adj. Fort tendu ; difficile à plier. Fig. opiniâtre, inflexible. Adv. Vite, fort vivement.

Roidement ou **raidement** adv. Avec roideur.

Roideur ou **raideur** s. f. Qualité de ce qui est roide. Fig. rapidité, fermeté ou sévérité inflexible.

Roidillon ou **raidillon** s. m. (*ll* m.) Monticule un peu roide; pente roide.

Roidir ou **raidir** v. a. Tendre avec force. V. n. Devenir roide. SE ROIDIR, v. pr. Devenir roide. Fig. tenir ferme; ne pas se relâcher.

Roitelet s. m. Très petit oiseau; Fig. petit roi.

Roland, neveu de Charlemagne; m. 778.

Roland, ministre de Louis XVI pendant la Révolution (1732-1793). — (Mme), sa femme, célèbre par son caractère énergique et sa grande intelligence; son salon devint le centre du parti girondin (1754-1793).

Rôle s. m. Liste, catalogue; ce qu'un acteur doit dire, faire ou jouer; personnage qu'il joue; un feuillet de deux pages d'écriture. Fig. personnage que l'on fait dans le monde. A *tour de rôle*, chacun à son tour.

Rôlet s. m. Petit rôle.

Rollin, recteur de l'Université de Paris (1661-1741).

Rollon ou **Raoul**, premier duc de Normandie, m. 931.

Romain, e adj. et s. De Rome, des Romains. *Chiffres romains :* C, D, I, L, M, V, X; sorte de caractère d'imprimerie.

Romaine s. f. Sorte de balance pour peser avec un seul poids; sorte de laitue.

Roman s. m. Histoire feinte dans laquelle l'auteur cherche à exciter l'intérêt par la peinture des mœurs, des passions, des caractères. Fig. récit invraisemblable.

Roman, e adj. Se dit des langues formées du latin, et d'un style d'architecture qui régna du Ve au XIIe siècle.

Romance s. f. Chanson tendre et plaintive.

Romancier s. m. Auteur de romans.

Romanesque adj. Qui tient du roman, fabuleux, étrange.

Romanesquement adv. D'une façon romanesque.

Romanov (les), dynastie russe qui régna de 1613 à 1762.

Romantique adj. Syn. de *romanesque* : se dit d'un genre littéraire opposé au classique. — S. m. Genre ou écrivain romantique.

Romantisme s. m. Amour du romantique; système littéraire des romantiques.

Romarin s. m. Arbuste aromatique de la famille des Labiées.

Rompement s. m. *Rompement de tête*, fatigue de tête, causée par le bruit, une forte application.

Rompre v. a. Mettre en pièces; briser, casser. Fig. annuler; détruire, faire cesser; exercer, accoutumer. *Rompre la tête, les oreilles*, fatiguer, importuner; *rompre une lance pour quelqu'un*, prendre sa défense. — SE ROMPRE v. pr. Se briser. Fig. s'habituer à : *se rompre à la fatigue.*

Rompu, ue adj. part. Brisé; très fatigué. Fig. exercé.

Romuald (saint), moine bénédictin, fondateur de l'ordre des Camaldules (956-1027).

Romulus, fondateur de Rome en 753 av. J.-C.

Ronce s. f. Arbuste épineux et rampant*. Fig. ce qui pique, nuit.

Rond, e adj. De forme circulaire, sphérique ou cylindrique. Fig. franc, sincère. *Compte rond*, compte sans fraction.

Rond s. m. Figure circulaire. EN ROND loc. adv. Circulairement.

Rondache s. f. Grand bouclier rond et fort.

Ronde s. f. Visite nocturne autour d'une place de guerre, dans un camp, etc.; troupe qui fait cette visite; sorte d'écriture; chanson où chacun chante à son tour; troupe de personnes dansant en rond; *en mus.*, la plus longue des notes. À LA RONDE, loc. adv. Tour à tour, à l'entour.

Rondeau s. m. Petit poème français de 13 vers sur deux rimes, avec 2 pauses, au 5e et au 8e vers; air à deux ou plusieurs reprises.

Rondelet, ette adj. Qui a un peu trop d'embonpoint.

Rondelet (Jean), architecte français (1734-1829).

Rondelettes s. f. pl. Toiles à voiles.

Rondelle s. f. Petit bouclier rond ; pièce ronde de métal ou de cuir, etc. ; ciseau arrondi pour la sculpture.

Rondement adv. Uniment ; promptement ; sans façon ; franchement.

Rondeur s. f. Figure, qualité de ce qui est rond.

Rondin s. m. Bûche ronde ; gros bâton.

Rondiner v. a. Battre avec un rondin.

Ronflant, e adj. Sonore, bruyant ; spécieux et vain.

Ronflement s. m. Bruit fait en ronflant.

Ronfler v. n. Respirer avec bruit en dormant ; faire un bruit sourd, un grand bruit ; retentir fortement.

Ronfleur, euse s. Qui ronfle.

Ronger v. a. Couper avec les dents peu à peu. Fig. consumer ; agiter ; corroder ; tourmenter.

Rongeur, euse adj. Qui ronge, qui tourmente. S. m. pl. Ordre de quadrupèdes.

Roquefort s. m. Fromage de lait de brebis fait à Roquefort, dans l'Aveyron.

Roquelaure (Antoine de), maréchal de France (1543-1625).

Roquentin s. m. Vieillard ridicule.

Roquer v. n. Terme du jeu d'échecs.

Roquet s. m. Petit chien très commun. Fig. Homme de petite taille, hargneux.

Roquette s. f. Plante crucifère, annuelle.

Rosa (Salvator), célèbre peintre italien (1615-1673).

Rosace s. f. *Archit.* Ornement en forme de grande rose.

Rosacée s. f. Dont la fleur est en forme de rose. S. f. pl. Famille de plantes dont la rose est le type.

Rosaire s. m. Grand chapelet qu'on dit en l'honneur de la Vierge.

Rosat adj. invar. Se dit de certaines compositions où il entre des roses.

Rosâtre adj. Teinté de rose.

Rosbif s. m. Bœuf rôti.

Rose s. f. Fleur odoriférante, qui croît sur un arbuste épineux ; ce qui en a la forme, la couleur, le charme ; diamant plat taillé à facettes. *Rose des vents*, figure où sont marqués les trente-deux vents. Au pl. fig. Plaisirs, agréments.

Rose adj. De la couleur de la rose. S. m. Couleur rose.

Rose-croix s. f. Nom d'une secte d'illuminés du commencement du XVIIe siècle. S. m. Individu appartenant à cette secte.

Rosé, ée adj. D'un rouge faible approchant de la couleur de la rose.

Roseau s. m. Plante aquatique. Fig. personne sans fermeté, sans force.

Rosée s. f. Petite pluie fraîche qui tombe le matin.

Roseraie s. f. Lieu planté de rosiers.

Rosette s. f. Ornement en forme de rose. Cuivre rouge sans alliage.

Rosier s. m. Arbuste qui porte des roses.

Rosière s. f. Jeune fille qui a obtenu la rose, prix de la sagesse.

Rosse s. f. Cheval sans vigueur.

Rosser v. a. Battre quelqu'un violemment.

Rossignol s. m. Petit oiseau * dont le chant est très agréable. Fig. personne qui chante très bien ; fausse clef.

Rossignoler v. n. Imiter le chant du rossignol.

Rossignolet s. m. Petit rossignol.

Rossinante s. m. Le cheval de don Quichotte. S. f. Cheval éreinté de mauvaise mine.

Rostrale adj. f. *Colonne rostrale* ornée de proues de navire.

Rostre s. m. Éperon de navire. *Les rostres*, tribune aux harangues à Rome.

Rot s. m. Vent qui sort de l'estomac avec bruit.

Rôt s. m. Viande rôtie à la broche.

Rotang ou **rotin** s. m. Palmier des Indes.

Rotateur adj. et s. m. Se dit des muscles qui produisent le mouvement de rotation.

Rotation s. f. Mouvement circulaire d'un corps qui tourne sur lui-même.

Rotatoire adj. Circulaire, qui tourne.

Rote s. f. Juridiction ecclésiastique de Rome.

Roter v. n. Faire des rots (pop.)

Rôti s. m. Viande rôtie.

Rôtie s. f. Morceau de pain rôti.

Rotin s. m. Syn. de *rotang*. Branche de rotang qu'on emploie pour faire des cannes.

Rôtir v. a. Faire cuire à la broche, griller. V. n. Etre cuit à la broche ou sur le gril; recevoir une trop grande chaleur.

Rôtissage s. m. Action de rôtir; résultat de cette action.

Rôtisserie s. f. Boutique de rôtisseur.

Rôtisseur, euse s. Qui vend des viandes rôties.

Rôtissoire s. f. Ustensile de cuisine pour faire rôtir la viande.

Rotonde s. f. Bâtiment rond à l'intérieur et à l'extérieur; sorte de manteau.

Rotondité s. f. Rondeur; embonpoint.

Rotule s. f. Os mobile du genou.

Roture s. f. Etat de ce qui n'est pas noble; les roturiers.

Roturier, ière adj. et s. Qui n'est pas noble.

Roturièrement adv. A la manière des roturiers.

Rouage s. m. Ensemble des roues d'une machine. Fig. moyens, ressorts.

Rouan, anne adj. Se dit d'un cheval dont le poil est mêlé de bai, de gris et de blanc.

Rouanne s. f. Instrument qui sert à marquer les tonneaux.

Rouanner v. a. Marquer avec la rouanne.

Rouannette s. f. Instrument pour marquer le bois.

Rouble s. m. Monnaie d'argent de Russie, qui vaut environ 4 francs.

Rouc s. m. Voy. *Rock*.

Roucou s. m. Voy. *Rocou*.

Roucoulement s. m. Bruit fait en roucoulant.

Roucouler v. n. Se dit du bruit triste et tendre que font entendre le pigeon, la tourterelle.

Roucouyer s. m. Voy. *Rocouyer*.

Roue s. f. Machine ronde et plate, tournant sur un essieu ou axe; ce qui en a la forme. *Faire la roue*, en parlant du paon et du dindon, déployer en roue les plumes de la queue. Fig. *Pousser à la roue*, aider à la réussite d'une affaire; genre de supplice.

Roué, ée adj. et s. Qui a subi le supplice de la roue; personne sans principes et sans mœurs.

Rouelle s. f. Partie de la cuisse du veau, du bœuf, coupée en rond.

Rouennais, e adj. et s. De Rouen.

Rouennerie s. f. (on pron. *rouaneri*). Sorte de toile de coton, qui se fabrique surtout à Rouen.

Rouer v. a. Faire mourir par le supplice de la roue. Fig. *rouer quelqu'un de coups*, le battre excessivement.

Rouerie s. f. Action, tour de roué.

Rouet s. m. Machine à roue pour filer, dévider, etc.; petite roue d'acier qui garnissait l'arquebuse.

Rouge adj. Qui est de couleur de feu, de sang, etc. S. m. Cette couleur.

Rougeâtre adj. Un peu rouge.

Rougeaud, e adj. et s. Qui a naturellement le visage rouge.

Rouge-gorge s. m. Petit oiseau à gorge rouge. (Pl. *rouges-gorges*.)

Rougeole s. f. Maladie qui se manifeste par des rougeurs sur la peau.

Rouget s. m. Sorte de poisson.

Rouget de l'Isle, officier du génie, auteur de la *Marseillaise* (1760-1836).

Rougeur s. f. Qualité de ce qui est rouge; couleur rouge; teinte vive et passagère de la peau du visage.

Rougir v. a. Rendre rouge. V. n. Devenir rouge. Fig. avoir honte, confusion.

Rougissure s. f. Couleur de cuivre rouge.

Roui s. m. Action de rouir.

Rouille s. f. (*ll* m.) Oxyde rougeâtre qui se forme à la surface du fer ou de l'acier exposé à l'air. Fig. ignorance et grossièreté.

Rouillé, ée adj. part. (*ll* m.) Où il y a de la rouille.

Rouiller v. a. (*ll* m.) Produire de la rouille. Fig. altérer. SE ROUILLER v. pr. Devenir rouillé (au prop. et au fig.).

Rouillure s. f. (*ll* m.) Effet de la rouille.

Rouir v. a. Faire macérer dans l'eau le chanvre ou le lin.

Rouissage s. m. Action de rouir le chanvre, le lin.

Roulade s. f. Action de rouler du haut en bas; passage de plusieurs notes sur une même syllabe (*mus.*).

Roulage s. m. Facilité de rouler; transport par rouliers; établissement où l'on se charge de ce transport.

Roulant, e adj. Qui roule aisément. *Feu roulant*, feu continu de mousqueterie.

Rouleau s. m. Cylindre dont le diamètre est moins long que l'axe; cylindre de bois, etc., servant à divers usages*.

Roulée s. f. Violente correction (pop).

Roulement s. m. Mouvement de ce qui roule; bruit d'un ou plusieurs tambours battus à coups égaux et pressés; bruit prolongé du tonnerre; mutation successive; service fait tour à tour.

Rouler v. a. Faire avancer une chose en la faisant tourner sur elle-même; mettre en forme de rouleau; faire mouvoir rapidement ses yeux. Fig. *Rouler de grands projets dans sa tête*, méditer de grands desseins. V. n. Avancer en tournant sur soi-même. Fig. errer sans s'arrêter. *Rouler sur l'or*, être fort riche.

Roulette s. f. Petite roue; espèce de jeu de hasard.

Rouleur s. m. Charançon de la [vigne.

Rouleuse s. f. Chenille qui roule les feuilles.

Roulier s. m. Voiturier de roulage.

Roulis s. m. Agitation d'un vaisseau ballotté de côté et d'autre.

Rouloir s. m. Outil qui sert à rouler la bougie.

Roupie s. f. Goutte d'humeur qui pend au nez; sorte de monnaie dans les Indes.

Roupieux, euse adj. et s. Qui a souvent la roupie (fam.).

Roupiller v. n. (*ll m.*) Sommeiller à demi (fam.).

Roupilleur, euse s. (*ll* m.) Qui roupille fréquemment (fam.).

Roussâtre adj. Qui tire sur le roux.

Rousseau s. et adj. Qui a le poil roux.

Rousseau (Jean-Baptiste), poète lyrique français (1671-1751).

Rousseau (Jean-Jacques), philosophe français, né à Genève (1712-1778).

Rousselet s. m. Petite poire parfumée.

Rousserole s. f. Oiseau du genre de la grive.

Roussette s. f. Sorte d'oiseau; espèce de chauve-souris.

Rousseur s. f. Qualité de ce qui est roux.

Roussi s. m. Odeur de ce qui roussit au feu; cuir rouge de Russie à odeur forte.

Roussiller v. a. (*ll* m.) Brûler légèrement la surface, les extrémités.

Roussin s. m. Cheval entier et de taille moyenne. Fig. *Roussin d'Arcadie*, l'âne (fam.).

Roussir v. a. Rendre roux. V. n. Devenir roux.

Route s. f. Grand chemin; direction; parcours. Fig. conduite; moyens de succès.

Routier s. m. Livre qui enseigne les chemins, les côtes, les caps, les mouillages, etc.; celui qui sait bien les routes. Fig. celui qui a de l'expérience.

Routine s. f. Faculté de faire ou de connaître, acquise par l'usage plus que par l'étude et les règles; procédé mécanique; usage consacré depuis longtemps de faire une chose toujours de la même manière.

Routiner v. a. Apprendre à

quelqu'un à faire quelque chose par routine.

Routinier, ière s. Qui agit par routine. Adj. *Habitude routinière.*

Routinièrement adv. Par routine.

Routoir s. m. Lieu où l'on opère le rouissage du chanvre à l'aide de l'eau.

Rouvieux ou roux-vieux s. m. Gale qui a son siège sur la partie supérieure de l'encolure du cheval ou à la région du dos du chien. Adj. *Cheval rouvieux.*

Rouvraie s. f. Lieu planté en rouvres.

Rouvre ou roure s. m. Espèce de chêne moins haut que le chêne commun.

Roûvrir v. a. Ouvrir de nouveau.

Roux, ousse adj. Qui est d'un rouge un peu teinté de noir. Adj. et s. Qui a les cheveux roux. *Lune rousse*, lunaison qui commence en avril. S. m. Roux, couleur rousse; sauce faite avec du beurre ou de la graisse qu'on a fait roussir.

Roxane, fille d'un satrape de Bactriane, épousa Alexandre le Grand: elle en eut un fils nommé Alexandre Aigos, qui fut mis à mort avec sa mère en 311.

Roxelane, favorite de Soliman II, mère de Bajazet et de Sélim II, m. en 1557.

Roy (comte), financier français (1764-1847).

Royal, e adj. Qui appartient, qui a rapport à un roi. Fig. *Tigre, aigle royal*, tigre, aigle de la plus grande espèce.

Royale s. f. Bouquet de barbe laissé sous la lèvre inférieure.

Royalement adv. D'une manière royale, noblement, magnifiquement.

Royalisme s. m. Parti du roi; esprit monarchique.

Royaliste adj. et s. Partisan de la royauté.

Royaume s. m. État gouverné par un roi.

Royauté s. f. Dignité de roi.

Royer-Collard, homme d'État et philosophe français (1763-1845).

Ru s. m. Canal fourni par un petit ruisseau; ruisseau de source.

Ruade s. f. Action d'un animal qui rue. Fig. emportement, violence, brutalité inattendue.

Ruban s. m. Tissu de soie, de laine, etc., plat, mince et plus ou moins étroit; ruban qui se porte à la boutonnière et indique qu'on appartient à un ordre de chevalerie. Fig. ce qui présente l'aspect d'un ruban.

Rubané, ée adj. En *hist. nat.* Marqué de bandes longitudinales.

Rubaner v. a. Garnir de rubans; tordre un morceau de fer pour en faire un canon de fusil.

Rubanerie s. f. Profession, commerce du rubanier.

Rubanier, ière s. Qui fait ou vend des rubans.

Rubanné, ée ou rubané, ée adj. Qui forme le ruban. Se dit aussi d'un canon d'arme à feu qui est rayé de bandes longitudinales.

Rubéfaction s. f. Rougeur de la peau causée par des remèdes irritants (*méd.*).

Rubéfiant, e adj. Qui cause une rubéfaction (*méd.*).

Rubéfier v. a. Causer une rubéfaction (*méd.*).

Ruben, fils aîné de Jacob.

Rubens (Pierre-Paul), célèbre peintre flamand (1577-1640).

Rubicond, e adj. Très rouge (en parlant du visage).

Rubification s. f. Action de rendre rouge.

Rubigineux, euse adj. Chargé de rouille.

Rubis s. m. Pierre précieuse d'un rouge vif. Fig. *Payer rubis sur l'ongle*, avec exactitude.

Rubrique s. f. Terre, craie rouge; titres d'ouvrages écrits en rouge; titre, date qui indique d'où est venue une lettre, un renseignement. Fig. méthode, règle; ruses, finesses, détours.

Ruche s. f. Sorte de panier où l'on met les abeilles*; bande plissée d'étoffe servant de garniture à un vêtement de femme.

Ruchée s. f. Ce que contient une ruche.

Rucher s. m. Endroit où sont les ruches.

Rucher v. a. Mettre une garniture en ruche.

Rude adj. Apre au toucher; raboteux. Fig. fatiguant, désagréable, impétueux, rigoureux, redoutable.

Rude (François), sculpteur français (1784-1855).

Rudement adv. D'une façon rude.

Rudenté, ée adj. Se dit de colonnes ou de pilastres dont les cannelures sont remplies jusqu'au tiers (*arch.*).

Rudenture s. f. Bâton qui remplit les cannelures de certaines colonnes (*arch.*).

Rudéral, e adj. Se dit des plantes qui croissent au milieu des décombres.

Rudesse s. f. Qualité de ce qui est rude (au prop. et au fig.).

Rudiment s. m. Eléments, premiers principes d'un art, d'une science; livre qui les contient; premiers linéaments des organes.

Rudimentaire adj. Qui appartient au rudiment; qui est à peine ébauché.

Rudoyer v. a. Traiter, mener rudement.

Rue s. f. Chemin bordé de maisons dans une ville.

Rue s. f. Plante amère employée en médecine.

Ruelle s. f. Petite rue; espace laissé entre le lit et la muraille.

Rueller v. a. *Rueller la vigne*, y tracer des ruelles ou sillons.

Ruer v. n. Lancer les pieds de derrière en l'air (en parlant d'un cheval, d'un âne ou d'un mulet). V. a. Jeter avec impétuosité; lancer (une pierre). SE RUER v. pr. Se jeter avec impétuosité.

Rueur, euse adj. Qui a l'habitude de lancer des ruades.

Ruggieri, astrologue florentin de la cour de Catherine de Médicis (m. en 1615).

Rugine s. f. Instrument de chirurgie pour racler les os.

Ruginer v. a. Racler, ratisser (*chir.*).

Rugir v. n. Pousser des rugissements. Fig. faire beaucoup de bruit étant en colère.

Rugissant, e adj. Qui rugit.

Rugissement s. m. Cri du lion, du tigre, etc. Fig. cri de fureur, de terreur.

Rugosité s. f. Rides sur une surface raboteuse.

Rugueux, euse adj. Qui présente des rugosités.

Ruilée s. f. Enduit de mortier pour sceller des tuiles sur un mur.

Ruine s. f. Dépérissement, destruction d'un bâtiment. Fig. perte de la fortune, de l'honneur, du bonheur, etc. S. f. pl. Débris d'un édifice abattu.

Ruiné, ée adj. Qui est en ruines. Fig. qui a perdu sa fortune.

Ruiner v. a. Abattre, démolir, mettre en ruines, détruire. Fig. faire perdre la fortune; affaiblir. SE RUINER v. pr. Tomber en ruines; perdre sa fortune, sa santé, etc.

Ruineusement adv. D'une manière ruineuse.

Ruineux, euse adj. Qui menace ruine; qui peut causer la ruine.

Ruinure s. f. Entaille dans une charpente pour les panneaux.

Ruisdaël, célèbre paysagiste hollandais (1638-1681).

Ruisseau s. m. Petit courant d'eau. Fig. *ruisseau de sang*.

Ruisselant, e adj. Qui ruisselle.

Ruisseler v. n. Couler en manière de ruisseau; être inondé, couvert d'un liquide qui coule : *son front ruisselle de sueur*.

Rulhière (de), historien français (1735-1791).

Rumb s. m. (on pron. *ronbe*). Chacune des 32 divisions de la rose des vents (*mar.*).

Rumen s. m. (on pron. rumène). Premier estomac d'un ruminant, dit aussi *panse*.

Rumeur s. f. Bruit sourd excité par un mécontentement général; bruit confus de voix animées.

Rumford (comte de), physicien américain (1753-1814).

Ruminant adj. Qui rumine. S. m. pl. Groupe de quadrupèdes mammifères dont l'estomac est composé de plusieurs poches.

Rumination s. f. Action de ruminer.

Ruminer v. a. Remâcher ce qu'on a mangé (se dit des animaux qui ont quatre estomacs). Fig. penser et repenser à une chose, la bien digérer dans son esprit.

Runes s. f. pl. Anciens caractères dont se servaient les peuples du nord de l'Europe.

Runique adj. Des anciens peuples du Nord.

Ruolz, chimiste français, né en 1810, inventeur de la dorure et de l'argenture des métaux par la pile voltaïque. S. m. Métal argenté ou doré par le procédé Ruolz.

Rupture s. f. Etat d'une chose rompue. Fig. destruction, désaccord.

Rural, e adj. Qui appartient à la campagne, qui la concerne. S. Qui l'habite.

Rurik, fondateur de la monarchie russe (IXe s.).

Ruse s. f. Finesse, artifice, moyens pour tromper.

Rusé, ée adj. Qui a de la ruse, fin, adroit, astucieux.

Ruser v. n. Employer la ruse.

Russe adj. et s. De Russie, qui habite la Russie.

Rustaud, e adj. et s. Un peu rustre, grossier, impoli.

Rustauderie s. f. Défaut du rustaud.

Rustaudement adv. A la manière rustique.

Rusticité s. f. Qualité de ce qui est rustique. Fig. grossièreté, rudesse.

Rustique adj. De la campagne, des champs. Fig. grossier.

Rustiquement adv. D'une manière rustique, grossière.

Rustiquer v. a. Crépir une maison dans le genre rustique.

Rustre adj. et s. m. Fort rustique; paysan grossier.

Ruth, femme moabite, fille de Noémi, épouse de Booz.

Rutilant, e adj. Qui est d'un rouge brillant, éclatant.

Rutules, peuple de l'ancien Latium.

Ruyter (van), célèbre amiral hollandais (1607-1676).

Rythme s. m. Nombre, cadence, mesure; proportion entre les parties d'un tout.

Rythmique adj. Du rythme.

S

S s. f. ou m. suivant la prononciation. Consonne, 19e lettre de l'alphabet.

Sa adj. poss. f. de *Son*.

Sabbat s. m. Dernier jour de la semaine consacré au repos, chez les Juifs; assemblée nocturne des sorciers. Fig. bruit, fracas.

Sabbatique adj. f. *Année sabbatique*, chaque septième année chez les Juifs.

Sabéen, enne adj. et s. Sectateur du sabéisme; qui a rapport au sabéisme.

Sabéisme ou **sabisme** s. m. Culte du feu, du soleil, des astres.

Sabine s. f. Espèce de genévrier.

Sabins, ancien peuple de l'Italie centrale.

Sable s. m. Terre légère, menue, dure, sans consistance ni adhérence; gravier dans les reins. Fig. *Bâtir sur le sable*, fonder des projets, des entreprises sur quelque chose de peu solide.

Sabler v. a. Couvrir de sable. Fig. avaler tout d'un trait.

Sableux, euse adj. Mêlé de sable.

Sablier s. m. Instrument qui mesure le temps par l'écoulement du sable; vase contenant du sable qu'on répand sur l'écriture.

Sablière s. f. Lieu d'où l'on tire le sable; pièce de bois qui supporte les chevrons de la charpente.

Sablon s. m. Sable très fin.

Sablonner v. a. Ecurer avec du sablon.

Sablonneux, euse adj. Où il y a beaucoup de sable.

Sablonnier s. m. Qui vend du sablon.

Sablonnière s. f. Mine de sablon.

Sabord s. m. Ouverture d'un vaisseau par laquelle on tire le canon.

Sabot s. m. Chaussure de bois; corne du pied du cheval et de certains animaux; garniture de bois ou de métal; sorte de toupie. Fig.

mauvais instrument de musique.

Saboter v. n. Faire du bruit avec les sabots ; jouer au sabot.

Sabotier s. m. Qui fait des sabots.

Sabotière s. f. Danse en sabots.

Sabouler v. a. Tourmenter, houspiller. Fig. réprimander vivement (pop.).

Sabre s. m. Sorte d'arme blanche.

Sabrer v. a. Donner des coups de sabre. Fig. faire vite et mal.

Sabretache s. f. Sac plat qui pend à côté du sabre.

Sabreur s. m. Militaire qui ne sait que sabrer, que se battre. Fig. homme qui fait vite et mal sa besogne.

Sac s. m. Espèce de poche de toile, de cuir ou d'étoffe, ouverte par le haut et cousue par le bas. Fig. le fond du sac, ce qu'une affaire a de plus secret ; toutes les ressources de quelqu'un ; petite malle dans laquelle le fantassin renferme les objets à son usage et qu'il porte sur son dos.

Sac s. m. Pillage entier d'une ville.

Saccade s. f. Secousse violente; mouvement irrégulier et violent. Fig. rude réprimande.

Saccadé, ée adj. Qui va par saccades. Fig. se dit d'un style dont les phrases sont courtes et désagréables à l'oreille.

Saccader v. a. Donner des saccades à un cheval.

Saccage s. m. Bouleversement, confusion ; amas confus.

Saccagement s. m. Action de saccager.

Saccager v. a. Mettre à sac, mettre au pillage ; arracher, détruire.

Saccageur s. m. Celui qui saccage.

Saccharifère adj. Qui produit ou donne du sucre.

Saccharifiable adj. Qui peut être saccharifié.

Saccharification s. f. Conversion d'une substance en sucre.

Saccharifier v. a. Convertir en sucre.

Saccharimètre s. m. Instrument pour apprécier la quantité de sucre contenue dans un liquide.

Saccharin, e adj. Qui contient du sucre, qui en a les caractères; qui concerne le sucre.

Sacerdoce s. m. Prêtrise, corps ecclésiastique.

Sacerdotal, e adj. Du sacerdoce.

Sachée s. f. Ce que tient un sac plein.

Sachet s. m. Petit sac où l'on met des parfums.

Sacoche s. f. Bourse double en cuir ; sac des garçons de recette.

Sacramentaire s. m. Nom d'une secte de réformés qui rejettent la présence réelle dans l'Eucharistie.

Sacramental, e ou **Sacramentel, elle** adj. Qui appartient à un sacrement. Se dit des paroles essentielles pour la conclusion d'une affaire, d'un traité.

Sacramentalement ou **Sacramentellement** adv. D'une manière sacramentelle.

Sacre s. m. Action de sacrer; sorte de faucon.

Sacré, ée adj. Saint, respectable, inviolable. S. m. Ce qui est sacré.

Sacrement s. m. Signe visible d'une grâce invisible institué par Jésus-Christ pour la sanctification des âmes.

Sacrer v. a. Conférer un caractère de sainteté au moyen de certaines cérémonies religieuses. V. n. Jurer, blasphémer, faire des imprécations.

Sacret s. m. Tiercelet, mâle du sacre.

Sacrificateur s. m. Ministre qui offre un sacrifice.

Sacrificature s. f. Dignité, office de sacrificateur.

Sacrifice s. m. Offrande faite à Dieu avec certaines cérémonies ; immolation de victimes aux faux dieux, chez les païens. Fig. renoncement, abandon ; privation, perte à laquelle on se résigne.

Sacrifier v. a. Offrir en sacrifice ; se priver de quelque chose d'agréable pour l'amour de Dieu ou de quelqu'un. Abandonner une partie de quelque chose afin de sauver le reste ; employer à... ; rendre victime. SE SACRIFIER v. pr. Se dévouer entièrement.

Sacrilège s. m. Profanation des choses sacrées ; action contre une personne sacrée ; celui qui s'en rend coupable. Adj. Souillé d'un sacrilège. Fig. *intention, vœu, projet sacrilège.*

Sacrilègement adv. D'une manière sacrilège.

Sacripant s. m. Mauvais sujet.

Sacristain s. m. Qui a soin d'une sacristie.

Sacristie s. f. Lieu où, dans une église, on serre les ornements, les vases sacrés, etc. ; ce que contient la sacristie.

Sacristine s. f. Religieuse qui a soin de la sacristie.

Sacro-saint, e adj. Très saint.

Sacrum s. m. (on pron. *sacrome*). La dernière vertèbre en bas de la colonne vertébrale.

Saducéen, enne s. Membre d'une secte juive qui niait l'immortalité de l'âme et la résurrection des corps.

Saducéisme s. m. Doctrine des saducéens.

Safran s. m. Plante bulbeuse ; stigmates de cette plante.

Safrané, ée adj. Où il y a du safran ; qui en a la couleur.

Safraner v. a. Apprêter, jaunir avec du safran.

Safre adj. Goulu, glouton (pop.).

Sagace adj. Qui a de la sagacité.

Sagacité s. f. Pénétration d'esprit, discernement, perspicacité.

Sagaie s. f. Javelot dont se servent les nègres.

Sage adj. Prudent, circonspect ; judicieux ; modéré ; réglé dans ses mœurs, sa conduite ; modeste ; chaste. S. m. Celui qui est sage.

Sage-femme s. f. Celle dont la profession est de faire des accouchements.

Sagement adv. Avec sagesse.

Sagesse s. f. Prudence, circonspection, modération ; bonne conduite, modestie, pudeur, chasteté ; docilité ; lumières de l'esprit, savoir.

Sagette s. f. Flèche.

Sagittaire s. m. Constellation et signe du zodiaque. S. f. Sorte de plante.

Sagitté, ée adj. Qui a la forme d'un fer de flèche (*bot.*).

Sagou s. m. Fécule de palmier.

Sagouin s. m. Petit singe à longue queue. Fig. homme malpropre (fam.).

Sagoutier s. m. Palmier qui produit le sagou.

Sagum s. m. (on pron. *sagome*). Court vêtement de guerre.

Saignant, e adj. Qui dégoutte de sang. Fig. récent.

Saignée s. f. Ouverture d'une veine pour tirer du sang ; quantité de sang tirée ; pli du bras où se fait la saignée. Fig. rigole pour tirer de l'eau de quelque endroit.

Saignement s. m. Écoulement de sang.

Saigner v. a. Tirer du sang en ouvrant la veine ; tuer, égorger un animal. Fig. tirer de quelqu'un une forte somme. V. n. Perdre du sang. Fig. se dit du cœur vivement affligé. SE SAIGNER v. pr. Se tirer du sang. Fig. donner de l'argent jusqu'à se mettre dans la gêne.

Saigneux, euse adj. Taché de sang.

Saillant, e adj. (*ll* m.) Qui avance, sort en dehors. Fig. vif, brillant.

Saillie s. f. (*ll* m.) Sortie impétueuse avec interruption ; avance d'une tourelle, d'un balcon, etc. ; écart, élan, mouvement impétueux ; relief. Fig. emportement, boutade, trait d'esprit.

Saillir v. n. (*ll* m.) Jaillir, sortir avec impétuosité et par secousses ; être en saillie, déborder ; avoir du relief. (Ne s'emploie guère qu'à l'inf. prés. et à la 3e p. de quelques temps :) il saille ; il saillait ; il saillit ; il saillera ; il saillerait ; qu'il saille ; qu'il saillît ; saillant ; sailli, ie.

Sain, e adj. De bonne constitution ; qui n'est pas gâté ; salubre. Fig. conforme à la raison, aux décisions adoptées : *saine doctrine* ; droit, sage, judicieux.

Saindoux s. m. Graisse de porc fondue.

Sainement adv. D'une manière saine. Fig. judicieusement.

Sainfoin s. m. Plante fourragère.

Saint, e adj. Essentiellement pur ; souverainement parfait ; qui suit exactement la loi de Dieu et de l'Église, y est conforme ; qui appartient à la religion, qui est sacré. Fig. vénérable, personne qui vit selon la loi divine, qui est très vertueuse.

Saint-Amand ou **Saint-Amant**, poète français, l'un des premiers académiciens (1594-1660).

Saint-André (Jean Bon), conventionnel (1749-1813).

Saint-Ange (de), poète français, traducteur d'Ovide (1747-1810).

Saint-Arnauld (Leroy de), maréchal de France (1798-1854).

Saint-Cyran (Jean Duvergier de Hauranne, abbé de), fameux théologien, chef du jansénisme en France (1581-1643).

Sainte-Beuve, poète et critique français (1804-1869). [sainte.

Saintement adv. D'une manière

Saint-Esprit s. m. La troisième personne de la sainte Trinité.

Sainteté s. f. Qualité de ce qui est saint. Sa Sainteté, titre d'honneur et de respect qu'on donne au pape.

Saint-Évremont (de), écrivain français (1613-1703).

Saint-Foix (Poullain de), littérateur français (1698-1776).

Saint-Gelais (Octavien de), poète français (1466-1502). — (Mellin de), neveu du précédent, poète de la cour de François Ier et de Henri II (1491-1558).

Saint-Just (de), conventionnel, membre du comité du salut public, s'unit à Robespierre et partagea son sort (1767-1794).

Saint-Lambert (de), poète français (1716-1803).

Saint-Marc Girardin, professeur et écrivain français (1801-1873).

Saint-Martin (Louis de), philosophe français, auteur d'un système mystique, *le spiritualisme pur* (1743-1803).

Saint-Père s. m. Le pape.

Saint-Pierre (abbé de), philanthrope et utopiste français, (1658-1743).

Saint-Pierre (Bernardin de), écrivain et naturaliste français (1737-1814).

Saint-Pierre (Eustache de), bourgeois de Calais, s'offrit à la mort pour arracher ses concitoyens à la fureur d'Edouard III roi d'Angleterre (1347).

Saint-Siège s. m. La papauté, la cour de Rome.

Saint-Simon (duc de), auteur des *Mémoires* sur les dernières années de Louis XIV (1675-1755). — (Henri, comte de), philosophe et économiste français, chef d'une secte dont les adeptes s'appelaient *Saint-Simoniens* (1760-1825).

Saintrailles. Voy. *Xaintrailles*.

Saisi s. m. Débiteur sur lequel on a saisi.

Saisie s. f. Arrêt sur les biens d'une personne.

Saisine s. f. Prise de possession qui appartient de plein droit à un héritier (*jurisp.*).

Saisir v. a. Prendre tout d'un coup, avec vigueur ; prendre un objet pour s'en servir ou le porter ; faire une saisie. Fig. attaquer : *la fièvre l'a saisi* ; profiter de : *saisir l'occasion* ; comprendre aisément. *Saisir un tribunal d'une affaire*, la porter devant lui. Se saisir v. pr. s'emparer.

Saisissable adj. Qui peut être saisi.

Saisissant, e adj. Qui saisit. S. m. Celui pour qui se fait une saisie.

Saisissement s. m. Impression subite et violente que cause un grand déplaisir, la terreur, le froid, etc.

Saison s. f. Chacune des 4 parties de l'année ; temps de certaines semailles, de certaines récoltes, etc. Fig. âge de la vie, temps propre à faire une chose.

Sajou s. m. Sapajou à face couleur de chair.

Salade s. f. Mélange d'herbes ou de légumes assaisonnés avec du sel, de l'huile, du vinaigre. Ancienne armure de tête.

Saladier s. m. Vase où l'on sert la salade ; panier dans lequel on secoue la salade après l'avoir lavée.

Saladin, sultan d'Egypte et de Syrie (1174-1193).

Salage s. m. Action de saler.

Salaire s. m. Payement, récompense. Fig. châtiment.

Salaison s. f. Action de saler ; aliments salés.

Salamalec s. m. Révérence profonde.

Salamandre s. f. Sorte de reptile amphibie.

Salant adj. m. *Marais salant*, d'où l'on retire le sel.

Salarié, ée adj. et s. Qui reçoit un salaire.

Salarier v. a. Donner un salaire.

Sale adj. Malpropre, terne ; plein d'ordures. Fig. déshonnête, obscène.

Salé, ée adj. Qui contient du sel. Fig. Qui agit sur l'esprit comme le sel sur la langue. S. m. Viande de porc salée.

Salement adv. D'une manière [sale.

Salep s. m. Fécule alimentaire qu'on extrait des tubercules de certaines plantes de la Perse.

Saler v. a. Assaisonner avec du sel ; mettre du sel sur les viandes crues pour les conserver. Fig. vendre trop cher.

Saleron s. m. Partie d'une salière où l'on met le sel.

Saleté s. f. Défaut de ce qui est sale, malpropre ; ordure. Fig. obscénité, parole inconvenante.

Saleur, euse s. Qui sale.

Salicoque s. f. La crevette.

Salicor s. m. ou **salicorne** s. f. Plante marine dont on extrait de la soude.

Saliens s. m. pl. Prêtres du dieu Mars, à Rome. Tribu de Francs qui envahit la Gaule au Ve siècle.

Salière s. f. Vase, ustensile pour mettre le sel.

Salifiable adj. Susceptible de former des sels en se combinant avec les acides (*chim.*).

Salifier v. a. Convertir en sel.

Salignon s. m. Pain de sel fait d'eau de fontaine salée.

Salin, ine adj. Qui contient des parties de sel, qui est de la nature du sel. S. m. Marais salant.

Saline s. f. Lieu où l'on fabrique le sel, en laissant évaporer l'eau des marais salants ; rocher, mine de sel gemme.

Salique adj. Qui appartient aux Francs Saliens. *Loi salique*, réunion des coutumes des Francs Saliens.

Salir v. a. Rendre sale, ternir. Fig. *salir l'esprit, l'imagination.* SE SALIR v. pr. Se rendre sale. Fig. contracter une tache morale.

Salissant, e adj. Qui salit ; qui se salit aisément.

Salisson s. f. Femme, fille malpropre.

Salivaire adj. Qui a rapport à la salive : *sucs salivaires, glandes salivaires.*

Salivation s. f. Écoulement de la salive.

Salive s. f. Humeur aqueuse sécrétée par certaines glandes et qui humecte la bouche.

Saliver v. n. Rendre beaucoup de salive.

Salle s. f. Grande pièce dans un appartement ; lieu où l'on se réunit pour des audiences, des festins, etc. *Salle de police*, endroit dans une caserne pour les punitions légères.

Salluste, historien latin, auteur de la *Conjuration de Catalina*, de la *Guerre de Jugurtha* (86-38 av. J.-C.).

Salmanazar, roi d'Assyrie, mit fin au royaume d'Israël en 721 av. J.-C.

Salmigondis s. m. Ragoût de viandes réchauffées. Fig. discours, ouvrage entremêlé de choses disparates.

Salmis s. m. (on pron. *salmi*). Ragoût de pièces de gibier.

Saloir s. m. Vaisseau pour saler les viandes.

Salomon, 3e roi des Juifs, fils de David et de Bethsabée (1001-962 av. J.-C.), construisit le temple de Jérusalem et composa des *Cantiques* et l'*Ecclésiaste*.

Salon s. m. Pièce plus ornée que les autres pour recevoir compagnie. Fig. les gens du monde, la bonne compagnie ; exposition périodique de tableaux.

Salpêtre s. m. Nitre ou azotate de potasse ; poudre à tirer. Fig. se dit d'une personne extrêmement vive.

Salpêtrer v. a. Mêler du salpêtre avec de la terre et en faire un enduit impénétrable à l'eau ; faire naître le salpêtre.

Salpêtreux, euse adj. Qui contient du salpêtre, qui en est couvert.

Salpêtrier v. a. Qui travaille à faire du salpêtre.

Salpêtrière s. f. Où l'on fait le

salpêtre; hôpital de femmes à Paris.

Salpicon s. m. Mets composé de toutes sortes de viandes et de légumes.

Salsepareille s. f. (*ll m.*) Plante dont la racine est dépurative et sudorifique.

Salsifis s. m. Plante dont la racine est bonne à manger.

Saltation s. f. T. d'antiq. Art qui comprenait la danse, la pantomime, l'action théâtrale, etc.

Saltimbanque s. m. Bateleur, charlatan. Fig. bouffon de société.

Saluade s. f. Action de saluer en faisant la révérence.

Salubre adj. Qui entretient la santé.

Salubrement adv. D'une manière salubre.

Salubrité s. f. Qualité de ce qui est salubre.

Saluer v. a. Donner une marque extérieure de civilité, de respect; faire visite; rendre certains honneurs militaires.

Salure s. f. Qualité que le sel communique.

Salut s. m. Mise hors de mal, hors de péril; félicité éternelle; démonstration extérieure de civilité, de respect. Prières chantées le soir dans les églises et qui se terminent par la bénédiction du saint-sacrement.

Salutaire adj. Utile pour la conservation de la vie, de la santé, de l'honneur, etc.

Salutairement adv. D'une manière salutaire.

Salutation s. f. Action de saluer; la salutation angélique, l'*Ave Maria*.

Salve s. f. Décharge d'un grand nombre d'armes à feu, en l'honneur de quelqu'un, ou en témoignage de joie. *Salve d'applaudissements*, applaudissements qui éclatent dans une assemblée.

Samaritains, habitants du royaume d'Israël, formés d'un mélange des Juifs avec les Asiatiques idolâtres, établis dans le pays par Salmanasar.

Samedi, s. m. Le 7e jour de la semaine.

Samoyèdes, tribus qui habitent les bords de l'océan Glacial, dans la Russie d'Europe et la Russie d'Asie.

Samson, juge d'Israël, périt livré par sa femme Dalila (1155-1117 av. J.-C.).

Samuel, juge d'Israël, délivra les Juifs du joug des Philistins.

San-benito s. m. Casaque jaune que revêtaient les condamnés de l'Inquisition. (Inv. au pl.)

Sanche, nom que portèrent plusieurs rois de Navarre, de Castille et de Léon.

Sanctifiant, e adj. Qui sanctifie.

Sanctification s. f. Action de la grâce qui sanctifie; célébration du dimanche et des fêtes.

Sanctifier v. a. Rendre saint; célébrer religieusement le dimanche, un jour de fête.

Sanction s. f. Confirmation, force, autorité donnée à une loi par le souverain; peine ou récompense qu'une loi décerne pour assurer son exécution; constitution, ordonnance.

Sanctionner v. a. Donner la sanction.

Sanctuaire s. m. Le lieu saint du temple de Jérusalem; endroit de l'église où est le maître-autel. Fig. l'Église, le sacerdoce.

Sanctus s. m. (on pron. *sanctuce*). Partie de la messe entre la préface et le canon, où l'on chante une prière commençant par ce mot.

Sandal ou **santal** s. m. Sorte de bois des Indes.

Sandale s. f. Sorte de chaussure.

Sandaraque s. f. Résine sèche du grand genévrier.

Sandwich s. f. Tranche de jambon ou d'autre viande entre deux tranches de pain beurré.

Sang s. m. Liquide rouge qui circule dans les veines et dans les artères. Fig. descendance, extraction; famille; *baptême de sang*, le martyre; *la voix du sang*, le cri de la nature.

Sang-de-dragon ou **sang-dragon** s. m. Plante dont les feuilles rendent un suc rouge comme du sang; résine d'un rouge brun.

Sang-froid s. m. Tranquillité, présence d'esprit.

Sanglade s. f. Coups de fouet.

Sanglant, e adj. Taché, souillé de sang ; où il y a eu beaucoup de sang répandu. Fig. très offensant.

Sangle s. f. Bande qui sert à ceindre, à serrer.

Sangler v. a. Ceindre, serrer avec une sangle. Fig. *sangler le visage d'un coup de fouet*, appliquer avec force un coup de fouet au visage.

Sanglier s. m. Espèce de porc sauvage*.

Sanglot s. m. Soupir redoublé, d'une voix entrecoupée.

Sangloter v. n. Pousser des sanglots.

Sangsue s. f. Ver aquatique que la médecine emploie pour les saignées locales. Fig. celui qui demande plus qu'il ne lui est dû ; exacteur avide.

Sanguification s. f. (on pron. *sangu-i*). Transformation du chyle en sang.

Sanguin, e adj. En qui le sang domine ; de couleur de sang. *Vaisseaux sanguins*, qui servent à la circulation du sang.

Sanguinaire adj. Qui se plaît à répandre le sang des hommes; qui a le caractère de la cruauté.

Sanguine s. f. Minerai de fer d'un rouge foncé ; pierre précieuse.

Sanguinolent, e adj. Teint de sang.

Sanhédrin s. m. (on pron. *sané-drin*). Conseil suprême des anciens Juifs.

Sanie s. f. Matière purulente, produite par les ulcères et les plaies.

Sanieux, euse adj. *En méd.* Qui tient de la nature de la sanie ; chargé de sanie.

Sanitaire adj. Qui a rapport à la conservation de la santé publique.

Sans prép. Marque le manque, l'exclusion.

Sanscrit, e adj. La *langue sanscrite* et s. m. le *sanscrit*, langue sacrée de l'Inde.

Sans-culottes (les), sobriquet sous lequel on désigna les révolutionnaires (1793).

Sans-dent s. f. Vieille dame qui a perdu ses dents. (Au pl. *sans-dents*.)

Sans-gêne s. m. Habitude de ne pas se gêner, de ne pas observer les règles de la civilité ; homme qui ne se gêne pas.

Sansonnet s. m. Oiseau noir, semé de taches fauves, qui apprend à siffler et même à parler.

Sans-peau s. f. Sorte de poire d'été. (Inv. au pl.)

Sans-souci s. m. Absence de tout souci ; homme qui ne se tourmente de rien. (Inv. au pl.)

Santé s. f. Etat de celui qui est sain, qui se porte bien ; complexion, constitution.

Santoline s. f. Genre de plantes très odorantes et très amères.

Santon s. m. Moine mahométan.

Saoul, saouler. Voy. *soûl, soûler*.

Sapajou s. m. Singe dont la queue est préhensile. Fig. petit homme ridicule.

Sape s. f. Ouvrage fait sous terre pour renverser une muraille, une tour, etc. ; tranchée.

Sapement s. m. Action de saper.

Saper v. a. Détruire, au moyen du pic et de la pioche, les fondements d'un édifice, d'un bastion, etc. ; abattre par le pied. Fig. miner en attaquant, la base, les principes.

Sapeur s. m. Soldat du génie chargé de l'exécution des sapes ; soldat d'infanterie armé d'une hache.

Saphique adj. Chez les anciens, *vers saphique*, ou subst. le *saphique*, vers composé de onze syllabes.

Saphir s. m. Pierre précieuse et brillante de couleur bleue.

Saphirine s. f. Calcédoine de la couleur du saphir.

Sapho, femme poète de Mitylène; vivait dans le VIe s. av. J.-C.

Sapide adj. Qui a de la saveur.

Sapidité s. f. Qualité de ce qui est sapide.

Sapience s. f. Anc. synon. de sagesse. Absol. La *Sapience*, le livre de Salomon.

Sapientiaux adj. m. pl. Se dit de certains livres de l'Écriture sainte, l'*Ecclésiaste*, les *Proverbes*, l'*Ecclésiastique*.

Sapin s. m. Grand arbre résineux et toujours vert ; bois de sapin.

Sapine s. f. Planche, solive de sapin.

Sapinière s. f. Lieu planté de sapins.

Saponacé, ée adj. De la nature du savon.

Saponaire s. f. Plante avec laquelle on peut blanchir le linge, les dentelles, etc., et qui est employée en médecine contre les glaires *.

Saponifier v. a. Convertir en savon.

Saporifique adj. Qui produit la saveur.

Sapote ou **sapotille** (*ll* m.) s. f. Fruit du sapotier ou sapotillier.

Sapotier ou **sapotillier** s. m. Arbre des Antilles.

Sarabande s. f. Danse espagnole à trois temps ; son air.

Sarbacane s. f. Long tube pour lancer un projectile en soufflant.

Sarbotière ou **sorbetière** s. f. Vase de limonadier pour les glaces.

Sarcasme s. m. Raillerie amère et insultante.

Sarcastique adj. Du sarcasme.

Sarcelle s. f. Oiseau aquatique.

Sarche s. f. Cerceau qui porte la peau d'un tambour, d'un crible.

Sarclage s. m. Action de sarcler; son effet.

Sarcler v. a. Arracher, couper les mauvaises herbes.

Sarcleur, euse s. Qui sarcle.

Sarcloir s. m. Instrument pour sarcler.

Sarclure s. f. Ce qu'on arrache en sarclant.

Sarcophage s. m. Tombeau; cercueil ou représentation du cercueil dans les cérémonies funèbres. Adj. Se dit des médicaments qui brûlent les chairs (*méd.*).

Sarcotique adj. et s. m. Se dit des remèdes qui font renaître les chairs.

Sardanapale, dernier roi d'Assyrie, célèbre par son luxe; m. en 759 av. J.-C. Fig. s. m. Grand qui mène une vie efféminée.

Sardine s. f. Petit poisson de mer qui a la forme du hareng.

Sardoine s. f. Sorte d'agate non transparente.

Sardonique ou **sardonien** adj. m. Ironique.

Sargasse s. f. Sorte de varech des mers tropicales.

Sarigue s. m. Mammifère de l'ordre des marsupiaux.

Sarment s. m. Bois que pousse chaque année un cep de vigne.

Sarmenteux, euse adj. Qui pousse beaucoup de sarments.

Sarpédon. roi de Lycie, tué par Patrocle au siège de Troie.

Sarpi, dit *Fra Paolo*, célèbre historien et savant vénitien (1552-1623).

Sarrasin s. et adj. m. Espèce de plante, vulgairement *blé noir*.

Sarrasin, poète français (1604-1654).

Sarrasin, e adj. Des Sarrasins. S. m. pl. S'est dit au moyen âge des peuples musulmans qui tenaient l'Espagne, la Sicile, la Syrie, l'Afrique.

Sarrasine s. f. Herse.

Sarrau s. m. Espèce de souquenille à l'usage des paysans.

Sas s. m. (on pron. sâ). Tissu entouré d'un cercle de bois, et qui sert à passer la farine, etc. Intervalle qui dans un canal sépare les deux portes de l'écluse.

Sassafras s. m. (on pron. *sassafrâ*). Arbre à bois odoriférant, sudorifique.

Sassanides, dynastie persane fondée par Artaxerxès.

Sasse s. f. Sorte de pelle creuse pour jeter l'eau hors des petites embarcations.

Sassement s. m. Action de sasser.

Sasser v. a. Passer au sas.

Satan s. m. Chef des anges rebelles.

Satanique adj. Qui a le caractère de Satan.

Satellite s. m. Homme armé, ministre des violences de celui qu'il accompagne; petite planète qui se meut autour d'une plus grande.

Satiété s. f. Réplétion d'aliments qui va jusqu'au dégoût. Fig. dégoût moral, déplaisir.

Satin s. m. Etoffe de soie plate, douce, moelleuse, lustrée.

Satinade s. f. Etoffe qui imite le satin.

Satinage s. m. Action de satiner; résultat de cette action.

Satiné, ée adj. Qui a l'apparence du satin. S. m. Ce qui fait qu'une chose est satinée.

Satiner v. a. Donner à une étoffe, à un ruban, à du papier, le lustre du satin.

Satire s. f. Ouvrage en vers, fait pour censurer les vices.

Satirique adj. Qui appartient à la satire; enclin, porté à la satire, à la médisance. *Auteur satirique*, qui compose des satires.

Satiriquement adv. D'une manière satirique.

Satiriser v. a. Lancer des traits de satire.

Satisfaction s. f. Contentement, joie, plaisir; réparation d'une offense.

Satisfactoire adj. Qui est propre à réparer et à expier les fautes commises.

Satisfaire v. a. Causer le sentiment de satisfaction; faire réparation à quelqu'un. Fig. *satisfaire sa passion, sa colère, son ambition.* Etre agréable à. V. n. Obéir à; donner satisfaction, réparation. SE SATISFAIRE v. pr. Donner satisfaction au désir qu'on a de quelque chose; être apaisé.

Satisfaisant, e adj. Qui satisfait.

Satisfait, e adj. Content, contente de.

Satisfecit s. m. (on pron. *satis-fécit*). Billet de satisfaction donné par le maître à son élève. (Inv. au pl.)

Satrape s. m. Gouverneur chez les anciens Perses. Fig. homme fier, despotique et voluptueux.

Saturer v. a. Mettre dans un liquide tout ce qu'il peut dissoudre d'une matière.

Saturnales s. f. pl. Fêtes chez les Romains en l'honneur de Saturne.

Saturne, dieu de la Fable, père de Jupiter; l'une des grandes planètes. S. m. *Extrait de saturne*, acétate de plomb à l'état liquide (*chim.*).

Satyre s. m. Demi-dieu de la Fable, homme des bois. S. f. Poème grec très mondain.

Satyrique adj. Qui appartient aux satyres.

Sauce s. f. Assaisonnement liquide et salé ou épicé.

Saucer v. a. Tremper dans la sauce. Fig. réprimander, gronder fortement. Au *passif*, être mouillé (de la pluie).

Saucière s. f. Vase pour servir les sauces sur la table.

Saucisse s. f. Boyau rempli de viande crue hachée.

Saucisson s. m. Sorte de grosse saucisse; grosse fusée; charge de poudre en rouleau pour mettre le feu à un fourneau de mine.

Sauf, sauve adj. Qui n'est pas endommagé; hors de péril. Prép. Sans blesser; sans préjudice; excepté, hormis.

Sauf-conduit s. m. Sorte de passe-port pour aller et venir sans être inquiété; sauvegarde. (Pl. *sauf-conduits*.)

Sauge s. f. Plante aromatique.

Saugrenu, ue adj. Impertinent, absurde, ridicule.

Saül, premier roi des Juifs; m. 1040 av. J.-C.

Saule s. m. Arbre qui croît le long des ruisseaux.

Saumaise (Claude de), fameux érudit et critique français (1588-1658).

Saumâtre adj. Qui a le goût de l'eau de mer.

Saumon s. m. Poisson de mer*; masse de plomb ou d'étain.

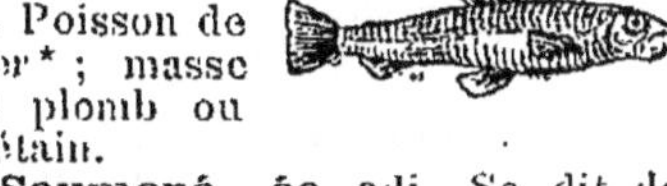

Saumoné, ée adj. Se dit de certains poissons dont la chair est rouge comme celle du saumon.

Saumoneau s. m. Petit saumon.

Saumure s. f. Liqueur salée pour garder ou manger la viande, le poisson.

Saunage s. m. Débit, trafic de sel.

Sauner v. n. Faire du sel.

Saunerie s. f. Bâtiments, ustensiles pour la fabrication du sel.

Saunier s. m. Qui fait et vend le sel.

Saunière s. f. Vaisseau où l'on conserve le sel.

Saupiquet s. m. Sauce piquante.

Saupoudrer v. a. Poudrer de sel, de farine, etc. Fig. donner une légère apparence de, mêler de.

Saur ou saure adj. De couleur jaune tirant sur le brun. *Hareng saur*, salé et séché à la fumée ; on dit aussi *hareng sauret*.

Saurer v. a. Faire sécher à la fumée.

Sauret, Voy. *Saur*.

Sauriens s. m. pl. Ordre de reptiles dont le lézard est le type (*zool.*).

Saurin (Jacques), célèbre prédicateur protestant (1677-1730).

Saussaie s. f. Lieu planté de saules.

Saussure (Horace de), célèbre naturaliste et physicien genevois (1740-1799).

Saut s. m. Action de sauter. *Saut périlleux*, saut des danseurs de corde, le corps faisant un tour entier en l'air.

Saute s. f. *Saute de vent*, changement subit dans la direction du vent.

Sauté s. m. Sorte de ragoût. Sauté, ée adj. Apprêté en sauté : *rognon sauté*.

Sautelle s. f. Sarment avec sa racine.

Sauter v. n. S'élever de terre avec effort ; s'élancer d'un lieu à un autre ; se précipiter sur un objet pour le saisir ; faire explosion. Fig. parvenir à une place élevée sans passer par les degrés intermédiaires. *Sauter aux yeux*, être évident. V. a. Franchir ; omettre.

Sautereau s. m. Petite pièce de bois qui fait sonner une corde de piano.

Sauterelle s. f. Insecte ailé* ; fausse équerre mobile des charpentiers.

Sauteur, euse s. Qui saute, fait des tours de force. Fig. homme d'un caractère équivoque, sans consistance.

Sautillant, e adj. (*ll* m.) Qui sautille.

Sautillement s. m. (*ll* m.) Action de sautiller.

Sautiller v. n. (*ll* m.) Faire de petits sauts.

Sautoir s. m. La figure que présentent deux objets disposés de manière à imiter une croix de Saint-André : X ; pointe d'étoffe que les femmes portent autour du cou.

Sauvage adj. et s. Qui vit dans les bois ; sans lois, sans habitation fixe ; inculte, inhabité. Fig. qui vit seul ; qui fuit la société ; farouche, cruel ; en parlant des plantes, des fruits : qui vient sans culture.

Sauvageon s. m. Jeune arbre venu de pépin ou de noyau, qui n'a pas été greffé.

Sauvageot, archéologue français (1781-1860).

Sauvagerie s. f. Humeur, manières sauvages.

Sauvagin, e adj. Se dit du goût, de l'odeur de quelques oiseaux aquatiques. S. *Sentir le sauvagin*.

Sauval (Henri), historien français (1620-1670).

Sauvegarde s. f. Protection accordée par une autorité quelconque. Fig. ce qui sert de garantie ou de défense contre un danger.

Sauvegarder v. a. Défendre, protéger.

Sauver v. a. Tirer hors de péril, mettre en sûreté ; procurer le salut éternel. Se sauver v. pr. Se mettre en sûreté ; se préserver ; faire son salut éternel ; prendre la fuite.

Sauvetage s. m. Action de retirer des flots les débris d'un naufrage ; action de sauver des hommes tombés à l'eau.

Sauveteur s. m. Qui prend part à un sauvetage ; moyen quelconque de sauvetage.

Sauveur s. m. Qui sauve. Jésus-Christ.

Savamment adv. D'une manière savante.

Savane s. f. Nom, dans les Antilles, la Guyane, etc., des plaines qui produisent de l'herbe pour la nourriture des bestiaux.

Savant, e adj. et s. m. Qui est versé dans les matières d'érudition ou de science. Adj. Où il y a de la science, de l'érudition.

Savantissime adj. Très savant.

Savarin s. m. Sorte de pâtisserie.

Savate s. f. Soulier vieux et usé; homme maladroit; sorte de lutte (pop.).

Saveter v. a. Gâter un ouvrage. (pop.).

Savetier s. m. Raccommodeur de vieux souliers. Fig. mauvais ouvrier (pop.).

Saveur s. f. Impression que certains corps exercent sur l'organe du goût.

Savoir v. a. Connaître; avoir dans la mémoire; pouvoir. V. n. Avoir des connaissances, de l'expérience; être sûr. A SAVOIR, SAVOIR loc. conj. qui marque énumération. S. m. Connaissances acquises, érudition.

Savoir-faire s. m. Habileté.

Savoir-vivre s. m. Connaissance des usages du monde.

Savon s. m. Composition pour blanchir le linge; nettoyer, dégraisser. Fig. verte réprimande (fam.).

Savonnage s. m. Blanchissage par le savon.

Savonner v. a. Nettoyer, blanchir avec du savon. Fig. réprimander vertement (fam.).

Savonnerie s. f. Lieu où l'on fabrique le savon.

Savonnette s. f. Petite boule de savon.

Savonneux, euse adj. De la nature du savon.

Savonnier s. m. Fabricant de savon.

Savourement s. m. Action de savourer.

Savourer v. a. Goûter avec attention et plaisir.

Savoureusement adv. En savourant.

Savoureux, euse adj. Qui a une saveur agréable.

Savoyard, e adj. et s. De la Savoie.

Saxatile adj. Qui croît, qui vit dans des terrains arides ou sur des rochers. [Saxe.

Saxon, onne adj. et s. De la

Saxophone s. m. Instrument à vent en cuivre.

Sayette s. f. Étoffe de laine.

Saynète s. f. Petite comédie mêlée de chansons.

Sayon s. m. (on pron. *séion*). Ancienne casaque des gens de guerre.

Sbire s. m. Agent de police à Rome.

Scabellon s. m. Petit piédestal.

Scabieuse s. f. Plante qui sert à l'ornement des jardins*.

Scabieux, euse adj. Qui ressemble à la gale.

Scabreux, euse adj. Rude, raboteux. Fig. dangereux; difficile à raconter décemment.

Scalène adj. *Triangle scalène*, dont les trois côtés sont inégaux*.

Scalpel s. m. Instrument de chirurgie pour disséquer.

Scalper v. a. Détacher la peau du crâne avec un instrument tranchant.

Scammonée s. f. Espèce de convolvulus, plante purgative.

Scandale s. m. Ce qui est occasion de chute, de péché; indignation qu'excite une mauvaise action.

Scandaleusement adv. D'une manière scandaleuse.

Scandaleux, euse adj. Qui cause du scandale.

Scandaliser v. a. Donner, exciter du scandale. SE SCANDALISER v. pr. Prendre du scandale, s'offenser.

Scander v. a. Mesurer un vers par le nombre des syllabes ou suivant les règles de la quantité.

Scaphandre s. m. Corset de liège qui soutient sur l'eau.

Scapulaire s. m. Pièce d'étoffe que certains religieux portent sur leurs habits et qui descend depuis les épaules jusqu'en bas, par devant et par derrière; deux petits morceaux d'étoffe bénite qu'on porte sur la poitrine; bande pour empêcher un bandage de glisser.

Scarabée s. m. Insecte coléoptère*.

Scaramouche s. m. Bouffon de l'ancienne comédie italienne.

Scare s. m. Sorte de poisson de mer.

Scarieux, euse adj. Sec, aride.

Scarificateur s. m. *Chir.* Instrument pour faire des scarifications.

Scarification s. f. *Chir.* Incision à la peau.

Scarifier v. a. Faire des scarifications.

Scarlatine s. f. Maladie contagieuse accompagnée de rougeur à la peau. Adj. f. *Fièvre scarlatine*, la scarlatine.

Scarole ou scariole. Voy. *Escarole.*

Scarron, poète burlesque français, premier mari de Mme de Maintenon (1610-1660).

Sceau s. m. Grand cachet sur lequel sont gravées en creux les armoiries, la devise d'un roi, d'un Etat, etc.; empreintes faites avec le sceau sur les diplômes, les actes publics, etc., pour les rendre authentiques. Fig. signe caractéristique. *Sous le sceau du secret*, à condition que le secret sera inviolablement gardé.

Scel s. m. Sceau (vx.).

Scélérat, e adj. et s. Coupable ou capable de grands crimes; perfide. [noire.

Scélératesse s. f. Méchanceté

Scellé s. m. Sceau apposé à des serrures, par autorité de justice, pour empêcher de les ouvrir.

Scellement s. m. Action de sceller; son résultat.

Sceller v. a. Appliquer le sceau à un acte; mettre les scellés; fixer l'extrémité d'une pièce de bois ou de métal dans un mur, etc. Fig. confirmer, affirmer.

Scelleur s. m. Qui scelle, qui appose le sceau.

Scénario s. m. (m. ital.) Canevas d'une pièce de théâtre.

Scène s. f. La partie du théâtre où jouent les acteurs; la décoration du théâtre; division d'une pièce de théâtre; ensemble d'objets qui s'offrent à la vue. Fig. querelle; objurgation bruyante; reproches violents.

Scénique adj. Qui a rapport au théâtre.

Scénographie s. f. Art de peindre les décorations scéniques.

Scénographique adj. De la scénographie.

Scepticisme s. m. Doctrine de sceptiques.

Sceptique adj. et s. Se dit d'un secte de philosophes dont le dogme principal est de douter de tout. Fig. qui affecte de douter sur toute chose.

Sceptre s. m. Bâton de commandement, marque de la royauté*. Fig. pouvoir souverain; empire, supériorité.

Schabraque s. f. (on pron. *chabraque*). Partie du harnachement d'un cheval de cavalerie.

Schah s. m. (on pron. *châ*). Souverain de la Perse.

Schako. Voy. *Shako.*

Schapska s. m. (on pron. *chapska*). Shako polonais que portaient les lanciers français et dont le dessus était carré.

Scheffer (Ary), peintre français (1795-1858).

Scheik. Voy. *Cheik.*

Schelling s. m. (on pron. *chelin*). Monnaie d'argent anglaise valant 1 fr. 12 c.

Schelling, philosophe allemand (1775-1854).

Schérer, général français (1747-1804); fut ministre de la guerre de 1797 à 1799.

Schériff. Voy. *Chérif.*

Scherzo s. m. (mot ital.; on pron. *skèrzo*). Morceau de musique à trois temps qui, dans une symphonie, remplace le menuet.

Schiller, poète et historien allemand (1759-1805).

Schismatique adj. et s. Qui fait schisme, qui est dans le schisme.

Schisme s. m. (on pron. *chisme*). Séparation du corps et de la communion d'une religion; se dit, par analogie, en matière de politique, de morale, de littérature, etc.

Schiste s. m. (on pron. *chiste*). Minéral de structure lamelleuse, comme l'ardoise.

Schisteux, euse adj. De la nature du schiste.

Schlegel (Guillaume de), critique allemand (1767-1845). Son frère, Frédéric (1772-1829), a laissé des travaux de littérature et d'histoire.

Schœffer, imprimeur allemand, né de 1420 à 1430, m. vers 1505.

Schœll, historien et critique allemand (1766-1833).

Scholaire (on pron. *skolère*), **Scholie** (on pron. *skolie*). Voy. *Scolaire*, *Scolie*.

Scholastique (sainte), sœur de saint Benoît, m. vers 543, fonda l'ordre des Bénédictines.

Schomberg (comte de), maréchal de France (1618-1690).

Schubert (Franz), célèbre compositeur allemand (1797-1828).

Schumann (Robert), compositeur allemand (1810-1856).

Schwartz, moine allemand, m. vers 1384, auquel on a attribué l'invention de la poudre à canon.

Schwarzenberg (prince de), feld-maréchal autrichien (1771-1820).

Sciable adj. Qu'on peut scier.

Sciage s. m. Action, travail de celui qui scie du bois ou de la pierre. *Bois de sciage*, bois propre à être scié.

Sciatique adj. *Anat.* Qui a rapport à la hanche, au haut de la cuisse. S. f. Douleur vive à la partie postérieure de la cuisse et de la jambe.

Scie s. f. Lame de fer dentelée. Poisson du genre du chien de mer. Fig. chose fatigante, ennuyeuse (pop.).

Sciemment adv. (on pron. *si-aman*). Avec connaissance de ce que l'on fait, avec réflexion.

Science s. f. Connaissance que l'on a de quelque chose; connaissance certaine, assurée, évidente des choses, ou fondée sur des principes; savoir qu'on acquiert par la lecture et par la méditation.

Scientifique adj. Qui concerne les sciences.

Scientifiquement adv. D'une manière scientifique.

Scier v. a. Couper à l'aide d'une scie. Fig. *scier quelqu'un, lui scier le dos*, le fatiguer, l'ennuyer.

Scierie s. f. Usine où des scies, mises en mouvement par un mécanisme, divisent le bois, le marbre, la pierre; machine à scier.

Scieur s. m. Dont le métier est de scier. *Scieur de long*, celui qui scie le bois en long pour en faire des planches.

Scinder v. a. Couper en deux, diviser (ne s'emploie qu'au fig.).

Scintillant, e adj. Qui scintille.

Scintillation s. f. Action de scintiller.

Scintiller v. n. Etinceler.

Scion s. m. Petit rejeton flexible d'un arbre.

Scipion, illustre famille patricienne de Rome, dont les principaux membres furent : *Publius Cornélius*, surnommé *l'Africain*, vainqueur d'Annibal à Zama; m. 184 av. J.-C. — *Lucius Cornélius Scipion*, dit *l'Asiatique*, frère du précédent, vainqueur d'Antiochus le Grand.

Scissile adj. Qui peut être fendu en lames (*minér.*).

Scission s. f. Séparation, division dans un Etat, dans un parti, dans une assemblée; partage de voix.

Scissionnaire adj. et s. Qui fait [scission.

Scissure s. f. Fente dans certains os ou organes.

Sciure s. f. Ce qui tombe du bois, etc., quand on le scie.

Sciuriens s. m. pl. Famille de mammifères dont l'écureuil est le type (*zool.*).

Sclérotique s. et adj. f. Membrane dure qui enveloppe le globe de l'œil.

Scolaire adj. Qui a rapport aux écoles : *année scolaire*.

Scolastique adj. De l'école, qui lui appartient. S. f. Théologie scolastique. S. m. Auteur qui traite de cette théologie.

Scolastiquement adv. D'une manière scolastique.

Scoliaste s. m. Qui a commenté un auteur ancien.

Scolie s. f. Note grammaticale et critique pour faciliter l'intelligence des auteurs classiques. S. m. Remarque sur une proposition de géométrie.

Scorbut s. m. Maladie qui fait enfler et saigner les gencives.

Scorbutique adj. De la nature du scorbut. S. Qui a le scorbut.

Scorie s. f. Substance vitrifiée qui nage à la surface des métaux fondus; produit volcanique.

Scorification s. f. Action de réduire en scorie.

Scorificatoire s. m. Ecuelle à scorifier.

Scorifier v. a. Réduire en scorie.

Scorpion s. m. Insecte venimeux de la classe des Arachnides; l'un des 12 signes du zodiaque.

Scorsonère s. f. Salsifis noir.

Scotie s. f. Sorte de moulure concave.

Scots, anciens habitants de la Scotie ou Ecosse.

Scott (Walter), célèbre romancier écossais (1771-1832).

Scouffin s. m. Sac de jonc pour mettre la pâte des olives.

Scribe s. m. Interprète de la loi judaïque; copiste à gages.

Scribe (Eugène), auteur dramatique français (1791-1861).

Scriptural, e adj. Qui appartient aux saintes Ecritures.

Scrofulaire s. f. Genre de plantes.

Scrofules s. f. pl. Ecrouelles.

Scrofuleux, euse adj. Qui cause, qui accompagne les écrouelles. S. Celui qui est affecté de scrofules.

Scrupule s. m. Doute, inquiétude d'une conscience timorée; grande exactitude à observer les règles; grande attention; délicatesse de procédés, de mœurs; restes de doute après l'éclaircissement d'une affaire. Petit poids de 24 grains.

Scrupuleusement adv. D'une manière scrupuleuse, minutieuse.

Scrupuleux, euse adj. et s. Qui a des scrupules; minutieux, exact.

Scrutateur s. m. Qui scrute, qui pousse loin ses recherches; chargé de dépouiller un scrutin. Adj. m. Qui sonde, qui pénètre, qui examine à fond.

Scruter v. a. Sonder, examiner à fond, chercher à pénétrer dans les choses cachées.

Scrutin s. m. Election par suffrages secrets.

Scudéry (Georges de), poète français (1601-1667). — Sa sœur, MADELEINE DE SCUDÉRY, est célèbre par ses romans : *Artamène ou le Grand Cyrus*, *Clélie*, etc. (1607-1701).

Sculpter v. a. (on pron. *skulté*). Tailler avec le ciseau une figure, un ornement dans le bois, la pierre, etc.

Sculpteur s. m. Qui sculpte.

Sculptural, e adj. Qui appartient à la sculpture.

Sculpture s. f. Art, ouvrage du sculpteur.

Scythique adj. Des Scythes.

Se pron. pers. de la 3e pers. Soi, à soi.

Séance s. f. Droit, action de prendre place dans une assemblée; durée du travail suivi d'un peintre en portrait; temps que l'on passe à une délibération, à une occupation.

Séant s. m. Posture d'un homme assis dans son lit.

Séant, e adj. Qui sied bien, convenable.

Seau s. m. Récipient pour puiser ou porter de l'eau; son contenu.

Sébacé, ée adj. De la nature du suif; qui produit des substances analogues au suif : *glandes sébacées*.

Sébastiani (comte), maréchal de France (1772-1851).

Sébastien (saint), martyr (288).

Sébile s. f. Sorte d'écuelle de bois ronde et creuse.

Sec, sèche adj. Aride, qui a peu ou point d'humidité; maigre, décharné. Fig. dépourvu d'agrément, de grâce, d'ornement, de sensibilité. S. m. Ce qui est sec. Adv. Sèchement. A SEC loc. adv. Sans eau. Fig. sans argent. *Tout sec*, sans rien de plus.

Sécable adj. Qui peut être coupé.

Sécante s. f. Toute ligne ou surface qui en coupe une autre* (*géom.*).

Sécateur s. m. Instrument de jardinage pour couper les branches.

Sécession s. f. Action de se séparer d'un Etat avec lequel on s'était confédéré.

Séchage s. m. Action de sécher.

Sèche ou **seiche** s. f. Genre de mollusques qui émettent une liqueur noire avec laquelle on fait la *sépia*.

Sèchement adv. D'une manière sèche.

Sécher v. a. Rendre sec; mettre à sec. Fig. sécher les pleurs de quelqu'un, le consoler. V. n. Devenir sec. Fig. dépérir. SE SÉCHER v. pr. Devenir sec.

Sécheresse s. f. Etat, qualité de ce qui est sec; air, temps sec. Fig. manière de parler d'un ton sec.

Séchoir s. m. Lieu où l'on fait sécher.

Second, e adj. (on pron. *segon*). Deuxième ; qui vient immédiatement après le premier. *Eau seconde*, eau-forte étendue d'eau. S. m. Deuxième étage ; témoin d'un duel; officier de marine qui vient immédiatement après le capitaine. EN SECOND loc. adv. Sous l'autorité, la direction d'un autre.

Secondaire adj. Accessoire ; qui ne vient qu'en second. Se dit de l'enseignement des lycées et collèges.

Secondairement adv. D'une manière secondaire.

Seconde s. f. Classe qui précède la rhétorique ; la 60e partie d'une minute et, par extension, temps très court; intervalle entre deux notes qui se suivent (*mus.*). Coup d'escrime.

Secondement adv. En second lieu.

Seconder v. a. Aider, favoriser, servir.

Secouement ou **secoûment** s. m. Action de secouer.

Secouer v. a. Remuer fortement; ébranler, agiter. Fig. et fam. Exciter, ranimer. S'affranchir de quelque chose. SE SECOUER v. pr. Se donner du mouvement, de l'exercice.

Secourable adj. Qui aime à secourir ; qui peut être secouru.

Secourir v. a. Aider, assister.

Secours s. m. Aide, assistance.

Secousse s. f. Agitation, ébranlement de ce qui est secoué. Fig. forte atteinte ; perte ; malheur.

Secret, ète adj. Qui n'est pas divulgué ; que l'on tient caché. S. m. Ce qu'il ne faut dire à personne ; chose cachée ; discrétion; silence; lieu séparé dans les prisons. EN SECRET loc. adv. En particulier, sans témoin.

Secrétaire s. m. Dont l'emploi est de faire ou d'écrire des lettres pour une personne dont il dépend ; celui qui rédige par écrit les délibérations d'une assemblée ; bureau sur lequel on écrit ou dans lequel on renferme des papiers. oiseau de l'ordre des échassiers ;

Secrétairerie s. f. Bureau des secrétaires d'ambassade, etc.

Secrétariat s. m. Emploi, fonction de secrétaire ; lieu où le secrétaire d'une ambassade, d'une compagnie, etc., fait et délivre ses expéditions.

Secrète s. f. Oraison que le prêtre dit tout bas à la messe.

Secrètement adv. En secret.

Sécréter v. a. Opérer la sécrétion.

Sécréteur adj. Voy. *Sécrétoire*.

Sécrétion s. f. Filtration et séparation des humeurs; matières qui sortent du corps.

Sécrétoire adj. Qui sort à la sécrétion.

Sectaire s. m. Attaché à quelque secte schismatique.

Sectateur s. m. Partisan d'un philosophe, d'un hérésiarque.

Secte s. f. Réunion de personnes qui suivent une même doctrine, une opinion hérétique.

Secteur s. m. *Géomét.* Portion de cercle comprise entre deux rayons et l'arc qu'ils renferment*. Instrument d'astronomie.

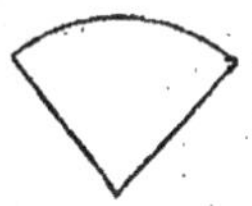

Section s. f. Division d'une collection, d'un livre, d'un compte, etc. *Géom.* Endroit où des lignes, des plans se coupent mutuellement.

Séculaire adj. Qui se fait de siècle en siècle ; âgé d'un siècle.

Sécularisation s. f. Action de séculariser.

Séculariser v. a. Rendre séculier.

Sécularité s. f. Juridiction séculière d'une église.

Séculier, ière adj. Qui n'est point engagé par des vœux dans une communauté religieuse ; mondain. S. m. Laïque.

Séculièrement adv. D'une manière séculière.

Sécurité s. f. Confiance, tranquillité d'esprit de celui qui pense n'avoir à craindre aucun danger.

Sedan s. m. Drap fin fabriqué à Sedan.

Sédatif, ive adj. *Méd.* Qui calme les douleurs.

Sédentaire adj. Qui demeure ordinairement assis; attaché à un lieu.

Sédentairement adv. D'une manière sédentaire.

Sédiment s. m. Ce qu'une liqueur dépose au fond du vase.

Séditieusement adv. D'une manière séditieuse.

Séditieux, euse adj. et s. Qui pousse ou prend part à une sédition.

Sédition s. f. Emeute populaire, révolte, soulèvement.

Séducteur, trice s. et adj. Corrupteur; qui séduit, fait tomber en erreur, en faute.

Séduction s. f. Action de séduire; attrait, agrément.

Séduire v. a. Tromper; faire tomber dans l'erreur; faire tomber en faute; plaire, persuader, toucher.

Séduisant, e adj. Qui séduit; attrayant.

Segment s. m. *Géom.* Portion de cercle entre un arc et sa corde.

Ségrairie s. f. Bois possédé en commun.

Ségrais s. m. Bois exploité à part.

Ségrégation s. f. Action de mettre à part, de séparer d'un tout.

Seiche s. f. Voy. *Sèche.*

Seigle s. m. Sorte de blé à épis barbus.

Seigneur s. m. Maître. Titre d'honneur. *Le Seigneur*, Dieu; *Notre-Seigneur*, Jésus-Christ.

Seigneuriage s. m. Droit qu'un souverain prend sur la fabrication des monnaies.

Seigneurial, e adj. Du seigneur, qui lui appartient; qui en donne les droits.

Seigneurie s. f. Droit, autorité du seigneur sur une terre seigneuriale et ce qui en relève; terre seigneuriale.

Seime s. f. Fente qui survient au sabot du cheval.

Sein s. m. Partie du corps humain depuis le cou jusqu'au creux de l'estomac; mamelles. Fig. esprit, cœur; milieu.

Seine s. f. Filet qu'on traîne sur la grève.

Seing s. m. Signature. *Seing privé*, signature qui n'a pas été faite en présence d'un officier public.

Seize adj. Dix et six; seizième.

Seizième adj. ordin. Qui suit le quinzième. S. m. La 16e partie d'un tout.

Seizièmement adv. En seizième lieu.

Séjour s. m. Résidence plus ou moins longue dans un lieu; demeure; habitation.

Séjourner v. n. Demeurer, rester quelque temps dans un lieu; s'y arrêter.

Sel s. m. Substance dure, friable, sèche et piquante, soluble dans l'eau et dont on se sert surtout pour assaisonner. Fig. Ce qu'il y a de fin, de piquant dans un discours, dans un ouvrage d'esprit. *Chim.* Substance formée par la combinaison d'un acide et d'une base.

Sélection s. f. Choix, triage avec examen.

Sélénite s. f. *Chim.* Sulfate de chaux.

Séléniteux, euse adj. *Chim.* Qui a rapport à la sélénite.

Sélénographie s. f. Description de la lune.

Sélénographique adj. Qui a rapport à la sélénographie.

Séleucus Nicanor ou **Nicator** (le vainqueur), fils d'Antiochus, général de Philippe et d'Alexandre.

Selle s. f. Siège qu'on met sur le dos d'un cheval *; petit siège de bois sans dossier; évacuation faite en une fois à la garde-robe.

Seller v. a. Mettre la selle sur un cheval. Se seller v. pr. *Agric.* Se tasser, se serrer, s'endurcir.

Sellerie s. f. Lieu où l'on serre les selles et les harnais; commerce, ouvrage du sellier.

Sellette s. f. Autrefois, petit siège de bois; boîte de décrotteur. Fig. fam. *Etre sur la sellette*, subir des questions.

Sellier s. m. Ouvrier qui fait des selles, des harnais, etc.

Selon prép. Suivant; eu égard à; conformément à; à proportion de.

Sem, fils aîné de Noé, s'établit, à sa sortie de l'arche, dans l'Asie antérieure, et mourut à l'âge de 600 ans.

Semaille s. f. (*ll* m.) Action, temps de semer; les grains semés.

Semaine s. f. Suite de sept jours. Travail, salaire d'une semaine.

Semainier, ière s. Qui est de service pendant une semaine.

Sémaphore s. m. Sorte de télégraphe.

Semblable adj. Pareil, qui ressemble.

Semblablement adv. Pareillement; aussi.

Semblant s. m. Apparence. *Faire semblant*, feindre.

Sembler v. n. Paraître, avoir une certaine qualité ou manière d'être. V. imp. Y avoir apparence de.

Sémélé, mère de Bacchus (*myth.*).

Semelle s. f. Pièce de cuir qui fait le dessous du soulier, etc.

Semence s. f. Grain ou graine que l'on sème ou qui se sème. Fig. cause éloignée, germe.

Semen-contra s. m. (on pron. *sémène-contra*). Substance vermifuge.

Semer v. a. Répandre la graine sur la terre. Fig. couvrir, disséminer, répandre.

Semestre s. m. Espace de six mois; congé de six mois.

Semestriel, elle adj. De semestre.

Semestrier s. m. Militaire en semestre.

Semeur s. m. Qui sème du grain. Fig. celui qui répand, propage : *semeur de discorde.*

Semi. Préfixe qui signifie demi : *semi-périodique.*

Sémillant, e adj. (*ll* m.) Remuant, très vif.

Séminaire s. m. Collège d'ecclésiastiques; l'ensemble des élèves de ce collège.

Séminal, e adj. Qui a rapport à la semence. (Pl. m. *séminaux*.)

Séminariste s. m. Elève d'un séminaire.

Sémination s. f. Action de semer, dispersion des graines (*bot.*).

Sémiramis, célèbre reine d'Assyrie (1936-1874 av. J.-C.).

Semis s. m. Lieu où l'on sème des arbres, des fleurs, etc.; ces arbres, etc.; travail du semeur.

Sémitique adj. Se dit des peuples qui descendent de Sem et des langues parlées par ces peuples.

Semoir s. m. Sac du semeur; machine pour semer.

Semonce s. f. Invitation dans les formes pour une cérémonie; avertissement, réprimande.

Semoncer v. a. Faire une semonce, une réprimande (fam.).

Semoule s. f. Pâte de farine fine réduite en petits grains.

Sempiternel, elle adj. Qui dure toujours, fréquent, continuel (fam.).

Sénat s. m. Assemblée politique de certains Etats; autrefois conseil perpétuel de Rome.

Sénateur s. m. Membre d'un sénat.

Sénatorerie s. f. Terre dont l'usufruit était affecté à un sénateur.

Sénatorial, e adj. Du sénateur : *dignité sénatoriale.*

Sénatorien, ienne adj. De sénateur.

Sénatrice s. f. Femme de sénateur.

Sénatus-consulte s. m. Décision du sénat.

Senau s. m. Navire à deux mâts.

Séné s. m. Petit arbuste du Levant dont les feuilles sont purgatives.

Sénéchal s. m. Ancien officier royal, chef de la justice.

Sénéchaussée s. f. Juridiction du sénéchal; son étendue; son tribunal.

Senefelder, inventeur de la lithographie, né à Prague (1771-1834).

Sénèque, célèbre philosophe latin, fut le précepteur de Néron (2-65 après J.-C.).

Sénestre adj. Gauche.

Sénevé s. m. Plante dont la graine sert à faire la moutarde; la graine même.

Sénile adj. Qui tient à la vieillesse : *débilité sénile.*

Sénilité s. f. Affaiblissement physique et moral produit par la vieillesse.

Sennachérib, roi d'Assyrie (712-707 av. J.-C.).

Senne. Voy. *Seine*, filet.

Sénonais ou **Senones**, peuple de la Gaule, avait pour capitale *Agendicum*, aujourd'hui *Sens*.

Sens s. m. Faculté par laquelle l'homme et les animaux reçoivent l'impression des objets extérieurs; faculté de comprendre les choses et d'en juger sainement; idée, pensée; signification; côté d'un corps, d'une chose. *Le sens moral*, la conscience; *le bon sens*, la saine et droite raison; *le sens commun*, l'intelligence ordinaire avec laquelle naissent la plupart des gens. Au pl. sensualité. SENS DESSUS DESSOUS loc. adv. Bouleversé.

Sensation s. f. Impression que l'âme reçoit des objets par les sens. Fig. *Faire sensation*, faire impression sur le public, dans une assemblée, etc.

Sensé, ée adj. Qui a du bon sens, de la raison, du jugement; conforme au bon sens.

Sensément adv. D'une manière sensée.

Sensibilité s. f. Faculté, capacité de sentir. Fig. faculté de sentir vivement; sentiments d'humanité, de compassion, de tendresse, d'amour.

Sensible adj. Qui a le sentiment de; qui reçoit facilement les impressions des objets; qui tombe sous les sens. Fig. qui est aisément ému, touché; qu'on remarque aisément; qui fait une vive impression. *Mus. Note sensible*, qui est d'un demi-ton au-dessous de la tonique.

Sensiblement adv. D'une manière sensible et perceptible ou qui affecte le cœur.

Sensiblerie s. f. Affectation, exagération de sensibilité (fam.).

Sensitif, ive adj. Qui a la faculté de sentir.

Sensitive s. f. Plante qui replie ses feuilles lorsqu'on les touche.

Sensorial, e adj. Qui a rapport au sensorium.

Sensorium s. m. (on pron. *sinsoriome*). Le cerveau considéré comme le centre commun de toutes les sensations.

Sensualisme s. m. Doctrine de ceux qui rapportent aux sens l'origine de toutes nos idées; amour des plaisirs sensuels.

Sensualiste s. m. Partisan du sensualisme.

Sensualité s. f. Attachement aux plaisirs des sens.

Sensuel, elle adj. Attaché aux plaisirs des sens; qui flatte les sens.

Sensuellement adv. D'une manière sensuelle.

Sente s. f. Voy. *Sentier*.

Sentence s. f. Parole qui renferme un grand sens, une belle moralité; arrêt.

Sentencieusement adv. D'une manière sentencieuse.

Sentencieux, euse adj. Qui contient des maximes; qui parle par maximes.

Senteur s. f. Odeur, parfum. *Pois de senteur*, plante grimpante à fleurs odorantes.

Senti, ie adj. *Chose bien sentie*, rendue, exprimée avec âme.

Sentier s. m. Chemin étroit.

Sentiment s. m. Perception que l'âme a des objets par les sens; faculté de sentir; sensibilité physique ou morale; conscience intime; opinion.

Sentimental, e adj. Qui a ou annonce du sentiment; qui affecte une grande sensibilité.

Sentimentalement adv. D'une manière sentimentale.

Sentimentalité s. f. Etat d'une personne sentimentale.

Sentine s. f. Partie la plus basse d'un navire, réceptacle des ordures.

Sentinelle s. f. Soldat en faction.

Sentir v. a. Recevoir une impression par le moyen des sens; avoir l'âme émue, le cœur touché; éprouver, goûter, ressentir. V. a. et n. Exhaler, répandre une odeur. SE SENTIR v. pr. Etre perçu par les sens ou par l'esprit; connaître l'état où l'on est, ses talents, ses ressources.

Seoir v. n. Etre assis. V. n. et impers. Etre convenable.

Sépale s. m. Chacune des petites feuilles qui composent le calice d'une fleur.

Séparable adj. Qui peut être séparé.

Séparatif, ive adj. Qui opère une séparation.

Séparation s. f. Action de séparer, de se séparer; ses effets; chose qui sépare.

Séparatiste s. m. Celui qui veut amener une séparation politique ou religieuse.

Séparé, ée adj. Différent, distinct.

Séparément adv. A part l'un de l'autre.

Séparer v. a. Désunir ce qui était uni; éloigner; mettre à part; être placé entre. SE SÉPARER v. pr. Se diviser en parties; s'éloigner l'un de l'autre.

Sépia s. f. Matière colorante noire fournie par la seiche.

Seps s. m. Sorte de lézard dont les jambes sont fort courtes.

Sept adj. num. card. (on pron. *sèt*). Nombre de trois et quatre; septième. S. m. Le chiffre sept.

Septante adj. num. card. Soixante et dix (vx.). *Les Septante*, les soixante-dix docteurs juifs qui traduisirent la Bible d'hébreu en grec au IIIe siècle av. J.-C.

Septembre s. m. Le neuvième mois de l'année.

Septénaire adj. Qui vaut, qui contient sept; qui dure sept ans.

Septennal, e adj. Qui arrive, qui est renouvelé tous les sept ans.

Septennalité s. f. Durée de sept ans.

Septennat s. m. Gouvernement d'une durée de sept ans.

Septentrion s. m. Le nord.

Septentrional, e adj. Qui est du côté du septentrion.

Septidi s. m. Septième jour de la décade républicaine.

Septième adj. Nombre ordinal de sept. S. m. La septième partie d'un tout.

Septièmement adv. En septième lieu.

Septimo adv. En septième lieu.

Septique adj. Qui produit de la putréfaction.

Septuagénaire adj. et s. Agé de soixante-dix ans.

Septuagésime s. f. Dimanche qui précède de soixante-dix jours la fête de Pâques.

Septuor s. m. Morceau de musique pour sept voix ou pour sept instruments.

Septuple adj. et s. m. Qui vaut sept fois autant.

Septupler v. a. Rendre sept fois plus grand.

Sépulcral, e adj. Qui a rapport au sépulcre. Fig. qui a l'apparence de la mort.

Sépulcre s. m. Tombeau.

Sépulture s. f. Lieu où l'on enterre les morts; action d'enterrer un mort.

Séquanais ou **Séquanes** s. m. pl. Tribu gauloise qui occupait le pays situé entre la Saône et les Alpes.

Séquanien, ienne adj. Qui appartient à la Seine.

Séquelle s. f. (on pron. *sékèle*). Certain nombre de gens attachés au parti de quelqu'un; longue suite.

Séquence s. f. Suite de plusieurs cartes de même couleur.

Séquestration s. f. Action de séquestrer; état de ce qui est séquestré.

Séquestre s. m. Etat d'une chose en litige remise en mains tierces, jusqu'à ce qu'il soit jugé à qui elle appartiendra; chose séquestrée; celui entre les mains de qui les choses sont mises en séquestre.

Séquestrer v. a. Mettre en séquestre; mettre de côté; renfermer illégalement une personne. SE SÉQUESTRER v. pr. Fuir la société des hommes.

Sequin s. m. Ancienne monnaie d'or en Italie valant de 11 à 12 fr.

Sérail s. m. (*l* m.) Palais des princes turcs, du sultan; harem.

Séraphin s. m. Ange de la première hiérarchie.

Séraphique adj. Qui appartient aux séraphins.

Sérapis, grand dieu de la mythologie égyptienne.

Séraskier ou **sérasquier** s. m. Pacha commandant en chef les troupes de l'empire turc.

Serein, e adj. Qui est sans nuage, doux et calme. Fig. qui annonce la tranquillité de l'esprit; exempt de trouble, d'agitation. *Goutte sereine*, privation de la vue causée par la paralysie du nerf optique. S. m. Vapeur humide et froide qui se produit en été, après le coucher du soleil.

Sénonais ou **Senones,** peuple de la Gaule, avait pour capitale *Agendicum*, aujourd'hui *Sens*.

Sens s. m. Faculté par laquelle l'homme et les animaux reçoivent l'impression des objets extérieurs; faculté de comprendre les choses et d'en juger sainement; idée, pensée; signification; côté d'un corps, d'une chose. *Le sens moral*, la conscience; *le bon sens*, la saine et droite raison; *le sens commun*, l'intelligence ordinaire avec laquelle naissent la plupart des gens. Au pl. sensualité. Sens dessus dessous loc. adv. Bouleversé.

Sensation s. f. Impression que l'âme reçoit des objets par les sens. Fig. *Faire sensation*, faire impression sur le public, dans une assemblée, etc.

Sensé, ée adj. Qui a du bon sens, de la raison, du jugement; conforme au bon sens.

Sensément adv. D'une manière sensée.

Sensibilité s. f. Faculté, capacité de sentir. Fig. faculté de sentir vivement; sentiments d'humanité, de compassion, de tendresse, d'amour.

Sensible adj. Qui a le sentiment de; qui reçoit facilement les impressions des objets; qui tombe sous les sens. Fig. qui est aisément ému, touché; qu'on remarque aisément; qui fait une vive impression. *Mus. Note sensible*, qui est d'un demi-ton au-dessous de la tonique.

Sensiblement adv. D'une manière sensible et perceptible ou qui affecte le cœur.

Sensiblerie s. f. Affectation, exagération de sensibilité (fam.).

Sensitif, ive adj. Qui a la faculté de sentir.

Sensitive s. f. Plante qui replie ses feuilles lorsqu'on les touche.

Sensorial, e adj. Qui a rapport au sensorium.

Sensorium s. m. (on pron. *sinsoriome*). Le cerveau considéré comme le centre commun de toutes les sensations.

Sensualisme s. m. Doctrine de ceux qui rapportent aux sens l'origine de toutes nos idées; amour des plaisirs sensuels.

Sensualiste s. m. Partisan du sensualisme.

Sensualité s. f. Attachement aux plaisirs des sens.

Sensuel, elle adj. Attaché aux plaisirs des sens; qui flatte les sens.

Sensuellement adv. D'une manière sensuelle.

Sente s. f. Voy. *Sentier*.

Sentence s. f. Parole qui renferme un grand sens, une belle moralité; arrêt.

Sentencieusement adv. D'une manière sentencieuse.

Sentencieux, euse adj. Qui contient des maximes; qui parle par maximes.

Senteur s. f. Odeur, parfum. *Pois de senteur*, plante grimpante à fleurs odorantes.

Senti, ie adj. *Chose bien sentie*, rendue, exprimée avec âme.

Sentier s. m. Chemin étroit.

Sentiment s. m. Perception que l'âme a des objets par les sens; faculté de sentir; sensibilité physique ou morale; conscience intime; opinion.

Sentimental, e adj. Qui a ou annonce du sentiment; qui affecte une grande sensibilité.

Sentimentalement adv. D'une manière sentimentale.

Sentimentalité s. f. Etat d'une personne sentimentale.

Sentine s. f. Partie la plus basse d'un navire, réceptacle des ordures.

Sentinelle s. f. Soldat en faction.

Sentir v. a. Recevoir une impression par le moyen des sens; avoir l'âme émue, le cœur touché; éprouver, goûter, ressentir. V. a. et n. Exhaler, répandre une odeur. Se sentir v. pr. Etre perçu par les sens ou par l'esprit; connaître l'état où l'on est, ses talents, ses ressources.

Seoir v. n. Etre assis. V. n. et impers. Etre convenable.

Sépale s. m. Chacune des petites feuilles qui composent le calice d'une fleur.

Séparable adj. Qui peut être séparé.

Séparatif, ive adj. Qui opère une séparation.

Séparation s. f. Action de séparer, de se séparer; ses effets; chose qui sépare.

Séparatiste s. m. Celui qui veut amener une séparation politique ou religieuse.

Séparé, ée adj. Différent, distinct.

Séparément adv. A part l'un de l'autre.

Séparer v. a. Désunir ce qui était uni; éloigner; mettre à part; être placé entre. SE SÉPARER v. pr. Se diviser en parties; s'éloigner l'un de l'autre.

Sépia s. f. Matière colorante noire fournie par la seiche.

Seps s. m. Sorte de lézard dont les jambes sont fort courtes.

Sept adj. num. card. (on pron. *sèt*). Nombre de trois et quatre; septième. S. m. Le chiffre sept.

Septante adj. num. card. Soixante et dix (vx.). *Les Septante*, les soixante-dix docteurs juifs qui traduisirent la Bible d'hébreu en grec au IIIe siècle av. J.-C.

Septembre s. m. Le neuvième mois de l'année.

Septénaire adj. Qui vaut, qui contient sept; qui dure sept ans.

Septennal, e adj. Qui arrive, qui est renouvelé tous les sept ans.

Septennalité s. f. Durée de sept ans.

Septennat s. m. Gouvernement d'une durée de sept ans.

Septentrion s. m. Le nord.

Septentrional, e adj. Qui est du côté du septentrion.

Septidi s. m. Septième jour de la décade républicaine.

Septième adj. Nombre ordinal de sept. S. m. La septième partie d'un tout.

Septièmement adv. En septième lieu.

Septimo adv. En septième lieu.

Septique adj. Qui produit de la putréfaction.

Septuagénaire adj. et s. Agé de soixante-dix ans.

Septuagésime s. f. Dimanche qui précède de soixante-dix jours la fête de Pâques.

Septuor s. m. Morceau de musique pour sept voix ou pour sept instruments.

Septuple adj. et s. m. Qui vaut sept fois autant.

Septupler v. a. Rendre sept fois plus grand.

Sépulcral, e adj. Qui a rapport au sépulcre. Fig. qui a l'apparence de la mort.

Sépulcre s. m. Tombeau.

Sépulture s. f. Lieu où l'on enterre les morts; action d'enterrer un mort.

Séquanais ou **Séquanes** s. m. pl. Tribu gauloise qui occupait le pays situé entre la Saône et les Alpes.

Séquanien, ienne adj. Qui appartient à la Seine.

Séquelle s. f. (on pron. *sékèle*). Certain nombre de gens attachés au parti de quelqu'un; longue suite.

Séquence s. f. Suite de plusieurs cartes de même couleur.

Séquestration s. f. Action de séquestrer; état de ce qui est séquestré.

Séquestre s. m. État d'une chose en litige remise en mains tierces, jusqu'à ce qu'il soit jugé à qui elle appartiendra; chose séquestrée; celui entre les mains de qui les choses sont mises en séquestre.

Séquestrer v. a. Mettre en séquestre; mettre de côté; renfermer illégalement une personne. SE SÉQUESTRER v. pr. Fuir la société des hommes.

Sequin s. m. Ancienne monnaie d'or en Italie valant de 11 à 12 fr.

Sérail s. m. (*l* m.) Palais des princes turcs, du sultan; harem.

Séraphin s. m. Ange de la première hiérarchie.

Séraphique adj. Qui appartient aux séraphins.

Sérapis, grand dieu de la mythologie égyptienne.

Séraskier ou **sérasquier** s. m. Pacha commandant en chef les troupes de l'empire turc.

Serein, e adj. Qui est sans nuage, doux et calme. Fig. qui annonce la tranquillité de l'esprit; exempt de trouble, d'agitation. *Goutte sereine*, privation de la vue causée par la paralysie du nerf optique. S. m. Vapeur humide et froide qui se produit en été, après le coucher du soleil.

Sérénade s. f. Concert de voix ou d'instruments donné le soir ou la nuit sous les fenêtres de quelqu'un.

Sérénissime adj. Titre que l'on donne à certains princes.

Sérénité s. f. Etat du temps qui est serein; état de calme moral.

Séreux, euse adj. Qui a le caractère de la sérosité. *Membranes séreuses*, celles qui sécrètent des sérosités.

Serf, erve adj. Qui appartient au servage. S. Qui ne jouit pas de son entière liberté personnelle.

Serfouette s. f. Outil de jardinage en forme de fourche.

Serfouir v. a. Remuer la terre avec la serfouette.

Serfouissage s. m. Action de serfouir.

Serge s. f. Etoffe de laine croisée.

Sergent s. m. Sous-officier dans une compagnie d'infanterie. *Sergent-major*, le premier sous-officier. *Sergent de ville*, agent de la police urbaine; ancien nom des huissiers. — Serre-joints.

Sergenterie s. f. Office de sergent.

Serger ou **sergier** s. m. Qui fabrique ou vend de la serge.

Sergerie s. f. Fabrique ou commerce de serge.

Séricicole adj. Qui concerne la culture de la soie.

Sériciculture s. f. Industrie qui a pour objet la production de la soie.

Série s. f. Suite de grandeurs croissantes ou décroissantes; chacune des divisions d'un classement; suite, succession.

Sérieusement adv. D'une manière sérieuse.

Sérieux, euse adj. Qui n'est point gai, frivole, léger; important, grave. S. m. Air grave, important; gravité.

Serin, e s. Petit oiseau de couleur jaune ou verte*.

Seriner v. a. Instruire au moyen d'une serinette. Fig. répéter continuellement une chose pour la faire apprendre.

Serinette s. f. Petit orgue pour apprendre à chanter aux oiseaux de volière.

Seringue s. f. Petite pompe pour attirer et repousser l'air ou les liquides, pour les lavements, etc.

Seringuer v. a. Pousser une liqueur avec la seringue.

Serment s. m. Affirmation solennelle dans laquelle on prend Dieu à témoin; promesse solennelle; jurement.

Sermenté, ée adj. Assermenté.

Sermon s. m. Prédication faite en chaire dans une église. Fig. remontrances (fam.).

Sermonnaire s. m. Recueil ou auteur de sermons. Adj. Qui convient aux sermons.

Sermonner v. a. Faire des remontrances ennuyeuses et hors de propos (fam.).

Sermonneur, euse s. Qui sermonne.

Sérosité s. f. Partie aqueuse des humeurs animales.

Serpe s. f. Outil pour émonder ou tailler les arbres.

Serpent s. m. Classe de reptiles sans pied*; instrument à vent qui a la forme d'un gros serpent et dont on se servait autrefois dans les églises pour soutenir la voix.

Serpentaire s. m. Constellation de l'hémisphère boréal. S. f. Sorte de cactier.

Serpente s. f. et adj. Sorte de papier très fin et qui est transparent.

Serpenteau s. m. Jeune serpent; petite fusée volante.

Serpenter v. n. Avoir un cours sinueux, une direction tortueuse.

Serpentin s. m. Tuyau en spirale d'un alambic. Adj. et s. m. Se dit d'une espèce de marbre d'un fond vert.

Serpentine s. f. Sorte de pierre fine tachetée.

Serpette s. f. Petite serpe*.

Serpillière s. f. Toile grossière et claire.

Serpolet s. m. Plante odoriférante de la famille des Labiées.

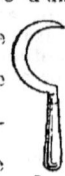

Serre s. f. Action de serrer; action de presser les fruits dans un pressoir; lieu clos où l'on enferme les plantes pendant l'hiver; pied des oiseaux de proie*.

Serré, ée adj. Etroit, comprimé, resserré. Fig. concis, précis; avare. *Cœur serré*, saisi de douleur; *jeu serré*, jeu prudent. Adv. Bien fort, avec circonspection.

Serre-file s. m. Officiers et sous-officiers placés derrière une troupe en bataille et sur une ligne parallèle au front de cette troupe. (Pl. *serre-files*.)

Serrément adv. D'une manière serrée.

Serrement s. m. Action de serrer; état de ce qui est serré. Fig. *Serrement de cœur*.

Serre-papiers s. m. Cabinet, tablette où l'on range les papiers; poids que l'on pose sur des papiers.

Serrer v. a. Etreindre, presser; joindre près à près; mettre trop près; mettre à couvert. Fig. *Serrer son style*, écrire avec concision; *serrer le cœur*, causer une grande perte. SE SERRER v. pr. Se presser; serrer sa taille.

Serres (Olivier de), célèbre agronome français (1539-1619).

Serre-tête s. m. Ruban ou coiffe dont on se serre la tête. (Inv. au pl.)

Serrure s. f. Mécanisme avec une clef pour fermer une porte, un tiroir, etc*.

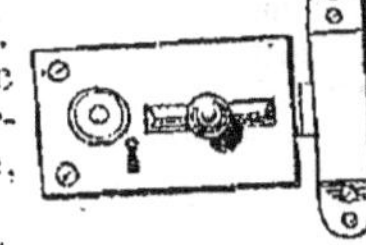

Serrurerie s. f. Art et ouvrage du serrurier.

Serrurier s. m. Ouvrier qui fait des serrures, des ouvrages en fer.

Sertir v. a. Enchâsser (t. de lapidaire).

Sertissure s. f. Manière de sertir.

Sertorius, célèbre général romain (121-73 av. J.-C.).

Serum s. m. (on pron. *sérome*). Sérosité.

Serurier (comte), maréchal de France (1742-1819).

Servage s. m. Condition du serf; esclavage, servitude, en général.

Serval s. m. Animal du genre chat. (Pl. *servals*.)

Servandoni, peintre et architecte florentin (1695-1766).

Servant adj. et s. m. Qui sert; artilleur qui sert la pièce dans l'exécution des feux.

Servante s. f. Femme ou fille gagée qui sert dans une maison; terme de civilité. Fig. petite table qu'on dresse dans les repas tout près de la grande table.

Servet (Michel), médecin et hérésiarque espagnol (1509-1553).

Serviable adj. Qui aime à rendre service.

Service s. m. Etat, fonction d'un domestique; emploi, fonction de ceux qui servent l'Etat; le service militaire; ensemble de travaux, d'opérations réglées dans une administration; assistance, bon office; vaisselle, linge de table, mets que l'on sert et qu'on ôte à la fois. *Service divin*, la messe.

Serviette s. f. Pièce de linge dont on se sert à table, pour la toilette, etc.; sorte de portefeuille.

Servile adj. D'un esclave; qui est propre à l'état de domestique. Fig. bas, rampant; trop littéral: *traducteur servile*.

Servilement adv. D'une manière servile. Fig. trop exactement.

Servilité s. f. Esprit de servitude. Fig. bassesse, exactitude servile.

Servir v. a. Etre domestique; mettre les plats sur la table; être dans un emploi de guerre, d'administration, etc.; rendre de bons offices, seconder; obéir à, honorer: *servir Dieu*. V. n. Etre en service ou dans le service militaire; être destiné à, propre à. SE SERVIR v. pr. Servir soi-même; employer.

Servites s. m. pl. Ordre de religieux appelés aussi *Blancs-Manteaux*.

Serviteur s. m. Qui est au service de quelqu'un; qui sert l'Etat; terme de civilité.

Servitude s. f. Etat d'esclavage. Fig. contrainte, assujettissement.

Servius Tullius, 6e roi de Rome (578-534 av. J.-C.).

Ses pl. de l'adj. poss. *Son, sa*.

Sésac, roi d'Egypte, Xe s. av. J.-C.

Sésame s. m. Plante oléagineuse.

Sésostris, roi de l'ancienne Egypte (XVIIe s. av. J.-C.).

Sesquialtère adj. Se dit de deux quantités dont l'une contient l'autre une fois et demie.

Sesseyement s. m. Prononciation trop forte des consonnes sifflantes.

Session s. f. Temps pendant lequel un corps délibérant est assemblé.

Sesterce s. m. Monnaie d'argent chez les Romains (le quart d'un denier, 20 centimes).

Seth, troisième fils d'Adam et d'Eve, mourut à 912 ans.

Setier s. m. Ancienne mesure pour les grains (156 litres) et les liquides (7 litres 61).

Séton s. m. Petit cordon qu'on passe à travers les chairs pour y entretenir l'écoulement des humeurs.

Seuil s. m. Traverse de bois, de pierre, au bas de l'ouverture d'une porte. *Fig.* entrée, commencement.

Seul, e adj. Sans compagnie; délaissé; unique.

Seulement adv. Pas davantage; du moins.

Seulet, ette adj. Diminutif de *seul* (vx.).

Sève s. f. Humeur nutritive des végétaux; certaine force qui rend le vin agréable. *Fig.* vigueur, verve, puissance.

Sévère adj. Rigide, rigoureux, austère, noble et régulier.

Sévèrement adv. Avec sévérité.

Sévérité s. f. Rigidité, rigueur, austérité; grande régularité, noblesse.

Sévices s. m. pl. Mauvais traitements d'un mari envers sa femme, d'un père ou d'une mère envers leurs enfants.

Sévigné (Marie de Rabutin-Chantal, marquise de), célèbre littérateur français (1627-1696).

Sévir v. n. Agir avec rigueur; maltraiter, user de violence.

Sevrage s. m. Action de sevrer un enfant; temps pendant lequel on le sèvre.

Sevrer v. a. Oter à un enfant le lait de sa nourrice pour le faire passer à une nourriture plus solide; se dit aussi des animaux domestiques. *Fig.* priver, frustrer.

Sevreuse s. f. Femme qui sèvre un enfant.

Sexagénaire s. et adj. Agé de soixante ans.

Sexagésime s. f. Dimanche qui précède de quinze jours le premier dimanche de carême.

Sexe s. m. Différence constitutive du mâle et de la femelle; collectivement, les hommes ou les femmes. *Le beau sexe* ou *le sexe*, les femmes.

Sextant s. m. *Astr.* Instrument qui contient la sixième partie d'un cercle.

Sexte s. f. Une des heures canoniales.

Sextidi s. m. Sixième jour de la décade républicaine.

Sexto adv. Sixièmement.

Sextuple s. m. et adj. Six fois autant.

Sextupler v. a. Rendre six fois plus grand.

Sexuel, elle adj. Qui caractérise le sexe; qui a rapport au sexe.

Sforce (en italien Sforza), célèbre famille italienne qui régna sur le duché de Milan aux XVe et XVIe s.

Sgraffite s. m. Dessin tracé avec une pointe sur un mur enduit d'une teinte foncée.

Shakespeare ou **Shakspeare** (William), (on pron. *chexpire*). Le premier des poètes dramatiques anglais (1563-1615).

Shall s. m. Voy. *Châle*.

Shako ou **schako** s. m. (on pron. *chaco*). Coiffure militaire.

Shaw (Thomas), célèbre voyageur anglais (1692-1751).

Shérif s. m. (on pron. *chérife*). Officier municipal en Angleterre.

Si conj. En cas que, pourvu que, supposé que. Adv. Tellement, autant que. *Si* est quelquefois synonyme de *oui*.

Si s. m. Septième note de la gamme.

Siam s. m. Sorte de jeu de quilles.

Siamoise s. f. Sorte d'étoffe grossière de coton.

Sibylle s. f. Prophétesse chez les anciens.

Sibyllin adj. m. De la sibylle.

Sicaire s. m. Assassin gagé.

Siccatif, ive adj. et s. m. Qui fait sécher les couleurs.

Siccité s. f. Qualité, état de ce qui est sec.

Sicilienne s. f. Sorte de danse; air de cette danse.

Sicle s. m. Poids et monnaie des Juifs.

Sidéral, e adj. Qui a rapport aux astres.

Siècle s. m. Espace de cent ans; grand espace de temps indéterminé: le monde, la vie mondaine; époque célèbre.

Siège s. m. Meuble fait pour s'asseoir; tout ce qui sert à s'asseoir; la partie inférieure du corps sur laquelle on s'asseoit; ville capitale; évêché et sa juridiction; investissement d'une ville ou d'une place par une armée; l'endroit où une chose est placée. *Etat de siège*, où l'autorité supérieure est remise au chef militaire.

Siéger v. n. Occuper un siège; tenir séance; résider d'habitude.

Sien, enne adj. poss. et relat. de la troisième pers. De lui, d'elle. S. m. *Le sien*, son bien; pl. *les siens*, ses parents, alliés, etc.; *faire des siennes*, faire des fredaines, des folies, des tours.

Sieste s. f. Sommeil après le repas, pendant la partie chaude du jour.

Sieur s. m. Abréviation de monsieur.

Sieyès (l'abbé), homme d'Etat français (1748-1836).

Sifflable adj. Qui mérite d'être sifflé.

Sifflant, e adj. Qui siffle; qui produit un sifflement.

Sifflement s. m. Bruit fait en sifflant; bruit aigu du vent, d'une flèche, d'une balle, etc.

Siffler v. n. Former un son aigu en serrant les lèvres ou avec un sifflet, etc.; produire un bruit aigu. V. a. Chanter un air en sifflant. V. a. et n. Témoigner sa désapprobation à coups de sifflet.

Sifflet s. m. Instrument à l'aide duquel on siffle; improbation manifestée par des coups de sifflet; conduit de la respiration. *Couper le sifflet*, mettre hors d'état de répliquer.

Siffleur, euse s. et adj. Qui siffle.

Sigebert Ier, troisième fils de Clotaire Ier, roi de Metz et d'Austrasie, épousa Brunehaut, fut assassiné par Frédégonde, femme de Chilpéric (575). — SIGEBERT II, deuxième fils de Dagobert Ier, fut roi d'Austrasie de 638 à 656.

Sigisbée s. m. Cavalier servant.

Signal s. m. Signe convenu pour avertir; ce qui annonce et provoque une chose.

Signalé, ée adj. Remarquable.

Signalement s. m. Description de l'extérieur d'une personne.

Signaler v. a. Donner le signalement de quelqu'un; appeler, attirer l'attention sur une personne, sur une chose; donner avis que l'on aperçoit quelque chose. Fig. rendre remarquable. SE SIGNALER v. pr. Se distinguer.

Signataire s. Qui a signé.

Signature s. f. Nom d'une personne écrit de sa main au bas d'une lettre, d'un acte, etc.; action de signer; lettres ou chiffres au bas des feuilles d'imprimerie.

Signe s. m. Indice, marque, démonstration extérieure; ce qui sert à représenter une chose; les douze constellations du zodiaque; présage; miracle. *Signe de la croix*, signe en forme de croix que l'on forme sur soi-même en portant la main du front à l'estomac, de là à l'épaule gauche, puis à l'épaule droite.

Signer v. a. et n. Apposer sa signature. SE SIGNER v. pr. Faire le signe de la croix.

Signet s. m. (on pron. *sinè*). Petit ruban pour marquer dans un livre un endroit qu'on veut retrouver.

Significatif, ive adj. Qui signifie, qui contient un grand sens.

Signification s. f. Ce que signifie une chose; notification d'un arrêt, d'un jugement, etc.

Signifier v. a. Dénoter, marquer, être le signe de; exprimer, notifier.

Silence s. m. Etat d'une personne qui s'abstient de parler; absence de bruit; signe de musique qui représente une pause.

Silencieusement adv. En silence.

Silencieux, euse adj. Qui garde le silence; où l'on n'entend pas de bruit.

Silène, père nourricier de Bacchus (*myth.*).

Silex s. m. Pierre à feu, caillou.

Silhouette s. f. Profil tracé autour de l'ombre que projette le visage.

Silicate s. m. Sel produit par la combinaison de l'acide silicique avec une base (*chim.*).

Silice s. f. Minéral, appelé aussi *quartz*.

Siliceux, euse adj. De la nature du silex, qui contient de la silice.

Silicique adj. Se dit d'un acide formé par le silicium et l'oxygène (*chim.*).

Silicium s. m. (on pron. *siliciome*). Corps simple de la chimie, produit la silice par sa combinaison avec l'oxygène.

Silique s. f. Fruit bivalve, sec et allongé.

Siliqueux, euse adj. Dont le fruit est une silique (*bot.*).

Sillage s. m. (*ll* m.) Trace que fait un bâtiment qui navigue.

Sille s. m. (on pron. *sile*). Poème mordant et satirique des anciens Grecs.

Siller v. n. (*ll* m.) En parlant d'un navire, fendre les flots.

Sillet s. m. (*ll* m.) Petit morceau d'ivoire au bas du manche des instruments à cordes et sur lequel portent les cordes.

Sillon s. m. (*ll* m.) Longue trace que fait dans la terre le soc de la charrue. Fig. traces que laissent certaines choses en passant.

Sillonné, ée adj. (*ll* m.) Creusé en sillons.

Sillonner v. a. (*ll* m.) Faire des sillons. Fig. faire des traces en passant. *Sillonner les mers*, les parcourir.

Silo s. m. Excavation ou fosse creusée dans la terre pour y conserver des grains.

Siloé, fontaine de Jérusalem au pied de la colline de Sion.

Silure s. m. Sorte de poisson.

Silves ou Sylves s. f. pl. Collection de pièces de poésie détachées des anciens auteurs.

Silvestre. Voy. *Sylvestre*.

Simagrée s. f. Manières affectées.

Simarre s. f. Sorte de soutane.

Simbleau s. m. Cordeau qu'emploient les charpentiers pour tracer de grands cercles.

Siméon, l'un des fils de Jacob. Saint Siméon *Stylite*, anachorète originaire de Cilicie (390-459).

Siméon (comte), ministre de l'intérieur sous Louis XVIII (1749-1842).

Simiane (marquise de), petite-fille de Mme de Sévigné (1674-1737).

Similaire adj. Qui est de même nature.

Similarité s. f. Qualité de ce qui est similaire.

Similitude s. f. Rapport exact entre deux choses ; ressemblance.

Similor s. m. Alliage de zinc et cuivre qui a l'aspect de l'or.

Simon (saint), apôtre.

Simon le magicien, hérétique du Ier siècle.

Simoniaque adj. Où il y a simonie. S. m. Qui commet une simonie.

Simonide, poète lyrique grec (556-467 av. J.-C.).

Simonie s. f. Trafic des choses saintes.

Simoun s. m. Vent brûlant de l'Afrique.

Simple adj. Qui n'est point composé ; seul, unique ; qui n'est pas double ou multiple ; sans complication, sans ornements, sans affectation ; sans malice, facile à tromper. S. m. Le contraire de composé ; plante dont la médecine fait usage.

Simplement adv. D'une manière simple ; naïvement.

Simplesse s. f. Ingénuité, simplicité naturelle.

Simplicité s. f. Qualité de ce qui est simple ; niaiserie, grande facilité à croire, à se laisser tromper.

Simplification s. f. Action de simplifier ; résultat de cette action.

Simplifier v. a. Rendre simple ou plus simple.

Simulacre s. m. Image, statue ; spectre. Fig. apparence.

Simulation s. f. Déguisement, fiction.

Simulé, ée adj. Déguisé, feint.

Simuler v. a. Feindre.

Simultané, ée adj. Se dit d'actions qui se font en même temps.

Simultanéité s. f. Existence de deux ou de plusieurs choses au même instant.

Simultanément adv. En même temps.

Sinapiser v. a. Se dit des médicaments où l'on met de la farine de moutarde.

Sinapisme s. m. Médicament dont la farine de moutarde est la base.

Sincère adj. Vrai, franc.

Sincèrement adv. D'une manière sincère.

Sincérité s. f. Franchise, qualité de ce qui est sincère.

Sincipital, e adj. Qui a rapport au sinciput (*anat.*).

Sinciput s. m. *Anat.* Sommet de la tête.

Sindon s. m. Le saint suaire.

Sinécure s. f. Place rétribuée et qui n'oblige à aucun travail.

Singe s. m. Animal quadrumane. *Malin, adroit, laid comme un singe*, très malin, très adroit, très laid. Fig. celui qui contrefait, qui imite les actions des autres.

Singer v. a. Imiter, contrefaire.

Singerie s. f. Grimaces; manières affectées.

Singeur adj. et s. Qui singe.

Singulariser (se) v. pr. Se faire remarquer par quelque singularité.

Singularité s. f. Ce qui rend une chose singulière; manière extraordinaire de parler, d'agir.

Singulier, ière adj. Qui appartient à un seul individu; qui ne ressemble point aux autres. Fig. remarquable, rare, excellent. *Combat singulier*, combat d'homme à homme. Adj. et s. *Gram. Le singulier, nombre singulier*, qui marque une seule personne ou une seule chose.

Singulièrement adv. D'une manière individuelle, originale, bizarre; beaucoup.

Sinistre adj. Malheureux, funeste; pernicieux, dangereux, méchant. S. m. Pertes et dommages causés par un incendie, un naufrage.

Sinistrement adv. D'une manière sinistre.

Sinon conj. Autrement, faute de quoi, sans quoi.

Sinople s. m. En *blas.* La couleur verte.

Sinué, ée adj. Dont le bord est découpé en sinuosités.

Sinueux, euse adj. Tortueux, qui fait des replis, des détours.

Sinuosité s. f. Détour que fait une chose sinueuse.

Sinus s. m. (on pron. *si-nuce*). *Géom.* Perpendiculaire menée d'une des extrémités de l'arc sur le rayon qui passe par l'autre extrémité*; cavité osseuse.

Siphon s. m. Tube recourbé, à branches inégales, qu'on emploie pour transvaser les liquides; vase pour les boissons gazeuses; trombe.

Sire s. m. Seigneur; titre qu'on donne aux empereurs et aux rois en leur parlant ou en leur écrivant. *Pauvre sire*, homme sans considération, sans capacité.

Sirène s. f. Etre fabuleux, moitié femme et moitié poisson. **Fig.** femme séduisante dont il faut se méfier.

Siroco s. m. Vent brûlant qui souffle du sud-est sur la Méditerranée.

Sirop s. m. Liqueur épaisse formée de sucre en dissolution et de suc de fruit, de fleurs ou d'herbes.

Siroter v. a. et n. Boire avec plaisir, à petits coups et longtemps.

Sirupeux, euse adj. De la nature du sirop.

Sirvente s. m. Poésie des troubadours.

Sis, sise part. pas. du verbe *seoir*, situé.

Sismondi (Simonde de), historien d'origine italienne, auteur d'une *Histoire des Français* (1773-1842).

Sistre s. m. Instrument de musique chez les anciens Egyptiens.

Sisyphe, fils d'Eole, fut condamné dans les enfers à rouler sans cesse au sommet d'une montagne un rocher qui retombait toujours (*myth.*).

Site s. m. Partie de paysage considérée relativement à l'aspect qu'elle présente.

Sitôt adv. Si promptement, si vite; aussitôt. SITÔT QUE loc. conj. Dès que.

Situation s. f. Manière dont un objet est situé, placé. Fig. disposition de l'âme; circonstances au milieu desquelles on se trouve; état d'une personne par rapport à sa condition, à ses intérêts. Moment de l'action qui excite l'intérêt dans un drame ou dans un roman; état d'une caisse, etc.

Situer v. a. Placer en certain endroit.

Siva, la dernière des divinités de la trinité indoue.

Six adj. num. card. 2 fois 3. Sixième. S. m. Le chiffre 6; 6e jour du mois.

Sixain s. m. Petite pièce de poésie de six vers.

Sixième adj. Nombre ordinal de 6. S. m. Chaque partie d'un tout divisé en 6 parties; sixième étage d'une maison.

Sixièmement adv. En 6e lieu.

Sixte s. f. Intervalle de tons compris entre six notes (*mus.*).

Sixte, nom de cinq papes dont le plus célèbre est SIXTE V ou SIXTE-QUINT, qui protégea les lettres et les arts et embellit Rome (1585-1590).

Slave adj. et s. Se dit d'une race indo-européenne à laquelle appartiennent les Russes, les Polonais et les habitants des provinces danubiennes.

Sloop s. m. (on pron. *sloupe*). Petit bâtiment à un seul mât.

Smalah s. f. Chez les Arabes, réunion de tentes, de familles sous la domination d'un chef puissant.

Smerdis, fils de Cyrus, mis à mort par ordre de son frère Cambyse. Un mage qui lui ressemblait prit son nom à la mort de Cambyse et régna en 522 av. J.-C. L'imposture ayant été découverte quelques mois plus tard, le faux Smerdis fut massacré et remplacé par Darius.

Smille s. f. (*ll* m.) Marteau servant à piquer la pierre.

Smiller v. a. (*ll* m.) Piquer la pierre avec la smille.

Smith (Adam), philosophe et économiste écossais (1722-1790).

Sobieski (Jean), roi de Pologne (1673-1696), célèbre par ses victoires sur les Turcs.

Sobre adj. Qui use modérément du boire et du manger. Fig. Qui use de certaines choses avec discrétion.

Sobrement adv. D'une manière sobre.

Sobriété s. f. Tempérance dans le boire et le manger. Fig. modération, discrétion dans l'usage de certaines choses.

Sobriquet s. m. Surnom qu'on donne à quelqu'un, par dérision ou autrement.

Soc s. m. Pièce de fer triangulaire faisant partie de la charrue.

Sociabilité s. f. Disposition qui porte à vivre en société.

Sociable adj. Qui est porté à vivre en société; avec qui il est aisé de vivre.

Sociablement adv. D'une manière sociable.

Social, e adj. Qui concerne la société, une société de commerce.

Socialisme s. m. Système politique offrant un plan de réformes sociales.

Socialiste adj. Qui a rapport au socialisme. S. m. Partisan du socialisme.

Sociétaire s. et adj. Qui fait partie d'une société littéraire, musicale, etc.

Société s. f. Réunion d'hommes ayant même origine et mêmes lois; troupe d'animaux qui vivent ensemble; rapports, relations; union de personnes pour quelque affaire; réunion de personnes du monde.

Socin, nom de deux hérésiarques italiens du XVIe siècle, qui niaient la plupart des dogmes du christianisme.

Socinianisme s. m. Doctrine, hérésie des partisans de Socin.

Socinien, ienne adj. et s. Qui a rapport au socinianisme; qui professe cette hérésie.

Socle s. m. Piédestal sur lequel on place un vase, un buste.

Socque s. m. Chaussure basse des acteurs comiques chez les anciens; chaussure de bois ou de cuir dont on se sert pour garantir les chaussures ordinaires.

Socrate, philosophe célèbre d'Athènes, condamné pour sa doctrine à boire la ciguë (469-400 av. J.-C.).

Socratique adj. De Socrate: *philosophie socratique*.

Sodium s. m. Corps simple, métallique, formant la base de la soude.

Sœur s. f. Fille née du même père et de la même mère qu'une autre personne, ou née de l'un des deux seulement; nom qu'on donne à certaines religieuses. Fig. se dit de choses qui ont entre elles de tels rapports qu'on les assimile à des sœurs. *Les neuf sœurs*, les Muses.

Sœurette s. f. Petite sœur (fam.).

Sofa ou **sopha** s. m. Lit de repos servant de siège.

Soffite s. m. Plafond, dessous d'un plancher orné de compartiments, etc.

Sofi ou **Sophi** s. m. Le schah de Perse.

Soi pron. réfl. de la 3e personne.

Soi-disant loc. adv. S'emploie quand on ne veut pas reconnaître à une personne la qualité qu'elle s'attribue : *un soi-disant artiste.*

Soie s. f. Poil long et rude de certains animaux tels que le porc, le sanglier ; fil fin et brillant produit par le *ver à soie;* étoffe de soie.

Soierie s. f. Etoffe de soie; commerce, fabrication de la soie.

Soif s. f. Besoin, désir de boire. Fig. désir vif, immodéré.

Soigné, ée adj. Fait avec soin.

Soigner v. a. Avoir soin de; faire avec soin. SE SOIGNER v. pr. Avoir soin de sa personne.

Soigneusement adv. Avec soin.

Soigneux, euse adj. Qui met du soin à ce qu'il fait; qui prend soin de quelque chose.

Soin s. m. Attention, application de l'esprit à quelque chose ; charge; fonction ; souci ; préoccupation. Au pl. Attentions qu'on a pour quelqu'un ; services qu'on lui rend.

Soir s. m. La dernière partie du jour.

Soirée s. f. Espace de temps qui s'écoule depuis la tombée de la nuit jusqu'au coucher; réunion, assemblée le soir.

Soissons (Eugène-Maurice de Savoie, comte de), père du célèbre prince Eugène de Savoie (1633-1673).

Soit adv. Que cela soit, j'y consens. Conj. *Soit l'un, soit l'autre*, ou l'un ou l'autre. TANT SOIT PEU loc. adv. Si peu que ce soit, très peu.

Soixantaine s. f. Nombre de 60 ou environ; 60 ans accomplis.

Soixante adj. num. Nombre de six dizaines ; soixantième.

Soixanter v. n. Faire soixante points au jeu de piquet.

Soixantième adj. Nombre ordinal de soixante. S. m. Soixantième partie d'un tout.

Sol s. m. Sou.

Sol s. m. Terrain considéré par rapport à sa nature, à sa qualité; superficie de terrain. Cinquième note de la gamme d'ut (*mus.*).

Solaire adj. Qui a rapport au soleil ; *système solaire*, ordre et disposition des planètes qui tournent autour du soleil.

Solandre s. f. Maladie au pli du jarret du cheval.

Soldat s. m. Homme de guerre soldé; militaire qui n'a pas de grade.

Soldatesque adj. Qui sent le soldat : *mœurs soldatesques*. S. f. Les simples soldats; troupe de soldats indisciplinés.

Solde s. f. Paye des militaires. *Etre à la solde de quelqu'un*, être payé par lui. S. m. Complément d'un reste de compte; reste de marchandises.

Solder v. a. Donner une solde à des troupes ; acquitter un compte, une dette.

Sole s. f. Etendue de champ qui reçoit successivement chacune des cultures faisant partie de l'assolement; dessous du pied d'un cheval, d'un âne, d'un mulet, etc.; poisson de mer plat et ovale.

Solécisme s. m. Faute contre la syntaxe.

Soleil s. m. Astre autour duquel tournent les planètes et qui leur envoie sa lumière et sa chaleur. Fig. sorte de pièce d'artifice; plante appelée aussi *tournesol**.

Solennel, elle adj. (on pron. *solanèl*). Célébré avec des cérémonies publiques et extraordinaires ; pompeux, emphatique; authentique, accompagné des formalités requises.

Solennellement adv. (on pron. *solanèlman*). D'une manière solennelle.

Solennisation s. f. (on pron. *solanisacion*). Action par laquelle on solennise.

Solenniser v. a. (on pron. *solanisé*). Rendre solennel, célébrer avec cérémonies.

Solennité s. f. (on pron. *solanité*). Cérémonie publique qui rend une chose solennelle ; fête célébrée chaque année avec éclat.

Solfatare s. f. Soufrière.

Solfège s. m. Recueil d'exercices de chant.

Solfier v. a. et n. Chanter en nommant les notes.

Solidaire adj. Qui rend plusieurs coobligés cautions les uns des autres ; obligé solidairement.

Solidairement adv. D'une manière solidaire ; tous ensemble ; un seul ou plusieurs pour tous.

Solidarité s. f. Engagement qui rend solidaire ; responsabilité mutuelle.

Solide adj. Qui n'est pas fluide ; qui a de la consistance. Fig. réel, ferme, durable. S. m. Corps ayant les trois dimensions de l'étendue. Fig. ce qu'il y a de bon, d'utile.

Solidement adv. D'une manière solide.

Solidification s. f. Action de solidifier ou de se solidifier.

Solidifier v. a. Rendre solide. SE SOLIDIFIER v. pr. Devenir solide.

Solidité s. f. Qualité de ce qui est solide. *Mesures de solidité*, qui servent à mesurer les solides.

Soliloque s. m. Monologue, discours de celui qui parle seul.

Soliman, nom de plusieurs sultans ottomans.

Solin s. m. Espace entre les solives ; enduit de plâtre le long d'un pignon.

Solipède adj. et s. m. Se dit des animaux qui n'ont qu'une corne au pied. Au pl. Genre de quadrupèdes.

Solis (Juan Diaz de), navigateur espagnol, m. 1515.—(Antonio de), historien espagnol (1610-1686).

Soliste s. m. Qui exécute un solo.

Solitaire s. m. Qui est seul, qui vit seul ; anachorète qui vit seul, loin du monde. Fig. sorte de bijou formé d'un seul diamant. Adj. Désert, isolé.

Solitairement adv. D'une manière solitaire.

Solitude s. f. État de celui qui est seul ; lieu désert et retiré.

Solive s. f. Pièce de charpente qui soutient les planchers.

Soliveau s. m. Petite solive. Fig. chef sans volonté, sans action.

Sollicitable adj. Que l'on peut solliciter.

Sollicitation s. f. Action de solliciter ; soins, démarches, diligences pour le succès d'une affaire.

Solliciter v. a. Inciter, exciter à ; demander avec instance. V. n. Faire des démarches pour une affaire.

Solliciteur, euse s. Qui sollicite, qui postule une place.

Sollicitude s. f. Souci ; soins inquiets ou affectueux.

Solmiser v. a. et n. Solfier sans nommer les notes.

Solo s. m. Passage de musique joué ou chanté par un seul. (Pl. *solos* et *soli*.)

Solon, célèbre législateur d'Athènes et l'un des sept sages (640-559 av. J.-C.).

Solstice s. m. Point où le soleil est le plus éloigné de l'équateur, et où il semble stationnaire.

Solsticial, e adj. Des solstices. (Pl. m. *solsticiaux*.)

Solubilité s. f. Qualité de ce qui est soluble.

Soluble adj. Qui peut être résolu ; qui peut se résoudre, se fondre.

Solution s. f. Dénouement, éclaircissement d'une difficulté ; action de se dissoudre dans un liquide ; en *pharm.*, produit d'une solution ; séparation des parties : *solution de continuité*.

Solvabilité s. f. Etat de la personne solvable ; moyens, pouvoir de payer.

Solvable adj. Qui a de quoi payer.

Sombre adj. Peu éclairé, obscur, ténébreux. Fig. morne, rêveur, taciturne.

Sombrer v. n. Se dit d'un navire qui coule bas (*mar.*).

Sommaire adj. Abrégé, bref, succinct. S. m. Extrait, précis, abrégé.

Sommairement adv. Succinctement, d'une manière sommaire.

Sommation s. f. Action de sommer; acte qui la constate; opération par laquelle on trouve la somme de plusieurs quantités (*math.*).

Somme s. f. Charge, fardeau; quantité d'argent; résultat de nombres additionnés; abrégé de toutes les parties d'une science, d'une doctrine. *Bête de somme*, qui porte des fardeaux: le cheval, l'âne, etc. *En somme*, en un mot.

Somme s. m. Sommeil.

Sommeil s.m. (*l* m.) Repos, entier assoupissement des sens; grande envie de dormir. Fig. indolence.

Sommeiller v. n. (*ll* m.) Dormir d'un sommeil léger. Fig. travailler avec négligence et nonchalance.

Sommelier, ière s. Qui a soin de la cave, du linge, des vivres, etc.

Sommellerie s. f. Fonction de sommelier; lieu où il serre le linge, la vaisselle, etc.

Sommer v. a. Enjoindre de faire, sous peine d'y être contraint; trouver la somme de plusieurs quantités.

Sommet s. m. Le haut d'un arbre, d'une montagne, etc. Fig. le plus haut degré.

Sommier s. m. Cheval de somme; matelas de crin; coffre d'un orgue; massif de maçonnerie; base, support; gros registre.

Sommité s. f. Partie la plus élevée.

Somnambule s. et adj. Qui marche, agit et parle en dormant.

Somnambulisme s. m. État du somnambule.

Somnifère adj. Qui cause le sommeil.

Somno s. m. Table de nuit.

Somnolence s. f. État intermédiaire entre la veille et le sommeil.

Somnolent, e adj. Qui a rapport à la somnolence.

Somptuaire adj. *Lois somptuaires*, qui restreignent le luxe.

Somptueusement adv. D'une manière somptueuse.

Somptueux, euse adj. Magnifique, splendide; de grande dépense.

Somptuosité s. f. Luxe; magnificence; grands frais.

Son, Sa, Ses adj. possess. Le sien, la sienne, les siens, les siennes.

Son s. m. Partie la plus grossière du grain moulu.

Son s. m. Ce qui frappe l'ouïe; bruit.

Sonate s. f. Pièce de musique instrumentale, composée de trois ou quatre morceaux alternativement lents et vifs.

Sondage s. m. Action de sonder.

Sonde s. f. Instrument pour sonder les plaies, pour déboucher les canaux, connaître la profondeur de l'eau, la composition d'un terrain, etc.

Sonder v. a. Reconnaître au moyen d'une sonde la profondeur de l'eau, d'un terrain, l'état d'une plaie. Fig. tâcher de connaître l'intention, de pénétrer les pensées, etc.

Sondeur s. m. Qui sonde.

Songe s. m. Rêve, pensée, imagination de celui qui dort. Fig. vaine illusion.

Songe-creux s. m. Qui a l'habitude de rêver profondément à des projets chimériques. (Pl. *songe-creux*.)

Songer v. n. Faire un songe. Fig. penser, faire attention, prendre garde. V. a. Voir en songe.

Songeur s. et adj. m. Qui a eu un songe. Fig. rêveur.

Sonna ou **Sunna** s. f. Recueil des traditions de la religion mahométane.

Sonnaille s. f. (*ll* m.) Clochette attachée au cou des bestiaux.

Sonnailler s. m. (*ll* m.) L'animal qui porte au cou la clochette.

Sonnailler v. n. (*ll* m.) Sonner souvent et sans besoin (fam.).

Sonnant, e adj. Qui sonne, qui rend un son clair. *Espèces sonnantes*, monnaie d'or, d'argent, etc.

Sonner v. n. Rendre un son; être annoncé par un son. V. a. Faire rendre un son; annoncer par le son des cloches; appeler en sonnant.

Sonnerie s. f. Son de plusieurs cloches; les cloches d'une église; timbre, marteau, etc., d'une horloge; airs que sonnent les trompettes d'un régiment.

Sonnet s. m. Ouvrage de poésie, composé de quatorze vers.

Sonnette s. f. Petite cloche; grelot; machine pour enfoncer les pilotis.

Sonneur s. m. Qui sonne les cloches.

Sonnez s. m. (on pron. *sonè*). Au jeu de tric-trac, coup de dés qui amène les deux six.

Sonore adj. Qui a un son beau, agréable, éclatant; qui renvoie bien le son; qui produit le son.

Sonorité s. f. Qualité de ce qui est sonore.

Sopeur s. f. Voy. *Sopor.*

Sophisme s. m. Argument captieux, qui ne conclut pas juste.

Sophiste s. m. Nom que l'on donnait chez les anciens aux philosophes et aux rhéteurs; qui fait des sophismes.

Sophistication s. f. Action de sophistiquer.

Sophistique adj. Trompeur, captieux : *argument sophistique.*

Sophistiquer v. a. Subtiliser avec excès; frelater, falsifier une liqueur.

Sophistiquerie s. f. Fausse subtilité; frelaterie.

Sophistiqueur s. m. Qui falsifie les drogues; qui subtilise avec excès.

Sophocle, célèbre poète tragique grec, né à Colone, près d'Athènes (495-405 av. J.-C.).

Sopor s. m. Sommeil lourd et pesant (*méd.*).

Soporatif, ive adj. et s. m. Qui a la vertu d'endormir.

Soporeux, euse adj. Qui cause un assoupissement, un sommeil dangereux.

Soporifère et **Soporifique** adj. Qui produit le sommeil; qui endort.

Soprano s. m. Voix de dessus; personne qui a cette voix (*mus.*). (Pl. *soprani.*)

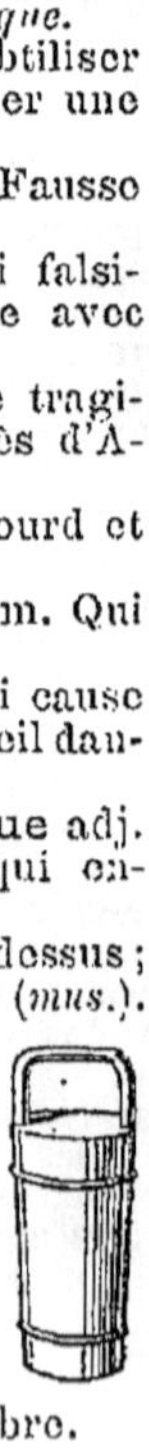

Sorbe s. f. Fruit du sorbier.

Sorbet s. m. Composition de citron, de sucre, d'ambre, etc.; liqueur à demi glacée.

Sorbetière s. f. Vase pour geler les sorbets*, etc.

Sorbier s. m. Sorte d'arbre.

Sorbon (Robert de), savant docteur français, fondateur de la Sorbonne (1201-1274).

Sorboniste s. m. Bachelier ou docteur en Sorbonne.

Sorbonne s. f. Ancienne maison de la faculté de théologie à Paris; aujourd'hui chef-lieu de l'Académie de cette ville.

Sorcellerie s. f. Opération de sorcier; tour d'adresse qui paraît surnaturel.

Sorcier, ière s. Qui passe pour avoir fait un pacte avec le diable afin d'opérer des maléfices. Fig. qui devine facilement.

Sordide adj. Sale, vilain : *avare, avarice sordide.*

Sordidement adv. D'une manière sordide.

Sordidité s. f. Mesquinerie; avarice.

Soret ou **Sauret**. Voy. *Saure.*

Sorite s. m. Argument formé d'une suite de propositions accumulées, incohérentes.

Sornette s. f. Discours frivole.

Sororial, e adj. Qui concerne la sœur. (Pl. m. *sororiaux.*)

Sororicide s. Qui a tué sa sœur. S. m. Crime de celui ou de celle qui a tué sa sœur.

Sort s. m. Destinée, état, condition; rencontre fortuite des événements; manière de décider une chose par le hasard; sortilège.

Sortable adj. Convenable.

Sortant adj. et s. m. Qui sort.

Sorte s. f. Espèce, genre; manière, façon, état, condition. DE LA SORTE loc. adv. De cette manière. DE SORTE QUE, EN SORTE QUE loc. conj. Tellement que, si bien que.

Sortie s. f. Action de sortir; issue; attaque faite par les assiégés. Fig. dure réprimande.

Sortilège s. m. Maléfices des prétendus sorciers.

Sortir v. n. Passer du dedans au dehors. Fig. passer d'un temps, d'une saison, d'un état, d'une situation pénible, etc., à une autre; pousser au dehors; être issu ou produit. V. a. Faire sortir, tirer de. (Se conjugue comme *sentir.*) AU SORTIR DE loc. prép. Au moment où l'on sort de.

Sortir v. a. Obtenir, avoir (*ju-*

risp.). *Sortir son plein effet*, avoir tout son effet. (Se conjugue comme *finir*.)

Sosie s. m. Homme qui ressemble parfaitement à un autre.

Sot, sotte adj. et s. Sans esprit, sans jugement. Fig. confus, embarrassé.

Sotie ou **Sottie** s. f. Ancienne farce du théâtre français.

Sot-l'y-laisse s. m. Morceau délicat au-dessus du croupion d'une volaille. (Invariable au pl.)

Sottement adv. D'une manière sotte.

Sottise s. f. Défaut du sot; action ou discours qui annonce le manque d'esprit; injure.

Sottisier s. m. Homme qui débite des sottises; recueil de sottises (fam.).

Sou s. m. Petite monnaie de cuivre qui équivaut à la 20e partie du franc. *N'avoir pas le sou*, être sans argent.

Soubassement s. m. Partie inférieure d'une construction, sur laquelle tout l'édifice semble porter.

Soubresaut s. m. Saut subit, inopiné et à contretemps.

Soubrette s. f. Suivante de comédie.

Soubreveste s. f. Vêtement sans manches, que portaient autrefois les mousquetaires.

Souche s. f. Le bas du tronc de l'arbre restant en terre après que l'arbre a été coupé*. Fig. personne stupide, sans intelligence, sans activité. celui de qui descend une famille, une race; partie qui reste des feuilles d'un registre, pour vérifier si l'autre partie, détachée en zigzag, s'y rapporte exactement.

Souchet s. m. Plante marécageuse.

Souchetage n. m. Visite dans un bois abattu, pour compter les souches.

Soucheteur s. m. Expert qui assiste au souchetage.

Souci s. m. Soin accompagné d'inquiétude. Fig. objet de soin, d'affection, d'inquiétude.

Souci s. m. Plante à fleurs jaunes d'une odeur forte.

Soucier (se) v. pr. S'inquiéter, se mettre en peine; désirer voir avec plaisir.

Soucieux, euse adj. Inquiet, pensif, chagrin; qui a ou qui marque du souci.

Soucoupe s. f. Petite assiette qui se place sous une tasse.

Soudain, e adj. Subit, prompt, qui vient tout à coup. Adv. Dans le même instant, aussitôt après.

Soudainement adv. Subitement.

Soudaineté s. f. Etat de ce qui est soudain.

Soudan s. m. Nom qu'on donnait aux souverains mahométans, surtout en Egypte.

Soudard ou **soudart** s. m. Vieux soldat. (Se prend en mauvaise part.)

Soude s. f. Plante qui croît sur les bords de la mer et dont les cendres fournissent un sel alcali qui sert à blanchir, à faire le verre; ce sel même.

Souder v. a. Joindre par le moyen de la soudure.

Soudoir s. m. Instrument qui sert à souder.

Soudoyer v. a. S'assurer le secours de quelqu'un à prix d'argent.

Soudure s. f. Composition métallique qui sert à unir des pièces de métal; travail de celui qui soude; endroit soudé.

Soufflage s. m. Art, action de souffler le verre.

Souffle s. m. Vent produit en soufflant l'air avec la bouche; respiration; médiocre agitation de l'air. Fig. inspiration, influence.

Soufflé s. m. Mets léger et farineux qui se fait au four de campagne.

Souffler v. n. Faire du vent en poussant de l'air par la bouche; mettre l'air en mouvement; respirer. V. a. Faire du vent; établir un courant d'air; éteindre; *souffler le verre*, le faire enfler en soufflant dans l'intérieur au moyen d'un tube. Fig. *souffler la discorde*, l'exciter; *souffler quelqu'un*, lui dire tout bas les mots qui échappent à sa mémoire et qu'il doit répéter tout haut; *souffler un emploi*, l'obtenir au détriment d'un autre; *souffler un pion*, au jeu de dames, enlever un pion à son adversaire, parce qu'il ne s'en est pas servi pour prendre.

Soufflerie s. f. Ensemble des soufflets d'un orgue, d'une forge, etc.

Soufflet s. m. Instrument pour souffler; dessus de cabriolet, qui se replie en manière de soufflet; coup du plat ou du revers de la main sur la joue. Fig. échec, contradiction, affront.

Souffletade s. f. Soufflets appliqués coup sur coup.

Souffleter v. a. Donner un soufflet.

Souffleur s. m. Poisson cétacé, du genre dauphin.

Souffleur, euse s. Qui souffle quelqu'un parlant en public. *Souffleur d'orgue*, celui qui en fait mouvoir les soufflets.

Soufflot (Jacques-Germain), célèbre architecte français (1714-1781).

Soufflure s. f. Cavité dans la fonte, le verre, etc.

Souffrance s. f. Douleur, peine, état de celui qui souffre. *En souffrance*, en retard, en suspens.

Souffrant, e adj. Qui souffre; endurant, patient.

Souffre-douleur s. m. Fam. Personne qu'on excède de fatigue, ou de plaisanteries.

Souffreteux, euse adj. Qui souffre de la misère, de la pauvreté.

Souffrir v. n. Sentir de la douleur; éprouver de la peine, du dommage. V. a. Endurer; supporter; tolérer; admettre, être susceptible de.

Soufre s. m. Minéral très inflammable, et d'une odeur pénétrante.

Soufrer v. a. Enduire, pénétrer de soufre.

Soufrière s. f. Mine de soufre.

Souhait s. m. Désir. A SOUHAIT loc. adv. Selon ses désirs.

Souhaitable adj. Désirable.

Souhaiter v. a. Désirer.

Souille s. f. *Vén.* Lieu bourbeux. *Mar.* Trace du navire échoué dans la vase, dans le sable mou.

Souiller v. a. Salir, couvrir de boue, d'ordure, etc.

Souillon s. Qui salit ses habits. Laveuse de vaisselle, etc.

Souillure s. f. Tache, saleté.

Soûl, e adj. Pleinement repu, rassasié; ivre. S. m. Autant qu'on veut: *manger son soûl.*

Soulagement s. m. Diminution de mal, de douleur; adoucissement d'une peine.

Soulager v. a. Délivrer d'une partie d'un fardeau, d'une peine, d'un mal.

Soulard, e adj. et s. Ivrogne (pop.).

Soulas s. m. Soulagement, consolation (vx.).

Soûler v. a. Rassasier avec excès; gorger de vin, de viande; enivrer.

Souleur s. f. Fam. Frayeur subite, saisissement.

Soulèvement s. m. Agitation. *Soulèvement de cœur*, mal d'estomac. Fig. révolte; mouvement d'indignation.

Soulever v. a. Elever un peu quelque chose de lourd; agiter. Fig. exciter l'indignation, la rébellion.

Soulier s. m. Chaussure pour le pied.

Souligner v. a. Tirer une ligne sous un ou plusieurs mots.

Souloir v.n. Avoir coutume (vx.).

Soulte s. f. Solde; payement d'un reste de compte.

Soumettre v. a. Réduire sous la puissance, le joug, l'opinion. SE SOUMETTRE v. pr. Se ranger sous l'autorité; se conformer, s'engager.

Soumis, e adj. Obéissant, docile.

Soumission s. f. Disposition à obéir; déférence respectueuse; excuses; engagement de fournir telles et telles choses, etc., à telles et telles conditions.

Soumissionnaire s. Qui fait sa soumission pour une entreprise.

Soumissionner v. a. Faire sa soumission pour des travaux, des fournitures, etc.

Soupape s. f. Languette mobile d'une pompe; tampon conique pour fermer un réservoir.

Soupçon s. m. Opinion désavantageuse, avec doute; simple conjecture. Fam. Apparence légère; très petite quantité d'une chose.

Soupçonner v. a. et n. Avoir un soupçon sur quelqu'un ou sur quelque chose; conjecturer; pressentir.

Soupçonneux, euse adj. Défiant, enclin à soupçonner.

Soupe s. f. Aliment fait ordinairement de bouillon et de tranches de pain ; tranche mince de pain.

Soupente s. f. Assemblage de courroies qui soutiennent le corps d'une voiture ; sorte de réduit pratiqué dans la partie haute d'une chambre.

Souper v. n. Prendre le repas du soir.

Souper ou **soupé** s. m. Repas du soir.

Soupeser v. a. Lever un fardeau avec la main pour juger à peu près de son poids.

Soupeur s. m. Dont le souper est le principal repas.

Soupière s. f. Vase creux pour la soupe.

Soupir s. m. Respiration plus forte et plus longue qu'à l'ordinaire, causée par quelque émotion. *Mus.* Pause, silence ; signe qui l'indique.

Soupirail s. m. Ouverture pour donner de l'air et du jour à une cave, etc.

Soupirant s. m. Qui aspire à se faire aimer.

Soupirer v. n. Pousser des soupirs ; désirer ardemment.

Souple adj. Flexible ; maniable. Fig. docile, complaisant.

Souplement adv. D'une manière souple.

Souplesse s. f. Flexibilité, facilité à se mouvoir, à se plier. Fig. docilité, complaisance, soumission.

Souquenille s. f. (*ll* m.) Long surtout en toile grossière.

Source s. f. Eau qui sort de terre ; endroit d'où elle sort. Fig. origine ; cause ; principe ; premier auteur.

Sourcil s. m. Poils en forme d'arc au-dessus de l'œil.

Sourcilier, ière adj. *Anat.* Du sourcil.

Sourciller v. n. (*ll* m.) Remuer le sourcil en signe de mécontentement, d'impatience, etc.

Sourcilleux, euse adj. (*ll* m.) Haut, élevé ; empreint de tristesse, d'orgueil.

Sourd, e adj. et s. Qui ne peut entendre ; qui n'entend que peu. Adj. Fig. insensible, inexorable ; peu sonore ; sans bruit ; sans éclat.

Sourd s. m. Salamandre.

Sourdaud, e adj. Fam. Qui n'entend qu'avec peine.

Sourdement adv. D'une manière sourde. Fig. d'une manière cachée.

Sourdine s. f. Ce qu'on met à un instrument de musique pour en affaiblir le son. À LA SOURDINE loc. adv. Avec peu de bruit, secrètement.

Sourd-muet adj. Qui est sourd et muet.

Sourdre v. n. Sortir de terre (en parlant des eaux). Fig. sortir ; résulter.

Souriceau s. m. Le petit d'une souris.

Souricière s. f. Piège à souris.

Souriquois, e adj. Des souris : *la gent souriquoise.*

Sourire v. n. Rire légèrement. Fig. témoigner de la complaisance ; plaire.

Sourire ou **souris** s. m. Action de sourire.

Souris s. f. Quadrupède de la famille des rongeurs *. Muscle du manche de gigot.

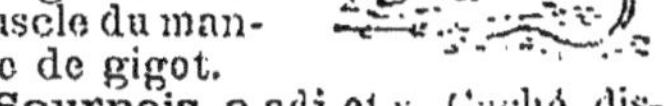

Sournois, e adj. et s. Caché, dissimulé.

Sous prép. Marque la situation d'une chose à l'égard d'une autre qui est par dessus, qui est plus élevée. Fig. marque la subordination, la dépendance, l'infériorité ; marque le lieu, le temps ; moyennant, avec : *sous telle condition.*

Sous-affermer v. a. Donner, prendre à sous-ferme.

Sous-aide s. m. Aide inférieur.

Sous-amendement s. m. Amendement à un amendement.

Sous-amender v. a. Amender un amendement.

Sous-arbrisseau s. m. Plante ligneuse qui tient de l'arbrisseau et de l'herbe.

Sous-bail s. m. Bail d'une partie de ce qu'on a pris ou donné à ferme.

Sous-barbe s. f. Partie postérieure de la mâchoire inférieure du cheval.

Sous-bibliothécaire s. m. Bibliothécaire en second.

Sous-chef s. m. Celui qui vient immédiatement après le chef.

Sous-commissaire s. m. Magistrat au-dessous du commissaire.

Souscripteur s. m. Celui qui prend part à une souscription.

Souscription s. f. Signature mise au bas d'un acte pour en approuver la teneur; engagement de fournir une certaine somme pour quelque entreprise, de prendre un livre aux conditions prescrites.

Souscrire v. a. et n. Ecrire son nom au bas d'un acte pour l'approuver; s'engager à une souscription. Fig. approuver, consentir.

Sous-cutané, ée adj. Qui est sous la peau (*anat.*).

Sous-délégué et **sous-déléguer**. Voy. *Subdélégué*, etc.

Sous-diaconat s. m. Ordre au-dessous du diaconat.

Sous-diacre s. m. Ecclésiastique placé hiérarchiquement au-dessous du diacre.

Sous-directeur, trice s. Suppléant du directeur.

Sous-diviser. Voy. *Subdiviser*.

Sous-dominante s. f. 4e note du ton, qui est au-dessous de la dominante.

Sous-double adj. Qui est la moitié (t. de *math.*).

Sous-doyen s. m. Doyen en second.

Sous-doyenné s. m. Charge, qualité du sous-doyen.

Sous-économe s. m. Econome en second.

Sous-entendre v. a. Ne point exprimer dans le discours une chose qui est dans la pensée, donner à l'entendre.

Sous-entendu s. m. Ce que l'on sous-entend. (Pl. *sous-entendus*.)

Sous-entente s. f. Ce qui est sous-entendu artificieusement par celui qui parle.

Sous-ferme s. f. Sous-bail.

Sous-fermer. Voy. *Sous-affermer*.

Sous-fermier, ière s. Qui prend à sous-ferme.

Sous-fréter v. a. Sous-louer un navire qui avait été frété.

Sous-garde s. f. Pièce de la garniture d'un fusil au-dessous de la détente.

Sous-gorge s. f. Morceau de cuir attaché aux deux côtés de la bride d'un cheval.

Sous-gouvernante s. f. Gouvernante en second.

Sous-gouverneur s. m. Gouverneur en second.

Sous-lieutenance s. f. Grade du sous-lieutenant.

Sous-lieutenant s. m. Officier immédiatement au-dessous du lieutenant.

Sous-locataire s. Qui a pris à loyer d'un autre locataire.

Sous-location s. f. Action de sous-louer.

Sous-louer v. a. Donner ou prendre à loyer une partie de maison ou d'appartement déjà pris à loyer par un principal locataire.

Sous-maître, sous-maîtresse s. Qui remplace le maître, la maîtresse.

Sous-marin, e adj. Qui est au fond de la mer.

Sous-maxillaire adj. Qui est placé au-dessous de la mâchoire (*anat.*).

Sous-multiple s. m. et adj. Nombre contenu plusieurs fois exactement dans un autre.

Sous-officier s. m. Militaire gradé au-dessous de l'officier.

Sous-ordre s. m. Soumis aux ordres d'un autre. EN SOUS-ORDRE loc. adv. En rang subordonné.

Sous-pied s. m. Bande qui passe sous le pied et s'attache des deux côtés au pantalon ou aux guêtres.

Sous-précepteur s. m. Précepteur en second.

Sous-préfecture s. f. Charge de sous-préfet; portion de département administrée par lui; son siège.

Sous-préfet s. m. Fonctionnaire public chargé d'administrer un arrondissement sous les ordres du préfet.

Sous-secrétaire s. m. Secrétaire en second.

Soussigné, ée part. p. de *soussigner* et s.

Soussigner v. a. Mettre sa signature à une lettre, à un acte, etc.

Sous-sol s. m. Couche au-dessous de l'humus; construction faite au-dessous du rez-de-chaussée. (Invar. au pl.).

Sous-tangente s. f. Partie de l'axe d'une courbe comprise entre l'ordonnée et la tangente correspondante (*géom.*).

Sous-tendante s. f. Ligne droite menée d'un point d'une courbe à une autre ; corde d'un arc de cercle (*géom.*)

Soustraction s. f. Action de soustraire ; opération par laquelle on retranche un nombre d'un autre plus grand (*arith.*).

Soustraire v. a. Oter une chose à quelqu'un, l'en priver par adresse ou par fraude ; retrancher ; sauver de ; faire une soustraction (*arith.*). SE SOUSTRAIRE v. pr. Se dérober à.

Sous-traitant s. m. Qui a sous-traité.

Sous-traité s. m. Sous-ferme ; engagement du sous-traitant.

Sous-traiter v. n. Prendre une sous-ferme ; prendre de la seconde main et se charger de quelque partie d'une fourniture, d'une entreprise, etc.

Sous-ventrière s. f. Courroie passant sous le ventre du limonier.

Soutane s. f. Vêtement long que portent les ecclésiastiques. Fig. l'état ecclésiastique.

Soutanelle s. f. Petite soutane.

Soute s. f. Magasin de provisions à bord d'un navire (*mar.*).

Soutenable adj. Que l'on peut soutenir par de bonnes raisons ; que l'on peut endurer, supporter, défendre.

Soutenant s. m. Qui soutient une thèse.

Soutènement s. m. Appui, soutien ; raisons par écrit à l'appui d'un compte.

Soutenir v. a. Porter, appuyer, supporter, maintenir. Fig. endurer, résister à ; défendre ; affirmer ; assister, aider, donner des forces. SE SOUTENIR v. pr. Se tenir debout ; se maintenir.

Soutenu, ue adj. Constant, persistant. *Style soutenu*, constamment noble et élevé.

Souterrain, e adj. Qui est sous terre. Fig. *voies souterraines*, pratiques cachées, secrètes. S. m. Cavité, lieu voûté.

Soutien s. m. Ce qui soutient. Fig. appui, défenseur.

Soutirage s. m. Action de soutirer.

Soutirer v. a. Transvaser du vin ou une autre liqueur d'un tonneau dans un autre. Fig. obtenir par adresse.

Souvenance s.f. Souvenir (vx.).

Souvenir s. m. Impression, image, pensées conservées par la mémoire ; la faculté même de la mémoire ; ce qui rappelle un fait.

Souvenir (se) v. pr. Avoir mémoire d'une chose ; garder la mémoire d'un bienfait, le ressentiment d'une injure ; s'occuper de. V. impers. : *il m'en souvient.*

Souvent adv. Fréquemment.

Souventefois ou **souventes fois** adv. Souvent (vx.).

Souverain, e adj. Très excellent ; suprême ; extrême. *Le souverain pontife*, le pape ; *cour souveraine*, tribunal qui juge sans appel. S. Celui, celle en qui réside l'autorité suprême.

Souverainement adv. Excellemment, parfaitement.

Souveraineté s. f. Autorité suprême ; territoire d'un prince souverain.

Soyeux, euse adj. Doux au toucher comme de la soie.

Spacieusement adv. En grand espace, au large.

Spacieux, euse adj. De grande étendue.

Spadassin s. m. Bretteur, ferrailleur.

Spahi s. m. Cavalier turc ; soldat d'une cavalerie indigène formée dans l'Afrique française.

Spalme s. m. (*Mar.*) Matière dont on enduit les navires.

Spalmer v. a. Enduire de spalme.

Spalt s. m. Pierre dont les fondeurs se servent pour mettre les métaux en fusion.

Sparadrap s. m. Toile trempée dans un emplâtre fondu.

Spare s. m. Genre de poissons.

Sparte s. m. Plante graminée, appelée vulgairement *jonc d'Espagne.*

Sparterie s. f. Manufacture, ouvrage de tissu de sparte,

Spartiate adj. et s. De Sparte. Fig. homme rigide.

Spasme s. m. Contraction involontaire et convulsive des muscles.

Spasmodique adj. Qui a rapport au spasme.

Spath s. m. Minéral pierreux à structure lamelleuse.

Spatule s. f. Instrument de chirurgie et de pharmacie, rond par un bout et plat par l'autre ; oiseau à bec en forme de spatule.

Spécial, e adj. Particulier.

Spécialement adv. D'une manière spéciale.

Spécialiser v. a. Désigner spécialement.

Spécialiste adj. et s. Qui s'adonne à une spécialité.

Spécialité s. f. Qualité de ce qui est spécial ; branche spéciale d'étude, de commerce, etc.

Spécieusement adv. D'une manière spécieuse.

Spécieux, euse adj. Qui a une apparence de vérité.

Spécification s. f. Action de spécifier.

Spécifier v. a. Exprimer en particulier, en détail.

Spécifique adj. Propre spécialement à... S. m. Remède dont l'effet est certain.

Spécifiquement adv. D'une manière spécifique.

Spécimen s. m. (on pron. *spé-si-mènn*). Echantillon, modèle. (Pl. *spécimens*.)

Spectacle s. m. Tout ce qui attire les regards, l'attention ; représentation théâtrale.

Spectateur, trice s. Témoin oculaire ; qui assiste à une représentation théâtrale.

Spectral, e adj. Qui a rapport au spectre fourni par le prisme (*phys.*).

Spectre s. m. Fantôme, figure fantastique. Fig. personne hâve et maigre. *Spectre solaire*, image résultant de la décomposition d'un rayon solaire traversant un prisme.

Spéculateur, trice s. Qui fait des spéculations de banque, de finance, etc.

Spéculatif, ive adj. Qui s'attache à la spéculation.

Spéculation s. f. Action de spéculer, d'observer attentivement ; théorie ; calcul, combinaisons commerciales ou de finance.

Spergule s. f. Plante fourragère très utile.

Sphacèle s. m. Gangrène qui attaque tout un membre (*méd.*).

Sphère s. f. Solide terminé par une surface courbe dont tous les points sont également éloignés d'un point intérieur nommé centre ; représentation du globe terrestre* ; espace dans lequel une planète accomplit son cours. Fig. étendue de pouvoir, de connaissances, de talent, etc.

Sphéricité s. f. Etat de ce qui est sphérique.

Sphérique adj. Rond comme une sphère ; qui appartient à la sphère (*géom.*).

Sphériquement adv. D'une manière sphérique.

Sphéroïdal, e adj. Qui a l'apparence d'une sphère.

Sphéroïde s. m. Solide dont la figure approche de celle de la sphère (*géom.*).

Sphéromètre s. m. Instrument pour mesurer les rayons des sphères.

Sphinx s. m. Monstre fabuleux ayant la tête et le sein d'une femme, le corps d'un lion et des ailes d'aigle* (*myth.*). Figure de sphinx ; genre de papillons.

Spic s. m. Espèce de lavande.

Spicilège s. m. Recueil, collection de pièces, d'actes, etc.

Spinal, e adj. Qui appartient à l'épine dorsale (*anat.*).

Spinelle adj. et s. m. *Rubis spinelle*, d'un rouge pâle.

Spinosa, philosophe panthéiste, né à Amsterdam (1632-1677).

Spinosisme s. m. Système de Spinosa.

Spinosiste s. m. Disciple de Spinosa.

Spiral, e adj. Qui a la forme d'une spire. S. m. Petit ressort régulateur du balancier d'une montre,*.

Spirale s. f. Ligne courbe qui

tourne en s'éloignant de plus en plus de son centre. *En spirale*, en forme de spirale.

Spiration s. f. Manière dont le Saint-Esprit procède du Père et du Fils (*théol.*).

Spire s. f. Syn. d'*hélice*; spirale; organe disposé en hélice (*hist. nat.*).

Spirée s. f. Genre de plantes de la famille des rosacées.

Spirite s. Personne qui prétend se mettre en relation avec les esprits des morts.

Spiritisme s. m. Doctrine des spirites.

Spiritualisation s. f. Action de spiritualiser.

Spiritualiser v. a. En *chimie* anc., extraire les *esprits* des corps liquides ou solides. Donner un sens pieux, un sens spirituel.

Spiritualisme s. m. Doctrine de ceux qui admettent que l'âme est immatérielle et immortelle.

Spiritualiste s. et adj. Partisan du spiritualisme.

Spiritualité s. f. Caractère, qualité de ce qui est esprit; théologie mystique, qui regarde la nature de l'âme, la vie intérieure.

Spirituel, elle adj. Incorporel; qui est esprit; qui est de la nature de l'esprit; qui regarde l'âme; qui a de l'esprit; où il y a de l'esprit; qui dénote de l'esprit. S. m. Ce qui concerne la religion, l'Eglise.

Spirituellement adv. D'une manière spirituelle.

Spiritueux, euse adj. et s. m. Se dit de tout liquide qui contient de l'alcool.

Splanchnique adj. Qui a rapport aux viscères (*anat.*).

Splanchnologie s. f. (on pron. *splanknoloji*). Partie de l'anatomie qui traite des viscères.

Spleen s. m. (m. angl.; on pron. *spline*). Sorte d'hypocondrie qui consiste dans un ennui sans cause.

Splendeur s. f. Grand éclat de lumière. Fig. grand éclat d'honneur et de gloire; magnificence.

Splendide adj. Magnifique, somptueux.

Splendidement adv. D'une manière splendide.

Splénique adj. Qui appartient, qui a rapport à la rate; propre aux maladies de la rate (*méd.*).

Spoliateur, trice s. et adj. Qui spolie : *lois spoliatrices*.

Spoliation s. f. Action de spolier.

Spolier v. a. Dépouiller par force ou par fraude.

Spondaïque adj. Dans la versification grecque et latine : *vers spondaïque*, hexamètre dont le cinquième pied est un spondée.

Spondée s. m. Dans les vers latins ou grecs, pied composé de deux syllabes longues.

Spondyle s. m. La deuxième vertèbre du cou (vx.).

Spongiaire adj. Qui ressemble à une éponge.

Spongieux, euse adj. De la nature de l'éponge.

Spongite s. f. Pierre remplie de trous.

Spontané, ée adj. Qui a son principe en soi-même; que l'on fait volontairement.

Spontanéité s. f. Qualité de ce qui est spontané.

Spontanément adv. D'une manière spontanée.

Spontini, compositeur de musique italien (1774-1851).

Sporadique adj. Se dit d'une maladie non épidémique qui attaque des individus et non des masses (*méd.*). *Blocs sporadiques*, blocs épars (*géol.*).

Spore s. f. Corpuscule reproducteur des plantes cryptogames.

Sport s. m. (m. angl.; on pron. *sportt*). Courses de chevaux, joutes sur l'eau, chasse à courre, gymnastique, etc.

Sportule s. f. Don en comestibles que les praticiens romains faisaient distribuer à leurs clients.

Sputation s. f. Action de cracher (*méd.*).

Squale s. m. (on pron. *scouale*). Genre de poissons connus sous le nom de chiens de mer; requin.

Squameux, euse adj. (on pron. *scouameux*). Couvert d'écailles; qui a la forme d'une écaille (*hist. nat.*).

Square s. m. Jardin entouré d'une grille, au milieu d'une place publique.

Squelette s. m. Assemblage de tous les ossements d'un corps mort et privé de sa chair, dans leur situation naturelle. Fig. personne maigre et décharnée; ouvrage d'esprit où le sujet est présenté d'une manière sèche, aride.

Squirre ou **squirrhe** s. m. Tumeur dure et non douloureuse.

Squirreux ou **squirrheux, euse** adj. De la nature du squirre.

St, st interj. (on pron. *sitt, sitt*). Sert pour appeler ou pour commander le silence.

Staal (baronne de), femme d'esprit que s'attacha la duchesse du Maine (1693-1750); elle a laissé des Mémoires très curieux sur la société de son temps.

Stabat s. m. (on pron. *stabatt*). Prose qu'on chante dans les églises pendant la semaine sainte. (Pl. *stabat.*)

Stabilité s. f. Qualité de ce qui est stable, ferme, solide.

Stable adj. Qui est dans une situation ferme. Fig. durable.

Stabulation s. f. Séjour, entretien des animaux à l'étable.

Stace, poète latin qui s'attira la faveur de Domitien (61-96).

Stade s. m. Carrière où les Grecs s'exerçaient à la course; mesure itinéraire des anciens Grecs.

Stage s. m. Espace de temps pendant lequel un licencié en droit doit fréquenter le barreau avant d'être inscrit au tableau des avocats; temps d'épreuve pour être reconnu apte à certaines fonctions.

Stagiaire adj. et s. m. Qui fait son stage.

Stagnant, e adj. (on pron. *stagnan*). Qui ne coule point. Fig. qui ne fait aucun progrès.

Stagnation s. f. (on pron. *stagnacion*). État de ce qui est stagnant, de ce qui languit.

Stahl, célèbre médecin et chimiste allemand (1660-1734).

Stalactite s. f. Concrétion pierreuse allongée qui se forme à la voûte des grottes*.

Stalagmite s. f. Concrétion pierreuse en forme de mamelon, qui se forme sur le sol des grottes*.

Stalle s. f. Dans une église, siège de bois dont le fond se lève et se baisse; siège séparé et numéroté dans un théâtre.

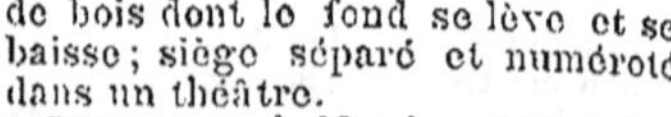

Stance s. f. Nombre déterminé de vers formant un sens complet. Au pl. poème.

Stanhope, général et diplomate anglais (1673-1721).

Stanislas Leczinski, roi de Pologne après la déposition d'Auguste II (1704), fut détrôné et reçut en compensation le duché de Lorraine; sa fille, Marie Leczinska, épousa Louis XV en 1725.

Staphisaigre s. f. Plante vulgairement appelée *herbe aux poux* (*bot.*).

Staphylin s. m. Genre d'insectes coléoptères.

Staphylôme s. m. Tumeur sur la cornée de l'œil (*méd.*).

Staroste s. m. Noble polonais qui possédait une starostie.

Starostie s. f. Fief de l'ancien domaine royal de Pologne.

Stase s. f. Stagnation du sang, des humeurs (*méd.*).

Stater ou **statère** s. m. Monnaie en usage autrefois chez les Grecs et les Égyptiens.

Stathouder s. m. Titre que l'on donnait au chef de l'ancienne république de Hollande.

Stathoudérat s. m. Dignité du stathouder; ses fonctions, leur durée.

Station s. f. Action de se tenir debout; pause de peu de durée dans un lieu; endroit où se tiennent les voitures publiques pour prendre les voyageurs; endroit où s'arrête un convoi de chemin de fer pour prendre ou déposer les voyageurs; visite des églises désignées pour y faire des prières dans le but de gagner certaines indulgences; parage assigné à un vaisseau pour y établir une croisière (*mar.*).

Stationnaire adj. Qui reste à la même place, au même point. Fig. qui ne fait pas de progrès. S. m. Petit bâtiment de guerre mouillé à l'entrée d'une rade, pour exercer une sorte de police.

Stationnale adj. f. *Église stationnale*, où l'on fait des stations de *jubilé*.

Stationnement s. m. Action de stationner.

Stationner v. n. Faire une station, s'arrêter dans un lieu.

Statique s. f. Science qui a pour objet l'équilibre des corps solides.

Statisticien s. m. Qui se livre à des recherches statistiques.

Statistique s. f. Science qui fait connaître l'étendue, la population, les ressources d'un Etat; description détaillée d'un pays sous ces divers rapports. Adj. Qui a rapport à la statistique.

Statuaire s. m. Artiste qui fait des statues. Adj. Propre à faire des statues. S. f. Art de faire des statues.

Statue s. f. Figure entière et de plein relief, représentant un homme ou une femme. Fig. personne sans action, sans physionomie.

Statuer v. a. et n. Ordonner, régler, déclarer.

Statuette s. f. Petite statue.

Statu quo s. m. L'état où sont actuellement les choses. IN STATU QUO loc. adv. Dans l'état actuel.

Stature s. f. Hauteur de la taille.

Statut s. m. Loi, ordonnance; règle établie.

Stéarine s. f. Substance solide des graisses de bœuf et de mouton.

Stéarinerie s. f. Usine où l'on fabrique de la stéarine.

Steeple-chase s. m. (on pron. *stiple-tchèse*). Course de chevaux à travers champs.

Stéganographie s. f. Ecriture en signes secrets et convenus.

Stéganographique adj. De la stéganographie.

Stèle s. f. Monolithe ayant la forme d'un fût de colonne, d'un cippe.

Stellaire adj. Qui a rapport aux étoiles.

Stellionat s. m. *Jurisp.* Crime de celui qui vend un immeuble comme libre d'hypothèque, ou comme étant à lui, quand il ne l'est pas.

Stellionataire s. Qui commet le stellionat.

Sténographe s. m. Qui se sert de la sténographie.

Sténographie s. f. Art d'écrire par abréviations et aussi vite que la parole.

Sténographier v. a. Transcrire un discours par les procédés sténographiques.

Sténographique adj. Qui appartient à la sténographie.

Stentor s. m. *Voix de stentor*, forte et retentissante.

Steppe s. m. Vaste plaine, en Russie.

Stère s. m. Mesure d'un mètre cube.

Stéréobate s. m. *Archit.* Partie saillante de la base d'une colonne.

Stéréographie s. f. Art de représenter les solides sur un plan.

Stéréographique adj. Qui a rapport à la stéréographie.

Stéréométrie s. f. Science qui traite de la mesure des solides.

Stéréotomie s. f. Science, art de la coupe des solides.

Stéréotypage s. m. Action de stéréotyper.

Stéréotype adj. et s. m. Se dit d'ouvrages imprimés avec des planches dont les caractères ne sont pas mobiles.

Stéréotyper v. a. Convertir en pages solides des pages composées en caractères mobiles; imprimer un livre avec des planches dont les caractères ne sont pas mobiles.

Stéréotypie s. f. Art de stéréotyper.

Stérile adj. Qui ne produit pas de fruit, qui ne rapporte rien.

Stérilité s. f. État de ce qui est stérile.

Sterling adj. invar. Se dit d'une monnaie de compte anglaise.

Sternum s. m. (on pron. *sternome*). Os du devant de la poitrine.

Sternutatoire adj. Qui fait éternuer.

Stéthoscope s. m. *Méd.* Cornet acoustique à l'aide duquel on explore la poitrine.

Stibié, ée adj. Où il entre de l'antimoine.

Stigmate s. m. Marque que laisse une plaie; note d'infamie. *Bot.* Partie du pistil.

Stigmatisé, ée adj. et s. Marqué du stigmate; flétri.

Stigmatiser v. a. Marquer avec un fer rougi au feu. *Fig.* Infliger un blâme sévère; imprimer une flétrissure.

Stil-de-grain s. m. Couleur jaune pour la peinture.

Stillation s. f. Filtration de l'eau à travers les terres.

Stimulant, e adj. et s. m. Se dit des choses qui stimulent.

Stimuler v. a. Exciter, animer; aiguillonner.

Stipe s. m. Tige des palmiers, des grandes fougères, etc.

Stipendiaire adj. Qui est aux gages d'un autre.

Stipendier v. a. Avoir à sa solde; soudoyer.

Stipulant, e adj. Qui stipule.

Stipulation s. f. Clause d'un contrat.

Stipule s. f. *Bot.* Appendice attaché sur le pétiole.

Stipuler v. a. Énoncer une stipulation.

Stockfisch ou **stokfiche** s. m. Morue ou autre poisson salé et desséché.

Stoïcien, enne adj. Qui suit le stoïcisme. S. m. Sectateur du stoïcisme : homme ferme, inébranlable.

Stoïcisme s. m. Philosophie de Zénon qui plaçait le bonheur dans la pratique de la vertu; fermeté, austérité, insensibilité.

Stoïque adj. Qui tient du stoïcisme.

Stoïquement adv. D'une manière stoïque.

Stomacal, e adj. Qui fortifie l'estomac.

Stomachique adj. Qui appartient à l'estomac (*anat.*). Adj. et s. m. Bon à l'estomac (*méd.*).

Storax ou **styrax** s. m. Résine odorante.

Store s. m. Sorte de rideau qui se lève et se baisse au moyen d'un ressort.

Strabisme s. m. Disposition vicieuse du globe de l'œil qui rend louche.

Strabon, célèbre géographe grec, né vers 50 av. J.-C., mort dans les dernières années de Tibère.

Strangulation s. f. Étranglement.

Stranguler v. a. Étrangler.

Strangurie s. f. Envie d'uriner fréquente et accompagnée de douleur.

Strapontin s. m. Siége mobile de certaines voitures.

Stras s. m. (du nom de son inventeur Stras). Composition qui imite le diamant.

Strasse s. f. Bourre, rebut de la soie.

Stratagème s. m. Ruse de guerre. Fig. tour d'adresse ; subtilité ; finesse.

Stratégie s. f. Science des mouvements d'une armée éloignée d'une autre.

Stratégique adj. De la stratégie.

Stratégiste s. m. Qui connaît la stratégie.

Stratification s. f. *Chim.* Arrangement de substances par couches.

Stratifier v. a. *Chim.* Arranger des substances par couches.

Stratocratie s. f. Gouvernement militaire.

Stratographie s. f. Description d'une armée.

Strélitz s. m. pl. Ancien corps d'infanterie russe.

Strict, e adj. Étroit, rigoureux, sévère, exact.

Strictement adv. D'une manière stricte.

Strident, e adj. Qui fait un bruit aigu et perçant.

Strié, ée adj. Couvert ou formé de stries, de cannelures.

Strie s. f. Cannelure; petit sillon séparé du sillon parallèle par une ligne saillante.

Striures s. f. pl. Disposition en stries.

Strophe s. f. Stance d'une ode.

Strozzi, célèbre famille de Florence qui fut puissante aux XIIIe et XIVe siècles.

Structure s. f. Manière dont un édifice est bâti, dont un corps animal est organisé. Fig. ordre, disposition.

Struensée, premier ministre du roi de Danemark Christian VII (1737-1772).

Strychnine s. f. Substance très vénéneuse extraite de diverses espèces de solanées (*chim.*).

Stryge s. m. Vampire.

Stuart, famille royale d'Écosse et d'Angleterre. Voy. *Jacques* et *Marie*.

Stuc s. m. Composé de chaux et de marbre pulvérisé.

Stucateur s. m. Ouvrier qui travaille en stuc.

Studieusement adv. Avec soin, avec une application studieuse.

Studieux, euse adj. Qui aime l'étude, qui s'y applique.

Stupéfactif, ive adj. Qui engourdit, qui ôte le sentiment (*méd.*).

Stupéfaction s. f. Engourdissement d'une partie du corps. Fig. étonnement extraordinaire, extrême.

Stupéfait, e adj. Surpris, étonné, interdit et immobile.

Stupéfiant, e adj. Qui stupéfie.

Stupéfier v. a. Engourdir (*méd.*). Fig. causer une vive surprise.

Stupeur s. f. Engourdissement, assoupissement; suspension du sentiment et du mouvement. Fig. étonnement, vive surprise.

Stupide adj. et s. Hébêté ; d'un esprit lourd et pesant.

Stupidement adv. D'une manière stupide.

Stupidité s. f. Pesanteur d'esprit; privation de jugement; parole ou action stupide.

Stygmate et stygmatiser. Voy. *Stigmate, Stigmatiser.*

Style s. m. Poinçon dont les anciens se servaient pour écrire sur leurs tablettes enduites de cire; aiguille d'un cadran solaire. Fig. manière d'écrire, genre artistique. En *bot.* partie du pistil entre l'ovaire et le stigmate.

Styler v. a. Former, dresser (*fam.*).

Stylet s. m. Sorte de poignard.

Stylite adj. Qui se tient sur une colonne, qui y vit.

Stylobate s. m. Piédestal d'une colonne.

Styx s. m. Fleuve des enfers (*myth.*) ; riv. d'Arcadie.

Su s. m. Connaissance : *au su de tous.*

Suaire s. m. Linceul.

Suant, e adj. Qui sue.

Suard, littérateur et journaliste français (1733-1817).

Suave adj. Qui fait sur les sens une impression douce et flatteuse. En *peint.* Doux et gracieux.

Suavement adv. D'une manière suave.

Suavité s. f. Qualité de ce qui est suave.

Subalterne adj. et s. Qui est dans un rang inférieur, dans une position subordonnée. S. m. Etat de subalternité.

Subalternement adv. En subalterne.

Subalterniser v. a. Mettre dans une position subalterne ; placer au dessous.

Subalternité s. f. Etat de ce qui est inférieur ; état de subalterne.

Subdélégation s. f. Action de subdéléguer.

Subdélégué s. m. Celui qu'une personne revêtue de quelque autorité a commis pour agir, négocier en sa place.

Subdéléguer v. a. Commettre quelqu'un avec pouvoir d'agir en sa place.

Subdiviser v. a. Diviser quelque partie d'un tout déjà divisé.

Subdivision s. f. Division d'une des parties d'un tout déjà divisé.

Subir v. a. *Subir un examen,* le passer.

Subit, e adj. Qui survient tout à coup.

Subitement adv. D'une manière subite.

Subito adv. Subitement, tout à coup.

Subjacent, e adj. Situé au dessous.

Subjectif, ive adj. En *philos.* Qui a rapport au sujet; qui se passe dans l'intérieur de l'esprit. S. m. Ce qui est subjectif.

Subjectivité s. f. En *philos.* Qualité de ce qui est subjectif.

Subjonctif s. m. L'un des modes du verbe.

Subjuguer v. a. Mettre sous le joug, réduire en sujétion ; dompter un cheval. Fig. exercer de l'empire, de l'ascendant sur.

Sublimation s. f. Opération par laquelle on sépare les parties volatiles d'un corps.

Sublime adj. Qui s'élève à une grande hauteur intellectuelle ou morale. S. m. Ce qu'il y a de grand dans le style, dans les sentiments, dans les actions ; ce qu'il y a de mieux.

Sublimé s. m. Le produit de la sublimation.

Sublimement adv. D'une manière sublime.

Sublimer v. a. En *chim.* Faire subir à un corps la sublimation.

Sublimité s. f. Qualité de ce qui est sublime.

Sublingual, e adj. (on pron. *sub-lin-goual*). *Anat.* Qui est situé sous la langue.

Sublunaire adj. Qui est entre la terre et l'orbite de la lune.

Submerger v. a. Couvrir d'eau ; plonger entièrement dans l'eau.

Submersible adj. Qui peut être submergé.

Submersion s. f. Action de plonger ou d'être entièrement plongé dans un liquide ; grande inondation.

Subodorer v. a. Sentir de loin à la trace. Fig. se douter de quelque chose.

Subordination s. f. Etat de dépendance dans lequel une personne se trouve à l'égard d'une autre ; état des choses subordonnées.

Subordonné, ée adj. et s. Qui est sous les ordres, sous la dépendance de.

Subordonnément adv. En sous-ordre.

Subordonner v. a. Etablir un ordre de dépendance de l'inférieur au supérieur.

Subornation s. f. Séduction ; son effet.

Suborner v. a. Séduire, porter à agir contre le devoir, à une mauvaise action.

Suborneur, euse adj. et s. Qui suborne.

Subrécargue s. m. Fondé de pouvoir d'un armateur, qui veille sur la cargaison.

Subrécot s. m. Surplus de l'écot.

Subreptice adj. Obtenu par une surprise ; *édition subreptice*, furtive et illicite.

Subrepticement adv. D'une manière subreptice.

Subreption s. f. Surprise faite à un supérieur en obtenant de lui des grâces sur un faux exposé.

Subrogation s. f. Acte par lequel on subroge.

Subroger v. a. Substituer, mettre à la place d'un autre.

Subrogé tuteur s. m. Celui qui est nommé pour veiller à la bonne gestion du tuteur.

Subséquemment adv. Ensuite.

Subséquent, e adj. Qui suit, qui vient après.

Subside s. m. Impôt ; secours d'argent.

Subsidiaire adj. Qui sert à fortifier le principal ; qui vient à l'appui.

Subsidiairement adv. D'une manière subsidiaire.

Subsistance s. f. Nourriture et entretien. Pl. Vivres, munitions.

Subsister v. n. Exister encore, continuer d'être ; demeurer en vigueur ; vivre et s'entretenir : *ne subsister que d'aumônes.*

Substance s. f. Toute sorte de matière ; être qui subsiste par lui-même : *substance spirituelle, corporelle* ; ce qu'il y a de plus nourrissant : *la substance d'une viande.* Fig. ce qu'il y a d'essentiel : *la substance d'un discours.* En substance loc. adv. En abrégé.

Substantiel, elle adj. Nourrissant, succulent. Fig. essentiel, important.

Substantiellement adv. Quant à la substance ; en substance.

Substantif s. m. *Gram.* Tout mot qui désigne un être, une substance.

Substantivement adv. En manière de substantif.

Substituer v. a. Mettre à la place de ; appeler à hériter à la place, à défaut d'un autre.

Substitut s. m. Magistrat chargé de remplacer au parquet le procureur de la République ; celui qui remplit une fonction pour un autre, en cas d'absence ou d'empêchement.

Substitution s. f. Action de substituer.

Substruction s. f. Fondement d'un édifice ; construction exécutée au-dessous d'une autre.

Subterfuge s. m. Moyen détourné pour se tirer d'embarras.

Subtil, e adj. Délié, fin, menu ; qui pénètre promptement : *venin subtil* et fig. *idée subtile.* Fig. fin, adroit.

Subtilement adv. Avec subtilité.

Subtilisation s. f. *Chim.* Action de subtiliser les liquides par le feu.

Subtiliser v. a. Volatiliser, rendre subtil ; dérober subtilement. V. n. Raffiner.

Subtilité s. f. Qualité de ce qui est subtil. Fig. distinction trop subtile.

Subulé, ée adj. Terminé en pointe très fine.

Suburbain, e adj. Voisin de la ville.

Suburbicaire adj. Se dit des provinces d'Italie qui composent le diocèse de Rome.

Subvenir v. n. Secourir; soulager; pourvoir, suffire.

Subvention s. f. Secours d'argent; subside.

Subventionner v. a. Donner une subvention.

Subversif, ive adj. Qui renverse, détruit: *doctrine subversive.*

Subversion s. f. Renversement (d'un Etat).

Subvertir v. a. Renverser: *subvertir l'Etat.*

Suc s. m. Liqueur qui s'exprime de divers corps; ce qu'il y a de substantiel dans une viande, et fig. dans un livre. Pl. Principes de végétation: *les sucs de la terre.*

Succédané, ée adj. et s. Se dit de tout médicament qu'on peut substituer à un autre.

Succéder v. n. Prendre la place de; venir après.

Succès s. m. Issue quelconque d'une affaire, d'une entreprise; réussite.

Successeur s. m. Celui qui succède à un autre.

Successibilité s. f. Droit de succéder.

Successible adj. Habile à succéder.

Successif, ive adj. Qui se succède sans interruption.

Succession s. f. Hérédité; biens d'un défunt; suite non interrompue de personnes ou de choses.

Successivement adv. L'un après l'autre.

Succin s. m. Ambre jaune.

Succinct, e adj. Court, bref.

Succinctement adv. D'une manière succincte; en peu de mots.

Succion s. f. Action de sucer.

Succomber v. n. Fléchir sous un fardeau. Fig. Avoir du désavantage; ne pas résister, céder; mourir.

Succulence s. f. Qualité d'un mets succulent.

Succulent, e adj. Qui a beaucoup de suc, excellent; fort nourrissant.

Succursale s. f. Eglise qui supplée à l'insuffisance de l'église paroissiale; établissement dépendant d'un autre et créé pour le même objet: *succursale du mont-de-piété.*

Succursaliste s. m. Desservant d'une succursale.

Sucement s. m. Action de sucer.

Sucer v. a. Attirer avec les lèvres, en aspirant fortement, un suc, une liqueur, etc. Fig. *Sucer avec le lait*, contracter, recevoir dès l'enfance.

Suceur s. m. Qui suce.

Suçoir s. m. Organe qui sert à sucer (*hist. nat.*).

Suçon s. m. Elevure qu'on fait à la peau en la suçant fortement.

Suçoter v. a. Sucer peu à peu et à plusieurs reprises.

Sucre s. m. Substance d'une saveur douce et agréable qu'on tire surtout de la canne et de la betterave.

Sucré, ée adj. Où il y a du sucre; qui a le goût du sucre. Fig. mielleux, d'une douceur affectée: *langage sucré*. S. f. *Faire la sucrée*, avoir des manières affectées.

Sucrer v. a. Adoucir avec du sucre.

Sucrerie s. f. Lieu où l'on fabrique le sucre; raffinerie. Pl. Choses sucrées, dragées, confitures, etc.

Sucrier s. m. Vase où l'on met du sucre.

Sucrier, ère adj. Qui a rapport à la fabrication du sucre: *industrie sucrière.*

Sucrin adj. m. Se dit d'une variété de melon qui a le goût du sucre.

Sud s. m. Le midi; la partie du monde opposée au nord.

Sud-est s. m. Partie située entre le sud et l'est.

Sudorifique adj. et s. *Méd.* Remède qui provoque la sueur.

Sud-ouest s. m. Partie située entre le sud et l'ouest.

Suédois, e adj. et s. De Suède.

Suée s. f. Inquiétude subite et mêlée de crainte (pop.)

Suer v. n. Rendre une humeur

liquide par les pores. V. a. *Suer sang et eau*, se donner beaucoup de mal ; travailler beaucoup.

Suétone, biographe latin, né vers 70 ap. J.-C.

Suette s. f. Maladie contagieuse, caractérisée par une sueur abondante.

Sueur s. f. Humeur liquide qui sort par les pores.

Suffètes s. m. pl. Nom des magistrats suprêmes de Carthage.

Suffire v. n. Pouvoir fournir, pouvoir subvenir à ; pouvoir satisfaire à tout. *Il suffit, suffit*, c'est assez. SE SUFFIRE v. pr. N'avoir pas besoin du secours des autres.

Suffisamment adv. Assez.

Suffisance s. f. Ce qui suffit; présomption.

Suffisant, e adj. Qui suffit; présomptueux.

Suffixe s. m. et adj. Se dit des syllabes ou lettres qui terminent un mot et en modifient la signification.

Suffocant, e adj. Qui suffoque.

Suffocation s. f. Etouffement, perte de la respiration.

Suffoquer v. a. Etouffer, faire perdre la respiration. V. n. Perdre la respiration.

Suffragant adj. et s. m. Se dit d'un évêque à l'égard de son métropolitain.

Suffrage s. m. Vote; voix donnée en matière d'élection ; adhésion, approbation.

Suffusion s. f. Epanchement de la bile ou du sang sous la peau.

Suger, abbé de Saint-Denis, ministre du roi de France Louis VII (1082-1152).

Suggérer v. a. Mettre dans l'esprit.

Suggestion s. f. Insinuation mauvaise.

Suicide s. m. Action de se tuer; celui qui se tue volontairement.

Suicider (se) v. pr. Se tuer soi-même.

Suie s. f. Matière noire et épaisse que la fumée laisse dans son passage.

Suif s. m. Graisse fondue de certains animaux, particulièrement des moutons.

Suiffer v. a. Enduire de suif.

Sui generis loc. lat. De son genre, particulier, spécial : *une odeur sui generis.*

Suint s. m. Humeur épaisse qui suinte du corps des bêtes à laine.

Suintement s. m. Action de suinter.

Suinter v. n. S'écouler, sortir presque insensiblement.

Suisse s. m. et adj. Habitant de la Suisse, qui appartient à ce pays. Domestique en livrée militaire dans une église, dans un palais.

Suissesse s. f. Femme née en Suisse.

Suite s. f. Ceux qui suivent, qui accompagnent un grand personnage ; ce qui vient après; enchaînement de choses arrivées l'une après l'autre; conséquence ; ordre, liaison. A LA SUITE loc. prép. Après. DE SUITE loc. adv. A la suite l'un de l'autre. TOUT DE SUITE loc. adv. Immédiatement.

Suivant prép. Selon, conformément à, en raison de.

Suivant, e adj. et s. f. Qui suit, qui accompagne.

Suiver v. a. Voy. *Suiffer*, plus usité.

Suivi, ie adj. Qui attire beaucoup de monde; où il y a de l'ordre ; non interrompu.

Suivre v. a. Aller, être, courir après ; accompagner ; escorter; s'abandonner à; se conformer à; observer, épier; assister à; pratiquer, exercer. Fig. résulter de. SE SUIVRE v. pr. Se succéder.

Sujet s. m. Cause, raison, motif; matière sur laquelle on compose, on écrit, on parle; une personne par rapport à ses qualités; qui est soumis à une autorité souveraine; personne ou chose dont on affirme la manière d'être ou d'agir (*gram.*).

Sujet, ette adj. Soumis, qui est dans la dépendance ; obligé d'obéir, de payer certains droits; assujetti à : *sujet à la mort;* exposé à : *sujet à se tromper.*

Sujétion s. f. Dépendance ; assujettissement ; obligation ; assiduité gênante.

Sulfate s. m. Nom générique des sels formés par la combinaison de l'acide sulfurique avec une base (*chim.*).

Sulfaté, ée adj. Dans lequel il entre un sulfate (*chim.*).

Sulfhydrique adj. m. Se dit d'un acide formé par la combinaison de l'hydrogène avec le soufre (*chim.*).

Sulfite s. m. Nom générique des sels formés par la combinaison de l'acide sulfureux avec une base (*chim.*).

Sulfure s. m. Nom générique des combinaisons du soufre avec les métaux, les sels, etc. (*chim.*).

Sulfuré, ée ou **Sulfureux, euse** adj. De la nature du soufre; plein de soufre. *Acide sulfureux*, formé par la combinaison du soufre avec l'oxygène de l'air.

Sulfurique adj. Du soufre, formé par le soufre. *Acide sulfurique*, formé par la combinaison du soufre avec l'oxygène et contenant plus d'oxygène que l'acide sulfureux (*chim.*).

Sully (Maurice de), évêque de Paris, commença la réédification de l'église Notre-Dame (1160-1196). — Sully (duc de) célèbre ministre, ami et conseiller de Henri IV (1560-1641).

Sultan s. m. Titre de l'empereur des Turcs et de certains princes mahométans d'Afrique et d'Asie. Fig. homme absolu, altier et tyrannique.

Sultane s. f. Femme du sultan; vaisseau de guerre turc.

Sultanin s. m. Monnaie d'or turque.

Sumac s. m. Sorte d'arbre.

Superbe adj. et s. m. Orgueilleux, arrogant. Adj. Très beau, grand, imposant, riche, somptueux. S. f. Orgueil, arrogance.

Superbement adv. D'une manière superbe, orgueilleuse; avec magnificence.

Supercherie s. f. Tromperie avec finesse; fraude.

Superfétation s. f. Redondance, inutilités.

Superficialité s. f. Qualité de ce qui est superficiel (au fig.).

Superficie s. f. Etendue d'une surface. Fig. légère connaissance; choses superficielles.

Superficiel, elle adj. Qui n'est qu'à la superficie. Fig. léger, qui n'approfondit pas.

Superficiellement adv. D'une manière superficielle.

Superfin, e adj. et s. m. Très fin.

Superflu, ue adj. Qui est de trop, inutile. S. m. Ce qui est de trop.

Superfluité s. f. Ce qui est superflu; abondance vicieuse.

Supérieur, e adj. et s. Qui est au dessus; qui a l'autorité; qui l'emporte sur un autre.

Supérieurement adv. D'une manière supérieure; avec avantage; parfaitement.

Supériorité s. f. Autorité, prééminence; excellence au-dessus des autres.

Superlatif, ive adj. et s. m. Qui exprime la qualité au plus haut degré (*gram.*); qui a un caractère d'excellence.

Superlativement adv. Au plus haut degré.

Superposer v. a. Poser une ligne, une surface, un corps sur un autre.

Superposition s. f. Action de superposer.

Superstitieusement adv. D'une manière superstitieuse, trop scrupuleuse.

Superstitieux, euse adj. et s. Qui a de la superstition, où il y a de la superstition. Fig. exact jusqu'à l'excès.

Superstition s. f. Fausse idée de certaines pratiques religieuses; vain présage. Fig. excès d'exactitude.

Supin s. m. Partie de l'infinitif latin qui est une sorte de substantif verbal.

Supinateur adj. et s. m. Se dit de deux muscles qui font tourner en haut la paume de la main (*anat.*).

Supination s. f. Mouvement produit par les muscles supinateurs.

Supplantateur s. m. Qui supplante.

Supplantation s. f. Action de supplanter.

Supplanter v. a. Faire perdre à quelqu'un sa place, son crédit, et lui succéder.

Suppléance s. f. Action de suppléer, de remplacer; fonction de suppléant.

Suppléant, e s. Qui supplée quelqu'un.

Suppléer v. a. Ajouter ce qui manque; remplir la place de. V. n. Réparer le manque de quelque chose.

Supplément s. m. Ce qu'on donne pour suppléer; ce qui est ajouté, ce qui complète.

Supplémentaire adj. Qui sert de supplément. *Angle supplémentaire*, angle dont la valeur ajoutée à celle d'un autre angle forme un total de deux angles droits*.

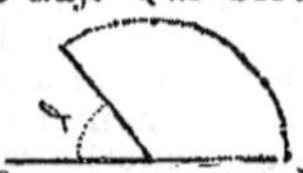

Supplétif, ive adj. Qui complète.

Suppliant, e adj. et s. Qui supplie.

Supplication s. f. Action de supplier; humble prière.

Supplice s. m. Punition corporelle, mort ordonnée par la justice. Fig. douleur vive et longue; tourments; vive inquiétude; ce qui les cause.

Supplicié, ée part. p. de *supplicier* et s.

Supplicier v. a. Faire subir le supplice de la mort.

Supplier v. a. Prier avec instance, soumission.

Supplique s. f. Requête pour obtenir une grâce.

Support s. m. Ce qui soutient une chose. Fig. aide, appui, secours.

Supportable adj. Que l'on peut supporter, excuser.

Supportablement adv. D'une manière supportable.

Supporter v. a. Porter, soutenir; endurer.

Supposable adj. Que l'on peut supposer.

Supposé, ée adj. *Cela supposé*, dans cette supposition. SUPPOSÉ QUE loc. conj. Dans la supposition que.

Supposer v. a. Poser une chose pour établie, pour démontrée, pour reçue; alléguer comme vrai ce qui est faux; présumer.

Supposition s. f. Proposition mise en avant comme vraie, pour en tirer une induction; fausse allégation; conjecture; production d'une pièce fausse.

Suppositoire s. m. Sorte de médicament en forme de cône allongé (*méd.*).

Suppôt s. m. Agent de certains corps: *un suppôt de justice;* fauteur et partisan.

Suppression s. f. Action de supprimer.

Supprimer v. a. Empêcher ou faire cesser de paraître; taire; retrancher: *supprimer des réflexions;* abolir: *supprimer une charge.*

Suppuratif, ive adj. et s. m. Qui fait suppurer.

Suppuration s. f. Formation, écoulement du pus.

Suppurer v. n. Rendre, jeter du pus.

Supputation s. f. Calcul.

Supputer v. a. Calculer.

Suprématie s. f. Supériorité au-dessus de tous.

Suprême adj. Au-dessus de tout en son genre, en son espèce; qui termine le tout; dernier. AU SUPRÊME DEGRÉ loc. adv. Extrêmement.

Sur prép. qui marque la situation d'une chose posée sur ou située au-dessus d'une autre; à la surface de, joignant, proche; durant: *sur ces entrefaites;* vers: *sur le déclin*, etc.

Sur, e adj. Qui a un goût acide et aigre.

Sûr, e adj. Certain, indubitable, infaillible, qui produit son effet; qui sait bien et d'une manière certaine; à qui l'on peut se fier; où il n'y a rien à craindre. A COUP SUR loc. adv. Immanquablement; certainement. POUR SUR loc. adv. Certainement, infailliblement.

Surabondamment adv. Plus que suffisamment.

Surabondance s. f. Très grande abondance.

Surabondant, e adj. Qui surabonde.

Surabonder v. n. Etre très abondant.

Surachat s. m. Action de suracheter.

Suracheter v. a. Acheter une chose trop cher.

Suraigu, uë adj. Fort aigu.

Surajouter v. a. Ajouter en sus, de plus.

Suranné, ée adj. Qui ne peut plus avoir d'effet ou devient nul après un délai expiré. Fig. vieux; qui n'est plus d'usage.

Suranner v. n. Avoir plus d'un an de date.
Sur-arbitre s. m. Arbitre qui juge entre les arbitres partagés d'opinion.
Surard adj. m. Se dit du vinaigre dans lequel on a fait infuser des fleurs de sureau.
Surbaissé, ée adj. *Archit.* Qui va en s'abaissant vers le milieu.
Surbaissement s. m. Quantité dont une arcade est surbaissée.
Surcharge s. f. Surcroît de charge, de peines, etc.; mots écrits sur d'autres mots.
Surcharger v. a. Charger trop; faire une surcharge dans l'écriture.
Surchauffer v. a. Donner trop de feu au fer, le brûler en partie.
Surchauffure s. f. Défaut du fer surchauffé.
Surcomposé, ée adj. *Gram.* Se dit du temps des verbes où l'auxiliaire *avoir* est redoublé.
Surcouf (Robert), marin français célèbre par son intrépidité (1773-1827).
Surcouper v. n. Aux cartes, couper une seconde fois.
Surcroît s. m. Augmentation.
Surcroître v. n. et a. Augmenter trop.
Surdent s. m. Dent qui vient sur une autre ou entre deux autres.
Surdité s. f. Perte ou diminution sensible du sens de l'ouïe.
Surdorer v. a. Dorer doublement, à fond.
Surdos s. m. La bande de cuir sur le dos du cheval de trait.
Sureau s.m. Arbre de la famille des chèvrefeuilles *.
Surelle s. f. Oseille commune.
Sûrement adv. Avec sûreté; certainement.
Suréminent, e adj. Eminent au suprême degré.
Surenchère s. f. Enchère faite au-dessus d'une autre.
Surenchérir v. n. Faire une surenchère.
Surenchérisseur s. m. Qui fait une surenchère.
Surérogation s. f. Ce qu'on fait au-delà de ce qui est dû, de ce qui est commandé.
Surérogatoire adj. Qui est au-delà de ce qu'on est obligé de faire.
Suret, ète adj. Un peu sur.
Sûreté s. f. Etat de ce qui est sûr, de celui qui n'a rien à craindre; caution; fermeté.
Surexcitation s. f. Augmentation, intensité de l'action vitale.
Surexciter v. a. Produire une surexcitation.
Surface s. f. Superficie, extérieur d'un corps. Fig. dehors, apparence.
Surfaire v. a. et n. Demander un prix trop élevé.
Surfaix s. m. Sangle de cheval qui se met sur les autres sangles.
Surgeon s. m. Rejeton qui sort du tronc, du pied d'un arbre.
Surgir v. n. Arriver, aborder (vx.). Fig. naître tout à coup; sortir de; s'élever au-dessus de.
Surhaussement s. m. Action de surhausser; état de ce qui est surhaussé.
Surhausser v. a. *Arch.* Elever plus haut; mettre à un plus haut prix ce qui était déjà cher.
Surhumain, e adj. Qui est au-dessus des forces de l'homme.
Surintendance s. f. Inspection générale au-dessus des autres; charge, demeure du surintendant.
Surintendant s. m. Celui qui a une surintendance. Anc. administrateur en chef des finances du roi.
Surintendante s. f. Femme du surintendant; principale directrice des maisons d'éducation établies pour les filles des membres de la légion d'honneur.
Surjet s. m. Sorte de couture.
Surjeter v. a. Coudre en surjet.
Surlangue s. f. Charbon à la langue des bestiaux.
Surlendemain s. m. Le jour qui suit le lendemain.
Surlonge s. f. Partie du bœuf où est l'aloyau.
Surmener v. a. Excéder de fatigue.
Surmesure s. f. Ce qui excède la mesure.
Surmontable adj. Qu'on peut surmonter.
Surmonter v. a. Monter au dessus. Fig. surpasser, vaincre.
Surmoût s. m. Vin tiré de la cuve sans avoir cuvé ni avoir été pressuré.

Surmulet s. m. Poisson de mer.

Surnager v. n. Se soutenir sur la surface d'un liquide. Fig. persister, subsister après un désastre, etc.

Surnaturel, elle adj. Au-dessus des forces de la nature; extraordinaire.

Surnaturellement adv. D'une manière surnaturelle.

Surnom s. m. Nom ajouté au nom propre.

Surnommer v. a. Donner un surnom.

Surnuméraire adj. et s. Qui est au-dessus du nombre déterminé; commis non appointé.

Surnumérariat s. m. Le temps pendant lequel on est surnuméraire.

Suros s. m. Tumeur à la jambe du cheval.

Surpasser v. a. Excéder, être plus élevé. Fig. être au-dessus de quelqu'un; excéder les forces, l'intelligence; causer un grand étonnement.

Surpayer v. a. Payer trop cher.

Surpeau s. f. Epiderme.

Surplis s. m. Vêtement d'église en toile*.

Surplomb s. m. Défaut de ce qui n'est pas à plomb.

Surplomber v. n. Etre en surplomb.

Surplus s. m. L'excédant, le reste. AU SURPLUS loc. adv. Au reste.

Surprenant, e adj. Qui surprend, étonne.

Surprendre v. a. Prendre sur le fait, à l'improviste, au dépourvu; étonner; abuser, induire en erreur; obtenir par fraude; découvrir.

Surpris, e adj. Etonné.

Surprise s. f. Action par laquelle on surprend; étonnement.

Sursaut s. m. Mouvement brusque causé par une sensation subite et violente.

Surséance s. f. Délai, suspension.

Sursemer v. a. Semer dans une terre déjà ensemencée.

Surseoir v. a. et n. Suspendre, remettre, différer.

Sursis s. m. Délai.

Surtaux s. m. Taxe trop haute.

Surtaxe s. f. Nouvelle taxe; taxe trop forte.

Surtaxer v. a. Taxer trop haut.

Surtout adv. Principalement; avant toute chose. S. m. Vêtement que l'on met par-dessus les autres; pièce de vaisselle qu'on place comme ornement au milieu des grandes tables; petite charrette.

Surveillance s. f. Action de surveiller.

Surveillant, e s. et adj. Qui surveille.

Surveille s. f. Avant-veille.

Surveiller v. a. et n. Veiller avec autorité sur quelqu'un, sur quelque chose.

Survenance s. f. Arrivée imprévue.

Survenant, e adj. et s. Qui survient.

Survendre v. a. Vendre trop cher.

Survenir v. n. Arriver inopinément; arriver de surcroît.

Survente s. f. Vente à un prix excessif.

Survêtir v. a. Revêtir par dessus.

Survider v. a. Oter ce qu'il y a de trop dans un vase, dans un sac.

Survie s. f. Etat de celui qui survit à un autre (*jurisp.*).

Survivance s. f. Droit de succéder à quelqu'un dans sa charge après sa mort.

Survivancier s. m. Celui qui a la survivance d'une charge.

Survivant, e adj. et s. Qui survit à un autre.

Survivre v. n. Demeurer en vie après un autre; exister après la perte de: *survivre à son honneur*. SURVIVRE OU SE SURVIVRE A SOI-MÊME, perdre avant la mort l'usage des facultés naturelles.

Sus prép. Dessus: *courir sus à quelqu'un*. EN SUS loc. adv. ou prép. Par dessus, outre, au delà. Sus interj. pour exciter.

Susceptibilité s. f. Disposition à contracter des maladies (*méd.*); disposition à se choquer trop aisément; sensibilité excessive.

Susceptible adj. Qui peut recevoir certaine modification. Fig. qui s'offense aisément; trop sensible.

Susception s. f. Action de prendre les ordres sacrés.

Suscitation s. f. Suggestion, instigation, sollicitation (vx.).

Susciter v. a. Faire naître ; faire paraître ; attirer ; causer.

Suscription s. f. Adresse écrite sur une lettre.

Susdit, e adj. Nommé ci-dessus.

Susmentionné, ée adj. Mentionné ci-dessus.

Susnommé, ée adj. Nommé ci-dessus.

Suspect, e adj. Soupçonné, qui mérite de l'être.

Suspecter v. a. Soupçonner, regarder comme suspect.

Suspendre v. a. Élever en l'air pour laisser pendre à l'aide d'un lien. Fig. surseoir, différer, discontinuer : *suspendre son jugement ;* enlever les fonctions : *suspendre un fonctionnaire.* SE SUSPENDRE v. pr. Se tenir suspendu.

Suspens (en) loc. adv. Dans l'incertitude, dans le doute. SUSPENS, adj. Interdit : *prêtre suspens.*

Suspense s. f. Censure qui suspend ; état d'un prêtre interdit.

Suspenseur adj. m. Qui tient suspendu (*anat.*).

Suspensif, ive adj. Qui suspend, arrête (*jurisp.*).

Suspension s. f. Action de suspendre, état de ce qui est suspendu. Fig. surséance, cessation pour un temps ; action d'interdire un fonctionnaire ; figure de rhétorique qui consiste à tenir l'auditeur en suspens.

Suspensoir ou **suspensoire** s. m. Sorte de bandage (*chir.*).

Suspicion s. f. Soupçon, défiance.

Sustentation s. f. Action de sustenter ; nourriture suffisante.

Sustenter v. a. Entretenir la vie par les aliments ; nourrir.

Sutural, e adj. Qui naît, dépend d'une suture.

Suture s. f. Jointure des os du crâne réunis par des dentelures ; couture d'une plaie.

Suzerain, e s. et adj. Prince, seigneur qui possède un fief dont d'autres fiefs relèvent.

Suzeraineté s. f. Qualité de suzerain.

Svedenborg, savant et philosophe illuminé né à Stockholm (1688-1772).

Svelte adj. Léger, délié, menu, délicat, élégant.

Swift (Jonathan), littérateur anglais, auteur des *Voyages de Gulliver* (1667-1745).

Syagrius, gouverneur romain des Gaules, vaincu par Clovis ; m. 486.

Sybarite s. m. Homme très voluptueux, livré à la mollesse.

Sybaritisme s. m. Vie molle et efféminée.

Sycomore s. m. Espèce d'arbre.

Sycophante s. m. Fourbe ; menteur ; imposteur ; délateur.

Sydenham, célèbre médecin anglais (1624-1689).

Sylla, célèbre dictateur romain (136-78 av. J.-C.).

Syllabaire s. m. Livre élémentaire pour apprendre à lire.

Syllabe s. f. Son produit par une seule émission de voix.

Syllabique adj. Qui a rapport aux syllabes.

Syllepse s. f. Figure de grammaire qui consiste à établir un rapport entre les idées et non entre les mots.

Syllogisme s. m. Argument formé de trois propositions, la majeure, la mineure, la conséquence.

Syllogistique adj. Qui appartient au syllogisme.

Sylphe s. m. **Sylphide** s. f. Nom de prétendus génies aériens.

Sylvain s. m. Dieu champêtre (*myth.*); famille d'oiseaux. Adj. Qui a rapport aux forêts.

Sylvestre adj. Qui croît dans les bois (*bot.*).

Sylviculture s. f. La culture des forêts.

Symbole s. m. Figure, image employée pour désigner une chose ; formulaire qui contient les principaux articles de la foi.

Symbolique adj. Qui sert de symbole.

Symboliser v. a. Représenter par un symbole. V. n. Avoir de la conformité, du rapport.

Symétrie s. f. Rapport de grandeur et de position que les parties d'un corps ont entre elles et avec leur tout ; disposition suivant un certain ordre.

Symétrique adj. Qui a de la symétrie.

Symétriquement adv. Avec symétrie.

Symétriser v. n. Faire symétrie.

Symmaque, orateur et homme d'Etat romain ; m. 410.

Sympathie s. f. Convenance, rapport d'humeurs, d'inclination, etc. ; intérêt naturel, affectueux pour quelqu'un ; en *physiol.* rapport existant entre deux ou plusieurs organes.

Sympathique adj. Qui appartient aux causes, aux effets de la sympathie.

Sympathiquement adv. Avec sympathie.

Sympathiser v. n. Avoir de la sympathie.

Symphonie s. f. Concert d'instruments de musique ; sorte de composition musicale.

Symphoniste s. m. Qui compose, qui exécute des symphonies.

Symphorien (saint), martyr à Autun, vers 179.

Symphyse s. f. Liaison naturelle des os (*anat.*).

Symptomatique adj. *Méd.* Qui est l'effet ou le symptôme d'une autre affection.

Symptôme s. m. Signe, accident dont on tire quelque présage, quelque conséquence.

Synagogue s. f. Assemblée religieuse des Juifs ; lieu où ils se réunissent.

Synalèphe s. f. *Gramm.* Réunion de deux syllabes dans la prononciation.

Synallagmatique adj. Se dit d'un contrat qui contient un engagement mutuel.

Synchrone adj. Qui se fait dans le même temps.

Synchronique adj. Qui est du même temps. *Tableau synchronique*, tableau où l'on rapproche les événements arrivés à la même époque en différents lieux.

Synchronisme s. m. Rapport de choses faites, arrivées en même temps, à la même époque.

Syncope s. f. Défaillance, pamoison ; retranchement d'une lettre ou d'une syllabe au milieu d'un mot (*gram.*); prolongement sur le temps fort d'un son commencé sur le temps faible (*mus.*).

Syncoper v. a. et n. Faire une syncope (*gram.* et *mus.*).

Syncrétisme s. m. Rapprochement de diverses sectes ou communions.

Syndic s. m. Qui est chargé des affaires d'une communauté dont il est membre ; mandataire des créanciers dans une faillite.

Syndical, e adj. Qui appartient au syndicat : *chambre syndicale.*

Syndicat s. m. Charge, fonction de syndic.

Synecdoche ou **synecdoque** s. f. Figure par laquelle on prend le plus pour le moins ou le moins pour le plus, le genre pour l'espèce ou l'espèce pour le genre, etc.

Synérèse s. f. Contraction de deux syllabes en une seule.

Synésius, écrivain grec, évêque de Ptolémaïs (360-415).

Synodal, e adj. Du synode.

Synodalement adv. En synode.

Synode s. m. Assemblée des ecclésiastiques d'un diocèse ou des ministres protestants.

Synodique adj. Se dit des lettres écrites au nom des conciles aux évêques absents. En *astronomie*, se dit de la révolution de la lune revenue en conjonction avec le soleil.

Synonyme s. m. Mot qui a la même signification qu'un autre.

Synonymie s. f. Qualité des mots synonymes.

Synonymique adj. Qui appartient à la synonymie. S. f. Science des synonymes.

Synoptique adj. Qui permet de saisir d'un seul coup d'œil les parties d'un ensemble : *tableau synoptique.*

Synovial, e adj. Qui a rapport à la synovie (*méd.*).

Synovie s. f. Liquide huileux qui humecte les articulations.

Syntaxe s. f. Arrangement, construction des mots, des phrases, selon les règles de la grammaire ; partie de la grammaire.

Syntaxique adj. Qui appartient à la syntaxe.

Synthèse s. f. Méthode de raisonnement qui procède des *causes* aux *effets*, des *principes* aux *conséquences;* action de recomposer un corps avec ses éléments séparés par l'analyse (*chim.*); opération par laquelle on réunit les parties divisées (*chir.*).

Synthétique adj. Qui appartient à la synthèse.

Synthétiquement adv. D'une manière synthétique.

Syphon. Voy. *Siphon.*

Syriaque adj. 2 g. et s. m. Langue que parlaient les anciens habitants de la Syrie.

Syrtes s. f. pl. Sables mouvants.

Systématique adj. Qui se rapporte à un système; réglé d'après un système.

Systématiquement adv. D'une manière systématique.

Système s. m. Assemblage de propositions, de principes et de conséquences formant une doctrine, un dogme, une opinion; combinaison de parties coordonnées entre elles : *système nerveux, système planétaire. Système métrique*, l'ensemble des poids et des mesures qui ont pour base le mètre.

Systole s. f. Mouvement du cœur qui, en se contractant, envoie le sang dans les artères.

Syzygie s. f. Disposition du soleil, de la terre et de la lune au temps de la nouvelle ou de la pleine lune (*astr.*).

T

T s. m. La 20e lettre de l'alphabet, la 16e des consonnes.

Ta adj. poss. f. de la 2e pers.

Tabac s. m. (on pron. *taba*). Plante originaire d'Amérique; nom des différentes préparations qu'on fait subir aux feuilles séchées de cette plante.

Tabagie s. f. Lieu public où l'on va fumer.

Tabarin s. m. Bateleur; bouffon.

Tabarinage s. m. Bouffonnerie.

Tabatière s. f. Petite boîte où l'on met le tabac en poudre.

Tabellion s. m. Ancien notaire de village.

Tabellionnage s. m. Office de tabellion.

Tabernacle s. m. Tente où reposait l'arche d'alliance pendant le séjour des Juifs dans le désert; ouvrage d'orfèvrerie, de marbre, de menuiserie où l'on enferme le saint ciboire.

Tabide adj. Qui est atteint de marasme.

Tabis s. m. Gros taffetas ondé.

Tabiser v. a. Rendre une étoffe ondée.

Tablature s. f. Tableau qui représente un instrument à vent et à trous et qui indique les trous qu'il faut boucher ou maintenir ouverts pour former les notes. Fig embarras.

Table s. f. Meuble à pieds destiné à divers usages; table à manger; mets dont on la couvre; la partie qui supporte les cordes d'un instrument de musique; plaque de métal, etc., sur laquelle on peut graver; index, liste, etc. *La sainte Table*, la communion.

Table ronde s. f. Ordre de chevalerie.

Tableau s. m. Ouvrage de peinture. Fig. ensemble d'objets qui frappe la vue; représentation animée et frappante d'une chose; table de bois noircie pour écrire.

Tablée s. f. Réunion de personnes autour d'une table.

Tabler v. n. Au trictrac, caser les tables ou dames. Fig. compter sur.

Tabletier, ère s. Qui fait ou vend toutes sortes d'ouvrages d'ivoire, d'ébène, etc.

Tablette s. f. Planche posée pour mettre quelque chose dessus; pièce de marbre, de bois, etc., de peu d'épaisseur; médicament solide et de forme aplatie. Au pl. Sorte de portefeuille pour prendre des notes.

Tabletterie s. f. Métier, commerce, ouvrage du tabletier.

Tablier s. m. Pièce de toile, de serge, de cuir, etc., qu'on met devant soi; partie d'un pont-levis qui s'abaisse.

Tabouret s. m. Petit siège à quatre pieds, sans bras ni dossier.

Tac s. m. Maladie contagieuse des moutons.

Tacet s. m. (on pron. *tacète*). *Mus.* Silence.

Tache s. f. Marque qui salit; marques naturelles sur la peau ou sur le poil de certains animaux. Fig. tout ce qui blesse l'honneur.

Tâche s. f. Ouvrage à faire dans un temps déterminé.

Taché, ée adj. Marqué de taches.

Tacher v. a. Faire une tache; salir.

Tâcher v. a. S'efforcer; viser à.

Tacheter v. a. Marquer de diverses taches.

Tachygraphe s. m. Qui s'occupe de la tachygraphie.

Tachygraphie s. f. Art d'écrire aussi vite que l'on parle.

Tachygraphique adj. Qui appartient à la tachygraphie.

Tacite, célèbre historien de Rome antique (54 à 130 ou 134).

Tacite adj. Sous-entendu, secret.

Tacitement adv. D'une manière tacite.

Taciturne adj. et s. Qui parle peu.

Taciturnité s. f. Humeur d'une persone taciturne; silence que l'on garde.

Tact s. m. Sens du toucher. Fig. jugement fin et sûr.

Tac-tac s. m. Mot qui sert à exprimer un bruit réglé à temps égaux.

Tacticien s. m. Qui est habile dans la tactique.

Tactile adj. Qui se peut toucher; qui a rapport au tact.

Taction s. f. Action de toucher.

Tactique s. f. Science des manœuvres de la guerre. Fig. marche qu'on suit pour réussir.

Taffetas s. m. Etoffe de soie fort mince et brillante.

Tafia s. m. Eau-de-vie de canne à sucre.

Taïaut interj. Cri du chasseur pour animer les chiens.

Taie s. f. Enveloppe de toile pour un oreiller; tache blanche et opaque sur l'œil.

Taillable adj. Sujet à la taille.

Taillade s. f. Entaille dans les chairs; coupure en long dans une étoffe, etc.

Taillader v. a. Faire des taillades.

Taillanderie s. f. Métier, commerce, ouvrages du taillandier.

Taillandier s. m. Qui fait toute sorte d'outils pour les charpentiers, charrons, laboureurs, etc.

Taillant s. m. Tranchant d'une lame.

Taille s. f. Tranchant d'une épée; manière de couper, de tailler; incision faite avec le burin sur le cuivre; *taille-douce*, gravure faite au burin seul; petit morceau de bois sur lequel on fait des entailles; opération par laquelle on extrait les calculs formés dans la vessie; conformation du corps depuis les épaules jusqu'à la ceinture. *Mus.* Voix de ténor; *basse-taille*, voix de basse. Anc. impôt.

Taille-mer s. m. Partie inférieure de l'éperon d'un navire.

Taille-plume s. m. Instrument pour tailler les plumes.

Tailler v. a. Couper, retrancher en coupant; faire l'opération de la taille. Fig. *Tailler en pièces une armée*, la défaire entièrement.

Tailleur s. m. Qui taille; qui fait ou vend des habits.

Tailleuse s. f. Couturière qui coupe les vêtements de femme.

Taillis s. m. et adj. Bois que l'on taille de temps en temps.

Tailloir s. m. Partie supérieure du chapiteau des colonnes.

Taillon s. m. Anc. imposition, supplément de la taille.

Tain s. m. Feuille d'étain fort mince qu'on applique derrière les glaces.

Taire v. a. Ne pas dire; cacher. SE TAIRE v. pr. Garder le silence; cesser de faire du bruit.

Taisson s. m. Blaireau.

Talapoin s. m. Prêtre boudhiste.

Talc s. m. Silicate de magnésie dont on fait un sable très fin.

Taled s. m. Voile dont les juifs se couvrent la tête dans les synagogues.

Talent s. m. Certain poids d'or ou d'argent chez les anciens. Fig. aptitude naturelle; capacité; habileté.

Talion s. m. Peine, punition pareille à l'offense.

Talisman s. m. Pierre ou pièce de métal sur laquelle on gravait certaines figures ou certains caractères auxquels on attribuait une vertu extraordinaire.

Talismanique adj. Qui appartient au talisman.

Talle s. f. Branche enracinée qui pousse au pied d'un arbre.

Tallemant des Réaux (Gédéon), auteur français, a composé des *Historiettes* (1619-1692).

Taller v. n. Pousser des talles.

Talleyrand-Périgord (prince de), diplomate français (1754-1838).

Tallien, homme politique français, membre de la Convention, ennemi de Robespierre (1769-1820).

Tallipot s. m. Espèce de palmier.

Talma, tragédien français (1763-1826).

Talmouse s. f. Sorte de pâtisserie.

Talmud s. m. Recueil des lois et des traditions juives.

Talmudique adj. Qui a rapport au Talmud.

Talmudiste s. m. Qui suit les traditions du Talmud.

Taloche s. f. Coup donné sur la tête avec la main.

Talon s. m. Partie postérieure du pied de l'homme et de quelques animaux; partie postérieure de la chaussure; la partie inférieure ou postérieure de certaines choses; ce qui reste de cartes quand on en a distribué à chaque joueur.

Talonner v. a. Suivre de près. Fig. presser vivement. V. n. Toucher le fond de la mer avec la quille (*mar.*).

Talonnière s. f. Aile aux talons de Mercure (*myth.*).

Talqueux, euse adj. Formé de talc.

Talus s. m. (on pron. *ta-lu*). Pente assez forte.

Taluter v. a. Mettre en talus.

Tamarin s. m. Fruit du tamarinier.

Tamarinier s. m. Arbre dont le fruit est employé en pharmacie.

Tamaris s. m. Genre d'arbrisseaux.

Tambour s. m. Caisse cylindrique fermée par deux peaux tendues; celui qui bat le tambour. *Tambour-major*, celui qui commande les tambours d'un régiment. Sorte de métier circulaire pour tisser ou broder; enceinte de bois ou de maçonnerie à l'entrée d'un édifice.

Tambourin s. m. Espèce de tambour sur lequel on frappe avec une seule baguette.

Tambouriner v. n. Battre le tambour ou le tambourin. V. a. Réclamer au son du tambour un objet perdu. Fig. répandre bruyamment une nouvelle, etc.

Tambourineur s. m. Qui tambourine.

Tamerlan, conquérant tartare (1336-1405).

Tamis s. m. (on pron. *tami*). Instrument qui sert à passer des liquides ou des matières pulvérisées. Fig. *Passer au tamis*, examiner sévèrement.

Tamisage s. m. Action de tamiser.

Tamiser v. a. Passer au tamis.

Tamisier s. m. Qui fabrique ou vend des tamis.

Tampon s. m. Morceau de chiffon, de bois, de liège, de pierre, etc., servant à boucher une ouverture; petit paquet de linge pour frotter, vernir, etc.; têtes rembourrées dont sont pourvues les locomotives et les wagons.

Tamponnement s. m. Action de tamponner.

Tamponner v. a. Boucher avec un tampon. Se dit des chocs sur les chemins de fer.

Tam-tam s. m. Disque de métal mince qui produit par la percussion un son retentissant.

Tan s. m. Ecorce pulvérisée du chêne, du châtaignier, etc., employée pour tanner.

Tancer v. a. Réprimander.

Tanche s. f. Poisson d'eau douce.

Tancrède, un des chefs de la 1re croisade, m. à Antioche en 1112. TANCRÈDE, roi de Sicile et de Naples, m. en 1194.

Tandis adv. Pendant ce temps-là. TANDIS QUE loc. conj. Pendant que.

Tangage s. m. Balancement du vaisseau de l'avant à l'arrière et de l'arrière à l'avant.

Tangence s. f. Contact de deux lignes, de deux plans (*géom.*).

Tangent, e adj. Qui touche une ligne ou une surface en un seul point.

Tangente s. f. Ligne droite tangente* (*géom.*). *S'échapper par la tangente*, se tirer adroitement d'embarras.

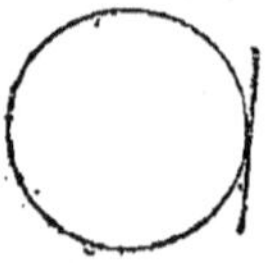

Tangibilité s. f. Qualité de ce qui est tangible.

Tangible adj. Qui peut être touché.

Tanguer v. n. Obéir au tangage; éprouver un fort tangage (*mar.*).

Tanière s. f. Retraite souterraine des bêtes sauvages. Fig. logis retiré.

Tanin s. m. Substance qui se trouve dans l'écorce du chêne et dans certains végétaux.

Tannage s. m. Action de tanner les cuirs.

Tannant, e adj. Qui tanne ou sert au tannage. Fig. qui ennuie (pop.).

Tanne s. f. Piqûre qui reste sur une peau tannée.

Tanné, ée adj. Qui a subi l'opération du tannage; qui a la couleur du tan : *un visage tanné*.

Tanneguy-Duchâtel, capitaine français, un des chefs du parti des Armagnacs (XVe siècle).

Tanner v. a. Préparer les cuirs au moyen du tan. Fig. fatiguer, ennuyer (pop.).

Tannerie s. f. Lieu où l'on tanne les cuirs.

Tant adv. Exprime une quantité indéterminée. *Tant de*, une si grande quantité de. *Tant que*, aussi longtemps que, aussi loin que. *Tant mieux*, marque qu'on est content que quelque chose soit; *tant pis*, cela est fâcheux. En *tant que*, selon que, moyennant que.

Tantale, roi de Phrygie, condamné à souffrir dans le Tartare la faim et la soif pour avoir servi aux dieux, dans un festin, les membres de son fils Pélops.

Tante s. f. Sœur du père ou de la mère; femme de l'oncle. *Tante à la mode de Bretagne*, cousine germaine du père ou de la mère.

Tantet ou **tantinet** s. m. Une très petite quantité.

Tantôt adv. Bientôt; peu auparavant; alternativement.

Taon s. m. (on pron. *ton*). Grosse mouche qui pique les bestiaux.

Tapage s. m. Désordre accompagné de bruit.

Tapageur s. m. Qui fait du tapage.

Tape s. f. Coup donné avec la [main.

Tapé, ée adj. Se dit de fruits qu'on aplatit et qu'on sèche au four : *poire tapée*.

Tapecu s. m. Balançoire; bascule; voiture cahotante à découvert.

Taper v. a. Frapper; donner des tapes. V. n. *Taper des pieds*, frapper le sol, le plancher avec les pieds.

Tapette s. f. Petite tape.

Tapinois, e s. Qui se cache pour faire quelque chose. EN TAPINOIS loc. adv. En cachette.

Tapioca ou **tapioka** s. m. Fécule de racine de manioc.

Tapir s. m. Quadrupède d'Amérique, dont le nez est en forme de petite trompe.

Tapir (se) v. pr. Se cacher en se tenant accroupi.

Tapis s. m. Étoffe dont on couvre un parquet, une table, un mur, etc. *Tapis vert*, gazon; table de jeu. *Être sur le tapis*, être l'objet de l'entretien.

Tapisser v. a. Orner, revêtir de tapisseries, de papier peint. Fig. se dit de tout ce qui recouvre une surface. V. n. Faire de la tapisserie.

Tapisserie s. f. Ouvrage fait à l'aiguille sur du canevas avec de la laine, de la soie, de l'or, etc.; étoffe ou papier peint pour tenture. *Faire tapisserie*, assister à un bal sans danser.

Tapissier, ière s. Qui travaille en tapisserie, en meubles de tapisserie et d'étoffe.

Tapissière s. f. Sorte de voiture légère ouverte de tous côtés.

Tapon s. m. Etoffe, linge, etc., qu'on bouchonne et qu'on met en tas.

Tapoter v. a. Donner de petits coups à diverses reprises.

Taquer v. a. Passer le taquoir (*impr.*).

Taquet s. m. Crochet de bois à deux branches (*mar.*); petit morceau de bois taillé pour maintenir l'encoignure d'un meuble.

Taquin, e adj. et s. Querelleur, contrariant, mutin.

Taquinement adv. D'une manière taquine.

Taquiner v. a. et n. Contrarier pour des riens.

Taquinerie s. f. Caractère ou action de celui qui taquine.

Taquoir s. m. T. d'*imprim.* Petite planche de bois tendre dont on se sert pour niveler la forme.

Tarabuster v. a. Importuner par des interruptions, du bruit, des paroles.

Tarare interj. Bon! bon! je m'en moque.

Tarare s. m. Ventilateur à ailes pour nettoyer le grain.

Taraud s. m. Pièce d'acier taillée en vis pour tarauder.

Tarauder v. a. Percer un écrou.

Tard adv. Après le temps nécessaire, prescrit, ordinaire; vers la fin de la journée. S. m. La fin du jour. Adj. : *Il se fait tard.*

Tarder v. n. Différer de faire; s'arrêter; aller lentement, en sorte que l'on vienne tard. V. imp. Vouloir, souhaiter : *il me tarde de partir.*

Tardif, ive adj. Qui tarde, lent; qui croît ou qui mûrit tard.

Tardigrade adj. 2 g. et s. m. Famille ou tribu de mammifères comprenant ceux qui marchent avec lenteur (*zool.*).

Tardivement adv. D'une manière tardive.

Tardiveté s. f. Croissance tardive.

Tare s. f. déchet; diminution du poids de l'enveloppe; avarie. Fig. vice, défaut.

Taré, ée adj. Avarié. Fig. qui a mauvaise réputation.

Tarentelle s. f. Sorte de danse italienne; air sur lequel on règle cette danse.

Tarentin, e adj. et s. De Tarente.

Tarentule s. f. Sorte de grosse araignée; petit lézard.

Tarer v. a. Causer de la tare, gâter; peser une caisse, un baril, etc., avant de les remplir.

Targe s. f. Sorte de grand bouclier ancien.

Targette s. f. Sorte de fermeture; petit verrou plat.

Targuer (se) v. pr. Se prévaloir, s'enorgueillir.

Tarière s. f. Outil de charpentier, de mineur, pour percer des trous ronds; sonde; instrument dont quelques insectes sont pourvus.

Tarif s. m. Tableau qui indique les droits à payer; tableau du prix de certaines denrées; état des frais, des émoluments, etc.

Tarifer v. a. Appliquer un tarif; réduire à un tarif.

Tarik, général musulman qui envahit l'Espagne en 710.

Tarin s. m. Petit oiseau de passage.

Tarir v. a. Mettre à sec. Fig. faire cesser, arrêter. V. n. Cesser de couler, être à sec. Fig. cesser, s'arrêter. SE TARIR v. pr. Devenir à sec, cesser.

Tarissable adj. Qui se peut tarir.

Tarissant, e adj. Qui est sur le point de se tarir.

Tarissement s. m. Dessèchement; état de ce qui est tari.

Tarlatane s. f. Espèce de mousseline très claire et légère.

Taroté, ée adj. Se dit des cartes dont le dos est marqué de grisailles en compartiments.

Tarots s. m. pl. Sorte de cartes à jouer tarotées.

Tarpéia, jeune Romaine, fille de Tarpéius, qui livra la citadelle de Rome aux Sabins, 8e s. av. J.-C.

Tarpéien, ienne adj. Se dit de la roche d'où à Rome l'on précipitait les criminels.

Tarquin *l'Ancien*, roi de Rome (615-577 av. J.-C.); — *le Superbe*, petit-fils du précédent, dernier roi de Rome; détrôné l'an 509 av. J.-C.

Tarse s. m. Le cou-de-pied.

Tarsien, ienne adj. Qui a rapport au tarse.

Tartan s. m. Étoffe de laine à carreaux de diverses couleurs.

Tartane s. f. Petit navire à voile triangulaire.

Tartare s. m. L'enfer mythologique.

Tartare ou **tatar** adj. et s. De la Tartarie ou Tatarie.

Tartareux, euse adj. Qui a la qualité du tartre (*chim.*).

Tarte s. f. Pâtisserie plate couverte de fruits ou de confitures.

Tartelette s. f. Petite tarte.

Tartine s. f. Tranche de pain recouverte de quelque aliment.

Tartini, célèbre violoniste et compositeur italien (1692-1770).

Tartrate s. m. Nom générique des sels formés par la combinaison de l'acide tartrique avec les bases (*chim.*).

Tartre s. m. Croûte terreuse et saline déposée par le vin sur la paroi du tonneau; enduit blanchâtre ou jaunâtre qui s'attache aux dents.

Tartrique adj. m. Se dit d'un acide dont le tartre est la base (*chim.*).

Tartufe s. m. Faux dévot, hypocrite.

Tartuferie s. f. Caractère, action, maintien du tartufe.

Tartufier v. n. Agir en tartufe.

Tas s. m. Amas, monceau. Fig. réunion de mauvaises gens; quantité de mauvaises choses.

Tasman, navigateur hollandais qui découvrit la Tasmanie et la Nouvelle-Zélande en 1642.

Tasse s. f. Sorte de vase à boire; ce que peut contenir une tasse.

Tasse ou **Tasso** (Torquato), célèbre poète épique, auteur de la *Jérusalem délivrée* (1544-1595).

Tasseau s. m. Petit morceau de bois qui sert à soutenir l'extrémité d'une tablette.

Tassement s. m. Effet des constructions, des terres qui se tassent.

Tasser v. a. Mettre en tas. V. n. Croître, multiplier, s'élargir. SE TASSER v. pr. S'affaisser par son propre poids.

Tâtement s. m. Action de tâter; essai.

Tâter v. a. Manier doucement une chose pour juger de sa nature, de sa consistance. Fig. essayer; éprouver; tâcher de connaître. *Tâter le terrain*, ne point entreprendre une chose imprudemment. V. n. Goûter à ou de; faire l'essai d'une chose. SE TATER v. pr. Se sonder, s'examiner; être trop attentif à sa santé.

Tâteur, euse s. Qui tâte; irrésolu.

Tâte-vin s. m. Tuyau en fer-blanc pour déguster. (Pl. *tâte-vin*).

Tatillon, onne s. (*ll* m.) Qui tatillonne (fam.).

Tatillonnage s. m. (*ll* m.) Action de tatillonner (fam.).

Tatillonner v. n. (*ll* m.) S'attacher inutilement à de petits détails (fam.).

Tatius, roi des Sabins, introduit dans la citadelle de Rome par Tarpéia (VIIIe s. av. J.-C.).

Tâtonnement s. m. Action de tâtonner.

Tâtonner v. n. Chercher dans l'obscurité en tâtant; tâter des pieds et des mains pour se conduire. Fig. procéder avec timidité, incertitude, par ignorance, faute de lumières.

Tâtonneur, euse s. Qui tâtonne.

Tâtons (à) loc. adv. En tâtonnant dans l'obscurité. Fig. d'une manière incertaine.

Tatou s. m. Quadrupède dont le corps est recouvert d'une cuirasse d'écailles.

Tatouage s. m. Action de tatouer, ou résultat de cette action.

Tatouer v. a. Imprimer sur le corps des dessins indélébiles.

Taudis s. m. Petit logement en désordre, malpropre (pop.).

Taupe s. f. Quadrupède qui a les yeux très petits et cachés par les poils, et qui vit sous terre.

Taupe-grillon s. m. Nom vulgaire de la courtilière. (Pl. *taupes-grillons*).

Taupier s. m. Preneur de taupes.

Taupière s. f. Piège à taupes.

Taupin s. m. Soldat de milice française, sous Charles VII.

Taupinière ou **taupinée** s. f. Monceau de terre que la taupe élève en fouillant. Fig. petite butte, petite hutte, petite cabane.

Taure s. f. Jeune vache.

TÉLÉGRAPHE

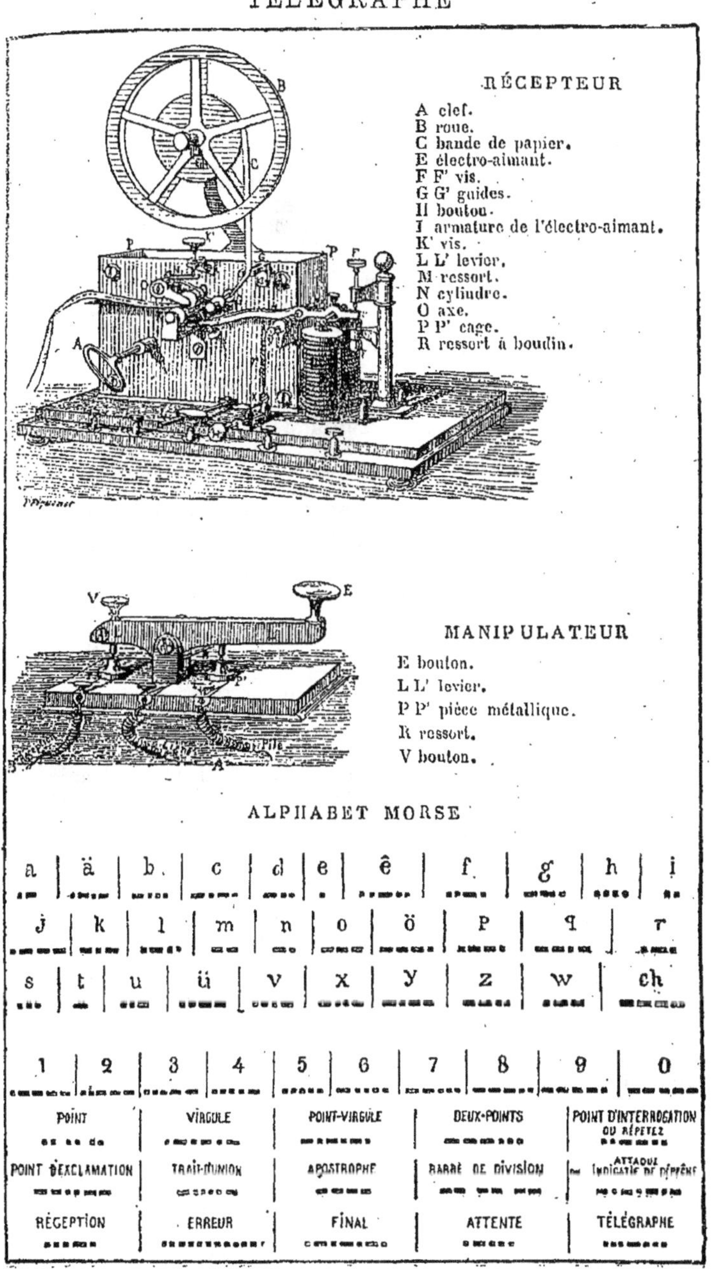
RÉCEPTEUR
A clef.
B roue.
C bande de papier.
E électro-aimant.
F F' vis.
G G' guides.
H bouton.
I armature de l'électro-aimant.
K' vis.
L L' levier.
M ressort.
N cylindre.
O axe.
P P' cage.
R ressort à boudin.
MANIPULATEUR
E bouton.
L L' levier.
P P' pièce métallique.
R ressort.
V bouton.
ALPHABET MORSE
a ä b c d e ê f g h i
j k l m n o ö p q r
s t u ü v x y z w ch
1 2 3 4 5 6 7 8 9 0
POINT
VIRGULE
POINT-VIRGULE
DEUX-POINTS
POINT D'INTERROGATION OU RÉPÉTEZ
POINT D'EXCLAMATION
TRAIT-D'UNION
APOSTROPHE
BARRE DE DIVISION
ATTAQUE INDICATIF DE DÉPÊCHE
RÉCEPTION
ERREUR
FINAL
ATTENTE
TÉLÉGRAPHE

Taureau s. m. Bête à cornes, le mâle de la vache*; l'un des signes du zodiaque.

Taurobole s. m. Sacrifice expiatoire où la victime était un taureau.

Tauromachie s. f. Combat de taureaux.

Tauromachique adj. Qui a rapport aux tauromachies.

Taux s. m. Prix courant des denrées ; taxe des intérêts de l'argent ; somme à laquelle chaque contribuable est taxé.

Tavaillon s. m. (*ll* m.) Morceau de sapin refendu pour recouvrir les maisons.

Tavaïolle s. f. Linge fin et garni de dentelles, dont on se sert à l'église pour une offrande.

Taveler v. a. Moucheter, tacheter.

Tavelure s. f. Bigarrure d'une peau tavelée.

Taverne s. f. Cabaret.

Tavernier, ière s. Qui tient taverne.

Taxateur s. m. Qui taxe.

Taxation s. f. Action de taxer.

Taxe s. f. Règlement établi par l'autorité pour le prix de certaines denrées ou de certains services ; imposition : règlement fait par autorité de justice pour les frais judiciaires et les honoraires dus aux notaires, etc.

Taxer v. a. Régler, limiter le prix d'une denrée ou le total des frais de justice ; établir une imposition. Fig. accuser quelqu'un d'un défaut.

Tayon s. m. Baliveau réservé depuis trois coupes.

Tchèque s. m. et adj. Se dit de la langue qui se parle en Bohême.

Te pron. pers. Voy. *Tu*.

Té s. m. Disposition de fourneaux de mine en forme de T.

Technique adj. Qui appartient en propre à un art ou à une science.

Techniquement adv. D'une manière technique.

Technologie s. f. Traité des arts en général ; ensemble des termes propres à un art, à une science.

Technologique adj. Qui appartient aux arts en général.

Te Deum s. m. Cantique d'actions de grâces. (Invar. au pl.)

Tégument s. m. *Anat.* Ce qui couvre le corps de l'homme et des animaux.

Teignasse s. f. Voy. *Tignasse*.

Teigne s. f. Insecte nocturne dont la larve ronge les grains, les étoffes de laine, les pelleteries, etc. ; sorte de gale qui vient à la tête ; maladie des arbres.

Teigneux, euse adj. et s. Qui a la teigne.

Teillage s. m. Action de teiller ; ses effets.

Teille s. f. Ecorce déliée d'un brin de chanvre, etc.

Teiller v. a. Détacher l'écorce du chanvre.

Teindre v. a. Pénétrer, imbiber d'une substance colorante.

Teint s. m. Coloris du visage ; manière de teindre.

Teinte s. f. Nuance résultant du mélange de deux ou de plusieurs couleurs ; degré de force des couleurs. DEMI-TEINTE, teinte moyenne entre la couleur et l'ombre.

Teinter v. a. Colorier avec des teintes plus ou moins foncées.

Teinture s. f. Liqueur préparée pour teindre ; opération, art du teinturier ; couleur que prend la chose teinte. Fig. connaissance superficielle d'une science, d'un art.

Teinturerie s. f. Métier, atelier du teinturier.

Teinturier, ière s. Qui exerce l'art de teindre les étoffes.

Tel, telle adj. Pareil, semblable, de la même qualité. *Tel quel*, médiocre. Pron. indéf. *Tel qui*, celui qui.

Télamons s. m. pl. Figures humaines qui supportent les corniches et les entablements.

Télégramme s. m. Dépêche télégraphique.

Télégraphe s. m. Machine à l'aide de laquelle on transmet au loin des nouvelles, des avis au moyen de signes convenus. TÉLÉ-

GRAPHE ÉLECTRIQUE, qui fonctionne au moyen de l'électricité.

Télégraphie s. f. Art de construire, de diriger les télégraphes.

Télégraphier v. a. Faire parvenir au moyen du télégraphe une nouvelle, un événement, etc.

Télégraphique adj. Du télégraphe : *signes télégraphiques.*

Télégraphiquement adv. Par le télégraphe.

Téléphone s. m. Instrument qui, par le moyen de l'électricité, permet de converser à de grandes distances.

Téléphonie s. f. Art de communiquer, au moyen du son, à de grandes distances.

Télescope s. m. Instrument d'optique pour observer les objets éloignés *.

Télescopique adj. Qu'on ne voit qu'à l'aide du télescope.

Tellement adv. De telle façon.

Tellière s. m. Nom que l'on donne à une espèce de papier fort beau et de grand format.

Tellure s. m. *Chim.* Métal d'un blanc bleuâtre.

Téméraire adj. et s. Hardi jusqu'à l'imprudence ; hasardé.

Témérairement adv. Avec témérité.

Témérité s. f. Hardiesse imprudente et inconsidérée.

Témoignage s. m. Rapport d'un ou de plusieurs témoins ; preuve, marque.

Témoigner v. n. et a. Servir de témoin ; porter témoignage ; prouver, marquer.

Témoin s. m. Marque, témoignage ; personne dont on se fait assister pour certains actes ; qui voit ou entend une chose.

Tempe s. f. Région latérale de la tête entre l'oreille et le front.

Tempérament s. m. Complexion, constitution physique ; caractère. Fig. accommodement, conciliation, adoucissements.

Tempérance s. f. Vertu qui modère la passion et le désir sensuel ; sobriété.

Tempérant, e adj. Qui a de la tempérance. S. m. Remède calmant.

Température s. f. Etat sensible de l'air ; degré de chaleur.

Tempéré, ée adj. Qui n'est ni trop froid ni trop chaud. Fig. modéré, qui tient le milieu entre deux genres très différents.

Tempérer v. a. Modérer, diminuer l'excès d'une qualité. Fig. calmer, adoucir.

Tempête s. f. Orage violent, principalement sur mer. Fig. troubles, persécutions.

Tempêter v. n. Faire un grand bruit par mécontentement (fam.).

Tempétueux, euse adj. Sujet aux tempêtes ou qui les cause.

Temple s. m. Edifice public consacré à Dieu ou aux fausses divinités ; église protestante.

Temple (le chevalier), diplomate et ministre anglais (1628-1700).

Templier s. m. Chevalier d'un ancien ordre militaire et religieux, supprimé en 1312 par le pape Clément V.

Temporaire adj. Qui est pour un temps, qui ne dure qu'un certain temps.

Temporairement adv. Pour un temps.

Temporal, e adj. Qui a rapport aux tempes : *os temporaux.*

Temporalité s. f. Pouvoir temporel ; juridiction du domaine temporel du Saint-Siège, d'un évêché, etc.

Temporel, elle adj. Périssable, qui passe avec le temps ; séculier, l'opposé de spirituel. S. m. Revenu d'un bénéfice ecclésiastique ; puissance temporelle d'un souverain.

Temporellement adv. Durant un temps ; non éternellement.

Temporisation s. f. Action de temporiser.

Temporisement s. m. Retardement, action de temporiser.

Temporiser v. n. Différer, retarder pour une meilleure occasion.

Temporiseur s. m. Celui qui temporise.

Temps s. m. La durée des choses, en tant qu'elle est mesurée ou mesurable ; succession de moments, époque, siècles ; terme préfix ; délai ; saison propre à une chose ; loisir ; occasion, circonstance ; saison, moment propre à ;

état de l'atmosphère ; division de la mesure musicale ; inflexions qui marquent dans le verbe l'époque à laquelle se rapporte l'état ou l'action. A TEMPS loc. adv. Assez tôt, pour un temps fixé. DE TEMPS EN TEMPS loc. adv. Quelquefois. EN MÊME TEMPS loc. adv. Au même instant, ensemble. ENTRE TEMPS loc. adv. Dans l'intervalle.

Témulence s. f. Délire de l'ivresse.

Tenable adj. Où l'on peut rester sans trop de risques, de peines, d'incommodités.

Tenace adj. Qui s'attache fortement, tient beaucoup. Fig. avare, opiniâtre.

Ténacité s. f. Qualité de ce qui est tenace. Fig. attachement à une idée, à ce que l'on possède.

Tenaille s. f. (*ll* m.) Instrument de fer pour saisir ou arracher quelque chose.

Tenailler v. a. (*ll* m.) Tourmenter un criminel avec des tenailles.

Tenaillon s. m. (*ll* m.) Ouvrage de fortification construit vis-à-vis l'une des faces de la demi-lune.

Tenancier, ière s. Qui possède une terre, une métairie dépendante d'une autre.

Tenant, e adj. Qui tient. S. m. Celui qui dans un tournoi tenait contre tout assaillant. Fig. celui qui soutient une opinion ou prend parti pour une personne. *Les tenants et les aboutissants*, les terres qui bordent une propriété ; et fig. les détails d'une affaire.

Ténare s. m. Enfer des païens (*poét.*).

Tencin (cardinal de), archevêque de Lyon, ministre de Louis XV (1680-1758). — (marquise de), sœur du cardinal, auteur de romans (1681-1749).

Tendance s. f. Action de tendre vers ; direction vers un but. Fig. disposition de l'âme dirigée vers un objet.

Tendant, e adj. Qui tend à une fin.

Tendelet s. m. Petite tente.

Tender s. m. (on pron. *tindèr*). Chariot d'approvisionnement qui suit la locomotive et porte le charbon et l'eau.

Tendeur s. m. Qui tend quelque chose.

Tendineux, euse adj. De la nature des tendons, qui y a rapport.

Tendon s. m. Partie fibreuse qui termine les muscles (*anat.*).

Tendre adj. Qui n'est pas dur ; qui peut être aisément divisé, coupé ; aisé à broyer, à manger ; *pain tendre*, nouvellement cuit. Fig. qui a de la tendresse ; sensible, touchant, gracieux. *Age tendre*, enfance.

Tendre v. a. Tirer et bander quelque chose (une corde, un arc, etc.) ; dresser, étendre ; disposer un piège ; présenter en avançant : *tendre la main* ; tapisser. V. n. Aboutir, aller à un but.

Tendrelet, ette adj. Un peu tendre.

Tendrement adv. Avec tendresse.

Tendresse s. f. Sensibilité à l'amitié, aux affections de la nature, à un attachement de cœur. Au pl. caresses.

Tendreté s. f. Qualité de ce qui est tendre (en parlant des viandes, des fruits, etc.).

Tendron s. m. Bourgeon, rejeton ; cartilage à l'extrémité des os de la poitrine de certains animaux : *tendrons de veau*. Fig. jeune fille.

Tendu, ue adj. *Esprit tendu*, fortement appliqué ; *style tendu*, sans aisance, sans souplesse.

Ténèbres s. f. pl. Obscurité, privation de lumière. Fig. erreur, égarement, aveuglement ; office du soir pendant la semaine sainte. *Le prince des ténèbres*, le démon.

Ténébreusement adv. D'une manière ténébreuse.

Ténébreux, euse adj. Sombre, obscur. Fig. qui cache de mauvais desseins.

Ténébrosité s. f. Qualité de ce qui est ténébreux.

Tènement s. m. Métairie qui dépend d'une seigneurie.

Teneur s. f. Le contenu d'un écrit.

Teneur de livres s. m. Celui qui tient les livres d'une maison de commerce.

Ténia ou **tænia** s. m. Le ver solitaire.

Téniers (David), nom de deux peintres flamands : *le Vieux* (1582-1649) ; *le Jeune*, son fils (1610-1694).

Tenir v. a. Avoir à la main où entre les mains ; posséder ; occuper ; mettre et garder dans un lieu ; maintenir, entretenir ; fixer ; réprimer, empêcher de ; exécuter, effectuer : *tenir sa promesse* ; réputer, regarder comme ; croire ; avoir reçu ou appris de. Fig. *tenir tête*, résister ; *tenir lieu*, remplacer. V. n. Persister, durer ; être contigu ; résulter, dépendre, provenir ; être compris dans un espace. *Tenir de*, ressembler à, participer. *Tenir bon*, résister, ne pas céder. V. imp. *Il tient à*, il dépend de. SE TENIR v. pr. Etre, demeurer en un lieu, dans un état ; se prendre, s'attacher à ; avoir lieu ; se contenter de.

Tenon s. m. Extrémité d'une pièce de bois qui entre dans une mortaise.

Ténor s. m. Voix entre la haute-contre et la basse-taille ; celui qui a cette voix.

Tensif, ive adj. Accompagné de tension.

Tension s. f. Etat de ce qui est tendu. Fig. grande application d'esprit.

Tenson s. f. Au moyen âge, dispute galante entre deux poètes.

Tentacule s. m. Sorte de filament mobile dont certains animaux ont la tête pourvue et qui leur sert d'organe tactile.

Tentant, e adj. Qui tente, qui excite un désir, qui séduit.

Tentateur, trice s. et adj. Qui tente, qui cherche à séduire.

Tentation s. f. Mouvement intérieur qui porte au mal ; envie, désir.

Tentative s. f. Action par laquelle on tente, on essaye de réussir.

Tente s. f. Sorte de pavillon en toile, en coutil, etc., pour se mettre à couvert. *Chir.* petit rouleau de charpie.

Tenter v. a. Essayer, éprouver ; hasarder ; donner envie ; solliciter au mal.

Tenture s. f. Pièces de tapisserie ; étoffes, papier peint, etc., pour tapisser.

Tenu, ue adj. Entretenu, soigné ; assujetti ; obligé, contraint.

Tenu, ue adj. Délié, fort mince.

Tenue s. f. Temps pendant lequel siège une assemblée ; contenance ; maintien ; mise ; manière de se tenir ; continuation d'une même note pendant quelques mesures.

Tenue des livres s. f. Travail du teneur de livres ; connaissances nécessaires pour tenir les livres.

Ténuité s. f. Qualité de ce qui est ténu.

Ter adv. lat. (on pron. *tèr*). Trois fois.

Tératologie s. f. Traité des monstruosités de l'organisation animale.

Tercer ou **terser** v. a. Donner un troisième labour, une troisième façon à la vigne.

Tercet s. m. Couplet ou stance de trois vers.

Térébenthine s. f. Suc résineux du térébinthe, etc.

Térébinthe s. m. Arbre résineux et toujours vert.

Térébration s. f. Action de percer un arbre pour en extraire la gomme, la résine.

Tergiversateur s. m. Qui tergiverse.

Tergiversation s. f. Action de tergiverser.

Tergiverser v. n. Prendre des détours, des faux-fuyants.

Terme s. m. Fin, borne, limite ; temps préfix de payement ; somme due au bout du terme ; façon de parler, expression. S. m. pl. Relations, situation réciproque.

Termès s. m. Voy. *Termite*.

Terminaison s. f. Etat d'une chose qui se termine ; désinence d'un mot ; ses dernières lettres.

Terminal, e adj. Qui termine une partie (*hist. nat.*).

Terminer v. a. Borner, limiter ; achever. SE TERMINER v. pr. Etre terminé ; aboutir ; avoir telle ou telle désinence (*gramm.*).

Terminologie s. f. Ensemble des termes employés dans un art, dans une science.

Termite ou **termès** s. m. Insecte nuisible qui ronge le bois.

Ternaire adj. Qui est composé de trois unités.

Terne adj. Qui n'a point ou qui a peu d'éclat.

Terne s. m. Réunion de trois numéros (dans une loterie) ; ensemble de trois numéros d'une même ligne horizontale (au jeu de loto).

Terné, ée adj. Se dit en botanique des parties qui sont rapprochées trois par trois.

Terni, ie adj. Qui a perdu son éclat.

Ternir v. a. Oter ou diminuer l'éclat (au propre et au fig.)

Ternissure s. f. Etat de ce qui est terni.

Terpsichore, muse qui présidait à la danse.

Terrage s. m. Action de terrer le sucre.

Terrain s. m. Espace de terre ; la terre par rapport à certaines qualités. Fig. situation des esprits, l'état des circonstances, des rapports, des conditions.

Terraqué, ée adj. Composé de terre et d'eau.

Terrasse s. f. Levée de terre ordinairement soutenue par de la maçonnerie ; toiture plate d'une maison ; ouvrage de maçonnerie en forme de balcon.

Terrassement s. m. Action d'amonceler des terres en quelque endroit; action de renverser.

Terrasser v. a. Amasser de la terre derrière un mur pour le fortifier, le consolider; jeter à terre, vaincre.

Terrassier s. m. Entrepreneur de terrassements; ouvrier qui remue, qui transporte des terres.

Terray (l'abbé), contrôleur général des finances sous Louis XV (1715-1778).

Terre s. f. Matière homogène, molle, friable, répandue sur la surface des continents et qui sert de couche aux végétaux ; étendue de pays; terrain cultivé. Fig. *Terre à terre*, sans aucune élévation. *Terre cuite*, argile façonnée en vases, en statues, et durcie au feu ; planète qui fait sa révolution autour du soleil en 365 jours, 6 h. et 9 m. Fig. les habitants de la terre.

Terre (la), femme d'Uranus, mère de Saturne, de l'Océan, des Titans, etc. (*myth.*).

Terreau s. m. Terre mélangée de fumier pourri ou consommé.

Terrein. Voy. *Terrain*.

Terre-neuve s. m. Chien originaire de l'île de Terre-Neuve. (Pl. *terre-neuve.*)

Terre-neuvier s. m. Pêcheur de morue sur les bancs de Terre-Neuve; navire qui sert à cette pêche. (Pl. *terre-neuviers.*)

Terre-noix s. f. Plante de la famille des ombellifères dite aussi châtaigne de terre.

Terre-plein s. m. Amas de terre battue formant une surface unie et élevée.

Terrer v. a. Mettre de nouvelle terre au pied d'une plante. *Terrer du sucre*, le blanchir avec de la terre glaise imbibée d'eau. V. n. Se cacher, se loger sous terre. SE TERRER v. pr. Etre terré ; se cacher sous terre.

Terrestre adj. De la terre; l'opposé de *céleste*, *spirituel*.

Terreur s. f. Crainte violente; frayeur extrême. Fig. objet d'épouvante ; période de la Révolution française depuis le 31 mai 1793 jusqu'au 9 thermidor an II (27 juillet 1794).

Terreux, euse adj. Mêlé de terre; sali de terre. Fig. pâle et livide.

Terrible adj. Qui cause la terreur. Fig. très fatigant.

Terriblement adv. D'une manière terrible.

Terrien, ienne adj. et s. m. Qui possède beaucoup de terres.

Terrier s. m. Cavité dans la terre; retraite des lapins. Fig. retraite obscure.

Terrifier v. a. Frapper de terreur.

Terrine s. f. Vase de terre peu profond, de forme évasée.

Terrinée s. f. Ce que peut contenir une terrine.

Terrir v. n. Se dit des tortues qui viennent pondre sur le rivage; atterrir (*mar.*).

Territoire s. m. Etendue de terre qui dépend d'un empire, d'une province, d'une ville, d'une juridiction, etc.

Territorial, e adj. Qui concerne, qui comprend le territoire.

Terroir s. m. Terrain considéré par rapport à l'agriculture.

Terroriser v. a. Soumettre à un régime de terreur.

Terroriste s. m. Partisan, agent du régime de la Terreur.

Terser. Voy. *Tercer*.

Tertiaire adj. (on pron. *tèr-si-è-re*). Qui occupe le troisième rang; se dit en géologie de certaines couches de terrains.

Tertio adv. (on pron. *tèr-si-o*). En troisième lieu.

Tertre s. m. Eminence de terre.

Tertullien, l'un des pères de l'Eglise latine (160-240).

Tes adj. poss. plur. Voy. *Ton*. *Ta*.

Tesson s. m. Débris de pot, de bouteille.

Test s. m. Enveloppe dure des mollusques testacés et crustacés.

Testacé, ée adj. Couvert d'une écaille. S. m. Animal testacé.

Testament s. m. Acte qui contient les dernières volontés. *Ancien Testament*, la Bible. *Nouveau Testament*, l'Evangile.

Testamentaire adj. Qui concerne un testament.

Testateur, trice s. Qui fait son testament.

Tester v. n. Faire son testament.

Testif s. m. Poil de chameau.

Testimonial, e adj. Qui rend témoignage; qui est fait par témoins : *preuves testimoniales*.

Teston s. m. Ancienne monnaie d'argent.

Testonner v. a. Arranger les cheveux (vx.).

Têt s. m. Le crâne (vx.). Voy. *Tesson* et *Test*.

Tétanique adj. Du tétanos, de la nature du tétanos.

Tétanos s. m. Convulsion qui raidit le corps.

Têtard s. m. Frai de grenouille; arbre étêté.

Tête s. f. Partie de l'homme et des animaux qui tient au corps par le cou et renferme le cerveau, les yeux, etc. Fig. esprit, intelligence, raison; personne, individu; représentation d'une tête humaine; sommet, extrémité; partie qui va, qui est en avant. *Etre à la tête de*, diriger, être au premier rang. *Tenir tête*, résister. TÊTE A TÊTE loc. adv. Seul à seul, et s. m. conversation ou entrevue seul à seul.

Teter ou **téter** v. a. et n. Sucer le lait de la mamelle.

Téthys, déesse de la mer, femme de l'Océan (*myth.*).

Têtière s. f. Partie de la bride du cheval; coiffe d'enfant.

Tetin s. m. Le bout de la mamelle.

Tetine s. f. Pis de la vache, de la truie, etc.; trou fait par une balle dans une cuirasse.

Teton s. m. Mamelle.

Tétracorde s. m. Ancienne lyre à quatre cordes.

Tétradrachme s. f. Monnaie grecque qui valait quatre drachmes.

Tétraèdre s. m. Solide terminé par quatre faces (*géom.*).

Tétragone adj. Qui a quatre angles.

Tétrarchat ou **tétrarcat** s. m. Domination d'un tétrarque.

Tétrarchie s. f. Quatrième partie d'un état démembré.

Tétrarque s. m. Gouverneur d'une tétrarchie.

Tette s. f. Le bout de la mamelle de certains animaux.

Têtu, ue adj. Obstiné, opiniâtre.

Teucer, roi de la Troade (*myth.*). — TEUCER, fils de Télamon et frère d'Ajax, fondateur de Salamine en Chypre.

Teutatès, dieu des Germains et des Gaulois.

Teutonique adj. Des Teutons.

Teutons, ancien peuple de Germanie; les Germains.

Texte s. m. Les propres paroles d'un auteur; passage de l'Ecriture sainte.

Textile adj. Qui peut être tiré en filets propres à faire un tissu.

Textuaire s. m. Livre où il n'y a que le texte.

Textuel, elle adj. Qui est dans le texte; conforme au texte.

Textuellement adv. Sans s'écarter du texte.

Texture s. f. Etat d'une chose tissue; action de tisser. Fig. disposition des parties contiguës et constituantes d'un corps.

Thaddée ou **Thadée**. Voy. *Jude*.

Thaler s. m. (on pron. l'*r*). Monnaie d'Allemagne valant 3 fr. 75 c.

Thalès de Milet, célèbre philosophe grec (640-548 av. J.-C.).

Thalie, muse de la comédie (*myth.*).

Thane s. m. Ancien seigneur chez les Anglo-Saxons et en Ecosse.

Thaumaturge s. m. et adj. Qui fait des miracles.

Thé s. m. Arbrisseau de la Chine dont les feuilles servent à faire une infusion ; cette infusion même ; collation du soir où l'on prend du thé.

Théatin s. m. Religieux d'un ordre fondé au XVIe siècle.

Théâtral, e adj. Qui appartient au théâtre, qui lui est propre. (Pl. m. *théâtrals.*)

Théâtralement adv. D'une manière théâtrale.

Théâtre s. m. Lieu où l'on représente des pièces dramatiques ; lieu pour représenter ou voir le spectacle ; la scène ; profession de comédien ; la littérature dramatique ; recueil de pièces de théâtre. Fig. lieu où se passent des actions remarquables.

Thébaïde s. f. Solitude profonde.

Thébain, e adj. et s. De Thèbes.

Théière s. f. Vase pour faire infuser le thé.

Théisme s. m. Croyance de l'existence de Dieu.

Théiste s. m. Partisan du théisme.

Thème s. m. Sujet, matière ; proposition à prouver, à éclaircir ; ce qu'un écolier doit traduire de la langue qu'il parle dans celle qu'il apprend. *Mus.* Air sur lequel on compose des variations.

Thémis s. f. (on pron. *témice*). Déesse de la justice (*myth.*). Fig. la justice.

Théocrate s. m. Membre d'une théocratie ; partisan de la théocratie.

Théocratie s. f. (on pron. *téocraci*). Gouvernement où les chefs sont regardés comme les ministres de Dieu.

Théocratique adj. De la théocratie ; qui lui appartient.

Théocratiquement adv. D'une manière théocratique.

Théodicée s. f. Justice de Dieu ; partie de la philosophie qui traite de l'existence de Dieu et de ses attributs.

Théogonie s. f. Généalogie et filiation des dieux ; système religieux des païens ; ouvrage sur cette matière.

Théogonique adj. Qui a rapport à la théogonie.

Théologal, e adj. Qui a Dieu pour objet : *les vertus théologales sont la foi, l'espérance et la charité.*

Théologie s. f. Science qui a pour objet Dieu et la révélation ; vérités qu'il a révélées ; classe où l'on enseigne cette science ; traité, recueil théologique.

Théologien s. m. Qui sait ou enseigne la théologie ; qui écrit sur cette science ; qui l'étudie.

Théologique adj. Qui concerne la théologie.

Théologiquement adv. Selon les principes théologiques.

Théophilanthropes s. m. pl. Secte de déistes qui exista pendant la Révolution.

Théorème s. m. Proposition qui doit être démontrée (*math.*).

Théoricien s. m. Qui connaît les principes d'un art sans le pratiquer.

Théorie s. f. Spéculation ; connaissance qui s'arrête à la spéculation sans passer à la pratique ; lois, principes d'un art ; pratique écrite. *Art milit.* Développement des principes de la manœuvre ; députation solennelle que les Athéniens envoyaient tous les ans à Delphes et à Délos, offrir des sacrifices aux dieux.

Théorique adj. Qui appartient à la théorie.

Théoriquement adv. D'une manière théorique.

Théosophe s. m. Partisan de la théosophie.

Théosophie s. f. Spéculation de certains illuminés qui prétendent communiquer directement avec Dieu.

Théramène. l'un des trente tyrans (403 av. J.-C.).

Thérapeutes s. m. pl. Moines du judaïsme, qui se vouaient à la contemplation.

Thérapeutique adj. Qui a rapport aux thérapeutes. Qui a rapport au traitement des maladies. S. f. Partie de la médecine qui a pour objet le traitement des maladies.

Thérèse (sainte), célèbre réformatrice de l'ordre des carmélites (1515-1582).

Thériacal, e adj. Qui contient de la thériaque, qui en a les propriétés.

Thériaque s. f. Electuaire que l'on employait contre les venins et les poisons.

Thermal, e adj. *Eau thermale*, minérale et chaude.

Thermantique adj. 2 g. et s. m. Se dit d'un remède excitant (*méd.*).

Thermes s. m. pl. Edifice pour les bains. *Termes de Julien*, restes à Paris d'un palais construit par Constance Chlore et qui fut la résidence de l'empereur Julien et des rois de France de la 1re et de la 2e dynastie.

Thermidor s. m. Le onzième mois de l'année républicaine, du 19 juillet au 19 août. *Journée du 9 thermidor an* II (27 juillet 1794), journée célèbre par l'arrestation et la condamnation de Robespierre par la Convention.

Thermo-électricité s. f. Electricité développée par la chaleur (*phys.*).

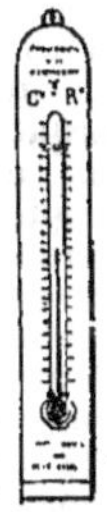

Thermomètre s. m. Instrument qui, par le moyen de la dilatation ou de la condensation du mercure ou de l'alcool, indique les degrés de la chaleur ou du froid actuel*.

Thermométrique adj. Qui a rapport au thermomètre.

Thermopyles (les), défilé de l'ancienne Grèce, célèbre par le combat de Léonidas et de ses trois cents Spartiates contre l'armée de Xerxès (480 av. J.-C.).

Théroulde, poète français du XIe siècle, auteur présumé de la *Chanson de Roland*.

Thersite. personnage de l'Iliade, devenu le type du lâche insolent.

Thésauriser v. n. Amasser de l'argent.

Thésauriseur, euse s. et adj. Qui thésaurise.

Thèse s. f. Question à discuter ou que l'on discute publiquement dans les écoles; ouvrage composé pour le doctorat; sujet d'une discussion, en général.

Thésée, héros grec qui tua le Minotaure (XIIIe siècle av. J.-C.).

Thesmothète s. m. Titre, à Athènes, des magistrats gardiens des lois.

Thespis, créateur de la tragédie chez les Grecs (VIe siècle av. J.-C.).

Thétis, l'une des Néréides, épousa Pélée et fut mère d'Achille (*myth.*).

Théurgie s. f. Magie par laquelle on entretenait commerce avec les divinités bienfaisantes.

Théurgique adj. Qui a rapport à la théurgie.

Thibaude s. f. Tissu grossier fait avec du poil de vache.

Thibaut, comte de Champagne et roi de Navarre (1201-1253).

Thierri Ier, fils de Clovis, roi de Metz ou d'Austrasie, m. en 534. — THIERRI II, fils de Childebert II, roi de Bourgogne et d'Austrasie; mort en 613. — THIERRI III, fils de Clovis II, roi de Neustrie et de Bourgogne (670), abandonna le pouvoir aux maires du palais, Ebroïn et Pepin. — THIERRI IV, fils de Dagobert III, eut pour maire du palais Charles-Martel, à la toute-puissance duquel il demeura soumis; m. en 737.

Thierry (**Augustin**), (1795-1856), et AMÉDÉE THIERRY, son frère (1797-1872), historiens français.

Thiers (Adolphe), homme d'Etat et historien français, membre de l'Académie française (1797-1877).

Thon s. m. Gros poisson de mer.

Thorachique ou **thoracique** adj. Qui a rapport au thorax; pectoral.

Thorax s. m. Capacité de la poitrine, qui renferme les poumons et le cœur.

Thridace s. f. Suc calmant extrait de la laitue.

Thrombus s. m. *Chir*. Tumeur à l'endroit de la saignée.

Thuriféraire s. m. Clerc qui porte l'encensoir. Fig. flatteur.

Thuya s. m. Espèce d'arbre toujours vert.

Thym s. m. Plante odoriférante.

Thyrse s. m. Javelot entouré de pampre.

Tiare s. f. Bonnet orné de trois couronnes que porte le pape*. Fig.

dignité papale; ornement de tête chez les anciens Perses.

Tibia s. m. Os antérieur et le plus gros de la jambe.

Tibial, e adj. Qui appartient au tibia.

Tic s. m. Mouvement convulsif et souvent répété chez l'homme, le cheval, les oiseaux, etc.; habitude ridicule.

Tic-tac s. m. Onomatopée qui exprime le bruit d'un mouvement réglé.

Tiède adj. Entre le chaud et le froid. Fig. Qui manque d'ardeur, d'activité.

Tièdement adv. Avec tiédeur.

Tiédeur s. f. Qualité de ce qui est tiède. Fig. manque d'activité, de zèle, de ferveur.

Tiédir v. n. Devenir tiède.

Tien, tienne adj. poss. de la 2e pers. du sing., signifiant à toi. S. m. Le bien qui t'appartient. S. m. pl. Tes proches, tes alliés.

Tiens! interj. Pour marquer l'étonnement, l'ironie.

Tierce s. f. *Mus.* Intervalle entre la seconde et la quarte; au piquet, 3 cartes de suite d'une même couleur; heure canoniale; dernière épreuve d'imprimerie; 60e partie d'une seconde.

Tiercelet s. m. Le mâle de quelques oiseaux de proie.

Tiercement s. m. Augmentation du tiers du prix d'une chose.

Tiercer v. a. et n. Augmenter d'un tiers le prix d'une chose. V. a. Donner aux terres le 3e labour.

Tierceron s. m. Nervure d'une voûte gothique.

Tierçon s. m. Caisse de savon.

Tiers, erce adj. Troisième. *Fièvre tierce*, qui revient de deux jours l'un.

Tiers s. m. Une troisième personne; la troisième partie d'un tout.

Tiers-état s. m. La partie de la nation qui n'était comprise ni dans la noblesse ni dans le clergé.

Tiers-point s. m. *Arch.* Point de section au sommet d'un angle équilatéral; courbures des voûtes gothiques.

Tige s. f. Partie de l'arbre, de la plante, qui soutient les branches, les feuilles, etc. Fig. chef de qui sont parties toutes les branches d'une famille.

Tigette s. f. *Arch.* Tige cannelée et ornée d'où naissent les volutes.

Tignasse s. f. Mauvaise perruque.

Tigre, esse s. Bête féroce du genre chat. Fig. homme cruel.

Tigre adj. Tigré.

Tigré, ée adj. Moucheté comme le tigre.

Tilbury s. m. Cabriolet léger.

Tillac s. m. (*ll* m.) Pont d'un navire.

Tille s. f. (*ll* m.) Ecorce du jeune tilleul; pellicule entre l'écorce et le bois; écorce du chanvre; instrument qui sert à la fois de hache et de marteau.

Tiller v. a. Voy. *Teiller.*

Tillette s. f. (*ll* m.) Ardoise d'échantillon.

Tilleul s. m. (*ll* m.) Arbre.

Timbale s. f. Instrument formé d'un bassin sphérique en cuivre sur lequel est tendue une peau corroyée que l'on frappe.

Timbalier s. m. Qui bat des timbales.

Timbre s. m. Cloche frappée par un marteau; son de la voix; marque imprimée sur le papier, etc.; droit sur le papier timbré; marque de la poste sur les lettres.

Timbre-poste s. m. Cachet volant qu'on appose sur les lettres pour les affranchir.

Timbré, ée adj. Marqué d'un timbre. Fig. fou.

Timbrer v. a. Marquer d'un timbre.

Timbreur s. m. Qui timbre.

Timide adj. Craintif, peureux.

Timidement adv. Avec timidité.

Timidité s. f. Manque d'assurance, de hardiesse.

Timon s. m. Longue pièce de bois à l'aide de laquelle on attèle les chevaux à une voiture. *Mar.* La barre du gouvernail. Fig. gouvernement, direction.

Timonier s. m. Cheval qu'on met au timon; celui qui gouverne le timon d'un navire.

Timoré, ée adj. Timide; très scrupuleux.

Tinctorial, e adj. Qui sert à [teindre.

Tine s. f. Espèce de tonneau.

Tinette s. f. Vaisseau de bois; tonneau de vidangeur.

Tintamarre s. m. Bruit éclatant et désordonné.

Tintement s. m. Prolongement du son d'une cloche; bourdonnement d'oreilles.

Tinter v. a. Faire sonner lentement une cloche. V. n. Sonner lentement; éprouver un tintement: *l'oreille lui tinte.*

Tintouin s. m. Bourdonnement, bruit dans les oreilles. Fig. et fam. inquiétude, embarras d'une affaire.

Tique s. f. Insecte aptère qui s'attache aux chiens, etc.

Tiquer v. n. Avoir un tic.

Tiqueté, ée adj. Marqué de petites taches.

Tiqueur, euse adj. Qui tique, en parlant du cheval.

Tir s. m. Action, art de tirer une arme à feu; lieu où l'on s'exerce à tirer.

Tirade s. f. Longue suite de phrases ou de vers; lieux communs développés.

Tirage s. m. Action de tirer; chemin de halage; courant d'air qui active la combustion; action de mettre sous presse, d'imprimer. *Tirage au sort*, action de faire tirer au sort.

Tiraillement s. m. Action de tirailler; ébranlement, secousse, agitation. Fig. contrariétés, incertitude, difficultés.

Tirailler v. a. Tirer à diverses reprises, de côté et d'autre, avec importunité, violence. V. n. Tirer souvent et mal d'une arme à feu; escarmoucher.

Tiraillerie s. f. Action de tirailler.

Tirailleur s. m. Celui qui tiraille; soldat qui tire isolément.

Tirant s. m. Cordon qui sert à ouvrir ou fermer une bourse; morceau de ruban cousu à l'intérieur d'une tige de botte; pièces de bois ou de fer arrêtées aux deux extrémités pour empêcher l'écartement des charpentes des murs. *Tirant d'eau*, quantité dont un bateau s'enfonce dans l'eau.

Tirasse s. f. Filet pour la chasse aux oiseaux.

Tirasser v. a. Chasser à la tirasse.

Tiré, ée adj. Amaigri, abattu : *visage tiré.* S. m. Celui qui doit payer une lettre de change; chasse au fusil.

Tire-balle s. m. Instrument pour tirer une balle d'un fusil, pour extraire la balle restée dans une plaie. (Pl. *tire-balles.*)

Tire-botte s. m. Planche entaillée dont on se sert pour se débotter. (Pl. *tire-bottes.*)

Tire-bouchon s. m. Vis de métal pour déboucher les bouteilles; cheveux frisés. (Pl. *tire-bouchons.*)

Tire-bourre s. m. Instrument pour extraire la charge des bouches à feu. (Pl. *tire-bourre.*)

Tire-bouton s. m. Crochet dont on se sert pour faire entrer les boutons dans les boutonnières. (Pl. *tire-boutons.*)

Tire d'aile s. f. Battement d'ailes prompt et vigoureux. A TIRE D'AILE loc. adv. Le plus vite possible.

Tire-fond s. m. Instrument de tonnelier. (Pl. *tire-fond.*)

Tire-larigot (à). Voy. *Larigot.*

Tire-ligne s. m. Instrument pour tracer des lignes sur le papier. (Pl. *tire-lignes.*)

Tirelire s. f. Petit vase dans lequel on introduit des pièces de monnaie par une fente étroite pratiquée à sa partie supérieure, pour les mettre en réserve.

Tire-pied s. m. Courroie, instrument de cordonnier pour maintenir l'ouvrage sur le genou. (Pl. *tire-pieds.*)

Tirer v. a. Amener à soi ou après soi; ôter; délivrer, dégager; recueillir, recevoir, obtenir : *tirer des profits, tirer vanité.* Conclure; imprimer; faire le portrait de; enfoncer dans l'eau de telle ou telle quantité, en parlant d'un navire; décharger une arme à feu. *Tirer l'épée*, se battre; *tirer une lettre de change*, désigner quelqu'un comme devant payer une somme déterminée. *Tirer du vin*, faire couler du vin d'un tonneau; *tirer en longueur*, prolonger, allonger. V. n. Exercer une traction; s'approcher de; être tendu; se dit d'une cheminée qui fonctionne bien, qui attire la fumée. S'en remettre à la décision du sort : *tirer au sort.* SE TIRER v. pr. Se dégager, se délivrer.

Tiret s. m. Morceau de parchemin tortillé pour enfiler et attacher ensemble des papiers. Syn. de trait d'union ; petit trait dont on se sert pour distinguer les interlocuteurs dans un dialogue.

Tiretaine s. f. Drap tissu grossièrement.

Tireur s. m. Celui qui tire une arme à feu ; celui qui tire une lettre de change. *Tireur d'or*, ouvrier qui tire, bat et file l'or. *Tireuse de cartes*, prétendue devineresse qui prédit l'avenir au moyen d'un jeu de cartes.

Tiroir s. m. Petite caisse emboîtée dans un meuble au moyen de 2 coulisses, et qu'on ouvre en tirant.

Tisane s. f. Boisson médicamenteuse.

Tisiphone, une des Furies (*myth.*).

Tison s. m. Reste d'un morceau de bois dont une partie a été brûlée.

Tisonné, ée adj. Se dit d'un cheval dont la robe a des taches noires allongées.

Tisonner v. a. Remuer les tisons.

Tisonneur, euse s. Qui aime à tisonner.

Tisonnier s. m. Instrument de fer pour attiser le feu.

Tissage s. m. Action de tisser; ouvrage du tisserand.

Tisser v. a. Faire un tissu.

Tisserand s. m. Ouvrier qui fait les toiles, les étoffes, etc.

Tisseranderie s. f. Profession, commerce de tisserand.

Tisseur s. m. Tisserand.

Tissu, ue, part. p. de TISTRE.

Tissu s. m. Tout ouvrage tissu au métier. Fig. longue suite : *tissu de mensonges;* ce qui est comparé à un tissu.

Tissure s. f. Liaison de ce qui est tissu.

Tissutier s. f. Ouvrier qui fait des tissus, des rubans, etc.

Tistre v. a. Ancien synonyme de TISSER ; n'est plus usité qu'au participe passé *tissu* et aux temps composés. Fig. *Il a tissu une intrigue.*

Titanique adj. Gigantesque.

Titillation s. f. Chatouillement, mouvement sautillant et doux du vin, etc.

Titiller v. a. Causer un mouvement de titillation ; chatouiller.

Titrage s. m. Détermination de la qualité d'une marchandise, d'une substance.

Titre s. m. Inscription à la tête d'un livre, d'un chapitre, etc. ; nom de dignité ; propriété d'un emploi ; acte qui établit un droit, une qualité. A TITRE DE loc. prép. En qualité de. *Monn.* Degré de fin de l'or, de l'argent.

Titré, ée adj. Qui a un titre.

Titrer v. a. Donner un titre.

Titubant adj. Chancelant.

Tituber v. n. Chanceler, en parlant d'un ivrogne.

Titulaire adj. et s. m. Qui est revêtu d'un titre.

Titus (à la) loc. Manière de couper les cheveux très courts sur la tête.

Toast (on pron. *toste*) ou **toste** s. m. Proposition de boire à la santé de quelqu'un, au succès d'une entreprise.

Toaster v. n. (on pron. *tôster*). Porter des toasts.

Tocane s. f. Vin nouveau, fait de la mère-goutte.

Tocsin s. m. Cloche pour donner l'alarme; bruit de cette cloche.

Toge s. f. Robe des anciens Romains par-dessus la tunique ; robe d'avocat.

Tohu-bohu s. m. Chaos primitif. Fig. confusion, désordre.

Toi pron. pers. 2 g. Voy. *Tu.*

Toile s. f. Tissu de fil de chanvre, de lin, de coton, etc. ; tissu que font les araignées; rideau qui cache la scène d'un théâtre; tente ; toile sur laquelle on peint. Fig. tableau peint.

Toilerie s. f. Marchandise de [toile.

Toilette s. f. Meuble garni des choses qui servent à l'ajustement d'une femme ; action de se nettoyer, s'habiller et se parer ; détails de l'ajustement ; habillement soigné ; toile qui enveloppe des étoffes, des vêtements.

Toilier, ière s. Qui vend ou fabrique de la toile.

Toise s. f. Ancienne mesure de longueur de six pieds (environ 2 mètres).

Toisé s. m. Mesurage à la toise; évaluation de travaux.

Toiser v. a. Mesurer avec la toise. Fig. examiner quelqu'un attentivement, avec dédain.

Toiseur s. m. Celui qui toise.

Toison s. f. Dépouille d'une brebis, d'un mouton. *Toison d'or*, toison suspendue à un arbre de la Colchide et qui fut conquise par les Argonautes (*myth*). *Ordre de la Toison d'or*, ordre de chevalerie institué en 1429 par Philippe le Bon, duc de Bourgogne.

Toit s. m. Couverture d'un bâtiment. Fig. maison. *Prêcher, dire sur les toits*, hautement, publier.

Toiture s. f. Ce qui compose le toit.

Tôle s. f. Fer battu réduit en plaques minces. [lérer.

Tolérable adj. Que l'on peut to-

Tolérablement adv. D'une manière tolérable.

Tolérance s. f. Condescendance, indulgence pour ce qu'on croit ne devoir ou ne pouvoir pas empêcher; différence que la loi tolère dans la fabrication des monnaies, quant au titre ou au poids normal.

Tolérant, e adj. Qui tolère.

Tolérantisme s. m. Système qui fait porter trop loin la tolérance.

Tolérer v. a. Avoir de la tolérance, de l'indulgence pour ce qui n'est pas bien ou que l'on croit ne pas être bien.

Tollé s. m. Cri d'indignation. *Crier tollé sur*, exciter l'indignation contre quelqu'un.

Tomaison s. f. Indication du tome auquel appartient chaque feuille imprimée.

Tomate s. f. Plante qui porte un fruit rouge; ce fruit.

Tombac s. m. Métal composé de cuivre et de zinc.

Tombant, e adj. Qui tombe. *Nuit tombante*, approche de la nuit.

Tombe s. f. Sépulcre.

Tombeau s. m. Sépulcre, monument élevé à la mémoire d'un mort. Fig. mort, fin, destruction.

Tombée s. f. Action de tomber. A LA TOMBÉE DE LA NUIT, loc. adv. A l'approche de la nuit.

Tombelier s. m. Charretier qui conduit un tombereau.

Tomber v. n. Etre dirigé, emporté, entraîné du haut en bas par son propre poids; se jeter, s'élancer; passer rapidement d'un état à un autre pire; dégénérer, descendre; succomber; cesser; arriver à l'improviste; être affecté de telle ou telle maladie; rencontrer : *tomber sur un passage;* ne pas réussir au théâtre; arriver, avoir lieu. *Tomber dans le péché*, le commettre; *tomber en désuétude*, cesser d'être en usage; *tomber d'accord*, s'accorder; *tomber sous la main*, se présenter fortuitement; *tomber sous le sens*, être évident. V. imp. Se dit de la pluie, de la grêle, etc.

Tombereau s. m. Sorte de charrette entourée de planches; son contenu.

Tombola s. f. Loterie de société.

Tome s. m. Volume qui fait partie d'un ouvrage.

Ton adj. poss. La 2ᵉ pers. du s. Au f. *ta*, au pl. *tes*.

Ton s. m. Inflexion, degré d'élévation ou d'abaissement de la voix; degré d'élévation d'un son; 1ʳᵉ note d'une gamme; intervalle entre deux notes; teinte en peinture. Fig. manière, expression, dans le langage écrit; manières en général. *Changer de ton*, changer de langage, de façons, etc.

Tonalité s. f. Notes qui constituent le ton ou le mode musical.

Tondage s. m. Action de tondre le poil des animaux, le drap.

Tondaille s. f. (*ll* m.). La laine enlevée de dessus les moutons; tonte.

Tondaison s. f. Tonte.

Tondeur, euse s. Qui tond.

Tondre v. a. Couper la laine, le poil des animaux; couper les cheveux, l'extrémité de l'herbe, etc.

Tonique adj. et s. m. Se dit des médicaments qui donnent aux organes du corps un certain degré de tension, d'activité. S. f. Note fondamentale d'un ton (*mus.*).

Tonnage s. m. Port d'un bâtiment exprimé en tonneaux. *Droit de tonnage*, droit payé par un navire en raison de sa capacité.

Tonnant, e adj. Qui tonne. Fig. fort, éclatant.

Tonne s. f. Vaisseau en forme de muids; poids de 1000 kilogrammes.

Tonneau s. m. Petite tonne; son contenu; volume d'un mètre cube et de 1000 kilogr. (*mar.*); sorte de jeu.

Tonneler v. a. Prendre du gibier à la tonnelle.

Tonnelet s. m. Petit tonneau.

Tonneleur s. m. Chasseur à la tonnelle.

Tonnelier s. m. Ouvrier qui fait et raccommode des tonneaux.

Tonnelle s. f. Berceau couvert de verdure; filet pour prendre des perdrix.

Tonnellerie s. f. Profession du tonnelier; lieu où l'on fait des tonneaux.

Tonner v. n. et imp. Se dit du bruit que fait le tonnerre. Fig. imiter le bruit du tonnerre; parler avec véhémence; menacer avec autorité.

Tonnerre s. m. Bruit éclatant de la foudre; la foudre elle-même. Fig. endroit d'une arme à feu où se met la charge.

Tonsure s. f. Marque faite par l'évêque à un ecclésiastique en lui coupant les cheveux; la cérémonie de la tonsure.

Tonsuré s. m. Ecclésiastique qui a reçu la tonsure.

Tonsurer v. a. Donner la tonsure.

Tonte s. f. Action de tondre; laine tondue; temps où l'on tond les troupeaux.

Tontine s. f. Rente viagère avec droit d'accroissement pour les survivants.

Tontinier, ière adj. Qui a des rentes de tontine.

Tontisse adj. f. et s. f. Se dit de la bourre qui tombe des draps tondus; tapisserie exécutée avec des tontures de drap.

Tonture s. f. Poil que l'on tond sur les draps; action de tondre un gazon.

Topaze s. f. Pierre précieuse d'un jaune d'or très vif, transparente et très dure.

Tope! interj. J'y consens!

Toper v. n. Consentir, adhérer.

Topinambour s. m. Plante à racines tuberculeuses; ses tubercules.

Topique adj. et s. m. Se dit d'un remède qu'on applique à l'extérieur.

Topiques s. m. pl. Traité sur les lieux communs.

Topographe s. m. Qui s'occupe de topographie.

Topographie s. f. Description détaillée d'un lieu particulier.

Topographique adj. De la topographie.

Topographiquement adv. D'une manière topographique.

Toque s. f. Sorte de coiffure.

Toquer v. a. Toucher, frapper (vx.).

Toquet s. m. Bonnet de paysanne, d'enfant.

Torche s. f. Sorte de flambeau grossier de cire, de résine.

Torche-nez s. m. Morceau de bois pour serrer la lèvre supérieure du cheval.

Torcher v. a. Essuyer, nettoyer en frottant. Fam. travailler grossièrement.

Torchère s. f. Sorte de flambeau grossier; candélabre qui porte des flambeaux.

Torchis s. m. Mortier de terre grasse et de paille coupée.

Torchon s. m. Serviette de grosse toile pour essuyer la vaisselle, les meubles, etc.

Tordage s. m. Action de tordre; façon donnée à la soie, en doublant et tordant les fils.

Tordre v. a. Tourner un corps flexible en long et en sens contraire, en serrant. *Tordre le cou*, faire mourir en tournant le cou. Fig. détourner un texte de sa signification naturelle.

Tore s. m. Moulure ronde à la base des colonnes.

Toréador s. m. Cavalier qui combat les taureaux dans les courses publiques.

Torgniole s. f. (*gn* m.) Coup sec et bien appliqué (pop.).

Toron s. m. Cordons qui font partie d'un cordage.

Torpeur s. f. Engourdissement profond du corps, de l'esprit.

Torpille s. f. (*ll* m.) Poisson de mer électrique qui a la propriété de causer un engourdissement quand on le touche.

Torquette s. f. Mannequin, panier d'osier pour envoyer du poisson, de la volaille, du gibier.

Torréfaction s. f. Action de torréfier.

Torréfier v. a. Griller, rôtir.

Torrent s. m. Courant d'eau impétueux et de peu de durée. Fig. abondance, impétuosité.

Torrentiel, elle adj. Qui a rapport, qui ressemble aux torrents.

Torrentueux, euse adj. Qui se transforme en torrent; impétueux.

Torride adj. Brûlant, excessivement chaud.

Tors, e adj. Tordu.

Torsade s. f. Frange tordue en hélice; certains ornements d'or ou d'argent désignant les grades supérieurs dans l'armée française.

Torse s. m. Statue tronquée; buste.

Torsion s. f. Action de tordre; son effet.

Tort s. m. Ce qui est contre la justice, la raison; lésion, dommage. *A tort et à travers*, sans discernement, sans considération.

Torticolis s. m. Mal qui fait qu'on ne peut tourner le cou sans douleur. Adj. Qui a le torticolis.

Tortillage s. m. (*ll* m.) Façon de s'exprimer confuse et embarrassée.

Tortille s. f. (*ll* m.) Petite allée étroite et tortueuse, dans un bois, dans les taillis.

Tortillement s. m. (*ll* m.) Action de tortiller; son effet. Fam. Petits détours, petites finesses dans les affaires.

Tortiller v. a. (*ll* m.) Tordre à plusieurs tours. V. n. Chercher des détours.

Tortillon s. m. (*ll* m.) Grossière coiffure de femme; petite servante prise au village (vx.).

Tortionnaire adj. Inique et violent.

Tortionnairement adv. D'une manière injuste, inique.

Tortis s. m. Assemblage de fils tordus ensemble.

Tortu, ue adj. Qui n'est pas droit, qui est de travers; contrefait.

Tortue s. f. Animal amphibie dont le corps est couvert d'une grande écaille dure; sorte de toit que les soldats romains formaient en tenant réunis leurs boucliers au-dessus de leurs têtes; machine de guerre. Fig. *A pas de tortue*, lentement.

Tortuer v. a. Rendre tortu.

Tortueusement adv. D'une manière tortueuse.

Tortueux, euse adj. Qui fait plusieurs tours et retours : *route tortueuse.* Fig. Contraire à la netteté, à la loyauté, à la franchise : *conduite tortueuse.*

Tortuosité s. f. Etat de ce qui est tortueux.

Torture s. f. Tourment; gêne; supplice. Fig. *mettre à la torture*, tourmenter l'esprit.

Torturer v. a. Faire éprouver la torture (au propre et au fig.).

Tory adj. et s. m. Se dit en Angleterre du parti royaliste conservateur et des membres de ce parti. (Pl. *torys* ou *tories.*)

Toscan, e adj. De la Toscane. Adj. et s. m. De la Toscane. Se dit du plus simple des cinq ordres d'architecture.

Toste et **Toster.** Voy. *Toast* et *toaster.*

Tôt adv. Vite, promptement; dans peu de temps.

Total, e adj. Entier, complet : *ruine totale.* S. m. Le tout, la totalité; résultat d'une addition. AU TOTAL loc. adv. Tout compensé.

Totalement adv. Entièrement.

Totalisation s. f. Action de totaliser.

Totaliser v. a. Former un total.

Totalité s. f. Le total.

Tôt-fait s. m. Sorte de pâtisserie. (Pl. *tôt-faits.*)

Toton s. m. Espèce de dé tournant sur un pivot. Fig. *Faire tourner quelqu'un comme un toton*, le malmener, le faire aller à sa volonté.

Touage s. m. Action de touer.

Touaille s. f. Linge disposé sur un rouleau pour essuyer les mains.

Touc s. m. Voy. *Toug.*

Toucan s. m. Oiseau d'Amérique.

Touchant, e adj. Qui touche, émeut : *discours, geste touchant.* Prép. Sur; à l'égard de.

Touche s. f. Chacune des pièces d'ébène, d'ivoire, etc., qui composent le clavier d'un orgue, d'un piano. *Pierre de touche*, qui sert à éprouver l'or et l'argent, et fig. tout ce qui sert d'épreuve.

Touche-à-tout s. m. Personne qui touche à tout, qui se mêle de tout (fam.).

Toucher v. a. Mettre la main sur un objet; opérer le contact; être contigu; recevoir : *toucher de l'argent;* atteindre d'un coup de fleuret ou d'épée; jouer de : *toucher l'orgue.* Fig. regarder; traiter, exprimer incidemment; concerner, émouvoir. V. n. Mettre la main sur, atteindre; être en contact; appartenir par le sang. *Toucher d'un instrument*, savoir en jouer.

Toucher s. m. Le tact; sens par lequel on connaît les qualités palpables des corps; manière délicate de toucher l'orgue, etc.

Toucheur s. m. Conducteur de bestiaux.

Toue s. f. Bateau plat, qui sert de bac sur certaines rivières.

Touée s. f. Action de touer.

Touer v. a. Faire avancer un navire, un bateau en tirant à force de bras ou à l'aide du cabestan sur une amarre fixée à terre ou à une ancre mouillée en avant du bâtiment.

Toueur s. m. Celui qui toue un bateau; sorte de remorqueur.

Touffe s. f. Assemblage de plantes, de cheveux, de racines, de plumes, etc., en forme de bouquet.

Touffeur s. f. Exhalaison qui saisit en entrant dans un lieu très chaud.

Touffu, ue adj. Epais, bien garni, qui est en touffe.

Toug ou **touc** s. m. Etendard turc, formé d'une demi-pique à laquelle est attachée une queue de cheval.

Toujours adv. Sans cesse, sans fin; sans interruption.

Toulouse (Raymond, comte de), l'un des chefs de la première croisade (1042-1105).

Toupet s. m. Petite touffe de poils, de crins, de cheveux; touffe de cheveux sur le devant de la tête. Fig. *avoir du toupet*, avoir de l'aplomb, de l'audace.

Toupie s. f. Jouet en forme de poire.

Toupiller v. n. (*ll* m.) Tournoyer comme une toupie; ne faire qu'aller et venir (fam.).

Toupillon s. m. (*ll* m.) Petit toupet.

Tour s. f. Bâtiment rond ou carré, beaucoup plus haut que large, qui servait jadis de fortifications*; clocher en tour; pièce du jeu d'échecs. S. m. Mouvement en rond ou autrement; promenade, allée et venue; machine pour façonner en rond le bois, l'ivoire et les métaux; espèce d'armoire ronde tournant sur un pivot; circuit, circonférence. Fig. trait de subtilité, d'adresse, de finesse; manière d'agir, de s'exprimer. *A tour de bras*, de toute sa force; *en un tour de main*, en peu d'instants. TOUR A TOUR loc. adv. Alternativement.

Tourbe s. f. Substance végétale noire, onctueuse, combustible, formée de débris de plantes; multitude confuse de peuple.

Tourbeux, euse adj. Qui contient de la tourbe.

Tourbière s. f. Endroit d'où l'on tire la tourbe.

Tourbillon s. m. (*ll* m.) Vent impétueux qui tournoie; masse d'eau qui tournoie en forme d'entonnoir. Fig. tout ce qui entraîne les hommes.

Tourbillonnant, e adj. (*ll* m.) Qui se meut en tournoyant.

Tourbillonnement s. m. (*ll* m.) Mouvement en tourbillon.

Tourbillonner v. n. (*ll* m.) Aller en tourbillon.

Tourd s. m. ou **tourdelle** s. f. Espèce de grive.

Tourdille adj. (*ll* m.) *Gris tourdille*, couleur du poil d'un cheval qui est d'un gris sale.

Tourelle s. f. Petite tour.

Touret s. m. Petite roue mue par une plus grande; pièce mécanique qui sert à tendre et à détendre une corde; rouet à filer.

Tourguéneff, romancier russe (1818-1883).

Tourie s. f. Grosse bouteille de grès entourée de paille ou d'osier*.

Tourière s. f. Sœur portière dans un couvent de religieuses cloîtrées.

Tourillon s. m. (*ll* m.) Gros pivot sur lequel tourne un treuil, une grille, une porte cochère, etc.; morceau de métal rond placé de chaque côté d'un canon pour l'assujettir sur son affût.

Touriste s. m. Celui qui voyage pour son plaisir et pour son instruction.

Tourment s. m. Grande et violente douleur corporelle; supplice, torture. Fig. peine d'esprit; vive inquiétude.

Tourmentant, e adj. Qui tourmente.

Tourmente s. f. Orage, bourrasque, tempête sur mer; ouragan sur les hautes montagnes. Fig. troubles dans un État.

Tourmenter v. a. Faire endurer quelque tourment; agiter violemment. Fig. causer de la peine d'esprit.

Tourmenteux, euse adj. Sujet aux tempêtes.

Tournage s. m. Taquet à oreilles pour tourner les manœuvres (*mar.*); travail de tourneur.

Tournailler v. n. (*ll* m.) Faire beaucoup de tours et détours sans s'éloigner d'un point, rôder autour (fam.).

Tournant s. m. Coin des rues, des chemins, coude d'une rivière; espace où l'on tourne une voiture; endroit où l'eau tournoie.

Tournant, e adj. Qui tourne : *pont tournant.*

Tourné, ée adj. *Bien tourné, mal tourné*, bien ou mal fait.

Tournebride s. m. Sorte de petit cabaret près d'une maison de campagne.

Tournebroche s. m. Machine pour faire tourner la broche; petit garçon qui tourne la broche; chien mis dans une roue pour faire tourner la broche.

Tournée s. f. Voyage en plusieurs endroits; petite course en divers endroits; voyage périodique d'inspection; voyage d'affaires, etc.

Tournefeuillet s. m. Petit ruban pour tourner les feuillets d'un livre.

Tournefort (Pitton de), botaniste français (1656-1708).

Tournelle s. f. Petite tour (vx. mot); ancienne chambre du parlement, chargée des affaires criminelles.

Tourner v. a. Mouvoir en rond; mettre dans un autre sens, d'un autre côté; façonner au tour. Fig. diriger : *tourner ses vues, ses pensées vers Dieu;* arranger les mots, les pensées de telle ou telle manière; prendre à revers : *tourner l'ennemi;* traduire, interpréter; donner un sens : *tourner en ridicule. Tourner la tête*, désorganiser, dérouter. V. n. Se mouvoir en rond. Fig. prendre une direction dans sa conduite : *tourner bien, tourner mal;* se gâter, s'altérer; avoir pour effet. *La tête lui tourne*, il a des étourdissements. SE TOURNER v. pr. Passer d'un état à un autre; se changer; se mettre en sens contraire.

Tournesol s. m. Plante à grandes fleurs jaunes radiées, dite aussi *soleil;* teinture bleue faite avec la graine de cette plante.

Tournette s. f. Sorte de dévidoir; plateau pour supporter le vase que l'on peint; cage tournante d'un écureil.

Tourneur s. m. Artisan qui façonne au tour.

Tournevent s. m. Tuyau qui tourne au vent sur une cheminée.

Tournevis s. m. (on pron. l'*s*). Outil pour tourner les vis.

Tournille s. f. (*ll* m.) Outil pour relever les mailles de tricot tombées.

Tourniquet s. m. Croix mobile, posée horizontalement sur un pivot, pour ne laisser passer que les personnes à pied *.

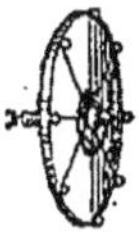

Tournis s. m. Maladie des moutons qui les fait tourner en chancelant.

Tournoi s. m. Fête publique et militaire où l'on s'exerçait à des combats.

Tournoiement ou **Tournoiment** s. m. Action de ce qui tournoie.

Tournois adj. S'est dit des monnaies frappées à Tours.

Tournoyant, e adj. Qui tournoie.

Tournoyer v. n. Tourner en faisant plusieurs tours. Fig. agir timidement, biaiser.

Tournure s. f. Taille ou habitude du corps; manière de tourner, de présenter les choses; tour de phrase.

Tourte s. f. Sorte de pâtisserie.

Tourteau s. m. Sorte de gâteau.

Tourtereau s. m. Petit de la tourterelle.

Tourterelle s. f. Oiseau du genre pigeon.

Tourtière s. f. Ustensile de cuisine pour faire les tourtes.

Tourville (comte de), célèbre amiral et maréchal de France (1642-1701).

Touselle s. f. Froment précoce dont l'épi est sans barbes.

Toussaint s. f. La fête de tous les saints.

Tousser v. n. Faire l'effort et le bruit que cause la toux; le faire à dessein.

Tousserie s. f. Action de tousser.

Tousseur, euse s. Qui tousse souvent.

Tout, e adj. (Pl. *tous, toutes.*) Exprime l'universalité, l'intégrité, la totalité d'une chose, d'une action, etc.; la plénitude absolue; chaque : *tout homme est mortel. Tout le monde*, tous les hommes. S. m. La totalité, chose considérée dans son entier; le principal, le plus important; le total. Adv. Tout à fait, entièrement. *Tout... que*, quelque... que : *tout habile qu'il soit. Point du tout*, en aucune façon; *tout à coup*, en une fois, en même temps; *tout de suite*, immédiatement.

Tout-beau interj. Cri pour arrêter un chien courant.

Toute-bonne s. f. Espèce de sauge; sorte de poire. (Pl. *toutes-bonnes.*)

Toute-épice s. f. Espèce de poire de la Jamaïque. (Pl. *toutes-épices.*)

Toutefois adv. Cependant, néanmoins.

Toutenague s. f. Alliage blanc composé de cuivre, de zinc et d'arsenic.

Toute-puissance s. f. Puissance infinie.

Tou-tou et toutou s. m. (terme enfantin). Petit chien.

Tout-puissant, toute-puissante adj. Qui a un pouvoir sans bornes. *Le Tout-puissant*, Dieu.

Toux s. f. Mouvement convulsif de la poitrine, accompagné de bruit.

Toxicologie s. f. Science des poisons.

Toxique adj. Qui empoisonne. S. m. Poison, venin.

Traban s. m. Soldat armé d'une hallebarde.

Trabée s. f. Robe des généraux romains triomphateurs.

Trabuco s. m. Cigare de la Havane.

Trac s. m. Allure du cheval, du mulet; trace, piste du gibier.

Tracas s. m. Mouvement accompagné de trouble et de désordre. Fig. souci, peine.

Tracassant, e adj. Qui tracasse.

Tracasser v. a. Causer du tracas, du souci. V. n. Se donner du tracas, s'agiter pour peu de chose.

Tracasserie s. f. Ennui, tracas; discours, rapport qui tend à brouiller; effet de ces discours.

Tracassier, ière adj. et s. Qui tracasse, qui chicane sur rien.

Trace s. f. Vestige d'un homme, d'un animal, d'un corps où il a passé; marque laissée par une chose : *traces d'un incendie.* Fig. impression laissée par une chose. *Marcher sur les traces de quelqu'un*, suivre son exemple.

Tracé s. m. Représentation des contours, des lignes d'un dessin, d'un plan, etc.

Tracer v. a. Marquer les traces, les contours, les lignes d'un dessin, d'un plan, etc. Fig. indiquer la marche à suivre. V. n. Etendre ses racines horizontalement (en parlant des plantes).

Trachée s. f. Petits vaisseaux qui conduisent la sève des plantes.

Trachée-artère s. f. Canal qui sert au passage de l'air chez les animaux.

Trachéotomie s. f. Opération qui consiste à ouvrir la trachée-artère pour faire respirer artificiellement.

Traçoir s. m. Outil pour tracer, dessiner.

Traction s. f. Action d'une force qui met en mouvement.

Traditeur s. m. Nom donné aux chrétiens qui, durant les persécutions, avaient livré les livres saints aux païens.

Tradition s. f. Action de livrer

à..., de transmettre (*jurisp.*). Chose qui se transmet de siècle en siècle; voie par laquelle elle se transmet; fait transmis par la parole.

Traditionnel, elle adj. Fondé sur la tradition.

Traditionnellement adv. D'après la tradition.

Traducteur, trice s. Qui traduit d'une langue dans une autre.

Traduction s. f. Action de traduire; version d'un ouvrage d'une langue dans une autre.

Traduire v. a. Faire une traduction; expliquer, interpréter. *Traduire en justice*, citer devant un tribunal. [traduit.

Traduisible adj. Qui peut être

Trafic s. m. Commerce de marchandises. Fig. commerce illicite.

Trafiquant s. m. Négociant, commerçant.

Trafiquer v. n. Faire trafic. V. a. Négocier.

Tragédie s. f. Poème dramatique; pièce de théâtre propre à exciter la terreur ou la pitié. Fig. événement funeste.

Tagédien, ienne s. Acteur, actrice tragique.

Tragi-comédie s. f. Tragédie mêlée d'incidents et de personnages comiques, et dont le dénouement n'est pas funeste.

Tragi-comique adj. Qui tient à la fois du tragique et du comique.

Tragique adj. Qui appartient à la tragédie. Fig. terrible, funeste. S. m. Auteur de tragédies; acteur tragique; le genre tragique.

Tragiquement adv. D'une manière tragique, funeste.

Trahir v. a. User de trahison envers... ; manquer de foi à quelqu'un; manquer à son devoir. Fig. révéler. SE TRAHIR v. pr. Se déceler par imprudence, indiscrétion.

Trahison s. f. Perfidie; action de celui qui trahit.

Train s. m. Allure (des chevaux, etc.); façon d'aller; les épaules, les cuisses des chevaux, etc.; ce qui porte le corps d'une voiture; suite de valets, de chevaux, d'équipages, etc.; suite de wagons traînés par une locomotive; long radeau de bois flotté. Fig. bruit: *faire du train*; cours et état des choses; courant des affaires.

Traînage s. m. Action de traîner.

Traînant, e adj. Qui traîne. Fig. languissant: style traînant.

Traînard s. m. Soldat qui reste en arrière; homme sans activité.

Traînasse s. f. Très long filet d'oiseleur.

Traînasser v. a. Traîner en longueur.

Traîne s. f. Longue queue d'une robe.

Traîneau s. m. Sorte de voiture sans roues pour aller sur la neige ou sur la glace.

Traînée s. f. Petite quantité d'une chose répandue en ligne: *traînée de poudre.*

Traîner v. a. Tirer après soi; mener avec soi; mouvoir avec peine: *traîner la jambe*; subir: *traîner une vie misérable.* V. n. Pendre jusqu'à terre; n'avancer que lentement. SE TRAINER v. pr. Marcher, se glisser en rampant; avancer avec peine.

Traîneur s. m. Traînard; qui reste en arrière; qui traîne quelque chose.

Traire v. a. Tirer le lait.

Trait s. m. Dard, javelot, flèche; longe avec laquelle les chevaux tirent une voiture. Fig. se dit de ce qui blesse comme en piquant, d'une pensée qui semble piquer, pénétrer, d'un acte, d'une action remarquable.

Traitable adj. Doux; avec qui on peut traiter.

Traitant s. m. Celui qui, autrefois, se chargeait du recouvrement des impôts, à certaines conditions.

Traite s. f. Chemin qu'on fait sans s'arrêter; transport de marchandises d'un pays à un autre; lettre de change. TOUT D'UNE TRAITE loc. adv. Sans s'arrêter.

Traité s. m. Ouvrage où l'on traite d'une science, etc.; convention.

Traitement s. m. Accueil, réception, manière d'agir avec quelqu'un; soins, pansement, manière dont un médecin conduit une maladie; appointements.

Traiter v. a. Discuter, discourir, raisonner sur un sujet; négocier; agir bien ou mal avec quelqu'un ; se comporter avec ; *bien traiter les animaux ;* recevoir à sa table ; qualifier : *traiter de fat ;* chercher à guérir : *traiter un malade.* V. n. *Traiter d'une science, d'une affaire.*

Traiteur s. m. Qui donne à manger pour de l'argent.

Traître, esse adj. Perfide, qui a le caractère de la trahison. S. Celui, celle qui trahit. EN TRAITRE loc. adv. Avec perfidie.

Traîtreusement adv. D'une manière traîtresse.

Traîtrise s. f. Action de trahir.

Trajan, empereur romain (98-117).

Trajane (colonne), superbe colonne de marbre élevée à Rome en l'honneur de Trajan.

Trajectoire s. f. Courbe décrite par un corps en mouvement et détourné de la ligne droite.

Trajet s. m. Espace à traverser pour aller d'un lieu à un autre ; action de traverser cet espace.

Tramail s. m. Sorte de filet pour la chasse ou la pêche. (Pl. *tramails.*)

Trame s. f. Fil passé entre les fils de la *chaîne* d'une étoffe. Fig. complot.

Tramer v. a. Passer la trame entre les fils d'une chaîne d'étoffe. Fig. machiner, faire un complot.

Tramontane s. f. Vent, étoile ou côté du nord dans la Méditerranée. *Perdre la tramontane,* ne plus savoir où l'on est. Fig. se troubler.

Tramway s. m. (mot anglais ; on pron. *tram-oué*). Chemin de fer à rails plats au niveau du sol, et sur lequel la traction se fait par des chevaux ou par la vapeur sans entraver la circulation des voitures.

Tranchant s. m. Fil d'un couteau, d'un sabre, d'un rasoir, etc.

Tranchant, e adj. Qui tranche. Fig. péremptoire ; qui décide hardiment.

Tranche s. f. Morceau coupé mince ; bord d'un livre rogné.

Tranchée s. f. Fosse ; fossé pour se mettre à l'abri du eu des ennemis. Pl. Douleurs aiguës dans les entrailles.

Tranchefile s. f. Petit rouleau de papier ou de parchemin au dos d'un livre pour tenir les cahiers assemblés.

Tranchelard s. m. Sorte de couteau de cuisine.

Tranche-montagne s. m. Fanfaron (fam.).

Trancher v. a. Séparer en coupant. Fig. résoudre. V. n. Avoir des nuances vives et différentes ; décider hardiment.

Tranchet s. m. Outil de cordonnier pour couper le cuir.

Tranchoir s. m. Plateau sur lequel on tranche la viande.

Tranquille adj. Paisible, calme, sans émotion.

Tranquillement adv. D'une manière tranquille.

Tranquillisant, e adj. Qui tranquillise.

Tranquilliser v. a. Calmer, rendre tranquille.

Tranquillité s. f. Etat de ce qui est tranquille ; repos, calme, quiétude.

Transaction s. f. Acte par lequel on transige sur un différend.

Transalpin, e adj. Au de-là des Alpes.

Transatlantique adj. Au-delà de l'Atlantique.

Transbordement s. m. *Mar.* Action de transborder ; son résultat ; chose transbordée.

Transborder v. a. *Mar.* Transporter tout ou partie de la cargaison d'un bâtiment sur un autre.

Transcendance s. f. Supériorité marquée.

Transcendant, e adj. Élevé, sublime, qui excelle en son genre.

Transcription s. f. Action de transcrire ; copie.

Transcrire v. a. Copier, mettre au net un écrit.

Transe s. f. Frayeur, grande appréhension d'un mal qu'on croit prochain.

Transept s. m. *Archit.* Galerie transversale.

Transférable adj. Qui peut être transféré.

Transfèrement s. m. Action de transférer.

Transférer v. a. Faire passer, porter d'un lieu, d'une personne, d'un temps à un autre.

Transfert s. m. Transport, cession de propriété.

Transfiguration s. f. Changement d'une figure en une autre; se dit de Jésus-Christ.

Transfigurer (se) v. pr. Changer d'une figure en une autre.

Transformation s. f. Métamorphose.

Transformer v. a. Métamorphoser, changer d'une forme en une autre. SE TRANSFORMER v. pr. Prendre la forme de ; se déguiser.

Transfuge s. m. Qui abandonne son parti ou son corps à la guerre, pour suivre le parti contraire ou l'ennemi.

Transfuser v. a. Faire la transfusion du sang ; faire passer un liquide d'un récipient dans un autre.

Transfusion s. f. Action de transfuser ; opération de chirurgie par laquelle on fait passer le sang d'un animal dans les veines d'un autre.

Transgresser v. a. Contrevenir à une loi, à un ordre ; enfreindre.

Transgresseur s. m. Qui transgresse.

Transgression s. f. Action de transgresser.

Transi, ie adj. Saisi de froid.

Transiger v. n. (on pron. *zi*). Accommoder un différend, un procès par des concessions.

Transir v. a. (on pron. *cir*). Pénétrer et engourdir de froid. Fig. glacer d'effroi, de douleur.

Transissement s. m. (on pron. *cisse*). État d'une personne transie.

Transit s. m. (on pron. *zite*). Faculté de faire passer des marchandises sans payer de droits d'entrée.

Transitif, ive adj. (on pron. *zi*). *Gram.* Se dit des verbes qui marquent l'action d'un sujet sur un autre.

Transition s. f. (on pron. *zicion*). Manière de passer d'un raisonnement à un autre ; liaison des parties d'un discours. Fig. passage d'un ton à un autre (*mus.*).

Transitoire adj. (on pron. *zi*). Passager ; provisoire.

Transitoirement adv. D'une manière transitoire.

Translater v. a. Traduire (vx.).

Translateur s. m. Traducteur (vx.).

Translatif, ive adj. Qui opère translation.

Translation s. f. Transport d'un lieu à un autre.

Translucide adj. Transparent.

Translucidité s. f. Transparence.

Transmarin, e adj. Qui est au-delà de la mer.

Transmettre v. a. Céder ; faire passer sa possession, ses droits à un autre ; faire passer à sa postérité.

Transmigration s. f. Passage d'un peuple qui abandonne un pays pour en aller habiter un autre.

Transmissibilité s. f. Qualité de ce qui est transmissible.

Transmissible adj. Qui peut être transmis.

Transmission s. f. Action de transmettre ; son effet.

Transmuable adj. Qui peut être transmué.

Transmuer v. a. Changer ; transformer un métal en un autre plus précieux.

Transmutabilité s. f. Propriété de ce qui est transmutable.

Transmutable adj. Qui subit des métamorphoses, transmuable.

Transmutation s. f. Changement d'une chose en une autre.

Transparence s. f. Qualité de ce qui est transparent.

Transparent, e adj. Diaphane. S. m. Papier tracé pour écrire droit, en le posant sous la feuille que l'on écrit ; papier huilé, verre, etc., peint, orné, à travers lequel on voit la lumière posée derrière.

Transpercer v. a. Percer de part en part.

Transpirable adj. Qui peut sortir par la transpiration.

Transpiration s. f. Sortie imperceptible des humeurs par les pores.

Transpirer v. n. S'exhaler, sortir du corps par les pores ; suer. Fig. commencer à se divulguer.

Transplantation s. f. Action de transplanter.

Transplanter v. a. Planter en un autre endroit : *transplanter un arbre.* Fig. transporter des personnes ou des choses d'un pays dans un autre.

Transport s. m. Action de transporter ; cession juridique. Fig. mouvement passionné ; enthousiasme ; délire.

Transportable adj. Qui peut être transporté,

Transportation s. f. Déportation.

Transporter v. a. Porter d'un lieu à un autre ; céder juridiquement. Fig. mettre quelqu'un hors de lui-même. SE TRANSPORTER v. pr. Se rendre sur les lieux ; se placer en imagination : *se transporter dans l'avenir.*

Transposable adj. Qu'on peut transposer.

Transposer v. a. Changer de place. *Mus.* Chanter ou jouer sur un ton différent de celui sur lequel l'air est noté.

Transpositeur adj. m. Se dit d'un piano, d'un orgue qui permet de transposer un morceau de musique d'un ton dans un autre, d'une manière toute mécanique.

Transposition s. f. Action de transposer ; renversement de l'ordre accoutumé.

Transsubstantiation s. f. Changement d'une substance en une autre ; se dit principalement du miracle eucharistique.

Transsubstantier v. a. Changer une substance en une autre.

Transsudation s. f. Action de transsuder.

Transsuder v. n. Passer au travers des pores par une espèce de sueur.

Transvaser v. a. Verser des liqueurs d'un vase dans un autre.

Transversal, e adj. Qui coupe obliquement : *ligne, section transversale.*

Transversalement adv. D'une manière transversale.

Transverse adj. Oblique.

Trantran s. m. Le cours de certaines affaires, la manière de les conduire : *savoir le trantran.*

Trapèze s. m. *Géom.* Quadrilatère dont deux côtés seulement sont parallèles * ; pièce dressée pour des exercices gymnastiques.

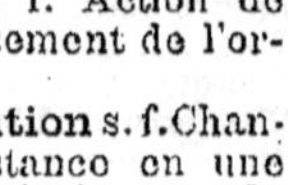

Trapézoïdal, e adj. Qui a la forme d'un trapèze.

Trapézoïde s. m. Figure qui a la forme d'un trapèze.

Trappe s. f. Sorte de porte au niveau du plancher ; porte, fenêtre à coulisse ; piège dans une fosse.

Trappe (la) s. f. Ordre religieux, issu de la famille des Cisterciens.

Trappiste s. m. Religieux de la Trappe.

Trappistine s. f. Religieuse d'un couvent de la Trappe ; sorte de liqueur fabriquée par les trappistes.

Trapu, ue adj. Gros et court.

Traque s. f. Action de traquer.

Traquenard s. m. Sorte de piège pour prendre les animaux nuisibles.

Traquer v. a. Entourer un bois, puis y pénétrer en se rapprochant les uns des autres, de manière à n'en rien laisser échapper.

Traquet s. m. Petite soupape de moulin ; piège qu'on tend aux bêtes puantes ; petit oiseau à bec fin.

Traqueur s. m. Celui qui traque à la chasse.

Traumatique adj. *Chir.* Qui concerne les plaies, les blessures.

Travail s. m. Pl. *travaux* : peine qu'on prend pour faire une chose ; ouvrage fait, que l'on fait, ou à faire. Pl. *travails* : compte rendu à un supérieur ; machine pour ferrer les chevaux vicieux. *Travaux forcés*, peine afflictive et infamante qui a remplacé les galères.

Travaillé, ée adj. Fait avec soin; obsédé, tourmenté.

Travailler v. a. Faire ; opérer ; façonner la matière ; faire avec application, avec soin. Fig. soigner ; tourmenter ; causer de la peine. V. n. Prendre quelque fatigue de corps ou d'esprit ; faire de l'ouvrage ; fermenter ; se déjeter.

Travailleur, euse s. Qui aime le travail ; qui travaille.

Travée s. f. Espace entre deux poutres, entre deux colonnes.

Travers s. m. Étendue d'un corps considéré dans sa largeur. Fig. bizarrerie, caprice, inconduite. EN TRAVERS loc. adv. D'un côté à l'autre dans la largeur. A TORT ET A TRAVERS loc. adv. Inconsidérément. DE TRAVERS loc. adv. Obliquement, à contre-sens. A TRAVERS loc. prép. Au milieu. AU TRAVERS loc. prép. Par le milieu.

Traverse s. f. Pièce de charpente en travers. *Chemin de traverse*, qui coupe au plus court. Fig. *Se mettre à la traverse*, apporter des obstacles. Au pl. afflictions, malheurs.

Traversée s. f. Trajet, voyage par mer.

Traverser v. a. Passer à travers, d'un côté à l'autre : *traverser un fleuve, un chemin, des montagnes ;* percer de part en part. Fig. susciter des obstacles.

Traversier, ière adj. Qui traverse : *rue traversière ;* qui sert à traverser : *barque traversière.*

Traversin s. m. Sorte d'oreiller long et étroit.

Travestir v. a. Déguiser. Fig. traduire en style burlesque ; donner une fausse interprétation : *travestir une pensée.* SE TRAVESTIR v. pr. Se déguiser, se masquer.

Travestissement s. m. Déguisement.

Trayon s. m. Le bout du pis d'une vache, d'une chèvre, etc., que l'on presse pour la traire.

Trébuchant, e adj. Qui est de poids, en parlant des monnaies d'or et d'argent.

Trébuchement s. m. Action de trébucher.

Trébucher v. n. Faire un faux pas ; emporter par sa pesanteur le poids qui contre-pèse, en parlant des monnaies d'or et d'argent.

Trébuchet s. m. Piège pour les petits oiseaux ; petite balance pour peser les monnaies.

Tréfilage s. m. Action de tréfiler.

Tréfiler v. a. Faire passer du fer ou du laiton par la filière.

Tréfilerie s. f. Machine à tréfiler ; atelier de tréfileur.

Tréfileur s. m. Ouvrier qui tréfile.

Trèfle s. m. Plante herbacée employée comme fourrage ; une des quatre couleurs du jeu de cartes ; tout ce qui a la forme de la feuille du trèfle.

Tréfonds ou **très-fonds** s. m. Fonds qui est sous le sol et qui est susceptible d'exploitation.

Treillage s. m. (*ll* m.) Assemblage de lattes en treillis*.

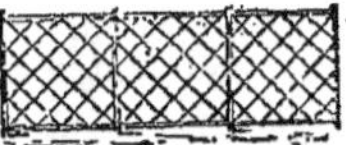

Treillager v. a. (*ll* m.) Garnir de treillage.

Treillageur s. m. (*ll* m.) Qui fait des treillages.

Treille s. f. (*ll* m.) Ceps de vigne élevés contre un mur ou un treillage.

Treillis s. m. (*ll* m.) Ouvrage de bois, de fer, qui imite les mailles d'un filet et sert de clôture ; grosse toile.

Treillisser v. a. (*ll* m.) Garnir de treillis.

Treize adj. num. Dix et trois ; treizième.

Treizième adj. num. ord. de treize. S. m. : *un treizième.*

Treizièmement adv. En treizième lieu.

Tréma s. m. Double point qu'on place sur les voyelles *ë ï ü* pour indiquer que ces lettres doivent être prononcées séparément de celles qui les précèdent ou qui les suivent. Adj. invar. Surmonté d'un tréma : *des ï tréma.*

Tremblaie s. f. Lieu planté de trembles.

Tremblant, e adj. Qui tremble. Fig. être tremblant de froid, de fièvre, etc.

Tremble s. m. Espèce de peuplier à feuilles pendantes, très mobiles.

Tremblé, ée adj. Fait d'une main tremblante : *écriture tremblée.*

Tremblement s. m. Agitation de ce qui tremble. Fig. grande crainte.

Trembler v. n. Etre agité par de fréquentes secousses ; n'être pas ferme ; s'ébranler aisément ; vaciller : *le pont tremble.* Fig. être effrayé, craindre ; *trembler de fièvre*, avoir le frisson.

Trembleur, euse s. Qui tremble. Fig. très craintif ; trop circonspect ; nom donné aux membres de la secte des quakers.

Tremblotant, e adj. Qui tremblote : *voix tremblotante.*

Trembloter v. n. Trembler un peu.

Trémie s. f. Grande auge large du haut, très étroite du bas, et légèrement agitée, d'où le blé tombe peu à peu entre les meules du moulin.

Trémière adj. f. *Rose trémière*, espèce de grande mauve.

Trémolo s. m. Mouvement rapide, tremblant et continu sur une note (*mus.*).

Trémoussement s. m. Action de se trémousser.

Trémousser v. n. S'agiter, se remuer d'un mouvement vif et irrégulier, en parlant des oiseaux. SE TRÉMOUSSER v. pr. Se remuer, s'agiter. Fig. se donner du mouvement pour une affaire (fam.).

Trémoussoir s. m. Machine propre à se donner du mouvement sans sortir de sa chambre.

Trempage s. m. Action de tremper.

Trempe s. f. Action de tremper le fer, l'acier ; qualité que le fer contracte quand on le trempe. Fig. caractère ; humeur ; manière.

Trempé, ée adj. Extrêmement mouillé. Fig. *Esprit bien trempé*, d'une qualité vigoureuse.

Tremper v. a. Mouiller une chose en la mettant dans un liquide : *tremper le pain dans le bouillon. — Tremper du fer, de l'acier*, le plonger tout rouge dans l'eau, l'huile, etc. ; *tremper son vin*, y mettre de l'eau. V n. Rester quelque temps dans un liquide : *le linge trempe*. Fig. participer, être complice.

Tremperie s. f. Endroit d'une imprimerie où l'on trempe le papier.

Tremplin s. m. Planche inclinée, très élastique, pour faire des sauts.

Trentain, terme en usage dans le jeu de paume : chacun trente.

Trentaine s. f. Nombre de trente ; l'âge de trente ans.

Trente adj. num. Trois fois dix ; trentième. S. m. Le nombre trente : le trentième jour. *Trente et quarante* s. m. Jeu de hasard, de cartes.

Trente tyrans (les), les trente magistrats imposés aux Athéniens, après la guerre du Péloponèse et la prise d'Athènes (404 av. J.-C.).

Trentenaire adj. Qui est de trente ans, qui dure trente ans.

Trentième adj. Nombre ordinal de trente. S. m. Chaque partie d'un tout divisé en trente parties égales.

Trépan s. m. Instrument de chirurgie pour percer les os, et spécialement ceux du crâne ; opération faite avec cet instrument.

Trépaner v. a. Faire l'opération du trépan.

Trépas s. m. Décès de l'homme.

Trépassé, ée adj. et s. m. Mort.

Trépassement s. m. Moment de la mort ; trépas (vx.).

Trépasser v. n. Mourir, décéder.

Trépidation s. f. Légère secousse du sol ; tremblement des membres, des nerfs, etc. (vx.).

Trépied s. m. Ustensile de cuisine ; support, siège à trois pieds.

Trépignement s. m. Action de trépigner.

Trépigner v. n. Frapper des pieds contre terre d'un mouvement prompt et fréquent.

Trépointe s. f. Bande de cuir cousue entre deux autres.

Très adv. Particule qui se joint à un adjectif, un participe ou un adverbe pour marquer le superlatif : *il est très malade*.

Très-Haut (le) s. m. Dieu.

Trésor s. m. Amas d'or, d'argent, de choses précieuses mises en réserve ; lieu de leur dépôt ; *le trésor public, le trésor de l'État*, les revenus de l'Etat ; *le Trésor*, le lieu où ces revenus sont déposés et administrés. Au pl. Grandes richesses. Fig. réunion d'excellentes qualités, de sciences, de notions, de faits, d'idées, etc.

Trésorerie s. f. Les finances d'un Etat, leur département ; le trésor public.

Trésorier s. m. Garde d'un trésor ; celui qui reçoit et distribue les deniers d'une commune, d'une association, etc.

Trésorière s f. Celle qui remplit les fonctions de trésorier.

Tressaillement s. m. (*ll* m.) Agitation subite ; mouvement soudain et convulsif des nerfs.

Tressaillir v. n. (*ll* m.) Eprouver un tressaillement.

Tressaut s. m. Tressaillement de joie ; inégalité dans les essais de la monnaie.

Tresse s. f. Tissu plat de fils, de cheveux, etc., entrelacés.

Tresser v. a. Arranger en tresses.

Tresseur, euse s. Qui tresse.

Tressoir s. m. Instrument pour tresser.

Tréteau s. m. Pièce de bois sur quatre pieds qui sert à soutenir des tables, etc. Fig. au pl. théâtre de farceurs, de saltimbanques.

Treuil s. m. (*l* m.) Cylindre horizontal qui tourne au moyen de leviers pour soulever des fardeaux.

Trêve s. f. Suspension d'armes, cessation d'hostilités pour un temps. Fig. relâche, cessation.

Tri s. m. Triage.

Triage s. m. Action de trier, choix; chose triée.

Triaires s. m. pl. Soldats du troisième corps de la légion romaine.

Triangle s. m. Polygone qui a trois côtés et trois angles (*géom.*); instrument de musique en acier ayant cette forme.

Triangulaire adj. Qui a trois angles (*géom.*).

Triangulairement adv. En triangle.

Triangulation s. f. Action de lever un plan par des opérations géométriques; résultat de cette action.

Tribord s. m. Côté droit du vaisseau vu de la poupe.

Triboulet, fou des rois Louis XII et François Ier, m. 1536.

Tribraque s. m. Pied de vers composé de trois brèves.

Tribu s. f. Division du peuple chez quelques nations anciennes; peuplade.

Tribulation s. f. Affliction, adversité.

Tribun s. m. Magistrat romain.

Tribunal s. m. Siège, juridiction d'un juge, d'un magistrat. Fig. *Le tribunal de la pénitence*, le confessionnal.

Tribunat s. m. Dignité de tribun; sa durée; l'un des corps constitutionnels en France, en 1800.

Tribune s. f. Lieu élevé pour haranguer; galerie autour d'une salle, d'une église, etc. Fig. éloquence politique.

Tribunitien, ienne adj. (on pron. *tribunicien*). Du tribun, qui appartient au tribunat.

Tribut s. m. Ce qu'un État paye à un autre en signe de dépendance; impôt. Fig. ce que l'on est obligé d'accorder, de souffrir; dette, devoir, nécessité.

Tributaire adj. Qui paye le tribut. Se dit aussi au figuré.

Tributif, ive adj. D'un tribut.

Tricéphale adj. Qui a trois têtes.

Triceps adj. et s. m. Muscle divisé en trois.

Tricher v. a. Tromper au jeu. Fig. tromper par des voies basses et petites.

Tricherie s. f. Tromperie au jeu; tromperie faite en de petites choses.

Tricheur, euse s. Qui triche.

Triclinium s. m. (on pron. *tricliniome*). Chez les anciens, salle à manger où il y avait trois lits.

Tricoises s. f. pl. Tenailles des maréchaux ferrants.

Tricolor s. m. Plante à feuilles mêlées de vert, de jaune et de rouge, sorte d'amarante.

Tricolore adj. De trois couleurs.

Tricorne adj. Qui a trois cornes (*zool.*). S. m. Chapeau à trois cornes ou pointes.

Tricot s. m. (*t* final nul). Bâton gros et court; ouvrage tricoté.

Tricotage s. m. Travail, ouvrage de la personne qui tricote.

Tricoter v. a. Former des mailles avec un fil en se servant de longues aiguilles.

Tricoteur, euse s. Qui tricote.

Trictrac s. m. Sorte de jeu; boîte dans laquelle on le joue avec des dames et des dés.

Tricuspidal, e ou **tricuspidé, ée** adj. Qui est divisé en trois pointes (*zool.*).

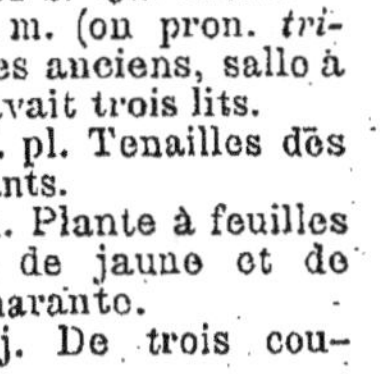

Tricycle adj. 2 g. et s. m. Qui a trois roues ou trois cercles; vélocipède à trois roues *.

Tridactyle adj. Qui a trois doigts à chaque pied (*zool.*).

Trident s. m. Fourche à trois dents; sceptre de Neptune, dieu de la mer. Fig. poét. la domination des mers.

Tridenté, ée adj. Qui a trois dents (*bot.*).

Tridi s. m. 3e jour de la décade républicaine.

Trièdre adj. Qui offre trois faces (*géom.*).

Triennal, e adj. Qui dure trois ans.

Triennalité s. f. Qualité d'une chose qui ne dure que trois ans.

Triennat s. m. Espace de trois ans ; exercice d'un emploi pendant trois ans.

Trier v. a. Choisir entre plusieurs personnes ou plusieurs choses ; séparer.

Triérarque s. m. Commandant d'une galère, d'une trirème, chez les anciens Athéniens ; celui qui était obligé de l'équiper à ses frais.

Trieur, euse s. Qui fait le triage dans un atelier.

Trifide adj. Fendu en trois (*hist. nat.*).

Trigaud, e adj. et s. Qui use de mauvaises finesses.

Trigauder v. n. N'agir pas franchement ; se servir de mauvaises finesses.

Trigauderie s. f. Action de trigauder.

Triglyphe s. m. Ornement d'architecture dorique dans la frise.

Trigonométrie s. f. Science qui a pour objet de calculer les éléments des triangles.

Trigonométrique adj. Qui a rapport à la trigonométrie.

Trilatéral, e adj. A trois côtés.

Trilatère s. m. Triangle.

Trille s. m. (*ll* m.) Répétition rapide et alternative de deux notes qui se suivent (*mus.*).

Trillion s. m. Mille billions.

Trilogie s. f. Suite de trois tragédies sur un sujet analogue.

Trimbaler v. a. Traîner, porter partout (*fam.*).

Trimer v. n. Marcher, courir, faire des allées et venues fatigantes (fam.).

Trimestre s. m. Espace de trois mois ; ce qu'on paye, ce qu'on reçoit pour un trimestre.

Trimestriel, elle adj. Qui dure trois mois ; qui revient tous les trois mois.

Trimourti s. f. La trinité des Indous (Brahma, Vichnou, Siva).

Tringle s. f. Baguette mince et ronde de fer ou de bois.

Tringler v. a. Tracer une ligne droite sur une poutre, etc., avec un cordeau frotté de craie.

Trinitaire s. m. Membre d'un ordre religieux institué au XIIe siècle pour le rachat des captifs.

Trinité s. f. Un seul Dieu en trois personnes, le Père, le Fils, le Saint-Esprit (*théol.*) ; fête que l'Eglise célèbre en l'honneur de la Sainte Trinité.

Trinôme s. m. Quantité algébrique composée de trois termes.

Trinquer v. n. Boire en choquant le verre à la santé l'un de l'autre.

Trinquet s. m. Mât de misaine des bâtiments à voiles latines ou triangulaires (*mar.*).

Trinquette s. f. Voile triangulaire (*mar.*).

Trio s. m. Morceau de musique à trois parties, pour trois voix. Fig. fam. trois personnes unies. (Pl. *trios*.)

Triolet s. m. Petite pièce de huit vers dont le premier est répété après le troisième et les deux premiers après le sixième. *Mus.* Trois notes liées qui en valent deux.

Triomphal, e adj. Du triomphe, du triomphateur.

Triomphalement adv. En triomphe.

Triomphant, e adj. Qui triomphe, qui a reçu les honneurs du triomphe ; victorieux ; heureux de ses succès, très fier. *Eglise triomphante*, les élus dans le ciel.

Triomphateur s. m. Général romain auquel on accordait, à la suite d'une grande victoire, les honneurs du triomphe. Fig. qui a remporté une victoire.

Triomphe s. m. Entrée solennelle d'un général victorieux dans Rome. Fig. succès obtenu. S. f. Sorte de jeu de cartes.

Triompher v. n. Recevoir les honneurs du triomphe ; vaincre par la voie des armes ; remporter un avantage sur quelqu'un. Etre ravi de joie ; tirer vanité de.

Tripartit, e adj. Divisé en trois.

Tripe s. f. Intestins d'un animal.

Triperie s. f. Lieu où l'on vend les tripes.
Tripette s. f. Petite tripe. Fig. (pop.) *Ne valoir pas tripette*, ne valoir rien.
Triphthongue s. f. Syllabe composée de trois voyelles qu'on prononce en une seule émission de voix. Ex. : *veau, seau.*
Tripier, ière s. Qui vend des tripes.
Triple adj. Qui contient trois fois le simple. S. m. Trois fois autant.
Triplement s. m. Augmentation jusqu'au triple.
Triplement adv. D'une manière triple ; en trois façons.
Tripler v. a. Rendre triple. V. n. Devenir triple.
Triplicata s. m. Troisième expédition d'un acte.
Triplicité s. f. Qualité de ce qui est triple.
Tripoli s. m. Pierre rouge ou jaune d'un grain très fin dont on se sert pour polir les glaces, les métaux.
Tripolir v. a. Nettoyer avec du tripoli.
Tripot s. m. Maison de jeu, de désordre, de mauvaise compagnie.
Tripotage s. m. Mélange malpropre, désagréable au goût. Fig. mélange de choses incohérentes ; intrigue.
Tripoter v. n. et a. Faire un tripotage ; mêler, brouiller, mélanger, gâter. Fig. faire des affaires, des spéculations peu loyales.
Tripotier, ière s. Qui fait des tripotages.
Triptère adj. *Zool.* A trois ailes.
Trique s. f. Pop. Gros bâton.
Trique-balle s. m. Machine pour transporter des canons.
Trique-madame s. f. Joubarbe à petits grains.
Triquer v. a. Trier le bois.
Triquet s. m. Battoir pour jouer à la paume.
Triquoises s. f. pl. Voy. *Tricoises.*
Trirème s. f. Galère des anciens à trois rangs de rames.
Trisaïeul, e s. Le père, la mère du bisaïeul ou de la bisaïeule.
Trisannuel, elle adj. *Bot.* Qui dure trois ans.
Trisection s. f. *Géom.* Division en trois parties égales.
Trismégiste adj. et s. m. Trois fois grand. Surnom donné par les Grecs au Mercure égyptien ou Hermès.
Trispaste s. m. Sorte de machine à trois poulies.
Trisperme adj. *Bot.* Qui porte trois graines.
Trisyllabe s. m. et adj. Mot de trois syllabes.
Triste adj. Affligé, abattu de chagrin, de déplaisir ; mélancolique ; affligeant ; sombre ; pénible ; ennuyeux ; mauvais.
Tristement adv. D'une manière triste.
Tristesse s. f. Affliction, déplaisir ; mélancolie. Manque d'agrément.
Triton s. m. *Myth.* Dieu marin. *Mus.* Intervalle dissonant, composé de trois tons entiers.
Triturable adj. Qui peut être trituré.
Trituration s. f. Action de triturer.
Triturer v. a. Broyer.
Triumvir s. m. Magistrat à Rome, qui n'avait que deux collègues.
Triumviral, e adj. Des triumvirs.
Triumvirat s. m. Pouvoir des triumvirs.
Trivalve adj. *Bot.* A trois valves.
Triviaire adj. Se dit d'une place où aboutissent trois rues, trois chemins.
Trivial, e adj. Commun, usé, rebattu.
Trivialement adv. D'une manière triviale.
Trivialité s. f. Caractère de ce qui est trivial, chose triviale.
Troc s. m. Echange.
Trocart s. m. Voy. *Trois-quarts.*
Trochaïque adj. (on pron. *trocaïque*). Se dit de certains vers latins composés de trochées.
Trochée s. m. Pied de vers grec ou latin composé d'une longue et d'une brève.
Trochet s. m. Fleurs ou fruits en bouquet sur un arbre.
Troëne s. m. Arbrisseau.
Trogne s. f. Visage plein, enluminé, qui a quelque chose de facétieux.

Trognon s. m. Le cœur ou le milieu d'un fruit, d'un légume, dont on a ôté ce qui était bon à manger.

Trois adj. num. Deux et un. S. m. Le chiffre 3; le 3e jour du mois; carte, face d'un dé marqué de trois points.

Trois-mâts s. m. Navire de commerce à trois mâts.

Trois-quarts s. m. Instrument de chirurgie pour les ponctions.

Troisième adj. Nombre ordinal de trois. S. m. 3e étage. S. f. 3e classe.

Troisièmement adv. En 3e lieu.

Trôler v. a. Mener avec soi, de tous côtés, sans besoin. V. n. Courir çà et là.

Trombe s. f. Colonne d'eau et d'air mue en tourbillon par le vent et qui fait de grands ravages.

Tromblon s. m. Grosse espingole.

Trombone s. m. Sorte de trompette; celui qui en joue,

Trompe s. f. Tuyau d'airain recourbé pour sonner à la chasse; trompette; partie du museau de l'éléphant qui s'allonge et se recourbe; long suçoir des insectes.

Trompe-l'œil s. m. Tableau où des objets de nature morte sont représentés de manière à faire illusion.

Tromper v. a. User d'artifice pour induire en erreur; décevoir, abuser; ne pas répondre à l'attente de quelqu'un; distraire : *tromper l'ennui*. SE TROMPER v. pr. Errer, s'abuser.

Tromperie s. f. Fraude.

Trompeter v. a. Publier, crier à son de trompe. Fig. divulguer. V. n. Se dit du cri de l'aigle.

Trompette s. f. Instrument de cuivre d'un son très éclatant *; un des jeux de l'orgue. Fig. celui qui publie partout ce qu'il sait. S. m. Celui qui sonne de la trompette.

Trompeur, euse adj. et s. Qui trompe.

Tronc s. m. La tige d'un arbre sans les branches. Fig. souche d'une même famille; partie principale du corps, à laquelle sont attachés les membres. Boîte fendue dans sa partie supérieure, pour les aumônes.

Tronchet s. m. Gros billot de bois à trois pieds.

Tronçon s. m. Morceau séparé d'une plus grosse pièce en long : *tronçon d'épée, tronçon d'anguille*.

Tronçonner v. a. Couper par tronçons.

Trône s. m. Siège élevé pour un souverain dans ses fonctions solennelles. Fig. la puissance souveraine. Pl. L'un des neuf chœurs des anges.

Trôner v. n. Siéger sur un trône; dominer.

Tronqué, ée adj. Dont on a retranché une partie essentielle.

Tronquer v. a. Retrancher une partie de.

Trop adv. Plus qu'il ne faut. S. m. Ce qu'il y a de trop; surabondance, excès.

Trop-plein s. m. Ce qui excède la capacité d'un vase, etc.

Trope s. m. *Rhét.* Emploi d'une expression dans un sens figuré.

Trophée s. m. Dépouille d'un ennemi vaincu; assemblage d'armes pour consacrer le souvenir d'une victoire, etc.; victoire.

Tropical, e adj. Des tropiques.

Tropique s. m. Nom de deux petits cercles de la sphère parallèles à l'équateur. Adj. *Année tropique*, qui s'écoule d'un équinoxe au même équinoxe de l'année suivante.

Tropologique adj. Figuré.

Troquer v. a. Echanger.

Troqueur, euse s. Qui troque.

Trot s. m. Allure entre le pas et le galop.

Trotte s. f. Espace de chemin (pop.).

Trotte-menu adj. Qui trotte vite et à petits pas.

Trotter v. n. Aller le trot. Fam. Marcher beaucoup.

Trotteur s. m. Cheval dressé au trot.

Trottin s. m. Petit domestique (pop.).

Trottiner v. n. Marcher à petits pas et vite.

Trottoir s. m. Chemin élevé pratiqué le long des quais, des rues, pour les piétons.

Trou s. m. Ouverture; creux.

Fig. petit logement, petite maison; hameau, village; ville dans un fond.

Trou-madame s. m. Sorte de [jeu.

Troubadour s. m. Ancien poète provençal.

Trouble adj. Brouillé, peu clair. Adv. D'une manière trouble. S. m. Brouillerie, désordre, confusion; agitation d'esprit; entreprise contre la possession légitime. Au pl. Émeutes, guerre civile.

Trouble-fête s. m. Importun qui trouble la joie; accident qui produit le même effet.

Troubler v. a. Rendre trouble. Fig. apporter du trouble; intimider; inquiéter dans la possession d'un bien; interrompre. SE TROUBLER v. pr. Devenir trouble. Fig. s'embarrasser.

Trouée s. f. Ouverture dans l'épaisseur d'un bois, d'un mur, etc.; passage ouvert de force à travers une ligne ennemie.

Trouer v. a. Faire un trou, percer.

Troupe s. f. Nombre de gens assemblés, réunis, associés; corps de soldats. Au pl. Armée.

Troupeau s. m. Troupe d'animaux. Fig. grand nombre; ouailles.

Troupier s. m. Militaire.

Trousse s. f. Faisceau de choses liées ensemble; carquois (vx.); étui à l'usage des barbiers, des chirurgiens. Au pl. chausses des pages. Fig. *Être aux trousses de quelqu'un*, à sa poursuite. EN TROUSSE loc. adv. Monté en croupe.

Troussé, ée adj. *Bien* ou *mal troussé*, bien ou mal fait, bien ou mal disposé.

Trousseau s. m. Petite trousse; paquet: *trousseau de clefs;* vêtements, linge, etc., d'un élève mis en pension, d'une fille que l'on marie.

Trousse-galant s. m. Choléra.

Trousse-queue s. m. Morceau de cuir qui passe sous le haut de la queue d'un cheval. (Inv. au pl.).

Troussequin s. m. Pièce de bois cintrée sur le derrière de la selle.

Trousser v. a. Relever un vêtement qui pend. Fig. *Trousser une volaille*, la préparer pour la faire cuire; *trousser une affaire*, l'expédier promptement; *trousser bagage*, fuir précipitamment.

Troussis s. m. Pli fait à une étoffe pour qu'elle soit plus courte.

Trouvable adj. Que l'on peut trouver.

Trouvaille s. f. (*ll* m.) Chose trouvée heureusement (fam.).

Trouver v. a. Rencontrer une personne ou une chose, soit qu'on la cherche ou non. Fig. découvrir, inventer, prendre: *trouver du plaisir; trouver bon*, approuver; *trouver mauvais*, désapprouver. V. n. *Trouver à*, trouver le moyen, l'occasion; *trouver à redire*, trouver un défaut. SE TROUVER v. pr. Être: *se trouver en danger;* estimer, juger, se sentir: *se trouver heureux.* V. imp. *Il se trouva*, il y eut, il arriva.

Trouvère ou **trouveur** s. m. Ancien poète français du moyen âge.

Troyen, enne adj. et s. De l'ancienne ville de Troie (Asie Mineure). Se dit aussi de Troyes, ville de France.

Truand, e adj. Vagabond, mendiant, vaurien.

Truandaille s. f. (*ll* m.) Collection de truands (pop.).

Truander v. n. Mendier.

Truanderie s. f. Profession de truand (pop.).

Truc s. m. Secret; manière de faire; sorte de billard; chariot de chemin de fer.

Trucheman ou **truchement** s. m. Interprète.

Trucher v. n. Mendier par fainéantise (pop.).

Trucheur, euse s. Qui truche (pop.).

Truculent, e adj. Farouche, brutal.

Trudaine s. f. Impertinence, niaiserie, moquerie. Adj. 2 g. Enjoué, plaisant.

Truelle s. f. Outil de maçon pour prendre le plâtre ou le mortier; ustensile d'argent pour servir le poisson.

Truellée s. f. Ce qui peut tenir sur une truelle.

Truffe s. f. Corps végétal bon à manger, que l'on trouve dans la terre.

Truffé, ée adj. Garni de truffes: *dinde truffée.*

Truffer v. a. Garnir de truffes. Railler, tromper (pop.).

Trufferie s. f. Tromperie, raillerie (pop.).

Truffier, ère adj. Qui produit des truffes.

Truffière s. f. Terrain où l'on trouve des truffes.

Truie s. f. Femelle du porc.

Truite s. f. Sorte de poisson d'eau douce. *Truite saumonée*, qui tient du goût du saumon.

Truité, ée adj. Marqueté de taches rougeâtres comme celles des truites.

Trumeau s. m. Espace entre deux fenêtres; glace occupant cet espace; viande du jarret d'un bœuf.

Trusquin s. m. Outil de menuisier pour tracer des parallèles.

Tsar s. m. Nom porté par l'empereur de Russie.

Tsarien, enne adj. Du tsar, qui appartient au tsar.

Tsarine s. f. Impératrice de Russie.

Tsarisme s. m. Pouvoir, gouvernement politique du tsar.

Tsarowitz s. m. Fils du tzar.

Tu pron. pers. s. 2 g. de la 2e personne.

Tuable adj. Se dit d'un animal bon à tuer.

Tuant, e adj. Fig. fatigant, ennuyeux, importun (fam.).

Tu-autem s. m. (mots latins; on pron. *tu-autème*). Le point essentiel, la difficulté.

Tubage s. Action de tuber.

Tubalcaïn, fils du patriarche Lamech, inventeur de l'art de travailler les métaux (30e siècle av. J.-C.).

Tube s. m. Tuyau cylindrique de métal, de verre, de terre cuite, etc.

Tuber v. a. et n. Placer des tubes, garnir de tubes.

Tubercule s. m. Excroissance en forme de bosse qui survient à une plante, à une racine; nom générique par lequel on désigne la pomme de terre, la truffe etc.; élevure à la peau, petit abcès au poumon.

Tuberculeux, euse adj. Qui est de la nature du tubercule; où il y a des tubercules.

Tubéreuse s. f. Fleur très odorante; sa plante.

Tubérosité s. f. Bosse, tumeur, éminence, inégalité.

Tubulaire adj. En forme de tube.

Tubulé, ée adj. Garni d'un tube, d'un tuyau; en forme de tube.

Tubuleux, euse adj. En tube.

Tubulure s. f. Vase tubulé.

Tudesque adj. Germanique. Fig. *Manières tudesques*, rudes, sans grâces. S. m. La langue germaine.

Tudieu interj. Exclamation, sorte de jurement.

Tudor (Owen), gentilhomme anglais, tige de la maison royale des Tudors, en Angleterre; m. 1461.

Tue-chien s. m. Colchique.

Tuer v. a. Oter la vie d'une manière violente, faire périr. Fig. détruire; faire disparaître, éclipser, anéantir; fatiguer, importuner. *Tuer le temps*, s'amuser à des riens. SE TUER v. pr. Se donner la mort. Fig. se fatiguer; se tourmenter à l'excès.

Tuerie s. f. Carnage, massacre; lieu où l'on tue les animaux de boucherie.

Tue-tête (à) loc. adv. *Crier à tue-tête*, de toute sa force.

Tueur s. m. Celui qui tue. Fig. spadassin.

Tuf ou **tuffeau** s. m. Sorte de pierre; terre blanche, sèche et dure sous la terre franche.

Tufier, ière adj. De la nature du tuf.

Tuile s. f. Carreau de terre cuite pour couvrir les toits.

Tuileau s. m. Morceau de tuile.

Tuilerie s. f. Lieu où l'on fait de la tuile. Au pl. Palais à Paris, détruit par les flammes en 1871.

Tuilier s. m. Ouvrier qui fait des tuiles.

Tulipe s. f. Fleur; plante bulbeuse qui la produit*.

Tulipier s. m. Arbre d'Amérique dont la fleur ressemble à celle de la tulipe.

Tulle s. m. Tissu en réseau très mince et très léger.

Tullie, fille de Servius Tullius, roi de Rome, et femme de Tarquin le Superbe.

Tullius, nom de famille de Cicéron.

Tullus Hostilius, troisième roi de Rome ; mort 639 av. J.-C.

Tuméfaction s. f. Enflure.

Tuméfier v. a. Rendre enflé, causer une enflure.

Tumescence s. f. État de ce qui est enflé ; enflure, gonflement.

Tumescent, e adj. Enflé, gonflé.

Tumeur s. f. Grosseur qui se développe sur quelque partie du corps.

Tumulaire adj. Qui a rapport aux tombeaux.

Tumulte s. m. Vacarme; trouble, grand mouvement avec bruit et désordre. Fig. se dit des passions, des sentiments, des pensées. EN TUMULTE loc. adv. En confusion, en désordre

Tumultuaire adj. Qui se fait avec tumulte, avec précipitation, contre les formes et les lois.

Tumultuairement adv. D'une façon tumultuaire.

Tumultueusement adv. En tumulte.

Tumultueux, euse adj. Qui se fait avec tumulte. Fig. agité, désordonné.

Tumulus s. m. (on pron. l's). Amas de terre ou de pierres en forme de cône au-dessus d'anciennes sépultures.

Tunicelle s. f. Petite tunique, petite enveloppe membraneuse.

Tunique s. f. Sorte de vêtement de dessous; dalmatique des anciens; pellicule; membrane (*anat.* et *bot.*).

Tuniqué, ée adj. Recouvert d'une tunique membraneuse.

Tunisien, ienne adj. et s. De Tunis.

Tunnel s. m. (m. anglais). Passage souterrain.

Turban s. m. Coiffure des Orientaux.

Turbine s. f. Roue à axe vertical, plongée dans le courant qui la fait mouvoir.

Turbiné, ée adj. *Hist. nat.* Contourné en spirale.

Turbinite s. f. Coquille fossile en forme de spirale.

Turbot s. m. Poisson de mer à chair blanche et délicate.

Turbotière s. f. Vase de forme particulière où l'on fait cuire des turbots.

Turbotin s. m. Turbot de petite espèce.

Turbulemment adv. D'une manière turbulente.

Turbulence s. f. Caractère de celui qui est turbulent.

Turbulent, e adj. Porté à faire du bruit, à exciter du trouble.

Turc, turque adj. et s. De Turquie. S. m. Langue turque ; petit ver qui ronge les arbres.

Turcie s. f. Levée, chaussée de pierre au bord d'une rivière, pour contenir les eaux.

Turco s. m. Tirailleur indigène de l'armée française d'Afrique.

Turelure s. f. Sorte de refrain de chanson. Fig. *C'est toujours la même turelure*, la même chose.

Turf s. m. (m. angl. qui signifie *champ de gazon*). Terrain sur lequel ont lieu les courses de chevaux.

Turfiste s. m. Celui qui aime les courses de chevaux, qui y assiste assidûment.

Turgescence s. f. *Méd.* Gonflement.

Turgescent, e adj. *Méd.* Gonflé.

Turion s. m. Bourgeon radical de certaines plantes, comme l'asperge, etc.

Turlupin s. m. Acteur de l'ancienne farce ; mauvais plaisant.

Turlupinade s. f. Mauvaise plaisanterie, mauvais jeu de mots.

Turlupiner v. a. Tourmenter. V. n. Faire des turlupinades.

Turneps s. m. Espèce de navet.

Turpitude s. f. Ignominie.

Turquet s. m. Petit chien ; variété de froment.

Turquette s. f. Plante médicinale astringente.

Turquin adj. m. *Bleu turquin*, foncé et mat.

Turquoise s. f. Pierre précieuse bleue, sans transparence.

Tussilage s. f. Genre de plantes dont les fleurs sont employées contre la toux.

Tutélaire adj. Qui protège.

Tutelle s. f. Autorité que la loi donne à une personne sur la personne et sur les biens d'un mineur ou d'un interdit. Fig. *Être en tutelle*, sous la dépendance.

Tuteur, trice s. m. A qui la tutelle est déférée. S. m. Bâton qui soutient un jeune arbre.

Tutie s. f. Oxyde de zinc qui se dépose dans les fourneaux où l'on fond le zinc et le plomb.

Tutoiement ou **tutoîment** s. m. Action de tutoyer.

Tutoyer v. a. Employer les pronoms *tu* ou *toi*, en parlant à quelqu'un.

Tutti s. m. pl. (m. ital. signif. *tous;* on pron. *toutt'ti*). Signe pour marquer que tous les instruments de musique doivent jouer à la fois. *Tutti quanti*, tous tant qu'ils sont.

Tuyau s. m. Tube, canal, tige creuse : *tuyau de plume;* pli cylindrique du linge empesé. (Pl. *tuyaux*.)

Tuyauter v. a. Faire des plis cylindriques à une étoffe empesée.

Tuyère s. f. Tube de métal conduisant dans le fourneau d'une forge l'air du soufflet.

Tympan s. m. Membrane du conduit auditif (*anat.*); morceau d'étoffe ou de parchemin tendu sur un châssis (*imp.*); espace entre les trois corniches d'un fronton (*archit.*).

Tympaniser v. a. Décrier publiquement.

Tympanite s. f. Enflure du bas-ventre.

Tympanon s. m. Instrument de musique à cordes touchées avec des baguettes.

Tyndare, mari de Léda, père de Castor, de Pollux, d'Hélène et de Clytemnestre (*myth.*).

Type s. m. Modèle original; ensemble de traits distinctifs; figure sur une médaille; caractère d'imprimerie.

Typhée, chef des géants qui escaladèrent le ciel (*myth.*).

Typhique adj. Qui appartient au typhus (*méd.*).

Typhoïde adj. De la nature du typhus.

Typhon s. m. Trombe de mer; ouragan furieux.

Typhon, dieu égyptien, génie du mal (*myth.*).

Typhus s. m. (on pron. l'*s*). Sorte de fièvre contagieuse; fièvre jaune, peste.

Typique adj. Allégorique, symbolique.

Typographe s. m. Imprimeur.

Typographie s. f. Art de l'imprimerie.

Typographique adj. Qui a rapport à la typographie.

Typographiquement adv. A la manière des typographes; par l'imprimerie.

Tyran s. m. Prince qui gouverne avec injustice et cruauté. Fig. toute personne qui abuse de son autorité, de son influence.

Tyranneau s. m. Petit tyran; tyran subalterne (fam.).

Tyrannicide adj. 2 g. et s. m. Meurtre d'un tyran; celui qui tue un tyran.

Tyrannie s. f. Domination usurpée et illégale, injuste et cruelle. Fig. oppression et violence; pouvoir des passions, de l'éloquence, etc. : *la tyrannie de la mode.*

Tyrannique adj. De la tyrannie; injuste, violent, contre le droit.

Tyranniquement adv. et s. D'une manière tyrannique.

Tyranniser v. a. Traiter tyranniquement. Fig. tourmenter, importuner.

Tyrolien, enne adj. et s. Du [Tyrol.

Tyrolienne s. f. Sorte de chant ou de danse du Tyrol, des pays de montagnes.

Tyrtée, célèbre poète athénien, chef des Spartiates dans la 2e guerre de Messénie, 668 av. J.-C.

Tzar, tzarine, etc. Voy. *Tsar, tsarine.*

U

U s. m. 21e lettre de l'alphabet, la 5e des voyelles.

Uberté s. f. Abondance (vx.).

Ubiquiste s. m. (on pron. *ubicuiste*). Docteur en Sorbonne qui n'était attaché à aucune maison particulière. Fam. Qui se trouve bien partout.

Ubiquistes ou **ubiquitaires** s. m. pl. Secte de protestants.

Ubiquité s. f. (on pron. *ubicuité*). Etat de ce qui est partout; faculté d'être ou de se montrer partout.

Udomètre s. m. Appareil indiquant la quantité de pluie qui tombe.

Ugolin, tyran de Pise, mort de faim dans une tour avec ses quatre enfants (1288).

Uhlan s. m. Soldat de cavalerie autrichienne et allemande.

Ukase s. m. Edit de l'empereur de Russie.

Ulcération s. f. Formation d'un ulcère; ulcère superficiel.

Ulcère s. m. Plaie, solution de continuité dans les chairs, avec suppuration.

Ulcérer v. a. Produire un ulcère; faire naître un ressentiment profond.

Ulcéreux, euse adj. Couvert d'ulcères.

Uligineux, euse adj. Très humide; marécageux.

Ulmaire s. f. Plante dite aussi *reine-des-prés*.

Ultérieur, e adj. Qui est au delà. Fig. qui se fait, qui arrive après.

Ultérieurement adv. Par delà; outre; postérieurement.

Ultimatum s. m. (on pron. *ultimatome*). Dernières et irrévocables conditions qu'on met à un traité.

Ultra s. m. Homme exagéré dans ses opinions politiques.

Ultramontain, e adj. *Géog.* Qui est situé, qui habite au delà des Alpes; se dit des doctrines opposées aux maximes de l'Eglise gallicane. S. m. Partisan des doctrines ultramontaines.

Ultramontanisme s. m. Système, doctrine des ultramontains.

Ultra-révolutionnaire adj. et s. Révolutionnaire à l'excès.

Ultra-royaliste adj. et s. Partisan exagéré du pouvoir royal.

Ulysse, roi d'Ithaque, fils de Laerte, époux de Pénélope et père de Télémaque (*myth.*).

Un, une adj. Seul, unique; simple; tout; quiconque. S. m. Le premier de tous les nombres; l'unité.

Unanime adj. Qui réunit tous les suffrages; d'une commune voix, d'un commun accord.

Unanimement adv. D'une commune voix.

Unanimité s. f. Conformité de sentiments; universalité des suffrages.

Unau s. m. Quadrupède sans queue qui se meut très lentement.

Unciforme adj. Crochu.

Unguiculé, ée adj. (on pron. *ongu-i-culé*). Qui a des ongles; terminé en forme d'ongle.

Unguis s. m. (on pron. *ongu-i*). *Anat.* Os lacrymal.

Uni, ie adj. Simple; égal; qui n'est point raboteux; uniforme. Adv. Uniment.

Unicapsulaire adj. (Fruit) qui n'a qu'une seule capsule.

Unicolore adj. D'une seule couleur.

Unième adj. Nombre ordinal qui répond à un; il s'emploie avec les nombres 20, 30, 40, etc.

Unièmement adv. S'emploie avec les mêmes nombres que unième.

Uniflore adj. *Bot.* Qui ne porte qu'une fleur.

Uniforme adj. Semblable en toutes ses parties; égal; qui ne varie pas; fait de même. S. m. Habit militaire; costume distinctif de certaines écoles, de certains collèges, etc.

Uniformément adv. D'une manière uniforme.

Uniformité s. f. Ressemblance des parties d'une chose ou de plusieurs choses entre elles.

Unilatéral, e adj. *Jurisp.* Qui n'est signé, promis que par une partie. *Bot.* Situé d'un seul côté.

Uniment adv. D'une manière unie, égale, toujours la même; simplement; sans façon.

Union s. f. Jonction de deux ou plusieurs choses. Fig. concorde, liaison étroite; mariage.

Unipersonnel, elle adj. *Gram.* Se dit des verbes qui n'ont qu'une seule personne.

Unipersonnellement adv. A la manière d'un verbe unipersonnel.

Unique adj. Seul; singulier; extraordinaire; incomparable.

Uniquement adv. Exclusivement; au-dessus de tout.

Unir v. a. Joindre; marier; rendre égal, polir.

Unisexuel, elle adj. *Bot.* Qui ne réunit point les deux sexes.

Unisson s. m. Accord de plusieurs voix ou instruments qui ne font entendre qu'un même ton. Fig. union des esprits.

Unitaire s. et adj. Sectaire qui ne reconnaît qu'une seule personne en Dieu.

Unité s. f. Principe du nombre ; qualité de ce qui est un.

Unitive adj. f. *Vie unitive*, état de l'âme dans l'exercice du pur amour.

Univalve adj. Dont la coquille n'est composée que d'une seule pièce*.

Univers s. m. Le monde entier ; la terre ; les habitants de la terre.

Universaliser v. a. Rendre universel ; généraliser.

Universalité s. f. Généralité ; totalité. *Log.* Qualité d'une proposition universelle.

Universel, elle adj. Général, qui s'étend à tout, partout, qui comprend, embrasse, renferme tout. S. m. (pl. *universaux*). *Log.* Ce qu'il y a de commun entre tous les êtres d'un même genre.

Universellement adv. Généralement.

Universitaire adj. et s. m. Qui appartient à l'université.

Université s. f. Corps de professeurs établis par autorité publique.

Urane ou uranium s. m. (on pron. *uraniome*). *Chim.* Métal d'un gris foncé, peu fusible.

Uranographie s. f. Description du ciel.

Uranographique adj. Qui appartient à l'uranographie.

Uranus s. m. (on pron. l'*s*). Planète.

Urate s. m. *Chim.* Sel formé par la combinaison de l'acide urique avec différentes bases.

Urbain, e adj. De ville, de la ville.

Urbanité s. f. Politesse que donne l'usage du monde.

Ure s. m. L'aurochs (taureau sauvage).

Urée s. f. Substance qui colore l'urine, et qui est le radical de l'acide urique.

Urétère s. m. Canal double qui porte l'urine des reins à la vessie.

Urétérite s. f. Inflammation de l'urétère.

Urètre s. m. *Anat.* Canal par où sort l'urine.

Urétrite s. f. Inflammation de l'urètre.

Urgence s. f. Qualité de ce qui est urgent.

Urgent, e adj. Pressant ; qui ne souffre point de retard.

Urinaire adj. Qui a rapport à l'urine.

Urinal s. m. Vase à col incliné où les malades urinent commodément.

Urine s. f. Fluide sécrété par les reins et sortant de la vessie par l'urètre.

Uriner v. a. et n. Evacuer l'urine.

Urineux, euse adj. De la nature de l'urine ; qui en a l'odeur, la couleur.

Urinoir s. m. Endroit pour uriner.

Urique adj. Se dit d'un acide produit par la combinaison de l'urée avec l'oxygène.

Urne s. f. Vase antique pour mettre les cendres des morts ; vase moderne pour tirer au sort, pour recevoir les billets d'un scrutin, etc. ; vase d'ornement.

Ursin s. m. Espèce de phoque.

Urson s. m. Espèce de porc-épic d'Amérique.

Ursule (sainte), martyre chrétienne du IVe siècle.

Ursuline s. f. Religieuse de l'ordre de Sainte-Ursule, fondé en 1537.

Urticaire s. f. Eruption semblable à celle que produisent les piqûres de l'ortie.

Urtication s. f. Sorte de flagellation avec des orties fraîches pour provoquer une irritation locale de la peau (*méd.*).

Urticées s. f. pl. Famille de plantes dont l'ortie est le type.

Us s. m. pl. Usages : *les us et coutumes du pays.*

Usage s. m. Coutume, pratique reçue ; emploi ; manière, action de se servir ; droit de pacage ; droit d'user, de se servir ; exercice ; expérience ; habitude ; se dit de la pratique des convenances en société.

Usager s. m. Qui a droit d'usage, de pacage.

Usance s. f. Usage (vx.); terme de 30 jours pour le payement d'une lettre de change.

Usé, ée adj. Détérioré par l'usage. Fig. affaibli par l'âge, par les maladies.

User v. n. Faire usage de, se servir. *En user*, agir de telle manière. V. a. Consommer, diminuer; détériorer par l'usage. Fig. affaiblir, fatiguer, épuiser, diminuer, détruire. S'USER v. pr. Se consommer; se détériorer; perdre ses forces, sa fertilité, son être.

Usine s. f. Etablissement industriel qui emploie des machines puissantes.

Usinier s. m. Qui exploite une usine.

Usité, ée adj. Qui est en usage.

Ustensile s. m. Petit meuble ou petit instrument servant au ménage, à la cuisine, etc.

Ustion s. f. Action de brûler, de cautériser.

Usuel, elle adj. Dont on se sert ordinairement.

Usuellement adv. D'une manière usuelle.

Usufructaire adj. Qui a rapport à l'usufruit.

Usufruit s. m. Jouissance des fruits, des revenus d'un bien dont on n'a pas la propriété.

Usufruitier, ière s. Qui a l'usufruit d'un bien. Adj. Se dit des réparations qui sont à la charge de l'usufruitier.

Usuraire adj. Où il y a de l'usure : *intérêt usuraire.*

Usurairement adv. Avec usure.

Usure s. f. Intérêt illégal; profit illégitime tiré de l'argent, des marchandises prêtées; délit commis par celui qui prête avec usure; détérioration par l'usage.

Usurier, ière s. Qui prête à usure.

Usurpateur, trice s. Celui qui usurpe.

Usurpation s. f. Action d'usurper; la chose usurpée.

Usurper v. a. S'emparer par violence, par ruse d'un bien, etc., qui appartient à autrui. Fig. obtenir par fraude : *usurper la réputation de savant.*

Ut s. m. Première note de la gamme; signe musical qui représente cette note.

Utérin, e adj. Né de la même mère, mais non du même père.

Utile adj. Profitable, avantageux; qui sert à quelque chose. S. m. Ce qui est utile.

Utilement adv. D'une manière utile.

Utiliser v. a. Tirer parti, employer utilement.

Utilitaire adj. et s. Qui a pour objet l'utilité.

Utilité s. f. Caractère de ce qui est utile; service rendu, avantage.

Utopie s. f. Plan de gouvernement irréalisable; projet impossible à réaliser.

Utopiste s. Qui fait des utopies, qui rêve des chimères.

Utricule s. f. Petite outre; sac; tunique (*hist. nat.*).

Uvée s. f. Une des tuniques de l'œil.

V

V s. m. 22e lettre de l'alphabet. V, chiffre romain, qui équivaut à 5.

Va, 2e pers. sing. de l'impér. prés. du verbe *aller;* s'emploie comme adverbe : soit, j'y consens.

Vacance s. f. Temps pendant lequel une place, une dignité n'est pas remplie. S. f. pl. Cessation des études dans les collèges, des audiences des tribunaux.

Vacant, e adj. Qui n'est pas occupé, qui est à remplir : *maison vacante, succession vacante.*

Vacarme s. m. Tumulte, grand bruit.

Vacation s. f. Temps que les officiers publics emploient à quelque affaire; honoraires dus à un homme de loi. S. f. pl. Cessation des audiences d'un tribunal. *Cham-*

bre des vacations, tribunal appelé à juger pendant les vacances des tribunaux.

Vaccin s. m. Virus qui a la propriété de préserver de la petite vérole.

Vaccination s. f. Action de vacciner.

Vaccine s. f. Inoculation du vaccin.

Vacciner v. a. Inoculer le vaccin.

Vache s. f. Femelle du taureau ; sa peau ; sa chair. Fig. *Vache à lait*, personne ou chose dont on tire un profit continuel. *Manger de la vache enragée*, endurer de grandes privations (fam.).

Vacher, ère s. Qui garde et mène paître les vaches.

Vacherie s. f. Etable à vaches ; lieu où l'on trait les vaches, où l'on vend du lait.

Vacillant, e adj. Qui vacille. Fig. irrésolu.

Vacillation s. f. Mouvement de ce qui vacille. Fig. irrésolution.

Vaciller v. n. Branler, chanceler. Fig. être irrésolu, incertain.

Vacuité s. f. Etat d'une chose vide.

Vade s. f. Mise au jeu.

Vade-mecum s. m. (mot. lat.; on pron. *vadé-mécome*). Livre, objet que l'on porte ordinairement avec soi. (Pl. *vade-mecum*.)

Va-et-vient s. m. Partie d'une machine qui va et vient d'un point à un autre ; mouvement continuel et alternatif.

Vagabond, e adj. Qui erre çà et là. Fig. sans frein, sans ordre. S. m. Personne sans domicile, sans moyens d'existence connus, qui n'exerce ni métier ni profession.

Vagabondage s. m. Habitude de vagabonder.

Vagabonder v. n. Etre vagabond.

Vagir v. n. Faire entendre le cri d'un enfant qui vient de naître.

Vagissement s. m. Cri d'un enfant nouveau-né.

Vagon. Voy. *Wagon*.

Vague s. f. Eau de mer, de rivière agitée.

Vague adj. Qui n'est pas fixé, arrêté, défini, décrit, déterminé ; sans précision, sans certitude. S. m. Ce qui manque de précision ; espace vide.

Vaguement adv. D'une manière [vague.

Vaguemestre s. m. Officier chargé de conduire des équipages militaires ; sous-officier faisant dans un régiment les fonctions de facteur.

Vaguer v. n. Errer çà et là.

Vaillamment adv. Avec vaillance.

Vaillance s. f. Grand courage, mépris du danger.

Vaillant, e adj. Courageux, valeureux. S. m. Bien que l'on possède. Adv. En capital, en valeur : *avoir tant vaillant*.

Vaillantise s. f. Action de vaillance (vx.).

Vain, e adj. Inutile, qui ne produit rien ; frivole ; chimérique ; qui a de l'orgueil, qui est pénétré de son importance. *Vaine pâture*, terrain vague où tous les habitants d'une commune peuvent mener paître leurs bestiaux. EN VAIN loc. adv. Inutilement.

Vaincre v. a. Remporter une victoire, un avantage ; l'emporter sur ; surmonter, dompter : *vaincre ses passions*.

Vaincu, ue adj. et s. Ennemi subjugué, soumis.

Vainement adv. En vain.

Vainqueur s. m. Celui qui a vaincu. Adj. m. *Air vainqueur*, hardiesse, confiance extrême.

Vair s. m. Fourrure blanche et grise. T. de blason : émaux d'argent et d'azur.

Vairon adj. m. Se dit des yeux d'un cheval dont la prunelle est entourée d'un cercle blanchâtre. S. m. Petit poisson d'eau douce.

Vaisseau s. m. Ustensile pour contenir les liquides ; bâtiment pour naviguer ; canal dans les animaux et les plantes ; intérieur d'un grand édifice.

Vaisselier s. m. Meuble qui reçoit la vaisselle.

Vaisselle s. f. Tout ce qui sert à l'usage ordinaire de la table, comme plats, assiettes, etc.

Vaissellerie s. f. Industrie comprenant la fabrication des seaux, écuelles, etc.

Val s. m. Vallée. *Par monts et par vaux*, de tous côtés.

Valable adj. Recevable.
Valablement adv. D'une manière valable.
Valaque adj. et s. De la Valachie.
Valenciennes s. f. Dentelle fabriquée dans la ville de ce nom.
Valens (Flavien), empereur romain (328-378).
Valentinien Ier, empereur romain (321-375). — VALENTINIEN II, déclaré Auguste en 375, m. 390. — VALENTINIEN III, empereur d'Occident (419-455).
Valériane s. f. Plante utilisée en médecine.
Valérianées s. f. pl. Famille de plantes dont la valériane est le type.
Valet s. m. Domestique. *Valet de chambre*, attaché plus particulièrement au service de son maître ; *valet de pied*, qui accompagne le maître à pied. Fig. homme nul ou d'une complaisance servile et intéressée ; figure du jeu de cartes ; instrument de menuisier.
Valetage s. m. Service de valet.
Valetaille s. f. Troupe de valets.
Valeter v. n. Faire des démarches forcées et désagréables.
Valétudinaire adj. et s. Maladif.
Valeur s. f. Ce que vaut une chose ; prix ; effet de commerce ; estimation approximative. *Gram. Valeur des mots*, leur juste signification. *Mus.* Durée que doit avoir chaque note d'après sa figure.
Valeur s. f. Bravoure, vaillance.
Valeureusement adv. Avec valeur.
Valeureux, euse adj. Brave.
Validation s. f. Action de valider.
Valide adj. Valable, qui a les conditions requises ; sain, vigoureux.
Validé s. f. En Turquie, la mère du sultan régnant.
Validement adv. Valablement.
Valider v. a. Rendre valide.
Validité s. f. Qualité de ce qui est valide.
Valise s. f. Long sac de cuir, disposé pour être porté en croupe.
Valkyrie s f. Chez les anciens Scandinaves, déesses messagères d'Odin.
Vallée s. f. Espace entre deux montagnes.
Vallon s. m. Petite vallée.
Valoir v. n. Etre d'un certain prix ; rapporter du profit ; avoir la force, la signification, la valeur de. *A valoir*, à compte ; *faire valoir*, vanter, mettre en crédit. V. a. Procurer. V. imp. *Il vaut mieux*, il est plus avantageux, plus convenable. VAILLE QUE VAILLE loc. adv. A tout hasard.
Valse s. f. Danse dans laquelle deux personnes tournent ensemble.
Valser v. n. Danser la valse.
Valseur, euse s. Qui valse.
Valve s. f. Partie d'une coquille.
Valvulaire adj. Qui a des valvules.
Valvule s. f. Espèce de soupape qui, dans les vaisseaux du corps, empêche les liquides de refluer.
Vampire s. m. Mort que le peuple suppose sortir la nuit du tombeau pour sucer le sang des vivants.
Van s. m. Instrument d'osier, en coquille, pour agiter et nettoyer le grain.
Vandale s. m. Qui est ennemi des arts et des sciences et détruit leurs monuments.
Vandalisme s. m. Système destructif des sciences et des arts.
Vandoise s. f. Poisson d'eau douce.
Vanille s. f. Fruit du vanillier.
Vanillier s. m. Plante grimpante qui produit la vanille *.
Vanité s. f. Inutilité, peu de solidité, néant ; orgueil.
Vaniteux, euse adj. et s. Qui a une vanité puérile, ridicule.
Vannage s. m. Action de vanner les grains.
Vanne s. f. Porte d'écluse.
Vanneau s. m. Oiseau de l'ordre des échassiers.
Vanner v. a. Nettoyer du grain avec un van.
Vannerie s. f. Marchandise du vannier.

Vannette s. f. Van pour l'avoine.

Vanneur s. m. Celui qui vanne.

Vannier s. m. Ouvrier qui fait des vans, des corbeilles, etc.

Vantail s. m. Battant d'une porte. (Pl. *vantaux.*)

Vantard, e adj. et s. Qui a l'habitude de se vanter.

Vantardise s. f. Action de se vanter.

Vanter v. a. Louer beaucoup ; priser excessivement. SE VANTER v. pr. Se louer, se glorifier.

Vanterie s. f. Vaine louange qu'on se donne et qui marque la présomption. [(fam.).

Vanteur s. m. Qui se vante

Va-nu-pieds s. m. Vagabond, mendiant. (Inv. au pl.)

Vapeur s. f. Espèce de fumée qui s'élève des choses humides ; toute substance qui passe à l'état de gaz ; force motrice de la vapeur comprimée ; *machine à vapeur*, machine mue par cette force. Au pl. Affections causées sur le cerveau par les vapeurs de l'estomac, des intestins, par le spasme des nerfs. S. m. bateau, navire à vapeur.

Vaporation s. f. Action de la vapeur sur un corps (*chim.*).

Vaporeux, euse adj. Qui a des vapeurs : *ciel vaporeux ;* qui les imite : *tableau vaporeux*. S. et adj. Sujet aux vapeurs.

Vaporisation s. f. Action par laquelle une substance se réduit en vapeurs ; conversion d'un liquide en vapeurs.

Vaporiser v. a. Faire passer à l'état de vapeur. SE VAPORISER v. pr. Se résoudre en vapeur.

Vaquer v. n. Être vacant ; être en vacance. *Vaquer à*, s'appliquer, s'adonner à.

Varaigne s. f. Ouverture ; premier réservoir d'un marais salant.

Varangue s. f. Membre d'un navire portant sur la quille.

Vare s. f. Mesure espagnole valant 85 centimètres.

Varech ou **varec** s. m. Plante marine qui croît sur les rochers ; ce que la mer jette sur la côte ; vaisseau submergé.

Varenne s. f. Étendue de pays pour la chasse ; plaine inculte pour les pâtures.

Vareuse s. f. Espèce de blouse, de surtout des marins.

Variabilité s. f. Disposition habituelle à varier ; propriété de varier.

Variable adj. Qui est sujet à varier. S. m. Degré du baromètre qui indique un temps incertain.

Variant, e adj. Qui change souvent (peu usité).

Variante s. f. Leçon différente d'un même texte.

Variation s. f. Changement ; ornements ajoutés à un thème musical.

Varice s. f. Dilatation des veines ; tumeur qui en résulte.

Varicelle s. f. Petite vérole volante.

Varié, ée adj. part. Qui offre, qui renferme de la variété.

Varier v. a. Diversifier ; apporter de la variété. V. n. Changer.

Variété s. f. Diversité ; animal ou plante qui se distingue de son espèce par quelque chose de particulier. Au pl. Recueil de morceaux sur différents sujets.

Varietur (*ne*) loc. adv. (on pron. *né variétur*). Mots latins signifiant *pour qu'il ne soit rien changé*). Se dit des précautions prises pour constater le texte d'un acte ou d'une pièce.

Variole s. f. Petite vérole.

Varioleux, euse adj. Malade de la petite vérole.

Variolique adj. Qui appartient à la variole.

Variorum (on pron. *variorome*) loc. latine signifiant *de divers*. Se dit d'une édition avec les notes des divers commentateurs.

Variqueux, euse adj. Affecté de varices.

Varlet s. m. Page dans l'ancienne chevalerie.

Varlope s. f. Grand rabot.

Varron (Caïus Terentius), consul romain (216 av. J.-C.), fut défait à la bataille de Cannes par Annibal. — (Marcus Terentius), écrivain et savant romain (116-26 av. J.-C.).

Varus, général romain ; m. l'an 9 av. J.-C.

Vasari, peintre italien, auteur de la *Vie des peintres illustres* (1512-1574).

Vasco de Gama. Voy. *Gama*.

Vascons, anc. peuples de la Navarre et de la Biscaye, qui s'établirent vers 628 dans la partie de l'Aquitaine appelée depuis *Vasconie* ou *Gascogne*.

Vasculaire ou **vasculeux, euse** adj. Rempli de vaisseaux (*anat.*).

Vasculiforme adj. En forme de cornet, de godet (*bot.*).

Vase s. m. Vaisseau pour contenir les liquides; ornement qui l'imite. S. f. Bourbe au fond de l'eau.

Vaseux, euse adj. Qui a de la vase.

Vasili, nom de plusieurs princes et tsars de Russie.

Vasistas s. m. Petite partie mobile d'une porte ou d'une fenêtre.

Vason s. m. Motte de terre pour faire la brique.

Vasque s. f. Sorte de grand bassin de fontaine, rond et plat.

Vassal, e s. Qui relève d'un seigneur à cause d'un fief. (Pl. *vassaux*.)

Vassalité s. f. Vasselage.

Vasselage s. m. État, condition de vassal.

Vaste adj. D'une fort grande étendue. Fig. se dit de l'esprit, d'une ambition, d'un projet, du génie.

Vasthi, femme d'Assuérus, roi de Perse, qui la répudia et épousa Esther.

Vastitude s. f. Grande étendue.

Vatel, fameux maître d'hôtel du prince de Condé, m. 1671. Fig. s. m. Excellent cuisinier.

Vatican s. m. Palais du pape. Fig. la cour de Rome.

Vaticinateur adj. et s. m. Qui prédit l'avenir.

Vaticination s. f. Prédiction des choses futures.

Vaticiner v. n. Prédire l'avenir.

Va-tout s. m. Mise au jeu de tout ce qu'on a d'argent devant soi.

Vauban, maréchal de France et célèbre ingénieur (1633-1707).

Vaublanc (comte de), ministre de Louis XVIII (1756-1845).

Vaubois, célèbre général français (1748-1839).

Vaucanson, célèbre mécanicien français (1709-1782).

Vau-de-route (à) loc. adv. En désordre, précipitamment.

Vaudeville s. m. Chanson qui court par la ville, sur un air facile à chanter; pièce de théâtre mêlée de couplets.

Vaudevilliste s. m. Auteur de vaudevilles.

Vaudois, secte chrétienne dissidente fondée au XIIe siècle par Pierre Valdo, de Lyon.

Vaugelas, célèbre grammairien français (1585-1650).

Vau-l'eau (à) loc. adv. Suivant le courant de l'eau. Fig. à l'abandon ; perdu sans ressource.

Vauquelin, célèbre chimiste français (1763-1829).

Vaurien s. m. Libertin, fainéant, fripon.

Vautour s. m. Oiseau de proie. Fig. homme dur, inhumain.

Vautrer (se) v. pr. Se rouler dans la boue, dans la fange, et fig. dans la débauche, les voluptés.

Vauvenargues, moraliste français (1715-1747).

Vaux (comte de), maréchal de France (1705-1788).

Vayvode s. m. Titre des gouverneurs de la Moldavie, de la Valachie, de la Transylvanie et des provinces de l'ancien royaume de Pologne.

Vayvodie s. f. Gouvernement de vayvode.

Veau s. m. Petit de la vache; morceau de cet animal; sa peau tannée ou mégissée.

Véda s. m. Livre sacré des Indiens.

Vedette s. f. Sentinelle de cavalerie; guérite sur le rempart; dans une lettre, place isolée où l'on écrit le titre de la personne à qui l'on s'adresse.

Védique adj. Qui appartient aux Védas : *hymnes védiques*.

Véga (Lope de), poète espagnol (1562-1635).

Végétable adj. Qui peut végéter.

Végétal, e adj. Qui a rapport aux végétaux; extrait des végétaux ; propre à la végétation : *terre végétale*.

Végétant, e adj. Qui prend sa nourriture des sucs de la terre.

Végétatif, ive adj. Qui a la faculté de végéter; qui fait végéter. *Vie végétative*, vie toute matérielle.

Végétation s. f. Action de végéter, son effet; force végétative; les végétaux eux-mêmes.

Végéter v. n. Se nourrir et croître, en parlant des arbres et des plantes. Fig. vivre dans l'oisiveté, la détresse, l'imbécillité.

Véhémence s. f. Impétuosité, violence : *la véhémence des passions*.

Véhément, e adj. Ardent, impétueux; plein de feu, d'ardeur.

Véhémentement adv. Très fort (vx.).

Véhicule s. m. Voiture quelconque; ce qui sert à faire passer, à conduire plus facilement : *le vin, le bouillon, etc., sont le véhicule des pilules*, etc. Fig. ce qui prépare l'esprit à quelque chose.

Vehme s. f. Tribunal secret établi en Westphalie sous Charlemagne, dans le but de maintenir la paix publique et la religion.

Vehmique adj. Qui appartient à la sainte vehme : *cour vehmique*.

Veille s. f. Privation du sommeil de la nuit; travail de nuit; état d'une personne éveillée; le jour précédent. *A la veille de*, sur le point de.

Veillée s. f. Action de veiller (un malade); veille de plusieurs personnes ensemble; travail du soir.

Veiller v. n. S'abstenir de dormir pendant le temps destiné au sommeil; ne pas dormir; faire attention à, appliquer ses soins à. V. a. Passer la nuit auprès de : *veiller un malade*.

Veilleur s. m. Celui qui veille, qui garde pendant la nuit.

Veilleuse s. f. Petite lampe pour passer la nuit; mèche de cire qui brûle dans une lampe de nuit.

Veine s. f. Petit canal qui ramène au cœur le sang distribué par les artères; dans une mine, couche où se trouve le minéral qu'on cherche; marque, raie dans le bois, le marbre, etc. *Veine poétique*, disposition à faire des vers.

Veiné, ée adj. Qui a des veines : *bois, marbre veiné*.

Veiner v. a. Imiter par la peinture les veines du bois ou du marbre.

Veineux, euse adj. Rempli de veines : *marbre veineux*. *Sang veineux*, se dit du sang noir qui circule dans les veines.

Veinule s. f. Petite veine.

Velarium ou **velum** s. m. (m. lat.). Grande toile qui couvrait les amphithéâtres romains.

Velasquez (Diégo), général espagnol, compagnon de Christophe Colomb (1465-1520?).

Velasquez, peintre espagnol (1599-1660).

Velches s. m. pl. Peuples barbares, grossiers, ancêtres des Français. Fig. homme ignorant et grossier.

Vêler v. n. Mettre bas un veau.

Vélin s. m. Peau de veau préparée, très unie. *Papier vélin*, papier très blanc et très lisse.

Vélites s. m. pl. Soldats d'infanterie légère chez les anciens Romains.

Velléda, prophétesse gauloise; souleva ses compatriotes contre les Romains (69).

Velléité s. f. Volonté faible et sans effet.

Véloce adj. *Astr.* Rapide, en parlant du mouvement d'une planète (vx.).

Vélocifère s. m. Voiture légère et rapide.

Vélocipède s. m. Machine pour se transporter rapidement d'un lieu dans un autre, au moyen d'un mécanisme mû par les pieds du coureur*.

Vélocité s. f. Vitesse, rapidité.

Velot s. m. Peau de veau mort-né.

Velours s. m. Etoffe de soie ou de coton, à poil court et serré.

Velouté, ée adj. Orné de fleurs en velours. Fig. doux au toucher comme du velours; moelleux. S. m. Galon fabriqué comme du velours. Fig. surface moelleuse, douce comme celle du velours.

Velouter v. a. Donner l'apparence du velours. [velte.

Veltage s. m. Mesurage à la

Velte s. f. Ancienne mesure pour les liquides. Instrument pour jauger les tonneaux.

Velter v. a. Mesurer à la velte.

Velteur s. m. Qui mesure à la velte.

Velu, ue adj. Couvert de poils. Ne se dit ni des cheveux ni de la barbe.

Venaison s. f. (on pron. *venaizon*). Chair de bêtes fauves; leur odeur.

Vénal, e adj. Qui se vend, qui peut se vendre. Fig. qu'on gagne par argent : *plume vénale*.

Vénalement adv. D'une manière vénale.

Vénalité s. f. Qualité de ce qui est vénal.

Venant adj. et s. m. Qui vient. *A tout venant*, au premier venu.

Venceslas. Six ducs ou rois de Bohême ont porté ce nom, parmi lesquels les plus célèbres sont : VENCESLAS Ier, dit le Saint, duc et roi de Bohême (907-936). — VENCESLAS IV, dit le Vieux, né vers 1270, monta sur le trône en 1283, fut élu roi de Pologne en 1300 et mourut en 1305.

Vendable adj. Qui peut être vendu.

Vendange s. f. Récolte des raisins pour faire le vin. Pl. Temps de cette récolte.

Vendangeoir s. m. Endroit où l'on dépose la vendange.

Vendangeoire s. f. Hotte pour la vendange.

Vendanger v. a. Faire la vendange. Fig. dévaster; faire des profits illicites.

Vendangeur, euse s. Qui vendange.

Vendéen, enne adj. et s. De la Vendée.

Vendémiaire s. m. Le premier mois du calendrier républicain.

Vendetta s. f. (on pron. *vindetta*). État de haine et de désir de vengeance où vivent des familles entières, surtout en Corse.

Vendeur, eresse s. Qui vend, qui a vendu. Le féminin n'est usité qu'en termes de palais.

Vendeur, euse s. Dont la profession est de vendre.

Vendôme (César, duc de), fils de Henri IV et de Gabrielle d'Estrées (1594-1665). — VENDÔME (Louis, duc de), général célèbre, petit-fils du précédent (1654 1712). — VENDÔME (Philippe de), frère du précédent, fut maréchal de camp, grand prieur de France et lieutenant-général (1655-1727).

Vendre v. a. Aliéner, pour un certain prix, une chose que l'on possède; trahir, révéler un secret par intérêt.

Vendredi s. m. Le 6e jour de la semaine.

Vendu, ue adj. Donné à prix [d'argent.

Vené, ée adj. Qui commence à se gâter.

Vénéfice s. m. Empoisonnement au moyen d'un prétendu sortilège.

Venelle s. f. Petite rue (vx.).

Vénéneux, euse adj. Qui contient du venin, en parlant des plantes.

Vener v. a. Chasser, courir une bête pour en attendrir la chair.

Vénérable adj. Digne de vénération; titre d'honneur.

Vénération s. f. (on pron. *vénéra-cion*). Respect pour les choses saintes; honneur qu'on leur rend; estime respectueuse.

Vénérer v. a. Avoir de la vénération pour.

Vénerie s. f. Art de chasser avec des chiens courants; tout ce qui tient à cet art; corps des veneurs; leur logement et celui de leurs équipages.

Venette s. f. Peur, inquiétude, alarme.

Veneur s. m. Qui est chargé de faire chasser les chiens courants. *Grand veneur*, qui commande à toute la vénerie d'un prince.

Venez-y-voir s. m. invar. Bagatelle, riens.

Vengeance s. f. Action ou désir de se venger.

Venger v. a. Tirer raison, satisfaction de. SE VENGER v. pr. Rendre le mal pour le mal.

Vengeur, geresse s. et adj. Qui venge, qui punit.

Veniat s. m. (on pron. *véniate*). Ordre de venir en personne rendre compte de sa conduite.

Véniel, elle adj. Se dit d'un péché qui ne fait pas perdre la grâce; qui peut se pardonner.

Véniellement adv. D'une manière vénielle.

Venimeux, euse adj. Qui a du venin, en parlant des animaux. Fig. malin; médisant.

Venin s. m. Sorte de poison; liqueur, suc dangereux d'animaux ou même de végétaux. Fig. malignité, rancune, haine cachée.

Venir v. n. Se transporter d'un lieu éloigné dans un autre plus près; arriver; survenir; avoir son cours, succéder; échoir, arriver par succession; être transmis; être issu; croître; dériver; procéder, émaner; profiter, réussir; monter, s'élever; parvenir. *En venir aux mains*, se battre; *venir à bout*, réussir. A VENIR loc. adv. Futur, qui doit arriver : *le temps à venir*.

Vénitien, enne s. et adj. De Venise.

Vent s. m. Air en mouvement, agité; gaz renfermé dans le corps; respiration, haleine; odeur; émanation. Fig. vanité. *Vent debout*, se dit du vent lorsqu'il souffle en sens contraire de la route qu'on veut suivre. Fig. *Avoir vent d'une chose*, en recevoir avis, en avoir quelque soupçon.

Ventail s. m. Partie inférieure de l'ouverture d'un casque, d'un heaume. (Pl. *ventaux*.)

Vente s. f. Échange d'un objet contre un prix en argent; coupe réglée dans une forêt; partie d'une forêt qui vient d'être coupée; section de la société secrète des carbonari.

Venter v. n. et impers. Faire du vent.

Venteux, euse adj. Qui est sujet aux vents; qui cause des vents dans le corps.

Ventilateur s. m. Appareil qui sert à renouveler l'air dans un lieu fermé; machine propre à produire un courant d'air pour alimenter le feu d'un fourneau.

Ventilation s. f. Action de renouveler l'air au moyen de ventilateurs; action de ventiler (*jurisp.*).

Ventiler v. a. Renouveler l'air au moyen de ventilateurs; évaluer une ou plusieurs parties d'un tout vendu relativement au prix total (*jurisp.*).

Ventolier s. m. *Oiseau bon ventolier*, qui résiste au vent (*fauconnerie*).

Ventôse s. m. Sixième mois du calendrier républicain (du 19 février au 20 mars).

Ventosité s. f. Amas de vents, de gaz dans le corps (peu us.).

Ventouse s. f. Petite cloche de verre que l'on applique sur la peau, et dans laquelle on fait le vide afin de soulever la peau et d'y déterminer une irritation locale; organe de succion propre à la sangsue et à certains animaux; ouverture pratiquée dans un conduit pour donner passage à l'air.

Ventouser v. a. Appliquer des ventouses à un malade.

Ventral, e adj. Qui appartient au ventre.

Ventre s. m. Partie du corps où sont les intestins; proéminence de cette partie du corps; partie intérieure du corps qui est sous les côtes. Fig. la partie la plus renflée, la plus bombée d'un objet : *le ventre d'une cruche*.

Ventrée s. f. Tous les petits que les femelles d'animaux font en une fois.

Ventricule s. m. Nom donné à différentes cavités du corps, et principalement à celles du cerveau et du cœur; estomac de certains animaux (*anat.*).

Ventrière s. f. syn. de *sous-ventrière*. Sangle pour soulever des chevaux.

Ventriloque adj. 2 g. et s. m. Se dit d'une personne à voix caverneuse, qui semble parler du ventre; plus souvent d'un individu qui a la faculté de parler sans remuer les lèvres, et de modifier sa voix de telle sorte qu'elle semble ne pas venir de lui.

Ventriloquie s. f. Art du ventriloque.

Ventru, ue adj. et s. Qui a un gros ventre (fam.).

Venu, ue part. p. de venir. *Bien venu*, bien accueilli. S. *Un nouveau venu, une nouvelle venue*, une personne qui vient d'arriver ou d'être admise dans une société.

Venue s. f. Arrivée. Fig. croissance. *Être tout d'une venue*, être grand et mince; *allées et venues*, se dit de l'action d'aller et venir plusieurs fois.

Vénus, déesse de la beauté (*myth.*). S. f. Fig. femme d'une grande beauté.

Vêpre s. m. Le soir, la fin du jour (vx.).

Vêpres s. f. pl. Partie de l'office divin qu'on dit à deux ou trois heures du soir. *Vêpres siciliennes,* massacre des Français par les Siciliens, en 1282, pendant les vêpres du lundi de Pâques.

Ver s. m. Animal long, rampant et inarticulé. *Ver à soie,* espèce de chenille qui fait la soie ; *ver luisant,* insecte qui jette une lueur dans l'obscurité; *ver solitaire,* nom vulgaire du ténia. Fig. *Ver rongeur,* remords; chagrin secret.

Véracité s. f. Attachement constant à la vérité ; qualité d'être vrai.

Véranda s. f. Espèce de galerie couverte et à jour, établie sur la façade d'une maison*.

Verbal, e adj. Dérivé du verbe : *adjectifs verbaux;* de vive voix : *promesse verbale.*

Verbalement adv. De vive voix et non par écrit.

Verbaliser v. n. Dresser un procès-verbal.

Verbe s. m. Partie du discours qui exprime l'existence, l'état ou l'action du sujet (*gram.*); ton de voix : *avoir le verbe haut ;* seconde personne de la sainte Trinité : *le Verbe éternel.*

Verbération s. f. Vibration de l'air qui produit un son (vx.).

Verbeux, euse adj. Qui abonde en paroles, diffus.

Verbiage s. m. Abondance de paroles inutiles (fam.).

Verbiager v. n. Employer beaucoup de paroles pour dire peu de choses.

Verbiageur, euse s. Qui verbiage (fam.).

Verbosité s. f. Superfluité de paroles.

Vercingétorix, chef arverne, souleva la Gaule contre César et se fit proclamer généralissime. Vaincu à Alésia, il orna le triomphe du vainqueur, puis fut étranglé (47 av. J.-C.).

Ver-coquin s. m. Ver qui cause au mouton une espèce de vertige. (Pl. *vers-coquins.*)

Verdâtre adj. Qui tire sur le vert.

Verdée s. f. Sorte de petit vin blanc de Toscane, qui a une teinte verdâtre.

Verdelet, ette adj. Un peu vert, acide : *vin verdelet.* Fig. qui a encore de la vigueur : *vieillard verdelet* (fam.).

Verdet s. m. Vert-de-gris.

Verdeur s. f. Humeur, sève des plantes, des arbres ; acidité des fruits, du vin. Fig. jeunesse et vigueur : *la verdeur de l'âge;* âcreté de paroles.

Verdi (Giusepp, célèbre compositeur italien, né en 1814.

Verdict s. m. (mot anglais ; on pron. le *c* et le *t*). Déclaration du jury en réponse aux questions posées par la cour.

Verdier s. m. Officier qui commandait aux gardes d'une forêt; sorte d'oiseau dont le plumage est vert.

Verdir v. a. Devenir vert; se couvrir de vert-de-gris.

Verdissant, e adj. Qui verdit.

Verdoyant, e adj. Qui devient vert, en parlant des arbres, des prairies, etc.

Verdoyer v. n. Devenir vert.

Verdure s. f. Couleur verte des herbes, des plantes, des arbres, etc.; les herbes, les feuilles elles-mêmes.

Verdurier s. m. Marchand de légumes verts.

Véreux, euse adj. Qui a des vers : *fruit véreux.* Fig. défectueux ; mauvais : *débiteur véreux.*

Verge s. f. Baguette longue et flexible ; tringle ; ancienne mesure. Au pl. Brins d'osier, de bouleau, etc., avec lesquels on fouette. Fig. punition, afflictions.

Vergé, ée adj. Se dit d'une étoffe mêlée de fils d'une soie plus grossière que le reste; d'une teinture irrégulière. *Papier vergé,* où sont marquées les vergeures.

Vergée s. f. Mesure ancienne de 358 toises carrées.

Vergennes (comte de), ministre de Louis XVI (1717-1787).

Verger s. m. Lieu clos et planté d'arbres fruitiers.

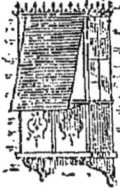

Vergeté, ée adj. Rayé, moucheté.

Vergeter v. a. Nettoyer avec des vergettes.

Vergetier s. m. Fabricant ou marchand de vergettes.

Vergette s. f. Brosse qui sert à brosser les habits.

Vergeure s. f. (on pron. *verjure*). Fils de laiton sur la forme où l'on coule le papier; raies marquées par ces fils sur le papier.

Verglas s. m. (*s* nulle). Pluie qui se glace en tombant ou aussitôt qu'elle est tombée.

Vergne s. m. Aune (arbre).

Vergniaud, célèbre orateur politique, chef des girondins à la Convention (1759-1793).

Vergobret s. m. Magistrat suprême gaulois.

Vergogne s. f. Honte (fam.).

Vergogneux, euse adj. Honteux, chaste.

Vergue s. f. Antenne qui soutient la voile (*mar.*).

Véridicité s. f. Qualité de celui ou de ce qui est véridique.

Véridique adj. Qui aime à dire la vérité; qui la dit; qui est vrai.

Vérificateur s. m. Celui qui est chargé de vérifier. Adj. m. Qui vérifie.

Vérification s. f. Action de vérifier.

Vérifier v. a. Rechercher si une chose est vraie; démontrer l'exactitude, la vérité d'une chose. SE VÉRIFIER v. pr. S'accomplir.

Vérin s. m. Machine qui sert à élever de gros fardeaux.

Vérisimilitude s. f. Vraisemblance.

Véritable adj. Vrai, réel. Fig. excellent dans son genre.

Véritablement adv. Conformément à la vérité, réellement.

Vérité s. f. Qualité de ce qui est vrai; axiome, principe certain; sincérité; imitation, expression parfaite de la nature. EN VÉRITÉ loc. adv. Certainement, assurément, sincèrement, de bonne foi. A LA VÉRITÉ loc. adv. En effet.

Verjus s. m. (*s* nulle.) Raisin cueilli avant sa maturité; espèce de gros raisin vert; jus, confiture de ce raisin.

Verjuté, ée adj. Acide comme le verjus.

Vermeil, eille adj. D'un rouge plus foncé que l'incarnat.

Vermeil s. m. Argent doré.

Vermicel ou **Vermicelle** s. m. Pâte alimentaire en filaments; potage fait avec cette pâte.

Vermicelier s. m. Celui qui fabrique, qui vend du vermicelle ou des pâtes analogues.

Vermiculaire adj. Qui présente quelque ressemblance avec un ver (*anat.*).

Vermiculé, ée adj. Se dit d'un ornement d'architecture en forme de ver ou de traces du passage d'un ver *.

Vermiculures s. f. pl. Travail d'architecture qui présente comme des traces de ver.

Vermiforme adj. Qui a la forme d'un ver.

Vermifuge adj. 2 g. et s. m. Se dit des remèdes qui font périr les vers intestinaux.

Vermiller v. n. (*ll* m.) Se dit du sanglier qui fouille la terre avec son boutoir.

Vermillon s. m. (*ll* m.) Substance minérale d'un beau rouge, composée de soufre et de mercure; couleur qui se tire de cette substance. Fig. couleur vermeille des lèvres, des joues.

Vermillonner v. a. (*ll* m.) Peindre en rouge avec du vermillon. V. n. Fouiller la terre (en parlant du blaireau).

Vermine s. f. Nom donné aux insectes parasites (poux, puces, etc.). Fig. gens méprisables ou dangereux (pop.).

Vermineux, euse adj. Causé par des vers intestinaux : *fièvre vermineuse*.

Vermisseau s. m. Petit ver de terre. Fig. être chétif et misérable.

Vermouler (se) v. pr. Devenir vermoulu.

Vermoulu, ue adj. Piqué par des vers.

Vermoulure s. f. Traces que laissent les vers dans ce qu'ils ont rongé.

Vermout ou **Vermouth** s. m. Vin blanc dans lequel on a fait infuser de l'absinthe.

Vernal, e adj. Qui appartient au printemps.

Vernet (Joseph), peintre de marine français (1714-1789). CARLE VERNET, son fils (1758-1836), peintre d'histoire. HORACE VERNET, fils du précédent, célèbre peintre de batailles (1789-1863).

Vernier s. m. Instrument de mathématiques servant à évaluer avec précision de très petites longueurs.

Vernir v. a. Enduire de vernis.

Vernis s. m. Enduit liquide et brillant dont on recouvre certains ouvrages pour les rendre luisants, les conserver. Fig. apparence favorable ou défavorable, souvent trompeuse.

Vernis du Japon s. m. Arbre appelé aussi *ailante*.

Vernissage s. m. Action de vernir, de vernisser.

Vernisser v. a. Vernir de la poterie.

Vernisseur s. m. Qui fabrique, emploie le vernis.

Vernissure s. f. Application du vernis.

Véron s. m. Voy. *Vairon*.

Véronais, e adj. De Vérone.

Véronèse (Paul), peintre vénitien (1528-1588).

Véronique s. f. Genre de plantes de la famille des scrofulariées.

Verrat s. m. Pourceau mâle.

Verre s. m. Corps transparent et fragile, obtenu par la fusion du sable mêlé de potasse ou de soude; vase de verre à boire*; contenu d'un verre.

Verrée s. f. Plein un verre.

Verrerie s. f. Art de faire le verre; lieu où on le fabrique; ouvrage de verre.

Verrès, magistrat romain, fameux par ses déprédations, périt en 43 av. J.-C.

Verrier s. m. Celui qui fait ou vend des ouvrages en verre; panier à serrer les verres.

Verrière s. f. Cuvette de verre; vitrail d'église; châssis pour protéger les plantes.

Verrine s. f. Voy. *Verrière*. Au pl. discours de Cicéron contre Verrès.

Verroterie s. f. Menus objets de verre.

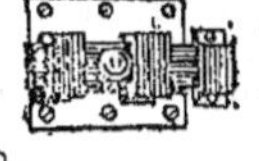

Verrou s. m. Tige de fer servant à fermer une porte, un volet*, etc. *Être sous les verrous*, être en prison.

Verrouiller v. a. Fermer au verrou. SE VERROUILLER v. pr. S'enfermer.

Verrue s. f. Petite excroissance de chair.

Verruqueux, euse adj. Qui a la forme d'une verrue; rempli de verrues.

Vers s. m. Assemblage de mots mesurés et cadencés d'après des règles fixes. *Vers libres*, vers de différentes mesures. *Vers alexandrin* ou *grand vers*, le vers français de 12 syllabes. *Vers blancs*, sans rimes.

Vers prép. Dans la direction de; environ.

Versant, e adj. Qui verse facilement, dont l'équilibre n'est pas stable.

Versant s. m. Pente d'une montagne, d'un coteau.

Versatile adj. Qui ne se fixe pas; qui change constamment.

Versatilité s. f. Caractère, défaut de ce qui est versatile.

Verse s. f. Etat des moissons couchées par la pluie ou par le vent. A VERSE loc. adv. *Il pleut à verse*, très abondamment.

Versé, ée adj. Qui a de l'expérience, des connaissances : *versé dans la littérature*.

Verseau s. m. L'un des douze signes du zodiaque.

Versement s. m. Action de verser de l'argent dans une caisse, de faire un payement.

Verser v. a. Répandre; épancher, transvaser; faire tomber (une voiture); coucher (des blés, etc.). Fig. répandre (des bienfaits); déposer de l'argent dans une caisse. V. n. Tomber sur le côté (se dit d'une voiture, des blés, etc.

Verset s. m. Passage de l'Écriture Sainte.

Versicolore adj. Qui change de teinte.

Versicules, versiculets s. m. pl. Petits vers.

Versificateur s. m. Qui fait des vers avec facilité mais sans génie poétique.

Versification s. f. Art de faire les vers.

Versifier v. n. Faire des vers. V. a. Mettre en vers.

Version s. f. Interprétation ; traduction d'une langue en une autre ; manière de raconter un fait ; action de tourner (*méd.*).

Verso s. m. Le revers, la 2e page d'un feuillet.

Versoir s. m. Partie de la charrue qui renverse la terre détachée par le soc.

Verste s. f. Mesure itinéraire de Russie, valant environ 1 070 m.

Vert, e adj. Qui est de la couleur de l'herbe, des feuilles d'arbre au printemps. Se dit des plantes qui ont encore de la sève. *Fruit vert*, qui n'est pas encore mûr. Fig. qui a de la vigueur, de la jeunesse. S. m. La couleur verte ; fourrages non desséchés ; acidité du vin.

Vert-de-gris s. m. Rouille du cuivre.

Vertébral, e adj. Qui a rapport aux vertèbres. *Colonne vertébrale*, l'épine dorsale.

Vertèbre s. f. Chacun des os de la colonne vertébrale ou épine dorsale.

Vertébré, ée adj. Qui a des vertèbres. S. m. pl. Se dit des animaux qui ont des vertèbres (mammifères, oiseaux, reptiles et poissons).

Vertement adv. Avec fermeté, avec sévérité.

Vertical, e adj. Perpendiculaire au plan de l'horizon. S. f. Ligne verticale (*géom.*).

Verticalement adv. Perpendiculairement à l'horizon.

Verticille s. m. Assemblage de rameaux, de feuilles, de fleurs autour d'un axe commun, d'un même point de la tige (*bot.*).

Verticillé, ée adj. Disposé en verticille.

Vertige s. m. Tournoiement de tête, étourdissement. Fig. trouble momentané de la raison.

Vertigineux, euse adj. Qui cause le vertige ; qui a des vertiges.

Vertigo s. m. Caprice, fantaisie, maladie du cheval, du mouton.

Vertu s. f. Disposition habituelle de l'âme qui porte à faire le bien et à fuir le mal ; chasteté, probité ; efficacité, propriété particulière ; personne vertueuse. S. f. pl. Un des ordres de la hiérarchie céleste (*théol.*). EN VERTU DE loc. prép. En conséquence de.

Vertueusement adv. D'une manière vertueuse.

Vertueux, euse adj. Qui a de la vertu, qui est inspiré par la vertu.

Vertugadin s. m. Bourrelet pour faire bouffer des robes de femme.

Verus (Lucius), empereur romain, associé à l'empire par Marc-Aurèle (161-169).

Verve s. f. Chaleur d'imagination qui anime le poète, l'orateur, l'artiste, etc.

Verveine s. f. Sorte de plante des jardins.

Vervelle s. f. Anneau, plaque gravée qu'on met au pied d'un faucon pour le reconnaître.

Vésanie s. f. Aliénation mentale.

Vésical, e adj. De la vessie.

Vésicant, e adj. et s. m. *Méd.* Se dit des emplâtres qui attirent l'humeur.

Vésication s. f. *Méd.* Effet d'un vésicatoire.

Vésicatoire adj. 2 g. et s. m. Se dit, en *Méd.* des topiques vésicants.

Vétilleux, euse adj. Qui demande des soins minutieux (en parlant des choses) ; en parlant des personnes, on dit : *vétilleur*.

Vêtir v. a. Habiller. SE VÊTIR v. pr. S'habiller.

Veto s. m. Mot latin qui signifie *je m'oppose*, *je défends ;* formule d'opposition, de refus.

Vêture s. f. Prise d'habits religieux.

Vétusté s. f. Ancienneté, en parlant des choses que le temps fait dépérir.

Veuf, euve adj. et s. Se dit du mari qui a perdu sa femme, de la femme qui a perdu son mari, lorsqu'ils ne sont pas remariés. Fig. privé de.

Veule adj. Mou, faible ; se dit d'une terre trop légère, des branches longues et faibles.

Veuvage s. m. Etat de veuf ou de veuve.

Vexant, e adj. Contrariant, pénible, désagréable.

Vexation s. f. Action de vexer.

Vexatoire adj. Qui a le caractère de la vexation.

Vexer v. a. Tourmenter; faire de la peine mal à propos et injustement.

Viabilité s. f. *Méd.* Etat de l'enfant viable; bon état des chemins.

Viable adj. *Méd.* Qui est né avec les conditions nécessaires à la vie.

Viaduc s. m. Pont en arcades au-dessus d'une route, d'un vallon, d'une rivière, pour le passage d'un chemin de fer, d'une route.

Viager, ère adj. Qui est à vie, dont on ne doit jouir que durant sa vie. S. m. Bien, revenu viager.

Viagèrement adv. D'une façon viagère.

Viande s. f. Chair des animaux dont on se nourrit.

Viatique s. m. Provisions ou argent qu'on donne à quelqu'un pour un voyage; absolution; le sacrement de l'Eucharistie administré à un malade en danger de mort.

Vibrant, e adj. Qui vibre.

Vibration s. f. Mouvement alternatif par lequel un corps oscille; tremblement d'une corde tendue et frappée.

Vibrer v. n. Faire des vibrations.

Vibrion s. m. Animalcule infusoire.

Vicaire s. m. Se dit d'un ecclésiastique qui remplace un supérieur pour certaines fonctions.

Vicairie s. f. Vicariat.

Vicarial, e adj. De vicaire, du vicariat.

Vicariat s. m. Emploi, fonctions du vicaire.

Vice s. m. Défaut, imperfection du corps, de l'âme, des choses; disposition habituelle au mal; libertinage. Fig. personnes vicieuses.

Vice-amiral s. m. Lieutenant de l'amiral. (Pl. *vice-amiraux.*)

Vice-amirauté s. f. Grade de vice-amiral.

Vice-bailli s. m. (*ll* m.) Ancien officier de justice. (Pl. *vice-baillis.*)

Vice-chancelier s. m. Celui qui remplace le chancelier. (Pl. *vice-chanceliers.*)

Vice-consul s. m. Celui qui supplée le consul, qui tient lieu de consul. (Pl. *vice-consuls.*)

Vice-consulat s. m. Emploi de vice-consul. (Pl. *vice-consulats.*)

Vice-gérant s. m. Celui qui supplée le gérant. (Pl. *vice-gérants.*)

Vice-légat s. m. Prélat qui supplée le légat. (Pl. *vice-légats.*)

Vice-légation s. f. Emploi de vice-légat. (Pl. *vice-légations.*)

Vicennal, e adj. Qui est de 20 ans, qui se fait après 20 ans.

Vice-présidence s. f. Fonctions, dignité de vice-président.

Vice-président s. m. Celui qui supplée le président. (Pl. *vice-présidents.*)

Vice-recteur s. m. Celui qui supplée le recteur. (Pl. *vice-recteurs.*)

Vice-rectorat s. m. Fonctions du vice-recteur.

Vice-reine s. f. Femme du vice-roi; princesse qui gouverne avec l'autorité d'un vice-roi. (Pl. *vice-reines.*)

Vice-roi s. m. Celui qui tient lieu de roi, qui en remplit les fonctions. (Pl. *vice-rois.*)

Vice-royauté s. f. Dignité de vice-roi; pays gouverné par un vice-roi. (Pl. *vice-royautés.*)

Vice-sénéchal s. m. Ancien officier de justice, suppléant du sénéchal. (Pl. *vice-sénéchaux.*)

Vice versa adv. (mots latins; on pron. *vicé versa*). Réciproquement.

Vichnou, 2e personne de la trimourti indienne (*myth.*).

Vicié, ée adj. Gâté, altéré, corrompu; rendu nul, défectueux.

Vicier v. a. Gâter, corrompre; rendre nul (*jurispr.*).

Vicieusement adv. D'une manière vicieuse.

Vicieux, euse adj. Qui a quelque vice, quelque habitude portant au mal; qui tient du vice. *Cercle vicieux*, mauvais raisonnement qui suppose démontré ce que l'on veut prouver.

Vicinal, e adj. *Chemin vicinal*, chemin qui sert de communication entre des villages voisins. (Pl. m. *vicinaux.*)

Vicissitude s. f. Changement

de choses qui se succèdent; instabilité, mutabilité de la fortune, du caractère, des choses humaines en général.

Vicomte s. m. Seigneur qui possédait une vicomté; titre de noblesse.

Vicomté s. f. Titre de noblesse attaché à une terre; juridiction de vicomte.

Vicomtesse s. f. Femme d'un vicomte.

Vicq-d'Azyr, célèbre médecin et anatomiste français (1748-1794).

Victimaire s. m. Celui qui fournissait les victimes et faisait les apprêts du sacrifice.

Victime s. f. Homme ou animal immolé, sacrifié aux dieux du paganisme. Fig. celui qui éprouve quelque chose de funeste, de désagréable.

Victimer v. a. Rendre quelqu'un victime; accabler quelqu'un de plaisanteries.

Victoire s. f. Avantage remporté à la guerre sur l'ennemi. Fig. avantage remporté sur soi, sur un rival; succès; l'une des divinités du paganisme.

Victor (saint), pape et martyr; m. 197. — Saint Victor, soldat et martyr; m. 303.

Victorieusement adv. D'une manière victorieuse.

Victorieux, euse adj. Qui a remporté la victoire; qui a surmonté les obstacles.

Victuaille s. f. Vivres, provisions de bouche.

Vidame s. m. Celui qui tenait des terres d'un évêché, à condition de défendre le temporel de l'évêque et de commander ses troupes.

Vidamé s. m. ou **vidamie** s. f. Dignité de vidame.

Vidange s. f. Action de vider; état d'un vase qui n'est pas plein. Pl. Immondices retirées d'un lieu qu'on vide ou qu'on nettoie.

Vidangeur s. m. Qui vide les fosses d'aisance.

Vide adj. Qui n'est pas rempli; dépourvu. S. m. Espace vide. Fig. manque, privation, absence; nullité, néant. *Phys*. Espace privé d'air.

Vide-bouteille s. m. Petite maison, petit appartement avec jardin près de la ville; espèce de pompe ou de siphon.

Videlle s. f. Instrument de confiseur pour vider les fruits à confire; outil de pâtissier pour couper la pâte.

Vide-poche s. m. Petit meuble pour déposer le contenu des poches.

Vide-pomme s. m. Outil pour ôter le cœur d'une pomme sans la couper.

Vider v. a. Rendre vide, désemplir, creuser. *Vider les lieux*, en sortir; *vider une volaille*, en tirer ce qui n'est pas bon à manger; *vider une affaire*, la terminer.

Vidimus s. m. (on pron. l'*s*). Autrefois, visa d'un acte.

Viduité s. f. Veuvage.

Vie s. f. Etat des êtres tant qu'ils ont en eux le principe du mouvement et des sensations; espace de temps depuis la naissance jusqu'à la mort; manière de vivre; nourriture; ce qui remplit la vie; occupations habituelles; conduite, mœurs; histoire de la vie d'une personne; végétation des plantes. Fig. force, énergie, animation.

Vieil (*l* m.) ou **Vieux, vieille** (*ll* m.) adj. Qui est fort avancé en âge; ancien, antique; usé. S. Homme, femme fort âgés, S. m. Ce qui est vieux, usé.

Vieillard s. m. (*ll* m.) Homme avancé en âge.

Vieillerie s. f. (*ll* m.) Vieilles hardes, vieux meubles. Fig. idées rebattues, phrases usées.

Vieillesse s. f. (*ll* m.) Le dernier âge de la vie; vétusté; les vieilles gens.

Vieillir v. n. (*ll* m.) Devenir vieux; perdre de sa force, de sa vigueur; passer d'usage, de mode; paraître vieux. V. a. Rendre vieux, faire paraître vieux.

Vieillissant, e adj. (*ll* m.) *Poét*. Qui devient vieux.

Vieillissement s. m. (*ll* m.) Etat de ce qui vieillit.

Vieillot, otte adj. et s. (*ll* m.) Qui commence à avoir l'air vieux.

Vielle s. f. Instrument de musique.

Vieller v. n. Jouer de la vielle.

Vielleur, euse s. Qui joue de la vielle.

Vierge s. f. Jeune fille d'une pureté, d'une chasteté irréprochable ; se dit par excellence de la vierge Marie ; signe du zodiaque. Adj. Pur ; intact : qui a vécu dans une continence parfaite. *Vigne vierge*, arbrisseau sarmenteux et grimpant.

Vieux adj. Voy. *Vieil.*

Vif, ive adj. Qui est en vie ; prompt à agir, à concevoir ; énergique ; animé ; emporté ; piquant ; brillant, éclatant. S. m. Chair vive. *Jurisp.* Une personne en vie.

Vif-argent s. m. Le mercure.

Vigie s. f. *Mar.* Matelot en sentinelle ; pointe de rocher isolé au milieu des mers.

Vigilamment adv. Avec vigilance.

Vigilance s. f. Attention active et diligente.

Vigilant, e adj. Attentif, soigneux, appliqué.

Vigile s. f. Veille de certaines fêtes de l'église catholique.

Vigne s. f. Genre d'arbrisseaux dont une espèce produit le raisin ; terre plantée de vignes. VIGNE VIERGE. Voy. *Vierge.*

Vigneron, onne s. Qui cultive la vigne.

Vignette s. f. Petite estampe ou dessin pour orner les livres.

Vignoble s. m. Etendue de pays plantée de vignes. Adj. *Pays vignoble.*

Vigogne s. f. Quadrupède du genre lama, originaire du Pérou ; laine de vigogne.

Vigoureusement adv. Avec vigueur.

Vigoureux, euse adj. Qui a de la vigueur ; qui se fait avec vigueur.

Viguerie s. f. Charge, fonction de viguier ; territoire soumis à un viguier.

Vigueur s. f. Force d'action ; force physique (d'un être animé, d'une plante).

Viguier s. m. Nom de certains magistrats du Midi avant 1789.

Vil, e adj. De peu de valeur. Fig. digne de mépris. *Vendre à vil prix*, vendre à perte.

Vilain, e s. Paysan, roturier ; personne dont les actions ont quelque chose de honteux ; avare. Adj. Qui déplaît à la vue ; désagréable.

Vilainement adv. D'une vilaine manière.

Vilebrequin s. m. Outil pour percer au moyen d'une mèche que l'on fait tourner.

Vilement adv. D'une manière vile.

Vilenie s. f. Action vile et basse ; parole insultante ; avarice sordide.

Vileté ou **vilité** s. f. Bas prix, peu d'importance d'une chose.

Vilipender v. a. Traiter avec beaucoup de mépris.

Villa s. f. Maison de campagne élégante.

Villace s. f. Grande ville mal peuplée et mal bâtie.

Village s. m. Réunion de maisons en nombre peu considérable ; habitants d'un village.

Villageois, e s. Habitant de village. Adj. Particulier aux habitants des villages.

Villanelle s. f. Sorte de poésie pastorale ; air de danse rustique.

Villars (duc de), maréchal de France (1653-1734.)

Ville s. f. Assemblage d'un grand nombre de maisons disposées en rues ; ses habitants. *Hôtel de ville*, maison où se réunissent les conseillers municipaux.

Villégiature s. f. Séjour qu'on fait à la campagne pendant la belle saison.

Villehardouin (Geoffroy de), maréchal de Champagne, prit part à la 4e croisade (1150-1213).

Villeroi, gouverneur de Louis XIV, maréchal de France (1597-1685). — VILLEROI (duc de), son fils, gouverneur de Louis XV, maréchal de France (1643-1730).

Villette s. f. Très petite ville (fam.).

Villeux, euse adj. Qui est couvert de poils, de duvet : *tige villeuse bot.*).

Villiers de l'Isle-Adam (Philippe de), grand maître de l'ordre de Saint-Jean de Jérusalem en 1521, défendit l'île de Rhodes assiégée par Soliman ; m. en 1534.

Villon (François), poète français (1431-1490).

Villosité s. f. Assemblage de poils couchés, membraneux et mous (*hist. nat.*).

Vin s. m. Liqueur alcoolique,

résultant de la fermentation du jus de raisin, et qui sert de boisson ; toute liqueur fermentée et spiritueuse tirée des végétaux : *vin de palmier.*

Vinage s. m. Action de viner les vins.

Vinaigre s. m. Vin que l'on a rendu aigre, et que l'on emploie dans l'économie domestique ; se dit de différentes préparations : *vinaigre de toilette,* etc.

Vinaigrer v. a. Assaisonner avec du vinaigre.

Vinaigrerie s. f. Lieu où l'on fabrique le vinaigre.

Vinaigrette s. f. Sorte de sauce froide, faite avec du vinaigre, de l'huile, du persil et de la ciboule ; viande apprêtée avec cette sauce ; ancienne petite chaise à deux roues qui était traînée par un homme.

Vinaigrier s. m. Celui qui fait ou vend du vinaigre et de la moutarde ; petit vase à mettre du vinaigre.

Vinaire adj. 2 g. Qui appartient au vin, au commerce des vins.

Vincent de Beauvais, encyclopédiste du XIIIe s. ; m. 1264.

Vinci (Léonard de), célèbre peintre, architecte et ingénieur italien (1452-1519.)

Vindas s. m. (on pron. l'*s*). Cabestan.

Vindicatif, ive adj. Qui est porté à la vengeance.

Vindication s. f. Vengeance.

Vindicte s. f. *Vindicte publique,* poursuite d'un crime au nom de la société.

Viner v. a. Additionner d'alcool les vins pour les conserver.

Vinetiers s. m. pl. Famille de plantes dont l'épine-vinette est le type (*bot.*).

Vineux, euse adj. Se dit du vin qui a beaucoup de force, et de choses qui ont le goût, l'odeur ou la couleur du vin.

Vingt adj. num. (on pron. *vin*). Deux fois dix. Fig. beaucoup, maintes fois. S. m. Le nombre vingt ; vingtième.

Vingtaine s. f. (*g* nul). Vingt ou environ.

Vingtième adj. num. (*g.* nul). Nombre ordinal de vingt. S. m. Chaque partie d'un tout divisé en vingt parties égales.

Vinicole adj. Qui cultive la vigne, qui produit du vin.

Vinifères s. f. pl. Famille de plantes dont la vigne est le type (*bot.*).

Vinification s. f. Art de faire le vin.

Viol s. m. Action de violer.

Violacé, ée adj. D'une couleur tirant sur le violet.

Violateur, trice s. Celui, celle qui viole les lois, les droits, etc.

Violation s. f. Action de violer un engagement, une règle, une chose sacrée, etc.

Violâtre adj. D'une couleur tirant sur le violet.

Viole s. f. Ancien instrument de musique à cordes ; alto.

Violement s. m. Infraction, contravention (vx. mot).

Violemment adv. (on pron. *violamant*). Avec violence.

Violence s. f. Caractère ou qualité de la personne ou de la chose violente ; force dont on use contre la loi, le droit, etc.

Violent, e adj. Qui agit avec une grande force, où la force domine ; impétueux, emporté. *Mort violente,* mort par accident ou par force.

Violenter v. a. Contraindre ; obliger par force à faire une chose.

Violer v. a. Enfreindre, agir contre, faire violence, porter atteinte à, profaner : *violer l'enceinte sacrée.*

Violet, ette adj. Qui est de la couleur de la violette. S. m. Cette couleur même.

Violette s. f. Plante, sa fleur*.

Violier s. m. Giroflée.

Violir v. a. Rendre violet. V. n. Devenir violet.

Violon s. m. Instrument de musique ; celui qui en joue ; prison contiguë à un corps de garde. Fig. *Payer les violons,* payer les frais d'une chose dont d'autres ont eu tous les avantages.

Violoncelle s. m. Sorte de gros violon appelé aussi basse.

Violoniste s. Celui, celle qui joue bien du violon.

Viorne s. f. Genre d'arbrisseau à fleurs blanches.

Viotti, célèbre violoniste et compositeur italien (1753-1824).

Vipère s. f. Serpent vivipare, venimeux. Fig. personne médisante, méchante.

Vipereau s. m. Petit d'une vipère.

Vipérine s. f. Sorte de plante.

Virage s. m. Espace pour virer.

Virago s. f. Fille ou femme de grande taille et qui a l'air d'un homme (fam.).

Virebouquet s. m. Cheville dont se servent les couvreurs.

Virelai s. m. Ancienne poésie française sur deux rimes.

Virement s. m. Action de virer de bord (*mar.*); transport d'une dette active.

Virer v. n. Aller en tournant. *Virer de bord* (*mar.*), tourner d'un sens dans un autre, et au fig. changer de conduite, de direction, de parti.

Viret (Pierre), l'un des chefs de la Réformation en Suisse (1511-1571).

Vireton s. m. Sorte de flèche qui tournoyait en l'air.

Vireux, euse adj. Qui tient du poison, qui est de la nature du poison.

Vireveau s. m. Sorte de cabestan.

Virevolte s. f. Tour et retour fait avec vitesse (en parlant d'un cheval). Fig. changement de thèse, de parti, d'opinion.

Virgile, le plus célèbre des poètes latins, auteur des *Géorgiques*, de l'*Énéide* et des *Eglogues* (69-19 av. J.-C.).

Virginal, e adj. Qui appartient aux vierges (pas de pl. m.).

Virginité s. f. Etat d'une vierge.

Virgule s. f. Signe de ponctuation.

Virgulte s. f. Petite branche d'un rejeton.

Viril, e adj. Qui est de l'homme. *Age viril*, âge d'un homme fait. Fig. fort, énergique.

Virilement adv. Courageusement, d'une manière virile, avec vigueur.

Virilité s. f. Caractère de ce qui est viril; âge viril.

Virole s. f. Petit cercle de métal autour du manche d'un couteau, d'un outil *, etc.

Virtualité s. f. Qualité de ce qui est virtuel.

Virtuel, elle adj. Qui a la puissance d'agir, mais sans l'exercer.

Virtuellement adv. D'une manière virtuelle.

Virtuose s. Qui a des talents en musique.

Virulence s. f. Qualité de ce qui est virulent.

Virulent, e adj. Se dit des maladies produites par un virus. Fig. violent, plein de méchanceté.

Virus s. m. (on pron. l'*s*). Principe contagieux d'une maladie, venin.

Vis s. f. (on pron. l'*s*). Pièce cylindrique et cannelée en spirale, qui pénètre en tournant*. *Pas de vis*, espace compris entre deux filets d'une vis.

Visa s. m. Formule, signature qui rend un acte authentique et exécutoire.

Visage s. m. Face de l'homme; physionomie; air; personne.

Vis-à-vis adv. En face. Prép. A l'opposite de, en face de. S. m. Personne qui est en face d'une autre; sorte de voiture à une seule place dans chaque fond.

Viscéral, e adj. Des viscères; qui appartient aux viscères.

Viscère s. m. Nom des divers organes renfermés dans les grandes cavités du corps, comme les poumons, le cœur, etc.

Visconti, famille illustre de Milan.

Visconti (Ennius-Quirinus), savant antiquaire, né à Rome (1751-1818).—Visconti (Louis), fils du précédent, architecte français (1791-1851).

Viscosité s. f. Qualité de ce qui est visqueux.

Visée s. f. Direction de la vue vers un certain point pour y atteindre. Fig. dessein, but.

Viser v. a. et v. n. Mirer un but; examiner un acte, un papier, et y mettre un visa. Fig. avoir en vue un certain résultat.

Visibilité s. f. Qualité qui rend une chose visible.

Visible, adj. Qui peut être vu, qu'il est facile de voir. Fig. évident.

Visiblement adv. D'une manière visible, manifestement.

Visière s. f. Pièce du casque qui se haussait et se baissait ; partie d'un shako, d'une casquette, etc., qui abrite les yeux ; vue.

Visigoths ou **Wisigoths** s. m. pl. Peuples barbares qui envahirent au ve siècle l'Italie, la Gaule méridionale et l'Espagne. S. m. Homme grossier.

Vision s. f. Action de voir. Chose surnaturelle qui apparaît avec la permission de Dieu. Fig. idée folle, extravagante.

Visionnaire adj. et s. Qui croit avoir des visions, des révélations. Fig. celui, celle qui a des idées extravagantes.

Visir. Voy. *Vizir*.

Visitandine s. f. Religieuse de l'ordre de la Visitation.

Visitation s. f. Fête de l'Eglise en mémoire de la visite que fit la sainte Vierge à sa cousine Elisabeth. Ordre de religieuses.

Visite s. f. Action d'aller voir quelqu'un par civilité, devoir; perquisition, recherche. Se dit de l'arrivée d'un médecin chez un malade, de la tournée d'inspection d'un évêque.

Visiter v. a. Aller voir quelqu'un chez lui. Aller voir par curiosité ; examiner en détail.

Visiteur, euse s. Qui visite, qui fait une visite.

Vison s. m. Espèce de fouine d'Amérique.

Vison-visu loc. adv. Face à face.

Visqueux, euse adj. Qui poisse.

Vissage s. m. Action de visser.

Visser v. a. Attacher, fixer avec des vis. SE VISSER v. pr. Etre vissé.

Visu (*de*) (mot latin ; on pron. *dé-vi-zu*) loc. adv. Après avoir vu de ses propres yeux.

Visuel, elle adj. Qui appartient à la vue.

Vital, e adj. Qui appartient à la vie, qui sert à conserver la vie. Fig. très important.

Vitalité s. f. Ce qui constitue la vie. Force, énergie de ce qui est vivant.

Vite adj. Qui se meut avec rapidité. Adv. Avec rapidité.

Vitellius, empereur romain, renversé par Vespasien (69).

Vitelotte s. f. Espèce de pomme de terre longue.

Vitement adv. Avec vitesse.

Vitesse s. f. Caractère de ce qui est ou de ce qui se fait vite.

Viticole adj. Qui a rapport à la culture de la vigne.

Viticulteur s. m. Cultivateur de vignes.

Viticulture s. f. Culture de la vigne.

Vitikind. Voy. *Witikind*.

Vitrage s. m. Action de vitrer ; l'ensemble des vitres d'un bâtiment ; porte ou châssis vitré.

Vitrail s. m. Vitrage composé de panneaux vitrés ; fenêtre vitrée d'un monument. (Pl. *vitraux*.)

Vitre s. f. Pièce de verre dont on garnit une fenêtre, une porte. Fig. *Casser les vitres*, parler, agir sans ménagements.

Vitré, ée adj. Garni de vitres : *porte vitrée*. *Electricité vitrée*, électricité produite par le frottement du verre (par opposition à l'électricité résineuse). *Humeur vitrée*, humeur qui remplit le fond du globe de l'œil.

Vitrer v. a. Garnir de vitres.

Vitrerie s. f. Art, commerce du vitrier.

Vitrescible adj. Qui peut être vitrifié.

Vitreux, euse adj. Analogue au verre.

Vitrier s. m. Artisan qui fabrique, travaille ou vend du verre, et qui pose les vitres.

Vitrifiable adj. Qui peut être vitrifié.

Vitrification s. f. Action de vitrifier ou de se vitrifier. Etat de ce qui est vitrifié.

Vitrifier v. a. Fondre une substance de façon qu'elle se transforme en verre : *le feu vitrifie le sable*. SE VITRIFIER v. pr. Devenir verre.

Vitrine s. f. Vitrage derrière lequel on place des marchandises à vendre, des objets exposés, etc.

Vitriol s. m. Nom donné autrefois à tous les sulfates. *Huile de vitriol* ou *vitriol*, acide sulfurique concentré.

Vitriolé, ée adj. Où il y a du vitriol.

Vitriolique adj. Qui est de la nature du vitriol.

Vitruve, architecte et écrivain romain (Ier siècle av. J.-C.).

Vivace adj. Organisé pour vivre longtemps. Se dit des plantes qui vivent plus de deux ans, et fructifient plusieurs fois. Fig. difficile à détruire.

Vivacité s. f. Caractère de ce qui est actif, prompt à agir, à se mouvoir; éclat très vif : *vivacité des couleurs*; ardeur extrême, animation, emportement. S. f. pl. Emportements légers et qui durent peu.

Vivandier, ère s. Celui, celle qui vend aux soldats des vivres ou des boissons.

Vivant, e Adj. Qui vit. Fig. très animé, très fréquenté : *ville très vivante. Langue vivante*, parlée actuellement. S. m. Celui, celle qui est en vie. *Bon vivant*, qui se réjouit, qui aime le plaisir sans nuire aux autres.

Vivat s. m. et interj. (mot latin sign. *qu'il vive;* on pron. le *t*). Cri d'applaudissement.

Vive s. f. Poisson de mer assez analogue à l'anguille.

Vive... Exclamation pour témoigner qu'on souhaite longue vie. *Qui vive?* Terme militaire, pour reconnaître ceux qui s'approchent, que l'on rencontre, etc. S. m. *Etre sur le qui vive*, en état d'alarme, de défiance, d'observation inquiète.

Vivement adv. Avec vivacité, fortement, profondément, sensiblement.

Viveur s. m. Celui qui aime à jouir de la vie, qui s'abandonne aux plaisirs de la vie.

Vivier s. m. Pièce d'eau où l'on met du poisson pour peupler.

Vivifiant, e adj. Qui vivifie, qui ranime.

Vivification s. f. Action de vivifier.

Vivifier v. a. Donner et conserver la vie. Fig. donner la vigueur, la force.

Vivifique adj. Qui a la propriété de vivifier.

Vivipare adj. 2 g. et s. m. Se dit des animaux qui mettent au monde leurs petits tout vivants.

Vivisection s. f. Action de disséquer des animaux vivants pour faire des expériences scientifiques.

Vivonne (duc de), maréchal de France, frère de Mme de Montespan (1636-1688).

Vivoter v. n. Vivre petitement, pauvrement, avec peine (fam.).

Vivre v. n. *Ind.pr.* je vis, nous vivons; *pas. déf.* je vécus; *part. pr.* vivant; *part. pas.* vécu. Etre en vie; avoir l'organisation, le sentiment : *les animaux, les plantes vivent;* durer, subsister : *la gloire du juste vivra éternellement;* se nourrir : *vivre de pain;* passer sa vie d'une certaine manière : *vivre dans l'inquiétude, dans l'abondance, dans les privations. Savoir vivre*, être bien élevé.

Vivre s. m. Provision de bouche; nourriture; tout ce dont l'homme se nourrit (s'emploie surtout au pluriel). Syn. denrée, subsistance.

Vizir ou visir (mot turc) s. m. Ministre, officier de la cour du sultan. *Grand vizir*, premier ministre du sultan.

Vizirat ou **viziriat** s. m. Dignité, fonction de vizir.

Vladimir Ier, grand-duc de Russie, mort en 1015. VLADIMIR II, mort en 1126.

Vladislas, nom de sept rois de Pologne (1081-1516), et de trois rois de Bohême (1109-1197).

Vocable s. m. Mot; patronage d'un saint auquel est dédiée une église.

Vocabulaire s. m. Liste alphabétique des mots d'une langue, d'une science, avec une explication succincte.

Vocabuliste s. m. Auteur d'un vocabulaire.

Vocal, e adj. Qui s'exprime par la voix : *musique vocale;* qui a rapport à la voix : *sons vocaux.*

Vocalisation s. f. Action de vocaliser.

Vocalise s. f. Exercice de vocalisation.

Vocaliser v. n. Chanter sans nommer les notes et sans prononcer de paroles.

Vocatif s. m. Dans certaines langues, cas dont on se sert pour désigner la personne ou la chose à laquelle on parle.

Vocation s. f. Ordre de la Providence qui place dans tel ou tel état; inclination, destination pour un état; penchant.

Vociférations s. f. pl. Paroles accompagnées de clameurs.

Vociférer v. n. Parler avec clameurs dans une assemblée.

Vœu s. m. Promesse faite à Dieu d'une chose qui peut lui être agréable, sans être de précepte; désir très vif. S. m. pl. Profession de foi religieuse.

Vogue s. f. Mouvement imprimé par les rames. Fig. crédit, réputation, estime; grande publicité.

Voguer v. n. Etre mu par des rames (*mar.*). Naviguer.

Vogueur s. m. Rameur (vx.).

Voici prép. servant à désigner ce qui est proche, ce dont on va parler.

Voie s. f. Chemin, route d'un lieu à un autre; direction que l'on suit; mode de transport. Fig. moyen, entremise : *la voie de la persuasion;* conduite. *Les voies de Dieu*, ses desseins, ses lois; *voies de fait*, actes de violence. Mesure pour le bois de chauffage. *Mar.* Fente, ouverture dans un vaisseau. *Anat.* Vaisseau, canal : *les voies urinaires.*

Voilà prép. qui indique ce que l'on vient de dire, ou, de deux objets, celui qui est le plus éloigné.

Voile s. m. Etoffe qui sert à cacher quelque chose; étoffe de gaze, de soie, de dentelle, etc., qui couvre le visage des femmes, la tête des religieuses. Fig. Apparence spécieuse : *sous le voile de l'amitié ;* ce qui nous dérobe la connaissance de quelque chose; état de religieuse : *prendre le voile. Les voiles de la nuit*, les ténèbres. S. f. Toile forte que l'on attache aux vergues d'un mât pour recevoir le vent *. Fig. le vaisseau lui-même. *Mettre à la voile*, s'embarquer; *faire voile*, naviguer ; fig. *à pleines voiles*, hardiment.

Voilé, ée adj. Couvert d'un voile; caché, couvert. *Voix voilée*, qui n'est pas claire.

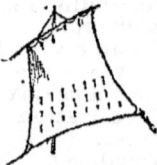

Voiler v. a. Couvrir d'un voile. Fig. déguiser, cacher : *voiler ses desseins.*

Voilerie s. f. Lieu où l'on fait et raccommode les voiles des vaisseaux.

Voilette s. f. Petit voile de femme.

Voilier s. m. Ouvrier qui fait les voiles de bâtiment. *Bon, mauvais voilier*, vaisseau qui navigue bien ou mal.

Voilure s. f. Ensemble des voiles nécessaires à un bâtiment.

Voir v. a. Recevoir les images des objets; apercevoir, connaître par les yeux, et fig. par l'esprit, l'intelligence ; rendre visite : *aller voir un ami ;* s'informer : *voyez s'il est venu ;* parcourir : *voir du pays ;* fréquenter : *voir beaucoup de monde ;* comprendre. *Voir de bon, de mauvais œil*, avoir des dispositions favorables ou défavorables, être content ou mécontent. SE VOIR v. pr. Se fréquenter; être, exister, arriver : *cela se voit. Ne point se voir*, être en mauvaise intelligence.

Voire adv. Même, aussi (vx.).

Voirie s. f. Partie de l'administration qui a pour objet l'établissement, la conservation et l'entretien des voies publiques; lieu où l'on dépose les immondices, les débris d'animaux, etc.

Voisin, e adj. et s. Qui est proche, qui demeure auprès.

Voisinage s. m. Proximité.

Voisiner v. n. Fréquenter ses voisins (fam.).

Voiturage s. m. Action de voiturer.

Voiture s. f. Véhicule servant à transporter les personnes, les marchandises*; choses transportées : *voiture de blé.*

Voiturer v. a. Transporter par voiture.

Voiturier s. m. Celui qui fait le métier de voiturer.

Voix s. f. Le son qui sort de la bouche ; la voix modifiée par le chant; chanteur, chanteuse. *Gram.* Son d'une voyelle; différentes formes des verbes. Fig. inspiration intérieure; conseil; opinion; sentiment; suffrage; droit de suffrage.

Vol s. m. Mouvement et course dans l'air au moyen des ailes; étendue et longueur du vol. Fig. marche très rapide; élévation; essor.

Vol s. m. Action de voler, de dérober; la chose volée.

Volable adj. Qui peut être volé.

Volage adj. et s. Inconstant, léger.

Volaille s. f. Les oiseaux de basse-cour.

Volailler s. m. Marchand de volailles.

Volant, e adj. Qui a la faculté de voler; qu'on déplace à volonté.

Volant s. m. Petit morceau de bois, de liège, etc., garni de plumes, qu'on lance en l'air avec des raquettes*; roue servant à régulariser le mouvement d'une machine; aile de moulin à vent; garniture au bas des robes.

Volatil, e adj. *Chim.* Qui s'élève et se résout en vapeur ou en gaz par l'action du feu.

Volatile adj. Qui vole. S. m. Animal qui vole.

Volatilisation s. f. Action de volatiliser, de se volatiliser.

Volatiliser v. a. Rendre volatil. SE VOLATILISER v. pr. Se résoudre en vapeur ou en gaz.

Volatilité s. f. Qualité de ce qui est volatil.

Volatille s. f. (*ll* m.) Fam. Oiseau bon à manger.

Volcan s. m. Montagne, gouffre qui vomit du feu*. Fig. intrigues sourdes et dangereuses; tête ardente, exaltée.

Volcanique adj. De volcan.

Volcanisé, ée adj. Où il y a des volcans; où il reste des traces d'anciens volcans.

Vole s. f. A certains jeux de cartes, toutes les levées faites par l'un des joueurs.

Vole-au-vent s. m. Pâté chaud dont la croûte est légère.

Volée s. f. Vol d'un oiseau; bande d'oiseaux qui volent. Fig. rang, qualité, mérite : *personne de haute volée. Volée de canons*, décharge simultanée de plusieurs canons; branle de cloches; coups de bâton; traverse par laquelle les chevaux du second rang sont attelés à une voiture. A LA VOLÉE, loc. adv. Au vol, au passage; inconsidérément.

Voler v. n. Se mouvoir et courir dans l'air au moyen d'ailes; courir, avancer avec vitesse. V. a. Prendre furtivement ou par force ce dont on n'a pas la propriété; *t. de faucon.* : chasser au vol.

Volereau s. m. Petit voleur.

Volerie s. f. Larcin, pillerie; chasse qui se fait avec des oiseaux de proie dressés à cet effet.

Volet s. m. Pigeonnier; ais qui en ferme l'entrée; fermeture de menuiserie placée en dedans des châssis d'une fenêtre; contrevent.

Voleter v. n. Voler faiblement, à plusieurs reprises.

Volettes s. f. pl. Réseau de cordes dont on couvre un cheval pour le garantir des mouches.

Voleur, euse s. et adj. Qui a volé ou qui vole habituellement; qui exige plus qu'il ne lui est dû.

Volière s. f. Lieu où l'on nourrit des oiseaux; petit colombier.

Volige s. f. Planche légère de bois blanc.

Voliger v. a. Couvrir de voliges, de lattes.

Volney, érudit français (1757-1820).

Volontaire adj. Qui est fait sans contrainte; qui agit par sa propre volonté. Adj. et s. Qui ne veut faire que sa volonté, ne dépendre de personne, ne s'assujétir à aucune loi. S. m. Celui qui sert dans les troupes sans y être obligé.

Volontairement adv. Sans contrainte; de bonne et franche volonté.

Volonté s. f. Faculté, puissance de l'âme par laquelle elle veut; acte de la volonté; son expression. Au pl. Fantaisies, caprices. A VOLONTÉ loc. adv. Quand on veut.

Volontiers adv. De bon cœur, de plein gré; facilement, aisément.

Volsques, peuple de l'ancien Latium.

Volta, physicien italien (1745-1827).

Voltaïque adj. *Pile voltaïque*, inventée par Volta.

Voltaire, célèbre poète et prosateur français (1694-1778).

Voltairien, enne adj. et s. De Voltaire; partisan de Voltaire.

Volte s. f. Mouvement du cheval en rond. *Escr.* Mouvement pour éviter le coup de son adversaire.

Volte-face s. f. *Faire volte-face*, tourner visage à l'ennemi qui poursuit.

Volter v. n. *Escr.* Faire une volte.

Voltige s. f. Corde sur laquelle certains bateleurs dansent ou font des tours de souplesse; l'art de monter à cheval légèrement et sans étriers.

Voltigement s. m. Mouvement de ce qui voltige.

Voltiger v. n. Voler çà et là, à plusieurs reprises; flotter au gré du vent; faire des tours de voltige; courir à cheval çà et là. Fig. être inconstant.

Voltigeur s. m. Qui voltige sur une corde ou sur un cheval; soldat de petite taille faisant partie d'une compagnie d'élite.

Volubilis s. m. (on pron. l'*s*). Espèce de plante grimpante; liseron.

Volubilité s. f. Facilité de se mouvoir, d'être mû en rond; articulation nette et rapide; habitude de parler trop vite.

Volume s. m. Étendue, grosseur d'un corps par rapport à l'espace qu'il occupe; livre relié ou broché.

Volumineux, euse adj. Fort étendu; qui contient beaucoup de volumes.

Volupté s. f. Plaisir des sens. Fig. Plaisir de l'âme.

Voluptueusement adv. Avec volupté.

Voluptueux, euse adj. Qui aime, qui cherche la volupté; qui la cause, l'inspire, qui l'exprime. S. Qui aime la volupté.

Volute s. f. Ornement en spirale du chapiteau ionique; coquille univalve, en cône pyramidal.

Vomer s. m. (on pron. *vomère*). Os qui sépare le nez en deux narines.

Vomique adj. *Noix vomique*, espèce de graine qui est un poison pour quelques animaux. S. f. Amas de pus évacué par une sorte de vomissement.

Vomiquier s. m. Arbre qui porte la noix vomique.

Vomir v. a. Rejeter par la bouche ce qui est dans l'estomac. Fig. rejeter; proférer des menaces, des imprécations.

Vomissement s. m. Action de vomir.

Vomitif, ive adj. et s. m. Se dit d'un remède qui provoque le vomissement.

Vomitoire s. m. Nom qu'on donnait dans l'antiquité aux issues des théâtres.

Vorace adj. Qui dévore, qui mange avec avidité.

Voracement adv. Avec voracité.

Voracité s. f. Avidité à manger.

Vos adj. poss. Pl. de *votre*.

Voss, critique et poète allemand (1751-1826).

Votant adj. et s. m. Qui vote, qui a le droit de voter.

Votation s. f. Action de voter.

Vote s. m. Vœu émis; suffrage donné.

Voter v. n. Donner sa voix, son suffrage dans une élection, une délibération, etc. V. a. Donner son adhésion, son consentement à.

Votif, ive adj. Qui a rapport, appartient au vœu.

Votre adj. poss. signifiant : de vous.

Vôtre adj. poss. ordinairement accompagné de l'article *le*, *la*. Qui est à vous. S. m. Ce qui est à vous; votre bien. Pl. *Les vôtres*, vos parents, vos amis.

Vouer v. a. Consacrer; promettre à Dieu ou à quelque saint; promettre par vœu d'une manière particulière. SE VOUER v. pr. Se consacrer, se donner entièrement.

Vouet (Simon), peintre et graveur français (1590-1649).

Vouloir v. a. Avoir l'intention, la volonté de faire; désirer; souhaiter; consentir; commander; exiger; demander. *En vouloir à quelqu'un*, lui souhaiter du mal, avoir du ressentiment contre lui.

Vouloir s. m. Acte de volonté; intention, dessein; volonté.

Vous pr. pers. pl. de *tu, te, toi.*

Voussoir ou **vousseau** s. m. Chacune des pierres qui forment le cintre d'une voûte.

Voussure s. f. Courbure, élévation d'une voûte.

Voûte s. f. Ouvrage de maçonnerie fait en arc. On dit au fig. *la voûte des cieux.*

Voûté, ée adj. En forme de voûte. Fig. *dos voûté*, courbé par l'âge.

Voûter v. a. Faire une voûte. SE VOUTER v. pr. Se courber.

Voyage s. m. Chemin fait pour aller d'un lieu à un autre lieu éloigné; relation d'un voyageur.

Voyageur, euse s. Qui voyage.

Voyant, e adj. Qui brille, qui éclate : *couleur voyante.* S. m. Prophète.

Voyelle s. f. Lettre qui peut se prononcer sans l'aide d'une autre lettre.

Voyer s. m. Fonctionnaire préposé à l'entretien des routes. Adj. *Agent voyer.*

Voyvode ou **voïvode** s. m. Voy. *vayvode.*

Vrai, e adj. Véritable; conforme à la vérité; véridique, sincère; qui est réellement, tel qu'il doit être : *un vrai savant.* S. m. La vérité.

Vraiment adv. Véritablement.

Vraisemblable adj. et s. Qui a l'apparence de la vérité.

Vraisemblablement adv. Avec vraisemblance.

Vraisemblance s. f. Apparence de vérité.

Vrille s. f. (*ll* m.) Petit outil en forme de vis. *Bot.* Petit filament en spirale.

Vu prép. A cause de; eu égard à. S. m. Employé dans cette expression : *au vu et au su de tout le monde.* VU QUE loc. conj. Attendu que.

Vue s. f. Faculté de voir; le sens par lequel on aperçoit les objets; l'organe de la vue; le regard; inspection de ce que l'on voit; étendue de pays, etc., que l'on voit; tableau qui représente une ville, un lieu, etc. *Garder quelqu'un à vue*, le surveiller; *à vue d'œil*, presque sensiblement; *à perte de vue*, si loin qu'on ne peut plus distinguer les objets. *Com. Payable à vue*, à présentation.

Vulcain, dieu du feu, fils de Jupiter et de Junon (*myth.*)

Vulcanisation s. f. Préparation qu'on fait subir au caoutchouc pour le rendre insensible à la chaleur ou au froid.

Vulcaniser v. a. Faire subir au caoutchouc le procédé de la vulcanisation.

Vulgaire adj. Commun, trivial; reçu communément : *opinion vulgaire.* S. m. Le peuple; les gens peu instruits.

Vulgairement adv. Communément.

Vulgarisateur, trice s. Personne qui répand la connaissance, l'usage d'une chose.

Vulgarisation s f. Action de vulgariser; le résultat.

Vulgariser v. a. Rendre vulgaire; mettre à la portée de tous.

Vulgarité s. f. Défaut de ce qui est vulgaire.

Vulgate s. f. Version latine de l'Ecriture-Sainte.

Vulnérable adj. Qui peut être blessé.

Vulnéraire adj. et s. Propre à la guérison des plaies et des ulcères.

W

W s m. (la prononciation française de cette lettre est celle du V).

Waast ou **Wast** (saint), évêque d'Arras; m. 540.

Wace (Robert). Voy. *Robert Wace.*

Wagon s. m. Voiture roulant sur les chemins de fer.

Wailly (Noël-François de), grammairien et lexicographe français (1724-1801).

Waldeck (prince de), feld-maréchal de l'empire d'Allemagne (1620-1692).

Walid, nom de 2 califes d'Orient.

Wallace (on pron. *Oualace*), célèbre chef écossais (1276-1305).

Wallenstein ou **Waldstein**, célèbre général des Impériaux (1583-1634).

Wallia, roi des Visigoths, m. en 419.

Wallis (on pron. *Oualis*), feld-maréchal autrichien (1671-1743).

Wallon, one adj. et s. Se dit des anciens habitants de la Belgique et du langage qu'ils parlaient.

Walter, nom anglais. Voy. *Scott*.

Warrant s. m. (m. anglais; on pron. *ouarrante*). Acte de garantie; titre de propriété de marchandises ou d'autres valeurs; décret de prise de corps en Angleterre.

Warwick (on pron. *Ouarouik*) (Richard Nevil, comte de), célèbre général anglais, m. 1471.

Washington (on pron. *Ouachingtone*), célèbre général, fondateur de la République des États-Unis (1732-1799).

Water-closet (m. anglais). S. m. Cabinet d'aisances.

Waterproof (m. anglais; on pron. *ouaterprouf*). S. m. Manteau imperméable.

Watt (James), célèbre ingénieur anglais (1736-1819).

Watteau, peintre français (1684-1721).

Weber, compositeur de musique allemand (1786-1825).

Wellington (Lord), général anglais, vainquit Napoléon à Waterloo (1769-1852).

Wenceslas. Voy. *Venceslas*.

Westermann, général français, né en 1764, décapité en 1794 pendant la Terreur.

Westminster, célèbre abbaye de Londres, renfermant les tombeaux des rois et des personnages illustres de l'Angleterre.

Whig s. m. (m. anglais). Parti opposé à la cour, en Angleterre.

Whiskey ou **whisky** s. m. (m. anglais). Sorte d'eau-de-vie de grains.

Whist s. m. (m. anglais). Sorte de jeu de cartes.

Wiclef, hérésiarque anglais (1324-1387).

Wieland, poète et littérateur allemand (1733-1813).

Wilfrid (saint), apôtre des Anglais et des Anglo-Saxons au VIIe s.

Wilhem, compositeur de musique français (1781-1842).

Wisigoth. Voy. *Visigoth*.

Wiski s. m. (m. anglais). Sorte de voiture légère et élevée.

Witikind, héros saxon du VIIIe siècle; il défendit son pays contre Charlemagne.

Witt (Jean de), homme d'État hollandais (1625-1672).

Wollaston, chimiste et physicien anglais (1776-1828).

X

X s. m. 23e lettre de l'alphabet. X vaut 10 en chiffres romains.

Xaintrailles, célèbre capitaine français contemporain de Charles VII, mort en 1461.

Xantippe, général athénien, père de Périclès (479 av. J.-C.). — Général lacédémonien, vainqueur de Régulus (255 av. J.-C.).

Xantippe, femme de Socrate.

Xavier (saint François), missionnaire espagnol, de l'ordre des Jésuites, apôtre des Indes (1506-1552).

Xénélasie s. f. Interdiction faite aux étrangers du séjour d'une ville.

Xénocrate, philosophe grec, disciple de Platon (396-314 av. J.-C.).

Xénophane, philosophe grec (VIe siècle av. J.-C.).

Xénophon, général, historien et philosophe grec, disciple de Socrate (445-355 av. J.-C.).

Xérasie s. f. Maladie qui dessèche les cheveux et les change en duvet couvert de poussière.

Xérophagie s. f. Abstinence des premiers chrétiens, qui, pendant le carême, ne mangeaient que du pain et des fruits secs.

Xérophtalmie s. f. Ophtalmie sèche, démangeaison, rougeur dans les yeux, sans enflure ni larmes (*méd.*).

Xerxès, nom de deux rois de Perse dont le premier (485-472 av. J.-C.) perdit contre les Grecs les batailles de Salamine et de Platée; le second, fils et successeur d'Artaxercès Ier (424), périt assassiné par son frère Sogdien.

Ximénès (Fr. de Cisnéros), cardinal et grand inquisiteur, fut le principal ministre de Ferdinand de Castille et de Charles-Quint (1437-1517).

Xylographie s. f. Art de graver sur bois, d'imprimer avec des caractères de bois.

Xylographique adj. Qui a rapport à la xylographie.

Xylophage s. m. Insecte qui vit dans le vieux bois. Adj. Qui ronge le bois : *insectes xylophages.*

Xyste s. m. Lieu d'exercice chez les anciens.

Y

Y s. m. La 24e lettre de l'alphabet et la 6e des voyelles.

Y adv. Dans cet endroit là : *allez-y.* Pron. A cela, à cette personne : *il s'y attache.*

Yacht s. m. (on pron. *iak* en aspirant l'*y*). Petit bâtiment à voiles et à rames pour la promenade.

Yack s. m. Buffle à queue de cheval.

Yankee s. m. (on pron. *yanki*). Nom donné dérisoirement par les Anglais aux habitants des Etats-Unis de l'Amérique du Nord.

Yard s. m. (l'*y* est aspiré). Mesure de longueur en Angleterre valant 91 centimètres.

Yatagan s. m. (l'*y* est aspiré). Sorte de poignard turc.

Yeuse s. f. Sorte de chêne qui conserve ses feuilles vertes en toute saison.

Yeux s. m. Pluriel d'*œil.*

Yézid Ier, deuxième calife ommiade (680-683). — Yézid II (720-724), persécuta les chrétiens. — Yézid III (744).

Yole s. f. (l'*y* est aspiré). Petite embarcation étroite et légère.

York (maison d'), branche de la famille des Plantagenets en Angleterre.

Young (Edouard), poète anglais (1681-1765). — (Thomas), savant archéologue et physicien anglais (1773-1829).

Ypréau s. m. Espèce d'orme.

Yriarte, poète espagnol (1750-1791).

Yttrium s. m. (on pron. *itriome*). L'un des corps simples de la chimie.

Yucca s. m. Plante qui a l'aspect de l'aloès *.

Yves (saint), évêque de Chartres, m. 1115.

Z

Z s. m. 25e lettre de l'alphabet.

Zabulon, fils de Jacob; donna son nom à une tribu d'Israël.

Zacharie (on pron. *zacari*), roi d'Israël, m. 767 av. J.-C. — Grand prêtre, fils de Joad, lapidé par ordre de Joas, IXe s. av. J.-C. — L'un des petits prophètes, VIe s. av. J.-C. — Père de saint Jean-Baptiste. — (saint), pape, m. 752.

Zagaie s. f. Javelot des cavaliers mores.

Zain adj. m. *Cheval zain*, tout noir ou tout bai, sans aucune tache de blanc.

Zaleucus, philosophe grec, IIIe s. av. J.-C.

Zani s. m. Bouffon des comédies italiennes.

Zarco, navigateur portugais, xve siècle.

Zèbre s. m. Quadrupède d'Afrique, âne dont la peau est rayée.

Zébré, ée adj. Marqué de raies semblables à celles du zèbre.

Zébrure s. f. Etat de ce qui est zébré.

Zébu s. m. Petite espèce de bison.

Zélandais, e adj. et s. De la Zélande.

Zélateur, trice s. Qui agit avec beaucoup de zèle.

Zèle s. m. Affection ardente pour quelque chose; grand empressement.

Zélé, ée adj. Qui a du zèle, de l'ardeur.

Zélotypie s. f. Zèle outré, jalousie ardente.

Zend ou **Zend-Avesta** s. m. Code des lois de Zoroastre.

Zénith s. m. Le point céleste perpendiculairement opposé au lieu d'observation.

Zénithal, e adj. Du zénith.

Zénon D'ÉLÉE, philosophe grec, ve s. av. J.-C. — DE CITIUM, philosophe grec, fondateur du stoïcisme, m. 260 av. J.-C. — L'ISAURIEN, empereur d'Orient, m. 491.

Zénonique adj. Conforme à la doctrine de Zénon.

Zénonisme s. m. Philosophie de Zénon.

Zéphire s. m. Vent d'occident chez les anciens.

Zéphyr s. m. Vent agréable et doux.

Zéphyre ou **Zéphire**, dieu du vent d'occident, fils d'Eole (*myth.*).

Zéphyrin (saint), pape, m. 218.

Zéro s. m. Caractère d'arithmétique qui par lui-même n'a aucune valeur, mais qui, mis à droite d'autres chiffres, les multiplie par 10; marque au thermomètre le degré de la glace fondante. Fig. personne sans crédit, sans capacité; rien.

Zest s. m. *Etre entre le zist et le zest*, ni bon ni mauvais. Interj. pour rejeter ce qu'on dit, pour se moquer.

Zeste s. m. Cloison dans les noix; pelure, peau mince de l'orange, du citron.

Zester v. a. Couper l'écorce d'un citron, d'une orange, par bandes très minces, de haut en bas.

Zététique adj. Se dit de toute méthode qui consiste à résoudre une question en cherchant la nature et la raison des choses. S. m. pl. Anciens philosophes qui faisaient profession de chercher la vérité absolue, mais qui, ne la trouvant point, doutaient de tout.

Zeugme s. m. Sorte d'ellipse.

Zézayement s. m. Action de zézayer.

Zézayer v. n. Prononcer le *j* et le *ch* comme un *z*.

Zibeline s. f. Martre de Sibérie à poil très fin; sa peau préparée.

Zigzag s. m. Suite de lignes formant entre elles des angles très aigus; sorte de machine composée de triangles que l'on peut mettre en zigzags.

Zimiscès (Jean), empereur grec (925-976).

Zimmermann, médecin et philosophe suisse (1728-1795). — Pianiste et compositeur de musique français (1785-1853).

Zinc s. m. Métal, l'un des corps simples de la chimie.

Zingage s. m. Travail du zingueur.

Zingarelli, compositeur de musique italien (1752-1837).

Zingueur s. m. Ouvrier qui travaille ou applique le zinc.

Zinzolin s. m. Couleur d'un violet rougeâtre.

Zircon s. m. Pierre précieuse de diverses couleurs.

Zirconium s. m. (on pron. *zirconiome*). Métal.

Zist s. m. Voy. *Zest*.

Zizanie s. f. Ivraie; mauvais grain dans le blé. Fig. discorde; désunion; mésintelligence.

Zodiacal, e adj. Qui appartient au zodiaque.

Zodiaque s. m. Grand cercle de la sphère céleste contenant les douze constellations principales qui se partagent la route apparente du soleil; l'ensemble de ces constellations.

Zoïle, détracteur d'Homère (IVe s. av. J.-C.). S. m. Mauvais critique; envieux.

Zone s. f. Chacune des cinq parties

du globe terrestre que l'on conçoit séparées par des cercles parallèles à l'équateur ; division d'une sphère faite par des sections parallèles.

Zoographie s. f. Description des animaux.

Zoolatrie s. f. Adoration des animaux.

Zoolithe s. f. Partie d'animal pétrifiée.

Zoologie s. f. Science qui traite de tous les animaux.

Zoologique adj. Qui appartient, qui a rapport à la zoologie.

Zoologiste s. m. Qui se livre à l'étude de la zoologie.

Zoophage adj. et s. Carnivore.

Zoophyte s. m. Se dit des animaux qui participent en quelque sorte de la plante par leur forme et leur organisation.

Zootomie s. f. Anatomie des animaux.

Zorille s. f. (*ll.* m.) Espèce de martre d'Afrique.

Zoroastre, fondateur de la religion des mages.

Zorobabel, prince de la maison de David qui ramena les Juifs dans leur pays (VIe s. av. J.-C.).

Zosime, historien grec du Ve s.

Zouave s. m. Soldat d'un corps de troupes formé en Algérie.

Zurbaran, peintre espagnol (1598-1662).

Zwingle, chef de la Réforme en Suisse.

Zygoma s. m. Os jugal, apophyse de l'os temporal.

Zygomatique adj. Qui appartient au zygoma.

Zymologie s. f. Traité sur la fermentation.

GÉOGRAPHIE

ANCIENNE ET MODERNE

ABRÉVIATIONS

affl.	affluent.	Gouv.	Gouvernement.
Amér.	Amérique.	h.	habitant.
anc.	ancien.	H.	Haut.
Angl.	Angleterre.	inf.	inférieure.
ant.	antiquité.	(M.-L.).	(Maine-et-Loire).
arch.	archipel.	mérid.	méridional.
arr.	arrondissement.	mont.	montagne.
atl.	atlantique.	N.	Nord.
b.	bourg.	nouv.	nouveau.
B.	Bas.	O.	Ouest.
ch.-l.	chef-lieu.	orient.	orientale.
c.	canton.	p.	port.
cap.	capitale.	princip.	principauté.
chât.	château.	prov.	province.
col.	colline.	Pyrén.	Pyrénées.
comm.	commune.	riv.	rivière.
conf.	confédération.	roy.	royaume.
cont.	contrée.	S.	Sud.
dép.	département.	(S.-et-M.).	Seine-et-Marne.
E.	Est.	(S.-et-O.).	Seine-et-Oise.
fl.	fleuve.	v.	ville.
Fr.	France.	val.	vallée.
Gar.	Garonne.	vil.	village.
Germ.	Germanique.		

GÉOGRAPHIE

ANCIENNE ET MODERNE

A

Aalborg, v. et p. du Danemark ; 15 000 h.

Aar, r. de la Suisse.

Aarau, v. de Suisse, sur l'Aar ; 6 000 h.

Aarhuus, v. et p. du Danemark ; 25 000 h.

Abarim, mont. de la Palestine.

Abazie, Russie transcaucasique.

Abbeville, ch.-l. d'arr. (Somme) ; 20 000 h.

Abbiategrasso, v. d'Italie ; 6000 h.

Abdère, v. de l'anc. Thrace.

Abénakis, peuplade de l'Amérique du Nord.

Abencérages, Maures de Grenade.

Abensberg, v. de Bavière ; 2 000 h.

Abéokouta, v. de la Guinée ; 130 000 h.

Aberdeen, v. d'Écosse ; 100 000 h.

Abo, v. et p. de Finlande ; 25 000 h.

Abomey, cap. du Dahomey ; 20 000 h.

Abondance, ch.-l. de c. (Haute-Savoie), arr. de Thonon ; 1 500 h.

Aboukir, v. de la B.-Egypte.

Abrantès, v. du Portugal ; 6 000 h.

Abruzzes, prov. d'Italie.

Abydos, v. d'Asie.

Abydos, v. de la Hte-Egypte.

Abyssinie, contrée de l'Afrique E. ; 4 000 000 h.

Acadie (Nouvelle-Ecosse, Am.) ; 500 000 h.

Acapulco, v. et p. du Mexique ; 5 000 h.

Acarnanie, cont. de l'anc. Grèce.

Accous, ch.-l. de c. (B.-Pyrénées) ; arr. d'Oloron ; 1 500 h.

Achaïe (Péloponèse).

Achantis, nègres (Guinée septentrionale).

Achéloüs, fl. (Aspropotamos).

Achem, état au N. de Sumatra ; 45 000 h.

Acheux, ch.-l. de c. (Somme), arr. de Doullens, 700 h.

Aciréale, port de Sicile ; 40 000 h.

Açores, îles portugaises de l'Atlantique ; 300 000 h.

Acre (St-Jean d'), v. et p. de Syrie.

Acrocérauniens, monts de l'Épire *(Chimæra)*.

Actium, v. et promontoire grec.

Adana, v. turque d'Asie ; 25 000 h.

Adda, riv. d'Italie.

Adel, dans le golfe d'Aden (Afrique).

Adelsberg, v. au N.-E. de Trieste ; 2 000 h.

Aden, port d'Arabie ; 40 000 h.

Aden, golfe d'Arabie, S.

Adige, fl. d'Italie.

Adjmir, v. de l'Inde anglaise ; 40 000 h.

Adour, fl. de France (Pyrénées).

Adria, v. de la Vénétie ; 15 000 h.

Adriatique, golfe de la Méditerranée.

Adrumète, v. anc. d'Afrique.

Adule, mont. des Alpes.

Ægos-Potamos, fl. de Thrace.

Afghanistan, Asie centrale, cap. Kaboul.

Afrique, une des cinq parties du monde. Principales contrées : l'Algérie, Tunis et Tripoli, le Maroc, l'Egypte, le Sahara, la Sénégambie, la Guinée, le Soudan, la Nubie, l'Abyssinie, l'Adel, la Cafrerie, le pays des Hottentots, le gouvernement du Cap, le Mozambique, le Zanguebar. Iles principales : Madagascar, la Réunion, Maurice, les Seychelles, les Comores, Cap-Vert, les Canaries, Madère, les Açores. Grands fleuves : le Nil, le Niger, le Zaïré, le Sénégal, la Gambie, l'Orange et le Zambèze. Principales montagnes : l'Atlas, les monts de Kong, de la Lune, Niewevel et Lupata. Environ 100 000 000 d'h., la plupart noirs.

Agde, ch. l. de c. (Hérault), arr. de Béziers ; 10 000 h.

Agen, ch.-l. du dép. de Lot-et-Garonne ; 25,000 h.

Agenois, anc. pays de France (Lot-et-Garonne).

Aghadès, v. du Sahara ; 20 000 h.

Agnadel, v. de Lombardie.

Agnano, lac près de Naples.

Agout, riv. de France.

Agra, v. de l'Inde anglaise.

Agram, ch.-l. de la Croatie ; 20 000 h.

Agrigente, v. anc. de Sicile.

Ahaggar, pays des Touaregs (*Sahara*).

Ahmedabad, v. de l'Inde anglaise.

Ahun, ch.-l. de c. (Creuse), arr. de Guéret ; 3 000 h.

Aï, ch.-l. de c. (Marne), arr. de Reims ; 7 000 h.

Aignan, ch.-l. de c. (Gers), arr. de Mirande ; 1 600 h.

Aignay-le-Duc, ch.-l. de c. (Côte-d'Or), arr. de Châtillon.

Aigre, ch.-l. de c. (Charente), arr. de Ruffec ; 2 000 h.

Aigrefeuille, ch.-l. de c. (Loire-Inférieure), arr. de Nantes ; 1 500 h.

Aigrefeuille, ch.-l. de c. (Charente-Infér.), arr. de Rochefort.

Aiguebelle, ch.-l. de c. (Savoie), arr. de St-J.-de-Maurienne ; 1 000 h.

Aigueperse, ch.-l. de c. (Puy-de-Dôme), arr. de Riom ; 2 500 h.

Aigues-Mortes, ch.-l. de c. (Gard), arr. de Nîmes ; 4 000 h.

Aiguille (l'), mont. de l'Isère ; 2 000 m. de haut.

Aiguilles, ch.-l. de c. (Hautes-Alpes), arr. de Briançon ; 600 h.

Aigurande, ch.-l. de c. (Indre), arr. de la Châtre ; 2 500 h.

Aillant, ch.-l. de c. (Yonne), arr. de Joigny ; 1 500 h.

Ailly-le-Haut-Clocher, ch.-l. de c. (Somme), arr. d'Abbeville ; 1 000 h.

Ailly-sur-Noye, ch.-l. de c. (Somme), arr. de Montdidier.

Aimargues, ch.-l. de c. (Gard), arr. de Nîmes ; 3 000 h.

Aime, ch.-l. de c. (Savoie), arr. de Moutiers ; 1 500 h.

Ain, riv. de France, sort du Jura et se jette dans le Rhône.

Ain (dép. de l'), ch.-l. Bourg.

Aire, ch.-l. de c. (Pas-de-Calais), arr. de Saint-Omer ; 9 000 h.

Aire, ch.-l. de c. (Landes), arr. de Saint-Sever ; 5 000 h.

Airvault, ch.-l. de c. (Deux-Sèvres), arr. de Parthenay ; 2 000 h.

Aisne, riv. de France, se jette dans l'Oise.

Aisne (dép. de l'), ch.-l. Laon.

Aix, ch.-l. d'arr. (Bouches-du-Rhône) ; 30 000 h.

Aix (île d'), à l'embouchure de la Charente.

Aix-d'Angillon, ch.-l. de c. (Cher), arr. de Bourges ; 2 000 h.

Aix-en-Othe, ch.-l. de c. (Aube), arr. de Troyes ; 3 000 h.

Aix-la-Chapelle, v. de la Prusse rhénane ; 9 500 h.

Aix-les-Bains, ch.-l. de c. (Savoie), arr. de Chambéry ; 5 000 h.

Aixe, ch.-l. de c. (Haute-Vienne), arr. de Limoges ; 4 000 h.

Ajaccio, ch.-l. de la Corse ; 18 000 h.

Akermân, p. russe (*mer Noire*).

Alabama, fleuve du Mexique.

Alabama, état, cap. *Montgomery* (États-Unis).

Alaigne, ch.-l. de c. (Aude), arr. de Limoux ; 600 h.

Alais, chef-lieu d'arr. (Gard) ; 20 000 h.

Aland (îles d'), mer Baltique.

Alaska, États-Unis.

Alava, prov. d'Espagne, ch.-l. *Victoria*.

Albacète, prov. d'Espagne, ch.-l. *Albacète*.

Alban, ch.-l. de c. (Tarn), arr. d'Albi ; 1 000 h.

Albanie, prov. de la Turquie, cap. *Scutari*.

Albano, v. d'Italie.

Albano (lac d'), près de Rome.
Albany, v. des États-Unis.
Albany, v. d'Australie.
Albarracin, mont. d'Espagne.
Albarracin, v. d'Espagne.
Albens, ch.-l. de c. (Savoie), arr. de Chambéry ; 2 000 h.
Albert, ch.-l. de c. (Somme), arr. de Péronne ; 6 000 h.
Albertville, ch.-l. d'arr.(Savoie); 6 000 h.
Albestroff, ch.-l. de c. (Meurthe), arr. de Château-Salins.
Albi, ch.-l. du dép. du Tarn ; 20 000 h.
Albion, nom anc. de l'Angleterre.
Albuera, v. d'Espagne.
Albuféra, lac d'Espagne.
Alby, ch.-l. de c. (Hte-Savoie), arr. d'Annecy ; 1 500 h.
Alcala de Hénarès, v. d'Espagne.
Alcantara, v. d'Espagne.
Alcazar de San-Juan, v. d'Espagne.
Alcazar-Quivir, v. du Maroc.
Alcira, v. d'Espagne.
Alcoy, v. d'Espagne.
Aldenhoven, v. d'Allemagne.
Alençon, ch.-l. du dép. de l'Orne ; 17 000 h.
Alentejo, prov. du Portugal.
Aléoutes, archipel de l'Amér. russe.
Alep, v. de Syrie.
Alexandrie, v. d'Egypte.
Alexandrie, v. d'Italie.
Algarves, prov. portugaise.
Alger, ch.-l. du dép. d'Alger ; 50 000 h.
Algérie, colonie française de l'Afrique ; provinces : Alger, Oran et Constantine, 2 500 000 h.
Algésiras, v. d'Espagne.
Algésireh, anc. *Mésopotamie.*
Alicante, v. et p. d'Espagne.
Alise (Alésia), vill. de la Côte-d'Or.
Allahabad, v. de l'Inde.
Allaire, ch.-l. de c. (Morbihan), arr. de Vannes ; 2 000 h.
Allanche, ch.-l. de c. (Cantal), arr. de Murat ; 2 500 h.
Alleghanys, chaîne de mont. des Etats-Unis.
Allègre, ch.-l. de c. (Hte-Loire), arr. du Puy ; 2 000 h.
Allemagne, vaste empire de l'Europe ; 47 000 000 h.
Allevard, ch.-l. de c. (Isère), arr. de Grenoble ; 3 000 h.
Allia, riv. de l'anc. Italie.
Allier, riv. de France.
Allier (dép.), ch.-l. Moulins.
Allos, ch.-l. de c. (B.-Alpes), arr. de Barcelonnette.
Alma, riv. de Crimée.
Almaden, v. d'Espagne.
Almagro, v. d'Espagne.
Almanza, v. d'Espagne.
Alost, v. de la Belgique.
Alpes, chaîne de mont. (Italie).
Alpes (dép. des Basses-), ch.-l. Digne ; 137 000 h.
Alpes (dép. des Hautes-), ch.-l. Gap ; 120 000 h.
Alpes-Maritimes (dép. des), ch.-l. Nice ; 200 000 h.
Alsace-Lorraine, provinces de France cédées à l'Allemagne.
Alsten, île de Norvège.
Altaï, chaîne de mont. (Asie Centr.).
Altenbourg (cap. du duché).
Altenkirchen, v. (Prusse rhénane).
Altkirch, ch.-l. de c. (Ht-Rhin), cédé à la Prusse.
Altona, v. du duché de Holstein.
Altorff, v. de Suisse.
Alzon, ch.-l. de c. (Gard), arr. du Vigan ; 1 000 h.
Alzonne, ch.-l. de c. (Aude), arr. de Carcassonne ; 1 500 h.
Amalfi, v. d'Italie.
Amance, ch.-l. de c. (Hte-Saône), arr. de Vesoul ; 1 000 h.
Amancey, ch.-l. de c. (Doubs), arr. de Besançon ; 800 h.
Amasieh, v. de la Turq. d'Asie.
Amazones, fl. de l'Amérique.
Ambazac, ch.-l. de c. (Haute-Vienne), arr. de Limoges ; 3 000 h.
Ambérieu, ch.-l. de c. (Ain), arr. de Belley ; 3 000 h.
Ambert, ch.-l. d'arr. (Puy-de-Dôme) ; 8 000 h.
Amboine, une des îles Moluques.
Amboise, ch.-l. de c. (Indre-et-L.), arr. de Tours ; 5 000 h.
Ambrières, ch.-l. de c. (Mayenne), arr. de Mayenne ; 3 000 h.
Amélie-les-Bains(Pyr.-Orient.), arr. de Céret ; 1 700 h.
Amérique, quatrième partie du monde. Ce continent se divise en

deux grandes péninsules, l'Amérique du Nord et l'Amérique du Sud, reliées par l'isthme de Panama.

Amfreville, ch.-l. de c. (Eure), arr. de Louviers ; 700 h.

Amiens, ch.-l. du dép. de la Somme ; 80 000 h.

Amirantes, îles de la mer des Indes.

Amirauté, île du gr. Océan.

Amirauté, îles de la Polynésie.

Amou, ch.-l. de c. (Landes), arr. de Saint-Sever ; 1 800 h.

Amour, fl. d'Asie.

Amphipolis, v. de Macédoine.

Amphissa, v. de la Grèce anc.

Amplepuis, ch.-l. de c. (Rhône), arr. de Villefranche ; 7 000 h.

Amstel (l'), riv. de Hollande.

Amsterdam, principale ville de la Hollande ; 372 000 h.

Anadyr, riv. de la Sibérie.

Anagni, v. d'Italie.

Anatolie, contr. de l'Asie Min.

Ancenis. ch.-l. d'arr. (Loire-Inférieure) ; 6 000 h.

Ancerville, ch.-l. de c. (Meuse), arr. de Bar-le-Duc ; 2 000 h.

Ancône v. forte d'Italie.

Ancy-le-Franc, ch.-l. de c. (Yonne). arr. de Tonnerre: 1 700 h.

Ancyre, v. de l'Asie Mineure.

Andalousie, contr. de l'Espagne.

Andaman, îles du golfe de Bengale.

Andaye, vill. des B.-Pyrénées.

Andelot, ch.-l. de c. (Hte-Marne), arr. de Chaumont ; 1 000 h.

Andelys (Les), ch.-l. d'arr. (Eure) ; 5 500 h.

Andes ou **Cordillières**, ch. de mont. (Amér. mérid.).

Andolsheim, ch.-l. de c. (Haut-Rhin), cédé à la Prusse.

Andorre (vallée d'), petite républ. entre la France et l'Espagne.

Andrinople, v. de la Turquie.

Andros, l'une des Cyclades.

Anduze, ch.-l. de c. (Gard), arr. d'Alais ; 5 000 h.

Anet, ch.-l. de c. (Eure-et-Loir), arr. de Dreux ; 1 500 h.

Angers, ch.-l. du dép. de Maine-et-Loire ; 73 000 h.

Anglès, ch.-l. de c. (Tarn), arr. de Castres ; 2 500 h.

Anglesey, île d'Angleterre.

Angleterre, partie sud de la Grande-Bretagne ; 25 000 000 h.

Anglure, ch.-l. de c. (Marne), arr. d'Epernay ; 900 h.

Angola, royaume d'Afrique.

Angora, v. de la Turq. d'Asie.

Angoulême. ch.-l. du dép. de la Charente ; 35 000 h.

Angoumois, anc. prov. de Fr.

Aniane, ch.-l. de c. (Hérault), arr. de Montpellier ; 4 000 h.

Anio *(Teverone)*, riv. d'Italie.

Anizy-le-Château, ch.-l. de c. (Aisne), arr. de Laon ; 1 200 h.

Anjou, anc. prov. de France.

Ankober, cap. du roy. de Choa.

Annam, État compr. : le Tonquin, le Lao, la Cochinchine et le Cambodge.

Annecy, ch.-l. du dép. de la Haute-Savoie ; 12 000 h.

Annemasse, ch.-l. de c. (Hte-Savoie), arr. de St-Julien ; 2 000 h.

Annobon, île du golfe de Guinée.

Annonay, ch.-l. de c. (Ardèche), arr. de Tournon ; 18 000 h.

Annot, ch.-l. de c. (B.-Alpes), arr. de Castellane ; 1 000 h.

Anse ch.-l. de c. (Rhône), arr. de Villefranche ; 2 000 h.

Anspach, v. de Bavière.

Antequera, v. d'Espagne.

Antibes, ch.-l. de c. (Alp.-Mar.), arr. de Grasse ; 6 500 h.

Antilles, archipel.

Antilles, mer entre les 2 Amériques.

Antioche, v. de la Turq. d'Asie.

Antium, anc. v. du Latium.

Antraigues, ch.-l. de c. (Ardèche), arr. de Privas ; 1 500 h.

Antrain, ch.-l. de c. (Ille-et-Vilaine), arr. de Fougères ; 1 500 h.

Anvers, v. et port de Belgique.

Anzin. bourg du dép. du Nord, arr. de Valenciennes ; 10 500 h.

Aoste, v. d'Italie.

Apennins, ch. de montagnes (Italie).

Appenzel, v. et cant. suisse.

Apt, ch.-l. d'arr. (Vaucluse) ; 6 000 h.

Apulie, contrée de l'anc. Italie (la *Pouille*).

Aquila, v. d'Italie.

Aquilée. bourg de l'Illyrie.

Aquitaine, partie de la Gaule.

Arabie, cont. de l'Asie ; 12 000 000 d'h.

Arad, v. de Hongrie.

Aragon, province d'Espagne.
Araguay, rivière du Brésil.
Aral, grand lac d'Asie.
Aramits, ch.-l. de c. (B.-Pyrénées), arr. d'Oloron; 1 000 h.
Aramon, ch.-l. de c. (Gard), arr. de Nîmes; 3 000 h.
Aran, vallée espagnole.
Aranjuez, v. d'Espagne.
Ararat, montagne d'Arménie.
Araucanie, rég. de l'Amérique mérid.
Araxe, rivière de l'anc. Perse.
Arbelles, v. de l'Asie Min.
Arbois, ch.-l. de c. (Jura), arr. de Poligny; 6 000 h.
Arbresle (l'), ch.-l. de c. (Rhône), arr. de Lyon; 4 000 h.
Arcachon, arr. de Bordeaux; 8 000 h.
Arcadie, anc. prov. grecque.
Arc-en-Barrois, ch.-l. de cant. (Hte-Marne), arr. de Chaumont.
Archiac, ch.-l. de c. (Char.-Inf.), arr. de Jonzac; 1 100 h.
Archipel (Grèce).
Arctique, Océan Glacial.
Arcis-sur-Aube, ch.l. d'arr. du dép. de l'Aube; 3 000 h.
Arcole, bourg d'Italie.
Arcot, v. de l'Inde anglaise.
Arcueil, village du dép. de la Seine, arr. de Sceaux; 6500 h.
Arcy-sur-Cure, village du dép. de l'Yonne; grottes curieuses.
Ardèche, riv. de France.
Ardèche (dép. de l'), ch.-l. Privas; 380 000 h.
Ardennes (dép. des), ch.-l. Mézières; 335 000 h.
Ardentes, ch.-l. de c. (Indre), arr. de Châteauroux; 3000 h.
Ardes, ch.-l. de c. (Puy-de-Dôme), arr. d'Issoire; 1 400 h.
Ardres, ch.-l. de c. (Pas-de-Calais), arr. de Saint-Omer; 3000 h.
Arequipa, v. du Pérou.
Arezzo, v. forte d'Italie.
Argelès, ch.-l. d'arr. (Hautes-Pyrénées); 1 900 h.
Argelès-sur-Mer, ch.-l. de c. (Pyr.-Orient.), arr. de Céret.
Argent, ch.-l. de c. (Cher), arr. de Sancerre; 2 000 h.
Argentan, ch.-l. d'arr. (Orne); 6 000 h.
Argentat. ch.-l. de c. (Corrèze), arr. de Tulle; 3 500 h.
Argenteuil, ch.l. de c. (Seine-et-O.), arr. de Versailles; 12 000 h.
Argentière (l'), ch.-l. de c. (Htes-Alpes), arr. de Briançon.
Argentine (Répub.). V. PLATA.
Argenton, ch.-l. de c. (Indre), arr. de Châteauroux, 7 000 h.
Argenton-Château; ch.-l. de c. (D.-Sèvres); arr. de Bressuire.
Argentré, ch.-l. de c. (Mayenne), arr. de Laval; 1 500 h.
Argentré, ch.-l. de c. (Ille-et-Vilaine), arr. de Vitré; 3 000 h.
Arginuses, îles de la mer Egée.
Argonne, anc. pays de France.
Argos, v. de l'anc. Grèce.
Argovie, canton suisse.
Argueil, ch.-l. de c. (Seine-Inf.), arr. de Neufchâtel; 500 hab.
Argyle, comté d'Ecosse.
Ariège, riv. de France.
Ariège (dép. de l'), ch.-l. Foix; 250 000 h.
Arinthod, ch.-l. de c. (Jura), arr. de Lons-le-Saulnier; 1 200 h.
Arjuzanz, ch.-l. de c. (Landes), arr. de Mont-de-Marsan; 700 h.
Arkansas, riv. d'Amérique.
Arkansas, Etat de l'Amérique N.
Arkhangel, v. de Russie.
Arlanc, ch.-l. de c. (Puy-de-Dôme), arr. d'Ambert; 4 000 h.
Arles, ch.-l. d'arr. (Bouches-du-Rhône); 25 000 h.
Arles-sur-Tech, ch.-l. de c. (Pyr.-Or.), arr. de Céret; 2 500 h.
Arleux, ch.-l. de c. (Nord), arr. de Douai; 1 700 h.
Arlon, v. de Belgique.
Armagh, v. d'Irlande.
Armagnac, ancien pays de France.
Armançon, affluent de l'Yonne.
Arménie, contrée d'Asie.
Armentières, ch.-l. de c. (Nord), arr. de Lille; 28 000 h.
Armorique (la Bretagne).
Arnay-le-Duc, ch.-l. de c. (Côte-d'Or), arr. de Beaune; 2 500 h.
Arnheim, cap. de la Gueldre.
Arno, riv. de Toscane.
Arou, archipel de la Malaisie.
Arpajon, ch.-l. de c. (Seine-et-Oise), arr. de Corbeil; 2 800 h.
Arpinum, v. anc. de l'Italie.
Arques, bourg du départ. de la Seine-Inférieure.
Arran, val. des Pyrén.-Orient.
Arras, ch.-l. du dép. du Pas-de-Calais; 26 900 h.

Arreau, ch.-l. de c. (H.-Pyr.), arr. de Bagnères; 1200 h.

Ars, ch.-l. de c. (Charente-Inf.), arr. de la Rochelle; 2000 h.

Artenay, ch.-l. de c. (Loiret), arr. d'Orléans; 1000 h.

Arthez, ch.-l. de c. (Basses-Pyrénées, arr. d'Orthez; 1400 h.

Artois, anc. prov. de la France.

Arudy, ch.-l. de c. (B.-Pyrén.), arr. d'Oloron; 4800 h.

Arzacq, ch.-l. de c. (Basses-Pyrénées), arr. d'Orthez; 1200 h.

Arzano, ch.-l. de c (Finistère), arr. de Quimperlé; 1900 h.

Arzew, ch.-l. de c. de l'Algérie, arr. d'Oran; 4500 h.

Ascension, île de l'Atlantique.

Ascoli, v. forte d'Italie.

Asfeld, ch.-l. de c. (Ardennes), arr. de Rethel; 1000 h.

Asie, une des cinq parties du monde; comprend: la Sibérie, l'Inde, la Chine, le Japon, l'Annam, Siam, Caboul, Hérat, Perse, l'Asie turque, etc.; ensemble, env. 780 millions d'habitants.

Aspet, ch.-l. de c. (Hte-Gar.), arr. de Saint-Gaudens; 2600 h.

Aspres-les-Veynes, ch.-l. de c. (H.-Alpes), arr. de Gap; 1200 h.

Asprières, ch.-l. de c. (Aveyron), arr. de Villefranche; 1500 h.

Assam, présid. des Indes.

Assinie, riv. d'Afrique.

Assise, v. d'Italie.

Assomption, v. d'Amérique.

Assomption, île à l'emboueh. du St-Laurent.

Assyrie, roy. de l'Asie anc.

Astaffort, ch.-l. de c. (Lot-et-Garonne), arr. d'Agen; 2500 h.

Asti, v. sarde.

Astrakhan, v. de Russie.

Asturies, anc. prov. d'Espagne.

Ath, v. de Belgique.

Athènes, capitale de la Grèce.

Athis, ch.-l. de c. (Orne), arr. de Domfront; 4000 h.

Athos, montagne turque.

Atlantique (mer), entre l'Europe, l'Afrique et l'Amérique.

Atlas, mont. d'Afrique.

Attichy, ch.-l. de c. (Oise), arr. de Compiègne; 900 h.

Attigny, ch.-l. de c. (Ardennes), arr. de Vouziers; 1800 h.

Attique, pays de l'anc. Grèce.

Aubagne, ch.-l. de c. (B.-du-Rhône), arr. de Marseille; 8000 h.

Aube, riv. de France.

Aube (dép. de l'), ch.-l. Troyes; 260000 h.

Aubenas, ch.-l. de c. (Ardèche), arr. de Privas; 8000 h.

Aubenton, ch.-l. de c. (Aisne), arr. de Vervins; 1500 h.

Auberive, ch.-l. de c. (Haute-Marne), arr. de Langres; 800 h.

Aubeterre, ch.-l. de c. (Charente), arr. de Barbezieux; 900 h.

Aubigny, ch.-l. de c. (P.-de-Calais), arr. de St-Pol; 600 h.

Aubigny, ch.-l. de c. (Cher), arr. de Sancerre; 2500 h.

Aubin, ch.-l. de c. (Aveyron), arr. de Villefranche; 9000 h.

Aubusson, ch.-l. d'arr. (Creuse); 7000 h.

Auch, ch. du dép. du Gers; 16000 h.

Aucun, ch.-l. de c. (Htes-Pyrénées), arr. d'Argelès; 500 h.

Aude, riv. de France.

Aude (dép. de l'), ch.-l. Carcassonne; 335000 h.

Audenge, ch.-l. de c. (Gironde), arr. de Bordeaux; 1300 h.

Audeux, ch.-l. de c. (Doubs), arr. de Besançon; 150 h.

Audincourt, ch.-l. de c. (Doubs), arr. de Montbéliard; 4900 h.

Audruick, ch.-l. de c. (Pas-de-Calais), arr de St-Omer; 2700 h.

Audun-le-Roman, ch.-l. de c. (Meurt.-et-Mos.); arr. de Briey.

Auge, vallée (Calvados).

Augsbourg, v. de Bavière.

Aulide, pays de l'anc. Grèce.

Aulnay, ch.-l. de c. (Charente-Inf.), arr. de St-Jean-d'Angely.

Aulne, riv. de France.

Ault, ch.-l. de c. (Somme), arr. d'Abbeville; 1600 h.

Aumale, ch.-l. de c. (Seine-Inf.), arr. de Neufchâtel; 2500 h.

Aumale, v. d'Algérie.

Aumont, ch.-l. de c. (Lozère), arr. de Marvejols; 1200 h.

Aunay, ch.-l. de c. (Calvados), arr. de Vire; 1900 h.

Auneau, ch.-l. de c. (Eure-et-Loir), arr. de Chartres; 1800 h.

Auneuil, ch.-l. de c. (Oise), arr. de Beauvais; 1500 h.

Aunis, anc. pays de France.

Aups, ch.-l. de c. (Var), arr. de Draguignan; 2700 h.

Auray, ch.-l. de c. (Morbihan), arr. de Lorient : 7000 h.
Aureng-Abad, v. de l'Inde.
Aurignac, ch.-l. de c. (Hte-Garonne), arr. de Saint-Gaudens.
Aurigny, île dans la Manche.
Aurillac ch.-l. du dép. du Cantal : 15 000 h.
Auron (l'), affluent du Cher.
Auros, ch.-l. de c. (Gironde), arr. de Bazas ; 600 h.
Ausonie, autrefois l'Italie.
Austerlitz, v. de Moravie.
Australie, île de l'Océanie.
Austrasie, ancienne partie de la France.
Auterive, ch.-l. de c. (H.-Gar.), arr. de Muret ; 3 000 h.
Authon, ch.-l de c. (E.-et-Loir), arr. de Nogent-le-Rotrou ; 1 400 h.
Autrey-les-Gray, ch.-l. de c. (H.-Saône), arr. de Gray ; 1 000 h.
Autriche-Hongrie, États de l'Europe, cap. Vienne.
Autun, ch.-l. d'arr. (Saône-et-Loire) ; 15 000 h.
Auvergne, anc. prov. de France.
Auvillar, ch.-l. de c. (Tarn-et-Gar.), arr. de Moissac ; 15 000 h.
Auxerre, ch.-l. du départ. de l'Yonne ; 18 000 h.
Auxi-le-Château, ch.-l. de c. (P.-de-Calais), arr. de St-Pol.
Auxonne, ch.-l. de c. (C.-d'Or), arr. de Dijon ; 7 000 h.
Auzances, ch.-l. de c. (Creuse), arr. d'Aubusson ; 1 500 h.
Auzon, ch.-l. de c. (H.-Loire), arr. de Brioude ; 1 700 h.
Availles, ch.-l. de c. (Vienne), arr. de Civray ; 2 000 h.
Avallon, ch.-l. d'arr. (Yonne), 7 000 h.
Aventin, coll. de l'anc. Rome.
Averne, lac près Naples.
Avesnes, ch.-l. d'arr. (Nord); 6000 h.
Avesnes-le-Comte, ch.-l. de c. (P.-de-Cal.), arr. de St-Pol; 1500 h.
Aveyron, riv. de France.
Aveyron (dép. de l'), ch.-l. Rodez ; 400 000 h.
Avignon, ch.-l. du dép. de Vaucluse ; 40 000 h.
Avila, v. d'Espagne.
Avize, ch.-l. de c. (Marne), arr. d'Épernay ; 2 500 h.
Avranches, ch.-l. d'arr. (Manche) ; 8 000 h.
Ax, ch.-l. de c. (Ariège), arr. de Foix ; 1 800 h.
Axat, ch.-l. de c (Aude), arr. de Limoux ; 500 h.
Ayen, ch.-l. de c. (Corrèze), arr. de Brives ; 1 200 h.
Azay-le-Rideau, ch.-l. de c. (Ind.-et-Loire), arr. de Chinon.
Azincourt, bourg du P.-de-Cal.
Azof (mer d'), golfe de la mer Noire.

B

Bab-el-Mandeb, détroit de la mer Rouge.
Babylone, v. fameuse de l'antiquité.
Baccarat, ch.-l. de c. (Meurt.-et-M.), arr. de Lunéville ; 6 000 h.
Bac-Ninh, v. du Tonkin.
Bacqueville, ch.-l de c. (Seine-Inf.), arr. de Dieppe ; 2 500 h.
Bactriane, pays de l'Asie anc.
Badajoz, place forte d'Espagne.
Bade, duché et v. d'Allemagne.
Badonviller, ch.l. de c. (M.-et-Moselle) ; 1 800 h.
Baffin, golfe de l'Atlantique.
Bagdad, v. de la Turquie d'Asie.
Bagé-le-Châtel, ch.-l. de c. (Ain), arr. de Bourg ; 700 h.
Bagnères-de-Bigorre, ch.-l. d'arr. (Htes-Pyr.) ; 9 000 h.
Bagnères-de-Luchon, ch.-l. de c. (Hte-Gar.), arr. de St-Gaudens.
Bagnols, ch.-l. de c. (Gard), arr. d'Uzès ; 5 000 h.
Bagnols les-Bains, village de la Lozère. Eaux sulfureuses.
Bahama, archipel de l'Atlantique.
Bahia (San Salvador), v. et p. du Brésil.
Bahrein, archip.(golfe Persique).
Baignes-Ste-Radegonde, ch.-l. de c. (Char.), arr. de Barbezieux.
Baigneux-les-Juifs, ch.-l. de c. (Côte-d'Or), arr. de Châtil.-s-S.
Baïkal, lac (Russie d'Asie).

deux grandes péninsules, l'Amérique du Nord et l'Amérique du Sud, reliées par l'isthme de Panama.

Amfreville, ch.-l. de c. (Eure), arr. de Louviers ; 700 h.

Amiens, ch.-l. du dép. de la Somme ; 80 000 h.

Amirantes, îles de la mer des Indes.

Amirauté, île du gr. Océan.

Amirauté, îles de la Polynésie.

Amou, ch.-l. de c. (Landes), arr. de Saint-Sever ; 1 800 h.

Amour, fl. d'Asie.

Amphipolis, v. de Macédoine.

Amphissa, v. de la Grèce anc.

Amplepuis, ch.-l. de c. (Rhône), arr. de Villefranche ; 7 000 h.

Amstel (l'), riv. de Hollande.

Amsterdam, principale ville de la Hollande ; 372 000 h.

Anadyr, riv. de la Sibérie.

Anagni, v. d'Italie.

Anatolie, contr. de l'Asie Min.

Ancenis. ch.-l. d'arr. (Loire-Inférieure) ; 6 000 h.

Ancerville, ch.-l. de c. (Meuse), arr. de Bar-le-Duc ; 2 000 h.

Ancône v. forte d'Italie.

Ancy-le-Franc, ch.-l. de c. (Yonne). arr. de Tonnerre; 1 700 h.

Ancyre, v. de l'Asie Mineure.

Andalousie, contr. de l'Espagne.

Andaman, îles du golfe de Bengale.

Andaye, vill. des B.-Pyrénées.

Andelot, ch.-l. de c. (Hte-Marne), arr. de Chaumont ; 1 000 h.

Andelys (Les), ch.-l. d'arr. (Eure) ; 5 500 h.

Andes ou **Cordillières**, ch. de mont. (Amér. mérid.).

Andolsheim, ch.-l. de c. (Haut-Rhin), cédé à la Prusse.

Andorre (vallée d'), petite répub. entre la France et l'Espagne.

Andrinople, v. de la Turquie.

Andros, l'une des Cyclades.

Anduze, ch.-l. de c. (Gard), arr. d'Alais ; 5 000 h.

Anet, ch.-l. de c. (Eure-et-Loir), arr. de Dreux ; 1 500 h.

Angers, ch.-l. du dép. de Maine-et-Loire ; 73 000 h.

Anglès, ch.-l. de c. (Tarn), arr. de Castres ; 2 500 h.

Anglesey, île d'Angleterre.

Angleterre, partie sud de la Grande-Bretagne ; 25 000 000 h.

Anglure, ch.-l. de c. (Marne), arr. d'Epernay ; 900 h.

Angola, royaume d'Afrique.

Angora, v. de la Turq. d'Asie.

Angoulême, ch.-l. du dép. de la Charente ; 35 000 h.

Angoumois, anc. prov. de Fr.

Aniane, ch.-l. de c. (Hérault), arr. de Montpellier ; 4 000 h.

Anio *(Teverone)*, riv. d'Italie.

Anizy-le-Château, ch.-l. de c. (Aisne), arr. de Laon ; 1 200 h.

Anjou, anc. prov. de France.

Ankober, cap. du roy. de Choa.

Annam, Etat compr. : le Tonquin, le Lao, la Cochinchine et le Cambodge.

Annecy, ch.-l. du dép. de la Haute-Savoie ; 12 000 h.

Annemasse, ch.-l. de c. (Hte-Savoie), arr. de St-Julien ; 2 000 h.

Annobon, île du golfe de Guinée.

Annonay, ch.-l. de c. (Ardèche), arr. de Tournon ; 18 000 h.

Annot, ch.-l. de c. (B.-Alpes), arr. de Castellane ; 1 000 h.

Anse ch.-l. de c. (Rhône), arr. de Villefranche ; 2 000 h.

Anspach, v. de Bavière.

Antequera, v. d'Espagne.

Antibes, ch.-l. de c. (Alp.-Mar.), arr. de Grasse ; 6 500 h.

Antilles, archipel.

Antilles, mer entre les 2 Amériques.

Antioche, v. de la Turq. d'Asie.

Antium, anc. v. du Latium.

Antraigues, ch.-l. de c. (Ardèche), arr. de Privas ; 1 500 h.

Antrain, ch.-l. de c. (Ille-et-Vilaine), arr. de Fougères ; 1 500 h.

Anvers, v. et port de Belgique.

Anzin, bourg du dép. du Nord, arr. de Valenciennes ; 10 500 h.

Aoste, v. d'Italie.

Apennins, ch. de montagnes (Italie).

Appenzel, v. et cant. suisse.

Apt, ch.-l. d'arr. (Vaucluse) ; 6 000 h.

Apulie, contrée de l'anc. Italie (la *Pouille*).

Aquila, v. d'Italie.

Aquilée, bourg de l'Illyrie.

Aquitaine, partie de la Gaule.

Arabie, cont. de l'Asie ; 12 000 000 d'h.

Arad, v. de Hongrie.

Aragon, province d'Espagne.
Araguay, rivière du Brésil.
Aral, grand lac d'Asie.
Aramits, ch.-l. de c. (B.-Pyrénées), arr. d'Oloron; 1 000 h.
Aramon, ch.-l. de c. (Gard), arr. de Nîmes; 3 000 h.
Aran, vallée espagnole.
Aranjuez, v. d'Espagne.
Ararat, montagne d'Arménie.
Araucanie, rég. de l'Amérique mérid.
Araxe, rivière de l'anc. Perse.
Arbelles, v. de l'Asie Min.
Arbois, ch.-l. de c. (Jura), arr. de Poligny ; 6 000 h.
Arbresle (l'), ch.-l. de c. (Rhône), arr. de Lyon ; 4 000 h.
Arcachon, arr. de Bordeaux ; 8 000 h.
Arcadie, anc. prov. grecque.
Arc-en-Barrois, ch.-l. de cant. (Hte-Marne), arr. de Chaumont.
Archiac, ch.-l. de c. (Char.-Inf.), arr. de Jonzac ; 1 100 h.
Archipel (Grèce).
Arctique, Océan Glacial.
Arcis-sur-Aube, ch.l. d'arr. du dép. de l'Aube ; 3 000 h.
Arcole, bourg d'Italie.
Arcot, v. de l'Inde anglaise.
Arcueil, village du dép. de la Seine, arr. de Sceaux ; 6 500 h.
Arcy-sur-Cure, village du dép. de l'Yonne ; grottes curieuses.
Ardèche, riv. de France.
Ardèche (dép. de l'), ch.-l. Privas ; 380 000 h.
Ardennes (dép. des), ch.-l. Mézières ; 335 000 h.
Ardentes, ch.-l. de c. (Indre), arr. de Châteauroux ; 3000 h.
Ardes, ch.-l. de c. (Puy-de-Dôme), arr. d'Issoire ; 1 400 h.
Ardres, ch.-l. de c. (Pas-de-Calais), arr. de Saint-Omer ; 3 000 h.
Arequipa, v. du Pérou.
Arezzo, v. forte d'Italie.
Argelès, ch.-l. d'arr. [Hautes-Pyrénées); 1 900 h.
Argelès-sur-Mer, ch.-l. de c. (Pyr.-Orient.), arr. de Céret.
Argent, ch.-l. de c. (Cher), arr. de Sancerre ; 2 000 h.
Argentan, ch.-l. d'arr. (Orne) ; 6 000 h.
Argentat, ch.-l. de c. (Corrèze), arr. de Tulle ; 3 500 h.
Argenteuil, ch.l. de c. (Seine-et-O.), arr. de Versailles ; 12 000 h.
Argentière (l'), ch.-l. de c. (Htes-Alpes), arr. de Briançon.
Argentine (Répub.). V. PLATA.
Argenton, ch.-l. de c. (Indre), arr. de Châteauroux, 7 000 h.
Argenton-Château ; ch.-l. de c. (D.-Sèvres) ; arr. de Bressuire.
Argentré, ch.-l. de c. (Mayenne), arr. de Laval ; 1 500 h.
Argentré, ch.-l. de c. (Ille-et-Vilaine), arr. de Vitré ; 3 000 h.
Arginuses, îles de la mer Egée.
Argonne, anc. pays de France.
Argos, v. de l'anc. Grèce.
Argovie, canton suisse.
Argueil, ch.-l. de c. (Seine-Inf.), arr. de Neufchâtel ; 500 hab.
Argyle, comté d'Ecosse.
Ariège, riv. de France.
Ariège (dép. de l'), ch.-l. Foix ; 250 000 h.
Arinthod, ch.-l. de c. (Jura), arr. de Lons-le-Saulnier ; 1 200 h.
Arjuzanz, ch.-l. de c. (Landes), arr. de Mont-de-Marsan ; 700 h.
Arkansas, riv. d'Amérique.
Arkansas, Etat de l'Amérique N.
Arkhangel, v. de Russie.
Arlanc, ch.-l. de c. (Puy-de-Dôme), arr. d'Ambert ; 4 000 h.
Arles, ch.-l. d'arr. (Bouches-du-Rhône); 25 000 h.
Arles-sur-Tech, ch.-l. de c. (Pyr.-Or.), arr. de Céret ; 2 500 h.
Arleux, ch.-l. de c. (Nord), arr. de Douai ; 1 700 h.
Arlon, v. de Belgique.
Armagh, v. d'Irlande.
Armagnac, ancien pays de France.
Armançon, affluent de l'Yonne.
Arménie, contrée d'Asie.
Armentières, ch.-l. de c. (Nord), arr. de Lille ; 28 000 h.
Armorique (la Bretagne).
Arnay-le-Duc, ch.-l. de c. (Côte-d'Or), arr. de Beaune ; 2 500 h.
Arnheim, cap. de la Gueldre.
Arno, riv. de Toscane.
Arou, archipel de la Malaisie.
Arpajon, ch.-l. de c. (Seine-et-Oise), arr. de Corbeil ; 2 800 h.
Arpinum, v. anc. de l'Italie.
Arques, bourg du départ. de la Seine-Inférieure.
Arran, val. des Pyrén.-Orient.
Arras, ch.-l. du dép. du Pas-de-Calais ; 26 900 h.

Arreau, ch.-l. de c. (H.-Pyr.), arr. de Bagnères; 1 200 h.

Ars, ch.-l. de c. (Charente-Inf.), arr. de la Rochelle; 2 000 h.

Artenay, ch.-l. de c. (Loiret), arr. d'Orléans; 1 000 h.

Arthez, ch.-l. de c. (Basses-Pyrénées, arr. d'Orthez; 1 400 h.

Artois, anc. prov. de la France.

Arudy, ch.-l. de c. (B.-Pyrén.), arr. d'Oloron; 4 800 h.

Arzacq, ch.-l. de c. (Basses-Pyrénées), arr. d'Orthez; 1 200 h.

Arzano, ch.-l. de c (Finistère), arr. de Quimperlé; 1 900 h.

Arzew, ch.-l. de c. de l'Algérie, arr. d'Oran; 4 500 h.

Ascension, île de l'Atlantique.

Ascoli, v. forte d'Italie.

Asfeld, ch.-l. de c. (Ardennes), arr. de Rethel; 1 000 h.

Asie, une des cinq parties du monde; comprend : la Sibérie, l'Inde, la Chine, le Japon, l'Annam, Siam, Caboul, Hérat, Perse, l'Asie turque, etc.; ensemble, env. 780 millions d'habitants.

Aspet, ch.-l. de c. (Hte-Gar.), arr. de Saint-Gaudens; 2 600 h.

Aspres-les-Veynes, ch.-l. de c. (H.-Alpes), arr. de Gap; 1 200 h.

Asprières, ch.-l. de c. (Aveyron), arr. de Villefranche; 1 500 h.

Assam, présid. des Indes.

Assinie, riv. d'Afrique.

Assise, v. d'Italie.

Assomption, v. d'Amérique.

Assomption, île à l'embouch. du St-Laurent.

Assyrie, roy. de l'Asie anc.

Astaffort, ch.-l. de c. (Lot-et-Garonne), arr. d'Agen; 2 500 h.

Asti, v. sarde.

Astrakhan, v. de Russie.

Asturies, anc. prov. d'Espagne.

Ath, v. de Belgique.

Athènes, capitale de la Grèce.

Athis, ch.-l. de c. (Orne), arr. de Domfront; 4 000 h.

Athos, montagne turque.

Atlantique (mer), entre l'Europe, l'Afrique et l'Amérique.

Atlas, mont. d'Afrique.

Attichy, ch.-l. de c. (Oise), arr. de Compiègne; 900 h.

Attigny, ch.-l. de c. (Ardennes), arr. de Vouziers; 1 800 h.

Attique, pays de l'anc. Grèce.

Aubagne, ch.-l. de c. (B.-du-Rhône), arr. de Marseille; 8 000 h.

Aube, riv. de France.

Aube (dép. de l'), ch.-l. Troyes; 260 000 h.

Aubenas, ch.-l. de c. (Ardèche), arr. de Privas; 8 000 h.

Aubenton, ch.-l. de c. (Aisne), arr. de Vervins; 1 500 h.

Auberive, ch.-l. de c. (Haute-Marne), arr. de Langres; 800 h.

Aubeterre, ch.-l. de c. (Charente), arr. de Barbezieux; 900 h.

Aubigny, ch.-l. de c. (P.-de-Calais), arr. de St-Pol; 600 h.

Aubigny, ch.-l. de c. (Cher), arr. de Sancerre; 2 500 h.

Aubin, ch.-l. de c. (Aveyron), arr. de Villefranche; 9 000 h.

Aubusson, ch.-l. d'arr. (Creuse); 7 000 h.

Auch, ch. du dép. du Gers; 16 000 h.

Aucun, ch.-l. de c. (Htes-Pyrénées), arr. d'Argelès; 500 h.

Aude, riv. de France.

Aude (dép. de l'), ch.-l. Carcassonne; 335 000 h.

Audenge, ch.-l. de c. (Gironde), arr. de Bordeaux; 1 300 h.

Audeux, ch.-l. de c. (Doubs), arr. de Besançon; 150 h.

Audincourt, ch.-l. de c. (Doubs), arr. de Montbéliard; 4 900 h.

Audruick, ch.-l. de c. (Pas-de-Calais), arr de St-Omer; 2700 h.

Audun-le-Roman, ch.-l. de c. (Meurt.-et-Mos.); arr. de Briey.

Auge, vallée (Calvados).

Augsbourg, v. de Bavière.

Aulide, pays de l'anc. Grèce.

Aulnay, ch.-l. de c. (Charente-Inf.), arr. de St-Jean-d'Angely.

Aulne, riv. de France.

Ault, ch.-l. de c. (Somme), arr. d'Abbeville; 1 600 h.

Aumale, ch.-l. de c. (Seine-Inf.), arr. de Neufchâtel; 2 500 h.

Aumale, v. d'Algérie.

Aumont, ch.-l. de c. (Lozère), arr. de Marvejols; 1 200 h.

Aunay, ch.-l. de c. (Calvados), arr. de Vire; 1 900 h.

Auneau, ch.-l. de c. (Eure.-et-Loir), arr. de Chartres; 1 800 h.

Auneuil, ch.-l. de c. (Oise), arr. de Beauvais; 1 500 h.

Aunis, anc. pays de France.

Aups, ch.-l. de c. (Var), arr. de Draguignan; 2 700 h.

Auray, ch.-l. de c. (Morbihan), arr. de Lorient; 7000 h.
Aureng-Abad, v. de l'Inde.
Aurignac, ch.-l. de c. (Hte-Garonne), arr. de Saint-Gaudens.
Aurigny, île dans la Manche.
Aurillac ch.-l. du dép. du Cantal; 15 000 h.
Auron (l'), affluent du Cher.
Auros, ch.-l. de c. (Gironde), arr. de Bazas; 600 h.
Ausonie, autrefois l'Italie.
Austerlitz, v. de Moravie.
Australie, île de l'Océanie.
Austrasie, ancienne partie de la France.
Auterive, ch.-l. de c. (H.-Gar.), arr. de Muret; 3000 h.
Authon, ch.-l de c. (E.-et-Loir), arr. de Nogent-le-Rotrou; 1400 h.
Autrey-les-Gray, ch.-l. de c. (H.-Saône), arr. de Gray; 1000 h.
Autriche-Hongrie, Etats de l'Europe, cap. Vienne.
Autun, ch.-l. d'arr. (Saône-et-Loire); 15 000 h.
Auvergne, anc. prov. de France.
Auvillar, ch.-l. de c. (Tarn-et-Gar.), arr. de Moissac; 15 000 h.
Auxerre, ch.-l. du départ. de l'Yonne; 18 000 h.
Auxi-le-Château, ch.-l. de c. (P.-de-Calais), arr. de St-Pol.
Auxonne, ch.-l. de c. (C.-d'Or), arr. de Dijon; 7 000 h.
Auzances, ch.-l. de c. (Creuse), arr. d'Aubusson; 1 500 h.
Auzon, ch.-l. de c. (H.-Loire), arr. de Brioude: 1 700 h.
Availles, ch.-l. de c. (Vienne), arr. de Civray; 2 000 h.
Avallon, ch.-l. d'arr. (Yonne), 7 000 h.
Aventin, coll. de l'anc. Rome.
Averne, lac près Naples.
Avesnes, ch.-l. d'arr. (Nord); 6000 h.
Avesnes-le-Comte, ch.-l. de c. (P.-de-Cal.), arr. de St-Pol; 1500 h.
Aveyron, riv. de France.
Aveyron (dép. de l'), ch.-l. Rodez; 400 000 h.
Avignon, ch.-l. du dép. de Vaucluse; 40 000 h.
Avila, v. d'Espagne.
Avize, ch.-l. de c. (Marne), arr. d'Epernay; 2 500 h.
Avranches, ch.-l. d'arr. (Manche); 8000 h.
Ax, ch.-l. de c. (Ariège), arr. de Foix; 1 800 h.
Axat, ch.-l. de c (Aude), arr. de Limoux; 500 h.
Ayen, ch.-l. de c. (Corrèze), arr. de Brives; 1 200 h.
Azay-le-Rideau, ch.-l. de c. (Ind.-et-Loire), arr. de Chinon.
Azincourt, bourg du P.-de-Cal.
Azof (mer d'), golfe de la mer Noire.

B

Bab-el-Mandeb, détroit de la mer Rouge.
Babylone, v. fameuse de l'antiquité.
Baccarat, ch.-l. de c. (Meurt.-et-M.), arr. de Lunéville; 6 000 h.
Bac-Ninh, v. du Tonkin.
Bacqueville, ch.-l de c. (Seine-Inf.), arr. de Dieppe; 2 500 h.
Bactriane, pays de l'Asie anc.
Badajoz, place forte d'Espagne.
Bade, duché et v. d'Allemagne.
Badonviller, ch.l. de c. (M.-et-Moselle); 1 800 h.
Baffin, golfe de l'Atlantique.
Bagdad, v. de la Turquie d'Asie.
Bagé-le-Châtel, ch.-l. de c. (Ain), arr. de Bourg; 700 h.
Bagnères-de-Bigorre, ch.-l. d'arr. (Htes-Pyr.); 9 000 h.
Bagnères-de-Luchon, ch.-l. de c. (Hte-Gar.), arr. de St-Gaudens.
Bagnols, ch.-l. de c. (Gard), arr. d'Uzès; 5 000 h.
Bagnols-les Bains, village de la Lozère. Eaux sulfureuses.
Bahama, archipel de l'Atlantique.
Bahia (San Salvador), v. et p. du Brésil.
Bahrein, archip. (golfe Persique).
Baignes-Ste-Radegonde, ch.-l. de c. (Char.), arr. de Barbezieux.
Baigneux-les-Juifs, ch.-l. de c. (Côte-d'Or), arr. de Châtil.-s-S.
Baïkal, lac (Russie d'Asie).

Bailleul, ch.-l. de c. (Nord), arr. d'Hazebrouck ; 1 400 h.

Bain, ch.-l. de c. (Ille-et-Vil.), arr. de Redon ; 5 000 h.

Bains, ch.-l. de c. (Vosges), arr. d'Epinal ; 3 000 h.

Bais, ch.-l. de c. (Mayenne), arr. de Mayenne ; 2 000 h.

Bakel, compt. fr. (Sénégal).

Balaclava, v. de Crimée.

Balaruc, v. thermale (Hérault).

Balaton, lac de Hongrie.

Balbek, v. de Turquie d'Asie.

Bâle, v. de Suisse ; 27 500 h.

Baléares, îles de la Méditerranée.

Balfrousch, v. de la Perse.

Balkans, mont. de la Turquie d'Europe.

Ballarat, v. d'Australie.

Balleroy, ch.-l. de c. (Calvados), arr. de Bayeux ; 1200 h.

Ballon, ch. de c. (Sarthe), arr. du Mans ; 1 700 h.

Ballon d'Alsace, point culminant des Vosges.

Baltimore, v. des Etats-Unis.

Baltique, formée par la mer du [Nord.

Bamberg, v. de Bavière.

Bambouk, roy. de Sénégambie.

Bambyce, anc. v. de la Syrie.

Banda, île Moluque.

Bangkok, cap. de Siam.

Bannalec, ch.-l. de c. (Finist.), arr. de Quimperlé ; 5 500 h.

Banon, ch.-l. de c. (B.-Alpes), arr. de Forcalquier ; 1 200 h.

Banyuls, v. et p. (Pyr.-Or.).

Bantam, roy. et v. de Java.

Bapaume, ch.-l. de c. (Pas-de-Calais), arr. d'Arras ; 3 200 h.

Bar (le), ch.-l. de c. (Alp.-Mar.), arr. de Grasse, 1 400 h.

Bar-le-Duc, ch.-l. du dép. de la Meuse ; 19 000 h.

Bar-sur-Aube, ch.-l. d'arrond. (Aube) ; 4 500 h.

Bar-sur-Seine, ch.-l. d'arrond. (Aube) ; 3000 h.

Barbade (la), une des Antilles.

Barbarie, pays qui comprenait Tripoli, Tunis, Alger et Maroc.

Barbezieux, ch.-l. d'arr. (Charente) ; 4 000 h.

Barboude, île des Antilles.

Barcelone, port d'Espagne.

Barcelonnette, ch.-l. d'arr. (B.-Alpes) ; 2 082 h.

Barcillonnette, ch.-l. de c. (H.-Alpes), arr. de Gap ; 300 h.

Barèges (Htes-Pyrénées) ; eaux minérales.

Barenton, ch.-l. de c. (Manche), arr. de Mortain ; 3 000 h.

Barfleur, port (Manche).

Bari, v. forte d'Italie.

Barjac, ch.-l. de c. (Gard), arr. d'Alais ; 2 000 h.

Barjols, ch.-l. de c. (Var), arr. de Brignoles ; 2 700 h.

Barletta, v. forte d'Italie.

Barnem, v. de Perse.

Barneville, ch.-l. de c. (Manche), arr. de Valognes ; 1 000 h.

Baroda, v. de l'Inde.

Barotsch, v. de l'Inde.

Barr, ch.-l. de c. (B.-Rhin), arr. de Schlestadt. Cédé à l'Allemagne.

Barre, ch.-l. de c. (Lozère), arr. de Florac ; 600 h.

Barrême, ch.-l. de c. (B.-Alp.), arr. de Digne ; 1 000 h.

Barrois, ancien pays de Lorraine.

Bas, ch.-l. de c. (H.-Loire), arr. d'Yssingeaux ; 3 000 h.

Basilicate, aujourd'hui Potenza.

Baskirs, peuplade russe.

Basques, hab. des Pyrénées.

Bassam. compt. fr. (Guinée).

Bassano. v. d'Italie.

Basse-Pointe, ch.-l. de c. de la Martinique, arr. de St-Pierre.

Basse-Terre, cap. de la Guadeloupe.

Bassée (la), ch.-l. de c. (Nord), arr. de Lille ; 3 000 h.

Bassorah, v. Turquie d'Asie.

Bastan, vallée espagnole.

Bastelica, ch.-l. de c. (Corse), arr. d'Ajaccio ; 3 000 h.

Bastia, ch.-l. d'arr. (Corse) ; 21 000 h.

Bastide-Clairence, ch.-l. de c. (B.-Pyr.), arr. de Bayonne.

Bastide-de-Sérou, ch.-l. de c. (Ariège), arr. de Foix ; 2 500 h.

Bataves, auj. Hollandais.

Batavia, cap. de l'île de Java.

Bath, v. d'Angleterre.

Bathurst. ch.-l. des possessions angl. *(Sénégambie)*.

Batie-Neuve (La), ch.-l. de c. (Htes-Alp.), arr. de Gap ; 800 h.

Batna, v. d'Algérie.

Baud. ch.-l. de c. (Morbihan), arr. de Pontivy ; 5 000 h.

Baugé, ch.-l. d'arr. (Maine-et-Loire) ; 3 500 h.

Baugy, ch.-l. de c. (Cher), arr. de Bourges ; 1 700 h.

Baume-les-Dames, ch.-l. d'arr. (Doubs) ; 2 800 h.

Bautzen, v. de Saxe.

Bavai, ch.-l. de c. (Nord), arr. d'Avesnes ; 1 800 h.

Bavière, roy. de la Confédér. Germanique.

Bayeux, ch.-l. d'arr. (Calvados) ; 9 000 h.

Baylen, v. d'Espagne.

Bayon, ch.-l. de c. (Meurthe), arr. de Lunéville.

Bayonne, ch.-l. d'arr. (B.-Pyrénées) ; 27 000 h.

Bazas, ch.-l. d'arr. (Gironde) ; 5 000 h.

Bazoches-sur-Hoène, ch.-l. de c. (Orne), arr. de Mortagne.

Béarn, anc. prov. de France.

Beaucaire, ch.-l. de c. (Gard), arr. de Nîmes ; 10 000 h.

Beauce, anc. pays de France.

Beaufort, ch.-l. de c. (Maine-et-Loire), arr. de Baugé.

Beaufort, ch.-l. de c. (Jura), arr. de Lons-le-Saunier.

Beaufort, ch.-l. de c. (Savoie), arr. d'Albertville.

Beaugency, ch.-l. de c. (Loiret), arr. d'Orléans ; 4 500 h.

Beaujeu, ch.-l. de c. (Rhône), arr. de Villefranche ; 3 500 h.

Beaujolais, anc. pays de France.

Beaulieu, ch.-l. de c. (Corrèze), arr. de Brive ; 2 500 h.

Beaumes, ch.-l. de c. (Vaucluse), arr. d'Orange ; 1 500 h.

Beaumesnil, ch.-l. de c. (Eure), arr. de Bernay ; 500 h.

Beaumetz-les-Loges, ch.-l. de c. (P.-de-Cal.), arr. d'Arras.

Beaumont, ch.-l. de c. (Dordogne), arr. de Bergerac ; 1 800 h.

Beaumont, ch.-l. de c. (Manche), arr. de Cherbourg.

Beaumont, ch.-l. de c. (Tarn-et-Garonne), arr. de Castelsarrasin.

Beaumont-le-Roger, ch.-l. de c. (Eure), arr. de Bernay.

Beaumont-sur-Sarthe, ch.-l. de c. (Sarthe), arr. de Mamers.

Beaune, ch.-l. d'arr. (Côte-d'Or) ; 12 000 h.

Beaune-la-Rolande, ch.-l. de c. (Loiret), arr. de Pithiviers.

Beaupréau, ch.-l. de c. (M.-et-Loire), arr. de Cholet.

Beaurepaire, ch.-l. de c. (Isère), arr. de Vienne ; 3 000 h.

Beaurepaire, ch.-l. de c. (Saône-et-Loire), arr. de Louhans ; 800 h.

Beausset (Le), ch.-l. de c. (Var), arr. de Toulon ; 2 000 h.

Beauvais, ch.-l. du dép. de l'Oise ; 18 500 h.

Beauville, ch.-l. de c. (Lot-et-Gar.), arr. d'Agen ; 1 200 h.

Beauvoir, ch.-l. de c. (Deux-Sèvres), arr. de Niort ; 500 h.

Beauvoir, ch.-l. de c. (Vendée), arr. des Sables-d'Olonne.

Beauvoisis, pays de l'anc. France.

Becherel, ch.-l. de c. (Ille-et-Vilaine), arr. de Montfort ; 1 000 h.

Bédarieux, ch.-l. de c. (Hérault), arr. de Béziers ; 7 500 h.

Bédarrides, ch.-l. de c. (Vaucluse), arr. d'Avignon ; 2 500 h.

Bedfort, comté d'Angleterre.

Bédouins, Arabes du désert.

Bégard, ch.-l. de c. (Côtes-du-N.), arr. de Guingamp ; 5 000 h.

Behring, détroit entre l'Asie et l'Amérique du Nord.

Beine, ch.-l. de c. (Marne), arr. de Reims ; 1 000 h.

Beira, prov. du Portugal.

Békès, v. de Hongrie.

Bélâbre, ch.-l. de c. (Indre), arr. du Blanc ; 2 000 h.

Belcaire, ch.-l. de c. (Aude), arr. de Limoux ; 1 000 h.

Belfast, v. d'Irlande.

Belfort, ch.-l. d'arr. (ancien Ht-Rhin) ; 22 000 h.

Belgique, capitale Bruxelles ; 5 800 000 h.

Belgodère, ch.-l. de c. (Corse), arr. de Calvi ; 1 000 h.

Belgrade, v. de la Turquie.

Belin, ch.-l. de c. (Gironde), arr. de Bordeaux ; 1 800 h.

Bellac, ch.-l. d'arr. (Hte-Vienne) ; 5 000 h.

Bellegarde, ch.-l. de c. (Creuse), arr. d'Aubusson ; 800 h.

Bellegarde, ch.-l. de c. (Loiret), arr. de Montargis ; 1 200 h.

Belle-Isle-en-Mer, ch.-l. de c. (Morbihan), arr. de Lorient.

Belle-Isle-en-Terre, ch. l. de c. (Côtes-du-Nord).

Bellême, ch.-l. de c. (Orne), arr. de Mortagne ; 3 000 h.

Bellencombre, ch.-l. de c. (Seine-Inf.), arr. de Dieppe.

Belleville-sur-Saône, ch.-l. de c. (Rhône), arr. de Villefranche.
Belley, ch.-l. d'arr. (Ain); 6000 h.
Bellinzona, v. de Suisse.
Bellune, v. forte d'Italie.
Belmont, ch.-l. de c. (Aveyron), arr. de Saint-Affrique ; 1 700 h.
Belmont, ch.-l. de c. (Loire), arr. de Roanne ; 4 000 h.
Beloutchistan, pays d'Asie.
Belpech, ch.-l. de c. (Aude), arr. de Castelnaudary.
Belt, détroits dans la Baltique.
Belves, ch.-l. de c. (Dordogne), arr. de Sarlat ; 2 300 h.
Belz, ch.-l. de c. (Morbihan), arr. de Lorient ; 3 000 h.
Bénarès, v. de l'Inde anglaise.
Bendelkend, contrée de l'Hindoustan.
Bender, v. de la Russie.
Bénévent, v. forte d'Italie.
Bénévent-l'Abbaye, ch.-l. de c. (Creuse), arr. de Bourganeuf.
Benfeld (Bas-Rhin). Cédé à l'Allemagne.
Bengale, contrée de l'Inde.
Benguela, contr. de la Guinée.
Beni-Hassan, prov. du Maroc.
Beni-Mzab, contr. de l'Algérie.
Benin, cap. du roy. de Benin (Guinée).
Beny-Bocage (Le), ch.-l. de c. (Calvados), arr. de Vire ; 900 h.
Béotie (anc. Grèce).
Bérar, prov. de l'Hindoustan.
Bérézina, riv. de la Russie.
Berg (duché de), (Prusse).
Bergame, v. forte d'Italie.
Bergen, v. de Norvège.
Bergerac, ch.-l. d'arr. (Dordogne) ; 14 500 h.
Berg-op-Zoom, v. de Hollande.
Bergues, ch.-l. de c. (Nord), arr. de Dunkerque ; 5 600 h.
Berlaimont, ch.-l. de c. (Nord), arr. d'Avesnes ; 3 000 h.
Berlin, capitale de la Prusse ; 1 400 000 h.
Bermudes, îles de l'Atlantique.
Bernard (Saint-), montagne des Alpes.
Bernaville, ch.-l. de c. (Somme), arr. de Doullens ; 1 000 h.
Bernay, ch.-l. d'arr. (Eure) ; 8 500 h.
Berne, cap. de la Conf. Suisse.
Berre, ch.-l. de c. (Bouches-du-Rhône), arr. d'Aix ; 2 000 h.
Berry, anc. prov. de France.
Bertincourt, ch.-l. de c. (Pas-de-Cal.), arr. d'Arras ; 1 500 h.
Berwick, comté d'Ecosse.
Berwick-sur-Tweed, v. et p. d'Angleterre.
Besançon, ch.-l. du dép. du Doubs ; 56 500 h.
Bessarabie, prov. de la Russie.
Besse, ch.-l. de c. (Puy-de-Dôme), arr. d'Issoire ; 1 900 h.
Besse, ch.-l. de c. (Var), arr. de Brignoles ; 1 500 h.
Bessèges, ch.-l. de c. (Gard), arr. d'Alais ; 10 500 h.
Bessines, ch.-l. de c. (Haute-Vienne), arr. de Bellac ; 3 000 h.
Béthel, v. de l'anc. Palestine.
Bethléem, village de Judée.
Béthulie, v. de l'anc. Judée.
Béthune, ch.-l. d'arr. (Pas-de-Calais) ; 11 000 h.
Bétique, auj. Andalousie.
Betz, ch.-l. de c. (Oise), arr. de Senlis ; 700 h.
Beuvron, affluent de la Loire.
Beuzeville, ch.-l. de c. (Eure), arr. de Pont-Audemer ; 2 500 h.
Beverley, v. d'Angleterre.
Beynat, ch.-l. de c. (Corrèze), arr. de Brive ; 2 000 h.
Beyrouth, v. de Syrie.
Béziers, ch.-l. d'arr. (Hérault) ; 42 000 h.
Bhôpal, Etat de l'Hindoustan.
Bhoudj, v. de l'Hindoustan.
Bhurtpore, Etat de l'Indoustan.
Biafra (Guinée supér.).
Biarritz (B.-Pyrén.). Bains.
Bidache, ch.-l. de c. (B.-Pyrén.), arr. de Bayonne ; 2 700 h.
Bidassoa, riv. entre la France et l'Espagne.
Bierné, ch.-l. de c. (Mayenne), arr. de Château-Gontier ; 1 000 h.
Bièvre, affluent de la Seine.
Bigorre, anc. pays de France.
Bilbao, v. d'Espagne.
Billom, ch.-l. de c. (Puy-de-Dôme), arr. de Clermont.
Biot (Le), ch.-l. de c. (Hte-Savoie), arr. de Thonon ; 800 h.
Birkenfeld, v. du duché d'Oldenbourg.
Birmanie, Etat de l'Indo-Chine.
Birmingham, v. d'Angleterre.
Biscaye, anc. prov. basque.
Bischwiller, arr. de Strasbourg. Cédé à l'Allemagne.

Biskra, v. d'Algérie.
Bissagos, arch. de l'Atlantique.
Bitche, arr. de Sarreguemines. Cédé à l'Allemagne.
Bithynie, contr. de l'Asie Min.
Bituriges, peuple de l'anc. Gaule.
Bizerte, v. de Tunisie.
Blackburn, v. d'Angleterre.
Blain, ch.-l. de c. (Loire-Inf.), arr. de Saint-Nazaire ; 7 000 h.
Blamont, ch.-l. de c. (Doubs), arr. de Montbéliard ; 700 h.
Blamont, ch.-l. de c. (Meurthe), arr. de Lunéville ; 2 500 h.
Blanc, cap à l'O. de l'Afrique.
Blanc (mont), le pic le plus élevé des Alpes.
Blanc-Nez, cap (P.-de-C.).
Blanc (le), ch.-l. d'arr. (Indre).
Blanche (mer), au nord de la Russie.
Blanches, mont. d'Amérique.
Blangy, ch.-l. de c. (Calvados), arr. de Pont-l'Evêque ; 700 h.
Blangy, ch.-l. de c. (Seine Inf.), arr. de Neufchâtel ; 1 700 h.
Blanquefort, ch.-l. de c. (Gironde), arr. de Bordeaux.
Blanzac, ch.-l. de c. (Charente), arr. d'Angoulême ; 900 h.
Blanzy (Saône-et-L.), mines.
Blavet, riv. de France.
Blaye, ch.-l. d'arr. (Gironde) ; 4 500 h.
Blekinge, prov. de Suède.
Bléneau, ch.-l. de c. (Yonne), arr. de Joigny ; 2 000 h.
Bléré, ch.-l. de c. (Indre-et-L.), arr. de Tours ; 4 000 h.
Blesle, ch.-l. de c. (Hte-Loire), arr. de Brioude ; 1 700 h.
Bletterans, ch.-l. de c. (Jura), arr. de Lons-le-Saulnier ; 1 300 h.
Bleues, mont. (Am. du N.).
Bleymard (le), ch.-l. de c. (Lozère), arr. de Mende ; 600 h.
Blidah, v. d'Algérie ; 9 000 h.
Bligny-sur-Ouche, ch.-l. de c. (Côte-d'Or), arr. de Beaune ; 1 300 h.
Blois, ch.-l. du dép. de Loir-et-Cher ; 22 000 h.
Bobbio, v. d'Italie.
Bocage (le), Vendée.
Bocognano, ch.-l. de c. (Corse), arr. d'Ajaccio ; 1 800 h.
Boëge (Hte-Savoie), arr. de Thonon, 1 600 h.
Boën, ch.-l. de c. (Loire), arr. de Montbrison ; 2 500 h.
Boghar, prov. d'Alger.
Bogota (Santa Fé de), cap. de la Nouv.-Grenade.
Bohain, ch.-l. de c. (Aisne), arr. de Saint-Quentin ; 6 700 h.
Bohême, anc. roy. d'Europe.
Boïens, peuple de la Gaule.
Bois-d'Oingt (le), ch.-l. de c. (Rhône), arr. de Villefranche.
Bois-le-Duc, v. de Hollande.
Boissy-Saint-Léger, ch.-l. de c. (S.-et-O.), arr. de Corbeil.
Bojador, cap à l'O. de l'Afr.
Bolbec, ch.-l. de c. (Seine-Inf.), arr. du Havre ; 12 000 h.
Bolivie, républ. de l'Amér. S.
Bollène, ch.-l. de c. (Vaucluse), arr. d'Orange ; 5 400 h.
Bologne, v. d'Italie.
Bolor, mont. de l'Asie.
Bolton, v. d'Angleterre.
Bomarsund, fort. russe dans l'île d'Aland.
Bombay, v. et p. de l'Inde.
Bon, cap au N.-E. de la Tunisie.
Bondou, roy. de l'Afrique O.
Bondy, vill. du dép. de la Seine, près la forêt de ce nom.
Bône, v. d'Algérie, ch.-l. d'arr. ; 30 000 h.
Bonifacio, ch.-l. de c. (Corse), arr. de Sartène ; 3 500 h.
Bonifacio (détroit de), entre la Corse et la Sardaigne.
Bonn, v. d'Allemagne.
Bonnat, ch.-l. de c. (Creuse), arr. de Guéret ; 2 800 h.
Bonne-Espérance (cap de), au sud de l'Afrique.
Bonnétable, ch.-l. de c. (Sarthe), arr. de Mamers ; 5 000 h.
Bonneval, ch.-l. de c. (Eure-et-Loir), arr. de Châteaudun ; 3 000 h.
Bonneville, ch.-l. d'arr. (Hte-Savoie) ; 2 300 h.
Bonnières, ch.-l. de c. (S.-et-Oise), arr. de Mantes ; 1 000 h.
Bonnieux, ch.-l. de c. (Vaucluse), arr. d'Apt ; 2 000 h.
Boos, ch.-l. de c. (S.-Inf.), arr. de Rouen ; 700 h.
Bordeaux, ch.-l. du dép. de la Gironde ; 240 500 h.
Bordères, ch.-l. de c. (H.-Pyr.), arr. de Bagnères ; 500 h.
Borgo, ch.-l. de c. (Corse), arr. de Bastia ; 800 h.
Borgou, région du Soudan.
Bormida, riv. d'Italie.

Bornéo, île de la Sonde.
Bornholm, île du Danemark.
Bornou, roy. de Nigritie.
Borromées, îles du lac Majeur.
Bort, ch.-l. de c. (Corrèze), arr. d'Ussel ; 4 000 h.
Borysthène, fl., auj. le *Dniéper*.
Bosna-Séraï, v. de la Turquie.
Bosnie, pays de la Turquie.
Bosphore, canal de Constantinople.
Boston, comté d'Angleterre.
Boston, v. de l'Amérique du N.
Bosworth, v. d'Angleterre.
Botany-Bay, col. pénale (Australie).
Bothnie, golfe de la Baltique.
Botocoudos, peuple du Brésil.
Bouaye, ch.-l. de c. (L.-Inf.), arr. de Nantes ; 1 500 h.
Bouchain, ch.-l. de c. (Nord), arr. de Valenciennes ; 1 800 h.
Bouches-du-Rhône (dép. des), ch.-l. Marseille ; 600 000 h.
Bouchoux, ch.-l. de c. (Jura) ; 1 000 h.
Boufarik, poste mil. en Algérie.
Bougie, port d'Algérie.
Bouglon, ch.-l. de c. (L.-et-G.), arr. de Marmande ; 900 h.
Bouilly, ch.-l. de c. (Aube), arr. de Troyes ; 800 h.
Boukharie, État de la Tartarie.
Boulay, ch.-l. de c. (Moselle). Cédé à l'Allemagne.
Boulogne, ch.-l. de c. (Haute-Garonne), arr. de St-Gaudens.
Boulogne (Seine), arr. de Saint-Denis.
Boulogne-sur-Mer, ch.-l. d'arr. (Pas-de-Calais) ; 46 000 h.
Bouloire, ch.-l. de c. (Sarthe), arr. de Saint-Calais ; 2 000 h.
Bourbon-Lancy, ch.-l. de c. (Saône-et-Loire), arr. de Charolles.
Bourbon-l'Archambault, ch.-l. de c. (Allier), arr. de Moulins.
Bourbonnais, anc. prov. de France.
Bourbonne-les-Bains, ch.-l. de c. (Hte-Marne), arr. de Langres.
Bourboule (Puy-de-Dôme). Eaux thermales.
Bourbourg-Ville, ch.-l. de c. (Nord), arr. de Dunkerque.
Bourbriac, ch.-l. de c. (Côtes-du-N.), arr. de Guingamp ; 4 500 h.
Bourdeaux, ch.-l. de c. (Drôme), arr. de Die ; 1 300 h.
Bourdouan, v. du Bengale.
Bourg, ch.-l. du dép. de l'Ain ; 18 000 h.
Bourg, ch.-l. de c. (Gironde), arr. de Blaye ; 2 800 h.
Bourg-Argental, ch.-l. de c. (Loire), arr. de St-Étienne.
Bourg-d'Oisans, ch.-l. de c. (Isère), arr. de Grenoble ; 2 500 h.
Bourg-de-Péage, ch.-l. de c. (Drôme), arr. de Valence ; 5 000 h.
Bourg-Saint-Andéol, ch.-l. de c. (Ardèche), arr. de Privas.
Bourg-Saint-Maurice, ch.-l. de c. (Savoie), arr. de Moutiers.
Bourg-lez-Valence, ch.-l. de c. (Drôme), arr. de Valence.
Bourg-de-Visa, ch.-l. de c. (Tarn-et-Gar.), arr. de Moissac.
Bourganeuf, ch.-l. d'arr. (Creuse) ; 4 000 h.
Bourges, ch.-l. du dép. du Cher ; 43 000 h.
Bourg-Lastic, ch.-l. de c. (Puy-de-Dôme), arr. de Clermont.
Bourgneuf, ch.-l. de c. (Loire-Inf.), arr. de Paimbœuf.
Bourgogne, anc. pr. de France.
Bourgogne, ch.-l. de c. (Marne), arr. de Reims.
Bourgogne (canal de), entre la Saône et l'Yonne.
Bourgoin, ch.-l. de c. (Isère), arr. de la Tour-du-Pin.
Bourgtheroulde, ch.-l. de c. (Eure), arr. de P.-Audemer.
Bourguébus, ch.-l. de c. (Calvados), arr. de Caen ; 300 h.
Bourgueil, ch.-l. de c. (Ind.-et-L.), arr. de Chinon ; 3 400 h.
Bourmont, ch.-l. de c. (Haute-Marne), arr. de Chaumont ; 800 h.
Boussac, ch.-l. d'arr. (Creuse), 1 300 h.
Boussières, ch.-l. de c. (Doubs), arr. de Besançon ; 500 h.
Boutan, pays de l'Hindoustan.
Boutonne, riv. française.
Bouvines, v. de l'arr. de Lille.
Bouxwiller, ch.-l. de c. (Bas-Rhin). Cédé à l'Allemagne.
Bouzonville, ch.-l. de c. (Moselle). Cédé à l'Allemagne.
Boyne, riv. d'Irlande.
Bozel, ch.-l. de c. (Savoie), arr. de Moutiers ; 1 200 h.
Bozouls, ch.-l. de c. (Aveyron), arr. de Rodez ; 2 500 h.
Brabant, prov. de la Belgique.

Bracieux, ch.-l. de c. (Loir-et-Cher), arr. de Blois ; 1 200 h.
Bradford, v. d'Angleterre.
Braga, v. de Portugal.
Bragance, v. de Portugal.
Brahmapoutra, fl. d'Asie.
Braisne, ch.-l. de c. (Aisne), arr. de Soissons ; 1 500 h.
Brandebourg, prov. et v. de Prusse.
Brando, ch.-l. de c. (Corse), arr. de Bastia ; 1 700 h.
Branne, ch.-l. de c. (Gironde), arr. de Libourne ; 700 h.
Brantôme, ch.-l. de c. (Dordogne), arr. de Périgueux ; 2 500 h.
Brassac, ch.-l. de c. (Tarn), arr. de Castres ; 2 200 h.
Bray (le), petit pays normand.
Bray, ch.-l. de c. (Seine-et-M.), arr. de Provins ; 1 600 h.
Bray, ch.-l. de c. (Somme), arr. de Péronne ; 1 500 h.
Brécey, ch.-l. de c. (Manche), arr. d'Avranches ; 2 500 h.
Bréda, v. forte de Hollande.
Bréhal, ch.-l. de c. (Manche), arr. de Coutances ; 1 500 h.
Breil, ch.-l. de c. (Alpes-Maritimes), arr. de Nice ; 2 500 h.
Brême, v. libre d'Allemagne.
Brenets (les), vill. suisse.
Brenne (la), anc. pays de France.
Brenner (le), mont. du Tyrol.
Brénod, ch.-l. de c. (Ain), arr. de Nantua ; 900 h.
Brenta (la), riv. d'Italie.
Brescia, v. forte d'Italie.
Brésil (Amér. du Sud).
Breslau, v. de Prusse.
Bresse, anc. pays de France.
Bressuire, ch.-l. d'arr. (Deux-Sèvres) ; 4 000 h.
Brest, ch.-l. d'arr. (Finistère), port militaire ; 71 000 h.
Bretagne, anc. prov. de France.
Bretagne (Grande-), l'Angleterre et l'Écosse.
Bretagne (Nouv.-), (Amér. N.).
Bretenoux, ch.-l. de c. (Lot), arr. de Figeac ; 1 000 h.
Breteuil, ch.-l. de c. (Eure), arr. d'Evreux ; 2 000 h.
Breteuil, ch.-l. de c. (Oise), arr. de Clermont ; 3 000 h.
Brétigny, v. près Chartres.
Bretteville-sur-Laize, ch.-l. de c. (Calvados).
Brezolles, ch.-l. de c. (Eure-et-Loir), arr. de Dreux ; 900 h.
Briançon, ch.-l. d'arr. (Htes-Alpes), v. forte ; 6 000 h.
Briare, ch.-l. de c. (Loiret), arr. de Gien ; 6 000 h.
Briare, canal entre la Loire et le Loing.
Bricquebec, ch.-l. de c. (Manche), arr. de Valognes ; 4 000 h.
Brie, petit pays de France.
Brie-Comte-Robert, ch.-l. de c. (Seine-et-M.), arr. de Melun.
Briec, ch.-l. de c. (Finistère), arr. de Quimper ; 6 000 h.
Brienne-le-Château, ch.-l. de c., arr. de Bar-sur-Aube.
Brienon, ch.-l. de c. (Yonne), arr. de Joigny ; 2 700 h.
Brienz, lac de Suisse.
Briey, ch.-l. d'arr. (Meurthe-et-Moselle) ; 2 000 h.
Brighton, v. d'Angleterre.
Brignoles, ch.-l. d'arr. (Var) ; 5 000 h.
Brindes, v. du roy. de Naples.
Brinon, ch.-l. de c. (Nièvre), arr. de Clamecy ; 600 h.
Brionne, ch.-l. de c. (Eure), arr. de Bernay ; 4 000 h.
Brioude, ch.-l. d'arr. (H.-Loire) ; 5 000 h.
Brioux, ch.-l. de c. (Deux-Sèvres), arr. de Melle ; 1 400 h.
Briouze, ch.-l. de c. (Orne), arr. d'Argentan ; 1 700 h.
Brisgau (grand-duché de Bade).
Bristol, v. et port d'Angleterre.
Britanniques (îles) : Grande-Bretagne, Irlande, etc.
Brives-la-Gaillarde, ch.-l. d'arr. (Corrèze) ; 16 000 h.
Broglie, ch.-l. de c. (Eure), arr. de Bernay ; 1 200 h.
Brôons, ch.-l. de c. (Côtes-du-Nord), arr. de Dinan.
Brossac, ch.-l. de c. (Charente), arr. de Barbezieux ; 1 200 h.
Brou, ch.-l. de c. (Eure-et-Loir), arr. de Châteaudun ; 2 500 h.
Brousse, v. de la Turq. d'Asie.
Brouvelieures, ch.-l. de c. (Vosges), arr. de St-Dié ; 500 h.
Bructères, p. de la Germanie.
Bruges, v. de Belgique.
Brûlon, ch.-l. de c. (Sarthe), 1 700 h.
Brumath, ch.-l. de c. (Bas-Rhin). Cédé à l'Allemagne.
Brunn, cap. de la Moravie.
Brunswick, duché d'Allemagne.

Brunswick (Nouv.-) (Amérique septentrionale).

Bruxelles, cap. de la Belgique ; 440 000 h.

Bruyères, ch.-l. de c. (Vosges), arr. d'Épinal ; 2 800 h.

Buchy, ch.-l. de c. (Seine-Inf.), arr. de Rouen ; 800 h.

Buckingham, v. d'Angleterre.

Budapest, cap. de la Hongrie.

Buenos-Ayres, cap. de la République Argentine.

Buffalo, v. des États-Unis.

Bug, fl. de Russie.

Bugeat, ch.-l. de c. (Corrèze), arr. d'Ussel ; 1 200 h.

Bugey, petit pays de France.

Bugue, ch.-l. de c. (Dordogne), arr. de Sarlat ; 3 000 h.

Buis (le), ch.-l. de c. (Drôme), arr. de Nyons ; 2 000 h.

Bukharest, cap. de la Valachie.

Bukowine, province autrichienne.

Bulgarie, princip. tributaire de la Turquie.

Bulgnéville, ch.-l. de c. (Vosges), arr. de Neufchâteau ; 1 000 h.

Burgos, v. d'Espagne.

Burie, ch.-l. de c. (Charente-Inför.), arr. de Saintes ; 1 600 h.

Burzet, ch.-l. de c. (Ardèche), arr. de Largentière ; 3 000 h.

Bussang (Vosges), v. d'eaux.

Bussières-Badil, ch.-l. de c. (Dordogne), arr. de Nontron.

Buxy, ch.-l. de c. (Saône-et-L.), arr. de Chalon-sur-S. ; 2 000 h.

Buzançais, ch.-l. de c. (Indre), arr. de Châteauroux ; 5 000 h.

Buzancy, ch.-l. de c. (Ardennes), arr. de Vouziers ; 800 h.

Buzenval, près de Paris.

Byzance (Constantinople).

C

Cabannes (les), ch.-l. de c. (Ariège), arr. de Foix ; 500 h.

Cabès, v. de la Tunisie.

Cabourg (Calvados). Bains de mer.

Cabréra, île d'Espagne.

Cacerès, v. d'Espagne.

Cachemire, État de l'Hindoustan.

Cadalen, ch.-l. de c. (Tarn), arr. de Gaillac ; 1 800 h.

Cadenet, ch.-l. de c. (Vaucluse), arr. d'Apt ; 2 500 h.

Cadillac, ch.-l. de c. (Gironde), arr. de Bordeaux ; 3 000 h.

Cadix, v. et p. d'Espagne.

Cadouin, ch.-l. de c. (Dordogne), arr. de Bergerac ; 700 h.

Cadours, ch.-l. de c. (Hte-Garonne), arr. de Toulouse ; 900 h.

Caen, ch.-l. du dép. du Calvados ; 44 000 h.

Caffa, v. de la Russie.

Cafrerie, contrée d'Afrique.

Cagliari, cap. de la Sardaigne.

Cahors, ch.-l. du dép. du Lot, 16 000 h.

Caïman, île des Antilles.

Caire (le), cap. de l'Egypte.

Cajarc, ch.-l. de c. (Lot), arr. de Figeac ; 2 000 h.

Calabre, prov. d'Italie.

Calacuccia, ch.-l. de c. (Corse), arr. de Corte ; 1 000 h.

Calais, ch.-l. de c. (Pas-de-Calais), arr. de Boulogne ; 59 000 h.

Calaurie, île de la Grèce.

Calcutta, cap. des Indes.

Calédonie, l'Écosse.

Calédonie (Nouvelle-), pays de l'Amérique du N.

Calédonie (Nouvelle-), île de l'Océanie, appart. à la France.

Calenzana, ch.-l. de c. (Corse), arr. de Calvi ; 3 000 h.

Calicut, v. de l'Inde anglaise.

Californie, pays de l'Amér. du Nord.

Callac, ch.-l. de c. (Côt.-du-N.), arr. de Guingamp ; 4 000 h.

Callao, port du Pérou.

Callas, ch.-l. de c. (Var), arr. de Draguignan ; 1 500 h.

Calle (la), petit port d'Algérie.

Calmar, v. et p. de Suède.

Caltanizetta (Sicile). [438 000 h.

Calvados (dép. du), ch.-l. Caen ;

Calvi, ch.-l. d'arr. (Corse), port de mer ; 2 000 h.

Camarès, ch.-l. de c. (Aveyron), arr. de Saint-Affrique ; 2 500 h.

Camargue, île à l'embouch. du Rhône.
Cambaye, v. de l'Inde angl.
Cambodge. pays de l'Indo-Ch.
Cambrai, ch.-l. d'arr. (Nord) ; 24 000 h.
Cambremer, ch.-l. de c. (Calvados), arr. de Pont-l'Évêque.
Cambrésis, anc. pays de France.
Cambridge, v. d'Angleterre.
Cambrin, ch.-l. de c. (Pas-de-Calais), arr. de Béthune ; 500 h.
Camerino, v. d'Italie.
Campagnac, ch.-l. de c. (Aveyron), arr. de Millau ; 1 400 h.
Campagne-lez-Hesdin, ch.-l. de c. (P.-de-C.), arr. de Montreuil.
Campan, ch.-l. de c. (Htes-Pyrénées), arr. de Bagnères.
Campanie, prov. de l'Italie.
Campêche, v. du Mexique.
Campile, ch.-l. de c. (Corse), arr. de Bastia ; 1 000 h.
Campine, plaine d'Anvers.
Campitello, ch.-l. de c. (Corse), arr. de Bastia ; 400 h.
Campo-Formio, v. d'Italie.
Canada, contrée de l'Amér. du Nord.
Canaries (îles), côtes d'Afrique.
Cancale, ch.-l. de c. (Ille-et-Vilaine), *(pêche des huîtres)*.
Canche, affl. de la Manche.
Cancon, ch.-l. de c. (Lot-et-Gar.), arr. de Villeneuve ; 1 500 h.
Candé, ch.-l. de c. (Maine-et-Loire), arr. de Segré ; 2 000 h.
Candie, anc. île de Crète.
Canisy, ch.-l. de c. (Manche), arr. de St-Lô ; 800 h.
Cannes, anc. v. d'Apulie.
Cannes, ch.-l. de c. (Var), arr. de Grasse.
Canourgue (la), ch.-l. de c. (Lozère), arr. de Marvejols ; 1 900 h.
Cantabres (monts), au N. de l'Espagne.
Cantal, mont. d'Auvergne.
Cantal (dép. du), ch.-l. Aurillac ; 242 000 h.
Canton, v. de la Chine.
Cantorbéry, v. d'Angleterre.
Cany-Barville, ch.-l. de c. (S.-Inf.), arr. d'Yvetot ; 1 900 h.
Cap (le), colonie angl. à l'extrémité S. de l'Afrique.
Cap-Breton, île de l'Amér. du Nord.
Cap Vert, à l'O. de l'Afrique.
Cap-Vert (îles du), dans l'Atlant.
Capelle (la), ch.-l. de c. (Aisne), arr. de Vervins ; 3 000 h.
Capendu, ch.-l. de c. (Aude), arr. de Carcassonne ; 1 400 h.
Capestang, ch.-l. de c. (Hérault), arr. de Béziers ; 3 500 h.
Capitanate (la), prov. d'Italie, cap. Foggia.
Capoue, v. de la Campanie anc.
Caprée, île (golfe de Naples).
Caprera, île italienne.
Caprese, v. d'Italie.
Captieux, ch.-l. de c. (Gironde), arr. de Bazas ; 1 500 h.
Caracas, cap. du Vénézuéla.
Caraïbes, anthropophages (Antilles).
Caraman, ch.-l. de c. (Hte-Gar.), arr. de Villefranche ; 2 000 h.
Caramanie, Turquie d'Asie.
Caravaca, v. d'Espagne.
Carbon-Blanc, ch.-l. de c. (Gironde), arr. de Bordeaux ; 900 h.
Carbonne, ch.-l. de c. (Hte-Garonne), arr. de Muret ; 2 500 h.
Carcassonne, ch.-l. du dép. de l'Aude ; 30 000 h.
Cardiff, v. et p. d'Angleterre.
Cardigan, v. d'Angleterre.
Carentan, ch.-l. de c. (Manche), arr. de Saint-Lô ; 3 000 h.
Carhaix, ch.-l. de c. (Finistère), arr. de Châteaulin ; 3 000 h.
Carie, anc. pays de l'Asie.
Carignan, ch.-l. de c. (Ardennes), arr. de Sedan ; 2 000 h.
Carignan, v. d'Italie.
Carinthie, prov. de l'Illyrie.
Carlisle, v. d'Angleterre.
Carlow, v. d'Irlande.
Carlowitz, v. d'Autriche.
Carlsbad, v. de Bohême.
Carlsbourg, v. d'Autriche.
Carlscrona, v. de Suède.
Carlsruhe, cap. du duché de Bade.
Carlstadt, v. de Croatie.
Carlux, ch.-l. de c. (Dordogne), arr. de Sarlat ; 1 000 h.
Carmagnola, v. d'Italie.
Carmel, mont. de la Syrie.
Carmona, v. d'Espagne.
Carnac, arr. de Lorient.
Carnières, ch.-l. de c. (Nord), arr. de Cambrai ; 1 800 h.
Carniole, prov. de l'Illyrie.
Carnutes, anc. peuple de la Gaule.

Caroline (Amérique). *Caroline du Nord* et *Caroline du Sud*.

Carolines, îles de l'Océanie.

Carouge, v. de Suisse.

Carpathes, chaîne de mont. qui traverse l'Autriche.

Carpentras, ch.-l. d'arr. (Vaucluse) ; 10 000 h.

Carpi, anc. duché de Modène.

Carquefou (Loire-Inf.), arr. de Nantes ; 3 000 h.

Carrare (Italie), carrières de marbre.

Carrouges, ch.-l. de c. (Orne), arr. d'Alençon ; 900 h.

Carthage, v. de l'Afrique anc.

Carthagène, v. d'Espagne.

Carthagène, v. de la Nouvelle-Grenade.

Carvin, ch.-l. de c. (Pas-de-Calais), arr. de Béthune ; 8 000 h.

Casal, v. d'Italie.

Caspienne (mer), entre l'Europe et l'Asie.

Cassagnes-Bégonhès, ch.-l. de c. (Aveyron).

Cassano, v. d'Italie.

Cassel, v. de Prusse.

Cassel, ch.-l. de c. (Nord), arr. d'Hazebrouck ; 4 000 h.

Cassin, mont. de l'Italie.

Castanet (Hte-Garonne), arr. de Toulouse ; 1 000 h.

Castelfidardo (marche d'Ancône).

Casteljaloux, ch.-l. de c. (Lot-et-Gar.), arr. de Nérac ; 4 000 h.

Castellamare, (anc. royaume de Naples).

Castellane, ch.-l. d'arr. (Basses-Alpes) ; 1 900 h.

Castelmoron, ch.-l. de c. (Lot-et-Garonne), arr. de Marmande.

Castelnau, ch.-l. de c. (Gironde), arr. de Bordeaux ; 1 700 h.

Castelnau, ch.-l. de c. (Lot), arr. de Cahors ; 4 000 h.

Castelnau-de-Montmirail, ch.-l. de c. (Tarn).

Castelnau-Magnoac, ch.-l. de c. (Htes-Pyrén.), arr. de Bagnères.

Castelnau-Rivière-Basse, ch.-l. de c. (Htes-Pyr.), arr. de Tarbes.

Castelnaudary, ch.-l. d'arr. (Aude) ; 10 000 h.

Castelsarrasin, ch.-l. d'arrond. (Tarn-et-Gar.) ; 7 500 h.

Castets, ch.-l. de c. (Landes), arr. de Dax ; 2 000 h.

Castifao, ch.-l. de c. (Corse), arr. de Corte ; 700 h.

Castiglione, v. d'Italie.

Castille (Vieille et Nouvelle-), cap. Madrid et Burgos.

Castillon, ch.-l. de c. (Ariège), arr. de Saint-Girons ; 1 000 h.

Castillon, ch.-l. de c. (Gironde), arr. de Libourne ; 4 000 h.

Castillonnès, ch.-l. de c. (Lot-et-Gar.), arr. de Villeneuve.

Castres, ch.-l. d'arr. (Tarn) ; 27 500 h.

Castries, ch.-l. de c. (Hérault), arr. de Montpellier.

Castro, v. d'Italie.

Catalogne, anc. prov. d'Espag.

Catamarca, cap. de la Conf. Argentine.

Catane, v. de la Sicile.

Catanzaro, v. d'Italie.

Cateau (le), ch.-l. de c. (Nord), arr. de Cambrai.

Catelet (le), ch.-l. de c. (Aisne), arr. de Saint-Quentin.

Cattaro, v. et p. (Dalmatie).

Cattaro, golfe de l'Adriatique.

Cattégat, détroit (Baltique).

Cattenom, ch.-l. de c. (Moselle). Cédé à l'Allemagne.

Cattolica, v. d'Italie (Sicile).

Catus, ch.-l. de c. (Lot), arr. de Cahors ; 1 500 h.

Cauca (Confédér. de Colombie).

Caucase, chaîne de mont. entre la mer Noire et la Caspienne.

Caudebec-en-Caux, ch.-l. de c. (Seine-Infér.), arr. d'Yvetot.

Caulnes, ch.-l. de c. (Côtes-du-Nord) ; 3 000 h.

Caumont, ch.-l. de c. (Calvados), arr. de Bayeux ; 1 000 h.

Caussade, ch.-l. de c. (Tarn-et-Garonne), arr. de Montauban.

Cauterets (Htes-Pyrén.). Eaux minérales.

Caux (pays de), en Normandie.

Cavaillon, ch.-l. de c. (Vaucluse), arr. d'Avignon ; 9 000 h.

Cayenne, cap. de la Guyane française.

Cayeux-sur-Mer, port sur la Manche, arr. d'Abbeville.

Caylar (le), ch.-l. de c. (Hérault), arr. de Lodève ; 700 h.

Caylus, ch.-l. de c. (Tarn-et-Gar.), arr. de Montauban.

Cayres, ch.-l. de c. (Hte-Loire), arr. du Puy ; 1 500 h.

Cazals, ch.-l. de c. (Lot), arr. de Cahors ; 900 h.

Cazaubon, ch.-l. de c. (Gers), arr. de Condom ; 2 800 h.

Cazères, ch.-l. de c. (Hte-Garonne), arr. de Muret ; 3 000 h.

Célé, riv. de France.

Célèbes, île de la Malaisie.

Celles, ch.-l. de c. (Deux-Sèvres), arr. de Melle ; 1 700 h.

Cenis, mont. des Alpes.

Céphalonie, anc. Samos.

Céram, l'une des îles Moluques.

Cérasonte, v. du Pont.

Cerbère, cap.

Cerdagne (Pyrén.-Orient.).

Cère (la), affl. de la Dordogne.

Céret, ch.-l. d'ar. (Pyr.-Orient.) ; 3 800 h.

Cérignole, v. du roy. de Naples.

Cérigo, anc. *Cythère.*

Cerilly, ch.-l. de c. (Allier), arr. de Montluçon ; 3 000 h.

Cerisiers, ch.-l. de c. (Yonne), arr. de Joigny ; 1 400 h.

Cerisoles, v. du Piémont.

Cerisy-la-Salle, ch.-l. de c. (Manche), arr. de Coutances.

Cerizay, ch.-l. de c. (Deux-Sèvres), arr. de Bressuire.

Cernay, ch.-l. de c. (Haut-Rhin), arr. de Belfort. Cédé à la Prusse.

Cervione, ch.-l. de c. (Corse), arr. de Bastia ; 2 000 h.

Cette, ch.-l. de c. (Hérault), arr. de Montpellier ; 37 000 h.

Ceuta, v. et port d'Afrique.

Cévennes, mont. au S.-E. de la France.

Ceylan, île au sud de l'Asie.

Ceyzeriat, ch.-l. de c. (Ain), arr. de Bourg ; 1 000 h.

Chabanais, ch.-l. de c. (Char.), arr. de Confolens ; 2 000 h.

Chabeuil, ch.-l. de c. (Drôme), arr. de Valence ; 3 500 h.

Chablis, ch.-l. de c. (Yonne), arr. d'Auxerre. Vins blancs.

Chactas, sauvages de l'Am. du N.

Chagny, ch.-l. de c. (Saône-et-Loire), arr. de Chalon-sur-Saône.

Chailland, ch.-l. de c. (Mayenne), arr. de Laval ; 2 000 h.

Chaillé-les-Marais, ch.-l. de c. (Vendée), arr. de Font.-le-Comte.

Chaise-Dieu (la), ch.-l. de c. (Hte-Loire), arr. de Brioude.

Chalabre, ch.-l. de c. (Aude), arr. de Limoux ; 2 000 h.

Chalais, ch.-l. de c. (Charente), arr. de Barbezieux ; 1 000 h.

Chalamont, ch.-l. de c. (Ain), arr. de Trévoux ; 1 900 h.

Chalcédoine, anc. v. d'Asie.

Chalcis, aujourd'hui *Négrepont.*

Chaldée, partie de l'anc. Babylonie.

Challans, ch.-l. de c. (Vendée), arr. des Sables-d'Olonne ; 5 000 h.

Chalon-sur-Saône, ch.-l. d'arr. (Saône-et-Loire) ; 23 000 h.

Chalonnes-sur-Loire, ch.-l. de c. (Maine-et-Loire), arr. d'Angers.

Châlons-sur-Marne, ch.-l. du dép. de la Marne ; 24 000 h.

Châlus, ch.-l. de c. (Haute-Vienne), arr. de St-Yrieix ; 2 600 h.

Chambertin (Côte-d'Or). Vins.

Chambéry, ch.-l. du dép. de la Savoie ; 21 000 h.

Chambley, ch.-l. de c. (M.-et-Moselle), arr. de Briey ; 700 h.

Chambon, ch.-l. de c. (Creuse), arr. de Boussac ; 2 500 h.

Chambon-Feugerolles, ch.-l. de c. (Loire), arr. de St-Étienne.

Chambord (Loir-et-Cher). Château historique.

Chambre (la), (Savoie), arr. de St-Jean-de-Maurienne.

Chamonix ou **Chamouni** (Hte-Savoie), arr. de Bonneville.

Chamonix (vallée de), dans les Alpes.

Chamoux (Savoie), arr. de Chambéry ; 1 500 h.

Champagnac, ch.-l. de c. (Dordogne), arr. de Nontron ; 1 000 h.

Champagne, anc. province de France.

Champagne, ch. de c. (Ain), arr. de Belley ; 500 h.

Champagne-Mouton, ch.l.- de c. (Charente), arr. de Confolens.

Champagney, ch.-l. de c. (Hte-Saône), arr. de Lure ; 3 500 h.

Champagnole, ch.-l. de c. (Jura), arr. de Poligny ; 3 700 h.

Champaubert, v. célèb. (Marne).

Champdeniers, ch.-l. de c. (D.-Sèvres), arr. de Niort ; 1 400 h.

Champeix, ch.-l. de c. (Puy-de-Dôme), arr. d'Issoire ; 1 600 h.

Champigny, près Paris, sur la Marne.

Champlain, lac du Canada.

Champlitte, ch.-l. de c. (Hte-Saône), arr. de Gray ; 2 500 h.

Champs, ch.-l. de c. (Cantal), arr. de Mauriac; 2 000 h.

Champtoceaux, ch.-l. de c. (M.-et-Loire). arr. de Cholet; 1 600 h.

Chanaan, anc. Palestine.

Chanac, ch.-l. de c. (Lozère), arr. de Marvejols; 1 700 h.

Chandernagor, v. de l'Inde.

Chang-haï, v. de Chine.

Chantelle, ch.-l. de c. (Allier), arr. de Gannat; 2 000 h.

Chantilly, petite v. du dép. de l'Oise, arr. de Senlis.

Chantonnay, ch.-l. de c. (Vendée), arr. de la Roche-sur-Yon.

Chaource, ch.-l. de c. (Aube), arr. de Bar-sur-Seine; 1 500 h.

Chapelle-d'Angillon, ch.-l. de c., arr. de Sancerre.

Chapelle-sur-Erdre, ch.-l. de c. (Loire-Inf.), arr. de Nantes.

Chapelle-de-Guinchay, ch.-l. de c. (S.-et-Loire), arr. de Mâcon.

Chapelle-la-Reine. ch.-l. de c. (S.-et-M.), arr. de Fontainebleau.

Chapelle-en-Vercors, ch.-l. de c. (Drôme), arr. de Die.

Charente, riv. de France.

Charente (dép. de la), ch.-l. Angoulême; 367 000 h.

Charente-Inférieure (dép. de la). ch.-l. la Rochelle, 463 000 h.

Charenton, ch.-l. de c. (Cher), arr. de Saint-Amand; 2 000 h.

Charenton-le-Pont, ch.-l. de c. (Seine), arr. de Sceaux; 14 000 h.

Charité (La), ch.-l. de canton (Nièvre); 5 000 h.

Charleroi. v. de Belgique.

Charlestown (Caroline du Sud).

Charleville, ch.-l. de c. (Ardennes). arr. de Mézières; 17 000 h.

Charlieu, ch.-l. de c. (Loire). arr. de Roanne; 5 300 h.

Charlottenbourg (Prusse).

Charly, ch.-l. de c. (Aisne), arr. de Château-Thierry; 1 800 h.

Charmes, ch. de c. (Vosges), arr. de Mirecourt; 3 800 h.

Charmettes (Les), près Chambéry. [1 500 h.

Charny, ch.l. de c. (Yonne);

Charny, ch.-l. de c. (Meuse), arr. de Verdun; 500 h.

Charolais, anc. pays de France.

Charolles, ch.-l. d'arr. (Saône-et-Loire); 3 300 h.

Charost (*rô*), ch.-l. de c. (Cher), arr. de Bourges; 1 500 h.

Charroux, ch.-l. de c. (Vienne), arr. de Civray; 2 000 h.

Chartre (La), ch.-l. de c. (Sarthe), arr. de St-Calais; 1 700 h.

Chartres. ch.-l. du dép. d'Eure-et-Loir; 22 000 h.

Chartreuse (Grande), fameux monastère (Isère).

Châtaigneraie (La), ch.-l. de c. (Vendée), arrond. de Fontenay-le-Comte.

Château (Le), ch.-l. de c. (Ch.-Inférieure), dans l'île d'Oléron.

Châteaubourg, ch.-l. de c. (Ille-et-Vilaine). arr. de Vitré; 1 200 h.

Châteaubriant, ch.-l. d'arr. (Loire-Inf.); 6 000 h.

Château-Chinon, ch.-l. d'arr. (Nièvre); 2 700 h.

Château-du-Loir, ch.-l. de c. (arr. de Saint-Calais).

Châteaudun, ch.-l. d'arr. (Eure-et-Loir); 7 [illegible] 00 h.

Châteaugiron, ch.-l. de c. (Ille-et-Vilaine), arr. de Rennes.

Château-Gontier, ch.-l. d'arr. (Mayenne); 7 000 h.

Château-Laffitte (Gironde), com. de Pauillac, arr. de Lesparre,

Château-Lagrange (Gironde). Vins renommés.

Château-Landon. ch.-l. de c. (S.-et-M.), arr. de Fontainebleau.

Château-la-Vallière, ch.-l. de c. (Ind.-et-L.), arr. de Tours.

Châteaulin, ch.-l. d'arr. (Finistère).

Château-Margaux (Bordeaux). Célèbres vignobles.

Châteaumeillant, ch.-l. de c. (Cher). arr. de Saint-Amand.

Châteauneuf, ch.-l. de c. (Hte-Vienne), arr. de Limoges.

Châteauneuf, ch.-l. de c. (Ille-et-Vilaine), arr. de St-Malo.

Châteauneuf-de-Randon, ch.-l. de c. (Lozère). arr. de Mende.

Châteauneuf du-Faou, ch.-l. de c. (Finist.), arr. de Châteaulin.

Châteauneuf-en-Thimerais, (Eure-et-Loir). arr. de Dreux.

Châteauneuf-sur-Charente, ch.-l de c., arr. de Cognac.

Châteauneuf-sur-Cher, ch.-l. de c. (Cher), arr. de St-Amand.

Châteauneuf-sur-Loire, ch.-l. de c., arr. d'Orléans.

Châteauneuf-sur-Sarthe, ch.-l. de c. (M.-et-Loire), arr. de Segré.

Châteauponsac, ch.-l. de c. (Hte-Vienne), arr. de Bellac.

Château-Porcien, ch.-l. de c., arr. de Rethel.

Châteaurenard, ch.-l. de c. (B.-du-Rhône), arr. d'Arles.

Châteaurenard, ch.-l. de c. (Loiret), arr. de Montargis.

Châteaurenault, ch.-l. de c. (Ind.-et-L.), arr. de Tours; 4 000 h.

Châteauroux, ch.-l. du dép. de l'Indre; 23 000 h.

Château-Salins, ch.-l. d'arr. (Meurthe). Cédé à l'Allemagne.

Château-Thierry, ch.-l. d'arr. (Aisne); 7 000 h.

Châteauvillain, ch.-l. de c. (H.-Marne), arr. de Chaumont.

Châtel ch.-l. de c. (Vosges), arr. d'Épinal; 1 300 h.

Châtelard, ch.-l. de c. (Savoie), arr. de Chambéry.

Châtelaudren, ch. de c. (Côt.-du-Nord), arr. de Saint-Brieuc.

Châteldon, ch.-l. de c. (Puy-de-Dôme), arr. de Thiers; 2 000 h.

Châtelet, ch.-l. de c. (Cher), arr. de St.-Amand; 2 500 h.

Châtelet (Le), ch.-l. de c. (S.-et-Marne), arr. de Melun; 1 000 h.

Châtellerault, ch. d'arr. (Vienne); 17 500 h.

Châtelus, ch.l. de c. (Creuse), arr. de Boussac; 1 400 h.

Châtenois, ch.-l. de c. (Vosges), arr. de Neufchâteau; 1 200 h.

Chatham, v. d'Angleterre.

Châtillon en-Diois, ch.-l. de c. (Drôme), arr. de Die.

Châtillon-de-Michaille, ch.-l. de c., arr. de Nantua.

Châtillon-en-Bazois, ch.-l. de c., arr. de Château-Chinon.

Châtillon-sur-Chalaronne, ch.-l. de c. (Ain).

Châtillon-sur-Indre, ch.-l. de c., arr. de Châteauroux.

Châtillon-sur-Loing, ch.-l. de c., arr. de Montargis.

Châtillon-sur-Loire, ch.-l. de c. (Loiret), arr. de Gien.

Châtillon-sur-Marne, ch.-l. de c. (Marne), arr. de Reims.

Châtillon-sur-Seine, ch.-l. d'arr. (Côte-d'Or).

Châtillon-sur-Sèvre, ch.-l. de c. (D.-Sèvres), arr. de Bressuire.

Châtre (La), ch.-l. d'arr. (Ind.); 5 200 h.

Chaudesaigues, ch.-l. de cant. (Cantal), arr. de Saint-Flour.

Chauffailles, ch.-l. de c. (Saône-et-L.), arr. de Charolles; 4 500 h.

Chaulnes, ch.-l. de c. (Somme), arr. de Péronne; 1 200 h.

Chaumergy, ch.-l. de c. (Jura), arr. de Dôle; 500 h.

Chaumont, ch.-l. du dép. de la Haute-Marne; 13 000 h.

Chaumont-en-Vexin, ch.-l. de c. (Oise), arr. de Beauvais; 1 500 h.

Chaumont-Porcien, ch.-l. de c., arr. de Réthel; 1 000 h.

Chauny, ch.-l. de c. (Aisne), arr. de Laon; 9 000 h.

Chaussin, ch.-l. de c. (Jura), arr. de Dôle; 1 200 h.

Chauvigny, ch.-l. de c. (Vienne), arr. de Montmorillon; 2 200 h.

Chaux-de-Fond (La), v. suisse.

Chavanges, ch.-l. de c. (Aube), arr. d'Arcis-sur-Aube; 1 000 h.

Chef-Boutonne, ch.-l. de c. (D.-Sèvres), arr. de Melle; 2 500 h.

Chelles, arr. de Meaux Seine-et-Marne). Célèbre abbaye.

Chelsea, v. d'Angleterre.

Chemille, ch.-l. de c. (Maine-et-Loire), arr. de Cholet; 4 500 h.

Chemin, ch.-l. de c. (Jura), arr. de Dôle; 500 h.

Chemnitz, v. de Saxe.

Chénerailles, ch.-l. de c. (Creuse), arr. d'Aubusson; 1 200 h.

Chenonceaux (Indre-et-Loire). Magnifique château.

Cher, riv. de France.

Cher (dép. du), ch.-l. Bourges; 355 000 h.

Cherasco, v. d'Italie.

Cherbourg ch.-l. d'arr. (Manche); 37 000 h. Port militaire.

Cherchell, arr. d'Alger; 8 000 h.

Chéronée, anc. Béotie.

Chéroy, ch.-l. de c. (Yonne), arr. de Sens; 700 h.

Chesapeake, baie (Ét.-Unis).

Chesne (Le), ch.-l. de c. (Ard.) arr de Vouziers; 1 500 h.

Chester, v. d'Angleterre.

Chevagnes, ch.-l. de c. (Allier), arr. de Moulins; 1 200 h.

Chevillon, ch.-l. de c. (Haute-Marne), arr. de Vassy; 1 000 h.

Chevreuse, ch.-l. de c. (S.-et-Oise), arr. de Rambouillet; 1 800 h.

Cheylard (Le), ch.-l. de c. (Ardèche), arr. de Tournon; 3 000 h.

Chèze (La), ch.-l. de c. (Côtes-du-Nord), arr. de Loudéac; 500 h.
Chiavari, v. d'Italie.
Chicago, v. des Etats-Unis.
Chichester, v. d'Angleterre.
Chieri, v. d'Italie.
Chiers (la), riv. (Luxembourg).
Chihuahua, v. du Mexique, cap.
Chili, rép. de l'Amérique du S.
Chiloé, archipel (Océan aust.).
Chimay, v. de Belgique.
Chimboraço, mont. des Andes.
Chinchas, îles de l'Oc. Pacifique.
Chine (emp. de), cap. **Pékin**; 382 millions d'habitants.
Chinon, ch.-l. d'arr.; 6 000 h.
Chio (île de l'Archipel).
Chioggia, v. d'Italie.
Chiraz, v. de Perse.
Chittagong (Inde anglaise).
Choa (roy. de), (Abyssinie).
Choczim, v. de Russie.
Choisy-le-Roi, com. de France (Seine), arr. de Sceaux.
Cholet, ch.-l. d'arr. (Maine-et-Loire); 17 000 h.
Chomérac, ch.-l. de c. (Ardèche), arr. de Privas; 2 500 h.
Chorges, ch.-l. de c. (Hautes-Alpes), arr. d'Embrun; 1 700 h.
Choumla, v. de Turquie.
Christiania, cap. de la Norvège.
Christiansand, p. de Norvège.
Chuquisaca. Voy. *Sucre*.
Chusan, île de la Chine.
Chypre, île de la Méditerranée.
Cilicie, pays de l'Asie Mineure.
Cimmériens, mont. (Chersonèse).
Cinaloa, Etat du Mexique.
Cincinnati, v. de l'Amérique du Nord (Ohio).
Cintegabelle, ch.-l. de c. (Hte-Garonne), arr. de Muret; 2 500 h.
Cintra, v. de Portugal.
Ciotat (La), ch.-l. de c. (B.-du-Rhône), arr. de Marseille; 10 500 h.
Circassie, versant N. du Caucase.
Cirey, ch.-l. de c. (M.-et-Mos.).
Cirta, aujourd'hui Constantine.
Cîteaux (Côte-d'Or). Célèbre abbaye.
Ciudad-Réal, v. d'Espagne.
Ciudad-Rodrigo, v. d'Espagne.
Civita-Vecchia, v. d'Italie.
Civray, ch.-l. d'arr. (Vienne); 2 500 h.
Clairac, v. de Fr. (Lot-et-Gar.), arr. de Marmande; 4 150 h.
Clairvaux (Aube). Célèbre abbaye.
Clairvaux, ch.-l. de c. (Jura), arr. de Lons-le-Saulnier; 1 000 h.
Clamecy, ch.-l. d'arr. (Nièvre); 5 300 h.
Clare, comté d'Irlande.
Claret, ch.-l. de c. (Hérault), arr. de Montpellier; 600 h.
Claros, v. d'Ionie.
Clary, ch.-l. de c. (Nord), arr. de Cambrai; 2 600 h.
Claye-Souilly, ch.-l. de c. (S.-et-Marne), arr. de Meaux.
Clayette (La), ch.-l. de c. (S.-et-Loire), arr. de Charolles.
Clefmont, ch.-l. de c. (Haute-Marne), arr. de Chaumont.
Cléguérec, ch.-l. de c. (Morbih.), arr. de Pontivy; 3 500 h.
Clelles, ch.-l. de c. (Isère), arr. de Grenoble; 700 h.
Clères, ch.-l. de c. (Seine-Inf.), arr. de Rouen; 800 h.
Clermont-en Argonne, ch.-l. de c., arr. de Verdun.
Clermont en-Beauvaisis, ch.-l. d'arr. (Oise); 5 500 h.
Clermont-Ferrand, ch.-l. du Puy-de-Dôme; 47 000 h.
Clermont-l'Hérault, ch.-l. de c. (Hérault), arr. de Lodève.
Clerval, ch.-l. de c. (Doubs), arr. de Baume-les-Dames; 1 200 h.
Cléry, ch.-l. de c. (Loiret), arr. d'Orléans; 3 000 h.
Cleveland, v. de l'Ohio (Et.-U.).
Clèves, duché de Prusse.
Clifton, v. d'Angleterre.
Clisson, ch.-l. de c. (Loire-Inférieure), arr. de Nantes; 3 000 h.
Clos-Vougeot (Côte-d'Or), célèbre vignoble.
Cloyes, ch.-l. de c. (Eure-et-L.), arr. de Châteaudun; 2 500 h.
Cluny, ch.-l. de c. (Saône-et-L.), arr. de Mâcon. Abbaye célèbre.
Cluses, ch.-l. de c. (Hte-Savoie), arr. de Bonneville; 1 900 h.
Clusium, anc. v. d'Etrurie.
Clyde (la), riv. d'Ecosse.
Coblentz, v. de Prusse.
Cobourg, capitale du duché de Saxe-Cobourg.
Cochabamba, v. de la Bolivie.
Cochin, v. de l'Inde anglaise.
Cochinchine, à l'est de l'Indo-Chine, cap. *Hué* et *Saïgon*.
Cockburn, terre polaire.

Cognac, ch.-l. d'arr. (Charente); 15 000 h.

Coïmbre, v. du Portugal.

Coire, v. de Suisse.

Coiron, mont. de l'Ardèche.

Colchester, v. d'Angleterre.

Colchide, anc. pays de l'Asie.

Coligny, ch.-l. de c. (Ain), arr. de Bourg; 1 700 h.

Colima, v. du Mexique.

Collinée, ch.-l. de c. (Côtes-du-Nord), arr. de Loudéac; 800 h.

Collioure, arr. de Céret (Pyrénées-Orientales).

Collobrières, ch.-l. de c. (Var), arr. de Toulon; 2000 h.

Collonges, ch.-l. de c. (Ain), arr. de Gex; 1 100 h.

Colmars, c.-l. de c. (B.-Alpes), arr. de Castellane.

Cologne (Prusse rhénane).

Cologne ch.-l. de c. (Gers), arr. de Lombez; 700 h.

Colombey, ch.-l. de c. (Meurthe), arr. de Toul; 1 000 h.

Colombie, anc. républ. d'Amérique du Sud.

Colombo, cap. de l'île de Ceylan.

Colorado, fl. d'Amériq. du Sud.

Colorado, fl. de Californie.

Colorado, l'un des Etats-Unis.

Columbia, district fédéral des Etats-Unis.

Columbus, v. de l'Ohio.

Comacchio, v. d'Italie.

Combeaufontaine, ch.-l. de c. (Hte-Saône), arr. de Vesoul.

Combles, ch.-l. de c. (Somme), arr. de Péronne.

Combourg, ch.-l. de c. (Ille-et-Vil.), arr. de Saint-Malo.

Combronde, ch.-l. de c. (Puy-de-Dôme), arr. de Riom; 2 000 h.

Côme v. d'Italie et lac.

Comines, v. du dép. du Nord, arr. de Lille.

Commentry, ch.-l. de c. (Allier), arr. de Montluçon; 12500 h.

Commercy, ch.-l. d'arr. (Meuse), 5 500 h.

Comminges, anc. comté de Fr.

Comores (îles mozambique).

Comorin (cap), au S. de l'Hind.

Compiègne, ch.-l. d'arr. (Oise). Beau château, parc, forêt.

Comps, ch.-l. de c. (Var), arr. de Draguignan; 900 h.

Comtat-Venaissin, pays de France (Vaucluse).

Concarneau (Finistère), arr. de Quimper.

Conception, v. du Chili.

Conches, ch.-l. de c. (Eure), arr. d'Évreux. Forges.

Condé-en-Brie, ch.-l. de c. (Aisne), arr. de Château-Thierry.

Condé-sur-Escaut, ch.-l. de c. (Nord), arr. de Valenciennes.

Condé-sur-Noireau, ch.-l. de c. (Calvados), arr. de Vire.

Condom, ch.-l. d'arr. (Gers); 8 000 h.

Condrieu, ch.-l. de c. (Rhône), arr. de Lyon; 2 000 h.

Conegliano, v. d'Italie.

Conflans, ch.-l. de c. (Moselle), arr. de Briey; 500 h.

Confolens, ch.-l. d'arr. (Charente); 3 000 h.

Congo, contrée d'Afrique.

Coni, v. d'Italie.

Conlie, ch.-l. de c. (Sarthe), arr. du Mans; 1 600 h.

Conliège, ch.-l. de c. (Jura), arr. de Lons-le-Saunier; 1 000 h.

Connecticut, fl. des Etats-Unis.

Connecticut, Etat de l'Amériq.

Conques, ch.-l. de c. (Aude), arr. de Carcassonne; 1 500 h.

Conques, ch.-l. de c. (Aveyron), arr. de Rodez; 1 200 h.

Constance, v. du duché de Bade.

Constance, lac (Suisse).

Constantine, v. d'Algérie, ch.-l. du départ.; 45 000 h.

Constantinople, cap. turque.

Contes, ch.-l. de c. (Alpes-Maritimes), arr. de Nice; 1 600 h.

Contres, ch.-l. de c. (Loir-et-Cher), arr. de Blois; 2 500 h.

Contrexéville (Vosges), arr. de Mirecourt. Eaux minérales.

Conty, ch.-l. de c. (Somme), arr. d'Amiens; 1 100 h.

Copaïs, lac de l'anc. Béotie.

Copenhague, cap. du Danemark.

Coquimbo, v. du Chili.

Corato, v. d'Italie.

Corbeil, ch.-l. d'arr. (Seine-et-Oise); 7 500 h.

Corbie, ch.-l. de c. (Somme), arr. d'Amiens; 5 000 h.

Corbières, contreforts des Pyr.

Corbigny, ch.-l. de c. (Nièvre), arr. de Clamecy; 2 500 h.

Corcieux, ch.-l. de c. (Vosges), arr. de Saint-Dié; 1 500 h.

Corcyre, île, auj. *Corfou.*
Cordes, ch.-l. de c. (Tarn), arr. de Gaillac ; 2 000 h.
Cordillères. Voy. *Andes.*
Cordoue, v. d'Espagne.
Cordova, v. de la Rép. Argent.
Corée, roy. dép. de la Chine.
Corfou, île Ionienne.
Corinthe, cité de l'anc. Grèce.
Corinthe, isthme (Morée).
Cork, v. d'Irlande.
Corlay, ch.-l. de c. (Côtes-du-Nord), arr. de Loudéac ; 1 500 h.
Cormeilles, ch.-l. de c. (Eure), arr. de Pont-Audemer ; 1 200 h.
Cornouailles, anc. pays de Fr.
Cornouailles, comté d'Anglet.
Cornouailles (Nouv.-), Amériq. du Nord.
Cornus, ch.-l. de c. (Aveyron), arr. de Saint-Affrique.
Corogne (La), v. d'Espagne.
Coromandel, côte orientale de l'Inde.
Coron, v. de Morée.
Corps, ch.-l. de c. (Isère), arr. de Grenoble ; 1 300 h.
Correggio, v. d'Italie.
Corrèze, riv. de France.
Corrèze (dép. de la), ch.-l. Tulle ; 326 000 h.
Corrèze, ch.-l. de c. (Corrèze), arr. de Tulle ; 1 800 h.
Corrientes, v. (Rép. Argentine).
Corse (île de), départ., ch.-l. Ajaccio ; 280 000 h.
Corse, cap au N. de l'île.
Corte (*té*), ch.-l. d'arr. (Corse) ; 5 000 h.
Cortone, v. d'Italie.
Cos, île de la mer Egée.
Cosenza, v. d'Italie.
Cosne, ch.-l. d'arr. (Nièvre) ; 8 000 h.
Cossé-le-Vivien, ch.-l. de c., arr. de Château-Gontier.
Costa-Rica, républ. de l'Amér. centrale.
Côte-d'Or, territ. de la Guinée.
Côte-d'Or (dép. de la), ch.-l. Dijon ; 382 000 h.
Côte-Rôtie, vignoble (Rhône).
Côte-Saint-André (La), ch.-l. de c. (Isère), arr. de Vienne.
Cotentin (basse Normandie).
Côtes-du-Nord (dép. des), ch.-l. Saint-Brieuc ; 630 000 h.
Cotignac, ch.-l. de c. (Var), arr. de Brignoles ; 2 500 h.
Cotopaxi, volcan des Andes.
Couches-les-Mines, ch.-l. de c. (Saône-et-L.), arr. d'Autun.
Coucouron, ch.-l. de c. (Ardèche), arr. de Largentière.
Coucy-le-Château, ch.-l. de c. (Aisne), arr. de Laon.
Coudray-Saint-Germer, ch.-l. de c. (Oise), arr. de Beauvais.
Couesnon, fl. côtier (Ill.-et-Vil.).
Couhé, ch.-l. de c. (Vienne), arr. de Civray ; 1 800 h.
Couiza, ch.-l. de c. (Aude), arr. de Limoux ; 900 h.
Coulange-la-Vineuse, ch.-l. de c. (Yonne), arr. d'Auxerre ; 1 300 h.
Coulange-sur-Yonne, ch.-l. de c. (Yonne), arr. d'Auxerre.
Coulibœuf, ch.-l. de c. (Calvados), arr. de Falaise.
Coulommiers, ch.-l. d'arr. (Seine-et-Marne) ; 6 000 h.
Coulonges, ch.-l. de c. (Deux-Sèvres), arr. de Niort ; 2 300 h.
Couptrain, ch.-l. de c. (Mayenne), arr. de Mayenne ; 400 h.
Courbevoie, ch.-l. de c. (Seine), arr. de St-Denis ; 16 000 h.
Courçon, ch.-l. de c. (Charente-Infér.), arr. de la Rochelle.
Courlande, prov. de la Russie.
Courpière, ch.-l. de c. (Puy-de-Dôme), arr. de Thiers.
Coursan, ch.-l. de c. (Aude), arr. de Narbonne ; 4 000 h.
Coursegoules, ch.-l. de c. (Alpes-Marit.), arr. de Grasse.
Courson, ch.-l. de c. (Yonne), arr. d'Auxerre ; 1 300 h.
Courtenay, ch.-l. de c. (Loiret), arr. de Montargis ; 2 700 h.
Courtine (La), ch.-l. de c. (Creuse), arr. d'Aubusson ; 1 000 h.
Courtomer, ch.-l. de c. (Orne), arr. d'Alençon.
Courtray, v. de Belgique.
Courville, ch.-l. de c. (Eure-et-Loir), arr. de Chartres.
Coussey, ch.-l. de c. (Vosges), arr. de Neufchâteau.
Coutances, ch.-l. d'arr. (Manche) ; 8 000 h. Evêché.
Coutras, ch.-l. de c. (Gironde), arr. de Libourne.
Coventry, v. d'Angleterre.
Cozes, ch.-l. de c. (Char.-Infér.), arr. de Saintes.
Cracovie, anc. cap. de la Pologne.

Craon, ch.-l. de c. (Mayenne), arr. de Château-Gontier.

Craonne, ch.-l. de c. (Aisne), arr. de Laon.

Craponne, ch.-l. de c. (Hte-Loire), arr. du Puy ; 4 000 h.

Crau (la), plaine (B.-d.-Rhône).

Crécy, ch.-l. de c. (Seine-et-M.), arr. de Meaux ; 950 h.

Crécy, ch.-l. de c. (Somme), arr. d'Abbeville.

Crécy-sur Serre, ch.-l. de c. (Aisne), arr. de Laon.

Crécy-en-Brie, ch.-l. de c. (Seine-et-Marne).

Creil, ch.-l. de c. (Oise), arr. de Senlis ; 7 500 h.

Crema, v. d'Italie.

Crémieu, ch.-l. de c. (Isère), arr. de la Tour-du-Pin.

Crémone, v. de l'Italie.

Créon, ch.-l. de c. (Gironde), arr. de Bordeaux ; 1 100 h.

Crépy, ch.-l. de c. (Oise), arr. de Senlis ; 3 600 h.

Crest, ch.-l. de c. (Drôme), arr. de Die.

Crète (île de), auj. *Candie*.

Creully, ch.-l. de c. (Calvados), arr. de Caen.

Creuse, riv. de France.

Creuse (dép. de la), ch.-l. Guéret ; 285 000 h.

Creuzot (Le), arr. d'Autun (S.-et-Loire). Forges et usines.

Crèvecœur, ch.-l. de c. (Oise), arr. de Clermont ; 2 500 h.

Crimée, presqu'île (mer Noire).

Criquetot-l'Esneval, ch.-l. de c. (Seine-Infér.), arr. du Havre.

Croatie, prov., emp. d'Autriche.

Crocq, ch.-l. de c. (Creuse), arr. d'Aubusson.

Croisic (Le), ch.-l. de c. (Loire-Infér.), arr. de St-Nazaire.

Croisilles, ch.-l. de c. (Pas-de-Calais), arr. d'Arras ; 1 500 h.

Cronstadt, v. de la Russie.

Crotone, v. de l'anc. Italie.

Crozon, ch.-l. de c. (Finistère), arr. de Châteaulin ; 8 500 h.

Cruseilles, ch.-l. de c. (Haute-Savoie).

Cruzy-le-Chatel, ch.-l. de c. (Yonne), arr. de Tonnerre.

Cuba, île des Antilles.

Cuença, v. d'Espagne.

Cuers, ch.-l. de c. (Var), arr. de Toulon ; 4 000 h.

Cuiseaux, ch.-l. de c. (Saône-et-Loire), arr. de Louhans ; 1 500 h.

Cuisery, ch.-l. de c. (Saône-et-Loire), arr. de Louhans.

Cumberland, comté d'Anglet.

Cumes, anc. v. de Campanie.

Cunlhat, ch.-l. de c. (Puy-de-Dôme), arr. d'Ambert ; 3 000 h.

Cuq-Toulza, ch.-l. de c. (Tarn), arr. de Lavaur.

Curaçao, île des Antilles.

Cure, affl. de l'Yonne.

Cusset, ch.-l. de c. (Allier), arr. de la Palisse ; 7 000 h.

Custozza, bourg de Vénétie.

Cuyaba, ch.-l. de la prov. de Matto-Grosso (Brésil) ; 30 000 h.

Cuzco, v. du Pérou.

Cyclades, îles de l'Archipel.

Cydnus, fl. de l'anc. Cilicie.

Cyrénaïque, contr. anc. d'Afrique.

Cysoing, ch.-l. de c. (Nord), arr. de Lille ; 3 000 h.

Cythère, auj. *Cérigo*.

Cyzique, v. célèbre de Mysie.

Czernovicz, v. d'Autriche.

D

Dacie, anc. pays d'Europe.

Daghestan, pr. de Russie d'Asie.

Dahna, désert d'Arabie.

Dahomey, contr. de Nigritie.

Dakar, v. et p. du Sénégal.

Dahra, rég. mont. d'Algérie.

Dalécarlie, anc. pays de Suède.

Dalmatie, prov. d'Autriche.

Damanhour, v. d'Egypte.

Damar, v. d'Arabie.

Damas, v. de Syrie.

Damazan, ch.-l. de c. (Lot-et-Garonne), arr. de Nérac.

Damiette, v. de la B.-Egypte.

Dammartin-en-Goele, ch.-l. de c. (S.-et-M.), arr. de Meaux.

Dampierre, ch.-l. de c. (Jura), arr. de Dôle.

Dampierre-sur-Salon, ch.-l. de c. (Hte-Saône), arr. de Gray.

Damville, ch.-l. de c. (Eure), arr. d'Évreux.

Damvillers, ch.-l. de c. (Meuse), arr. de Montmédy ; 800 h.

Danemark, roy. d'Eur. compr. l'Islande, le Groenl., c. Copenhague.

Dangé, ch-l. de c. (Vienne), arr. de Châtellerault ; 800 h.

Dannemarie, ch.-l. de c. (Haut-Rhin). Cédé à l'Allemagne.

Dantzig, v. de Prusse.

Danube, fl. d'Europe.

Daoulas, ch.-l. de c. (Finistère), arr. de Brest.

Dardanelles (détroit des), *Hellespont* des anciens.

Dardanie, anc. Troade.

Darfour, État de l'Afrique.

Darien (golfe de), (Antilles).

Darmstadt, cap. du duché de Hesse.

Darnétal, ch.-l. de c. (S.-Inf.), arr. de Rouen ; 7 000 h.

Darney, ch.-l. de c. (Vosges), arr. de Mirecourt ; 1 700 h.

Dauphiné, anc. prov. de France.

Davis (détroit de), (Atlantique).

Dax, ch.-l. d'arr. (Landes) ; 11 000 h.

Deal, v. d'Angleterre.

Debreczin, v. de Hongrie.

Décan, Inde (Bombay et Madras).

Decazeville (Aveyron), arr. de Villefranche. Mines.

Decize, ch.-l. de c. (Nièvre), arr. de Nevers ; 5 000 h.

Delaware, fl. (États-Unis).

Delaware, un des États-Unis.

Delemont, v. de Suisse.

Delft, v. forte de Hollande.

Delhi, v. de l'Inde.

Delle, ch.-l. de c., territoire de Belfort ; 2 000 h.

Dellys, v. d'Algérie.

Delme, ch.-l. de c. (Meurthe). Cédé à l'Allemagne.

Délos, une des Cyclades.

Delphes, v. de l'anc. Grèce.

Dembéa, lac d'Afrique.

Demerary, riv. et gouvernem. (Guyane).

Denain, v. du dép. du N., arr. de Valenciennes ; 18 000 h.

Dendérah, v. de la Hte-Égypte.

Dendre, riv. belge.

Dennewitz, v. de Prusse.

Deptford, v. d'Angleterre.

Derbent, v. de Russie d'Asie.

Derby, v. d'Angleterre.

Derval, ch.-l. de c. (Loire-Inf.), arr. de Châteaubriant.

Desenzano, v. de Lombardie.

Desirade, une des Antilles.

Desvres, ch.-l. de c. (Pas-de-Calais), arr. de Boulogne ; 5 000 h.

Detmold, v. d'Allemagne.

Deule, riv. française.

Deutz, v. de Prusse.

Deux-Ponts, v. de la Bavière.

Deux-Sèvres (dép. des), ch.-l. Niort ; 354 000 h.

Deventer, v. de Hollande.

Devon, comté d'Angleterre.

Devonport, p. d'Angleterre.

Dewsbury, v. d'Angleterre.

Dhuis, riv. (Château-Thierry).

Diamantin, contr. du Brésil.

Diarbékir, v. de Turq. d'Asie.

Die, ch.-l. d'arr. (Drôme) ; 3 800 h.

Diemen, île de l'Australie.

Dieppe, ch.-l. d'arr. (Seine-Inf.); 23 000 h.

Diest, v. belge.

Dieu (île), (côtes de France).

Dieu-le-Fit, ch.-l. de c. (Drôme), arr. de Montélimar ; 4 000 h.

Dieuze, ch.-l. de c. (Meurthe). Cédé à l'Allemagne.

Digne, ch.-l. du dép. des Basses-Alpes ; 7 000 h.

Digoin, ch.-l. de c. (Saône-et-Loire), arr. de Charolles.

Dijon, ch.-l. du dép. de la Côte-d'Or ; 60 000 h.

Dinadjpour, v. du Bengale.

Dinan, ch.-l. d'arr. (Côtes-du-Nord) ; 8 180 h.

Dinant, v. de Belgique.

Dinart, ch.-l. de c. (Ille-et-Vilaine).

Dives, fl. de France.

Dixmude, v. de Flandre.

Djeddah, v. d'Arabie.

Djeypour, v. de l'Hindoustan.

Djidjelli, v. de l'Algérie.

Dniêper, fl. de Russie.

Dniester, fl. de Russie.

Dodone, anc. v. d'Épire.

Dofrines, Alpes Scandinaves.

Dol, ch.-l. de c. (Ille-et-Vilaine), arr. de St-Malo.

Dôle, ch.-l. d'arr. (Jura) ; 14 000 h.

Domart, ch.-l. de c. (Somme), arr. de Doullens.

Dombes, anc. contrée de Bourgogne.

Domène, ch.-l. de c. (Isère), arr. de Grenoble ; 1 900 h.

Domèvre, ch.-l. de c. (Meurthe-et-Mos.), arr. de Toul ; 400 h.

Domfront, ch.-l. d'arr. (Orne) ; 4 600 h.

Dominique, une des Antilles.

Dommartin-sur-Yèvre, ch.-l. de c., arr. de Ste-Menehould.

Domme, ch.-l. de c. (Dordogne), arr. de Sarlat ; 1 800 h.

Dompaire, ch.-l. de c. (Vosges), arr. de Mirecourt.

Dompierre, ch.-l. de c. (Allier), arr. de Moulins ; 3 000 h.

Domremy, arr. de Neufchâteau (Vosges).

Don, fl. de Russie.

Donawert, v. de Bavière.

Doncaster, v. d'Angleterre.

Donjon (Le), ch.-l. de c. (Allier), arr. de la Palisse ; 2 200 h.

Donnemarie, ch.-l. de c. (Seine-et-Marne).

Donzenac, ch.-l. de c. (Corrèze), arr. de Brive ; 3 000 h.

Donzy, ch.-l. de c. (Nièvre), arr. de Cosne ; 3 500 h.

Dorat (Le), ch.-l. de c. (Haute-Vienne), arr. de Bellac ; 3 000 h.

Dorchester, v. d'Angleterre.

Dordogne (dép. de la), ch.-l. Périgueux ; 493 000 h.

Dordrecht, v. de Hollande.

Dore, mont d'Auvergne et riv.

Dormans, ch.-l. de c. (Marne), arr. d'Epernay ; 2 200 h.

Dornes, ch.-l. de c. (Nièvre), arr. de Nevers ; 2 000 h.

Dorset, comté d'Angleterre.

Dorylée, v. d'Asie Mineure.

Douai, ch.-l. d'arr. (Nord) ; 30 000 h.

Douarnenez, ch.-l. de c. (Finistère), arr. de Quimper ; 11 000 h.

Doubs, riv. de France.

Doubs (dép. du), ch.-l. Besançon ; 311 000 h.

Doudeville, ch.-l. de c. (Seine-Infér.), arr. d'Yvetot.

Doué, ch.-l. de c. (Maine-et-L.), arr. de Saumur ; 3 200 h.

Douéra, v. d'Algérie.

Doulaincourt, ch.-l. de c. (Hte-Marne), arr. de Vassy.

Doulevant, ch.-l. de c. (Haute-Marne), arr. de Vassy.

Doullens, ch.-l. d'arr. (Somme). Prison politique.

Dourdan, ch.-l. de c. (Seine-et-Oise), arr. de Rambouillet.

Dourgne, ch.-l. de c. (Tarn), arr. de Castres.

Dourlach, v. du duché de Bade.

Douro, fl. d'Espagne et de Portugal.

Douvaine, ch.-l. de c. (Haute-Savoie), arr. de Thonon ; 1 200 h.

Douve, riv. française.

Douvres, v. d'Angleterre.

Douvres, ch.-l. de c. (Calvados), arr. de Caen ; 1 800 h.

Dozulé, ch.-l. de c. (Calvados), arr. de Pont-l'Evêque ; 1 000 h.

Draguignan, ch.-l. du dép. du Var ; 10 000 h.

Drave, affl. du Danube.

Drenthe, prov. de Hollande.

Drépane, anc. v. de Sicile.

Dresde, cap. de la Saxe.

Dreux, ch.-l. d'arr. (Eure-et-L.) ; 9 000 h.

Drogheda, p. d'Irlande.

Drôme, affl. du Rhône.

Drôme (dép. de la), ch.-l. Valence ; 315 000 h.

Drontheim, v. de Norvège.

Droue, ch.-l. de c. (Loir-et-Ch.), arr. de Vendôme.

Drulingen, ch.-l. de c. (Bas-Rhin). Cédé à l'Allemagne.

Druses, peuple de Syrie.

Dublin, cap. de l'Irlande.

Duclair, ch.-l. de c. (Seine-Inf.), arr. de Rouen ; 1 840 h.

Dudley, v. d'Angleterre.

Duisbourg, v. de Prusse.

Dumbarton, v. d'Ecosse.

Dun-le-Palleteau, ch.-l. de c. (Creuse), arr. de Guéret.

Dun-le-Roi, ch.-l. de c. (Cher), arr. de St-Amand ; 5 000 h.

Dun-sur-Meuse, ch.-l. de c. (Meuse), arr. de Montmédy.

Dunbar, p. d'Ecosse.

Dundalk, p. d'Irlande.

Dundée, v. d'Ecosse.

Dunedin (Nouvelle-Zélande).

Dunfermline, v. d'Ecosse.

Dunkerque, ch.-l. d'arr. (Nord), p. de mer ; 38 000 h.

Durance, affl. du Rhône.

Duras, ch.-l. de c. (Lot-et-Gar.), arr. de Marmande.

Durban, ch.-l. de c. (Aude), arr. de Narbonne ; 900 h.

Duren, v. de Prusse.

Durham, v. d'Angleterre.

Durtal, ch.-l. de c. (Maine-et-Loire), arr. de Baugé ; 3 200 h.

Dusseldorf, v. de Prusse.

Dwina, deux fl. de Russie.

Dyle, riv. de Belgique.

E

Eaux-Bonnes (Basses-Pyrén.). Ville d'eaux.

Eaux-Chaudes (Basses-Pyrén.). Eaux thermales.

Eauze, ch.-l. de c. (Gers), arr. de Condom ; 4 000 h.

Èbre, fl. d'Espagne.

Ébreuil, ch.-l. de c. (Allier), arr. de Gannat ; 2 200 h.

Échelles (Les), ch.-l. de c. (Savoie), arr. de Chambéry ; 700 h.

Eckmühl, vill. de Bavière.

Écluse (L'), p. de Hollande.

Écommoy, ch.-l. de c. (Sarthe), arr. du Mans ; 4 000 h.

Écos, ch.-l. de c. (Eure), arr. des Andelys ; 600 h.

Écosse (Grande-Bretagne), cap. Edimbourg.

Écosse (Nouv.-), pays de l'Amérique du Nord.

Écouché, ch.-l. de c. (Orne), arr. d'Argentan ; 1 500 h.

Écouen, ch.-l. de c. (Seine-et-Oise), arr. de Pontoise ; 1 500 h.

Écueillé, ch.-l. de c. (Indre), arr. de Châteauroux ; 2 000 h.

Écury-sur-Coole, ch.-l. de c. (Marne), arr. de Châlons.

Edam, p. de Hollande.

Eder, riv. d'Allemagne.

Édimbourg, cap. de l'Écosse.

Eeckeren, v. de Belgique.

Eecloo, v. de Belgique.

Égades (îles), (côte de Sicile).

Égine, île de l'Archipel.

Égletons, ch.-l. de c. (Corrèze), arr. de Tulle ; 1 900 h.

Éguzon, ch.-l. de c. (Indre), arr. de la Châtre ; 1 600 h.

Égypte, cont. d'Afrique, cap. Le Caire.

Elbe, fl. d'Allemagne.

Elbe, île de la Méditerranée.

Elbeuf, ch.-l. de c. (Seine-Inf.), arr. de Rouen. Draps fins.

Elseneur, p. du Danemark.

Elster, riv. de Saxe.

Elvas, v. forte du Portugal.

Elven, ch.-l. de c. (Morbihan), arr. de Vannes ; 3 300 h.

Embabeh, village de la Basse-Egypte.

Embrun, ch.-l. d'arr. (Hautes-Alpes), v. forte ; 4 500 h.

Emden, p. de Prusse.

Émilie (*Parme, Modène, Romagnes*).

Emmaüs, bourg de Judée.

Ems, bourg de Prusse. Eaux.

Engaddi, v. de Palestine.

Engadine, vallée suisse.

Enghien, v. de Belgique.

Enghien, près Paris. Eaux.

Enkhuysen, v. de Hollande.

Ennezat, ch.-l. de c. (Puy-de-Dôme), arr. de Riom.

Ennis, v. d'Irlande.

Enniskillen, v. d'Irlande.

Enos, v. de la Turquie.

Ens, riv. d'Autriche.

Ensisheim, ch.-l. de c. (Haut-Rhin). Cédé à l'Allemagne.

Entraygues, ch.-l. de c. (Aveyron), arr. d'Espalion ; 2 000 h.

Entremont, vallée suisse.

Entrevaux, ch.-l. de c. (B.-Alpes), arr. de Castellane ; 1 500 h.

Envermeu, ch.-l. de c. (Seine-Infér.), arr. de Dieppe ; 1 400 h.

Éolide, anc. contr. de l'Asie M.

Éoliennes, auj. îles Lipari.

Épernay, ch.-l. d'arr. (Marne) ; 18 000 h.

Épernon, ch.-l. de c. (Eure-et-Loir), arr. de Chartres ; 2 200 h.

Épinac, ch.-l. de c. (Saône-et-Loire), arr. d'Autun.

Épinal, ch.-l. du dép. des Vosges ; 17 500 h.

Epsom, bourg d'Angleterre.

Équateur. Répub. (Amér. du S.).

Erdre, affl. de la Loire.

Erfurt, v. de Prusse.

Erié, lac de l'Amérique du Nord.

Érivan, v. de la Russie d'Asie.

Erlangen, v. de Bavière.

Erlau, v. de Hongrie.

Ermenonville, vill. de l'Oise, arr. de Senlis.
Ermitage, coteau de la Drôme.
Ermitage, vallée de Montmorency.
Ernée, ch.-l. de c., arr. de Mayenne ; 5 000 h.
Erstein, ch.-l. de c. (Bas-Rhin). Cédé à l'Allemagne.
Ervy, ch.-l. de c. (Aube), arr de Troyes ; 1 600 h.
Escarène (L'), ch.-l. de c. (Alpes-Maritimes), arr. de Nice.
Escaut, fl. de France, de Belgique et de Hollande.
Esclave, lac et riv. d'Amérique.
Esclavonie, prov. de Hongrie.
Escurolles, ch.-l. de c. (Allier), arr. de Gannat ; 1 000 h.
Espagne, roy. d'Europe, cap. Madrid : 16 600 000 h.
Espalion, ch.-l. d'arr. (Aveyron), 4 000 h.
Espelette, ch.-l. de c. (Basses-Pyrénées), arr. de Bayonne.
Esperon, m. (Gévaudan).
Esquimaux, p. du Groënland.
Essarts (Les), ch.-l. de c. (Vendée), arr. de la Roche-sur-Yon.
Essex, comté d'Angleterre.
Essling, village d'Autriche.
Essones, affl. de la Seine.
Essonnes, ch.-l. de c. (Seine-et-Oise), arr. de Corbeil.
Essoyes, ch.-l. de c. (Aube), arr. de Bar-sur-Seine).
Estaing, ch.-l. de c. (Aveyron), arr. d'Espalion.
Esternay, ch.-l. de c. (Marne), arr. d'Epernay ; 1 700 h.
Esthonie, Russie d'Europe.
Estissac, ch.-l. de c. (Aube), arr. de Troyes ; 2 000 h.
Estramadure, anc. prov. d'Espagne.
Estramadure, prov. du Portugal.
Estrées-Saint-Denis, ch.-l. de c. (Oise) ; arr. de Compiègne.
Estremoz, v. de Portugal.
Eszek, v. de l'Autriche-Hongrie.
Étables, ch.-l. de c. (Côtes-du-Nord), arr. de St-Brieuc.
Étain, ch.-l. de c. (Meuse), arr. de Verdun ; 2 800 h.
Étampes, ch.-l. d'arr. (Seine-et-Oise) ; 8 500 h.
Étaples, ch.-l. de c. (Pas-de-Calais), arr. de Montreuil ; 3 300 h.
États-Unis, répub. fédér. de l'Amérique du N. ; 38 États, cap. Washington ; 50 millions d'habit.
Étaweh, Inde anglaise.
Éthiopie, au S. de l'Égypte.
Etna, volcan de Sicile.
Étolie, cont. de l'anc. Grèce.
Eton, v. d'Angleterre.
Étrépagny, ch.-l. de c. (Eure), arr. des Andelys ; 2 000 h.
Étretat (Seine-Infér.). Bains de mer.
Eu, ch.-l. de c. (Seine-Infér.), arr. de Dieppe ; 5 000 h. Château.
Eubée, île, auj. Nègrepont.
Eupatoria, p. de Crimée.
Euphrate, fl. (Turquie d'Asie).
Eure, affl. de la Seine.
Eure (dép. de l'), ch.-l. Evreux ; 360 000 h.
Eure-et-Loir (dép. d'), ch.-l. Chartres ; 284 000 h.
Europe, la plus petite, mais la plus civilisée des cinq parties du monde. 9 600 000 kil. carr. ; 337 millions d'habitants.
Evaux, ch.-l. de c. (Creuse), arr. d'Aubusson ; 3 000 h.
Evian-les-Bains, ch.-l. de c. (Hte-Savoie), arr. de Thonon.
Evisa, ch.-l. de c. (Corse), arr. d'Ajaccio ; 4 000 h.
Évora, v. de Portugal.
Évran, ch.-l. de c. (Côtes-du-Nord), arr. de Dinan ; 4 000 h.
Évrecy, ch.-l. de c. (Calvados), arr. de Caen ; 700 h.
Évreux, ch.-l. du dép. de l'Eure ; 17 000 h.
Evron, ch.-l. de c. (Mayenne), arr. de Laval ; 4 300 h.
Excideuil, ch.-l. de c. (Dordogne), arr. de Périgueux.
Exeter, v. d'Angleterre.
Exilles, v. d'Italie.
Exmes, ch.-l. de c. (Orne), arr. d'Argentan ; 500 h.
Eyguières, ch.-l. de c. (Bouches-du-Rhône).
Eygurande, ch.-l. de c. (Corrèze), arr. d'Ussel ; 1 000 h.
Eylau, v. de Prusse.
Eymet, ch.-l. de c. (Dordogne), arr. de Bergerac.
Eymoutiers, ch.-l. de c. (Hte-Vienne), arr. de Limoges.

F

Faenza, v. d'Italie.
Falaise, ch.-l. d'arr. (Calvados) ; 8 500 h.
Falkirk, v. d'Ecosse.
Falkland (îles Malouines).
Falmouth, v. d'Angleterre.
Falster, île du Danemark.
Falun, v. de Suède.
Fanjeaux, ch.-l. de c. (Aude), arr. de Castelnaudary ; 1 400 h.
Fano, v. d'Italie.
Faou, ch.-l. de c. (Finistère), arr. de Châteaulin.
Faouët (Le), ch.-l. de c. (Morbihan) ; 3 000 h.
Farmoutier (Seine-et-Marne). Célèbre abbaye.
Faro, v. du Portugal.
Faucigny, anc. prov. des Etats sardes (Hte-Savoie).
Faucilles (les), collines entre les Vosges et Langres.
Faucogney, ch.-l. de c. (Hte-Saône), arr. de Lure.
Faulquemont, ch.-l. de c., arr. de Metz. Cédé à l'Allemagne.
Fauquembergues, ch.-l. de c. (Pas-de-Calais), arr. de St-Omer.
Fauville, ch.-l. de c. (Seine-Infér.), arr. d'Yvetot ; 1 400 h.
Faverges, ch.-l. de c. (Hte-Savoie), arr. d'Annecy ; 3 000 h.
Fay-le-Froid, ch.-l. de c. (Hte-Loire), arr. du Puy.
Fayence, ch.-l. de c. (Var), arr. de Draguignan ; 1 800 h.
Fays-Billot, ch.-l. de c. (Hte-Marne), arr. de Langres.
Fécamp, ch.-l. de c. (Seine-Inf.), port de mer, arr. du Havre.
Felletin, ch.-l. de c. (Creuse), arr. d'Aubusson ; 3 400 h.
Feltre, v. d'Italie.
Fénétrange, ch.l. de c. (Meurthe). Cédé à l'Allemagne.
Fer (île de), (Canaries).
Fère (La), ch.-l. de c. (Aisne), arr. de Laon ; 5 000 h. Place forte.
Fère-Champenoise (La), ch.-l. de c. (Marne) ; 2 000 h.
Fère-en-Tardenois, ch.-l. de c. (Aisne) ; 2 400 h.
Ferekhabad, v. du Bengale.
Ferhabad, v. de Perse.
Fernambouc, v. du Brésil.
Fernando-Po, île d'Afrique.
Ferney, ch.-l. de c. (Ain), arr. de Gex ; 1 400 h.
Féroë (îles), archipel danois.
Ferrare, v. d'Italie.
Ferrette, ch.-l. de c. (Haut Rhin). Cédé à l'Allemagne.
Ferrières, ch.-l. de c. (Loiret), arr. de Montargis ; 2 000 h.
Ferrol (Le), v. d'Espagne.
Ferté-Alais (La), ch.-l. de c. (Seine-et-Oise), arr. d'Etampes.
Ferté-Bernard (La), ch.-l. de c. (Sarthe) ; 6 000 h.
Ferté-Fresnel (La), ch.-l. de c. (Orne), arr. d'Argentan.
Ferté-Gaucher (La), ch.-l. de c. (S.-et-M.), arr. de Coulommiers.
Ferté-Macé (La), ch.-l. de c. (Orne), arr. de Domfront ; 9 000 h.
Ferté-Milon (La), (Aisne), arr. de Château-Thierry.
Ferté-Saint-Aubin (La), ch.-l. de c., arr. d'Orléans ; 3 000 h.
Ferté-sous-Jouarre (La), ch.-l. de c. (S.-et-M.), arr. de Meaux.
Ferté-Vidame (La), ch.-l. de c. (Eure-et-Loir), arr. de Dreux.
Fetzara, lac d'Algérie.
Feu (Terre de), archip. au Sud de l'Amérique.
Feurs, ch.-l. de c. (Loire), arr. de Montbrison ; 3 200 h.
Fez, cap. du Maroc.
Fezzan, pays de Tripoli.
Figeac, ch.-l. d'arr. (Lot) ; 7 400 h.
Figuières, v. d'Espagne.
Finistère (cap), N.-O. de l'Esp.
Finistère (dép. du), ch.-l. Quimper ; 708 000 h.
Finlande, duché russe.
Finmark, prov. de la Norvège.
Fionie, île du Danemark.
Fismes, ch.-l. de c. (Marne), arr. de Reims ; 3 200 h.
Flandre, anc. prov. de France.
Flandre, prov. de Belgique.
Flavigny, ch.-l. de c. (Côte-d'Or), arr. de Semur ; 1 000 h.
Flèche (La), ch.-l. d'arr. (Sarthe) ; 10 000 h.
Flensborg, ville de Prusse ; 27 000 h.

Flers, ch.-l. de c. (Orne), arr. de Domfront ; 14 000 h.
Flessingue, v. forte (Hollande).
Fleurance, ch.-l. de c. (Gers), arr. de Lectoure ; 4 500 h.
Fleurus, v. de Belgique.
Fleury-sur-Andelle, ch.-l. de c. (Eure) ; 1 500 h.
Flize, ch.-l. de c. (Ardennes), arr. de Mézières.
Flogny, ch.-l. de c. (Yonne), arr. de Tonnerre.
Florac, ch.-l. d'arr. (Lozère) ; 2 300 h
Florence, v. d'Italie.
Florensac, ch.-l. de c. (Hérault), arr. de Béziers ; 4 000 h.
Floride, pays de l'Amérique du Nord.
Foggia, v. d'Italie.
Foix, ch.-l. du dép. de l'Ariège ; 7 400 h.
Foix (comté de), anc. prov. de France.
Folkstone, p. d'Angleterre.
Fondi, v. et lac d'Italie.
Fong-Si, mont. du Japon.
Fontaine, ch.-l. de c. (Ht-Rhin), arr. de Belfort.
Fontaine-Française, ch.-l. de c. (Côte-d'Or), arr. de Dijon.
Fontaine-le-Dun, ch.-l. de c. (Seine-Inférieure), arr. d'Yvetot.
Fontainebleau, ch.-l. d'arr. (S.-et-M.) ; 13 400 h. Chât., forêt.
Fontarabie, v. d'Espagne.
Fontenay-aux-Roses (Seine).
Fontenay-le-Comte, ch.-l. d'arr. (Vendée) ; 10 000 h.
Fontenoy, vill. de Belgique.
Fontevrault (M.-et-L.), arr. de Saumur. Anc. abbaye.
Forbach, ch.-l. de c. (Moselle). Cédé à l'Allemagne.
Forcalquier, ch.-l. d'arr. (Basses-Alpes) ; 3 000 h.
Forêt Noire, forêt d'Allemagne.
Forez (le), anc. pays de France.
Forges-les-Eaux, ch.-l. de c. (S.-Inf.), arr. de Neufchâtel.
Forli, v. d'Italie.
Formerie, ch.-l. de c. (Oise), arr. de Beauvais.
Formose, île de la Chine.
Fort-de-France, cap. de la Martinique.
Fortunées, îles Canaries.
Fossat (Le), ch.-l. de c. (Ariège), arr. de Pamiers ; 1 000 h.
Fossombrone, v. d'Italie.
Fouesnant, ch.-l. de c. (Finistère), arr. de Quimper ; 2 500 h.
Fougeray, ch.-l. de c. (Ille-et-Vilaine) ; 4 000 h.
Fougères, ch.-l. d'arr. (Ille-et-Vilaine) ; 15 500 h.
Fougerolles (H.-Saône). Kirsch.
Fou-Kian, prov. mar. de Chine.
Fourchambault (Nièv.). Usines.
Fournels, ch.-l. de c. (Lozère), arr. de Marvejols.
Fours, ch.-l. de c. (Nièvre), arr. de Nevers ; 1 700 h.
Fousseret, ch.-l. de c. (Hte-Garonne), arr. de Muret ; 2 200 h.
Fou-Tchéou, port de la Chine.
Fraize, ch.-l. de c. (Vosges), arr. de Saint-Dié ; 3 000 h.
Frameries, v. de Belgique.
Française (La), ch.-l. de c. (Tarn-et-Gar.), arr. de Montauban.
France, un des principaux États de l'Europe occident. : 87 dép. (y compris Belfort), 362 arr., 2 863 c., 36 056 comm. ; 37 000 000 d'h. ; cap. Paris ; villes princip. : Lyon, Marseille, Bordeaux etc. ; cours d'eau : la Seine, la Loire, le Rhône, la Garonne, etc. ; mont. : les Alpes, les Pyrénées, les Cévennes, la Côte-d'Or, les Vosges, etc.
Francescas, ch.-l. de c. (Lot-et-Gar.), arr. de Nérac.
Francfort-sur-le-Mein, v. de Prusse.
Francfort-sur-l'Oder, v. de Prusse.
Franche-Comté, anc. prov. de France.
Franconie (Bavière).
Frangy, ch.-l. de c. (Hte-Savoie), arr. de St-Julien ; 1 500 h.
Frankenstein, v. de Prusse.
Frascati, l'anc. Tusculum.
Fredericia, v. de Danemark.
Frederikshall (Norvège).
Freiberg, v. de Saxe.
Fréjus, ch.-l. de c. (Var), arr. de Draguignan ; 3 500 h.
Fresnay, ch.-l. de c. (Sarthe), arr. de Mamers ; 3 000 h.
Fresnaye (La), ch.-l. de c. (Sarthe), arr. de Mamers.
Fresne-Saint-Mamès, ch.-l. de c. (Hte-Saône), arr. de Gray.
Fresnes-en-Woëvre, ch.-l. de c. (Meuse), arr. de Verdun.
Fribourg, v. de Suisse.

Fribourg-en-Brisgau (duché de Bade).
Friedland, v. de Prusse.
Frioul, pays mi-autrichien, mi-italien.
Frise, prov. de Hollande.
Frohsdorff (Autriche). Chât. du comte de Chambord.
Froissy, ch.-l. de c. (Oise), arr. de Clermont ; 700 h.
Fronsac, ch.-l. de c. (Gironde), arr. de Libourne.
Frontenay, ch.-l. de c. (Deux-Sèvres), arr. de Niort ; 2 000 h.
Frontignan, ch.-l. de c. (Hérault ; arr. de Montpellier. Vins
Fronton, ch.-l. de c. (Hte-Gar.), arr. de Toulouse ; 2 200 h.
Fruges, ch.-l. de c. (Pas-de-Calais), arr. de Montreuil ; 3 000 h.
Fulde, v. de Prusse.
Fumay, ch.-l. de c. (Ardennes), arr. de Rocroi ; 5 000 h.
Fumel, ch.-l. de c. (Lot-et-Garonne), arr. de Villeneuve ; 4 000 h.
Fundy, baie (États-Unis).
Furnes, v. de Belgique.
Furth, v. de Bavière.

G

Gabaon, v. de Palestine.
Gabarret, ch.-l. de c. (Landes), arr. de Mont-de-Marsan ; 1 200 h.
Gabès, v. et golfe (Tunisie).
Gabon, col. franç. (Afrique).
Gacé, ch.-l. de c. (Orne), arr. d'Argentan ; 2 000 h.
Gacilly (La), ch.-l. de c. (Morbihan), arr. de Vannes ; 1 600 h.
Gadès, auj. Cadix.
Gaëte, v. forte d'Italie.
Gaillac, ch.-l. d'arr. (Tarn) ; 8 400 h.
Gaillon, ch.-l. de c. (Eure), arr. de Louviers ; 3 200 h.
Galaad, pays de la Judée.
Galan, ch.-l. de c. (Htes-Pyrénées), arr. de Tarbes.
Galapagos, archipel (Équateur).
Galatie, anc. prov. d'Asie.
Galatz, v. moldave.
Galice, anc. prov. d'Espagne.
Galicie, prov. d'Autriche.
Galilée, prov. de la Palestine.
Galles (pays de), (Gr.-Bretagne).
Galles (Nouv.-), (Canada).
Galles du Sud (Nouv.), (Australie).
Gallipoli (Turquie d'Europe).
Galway, v. d'Irlande.
Gamaches, ch.-l. de c. (Somme), arr. d'Abbeville ; 2 000 h.
Gambie, fl. d'Afrique.
Gambie, colonie anglaise.
Gambier (îles), (Polynésie).
Gand, v. de Belgique.
Gandrieu, ch.-l. de c. (Lozère) ; 1 900 h.
Gange, fl. de l'Hindoustan.
Ganges, ch.-l. de c. (Hérault), arr. de Montpellier ; 4 000 h.
Gannat, ch.-l. d'arr. (Allier) ; 5 600 h.
Gap, ch.-l. du dép. des Hautes-Alpes : 12 000 h.
Gard, affl. du Rhône.
Gard (dép. du), ch.-l. Nîmes ; 420 000 h.
Garda, lac d'Italie.
Gardanne, ch.-l de c. (B.-du-Rhône), arr. d'Aix ; 3 000 h.
Garlin, ch.-l. de c. (Basses-Pyrénées), arr. de Pau ; 1 300 h.
Garonne, fleuve de France.
Garonne (dép. de de la Haute-), ch.-l. Toulouse ; 482 000 h.
Gascogne, anc. prov. de France.
Gascogne (golfe), entre la France et l'Espagne.
Gatinais, anc. pays de France.
Gaule, anc. nom de la France.
Gavarnie (Hautes-Pyrénées). Chute du Gave.
Gavray, ch.-l. de c. (Manche), arr. de Coutances ; 1 500 h.
Gayah, v. du Bengale.
Géaune, ch.-l. de c. (Landes), arr. de Saint-Sever.
Gèfle, v. de Suède.
Geispolsheim, ch.-l. de c. (Bas-Rhin). Cédé à l'Allemagne.
Gemmi, montagne suisse.
Gémozac, ch.-l. de c. (Charente-Inf.). arr. de Saintes ; 2 600 h.
Genappe, v. de Belgique.
Gençay, ch.-l. de c. (Vienne), arr. de Civray.
Gendrey, ch.-l. de c. (Jura), arr. [de Dôle.

Gênes, ville d'Italie.
Gênes, golfe au N. de l'Italie.
Genève, v. suisse, ch.-l. du cant.
Genève (lac) ou lac *Léman*, en Suisse.
Genèvre (mont), (Alpes Cott.).
Genlis, ch.-l. de c. (Côte-d'Or), arr. de Dijon ; 1 100 h.
Gennes, ch.-l. de c. (Maine-et-Loire), arr. de Saumur ; 1 700 h.
Genolhac, ch.-l. de c. (Gard), arr. d'Alais.
Gentilly, près Paris, arr. de Sceaux. Château royal.
Gentioux, ch.-l. de c. (Creuse), arr. d'Aubusson.
Georgetown, v. de Columbia.
Georgetown, cap. de la Guyane.
Géorgie, dépend. de la Russie.
Géorgie (Etats-Unis).
Géra, v. d'Allemagne.
Gérardmer ou **Géromé**, ch.-l. de c. (Vosges).
Gerbéviller, ch.-l. de c. (Meurt.-et-Moselle), arr. de Lunéville.
Gergovie, auj. Clermont-Ferr.
Germanie, l'Allemagne.
Gers, riv. française.
Gers (départ. du), ch.-l. Auch ; 275 000 h.
Gertruydenberg, v. de Holl.
Gévaudan, anc. pays de Fr.
Gevrey, ch.-l. de c. (Côte-d'Or), arr. de Dijon ; 1 800 h.
Gex, ch.-l. d'arr. (Ain) ; 2000 h.
Ghisoni, ch.-l. de c. (Corse), arr. de Corte.
Gibraltar, v. forte sur le détroit.
Gibraltar (détroit de), entre l'Espagne et l'Afrique.
Gien, ch. d'arr. (Loiret); 8 000 h.
Giessen, v. d'Allemagne.
Gignac, ch.-l. de c. (Hérault), arr. de Lodève ; 2 700 h.
Gimont, ch.-l. de c. (Gers), arr. d'Auch ; 3 000 h.
Ginestas, ch.-l. de c. (Aude), arr. de Narbonne ; 1 000 h.
Girgenti, v. de Sicile (Agrigente).
Giromagny, ch.-l. de c., territoire de Belfort ; 3500 h.
Gironde, fleuve de France.
Gironde (dép. de la), ch.-l. Bordeaux ; 776 000 h.
Girone, v. forte d'Espagne.
Gisors, ch.-l. de c. (Eure), arr. des Andelys ; 4 300 h.
Giurgewo, v. de Roumanie.
Givet, ch.-l. de c. (Ardennes), arr. de Rocroi ; 8 000 h.
Givors, ch.-l. de c. (Rhône), arr. de Lyon ; 11 000 h.
Givry, ch.-l. c. (S.-et-Loire), arr. de Chalon-sur-Saône.
Gizeh, v. d'Egypte. Pyramides.
Glaris, v. de Suisse.
Glascow, v. d'Ecosse.
Glatz, v. forte de Prusse.
Glocester, v. d'Angleterre.
Glogau, v. de Prusse.
Glukstadt, anc. cap. du Holstein.
Goa, v. de l'Inde.
Goarec, ch.-l. de c. (C.-du-Nord), arr. de Loudéac.
Goderville, ch.-l. de c. (Seine-Inférieure).
Gœttingue, v. de Prusse.
Golconde, v. de l'Hindoustan.
Golo, fleuve (Corse).
Goncelin, ch.-l. de c. (Isère), arr. de Grenoble ; 1500 h.
Gondar, v. d'Abyssinie.
Gondrecourt, ch.-l. de c. (Meuse), arr. de Commercy ; 1 800 h.
Gonesse, ch.-l. de c. (Seine-et-Oise), arr. de Pontoise ; 3 000 h.
Gordes, ch.-l. de c. (Vaucluse), arr. d'Apt ; 2 000 h.
Gœrlitz, v. de Prusse.
Gorée, île française.
Goritz, v. dAutriche.
Gorkum v. forte de Hollande.
Gorron, ch.-l. de c. (Mayenne), arr. de Mayenne ; 2 800 h.
Gorze, ch.-l. de c. (Moselle). Cédé à l'Allemagne.
Gotha, cap. du duché de Saxe.
Gothembourg, v. de Suède.
Gothie (Suède méridionale).
Gottland, île de Suède.
Goualior, cap. du royaume de Sindhya (Inde).
Gouhenans (H.-Saône). Salines.
Goulette (La), v. de Tunisie.
Gourdon, ch.-l. d'arr. (Lot); 5 000 h.
Gourin, ch.-l. de c. (Morbihan), arr. de Pontivy ; 4 500 h.
Gournay, ch.-l. de c. (Seine-Inf.), arr. de Neufchâtel ; 3 800 h.
Gracay, ch.-l. de c. (Cher), arr. de Bourges ; 3000 h.
Gramat, ch.-l. de c. (Lot), arr. de Gourdon ; 4000 h.
Grampians, montag. (Ecosse).
Grançey-le-Château, ch.-l. de c. (Côte-d'Or), arr. de Dijon.

Grand-Bourg (Le), ch.-l. de c. (Creuse), arr. de Guéret.

Grand-Champ, ch.-l. de c. (Morbihan), arr. de Vannes.

Grand-Combe (La), ch.-l. de c. (Gard), arr. d'Alais ; 4 000 h.

Grand-Couronne, ch.-l. de c. (Seine-Inférieure), arr. de Rouen.

Grande-Bretagne (Roy.-Uni) : comprend : 1° les îles Britanniques (Angleterre, Irlande, Ecosse). 32 millions d'h., cap. Londres ; 2° de nombreuse colonies, y compris l'empire des Indes, plus de 200 millions d'habitants.

Grand-Fougeray (Le), ch.-l. de c. (Ille-et-Vil.), arr. de Redon.

Grand-Lemps, ch.-l. de c. (Isère), arr. de la Tour-du-Pin.

Grand-Lucé, ch.-l. de c. (Sarthe), arr. de Saint-Calais.

Grand-Pré, ch.-l. de c. (Ard.), arr. de Vouziers ; 1 200 h.

Grand-Pressigny (Le), ch.-l. de c. (Ind.-et-L.), arr. de Loches.

Grandrieu, ch.-l. de c. (Lozère), arr. de Mende : 1 800 h.

Grand-Serre (Le), ch.-l. de c. (Drôme), arr. de Valence.

Grandvilliers, ch.-l. de c. (Oise), arr. de Beauvais ; 1700 h.

Granique, riv. de l'Asie.

Granson, v. de Suisse.

Granville, ch.-l. de c. (Manche), arr. d'Avranches ; 12 000 h.

Grasse, ch.-l. d'arr. (Alpes-Maritimes) ; 13 000 h.

Gratz, v. d'Autriche.

Graulhet, ch.-l. de c. (Tarn), arr. de Lavaur ; 7 000 h.

Grave (La), ch.-l. de c. (Hautes-Alpes), arr. de Briançon.

Grave, vignoble bordelais.

Gravelines, ch.-l. de c. (Nord), arr. de Dunkerque ; 6 000 h.

Gravelotte, v. de l'arrond. de Metz.

Gravesend, port d'Angleterre ; 20 000 h.

Gray, ch.-l. d'arr. (Hte-Saône) ; 7 000 h.

Grèce, contrée célèbre d'Europe dans l'antiq. ; elle comprend auj. la Grèce et la Morée (anc. Péloponèse) ; les Cyclades et les îles Ioniennes ; 2 millions d'habit., cap. *Athènes*.

Greenock, v. d'Ecosse.

Greenwich, v. d'Angleterre.

Grenade, v. d'Espagne, anc. cap. d'un royaume musulman.

Grenade (Nouv.-), anc. rép. de l'Amér. du S., réunie à la Colombie.

Grenade (La), une des Antilles.

Grenade-sur-Adour, ch.-l. de c. (Landes) ; 1 500 h.

Grenade-sur-Garonne, ch.-l. de c. (Haute-Garonne).

Grenoble, ch.-l. du dép. de l'Isère ; 45 426 h.

Grésivaudan, anc. pays de Fr.

Grésy-sur-Isère, ch.-l. de c. (Savoie) ; 1 400 h.

Gretna-Green, v. d'Ecosse, célèbre par les mariages clandestins.

Grez, v. d'Allemagne.

Grez-en-Bouère, ch.-l. de c. (Mayenne).

Grignan, ch.-l. de c. (Drôme), arr. de Montélimar ; 1 800 h.

Grignols, ch.-l. de c. (Gironde), arr. de Bazas ; 1 700 h

Grignon (Seine-et-Oise). Ferme modèle.

Grimaud, ch.-l. de c. (Var), arr. de Draguignan ; 1 200 h.

Gris-Nez, cap de France.

Grisolles, ch.-l. de c. (Tarn-et-Garonne) ; 2 000 h.

Grisons, canton suisse.

Grodno, v. de Russie.

Groënland (N. de l'Amérique).

Groningue, v. de la Hollande.

Grostenquin, ch.-l. de c. (Moselle). Cédé à l'Allemagne.

Gruyère, v. suisse. Fromages.

Guadalaxara, v. du Mexique.

Guadalupe, montag. d'Espagne.

Guadarrama (Sierra de) (Esp.).

Guadeloupe (La), une des Antilles.

Guadiana, fl. d'Espagne et de Portugal.

Guanajuato, v. du Mexique.

Guardafui, cap (Afrique).

Guastalla, v. forte d'Italie.

Guatémala, répub. d'Amérique.

Guayaquil, port de la république de l'Equateur.

Guebwiller, ch.-l. de c. Cédé à l'Allemagne.

Gueldre, prov. de Hollande.

Guelma, v. d'Algérie.

Guéméné, ch.-l. de c. (Morbihan) ; 1 600 h.

Guéméné-Penfas, ch.-l. de c. (Loire-Infér.), arr. de Savenay.

Guer, ch.-l. de c. (Morbihan), arr. de Ploërmel ; 3 500 h.

Guérande, ch.-l. de c. (Loire-Inférieure); 7 000 h.
Guerche (La), ch.-l. de c. (Ille-et-Vil.), arr. de Vitré; 4 300 h.
Guerche-sur-Aubois (La), ch.-l. de c. (Cher), arr. de St-Amand.
Guéret, ch.-l. du départ. de la Creuse; 8 000 h.
Guernesey, île de la Manche.
Gueugnon, ch.-l. de c. (Saône-et-Loire); 3 500 h.
Guiche (La), ch.-l. de c. (Saône-et-Loire), arr. de Charolles.
Guichen, ch.-l. de c. (Ille-et-Vil.), arr. de Redon; 4 000 h.
Guillaumes, ch.-l. de c. (Alpes-Maritimes), 1 000 h.
Guillestre, ch.-l. de c. (Htes-Alpes), arr. d'Embrun.
Guillon, ch.-l. de c. (Yonne), arr. d'Avallon.
Güinée, entre le Sénégal et le Congo.
Guinée (golfe de), (Afrique).
Guines, ch.-l. de c. (P.-de-Cal.), arr. de Boulogne; 4 400 h.
Guingamp, ch.-l. d'arr. (C.-du-Nord); 9 000 h.
Guipuzcoa, prov. basque d'Esp.
Guiscard, ch.-l. de c. (Oise), arr. de Compiègne; 1 400 h.
Guise, ch.-l. de c. (Aisne), arr. de Vervins; 4 000 h.
Guitres, ch.-l. de c. (Gironde), arr. de Libourne; 1 500 h.
Guyane, contrée de l'Amérique du S., divisée en : *anglaise*, *brésilienne*, *colombienne*, *française*, *hollandaise*.
Guyenne, anc. prov. de France.
Gy, ch.-l. de c. (Haute-Saône); arr. de Gray; 2 000 h.

H

Habsheim, ch.-l. de c. (Haut-Rhin). Cédé à l'Allemagne.
Hagen, v. d'Allemagne.
Hagetmau, ch.-l. de c. (Landes), arr. de St-Sever; 3 000 h.
Haguenau, ch.-l. de c. (Bas-Rhin). Cédé à l'Allemagne.
Haiderabad, cap. du Nizam.
Haïnan, île de la Chine.
Hainaut, province de Belgique.
Haïphong, v. du Tonkin.
Haïti, l'une des grandes Antilles.
Halberstadt, v. de Prusse.
Halicarnasse, anc. v. d'Asie.
Halifax, v. d'Angleterre.
Halifax (Amérique anglaise).
Hallé, v. de Prusse.
Hallencourt, ch.-l. de c. (Somme), arr. d'Abbeville; 2 000 h.
Ham, ch.-l. de c. (Somme), arr. de Péronne; 3 000 h.
Hamadan, v. de Perse.
Hambourg, v. libre d'Allemag.
Hamilton, v. d'Ecosse.
Hamma (Le), dép. et arr. de Constantine.
Hampshire, comté d'Angleterre.
Hampshire (New-), (Etats-Unis).
Hanau, v. d'Allemagne.
Hanoï (Tonkin).
Hanovre, anc. royaume, aujourd'hui province de Prusse.
Harfleur (Seine-Infér.); 1 800 h.
Harlem, v. de Hollande.
Haroué, ch.-l. de c. (M.-et-Mos.).
Hartz, mont. d'Allemagne.
Hasparren, ch.-l. de c. (Basses-Pyrén.), arr. de Bayonne; 6 000 h.
Hasselt, v. de Belgique.
Hastings, v. d'Angleterre.
Haubourdin, ch.-l. de c. (Nord). arr. de Lille; 7 000 h.
Hautefort, ch.-l. de c. (Dordogne), arr. de Périgueux; 2 000 h.
Hauteville, ch.-l. de c. (Ain), arr. de Belley; 800 h.
Havane (La), cap. de Cuba.
Havre (Le), ch.-l. d'arr. (Seine-Inférieure); 112 000 h.
Hawaï (îles Sandwich).
Haye-Descartes (La), ch.-l. de c. (Ind.-et-Loire); 1 700 h.
Haye-du-Puits (La), ch.-l. de c. (Manche); 1 400 h.
Haye-Pesnel (La), ch.-l. de c. (Manche), 915 h.
Hazebrouck, ch.-l. d'arr. (Nord); 11 400 h.
Hébrides, îles de l'Ecosse.
Hébrides (Nouv.-), (Mélanésie).
Hébron, v. de Palestine.
Hécla, volcan d'Islande.
Hédé, ch.-l. de c. (Ille-et-Vilaine), arr. de Rennes.

Hedjaz (La Mecque et Médine).
Heidelberg, v. du duché de Bade.
Heilbronn, v. d'Allemagne.
Heiltz-le-Maurupt, ch.-l. de c. (Marne).
Helder (Le), v. forte de la Hollande.
Helgoland, île anglaise.
Héliopolis, v. de la B.-Egypte.
Hellespont (Dardanelles).
Helsingfors, v. de Russie.
Helvétie (la Suisse).
Hémus (les Balkans).
Hennebont, ch.-l. de c. (Morbihan), arr. de Lorient ; 6500 h.
Henrichemont, ch.-l. de c. (Cher), arr. de Sancerre ; 3 800 h.
Hérat, v. de l'Afghanistan.
Hérault, riv. de France.
Hérault (dép. de l'), ch.-l. Montpellier ; 440 000 h.
Herbault, ch.-l. de c. (Loir-et-Cher), arr. de Blois ; 900 h.
Herbiers (Les), ch.-l. de c. (Vendée), 3 800 h.
Herbignac, ch.-l. de c. (Loire-Inférieure), arr. de St-Nazaire.
Herculanum, v. de l'Italie anc.
Hereford, v. d'Angleterre.
Héricourt, ch.-l. de c. (Haute-Saône), arr. de Lure ; 3 800 h.
Hérisson, ch.-l. de c. (Allier), arr. de Montluçon ; 2 000 h.
Héristal, v. de Belgique.
Hermannstadt, v. d'Autriche.
Hermenault (L'), ch.-l. de c. (Vendée) ; 1 000 h.
Herment, ch.-l. de c. (Puy-de-Dôme), arr. de Clermont-Ferrand.
Hermon, mont. de la Judée.
Hermopolis, v. de l'an. Égypte.
Herzégovine, contrée de l'Europe orientale.
Hesdin, ch.-l. de c. (P.-de-Calais), arr. de Montreuil ; 3 400 h.
Hesse, trois Etats de l'empire d'Allemagne.
Heuchin, ch.-l. de c. (Pas-de-Calais), arr. de St-Pol ; 600 h.
Hève, cap de France.
Heyrieu, ch.-l. de c. (Isère), arr. de Vienne ; 1 500 h.
Hibernie (l'*Irlande*).
Hiersac, ch.-l. de c. (Charente), arr. d'Angoulême ; 700 h.
Highlands, mont. de l'Ecosse.
Hildesheim, v. de Prusse.
Himalaya, montagne d'Asie.
Hindoustan, vaste péninsule de l'Asie.
Hirsingen, ch.-l. de c. (Haut-Rhin). Cédé à l'Allemagne.
Hirson, ch.-l. de c. (Aisne), arr. de Vervins ; 6 000 h.
Hispanie (*Espagne et Portugal*).
Hoang-Ho (*fleuve Jaune*) (Chine).
Hochfelden, ch.-l. de c. (Bas-Rhin). Cédé à l'Allemagne.
Hochstædt, v. de Souabe.
Hof, v. de Bavière.
Hogue (La), cap et fort de Fr.
Hohenlohe, princ. d'Allemagne.
Hohenzollern, princip. allem.
Hollande, royaume du nord de l'Europe ; 3 450 707 h.
Hosltein, duché du Danemark.
Hombourg, cap. du landgraviat de Hesse.
Ho-Nan, prov. de l'emp. chinois.
Hondschoote, ch.-l. de c. (N.), arr. de Dunkerque ; 3 500 h.
Honduras, république de l'Amérique centrale.
Honfleur, ch.-l. de c. (Calvados), arr. de Pont-l'Évêque ; 10 000 h.
Hong-Kong, île (baie de Canton).
Hongrie, royaume qui fait partie des Etats autrichiens.
Honolulu, cap. de l'île Hawaï.
Horn, cap, extrémité sud de l'Amérique méridionale.
Hornoy, ch.-l. de c. (Somme), arr. d'Amiens ; 1 000 h.
Horps (Le), ch.-l. de c. (Mayenne) ; 1 500 h.
Hottentots, au midi de l'Afrique.
Houdain, ch.-l. de c. (Pas-de-Calais), arr. de Béthune ; 1 400 h.
Houdan, ch.-l. de c. (S.-et-O.), arr. de Mantes ; 2 000 h.
Houeilles, ch.-l. de c. (Lot-et-Garonne), arr. de Nérac ; 1 000 h.
Hucqueliers, ch.-l. de c. (Pas-de-Calais), arr. de Montreuil.
Hudson, fl. des Etats-Unis.
Hudson (baie), au N. de l'Amérique.
Hué, cap. de la Cochinchine.
Huelgoat (le), ch.-l. de c. (Finistère) ; 1 400 h.
Huesca, v. d'Espagne.
Huisne, riv. de France.
Hull, v. d'Angleterre.
Huningue, ch.-l. de c. (Haut-Rhin), arr. de Mulhouse. Cédé à l'Allemagne.

Huriel, ch.-l. de c. (Allier), arr. de Montluçon ; 3 000 h.
Huron, lac de l'Amér. du Nord.
Hurons, indigènes de l'Amérique du Nord.
Hux, v. belge.
Huy, v. belge.
Hybla, villes anc. de Sicile.
Hydaspe, fl. de l'Inde anc.
Hydra, p. de Grèce.
Hyères (îles d'), (côtes S.-E. de France).
Hyères, ch.-l. de c. (Var), arr. de Toulon ; 13 500 h.

I

Iakoutsk, v. de Sibérie.
Iaroslaf, v. de Russie.
Iassy, cap. de la Moldavie.
Iaxarte, fl. d'Asie.
Ibérie, anc. Espagne.
Iekaterinenburg, v. russe.
Iékaterinoslav, v. russe.
Iéna, v. du duché de Saxe-W.
Iénikaleh, v. forte de Crimée.
Iénisséi, fl. de Sibérie.
If, île de la Méditerr. Chât. fort.
Iholdy, ch.-l. de c. (B.-Pyrén.), arr. de Mauléon ; 900 h.
Ile-Bouchard (L'), ch.-l. de c. (Indre-et-Loire) ; 1 400 h.
Ile-de-France, prov. de l'anc. France.
Ile-d'Yeu (L'), ch.-l. de c. (Vendée), arr. des Sables-d'Ol. ; 3 000 h.
Ile-Rousse, ch.-l. de c. (Corse), arr. de Calvi ; 1 900 h.
Ilion (anc. Troie).
Ilissus, ruisseau de l'Attique.
Ill, rivière d'Alsace.
Ille, affl. de la Vilaine.
Ille-et-Vilaine (dép. d'), ch.-l. Rennes ; 622 000 h.
Illiers, ch.-l. de c. (Eure-et-L.), arr. de Chartres ; 3 000 h.
Illinois, un des Etats-Unis.
Illyrie, anc. contr. d'Autriche.
Imola, v. d'Italie.
Indes (les), (*Hindoustan* et *Indo-Chine*).
Indes (emp. des), (Inde angl.).
Indes (mer des). Voy. *Océan Indien*.
Indiana, un des Etats-Unis.
Indianopolis, cap. de l'Indiana.
Indo-Chine. Voy. *Indes*.
Indre, riv. de France.
Indre (dép. de l'), ch.-l. Châteauroux ; 297 000 h.
Indre-et-Loire (dép. d'), ch.-l Tours ; 341 000 h.
Indret, île de la Loire. Usines.
Indus, fl., auj. Sind.
Ingolstadt, v. de Bavière.
Ingouville (Le Havre).
Inkermann, p. de Russie.
Inn, riv. d'Allemagne.
Inspruck, cap. du Tyrol.
Interlaken, bourg suisse.
Inverness, v. d'Écosse.
Ionie, prov. de l'Asie anc.
Ioniennes (îles), cap. Corfou.
Iowa, un des États-Unis.
Iram, nom de la Perse.
Iraouaddy, fl. de l'Asie mérid.
Irkoutsk, cap. de la Sibérie orientale.
Irlande, une des îles Britanniques.
Iroquois, indig. de l'Am. sept.
Irun, v. d Espagne.
Ischia, île (golfe de Naples).
Isère, affl. du Rhône.
Isère (dép. de l'), ch.-l. Grenoble ; 582 000 h.
Isigny, ch.-l. de c. (Calvados), arr. de Bayeux ; 3 000 h.
Isigny, ch.-l. de c. (Manche), arr. de Mortain ; 400 h.
Islande, île du Danemark.
Isle, affl. de la Dordogne.
Isle (L'), ch.-l. de c. (Vaucluse), arr. d'Avignon ; 6 500 h.
Isle-Adam (L'), ch.-l. de c. (S.-et-O.), arr. de Pontoise; 3 300 h.
Isle-en-Dodon (L'), ch.-l. de c. (Hte-Gar.), arr. de St-Gaudens.
Isle-Jourdain (L'), ch.-l. de c. (Vienne).
Isle-Jourdain (L'), ch.-l. de c. (Gers), arr. de Lombez ; 4 600 h.
Isle-sur-le-Doubs (L'), ch.-l. de c. (Doubs), arr. de Baume ; 2 500 h.
Isle-sur-le-Serein (L'), ch.-l. de c. (Yonne), arr. d'Avallon.
Isly, riv. d'Algérie.
Isonzo, riv. d'Illyrie.
Ispahan, v. de Perse.

Issigeac, ch.-l. de c. (Dordogne), arr. de Bergerac ; 1 000 h.

Issoire, ch.-l. d'arr. (Puy-de-Dôme) ; 6 300 h.

Issoudun, ch.-l. d'arr. (Indre) ; 15 200 h.

Is-sur-Tille, ch.-l. de c. (Côte-d'Or), arr. de Dijon.

Issus, anc. v. de l'Asie.

Issy (Seine), arr. de Sceaux ; 9 500 h.

Issy-l'Evêque, ch.-l. de c. (S.-et-L.), arr. d'Autun ; 2 000 h.

Istres, ch.-l. de c. (Bouches-du-Rhône), arr. d'Aix.

Istrie, prov. d'Autriche.

Italie, contr. de l'Europe méridionale ; environ 30 millions d'h.

Ithaque, île, auj. Théaki.

Ithome (mont), en Messénie.

Iviça, une des îles Baléares.

Ivrée, v. forte d'Italie.

Ivry (Eure), arr. d'Evreux.

Ivry (Seine), arr. de Sceaux.

Izernore, ch.-l. de c. (Ain), arr. de Nantua ; 1 200 h.

J

Jaen, v. forte d'Espagne.

Jaffa, port de Syrie.

Jaggrenat, pl. f. de l'Inde angl. (Bengale).

Jalapa, v. du Mexique.

Jaligny, ch.-l. de c. (Allier), arr. de la Palisse.

Jamaïque (la), une des Antilles.

Jamestown (île Ste-Hélène).

Janina, v. de Turquie (Albanie); 25 000 h.

Janville, ch.-l. de c. (Eure-et-Loir), arr. de Chartres ; 1 300 h.

Janzé, ch.-l. de c. (Ille-et-Vil.), arr. de Rennes ; 4 800 h.

Japon, emp. d'Asie, cap. Yédo.

Jargeau, ch.-l. de c. (Loiret), arr. d'Orléans ; 2 600 h.

Jarnac, ch-l. de c. (Charente), arr. de Cognac ; 4 500 h.

Jarnages, ch.-l. de c. (Creuse), arr. de Boussac.

Jarrie (La), ch.-l. de c. (Char.-Infér.), arr. de la Rochelle.

Jaune (fleuve), (l'Hoang-ho).

Java, île malaise (la Sonde).

Javie (La), ch.-l. de c. (Basses-Alpes), arr. de Digne ; 500 h.

Jegun, ch.-l. de c. (Gers), arr. d'Auch ; 1 800 h.

Jemmapes, v. de Belgique.

Jersey, île de la Manche.

Jérusalem (Judée), auj. v. turq. 28 000 h.

Johannisberg (Nassau). Vin.

Joigny, ch.-l. d'arr. (Yonne) ; 6 500 h.

Joinville, ch.-l. de c. (Haute-Marne), arr. de Vassy.

Jonzac, ch.-l. d'arr. (Char.-Inf.); 3 200 h.

Joppé (Palestine), auj. Jaffa.

Josselin, ch.-l. de c. (Morbihan), arr. de Ploërmel ; 2 600 h.

Jouan (golfe), (Alpes-Maritim.).

Jourdain, fl. de Palestine.

Joyeuse, ch.-l. de c. (Ardèche), arr. de Largentière ; 2 000 h.

Juan-Fernandez (île), (Chili).

Judée (Palestine).

Jugon, ch.-l. de c. (Côtes-du-Nord), arr. de Dinan.

Juillac, ch.-l. de c. (Corrèze), arr. de Brives ; 2 500 h.

Juilly (Seine-et-M.). Collège.

Juliers, v. de Prusse.

Jumeaux, ch.-l. de c. (Puy-de-Dôme), arr. d'Issoire ; 1 200 h.

Jumièges (Seine-Inf.). Abbaye.

Jumilhac-le-Grand, ch.-l. de c. (Dordogne) ; 3 000 h.

Juniville, ch.-l. de c. (Ardennes), arr. de Rethel.

Jura, chaîne de mont., France.

Jura (dép. du), ch.-l. Lons-le-Saunier ; 282 000 h.

Jurançon (B.-Pyr.), arr. de Pau ; 2 546 h. Vins renommés.

Jurjura, mont. d'Algérie.

Jussey, ch.-l. de c. (Hte-Saône), arr. de Vesoul ; 3 000 h.

Jutland, presqu'île (Danemark).

Juvigny, ch.-l. de c. (Manche), arr. de Mortain.

Juvigny-sous-Andaine, ch.-l. de c. (Orne) ; 1 400 h.

Juzennecourt, ch.-l. de c. (Hte-Marne), arr. de Chaumont.

K

Kaboul, royaume (Afghanistan).
Kabylie, partie de l'Algérie.
Kainardji, v. de Turquie.
Kairouan, v. de Tunisie.
Kaisarièh, anc. Césarée (Turquie).
Kaiserslautern (Bavière).
Kalenberg (Prusse).
Kalisch, v. russe (Pologne).
Kalmouks, peuple d'Asie.
Kalouga, v. de la Russie.
Kamtschatka (Sibérie).
Kandahar, v. de l'Afghanistan.
Kano, v. de la Nigritie.
Kansas, affl. du Missouri.
Kara-Koul, v. du Turkestan.
Karikal, v. de l'Hindoustan.
Karnac, v. d'Egypte (anc. Thèb.)
Karnatic, prov. de l'Inde angl.
Karpathes, mont. de Hongrie.
Kars, ch.-l. de l'Arménie turq.
Kaschan, v. de Perse.
Kastamouni, v. de l'Anatolie.
Kattack, v. de l'Hindoust. angl.
Kaysersberg, ch.-l. de c. (Ht-Rhin). Cédé à l'Allemagne.
Kazan, v. forte de la Russie.
Kazbin, v. de Perse.
Kehl, v. du duché de Bade.
Kélat (cap. du royaume de).
Ke-Lung, port (Formose).
Kent, anc. roy. saxon.
Kent, comté d'Angleterre.
Kentucky, un des Etats-Unis.
Kherson, v. forte de Russie.
Kertch, v. russe (Crimée).
Kescho, v. de l'Annam.
Khartoum, v. du Soudan.
Khiva, v. forte du Turkestan.
Khokand, v. du Turkestan.
Khoraçan, prov. de Perse.
Kiang-Si, prov. de Chine.
Kiel, v. de Prusse (Holstein).
Kiev, v. de Russie.
Kilkenny, v. d'Irlande.
Kingston, v. du Canada.
Kingstown, cap. de la Jamaïque.
Klagenfurth, v. d'Autriche.
Klostercamp, v. de Prusse.
Kœnigsberg, v. f. de Prusse.
Koléah, arr. d'Alger.
Kollin, v. d'Autriche.
Komorn, v. d'Autriche (Hong.).
Konieh, v. de Turquie.
Kordofan, contrée d'Afrique.
Kouko, cap. du Soudan.
Kourdistan, région d'Asie.
Kouriles (les), archip. d'Asie.
Koursk, v. de Russie.
Kowno, v. de Russie.
Kremlin (Moscou).
Kroumirs, peuples d'Algérie.

L

Laaland, île du Danemark.
Labarthe, ch.-l. de c. (Htes-Pyrénées), arr. de Bagnères.
Labastide-Murat, ch.-l. de c. (Lot), arr. de Gourdon ; 1 600 h.
Labastide-Clairence, ch.-l. de c. (Basses-Pyrénées).
Labour (Terre de), prov. d'Italie.
Labrador, presqu'île de l'Amér.
Labrède, ch.-l. de c. (Gironde), arr. de Bordeaux ; 1 700 h.
Labrit, ch.-l. de c. (Landes), arr. de Mont-de-Marsan ; 1 100 h.
Labruguière, ch.-l. de c. (Tarn), arr. de Castres ; 3 500 h.
Lacapelle-Marival ch.-l. de c., (Lot), 1 500 h.
Lacaune, ch.-l. de c. (Tarn), arr. de Castres ; 4 000 h.
Laconie, anc. contrée du Péloponèse.
Ladoga, lac au N. de la Russie.
La Ferté-sur-Amance, ch.-l. de c. (Hte-Marne), arr. de Langres.
Laforce, ch.-l. de c. (Dordogne), arr. de Bergerac ; 1 200 h.
Lafrançaise, ch.-l. de c. (Tarn-et-Garonne) ; 3 000 h.
Lagnieu, ch.-l. de c. (Ain), arr. de Belley ; 2 600 h.
Lagny, ch.-l. de c. (Seine-et-Marne), arr. de Meaux ; 5 000 h.
Lagor, ch.-l. de c. (Basses-Pyrénées), arr. d'Orthez.

Lagos, v. du Portugal.
Lagrasse, ch.-l. de c. (Aude), arr. de Carcassonne.
Laguiole, ch.-l. de c. (Aveyron), arr. d'Espalion ; 1 300 h.
La Haye, cap. de la Hollande ; 140 000 h.
Lahore, v. de l'Hindoust. angl.
Laigle, ch.-l. de c. (Orne), arr. de Mortagne ; 5 200 h.
Laignes, ch.-l. de c. (Côte-d'Or), arr. de Chât.-sur-S. ; 1 300 h.
Laissac, ch.-l. de c. (Aveyron), arr. de Millau ; 1 400 h.
Laknau, v. de l'Hindoust. angl. 5 000 h.
Lalbenque, ch.-l. de c. (Lot), arr. de Cahors ; 1 900 h.
Lalinde, ch.-l. de c. (Dordogne), arr. de Bergerac ; 2 200 h.
Lama, ch.-l. de c. (Corse), arr. de Bastia ; 500 h.
Lamarche, ch.-l. de c. (Vosges), arr. de Neufchâteau ; 1 700 h.
Lamastre, ch.-l. de c. (Ardèche), arr. de Tournon ; 3 300 h.
Lamballe, ch.-l de c. (Côtes-du-Nord), arr. de St-Brieuc ; 4 500 h.
Lambesc, ch.-l. de c. (Bouch.-du-Rhône), arr. d'Aix ; 2 800 h.
Lambessa, v. d'Algérie (*déportation*).
Lamotte-Beuvron, ch.-l. de c. (Loir-et-Ch.), arr. de Romorantin.
Lampsaque, anc. v. de l'Asie.
Lamure, ch.-l. de c. (Rhône), arr. de Villefranche ; 1 200 h.
Lancastre, v. d'Angleterre.
Landau, v. f. de Bavière.
Landen, v. de Belgique.
Landerneau, ch.-l. de c. (Finistère) ; 9 000 h.
Landes (dép. des), ch.-l. Mont-de-Marsan ; 302 000 h.
Landivisiau, ch.-l. de c. (Finistère), arr. de Morlaix ; 4 000 h.
Landivy, ch.-l. de c. (Mayenne), arr. de Mayenne ; 2 000 h.
Landrecies, ch.-l. de c. (Nord), arr. d'Avesnes ; 4 300 h.
Land's-End, cap d'Angleterre (Sud-Ouest).
Landser, ch.-l. de c. (Ht-Rhin). Cédé à l'Allemagne.
Landshut, v. f. de la Bavière.
Langeac, ch.-l. de c. (Hte-L.), arr. de Brioude ; 4 300 h.
Langeais, ch.-l. de c. (Indre-et-Loire), 3 500 h.
Langogne, ch.-l. de c. (Lozère), arr. de Mende ; 3 900 h.
Langon, ch.-l. de c. (Gironde), arr. de Bazas ; 4 800 h.
Langres, ch.-l. d'arr. (Haute-Marne) ; 11 200 h.
Lang-Son, v. (Tonkin).
Languedoc, prov. de l'anc. Fr.
Languedoc (canal du), de l'Atlantique à la Méditerranée.
Lanmeur, ch.-l. de c. (Finistère), arr. de Morlaix ; 2 600 h.
Lannemezan, ch.-l. de c. (Htes-Pyrénées), arr. de Bagnères.
Lannilis, ch.-l. de c. (Finistère), arr. de Brest ; 3 300 h.
Lannion, ch.-l. d'arr. (Côtes-du-Nord) ; 6 300 h.
Lannoy, ch.-l. de c. (Nord), arr. de Lille ; 2 000 h.
Lanouaille, ch.-l. de c. (Dordogne), arr. de Nontron.
Lanslebourg, ch.-l. de c. (Savoie).
Lanta, ch.-l. de c. (Hte-Gar.), arr. de Villefranche-de-Laurag.
Lanvollon, ch.-l. de c. (Côtes-du-Nord), arr. de St-Brieuc.
Laon, ch.-l. du dép. de l'Aisne ; 13 700 h.
Laos (Indo-Chine).
La Palisse, ch.-l. d'arr. (Allier) ; 3 000 h.
Lapleau, ch.-l. de c. (Corrèze), arr. de Tulle ; 1 000 h.
Laplume, ch.-l. de c. (Lot-et-Gar.), arr. d'Agen ; 1 600 h.
Laponie, au nord de l'Europe.
Laquedives (îles), (mer des Indes).
Laragne, ch.-l. de c. (Hautes-Alpes), arr. de Gap.
Larche, ch.-l. de c. (Corrèze), arr. de Brive ; 800 h.
Largentière, ch.-l. d'arr. (Ardèche) ; 2 700 h.
La Rochelle, ch.-l. du dép. de la Char.-Infér. ; 24 000 h.
La Roque-Brou, ch.-l. de c. (Cantal), 1 900 h.
La Roque-Timbaut, ch.-l. de c. (Lot-et-Garonne).
Laruns, ch.-l. de c. (Basses-Pyrén.), arr. d'Oloron ; 2 500 h.
Lasalle, ch.-l. de c. (Gard), arr. du Vigan ; 2 400 h.
Lassa, cap. du Thibet.
Lassay, ch.-l. de c. (Mayenne); 2 600 h.

Lasseube, ch.-l. de c. (Basses-Pyrénées), arr. d'Oloron.
Lassigny, ch.-l. de c. (Oise), arr. de Compiègne ; 900 h.
Latour, ch.-l. de c. (Puy-de-Dôme), arr. d'Issoire ; 2300 h.
Latour-de-France, ch.-l. de c (Pyrén.-Orient.), arr. de Perpignan.
La Tour-du-Pin, ch.-l. d'arr. (Isère) ; 3700 h.
Latronquière, ch.-l. de c (Lot), arr. de Figeac.
Lauenbourg, duché (Prusse).
Lauraguais, anc. Fr. (Tarn).
Laurière, ch.-l. de c. (Haute-Vienne), arr. de Limoges.
Lausanne, v. de Suisse.
Lauter, affl. du Rhin.
Lauterbourg, ch.-l. de c. (Bas-Rhin). Cédé à l'Allemagne.
Lautrec, ch.-l. de c. (Tarn), arr. de Castres ; 3000 h.
Lauzerte, ch.-l. de c. (Tarn-et-Garonne), arr. de Moissac.
Lauzès, ch.-l. de c. (Lot), arr. de Cahors ; 400 h.
Lauzet (Le), ch.-l. de c. (Basses-Alpes), arr. de Barcelonnette.
Lauzun, ch.-l. de c. (Lot-et-G.), arr. de Marmande.
Laval, ch.-l. du départem. de la Mayenne ; 30000 h.
La Valette, ch.-l. de c. (Charente).
Lavardac, ch.-l. de c. (Lot-et-Gar.), arr. de Nérac ; 2700 h.
Lavaur, ch.-l. d'arr. (Tarn) ; 7000 h.
Lavelanet, ch.-l. de c. (Ariège), arr. de Foix ; 3200 h.
Laventie, ch.-l. de c. (P.-de-C.), arr. de Béthune ; 4100 h.
Lavinium, v. d'Italie anc.
Lavit-de-Lomagne, ch.-l. de c. (Tarn-et-Garonne).
Lavoulte, ch.-l. de c (Ardèche), arr. de Privas ; 2600 h.
Lavoûte-Chilhac, ch.-l. de c. (Hte-Loire), arr. de Brioude.
Lay, fl. de France.
Laybach, cap. de la Carniole (Autriche).
Lectoure, ch.-l. d'arr. (Gers), 5300 h.
Lédignan, ch.-l. de c. (Gard), arr. d'Alais.
Leeds, v. d'Angleterre.
Leeuwarden, v. des Pays-Bas.
Légé, ch.-l. de c. (Loire-Infér.), arr. de Nantes ; 4500 h.
Legnano, v. d'Italie (Vénétie).
Léguevin, ch.-l. de c. (Haute-Garonne), arr. de Toulouse.
Leicester, v. d'Angleterre.
Leigné-sur-Usseau, ch.-l. de c. (Vienne).
Leipzig, v. du royaume de Saxe.
Leith, v. d'Ecosse.
Leitha, affl. du Danube.
Léman (lac), (Suisse).
Lemberg, cap. de la Galicie.
Lembeye, ch.-l. de c. (Basses-Pyrén.), arr. de Pau ; 1200 h.
Le Mesle-sur-Sarthe, ch.-l. de c. (Orne), arr. d'Alençon.
Lemnos, île, auj. *Lemno*.
Lena (la), fl. de Sibérie.
Lencloître, ch.-l. de c. (Vienne) ; 2000 h.
Lens, ch.-l. de c. (P.-de-Cal.), arr. de Béthune ; 12000 h.
Leoben, v. de Styrie.
Léon, v. d'Espagne.
Léon, réuni à la Castille.
Léon, anc. cap. de Nicaragua.
Lépante, golfe de la Grèce.
Léré, ch.-l. de c. (Cher), arr. de Sancerre ; 1600 h.
Lérida, v. d'Espagne.
Lesbos, auj. *Mytileni*, île turq.
Lescar, ch.-l. de c. (B.-Pyr.), arr. de Pau ; 1800 h.
Lesneven, ch.-l. de c. (Finistère), 3000 h.
Lesparre, ch.-l. d'arr. (Gironde) ; 4000 h.
Lessay, ch.-l. de c. (Manche), arr. de Coutances ; 1500 h.
Leuca, cap (Italie).
Levens, ch.-l. de c. (Alp.-Mar.) ; 1600 h.
Levet, ch.-l. de c. (Cher), arr. de Bourges ; 1000 h.
Levie, ch.-l. de c. (Corse), arr. de Sartène ; 2500 h.
Levier, ch.-l. de c. (Doubs), arr. de Pontarlier ; 1300 h.
Levroux, ch.-l. de c. (Indre), arr. de Châteauroux ; 4200 h.
Lexington, v. des Etats-Unis.
Leyde, v. des Pays-Bas.
Lézardrieux, ch.-l. de c. (Côtes-du-Nord) ; 2000 h.
Lezay, ch.-l. de c. (Deux-Sèvres), arr. de Melle ; 2600 h.
Lézignan, ch.-l. de c. (Aude), arr. de Narbonne ; 6600 h.
Lezoux, ch.-l. de c. (Puy-de-Dôme), arr. de Thiers ; 3500 h.

Lhuis, ch.-l. de c. (Ain), arr. de Belley ; 1 200 h.

Liancourt, ch.-l. de c. (Oise), arr. de Clermont ; 4 300 h.

Liban, mont. d'Asie.

Libéria, rép. (Guinée).

Libourne, ch.-l. d'arr. (Gironde); 17 000 h.

Libreville, ch.-l. du Gabon.

Lichtenstein, principauté de l'Allemagne.

Liège. v. de Belgique ; 136 000 h.

Liegnitz, v. de Prusse.

Lieou-Kieou, archipel d'Asie.

Liernais, ch.-l. de c. (Côte-d'Or), arr. de Beaune ; 1 300 h.

Liffré, ch.-l. de c. (Ille-et-Vil.), arr. de Rennes ; 3 000 h.

Ligné, ch.-l. de c. (Loire-Inf.), arr. d'Ancenis ; 3 000 h.

Lignières, ch.-l. de c. (Cher), arr. de Saint-Amand ; 3 000 h.

Lignon (le), affl. de la Loire.

Ligny, vill. de Belgique.

Ligny-en-Barrois, ch.-l. de c. (Meuse) ; 5 000 h.

Ligny-le-Châtel, ch.-l. de c. (Yonne), arr. d'Auxerre.

Ligueil, ch.-l. de c. (Indre-et-Loire), arr. de Loches ; 2 000 h.

Ligurie (Italie ancienne).

Lille, ch.-l. du dép. du Nord ; 189 000 h.

Lillebonne, ch.-l. de c. (Seine-Infér.), arr. du Hâvre ; 7 000 h.

Lillers, ch.-l. de c. (Pas-de-C.), arr. de Béthune ; 7 500 h.

Lilybée, v. de l'anc. Sicile.

Lima, cap. du Pérou.

Limagne, anc. pays d'Auvergne.

Limay, ch.-l. de c. (Seine-et-O.), arr. de Mantes ; 1 500 h.

Limbourg, anc. roy. des Pays-Bas, auj. Belgique et Hollande.

Limerick, v. d'Irlande.

Limoges, ch.-l. du dép. de la Hte-Vienne ; 69 000 h. Porcelaines.

Limogne, ch.-l. de c. (Lot), arr. de Cahors ; 1 400 h.

Limonest, ch.-l. de c. (Rhône), arr. de Lyon ; 1 000 h.

Limours, ch.-l. de c. (S.-et-O.) ; 1 200 h.

Limousin, anc. prov. de Fr.

Limoux, ch.-l. d'arr. (Aude) ; 6 661 h.

Lincoln, v. d'Angleterre.

Lintz, v. d'Autriche.

Lion (golfe du), (côtes de Fr.).

Lion-d'Angers (Le), ch.-l. de c. (M.-et-L.), arr. de Segré ; 2 600 h.

Lipari (îles), au N. de la Sicile.

Lippe-Detmold, princip. d'Allemagne.

Lisbonne, cap. du Portugal.

Lisieux, ch.-l. d'arr. (Calvados); 16 500 h.

Lisle, ch.-l. de c. (Tarn), arr. de Gaillac ; 4 500 h.

Lithuanie, prov. de l'ancienne Pologne.

Livarot, ch.-l. de c. (Calvados), arr. de Lisieux ; 1 800 h.

Livernon, ch.-l. de c. (Lot), arr. de Figeac ; 900 h.

Liverpool, v. d'Angleterre.

Livonie, rég. de la Russie.

Livourne, v. de Toscane.

Lizy-sur-Ourcq, ch.-l. de c. (Seine-et-Marne), arr. de Meaux.

Loango (cap. du royaume de).

Loches, ch.-l. d'arr. (Indre-et-Loire) ; 5 000 h. Château célèbre.

Locle (Le), v. de Suisse.

Locminé, ch.-l. de c. (Morbih.), arr. de Pontivy ; 2 000 h.

Lodève, ch.-l. d'arr. (Hérault) ; 9 500 h.

Lodi, v. d'Italie.

Lofoden, îles de la Norvège.

Logrono, v. d'Espagne.

Loing (le), affl. de la Seine.

Loir (le), riv. de France.

Loir-et-Cher (dép. de), ch.-l. Blois ; 280 000 h.

Loire (la), fl. de France.

Loire (dép. de la), ch.-l. Saint-Etienne ; 600 000 h.

Loire (dép. de la Haute-), ch.-l. Le Puy ; 320 000 h.

Loire-Inférieure (dép. de la), ch.-l. Nantes ; 650 000 h.

Loiret (Le), affl. de la Loire.

Loiret (dép. du), ch.-l. Orléans; 375 000 h.

Loiron, ch.-l. de c. (Mayenne), arr. de Laval ; 1 000 h.

Lombardie, prov. d'Italie.

Lombardo-Vénitien (royaume), anc. prov. milanaises.

Lombez, ch.-l. d'arr. (Gers) ; 1 500 h.

Lonato, v. d'Italie.

Londinières, ch.-l. de c. (Seine-Inférieure), arr. de Neufchâtel.

Londonderry, p. d'Irlande.

Londres, cap. de l'Angleterre ; 4 millions d'habitants.

Longeau, ch.-l. de c. (Haute-Marne) : 500 h.

Longjumeau, ch.-l. de c. (S.-et-Oise), arr. de Corbeil ; 3 000 h.

Longny, ch.-l. de c. (Orne), arr. de Mortagne ; 2 000 h.

Longue, ch.-l. de c. (M.-et-L.), arr. de Baugé ; 4 500 h.

Longueville, ch.-l. de c. (Seine-Infér.), arr. de Dieppe.

Longuyon, ch.-l. de c. (M.-et-Mos.), arr. de Briey ; 2 800 h.

Longwy, ch.-l. de c. (Meurt.-et-Mos.), arr. de Briey ; 7 000 h.

Lons-le-Saunier, ch.-l. du dép. du Jura ; 13 000 h.

Loos (Nord), colonie pénitentiaire.

Lorette, v. d'Italie.

Lorgues, ch.-l. de c. (Var), arr. de Draguignan ; 3 800 h.

Lorient, ch.-l. d'arr. (Morbih.), v. f. et p. milit. ; 40 000 h.

Loriol, ch.-l. de c. (Drôme), arr. de Valence ; 3 500 h.

Lormes, ch.-l. de c. (Nièvre), arr. de Clamecy ; 3 000 h.

Loroux (Le), ch.-l. de c. (Loire-Infér.), arr. de Nantes ; 4 000 h.

Lorquin, ch.-l. de c. (Meurthe). Cédé à l'Allemagne.

Lorraine, anc. prov. de France. Voy. *Alsace-Lorraine*.

Lorrez-le-Bocage, ch.-l. de c. (S.-et-M.), arr. de Fontainebleau.

Lorris, ch.-l. de c. (Loiret), arr. de Montargis ; 2 200 h.

Lot, affl. de la Garonne.

Lot (dép. du), ch.-l. Cahors ; 272 000 h.

Lot-et-Garonne (dép. du), ch.-l. Agen ; 308 000 h.

Loudéac, ch.-l. d'arr. (Côtes-du-Nord) ; 6 000 h.

Loudes, ch.-l. de c. (Hte-Loire), arr. du Puy ; 1 700 h.

Loudun, ch.-l. d'arr. (Vienne) ; 4 500 h.

Loué, ch.-l. de c. (Sarthe), arr. du Mans ; 1 800 h.

Louèche-les-Bains (Suisse).

Louhans, ch.-l. d'arr. (Saône-et-Loire) ; 4 500 h.

Louisiane, un des Etats-Unis.

Loulay, ch.-l. de c. (Charente-Infér.), arr. de St-Jean-d'Angely.

Loupe (La), ch.-l. de c. (Eure-et-Loir) ; 1 700 h.

Louqsor, vill. d'Egypte.

Lourdes, ch.-l. de c. (Htes-Pyrénées) ; 7 000 h. Pèlerinage.

Louroux-Béconnais, ch.-l. de c. (M.-et-L.) arr. d'Angers.

Louvain, v. de Belgique.

Louviers, ch.-l. d'arr. (Eure) ; 10 500 h.

Louvigné-du-Désert, ch.-l. de c. (Ille-et-Vilaine).

Lozère, mont (Cévennes).

Lozère (dép. de la), ch.-l. Mende ; 142 000 h.

Lubeck, v. d'Allemagne.

Lubersac, ch.-l. de c. (Corrèze) ; 4 000 h.

Luc, ch.-l. de c. (Var) ; 3 000 h.

Lucayes, îles de l'Atlant.

Luc-en-Diois, ch.-l. de c. (Drôme).

Lucenay-l'Evêque, ch.-l. de c. (Saône-et-Loire).

Lucerne, v. de Suisse.

Lucerne, lac de Suisse.

Luçon, ch.-l. de c. (Vendée) ; 6 500 h. Evêché.

Luçon ou **Manille** (îles Philippines).

Lucques, v. d'Italie.

Lude (Le), ch.-l. de c. (Sarthe) ; 4 000 h.

Ludwigsburg, 2e cap. du Wurtemberg.

Lugano, v. de Suisse.

Lugdunum, auj. Lyon.

Lugny, ch.-l. de c. (S.-et-L.), arr. de Mâcon ; 1 200 h.

Lugo, v. d'Espagne.

Lumbres, ch.-l. de c. (Pas-de-Cal.), arr. de St-Omer.

Lunas, ch.-l. de c. (Hérault) ; 1 200 h.

Lune (monts de la), en Afrique.

Lunebourg, v. f. de Prusse.

Lunel, ch.-l. de c. (Hérault), arr. de Montpellier. Vins renom.

Lunéville, ch.-l. d'arr. (Meurthe-et-Moselle) ; 20 500 h.

Lupata, mont. d'Afrique.

Lurcy-Lévy, ch.-l. de c. (Allier), arr. de Moulins ; 4 000 h.

Lure, mont. (Basses-Alpes).

Lure, ch.-l. d'arr. (Hte-Saône) ; 4 500 h.

Luri, ch.-l. de c. (Corse), arr. de Bastia ; 2 000 h.

Lury, ch.-l. de c. (Cher), arr. de Bourges ; 1 000 h.

Lusignan, ch.-l. de c. (Vienne), arr. de Poitiers ; 2 000 h.

Lusigny, ch.-l. de c. (Aube), arr. de Troyes ; 1 000 h.

Lusitanie, anc. Portugal.

Lussac, ch.-l. de c. (Gironde), arr. de Libourne ; 1 800 h.

Lussac-les-Châteaux, ch.-l. de c. (Vienne).

Lussan, ch.-l. de c. (Gard), arr. d'Uzès ; 1 000 h.

Lutzen, v. de Prusse.

Luxembourg (Belgique et Hollande) ; 500 000 h.

Luxeuil, ch.-l. de c. Haute-Saône), arr. de Lure ; 5 000 h.

Luz, ch.-l. de c. (Hautes-Pyrénées), arrond. d'Argelès ; 1 500 h.

Luzarches, ch.-l. de c. (Seine-et-Oise), arr. de Pontoise.

Luzech, ch.-l. de c. (Lot), arr. de Cahors ; 1 800 h.

Luzy, ch.-l. de c. (Nièvre), arr. de Château-Chinon ; 3 000 h..

Lyon, ch.-l. du dép. du Rhône ; 500 000 h. Seconde ville de France.

Lyonnais (le), anc. prov. de France.

Lyons-la-Forêt, ch.-l. de c. (Eure), arr. des Andelys.

Lys, riv. de France et de Belgique.

M

Macao, v. f. de Chine.

Macassar, Etat des Célèbes.

Macassar (détroit de), (Bornéo).

Macédoine, roy. anc. Grèce.

Macerata, v. d'Italie.

Machault, ch.-l. de c. (Ardennes), arr. de Vouziers ; 600 h.

Machecoul, ch.-l. de c. (Loire-Infér.), arr. de Nantes ; 3 900 h.

Mackensie, fl. de l'Amér. du N.

Maçon, ch.-l. du dép. de Saône-et-Loire) ; 20 000 h.

Macouba, v. de la Martinique.

Macta, riv. d'Algérie.

Madagascar, île de la mer des Indes.

Madapolam, v. des Indes.

Madère, île de l'Atlantique.

Madgyars, race hongroise.

Madras, v. des Indes.

Madrid, capitale d'Espagne ; 390 000 h.

Madura, v. de l'Inde anglaise.

Madura, île de Malaisie holl.

Maël-Carhaix, ch.-l. de c. (C.-du-Nord), arr. de Guingamp.

Maëstricht, v. f. de Hollande.

Magdalena, fl. de l'Amér. S.

Magdebourg, v. de Prusse.

Magellan, détroit (Amériq. S.).

Magenta, v. d'Italie.

Magnac-Laval, ch.-l. de c. (Hte-Vienne) ; 4 000 h.

Magny, ch,-l. de c. (Seine-et-Oise), arr. de Mantes ; 2 000 h.

Mahé, v. française (Hindoustan).

Mahon (Port-), cap. et v. f. de Minorque.

Maiche, ch.-l. de c. (Doubs), arr. de Montbéliard ; 1 600 h.

Maignelay, ch.-l. de c. (Oise), arr. de Clermont ; 700 h.

Maillezais, ch.-l. de c. (Vendée), arr. de Fontenay-le-Comte.

Maine, affl. de la Loire.

Maine, anc. prov. de France.

Maine, un des Etats-Unis de l'Amér., ch.-l. Augusta ; 626 915 h.

Maine-et-Loire (dép. de), ch.-l. Angers ; 528 000 h.

Mainland, île d'Ecosse.

Maintenon, ch.-l. de c. (Eure-et-Loir), arr. de Chartres ; 2 000 h.

Maisons-Alfort (Seine), arr. de Sceaux.

Maisons-Laffitte (Seine-et-O.), arr. de Versailles.

Majeur, lac (Italie).

Majorque, une des îles Baléares.

Malabar (Hindoustan).

Malacca, v. de l'Inde anglaise.

Malacca, détroit (Sumatra).

Malacca, presqu'île (Asie mér.).

Maladetta (mont), pic des Pyrénées.

Malaga, v. d'Espagne. Vins.

Malaisie, partie de l'Océanie.

Malaucène, ch.-l. de c. (Vaucluse), arr. d'Orange ; 3 000 h.

Maldives, arch. (Océan Ind.).

Malesherbes, ch.-l. de c. (Loiret), arr. de Pithiviers ; 2 200 h.

Malestroit, ch.-l. de c. (Morbihan). arr. de Ploërmel.

Malicorne, ch.-l. de c. (Sarthe), arr. de la Flèche ; 1 500 h.

Malines, v. de Belgique. Dentelles.

Malmoe, p. de Suède.

Malouines, archipel (Amérique anglaise.

Malplaquet, v. célèbre (Nord).

Malte, île de la Méditerranée.

Malvoisie, presqu'île grecque.

Malzieu-Ville, ch.-l. de c. (Lozère), arr. de Marvejols ; 1 200 h.

Mamers, ch.-l. d'arr. (Sarthe) ; 6 500 h.

Mançanarez, affl. du Tage.

Manche (la), bras de mer.

Manche, anc. prov. d'Espagne.

Manche (dép. de la), ch.-l. St-Lô ; 530 000 h.

Manchester, v. manuf. d'Angleterre.

Manheim, v. du duché de Bade.

Manille, v. de la Malaisie.

Manosque, ch.-l. de c. (Basses-Alp.), arr. de Forcalquier ; 5 500 h.

Mans (le), ch.-l. de la Sarthe ; 58 000 h. Evêché.

Mansle, ch.-l. de c. (Charente), arr. de Ruffec ; 1 800 h.

Mansourah, v. de la Basse-Egypte.

Mantes, ch.-l. d'arr. (Seine-et-Oise) ; 6 700 h.

Mantinée, anc. v. d'Arcadie.

Mantoue, v. forte d'Italie.

Manzat, ch.-l. de c. (Puy-de-Dôme), arr. de Riom ; 2 000 h.

Maracaïbo (Venezuela), v., lac et cap.

Marans, ch.-l. de c. (Char.-Inf.) ; arr. de La Rochelle ; 5 000 h.

Marathon, anc. v. de l'Attique.

Marcenat, ch.-l. de c. (Cantal), arr. de Murat ; 2 500 h.

Marchaux, ch.-l. de c. (Doubs), arr. de Besançon ; 500 h.

Marche, anc. prov. de France.

Marchenoir, ch.-l. de c. (Loir-et-Cher), arr. de Blois ; 700 h.

Marchiennes-Ville, ch.-l. de c. (Nord).

Marciac, ch.-l. de c. (Gers), arr. de Mirande : 1 800 h.

Marcigny, ch.-l. de c. (S.-et-L.), arr. de Charolles ; 2 800 h.

Marcillac, ch.-l. de c. (Aveyron), arr. de Rodez ; 2 000 h.

Marcillat, ch.-l. de c. (Allier), arr. de Montluçon : 2 000 h.

Marcilly-le-Hayer, ch.-l. de c. (Aube).

Marckolsheim, ch.-l. de c. (B.-Rhin). Cédé à l'Allemagne.

Marcoing, ch.-l. de c. (Nord), arr. de Cambrai ; 2 000 h.

Maremmes (les), en Toscane.

Marengo, v. célèbre d'Italie.

Marennes, ch.-l. d'arr. (Char.-Inférieure) ; 4 565 h.

Maréotis, lac (Basse-Egypte).

Mareuil, ch.-l. de c. (Dordogne), arr. de Nontron ; 1 000 h.

Mareuil, ch.-l. de c. (Vendée), arr. de la Roche-s.-Yon ; 2 000 h.

Margeride, chaîne de montagnes (France).

Marguerittes, ch.-l. de c. (Gard), arr. de Nîmes ; 1 800 h.

Mariannes, îles de la Polynésie.

Marie-Galante, île (Antilles).

Marienburg, v. de Prusse.

Marignan (*Melegnano*), Italie.

Marigny, ch.-l. de c. (Manche), arr. de Saint-Lô ; 1 300 h.

Marines, ch.-l. de c. (Seine-et-Oise), arr. de Pontoise ; 1 500 h.

Maringues, ch.-l. de c. (P.-de-Dôme), arr. de Thiers ; 3 700 h.

Marle, ch.-l. de c. (Aisne), arr. de Laon ; 2 500 h.

Marly-le-Roi, ch.-l. de c. (S.-et-Oise), arr. de Versailles.

Marmande, ch.-l. d'arr. (Lot-et-Garonne) ; 9 900 h.

Marmara (mer de), Turquie.

Marmoutier (Bas-Rhin). Cédé à l'Allemagne.

Marnay, ch.-l. de c. (Hte-S.), arr. de Gray ; 1 000 h.

Marne, affl. de la Seine.

Marne (dép. de la), ch.-l. Châlons ; 430 000 h.

Marne (dép. de la Haute-), ch.-l. Chaumont ; 248 000 h.

Maroc, Etat de l'Afrique septentrionale.

Maroilles (Nord). Fromages.

Marolles-les-Braults, ch.-l. de c. (Sarthe) ; 2 300 h.

Maromme, ch.-l. de c. (S.-Inf.), arr. de Rouen ; 3 400 h.

Marquion, ch.-l. de c. (Pas-de-Calais), arr. d'Arras ; 800 h.

Marquise, ch.-l. de c. (Pas-de-Calais), arr. de Boulogne ; 4 000 h.

Marquises (îles), (Océanie).

Marsaille (La), v. d'Italie.

Marsala, port de Sicile.

Marsanne, ch.-l. de c. (Drôme), arr. de Montélimar ; 1 500 h.

Marseille, ch.-l. du dép. des B.-du-Rh. ; 377 000 h. Port.

Marseille, ch.-l. de c. (Oise), arr. de Beauvais ; 800 h.

Marson, ch.-l. de c. (Marne).

Martaban, prov. d'Indo-Chine.

Martel, ch.-l. de c. (Lot), arr. de Gourdon ; 2 500 h.

Martigues, ch.-l. de c. (Bouches-du-Rhône) ; 7 000 h.

Martinique (Antilles françaises).

Marvejols, ch.-l. d'arr. (Lozère) ; 5 000 h.

Maryland (Amérique du Nord).

Mas-Cabardès, ch.-l. de c. (Aude), arr. de Carcassonne.

Mascara, v. d'Algérie (Oran).

Mascate, v. mar. d'Arabie.

Mas-d'Agenais, ch.-l. de c. (Lot-et-Gar.), arr. de Marmande.

Mas-d'Azil, ch.-l. de c. (Ariège), arr. de Pamiers ; 2 400 h.

Massa, v. d'Italie.

Massachussetts, Etat d'Amér.

Massat, ch.-l. de c. (Ariège), arr. de Saint-Girons ; 4 000 h.

Massegros (Le), ch.-l. de c. (Lozère), arr. de Florac ; 300 h.

Masseube, ch.-l. de c. (Gers), arr. de Mirande ; 1 200 h.

Massevaux, ch.-l. de c. (Ht-Rhin). Annexé à la Prusse.

Massiac, ch.-l. de c. (Cantal), arr. de Saint-Flour ; 2 000 h.

Masulipatam, v. de l'Hindoust.

Matapan, cap au s. de la Grèce.

Mataro, p. d'Espagne.

Matelles, ch.-l. de c. (Hérault), arr. de Montpellier.

Matha, ch.-l. de c. (Char.-Inf.), arr. de St-Jean-d'Ang. ; 2 000 h.

Matignon, ch.-l. de c. Côtes-du-Nord), arr. de Dinan ; 4600 h.

Matour, ch.-l. de c. (Saône-et-Loire), arr. de Mâcon ; 2200 h.

Maubeuge, ch.-l. de c. (Nord), arr. d'Avesnes ; 18 300 h.

Maubourguet, ch.-l. de c. (Htes-Pyrénées), arr. de Tarbes; 2600 h.

Mauguio, ch.-l. de c. (Hérault), arr. de Montpellier; 2 100 h.

Mauléon-Barousse, ch.-l. de c. (H.-Pyr.), arr. de Bagnères-de-Big.

Mauléon-Licharre, ch.-l. d'arr. (Basses-Pyrénées) ; 2 200 h.

Maure, ch.-l. de c. (Ille-et-Vil.), arr. de Redon ; 3 600 h.

Mauriac, ch.-l. d'arr. (Cantal) ; 3 600 h.

Maurice, île de l'océan Indien.

Mauritanie, anc. contr. d'Afriq.

Mauron, ch.-l. de c. (Morbihan), arr. de Ploërmel ; 4 500 h.

Maurs, ch.-l. de c. (Cantal), arr. d'Aurillac ; 3 000 h.

Mauvezin, ch.-l. de c. (Gers), arr. de Lectoure ; 2 600 h.

Mauzé, ch.-l. de c. (D.-Sèvres), arr. de Niort ; 1 600 h.

Mayence, v. du duché de Hesse.

Mayenne, affluent de la Sarthe.

Mayenne (dép. de la), ch.-l. Laval ; 340 000 h.

Mayenne, ch.-l. d'arr. (Mayenne); 11 000 h.

Mayet, ch.-l. de c. (Sarthe), arr. de La Flèche ; 2 200 h.

Mayet-de-Montagne (Le), ch.-l. de c. (Allier) ; 3 400 h.

Mayotte, une des îles Comores.

Mazagran, v. d'Algérie (Oran).

Mazamet, ch.-l. de c. (Tarn), arr. de Castres ; 15 000 h.

Mazières-en-Gâtine, ch.-l. de c. (Deux-Sèvres).

Meako, v. forte du Japon.

Meaux, ch.-l. d'arr. (Seine-et-Marne) ; 12500 h.

Mecklembourg - Schwérin, Confédération germanique.

Mecklembourg-Strélitz, duché de la Confédération germanique.

Mecque (La), v. d'Arabie.

Médéah, v. forte d'Algérie.

Médie, anc. contrée d'Asie.

Médine, v. d'Arabie.

Médinet-Abou, v. d'Égypte.

Méditerranée, mer entre l'Europe, l'Asie et l'Afrique.

Médoc, ancien pays de France.

Mées (Les), ch.-l. de c. (Basses-Alpes), arr. de Digne ; 2 000 h.

Mégare, v. de l'anc. Grèce.

Mehun-sur-Yèvre, ch.-l. de c. (Cher), arr. de Bourges ; 7000 h.

Meilhan, ch.-l. de c. (Lot-et-Garonne), arr. de Marmande.

Meillerie, village suisse.

Mein, affluent du Rhin.

Meiningen, v. d'Allemagne.

Mélanésie, îles de l'Océanie.

Melbourne, v. d'Australie.

Mélisey, ch.-l. de c. (H.-Saône), arr. de Lure ; 2 000 h.

Melle, ch.-l. d'arr. (D.-Sèvres) ; 3 000 h.

Melun, ch.-l. du dép. de Seine-et-Marne ; 13000 h.

Melville, baie (Groenland).
Melville, détroit (mer Polaire).
Memel, port de Prusse.
Memphis, v. de l'anc. Egypte.
Menat, ch.-l. de c. (P.-de-Dôme), arr. de Riom ; 1 300 h.
Mende, ch.-l. du dép. de la Lozère) ; 8 000 h.
Mendoza, v. (Répub. Argentine).
Menigoute, ch.-l. de c. (Deux-Sèvres), arr. de Parthenay; 1 000 h.
Menin, v. de Belgique.
Mennetou, ch.-l. de c. (Loir-et-Cher), arr. de Romorantin.
Mens, ch.-l. de c. (Isère), arr. de Grenoble; 1 900 h.
Mentana, village d'Italie.
Menton, ch.-l. de c. (Alp.-Maritimes), arr. de Nice ; 9 000 h.
Menzaleh, lac de la B.-Egypte.
Méotide (*Palus*), (mer d'Azov).
Méquinez, v. du Maroc.
Mer, ch.-l. de c. (Loir-et-Cher), arr. de Blois ; 4 000 h.
Mercœur, ch.-l. de c. (Corrèze), arr. de Tulle ; 900 h.
Mercurey (Saône-et-Loire), arr. de Chalon. Vins.
Merdrignac, ch.-l. de c. (Côtes-du-Nord), arr. de Loudéac ; 3 200 h.
Méréville, ch.-l. de c. (Seine-et-Oise), arr. d'Etampes ; 1 500 h.
Mérida, v. d'Espagne.
Mérindol, v. de Fr. (Vaucluse).
Merlerault (Le), ch.-l. de c. (Orne), arr. d'Argentan ; 1 300 h.
Mersbourg, v. de Saxe.
Mers-el-Kébir, port d'Algérie.
Méru, ch.-l. de c. (Oise), arr. de Beauvais ; 4 400 h.
Merville, ch.-l. de c. (Nord), arr. d'Hazebrouck ; 7 200 h.
Méry-sur-Seine, ch.-l. de c. (Aube), arr. d'Arcis-sur-Aube.
Mésie, anc. contrée (Serbie et Bulgarie).
Meslay, ch.-l. de c. (Mayenne), arr. de Laval ; 1 900 h.
Mesle-sur-Sarthe, ch.-l. de c. (Orne), arr. d'Alençon.
Mésopotamie (Asie ancienne).
Messei, ch.-l. de c. (Orne), arr. de Domfront ; 1 500 h.
Messine, port de Sicile.
Messine, détroit de Sicile.
Mesvres, ch.-l. de c. (Saône-et-Loire), arr. d'Autun ; 1 400 h.
Métaure, fleuve d'Italie.
Mételin, anc. *Lesbos*.
Métidjah, plaine d'Algérie.
Mettray (Ind.-et-L.). C[illegible]. agric
Metz, ch.-l. de la Moselle. Cédé à la Prusse.
Metzervisse. Cédé à la Prusse.
Meudon (Seine-et-Oise), arr. de Versailles.
Meulan, ch.-l. de c. (Seine-et-Oise), arr. de Versailles ; 2 800 h.
Meung, ch.-l. de c. (Loiret), arr. d'Orléans ; 3 500 h.
Meursault, c. de la Côte-d'Or, arr. de Dijon. Vins.
Meurthe, affluent de la Moselle.
Meurthe (dép. de la). Cédé en partie à l'Allemagne.
Meurthe-et-Moselle (dép. de), ch.-l. Nancy ; 432 000 h.
Meuse, prend sa source en F[illegible]
Meuse (dép. de la), ch.-l. Bar-le-Duc ; 292 000 h.
Mexico, cap. du Mexique.
Meximieux, ch.-l. de c. (Ain), arr. de Trévoux ; 2 300 h.
Mexique, rép. de l'Amérique du Nord.
Mexique, golfe de l'oc. Atlant.
Mexique (Nouv.). Cédé aux Et.-Unis.
Meymac, ch.-l. de c. (Corrèze), arr. d'Ussel ; 4 000 h.
Meyrueis, ch.-l. de c. (Lozère), arr. de Florac ; 1 900 h.
Meyssac, ch.-l. de c. (Corrèze), arr. de Brive ; 2 000 h.
Meyzieu, ch.-l. de c. (Isère), arr. de Vienne, 1 500 h.
Mèze, ch.-l. de c. (Hérault), arr. de Montpellier ; 6 000 h.
Mézel, ch. de c. (B.-Alpes), arr. de Digne ; 1 000 h.
Mézidon, ch.-l. de c. (Calvados), arr. de Lisieux ; 1 200 h.
Mézières, ch.-l. du dép. des Ardennes ; 7 000 h.
Mézières, ch.-l. de c. (Haute-Vienne), arr. de Bellac ; 1 500 h.
Mézières-en-Brenne, ch.-l. de c. (Indre) ; 1 800 h.
Mézin, ch.-l. de c. (Lot-et-Gar.), arr. de Nérac ; 2 800 h.
Michigan, lac des Etats-Unis.
Micronésie, îles (Océanie).
Middelbourg, v. de Hollande.
Midou, riv. (Gers).
Midouze, riv. de France.
Miélan, ch.-l. de c. (Gers), arr. de Mirande ; 2000 h,
Miguel (San-), île des Açores.

Milan, v. de l'Italie.
Milanais, anc. duché de l'Italie.
Milet, anc. ville d'Asie.
Milianah, v. d'Algérie.
Millas, ch.-l. de c. (Pyr.-Orient.), arr. de Perpignan ; 2 300 h.
Millau, ch.-l. d'arr. (Aveyron) ; 16 000 h.
Milly, ch.-l. de c. (Seine-et-O.), arr. d'Étampes ; 2 300 h.
Milo, une des Cyclades.
Mimizan, ch.-l. de c. (Landes), arr. de Mont-de-Marsan ; 1 200 h.
Mincio, affluent du Pô.
Mindanao, île des Philippines.
Minden, v. de Prusse.
Mingrélie (Russie d'Asie).
Minho, fl. (Espagne et Portug.).
Minho, prov. du Portugal.
Minnesota, un des Etats-Unis.
Minorque, une des Baléares.
Minsk, v. de la Russie.
Miquelon, îles de l'Amér. du N.
Miradoux, ch.-l. de c. (Gers), arr. de Lectoure ; 1 300 h.
Mirambeau, ch.-l. de c. (Char.-Inf.), arr. de Jonzac ; 2 200 h.
Mirande, ch.-l. d'arr. (Gers); 4 000 h.
Mirandole, v. d'Italie.
Mirebeau, ch.-l. de c. (Vienne), arr. de Poitiers ; 3 000 h.
Mirebeau-sur-Bèze, ch.-l. de c. (Côte-d'Or), arr. de Dijon.
Mirecourt, ch.-l. d'arr. (Vosges) ; 5 500 h.
Mirepoix, ch.-l. de c. (Ariège), arr. de Pamiers ; 4 000 h.
Mirzapour, v. des Indes.
Misène (cap), promont. d'Italie.
Mississipi, fl. des Etats-Unis.
Mississipi, un des Etats-Unis.
Missolonghi, v. de la Grèce.
Missouri, riv. des Etats-Unis.
Missouri, un des Etats-Unis.
Mittau, v. de la Russie.
Mitylène, anc. cap. de Lesbos.
Mobile, v. de l'Alabama.
Mobile, baie (golfe du Mexique).
Modane, ch.-l. de c. (Savoie), arr. de St-Jean-de-Maur. ; 2 600 h.
Modène, v. d'Italie.
Modène, duché annexé à l'Italie.
Modon, v. de la Morée.
Mœris, lac d'Egypte.
Mogador, v. du Maroc.
Mohacz, v. forte de Hongrie.
Mohicans, Indiens du Connecticut.
Mohilev, v. de Russie.
Moirans, ch.-l. de c. (Jura), arr. de St-Claude ; 1 300 h.
Moisdon, ch-l. de c. (Loire-Inf.), arr. de Châteaubriant ; 2 600 h.
Moissac, ch.-l. d'arr. (Tarn-et-Garonne) ; 9 300 h.
Moita, ch.-l. de c. (Corse), arr. de Corte ; 900 h.
Moka, port d'Arabie.
Moldau (la), riv. d'Autriche.
Moldavie (Roumanie).
Molières, ch.-l. de c. (Tarn-et-Gar.), arr. de Montauban ; 2 300 h.
Molliens-Vidame, ch.-l. de c. (Somme), arr. d'Amiens.
Molsheim ch.-l. de c. (Bas-Rhin). Cédé à l'Allemagne.
Moluques, îles (Océanie).
Monaco, princip. (Alp.-Marit.).
Monastier (Le), ch.-l. de c. (Hte-Loire), arr. du Puy ; 4 000 h.
Monclar, ch.-l. de c. (Lot-et-Garonne), arr. de Vill.-d'Agen ; 1 500 h.
Monclar, ch.-l. de c. (Tarn-et-Garonne), arr. de Montauban.
Moncontour, ch.-l. de c. Côtes-du N.), arr. de St-Brieuc ; 4 297 h.
Moncontour, ch.-l. de c. (Vienne), arr. de Loudun.
Moncoutant, ch.-l. de c. (Deux-Sèvres), arr. de Parthenay.
Mondoubleau, ch.-l. de c. (Loir-et-Cher), arr. de Vendôme.
Mondovi, v. d'Italie.
Monein, ch.-l. de c. (B.-Pyrén.), arr. d'Oloron ; 4 300 h.
Monestier-de-Clermont, ch.-l. de c. (Isère), arr. de Grenoble.
Monestiès, ch.-l. de c. (Tarn), arr. d'Albi ; 1 500 h.
Monêtier (Le), ch.-l. de c. (Htes-Alpes), arr. de Briançon ; 2 300 h.
Monflanquin, ch.-l. de c. (Lot-et-Garonne), arr. de Vill.-d'Agen.
Monghir, v. du Bengale.
Mongolie (Chine) ; 3 millions d'habitants.
Mongols, empire d'Asie.
Monistrol-sur-Loire, ch.-l. de c. (Haute-Loire), arr. d'Yssingeaux.
Monmouth, comté d'Angleterre.
Monomotapa, contrée d'Afriq.
Monpazier, ch.-l. de c. (Dordog.), arr. de Bergerac ; 900 h.
Monpont, ch.-l. de c. (Dordogne), arr. de Ribérac ; 2 400 h.
Monreale, v. de Sicile.
Mons, v. de Belgique.

Mons-en-Puelle, dép. du Nord.
Monségur, ch.-l. de c. (Gironde), arr. de la Réole ; 1 500 h.
Monsoles, ch.-l. de c. (Rhône), arr. de Villefranche ; 1 200 h.
Montagnac, ch.-l. de c. (Hérault), arr. de Béziers ; 3 200 h.
Montagrier, ch.-l. de c. (Dordogne). arr. de Ribérac.
Montaigu ch.-l. de c. (Vendée), arr. de La Roche-s-Yon ; 1700 h.
Montaigu, ch.-l. de c. (Tarn-et-Garonne).
Montaigut, ch.-l. de c. (Puy-de-Dôme), arr. de Riom ; 1 900 h.
Montaner, ch.-l. de c. (Basses-Pyrénées), arr. de Pau ; 8 000 h.
Montargis, ch.-l. d'arr. (Loiret), 11 000 h.
Montastruc, ch. de c. (Haute-Gar.), arr. de Toulouse ; 1 000 h.
Montauban, ch.-l. du dép. de Tarn-et-Garonne ; 30 000 h.
Montauban, ch.-l. de c. (Ille-et-Vilaine), arr. de Montfort; 3 000 h.
Montbard, ch.-l. de c. (C.-d'Or), arr. de Semur ; 2 500 h.
Montbarrey, ch.-l. de c. (Jura), arr. de Dôle.
Montbazens, ch.-l. de c. (Aveyron), arr. de Villefranche; 1 500 h.
Montbazon, ch.-l. de c. (Indre-et-Loire), arr. de Tours.
Montbéliard, ch.-l. d'arrondiss. (Doubs) ; 9 500 h.
Montbenoît, ch.-l. de c. (Doubs), arr. de Pontarlier; 200 h.
Montbozon, ch.-l. de c. (Hte-Saône), arr. de Vesoul ; 800 h.
Montbrison, ch.-l. d'arr. (Loire) ; 7 400 h.
Montbron, ch.-l. de c. (Charente), arr. d'Angoulême, 3 500 h.
Montcenis, ch.-l. de c. (Saône-et-Loire), arr. d'Autun ; 2 000 h.
Montcuq, ch.-l. de c. (Lot), arr. de Cahors ; 2 000 h.
Mont-de-Marsan, ch.-l. du dép. des Landes ; 12 000 h.
Montdidier , ch.-l. d'arr. (Somme) ; 1 700 h.
Mont-d'Or, mont. p. Lyon.
Mont-Dore, v. (Puy-de-Dôme).
Montebello, village d'Italie.
Montebourg, ch.-de c. (Manche), arr. de Valognes ; 2 200 h.
Montech, ch.-l. de c. (Tarn-et-Garonne) ; 2 800 h.
Monteleone , v. d'Italie.
Montélimar, ch.-l. d'arr. (Drôme) ; 14 000 h.
Montembœuf, ch.-l. de c. (Charente), arr. de Confolens ; 1 300 h.
Montendre, ch.-l. de c. (Char.-Inf.), arr. de Jonzac ; 1 400 h.
Monténégro, pays de Turquie.
Montenotte, village d'Italie.
Montereau, ch.-l. de c. (Seine-et-M.), arr. de Fontaineb., 8 000 h.
Montesquieu-Volvestre, ch.-l. de c. (Haute-Garonne).
Montesquiou, ch.-l. de c. (Gers), arr. de Mirande ; 2 500 h.
Montet (Le), ch.-l. de c. (Allier), arr. de Moulins ; 700 h.
Montévidéo, cap. de l'Uruguay.
Montfaucon, ch.-l. de c. (M.-et-Loire), arr. de Beaupréau.
Montfaucon, ch.-l. de c. (Hte-Loire), arr. d'Yssingeaux.
Montfaucon, ch.-l. de c. (Meuse), arr. de Montmédy.
Montferrat, anc. duché d'Italie.
Montfort, ch.-l. de c. (Landes), arr. de Dax.
Montfort-l'Amaury, ch.-l. de c. (Seine-et-Oise). Ruines pittoresques d'un château où naquit Montfort.
Montfort-sur-Huisne, ch.-l. de c. (Sarthe), arr. du Mans.
Montfort-sur-Meu, ch.-l. d'arr. (Ille-et-Vilaine) ; 2 297 h.
Montfort-sur-Rille, ch.-l. de c. (Eure), arr. de Pont-Audemer.
Montgeron, bourg de S.-et-O.
Montgiscard, ch.-l. de c. (Hte-Garonne), arr. de Villefranche.
Montgomery (Alabama), Et.-U.
Montguyon, ch.-l. de c. (Charente-Inf.), arr. de Jonzac ; 1 700 h.
Monthermé, ch.-l. de c. (Ard.), arr. de Mézières ; 4 000 h.
Monthois, ch. l. de c. (Ard.), arr. de Vouziers.
Monthoumet, ch.-l. de c. (Aude), arr. de Carcassonne.
Monthureux, ch.-l. de c. (Vosges), arr. de Mirecourt ; 1 600 h.
Montier-en-Der, ch.-l. de c. (Hte-Marne), arr. de Vassy.
Montier-sur-Saulx, ch.-l. de c. (Meuse), arr. de Bar-le-Duc.
Montignac, ch.-l. de c. (Dordog.), arr. de Sarlat ; 3 500 h.
Montigny, ch.-l. de c. (Haute-Marne), arr. de Langres ; 1 155 h.
Montigny, ch.-l. de c. (Dord.).
Montigny-sur-Aube, ch.-l. de

c. (Côte-d'Or), arr. de Chât.-sur-S.

Montivilliers, ch.-l. de c. (Seine-Inf.), arr. du Havre ; 5000 h.

Montlhéry (Seine-et-Oise), arr. de Corbeil ; 2 300 h.

Montlieu, ch.-l. de c. (Char.-Inférieure) ; 1 200 h.

Montlouis, ch.-l. de c. (Pyrénées-Orientales) ; 900 h.

Montluçon, ch.-l. d'arr. (Allier), 28 000 h.

Montluel, ch.-l. de c. (Ain), arr. de Trévoux ; 3 000 h.

Montmarault, ch.-l. de c. (Allier), arr. de Montluçon ; 2 000 h.

Montmartin-sur-Mer, ch.-l. de c. (Manche) ; 1 000 h.

Montmédy, ch.-l. d'arr. (Meuse), place forte ; 3 200 h.

Montméliard, ch.-l. de c. (Savoie), 1 200 h.

Montmirail, ch.-l. de c. (Marne), 2 500 h.

Montmirail, ch.-l. de c. (Sarthe) ; 1 000 h.

Montmirey, ch.-l. de c. (Jura), 500 h.

Montmoreau, ch.-l. de c. (Charente) ; 900 h.

Montmorency, ch.-l. de cant. (Seine-et-Oise) ; 5 000 h.

Montmorillon, ch.-l. d'arrond. (Vienne), 5 000 h.

Montmort, ch.-l. de c. (Marne), 700 h.

Montoire, ch.-l. de c. (Loir-et-Cher) ; 3 200 h.

Montpellier, ch.-l. du dép. de l'Hérault ; 57 000 h.

Montpezat, ch.-l. de c. (Tarn-et-Garonne ; 2500 h.

Montpezat, ch.-l. de c. (Ardèche), arr. de Largentière ; 2 500 h.

Montpont, ch.-l. de c. (Saône-et-Loire), arr. de Louhans ; 2700 h.

Montréal, v. du Canada.

Montréal, ch.-l. de c. (Aude), arr. de Carcassonne ; 2 900 h.

Montréal, ch.-l. de c. (Gers), arr. de Condom ; 2 700 h.

Montredon, ch.-l. de c. (Tarn), arr. de Castres ; 4 600 h.

Montréjeau, ch.-l. de c. (Hte-Garonne), arr. de Saint-Gaudens.

Montrésor, ch.-l. de c (Indre-et-Loire), arr. de Loches ; 700 h.

Montret, ch.-l. de c. (Saône-et-Loire), arr. de Louhans ; 1 000 h.

Montreuil-Bellay, ch.-l. de c. (Maine-et-Loire), arr. de Saumur.

Montreuil-sous-Bois (Seine), arr. de Sceaux.

Montreuil-sur-Mer, chef-lieu d'arr. (Pas-de-Calais).

Montrevault, ch.-l. de c. (Maine-et-Loire), arr. de Cholet.

Montrevel, ch.-l. de c. (Ain), arr. de Bourg ; 1 500 h.

Montrichard, ch.-l. de c. (Loir-et-Cher), arr. de Blois ; 3 000 h.

Mont-Saint-Michel, v. sur un rocher (Manche). Château fort.

Mont-Saint-Vincent, ch.-l. de c. (S.-et-L.), arr. de Chal.-sur-S.

Montsalvy, ch.-l. de c. (Cantal), arr. d'Aurillac ; 1 500 h.

Montsauche, ch.-l. de c. (Nièvre), arr. de Château-Chinon.

Monts-sur-Guesnes, ch.-l. de c. (Vienne).

Montsurs, ch.-l. de c. (Mayenne), arr. de Laval ; 1 700 h.

Morat, v. de Suisse.

Moravie, prov. de l'Autriche.

Morbihan (dép. du), ch.-l. Vannes. 536000 k.

Mordelles. ch.-l. de c. (Ille-et-Vilaine), arr. de Rennes ; 2 500 h.

Morée. presqu'île de Grèce.

Morée, ch.-l. de c. (Loir-et-Ch.) ; 1 500 h.

Morena (*Sierra*), mont. d'Esp.

Morestel, ch.-l. de c. (Isère), arr. de la Tour-du-Pin ; 1 400 h.

Moret, ch.-l. de c. (Seine-et-M.), arr. de Fontainebleau.

Moreuil, ch.-l. de c. (Somme), arr. de Montdidier ; 3 400 h.

Morez, ch.-l. de c. (Jura), arr. de Saint-Claude ; 5 500 h.

Morlaas, ch.-l. de c. (Htes-Pyrénées), arr. de Pau ; 1 500 h.

Morlaix, ch.-l. d'arr. (Finistère) ; 16 000 h.

Mormant, ch.-l. de c. (Seine-et-Marne), arr. de Melun ; 1 500 h.

Mormoiron, ch.-l. de c. (Vaucluse), arr. de Carpentras ; 1 700 h.

Mornant, ch.-l. de c. (Rhône), arr. de Lyon ; 2 200 h.

Morosaglia, ch.-l. de c. (Corse).

Mortagne, ch.-l. d'arr. (Orne), 4 500 h.

Mortagne-sur-Sèvre, ch.-l. de c. (Vendée) ; 2 000 h.

Mortain, ch.-l. d'arr. (Manche) ; 2 500 h.

Mortara, v. d'Italie.

Morte (*mer*), (Palestine),
Morteau, ch.-l. de c. (Doubs), arr. de Pontarlier; 2 100 h.
Morteaux-Coulibœuf, ch.-l. de c. (Calvados).
Mortrée, ch.-l. de c. (Orne), arr. d'Argentan; 1 300 h.
Morvan, pays de l'anc. France.
Moscou, anc. cap. de Russie.
Moselle, affluent du Rhin.
Moselle (dép. de la), ch.-l. Metz. Cédé en partie à l'Allemagne.
Moskova, riv. de Russie.
Mosquitos, peup. du Guatemala.
Mossoul, v. de la Turquie d'Asie.
Mostaganem, v. de l'Algérie.
Mostar, c. de l'Herzégovine.
Mothe-Achard (La), ch.-l. de c. (Vendée).
Mothe-Saint-Héraye (La), ch.-l. de c. (Deux-Sèvres).
Motte (La), ch.-l. de c. (Basses-Alpes), arr. de Sisteron; 700 h.
Motte-Chalançon (La), ch.-l. de c. (Drôme), arr. de Die.
Motte-Servolex (La), ch.-l. de c. (Savoie), arr. de Chambéry.
Moulins, ch.-l. de c. du dép. de l'Allier; 22 000 h.
Moulins-Engilbert, ch.-l. de c. (Nièvre).
Moulins-la-Marche, ch.-l. de c. (Orne).
Moultan, v. des Indes.
Mourchid-Abad, v. de l'Hindoustan.
Mourmelon (Marne). Champ de manœuvres.
Mourzouk, cap. du Fezzan.
Moustiers, ch.-l. de c. (Basses-Alpes), arr. de Digne.
Mouthe, ch.-l. de c. (Doubs), arr. de Pontarlier; 1 022 h.
Mouthoumet, ch.-l. de c. (Aude).
Moutiers, ch.-l. d'arr. (Savoie).
Moutiers-les-Maufaits, ch.-l. de c. (Vendée); 800 h.
Mouy, ch.-l. de c. (Oise), arr. de Clermont; 3 000 h.
Mouzon, ch.-l. de c. (Ardennes), arr. de Sedan; 1 100 h.
Moy, ch.-l. de c. (Aisne), arr. de Saint-Quentin; 1 900 h.
Moyenneville, ch.-l. de c. (Somme), arr. d'Abbeville; 1 000 h.
Mozambique (canal de), (Madagascar).
Mugron, ch.-l. de c. (Landes), arr. de Saint-Sever; 2 000 h.
Mulhouse. Cédé à l'Allemagne.
Munich, cap. de la Bavière.
Munster, v. prussienne.
Munster (Haut-Rhin). Cédé à l'Allemagne.
Munster, province d'Irlande.
Mûr, ch.-l. de c. (C.-du-Nord), arr. de Loudéac; 2 500 h.
Mur-de-Barrez, ch.-l. de c. (Aveyron), arr. d'Espalion.
Murat, ch.-l. d'arrond. (Cantal); 3 200 h.
Murat, ch.-l. de c. (Tarn), arr. de Castres; 3 000 h.
Murato, ch.-l. de c. (Corse), arr. de Bastia; 1 000 h.
Murcie, v. d'Espagne.
Mure (La), ch.-l. de c. (Isère), arr. de Grenoble; 4 000 h.
Muret, ch.-l. d'arr. (Haute-Garonne); 4 000 h.
Muro, ch.-l. de c. (Corse), arr. de Calvi, 1 200 h.
Murray (golfe de), (Ecosse).
Murviedro, v. d'Espagne.
Murviel, ch.-l. de c. (Hérault), arr. de Béziers; 2 000 h.
Mussidan, ch.-l. de c. (Dordogne), arr. de Ribérac; 2 000 h.
Mussy-sur-Seine, ch.-l. de c. (Aube); 1 600 h.
Muzillac, ch.-l. de c. (Morbihan); 2 500 h.
Mycale, promontoire d'Asie.
Mycènes, anc. v. de l'Argolide.
Mysie, contrée de l'Asie.
Mysore, Inde anglaise.
Mzab, Confédération berbère.

N

Nab, riv. de Bavière.
Nagpour, v. des Indes.
Nailloux, ch.-l. de c. (H.-Garonne), arr. de Villefranche; 1 300 h.
Najac, ch.-l. de c. (Aveyron) arr. de Villefranche; 2 000 h.
Namur, ville forte de Belgique; 26 000 h.

c. (Côte-d'Or), arr. de Chât.-sur-S.

Montivilliers, ch.-l. de c. (Seine-Inf.), arr. du Havre ; 5000 h.

Montlhéry (Seine-et-Oise), arr. de Corbeil ; 2 300 h.

Montlieu, ch.-l. de c. (Char.-Inférieure) ; 1 200 h.

Montlouis, ch.-l. de c. (Pyrénées-Orientales) ; 900 h.

Montluçon, ch.-l. d'arr. (Allier), 28 000 h.

Montluel, ch.-l. de c. (Ain), arr. de Trévoux ; 3 000 h.

Montmarault, ch.-l. de c. (Allier), arr. de Montluçon ; 2 000 h.

Montmartin-sur-Mer, ch.-l. de c. (Manche) ; 1 000 h.

Montmédy, ch.-l. d'arr. (Meuse), place forte ; 3 200 h.

Montméliard, ch.-l. de c. (Savoie), 1 200 h.

Montmirail, ch.-l. de c. (Marne), 2 500 h.

Montmirail, ch.-l. de c. (Sarthe) ; 1 000 h.

Montmirey, ch.-l. de c. (Jura), 500 h.

Montmoreau, ch.-l. de c. (Charente) ; 900 h.

Montmorency, ch.-l. de cant. (Seine-et-Oise) ; 5 000 h.

Montmorillon, ch.-l. d'arrond. (Vienne). 5 000 h.

Montmort, ch.-l. de c. (Marne), 700 h.

Montoire, ch.-l. de c. (Loir-et-Cher) ; 3 200 h.

Montpellier, ch.-l. du dép. de l'Hérault ; 57 000 h.

Montpezat, ch.-l. de c. (Tarn-et-Garonne ; 2500 h.

Montpezat, ch.-l. de c. (Ardèche), arr. de Largentière ; 2 500 h.

Montpont, ch.-l. de c. (Saône-et-Loire), arr. de Louhans ; 2700 h.

Montréal, v. du Canada.

Montréal, ch.-l. de c. (Aude), arr. de Carcassonne ; 2 900 h.

Montréal, ch.-l. de c. (Gers), arr. de Condom ; 2 700 h.

Montredon, ch.-l. de c. (Tarn), arr. de Castres ; 4 600 h.

Montréjeau, ch.-l. de c. (Hte-Garonne), arr. de Saint-Gaudens.

Montrésor, ch.-l. de c (Indre-et-Loire), arr. de Loches ; 700 h.

Montret, ch.-l. de c. (Saône-et-Loire), arr. de Louhans ; 1 000 h.

Montreuil-Bellay, ch.-l. de c. (Maine-et-Loire), arr. de Saumur.

Montreuil-sous-Bois (Seine), arr. de Sceaux.

Montreuil-sur-Mer, chef-lieu d'arr. (Pas-de-Calais).

Montrevault, ch.-l. de c. (Maine-et-Loire), arr. de Cholet.

Montrevel, ch.-l. de c. (Ain), arr. de Bourg ; 1 500 h.

Montrichard, ch.-l. de c. (Loir-et-Cher), arr. de Blois ; 3 000 h.

Mont-Saint-Michel, v. sur un rocher (Manche). Château fort.

Mont-Saint-Vincent, ch.-l. de c. (S.-et-L.), arr. de Chal.-sur-S.

Montsalvy, ch.-l. de c. (Cantal), arr. d'Aurillac ; 1 500 h.

Montsauche, ch.-l. de c. (Nièvre), arr. de Château-Chinon.

Monts-sur-Guesnes, ch.-l. de c. (Vienne).

Montsurs, ch.-l. de c. (Mayenne), arr. de Laval ; 1 700 h.

Morat, v. de Suisse.

Moravie, prov. de l'Autriche.

Morbihan (dép. du), ch.-l. Vannes. 536 000 k.

Mordelles. ch.-l. de c. (Ille-et-Vilaine), arr. de Rennes ; 2 500 h.

Morée. presqu'île de Grèce.

Morée, ch.-l. de c. (Loir-et-Ch.) ; 1 500 h.

Morena (*Sierra*), mont. d'Esp.

Morestel, ch.-l. de c. (Isère), arr. de la Tour-du-Pin ; 1 400 h.

Moret. ch.-l. de c. (Seine-et-M.), arr. de Fontainebleau.

Moreuil, ch.-l. de c. (Somme), arr. de Montdidier ; 3 400 h.

Morez. ch.-l. de c. (Jura), arr. de Saint-Claude ; 5 500 h.

Morlaas, ch.-l. de c. (Htes-Pyrénées), arr. de Pau ; 1 500 h.

Morlaix, ch.-l. d'arr. (Finistère) ; 16 000 h.

Mormant, ch.-l. de c. (Seine-et-Marne), arr. de Melun ; 1 500 h.

Mormoiron, ch.-l. de c. (Vaucluse), arr. de Carpentras ; 1 700 h.

Mornant, ch.-l. de c. (Rhône), arr. de Lyon ; 2 200 h.

Morosaglia, ch.-l. de c. (Corse).

Mortagne, ch.-l. d'arr. (Orne), 4 500 h.

Mortagne-sur-Sèvre, ch.-l. de c. (Vendée) ; 2 000 h.

Mortain, ch.-l. d'arr. (Manche) ; 2 500 h.

Mortara, v. d'Italie.

Morte (*mer*), (Palestine),
Morteau, ch.-l. de c. (Doubs), arr. de Pontarlier; 2400 h.
Morteaux-Coulibœuf, ch.-l. de c. (Calvados).
Mortrée, ch.-l. de c. (Orne), arr. d'Argentan ; 1300 h.
Morvan, pays de l'anc. France.
Moscou, anc. cap. de Russie.
Moselle, affluent du Rhin.
Moselle (dép. de la), ch.-l. Metz. Cédé en partie à l'Allemagne.
Moskova, riv. de Russie.
Mosquitos, peup. du Guatemala.
Mossoul, v. de la Turquie d'Asie.
Mostaganem, v. de l'Algérie.
Mostar, c. de l'Herzégovine.
Mothe-Achard (La), ch.-l. de c. (Vendée).
Mothe-Saint-Héraye (La), ch.-l. de c. (Deux-Sèvres).
Motte (La), ch.-l. de c. (Basses-Alpes), arr. de Sisteron; 700 h.
Motte-Chalançon (La), ch.-l. de c. (Drôme), arr. de Die.
Motte-Servolex (La), ch.-l. de c. (Savoie), arr. de Chambéry.
Moulins, ch.-l. de c. du dép. de l'Allier; 22 000 h.
Moulins-Engilbert, ch.-l. de c. (Nièvre).
Moulins-la-Marche, ch.-l. de c. (Orne).
Moultan, v. des Indes.
Mourchid-Abad, v. de l'Hindoustan.
Mourmelon (Marne). Champ de manœuvres.
Mourzouk, cap. du Fezzan.
Moustiers, ch.-l. de c. (Basses-Alpes), arr. de Digne.
Mouthe, ch.-l. de c. (Doubs), arr. de Pontarlier; 1 022 h.
Mouthoumet, ch.-l. de c. (Aude).
Moutiers, ch.-l. d'arr. (Savoie).
Moutiers-les-Maufaits, ch.-l. de c. (Vendée) ; 800 h.
Mouy, ch.-l. de c. (Oise), arr. de Clermont ; 3 000 h.
Mouzon, ch.-l. de c. (Ardennes), arr. de Sedan ; 1 100 h.
Moy, ch.-l. de c. (Aisne), arr. de Saint-Quentin ; 1 900 h.
Moyenneville, ch.-l. de c. (Somme), arr. d'Abbeville ; 1 000 h.
Mozambique (canal de), (Madagascar).
Mugron, ch.-l. de c. (Landes), arr. de Saint-Sever; 2 000 h.
Mulhouse. Cédé à l'Allemagne.
Munich, cap. de la Bavière.
Munster, v. prussienne.
Munster (Haut-Rhin). Cédé à l'Allemagne.
Munster, province d'Irlande.
Mûr, ch.-l. de c. (C.-du-Nord), arr. de Loudéac; 2 500 h.
Mur-de-Barrez, ch.-l. de c. (Aveyron), arr. d'Espalion.
Murat, ch.-l. d'arrond. (Cantal); 3 200 h.
Murat, ch.-l. de c. (Tarn), arr. de Castres; 3 000 h.
Murato, ch.-l. de c. (Corse), arr. de Bastia; 1 000 h.
Murcie, v. d'Espagne.
Mure (La), ch.-l. de c. (Isère), arr. de Grenoble ; 4 000 h.
Muret, ch.-l. d'arr. (Haute-Garonne) ; 4 000 h.
Muro, ch.-l. de c. (Corse), arr. de Calvi, 1 200 h.
Murray (golfe de), (Ecosse).
Murviedro, v. d'Espagne.
Murviel, ch.-l. de c. (Hérault), arr. de Béziers ; 2 000 h.
Mussidan, ch.-l. de c. (Dordogne), arr. de Ribérac; 2 000 h.
Mussy-sur-Seine, ch.-l. de c. (Aube) ; 1 600 h.
Muzillac, ch.-l. de c. (Morbihan) ; 2 500 h.
Mycale, promontoire d'Asie.
Mycènes, anc. v. de l'Argolide.
Mysie, contrée de l'Asie.
Mysore, Inde anglaise.
Mzab, Confédération berbère.

N

Nab, riv. de Bavière.
Nagpour, v. des Indes.
Nailloux, ch.-l. de c. (H.-Garonne), arr. de Villefranche ; 1 300 h.
Najac, ch.-l. de c. (Aveyron) arr. de Villefranche ; 2 000 h.
Namur, ville forte de Belgique ; 26 000 h.

Nancy, ch.-l. du dép. de Meurthe-et-Moselle ; 80 000 h.
Nangazaki, v. du Japon.
Nangis, ch.-l. de c. (Seine-et-Marne), arr. de Provins ; 3 000 h.
Nankin, v de la Chine.
Nant, ch.-l. de c. (Aveyron), arr. de Millau ; 2 600 h.
Nanterre (Seine), arr. de Saint-Denis ; 6 000 h.
Nantes, ch.-l. du dép. de la Loire-Inférieure ; 128 000 h.
Nanteuil, ch.-l. de c. (Oise), arr. de Senlis ; 1 600 h.
Nantiat, ch.-l. de c. (Haute-Vienne), arr. de Bellac ; 1 600 h.
Nantua, ch.-l. d'arrond. (Ain) ; 3 400 h.
Naples, v. d'Italie.
Napoléon-Vendée (*Roche-sur-Yon*).
Napoléonville (*Pontivy*).
Narbonne, ch.-l. d'arr. (Aude) ; 30 000 h.
Narva, v. forte de Russie.
Nasbinals, ch.-l. de c. (Lozère), arr. de Marvejols.
Nashville, cap. du Tennessee.
Nassau (duché), (Prusse).
Natal, colonie anglaise.
Natchez, v. des États-Unis.
Naucelle, ch.-l. de c. (Aveyron), arr. de Rodez ; 1 500 h.
Naumbourg, v. de Saxe.
Nauplie, v. de Morée.
Navarin, v. de Grèce.
Navarre, anc. roy. de France (Béarn).
Navarre, province d'Espagne.
Navarreins, ch.-l. de c. (Basses-Pyr.), arr. d'Orthez ; 1 500 h.
Naxos, île de l'archipel.
Nay, ch.-l. de c. (B.-Pyrénées), arr. de Pau ; 3 500 h.
Nazareth, anc. Palestine.
Neckar, riv. d'Allemagne.
Négrepelisse, ch.-l. de c. (Tarn-et-Garonne).
Négrepont, anc. *Eubée*.
Negro, affluent de l'Amazone.
Neisse, v. et riv. d'Allemagne.
Nemours, ch.-l. de c. (Seine-et-M.), arr. de Fontainebleau ; 5 000 h.
Népaul, roy. de l'Hindoustan.
Nérac, ch.-l. d'arr. (Lot-et-Garonne) ; 8 000 h.
Néronde, ch.-l. de c. (Loire), arr. de Roanne ; 1 400 h.
Nérondes, ch.-l. de c. (Cher), arr. de Saint-Amand ; 3 000 h.
Nesle, ch.-l. de c. (Somme), arr. de Péronne ; 2 500 h.
Neste, riv. de France.
Neubourg, v. de Bavière.
Neubourg (Le), ch.-l. de c. (Eure), arr. de Louviers ; 2 500 h.
Neuchatel, v. de Suisse.
Neuchatel (lac de). Suisse.
Neuf-Brisach. Cédé à la Prusse.
Neufchâteau, ch.-l. d'arr. (Vosges) ; 4 500 h.
Neufchatel, ch.-l. de c. (Aisne), arr. de Laon ; 922 h.
Neufchâtel-en-Bray, chef-lieu d'arr. (Seine-Inférieure) ; 4 000 h.
Neuillé-Pont-Pierre, ch.-l. de c. (Indre-et-Loire).
Neuilly, ch.-l. de c. (Seine), arr. de Saint-Denis.
Neuilly-en-Thelle, ch.-l. de c. (Oise), arr. de Senlis ; 1 700 h.
Neuilly-Saint-Front, ch.-l. de c. (Aisne).
Neuilly-le-Réal, ch.-l. de c. (Allier), arr. de Moulins.
Neuilly-l'Evêque, ch.-l. de c. (Hte-Marne), arr. de Langres.
Neung-sur-Beuvron, ch.-l. de c. (Loir-et-Cher).
Neuss, v. de Prusse.
Neustadt, v. de Prusse.
Neustadt, v. de Bavière.
Neustrie, anc. royaume franc.
Neuvie, ch.-l. de c. (Corrèze), arr. d'Ussel ; 4 000 h.
Neuvic, ch.-l. de c. (Dordogne), arr. de Ribérac ; 2 500 h.
Neuville, ch.-l. de c. (Vienne), arr. de Poitiers ; 4 000 h.
Neuville-aux-Bois, ch.-l. de c. (Loiret) ; 3 000 h.
Neuville-sur-Saône, ch.-l. de c. (Rhône), arr. de Lyon.
Neuvy-le-Roi, ch.-l. de c. (Indre-et-Loire), arr. de Tours.
Neuvy-Saint-Sépulcre, ch.-l. de c. (Indre).
Néva, fleuve de Russie.
Nevada, montagnes d'Espagne.
Nevers, ch.-l. du dép. de la Nièvre ; 25 000 h.
Newcastle, v. d'Angleterre.
New-Hampshire, un des États-Unis.
New-Jersey, un des Etats-Unis.
Newmarket, v. d'Angleterre.
New-Bedford, v. des Ét.-Unis.
New-York, v. des Etats-Unis (Pensylvanie) ; 942 992 h.

Nexon, ch.-l. de c. (Hte-Vienne), arr. de Saint-Yrieix ; 3 000 h.
Niagara, riv. de l'Amérique. Chute.
Nicaragua, lac du Guatémala.
Nicaragua, républ. d'Amérique.
Nice, ch.-l. du dép. des Alpes-Maritimes ; 78 000 h.
Nicée, anc. v. d'Asie Mineure.
Nicobar (îles), (golfe Bengale).
Nicolaïef, v. de la Russie.
Nicopolis, v. de Bulgarie.
Niemen, fleuve de Russie.
Nieul, ch.-l. de c. (Hte-Vienne), arr. de Limoges ; 1 000 h.
Nieuport, v. de Belgique.
Nièvre, affluent de la Loire.
Nièvre (dép. de la), ch.-l. Nevers ; 350 000 h.
Niger, fleuve d'Afrique.
Nigritie. Voir *Soudan*.
Nil, fleuve d'Afrique.
Nimègue, v. de Hollande.
Nîmes, ch.-l. du dép. du Gard ; 70 000 h. Arènes.
Ning-Po, v. de Chine.
Ninive, v. de l'Asie anc.
Niort, ch.-l. du dép. des Deux-Sèvres ; 24 000 h.
Niphon, île du Japon.
Nivelle, v. de Belgique.
Nivernais, anc. prov. de France.
Nivernais (canal du), joint l'Yonne et la Loire.
Nivillers, ch.-l. de c. (Oise), arr. de Beauvais ; 200 h.
Nizam, royaume d'Hindoustan.
Noailles, ch.-l. de c. (Oise), arr. de Beauvais ; 1 500 h.
Nocé, ch.-l. de c. (Orne), arr. de Mortagne ; 1 400 h.
Nogaro, ch.-l. de c. (Gers), arr. de Condom ; 2 500 h.
Nogent, ch.-l. de c. (Haute-Marne). 3 500 h.
Nogent-le-Roi, ch.-l. de c. (Eure-et-Loir).
Nogent-le-Rotrou, ch.-l. d'arr. (Eure-et-Loir).
Nogent-sur-Seine, ch.-l. d'arr. (Aube).
Noire (mer), anc. *Pont-Euxin*.
Noirétable, ch.-l. de c. (Loire), arr. de Montbrison ; 2000 h.
Noirmoutiers, île (Vendée) ; 8 000 h.
Nolay, ch.-l. de c. (Côte-d'Or), arr. de Beaune ; 2 500 h.
Nole, v. d'Italie.
Nomeny, ch.-l. de c. (Meurthe-et-Moselle), arr. de Nancy.
Nonancourt, ch.-l. de c. (Eure), arr. d'Evreux ; 2000 h.
Nontron, ch.-l. d'arr. (Dordog.), 4 000 h.
Nonza, ch.-l. de c. (Corse), arr. de Bastia ; 500 h.
Nord (mer du), au nord de la Manche.
Nord (cap), Norvège.
Nord (dép. du), ch.-l. Lille ; 1 672 000 h.
Nordland, région au nord de la Norvège.
Nordlingen, v. de Bavière.
Norfolk, comté d'Angleterre.
Norfolk, île de l'Australie.
Norique, anc. pays d'Autriche.
Normandie, anc. prov. de Fr.
Noroy-le-Bourg, ch.-l. de c. (Haute-Saône).
Norrent-Fontes, ch.-l. de c. (Pas-de-Calais), arr. de Béthune.
Nort, ch.-l. de c. (Loire-Inf.), arr. de Châteaubriant, 6 000 h.
Northampton, v. d'Angleterre ; 41 000 h.
Northumberland (Angleterre).
Norvège, réunie à la Suède.
Norwich, comté d'Angleterre.
Nossibé (île de), océan Indien.
Nottingham, v. d'Angleterre.
Nouka-Hiva (îles Marquises).
Nouméa (Nouvelle-Calédonie).
Nouvion-en-Ponthieu (Le), ch.-l. de c. (Somme).
Nouvion-en-Thiérache (Le), ch.-l. de c. (Aisne).
Novare, v. d'Italie.
Novi, v. forte d'Italie.
Novien-Porcien, ch.-l. de c. (Ardennes), arr. de Réthel.
Novogorod, deux v. de Russie.
Noyant, ch.-l. de c. (Maine-et-Loire), arr. de Baugé ; 1 500 h.
Noyers, ch.-l. de c. (Yonne), arr. de Tonnerre ; 1 500 h.
Noyers, ch.-l. de c. (B.-Alpes), arr. de Sisteron ; 1 000 h.
Noyon, ch.-l. de c. (Oise), arr. de Compiègne ; 6 000 h.
Nozay, ch.-l. de c. (Loire-Inf.), arr. de Châteaubriant.
Nozeroy, ch.-l. de c. (Jura), arr. de Poligny ; 1 000 h.
Nubie, contrée d'Afrique.
Nuits, ch.-l. de c. (Côte-d'Or), arr. de Beaune ; 3 600 h.

Numance, v. de l'anc. Espagne.
Numidie, anc. Algérie.
Nuremberg, v. de Bavière.
Nyons, ch.-l. d'arr. (Drôme); 3 500 h.
Nyborg, v. de Danemark.

O

Oaxaca, v. du Mexique.
Oberland, vallées suisses.
Obernay, ch.-l. de c. (B.-Rhin). Cédé à l'Allemagne.
Obi, fleuve de Sibérie.
Obock, colonie française.
Ocana, v. d'Espagne.
Océanie, 5e partie du monde.
Octeville, ch.-l. de c. (Manche), arr. de Cherbourg; 3 000 h.
Odensée, cap. de l'île Fionie.
Oder, fleuve d'Allemagne.
Odessa, v. de Russie.
Œland, île de Suède.
Œta, mont. de l'anc. Grèce.
Offenbach, v. d'Allemagne.
Offranville, ch.-l. de c. (Seine-Inf.), arr. de Dieppe; 1 700 h.
Ohio, affluent du Mississipi.
Ohio, Etat de l'Union.
Ognon, riv. française.
Oise, riv. de France.
Oise (dép. de l'), ch.-l. Beauvais; 404 000 h.
Oisemont, ch.-l. de c. (Somme), arr. d'Amiens; 1 200 h.
Oka, affluent du Volga.
Okhotsk (mer d'), mer au N.-E. de l'Asie
Okhotsk, v. de Sibérie.
Olargues, ch.-l. de c. (Hérault), arr. de Saint-Pons; 1 200 h.
Oldenbourg, duché de l'Allem.
Oléron, île de France (Charente-Inférieure); 20 000 h.
Oletta, ch.-l. de c. (Corse), arr. de Bastia; 1 100 h.
Olette, ch.-l. de c. (Pyrénées-Orient.), arr. de Prades; 1 000 h.
Olivenza, v. d'Espagne.
Oliviers, mont de Jérusalem.
Olliergues, ch.-l. de c. (Puy-de-Dôme), arr. d'Ambert.
Ollioules, ch.-l. de c. (Var), arr. de Toulon.
Olmeto, ch.-l. de c. (Corse), arr. de Sartène; 2 000 h.
Olmi-Cappella, ch.-l. de c. (Corse), arr. de Calvi.
Olmutz, v. d'Autriche.
Olonzac, ch.-l. de c. (Hérault), arr. de Saint-Pons; 2 500 h.
Oloron, ch.-l. d'arr. (Basses-Pyrénées); 9 000 h.
Olten, v. de Suisse.
Olympie, v. du Péloponèse.
Oman, golfe (océan Indien).
Omessa, ch.-l. de c. (Corse), arr. de Corte; 1 000 h.
Omont, ch.-l. de c. (Ardennes), arr. de Mézières.
Onéga, fleuve de Russie.
Ontario, lac d'Amérique.
Oradour-sur-Vayres, ch.-l. de c. (Haute-Vienne).
Oran, v. d'Algérie, ch.-l. du département de son nom; 40 000 h.
Orange, ch.-l. d'arr. (Vaucluse); 10 500 h.
Orb, riv. de France.
Orbec, ch.-l. de c. (Calvados), arr. de Lisieux; 3 500 h.
Orcades, îles (Ecosse).
Orchies, ch.-l. de c. (Nord), arr. de Douai; 4 000 h.
Orchomène, v. de Béotie.
Orcières, ch.-l. de c. (Hautes-Alpes), arr. d'Embrun.
Orégon, fleuve et contrée des Etats-Unis.
Orel, v. russe.
Orenbourg, v. de Russie.
Orénoque, fl. de l'Amér. du S.
Orfa, anc. *Edesse*.
Orgelet, ch.-l. de c. (Jura), arr. de Lons-le-Saunier; 1 700 h.
Orgères, ch.-l. de c. (Eure-et-Loir), arr. de Châteaudun; 1 000 h.
Orgon, ch.-l. de c. (Bouches-du-Rhône), arr. d'Arles; 3 000 h.
Orizaba, v. du Mexique.
Orléanais, anc. prov. de France.
Orléans, ch.-l. du dép. du Loiret; 61 000 h.
Orléans (Nouvelle-), v. des Etats-Unis.
Orléansville, v. d'Algérie.
Ornain, riv. de France.
Ornans, ch.-l. de c. (Doubs), arr. de Besançon; 3 000 h.

Orne, riv. de France.
Orne (dép. de l'), ch.-l. Alençon; 368 000 h.
Oronte, fleuve de Syrie.
Oropéga, v. de Bolivie.
Orpierre, ch.-l. de c. (Hautes-Alpes), arr. de Gap.
Orsova, 2 v. sur le Danube.
Ortegal, cap d'Espagne.
Orthez, ch.-l. d'arr. (Basses-Pyrénées); 7 000 h.
Orvieto, v. d'Italie.
Osage, affluent du Missouri.
Osages, peuple du Missouri.
Osborne (île de Wight).
Osnabruck, v. de Hanovre.
Ossa, montagne de Thessalie.
Ossun, ch.-l. de c. (Hautes-Pyrénées), arr. de Tarbes; 2 500 h.
Ostende, port de Belgique.
Ostie, port d'Italie.
Otrante, v. de l'Italie.
Otrante, détroit (Adriatique).
Ottawa, cap. du Canada.
Ottoman (empire). V. *Turquie*.
Ouaday, contrée du Soudan.
Ouari, royaume du Soudan.
Oude (prov. de Calcutta).
Oudenarde, v. de Belgique.
Ouessant, ch.-l. de c. (Finistère), arr. de Brest.
Oulchy-le-Château, ch.-l. de c. (Aisne).
Oural, fleuve de Russie.
Ourals, mont. (Europe et Asie).
Ourcq, riv. et canal de France.
Ourville, ch.-l. de c. (S.-Inf.).
Oust, ch.-l. de c. (Ariège), arr. de Saint-Girons ; 1 500 h.
Outarville, ch.-l. de c. (Loiret), arr. de Pithiviers.
Ouzouer-le-Marché, ch.-l. de c. (Loir-et-Cher).
Ouzouer-sur-Loire, ch.-l. de c. [(Loiret).
Over-Yssel, prov. de Hollande.
Oviedo, v. d'Espagne.
Oxford, v. d'Angleterre.
Oxus, fl. de l'Asie ancienne.
Oyonnax, ch.-l. de c. (Ain), arr. de Nantua ; 4 000 h.

P

Pacaudière (La), ch.-l. de c. (Loire), arr. de Roanne ; 2 000 h.
Pacifique. Grand Océan ou mer du Sud.
Pacy-sur-Eure, ch.-l. de c. (Eure), arr. d'Evreux.
Paderborn, v. d'Allemagne.
Padoue, v. d'Italie.
Pæstum, v. de l'anc. Italie.
Paimbœuf, ch.-l. d'arr. (Loire-Inférieure) ; 24 000 h.
Paimpol, ch.-l. de c. (Côtes-du-Nord) : 2 200 h.
Paisley, v. d'Ecosse.
Palais (Le), ch.-l. de c. (Morbihan) ; 3 000 h.
Palaiseau, ch.-l. de c. (Seine-et-Oise), arr. de Versailles ; 2 600 h.
Palatinat, prov. de Bavière.
Palencia, v. d'Espagne.
Palerme, v. d'Italie.
Palestine (Turquie d'Asie).
Palestro, prov. de Novare.
Palikao, v. de Chine.
Palinges, ch.-l. de c. (Saône-et-L.), arr. de Charolles ; 2 200 h.
Palk, détroit (Ceylan).
Palluau, ch.-l. de c. (Vendée), arr. des Sables-d'Olonne ; 500 h.
Palma, cap. des Baléares.
Palmyre, v. de Syrie.
Pamiers, ch.-l. d'arr. (Ariège) ; 12 000 h. Evêché.
Pampelonne, ch.-l. de c. (Tarn), arr. d'Albi ; 2 000 h.
Pampelune, v. d'Espagne.
Panama, isth. et port (Colombie).
Pange (Moselle). Cédé à la Prusse.
Panorme, auj. *Palerme*.
Pantin, ch.-l. de c. (Seine), arr. de Saint-Denis ; 19 000 h.
Papeiti, p. de Taïti.
Paphlagonie, anc. pays d'Asie.
Paphos, v. anc. de Chypre.
Papouasie, île (Mélanésie).
Para ou Belem, v. du Brésil.
Paraguay, affl. du Parana.
Paraguay, républ. d'Amérique du Sud.
Paramaribo (Guyane holland.)
Parana, affl. du Rio de la Plata.
Paray-le-Monial, ch.-l. de c. (Saône-et-L.), arr. de Charolles.

Parcq (Le), ch.-l. de c. (P.-de-Cal.), arr. de Saint-Pol ; 1 000 h.

Parentis-en-Born, ch.-l. de c. (Landes) ; 2 000 h.

Parga, v. de la Turquie.

Paris, cap. de la France (anc. *Lutèce*), ch.-l. du dép. de la Seine ; 2 millions 350 000 h.

Parme, v. d'Italie.

Paros, une des Cyclades.

Parthenay, ch.-l. d'arr. (Deux-Sèvres) ; 6 600 h.

Pas, ch.-l. de c. (Pas-de-Cal.), arr. d'Arras ; 900 h.

Pas de Calais, détroit entre la France et l'Angleterre.

Pas-de-Calais (dép. du), ch.-l. Arras ; 854 000 h.

Passais, ch.-l. de c. (Orne), arr. de Domfront ; 1 700 h.

Passaro, cap (Sicile).

Passau, v. de Bavière.

Patagonie (Amérique mérid.).

Patay, ch.-l. de c. (Loiret), arr. d'Orléans ; 1 500 h.

Patras, v. de Grèce (Morée).

Pau, ch.-l. du dép. des Basses-Pyrénées ; 30 500 h.

Pauillac, ch.-l. de c. (Gironde), arr. de Lesparre ; 5 000 h.

Paulhaguet, ch.-l. de c. (Hte-L.), arr. de Brioude ; 1 500 h.

Pavie, v. d'Italie.

Pavilly, ch.-l. de c. (S.-Inf.), arr. de Rouen ; 2 900 h.

Payrac, ch.-l. de c. (Lot), arr. de Gourdon ; 1 200 h.

Pays-Bas. Voy. *Hollande*.

Paz (La), v. de Bolivie.

Pégou, anc. roy. de l'Inde.

Pékin, cap. de Chine ; 2 000 000 d'h.

Pellegrue, ch.-l. de c. (Gironde), arr. de la Réole ; 1 500 h.

Pellerin (Le), ch.-l. de c. (L.-Inf.), arr. de Paimbœuf ; 2 400 h.

Péloponèse, auj. la *Morée*.

Péluse, anc. v. d'Egypte.

Pélussin, ch.-l. de c. (Loire), arr. de St-Étienne ; 3 600 h.

Pembroke, p. d'Angleterre.

Pendjab, prov. des Indes.

Penée, fl. de Thessalie.

Penmarch, cap (Finistère).

Penne, ch.-l. de c. (Lot-et-Gar.) ; 2 600 h.

Pensylvanie (Union améric.).

Pentélique, mont. de l'Attique.

Penza, v. de Russie.

Perche (Le), anc. pays de Fr.

Percy, ch.-l. de c. (Manche) ; 2 700 h.

Perdu, mont des Pyrénées.

Périers, ch.-l. de c. (Manche), arr. de Coutances ; 2 700 h.

Pérékop, isthme (Crimée).

Périgord, anc. pays de France.

Périgueux, ch.-l. du dép. de la Dordogne ; 30 000 h.

Périm, île (détroit de Bab.).

Perm, v. de Russie.

Pernes, ch.-l. de c. (Vaucluse), arr. de Carpentras ; 4 000 h.

Pero-Casevecchie, ch.-l. de c. (Corse).

Péronne, ch.-l. d'arr. (Somme) ; 4 500 h.

Pérou, républ. de l'Amérique méridionale.

Pérouse, v. d'Italie.

Perpignan, ch.-l. du dép. des Pyrénées-Orientales ; 35 000 h.

Perreux, ch.-l. de c. (Loire), arr. de Roanne ; 2 500 h.

Perros-Guirec, ch.-l. de c. (Côtes-du-Nord).

Perse (Iran), roy. d'Asie.

Persépolis, a. cap. des Perses.

Persique, golfe (mer des Indes).

Perth, v. d'Ecosse.

Pertuis, ch.-l. de c. (Vaucluse), arr. d'Apt ; 5 500 h.

Pervenchères, ch.-l. de c. (Orne), arr. de Mortagne.

Pesaro, v. d'Italie.

Pescadores, îles de Chine.

Peschiera, v. d'Italie.

Pesmes, ch.-l. de c. (Hte-S.), arr. de Gray ; 1 000 h.

Pessac, ch.-l. de c. (Gironde), arr. de Bordeaux ; 4 000 h.

Pesth, anc. cap. de Hongrie.

Peterwaradin, v. d'Autriche-Hongrie.

Petite-Pierre, ch.-l. de c. (B.-Rhin). Cédé à l'Allemagne.

Petit-Quévilly, ch.-l. de c. (S.-Infér.), arr. de Rouen.

Petreto-Bicchisano, ch.-l. de c. (Corse).

Pey-Ho, fl. de Chine.

Peyrehorade, ch.-l. de cant. (Landes), arr. de Dax.

Peyreleau, ch.-l. de c. (Aveyron), arr. de Millau ; 400 h.

Peyriac-Minervois, ch.-l. de c. (Aude).

Peyrolles, ch.-l. de c. (Bouch.-du-Rhône), arr. d'Aix ; 1 000 h.

Peyruis, ch.-l. de c. (Basses-Alpes), arr. de Forcalquier.
Pézenas, ch.-l. de c. (Hérault), arr. de Béziers ; 7 000 h.
Phalsbourg, ch.-l. de c. (Meurthe). Cédé à l'Allemagne.
Phénicie, contr. de l'Asie anc.
Philadelphie, v. des Etats-Unis ; 674 000 h.
Philé, île du Nil.
Philippeville, v. de Belgique.
Philippeville (Algérie), dép. de Constantine, ch.-l. d'arr. ; 22 000 h.
Philippines, arch. (Malaisie).
Philippopoli, v. de Turquie.
Philippsbourg (duc. de Bade).
Phrygie, anc. contr. d'Asie.
Piana (La), ch.-l. de c. (Corse), arr. d'Ajaccio ; 1 400 h.
Picardie, anc. prov. de France.
Picenum (*Marche d'Ancône*).
Picquigny, ch.-l. de c. (Somme), arr. d'Amiens ; 1 300 h.
Piedicorte, ch.-l. de c. (Corse), arr. de Corte ; 1 000 h.
Piedicroce, ch.-l. de c. (Corse), arr. de Corte ; 700 h.
Piémont, prov. d'Italie.
Pierre, ch.-l. de c. (Saône-et-Loire), arr. de Louhans ; 2 000 h.
Pierre-Buffière, ch.-l. de c. (Hte-Vienne), arr. de Limoges.
Pierrefitte, ch.-l. de c. (Meuse), arr. de Commercy.
Pierrefontaine, ch.-l. de c. (Doubs), arr. de Baume.
Pierrefort, ch.-l. de c. (Cantal), arr. de Saint-Flour.
Pierrelatte, ch.-l. de c. (Drôme), arr. de Montélimar.
Pietra, ch.-l. de c. (Corse), arr. de Corte ; 1 000 h.
Pieux (Les), ch.-l. de c. (Manche), arr. de Cherbourg ; 1 500 h.
Pignerol, v. d'Italie.
Piney, ch.-l. de c. (Aube), arr. de Troyes ; 1 600 h.
Pinols, ch.-l. de c. (Hte-Loire), arr. de Brioude ; 800 h.
Pins (île des), Nouv.-Calédonie.
Pionsat, ch.-l. de c. (Puy-de-Dôme), arr. de Riom ; 2 300 h.
Pipriac, ch.-l. de c. (Ille-et-Vilaine), arr. de Redon ; 3 700 h.
Pirano, p. d'Autriche.
Pirée, p. d'Athènes.
Pise, v. d'Italie.
Pissos, ch.-l. de c. (Landes), arr. de M.-de-Marsan ; 1 800 h.
Pistoia, v. d'Italie.
Pisuerga, riv. d'Espagne.
Pitéa, fl. de Suède.
Pithiviers, ch.-l. d'arr. (Loiret) ; 5 500 h.
Pittsburg (Union américaine).
Plabennec, ch.-l. de c. (Finistère) ; 4 000 h.
Plaisance, v. d'Italie.
Plaisance, ch.-l. de c. (Gers), arr. de Mirande ; 2 000 h.
Planches (Les), ch.-l. de c. (Jura), arr. de Poligny ; 300 h.
Plancoet, ch.-l. de c. (Côtes-du-Nord), arr. de Dinan ; 2 200 h.
Plata (*rio*), fl. d'Amér. mérid.
Plata (République Argentine).
Plata (La), cap. de Bolivie.
Platée, v. de Béotie.
Pleaux, ch.-l. de c. (Cantal), arr. de Mauriac ; 2 500 h.
Pleine-Fougères, ch.-l. de c. (Ille-et-Vilaine) ; 3 000 h.
Plélan, ch.-l. de c. (Ille-et-Vil.), arr. de Montfort ; 2 600 h.
Plélan-le-Petit, ch.-l. de c. (Côtes-du-Nord) ; 1 300 h.
Pléneuf, ch.-l. de c. (Côtes-du-Nord), arr. de St-Brieuc ; 2 300 h.
Plessis-lez-Tours (Indre-et-L.), arr. de Tours. Château historique.
Plestin, ch.-l. de c. (Côtes-du-Nord), arr. de Lannion ; 4 200 h.
Pleumartin, ch.-l. de c. (Vienne), arr. de Châtellerault.
Pleurtuit, ch.-l. de c. (Ille-et-Vil.), arr. de St-Malo ; 5 200 h.
Pleyben, ch.-l. de c. (Finistère), arr. de Châteaulin ; 5 000 h.
Ploërmel, ch.-l. d'arr. (Morbihan) ; 6 000 h.
Plœuc, ch.-l. de c. (Côtes-du-Nord), arr. de St-Brieuc ; 5 000 h.
Plogastel-Saint-Germain, ch.-l. de c. (Finistère).
Plombières, ch.-l. de c. (Vosges), arr. de Remiremont ; 2 000 h.
Plouagat, ch.-l. de c. (Côtes-du-N.), arr. de Guingamp ; 2 200 h.
Plouaret, ch.-l. de c. (Côtes-du-Nord), arr. de Lannion ; 3 400 h.
Plouay, ch.-l. de c. (Morbihan), arr. de Lorient ; 4 600 h.
Ploubalay, ch.-l. de c. (Côtes-du-Nord), arr. de Dinan ; 2 500 h.
Ploudalmezeau, ch.-l. de c. (Finistère) ; 3 200 h.
Ploudiry, ch.-l. de c. (Finistère), arr. de Brest ; 1 500 h.

Plouescat, ch.-l. de c. (Finistère), arr. de Morlaix ; 3 000 h.
Plouguenast, ch.-l. de c. (Côtes-du-Nord), arr. de Loudéac.
Plouha, ch.-l. de c. (Côtes-du-Nord), arr. de St-Brieuc ; 4 800 h.
Plouigneau, ch.-l. de c. (Finistère), arr. de Morlaix ; 4 500 h.
Plouzévédé, ch.-l. de c. (Finistère), arr. de Morlaix ; 2 000 h.
Pluvigner, ch.-l. de c. (Morbihan), arr. de Lorient ; 5 000 h.
Plymouth, p. d'Angleterre.
Pô, fl. d'Italie (Eridan anc.).
Podensac, ch.-l. de c. (Gironde), arr. de Bordeaux ; 1 700 h.
Podolie, gouvern. russe (anc. Pologne).
Pointe-à-Pitre (Guadeloupe).
Poiré-sur-Vie, ch.-l. de cant. (Vendée) ; 4 200 h.
Poissons, ch.-l. de c. (Hte-M.), arr. de Vassy ; 1 200 h.
Poissy, ch.-l. de c. (S.-et-Oise), arr. de Versailles ; 6 500 h.
Poitiers, ch.-l. du dép. de la Vienne ; 37 000 h.
Poitou, anc. prov. de France.
Poix, ch.-l. de c. (Somme), arr. d'Amiens ; 1 360 h.
Pola, v. d'Autriche.
Polaire (mer), (océan Glacial).
Poligny, ch.-l. d'arr. (Jura) ; 5 000 h.
Pollenza, v. de l'île Majorque.
Pologne, anc. Etat d'Europe.
Polynésie (Océanie). [nommés.
Pomard (Côte-d'Or). Vins re-
Poméranie, prov. de Prusse.
Pompeia, v. d'Italie. Ruines.
Poncin, ch.-l. de c. (Ain), arr. de Nantua : 2 000 h.
Pondichéry (Indes françaises).
Pons, ch.-l. de c. (Charente-Infér.), arr. de Saintes ; 4 700 h.
Pont-à-Marcq, ch.-l. de c. (Nord), arr. de Lille ; 1 000 h.
Pont-à-Mousson, ch.-l. de c. (Meurthe-et-Moselle) ; 11 500 h.
Pont-Audemer, ch.-l. d'arr. (Eure) ; 6 000 h.
Pont-Aven, ch.-l. de c. (Finistère), arr. de Quimper ; 1 500 h.
Pont-Croix, ch.-l. de c. (Finistère), arr. de Quimperlé ; 2 700 h.
Pont-d'Ain, ch.-l. de c. (Ain), arr. de Bourg ; 1 500 h.
Pont-de-Beauvoisin, ch.-l. de c. (Isère) ; 1 600 h.
Pont-de-Beauvoisin, ch.-l. de c. (Savoie) ; 2 000 h.
Pont-de-l'Arche, ch.-l. de c. (Eure), arr. de Louviers.
Pont-de-Montvert, ch.-l. de c. (Lozère), arr. de Florac.
Pont-de-Roide, ch.-l. de c. (Doubs).
Pont-de-Salars, ch.-l. de c. (Aveyron), arr. de Rodez.
Pont-de-Vaux, ch.-l. de c. (Ain), arr. de Bourg.
Pont-de-Veyle, ch.-l. de cant. (Ain), arr. de Bourg.
Pont-du-Château, ch.-l. de c. (Puy-de-Dôme). [Isère).
Pont-en-Royans, ch.-l. de c.
Pont-Euxin, anc. mer Noire.
Pont-l'Abbé, ch.-l. de c. (Finistère), arr. de Quimper.
Pont-l'Evêque, ch.-l. d'arr. (Calvados) ; 3 000 h.
Pont-Saint-Esprit, ch.-l. de c. (Gard), arr. d'Uzès ; 5 000 h.
Pont-Sainte-Maxence, ch.-l. de c. (Oise) ; 2 500 h.
Pont-Scorff, ch.-l. de c. (Morbihan), arr. de Lorient ; 1 800 h.
Pont-sur-Yonne, ch.-l. de c. (Yonne), arr. de Sens.
Pontacq, ch.-l. de c. (B.-Pyr.), arr. de Pau ; 2 600 h.
Pontailler-sur-Saône, ch.-l. de c. (Côte-d'Or) ; 1 300 h.
Pontarion, ch.-l. de c. (Creuse), arr. de Bourganeuf.
Pontarlier, ch.-l. d'arr. (Doubs) ; 8 000 h.
Pontaumur, ch.-l. de c. (Puy-de-D.), arr. de Riom ; 1 200 h.
Pontchâteau, ch.-l. de c. (L.-Inf.), arr. de St-Nazaire ; 4 500 h.
Pontecorvo, v. de l'Italie.
Pontgibaud, ch.-l. de c. (Puy-de-D.), arr. de Riom ; 1 200 h.
Ponthieu, anc. pays de France.
Pontins (marais), vaste plaine mals. dans les anc. Etats de l'Egl.
Pontivy, ch.-l. d'arr. (Morbihan) ; 9 500 h.
Pontoise, ch.-l. d'arr. (Seine-et-Oise) ; 7 200 h.
Pontorson, ch.-l. de c. (Manche), arr. d'Avranches ; 2 500 h.
Pontremoli, v. d'Italie.
Pontrieux, ch.-l. de c. (Côtes-du-Nord), arr. de Guingamp.
Ponts-de-Cé (Les), ch.-l. de c. (Maine-et-Loire), arr. d'Angers.

Pontvallain, ch.-l. de c. (Sarthe), arr. de la Flèche ; 1 800 h.

Porentruy, v. de Suisse.

Pornic, ch.-l. de c. (Loire-Inf.), arr. de Paimbœuf ; 1 666 h.

Porquerolles (îles d'Hyères).

Port-au-Prince, cap. d'Haïti.

Port-Louis, ch.-l. de c. (Morbihan), arr. de Lorient, 3 000 h.

Port-Louis, ch.-l. de l'île Maurice ; 61 000 h.

Port-Saïd (Basse-Egypte).

Port-Sainte-Marie, ch.-l. de c. (Lot-et-Garonne).

Port-sur-Saône, ch.-l. de c. (Hte-Saône), arr. de Vesoul.

Port-Vendres, p. (Pyr.-Orient.).

Porta (La), ch.-l. de c. (Corse), arr. de Bastia ; 600 h.

Porte (la Sublime), (Turquie).

Portici, v. du roy. de Naples.

Porto, v. du Portugal.

Porto-Allègre, v. du Brésil.

Porto-Cabello, v. du Vénézuéla.

Porto-Ferrajo, cap. de l'île d'Elbe.

Porto-Maurizio, v. d'Italie.

Porto-Novo, colonie française (Guinée).

Porto-Rico, île des Antilles.

Porto-Vecchio, ch.-l. de c. (Corse).

Portsmouth, p. d'Angleterre.

Portugal, roy. à l'O. de l'Esp., cap. Lisbonne ; 5 millions d'habit.

Posen (duché de), prov. de Prusse.

Potenza, v. d'Italie.

Potomac, riv. des Etats-Unis.

Potosi, v. de la Bolivie.

Potsdam, v. de Prusse.

Pouancé, ch.-l. de c. (M.-et-L.), arr. de Segré ; 3 500 h.

Pougues, ch.-l. de c. (Nièvre), arr. de Nevers ; 1 500 h. Eaux.

Pouille, anc. Apulie (Italie).

Pouillon, ch.-l. de c. (Landes), arr. de Dax ; 3 200 h.

Pouilly, ch.-l. de c. (Nièvre), arr. de Cosne. Vins blancs.

Pouilly-en-Auxois, ch.-l. de c. (Côte-d'Or).

Poutroye (La), ch.-l. de c. (Ht-Rhin). Cédé à la Prusse.

Pouyastruc, ch.-l. de c. (Htes-Pyrén.), arr. de Tarbes ; 500 h.

Pouzanges, ch.-l. de c. (Vendée) ; 3 000 h.

Pouzzoles, v. du royaume de [Naples.

Pradelles, ch.-l. de c. (Hte-L.), arr. du Puy ; 2 000 h.

Prades, ch.-l. d'arr. (Pyr.-Or.) ; 4 000 h.

Prague, cap. de la Bohême.

Prahecq, ch.-l. de c. (Deux-Sèvres), arr. de Niort ; 1 200 h.

Prairies, Pampas (Amér. N.).

Prato, v. d'Italie.

Prats-de-Mollo, ch.-l. de c. (Pyrén.-Orientales) ; 2 600 h.

Prauthoy, ch.-l. de c. (Hte-M.), arr. de Langres ; 600 h.

Prayssac, ch.-l. de c. (Lot-et-Gar.), arr. d'Agen ; 1 500 h.

Précy-sous-Thil, ch.-l. de c. (Côte-d'Or), arr. de Semur.

Pré-en-Pail, ch.-l. de c. (Mayenne), arr. de Mayenne ; 3 200 h.

Prémery, ch.-l. de c. (Nièvre), arr. de Cosne ; 2 400 h.

Preneste (auj. *Palestrina*).

Presbourg, v. de Hongrie.

Pressigny-le-Grand, ch.-l. de c. (Indre-et-Loire) ; 1 700 h.

Preston, v. d'Angleterre.

Preuilly, ch.-l. de c. (Indre-et Loire).

Prince-de-Galles (terre du), île du pôle arctique.

Prince-Edouard, île du Canada.

Pristina, v. de Turquie.

Privas, ch.-l. du dép. de l'Ardèche ; 7 600 h.

Procida, île d'Italie.

Prôme, v. de Birmanie.

Provence, anc. prov. de France.

Provenchères (Vosges) ; 1 000 h.

Providence (Etats-Unis).

Provins, ch.-l. d'arr. (Seine-et-Marne) ; 8 200 h.

Prunelli, ch.-l. de c. (Corse), arr. de Corte ; 1 200 h.

Prusse, roy. du centre de l'Eur., cap. Berlin ; 29 millions d'habit.

Pruth (le), affl. du Danube.

Pskov, v. de Russie.

Puebla-de-los-Angeles, v. du Mexique.

Puget-Théniers, ch.-l. d'arr. (Alpes-Maritimes) ; 1 200 h.

Puisaye, pays de l'anc. France.

Puiseaux, ch.-l. de c. (Loiret), arr. de Pithiviers ; 2 000 h.

Pujols, ch.-l. de c. (Gironde), arr. de Libourne ; 700 h.

Pülna (Bohême). Eaux minér

Pultava, v. de Russie.

Puna, île (Grand Océan).
Putanges, ch.-l. de c. (Orne), arr. d'Argentan ; 600 h.
Puteaux, comm. du dép. de la Seine. arr. de St-Denis ; 16 000 h.
Putride (mer d'Azov).
Puy (Le), ch.-l. du dép. de la Hte-Loire ; 20 000 h.
Puy de Dôme, mont. d'Auvergne.
Puy-de-Dôme (dép. du), ch.-l. Clermont-Ferrand ; 571 000 h.
Puylaurens, chef-lieu de canton (Tarn), arrond. de Lavaur ; 5 000 h.
Puy-l'Evêque, ch.-l. de c. (Lot-et-Gar.), arr. de Cahors.
Puymirol, ch.-l. de c. (Lot-et-Gar.), arr. d'Agen ; 1 300 h.
Pyrénées, ch. de mont. entre la France et l'Espagne.
Pyrénées (dép. des Basses-), ch.-l. Pau ; 433 000 h.
Pyrénées (dép. des Hautes-), ch.-l. Tarbes ; 235 000 h.
Pyrénées-Orientales (dép. des), ch.-l. Perpignan ; 212 000 h

Q

Quadra-et-Vancouver, île du Grand Océan.
Quarré-les-Tombes, ch.-l. de c. (Yonne), arr. d'Avallon.
Quatre-Cantons, lac suisse.
Québec, cap. du bas Canada.
Quercy, anc. pays de France.
Queretaro, v. du Mexique.
Quérigut, ch.-l. de c. (Ariège), arr. de Foix ; 700 h.
Quesnoy, ch.-l. de c. (Nord), arr. d'Avesnes ; 4 000 h.
Quesnoy-sur-Deule (*ké*), ch.-l. de c. (Nord) ; 5 000 h.
Questembert, ch.-l. de c. (Morbihan), arr. de Vannes.
Quettehou, ch.-l. de c. (Manche), arr. de Valognes ; 1 300 h.
Quiberon, ch.-l. de c. (Morbihan), arr. de Lorient ; 3 000 h.
Quillan, ch.-l. de c. (Aude), arr. de Limoux ; 2 500 h.
Quillebœuf, ch.-l. de c. (Eure), arr. de Pont-Audemer ; 1 500 h.
Quiloa (Zanzibar).
Quimper, ch.-l. du dép. du Finistère ; 17 200 h.
Quimperlé, ch.-l. d'arr. (Finistère) ; 7 000 h.
Quingey, ch.-l. de c. (Doubs), arr. de Besançon ; 1 000 h.
Quintin, ch.-l. de c. (Côtes-du-Nord), arr. de St-Brieuc ; 3 400 h.
Quissac, ch.-l. de c. (Gard), arr. du Vigan ; 1 500 h.
Quito, cap. (Equateur).

R

Raab, v. forte de Hongrie.
Rabastens, ch.-l. de c. (Htes-Pyrénées), arr. de Tarbes.
Rabastens, ch.-l. de c. (Tarn), arr. de Gaillac.
Rabat, v. du Maroc.
Raguse, v. (Dalmatie).
Raincy (Le), ch.-l. de c. (Seine-et-Oise) ; 5 000 h.
Rambervillers, ch.-l. de c. (Vosges), arr. d'Epinal ; 6 000 h.
Rambouillet, ch.-l. d'arr. (S.-et-Oise) ; 5 600 h.
Ramerupt, ch.-l. de c. (Aube), arr. d'Arcis-sur-Aube ; 600 h.
Ramillies, vill. de Belgique.
Rance (la), riv. de France.
Randan, ch.-l. de c. (Puy-de-Dôme) ; 1 800 h.
Raon-l'Etape, ch.-l. de c. (Vosges), arr. de St-Dié ; 4 000 h.
Rappahannock, riv. des Etats-Unis.
Rastadt, v. du duché de Bade.
Ratisbonne, v. de Bavière.
Raucourt, ch.-l. de c. (Ardennes), arr. de Sedan ; 1 600 h.
Ravenne, v. d'Italie.
Raz, cap (Finistère).
Ré (île de), (Charente-Infér.).
Réalmont, ch.-l. de c. (Tarn), arr. d'Albi ; 3 000 h.

Rébais, ch.-l. de c. (S.-et-M.), arr. de Coulommiers ; 1 200 h.

Recey-sur-Ource, ch.-l. de c. (Côte-d'Or), arr. de Châtillon.

Réchicourt, ch.-l. de c. (Meurthe), arr. de Sarreb. Cédé à la Pr.

Redon, ch.-l. d'arr. (Ille-et-Vil.) ; 6 500 h.

Reggio, v. d'Italie.

Reichstadt, v. de Bohême.

Reignier, ch.-l. de c. (Hte-Savoie), arr. de St-Julien ; 1 800 h.

Reikiavik, cap. de l'Islande.

Reillanne, ch.-l. de c. (B.-Alp.) ; arr. de Forcalquier ; 1 400 h.

Reims, ch.-l. d'arr. (Marne) ; 98 000 h.

Rémalard, ch.-l. de c. (Orne), arr. de Mortagne ; 1 700 h.

Remiremont, ch.-l. d'arr. (Vosges) ; 9 000 h.

Remoulins, ch.-l. de c. (Gard).

Remusat, ch.-l. de c. (Drôme), arr. de Nyons ; 600 h.

Rennes, ch.-l. du dép. d'Ille-et-Vilaine ; 66 600 h.

Renwez, ch.-l. de c. (Ardennes), arr. de Mézières ; 1 700 h.

Réole (La), ch.-l. d'arr. (Gironde); 4 000 h.

Requista, ch.-l. de c. (Aveyron), arr. de Rodez ; 3 300 h.

Ressons, ch.-l. de c. (Oise), arr. de Compiègne ; 1 000 h.

Rethel, ch.-l. d'arr. (Ardennes) ; 7 500 h.

Rétiers, ch.-l. de c. (Ille-et-Vil.) ; arr. de Vitré ; 3 200 h.

Réunion (île de la), (*île Bourbon*).

Reus, v. d'Espagne.

Reuss, riv. de Suisse.

Revel, v. de la Russie.

Revel, ch.-l. de c. (Hte-Gar.) ; arr. de Villefranche ; 5 500 h.

Revigny, ch.-l. de c. (Meuse), arr. de Bar-le-Duc ; 1 900 h.

Rhin, fl. d'Europe.

Rhin, prov. de Prusse.

Rhin (dép. du Bas-), ch.-l. Strasbourg. Cédé à l'Allemagne.

Rhin (dép. du Haut-), ch.-l. Colmar. Cédé à l'Allemagne, moins Belfort et partie de l'arr. de ce nom.

Rhode-Island (Etats-Unis).

Rhodes, île de l'Archipel.

Rhône, fl. de France.

Rhône (dép. du), ch.-l. Lyon ; 773 000 h.

Riaillé, ch.-l. de c. (Loire-Inf.) ; arr. d'Ancenis ; 2 400 h.

Rians, ch.-l. de c. (Var), arr. de Brignoles ; 2 300 h.

Ribeauvillé, ch.-l. de c. (Haut-Rhin). Cédé à l'Allemagne.

Ribécourt, ch.-l. de c. (Oise), arr. de Compiègne ; 700 h.

Ribemont, ch.-l. de c. (Aisne), arr. de St-Quentin ; 3 200 h.

Ribérac, ch.-l. d'arr. (Dordogne) ; 4 000 h.

Ribiers, ch.-l. de c. (Htes-Alp.); [1 100 h.

Riceys (Les), ch.-l. de c. (Aube), arr. de Bar-s.-Seine ; 2 700 h.

Richelieu, ch.-l. de c. (Indre-et-Loire), arr. de Chinon ; 2 500 h.

Richmond, cap. de la Virginie.

Rieumes, ch.-l. de c. (Hte-Garonne), arr. de Muret ; 2 100 h.

Rieupeyroux, ch.-l. de c. (Aveyron), arr. de Villefranche.

Rieux, ch.-l. de c. (Hte-Gar.), arr. de Muret ; 2 000 h.

Riez, ch.-l. de c. (Basses-Alp.), arr. de Digne ; 2 400 h.

Riga, p. de Russie.

Riga (golfe de Livonie).

Rignac, ch.-l. de c. (Aveyron), arr. de Rodez ; 2 000 h.

Rille, riv. de France.

Rimini, v. d'Italie.

Rio-de-la-Plata. Voy. *Plata*.

Rio-Janeiro, cap. du Brésil.

Riom, ch.-l. d'arr. (Puy-de-D.); 10 300 h.

Riom-ès-Montagne, ch.-l. de c. (Cantal) ; 2 800 h.

Rioz, ch.-l. de c. (Hte-Saône), arr. de Vesoul ; 1 000 h.

Riscle, ch.-l. de c. (Gers), arr. de Mirande ; 1 800 h.

Rive-de-Gier, ch.-l. de c. (Loire), arr. de St-Étienne ; 14 300 h.

Rives, ch.-l. de c. (Isère), arr. de St-Marcellin ; 3 000 h.

Rivesaltes, ch.-l. de c. (Pyr.-Or.), arr. de Perpignan ; 6 300 h.

Rivoli, vill. de Vénétie.

Roanne, ch.-l. d'arr. (Loire) ; 30 500 h.

Roche (La), ch.-l. de c. (Hte-Savoie) ; 3 400 h.

Roche-Bernard (La), ch.-l. de c. (Morbihan) ; 1 300 h.

Roche-Canillac (La), ch.-l. de c. (Corrèze).

Roche-Derrien, ch.-l. de c. (Côtes-du-Nord), 1 500 h.

Rochechouart, ch.-l. d'arr. (Haute-Vienne) ; 4 300 h.
Rochefort, ch.-l. d'arr. (Char.-Inférieure) ; 32 000 h.
Rochefort, ch.-l. de c. (Jura), arr. de Dôle ; 500 h.
Rochefort, ch.-l. de c. (Puy-de-Dôme), arr. de Clerm.-F. ; 1 500 h.
Rochefort-en-Terre, ch.-l. de c. (Morbihan) ; 700 h.
Rochefoucauld, ch.-l. de cant. (Charente) ; 3 000 h.
Rochelle (La), ch.-l. du dép. de la Charente-Inférieure ; 24 000 h.
Rochemaure, ch.-l. de c. (Ardèche), arr. de Privas ; 1 200 h.
Rocheservière, ch.-l. de c. (Vendée) ; 2 000 h.
Rochester, v. d'Angleterre.
Roche-sur-Yon (La), ch.-l. du dép. de la Vendée ; 12 000 h.
Rochette (La), ch.-l. de c. (Savoie), arr. de Chambéry ; 1 300 h.
Rocheuses, mont. (Amér. N.).
Rocroi, ch.-l. d'arr. (Ardennes); 3 000 h.
Rodez, ch.-l. du dép. de l'Aveyron ; 15 500 h.
Rogliano, ch.-l. de c. (Corse), arr. de Bastia ; 1 500 h.
Rohan, ch.-l. de c. (Morbihan), arr. de Ploërmel ; 600 h.
Rohrbach, ch.-l. de c. (Moselle). Cédé à l'Allemagne.
Roisel, ch.-l. de c. (Somme), arr. de Péronne ; 1 800 h.
Romagne, anc. prov. d'Italie.
Romanèche (Saône-et-Loire). Vins renommés.
Romans, ch.-l. de c. (Drôme), arr. de Valence ; 15 000 h.
Rome, cap. d'Italie ; 300 500 h.
Romilly-sur-Seine, ch.-l. de c. (Aube) ; 7 000 h.
Romorantin, ch.-l. d'arr. (Loir-et-Cher) ; 7 500 h.
Roncevaux, vallée des Pyrén.
Ronda, v. d'Espagne.
Roquebrussanne, ch.-l. de c. (Var), arr. de Brignoles ; 800 h.
Roquecourbe, ch.-l. de c. (Tarn), arr. de Castres ; 1 900 h.
Roquefort-de-Marsan, ch.-l. de c. (Landes) ; 1 800 h.
Roquemaure, ch.-l. de c. (Gard), arr. d'Uzès ; 2 600 h.
Roquesteron, ch.-l. de c. (Alpes-Mar.), arr. de Puget ; 500 h.
Roquevaire, ch.-l. de c. (B.-du-Rh.), arr. de Marseille ; 3 500 h.
Rosa, sommet des Alpes.
Rosans, ch.-l. de c. (Htes-Alp.), arr. de Gap ; 800 h.
Rosbach, vill. de Saxe.
Rosbecque, vill. de Belgique.
Rosette, v. de la B.-Égypte.
Rosheim, ch.-l. de c. (B.-Rh.). Cédé à l'Allemagne.
Rosières, ch.-l. de c. (Somme), arr. de Montdidier ; 2 600 h.
Rosporden, ch.-l. de c. (Finistère), arr. de Quimper ; 1 700 h.
Rostock, v. d'Allemagne.
Rostrenen, ch.-l. de c. (C.-du-N.), arr. de Guingamp ; 2 200 h.
Rotterdam, v. de Hollande.
Roubaix, ch.-l. de c. (Nord), arr. de Lille ; 100 300 h.
Rouen, ch.-l. du dép. de la Seine-Inférieure ; 108 000 h.
Rouergue, anc. pays de France.
Rouffach, ch.-l. de c. (Ht-Rhin). Cédé à l'Allemagne.
Rouge (mer), (Arabie et Afriq.).
Rougé, ch.-l. de c. (L.-Infér.), arr. de Châteaubriant ; 2 800 h.
Rougemont, ch.-l. de c. (Doubs), arr. de Baume-les-Dames ; 1 200 h.
Rouillac, ch.-l. de c. (Charente), arr. d'Angoulême ; 2 000 h.
Roujan, ch.-l. de c., arr. de Béziers ; 1 700 h.
Roulans, ch.-l. de c. (Doubs), arr. de Baume-les-Dames ; 400 h.
Roumanie (Moldavie et Valachie).
Roumélie, prov. de la Turquie.
Roussillon, anc. prov. de Fr.
Roussillon, ch.-l. de c. (Isère), arr. de Vienne ; 1 500 h.
Routot, ch.-l. de c. (Eure), arr. de Pont-Audemer ; 900 h.
Roveredo, v. du Tyrol.
Rovigo, v. d'Italie.
Royan, ch.-l. de c. (Char.-Inf.), 6 700 h. Bains.
Royat (Puy-de-Dôme). Eaux thermales.
Roybon, ch.-l. de c. (Isère), arr. de St-Marcellin ; 200 h.
Roye, ch.-l. de c. (Somme), arr. de Montdidier ; 4 000 h.
Royère, ch.-l. de c. (Creuse), arr. de Bourganeuf ; 2 300 h.
Rozoy-en-Brie, ch.-l. de c. (S.-et-Marne) ; 1 500 h.
Rozoy-sur-Serre, ch.-l. de c. (Aisne), arr. de Laon ; 1 500 h.

Rue, ch.-l. de c. (Somme), arr. d'Abbeville ; 2 700 h.

Rueil (Seine-et-Oise). Château.

Ruffec, ch.-l. d'arr. (Charente) ; 3 600 h.

Ruffieux, ch.-l. de c. (Savoie), arr. de Chambéry ; 1 000 h.

Rugen, île de la Baltique.

Rugles, ch.-l. de c. (Eure), arr. d'Evreux ; 1 800 h.

Ruines, ch.-l. de c. (Cantal), arr. de St-Flour ; 1 000 h.

Rumigny, ch.-l. de c. (Ardennes), arr. de Rocroi ; 800 h.

Rumilly, ch.-l. de c. (Hte-Savoie), arr. d'Annecy ; 4 000 h.

Rummel, fl. de l'Algérie.

Rupelmonde, v. de Belgique.

Ruremonde, v. de Hollande.

Russey (Le), ch.-l. de c. (Doubs) ; 1 300 h.

Russie (emp. de), cap. St-Pétersbourg ; 100 500 000 h.

Rutland, comté du centre de l'Angleterre, ch.-l. Oakham.

Ryes, ch.-l. de c. (Calvados) ; 500 h.

S

Saale, plus. riv. d'Allemagne.

Saales, ch.-l. de c. (Vosges). Cédé à l'Allemagne.

Saardam, v. de Hollande.

Saar-Union, ch.-l. de c. (Bas-Rhin). Cédé à l'Allemagne.

Sablé, ch.-l. de c. (Sarthe), arr. de la Flèche ; 6 000 h.

Sables-d'Olonne (Les), ch.-l. d'arr. (Vendée), port ; 11 000 h.

Sabres, ch.-l. de c. (Landes), arr. de Mont-de-Marsan ; 2 500 h.

Sacramento, riv. (Californie).

Sacramento, cap. de Californie.

Saffi, v. du Maroc.

Sahara, désert d'Afrique.

Saignes, ch.-l. de c. (Cantal), arr. de Mauriac ; 600 h.

Saïgon, ch.-l. de Cochinchine.

Saillagouse, ch.-l. de c. (Pyrénées-Or.), arr. de Prades ; 600 h.

Saillans, ch.-l. de c. (Drôme), arr. de Die ; 1 700 h.

Sains, ch.-l. de c. (Aisne), arr. de Vervins ; 2 000 h.

Sains, ch.-l. de c. (Nord), arr. d'Avesnes ; 4 200 h.

S.-Acheul (Somme). Abbaye.

S.-Affrique, ch.-l. d'arr. (Aveyron) ; 7 200 h.

S.-Agnant, ch.-l. de c. (Ch.-Inf.), arr. de Marennes ; 1 200 h.

S.-Agrève, ch.-l. de c. (Ardèche), arr. de Tournon ; 3 300 h.

S.-Aignan, ch.-l. de c. (Loir-et-Cher), arr. de Blois ; 3 400 h.

S.-Aignan-sur-Roë, ch.-l. de c. (Mayenne) ; 1 000 h.

S.-Alvère, ch.-l. de c. (Dordogne), arr. de Bergerac ; 1 600 h.

S.-Amand, ch.-l. de c. (Loir-et-Cher), arr. de Vendôme ; 700 h.

S.-Amand, ch.-l. de c. (Nord), arr. de Valenciennes ; 12 600 h.

S.-Amand-en-Puisaye, ch.-l. de c. (Nièvre) ; 2 500 h.

S.-Amand-Mont-Rond, ch.-l. d'arr. (Cher) ; 8 126 h.

S.-Amans, ch.-l. de c. (Lozère), arr. de Mende ; 400 h.

S.-Amans-des-Copts, ch.-l. de c. (Aveyron) ; 1 200 h.

S.-Amans-Soult, ch.-l. de c. (Tarn) ; 2 400 h.

S.-Amant-de-Boixe, ch.-l. de c. (Charente) ; 1 500 h.

S.-Amant-Roche-Savine, ch.-l. de c. (Puy-de-Dôme) ; 1 800 h.

S.-Amant-Tallende, ch.-l. de c. (Puy-de-Dôme) ; 1 400 h.

S.-Amarin, ch.-l. de c. (Ht-Rh.), arr. de Belfort. Cédé à la Prusse.

S.-Ambroix, ch.-l. de c. (Gard), arr. d'Alais ; 3 400 h.

S.-Amour, ch.-l de c. (Jura), arr. de Lons-le-Saunier ; 2 400 h.

S.-André-de-Cubzac, ch.-l. de c. (Gironde) ; 3 800 h.

S.-André-de-Méouilles, ch.-l. de c. (Basses-Alpes) ; 700 h.

S.-André-de-Valborgne, ch.-l. de c. (Gard) ; 1 700 h.

S.-André-la-Marche, ch.-l. de c. (Eure) ; 1 500 h.

S.-Anthème, ch.-l. de c. (Puy-de-Dôme), arr. d'Ambert ; 3 000 h.

S.-Antonin, ch.-l. de c. (Tarn-et-Gar.), arr. de Montauban ; 4 500 h.

S.-Astier, ch.-l. de c. (Dordogne), arr. de Périgueux ; 3 000 h.

S.-Auban, ch.-l. de c. (Alpes-Mar.), arr. de Grasse ; 500 h.

S.-Aubin-d'Aubigné, ch.-l. de c. (Ille-et-Vilaine) ; 1 900 h.

S.-Aubin-du-Cormier, ch.-l. de c. (Ille-et-Vilaine) ; 2 000 h.

S.-Aulaye, ch.-l. de c. (Dordogne), arr. de Ribérac ; 1 500 h.

S.-Avold, ch.-l. de c. (Moselle), arr. de Sarreguem. Cédé à la Pr.

S.-Béat, ch.-l. de c. (Hte-Gar.), arr. de St-Gaudens ; 1 000 h.

S.-Beauzély, ch.-l. de c. (Aveyron), arr. de Millau ; 1 000 h.

S.-Benin-d'Azy, ch.-l. de c. (Nièvre), arr. de Nevers ; 2 000 h.

S.-Benoît, ch.-l. de c. (Indre), arr. du Blanc ; 1 200 h.

S.-Bernard, mont. des Alpes.

S.-Bertrand, ch.-l. de c. (Hte-Gar.), arr. de St-Gaudens ; 700 h.

S.-Blin, ch.-l. de c. (Hte-Marne), arr. de Chaumont ; 600 h.

S.-Bonnet, ch.-l. de c. (Htes-Alpes), arr. de Gap ; 1 700 h.

S.-Bonnet-de-Joux, ch.-l. de c. (Saône-et-Loire) ; 1 600 h.

S.-Bonnet-le-Château, ch.-l. de c. (Loire) ; 2 400 h.

S.-Brice-en-Coglais, ch.-l. de c. (Ille-et-Vilaine) ; 2 000 h.

S.-Brieuc, ch.-l. du dép. des Côtes-du-Nord ; 19 000 h.

S.-Calais, ch.-l. d'arr. (Sarthe) ; 3 700 h.

S.-Céré, ch.-l. de c. (Lot), arr. de Figeac ; 3 700 h.

S.-Cernin, ch.-l. de c. (Cantal), arr. d'Aurillac ; 2 300 h.

S.-Chamond, ch.-l. de c. (Loire), arr. de St-Etienne ; 14 400 h.

S.-Chaptes, ch.-l. de c. (Gard), arr. d'Uzès ; 800 h.

S.-Chély-d'Apcher, ch.-l. de c. (Lozère) ; 1 900 h.

S.-Chély-d'Aubrac, ch.-l. de c. (Aveyron), arr. d'Espal. ; 2 000 h.

S.-Chinian, ch.-l. de c. (Hérault), arr. de St-Pons ; 3 500 h.

S.-Christophe-en-Bazelle, ch.-l. de c. (Indre) ; 800 h.

S.-Ciers-Lalande, ch.-l. de c. (Gironde), arr. de Blaye ; 3 000 h.

S.-Clair, ch.-l. de c. (Manche), arr. de St-Lô ; 600 h.

S.-Clar, ch.-l. de c. (Gers), arr. de Lectoure ; 1 600 h.

S.-Claud, ch.-l. de c. (Char.) ; arr. de Confolens ; 1 800 h.

S.-Claude, ch.-l. d'arr. (Jura) ; 9 000 h.

S.-Cloud, arr. de Versailles ; 5 400 h.

S.-Cyprien, ch.-l. de c. (Dordogne), arr. de Sarlat ; 2 400 h.

S.-Cyr (S.-et-O.). Ecole militaire.

S.-Denis, ch.-l. d'arr. (Seine) ; 48 000 h. Antique abbaye.

S.-Denis, ch.-l. de la Réunion.

S.-Didier-la-Seauve, ch.-l. de c. (Hte-Loire) ; 5 000 h.

S.-Dié, ch.-l. d'arr. (Vosges) ; 17 000 h.

S.-Dier, ch.-l. de c. (Puy-de-Dôme), arr. de Clermont ; 1 500 h.

S.-Dizier, ch.-l. de c. (Hte-M.), arr. de Vassy ; 13 500 h.

S.-Domingue, cap. de Haïti.

S.-Donat, ch.-l. de c. (Drôme), arr. de Valence ; 2 600 h.

S.-Emilion (Gironde). Vins.

S.-Estèphe (Gironde). Vins.

S.-Etienne, ch.-l. du dép. de la Loire ; 118 000 h.

S.-Etienne, ch.-l. de c. (Alpes-Marit.) ; 2 000 h.

S.-Etienne-de-Baigorry, ch.-l. de c. (Basses-Pyrén.) ; 2 400 h.

S.-Etienne-de-Lugdarès, ch.-l. de c. (Ardèche) ; 1 600 h.

S.-Etienne-de-Montluc, ch.-l. de c. (Loire-Infér.) ; 4 400 h.

S.-Etienne-de-Saint-Geoirs, ch.-l. de c. (Isère).

S.-Etienne-en-Dévoluy, ch.-l. de c. (Htes-Alpes) ; 700 h.

S.-Etienne-les-Orgues, ch.-l. de c. (Basses-Alpes) ; 1 000 h.

S.-Fargeau, ch.-l. de c. (Yonne), arr. de Joigny ; 2 700 h.

S.-Félicien, ch.-l. de c. (Ardèche), arr. de Tournon ; 2 000 h.

S.-Firmin, ch.-l. de c. (Htes-Alpes), arr. de Gap ; 1 000 h.

S.-Florent, ch.-l. de c. (Corse), arr. de Bastia ; 800 h.

S.-Florent-le-Vieil, ch.-l. de c. (Maine-et-Loire) ; 2 000 h.

S.-Florentin, ch.-l. de canton (Yonne), arr. d'Auxerre ; 2 700 h.

S.-Flour, ch.-l. d'arr. (Cantal) ; 5 600 h.

S.-Fulgent, ch.-l. de c. (Vendée) ; 2 200 h.

S.-Gall, v. de Suisse.

S.-Galmier, ch.-l. de c. (Loire), arr. de Montbrison ; 3 400 h.

S.-Gaudens, ch.-l. de c. (Hte-Gar.) : 6 600 h.

S.-Gaultier, ch.-l. de c. (Indre), arr. du Blanc ; 2 500 h.

S.-Genest-Malifaux, ch.-l. de c. (Loire).

S.-Gengoux-le-National, ch.-l. de c. (S.-et-L.) ; 1 900 h.

S.-Geniez, ch.-l. de c. (Aveyron), arr. d'Espalion ; 3 800 h.

S.-Genis, ch. l. de c. (Char.-Inf.), arr. de Jonzac ; 1 200 h.

S.-Genis, ch.-l. de c. (Savoie) ; 1 800 h.

S.-Genis-Laval, ch.-l. de c. (Rhône), arr. de Lyon ; 3 700 h.

S.-Geoire, ch.-l. de c. (Isère), arr. de la Tour-du-Pin ; 2 000 h.

S.-George, détroit (Irlande).

S.-Georges-du-Vièvre, ch.-l. de c. (Eure) ; 800 h.

S.-Georges-en-Couzan, ch.-l. de c. (Loire) ; 1 200 h.

S.-Georges-les-Baillargeaux, ch.-l. de c. (Vienne) ; 1 500 h.

S.-Georges-sur-Loire, ch.-l. de c. (Maine-et-Loire) ; 2 400 h.

S.-Germain-de-Bel-Air, ch.-l. de c. (Lot) ; 1 000 h.

S.-Germain-de-Calberte, ch.-l. de c. (Lozère) ; 1 400 h.

S.-Germain-du Bois, ch.-l. de c. (Saône-et-Loire) ; 2 700 h.

S.-Germain-du-Plain, ch.-l. de c. (Saône-et-Loire).

S.-Germain-du-Teil, ch.-l. de c. (Lozère) ; 1 300 h.

S.-Germain-en-Laye, ch.-l. de c. (Seine-et-Oise) ; 16 300 h.

S.-Germain-les-Belles, ch.-l. de c. (Hte-Vienne) ; 2 300 h.

S.-Germain-Lambron, ch.-l. de c. (Puy-de-Dôme).

S.-Germain Laval, ch.-l. de c. [(Loire).

S.-Germain-l'Hermite, ch.-l. de c. (Puy-de-Dôme).

S.-Gervais, ch.-l. de c. (Hérault), arr. de Béziers ; 2 000 h.

S.-Gervais, ch.-l. de c. (Puy-de-Dôme) ; 2 500 h.

S.-Gervais-les-Bains, ch.-l. de c. (Hte-Savoie) ; 2 000 h.

S.-Géry, ch.-l. de c. (Lot), arr. de Cahors ; 800 h.

S.-Gildas-des-Bois, ch.-l. de c. (Loire-Inférieure) ; 2 500 h.

S.-Gilles, ch.-l. de c. (Gard), arr. de Nîmes ; 5 500 h.

S.-Gilles-sur-Vie, ch.-l. de c. (Vendée).

S.-Girons, ch.-l. d'arr. (Ariège) ; 5 500 h.

S.-Gobain (Aisne). Glaces.

S.-Gothard, mont. des Alpes.

S.-Haon-le-Châtel, ch.-l. de c. (Loire) ; 700 h.

S.-Héand, ch.-l. de c. (Loire), arr. de S.-Etienne ; 2 900 h.

S.-Hilaire, ch.-l. de c. (Aude), arr. de Limoux ; 900 h.

S.-Hilaire, ch.-l. de c. (Char.-Inférieure) ; 1 200 h.

S.-Hilaire-du-Harcouët, ch.-l. de c. (Manche) ; 4 000 h.

S.-Hilaire-des-Loges, ch.-l. de c. (Vendée), arr. de Fontenay.

S.-Hippolyte, ch.-l. de cant. (Doubs) ; 1 200 h.

S.-Hippolyte-du-Fort, ch.-l. de c. (Gard) ; 4 000 h. [3 000 h.

S.-James, ch.-l. de c. (Manche) ;

S.-Jean-d'Angely, ch.-l. d'arr. (Char.-Infér.) ; 7 300 h.

S.-Jean-Brévelay, ch.-l. de c. (Morbihan) ; 2 000 h.

S.-Jean-de-Bournay, ch.-l. de c. (Isère) ; 3 000 h.

S.-Jean-de-Daye, ch.-l. de c. (Manche) ; 400 h.

S.-Jean-de-Losne, ch.-l. de c. (Côte-d'Or) ; 1 500 h.

S.-Jean de-Luz, ch.-l. de c. (Basses-Pyrénées).

S.-Jean-de-Maurienne, ch.-l. d'arr. (Savoie) ; 3 000 h.

S.-Jean-de-Monts, ch.-l. de c. (Vendée).

S.-Jean-du-Gard, ch.-l. de c. (Gard) ; 3 700 h.

S. Jean-en-Royans, ch.-l. de c. (Drôme).

S.-Jean-Pied-de-Port, ch.-l. de c. (Basses-Pyrén.) ; 1 500 h.

S.-Jean-Soleymieux, ch.-l. de c. (Loire) ; 1 300 h.

S.-Jeoire, ch.-l. de c. (Haute-Savoie) ; 1 700 h.

S.-Jouan-de-l'Isle, ch.-l. de c. (Côtes-du-Nord) ; 680 h.

S.-Julien, ch.-l. de c. (Jura), arr. de Lons-le-Saunier ; 724 h.

S.-Julien, ch.-l. d'arr. (Haute-Savoie) ; 1 337 h.

S.-Julien-l'Ars, ch.-l. de c., (Vienne), arr. de Poitiers.

S.-Julien-Chapteuil, ch.-l. de c. (Haute-Loire).

S.-Julien-de-Vouvantes, ch.-l. de c. (Loire-Inférieure).

S.-Julien-du-Sault, ch.-l. de c. (Yonne) ; 2 147 h.

S.-Junien, ch.-l. de c. (Haute-Vienne) ; 8 500 h.

S.-Just-en-Chaussée, ch.-l. de c. (Oise) ; 2 500 h.

S.-Just-en-Chevalet, ch.-l. de c. (Loire) ; 2 500 h.

S.-Laurent, fl. de l'Amérique du [Nord.

S.-Laurent, golfe de l'Amérique du Nord.

S.-Laurent-de-Chamousset, ch.-l. de c. (Rhône).

S.-Laurent-de-Neste, ch.-l. de c. (Htes-Pyrénées) ; 1 500 h.

S.-Laurent-du-Pont, ch.-l. de c. (Isère) ; 2200 h.

S.-Laurent-en-Grand-Vaux, ch.-l. de c. (Jura) ; 1 200 h.

S.-Laurent-et-Benon, ch.-l. de c. (Gironde); 3 000 h.

S.-Laurent-sur-Gorre, ch.-l. de c. (Hte-Vienne) ; 2 500 h.

S.-Léger-sous-Beuvray, ch.-l. de c. (Saône-et-Loire); 1 800 h.

S.-Léonard, ch.-l. de c. (Hte-Vienne) ; 1 000 h.

S.-Lizier, ch.-l. de c. (Ariège), arr. de Saint-Girons ; 1 400 h.

S.-Lô, ch.-l. du dép. de la Manche ; 11 000 h.

S.-Loup, ch.-l. de c. (Deux-Sèvres), arr. de Parthenay ; 1 400 h.

S.-Loup, ch.-l. de c. (Haute-Saône), arr. de Lure ; 3 300 h.

S.-Lys, ch.-l. de c. (Hte-Gar.), arr. de Muret ; 1 400 h.

S.-Macaire, ch.-l. de c. (Gironde), arr. de la Réole ; 2 200 h.

S.-Maixent, ch.-l. de c. (Deux-Sèvres), arr. de Niort ; 5 000 h.

S.-Malo, ch.-l. d'arr. (Ille-et-Vilaine), port de mer ; 10 500 h.

S.-Malo-de-la-Lande, ch.-l. de c. (Manche); 400 h.

S.-Mamert, ch.-l. de c. (Gard), arr. de Nîmes ; 400 h.

S.-Mamet, ch.-l. de c. (Cantal), arr. d'Aurillac ; 1 800 h.

S.-Marcellin, ch.-l. d'arr. (Isère) ; 3 400 h.

S. Marin, petite république enclavée dans les États de l'Église.

S.-Mars-la-Jaille, ch.-l. de c. (Loire-Inférieure) ; 2 000 h.

S.-Martin-d'Auxigny, ch.-l. de c. (Cher).

S.-Martin-de-Londres, ch.-l. de c. (Hérault).

S.-Martin-de-Ré, ch.-l. de c. (Charente-Inférieure), dans l'île.

S.-Martin-de-Seignaux, ch.-l. de c. (Landes).

S.-Martin-de-Valamas, ch.-l. de c. (Ardèche).

S.-Martin-en-Bresse, ch.-l. de c. (Saône-et-Loire) ; 1 800 h.

S.-Martin-Lantosque, ch.-l. de c. (Alpes-Maritimes).

S.-Martory, ch.-l. de c. (Hte-Gar.), arr. de St-Gaudens; 1 000 h.

S.-Mathieu, ch.-l. de c. (Hte-Vienne), arr. de Rochechouart.

S.-Maximin, ch.-l. de c. (Var), arr. de Brignoles ; 2 800 h.

S.-Meen, ch.-l. de c. (Ille-et-Vilaine); 3000 h.

S.-Michel, ch.-l. de c. (Savoie); 2 000 h. [6 000 h.

S.-Mihiel, ch.-l. de c. (Meuse);

S.-Nazaire, ch.-l. d'arr. (Loire-Inférieure) ; 26 000 h.

S.-Nicolas-de-la-Grave, ch.-l. de c. (Tarn-et-Garonne) ; 2 700 h.

S.-Nicolas-de-Redon, ch.-l. de c. (Loire-Inférieure) ; 2 000 h.

S.-Nicolas-du-Pelem, ch.-l. de c. (Côtes-du-Nord) ; 3 000 h.

S.-Nicolas-du-Port, ch.-l. de c. (Meurthe) ; 5 500 h.

S.-Omer, ch.-l. d'arr. (Pas-de-Calais); 22 000 h.

S.-Palais, ch.-l. de c. (Basses-Pyrénées) ; 2 000 h.

S.-Pardoux, ch.-l. de c. (Dordogne) ; 2 000 h.

S.-Paterne, ch.-l. de c. (Sarthe), arr. de Mamers ; 500 h.

S.-Paul, ch.-l. de c. (Basses-Alpes), arr. de Barcelonnette.

S.-Paul-Cap-de-Joux, ch.-l. de c. (Tarn), arr. de Lavaur ; 1 200 h.

S.-Paul-de-Fenouillet, ch.-l. de c. (Pyrén.Orient.) ; 2 500 h.

S.-Paul-Trois-Châteaux, ch.-l. de c. (Drôme) ; 2 500 h.

S.-Paulien, ch.-l. de c. (Haute-Loire), arr. du Puy ; 2 800 h.

S.-Pé, ch.-l. de c. (Htes-Pyrénées), arr. d'Argelès ; 2 300 h.

S.-Péray, ch.-l. de c. (Ardèche), arr. de Tournon ; 2 700 h.

S.-Père-en-Retz, ch.-l. de c. (Loire-Inf.) ; 3 000 h.

S.-Pétersbourg, cap. de la Russie; 930 000 h.
S.-Philbert, ch.-l. de c. (Loire-Inf.), arr. de Nantes ; 4 000 h.
S.-Pierre, v. de la Martinique ; 24 000 h.
S.-Pierre-d'Albigny, ch.-l. de c. (Savoie); 3 000 h.
S.-Pierre-de-Chignac, ch.-l. de c. (Dordogne) ; 1 000 h.
S.-Pierre-d'Oléron, ch.-l. de c. (Charente-Inf.), dans l'île ; 3 000 h.
S.-Pierre-Eglise, ch.-l. de c. (Manche), arr. de Cherbourg.
S.-Pierre-le-Moutier, ch.-l. de c. (Nièvre), arr. de Nevers ; 3 000 h.
S.-Pierre-sur-Dives, ch.-l. de c. (Calvados) ; 2000 h.
S.-Pierreville, ch.-l. de c. (Ardèche), arr. de Privas ; 2 000 h.
S.-Pois, ch.-l. de c. (Manche), arr. de Mortain ; 800 h.
S.-Pol, ch.-l. d'arr. (Pas-de-Calais) ; 4 000 h.
S.-Pol-de-Léon, ch.-l. de c. (Finistère) ; 7 500 h.
S.-Pons, ch.-l. d'arr. (Hérault) ; 3 500 h.
S.-Porchaire, ch.-l. de c. (Charente-Inf.), arr. de Saintes; 1 200 h.
S.-Pourçain, ch.-l. de c. (Allier), arr. de Gannat ; 5 000 h.
S.-Privat, ch.-l. de c. (Corrèze); 1 300 h.
S.-Quentin, ch.-l. d'arr. (Aisne); [48 000 h.
S.-Quentin, canal entre la Somme et l'Escaut.
S.-Rambert, ch.-l. de c. (Ain), arr. de Belley ; 3 500 h.
S.-Rambert-sur-Loire, ch.-l. de c. (Loire) ; 2 800 h.
S.-Rémy, ch.-l. de c. (Bouches-du-Rhône), arr. d'Arles ; 5900 h.
S.-Rémy, ch.-l. de c. (Puy-de-Dôme), arr. de Thiers ; 5 600 h.
S.-Rémy-en-Bouzemont, ch.-l. de c. (Marne); 800 h.
S.-Renan, ch.-l. de c. (Finistère), arr. de Brest ; 1 500 h.
S.-Romain, ch.-l. de c. (Seine-Inf.), arr. du Havre ; 1 800 h.
S.-Rome-de-Tarn, ch.-l. de c. (Aveyron); 1 500 h.
S.-Saëns, ch.-l. de c. (Seine-Inférieure); 2 400 h.
S.-Saulge (*sauge*), ch. de c. (Nièvre) ; 2 400 h.
S.-Sauveur, ch.-l. de c. (Yonne), arr. d'Auxerre ; 1 800 h.
S.-Sauveur, ch. de c. (Alpes-Maritimes), 700 h.
S.-Sauveur-Lendelin, ch.-l. de c. (Manche), arr. de Coutances.
S.-Sauveur-le-Vicomte, ch.-l. de c. (Manche); 2 755 h.
S.-Savin, ch.-l. de c. (Gironde), arr. de Blaye ; 2000 h.
S.-Savin, ch.-l. de c. (Vienne), arr. de Montmorillon ; 1 700 h.
S.-Savinien, ch.-l. de c. (Charente-Inférieure) ; 3 000 h.
S.-Sébastien, v. forte d'Espag.
S.-Seine-l'Abbaye, ch.-l. de c. (Côte-d'Or), arr. de Dijon ; 600 h.
S.-Sernin, ch.-l. de c. (Aveyron), arr. de S.-Affrique ; 1 300 h.
S.-Servan, ch.-l. de c. (Ille-et-Vilaine), arr. de S.-Malo ; 12 000 h.
S.-Sever, ch.-l. de c. (Calvados), arr. de Vire ; 1 500 h.
S.-Sever, ch.-l. d'arr. (Landes) ; 5 000 h.
S.-Simon, ch.-l. de c. (Aisne), arr. de St-Quentin ; 700 h.
S.-Sulpice-les-Champs, ch.-l. de c. (Creuse); 1 200 h.
S.-Sulpice-les-Feuilles, ch.-l. de c. (Haute-Vienne) ; 2 000 h.
S.-Symphorien, ch.-l. de c. (Gironde), arr. de Bazas; 2 000 h.
S.-Symphorien-de-Lay, ch.-l. de c. (Loire) ; 2 700 h.
S.-Symphorien-d'Ozon, ch.-l. de c. (Isère) ; 2 000 h.
S.-Symphorien-sur-Coise, ch.-l. de c. (Rhône) ; 2 200 h.
S.-Thégonnec, ch.-l. de c. (Finistère), arr. de Morlaix ; 3 200 h.
S.-Thomas, île des Antilles.
S.-Trivier-de-Courtes, ch.-l. de c. (Ain), arr. de Bourg ; 1 500 h.
S.-Trivier-sur-Moignans, ch.-l. de c. (Ain); 1 700 h.
S.-Tropez, ch.-l. de c. (Var), arr. de Draguignan ; 4 000 h.
S.-Valéry-en-Caux, ch.-l. de c. (Seine-Inf.), arr. d'Yvetot ; 4 000 h.
S.-Valéry-sur-Somme, ch.-l. de c. (Somme) ; 3 500 h.
S.-Vallier, ch.-l. de c. (Drôme), arr. de Valence ; 3 000 h.
S.-Vallier, ch.-l. de c. (Alpes-Maritimes) ; 700 h.
S.-Varent, ch. de c. (Deux-Sèvres), arr. de Bressuire ; 1 900 h.
S.-Vaury, ch.-l. de c. (Creuse), arr. de Guéret ; 2 700 h.
S.-Vincent, une des Antilles.

S.-Vincent, cap du Portugal.
S.-Vincent-de-Tyrosse, ch.-l. de c. (Landes), arr. de Dax; 1 500 h.
S.-Vivien, ch.-l. de c. (Gironde), arr. de Lesparre; 1 500 h.
S.-Yrieix, ch.-l. d'arr. (Haute-Vienne); 8 000 h.
Ste-Enimie, ch.-l. de c. (Lozère), arr. de Florac; 1 000 h.
Ste-Croix, ch.-l. de c. (Ariège), 1 600 h.
Ste-Foy-la-Grande, ch.-l. de c. (Gironde); 3 200 h.
Ste-Geneviève, ch.-l. de cant. (Aveyron); 1 500 h.
Ste-Hélène, île de l'Afrique.
Ste-Hermine, ch.-l. de c. (Vendée); 1 900 h.
Ste-Livrade, ch.-l. de c. (Lot-et-Garonne), arr. de Villeneuve.
Ste-Marie-aux-Mines (Haut-Rhin). Cédé à l'Allemagne.
Ste-Maure, ch.-l. de c. (Indre-et-Loire), arr. de Chinon; 2 500 h.
Ste-Menehould, ch.-l. d'arr. (Marne); 4 400 h.
Ste-Mère-Eglise, ch.-l. de c. (Manche); 1 400 h.
Ste-Sévère, ch.-l. de c. (Indre), arr. de la Châtre.
Ste-Suzanne, ch.-l. de c. (May.), arr. de Laval; 1 600 h.
Saintes, îlots fortif. (Antilles).
Saintes, ch.-l. d'arr. (Charente-Inférieure); 17 400 h.
Saintes-Maries, ch.-l. de c. (Bouc.-du-Rhône), arr. d'Arles.
Saintonge, anc. prov. de Fr.
Saissac, ch.-l. de c. (Aude), 1 500 h.
Saïs, anc. v. de Basse-Egypte.
Salado (*rio*), affluent du Parana.
Salamanque, v. d'Espagne.
Salbris, ch.-l. de c. (L.-et-Ch.), arr. de Romorantin; 2 000 h.
Salé (lac), Amérique du Nord.
Salency, village (Oise). Rosière.
Salerne, v. d'Italie.
Salernes, ch.-l. de c. (Var), arr. de Draguignan; 3 800 h.
Salers, ch.-l. de c. (Cantal), arr. de Mauriac; 1 000 h.
Salette (la) (Isère). Pèlerinage.
Salice, ch.-l. de c. (Corse), arr. d'Ajaccio; 500 h.
Salies, ch.-l. de c. (Basses-Pyrénées), arr. d'Orthez; 6 200 h.
Salies, ch.-l. de c. (Haute-Garonne), arr. de St-Gaudens; 1 000 h.
Salignac, ch.-l. de c. (Dordogne), arr. de Sarlat; 1 300 h.
Salins ch.-l. de c. (Jura), arr. de Poligny; 6 000 h.
Sallanches, ch.-l. de c. (Hte-Savoie), arr. de Bonneville; 2 000 h.
Salles-Curan, ch.-l. de c. (Aveyron), arr. de Millau; 2 800 h.
Salles-sur-l'Hers, ch.-l. de c. (Aude), arr. de Castelnaudary.
Salon, ch.-l. de c. (Bouches-du-Rhône), arr. d'Aix; 8 600 h.
Salonique, v. de la Turquie.
Saluces, v. des Etats sardes.
Salvador, Amérique centrale.
Salvagnac, ch.-l. de c. (Tarn), arr. de Gaillac; 1 800 h.
Salvetat (La), ch.-l. de c. (Hérault), arr. de St-Pons; 3 600 h.
Salvetat-Peyralès (La), ch.-l. de c. (Aveyron); 3 500 h.
Salviac, ch.-l. de c. (Lot), arr. de Gourdon; 2 000 h.
Salzbach, v. d'Allemagne.
Salzbourg, v. d'Autriche.
Samarie, v. de Palestine.
Samarkand, v. du Turkestan.
Samatan, ch.-l. de c. (Gers), arr. de Lombez; 2 300 h.
Sambre, riv. de France et de Belgique.
Samer, ch.-l. de c. (Pas-de-Calais), arr. de Boulogne; 2 200 h.
Samnium, contr. de l'anc. Italie.
Samoens, ch.-l. de c. (Haute-Savoie); 2 500 h.
Samos, île de l'Archipel.
Samoyèdes, peuple du nord de l'Asie.
San-Francisco, v. de Californie.
San-Lorenzo, ch.-l. de c. (Corse), arr. de Corte; 500 h.
San-Luis-de-Potosi, ville du Mexique.
San-Martino, ch.-l. de c. (Corse), arr. de Bastia; 1 000 h.
San-Nicolao, ch.-l. de c. (Corse), arr. de Bastia; 700 h.
San-Salvador, république de l'Amérique centrale.
Sancergues, ch.-l. de c. (Cher), arr. de Sancerre; 1 200 h.
Sancerre, ch.-l. d'arr. (Cher), 3 800 h.
Sancoins, ch.-l. de c. (Cher), arr. de Saint-Amand; 4 700 h.
Sandomir, v. russe (Pologne).
Sandwich (îles), (Océan austr.).
Santa-Cruz, port de Ténériffe.

Santa-Fé (Nouveau-Mexique).
Santa-Fé, Répub. Argentine.
Santa-Lucia-di-Tallano, ch.-l. de c. (Corse); 1 400 h.
Santa-Maria-Siché, ch.-l. de c. (Corse); 800 h.
Santander, port d'Espagne.
Santiago, v. d'Espagne.
Santiago, cap. du Chili.
Santiago-de-Cuba, v. de Cuba.
Santo-Pietro, ch.-l. de c. (Corse), arr. de Bastia ; 1 200 h.
Santorin, une Cyclade.
Saône, affluent du Rhône.
Saône (dép. de la Haute-), ch.-l. Vesoul ; 201 000 h.
Saône-et-Loire (dép. de), ch.-l. Mâcon ; 626 000 h.
Saragosse, v. d'Espagne.
Saramon, ch.-l. de c. (Gers), arr. d'Auch ; 1 200 h.
Saratoga, v. des Etats-Unis.
Sardaigne, île de la Méditerr.
Sardes, cap. de l'anc. Lydie.
Sarepta, v. de Phénicie.
Sari, ch.-l. de c. (Corse), arr. d'Ajaccio ; 900 h.
Sarlat, ch.-l. d'arr. (Dordogne); 6 000 h.
Sarralbe, ch.-l. de c. (Moselle). Cédé à la Prusse.
Sarrasins (Arabes ou Maures).
Sarre, riv. de France et de Prusse.
Sarrebourg, ch.-l. d'arr. (Meurthe). Cédé à la Prusse.
Sarreguemines, ch.-l. d'arr. (Moselle). Cédé à la Prusse.
Sarrelouis, v. de Prusse.
Sarrola-Carcopino, ch.-l. de c. (Corse), arr. d'Ajaccio ; 1 000 h.
Sartène, ch.-l. d'arr. (Corse) ; 5 600 h.
Sarthe, riv. de France.
Sarthe (dép. de la), ch.-l. le Mans ; 436 000 h.
Sartilly, ch.-l. de c. (Manche), arr. d'Avranches ; 1 300 h.
Sarzeau, ch.-l. de c. (Morbihan), arr. de Vannes ; 5 600 h.
Sassari, v. d'Italie.
Sassenage, ch.-l. de c. (Isère), arr. de Grenoble ; 1 600 h.
Satillieu, ch.-l. de c. (Ardèche), arr. de Tournon ; 2 500 h.
Saugues, ch.-l. de c. (Haute-Loire), arr. du Puy ; 3 000 h.
Saujon, ch.-l. de c. (Charente-Infér.), arr. de Saintes) ; 3 300 h.
Saulieu, ch.-l. de c. (Côte-d'Or), arr. de Somur ; 3 800 h.
Sault, ch.-l. de c. (Vaucluse), arr. de Carpentras ; 2 400 h.
Saulx, ch.-l. de c. (Hte-Saône), arr. de Lure ; 1 000 h.
Saulxure, ch.-l. de c. (Vosges), arr. de Remiremont ; 3 500 h.
Saulzais, ch.-l. de c. (Cher), arr. de Saint-Amand ; 1 000 h.
Saumur, ch.-l. d'arr. (Maine-et-Loire) ; 1 400 h.
Sauternes, arr. de Bazas (Gironde). Vins blancs.
Sauve, ch.-l. de c. (Gard), arr. du Vigan ; 2 500 h.
Sauveterre, ch.-l. de c. (Aveyron), arr. de Rodez ; 1 900 h.
Sauveterre, ch.-l. de c. (Basses-Pyrénées), arr. d'Orthez ; 1 600 h.
Sauveterre, ch.-l. de c. (Gironde), arr. de la Réole ; 700 h.
Sauxillanges, ch.-l. de c. (Puy-de Dôme) ; 2 000 h.
Sauzé-Vaussais, ch.-l. de c. (Deux-Sèvres) ; 1 800 h.
Savenay, ch.-l. de c. (Loire-Inf.), arr. de St-Nazaire ; 3 400 h.
Saverdun, ch.-l. de c. (Ariège), arr. de Pamiers ; 3 700 h.
Saverne, ch.-l. d'arr. (B.-Rhin). Cédé à l'Allemagne.
Savignac-les-Eglises, ch.-l. de c. (Dordogne) ; 1 000 h.
Savigny, ch.-l. de c. (Loir-et-Cher), arr. de Vendôme ; 3 300 h.
Savines, ch.-l. de c. (Hautes-Alpes), arr. d'Embrun ; 1 100 h.
Savoie, anc. prov. sarde.
Savoie (dép. de la), ch.-l. Chambéry ; 275 000 h.
Savoie (dép. de la Haute-), ch.-l. Annecy ; 268 000 h.
Savone, v. d'Italie.
Saxe, royaume. — L'Allemagne comprend aussi :
Saxe-Altenbourg ;
Saxe-Cobourg-Gotha ;
Saxe-Meiningen-Hildburghausen ;
Saxe-Weimar-Eisenach.
Scaer, ch.-l. de c. (Finistère), arr. de Quimperlé ; 5 400 h.
Scandinavie, Suède et Norvège.
Scarpe, riv. de France.
Sceaux, ch.-l. d'arr. (Seine) ; 2 460 h.
Scey-sur-Saône, ch.-l. de c. (Hte-Saône), arr. de Vesoul ; 1 600 h.
Schaffhouse, v. de Suisse.

Schaumbourg-Lippe, pr. (Allemagne).
Schiltigheim, ch.-l. de c. (Bas-Rhin). Cédé à l'Allemagne.
Schinznach, v. de Suisse.
Schirmeck, ch.-l. de c. (Vosges. Cédé à l'Allemagne.
Schlestadt. Cédé à l'Allemagne.
Schœnbrunn (Autriche).
Schwerin, cap de Mecklembourg-Schwerin.
Schwytz, v. de Suisse.
Scutari, v. de la Turquie.
Sébastopol, port de Crimée.
Seclin, ch.-l. de c. (Nord), arr. de Lille; 5 900 h.
Secondigny, ch.-l. de c. (Deux-Sèv.), arr. de Parthenay; 2 500 h.
Sedan, ch.-l. d'arr. (Ardennes), 19 300 h.
Séderon, ch.-l. de c. (Drôme), arr. de Nyons; 700 h.
Sedlitz, v. d'Autriche.
Seeland, île de la Baltique.
Séez, ch.-l. de c. (Orne), arr. d'Alençon; 4 700 h.
Ségeste, v. de l'anc. Sicile.
Segonzac, ch.-l. de c. (Charente), arr. de Cognac; 2400 h.
Ségovie, v. d'Espagne.
Segré, ch.-l. d'arr. (Maine-et-Loire); 3 400 h..
Seiches, ch.-l. de c. (Maine-et-Loire), arr. de Baugé; 1 400 h.
Seignelay, ch.-l. de c. (Yonne), arr. d'Auxerre; 1 300 h.
Seilhac, ch.-l. de c. (Corrèze), arr. de Tulle; 2 000 h.
Sein, île (Finistère).
Seine, fleuve de France.
Seine (dép. de la), ch.-l. Paris; 2 960 000 h.
Seine-Inférieure (dép. de la), ch.-l. Rouen; 834 000 h.
Seine-et-Marne (dép. de), ch.-l. Melun; 355 000 h.
Seine-et-Oise (dép. de), ch.-l. Versailles; 618 000 h.
Sel (le), ch-l. de c. (Ille-et-Vilaine). arr. de Redon; 700 h.
Selles-sur-Cher, ch.-l. de c., arr. de Romorantin; 4 700 h.
Sellières, ch.-l. de c. (Jura), arr. de Lons-le-Saunier; 1 500 h.
Selommes ch.-l. de c. (Loir-et-Cher), arr. de Vendôme; 900 h.
Selongey, ch.-l. de c. (C.-d'Or), arr. de Dijon; 1 300 h.
Seltz. Cédé à l'Allemagne.
Seltz, prov. de Hesse.
Semur, ch.-l. d'arr. (Côte-d'Or), 3 900 h.
Semur-en-Brionnais, ch.-l. de c. (Saône-et-Loire); 1 400 h.
Sénart (forêt de), (Seine-et-O).
Senef, v. de Belgique.
Sénégal, fleuve d'Afrique.
Sénégal, colonie française.
Sénégambie, contrée d'Afrique.
Senez, ch.-l. de c. (B.-Alpes), arr. de Castellane; 500 h.
Senlis, ch.-l. d'arrond. (Oise); 7 000 h.
Sennaar, v. de Nubie.
Senne, riv. de Belgique.
Sennecey-le-Grand, ch.-l. de c. (Saône-et-Loire); 2 600 h.
Senonches, ch.-l. de c. (Eure-et-Loir), arr. de Dreux; 2 200 h.
Senones, ch.-l. de c. (Vosges), arr. de Saint-Dié; 4000 h.
Sens, ch.-l. d'arrond. (Yonne); 14 000 h.
Seraing, v. de Belgique.
Serbie, princip. danubienne.
Sergines, ch.-l. de c. (Yonne), arr. de Sens; 1 100 h.
Sermano, ch.-l. de c. (Corse); 300 h.
Serra, ch.-l. de c. (Corse), arr. de Sartène; 800 h.
Serraggio, ch.-l. de c. (Corse), arr. de Corte; 1070 h.
Serres, ch.-l. de c. (H.-Alpes), arr. de Tournon; 1 600 h.
Serrières, ch.-l. de c. (Ardèc.), arr. de Gap; 1 200 h.
Serverette; ch.-l. de c. (Loz.), arr. de Marvejols; 800 h.
Servian, ch.-l. de c. (Hérault), arr. de Béziers; 2 700 h.
Sétif, v. d'Algérie (Constantine), ch.-l. d'arr.; 11 500 h.
Setubal, v. du Portugal.
Seurre, ch.-l. de c. (Côte-d'Or), arr. de Beaune; 2 500 h.
Sévérac-le-Château, ch.-l. de c. (Aveyron); 3 400 h.
Severn, fleuve d'Angleterre.
Séville, v. d'Espagne.
Sèvre-Nantaise, riv. de France.
Sèvre-Niortaise, riv. de France.
Sèvres (dép. des Deux-), ch.-l. Niort); 354 000 h.
Sèvres, ch.-l. de c. (Seine-et-Oise), arr. de Versailles; 7600 h.
Seychelles, îles (océan Indien).
Seyches, ch.-l. de c. (L.-et-Ga-

ronne), arr. de Marmande ; 1 300 h.
Seyne, ch.-l. de c. (B.-Alpes), arr. de Digne ; 2 200 h.
Seyne (La), ch.-l. de c. (Var), arr. de Toulon ; 13 200 h.
Seyssel, ch.-l. de c. (Ain), arr. de Belley ; 1 100 h.
Seyssel, ch.-l. de c. (Haute-Savoie), arr. de St-Julien ; 1 500 h.
Sezanne, ch.-l. de c. (Marne) ; arr. d'Epernay ; 5 000 h.
Sfax, v. de Tunisie.
Shang-Haï, v. de Chine.
Shetland, îles de l'Ecosse.
Shetland (Nouv.), Terre de Feu.
Siam, royaume de l'Indo-Chine.
Siam, v. du royaume de Siam.
Siam, golfe de Chine.
Sibérie, région russe.
Sicile, île d'Italie.
Sicyone, v. de l'anc. Grèce.
Sidi-Bel-Abbès, ch.-l. d'arr. (Oran) ; 16 800 h.
Sienne, v. d'Italie.
Sierck. Cédé à l'Allemagne.
Sierra-Leone (Guinée occid.).
Sigean, ch.-l. de c. (Aude), arr. de Narbonne ; 3 900 h.
Signy-l'Abbaye, ch.-l. de c. (Ard.), arr. de Mézières ; 2 900 h.
Signy-le-Petit, ch.-l. de c. (Ardennes) ; 2 000 h.
Sigoulès, ch.-l. de c. (Dordogne), arr. de Bergerac ; 700 h.
Sikhs, peuple de l'Hindoustan.
Silésie, prov. de Prusse.
Silésie, province d'Autriche.
Silistrie, v. de la Turquie.
Sillé-le-Guillaume, ch.-l. de c. (Sarthe), arr. du Mans ; 3 300 h.
Sillery (Marne). Vignobles.
Simancas, v. de Castille.
Simplon, mont. des Alpes.
Sinaï, montagne d'Arabie.
Sind, anc. Indus, fl. de l'Inde.
Singapour, v. de l'Inde.
Sinigaglia, v. d'Italie.
Sinnamari, riv. de la Guyane.
Sinope, port (Turquie d'Asie).
Sion, colline de Jérusalem.
Sion, ville de Suisse.
Sissonne, ch.-l. de c. (Aisne), arr. de Laon ; 1 500 h.
Sisteron, ch.-l. d'arr. (Basses-Alpes) ; 3 900 h.
Sizun, ch.-l. de c. (Finistère), arr. de Morlaix ; 3 900 h.
Slaves, race indo-européenne.
Slavonie, anc. roy. (Baltique).
Slesvig, province de Prusse.
Smalkalde, v. de Prusse.
Smolensk, v. de Russie.
Smyrne, port (Turq. d'Asie).
Soccia, ch.-l. de c. (Corse), arr. d'Ajaccio ; 700 h.
Socotora, île des Indes.
Sofala, côte d'Afrique.
Soissons, ch.-l. d'arr. (Aisne) ; 11 900 h.
Solesmes (Sarthe), arr. de la Flèche. Abbaye.
Solesmes, ch.-l. de c. (Nord), arr. de Cambrai ; 6 400 h.
Soleure, v. de Suisse.
Solferino, village d'Italie.
Solignac, ch.-l. de c. (Haute-Loire), arr. du Puy ; 1 400 h.
Sollies-Pont, ch.-l. de c. (Var), arr. de Toulon ; 2 700 h.
Sologne, pays de l'Orléanais.
Solre-le-Château, ch.-l. de c. (Nord) ; 2 700 h.
Sombernon, ch.-l. de c. (Côte-d'Or), arr. de Dijon ; 800 h.
Somerset, comté d'Angleterre.
Somme, riv. de France.
Somme (départem. de la), ch.-l. Amiens ; 549 000 h.
Sommières, ch.-l. de c. (Gard), arr. de Nîmes ; 3 900 h.
Sompuis, ch.-l. de c. (Marne) ; 500 h.
Sonde, archipel de la Malaisie.
Sonde. détr. (Java et Sumatra).
Songeons, ch.-l. de c. (Oise) ; 1 200 h.
Sonora, Etat du Mexique.
Sophia, v. de Bulgarie.
Sore, ch.-l. de c. (Landes), arr. de Mont-de-Marsan ; 2 000 h.
Sorèze (Tarn). Célèbre collège.
Sorgue (la), affluent du Rhône.
Sornac, ch.-l. de c. (Corrèze), arr. d'Ussel ; 1 900 h.
Sorrente, v. d'Italie.
Sospel, ch.-l. de c. (Alpes-Maritimes), arr. de Nice ; 3 700 h.
Souabe, cont. de l'anc. Allem.
Soudan, partie cont. de l'Afriq.
Souillac, ch.-l. de c. (Lot), arr. de Gourdon ; 3 700 h.
Souilly, ch.-l. de c. (Meuse), arr. de Verdun ; 700 h.
Soulaines, ch.-l. de c. (Aube), arr. de Bar-sur-Aube ; 700 h.
Soultz, ch.-l. de c. (Ht-Rhin). Cédé à la Prusse.
Soultz-sous-Forêts (B.-Rhin). Cédé à la Prusse.

Sourdeval, ch.-l. de c. (Manche), arr. de Mortain ; 4 000 h.

Sournia, ch.-l. de c. (Pyrén.-Orient.), arr. de Prades ; 700 h.

Soustons, ch.-l. de c. (Landes), arr. de Dax ; 3 900 h.

Souterraine (La), ch.-l. de c. (Creuse), arr. de Guéret ; 5 000 h.

Southampton, v. d'Angleterre.

Souvigny, ch.-l. de c. (Allier), arr. de Moulins ; 3 300 h.

Spa, v. de Belgique. Eaux minérales.

Spalatro, port autrichien.

Spandau, v. forte de Prusse.

Spanish-Town, capitale de la Jamaïque.

Sparte ou **Lacédémone**, ville fameuse de l'anc. Grèce.

Spetzia, île de l'Archipel.

Spezzia (La), v. d'Italie.

Spincourt, ch.-l. de c. (Meuse); 500 h.

Spire, v. de la Bavière rhén.

Spitzberg, îles de l'océan Glacial arctique.

Spolète, v. d'Italie.

Sprée, riv. de Prusse.

Staffarde, v. d'Italie.

Stafford, v. d'Angleterre.

Stamboul (*Constantinople*).

Stanz, v. de Suisse.

Steenvoorde, ch.-l. de c. (Nord); 4 300 h.

Stenay, ch.-l. de c. (Meuse); 3 200 h.

Stettin, v. de Prusse.

Stockholm, cap. de la Suède.

Stralsund, v. de Prusse.

Strasbourg, ch.-l. du B.-Rhin. Cédé à l'Allemagne.

Stuttgard, v. d'Allemagne.

Styrie, province d'Autriche.

Sucré ou **Chuquisaca**, cap. de la Bolivie ; 12 000 h.

Suède (roy. de), uni à la Norvège, cap. Stockholm ; 4 683 000 h.

Suez (isthme de), Asie et Afriq.

Suippes, ch.-l. de c. (Marne), arr. de Châl.-sur-Marne ; 2 700 h.

Suisse ou **Confédération helvétique**, républ. fédérative, cap. Berne. 2 800 000 hab.

Sully-sur-Loire, ch.-l. de c. (Loiret), arr. de Gien ; 2 800 h.

Sumatra, île de la Sonde.

Sumbava, île de la Sonde.

Sumène, ch.-l. de c. (Gard), arr. du Vigan ; 2 900 h.

Sund, détroit (Baltique).

Sunderland, v. d'Angleterre.

Supérieur, (lac), (Canada).

Surate, v. des Indes.

Suresnes, comm. du dép. de la Seine, arr. de St-Denis ; 7 700 h.

Surgères, ch.-l. de c. (Ch.-Inf.), arr. de Rochefort ; 3 500 h.

Surinam, fl. de la Guyane.

Surrey, comté d'Angleterre.

Suse, v. de l'anc. Asie.

Suse, v. d'Italie (*Pas-de-Suse*).

Susquehannah, riv. des Etats-Unis.

Sussex, comté d'Angleterre.

Suze (La), ch.-l. de c. (Sarthe), arr. du Mans ; 2 600 h.

Sveaborg, port de Finlande.

Sydney, v. d'Australie.

Syracuse, v. de Sicile.

Syrie (Turquie d'Asie).

Szegedin, v. hongroise inondée, 30 000 h.

T

Tabago, petites Antilles.

Tafna, riv. d'Algérie.

Taganrok, v. de Russie.

Tage, fl. d'Esp. et de Portugal.

Taillebourg (Charente-Infér.).

Tain, ch.-l. de c. (Drôme), arr. de Valence ; 3 000 h.

Taïti, îles de la Polynésie.

Tallard, ch.-l. de c. (Hautes-Alpes), arr. de Gap ; 1 000 h.

Talmont, ch.-l. de c. (Vendée); 1 000 h.

Tamatave, v. de Madagascar.

Tamise, fl. d'Angleterre.

Tanaïs (le *Don*).

Tananarive, cap. des Hovas.

Tanaro, affluent du Pô.

Tanger, v. du Maroc ; 18 000 h.

Taninges, ch.-l. de c. (Haute-Savoie), arr. de Bonneville ; 2 300 h.

Tannay, ch.-l. de c. (Nièvre), arr. de Clamecy ; 1 300 h.

Tarare, ch.-l. de c. (Rhône), arr. de Villefranche ; 12 500 h.

Tarascon, ch.-l. de c. (B.-du-Rhône), arr. d'Arles ; 10 000 h.

Tarascon-sur-Ariège, ch.-l. de c. (Ariège), arr. de Foix ; 1 500 h.

Tarbes, ch.-l. du dép. des Hautes-Pyrénées ; 25 200 h.

Tardenois, pays de l'anc. Fr.

Tardets-Sorholus, ch.-l. de c. (B.-Pyrén.), arr. de Mauléon.

Tarente, v. d'Italie.

Targon, ch.-l. de c. (Gironde), arr. de la Réole ; 1 200 h.

Tarifa, v. d'Espagne.

Tarn, riv. de France.

Tarn (dép. du), ch.-l. Albi ; 359 000 h.

Tarn-et-Garonne (départ. de), ch.-l. Montauban ; 214 000 h.

Tarragone, v. d'Espagne.

Tarse, anc. ville de l'Asie.

Tartarie indépend. (*Turkestan*).

Tartas, ch.-l. de c. (Landes), arr. de St-Sever ; 3 200 h.

Taulé, ch.-l. de c. (Finistère), arr. de Morlaix ; 3 000 h.

Taunus, mont. d'Allemagne.

Tauride (Crimée).

Tauris, v. de Perse.

Taurus, montagnes d'Asie.

Tauves, ch.-l. de c. (Puy-de-Dôme), arr. d'Issoire ; 2 700 h.

Tavernes, ch.-l. de c. (Var), arr. de Brignoles ; 1 000 h.

Tchad, lac du Soudan.

Tchèques, Slaves de Bohême.

Tchernaïa, riv. de Crimée.

Téhéran, cap. de Perse.

Teilleul (Le), ch.-l. de c. (Manche), arr. de Mortain ; 2 200 h.

Temesvar, v. de Hongrie.

Tence, ch.-l. de c. (Hte-Loire), arr. d'Yssingeaux ; 4 700 h.

Tende (col de), (Alpes-Marit.).

Ténédos, île de l'Archipel.

Ténériffe, une des Canaries.

Tennessee (Etat de l'Union).

Terrasson, ch.-l. de c., (Dordogne), arr. de Sarlat ; 4 000 h.

Terre-Neuve, île de l'Amérique du Nord.

Terceira, une des Açores.

Tessin, riv. de Suisse et d'Italie.

Tessy-sur-Vire, ch.-l. de c. (Manche), arr. de St-Lô ; 1 500 h.

Teste (La), ch.-l. de c. (Gironde), arr. de Bordeaux ; 6 200 h.

Tétouan, port du Maroc.

Texas, Etat de l'Union.

Texel, île du Zuyderzée.

Thabor, mont. de Jérusalem.

Thann, ch.-l. de c. (Haut-Rhin). Cédé à l'Allemagne.

Thèbes, v. de l'Egypte anc.

Thèbes, v. anc. de la Béotie.

Theil (Le), ch.-l. de c. (Orne), arr. de Mortagne ; 1 100 h.

Theiss, riv. de Hongrie.

Thénezay, ch.-l. de c. (Deux-Sèvres), arr. de Parthenay ; 2 400 h.

Thenon, ch.-l. de c. (Dordog.), arr. de Périgueux ; 1 900 h.

Thermodon, riv. du Pont.

Thermopyles, célèbre défilé de la Thessalie.

Thessalie, cont. de l'anc. Grèce.

Thessalonique (*Salonique*).

Thèze, ch.-l. de c. (B.-Pyrénées), arr. de Pau ; 500 h.

Thiaucourt, ch.-l. de c. (Meurthe-et-Mos.), arr. de Toul ; 1 500 h.

Thiberville, ch.-l. de c. (Eure), arr. de Bernay ; 1 300 h.

Thibet, région d'Asie centrale.

Thiéblemont, ch.-l. de c. (Marne), arr. de Vitry-le-Franç. ; 400 h.

Thiérache, anc. pays de France.

Thiers, ch.-l. d'arr. (Puy-de-Dôme) ; 1 670 h.

Thillot (Le), ch.-l. de c. (Vosges), arr. de Remiremont ; 3 000 h.

Thionville, ch.-l. d'arr. (Moselle). Cédé à l'Allemagne.

Thiron, ch.-l. de c. (E.-et-Loir), arr. de Nogent-le-Rotrou ; 600 h.

Thiviers, ch.-l. de c. (Dordog.), arr. de Nontron ; 3 700 h.

Thizy, ch.-l. de c. (Rhône), arr. de Villefranche ; 4 500 h.

Thoissey, ch.-l. de c. (Ain), arr. de Trévoux ; 1 500 h.

Tœplitz, v. d'Autriche.

Thônes, ch.-l. de c. (H.-Savoie), arr. d'Annecy ; 3 000 h.

Thonon, ch.-l. d'arr. (Hte-Savoie) ; 5 500 h.

Thorens, ch.-l. de c. (Haute-Savoie), arr. d'Annecy ; 2 500 h.

Thorigny, ch.-l. de c. (Manche).

Thorn, v. de Prusse.

Thouarcé, ch.-l. de c. (Maine-et-Loire), arr. d'Angers ; 1 600 h.

Thouars, ch.-l. de c. (D.-Sèvr.), arr. de Bressuire ; 3 500 h.

Thrace (*Bulgarie et Roumélie*).

Thueytz, ch.-l. de c. Ardèche), arr. de Largentière ; 2 800 h.

Thuir, ch.-l. de c. (Pyrénées-Orientales), arr. de Perpignan.

Thurgovie, cant. de la Suisse.
Thury-Harcourt, ch.-l. de c. (Calvados); 1 200 h.
Tibériade, lac de la Palestine.
Tibre, fleuve d'Italie.
Tien-Tsin, v. de la Chine.
Tierce, ch.-l. de c. (M.-et-Loire).
Tiflis, v. Transcaucasie russe.
Tigre, fleuve (Turquie d'Asie).
Tigre (roy. de), (Abyssinie).
Tilly-sur-Seulles, ch.-l. de c. (Calvados), arr. de Caen; 1000 h.
Tilsitt, v. de Prusse.
Timor, île de la Sonde.
Tinchebray, ch.-l. de c. (Orne).
Tinténiac, ch.-l. de c. (Ille-et-Vilaine); 2300 h.
Tino, une des Cyclades.
Tirlemont, v. de Belgique.
Tivoli, v. d'Italie, anc. *Tibur*.
Tizi-Ouzou, v. d'Algérie.
Tlemcen, v. d'Algérie.
Tobolsk, v. de la Sibérie.
Tocantins, fleuve du Brésil.
Tokay, bourg de Hongrie. Vins.
Tolbiac, v. de l'anc. Gaule.
Tolède, v. d'Espagne.
Tolentino, v. d'Italie.
Tolosa, v. d'Egypte.
Tombouctou, v. du Soudan.
Tonga, archipel de l'Océanie.
Tongres, v. de Belgique.
Tonkin (Indo-Chine), roy. annexé à la France. 10 000 000 d'h.; cap. Hanoï.
Tonnay-Boutonne, ch.-l. de c. (Charente-Inf.); 1 200 h.
Tonnay-Charente, ch.-l. de c. (Charente-Inf.); 4 300 h.
Tonneins, ch.-l. de c. (Lot-et-Garonne), arr. de Marmande.
Tonnerre, ch.-l. d'arr. (Yonne); 5,000 h. Vins estimés.
Tornéa, fleuve de Suède.
Tortone, v. d'Italie.
Tortose, v. d'Espagne.
Toscane (duché d'Italie).
Tôtes, ch.-l. de c. (Seine-Inf.), arr. de Dieppe; 800 h.
Touaregs, nomades du Sahara.
Toucy, ch.-l. de c. (Yonne), arr. d'Auxerre; 3 200 h.
Toul, ch.-l. d'arr. (Meurthe-et-Moselle); 10 500 h.
Toula, v. de la Russie.
Toulon, ch.-l. d'arr. (Var), port militaire; 70 000 h.
Toulon-sur-Arroux, ch.-l. de c. (Saône-et-Loire); 2 000 h.
Toulouse, ch.-l. du dép. de la Haute-Garonne; 148 000 h.
Touraine, anc. prov. de France.
Tourcoing, ch.-l. de c. (Nord), arr. de Lille; 5 800 h.
Tournan, ch.-l. de c. (Seine-et-Marne), arr. de Melun; 1 900 h.
Tournay, v. de Belgique.
Tournay, ch.-l. de c. (Htes-Pyrénées), arr. de Tarbes; 1 300 h.
Tournon, ch.-l. d'arr. (Ardèche); 5 300 h.
Tournon-d'Agenais, ch.-l. de c. (Lot-et-Gar.); 1 200 h.
Tournon-Saint-Martin, ch.-l. de c. (Ind.), arr. du Blanc; 1 600 h.
Tournus, ch.-l. de c. (Saône-et-Loire), arr. de Mâcon; 5 300 h.
Tourouvre, ch.-l. de c. (Orne), arr. de Mortagne; 1 800 h.
Tours, ch.-l. du dép. d'Indre-et-Loire; 60 000 h.
Tourteron, ch.-l. de c. (Ardennes), arr. de Vouziers; 600 h.
Touvet (Le), ch.-l. de c. (Isère), arr. de Grenoble; 1 500 h.
Trafalgar, cap d'Espagne.
Tramayes, ch.-l. de c. (Saône-et-Loire); 2 200 h.
Tranquebar, v. de l'Hindoustan.
Transylvanie pays d'Autriche.
Trapani, p. de la Sicile.
Tras-os-Montes, prov. du Portugal.
Trébie (la), riv. d'Italie.
Trébizonde, v. de la Turquie d'Asie.
Treffort, ch.-l. de c. (Ain), arr. de Bourg; 1 700 h.
Tréguier, ch.-l. de c. (Côtes-du-Nord), arr. de Lannion; 3 200 h.
Treignac, ch.-l. de c. (Corrèze), arr. de Tulle; 3 000 h.
Trélon, ch.-l. de c. (Nord), arr. d'Avesnes; 4 000 h.
Tremblade (La), ch.-l. de c. (Charente-Inférieure); 3 200 h.
Trente, v. d'Autriche (Tyrol).
Tréport, v. sur la Manche (S.-Inf.), arr. de Dieppe; 4 500 h.
Trets, ch.-l. de c. (Bouch.-du-Rhône), arr. d'Aix; 2 800 h.
Trèves, v. de la Prusse.
Trèves, ch.-l. de c. (Gard), arr. du Vigan; 500 h.
Trévières, ch.-l. de c. (Calvados), arr. de Bayeux; 1 100 h.
Trévise, v. de l'Italie.
Trévoux, ch.-l. d'arr. (Ain); 2 700 h.

Triaucourt, ch.-l. de c. (Meuse), arr. de Bar-le-Duc ; 1 000 h.
Trie, ch.-l. de c. (Htes-Pyrén.), arr. de Tarbes ; 1 600 h.
Trieste, v. de l'Autriche.
Trimouille (La), ch.-l. de c. (Vienne), arr. de Montmorillon.
Trincomaly, p. de Ceylan.
Trinité (La), ch.-l. de c. (Morbihan), arr. de Ploërmel ; 1 200 h.
Trinité, île des Ant. ; 167 000 h.
Tripoli, v. d'Afrique.
Tripoli (régence), à la Turquie.
Tripolitza, v. de Grèce.
Troarn, ch.-l. de c. (Calvados), arr. de Caen ; 700 h.
Trocadéro, fort de Cadix.
Troglodytes, peuple de l'anc. Afrique.
Troie, v. de l'Asie Mineure.
Trois-Moutiers, ch.-l. de c. (Vienne), arr. de Loudun ; 1 200 h.
Troppau, v. d'Autriche.
Trouville, p. sur la Manche (Calvados) ; 6 300 h.
Troyes, ch.-l. du dép. de l'Aube ; 47 000 h.
Truchtersheim, ch.-l. de c. (B.-Rhin). Cédé à la Prusse.
Trun, ch.-l. de c. (Orne), arr. d'Argentan ; 1 600 h.
Tubingue, v. du Wurtemberg.
Tuchan, ch.-l. de c. (Aude), arr. de Carcassonne ; 1 700 h.
Tudela, v. d'Espagne.
Tuffé, ch.-l. de c. (Sarthe), arr. de Mamers ; 1 700 h.
Tulle, ch.-l. du dép. de la Corrèze ; 16 300 h.
Tullins, ch.-l. de c. (Isère), arr. de St-Marcellin ; 4 600 h.
Tunis, cap. de la régence.
Tunisie, État d'Afrique ; protectorat français.
Turbigo, bourg d'Italie.
Turcomans, race turque.
Turin, v. d'Italie, anc. cap.
Turkestan, région de l'Asie.
Turkestan, anc. province de Chine ; 1 500 000 h.
Turnhout, v. de Belgique.
Turquie, s'étend en Europe, en Asie et en Afrique, 35 000 000 d'hab. cap. Constantinople.
Turriers, ch.-l. de c. (B.-Alp.), arr. de Sisteron ; 600 h.
Tusculum, v. de l'anc. Italie.
Tweed, riv. entre l'Angleterre et l'Écosse.
Twer, v. de la Russie.
Tyr, v. de l'anc. Phénicie.
Tyrol, État autrichien.
Tyrrhénienne (mer), entre l'Italie et la Corse.

U

Udine, v. d'Italie.
Ugines, ch.-l. de c. (Savoie) ; 2 600 h.
Ukraine, contr. de la Russie.
Ulm, v. du Wurtemberg.
Ulster, division de l'Irlande.
Umérapura, ancienne cap. de Birmanie.
Unterwald, canton suisse.
Upsal, v. de Suède.
Urbin, v. d'Italie.
Uri, canton suisse.
Uriage, village de l'Isère. Eaux sulfureuses.
Uruguay, riv. de l'Amérique du Sud.
Uruguay, État de l'Amérique du Sud.
Ussel, ch.-l. d'arr. (Corrèze) ; 5 300 h.
Ustarits, ch.-l. de c. (B.-Pyr.), arr. de Bayonne ; 2 600 h.
Utah (États-Unis), Mormons.
Utelle, ch.-l. de c. (Alpes-Mar.), arr. de Nice ; 1 700 h.
Utrecht, v. de Hollande.
Uzel, ch.-l. de c. (Côtes-du-N.), arr. de Loudéac ; 1 500 h.
Uzerche, ch.-l. de c. (Corrèze), arr. de Tulle ; 3 300 h.
Uzès, ch.-l. d'arrond. (Gard) ; 5 200 h.

V

Vabre, ch.-l. de c. (Tarn); 2 700 h.

Vadimon, auj. *lac Bassano* (Toscane).

Vadutz, v. d'Autriche.

Waïgatz, île et détroit (océan Glacial).

Vailly, ch.-l. de c. (Aisne), arr. de Soissons; 1 600 h.

Vailly-sur-Sauldre, ch.-l. de c. (Cher); 1 200 h.

Vaison, ch.-l. de c. (Vaucluse), arr. d'Orange; 3 000 h.

Valachie, princip. danubienne.

Valais, canton suisse.

Valbonnais, ch.-l. de c. (Isère), arr. de Grenoble; 1 300 h.

Valderiès, ch.-l. de c. (Tarn), arr. d'Albi; 1 000 h.

Valençay, ch.-l. de c. (Indre), arr. de Châteauroux; 3 600 h.

Valence, v. d'Espagne.

Valence, ch.-l. du dép. de la Drôme; 25 000 h.

Valence, ch.-l. de c. (Gers), arr. de Condom; 1 600 h.

Valence-d'Agen, ch.-l. de c. (Tarn-et-Gar.); 4 000 h.

Valence-en-Albigeois, ch.-l. de c. (Tarn); 1 800 h.

Valenciennes, ch.-l. d'arr. (N.); 28 000 h. Dentelles.

Valensole, ch.-l. de c. (B.-Alp.), arr. de Digne; 3 000 h.

Valentinois, anc. pays de Fr.

Valgorge, ch.-l. de c. (Ardèche), arr. de Largentière; 1 200 h.

Valladolid, v. d'Espagne.

Valle, ch.-l. de c. (Corse), arr. de Corte; 700 h.

Valleraugue, ch.-l. de c. (Gard), arr. du Vigan; 2 900 h.

Vallet, ch.-l. de c. (Loire-Inf.), arr. de Nantes; 5 000 h.

Vallon, ch.-l. de c. (Ardèche), arr. de Largentière; 2 400 h.

Valmont, ch.-l. de c. (Seine-Infér.), arr. d'Yvetot; 900 h.

Valmy, v. de la Marne.

Valognes, ch.-l. d'arr. (Manche); 5 700 h.

Valois, pays de l'anc. France.

Valparaiso, v. du Chili.

Valréas, ch.-l. de c. (Vaucluse), arr. d'Orange; 4 900 h.

Vals-les-Bains (Ardèche). Eaux thermales.

Vanikoro, île (Polynésie).

Vannes, ch. l. du dép. du Morbihan; 20 000 h.

Vans (Les), ch.-l. de c. (Ardèche), arr. de Largentière; 2 000 h.

Vaour, ch.-l. de c. (Tarn), arr. de Gaillac; 600 h.

Var, riv. de France.

Var (dép. du), ch.-l. Draguignan; 284 000 h.

Varades, ch.-l. de c. (Loire-Inférieure, arr. d'Ancenis; 3 400 h.

Varennes-en-Argonne, ch.-l. de c. (Meuse); 1 400 h.

Varennes, ch.-l. de c. (Hte-M.), arr. de Langres; 1 100 h.

Varennes-sur-Allier, ch.-l. de c. (Allier); 2 700 h.

Varèse, v. d'Italie.

Varilhes, ch.-l. de c. (Ariège), arr. de Pamiers; 1 700 h.

Varna, v. de la Turquie.

Varsovie, anc. cap. de la Pologne.

Varzy, ch.-l. de c. (Nièvre), arr. de Clamecy; 2 900 h.

Vassy, ch.-l. d'arr. (Hte-Marne); 3 700 h.

Vassy, ch.-l. de c. (Calvados), arr. de Vire; 2 500 h.

Vatan, ch.-l. de c. (Indre), arr. d'Issoudun; 2 800 h.

Vaubecourt, ch.-l. de c. (Meuse), arr. de Bar-le-Duc; 1 000 h.

Vaucluse (dép. de), ch.-l. Avignon; 242 000 h.

Vaucouleurs, ch.-l. de canton (Meuse), arr. de Commercy; 2 800 h.

Vaud, canton suisse.

Vaugneray, ch.-l. de c. (Rhône), arr. de Lyon; 2 000 h.

Vauvert, ch.-l. de c. (Gard), arr. de Nîmes; 4 000 h.

Vauvillers, ch.-l. de c. (Haute-Saône), arr. de Lure; 1 200 h.

Vavincourt, ch.-l. de c. (Meuse), arr. de Bar-le-Duc; 600 h.

Venaco, ch.-l. de c. (Corse); 2 000 h.

Veyrac, ch.-l. de c. (Lot), arr. de Gourdon; 2 000 h.

Velay, anc. pays de France.

Vélines, ch.-l. de c. (Dordogne), arr. de Bergerac; 900 h.

Velletri, v. d'Italie.

Vence, ch.-l. de c. (Alp.-Mar.), arr. de Grasse ; 3 000 h.

Vendée, riv. de France.

Vendée (dép. de la), ch.-l. la Roche-s.-Yon ; 435 000 h.

Vendeuvre, ch.-l. de c. (Aube), arr. de Bar-sur-Aube ; 2 000 h.

Vendôme, ch.-l. d'arr. (Loir-et-Cher) ; 9 300 h.

Vénétie, anc. rép. de Venise (Italie).

Venezuela, conféd. (Amérique du Sud).

Venise, v. d'Italie.

Venise, golfe de l'Adriatique.

Vent (îles du), petites Antilles.

Vera-Cruz, v. du Mexique.

Verceil, v. forte d'Italie.

Vercel, ch.-l. de c. (Doubs), arr. de Baume-les-Dames ; 1 200 h.

Verdun, ch.-l. d'arr. (Meuse) ; 18 000 h.

Verdun-sur-le-Doubs, ch.-l. de c. (Saône-et-Loire) ; 1 900 h.

Verdun-sur-Garonne, ch.-l. de c. (Tarn-et-Gar.) ; 3 300 h.

Verfeil, ch.-l. de c. (Hte-Gar.), arr. de Toulouse ; 2 000 h.

Vergt, ch.-l. de c. (Dordogne), arr. de Périgueux ; 1 800 h.

Vermand, ch.-l. de c. (Aisne), arr. de St-Quentin ; 1 300 h.

Vermandois, pays de l'anc. France.

Vermenton, ch.-l. de canton (Yonne), arr. d'Auxerre ; 2 200 h.

Vermont, Etat de l'Union américaine.

Verneuil, ch.-l. de c. (Eure), arr. d'Evreux ; 4 200 h.

Vernon, ch.-l. de c. (Eure), arr. d'Evreux ; 8 200 h.

Vernoux, ch.-l. de c. (Ardèche), arr. de Tournon ; 3 000 h.

Verny, ch.-l. de c. (Moselle). Cédé à l'Allemagne.

Vérone, v. forte d'Italie.

Verpillière (La), ch.-l. de c. (Isère), arr. de Vienne ; 1 200 h.

Versailles, ch.-l. du dép. de Seine-et-Oise ; 50 000 h.

Vert (cap), Afrique occidentale.

Vertaizon, ch.-l. de c. (Puy-de-Dôme) ; 1 900 h.

Verteillac, ch.-l. de c. (Dordogne), arr. de Ribérac ; 1 100 h.

Vertou, ch.-l. de c. (Loire-Inf.), arr. de Nantes ; 5 500 h.

Vertus, ch.-l. de c. (Marne), arr. de Châlons ; 2 700 h.

Verviers, v. de Belgique.

Vervins, ch.-l. d'arr. (Aisne) ; 2 708 h.

Verzy, ch.-l. de c. (Marne), arr. de Reims ; 1 400 h.

Vescovato, ch.-l. de c. (Corse), arr. de Bastia ; 1 700 h.

Vésère, riv. de France.

Vesins, ch.-l. de c. (Aveyron).

Vesoul, ch.-l. du dép. de la Haute-Saône ; 9 700 h.

Vésuve, volcan près Naples.

Vevey, v. de Suisse.

Vexin, pays de l'anc. France.

Veyle (la), riv. de Fr. (Mâcon).

Veynes, ch.-l. de c. (Htes-Alp.), arr. de Gap ; 2 000 h.

Veyre-Mouton, ch.-l. de c. (Puy-de-Dôme) ; 1 800 h.

Vézelay, ch.-l. de c. (Yonne), arr. d'Avallon ; 900 h.

Vézelise, ch.-l. de c. (M.-et-M.), arr. de Nancy ; 1 400 h.

Vézénobres, ch.-l. de c. (Gard), arr. d'Alais ; 900 h.

Vezzani, ch.-l. de c. (Corse), arr. de Corte ; 1 000 h.

Viborg, v. de la Russie.

Vibraye, ch.-l. de c. (Sarthe), arr. de St-Calais ; 3 000 h.

Vic-en-Bigorre, ch.-l. de c. (H.-Pyr.), arr. de Tarbes ; 3 700 h.

Vic-Fésenzac, ch.-l. de canton (Gers), arr. d'Auch ; 4 000 h.

Vic-le-Comte, ch.-l. de c. (P.-de-D.), arr. de Clermont ; 2 700 h.

Vic-sur-Aisne, ch.-l. de c. (Aisne), arr. de Soissons ; 1 000 h.

Vic-sur-Cère, ch.-l. de c. (Cantal), arr. d'Aurillac ; 1 700 h.

Vic-sur-Seilles, ch.-l. de c. (Meurthe). Cédé à l'Allemagne.

Vicdessos, ch.-l. de c. (Ariège), arr. de Foix ; 800 h.

Vicence, v. d'Italie.

Vichy (Allier) ; 10 300 h. Eaux thermales.

Vico, ch.-l. de c. (Corse), arr. d'Ajaccio ; 1 800 h.

Victoria, prov. anglaise (Australie).

Victoria, cap. de l'île Hong-Kong.

Vieille-Aure, ch.-l. de c. (Htes-Pyr.), arr. de Bagnères ; 300 h.

Vielmur, ch.-l. de c. (Tarn), arr. de Castres ; 1 100 h.

Vienne, cap. de l'Autriche-Hongrie ; 1 200 000 h.
Vienne, ch.-l. d'arr. (Isère) ; 26 000 h.
Vienne, riv. de France.
Vienne (dép. de la), ch.-l. Poitiers ; 344 000 h.
Vienne (dép. de la Haute-), ch.-l. Limoges ; 363 000 h.
Vierzon, ch.-l. de c. (Cher), arr. de Bourges ; 10 500 h.
Vif, ch.-l. de c. (Isère), arr. de Grenoble ; 2 800 h.
Vigan (Le), ch.-l. d'arr. (Gard) ; 5 300 h.
Vigeois. ch.-l. de c. (Corrèze), arr. de Brives ; 4 000 h.
Vigneulles, ch.-l. de c. (Meuse), arr. de Commercy ; 900 h.
Vignory, ch.-l. de c. (Hte-M.), arr. de Chaumont ; 600 h.
Vigy, ch.-l. de c. (Moselle). Cédé à l'Allemagne.
Vihiers, ch.-l. de c. (M.-et-L.), arr. de Saumur ; 1 700 h.
Vilaine, riv. de France.
Villafranca, v. d'Italie.
Villaines-la-Juhel, ch.-l. de c. (Mayenne), arr. de Mayenne ; 2 700 h.
Villamblard, ch.-l. de c. (Dordogne), arr. de Bergerac ; 1 400 h.
Villandraut, ch.-l. de c. (Gironde), arr. de Bazas ; 1 000 h.
Villard-de-Lans, ch.-l. de c. (Isère), arr. de Grenoble ; 2 000 h.
Villars, ch.-l. de c. (Ain), arr. de Trévoux ; 1 600 h.
Villars, ch.-l. de c. (Alpes-M.) ; 800 h.
Villaviciosa, bourg d'Espagne.
Ville, ch.-l. de c. (Bas-Rhin), arr. de Schlestadt. Cédé à l'Allem.
Villebois-la-Valette, ch.-l. de c. (Charente) ; 800 h.
Villebrumier, ch.-l. de c. (T.-et-Gar.), arr. de Montaub. ; 600 h.
Villedieu, ch.-l. de c. (Manche), arr. d'Avranches ; 3 500 h.
Villedieu (La), ch.-l. de canton (Vienne), arr. de Poitiers ; 500 h.
Ville-en-Tardenois, ch.-l. de c. (Marne), arr. de Reims ; 500 h.
Villefagnan, ch.-l. de c. (Charente), arr. de Ruffec ; 1 500 h.
Villefort, ch.-l. de c. (Lozère), arr. de Mende ; 1 400 h.
Villefranche, ch.-l. de c. (Alp.-Mar.), arr. de Nice ; 4 300 h.
Villefranche, ch.-l. de c. (Tarn), arr. d'Albi ; 1 500 h.
Villefranche-de-Belvès, ch.-l. de c. (Dordogne) ; 1 600 h.
Villefranche-de-Lauraguais, ch.-l. d'arr. (Hte-Gar.) ; 2 500 h.
Villefranche-de-Lonchapt, ch.-l. de c. (Dordogne) ; 900 h.
Villefranche-de-Rouergue, ch.-l. d'arr. (Aveyron) ; 10 000 h.
Villefranche-sur-Saône, ch.-l. d'arr. (Rhône) ; 12 500 h.
Villejuif, ch.-l. de c. (Seine), arr. de Sceaux ; 3 000 h.
Villemur, ch.-l. de c. (Hte-G.), arr. de Toulouse ; 4 000 h.
Villenauxe, ch.-l. de c. (Aube), arr. de Nogent-sur-S. ; 2 300 h.
Villeneuve, ch.-l. de c. (Aveyron), arr. de Villefranche ; 3 000 h.
Villeneuve-sur-Lot, ch.-l. d'ar. (Lot-et-Garonne) ; 14 700 h.
Villeneuve-de-Berg, ch.-l. de c. (Ardèche); 2 000 h.
Villeneuve-de-Marsan, ch.-l. de c. (Landes) ; 2 000 h.
Villeneuve-l'Archevêque, ch.-l. de c. (Yonne) ; 1 800 h.
Villeneuve-les-Avignon, ch.-l. de c. (Gard) ; 2 600 h.
Villeneuve-sur-Yonne, ch.-l. de c. (Yonne) ; 5 000 h.
Villeréal, ch.-l. de c. (Lot-et-Garonne) ; 1 700 h.
Villers-Bocage, ch.-l. de c. (Calvados) ; 1 000 h.
Villers-Bocage, ch.-l. de c. (Somme), arr. d'Amiens ; 1 100 h.
Villers-Bretonneux (Somme), arr. d'Amiens ; 5 356 h.
Villers Cotterets, ch.-l. de c. (Aisne) ; 3 800 h.
Villers-Farlay, ch.-l. de canton (Jura), arr. de Poligny ; 700 h.
Villersexel, ch.-l. de c. (Hte-Saône) ; 1 200 h. [(Marne) ; 600 h.
Ville-sur-Tourbe, ch.-l. de c.
Villeurbanne, ch.-l. de canton (Rhône), arr. de Lyon ; 14 700 h.
Villiers-Saint-Georges, ch.-l. de c. (Seine-et-Marne) ; 900 h.
Vimoutiers, ch.-l. de c. (Orne), arr. d'Argentan ; 3 600 h.
Vimy, ch.-l. de c. (Pas-de-Cal.), arr. d'Arras ; 1 600 h.
Vinay, ch.-l. de c. (Isère), arr. de Saint-Marcellin ; 2 800 h.
Vinça, ch.-l. de c. (Pyrén.-Or.), arr. de Prades ; 1 800 h.

Vincennes, ch.-l. de c. (Seine), arr. de Sceaux ; 22 200 h. Donjon.
Vire, ch.-l. d'arr. (Calvados) ; 6 700 h.
Virginie, Etat de l'Union américaine.
Virieu, ch.-l. de c. (Isère), arr. de la Tour-du-Pin ; 1 000 h.
Virieu-le-Grand, ch.-l. de c. (Ain), arr. de Belley ; 1 100 h.
Viso, Alpes Cottiennes.
Vistule, fl. de Pologne et de Prusse.
Viterbe, v. d'Italie.
Vitoria, v. d'Espagne.
Vitré, ch.-l. d'arr. (Ille-et-Vil.) ; 10 500 h.
Vitrey, ch.-l. de c. (Hte-Saône), arr. de Vesoul ; 900 h.
Vitry-en-Artois, ch.-l. de c. (Pas-de-Calais) ; 2 800 h.
Vitry-le-François, ch.-l. d'arr. (Marne) ; 7 700 h.
Vitteaux, ch.-l. de c. (Côte-d'Or), arr. de Semur ; 1 500 h.
Vittel, ch.-l. de c. (Vosges), arr. de Mirecourt ; 1 600 h.
Vivarais, pays de l'ancienne France.
Viverols, ch.-l. de c. (Puy-de-Dôme), arr. d'Ambert ; 1 000 h.
Viviers, ch.-l. de c. (Ardèche), arr. de Privas ; 3 400 h.
Vivonne, ch.-l. de c. (Vienne), arr. de Poitiers ; 2 500 h.
Vizille, ch.-l. de c. (Isère), arr de Grenoble ; 4 300 h.
Voghera, v. d'Italie.
Void, ch.-l. de c. (Meuse), arr. de Commercy ; 1 600 h.
Voiron, ch.-l. de c. (Isère), arr. de Grenoble ; 12 000 h.
Voiteur, ch.-l. de c. (Jura), arr. de Lons-le-Saunier ; 1 100 h.
Volga, fl. de la Russie.
Volhynie, gouv. russe.
Volmunster, ch.-l. de c. (Moselle). Cédé à l'Allemagne.
Volonne, ch.-l. de c. (B.-Alp.), arr. de Sisteron ; 900 h.
Vorey, ch.-l. de c. (Hte-Loire), arr. du Puy ; 2 100 h.
Voronège, v. de la Russie.
Vosges, mont. de France.
Vosges (dép. des), ch.-l. Epinal ; 414 000 h.
Vougeot (Côte-d'Or). Vignobles.
Vouillé, ch.-l. de c. (Vienne), arr. de Poitiers ; 1 800 h.
Vouneuil-sur-Vienne, ch.-l. de c. (Vienne) ; 1 600 h.
Vouvray, ch.-l. de c. (Ind.-et-L.) ; 2 300 h. Vins blancs.
Vouziers, ch.-l. d'arr. (Ardennes) ; 3 700 h.
Voves, ch.-l. de c. (Eure-et-L.), arr. de Chartres ; 2 000 h.
Vulsinies, v. d'Etrurie (*Bolsena*).
Vulturne, fl. d'Italie.

W

Wagram, vill. d'Autriche.
Walpurgis, mont. du Brocken.
Warwick, comm. d'Angleterre.
Washington, cap. des Etats-Unis.
Wasselonne, ch.-l. de c. (B.-Rhin). Cédé à l'Allemagne.
Wassigny, ch.-l. de c. (Aisne), arr. de Vervins ; 1 300 h.
Waterloo, vill. de Belgique.
Walcheren, île de Hollande.
Wallenstadt, lac de Suisse.
Wavre, v. de Belgique.
Weimar, v. d'Allemagne.
Weser, fl. d'Allemagne.
Westmoreland, comté d'Angleterre.
Westphalie, prov. de Prusse.
Wheeling, v. des Etats-Unis.
Wiesbaden, v. de Prusse. Eaux thermales.
Wight (île de), Manche.
Wilna, v. de Russie.
Winchester, v. de l'Angleterre.
Windsor, v. de l'Angleterre.
Wintzenheim, ch.-l. de cant. (Ht-Rhin). Cédé à l'Allemagne.
Wisconsin, affl. du Mississipi.
Wisconsin, Etat de l'Union américaine.
Wissembourg, ch.-l. d'arr. (Bas-Rhin). Cédé à l'Allemagne.
Witebsk, v. de la Russie.
Wittemberg, v. de la Saxe.

Woerth, ch.-l. de c. (Bas-Rh.). Cédé à l'Allemagne.

Wolfenbuttel, v. du Brunswick.

Wolverhampton, v. d'Anglet.

Woolwich, v. d'Angleterre.

Worcester, v. d'Angleterre.

Worcester, v. des Etats-Unis

Wormhoudt, ch.-l. de canton (Nord), arr. de Dunkerque ; 3 800 h.

Worms (duché de Hesse-D.)

Wurtemberg, Etat d'Allem.

Wurtzbourg, v. de Bavière.

X

Xalisco, Etat du Mexique.

Xante, île de la Grèce (Morée).

Xanthe, riv. de Troade (*Scamandre*).

Xenil, riv. d'Espagne.

Xérès, v. d'Espagne. Vins.

Xertigny, ch.-l. de c. (Vosges), arr. d'Epinal ; 4 000 h.

Y

Yankees (Américains).

Yang-Tsé-Kiang, fl. de Chine.

Yarmouth, p. d'Angleterre.

Yédo, v. du Japon.

Yémen, région d'Arabie.

Yenne, ch.-l. de c. (Savoie), arr. de Chambéry ; 2 800 h.

Yerville, ch.-l. de c. (Seine-Inf.), arr. d'Yvetot ; 1 600 h.

Yéso, île du Japon.

Yonne, riv. de France.

Yonne (dép. de l'), chef-lieu Auxerre ; 356 000 h.

York, v. d'Angleterre.

Ypres, v. de Belgique.

Yssingeaux, ch.-l. d'arr. (H^te-Loire) ; 8 000 h.

Yucatan, presqu'île du Mexique.

Yverdun, v. du c. de Vaud.

Yvetot, ch.-l. d'arr. (S.-Infér.) ; 8 000 h.

Z

Zaïré (Congo), fl. d'Afrique.

Zama, anc. v. d'Afrique.

Zambèze, fl. d'Afrique.

Zamora, v. d'Espagne.

Zanguebar, contrée d'Afrique.

Zante, île Ionienne.

Zanzibar, île (mer des Indes).

Zélande, prov. de Hollande.

Zélande (Nouvelle-), îles d'Océanie.

Zemble (Nouvelle-), île, Océan Glacial.

Zicavo, ch.-l. de c. (Corse), arr. d'Ajaccio ; 1 600 h.

Zoulous, Cafres (Afrique).

Zug, v. et lac de Suisse.

Zurich, v. et lac de Suisse.

Zuyderzée, golfe de Hollande

Zwolle, v. de Hollande.

Imprimerie D. Dumoulin et Cie, à Paris.

CONNAISSANCES USUELLES

LE VOLUME. . . . **2** FR. — FRANCO. . . . **2** FR. **30**

Armes (Traité de l'art des), par BONNET.

Boxe, Bâton, Canne, Chausson (Traité de), théorie et exercices.

Canotage, voile et aviron, manœuvres, règles et commandements.

Capitaliste (Manuel du) **et de l'escompte**, par CHARONVILLE et DUPRÉ.

Chasseur (Manuel du), par ROBERT DUCHÊNE.

Chiens de chasse, de luxe et de garde, par J. ROBERT et FORTIN.

Cubage des bois, tarif des fers, poids des plombs, zincs, cuivres et étains, par LA BLANCHÈRE.

Dessin (Traité du).

Equitation (Traité d'), d'après LA GUÉRINIÈRE.

Formulaire d'actes, par PRUD'HOMME.

Gymnastique (Traité de), par MULOT.

Jeux et Exercices physiques, par LAUN.

Natation (Traité de), par ROGER.

Patinage (Traité du), par GORGES DENEY. Édition suivie du règlement du Cercle des patineurs.

Pêche à la ligne (La), par LA BLANCHÈRE.

Photographie (Traité de), par CH. DE MAIMBRESSY.

Propriétaires et Locataires (Manuel des), par LENEVEUX et DELANOUE.

Tenue des Livres en partie simple et en partie double, par PRUD'HOMME.

Tireur (Manuel du), armes de guerre, de précision, de chasse; tir au pistolet et au revolver, par le capitaine D***.

Vélocipédiste (Manuel du).

Vétérinaire (Manuel du).

Imp. D. Dum

www.ingramcontent.com/pod-product-compliance
Lightning Source LLC
Chambersburg PA
CBHW071351290326
41932CB00045B/1353

* 9 7 8 2 0 1 2 5 3 9 9 1 4 *